CONDOMÍNIO EDILÍCIO E INCORPORAÇÃO IMOBILIÁRIA

O GEN | Grupo Editorial Nacional – maior plataforma editorial brasileira no segmento científico, técnico e profissional – publica conteúdos nas áreas de concursos, ciências jurídicas, humanas, exatas, da saúde e sociais aplicadas, além de prover serviços direcionados à educação continuada.

As editoras que integram o GEN, das mais respeitadas no mercado editorial, construíram catálogos inigualáveis, com obras decisivas para a formação acadêmica e o aperfeiçoamento de várias gerações de profissionais e estudantes, tendo se tornado sinônimo de qualidade e seriedade.

A missão do GEN e dos núcleos de conteúdo que o compõem é prover a melhor informação científica e distribuí-la de maneira flexível e conveniente, a preços justos, gerando benefícios e servindo a autores, docentes, livreiros, funcionários, colaboradores e acionistas.

Nosso comportamento ético incondicional e nossa responsabilidade social e ambiental são reforçados pela natureza educacional de nossa atividade e dão sustentabilidade ao crescimento contínuo e à rentabilidade do grupo.

ARNALDO RIZZARDO

CONDOMÍNIO EDILÍCIO E INCORPORAÇÃO IMOBILIÁRIA

9ª edição revista, atualizada e ampliada

- O autor deste livro e a editora empenharam seus melhores esforços para assegurar que as informações e os procedimentos apresentados no texto estejam em acordo com os padrões aceitos à época da publicação, e todos os dados foram atualizados pelo autor até a data de fechamento do livro. Entretanto, tendo em conta a evolução das ciências, as atualizações legislativas, as mudanças regulamentares governamentais e o constante fluxo de novas informações sobre os temas que constam do livro, recomendamos enfaticamente que os leitores consultem sempre outras fontes fidedignas, de modo a se certificarem de que as informações contidas no texto estão corretas e de que não houve alterações nas recomendações ou na legislação regulamentadora.

- Fechamento desta edição: *19.07.2022*

- O Autor e a editora se empenharam para citar adequadamente e dar o devido crédito a todos os detentores de direitos autorais de qualquer material utilizado neste livro, dispondo-se a possíveis acertos posteriores caso, inadvertida e involuntariamente, a identificação de algum deles tenha sido omitida.

- **Atendimento ao cliente: (11) 5080-0751 | faleconosco@grupogen.com.br**

- Direitos exclusivos para a língua portuguesa
  Copyright © 2022 by
  Editora Forense Ltda.
  Uma editora integrante do GEN | Grupo Editorial Nacional
  Travessa do Ouvidor, 11 – Térreo e 6º andar
  Rio de Janeiro – RJ – 20040-040
  www.grupogen.com.br

- Reservados todos os direitos. É proibida a duplicação ou reprodução deste volume, no todo ou em parte, em quaisquer formas ou por quaisquer meios (eletrônico, mecânico, gravação, fotocópia, distribuição pela Internet ou outros), sem permissão, por escrito, da Editora Forense Ltda.

- Capa: Aurélio Corrêa

- **CIP – BRASIL. CATALOGAÇÃO NA FONTE.**
  SINDICATO NACIONAL DOS EDITORES DE LIVROS, RJ.

R533c

Rizzardo, Arnaldo

Condomínio edilício e incorporação imobiliária / Arnaldo Rizzardo. – 9. ed. – Rio de Janeiro : Forense, 2022.

Inclui bibliografia
ISBN 978-65-5964-579-4

1. Condomínios – Legislação – Brasil. 2. Edifícios de apartamentos – Legislação – Brasil. 3. Incorporação imobiliária. I. Título.

22-77685   CDU: 347.238.2(81)

Meri Gleice Rodrigues de Souza – Bibliotecária – CRB-7/6439

Sobre o autor

Atuou, durante longos anos, na magistratura do Rio Grande do Sul, ocupando, inclusive, o cargo de desembargador do Tribunal de Justiça. Exerceu o magistério na Escola Superior da Magistratura e, atualmente, é advogado, faz parte da Academia Brasileira de Direito Civil e do Instituto dos Advogados do Brasil – seção do RS. Ministra palestras em eventos jurídicos de todo o País.

Em concursos de monografias patrocinados pela Associação dos Magistrados Brasileiros e pela Associação dos Juízes do Rio Grande do Sul, três de suas obras obtiveram o primeiro lugar.

É autor de diversos livros no campo do direito privado e administrativo.

Obras do autor

Condomínio Edilício e Incorporação Imobiliária. 8. ed., Rio de Janeiro, Forense, 2021.

Ação Civil Pública e Ação de Improbidade Administrativa. 5. ed., Curitiba, Juruá Editora, 2022.

Comentários ao Código de Trânsito Brasileiro. 11. ed., JusPodivm, 2022.

Contratos. 19. ed., Rio de Janeiro, Forense, 2021.

Direito das Sucessões. 11. ed., Rio de Janeiro, Forense, 2019.

Direito de Empresa. 7. ed., Rio de Janeiro, Forense, 2019.

Direito de Família. 10. ed., Rio de Janeiro, Forense, 2019.

Responsabilidade Civil. 8. ed., Rio de Janeiro, Forense, 2019.

Direito das Obrigações. 9. ed., Rio de Janeiro, Forense, 2021.

Direito do Agronegócio. 6. ed., Rio de Janeiro, Forense, 2021.

Prescrição e Decadência. 6. ed., Rio de Janeiro, Forense, 2018.

Introdução ao Direito e Parte Geral do Código Civil. 8. ed., Rio de Janeiro, Forense, 2016.

Direito das Coisas. 9. ed., Rio de Janeiro, Forense, 2020.

Títulos de Crédito. 6. ed., Rio de Janeiro, Forense, 2021.

Acidentes de Trânsito. 14. ed., Rio de Janeiro, Forense, 2018.

O "Leasing" – Arrendamento Mercantil no Direito Brasileiro. 9. ed., Curitiba, Juruá Editora, 2020.

Promessa de Compra e Venda e Parcelamento do Solo Urbano – Lei nº 6.766/1979. 11 ed., Curitiba, Juruá Editora, 2020.

Servidões. 2. ed., Rio de Janeiro, Forense, 2014.

Contratos de Crédito Bancário. 11. ed., Curitiba, Juruá Editora, 2020.

Limitações do Trânsito em Julgado e Desconstituição da Sentença. Rio de Janeiro, Forense, 2009.

Factoring. 3. ed., São Paulo, Revista dos Tribunais, 2004.

Planos de Assistência e Seguros de Saúde (em coautoria com Eduardo Heitor Porto, Sérgio B. Turra e Tiago B. Turra). Porto Alegre, Livraria do Advogado Editora, 1999.

Casamento e Concubinato – Efeitos Patrimoniais. 2. ed., Rio de Janeiro, Aide Editora, 1987.

O Uso da Terra no Direito Agrário (Loteamentos, Desmembramentos, Acesso às Terras Rurais, Usucapião Especial – Lei nº 6.969). 3. ed., Rio de Janeiro, Aide Editora, 1986.

Reajuste das Prestações do Banco Nacional da Habitação. Porto Alegre, Sérgio Antônio Fabris Editor, 1984.

Da Ineficácia dos Atos Jurídicos e da Lesão no Direito. Rio de Janeiro, Forense, 1983.

A Sentença – Ação Anulatória – Ação Rescisória. São Paulo, Thomson Reuters – Revista dos Tribunais, 2021.

Nota do autor

Convencionou-se denominar com a expressão "condomínio edilício" a copropriedade que se cria e se estabelece em um terreno, mas, concentrando-se sobre ele as partes de uso e o proveito comum, bem como as partes de uso e proveito pessoal separados em favor de cada um dos condôminos. A locução representa a combinação da propriedade comum e da propriedade exclusiva, vindo a constituir uma única realidade, com raízes nos primórdios das civilizações (dentro das variantes próprias de cada época). Assim, o "condomínio edilício" adquire importância numa dimensão progressiva, levando-se em conta o engrandecimento das cidades e a diminuição de espaços urbanos em locais privilegiados e adequados à concentração das populações. Tal é o impulso que vem adquirindo essa modalidade de edificações, destinada especialmente a moradias e a centros de prestação de serviços profissionais, a salas e a conjuntos de escritórios, que está suplantando as casas e os prédios comuns.

A disciplina vem contemplada precipuamente no Código Civil – artigos 1.331 a 1.358, com alterações das Leis n. 10.931/2004, n. 12.607/2012, n. 13.465/2017 e n. 13.777/2018, e da Lei n. 14.382/2022 –, perdurando, nos assuntos que não ficaram abrangidos ou regulados, as disposições da Lei n. 4.591, de 16.12.1964.

Já a incorporação imobiliária representa a atividade dirigida a promover a construção de edificações ou de conjunto de edificações compostas de unidades autônomas e de áreas comuns. Além de promover o levantamento destes, a incorporação imobiliária tem como finalidade precípua a transferência de propriedade das várias unidades autônomas em que se dividem os prédios ou mesmo os terrenos com uma típica finalidade econômica. Desse modo, o condomínio nasce a partir do momento das transferências, justamente em face da destinação das unidades a muitos adquirentes. Daí se chegar a ver a incorporação como um fator relevante, mas não único, diante de toda a evidência, de constituição de condomínios edilícios. Permanece o caráter típico de incorporação enquanto se operam as vendas e se desenvolve a construção. Em verdade, uma vez concluída a construção, não mais se fala em incorporação, posto que, daí em diante, havendo a averbação do prédio no registro imobiliário, resta abrir as matrículas das unidades e proceder à alienação pelos proprietários.

Consta a regulamentação na Lei n. 4.591/1964, nos artigos 28 a 70, com as modificações de várias leis.

Considerando que, em geral, a incorporação imobiliária conduz a formar um condomínio sobre o prédio, inteiramente pertinente a conjugação do estudo de ambos os institutos, como vários autores já o fizeram, a exemplo de Caio Mário da Silva Pereira, o grande sistematizador e inspirador da legislação sobre as espécies, cujos princípios e estrutura se consolidaram e perduram.

Nesse intento, procurou-se desenvolver a sistematização das matérias e a casuística de situações aptas a trazerem controvérsias, de modo a apresentar um estudo que atenda às necessidades de compreensão e de solução dos litígios, dentro da inteligência da lei e do tratamento doutrinário e jurisprudencial que se formou ao longo do tempo, além do conhecimento do autor na prática da função judicante e da advocacia.

De ponderar, de acordo com o ordenamento jurídico vigente, e na ótica que se imprimiu no curso dos estudos, que o condomínio edilício pode decorrer, além da incorporação propriamente dita, da união de várias pessoas, as quais decidem construir um prédio sobre um terreno de propriedade comum e dividem entre elas as unidades. Igualmente comum uma pessoa ou uma empresa realizar a construção por sua conta e risco, e, depois de pronta, vender as unidades. Não existe, então, incorporação. Eis que, no rigor do parágrafo único do artigo 28 da Lei n. 4.591/1964, tem-se a incorporação como "a atividade exercida com o intuito de promover e realizar a construção, para a alienação total ou parcial de edificações ou conjunto de edificações compostas de unidades autônomas". Existe a incorporação enquanto se executa a construção, e são vendidas, nesse transcurso, frações ideais de um terreno às quais se atribuem e aderem unidades ou partes da construção. Uma vez pronta a obra, o incorporador procederá como um proprietário comum, efetuando as vendas de unidades prontas ou em construção.

De extrema importância, assim, destacar que o incorporador, afora quando constituído nessa qualidade como construtor ou corretor de imóveis, deverá ser titular do terreno, ou promitente comprador, ou cessionário do promitente comprador, ou promitente cessionário. Terá, nessas condições, responsabilidade direta na execução da atividade, enquanto, na hipótese de se nomear um construtor ou corretor de imóveis, o proprietário do terreno participa como responsável solidário, sendo ele quem efetua as alienações, embora o possa fazer por meio de procuração, nos estritos termos do § 1º do artigo 31 da Lei n. 4.591/1964.

Na construção por empreitada ou administração a preço de custo, nada impede que exista a incorporação propriamente dita. Tanto podem os adquirentes contratar a compra das frações ideais com as unidades por um preço determinado, como acertar que o preço corresponderá ao custo da obra. Além disso, a eles é usual se reservar a contratação do erguimento da obra, autorizando-se que se faça por empreitada ou por administração a preço de custo, que é aferido de conformidade com o valor dos materiais e da mão de obra.

Embora a vastidão abrangida pelos institutos em exame, despontando pontos de grande complexidade, vai se firmando e consolidando certa uniformidade no tratamento jurídico. Os tribunais revelam, em especial, linhas comuns ao apreciarem grande quantidade de assuntos, como nos que enfocam, entre outros também importantes, o registro da incorporação, os contratos de venda de frações ideais e unidades, os encargos da mora no cumprimento das obrigações, a resolução dos contratos, as condutas dos condôminos no interior do condomínio, os instrumentos de cobrança, a prestação de contas do síndico e do incorporador.

No entanto, a dinâmica dos fatos da vida impõe sempre novos raciocínios e adaptações à realidade, mormente em questões relativas a condutas dos condôminos, às penalidades mais rigorosas na violação dos deveres condominiais e à segurança dos adquirentes enquanto se desenvolve a incorporação, apesar da instituição da afetação do patrimônio, que não se mostra suficiente para trazer total tranquilidade.

Considerando a exigência de elementos técnicos na confecção dos vários instrumentos que materializam as relações entre os condôminos, entre eles e o condomínio, entre os adquirentes e o incorporador; do formalismo cartorário dos atos que exigem registro ou averbação; da especificação das normas inseridas nos regulamentos internos que disciplinam a vida do condomínio; e mais dos requisitos que devem estar presentes na formação do vínculo contratual na aquisição de frações ideais e unidades, entendeu-se oportuna a apresentação de alguns modelos mais importantes, o que facilitará os encaminhamentos e a formalização do condomínio e da incorporação.

A presente edição vem atualizada na legislação especialmente em vista da Lei n. 13.465/2017, da Lei n. 13.786/2018, do Código de Processo Civil introduzido pela Lei n. 13.105/2015, da Lei n. 14.010/2021, da Lei n. 14.309/2022, da Lei 14.382/2022, da Lei n. 14.405/2022, e na reflexão e estudo jurídico sobre a solução de novos problemas decorrentes do condomínio edilício e da incorporação imobiliária.

Outrossim, os modelos de minutas estão disponíveis em ambiente virtual para *download* e formato editável.

Índice sistemático

Parte Primeira
CONDOMÍNIO EDILÍCIO

1	Do condomínio geral ao condomínio edilício ou em edificações...............	3
2	Condomínio voluntário, condomínio necessário e condomínio edilício...........	6
3	Elementos históricos do condomínio edilício...............................	8
4	Conceito e constituição.......................................	10
	4.1. Documentos necessários para a constituição........................	12
5	Lei incidente em matéria de condomínio edilício........................	14
6	Natureza jurídica...................................	16
7	Não incidência das normas do Código de Defesa do Consumidor nas relações entre condôminos.....................................	19
8	A unificação e o desmembramento de terrenos e a coexistência da propriedade individual e da propriedade comum no condomínio edilício	22
9	Condomínio edilício com o significado de condomínio em edifícios	26
10	As modalidades de constituição do condomínio edilício	28
11	Modelo de constituição de condomínio pelo proprietário por meio de escritura pública..	31
12	Elementos componentes da instituição do condomínio	34
13	Ato de transformação de um imóvel em condomínio de edificações..............	37
14	Modelo de registro imobiliário de individuação das unidades e instituição de condomínio......................................	39
15	O elemento da fração ideal e sua designação no condomínio edilício	41
16	A formação de condomínio especial a partir da averbação da construção no registro da incorporação....................................	44
17	Modelo da averbação da construção................................	46
18	A finalidade da incorporação para a constituição de condomínio	47
19	Condomínio fechado, incidência da Lei n. 4.591/1964 e limites de área..........	48

20 Condomínio de terrenos ou lotes, condomínio urbano simples, condomínio de fato e responsabilidade pelo custo dos serviços 52

    20.1. Condomínio de terrenos ou lotes 52

    20.2. Condomínio urbano simples 56

    20.3. Condomínio de fato e responsabilidade pelo custo dos serviços 58

21 O condomínio na multipropriedade ou *time-sharing* 63

    21.1. Visão conceitual 63

    21.2. O imóvel objeto da multipropriedade e o direito de ocupação 65

    21.3. Instituição, transferência de frações de tempo de uso e proibição ou limitação da multipropriedade 67

    21.4. Distribuição dos períodos.. 70

    21.5. Direitos e obrigações na multipropriedade 71

    21.6. A administração 74

    21.7. O regime de multipropriedade em parte ou na totalidade das unidades autônomas 75

        21.7.1. Exigências no instrumento de instituição 75

        21.7.2. Regras a serem inseridas na convenção e em outros regramentos internos dos condomínios em regime de multipropriedade 76

    21.8. A contratação de administração profissional 78

    21.9. O inadimplemento por parte do multiproprietário da obrigação de custeio das despesas ordinárias ou extraordinárias........................... 79

    21.10. Renúncia ao direito de multipropriedade........................... 81

    21.11. Introdução das normas registrárias relativas à multipropriedade.......... 81

22 A alienação das unidades e das partes comuns e acessórias..................... 83

23 Locação de garagens ou espaços de estacionamento 86

24 Disciplina e limitações na utilização das partes comuns 88

    24.1. A utilização de partes comuns para uso individual do condômino 89

    24.2. O reconhecimento de direitos de uso ou proveito, embora contrários à convenção, com base nas teorias da *suppressio* e da *surrectio* 90

25 A destinação de certas áreas comuns e equipamentos restritamente aos condôminos... 95

26 Unidades para guarda ou abrigo de veículos 97

27 A utilização do box ou espaço de estacionamento 102

28 A impenhorabilidade no box ou garagem.................................. 105

29 A existência de animais nos apartamentos 108

30 O exercício de atividades profissionais na unidade destinada à habitação.......... 110

31 A realização de obras e reparos... 112

32 A construção de outro prédio ou de novo pavimento, ou de aumentos, e alteração das frações ideais... 116

33 A convenção condominial.. 119

    33.1. O registro da convenção... 122

Índice sistemático • **XV**

34 A falta de registro da convenção e a cobrança das despesas condominiais 124

35 Convenção não registrada e responsabilidade dos condôminos 125

36 Modelo de convenção de condomínio de edifício 126

37 O regimento interno 141

38 Modelo de regimento interno 143

39 Direitos dos condôminos... 149

40 Deveres dos condôminos 151

41 As penalidades no descumprimento dos deveres pelos condôminos 157

42 As receitas e despesas do condomínio e os responsáveis pelo pagamento.......... 168

    42.1. Despesas necessárias, úteis e voluptuárias e sua aprovação 169

    42.2. Despesas ordinárias e extraordinárias 171

    42.3. Os juros de mora e a multa por atrasos no pagamento de despesas condominiais 173

    42.4. A cobrança judicial dos encargos condominiais 174

    42.5. Adjudicação da unidade pelo condomínio em venda judicial verificada na cobrança de encargos condominiais.................................. 177

    42.6. Renúncia à parte ideal para eximir-se das despesas comuns 178

43 A prescrição e a decadência no condomínio edilício 179

44 Fundo de reserva.. 181

45 Não incidência da impenhorabilidade na cobrança das taxas condominiais 183

46 Responsabilidade pelas dívidas dos condôminos e pelas dívidas do condomínio 185

47 Responsabilidade pelo pagamento das despesas por todos os condôminos 189

48 Preferência das dívidas condominiais na execução hipotecária ou comum contra o titular da unidade imobiliária 192

49 Responsabilidade pelas despesas de obras que favorecem aos condôminos 195

50 Divisão das despesas de água 198

51 Responsabilidade do condomínio pelos danos causados por condômino identificado e por condômino não identificado...................................... 201

52 Transferência da unidade condominial e responsabilidade pelos encargos pendentes... 203

    52.1. Responsabilidade pelos encargos pendentes nas promessas de compra e venda de unidades 205

53 Indenização por danos ocorridos em unidades condominiais causados por defeitos de outras unidades e pelas partes comuns 207

54 Responsabilidade pelos danos e furtos verificados nos condomínios edilícios 209

55 Responsabilidade por atos prejudiciais em condomínio e cláusula de não indenizar... 212

    55.1. Situações de proibição da cláusula de não indenizar e de outras decorrências diante do inadimplemento das obrigações.......................... 213

    55.2. Hipóteses de validade da cláusula de não indenizar 214

56 Seguro contra riscos de incêndio e destruição 217

57 A demolição ou alienação do edifício por motivos urbanísticos ou arquitetônicos, por falta de segurança ou salubridade e por motivo de desgaste do prédio 220

58 O direito da minoria dos condôminos discordantes da demolição para a reconstrução ao recebimento do valor correspondente às suas unidades..................... 223

59 Assembleia geral do condomínio 226

    59.1. Tipos de assembleias gerais.. 227

    59.2. A convocação para a assembleia 228

    59.3. A convocação por ordem judicial.................................. 230

    59.4. A sistemática da votação na assembleia, a representação de condôminos e a participação de locatários.................................... 231

    59.5. O procedimento para as deliberações nas assembleias 234

    59.6. Impugnação às deliberações da assembleia........................ 236

    59.7. O não comparecimento de condôminos na assembleia 238

    59.8. Os diversos *quoruns* para as votações nas assembleias e as quantidades de condôminos para as convocações.................................... 238

    59.9. Modelo de convocação da assembleia pelos condôminos............... 244

60 Síndico, subsíndico e serviço de assessoria 245

    60.1. Atribuições do síndico 246

    60.2. Eleição do síndico e intervenção judicial........................... 251

    60.3. A natureza do vínculo na contratação do síndico...................... 252

    60.4. Remuneração do síndico e prestação de contas 253

    60.5. A destituição do síndico... 255

    60.6. Responsabilidade do síndico 257

61 Conselhos consultivo e fiscal 260

62 Extinção do condomínio edilício 262

Parte Segunda
INCORPORAÇÃO IMOBILIÁRIA

63 A ideia de incorporação.. 267

64 Origens legislativas.. 270

65 A incorporação no início.. 272

66 Conceito, composição e características da incorporação 273

67 O caráter de proteção ao adquirente na Lei das Incorporações.................. 275

68 Partes integrantes do contrato.. 276

69 Incorporador 278

    69.1. Ideia ultrapassada e ideia atual de incorporador 280

    69.2. Exigências para a caracterização de incorporador..................... 281

    69.3. Atos de administração e de disposição reconhecidos ao incorporador 283

70 Incorporador e construtor 284

71	Construção de edifício pelo proprietário de um terreno ou por um grupo de pessoas...	285
72	Natureza e características do contrato de incorporação	287
73	Objeto e causa do contrato de incorporação	289
74	As pessoas que podem assumir a incorporação	291
75	O interesse coletivo na incorporação e a impossibilidade de desistência por incumprimento dos adquirentes das unidades	293
76	A forma da incorporação e formação de condomínio no terreno	295
77	O contrato de venda das unidades e requisitos	297
78	Modelo de instrumento particular de contrato de compromisso de venda e compra de unidade imobiliária em construção	306
79	Modelo de contrato particular de promessa de compra e venda de unidade imobiliária e de construção	312
80	A irretratabilidade dos contratos decorrentes da incorporação se não verificada a inadimplência das prestações do preço	329
81	A criação de novas propriedades com a incorporação	332
82	Gênese da formalização da incorporação e de seu registro	333
83	Obrigação de fazer na elaboração do projeto e apresentação dos documentos necessários, e de dar na transferência das unidades	336
84	Bases que conduzem a implantar a incorporação	339
85	O ato de constituição da incorporação e desdobramento de uma incorporação em várias outras	340
86	Modelo de escritura pública de constituição de incorporação	342
87	O contrato de incorporação e elementos componentes	344
88	Modelo de contrato de instituição de incorporação celebrado com o construtor e o proprietário do terreno	346
89	Incorporação e *shopping centers*	358
90	Cessão ou transferência da posição contratual do titular da incorporação	360
91	A responsabilidade dos adquirentes no financiamento hipotecário da construção	362
92	O registro da incorporação	365
	92.1. Documentos para o registro	368
	92.2. Roteiro prático para o registro da incorporação	389
	92.3. Modelo de requerimento de registro de incorporação	393
	92.4. O procedimento para o registro da incorporação	397
	92.5. Modelo de registro de incorporação	402
93	A revalidação da incorporação	405
94	O caráter de autonomia da unidade condominial e de irretratabilidade do contrato de transferência da unidade	407
95	A afetação da propriedade objeto da incorporação	409
96	Origens da lei da afetação	411
97	Fundamentos que justificam as medidas de segurança na incorporação	413

98 O patrimônio do incorporador garantindo o empreendimento 415

99 A proteção estabelecida pelo instituto da afetação 417

100 A titularidade dos bens objeto da afetação 420

101 A incomunicabilidade e a impenhorabilidade do patrimônio afetado. 421

102 Ativo e passivo dos bens em regime de afetação 423

103 A instituição da afetação por autorização da lei 424

104 Início e término da afetação 426

105 O instituto da afetação sob o enfoque da Lei n. 10.931/2004. 428

106 A formalização da afetação segundo o artigo 31-A da Lei n. 4.591/1964 429

107 A decisão sobre a instituição da afetação 430

108 Os bens que passam a formar o patrimônio de afetação....................... 431

109 Destinação dos bens objeto da afetação 433

110 Limitações da incomunicabilidade dos bens objeto da afetação. 434

111 Prejuízos causados ao patrimônio afetado pelo incorporador.................... 435

112 Operações de crédito garantidas com o patrimônio de afetação.................. 436

113 Afetação dos recursos provenientes da cessão de direitos creditórios do incorporador ... 437

114 Responsabilidade do incorporador pelas acessões vinculadas às frações ideais 438

115 Reembolso ao incorporador do preço do terreno 439

116 Bens da incorporação submetidos à afetação 440

117 Constituição de patrimônios de afetação separados 441

118 Comercialização das unidades quando financiada a incorporação................. 443

119 Proibição da transferência da responsabilidade por vícios de construção e por obrigações do incorporador ao financiador.................................... 444

120 A averbação da afetação no Registro de Imóveis de acordo com o artigo 31-B da Lei n. 4.591/1964 e a existência de ônus reais 445

121 Responsabilidade da Comissão de Representantes ou do agente financeiro pelo patrimônio de afetação.. 448

122 Obrigações do incorporador relativamente ao patrimônio afetado. 449

123 Extinção do patrimônio de afetação 451

124 A afetação e a falência ou insolvência do incorporador 455

    124.1. Deliberação da assembleia de condôminos para assumir a incorporação e continuar a obra, no caso de falência ou insolvência do incorporador ou paralisação e atraso sem justificação da construção 456

    124.2. Funções da Comissão de Representantes na administração da incorporação... 458

    124.3. Cumprimento do mandato, pela Comissão de Representantes, nos limites fixados pela assembleia geral e dever de prestação de contas 461

    124.4. A continuação da obra na dependência do pagamento de obrigações tributárias, previdenciárias e trabalhistas 462

    124.5. Sub-rogação dos adquirentes nos direitos, nas obrigações e nos encargos da incorporação... 463

Índice sistemático • **XIX**

124.6. Exigência de aportes de recursos superiores aos constantes nos contratos ... 465

124.7. Venda de unidades não transferidas ou em estoque e pertencentes ao incorporador 466

124.8. Destinação do produto resultante da venda de unidades em estoque. 467

124.9. Obrigação de o incorporador assegurar o acesso aos documentos e informações. 468

124.10. Obrigações tributárias e contribuições excluídas da responsabilidade dos adquirentes de unidades 469

125 A afetação e a incidência de tributos. 471

125.1. O regime especial tributário incidente no patrimônio de afetação. 473

125.2. A incorporação imobiliária e o ISS – Imposto sobre Serviços 475

126 Responsabilidade do proprietário do terreno juntamente com o incorporador na venda de unidades anteriormente ao registro da incorporação. 481

127 Garantias na contratação de financiamento pelo incorporador. 485

128 A entrega dos contratos definitivos de aquisição das frações ideais. 486

129 Obtenção do "habite-se", averbação da construção em correspondência às frações ideais discriminadas na matrícula do terreno e responsabilidade pela demora na entrega. 488

130 Direitos do incorporador 492

131 Obrigações do incorporador 494

132 Direitos dos adquirentes 502

133 Obrigações dos adquirentes 504

134 Órgãos de representação dos adquirentes 505

135 A assembleia geral dos adquirentes 507

136 A Comissão de representantes. 510

136.1. Natureza jurídica 511

136.2. Funções 512

136.3. Composição e destituição dos membros 514

137 O direito de preferência do condomínio para a compra da unidade colocada à venda por inadimplência 516

138 Os tipos de contratos na alienação ou transferência das unidades 517

138.1. A promessa de compra e venda 518

138.2. A alienação fiduciária da unidade 520

138.2.1. O caráter resolúvel da propriedade na alienação fiduciária 523

138.2.2. A incidência da Lei n. 9.514/1997 na alienação fiduciária de imóveis 524

138.2.3. A consolidação da propriedade no credor fiduciário ou sua venda, em razão da inadimplência do devedor fiduciário 526

138.3. A permuta do terreno ou de parte do mesmo por área construída 531

138.3.1. Modelo de contrato de permuta de terreno por área construída 534

138.3.2. Modelo de contrato de permuta de partes ideais de terreno por unidades edificadas com confissão de dívida 537

138.3.3. Modelo de registro de permuta de terreno por unidade autônoma e modelo de incorporação no terreno permutado 542

138.3.4. Resolução do contrato de permuta por inadimplência do incorporador e responsabilidade do permutante. 545

138.3.5. A posição do proprietário que permuta o terreno por área útil 549

138.4. Contrato de compra e venda com financiamento hipotecário 550

138.5. Cessão dos créditos que o incorporador tem a receber e seu oferecimento em garantia. 552

138.5.1. Cessão fiduciária em garantia dos direitos creditórios 553

138.5.2. O oferecimento em caução dos direitos creditórios e dos direitos aquisitivos 555

139 A contratação de seguros na incorporação ou construção. 558

140 Vinculação da alienação da fração ideal à unidade. 561

141 Contrato de construção da obra e espécies 562

141.1. Elementos do contrato de construção. 564

141.2. Contrato de construção por empreitada 566

141.2.1. Conceito e espécies. 566

141.2.2. Redução do preço da obra. 570

141.2.3. Alterações do projeto pelo dono da obra 570

141.2.4. Obrigações e responsabilidade do empreiteiro 571

141.2.5. Obrigações e responsabilidade do dono da obra e do incorporador. ... 575

141.2.6. Responsabilidade pelos danos causados a terceiros 578

141.2.7. Obras extraordinárias 580

141.2.8. Extinção e suspensão do contrato 581

141.3. Subempreitada 583

141.4. Contrato de construção por administração ou a preço de custo. 585

141.4.1. A responsabilidade dos condôminos ou do incorporador pelas obrigações da incorporação. 590

141.4.2. Modelo de escritura pública de venda de frações ideais e de contratação da incorporadora para a construção do prédio por administração a preço de custo 591

142 Pagamento dos valores incontroversos nas ações que versarem sobre financiamentos de unidades imobiliárias 595

143 Direito de retenção enquanto não concluído o pagamento 598

144 Alterações no projeto e na construção do prédio 599

145 A dimensão e efeitos do registro da incorporação 601

146 Penalidades cominadas aos órgãos de informação e publicidade, aos incorporadores e aos demais agentes da construção 604

147	O cumprimento das obrigações do incorporador e extinção da incorporação	608
148	Resilição da incorporação	611
149	Resolução da incorporação por descumprimentos do incorporador	613
150	Resolução do contrato por inadimplemento do adquirente da unidade em relação ao incorporador	618

150.1. Resolução do contrato por inadimplência, distrato ou desistência do adquirente e restituição de valores recebidos 619

151	Resolução do contrato e devolução dos valores pagos na construção	627
152	Resolução por meio de notificação e venda em leilão da unidade	630
153	Resolução do contrato em face da execução extrajudicial ou judicial da dívida em financiamentos bancários e da consolidação da propriedade em nome do credor fiduciário ou sua venda	636

153.1. Execução extrajudicial 636

153.2. Execução judicial 638

153.3. Consolidação da propriedade em nome do credor fiduciário ou sua venda... 640

154	A invocação da exceção do não cumprimento do contrato	645
155	Incidência das normas do Código de Defesa do Consumidor	646
156	A responsabilidade do incorporador e do construtor pela obra	650

156.1. Responsabilidade pela segurança e solidez 652

156.2. O prazo de garantia 652

156.3. Responsabilidade por defeitos e imperfeições..................... 653

157	Responsabilidade do incorporador e do titular do terreno na falta de registro da incorporação e em outras situações	656
158	Responsabilidade do proprietário do terreno se não formalizada a incorporação, sendo incorporador o construtor ou o corretor	660
159	A responsabilidade do proprietário ou titular de direitos no imóvel na constituição do construtor ou corretor de imóveis como incorporador	664
160	Responsabilidade do corretor que participa da alienação de unidades	666
161	Responsabilidade do incorporador pelas despesas das unidades não vendidas	668
162	Responsabilidade pelas obrigações tributárias e sub-rogação	669
163	Cláusula penal no descumprimento das obrigações pelo adquirente de unidade	673

Bibliografia 679

Parte Primeira
CONDOMÍNIO EDILÍCIO

Parte Primeira

CONDOMÍNIO EDILÍCIO

1

Do condomínio geral ao condomínio edilício ou em edificações

A expressão "condomínio" expressa a comunhão de direitos entre duas ou mais pessoas sobre um bem ou um conjunto de bens. José Fernando Lutz Coelho desenvolve a compreensão:

> Pertencendo o direito de propriedade a vários sujeitos ao mesmo tempo, teremos na hipótese um condomínio, que poderá ser em razão da comunhão, pró-indiviso, que perdura por circunstâncias de fato e de direito, permanecendo em estado de indivisão entre os condôminos, sem localização das partes sobre a coisa. A propriedade é exercida em comum em quotas ou frações ideais.[1]

Temos, aí, o condomínio geral, que se apresenta quando duas ou mais pessoas têm a titularidade do bem, e não sobre uma porção ou parte do mesmo, que se dá no especial, comumente chamado condomínio edilício, que é objeto do estudo que se desenvolverá.

Os condôminos possuem quotas sobre todo o bem, e na medida de sua proporção sobre o total exercem o domínio, mas sem uma localização específica. Não há uma delimitação da propriedade comum, pois não separada fruição da posse de um condômino da fruição da posse dos demais condôminos, eis que se realiza em conjunto com todos os cotitulares. A essa ênfase conduz o artigo 1.314 do Código Civil: "Cada condômino pode usar da coisa conforme sua destinação, sobre ela exercer todos os direitos compatíveis com a indivisão, reivindicá-la de terceiro, defender a sua posse e alhear a respectiva parte ideal, ou gravá-la."

Existe o proveito conjunto dos poderes e direitos que o bem traz. Cada um dos sujeitos exerce um poder jurídico sobre a coisa inteira, sem excluir o poder jurídico dos outros consortes.

Unicamente para a cobertura das despesas e para o proveito dos resultados a dimensão tem em conta a quota, em função do artigo 1.315 do mesmo Código: "O condômino é obrigado, na proporção de sua parte, a concorrer para as despesas de conservação ou divisão da coisa, e a suportar os ônus a que estiver sujeita."

Alguns princípios dominam o condomínio.

---

[1] *Condomínio edilício* – teoria e prática. Porto Alegre: Livraria do Advogado, 2006. p. 15.

O primeiro está na proibição na alteração ou na transferência da posse, do uso ou gozo, sem o consentimento dos demais condôminos. Não se trata, aqui, da alienação, que pressupõe o oferecimento do direito de preferência. A imposição está no parágrafo único do artigo 1.314: "Nenhum dos condôminos pode alterar a destinação da coisa comum, nem dar posse, uso ou gozo dela a estranhos, sem o consenso dos outros."

Em segundo lugar, advém a obrigação de dar preferência aos demais condôminos, no caso de alienação do quinhão, e sendo indivisível a coisa comum. A imposição aparece no artigo 504 do Código Civil:

> Não pode um condômino em coisa indivisível vender a sua parte a estranhos, se outro consorte a quiser, tanto por tanto. O condômino, a quem não se der conhecimento da venda, poderá, depositando o preço, haver para si a parte vendida a estranhos, se o requerer no prazo de 180 (cento e oitenta) dias, sob pena de decadência.

O parágrafo único traça diretrizes para o exercício do direito de preferência: "Sendo muitos os condôminos, preferirá o que tiver benfeitorias de maior valor e, na falta de benfeitorias, o de quinhão maior. Se as partes forem iguais, haverão a parte vendida os comproprietários, que a quiserem, depositando previamente o preço." De ressaltar, *en passant*, que não existe o direito de preferência no condomínio edilício, por decorrência da norma do § 1º artigo 1.331 do Código Civil, em redação da Lei n. 12.607, de 04.04.2012, que firma a propriedade exclusiva das partes de utilização independente, tais como apartamentos, escritórios, salas, lojas e sobrelojas, com as respectivas frações ideais no solo e nas outras partes comuns, com a permissão da livre alienação e oneração. Relativamente aos abrigos de veículos, com a Lei n. 12.607/2012, é possível a transferência a pessoas estranhas ao condomínio desde que exista autorização expressa na convenção de condomínio.

Em terceiro lugar, merece destaque o caráter de transitoriedade do condomínio, já que assegurado o direito de sua extinção pelo artigo 1.320: "A todo tempo será lícito ao condômino exigir a divisão da coisa comum, respondendo o quinhão de cada um pela sua parte nas despesas da divisão." Várias as regras concernentes ao assunto, que se estendem do artigo acima até o artigo 1.322, destacando-se a preferência para a aquisição das partes dos demais condôminos, no caso de venda judicial por não existir algum modo de divisão, o condômino que tiver na coisa benfeitorias mais valiosas, e, não havendo, o de quinhão maior. No caso de inexistirem benfeitorias, ou se todas tiverem valor igual, a preferência assenta-se no condômino cujo quinhão for maior. Se iguais os quinhões, preferirá aquele que oferecer maior lanço.

Ao lado do condomínio comum e tradicional acima visto, no qual a posse de cada consorte é indeterminada e comum, há um tipo de condomínio especial e diferente, que se cria e estabelece em um terreno, formando-se a partir da copropriedade em um terreno, mas que, por convenção, se estabelecem partes de uso e proveito comum, e partes de uso e proveito exclusivo e separado de cada um dos condôminos. Cuida-se de um instituto jurídico distinto, que recebeu uma disciplina própria, se conjuga a indivisão e comunhão em certas áreas, e a exclusividade da propriedade de outras, mas dentro do mesmo imóvel. Tem-se, pois, um instituto em que se combinam regras da propriedade individual e do condomínio. Cada unidade pertence exclusivamente a um proprietário que tem o exercício do seu direito limitado pelas obrigações especiais que decorrem de possuí-lo num edifício com outras unidades autônomas.

Caracteriza-se pela justaposição de propriedades distintas, perfeitamente individualizadas, ao lado do condomínio de partes do edifício, forçadamente comuns.

Daí formar-se um direito de natureza complexa, em que os titulares, a um só tempo, exercem a copropriedade sobre as partes que se decidem serem comuns e a propriedade delimitada de outras partes, reservadas para cada cotitular. Esse instituto, que se implantou e foi se difundindo nos meados a partir da primeira metade do século passado, encontra-se atualmente regido pelos artigos 1.331 a 1.358 do Código Civil, constando bem conceituado no artigo 1.331: "Pode haver, em edificações, partes que são propriedade exclusiva, e partes que são propriedade comum dos condôminos."

Esse tipo de condomínio é conhecido como condomínio horizontal, ou propriedade horizontal, vindo regulamentado pelo Código Civil brasileiro como o nome de condomínio edilício.

2

Condomínio voluntário, condomínio necessário e condomínio edilício

Costuma-se distinguir o condomínio comum, que é o ordinário, ou clássico e tradicional, em voluntário e necessário.

O primeiro é formado pela vontade das partes. Constitui-se a propriedade conjunta simultaneamente em favor de mais de uma pessoa. Cada proprietário torna-se titular de uma quota-parte ou fração ideal, mas cabendo o uso em conjunto com os demais coproprietários, nos termos do artigo 1.314 do Código Civil, acima transcrito.

Destacam-se os direitos de usar livremente a coisa, conforme a sua destinação e sem alterá-la; de exercer todos os direitos compatíveis com a indivisão, desde que não se impeçam iguais direitos aos demais consortes e não se altere a coisa sem autorização da unanimidade dos mesmos; de reivindicar os bens junto a terceiros; de defender a posse contra atos de esbulho ou turbação; de vender a sua parte, conquanto que oferecida a preferência aos demais condôminos; e de dá-la em garantia hipotecária.

O direito é exercido sobre integralidade dos direitos, mas na proporção da quota--parte ou fração ideal, sendo ela abstrata, e não se estabelecendo em uma porção definida, mas sem impedir os direitos de outros condôminos. Contrata-se a indivisão por um determinado prazo, que não excederá cinco anos, por imposição do § 1º do artigo 1.320: "Podem os condôminos acordar que fique indivisa a coisa comum por prazo não maior de 5 (cinco) anos, suscetível de prorrogação ulterior."

Na venda da quota-parte, é obrigatória a preferência aos demais condôminos, mediante expressa notificação, concedendo-se um prazo de trinta dias para manifestar o interesse na aquisição. Se omitida essa concessão de preferência, assegura-se ao condômino preterido o depósito do preço da venda e das despesas do negócio, com a finalidade de adjudicar a parte vendida a estranhos, tendo para tanto o prazo de cento e oitenta dias, a partir do ato da alienação, de conformidade com o artigo 504 do Código Civil.

Não mais desejando o condômino manter a indivisibilidade, e não revelando os demais consortes interesses na aquisição de sua quota-parte, o artigo 1.322 do Código Civil autoriza o caminho da alienação de coisa comum, que se fará por meio de procedimento judicial ditado pelo artigo 730 do CPC/2015 (Lei n. 13.105, de 16.03.2015), que manda aplicar o procedimento dos artigos 879 a 903.

Na comunhão de coisa divisível, cada consorte ocupará a porção de sua titularidade, mas com a concordância de todos para a localização. Não alcançado o consenso no uso e fruição da quota, a solução será a divisão, mediante ação própria, prevista nos artigos 588 e seguintes do CPC, ou a venda de coisa comum.

Sem dúvida, neste tipo de condomínio inclui-se o edilício, ou o formado em imóveis através de frações ideais sobre o terreno conjugadas com as unidades construídas, ao lado de partes comuns, do uso e fruição de todos os condôminos, mas que recebe tratamento legal específico. Esse condomínio é objeto do presente estudo.

Já o condomínio necessário, também conhecido como forçado ou obrigatório, decorre de disposições legais, sendo insuscetível de divisão. São exemplos desta espécie as paredes, as cercas, os muros e as valas, cabendo a cada proprietário a metade da coisa comum, e aplicando-se a disciplina estabelecida para o condomínio em geral, e mais particularmente as regras sobre os limites entre prédios, sobre o direito de tapagem e sobre o direito de construir, segundo o artigo 1.327 do Código Civil: "O condomínio por meação de paredes, cercas, muros e valas regula-se pelo disposto neste Código (arts. 1.297 e 1.298; arts. 1.304 a 1.307)."

Decorrendo de lei, tem o proprietário o direito a constituir o condomínio em tais bens, se proprietário, conforme deflui do artigo 1.328 do mesmo diploma: "O proprietário que tiver direito a estremar um imóvel com paredes, cercas, muros, valas ou valados, tê-lo-á igualmente a adquirir meação na parede, muro, valado, ou cerca do vizinho, embolsando-lhe metade do que atualmente valer a obra e o terreno por ela ocupado (art. 1.297)."

O direito a estremar, na dicção do referido artigo 1.297, se dá em favor do proprietário que faz divisa com o vizinho, com a divisão dos custos:

> O proprietário tem direito a cercar, murar, valar ou tapar de qualquer modo o seu prédio, urbano ou rural, e pode constranger o seu confinante a proceder com ele a demarcação entre os dois prédios, a aviventar rumos apagados e a renovar marcos destruídos ou arruinados, repartindo-se proporcionalmente entre os interessados as respectivas despesas.

Não faz parte do estudo que se desenvolverá o condomínio necessário.

3

Elementos históricos do condomínio edilício

Útil lembrar, de início, a origem da expressão "condomínio edilício". O termo *cum* significa conjuntamente, enquanto a palavra *dominum* expressa domínio, propriedade. Portanto, condomínio é propriedade conjunta – que pertence a mais de um. Já a palavra edilício, *aedilitium*, diz respeito à edificação – que pode ser de unidades em loteamento (casas) ou edifício de pavimentos – apartamentos, salas etc. Assim, condomínio edilício é a copropriedade numa edificação da qual constam unidades privativas autônomas, de uso exclusivo, e partes que são propriedade comum dos condôminos.

No surgimento histórico, encontram-se notícias de que existiam propriedades em frações de prédios ou de casas na Babilônia, havia mais de dois mil anos antes de Cristo. No Egito antigo e na Grécia também se conheciam edificações com mais de um titular, ou vários moradores. No direito romano, onde também existiam casas de andares ou pavimentos, pertencentes a proprietários diversos, o condomínio correspondia a *communio*, ou à comunhão de pessoas no proveito de um bem, evoluindo para o *consortium inter frateres*, uma forma de designar a participação das pessoas como proprietárias de um bem herdado, em que todos os herdeiros se tornavam titulares dos bens da herança. Formava-se uma concorrência de direitos de propriedade sobre um imóvel, revelada na propriedade sobre toda a coisa, mas concomitantemente com a propriedade dos demais titulares, resultando uma pluralidade de direitos de propriedade. No entanto, nessas formas primitivas não existia a coexistência entre a propriedade exclusiva e a copropriedade sobre partes comuns. No geral, dividia-se o edifício por andares, com a propriedade exclusiva sobre ele pelo respectivo titular, e admitindo-se uma escada para a utilização comum de todos os proprietários, mas dando-lhe um caráter de servidão.

Na Idade Média, especialmente na França, em Paris, e posteriormente em Orléans, existem notícias de propriedades separadas por andares, ou seja, havia um proprietário de cada andar, em prédios de até quatro pavimentos. Eram comuns, também, as casas conjugadas, ou um aglomerado de moradias juntas ou unidas, aproveitando paredes comuns. Faziam-se tais construções para o melhor aproveitamento de espaço e para baratear o custo. Esse regime foi se propagando, chegando na Espanha, na Inglaterra, em Portugal, até se generalizar.

Em Portugal, colhe-se a origem na chamada propriedade conjugada, regrada nas Ordenações Filipinas de 1603, que vigoraram no Brasil até a entrada em vigor do anterior Código Civil, que então a ela se referia no seguinte sentido: "E se uma casa for de dous senhorios, de maneira que de hum delles seja o sótão, o de outro o sobrado, não poderá aquelle, cujo for o sobrado, fazer janella sobre o portal daquelle cujo for o sotam, ou logea, nem outro edifício algum" (Livro I, Tit. 68, § 34).

Entretanto, destinavam-se as propriedades por andares às classes mais carentes. Na verdade, essas construções nada tinham a ver com o atual sistema de condomínio edilício, até porque inexistente uma sistematização regulamentar.

Evoluiu o conceito para significar a propriedade sobre uma parte (*pro parte*), uma fração, dando origem ao que se conhece como propriedade sobre partes ideais, sobre uma quota ideal, ao mesmo tempo em que se estabelece uma propriedade conjunta sobre partes comuns, existindo um direito conjunto de exercer o domínio sobre a coisa, dando-se o exercício da propriedade de todos sobre o todo. Mais propriamente, criaram-se duas espécies de condomínio: uma correspondente à titularidade sobre uma fração ideal; e outra envolvendo o exercício do domínio sobre o todo, podendo ambas as modalidades conviver e se exercer simultaneamente. Tem-se, assim, a pluralidade de propriedades por quotas ideais e a pluralidade da propriedade sobre um todo.

No Brasil, nos primeiros projetos do Código Civil, como o Esboço de Teixeira de Freitas, e a elaboração de Clóvis Beviláqua, não houve alusão à propriedade edilícia. O Código Civil de 1916 foi omisso sobre a matéria. Rememora Haroldo Guilherme Vieira Fazano, historiando o surgimento da legislação:

> Construídos os primeiros edifícios, passaram eles a se reger pelos usos e costumes, aplicando-se-lhes, ainda, as disposições analógicas do condomínio geral. E tudo isso porque, com o crescimento das aglomerações urbanas, com o desenvolvimento vertical das cidades, com o encarecimento das obras, a ponto de somente por exceção tornar-se possível a edificação de um arranha-céu em regime de propriedade exclusiva, houve necessidade de uma disciplina jurídica para a apropriação das coisas dentro desse critério novo de comunhão.
>
> Posteriormente, surgiu o Decreto n. 5.481/1928, que regulou a propriedade horizontal: diferenciou as partes comuns e as exclusivas (arts. 1º e 2º); dispôs sobre a administração do imóvel (art. 8º) e sobre a participação nas despesas (art. 9º), prescrevendo, ainda, a proibição de alteração da forma externa da fachada (art. 11). Tal decreto foi modificado em 1943 pelo Decreto n. 5.234, e, em 1948, pela Lei n. 285.
>
> Em 1964, foi promulgada a Lei n. 4.591/1964, que, em linhas gerais, disciplinou a propriedade horizontal...
>
> Por fim, o atual Código Civil, nos arts. 1.331 a 1.358, regulamentou o condomínio edilício, adotando as inúmeras disposições da Lei de 1964, mas sem aprimorá-la, e trazendo inovações que possibilitam interpretações duvidosas...[1]

Acrescenta-se que a Lei n. 4.591/1964 teve origem no projeto apresentado por Caio Mário da Silva Pereira.

---

[1] *Condomínio* – aspectos teóricos e práticos. São Paulo: J. H. Misuno – Editora Distribuidora, 2010. p. 42 e 43.

4

Conceito e constituição

A descrição delineada no último parágrafo do item acima é que identifica o condomínio que se convencionou denominar condomínio edilício, isto é, condomínio de edifício de apartamentos, havendo a convivência de uma propriedade exclusiva sobre as unidades autônomas, ou as partes ideais de cada titular, e uma propriedade comum sobre o conjunto de partes destinadas ao proveito de todos os condôminos. A palavra "edilício", conforme já explicado, origina-se do termo latino *aedilitium*, do qual adveio o edil, aquele encarregado de fiscalizar as construções públicas e particulares. Portanto, a palavra "edilício" representa ação relativa a construções.

Trata-se de um condomínio voluntário, formado pela vontade dos titulares, tendo como uma das causas mais diretas o melhor aproveitamento econômico do solo, abrangendo determinadas coisas destacadas e contratadas, e que forma a chamada propriedade horizontal, ou propriedade em planos horizontais, ou condomínio em planos horizontais superpostos, tudo porque se tem uma propriedade horizontalmente dividida. Mais claramente, há o edifício dividido em pavimentos superpostos em planos horizontais, que abriga apartamentos residenciais, salas e lojas. Há os andares, cuja área do mesmo andar se divide entre dois ou mais interessados. Por isso a palavra "horizontal"; não tem ela o significado de expressar aquele condomínio formado de casas construídas no mesmo plano, ou seja, uma ao lado da outra ou com pouca distância entre elas, mas dentro de um mesmo terreno, enquanto o condomínio de edifícios ou prédios de apartamentos ou salas comerciais, em que as unidades estão construídas uma sobre as outras, formaria o condomínio vertical.

Conforme exposto, a disciplina da propriedade edilícia no Brasil não veio contemplada no Código Civil de 1916, que se limitou a tratar, dentro do direito de vizinhança, da "casa de parede-meia". Iniciou a regulamentação com o Decreto n. 5.481/1928, e se aprofundou através da Lei n. 4.591/1964, passando, nos dias de hoje, para o Código Civil de 2002, introduzido pela Lei n. 10.406/2002, e constando prevista nos seus artigos 1.331 a 1.358 (Livro III, Título III, Capítulo VII). Todavia, em aspectos não regulados pelo Código Civil, cujas normas têm mais caráter complementar, ainda se mantém a vigência as disposições da Lei n. 4.591/1964.

Além do condomínio edilício, há o condomínio comum, o condomínio de lotes (introduzido pela Lei n. 13.465/2017) e o condomínio em multipropriedade (vindo com a Lei n. 13.777/2018).

Fornece o artigo 1.332 do Código Civil os modos admitidos de constituição de condomínio edilício:

Institui-se o condomínio por ato entre vivos ou testamento, registrado no Cartório de Registro de Imóveis, devendo constar daquele ato, além do disposto em lei especial:

I – a discriminação e individualização das unidades de propriedade exclusiva, extremadas umas das outras e das partes comuns;

II – a determinação da fração ideal atribuída a cada unidade, relativamente ao terreno e partes comuns;

III – o fim a que as unidades se destinam.

A instituição abrange mais de uma modalidade de formalização: pode ocorrer por escritura pública ou instrumento particular, em geral por meio de ata de assembleia geral dos condôminos, quando é dada uma destinação a um prédio (se existente ou depois de construído) ou a um terreno, dividindo-o em frações ideais e em unidades autônomas.

No artigo 1.332 do Código Civil, assim como no artigo 7º da Lei n. 4.591/1964, não veio estabelecido, de maneira expressa, se para a instituição do condomínio edilício seria necessária a utilização de instrumento público.

A opinião dominante na doutrina e na jurisprudência admite a utilização do instrumento particular para a finalidade antes mencionada.

Este, por exemplo, o posicionamento do Conselho da Magistratura do Estado de São Paulo, em diversos julgados, cristalizado, inclusive, nas Normas de Serviço dos Cartórios Extrajudiciais da Corregedoria de Justiça daquele Estado, Tomo II (Provimento 58/1989, atualizado até 03.02.2020) no seu Capítulo XX, item 219, cujo teor é o seguinte: "A instituição e especificação de condomínio serão registradas mediante a apresentação do respectivo instrumento público ou particular, que caracterize e identifique as unidades autônomas, ainda que implique atribuição de unidades aos condôminos, acompanhado do projeto aprovado e do 'habite-se', ou do termo de verificação de obras em condomínio de lotes".

A instituição equivale a expressar uma realidade nova que surge na propriedade, e que consiste na sua subdivisão em várias porções, à semelhança com o que se dá com o loteamento. Não resulta a criação de direitos reais, eis que nada se transmite, nem se onera, e muito menos se altera a titularidade. Permanecem os direitos reais existentes, que emigram para as novas matrículas que serão abertas para cada unidade que surge. Há, sim, modificação no regime jurídico, pois a propriedade assentar-se-á sobre cada unidade, e não sobre o todo. Nada se transferindo, o instrumento escrito distribuirá as frações para o mesmo ou os mesmos proprietários. Essa distribuição de partes se manifestará através da convenção ou mesmo outro documento equivalente.

Em verdade, um proprietário que constrói o edifício, e faz a individualização das diversas unidades, inclusive abrindo as matrículas de cada uma, não está criando o condomínio. Ele é o proprietário de todas as unidades. O condomínio aparece na medida em que são vendidas as unidades, surgindo dois ou mais proprietários de um mesmo prédio. E o fator determinante do condomínio, em edifícios, está na propriedade conjunta das partes comuns, e não na titularidade das unidades, eis que são de propriedade exclusiva. Na medida em que se dá a alienação das unidades vai se instituindo e ampliando o condomínio, que se formaliza documentalmente com a aprovação da convenção.

Tem-se, aí, o surgimento do condomínio a partir da venda de unidades de um prédio.

No entanto, é possível que duas ou mais pessoas decidam construir um prédio em conjunto, sendo elas titulares do terreno. Individuam as unidades autônomas, indicam as áreas de uso comum, definem as frações ideais. Ou seja, dividem o prédio em unidades e reservam espaços ou partes comuns. Repartem, entre elas, as unidades e tornam-se titulares também das áreas comuns, em uma equivalência à área das unidades. Já se forma, então, o condomínio, pois há copropriedade do terreno e do prédio.

Sempre, em sequência à matrícula, se faz a averbação da construção e se lança o registro da constituição do condomínio, com a individualização.

Se decorrer de ato escrito, a instituição e especificação do condomínio levam-se a registro, mediante a apresentação do respectivo instrumento (público ou particular), que caracterize e identifique as unidades autônomas, acompanhado do projeto aprovado e do "habite-se". Basta o requerimento que enumere as unidades, com remissão à documentação de divisão das unidades.

Revela-se comum a formação através da incorporação, em que o chamado incorporador promove a alienação das unidades existentes ainda na planta ou em construção.

Dá-se a criação também por testamento, quando os herdeiros são contemplados com apartamentos, cuja partilha se faz com o inventário ou arrolamento.

Finalmente, não se pode desconhecer a formação decorrente de sentença, em ação de divisão.

4.1. Documentos necessários para a constituição

Não basta a mera escritura pública ou o documento particular para constituir e registrar o condomínio. Considerando-se constituído o condomínio com o seu registro imobiliário, por imposição do artigo 1.332 do Código Civil, importa indicar os documentos necessários para esse ato. Não que exista alguma norma que faça a discriminação. Todavia, é natural a sua exigência, pois assim acontece com os registros de outras construções. Eis os documentos que se anexam ao pedido, juntamente com a especificação e individualização:

O primeiro documento que se deve anexar ao pedido é o "habite-se", que consiste no alvará ou certidão onde consta a licença ou permissão para o uso do prédio, dentro da finalidade que lhe foi dada.

Um segundo documento consiste na Certidão Negativa de Débitos (CND) perante o INSS, exigido pelo artigo 47, inciso II, da Lei n. 8.212/1991.

O terceiro documento corresponde ao projeto arquitetônico com a devida aprovação, que se revelará coerente com o memorial.

Já o quarto documento será o memorial descritivo, que deverá estar em conformidade com o projeto arquitetônico e as planilhas de áreas, acompanhado da previsão de custos e da planilha de áreas e frações ideais.

O artigo 788 da Consolidação Normativa Notarial e Registral do Tribunal de Justiça do Estado do RS, de 2020, publicada por meio do Provimento 01/2020, em vigor a partir de 2 de março de 2020, atualizado até o Provimento n. 003/1922-CGJ/RS, aponta para os referidos documentos exigidos:

Quando a instituição de condomínio não for precedida da incorporação registrada, todos os proprietários deverão requerê-la, exigindo-se:

- Código Civil, art. 1.332; Lei n. 4.591/1964, arts. 1º ao 8º; Lei n. 6.015/1973, art. 167, I, n. 17.

I – memorial descritivo com as especificações da obra e individualização das unidades autônomas;

II – carta de habitação fornecida pelo Município;

III – Certidão Negativa de Débito – CND do Instituto Nacional do Seguro Social – INSS;

IV – projeto arquitetônico aprovado pelo Município;

V – quadro de custos das unidades autônomas e a planilha de áreas e frações ideais, subscrita pelo engenheiro responsável pelo cálculo;

VI – Anotação de Responsabilidade Técnica – ART do Conselho Regional de Engenharia Arquitetura e Agronomia – CREA relativa à execução da obra.

§ 1º Quando a obra tiver sido executada por empresa, deverá ser também exigida a respectiva certidão negativa de débitos para com a Receita Federal.

§ 2º O quadro de custos e a planilha de áreas podem ser substituídos pela assinatura do profissional nos requerimentos, desde que neles constem esses dados.

Interessa, além da perfeita caracterização do condomínio, representado em plantas elucidativas, e mais a regularização do condomínio perante o Fisco, e, sobretudo, junto ao INSS, de modo a terem, os adquirentes, ciência da realidade e segurança quanto à inexigibilidade de encargos pendentes.

5

Lei incidente em matéria de condomínio edilício

Consoante já anotado, o Código Civil de 1916 não disciplinou o condomínio edilício, ou o condomínio formado por unidades autônomas e áreas comuns. A regulamentação ficou sedimentada unicamente na Lei n. 4.591/1964. O Código Civil de 2002 passou a tratar do assunto, mas sem revogar a Lei n. 4.591/1964, que segue incidindo nas questões não abarcadas pela lei civil, tanto que não aparece algum dispositivo ou regra afastando a sua vigência. Especialmente na Lei n. 4.591/1964, encontram-se disposições de ordem substantiva e adjetiva, seja civil ou penal (mais infracional), e de caráter administrativo, registral, notarial e mesmo financeira. Assim reconheceu o STJ: "O condomínio edilício é regido pelo Direito Privado – arts. 1.331 e seguintes do Código Civil e Lei 4.591/1964 e alterações posteriores".[1]

No Código Civil, no Capítulo VII, Título III, da Parte Especial, a regulamentação está em quatro Seções:

– Seção I, abrangendo os artigos 1.331 a 1.346, engloba as disposições gerais atinentes ao instituto;

– Seção II, de que tratam os artigos 1.347 a 1.356, cuida da administração do condomínio;

– Seção III, perfazendo-se através dos artigos 1.357 e 1.358, ocupa-se das formas de extinção do condomínio;

– Seção IV, envolvendo o artigo 1.358-A, introduzido pela Lei nº 13.465/2017, trata do condomínio de lotes.

Já no Capítulo VII-A, introduzido pela Lei n. 13.777/2018, versa sobre o condomínio em multipropriedade, iniciando no art. 1.358-B e encerrando no art. 1.358-U, através de seis seções.

Muitas as inovações que vieram com o Código Civil e leis posteriores que não apareciam na Lei n. 4.591/1964. Citam-se alguns exemplos mais proeminentes:

– quanto ao terraço, o § 5º do artigo 1.331 reza que integrará a área comum, a menos que conste disposição em contrário na escritura de constituição do condomínio;

– sobre a realização de obras de acréscimo em áreas comuns, o artigo 1.342 autoriza a sua realização, a fim de facilitar ou aumentar a utilização, desde que se obtenha a

---

[1] REsp n. 1.413.804/MG. Quinta Turma. Relator: Min. Seynaldo Soares da Fonseca. Julgado em 08.09.2015. *DJe* 18.09.2015.

aprovação por dois terços dos votos dos condôminos, mas vedada a construção nas partes comuns suscetíveis de prejudicar a utilização, por qualquer dos condôminos, das partes próprias ou comuns;

– o descumprimento reiterado dos deveres pelo condômino ou ocupante acarreta a aplicação de penalidade, cujo artigo 1.337 autoriza o montante de multa em até quíntuplo do valor da quota condominial;

– no caso de comportamento antissocial de condôminos ou ocupantes, gerando incompatibilidade de convivência com as demais pessoas do prédio, o parágrafo único do artigo 1.337 sujeita o infrator à multa equivalente a dez vezes o valor da quota condominial;

– a alienação da parte acessória, que faz parte da unidade autônoma, a outro condômino, ou a terceiro se constar a previsão no ato constitutivo do condomínio, passou a ser admitida pelo § 2° do artigo 1.339;

– sobre a construção de novas unidades, em outro pavimento, ou de mais um edifício, é autorizada pelo artigo 1.343 desde que concorde a unanimidade dos condôminos;

– as despesas de conservação do terraço de cobertura, pelo artigo 1.340 ficam a cargo de quem tiver o uso exclusivo, ou, diante do artigo 1.344, ao seu proprietário, se evidentemente por ele utilizado;

– fica autorizada, pelo artigo 1.348, §§ 1° e 2°, a delegação das funções do síndico, tanto as administrativas como as de representação. Mais especificamente, a assembleia está autorizada a investir outra pessoa nas funções de representação, enquanto ao síndico se permite transferir, total ou parcialmente, mediante a aprovação da assembleia, os poderes de representação e as funções administrativas;

– os promitentes compradores, os cessionários e os possuidores de unidades ficam sujeitos às normas da convenção, por expressa imposição dos artigos 1.333 e 1.334, § 2°, e às sanções estabelecidas, conforme o artigo 1.334, inciso IV;

– o síndico e qualquer condômino, se se omitir ou estiver impedido o primeiro, ficam autorizados a realizar obras urgentes ou necessárias, não se carecendo da prévia autorização da assembleia, de acordo com os §§ 1° e 2° do artigo 1.341, devendo, se, além de urgentes as obras, importarem em despesas excessivas, o síndico ou o condômino que tomou a iniciativa de sua realização convocar de imediato a assembleia e dar-lhe ciência;

– fica o condômino que realizar obras ou reparos necessários garantido do reembolso das despesas efetuadas, segundo o § 4° do artigo 1.341. Igual direito não resultará se não necessárias as obras, embora de interesse comum;

– a validade da assembleia dependerá da convocação da unanimidade dos condôminos, por exigência do artigo 1.354;

– a possibilidade de instituir o condomínio sobre lote, nos termos do artigo 1.358-A, de conformidade com a Lei n. 13.465/2017;

– a introdução do condomínio em multipropriedade, disciplina que foi incluída no Código Civil, como referido anteriormente, no Capítulo VII-A do Título III da Parte Especial, abrangendo os arts. 1.358-B a 1.358-U.

6

Natureza jurídica

Conforme ressalta da caracterização, existe uma fusão de propriedade individual e de propriedade comum no condomínio. As unidades, isto é, o terreno, os apartamentos, ou salas, ou lojas e sobrelojas, ou conjuntos, ou depósitos (inclusive para a guarda de carros) consideram-se autônomas e individuais, de uso privativo dos respectivos titulares. A essas áreas individuais somam-se as partes comuns, ou de todos, e destinadas ao uso comum, dando-se a distribuição aos condôminos em extensão proporcional à área privativa. De sorte que o condômino é titular de uma área privativa e individual, e de outra parte em comum com os demais condôminos. A soma denomina-se fração ideal. Daí se compreender que o condomínio equivale a uma junção de propriedade individual e de propriedade comum, cuja fruição é concomitante.

Essa a ideia que se colhe da doutrina antiga, e que por primeiro enfrentou a natureza do condomínio edilício. É a posição defendida, *v.g.*, por Planiol e Ripert,[1] sendo a mais acertada e aceita pela doutrina. Preceituam que nos edifícios de andares ou apartamentos, pertencentes a proprietários diversos, existem superposição de propriedades distintas e separadas, complicada pela existência de comunhão relativa a determinadas dependências de uso comum dos diversos donos. Ou seja, o direito de propriedade sobre a parte exclusiva é combinado com o de copropriedade sobre as partes comuns e forma um novo direito real, resultante dos dois primeiros, que é o condomínio edilício.

Esse também é o direcionamento de Baudry-Lacantinerie,[2] dizendo coexistirem nos condomínios uma mistura de propriedade exclusiva e de condomínio.

No Brasil, Wilson de Souza Campos Batalha também se posiciona no sentido de que a combinação entre a propriedade exclusiva e a copropriedade sobre as partes comuns faz nascer um novo direito real. Para ele, "o condomínio por andares ou apartamentos caracteriza-se como uma verdadeira *comixtio* de propriedade comum e propriedade separada, reunindo e englobando, numa sistematização própria, princípios de ambos os institutos".[3]

---

[1] *Traité pratique de droit civil*. v. 3º, n. 319, *apud* MONTEIRO, Washington de Barros. *Curso de direito civil*: direito das coisas. 37. ed. rev. e atual. por Carlos Alberto Dabus Maluf. São Paulo: Saraiva, 2003. v. 3.

[2] *Traité théorique et pratique de droit civil*. v. 6º, n. 986 *apud* MONTEIRO, Washington de Barros. Loc. cit.

[3] CAMPOS BATALHA, Wilson de Souza. *Loteamentos e condomínios*. São Paulo: Max Limonad, 1953. v. II, p. 86.

Por mera curiosidade histórica, lembra-se que várias outras teorias foram defendidas, mas que não obtiveram sucesso, como a da servidão, a da superfície, a da comunhão de bens, a da sociedade imobiliária, e a da propriedade solidária.

Em termos simples, temos uma mistura de propriedade individual e de propriedade comum, vindo a constituir uma modalidade de domínio *sui generis*, coexistindo a propriedade exclusiva ou individual incidente nas unidades autônomas e a propriedade de áreas comuns, pertencentes a todos. Na primeira, os proprietários exercem plena propriedade individual e privativa no uso, gozo e disposição, com poderes para livremente instituir gravames e para alienar sem o consentimento dos demais titulares, aos quais nem se reserva o direito de preferência. Na segunda, existe a total vinculação à unidade individual ou privativa, como se fosse um seu acessório, e dela não podendo desvincular-se. Todavia, o uso é comum de todos os titulares, não se admitindo a venda separada, e neste particular é que se dá o condomínio, ou a *communio* propriedade. O conjunto da parte comum é formado por vários itens, e que se exemplificam no solo, na estrutura do prédio, no telhado, no terraço, na rede geral de distribuição de água, esgoto, gás e eletricidade, na calefação e na refrigeração central, nos acessos, na sala de entrada, nos portões, nas cercas. A especificação aparece detalhada no artigo 1.331, em seus §§ 1º e 2º, com a sua titularidade proporcional em função da área de cada unidade.

Para os efeitos de tratamento jurídico, domina o caráter autônomo, tanto que a incidência de tributos e taxas públicas, despesas condominiais é para cada unidade, considerada em sua fração ideal.

Não se enquadra o condomínio edilício como uma pessoa jurídica do tipo sociedade, pois ausentes a *affectio societatis* e o vínculo entre as pessoas para realizar determinada finalidade. O vínculo que realmente existe não é pessoal, mas real, especialmente decorrente da copropriedade nas partes comuns. Isso, porém, não impede que tenha uma personalidade jurídica, tanto que pode figurar como sujeito de direitos e deveres, com capacidade de estar em juízo, nos termos do artigo 75, inciso XI, do Código de Processo Civil. Admite-se que adquira as unidades dos condôminos insolventes, em venda por meio de leilão. Assim está previsto no artigo 63, § 3º, da Lei n. 4.591/1964, em pleno vigor, pois omisso o Código Civil a respeito: "No prazo de 24 horas após a realização do leilão final, o condomínio, por decisão unânime de Assembleia Geral em condições de igualdade com terceiros, terá preferência na aquisição dos bens, caso em que serão adjudicados ao condomínio".

Realmente, embora o escrúpulo como encaram a matéria certos autores, impedimento algum se apresenta, impedindo que o condomínio adquira unidades ou áreas adjacentes, para finalidades diversas. Desde que obtida a aprovação pela maioria dos condôminos, não parece que haja impedimento do condomínio seja proprietário. Há os que, por extrema prudência, aconselham que, se houver a aquisição de uma unidade, ou de algum imóvel, o mais conveniente é que figurem como adquirentes os condôminos, sendo que tal aquisição passará, então, a constituir área comum, jungindo-se individualmente, em porções iguais, às frações ideais de cada condômino.

Pode abrir contas bancárias e ter inscrição na receita federal e municipal. Para tanto, providenciará na obtenção de um CNPJ, pois movimenta valores, tendo conta bancária.

Havendo uma individualidade identificada, tanto que se lhe permite ter o CNPJ, não se pode negar a compra de bens imóveis, posto que não se coloca qualquer óbice para a compra e venda de coisas móveis.

Carlos Alberto Dabus Maluf e Márcio Antero Motta Ramos Marques vão mais longe, e com razão:

> O condomínio compra e vende, contrata empregados, presta serviços, empresta, loca ou dá em locação, transige, enfim, atua na viga negocial como qualquer pessoa jurídica; dentro de seu âmbito de atuação, o condomínio tem, portanto, existência formal.
>
> Sua personificação jurídica é reconhecida expressamente, por exemplo, na legislação francesa, cuja doutrina o qualifica como uma criação original do legislador.
>
> João Batista Lopes afirma existir no condomínio personificação do patrimônio comum. Se ao espólio e à massa falida, entidades com personificação transitória, permitem-se atividades similares, com maior razão ao condomínio, que tem o conteúdo amplo de permanência inerente aos direitos reais (*Condomínio*. 8. ed. São Paulo: RT, 2003. p. 26).[4]

Todavia, há a tendência de reconhecer uma simples capacidade processual, bem como a representação jurídica decorrente de dispositivos expressos na lei, à semelhança de certas figuras afins, como acontece com o espólio deixado por pessoa que faleceu e com a massa falida.

---

[4] *O condomínio edilício no novo Código Civil*. 2. ed. São Paulo: Saraiva, São Paulo, 2005. p. 18.

7

Não incidência das normas do Código de Defesa do Consumidor nas relações entre condôminos

Embora a evidência de que o cumprimento das obrigações se faça em favor dos próprios condôminos, sendo eles, em última instância, os favorecidos, não é demais referir que não incidem as regras do Código de Defesa do Consumidor. Além de serem eles os destinatários das multas, dos juros e outros encargos, não há a prestação de serviços pelo condomínio, posto que o mesmo é composto dos condôminos. Na verdade, se alguma relação de consumo se vislumbrasse, envolveria o condomínio e os terceiros que são contratados para prestar os serviços.

O STJ bem colocou a matéria:

> Tratando-se de contrato em que as partes ajustaram a construção conjunta de um edifício de apartamentos, a cada qual destinadas respectivas unidades autônomas, não se caracteriza, na espécie, relação de consumo, regendo-se os direitos e obrigações pela Lei n. 4.591/1964, inclusive a multa moratória na forma prevista no art. 12, § 2º, do referenciado diploma legal.[1]

A fundamentação do voto do relator, Min. Aldir Passarinho Junior, revela que as relações são entre os condôminos, e que, assim, não encontra fundamento impugnar obrigações consideradas exageradas com amparo no Código de Defesa do Consumidor:

> É que não se cuida, na espécie, de contrato regido pela Lei n. 8.078/1990, porquanto inexiste relação de consumo. Três dos autores eram proprietários dos lotes e, juntamente com outros interessados, dentre os quais os ora recorrentes, celebraram "contrato de transmissão de propriedade de frações ideais e outras avenças", ajustando a edificação, em condomínio, de um edifício de apartamentos. Em termos mais simples, os titulares do imóvel participavam com os terrenos, recebendo, ao final, dois apartamentos construídos, e, em compensação, transferiam aos demais contratantes as frações ideais correspondentes às unidades autônomas que lhes caberiam no mesmo prédio. Ocorreu, porém, que os réus, dentre todos os demais que participaram do empreendimento, deixaram de honrar pontualmente com sua contribuição ao empreendimento, às vezes efetuando pagamentos a menor, até que reconheceram a dívida perante os demais, firmando instrumento próprio. Sem embargo desse valor, a atitude também gerou outros

---

[1] REsp. n. 407.310/MG. Quarta Turma. Julgado em 15.06.2004. *DJU* 30.08.2004. *RSTJ*, v. 202, p. 338.

prejuízos ao grupo, motivando a ação, em que os demais condôminos da construção pedem o recebimento dos atrasados e indenização pelos danos ocorridos.

Ao que se depreende, portanto, não se enquadra a espécie aqui retratada no art. 2º da Lei n. 8.078/1990, que reza:

Art. 2º Consumidor é toda pessoa física ou jurídica que adquire ou utiliza produto ou serviço como destinatário final.

Se pudesse enquadrar os réus em tal dispositivo, ter-se-ia, então, a peculiar situação em que os autores, também condôminos com iguais direitos e obrigações, seriam igualmente consumidores em relação aos próprios recorrentes.

Na verdade, é contrato regido pela Lei de Condomínio e Incorporações, e valem as suas normas, portanto o art. 12, § 3º, do referenciado diploma.

Nesse sentido:

Agravo regimental. Recurso especial não admitido. Condomínio. Inadimplência. Multa. 1. Quanto ao termo inicial dos juros moratórios, o recorrente, no especial, não impugnou os fundamentos do acórdão, não sendo permitido a parte inovar em sede de agravo regimental, ao lançar mão de novos argumentos, não expostos oportunamente, com o objetivo de sanar vícios da petição de recurso especial. 2. A jurisprudência desta Corte admite a cobrança da multa de 20% sobre o valor do débito, quando prevista na Convenção Condominial, hipótese destes autos, não restando configurada ofensa ao Código de Defesa do Consumidor. 3. Agravo regimental desprovido (AGEDAG n. 346.975/SP. Relator: Min. Carlos Alberto Menezes Direito. Terceira Turma. Unânime. *DJU* 11.06.2001).

Condomínio. Multa. Art. 12, § 3º, da Lei n. 4.591/1964. Precedentes da Corte. (...) 1. Na linha de precedentes da Corte, é possível a cobrança da multa de 20% sobre o valor do débito, quando prevista na Convenção de Condomínio, nos termos da Lei n. 4.591/1964, não ocorrendo os pressupostos do art. 924 do Código Civil, aplicado pelo acórdão recorrido, a justificar a sua redução. 2. Recurso especial conhecido e provido (REsp. n. 468.246/SC. Relator: Min. Carlos Alberto Menezes Direito. Terceira Turma. Unânime. *DJU* 01.09.2003).

(...) 1. A utilização, pelo Tribunal *a quo*, dos mesmos fundamentos adotados pela sentença, com sua transcrição integral no corpo do acórdão, não representa mácula ao art. 458 do CPC. 2. Diante da manifestação expressa, no acórdão recorrido, de todas as matérias devolvidas, inexistindo qualquer omissão, contradição, obscuridade ou ponto pendente de prequestionamento, deve ser mantida a multa aplicada prevista no parágrafo único do art. 538 do CPC. Precedente. 3. As relações jurídicas existentes entre condomínio e condôminos são regidas por lei específica, sendo inaplicável o Código de Defesa do Consumidor, o que permite a fixação, pela convenção de condomínio, de multa moratória superior ao limite estatuído no § 1º do art. 52 da Lei n. 8.078/1990 (...). 5. Recurso Especial não conhecido (REsp. n. 265.534/DF. Relator: Min. Fernando Gonçalves. Quarta Turma. Unânime. *DJU* 01.12.2003). Os artigos 458 e 538 referidos correspondem aos artigos 489 e 1.026 do CPC/2015.

Em outra decisão:

"Não se aplicam as normas do Código de Defesa do Consumidor às relações jurídicas estabelecidas entre condomínio e condôminos".[2]

---

[2] AgRg no Ag 1.122.191/SP, da 4ª Turma, rel. Min. Luis Felipe Salomão, j. em 22.06.2010, *DJe* de 1º.07.2010.

Invocam-se vários precedentes no voto do Relator:

"O fato é que se tratando de condomínio ou de loteamento, não há espaço mesmo para a aplicação do Código de Defesa do Consumidor, porquanto, a toda evidência, não há relação de consumo.

Mutatis mutandis, confiram-se os precedentes:

'Condomínio. Despesas comuns. Competência. Juizado especial. Multa de 20%. Inaplicabilidade, in casu, do CDC.

(...)

– Não se aplica o Código de Defesa do Consumidor às relações jurídicas estabelecidas entre o condomínio e os condôminos. Precedentes. Recurso especial não conhecido'. (REsp 280.193/SP, Rel. Ministro Barros Monteiro, Quarta Turma, julgado em 22/06/2004, DJ 04/10/2004 p. 302)

'Recurso especial. Condomínio. Contratação de contador. Inexistência de relação consumerista entre o fornecedor de serviço e condômino individualmente considerado.

I – Conforme reiterada jurisprudência desta Corte, não é relação de consumo a que se estabelece entre os condôminos e o Condomínio, referente às despesas para manutenção e conservação do prédio e dos seus serviços.

II – A relação firmada entre o contador (prestador de serviço) e o Condomínio (destinatário final) está embasada na legislação consumerista, porém, em nada aproveita à autora, haja vista que a prestação do serviço de contadoria fora destinada ao condomínio, como um todo, e não, individualmente, a cada um dos condôminos. Recurso especial a que se nega conhecimento'. (REsp 441.873/DF, Rel. Ministro Castro Filho, Terceira Turma, julgado em 19/09/2006, DJ 23/10/2006 p. 295)".

8

A unificação e o desmembramento de terrenos e a coexistência da propriedade individual e da propriedade comum no condomínio edilício

Primeiramente, necessário esclarecer que, se abranger mais de um terreno o condomínio edilício, torna-se indispensável, antes, a sua unificação, procedendo-se de acordo com as regras dos artigos 234 e 235 da Lei dos Registros Públicos (Lei n. 6.015/1973).

Encerra o primeiro:

> Quando dois ou mais imóveis contíguos, pertencentes ao mesmo proprietário, constarem de matrículas autônomas, pode ele requerer a fusão destas em uma só, de novo número, encerrando-se as primitivas.

O segundo reza, com alterações e acréscimos da Lei n. 12.424/2011:

> Podem, ainda, ser unificados, com abertura de matrícula única:
>
> I – dois ou mais imóveis constantes de transcrições anteriores a esta Lei, à margem das quais será averbada a abertura da matrícula que os unificar;
>
> II – dois ou mais imóveis, registrados por ambos os sistemas, caso em que, nas transcrições, será feita a averbação prevista no item anterior, as matrículas serão encerradas na forma do artigo anterior;
>
> III – dois ou mais imóveis contíguos objeto de imissão provisória na posse registrada em nome da União, Estado, Município ou Distrito Federal.
>
> § 1º Os imóveis de que trata este artigo, bem como os oriundos de desmembramentos, partilha e glebas destacadas de maior porção, serão desdobrados em novas matrículas, juntamente com os ônus que sobre eles existirem, sempre que ocorrer a transferência de uma ou mais unidades, procedendo-se, em seguida, ao que estipula o item II do art. 233.
>
> § 2º A hipótese de que trata o inciso III somente poderá ser utilizada nos casos de imóveis inseridos em área urbana ou de expansão urbana e com a finalidade de implementar programas habitacionais ou de regularização fundiária, o que deverá ser informado no requerimento de unificação.
>
> § 3º Na hipótese de que trata o inciso III, a unificação das matrículas poderá abranger um ou mais imóveis de domínio público que sejam contíguos à área objeto da imissão provisória na posse.

Realmente, não é possível instituir um condomínio em imóveis distintos. Já não haveria um condomínio, mas dois, pois duas as propriedades. Impor-se-ia a necessidade de serem separadas as construções para fins de abertura de matrícula e registros.

De outra parte, decidindo-se pela constituição do condomínio sobre uma parte apenas do terreno, remanescendo a outra porção na titularidade individual de uma pessoa, insta se providencie, antes, o prévio desmembramento. A providência envolve requerimento, apresentado perante a Prefeitura Municipal, devidamente instruído com os documentos de propriedade e projetos de engenharia e de arquitetura, dentro das exigências administrativas exigidas. Autorizado o desmembramento, com a respectiva certidão, leva-se a termo o desmembramento, através de pedido escrito com a firma reconhecida, efetuando-se a averbação junto à matrícula. Desde que o Município aprove o projeto e a planta da construção, subentende-se autorizado o desmembramento, o que dispensa a apresentação da certidão referida. Abre-se, então, matrícula do imóvel objeto do condomínio.

Não é possível implantar o condomínio sobre terrenos de titularidades diferentes. Mário Pazutti Mezzari bem coloca o assunto:

> É fora de dúvida que terrenos pertencentes a proprietários diferentes não podem ser unificados. A faculdade de unificar terrenos é concedida apenas quando os imóveis, contíguos, pertencerem ao mesmo proprietário (artigos 234 e 235 da Lei dos Registros Públicos).
>
> No entanto, é possível, igualmente, que terrenos lindeiros, pertencentes em condomínio entre os mesmos proprietários, sejam unificados. Se "A" e "B" são coproprietários dos dois terrenos unificandos, essa unificação será possível. O que não se pode é, sob a alegação de que se trata de mera unificação, fazer-se uma verdadeira mistura de propriedades de pessoas diferentes, mediante abertura de matrícula única. Assim, se um dos terrenos é de "A" e o outro é de "A" e de "B", igualmente não se poderão unificar, porque tratam-se de imóveis de situação dominial distinta.[1]

Uma vez instituído o condomínio, cada titular de fração ideal exercerá os direitos de uso e proveito sobre a unidade e a área comum.

A titularidade de unidade condominial envolve, com exclusividade, ou sem o proveito dos demais condôminos, o uso, a fruição e o poder de disposição. Já em relação às partes comuns, há também o uso, a fruição, mas em conjunto com os demais, enquanto a disposição fica na dependência da disposição da unidade. No entanto, o uso e a fruição devem coadunar-se às funções próprias e específicas da destinação, sempre em respeito às finalidades da propriedade comum, de modo a não afastar iguais direitos dos demais condôminos na utilização, impondo-se, para tanto, uma rígida obediência a regras estabelecidas na lei e na convenção. De modo algum se tolera a infringência às condutas de convivência, no que se relaciona ao proveito das áreas comuns, mormente aos espaços de circulação, às paredes, às fachadas e à utilização de serviços.

A regulamentação de utilização particular e comum, segundo já observado, está no artigo 1.331 do Código Civil.

---

[1] *Condomínio e incorporação no registro de imóveis.* 3. ed. Porto Alegre: Norton Editor, 2010. p. 59.

Quanto à área de uso individual, consta do § 1°, em redação trazida pela Lei n. 12.607/2012:

> As partes suscetíveis de utilização independente, tais como apartamentos, escritórios, salas, lojas e sobrelojas, com as respectivas frações ideais no solo e nas outras partes comuns, sujeitam-se a propriedade exclusiva, podendo ser alienadas e gravadas livremente por seus proprietários, exceto os abrigos para veículos, que não poderão ser alienados ou alugados a pessoas estranhas ao condomínio, salvo autorização expressa na convenção de condomínio.

Deve-se aplicar a regra da necessidade de autorização pela convenção condominial mesmo em relação àquele que vende a unidade considerada como apartamento, sala, conjunto, loja etc., que não poderá permanecer titular apenas do abrigo para veículo, pois, consoante o espírito da *mens legis*, passa a ser estranho ao condomínio. Inadmissível aceitar a permanência com a titularidade do abrigo, pois representaria uma violação ao propósito da lei.

Na visão de Carlos Alberto Dabus Maluf,

> a propriedade exclusiva ou privativa constitui-se pelas unidades ou apartamentos autônomos, delimitados pelas paredes divisórias. Cada proprietário tem domínio único e exclusivo sobre suas partes ou dependências. Com relação a estas, como diz Capitant, seus direitos são quase tão completos, quase tão absolutos quanto os do proprietário único de uma casa.[2]

De conformidade, pois, com esse dispositivo, às partes suscetíveis de utilização independente, numa edificação, ou seja, às unidades constituídas em autônomas, deverá corresponder uma fração ideal no solo e nas partes comuns do edifício, no qual é proporcional ao valor da unidade imobiliária, que se calcula em relação ao conjunto da edificação.

Já as partes comuns estão discriminadas no § 2°, sem caráter de exaustão:

> O solo, a estrutura do prédio, o telhado, a rede geral de distribuição de água, esgoto, gás e eletricidade, a calefação e refrigeração centrais, e as demais partes comuns, inclusive o acesso ao logradouro público, são utilizados em comum pelos condôminos, não podendo ser alienados separadamente, ou divididos.

Na estrutura do prédio incluem-se as fundações, as pilastras, os vestíbulos, o pórtico, as escadas, os elevadores, o assoalho, os corredores, as escadas, a morada do zelador, as piscinas, a sauna, quadras de esporte.

Há no condomínio edilício uma conjugação da propriedade individual da unidade, separada por paredes, e da propriedade conjunta das coisas comuns, ambas devendo coexistir, pois ligadas uma na outra. Justamente na perfeição e harmonia do uso e fruição dessas propriedades alcança-se o pleno funcionamento da vida condominial,

---

[2] Natureza jurídica do condomínio voluntário e edilício. *Revista do Advogado*, AASP – Associação dos Advogados de São Paulo, n. 98, p. 85, jul. 2008.

em uma organização firmada em regras e na participação de todos na cooperação e sujeição aos interesses gerais e individuais. São de alta relevância as restrições e abstenções de condutas egoístas, puníveis as infrações com penalidades, de sorte a atingir um elevado grau de sadia coabitabilidade, evitando-se distúrbios, com a exata noção do alcance ou limites do exercício dos direitos pessoais, de modo a não ofender os direitos da comunidade. A gestão e a administração visarão à combinação da propriedade individual e da comum, a ponto de se atingir um equilíbrio e uma convivência de direitos e deveres individuais e comuns.

A imposição do comportamento individual e coletivo propício a conseguir um ambiente de convivência digna é corolário da natureza do condomínio, que supõe, para a sua existência, a discriminação e a individualização de unidades autônomas e das partes comuns. A titularidade de uma e de outras importa em condutas típicas para cada tipo de propriedade.

9

Condomínio edilício com o significado de condomínio em edifícios

O condomínio especial corresponde ao condomínio edilício, denominação adotada pelo Código Civil de 2002, mas que já era conhecida e empregada, tendo a palavra "edilício" origem no termo "edil", usado, desde a antiga Roma, para indicar o ocupante ao cargo de administrador, ou legislador da urbe, e inclusive com o encargo de fiscalizar as construções públicas e particulares. Comum, também, a expressão "condomínio horizontal", ou "propriedade horizontal", advinda de Caio Mário da Silva Pereira, autor do projeto que levou à Lei n. 4.591/1964, mas já conhecida em obra de Cunha Gonçalves, em 1956 (*Da propriedade horizontal, ou por andares*. Lisboa, Editora Ática, 1956). Outras denominações foram tentadas, como "propriedade em planos horizontais", "condomínio por andares", "condomínio em edifícios", que não conseguiram se impor em nossa tradição jurídica. Entretanto, nenhuma revela o real significado do instituto. Em realidade, trata-se de um condomínio formado em edifícios ou prédios, em que várias pessoas se tornam proprietárias, com o destaque da exclusividade na titularidade de uma parte da construção, e da propriedade comum em outras partes. O nome que melhor revela o conteúdo é "condomínio em edifício", pois assim acontece na realidade, em que domina um regime próprio ou especial de copropriedade.

É o condomínio em edifícios e em outras edificações, inclusive em áreas de terras, se nelas se construírem casas ou prédios térreos ou assobradados, com jardins e quintais, para residências unifamiliares, ou se houver a destinação dessas áreas para a ocupação concomitante individual de porção delas e comum de outras extensões, havendo uma convenção a que todos se submetem. Neste tipo, partes do imóvel são de propriedade exclusiva do condômino, e outras partes pertencem ao domínio de todos, em consonância com o artigo 1.331: "Pode haver, em edificações, partes que são propriedade exclusiva, e partes que são propriedade comum dos condôminos." Realmente, não se dá o poder de disposição comum sobre a totalidade do imóvel, que fica restrito a determinadas partes, consideradas comuns, e destinadas a todos. Em parcela considerável da coisa, constituída das unidades ou apartamentos, salas, conjuntos, garagens, há o poder exclusivo dos condôminos. A utilização é privativa, restringindo-se o poder de todos nas frações destinadas ao uso comum.

Neste tipo, há uma conjugação da propriedade individual e da propriedade comum ou coletiva. A individual destina-se à ocupação exclusiva dos titulares, com autonomia material e jurídica, vindo materializada nos apartamentos, salas, escritórios, conjuntos e garagens. Incluem-se na comum ou coletiva o terreno, as paredes e a estrutura do prédio, as fundações, a rede elétrica e a de água e esgoto, as áreas de circulação, a entrada do prédio, as salas de reuniões e recreação, pertencendo a todos os condôminos na proporção de frações relativamente ao todo, e conjugadas às unidades privativas, sem possibilidade de desmembramento e de venda separada.

Daí que a propriedade edilícia é formada pelo conjunto das partes comuns e das partes privativas, conduzindo a dar-se autonomia à unidade imobiliária. Dá-se a conjunção da propriedade privativa ou exclusiva e da propriedade comum, numa espécie de fusão ou simbiose de ambas, e com regulamentação própria.

Isto tanto em edifícios como em outros tipos de empreendimentos, citando-se os condomínios fechados ou especiais, chamados também de vilas residenciais, e formados de múltiplas casas térreas ou assobradas, em geral circundados por muros. Oferecem mais condições de liberdade e amplidão de espaço para a manutenção de pequenos animais domésticos, vindo com quintais e jardins amplos, praças de esporte ou recreação (*playground*) especialmente para crianças. Incluem-se, ainda nesta categoria, os condomínios de sítios e de áreas de lazer ou descanso. Embora o Código Civil se refira a edificações, omitindo-se a conjunto de casas, a expressão também deve alcançar o condomínio formado de casas. Importa o fato de existirem partes exclusivas e partes comuns para a configuração do condomínio regrado pelo Código Civil, não se fazendo necessário o detalhamento. A sua previsão consta expressa no artigo 8º, letra *a*, da Lei n. 4.591/1964, ao disciplinar a sua implantação:

> Em relação às unidades autônomas que se constituírem em casas térreas ou assobradadas, será discriminada a parte do terreno ocupada pela edificação e também aquela eventualmente reservada como de utilização exclusiva dessas casas, como jardim e quintal, bem assim a fração ideal do todo do terreno e de partes comuns, que corresponderá às unidades.

10

As modalidades de constituição do condomínio edilício

Há várias modalidades, decorrentes das origens que levam à constituição do condomínio, ou seja, de vários atos pode se originar ou formar um condomínio edilício, que é um edifício ou prédio constituído de múltiplas unidades e de áreas comuns. Mediante a constituição, resultará uma copropriedade na coisa comum, operando-se a individualização de unidades e a propriedade comum de áreas específicas, destinadas a todos os titulares. Evidentemente, deverá haver uma convenção, aprovada em assembleia, que será o diploma que regerá a utilização e os direitos e deveres dos condôminos.

O artigo 7º da Lei n. 4.591/1964 enumera duas formas:

> O condomínio por unidades autônomas instituir-se-á por ato entre vivos ou por testamento, com inscrição obrigatória no Registro de Imóveis, dele constando: a individualização de cada unidade e discriminação, bem como a fração ideal sobre o terreno e partes comuns, atribuída a cada unidade, dispensando-se a descrição interna da unidade.

De igual modo o artigo 1.332 do Código Civil:

> Institui-se o condomínio edilício por ato entre vivos ou testamento, registrado no Cartório de Registro de Imóveis, devendo constar daquele ato, além do disposto em lei especial:
>
> I – a discriminação e individualização das unidades de propriedade exclusiva, estremadas umas das outras e das partes comuns;
>
> II – a determinação da fração ideal atribuída a cada unidade, relativamente ao terreno e partes comuns;
>
> III – o fim a que as unidades se destinam.

Ou seja, institui-se o condomínio por ato entre vivos e por testamento.

Examina-se, antes, a modalidade consistente na destinação em testamento. O proprietário faz um testamento, dispondo que um imóvel, ou um prédio, um edifício, uma residência passará, com a sua morte, para certas pessoas, em geral herdeiros. O ato conterá a individualização das unidades autônomas, a indicação das áreas comuns, e o fim a que se destinam as unidades. Posteriormente, com a transmissão pela abertura da sucessão, através de inventário judicial ou pelo tabelionato, cabe aos herdeiros proceder à formalização da divisão das unidades, com o devido registro na matrícula, se não houver já sido feita em vida do testador. Em um passo seguinte, abre-se a matrícula das unidades. Evidentemente, deverá existir a averbação da construção do prédio no terreno. Não havendo o testador providenciado nessa medida, aos herdeiros incumbe a regularização administrativa e registrária.

Na instituição por ato entre vivos aparecem várias causas.

Uma delas está na reunião de duas ou mais pessoas, que resolvem se associar para a construção de um edifício, cuja propriedade se dividirá entre elas, mas sempre com a divisão e especificação em várias unidades. Dá-se a aquisição em comum de um terreno, e forma-se um contrato entre as pessoas, estabelecendo as unidades que pertencerão a cada condômino, os valores que suportarão e as regras da divisão das unidades que serão ou estão construídas, com a sua completa descrição, inclusive das áreas destinadas ao uso de todos. Em geral, organiza-se a formação do condomínio e contrata-se a construção a preço de custo por administração, ou por meio de empreitada. No próprio documento estabelece-se o condomínio. Há, no caso, uma escritura pública, pois a formação se opera no próprio ato de aquisição. Os apartamentos ou unidades individualizadas já nascem no momento da aquisição e o condomínio se considera existente desde o início, consumando-se com a construção. Não se impede, porém, que duas ou mais pessoas construam em conjunto, sem determinar a divisão das unidades entre elas. Há o condomínio pró-indiviso, mesmo que já implantada a individuação das unidades e das partes em comum, as quais ficam na propriedade comum. Somente mais tarde fazem a atribuição a cada condômino. Na hipótese, se igual a distribuição de unidades com as correspondentes partes comuns, suficiente um documento particular. Caso desigual a distribuição, no que ultrapassar ou receber a mais o condômino, deverá haver a escritura pública de transmissão, que poderá ser concomitante com a divisão.

Por doação em vida também é admitida a instituição. O proprietário transmite, por ato entre vivos, um imóvel em conjunto para os donatários. Todavia, se pretende individualizar as partes doadas, e em se tratando de edifício, indispensável a prévia individualização das unidades, com a prévia averbação da construção. Uma vez lavrado o ato de liberalidade, aos favorecidos cabe levar a efeito a abertura das matrículas de cada unidade, com as frações ideais.

Através de partilha feita por direito de sucessão constitui mais uma forma. A transmissão hereditária não será de unidades para pessoas individuadas, mas do conjunto de unidades que se encontram em nome do autor da herança, que é o proprietário do edifício. Se já averbada a construção e individualizadas as unidades, com a sua descrição, no inventário elabora-se a partilha, expedindo-se o respectivo formal para cada herdeiro contemplado, que providenciará, em ato posterior, na abertura de matrícula.

Por meio da incorporação imobiliária também se dá a formação do condomínio, quando uma pessoa natural, ou uma empresa, adquire um terreno e coloca à venda as unidades que serão edificadas, equivalentes a frações ideais do terreno. Os adquirentes das unidades constituirão o condomínio, pois se tornam proprietários das unidades que compõem o edifício. A matéria será longamente estudada em itens separados.

Outro tipo de condomínio que se constitui verifica-se nas vendas ou transferências que o Poder Público faz de apartamentos ou moradias, em empreendimentos de programas sociais com verbas públicas, geralmente custeando encargos ou o próprio preço, e através de financiamentos cujo pagamento se dá em prestações módicas.

É possível que várias pessoas sejam proprietárias conjuntamente de um edifício, o qual se encontra dividido em unidades, inclusive com a averbação e a individualização no registro imobiliário. Todavia, a propriedade é indistintamente de todos, sem especificar a titularidade incidente nas unidades. Ou seja, há uma copropriedade. Autoriza-se e encontra apoio na lei a divisão amigável ou judicial do condomínio *pro indiviso*, com a destinação individualizada de cada unidade. É a chamada instituição de condomínio por acordo de vontades. Procede-se à divisão por meio de escritura pública e cria-se a convenção. Atribuem-se as unidades aos diversos condôminos. Não havendo consenso entre os coproprietários, o caminho será o judicial, mas não por meio da ação de divisão dos artigos 588 e seguintes do Código de Processo Civil, e sim de divisão de coisa comum, sendo mais apropriado o procedimento especial de jurisdição voluntária dos artigos 719 e seguintes do mesmo diploma. Se impossível a distribuição equitativa das unidades para cada coproprietário, a única solução está na alienação judicial, seguindo o artigo 730 do diploma processual civil.

Ao proprietário de um edifício composto de várias unidades, devidamente individualizadas no registro, assegura-se o direito da venda das unidades em separado, ou isoladamente, por meio de escritura pública. Os adquirentes tornam-se titulares das unidades e áreas comuns, formando, obviamente, um condomínio edilício com o proprietário do prédio. Os títulos serão levados ao registro imobiliário, para se lavrar as correspondentes matrículas. É a chamada instituição por destinação do proprietário, pela qual o dono do terreno constrói um edifício e o divide em unidades (apartamentos, ou salas, ou lojas, ou garagens).

Em todas as modalidades acima, antes da divisão ou da venda de unidades, pressupõe-se a prévia instituição do condomínio mediante a convenção, seguindo-se a especificação e discriminação das unidades e das partes comuns, com as respectivas aberturas de matrículas.

11

Modelo de constituição de condomínio pelo proprietário por meio de escritura pública

ESCRITURA PÚBLICA DE CONSTITUIÇÃO DE CONDOMÍNIO que faz ...., na forma abaixo:

SAIBAM quantos esta pública escritura de constituição de condomínio virem, que aos .... dias do mês de .... do ano de ...., nesta Cidade de ...., Estado de ...., em Cartório, perante mim, tabelião e as testemunhas adiante nomeadas, compareceu a parte adiante nomeada, a qual me apresentou os documentos abaixo mencionados e identificou-se como sendo outorgante e reciprocamente outorgada, a saber: ...., pessoa jurídica de direito privado, com sede e foro nesta cidade de ...., na Rua .... n. ...., inscrita no CGC/MF ..../.............., com inscrição estadual n. ...., neste ato representada por seus Diretores, ..., brasileiro (*qualificação completa, inclusive números do registro da identidade e no CPF*); e .... (*qualificação completa, inclusive números do registro da identidade e no CPF*). Inicialmente, a outorgante e reciprocamente outorgada, na forma representada, declara que todos os documentos que apresentou para a lavratura deste ato, inclusive os relativos a sua identificação, a ela pertence e são autênticos. A seguir, pela outorgante e reciprocamente outorgada, através de seus representantes legais, foi-me dito o seguinte:

1º A justo título, livre e desembaraçado de quaisquer ônus reais, é senhora e legítima possuidora do imóvel constituído pelo terreno com a área de .... m^2, sito nesta Capital, medindo .... metros, de frente para a Rua ...., por .... metros da frente aos fundos, do lado ....de quem da rua olha o imóvel, onde divisa com o lote n. ....; no lado oposto mede .... metros, confrontando com o lote n. ...., distância em que defletindo à .... e divisando com o mesmo lote n. ...., percorre a distância de .... metros, atingindo o lote n. ...., e confrontando com este percorre .... metros, tendo na linha de fundos a largura de .... metros, onde confronta com o lote n. ....; é o imóvel de forma irregular, perfazendo a área total de .... m^2, e com a indicação fiscal setor ...., quadra ...., lote n. ....; havido por força do Título registrado sob n............................., na matrícula n. ...., do Cartório de Registro de Imóveis da .... Circunscrição Imobiliária desta Cidade.

2º Nessa qualidade de legítima senhora e possuidora do imóvel *supra*, ela outorgante e reciprocamente outorgada, construirá sobre dito terreno um condomínio para habitação coletiva, constituído por 3 (três) blocos distintos e designados pelas letras A, B e C, com a área construída total de .... m², e denominado ...., de conformidade com as plantas e projetos aprovados pela Prefeitura Municipal de ...., em data de .... de .... de ...., pelo Alvará n. ....

3º Pretendendo a outorgante e reciprocamente outorgada alienar a terceiros as unidades que comporão dito conjunto, subordina-o, desde já, ao instituto dos imóveis em condomínio, regido de acordo com o estabelecido na Lei n. 4.591/1964 e nos artigos 1.331 a 1.358 do Código Civil e em demais leis complementares atinentes à matéria. Por este instrumento e na melhor forma de direito, institui o condomínio, nos termos desta escritura, determinado que o imóvel passa a ter as seguintes características: Denomina-se o imóvel Condomínio ...., contendo: Bloco A, composto por 15 (quinze) casas de alvenaria geminadas com 2 (dois) pavimentos cada uma, todas de frente para a Rua ...., designadas as casas pelos n. 1, 2, 3, 4, 5, 6, 7, 8, 9, 1, 11, 12, 13, 14 e 15. Bloco B, composto por 2 (duas) casas de alvenaria geminadas com dois pavimentos cada uma, de frente para a Rua ...., designadas pelos n. 16 e 17. Bloco C, composto por 2 (duas) casas de alvenaria geminadas com dois pavimentos cada uma, de frente para a Rua ...., designadas pelos n. 18 e 19.

4º A área construída total do Conjunto Residencial .... será de .... m², tendo como área construída de uso exclusivo no pavimento térreo .... m²; área construída de uso comum no pavimento térreo de .... m², representada pelas paredes de divisa na área de .... m²; área destinada à recreação coberta .... m²; área de referente a guarita .... m²; área de passeio .... m²; área referente acesso de veículos .... m²; e área de recreação descoberta .... m²; perfazendo a área total do terreno de ....m².

5º Das áreas e frações ideais das unidades. Terá o edifício as seguintes unidades:

a) UNIDADE n. 1 (um): designada pela numeração predial 11.-1 com acesso independente pela Rua ...., e conterá a área construída privativa de .... m²; área construída de uso comum de .... m²; e área construída total de .... m². Possuirá ainda uma área descoberta de uso exclusivo de .... m², que se localizará na frente e fundos da unidade destinada a jardim e quintal, e lhe corresponderá a fração ideal do solo equivalente a ....%, ou a quota do terreno com .... m².

b) UNIDADE n. 2 (dois): designada pela numeração predial 11.-2 com acesso independente pela Rua ...., e conterá a área construída privativa de .... m²; área construída de uso comum de .... m² e área construída total de .... m². Possuirá ainda uma área descoberta de uso exclusivo de ...., que se localizará na frente e fundos da unidade destinada a jardim e quintal, e lhe corresponderá a fração ideal do solo equivalente a ....%, ou quota do terreno com .... m².

c) UNIDADE n. 3 (três): designada pela numeração predial 11.-3 com acesso independente pela Rua ...., e conterá a área construída privativa de (*segue descrição, bem como das unidades restantes*).

6º Da localização das residenciais no lote. A entrada para as Residências dar-se-á pela rua ...., n. ...., sendo que as unidades de n. 1 a .... localizar-se-ão ao lado esquerdo de quem da Rua .... olhar o conjunto residencial, e as residências de n. 16, 17, 18 e 19 localizar-se-ão do lado direito, no mesmo sentido de observação.

A pedido da outorgante e reciprocamente outorgada, lavrei a presente escritura, a qual feita e lhe sendo lida, achou-a conforme, aceitou-a. De como assim me foi dito e, por se achar justa e contratada, me pediu e eu lhe lavrei esta escritura, perante as testemunhas, que são as seguintes: .... (*qualificar*), que vai assinada pela parte, pelas testemunhas e por mim, tabelião.

Local e assinaturas das partes.

Testemunhas (2)

12

Elementos componentes da instituição do condomínio

O artigo 1.332 do Código Civil encerra os elementos básicos que deverá conter o ato de instituição do condomínio:

> Institui-se o condomínio edilício por ato entre vivos ou testamento, registrado no Cartório de Registro de Imóveis, devendo constar daquele ato, além do disposto em lei especial:
>
> I – a discriminação e individualização das unidades de propriedade exclusiva, estremadas umas das outras e das partes comuns;
>
> II – a determinação da fração ideal a atribuída cada unidade, relativamente ao terreno e partes comuns;
>
> III – o fim a que as unidades se destinam.

Naturalmente, além dos elementos acima, indispensável que se dê o nome ao empreendimento, a designação cadastral na Prefeitura Municipal, a área total a ser construída, o número de pavimentos, a destinação que se pretender dar, a localização e o tipo de unidades (apartamentos, lojas, salas, garagens etc.).

Algumas considerações sobre cada item do artigo 1.332 são necessárias.

a) A discriminação e individualização das unidades condominiais

Conforme já observado, as unidades condominiais constituem-se de áreas privativas e de áreas comuns, sendo que as primeiras estarão isoladas de modo a proporcionarem a devida privacidade. Para tanto, estarão separadas umas das outras através de paredes. Unicamente as garagens não necessitam estar separadas umas das outras por paredes de isolamento.

Consoante ensina João Batista Lopes,

> a constituição do condomínio (modo pelo qual nasce a figura da propriedade horizontal ou condomínio em edifícios) não se confunde com a especificação do condomínio, sendo necessária a adequada caracterização das unidades autônomas com indicação das partes exclusivas e das partes comuns (áreas, destinação etc.).[1]

---

[1] *Condomínio*. 7. ed. São Paulo: Revista dos Tribunais, 2000. p. 70.

Valendo-se da doutrina, segue explicando que não é suficiente o registro da incorporação, ou a averbação da construção. Até certo momento, é possível que exista somente a anotação das frações ideais do terreno. Indispensável, em se tratando de condomínio no edifício, que se faça a especificação de cada unidade e das partes comuns, ou seja, a individualização. Unicamente com este ato surge o condomínio edilício, isto é, a determinação das partes que cabem a cada coproprietário. Ter-se-á, então, a individualização das frações ideais no terreno e das unidades. O encarregado da construção, ou o empreendedor, ou os proprietários encaminharão um documento ao Cartório do Registro de Imóveis, retratando como se dividirá a coisa comum. Este documento, que se formalizará através de escritura pública ou de escrito particular (como ata da assembleia dos condôminos), individualizará cada unidade, as respectivas frações ideais e as áreas comuns.

Segue expondo João Batista Lopes: "Com o registro da instituição e especificação do condomínio no Cartório de Registro de Imóveis aperfeiçoa-se a figura jurídica do condomínio em edifícios, nascendo o direito real de cada condômino, que não pode sofrer alterações futuras sem o seu consentimento."[2]

Mário Pazutti Mezzari indica os elementos que conterá a discriminação ou individualização, conduzindo à clara identificação:

> A perfeita identificação de uma unidade se faz mediante a indicação dos seguintes elementos: a designação numérica ou alfabética; a destinação; a localização por pavimento (1º, 2º, 3º etc.); a situação dentro do pavimento (frente, fundos, meio etc.); a área privativa; a correspondente área de uso comum de divisão proporcional; a eventual existência de área de uso comum de divisão não proporcional que lhe seja atribuída. Normalmente é também indicada a área total, que é o somatório das privativas e comuns acima citadas. Indica-se igualmente a fração ideal que lhe é correspondente no terreno e nas coisas comuns. A descrição interna da unidade era dispensada no art. 7º da Lei n. 4.591/1964, e é razoável que se entenda que esse dispositivo permanece em vigor, porque nada há de similar no Código Civil de 2002.
>
> Quanto às confrontações da unidade, a boa técnica registral exige que qualquer imóvel que se pretenda individualizar seja identificado também com suas confrontações externas (art. 225 da Lei dos Registros Públicos, de n. 6.015/1973). A Lei n. 4.591/1964 dispensava apenas a descrição interna da unidade e o Código Civil de 2002 ordena apenas que se faça a discriminação e individualização da unidade autônoma, sem adentrar em detalhes.[3]

Depois de procedida a averbação da construção e da especificação ou individuação das unidades, nasce a possibilidade da abertura da matrícula de cada unidade, cuja área é somada com a fração ideal no terreno, formando uma quantidade de área privativa, que virá acompanhada da referência da área comum, chegando a um total que será mencionado.

---

2   *Condomínio.* Ob. cit., p. 70.
3   *Condomínio e incorporação no Registro de Imóveis.* 3. ed. Porto Alegre: Norton Editor, 2010. p. 41.

b) A determinação da fração ideal de cada unidade e das partes comuns

Na determinação da fração ideal computam-se a área que conterá a unidade autônoma, de propriedade exclusiva do condômino, e a área das partes comuns, de proveito de todos. Ou seja, devem-se indicar as áreas construídas das unidades de cada condômino e as áreas de uso de todos, e que envolvem as paredes, as escadas, os depósitos, o salão de festas, o *playground*, o apartamento do zelador, os banheiros dos empregados, a churrasqueira comum, bem como os equipamentos de todos, e, assim, os elevadores, a piscina, as ferramentas e utensílios, os móveis etc.

Na seguinte ementa, em decisão do STJ está a conceituação da fração ideal, e como vem representada:

> Como se verifica no § 3º do art. 1.331 do Código Civil, e nos arts. 32 e 53 da Lei 4.591/64, a fração ideal é a parte indivisível e inseparável, tocante a cada unidade integrante do condomínio edilício, em relação ao terreno no qual se acha encravado o edifício e às áreas comuns da edificação, devendo ser proporcional à área privativa de cada unidade autônoma e expressa matematicamente de forma decimal ou ordinária. Deve haver, assim, na determinação da fração ideal do terreno e partes comuns de cada unidade autônoma, uma relação de proporcionalidade para com a área privativa de cada unidade autônoma, ou seja, a área suscetível de utilização independente, reservada, privativa, por cada condômino.[4]

No artigo 1.331, § 3º, do Código Civil, em redação da Lei n. 10.931/2004, consta o sentido da fração ideal, em definição que substitui a da Lei n. 4.591/1964: "A cada unidade imobiliária caberá, como parte inseparável, uma fração ideal no solo e nas outras partes comuns, que será identificada em forma decimal ou ordinária no instrumento de instituição do condomínio."

O inciso II do artigo 1.332 ordena que se determine a fração ideal de cada unidade e das partes comuns, que, somadas, fornecem a fração ideal total.

c) O fim a que se destinam as unidades

Consignarão os documentos de instituição a finalidade a que se destina o condomínio. Basicamente, estabelecerá se a utilização é para residência, ou para outra utilidade, como profissional (escritórios, clínicas e consultórios), comercial (garagens ou depósitos) e para a execução de certas atividades (manufaturas, prestação de serviços técnicos, consertos, salões de artesanato, salões de cabeleireiros).

Especificarão se a destinação for mista, ou seja, para a coexistência de unidades residenciais e unidades não residenciais, estas geralmente localizadas no pavimento térreo.

---

[4] REsp 1.733.390/RJ, da 4ª Turma, rel. Min. Raul Araújo, j. em 06.04.2021, *DJe* de 18.05.2021.

13

Ato de transformação de um imóvel em condomínio de edificações

Para a constituição do condomínio, ou para a transformação de um imóvel em vários outros chamados de unidades, é necessária a escritura pública, com o posterior registro e a abertura de matrícula de cada unidade. A conjugação do artigo 7º da Lei n. 4.591/1964 com o artigo 167, I, n. 23, da Lei n. 6.015 e o artigo 108 do Código Civil conduzem a essa interpretação.

Admite-se o documento particular unicamente se não houver transferência de frações ideais, isto é, se se mantiverem as unidades na pessoa do proprietário do imóvel que foi subdividido em unidades.

Veja-se a redação do artigo 7º da Lei n. 4.591/1964:

> O condomínio por unidades autônomas instituir-se-á por ato entre vivos ou por testamento, com inscrição obrigatória no Registro de Imóveis, dele constando: a individualização (ou individuação) de cada unidade, sua identificação e discriminação, bem como a fração ideal sobre o terreno e partes comuns, atribuída a cada unidade, dispensando-se a descrição interna da unidade.

Já o n. 23, inciso I do artigo 167 da Lei n. 6.015, em igual previsão, ordenando que se faça o registro "dos julgados e atos jurídicos entre vivos que dividirem imóveis ou os demarcarem inclusive nos casos de incorporação que resultarem em constituição de condomínio e atribuírem uma ou mais unidades aos incorporadores".

Por último, o artigo 108 do Código Civil: "Não dispondo a lei em contrário, a escritura pública é essencial à validade dos negócios jurídicos que visem à constituição, transferência, modificação ou renúncia de direitos reais sobre imóveis de valor superior a trinta vezes o maior salário mínimo vigente no País." Nota-se o significado de "modificação", que é introduzida nos direitos reais, e que demanda a necessidade da escritura pública, o que se dá com a instituição de condomínio.

De sorte que o ato da transmissão da propriedade a terceiros, estranhos ao processo da construção, ou que não têm em seu nome o registro das unidades, e o ato de constituição de condomínio (se houver transferência de porções ideais), somente poderão ocorrer se obedecido o disposto no artigo 108 do Código Civil, qual seja, a observância da escritura pública para transferência do direito de propriedade, atendido o parâmetro legal dos trinta salários mínimos, além do óbvio cumprimento dos demais requisitos de capacidade, da apresentação das certidões negativas e de pagamento dos impostos incidentes sobre a transmissão.

Há um pensamento que exige sempre a escritura pública, com o seguinte argumento: no documento que contém a manifestação de vontade criadora do condomínio há, inequivocamente, uma alteração no direito real de propriedade, uma vez que se verifica a transferência de um regime jurídico para outro.

Logo, inexistindo regra clara e específica em contrário, é de aplicar-se a regra geral do artigo 108 do Código Civil, exigindo-se escritura pública para que a propriedade saia do regime comum (propriedade exclusiva ou condomínio voluntário) para o regime do condomínio edilício.

O proprietário, ao declarar que deseja submeter seu imóvel ao regime da propriedade edilícia, inova no regime legal, criando restrições e direitos para o titular de cada unidade autônoma, residindo aí o seu caráter constitutivo.

Entretanto, insta que se faça a distinção entre a mera distribuição de partes aos condôminos e a transferência de partes a terceiros, que não sejam condôminos, ou a instituição de condomínio entre várias pessoas na aquisição de um imóvel. Em se limitando o ato à mera distribuição de porções ou quotas entre os condôminos, prepondera que é suficiente o instrumento particular, em geral originado da ata de assembleia, ou por outro documento formalizado por todos os condôminos, que deliberam sobre a repartição das unidades condominiais.

Esse entendimento é apregoado por J. Nascimento Franco e Nisske Gondo,[5] citado no acórdão da Apelação Cível n. 340-6/3, Conselho Superior da Magistratura de São Paulo, decisão de 05.05.2005:

> No instrumento de instituição, discriminação e convenção de condomínio, podem os condôminos proceder à atribuição das unidades autônomas que ficarão pertencendo a cada um deles, extinguindo-se, por essa forma, a indivisão sobre as áreas de uso privativo. Trata-se de uma divisão atípica, menos solene, que dispensa a escritura pública. Conforme escrevemos em outra oportunidade, a "divisão" não corresponde a um procedimento divisório típico. Nesse caso, a comunhão não chega a existir, pois o terreno é adquirido em frações certas, embora ideais, que desde o início são destinadas às unidades autônomas, que realmente ficam predeterminadas. Em síntese, o vocábulo "divisão" deve ser entendido como simples forma de identificação de unidades autônomas que as partes jamais possuíram em comum.

Para tanto, a fim de instituir a individualização, segue-se o artigo 1.332 do Código Civil, que parece ter derrogado o artigo 7º da Lei n. 4.591/1964:

> Institui-se o condomínio edilício por ato entre vivos ou testamento, registrado no Cartório de Registro de Imóveis, devendo constar daquele ato, além do disposto em lei especial:
>
> I – a discriminação e individualização das unidades de propriedade exclusiva, estremadas uma das outras e das partes comuns;
>
> II – a determinação da fração ideal atribuída a cada unidade, relativamente ao terreno e partes comuns;
>
> III – o fim a que as unidades se destinam.

---

[5]   *Condomínio em edifícios*. 5. ed. São Paulo: RT, 1988. p. 16.

14

Modelo de registro imobiliário de individuação das unidades e instituição de condomínio

No exemplo, o registro da individuação e da instituição do condomínio é procedido pelo incorporador, ou proprietário do imóvel já com a construção, através de requerimento dirigido ao Oficial do Registro de Imóveis, em sequência à abertura de matrícula e à averbação da construção:

R. 2/................   data de .... de .... de ....

Individuação – instituição jurídico-formal de condomínio: Nos termos do requerimento datado de ...., firmado pela incorporadora ...., averbado na Av. 1 desta matrícula, sito na rua ...., foram individualizados, bem como submetidos ao regime de condomínio, de acordo com a Lei n. 4.591/1964, as seguintes boxes e unidades: Box coberto de número 01 – localizado no térreo, à esquerda de quem na rua .... olha o prédio, com entrada pela rampa coletiva, o primeiro da frente para o fundo, com área real privativa de .... m² e área real global de .... m², cabendo-lhe o uso exclusivo do nicho número um, atrás do elevador, correspondendo-lhe a fração ideal equivalente a .... (*em decimal*), no valor de R$ .... (............................ reais); Box coberto de número 02 – localizado no térreo, à esquerda de quem na rua ...., olha o prédio, com entrada pela rampa coletiva, o segundo da frente para o fundo, com área real privativa de .... m² e área real global de .... m², cabendo-lhe o uso exclusivo do nicho número um, atrás do elevador, correspondendo-lhe a fração ideal equivalente a .... (*em decimal*), no valor de R$ .... (............................ reais); Box coberto de número 03 (*segue a descrição, bem como das outras unidades de estacionamento de veículos*). Apartamento número 201, localizado no primeiro andar ou segundo pavimento; Apartamento número 301, localizado no segundo andar ou terceiro pavimento (*e, assim, outros, com a mesma posição, mas em andares ou pavimentos diferentes*), todos de frente para a rua ...., (*ou de fundo para quem observa o prédio da rua ....*) cada um deles com a área real privativa de .... m², e área real global de .... m², correspondendo a cada um deles a fração ideal equivalente a .... (*em decimal*), no valor, cada um de R$ .... (............................ reais) (*especificar se diferentes os valores das unidades*); Apartamento número 701, localizado no sexto andar ou sétimo pavimento de frente para a rua ...., com a área real privativa de .... m², e área real global de .... m², incluídas nessas áreas as dependências e o terraço interno do apartamento localizado na cobertura sobrejacente e com acesso interno pelo apartamento, correspondendo-lhe a fração ideal equivalente a .... (*em decimal*), no valor de R$ .... (............................. reais). Partes comuns: A calçada e o calçamento fronteiriço ao prédio; o recuo de jardim; os troncais principais de água, luz, esgotos e telefone; a fundação; os pilares, as vigas e lajes de concreto armado; o depósito do lixo; a central de gás; os reservatórios d'água com seu equipamento; o acesso social; os pilotis; a guarita; o *hall* de entrada e social; a sala das instalações; o banheiro de serviço; o salão de festas; a sala e a cozinha dos funcionários; o elevador; o respectivo poço e demais equipamentos; a casa de máquinas; as escadarias e os corredores; os medidores de água e luz; as rampas de acesso e as circulações dos veículos; as fachadas principal e secundária, com seus ornamentos; o terreno e tudo o mais que se destine a servir indistintamente a todas as unidades do edifício (*seguem a descrição dos outros apartamentos e dos demais termos usuais de encerramento*).

Observação 1: Na sequência, averba-se a abertura de matrícula das unidades descritas, com a menção dos respectivos números.

Observação 2: Averba-se, em ato posterior, a referência de que a Convenção do Condomínio foi registrada no Registro Auxiliar – Livro 3, com a menção do número.

Observação 3: Na abertura das respectivas matrículas de cada unidade, observa-se a descrição constante da individuação, isto é, a descrição da unidade em cada matrícula, com a descrição do terreno conforme consta na abertura da matrícula onde se fez o registro da individuação e instituição jurídico-formal do condomínio.

15

O elemento da fração ideal e sua designação no condomínio edilício

Obrigatoriamente, no condomínio edilício, diferentemente do condomínio comum, existem as frações ideais que, com as acessões, formam as unidades autônomas. Cada condômino é titular de uma fração ideal, que corresponde a um decimal sobre a totalidade da área do terreno. O objeto da compra ou promessa de compra consiste na fração ideal, equivalente a certa quantidade de metros quadrados quando da construção das unidades localizadas em andares sobrepostos. Essa fração ideal se compõe de outras duas frações: a da área comum e a da área privativa.

O artigo 1º, em seu § 2º, da Lei n. 4.591/1964, leva a entender o significado da fração ideal: "A cada unidade caberá, como parte inseparável, uma fração ideal do terreno e coisas comuns, expressa sob forma decimal ou ordinária." O cálculo das frações deve preceder o lançamento da incorporação, sendo exigência para que o incorporador possa negociar as unidades.

Também no artigo 1.331, no § 3º, do Código Civil, em redação da Lei n. 10.931/2004, aparece o sentido da fração ideal, em definição que substitui a da Lei n. 4.591/1964: "A cada unidade imobiliária caberá, como parte inseparável, uma fração ideal no solo e nas outras partes comuns, que será identificada em forma decimal ou ordinária no instrumento de instituição do condomínio." Anteriormente à modificação pela Lei n. 10.931/2004, a fração ideal era proporcional ao valor da unidade imobiliária, a qual se calculava em relação ao conjunto da edificação. Pela Lei n. 10.931/2004, que modificou o § 3º do artigo 1.331, retornou o tratamento que era dado até o advento do Código Civil pelo § 2º do artigo 1º da Lei n. 4.591/1964, pelo qual cada unidade corresponderá a uma fração ideal no solo e nas coisas comuns, considerado inseparável da unidade autônoma. Por isso que se expressa a fração ideal em forma decimal ou ordinária, que será o coeficiente de proporcionalidade que cada unidade autônoma possui no terreno onde está edificada, bem como nas demais partes comuns (escadarias, acessos, poço de luz, telhado etc.), merecendo relevante atenção, tendo em vista que em geral serve de parâmetro para o rateio de despesas, quantificação dos votos em assembleias, apuração do *quorum* para instaurar a assembleia, e por fim, para deliberação específica acerca da reconstrução ou venda da edificação no caso de destruição ou ameaça de ruína, tudo consoante se desenvolverá abaixo.

Nos prédios menores, compostos de poucas unidades, utilizam-se, a par da expressão decimal, percentuais para significar a dimensão da correspondência de cada unidade, como na equivalência, *v.g.*, a 15% sobre o prédio; ou a estabelece-se a porção por meio de fração ordinária, como correspondendo a unidade a dois décimos da edificação.

O § 1º do artigo 1º da Lei n. 4.591/1964 trata da designação da unidade em si, que se fará mediante números ou letras alfabéticas: "Cada unidade será assinalada por designação especial, numérica ou alfabética, para efeitos de identificação e discriminação." Essa designação especial é necessária e servirá para identificar as unidades conjugadas com as frações ideais, sendo seu objeto os apartamentos, as salas, as lojas e sobrelojas, os abrigos ou estacionamentos. Facilita a distinção entre as diversas unidades e ajuda nas relações internas entre os condôminos.

Tem grande realce a fração ideal, também conhecida pelas expressões "quota ideal", "porção ideal", "parte ideal", pois revela o equivalente de área da titularidade dos condôminos frente à totalidade da área do terreno. Tanto que o artigo 1.332, inciso II, do Código Civil impõe a "determinação da fração ideal atribuída a cada unidade, relativamente ao terreno e partes comuns".

A importância aparece, sobretudo, quando utilizada para definir a participação do condômino nas despesas comuns do condomínio. No ponto, o artigo 1.336, inciso I, obriga o condômino a "contribuir para as despesas do condomínio na proporção das suas frações ideais, salvo disposição em contrário na convenção". Tem a finalidade de também servir para definir a participação de cada condômino no rateio do prêmio do seguro e para estabelecer a quota-parte no rateio da participação da indenização. Na desapropriação, tem-se em conta o seu equivalente para a devida divisão do valor que os condôminos receberão.

Já a Lei n. 4.591/1964, no artigo 17, disciplinando a alienação do prédio por motivos arquitetônicos ou de condenação do edifício pela autoridade pública, também leva em conta a fração ideal:

> Os condôminos que representem, pelo menos 2/3 (dois terços) do total de unidades isoladas e frações ideais correspondentes a 80% (oitenta por cento) do terreno e coisas comuns poderão decidir sobre a demolição e reconstrução do prédio, ou sua alienação, por motivos urbanísticos ou arquitetônicos, ou, ainda, no caso de condenação do edifício pela autoridade pública, em razão de sua insegurança ou insalubridade.

Por sua vez, o artigo 24, em seu § 3º, da mesma Lei n. 4.591/1964, dá o critério de apuração de votos válidos em assembleia geral com base na fração ideal:

> Nas assembleias gerais, os votos serão proporcionais às frações ideais do terreno e partes comuns, pertencentes a cada condômino, salvo disposição diversa da Convenção.

O artigo 1.333 do Código Civil toma por base o critério da quantidade de frações ideais, e não dos condôminos, para definir a aprovação da convenção condominial: "A convenção que constitui o condomínio edilício deve ser subscrita pelos titulares de, no mínimo, 2/3 (dois terços) das frações ideais e torna-se, desde logo, obrigatória para os titulares de direito sobre as unidades, ou para quantos sobre elas tenham posse ou detenção."

Estabelece o artigo 1.352 o *quorum* de votos para a aprovação das deliberações na assembleia, em primeira convocação, em vista das frações ideais: "Salvo quando exigido *quorum* especial, as deliberações da assembleia serão tomadas, em primeira convocação, por maioria de votos dos condôminos presentes que representem pelo menos metade das frações ideais."

A deliberação sobre a reconstrução ou venda do edifício, diante da ameaça de ruína, ou destruição total ou parcial, leva em conta as frações, exigindo a aprovação por votos dos condôminos que representem a maioria absoluta das frações ideais, isto é, metade mais um dos condôminos, em obediência ao artigo 1.357: "Se a edificação for total ou consideravelmente destruída, ou ameace ruína, os condôminos deliberarão em assembleia sobre a reconstrução, ou venda, por votos que representem metade mais uma das frações ideais."

16
A formação de condomínio especial a partir da averbação da construção no registro da incorporação

Uma vez efetuada a averbação da construção no Registro Imobiliário, com o desdobramento em apartamentos, ou seja, com a individualização (individuação) das unidades autônomas, lança-se o condomínio especial, em um sistema regulado pelos artigos 1.331 a 1.358 do Código Civil, os quais tratam do condomínio edilício. Constava a disciplina, antes do Código Civil de 2002, nos artigos 1º ao 4º da Lei n. 4.591/1964.

No que interessa na formação do condomínio edilício, merecem as seguintes sínteses:

a) As unidades que integram o edifício, no equivalente à fração ideal, têm autonomia e independência entre elas, com a permissão de sua livre alienação ou oneração, eis que de propriedade exclusiva de cada condômino, sem que se estenda a participação do proveito aos vizinhos ou cotitulares de direitos sobre o todo. É o que se retira do § 1º do artigo 1.331 do Código Civil, em redação da Lei n. 12.607/2012: "As partes suscetíveis de utilização independente, tais como apartamentos, escritórios, salas, lojas e sobrelojas, com as respectivas frações ideais no solo e nas outras partes comuns, sujeitam-se à propriedade exclusiva, podendo ser alienadas e gravadas livremente por seus proprietários, exceto os abrigos para veículos, que não poderão ser alienados ou alugados a pessoas estranhas ao condomínio, salvo autorização expressa na convenção de condomínio".

b) As partes comuns estão afetadas ao edifício e à unidade, tendo a finalidade de proporcionar a utilização das unidades exclusivas, impedindo-se a venda separada, a teor do § 2º do mesmo artigo 1.331: "O solo, a estrutura do prédio, o telhado, a rede geral de distribuição de água, esgoto, gás e eletricidade, a calefação e refrigeração centrais, e as demais partes comuns, inclusive o acesso ao logradouro público, são utilizados em comum pelos condôminos, não podendo ser alienados separadamente, ou divididos." Em relação ao terraço de cobertura, em princípio integrará as partes comuns, a menos que definido diferentemente no ato de constituição do condomínio. É o que encerra o § 5º: "O terraço de cobertura é parte comum, salvo disposição contrária da escritura de constituição do condomínio."

Instituindo a incorporação um condomínio em loteamentos ou grupo de casas, também existirão os espaços comuns, que não são as áreas que formam os jardins e quintais das moradias, e, sim, os caminhos, as praças, os locais de depósito de materiais, de caixas de água, de gás, de ferramentas, a sede da administração, o escritório, as correntes e reservatórios de água etc.

c) A cada unidade caberá uma fração ideal, na exata previsão do § 3º do artigo 1.331, em redação da Lei n. 10.931/2004: "A cada unidade imobiliária caberá, como parte inseparável, uma fração ideal no solo e nas outras partes comuns, que será identificada em forma decimal ou ordinária no instrumento de instituição do condomínio." O condomínio verifica-se justamente nas partes comuns, e não nas unidades individuais, que são de completa propriedade individual.

d) Todas as unidades terão acesso ao logradouro público.

O § 4º do artigo 1.331 obriga o acesso a logradouro público por todas as unidades, permitindo, assim, a entrada e saída ou a comunicação para as vias: "Nenhuma unidade imobiliária pode ser privada do acesso ao logradouro público." Conforme sugere o texto, deverá haver acesso, e não dar ao logradouro público. O acesso se realiza através da existência de corredores ou qualquer espaço comum por onde os condôminos chegam a uma via ou área pública. Obviamente, não se concebe uma unidade condominial privada de acesso a uma rua ou caminho público.

e) A convenção de condomínio discriminará as áreas individuais e as comuns, em atenção ao artigo 1.332:

> Institui-se o condomínio edilício por ato entre vivos ou testamento, registrado no Cartório de Registro de Imóveis, devendo constar daquele ato, além do disposto em lei especial:
>
> I – a discriminação e individualização das unidades de propriedade exclusiva, estremadas uma das outras e das partes comuns;
>
> II – a determinação da fração ideal atribuída a cada unidade, relativamente ao terreno e partes comuns;
>
> III – o fim a que as unidades se destinam.

Em relação à convenção, ainda, a aprovação deverá ser de dois terços de frações ideais de todos os condôminos, em obediência ao artigo 1.333: "A convenção que constitui o condomínio edilício deve ser subscrita pelos titulares de, no mínimo, 2/3 (dois terços) das frações ideais e torna-se, desde logo, obrigatória para os titulares de direito sobre as unidades, ou para quantos sobre elas tenham posse ou detenção." Como se percebe, o critério fixa-se sobre os titulares que atinjam dois terços das frações ideais, e não sobre dois terços dos condôminos.

17

Modelo da averbação da construção

A averbação da construção poderá consistir na mera anotação de que houve a construção do prédio, com a sua descrição genérica, abrangendo o tipo, as dimensões, a denominação e a carta de habitação. Basta a mera menção do prédio desde que, em ato seguinte, se registre a individuação e a instituição formal do condomínio, conforme o seguinte exemplo:

Conforme consta do requerimento data de ...., sobre o terreno que mede .... metros de largura ao noroeste (*se for o caso*), onde faz frente ao alinhamento ímpar da rua ...., entestando ao fundo ao sudeste (*se for o caso*) na largura de .... metros, onde confronta com propriedade que é ou foi de ...., com quem também se divide ao nordeste (*se for o caso*) na extensão de .... metros, e ao sudoeste (*se for o caso*) possui a extensão de .... metros, em divisa com propriedade que é ou foi de ...., distanciando .... metros da esquina formada com a rua .... em sua divisa nordeste (*se for o caso*), foi construído o Edifício ...., o qual recebeu o número .... pela rua ...., tendo sido apresentada a "carta de habitação" datada de ...., da Prefeitura Municipal deste Município de ...., e a CND fornecida pelo INSS n. ....

Protocolo n. ...., datado de ....

Data e assinatura do funcionário do cartório

18

A finalidade da incorporação para a constituição de condomínio

Visando a incorporação à construção de prédios que tenham várias unidades, ou casas situadas dentro de uma gleba de terreno, para formar uma copropriedade, com unidades autônomas e partes comuns, mas sem a devida limitação interna, e indicadas por frações ideais, naturalmente conduz a formar-se um condomínio. Institui-se um regime especial de copropriedade, que era regido pela Lei n. 4.591/1964, nos artigos 1º a 27, e, com o advento do Código Civil de 2002, passou ao seu comando, vindo a disciplina nos artigos 1.331 a 1.358. O atual regramento, sob a denominação "condomínio edilício", é a lei básica de sua regência, vindo a caracterização no artigo 1.331 do Código Civil: "Pode haver, em edificações, partes que são propriedade exclusiva, e partes que são propriedade comum dos condôminos."

Obrigatoriamente, são dois os elementos componentes da figura: partes que se tornam de propriedade exclusiva e partes que serão de propriedade comum. Há a conjunção dessas duas formas de propriedade, dando causa à formação do condomínio.

Desde que se institua uma propriedade comum, ou coletiva, quando vários os proprietários, destinada para a moradia ou para a execução de atividades, mas sem a venda de frações ideais, caracteriza-se o condomínio, sem que se crie, antes, a incorporação. Por diferentes palavras, chega-se ao condomínio sem passar pelo caminho da incorporação.

É, pois, finalidade última da incorporação a constituição de propriedade sobre unidades imobiliárias, as quais se estabelecem em um imóvel, cuja titularidade fica subdividida em porções autônomas e em porções que ficam em comum. Não se cogita de incorporação em um imóvel com um único titular. No caso, mesmo que seja adquirido através de prestações, inconcebível falar em incorporação, instituto que somente adquire sentido quando se colocam à venda frações ideais.

19

Condomínio fechado, incidência da Lei n. 4.591/1964 e limites de área

Uma forma muito em voga de uso e ocupação do solo por construções edificadas num plano horizontal é o condomínio especial de casas térreas ou assobradadas, já previsto no artigo 8º, letra 'a', da Lei n. 4.591/1964: "Quando, em terreno onde não houver edificação, o proprietário, o promitente comprador, o cessionário deste ou o promitente cessionário sobre ele desejar erigir mais de uma edificação, observar-se-á também o seguinte:

a) em relação às unidades autônomas que se constituírem em casas térreas ou assobradadas, será discriminada a parte do terreno ocupada pela edificação e também aquela eventualmente reservada como de utilização exclusiva dessas casas, como jardim e quintal, bem assim a fração ideal do todo do terreno e de partes comuns, que corresponderá às unidades".

Numa primeira interpretação da doutrina, visou o dispositivo tratar do condomínio nas "vilas" ou conjuntos residenciais urbanos, assim como clubes de campo etc., onde existem residências isoladas, de propriedade exclusiva, com áreas privativas de jardim e quintal em comum, nelas destacando-se os jardins, as piscinas, os salões de jogos e as áreas de terreno que dão acesso à estrada pública e ligam as várias casas do conjunto. Essa lei, todavia, não limitou sua abrangência à criação das chamadas vilas, mas a qualquer forma de aproveitamento condominial do espaço. Tudo o que integra o condomínio é de propriedade exclusiva dos condôminos, que não têm a obrigação legal de trasladar os espaços internos comuns ao Município, quando da aprovação e do registro do empreendimento.

Existia a corrente que defendia a legalidade dos chamados "condomínios fechados", desde que obedecida a legislação da Lei n. 4.591/1964 e a do loteamento, consubstanciada na Lei n. 6.766/1979. Ou seja, impõe-se a obediência às duas leis, que disciplinam institutos completamente distintos.

O Tribunal de Justiça do Estado do Rio Grande do Sul, ao pronunciar-se sobre o assunto, proferiu decisão extremamente heterodoxa, assim ementada:

> *Dúvida*. Ofício do Registro de Imóveis que encaminhou procedimento de dúvida quanto ao registro do chamado "condomínio horizontal de lotes". Expediente que tomou o caráter normativo a partir de decisão do juiz da Vara dos Registros Públicos.
>
> Preliminar de não conhecimento do recurso afastada. Evidente interesse da parte em ver reconhecida a possibilidade jurídica de prosperar o seu empreendimento nos mol-

des em que apresentado no álbum imobiliário. Questão mesmo de segurança jurídica ante a informação de existência de outros empreendimentos de igual monta sendo aprovados em outros ofícios imobiliários.

Condomínio horizontal de lotes. O Decreto-lei n. 271/1967, em seu art. 3º, que equipara a figura do loteador à do incorporador e a do comprador de lote ao condômino deve ser interpretado de forma a harmonizá-lo ao sistema da Lei n. 6.766/1979.

Não se vislumbra, em tese, óbice ao loteamento fechado, desde que obedecidas as exigências da legislação – Leis n. 4.591/1964 e 6.766/1979. Criação híbrida aceita pela doutrina e jurisprudência. Impossibilidade, assim, de instituir condomínio de lotes, em desobediência às restrições da legislação ambiental e federal que estabelecem a reserva de espaços públicos. Apelo desprovido.[1]

A decisão é, realmente, heterodoxa, pois não admitiu a instituição de condomínio horizontal de lotes ao fundamento de que o Decreto-lei n. 271/1967 fora revogado pela Lei Federal n. 6.766/1979, sendo necessário respeitar as restrições da legislação ambiental (licenciamento ambiental) e federal (art. 4º da Lei Federal n. 6.766/1979) que estabelecem a reserva de espaços públicos.

Em primeiro lugar, a Lei Federal n. 6.766/1979 não revogou o Decreto-lei n. 271/1967. Apenas derrogou-o em alguns aspectos (exemplo: definição de loteamento e desmembramento constante do art. 1º, §§ 1º e 2º, do Decreto-lei n. 271/1967). Outras disposições do Decreto-lei n. 271/1967 permanecem inteiramente em vigor, como, por exemplo, o seu artigo 7º, que disciplina a concessão de direito real de uso de terrenos. Da mesma forma, encontra-se em vigor o artigo 3º do Decreto-lei n. 271/1967, estabelecendo que "aplica-se aos loteamentos a Lei n. 4.591/1964, equiparando-se o loteador ao incorporador, os compradores de lotes aos condôminos e as obras de infraestrutura à construção de edificação". Isto é, aplica-se a Lei n. 4.591/1964 aos loteamentos e não a Lei n. 6.766/1979 aos condomínios. Além disso, não há como impor ao titular do domínio a aplicação da Lei Federal n. 6.766/1979, quando este não pretenda lotear a gleba, pois há mandamento constitucional no sentido de que o Poder Público municipal só poderá exigir o parcelamento compulsório do solo "mediante lei específica para área incluída no Plano Diretor...", que exija, "... nos termos da lei federal, do proprietário do solo urbano não edificado, subutilizado ou não utilizado, que promova seu adequado aproveitamento..." (art. 182, § 4º, da Constituição Federal), e desde que ele (proprietário) não venha a atender às pertinentes disposições atualmente estabelecidas no artigo 5º, *caput* e parágrafos, da Lei n. 10.257/2001 (Estatuto da Cidade).

A Lei n. 13.465, de 11.07.2017, através do artigo 58, abertamente introduziu o condomínio em lote ou terreno, ao inserir a espécie no artigo 1.358-A do Código Civil: "Pode haver, em terrenos, partes designadas de lotes que são propriedade exclusiva e partes que são propriedade comum dos condôminos".

A matéria será abordada com mais detalhes no capítulo seguinte.

O condomínio horizontal de lotes difere do loteamento comum, do loteamento fechado e do condomínio edilício, pois a propriedade do sistema viário e equipamentos comunitários não passa ao Poder Público municipal – ao contrário, permanece como

---

[1] Apelação Cível n. 70.020.348.199. Vigésima Câmara Cível. Julgado em 21.11.2007.

propriedade dos condôminos. Vale dizer, para o condomínio horizontal de lotes não há exigência legal da destinação de certo percentual da área da gleba para uso comum ou mesmo público.

No entanto, é inconcebível que se mascarem verdadeiros loteamentos em condomínios, ou seja, que se construam extensos condomínios, com vias internas e uma vida autônoma, equipamentos urbanos próprios de uma cidade, vida comercial e até escolas, ficando tudo ao arredio da administração municipal. Devem existir limites no tamanho da área, de modo a não se utilizar esta modalidade de ocupação do solo urbano como um expediente ou uma saída para o descumprimento da legislação municipal, máxime no que diz com o Plano Diretor. Existem condomínios com extensa área, como que formando ilhas dentro da zona urbana dos municípios. Unicamente as pessoas proprietárias e aquelas autorizadas têm o acesso ao ingresso. As vias de circulação, o sistema de água e esgoto, a rede de energia elétrica e tantas outras áreas comuns e equipamentos para o uso de todos amoldam-se aos interesses do condomínio, nem sempre obedecendo aos padrões normais e aos preceitos da técnica.

Visando a uma disciplina mormente quanto à extensão da área máximo que formará o condomínio, os Estados e mesmo inúmeros municípios, mediante leis estaduais ou municipais, estabelecem o máximo de área a ser utilizada no condomínio. Impede-se que as pessoas decidam o tamanho do imóvel.

Assim, no Estado do Rio Grande do Sul, o artigo 25 da Lei Estadual n. 10.116/1994 estabelece um limite máximo de área para a implantação de condomínio edilício, a saber:

> Na instituição de condomínios por unidades autônomas será observado o limite máximo de 30.000m² (trinta mil metros quadrados) de área e testada para logradouro público não superior a 200m (duzentos metros).
>
> Parágrafo único. O município poderá excepcionar do disposto neste artigo os condomínios a serem implantados em zonas já estruturadas urbanisticamente onde a rede viária existente tornar inadequadas as dimensões de testada e área máximas.

De acordo com José Afonso da Silva, o artigo 8º da Lei Federal n. 4.591/1964 surgiu para

> possibilitar o aproveitamento de áreas de dimensão reduzida no interior das quadras, que, sem arruamento, permitam a construção de conjuntos de edificações, em forma de vilas, sob regime condominial (...). Quando, no entanto, a situação extrapola desses limites, para atingir o parcelamento de gleba com verdadeiro arruamento e posterior divisão da quadra em lotes, com aproveitamento das vias de circulação preexistentes, então aquele dispositivo não pode mais constituir fundamento do aproveitamento espacial, em forma de condomínio, porque aí temos formas de parcelamento urbanístico do solo, que hão de reger-se pelas leis federais sobre loteamento e pelas leis municipais sobre a matéria urbanística, aplicáveis a esse tipo de urbanização.[2]

---

[2] *Direito urbanístico brasileiro.* 3. ed. São Paulo: RT, 1981. p. 337-338.

Oportuno lembrar, ainda, que o artigo 26 da Lei Estadual/RS n. 10.116/1994 prevê, para os condomínios edilícios, a necessidade de reserva de no mínimo 35% da área para uso comum dos condôminos, e ainda, quando a gleba não derivar de loteamento anterior, determina a destinação de 10% da área ao Poder Público municipal, o que não ocorre quando o empreendimento é implantado sob a roupagem do condomínio horizontal de lotes. Quando o empreendimento for constituído na forma de loteamento fechado, embora incida – num primeiro momento – a regra do concurso voluntário (art. 22 da Lei Federal n. 6.766/1979), posteriormente há uma mitigação desta regra em virtude da concessão, permissão ou autorização de uso das áreas públicas do loteamento em favor da associação de moradores. Dispõe o artigo 26 da Lei Estadual n. 10.116/1994:

> Nos condomínios por unidades autônomas serão preservadas áreas livres de uso comum em proporção a ser definida pelo município e nunca inferior a 35% (trinta e cinco por cento) de área total da gleba.
>
> § 1º Quanto a gleba de que trata este artigo não tiver sido objeto de loteamento anterior e dele não tenha resultado prévia doação de área pública, deverá ser destinado 10% (dez por cento) do total da gleba para uso público, em localização a ser definida pelo município.
>
> § 2º Não se enquadram nas exigências do parágrafo anterior os condomínios implantados em glebas com área inferior a 4.000m^2 (quatro mil metros quadrados).

20

Condomínio de terrenos ou lotes, condomínio urbano simples, condomínio de fato e responsabilidade pelo custo dos serviços

Têm-se para exame formas especiais de condomínio, com tratamento jurídico diferenciado. A Lei n. 13.465, de 11.07.2017, trouxe normas que disciplinam as modalidades acima, sendo que totalmente a modalidade de condomínio urbano simples, enquanto as demais modalidades já existiam há bastante tempo.

Comuns são os denominados "condomínios de lotes" ou "condomínios fechados", espalhados em todo o território nacional, devidamente formalizados, bem como existem condomínios de fato, sem a sua regularização.

Na primeira modalidade, há a formação de condomínios em uma extensão de área, na qual se estabelecem a propriedade privada e autônoma sobre uma parte do terreno e a propriedade comum sobre outra extensão.

Na segunda espécie, existe um terreno da titularidade de várias pessoas, com moradias individuais, implantando-se a formalização do condomínio posteriormente.

Pelo condomínio de fato, as pessoas possuem a titularidade sobre um terreno ou imóvel comum, mas sem a individualização quer da porção de proveito individual, quer da área de uso comum.

Em todas as formas, não há qualquer parcelamento do terreno, mantendo-se íntegra a gleba originária. Através de uma convenção, institui-se o condomínio *pro diviso*, determinando que no imóvel haverá partes que serão de propriedade comum e outras de titularidade exclusiva de cada um dos condôminos. Fraciona-se o imóvel em partes ideais de propriedade comum e em partes exclusivas de titularidade individualizada.

Diferenciam-se do parcelamento do solo, em que uma gleba é subdividida em diversos lotes, totalmente separados juridicamente uns dos outros, com a criação de vias e espaços públicos transferidos à titularidade do Município.

Passa-se ao exame de cada espécie.

20.1. Condomínio de terrenos ou lotes

Há o condomínio de terrenos, sem que se estabeleça necessariamente o planejamento para a construção de casas.

A unidade autônoma será o próprio terreno condominial, ficando garantido ao proprietário do mesmo erigir a casa segundo seus interesses pessoais, respeitadas, obviamente, as limitações impostas pela Municipalidade e pelo próprio instituidor do condomínio. Cada lote será considerado como unidade autônoma, a ele atribuindo-se uma fração ideal da gleba e coisas comuns, sendo que nesse todo existirão também as áreas e edificações de uso comum. Não se confunde esta modalidade com o loteamento fechado, porque a propriedade do sistema viário e os equipamentos comunitários não se transferem ao Município, como se dá com o loteamento. A titularidade permanece como propriedade dos condôminos. A aprovação do projeto e os procedimentos registrários obedecem aos ditames da legislação de condomínios, consubstanciada no Código Civil e também na Lei n. 4.591/1964, unicamente naquilo em que é omisso aquele.

Regulamentando mais especificadamente a matéria, adveio a Lei n. 13.465/2017 (lei que trouxe profundas alterações em vários institutos, em especial no direito das coisas, na regularização fundiária urbana e rural e na operacionalização do registro imobiliário eletrônico), introduzindo a possibilidade da criação do "condomínio de lotes". Incluiu o artigo 1.358-A e parágrafos no Código Civil. No entanto, não se pode afirmar que veio trazer a legalidade dos condomínios de lotes, posto que já existiam, como se verá, disposições legais a respeito da matéria.

Eis o texto do *caput* do artigo 1.358-A: "Pode haver, em terrenos, partes designadas de lotes que são propriedade exclusiva e partes que são propriedade comum dos condôminos".

Afigura-se apropriada a espécie nos chamados condomínios fechados, nos quais se destinam áreas de titularidade privativas e áreas de propriedade e uso comum.

Formalizou um novo conceito de lote, já que, pela Lei n. 6.766/1979 (cujo art. 2º-A, trazido pela Lei n. 14.118/2021, considera o loteador e outros integrantes empreendedores) e pelo Decreto-lei n. 271/1967, o lote era somente formado a partir do desmembramento ou loteamento, passando, com a nova ordem, a admitir a unidade autônoma compreendida em condomínio de lotes, sem parcelamento ou desmembramento do solo. Tanto que alterou também a Lei n. 6.766/1979 (Lei dos Loteamentos), ampliando o conceito de lote, o que se deu através da inclusão do § 7º ao seu artigo 2º, na seguinte redação: "O lote poderá ser constituído sob a forma de imóvel autônomo ou de unidade imobiliária integrante de condomínio de lotes".

Há, pois, o condomínio de lotes de uma gleba, mas sem a exigência da urbanização com a implantação de vias, parques e espaços públicos, cujos requisitos, no entanto, poderão ser complementados pela legislação municipal. O diferencial relativamente ao lote comum é que, no condomínio de lote, não se pressupõe qualquer parcelamento da área, permanecendo íntegra a gleba originária. Por convenção, institui-se um condomínio *pro diviso*, com a previsão de que, naquele imóvel, haverá partes que serão de propriedade comum e outras de titularidade exclusiva de cada um dos condôminos. Opera-se o fracionamento do solo em partes ideais de propriedade e vinculadas, por ficção jurídica, a cada uma das unidades exclusivas, que são as unidades autônomas.

Grande é a semelhança, na prática, com o loteamento de uma área. Em ambos os institutos criam-se novas propriedades, cada uma formada justamente pelos lotes, mas devendo haver, no condomínio, a reserva de áreas comuns ou de utilidade pública, e no loteamento, a transferência de parcela do imóvel ao Município. De modo mais explicitado, eis as diferenças nas duas espécies:

O loteamento veio regulado a partir do Decreto-lei n. 58/1937, posteriormente revogado parcialmente pela Lei n. 6.766/1979. Caracteriza-se pela subdivisão da gleba em lotes destinados à edificação, com abertura de vias públicas de circulação, ou prolongamento, modificação ou ampliação das vias públicas existentes, bem como com a implantação de equipamentos comunitários públicos como praças, parques, *playground* etc., todos transmudados em bens públicos de uso comum do povo mediante o registro do loteamento.

O condomínio horizontal, regulado pelo Código Civil e, no que é omisso, pela Lei n. 4.591/1964, configura-se quando as edificações ou conjunto de edificações, ou, ainda, quando a construção de prédios, de um ou mais pavimentos, erigidos sob a forma de unidades isoladas entre si, destinadas a fins residenciais ou não residenciais, possuem todos os serviços, equipamentos, vias de circulação, praça, *playground* etc., como propriedade privada dos comunheiros. No condomínio horizontal edilício, as unidades autônomas são as casas, os apartamentos, as lojas, salas, os boxes etc., que deverão estar construídos para que se institua o regime condominial da propriedade horizontal.

O fundamento legal da modalidade de condomínio em terreno já era previsto no artigo 8º da Lei n. 4.591/1964 e no artigo 3º do Decreto-lei n. 271/1967. Pela Lei n. 4.591/1964, deve haver edificação para se instituir o regime condominial. Todavia, o artigo 3º do Decreto-lei n. 271 equipara as obras de infraestrutura à construção da edificação: "Aplica-se aos loteamentos a Lei n. 4.591/1964, equiparando-se o loteador ao incorporador, os compradores de lote aos condôminos e as obras de infraestrutura à construção da edificação."

Daí entender, pelos diplomas acima, que a realização das obras básicas do empreendimento supre a necessidade da prévia construção do prédio (casa/edifício), pois o requisito legal contido na lei de condomínios já estará atendido tão logo a infraestrutura fique concluída.

No condomínio de terreno e, assim, de lote, a unidade autônoma será o terreno e não a edificação sobre ele. A cada proprietário de unidade autônoma fica assegurada a livre utilização e edificação no lote, desde que obedecidos os ditames de ordem pública, em geral municipais, e não forem contrariadas as regulamentações da Convenção de Condomínio. A construção ou acessão que surgir vai aderir ao lote, equivalendo a uma unidade autônoma.

Com a Lei n. 13.465/2017, ficou mais claro o direito.

Três parágrafos do artigo 1.358-A explicitam essa forma de condomínio.

Há o § 1º, tratando da proporcionalidade da fração ideal de cada condômino: "A fração ideal de cada condômino poderá ser proporcional à área do solo de cada unidade autônoma, ao respectivo potencial construtivo ou a outros critérios indicados no ato de instituição". São estabelecidos critérios para definir a fração ideal, que poderá ser proporcional não só à área do solo, mas também ao potencial construtivo. Mede-se, pois, a fração ideal de acordo com a área do solo e as dimensões da construção. Importa em afirmar que o tamanho da construção poderá ser compensado com uma área de solo mais reduzida.

Outros critérios para dimensionar a fração ideal estão permitidos, ficando a critério da convenção das partes.

Pelo § 2º, com modificações da Lei n. 14.382, de 27.06.2022, determina-se que se aplica, "no que couber, ao condomínio de lotes:

Cap. 20 | Condomínio de terrenos ou lotes, condomínio urbano simples, condomínio de fato • **55**

> I – o disposto sobre condomínio edilício neste Capítulo, respeitada a legislação urbanística; e
>
> II – o regime jurídico das incorporações imobiliárias de que trata o Capítulo I do Título II da Lei nº 4.591, de 16 de dezembro de 1964, equiparando-se o empreendedor ao incorporador quanto aos aspectos civis e registrários".

Ou seja, pelo inc. I, não se dispensa a observância da legislação urbanística, inclusive a municipal, mormente no que diz à infraestrutura de equipamentos urbanos, ao tamanho das frações resultantes, às frações de área comum, que não podem olvidar os espaços para o trânsito ou deslocamentos de pessoas e veículos e, em lotes maiores, as reservas para praças e escolas. Sobretudo a infraestrutura de prestação de serviços essenciais, como água, luz, telefonia, internet, cumpre que sejam implantados.

Quanto ao inc. II, o empreendedor, equiparado ao incorporador, será o responsável pelas exigências legais na formalização do condomínio em lote, tendo em vista, para tanto, as regras do parágrafo único do art. 28 e do art. 29 da Lei n. 4.591/1994.

O art. 28: "Parágrafo único. Para efeito desta Lei, considera-se incorporação imobiliária a atividade exercida com o intuito de promover e realizar a construção, para alienação total ou parcial, de edificações ou conjunto de edificações compostas de unidades autônomas".

O art. 29: "Parágrafo único. Considera-se incorporador a pessoa física ou jurídica, comerciante ou não, que embora não efetuando a construção, compromisse ou efetive a venda de frações ideais de terreno objetivando a vinculação de tais frações a unidades autônomas, em edificações a serem construídas ou em construção sob regime condominial, ou que meramente aceite propostas para efetivação de tais transações, coordenando e levando a termo a incorporação e responsabilizando-se, conforme o caso, pela entrega, a certo prazo, preço e determinadas condições, das obras concluídas".

Devem, pois, ser atendidas as regras da incorporação imobiliária, em especial no que se refere à definição de áreas privativas e áreas de uso comum.

O § 3º do art. 1.358-A do CC atribui a quem recai a responsabilidade ou a incumbência na implantação de incorporação: "Para fins de incorporação imobiliária, a implantação de toda a infraestrutura ficará a cargo do empreendedor". Seguem-se os parâmetros da incorporação edilícia de edifícios.

Naturalmente, o certo é que se crie uma convenção de condomínio, contendo as limitações edilícias e de uso individual e coletivo do solo, elaborada para resguardar a paz jurídica entre os condôminos.

A constituição da convenção segue as regras destinadas ao condomínio comum.

Para a constituição do condomínio sobre terreno ou lote, devem ser apresentados ao Ofício do Registro de Imóveis os seguintes documentos:

a) requerimento solicitando o registro da instituição condominial, invocando os dispositivos legais aplicáveis, ou existentes em legislação;

b) os documentos comprobatórios da propriedade;

c) o projeto devidamente aprovado pela Municipalidade;

d) o memorial descritivo, informando todas as particularidades do empreendimento, acompanhado da descrição das unidades autônomas contendo especialmente as áreas privativas, as comuns e a total, bem como a fração ideal correspondente na área total e a descrição dos terrenos;

e) a planta de terrenos;

f) a planilha de cálculo de áreas;

g) a planilha de custos da realização da infraestrutura;

h) a convenção de condomínio, contendo as cláusulas previstas em lei, as formas e características que cada construção poderá apresentar;

i) Anotação de Responsabilidade Técnica (ART) do responsável pelo projeto.

De acordo com inovação trazida pelo artigo 78 da Lei n. 13.465/2017, incluindo o § 4º ao artigo 4º da Lei n. 6.766/1979, permite-se, em convenção, a instituição de delimitações administrativas e direitos reais sobre o imóvel e os lotes em favor do Poder Público, da população e do paisagismo, como servidões, direito de passagem, usufrutos e outras restrições: "No caso de lotes integrantes de condomínio de lotes, poderão ser instituídas limitações administrativas e direitos reais sobre coisa alheia em benefício do poder público, da população em geral e da proteção da paisagem urbana, tais como servidões de passagem, usufrutos e restrições à construção de muros". É o que ocorre nos loteamentos, com várias restrições no uso e a destinação de parte do imóvel ao Poder Público. De modo que admissível a atribuição dos espaços comuns e de jardins, corredores, praça de esportes ao Poder Público, ou reservá-los ao uso comum, ficando na administração do condomínio.

Se implantar-se o condomínio através de incorporação imobiliária, em que se procede à venda das unidades a terceiros, há o ato antecedente do registro. A documentação a ser entregue ao Registro de Imóveis corresponderá à constante do artigo 32 da Lei n. 4.591/1964.

No Registro de Imóveis, pois, nesta hipótese, é necessário o registro da incorporação.

Em qualquer caso, obtida a autorização municipal, averbam-se, em atos subsequentes, as obras de infraestrutura, seguindo-se com a individuação das unidades. Mesmo que se faça a instituição por conta do proprietário, são necessárias a averbação das obras e a individuação, por meio de requerimento. Somente depois dessas providências é admissível a abertura de matrículas das unidades.

Registra-se a convenção de condomínio em livro próprio (livro 3 – Registro Auxiliar) e, em ato contínuo, averba-se na matrícula.

Abertas as matrículas das unidades autônomas, nelas se lançarão as transferências dominiais, as constituições de ônus, as edificações, a referência ao registro da convenção de condomínio e todos os demais atos de registro relativos a cada unidade.

20.2. Condomínio urbano simples

Importantes regras vieram com a Lei n. 13.465/2017, em relação a terrenos ou lotes, sobre os quais se ergueram vários prédios, cômodos ou moradias, como que numa repartição interna dos espaços de ocupação, em vista da Regularização Fundiária Urbana (Reurb). É possível implantar um condomínio, destacando as áreas comuns daquelas utilizadas para a moradia, desde que não ofendidos os parâmetros urbanísticos locais. Procura-se regularizar as ocupações, delimitando os espaços comuns dos ocupados individualmente.

É o que o artigo 61 da Lei n. 13.465/2017 chama de condomínio urbano simples. Levada a termo a individuação, através de planta e mesmo de um memorial, havendo a concordância da unanimidade dos ocupantes, procede-se ao registro, para a averbação, dos espaços ocupados pelas edificações, dos destinados para o uso comum e dos reservados para as passagens e outros equipamentos públicos e de uso comunitário. Essa destinação e divisão se extraem do citado artigo 61: "Quando um mesmo imóvel contiver construções de casas ou cômodos, poderá ser instituído, inclusive para fins de Reurb, condomínio urbano simples, respeitados os parâmetros urbanísticos locais, e serão discriminadas, na matrícula, a parte do terreno ocupada pelas edificações, as partes de utilização exclusiva e as áreas que constituem passagem para as vias públicas ou para as unidades entre si".

Trata-se de uma forma nova de se regularizar o condomínio que já existe de fato.

Em suma, há um condomínio de fato. Num terreno, construíram-se vários prédios, e todos os proprietários são titulares de frações ideais do terreno. A lei traz a possibilidade da regularização.

Não se dispensam a elaboração de croquis e memoriais e muito menos a documentação comprovatória da titularidade, como o habite-se, que só é dispensado na hipótese do artigo 63.

O artigo 62 manda que se registre o condomínio na matrícula: "A instituição do condomínio urbano simples será registrada na matrícula do respectivo imóvel, na qual deverão ser identificadas as partes comuns ao nível do solo, as partes comuns internas à edificação, se houver, e as respectivas unidades autônomas, dispensada a apresentação de convenção de condomínio".

No ato acima, especificam-se ou nomeiam-se, pois, as partes comuns ao nível do solo, as partes comuns internas e as unidades autônomas. Não é obrigatória a apresentação de convenção, o que não impede que se registre, no caso de existir.

Conclui-se que se faça o registro com os elementos acima, em especial das unidades autônomas, com sua extensão, a composição, o índice de ocupação e outros elementos próprios do registro de unidades autônomas. É indispensável que acompanhe a individualização, com o correspondente título imobiliário, da origem e mais requisitos registrários.

Feito o registro do condomínio, enseja-se a abertura de matrícula de cada unidade, com a indicação da área do terreno e, em percentual, da fração ideal sobre as partes comuns. É o que encerra o § 1º do artigo 62: "Após o registro da instituição do condomínio urbano simples, deverá ser aberta uma matrícula para cada unidade autônoma, à qual caberá, como parte inseparável, uma fração ideal do solo e das outras partes comuns, se houver, representada na forma de percentual".

Como é decorrência do direito de propriedade, o titular da fração poderá dispor da unidade autônoma, como do direito de sua alienação. Assim se encontra no § 2º: "As unidades autônomas constituídas em matrícula própria poderão ser alienadas e gravadas livremente por seus titulares".

Todas as unidades deverão ter acesso a logradouro público, isto é, à via ou praça, de modo a não ficar seu titular isolado e sem comunicação. É o que estabelece o § 3º: "Nenhuma unidade autônoma poderá ser privada de acesso ao logradouro público".

Já pelo § 4º impõe-se a existência de consenso na administração das partes comuns, cujo regramento poderá se exteriorizar por instrumento particular: "A gestão das partes comuns será feita de comum acordo entre os condôminos, podendo ser formalizada por meio de instrumento particular".

Especificamente para a Regularização Fundiária Urbana de Interesse Social – Reurb-S (regularização fundiária aplicável aos núcleos urbanos informais ocupados predominantemente por população de baixa renda, assim declarados em ato do Poder Executivo municipal), há a facilitação do artigo 63: "No caso da Reurb-S, a averbação das edificações poderá ser efetivada a partir de mera notícia, a requerimento do interessado, da qual constem a área construída e o número da unidade imobiliária, dispensada a apresentação de habite-se e de certidões negativas de tributos e contribuições previdenciárias". Dirige-se o morador ao registro imobiliário e pedirá que se faça a averbação da moradia e da área que ocupa, bem como de outros elementos essenciais, como de seu título dominial. Parece evidente, do contrário seria destoar dos regramentos do direito positivo, não permitir a averbação sem evidenciar a titularidade. Não se procede ao registro do condomínio, mas da área ocupada, do prédio e da fração da qual entende ser titular. Não se afastam, com esse ato, os direitos de terceiros, que poderão ser reclamados judicialmente.

Outrossim, para a construção residencial urbana unifamiliar de um só pavimento finalizada há mais de 5 (cinco) anos em área ocupada predominantemente por população de baixa renda, é dispensado o habite-se expedido pela prefeitura municipal para a averbação, a teor art. 247-A da Lei nº 6.015/1973, acrescentado pela Lei nº 13.865/2019.

20.3. Condomínio de fato e responsabilidade pelo custo dos serviços

Já em relação ao condomínio de fato, revela-se o mesmo numa propriedade conjunta de várias pessoas, mas sem a sua formalização documental. Não há o título da propriedade comum, ou a existência de um bem em nome de várias pessoas, já que os títulos dominiais são próprios de cada indivíduo, com a especificação delimitada da área. Por sua vez, o condomínio na implantação de serviços consiste em uma modalidade de exercer, por um grupo de pessoas, em comum, certas atividades que redundam em benefício de todos, em um conjunto de imóveis individuados em nome de cada proprietário. Não existe o domínio comum em nome de todos os ocupantes de uma área. Cada um tem o seu título individual, com a área do imóvel delimitada e separada das demais. Cria-se, entretanto, uma associação de moradores, mesmo que de fato, com o propósito de praticar certos atos sobre uma extensão de terra que abrange ou atinge todas as propriedades.

Mais especificadamente, cria-se uma associação de moradores, entidade que passa a ser instrumento pelo qual os residentes de determinado loteamento utilizam para realizar suas aspirações, para melhorar as condições internas e para protegerem-se principalmente da violência urbana que assola certa região. Utiliza-se o instituto da associação, na forma dos artigos 53 a 61 do Código Civil, e não o instituto das sociedades, pois se constituem as associações pela união de pessoas que se organizam para fins não econômicos. No caso, visa-se a uma organização das pessoas para implantar unicamente o bem comum, e dotar certa localidade de meios para o proveito geral.

Desde que verificada a prestação de serviços, e trazendo vantagens para todos os moradores e proprietários do conjunto de moradias, sem a expressa recusa no recebimento ou proveito, parece normal a possibilidade de exigir a participação no pagamento dos custos exigidos. Coerente entender que a omissão em manifestar a recusa revela a aceitação tácita quanto àqueles que não fazem parte da associação ou entidade organizadora. Vários os julgados dos Tribunais que se inclinam nesse ponto de vista, citando-se alguns exemplos:

> O inadimplemento de cotas resultantes do rateio de despesas realizadas em benefício de todos os proprietários e moradores que compõem a associação configura locupletamento indevido, que independe de o beneficiado ser associado ou não. Recurso a que se nega provimento.[3]

> *Loteamento. Administração. Exercido por associação sem fins lucrativos. Proprietário que se nega ao pagamento de sua cota-parte por não ser afiliado a esta. Inadmissibilidade. Prestação devida ante o efetivo aproveitamento dos serviços prestados.* Em se tratando de loteamento administrado por associação sem fins lucrativos, que se equipara a condomínio, embora a filiação dos proprietários não possa ser impositiva, encontram-se os mesmos legal e moralmente obrigados a contribuir com suas cotas-partes nos gastos rateáveis entre a totalidade dos adquirentes dos terrenos, uma vez que os imóveis dos mesmos são beneficiados pela infraestrutura a cargo da referida associação.[4]

> *Ação de cobrança. Loteamento fechado ou aberto. Equiparação a condomínio de fato para efeitos de cobrança de contribuição pela associação, formada para administrar os serviços e cobrar os seus custos.* O princípio que veda o enriquecimento ilícito ou sem causa deve prevalecer sobre o que garante a liberdade de associação. Cobrança pertinente. Concessão da gratuidade judiciária. Recurso parcialmente provido.[5]

Acolhendo a tese do enriquecimento sem causa, o STJ tem se manifestado acerca da matéria, cuja fundamentação se baseia na circunstância de que a conservação, manutenção e segurança do loteamento ou condomínio de fato beneficiam a todos que ali residem. É como concebe a Ministra Nancy Andrighi:

> O proprietário de lote integrante de loteamento aberto ou fechado, sem condomínio formalmente instituído, cujos moradores constituíram sociedade para prestação de serviços de conservação, limpeza e manutenção, deve contribuir com o valor correspondente ao rateio das despesas daí decorrentes, pois não se afigura justo nem jurídico que se beneficie dos serviços prestados e das benfeitorias realizadas sem a devida contraprestação.[6]

Alinham-se a esta posição outras decisões, como as relatadas pelo Ministro Ruy Rosado de Aguiar (REsp. n. 439.661/RJ e REsp. n. 261.892/SP), pelo Ministro Barros

---

[3] TJRJ. AC n. 2007.001.03218. Relatora: Des.ª Marilia de Castro Neves. 16ª Câmara Cível. Julgado em 06.03.2007. Fonte: *DVD Magister*, versão 23, Ementa 62068259, Porto Alegre: Magister.

[4] TJSP. AC n. 269.630-2/5. Relator: Des. Francisco de Assis Vasconcellos Pereira da Silva. Segunda Câmara Cível. Julgado em 10.12.1996.

[5] TJSP. AC n. 556.068.4/4, AC n. 2613169. Relatora: Des.ª Maia da Cunha. Julgado em 27.03.2008, *DJESP* 09.06.2008.

[6] STJ. AgRg. no REsp. n. 490.419/SP. Relatora: Min.ª Nancy Andrighi. Terceira Turma. *DJ* 30.06.2003, p. 248. *DVD Magister*, versão 23, Ementa 64208246, Porto Alegre: Magister.

Monteiro (REsp. n. 139.359/SP, pelo Ministro Carlos Alberto Menezes Direito (REsp. n. 180.838/SP), no sentido de que o proprietário de lote integrante de gleba urbanizada, cujos moradores constituíram associação para prestação de serviços comuns, deve contribuir para as despesas comuns.

No entanto, numa posição acentuadamente formalista, despontam posições contrárias:

> As taxas de manutenção criadas por associação de moradores não podem ser impostas a proprietário de imóvel que não é associado, nem aderiu ao ato que instituiu o encargo.
>
> Entende-se que o proprietário de lote não está obrigado a concorrer para o custeio de serviços prestados por associação de moradores, se não os solicitou. Recurso especial conhecido e provido.[7]

Mais recentemente, ficou mantido esse entendimento pelo STJ:

> A Segunda Seção desta Corte Superior pacificou o entendimento de que a associação de moradores, qualificada como sociedade civil, sem fins lucrativos, não tem autoridade para cobrar taxa condominial ou qualquer contribuição compulsória a quem não é associado, mesmo porque tais entes não são equiparados a condomínio para efeitos de aplicação da Lei 4.591/64.[8]

Vários precedentes vieram lembrados no voto do Relator:

> Deveras, como consignado na decisão agravada, quanto à legalidade das cotas condominiais, a Segunda Seção deste Sodalício já pacificou a matéria, quando do julgamento dos EREsp 444.931/SP (DJ 01º.02.2006), sufragando o entendimento de que a associação de moradores, qualificada como sociedade civil, sem fins lucrativos, não tem autoridade para cobrar taxa condominial ou qualquer contribuição compulsória a quem não é associado, mesmo porque tais entes não são equiparados a condomínio para efeitos de aplicação da Lei 4.591/64. Sob esse prisma, os seguintes julgados:
>
> (...) "Descabida a cobrança, por parte da associação, de taxa de serviços de proprietário de imóvel que não faz parte do seu quadro de sócios".
>
> (...) "Consoante entendimento sedimentado no âmbito da Eg. Segunda Seção desta Corte Superior, as taxas de manutenção instituídas por associação de moradores não podem ser impostas a proprietário de imóvel que não é associado, nem aderiu ao ato que fixou o encargo (Precedentes: AgRg no Ag 1.179.073/RJ, Rel. Min. Nancy Andrighi, Terceira Turma, DJe 02.02.2010; AgRg no Ag 953.621/RJ, Rel. Min. João Otávio de Noronha, Quarta Turma, DJe 14.12.2009; AgRg no REsp 1.061.702/SP, Rel. Min. Aldir Passarinho, Quarta Turma, DJe 05.10.2009; AgRg no REsp 1.034.349/SP, Rel. Min. Massami Uyeda, Terceira Turma, DJe 16.12.2008)".
>
> À luz da inteligência do verbete sumular n.º 168/STJ, não cabem embargos de divergência, "quando a jurisprudência do Tribunal se firmou no mesmo sentido do acórdão embargado".

---

[7] STJ. REsp. n. 444.931/SP. Relator: Min. Ari Pargendler. Terceira Turma. *DJ* 06.10.2003. *DVD Magister*, versão 23, Ementa 11011781, Porto Alegre: Magister.

[8] AgRg no REsp. n. 1.190.901/SP. Relator: Min. Vasco Della Giustina. Terceira Turma. Julgado em 03.05.2011, *DJe* 10.05.2011.

Agravo regimental a que se nega provimento (AgRg nos EREsp 961.927/RJ, de minha Relatoria, DJe 15.09.2010).

(...) "As taxas de manutenção criadas por associação de moradores, não podem ser impostas a proprietário de imóvel que não é associado, nem aderiu ao ato que instituiu o encargo (2ª Seção, EREsp n. 444.931/SP, Rel. p/ acórdão Min. Humberto Gomes de Barros, DJU 01.02.2006). Incidência à espécie da Súmula n. 168/STJ".

A assertiva de que os julgados apontados divergentes são anteriores à pacificação do tema pelo Colegiado, fundamento da decisão agravada, não foi objeto do recurso, atraindo o óbice da Súmula n. 182-STJ, aplicada por analogia.

Agravo improvido (AgRg nos EREsp 1.034.349/SP, Rel. Min. Aldir Passarinho Junior, Segunda Seção, DJe 17.06.2009).

Vale ressaltar, outrossim, que o decisum impugnado apenas aplicou ao caso concreto o entendimento pacificado no STJ sobre o tema.

Aventam-se mais razões:

a) a liberdade de associação consagrada no artigo 5º, XVII e XX, da Constituição Federal, não autoriza que os moradores de certa localidade sejam compelidos a se associarem de determinada associação;

b) a associação não pode ser considerada um "condomínio especial", máxime quando foi constituída após o loteamento e a aquisição do imóvel pelos interessados;

c) o local de prestação dos serviços configura um bem público, inexistindo vinculação e dever de contribuir, pois particulares não podem se reunir em associação e instituir obrigações compulsórias incidentes sobre não associados; e

d) a obrigatoriedade do pagamento das cotas condominiais está reservada aos condôminos regularmente instituídos, ou seja, ligados a um condomínio "de direito".

Embora a predominância desta linha, a Lei n. 13.465/2017 introduziu a permissão de exigir o ressarcimento quando desenvolvidas atividades em prol da comunidade, mesmo que não existam a sua previsão e a assunção de compromisso. Esse é o conteúdo que se retira do artigo 36-A da Lei n. 6.766/1979, dispositivo incluído pelo artigo 78 da Lei n. 13.465/2017: "As atividades desenvolvidas pelas associações de proprietários de imóveis, titulares de direitos ou moradores em loteamentos ou empreendimentos assemelhados, desde que não tenham fins lucrativos, bem como pelas entidades civis organizadas em função da solidariedade de interesses coletivos desse público com o objetivo de administração, conservação, manutenção, disciplina de utilização e convivência, visando à valorização dos imóveis que compõem o empreendimento, tendo em vista a sua natureza jurídica, vinculam-se, por critérios de afinidade, similitude e conexão, à atividade de administração de imóveis".

Se há a vinculação à atividade de administração de imóveis, subentende-se a assunção dos custos decorrentes.

O parágrafo único impõe a normatização e a disciplina dos atos constitutivos da administração: "A administração de imóveis na forma do *caput* deste artigo sujeita seus titulares à normatização e à disciplina constantes de seus atos constitutivos, cotizando-se na forma desses atos para suportar a consecução dos seus objetivos".

Entrementes, não é dado o caráter *propter rem* a tais encargos, isto é, não seguem o imóvel, nas transmissões, como ocorre com as dívidas decorrentes de despesas de condomínio, segundo a presente concepção do STJ:

> As despesas condominiais possuem natureza *propter rem*, isto é, seguem o bem, independentemente do uso e de sua titularidade, já as contribuições criadas por associações de moradores (condomínio de fato), ostentam natureza de dívida fundada em direito pessoal, oriunda do ato associativo ou de concordância com a despesa, não possuindo vinculação com o bem, mas, sim, com o serviço contratado, posto à disposição do associado.
>
> O reconhecimento da obrigação de pagar encargo decorrente de condomínio não regularizado (associação de moradores) por sentença transitada em julgado não modifica a natureza da dívida. Desprovida a dívida da natureza *propter rem*, é indevida a sua equiparação às despesas condominiais, mesmo para os fins da Lei nº 8.009/1990 (penhora de bem de família).
>
> É possível ao devedor opor, em cumprimento de sentença, a exceção de impenhorabilidade de seu único imóvel se a cobrança fundar-se em dívidas instituídas por associação de moradores.[9]

---

[9] AgInt no REsp n. 1.688.721/DF. Terceira Turma. Relator: Min. Ricardo Villas Bôas Cueva. Julgado em 20.02.2018. *DJe* 26.02.2018.

21

O condomínio na multipropriedade ou *time-sharing*

A multipropriedade, ou propriedade compartilhada, com origem na Europa a partir da década de 1960 – *time-sharing* (tempo compartilhado) no direito americano; *pluriproprieté* ou *coproprieté saisonniére* no direito francês; *proprietà spazio temporale* no direito italiano, tendo se implantado no Brasil a partir da década de 1980 (ainda sem regulamentação específica) –, representa um condomínio edilício no prédio e um condomínio na unidade. Inicialmente, havia o uso compartilhado de casa de férias (*vacation home sharing*), dominando, ainda hoje, essa destinação, em que vários titulares conjuntos dividem o tempo de ocupação. Há um contrato de uso por tempo compartilhado, envolvendo mais os imóveis no setor turístico, em balneários ou locais de férias e descanso. Mais apropriadamente, tem-se a posse ou o uso em períodos pré-determinados do ano, mas não significando que a titularidade ou propriedade se limita ao tempo da posse ou do uso. Quem adquire a fração ou quota reveste-se perenemente da titularidade, que é mantida continuamente, com a decorrência de direitos e obrigações previstos para qualquer titular de bem imóvel.

Dada a importância que passou a ter o assunto, propagando-se cada vez mais essa forma de condomínio de propriedade e de uso, inclusive agora com regulamentação, mas já existente o instituto no direito há tempo, passam a ser desenvolvidos destacadamente seus elementos componentes.

21.1. Visão conceitual

Não se equipara o sistema a uma locação de espaço individual e de área comum, posto que o adquirente se torna coproprietário da unidade, ou cotitular do direito de uso limitado e restrito. Com efeito, se adquirida uma quota em um conjunto de dois ou mais edifícios localizados em pontos distintos, é possível acertar o uso por temporada de sete ou quinze dias, e mesmo por períodos superiores em um e outro edifício.

Aproveitando-se a lição de Carlos Eduardo Elias de Oliveira, "um apartamento é, por ficção jurídica, pulverizado em várias porções temporais autônomas, que são as unidades periódicas. Como o tempo mínimo da unidade periódica é de sete dias à luz do novo art. 1.358-E do CC, isso significa que um imóvel pode ser parcelado em, no máximo, 52 unidades periódicas, o que significa que um imóvel, em tese, pode ser anualmente aproveitado por 52 pessoas diferentes. O tempo de ócio do bem será muito reduzido".[1]

---

[1] Considerações sobre a recente Lei da Multipropriedade ou da *Time Sharing* (Lei n. 13.777/2018): principais aspectos de Direito Civil, de Processo Civil e de Registros Públicos, disponível em https://

Há tantos partícipes em cada unidade quantos forem os períodos garantidos de uso. Se a ocupação de cada condômino for de uma semana por ano, naturalmente admite um total de cinquenta e dois condôminos na unidade. No edifício, multiplica--se esse total pela quantidade de apartamentos ou unidades. Imagine-se um edifício composto de um total de cem unidades, quando haverá um total de cinco mil e duzentos condôminos.

Assim, a rigor, sobre cada unidade forma-se um condomínio. Existem tantos proprietários quantas forem as partes de tempo distribuídas ao longo do ano. O registro deve ter a matrícula de cada unidade em nome de todos os adquirentes, isto é, daqueles que têm a temporada reservada ao seu uso.

No direito brasileiro, a regulamentação veio com a Lei n. 13.777, de 20.12.2018, publicada no dia seguinte, e entrando em vigor depois de quarenta e cinco dias, em obediência ao art. 1º do Decreto-lei n. 4.657/1942. Teve como origem o Projeto de Lei n. 54/2017, apresentado pelo Senador Wilder Morais, e recebendo na Câmara dos Deputados o n. 10.287/2018, alterando a Lei n. 10.406/2002 (Código Civil), e a Lei n. 6.015/1973 (Lei dos Registros Públicos), para dispor sobre o regime jurídico da multipropriedade e seu registro. Introduziu o Capítulo VII-A, composto de seis seções, ao Título III do Livro III da Parte Especial do Código Civil – arts. 1.358-B a 1.358-U –, e deu nova redação aos arts. 176 e 178 da Lei dos Registros Públicos.

Eis o art. 1.358-B:

> A multipropriedade reger-se-á pelo disposto neste Capítulo e, de forma supletiva e subsidiária, pelas demais disposições deste Código e pelas disposições das Leis n°s 4.591, de 16 de dezembro de 1964, e 8.078, de 11 de setembro de 1990 (Código de Defesa do Consumidor).

Mantêm-se regramentos da lei que disciplina os condomínios e a incorporação imobiliária, bem como do Código de Defesa do Consumidor, em especial nas relações relativas à aquisição e locação de unidades em conjunto.

Conjugam-se dois condomínios – um envolvendo as unidades em relação ao prédio, e outro relativamente aos vários coproprietários ou cotitulares da mesma unidade. Ou seja, existe um edifício dividido em unidades, com áreas comuns, mas com a diferença do condomínio comum no fato de que várias pessoas são titulares de cada unidade individualizada, já que a elas se opera a venda. A unidade é compartilhada entre os condôminos, abrangendo os móveis e utensílios, e estabelecendo-se o uso em períodos definidos e divididos no tempo, no semestre ou no ano, geralmente para fins de lazer ou de turismo. Destina-se mais para possibilitar a reserva de residências temporárias de uso exclusivo, e, sobretudo, em edifícios com aparato de hotéis, ou em apart-hotéis, em construções de veraneio na praia, no campo e nas montanhas, com ampla estrutura organizada na prestação de serviços internos. Todavia, vai mais além do que uma simples cotitularidade; há a divisão do tempo de ocupação, conforme se encontra no art. 1.358-C:

flaviotartuce.jusbrasil.com.br/artigos/661740743/consideracoes-sobre-a-recente-lei-da-multipropriedade. Acesso em 08.01.2019.

> Multipropriedade é o regime de condomínio em que cada um dos proprietários de um mesmo imóvel é titular de uma fração de tempo, à qual corresponde a faculdade de uso e gozo, com exclusividade, da totalidade do imóvel, a ser exercida pelos proprietários de forma alternada.

Apropriada, daí, a definição que considera a multipropriedade como um parcelamento temporal do bem em unidades autônomas periódicas.

A circunstância de haver um único coproprietário da totalidade das frações de tempo não subtrai a natureza de multipropriedade, desde que mantida a disponibilização para o uso temporário, em vista do parágrafo único: "A multipropriedade não se extinguirá automaticamente se todas as frações de tempo forem do mesmo multiproprietário". Importa a existência de frações de tempo, mesmo que pertencentes a um único cotitular.

Oportuno lembrar que viável a aquisição por meio de promessa de compra e venda, ou de cessão de direitos sobre imóvel. Assim permite o art. 1.358-K: "Para os efeitos do disposto nesta Seção, são equiparados aos multiproprietários os promitentes compradores e os cessionários de direitos relativos a cada fração de tempo".

Há semelhança com apart-hotéis, também conhecidos como hotéis-residência, mas, a rigor, esta espécie tem um contorno próprio e diferenciado, pois assemelhada a um verdadeiro hotel, com a destinação, porém, não apenas para uma hospedagem durante curto período de tempo, e sim por uma temporada, ou um espaço de tempo maior, em relação de ocupação efetuada por meio de contrato, que pode ter elementos de locação, com a previsão de épocas da ocupação, sendo esta propriedade conhecida como "multipropriedade hoteleira". Tanto nos apart-hotéis como no *time-sharing*, não se restringe o contrato a uma mera disponibilização de um apartamento para o uso, mas envolvendo, também, a prestação de serviços.

Na prática, a multipropriedade hoteleira, também conhecida como *time share*, tem uma natureza mais obrigacional. Os multiproprietários adquirem o direito de uso durante determinado período em uma rede de hotéis, com direito a todos os serviços disponibilizados. Tem-se uma compra antecipada de diárias de hotel. Adquire-se um determinado número de pontos, que dá direito ao uso, em geral por uma ou mais semanas a cada ano, durante um certo período de tempo, como de cinco ou dez ou mais anos. A titularidade prende-se ao uso, podendo-se, inclusive, alugar, vender ou ceder o direito. A administração é do hotel, não recaindo nos multititulares do direito de uso, nem suportando eles as despesas internas de manutenção e conservação.

Na propriedade compartilhada, regida pelo Código Civil, o titular é proprietário definitivo de uma fração de um imóvel.

21.2. O imóvel objeto da multipropriedade e o direito de ocupação

Em geral, há a entrega de um imóvel mobiliado, normalmente em apartamento de pequenas dimensões, sem permitir a divisibilidade, com louças, móveis, geladeira, fogão, utensílios domésticos, e inclusive serviços de várias espécies, como de limpeza, de lavagem de roupas, de arrumação e outros próprios de manutenção interna da unidade. Essas características constam no art. 1.358-D: "O imóvel objeto da multipropriedade:

I – é indivisível, não se sujeitando a ação de divisão ou de extinção de condomínio;

II – inclui as instalações, os equipamentos e o mobiliário destinados a seu uso e gozo".

As regras de utilização da multipropriedade são minuciosamente descritas em instrumento escrito, público ou particular, na forma de convenção ou regimento interno, discriminando-se os direitos e deveres, a administração, o rateio das despesas.

As pessoas adquirem quotas da unidade, que lhes dão direito ao uso, em geral, durante dois ou três períodos do ano, até completar um lapso de tempo, *v.g.*, de um mês.

Admite-se, também, a compra de quotas ou de certa quantidade de ações de um estabelecimento, ou de um conjunto de prédios que forma uma organização, à semelhança de participação em uma sociedade, com o direito ao uso de uma unidade em cada prédio durante um espaço de tempo demarcado. Assim, *v.g.*, reserva-se o uso por uma temporada de uma semana, de quinze dias e de até um mês em uma unidade de um, ou dois, ou três, ou mais prédios, sitos em locais diferentes, geralmente apropriados para veraneio ou descanso, como praias, estações de águas termais, ou em locais aprazíveis em serras e ilhas, ou em campos e reservas florestais.

Adquire-se mais propriamente o direito de ocupação durante uma fração de tempo, formando um condomínio na unidade, já que vários são os titulares do direito de ocupação, em períodos sucessivos. A fração de tempo é indivisível, isto é, não se opera a sua divisão em dias, com a distribuição do uso no curso do ano. A respeito, a regra do art. 1.358-E é peremptória: "Cada fração de tempo é indivisível".

Todavia, existindo vários adquirentes da unidade ou do lote, em que se repartem as frações de tempo de uso, domina mais o direito real, com todos os efeitos decorrentes de uso, gozo e disposição, inclusive reivindicação. Nessa linha já se manifestou o STJ:

> 1. O sistema time-sharing ou multipropriedade imobiliária, conforme ensina Gustavo Tepedino, é uma espécie de condomínio relativo a locais de lazer no qual se divide o aproveitamento econômico de bem imóvel (casa, chalé, apartamento) entre os cotitulares em unidades fixas de tempo, assegurando-se a cada um o uso exclusivo e perpétuo durante certo período do ano.
>
> 2. Extremamente acobertada por princípios que encerram os direitos reais, a multipropriedade imobiliária, nada obstante ter feição obrigacional aferida por muitos, detém forte liame com o instituto da propriedade, se não for sua própria expressão, como já vem proclamando a doutrina contemporânea, inclusive num contexto de não se reprimir a autonomia da vontade nem a liberdade contratual diante da preponderância da tipicidade dos direitos reais e do sistema de *numerus clausus*.
>
> 3. No contexto do Código Civil de 2002, não há óbice a se dotar o instituto da multipropriedade imobiliária de caráter real, especialmente sob a ótica da taxatividade e imutabilidade dos direitos reais inscritos no art. 1.225.
>
> 4. O vigente diploma, seguindo os ditames do Estatuto Civil anterior, não traz nenhuma vedação nem faz referência à inviabilidade de consagrar novos direitos reais. Além disso, com os atributos dos direitos reais se harmoniza o novel instituto, que, circunscrito a um vínculo jurídico de aproveitamento econômico e de imediata aderência ao imóvel, detém as faculdades de uso, gozo e disposição sobre fração ideal do bem, ainda que objeto de compartilhamento pelos multiproprietários de espaço e turnos fixos de tempo.

5. A multipropriedade imobiliária, mesmo não efetivamente codificada, possui natureza jurídica de direito real, harmonizando-se, portanto, com os institutos constantes do rol previsto no art. 1.225 do Código Civil; e o multiproprietário, no caso de penhora do imóvel objeto de compartilhamento espaço-temporal (*time-sharing*), tem, nos embargos de terceiro, o instrumento judicial protetivo de sua fração ideal do bem objeto de constrição.

6. É insubsistente a penhora sobre a integralidade do imóvel submetido ao regime de multipropriedade na hipótese em que a parte embargante é titular de fração ideal por conta de cessão de direitos em que figurou como cessionária.

7. Recurso especial conhecido e provido.[2]

Em um julgamento do TJ do Paraná, ficou ressaltado o direito real:

A natureza jurídica da multipropriedade imobiliária bem mais se compatibiliza com a de um direito real, pois acobertada por princípios que encerram os direitos reais, porque circunscrito a um vínculo jurídico de aproveitamento econômico e de imediata aderência ao imóvel, detém as faculdades de uso, gozo e disposição sobre fração ideal do bem, ainda que objeto de compartilhamento pelos multiproprietários de espaço e turnos fixos de tempo.[3]

21.3. Instituição, transferência de frações de tempo de uso e proibição ou limitação da multipropriedade

Tornou-se comum a implantação na modalidade de se assentar a propriedade em nome de uma organização, ou de um incorporador. A instituição se dá mediante contrato, ou, mais apropriadamente, de convenção, e mesmo por meio do regime de incorporação imobiliária. As regras disciplinadoras se encontram no art. 1.358-F ao art. 1.358-H. De acordo com o primeiro dispositivo citado, "institui-se a multipropriedade por ato entre vivos ou testamento, registrado no competente cartório de registro de imóveis, devendo constar daquele ato a duração dos períodos correspondentes a cada fração de tempo". Efetivamente, deverá haver uma transmissão por ato entre vivos, materializado por meio de escritura pública, ou doação, ou qualquer forma de constituição de titularidade na propriedade.

A constituição por meio de incorporação imobiliária revela-se apropriada, seguindo-se os passos da Lei n. 4.591/1964, com a aquisição de um imóvel, no qual se erguerá o prédio, formalizando-se o registro imobiliário e as vendas de unidades, cuja titularidade será em nome de um ou vários proprietários, devendo, na matrícula, constar, como adquirentes, todos os proprietários da unidade, com a especificação da fração de tempo de uso.

Conforme já referido, existe uma forma diferente de constituição, pela qual o imóvel pertencerá a um único proprietário, que transmitirá o uso para duas ou mais pessoas, em períodos já demarcados e sucessivos, predominando, então, o multiuso.

---

[2] REsp 1.546.165/SP. Relator p/ Acórdão Min. João Otávio de Noronha. Terceira Turma. Julgado em 26.04.2016. *DJe* de 06.09.2016.

[3] Processo n. 0008457-65.2017.8.16.0014. Órgão Julgador: 18ª Câmara Cível. Relator: Des. Marcelo Gobbo Dalla Dea. Julgamento: 11.11.2019.

A instituição por testamento revela-se difícil, mas não impossível. O testador disporá a destinação do imóvel a herdeiros ou legatários, com a repartição do uso em frações de tempo. Obviamente, somente depois da abertura da sucessão encetam-se as providências para materializar o ato.

No ato de instituição da titularidade, é necessária a convenção, na qual se fixam as exigências do art. 1.358-G, e que são as seguintes:

> I – os poderes e deveres dos multiproprietários, especialmente em matéria de instalações, equipamentos e mobiliário do imóvel, de manutenção ordinária e extraordinária, de conservação e limpeza e de pagamento da contribuição condominial;
>
> II – o número máximo de pessoas que podem ocupar simultaneamente o imóvel no período correspondente a cada fração de tempo;
>
> III – as regras de acesso do administrador condominial ao imóvel para cumprimento do dever de manutenção, conservação e limpeza;
>
> IV – a criação de fundo de reserva para reposição e manutenção dos equipamentos, instalações e mobiliário;
>
> V – o regime aplicável em caso de perda ou destruição parcial ou total do imóvel, inclusive para efeitos de participação no risco ou no valor do seguro, da indenização ou da parte restante;
>
> VI – as multas aplicáveis ao multiproprietário nas hipóteses de descumprimento de deveres.

De acordo com o art. 1.358-H, o que se revela de máxima importância, virá estabelecido ou fixado, no instrumento de instituição ou na convenção, o limite máximo das frações de tempo no mesmo imóvel que poderão ser detidas pela mesma pessoa natural ou jurídica. Importante que haja a previsão, sob pena de se desencadearem sérias controvérsias quanto ao direito de uso das demais. É de se ter em mente que, para haver a propriedade compartilhada, indispensável a multiplicidade de uso, ou do uso por duas ou mais pessoas, em épocas diferentes.

Complementa o parágrafo único que, em caso de instituição da multipropriedade para posterior venda das frações de tempo a terceiros, o atendimento a eventual limite de frações de tempo por titular estabelecido no instrumento de instituição será obrigatório somente após a venda, o que se revela evidente. Com a venda das frações de tempo fixa-se a respectiva duração. Procede-se à aquisição de um prédio ou unidade, e institui-se a multipropriedade do uso, em períodos sucessivos, predeterminados ou a serem combinados, o que corresponde a estabelecer os limites de tempo.

A transferência de frações de tempo vem disciplinada pelo art. 1.358-L e seus parágrafos, procedendo-se por ato entre vivos ou por direito sucessório. Lavra-se a escritura pública de compra e venda, ou de doação, ou outro modo de transmissão, com o devido registro imobiliário, inclusive para resguardar-se contra posteriores atos de alienação. É expresso o citado artigo em exigir que a transferência e a produção de efeitos perante terceiros se operam na forma da lei civil, sem exigir a anuência ou cientificação dos demais multiproprietários. Eis o texto:

> A transferência do direito de multipropriedade e a sua produção de efeitos perante terceiros dar-se-ão na forma da lei civil e não dependerão da anuência ou cientificação dos demais multiproprietários.

No pertinente ao direito de preferência, predominará unicamente se contemplado no instrumento de constituição ou na convenção, na esteira do § 1º:

> Não haverá direito de preferência na alienação de fração de tempo, salvo se estabelecido no instrumento de instituição ou na convenção do condomínio em multipropriedade em favor dos demais multiproprietários ou do instituidor do condomínio em multipropriedade.

O adquirente, em ocorrendo a transferência, responsabiliza-se por obrigações pendentes, se não comprovada a inexistência de débitos quando da aquisição, conforme assinala o § 2º:

> O adquirente será solidariamente responsável com o alienante pelas obrigações de que trata o § 5º do art. 1.358-J caso não obtenha a declaração de inexistência de débitos referente à fração de tempo no momento de sua aquisição.

Há, ainda, o art. 1.358-U, permitindo a limitação e a vedação de instituição de multipropriedade em edifício ou em unidade condominial:

> As convenções dos condomínios edilícios, os memoriais de loteamentos e os instrumentos de venda dos lotes em loteamentos urbanos poderão limitar ou impedir a instituição da multipropriedade nos respectivos imóveis, vedação essa que somente poderá ser alterada no mínimo pela maioria absoluta dos condôminos.

Permite-se que se institua a proibição ou limitação de instituição da multipropriedade em condomínios e em loteamentos. Insere-se nos instrumentos de constituição a proibição, sendo que a limitação pode abranger o número de cotitularidades no uso ou de unidades no condomínio ou no loteamento urbano. Em se tratando de condomínios edilícios, as proibições ou limitações constarão nas convenções; nos loteamentos, incluem-se nos memoriais descritivos e nos instrumentos de venda de lotes. Resta justificável a previsão, porquanto em prédios estritamente residenciais ou mesmo comerciais pode revelar-se inoportuna e imprópria tal forma de compartilhamento.

A maioria absoluta dos membros do condomínio é calculada na forma do art. 1.352, de seu parágrafo único, e do art. 1.353 do Código Civil.

Eis o texto do art. 1.352, quanto ao *quorum* em primeira convocação:

> Salvo quando exigido *quorum* especial, as deliberações da assembleia serão tomadas, em primeira convocação, por maioria de votos dos condôminos presentes que representem pelo menos metade das frações ideais.

Já o parágrafo único, no pertinente ao modo de calcular os votos:

> Os votos serão proporcionais às frações ideais no solo e nas outras partes comuns pertencentes a cada condômino, salvo disposição diversa da convenção de constituição do condomínio.

O art. 1.353, relativamente à deliberação em segunda convocação:

> Em segunda convocação, a assembleia poderá deliberar por maioria dos votos dos presentes, salvo quando exigido *quorum* especial.

Oportuno lembrar a possibilidade de se realizar a assembleia por meio eletrônico ou remoto, como faculta o art. 1.354-A do Código Civil, incluído pela Lei 14.309/2022, delineando a regulamentação:

> A convocação, a realização e a deliberação de quaisquer modalidades de assembleia poderão dar-se de forma eletrônica, desde que:
> I – tal possibilidade não seja vedada na convenção de condomínio;
> II – sejam preservados aos condôminos os direitos de voz, de debate e de voto.
> § 1º Do instrumento de convocação deverá constar que a assembleia será realizada por meio eletrônico, bem como as instruções sobre acesso, manifestação e forma de coleta de votos dos condôminos.
> § 2º A administração do condomínio não poderá ser responsabilizada por problemas decorrentes dos equipamentos de informática ou da conexão à internet dos condôminos ou de seus representantes nem por quaisquer outras situações que não estejam sob o seu controle.
> § 3º Somente após a somatória de todos os votos e a sua divulgação será lavrada a respectiva ata, também eletrônica, e encerrada a assembleia geral.
> § 4º A assembleia eletrônica deverá obedecer aos preceitos de instalação, de funcionamento e de encerramento previstos no edital de convocação e poderá ser realizada de forma híbrida, com a presença física e virtual de condôminos concomitantemente no mesmo ato.
> § 5º Normas complementares relativas às assembleias eletrônicas poderão ser previstas no regimento interno do condomínio e definidas mediante aprovação da maioria simples dos presentes em assembleia convocada para essa finalidade.
> § 6º Os documentos pertinentes à ordem do dia poderão ser disponibilizados de forma física ou eletrônica aos participantes.

21.4. Distribuição dos períodos

Sobre a distribuição dos períodos, de observar as possibilidades dos §§ 1º e 2º do art. 1.358-E:

> § 1º O período correspondente a cada fração de tempo será de, no mínimo, 7 (sete) dias, seguidos ou intercalados, e poderá ser:
>
> I – fixo e determinado, no mesmo período de cada ano;
> II – flutuante, caso em que a determinação do período será realizada de forma periódica, mediante procedimento objetivo que respeite, em relação a todos os multiproprietários, o princípio da isonomia, devendo ser previamente divulgado; ou
> III – misto, combinando os sistemas fixo e flutuante.
>
> § 2º Todos os multiproprietários terão direito a uma mesma quantidade mínima de dias seguidos durante o ano, podendo haver a aquisição de frações maiores que a mínima, com o correspondente direito ao uso por períodos também maiores.

A todos os coproprietários, em tratamento idêntico, insta se reservem iguais espaços de tempo de uso. Mas não se impede a aquisição de quota, isto é, de espaço de tempo, de maior duração. Entende-se que está aberta a possibilidade de comercialização de quotas diferenciadas, desde que observadas a fração de tempo mínimo.

Pelas disposições do § 1º, fixam-se, respectivamente em relação às três situações acima, os períodos ou épocas já indicados do ano; ou de tanto em tanto tempo, com menção do número de dias, de modo a perfazer o período constante do contrato ou convenção de condomínio; ou em uma época marcada para um certo período de uso no ano, e a previsão dos dias restantes a partir de tempo determinado.

Mais afeiçoada a esse direito de aproveitamento, existe a modalidade de cessão unicamente do direito de uso por certo período durante o ano, sem indicar a unidade e sem a alienação da fração ideal de terreno. Nessa concepção, apropriada a definição dada por Pedro Elias Avvad, considerando a espécie como

> uma forma de condomínio pró-indiviso na propriedade de um bem, em geral imóvel, mas que tem sua utilidade compartilhada entre os condôminos em parcelas fixas de tempo, previamente definidas, de sorte que todos tenham, perpetuamente, plena utilização do bem no espaço temporário que lhe foi atribuído.[4]

Na verdade, nesta tipificação, em algumas situações, nem há condomínio propriamente dito, e nem se dividindo o imóvel em unidades autônomas, pois o prédio pertence a uma empresa ou instituição. Pode-se concluir que o negócio envolve a compra de uso de moradia por temporadas, não havendo uma legislação específica que trata da matéria, pois não abrangida a espécie pela recente alteração do Código Civil e da Lei n. 6.015/1973, nem se viabilizando conceber a inerência do caráter *propter rem* das despesas. Daí não caber o fracionamento da dívida em função do número de titulares de direitos.

21.5. Direitos e obrigações na multipropriedade

Discriminam-se os direitos e obrigações, com a ampla descrição de como se fará a administração, e trazendo a descrição das unidades, com a respectiva titularidade de uso por espaços delimitados. Normalmente, cada pessoa paga uma taxa condominial por ano. Não raramente, a copropriedade é limitada a certo período de tempo. Outrossim, estabelece-se a perda do direito de uso na falta de cumprimento das obrigações.

Diante da caracterização de como se desenvolve na prática a multipropriedade, às vezes, nem existe uma copropriedade, mas uma participação de uso, reservado a pequenos períodos, incumbindo ao proprietário que explora o imóvel para multiuso o cumprimento de todos os deveres de manutenção, pagamento de taxa condominial e de tributos. Nesta modalidade, tem-se nada mais que um direito assentado no campo

---

[4] *Condomínio em edificações no novo Código Civil comentado*. 2. ed. Rio de Janeiro: Renovar, 2007. p. 281.

obrigacional, nem sequer havendo o registro imobiliário dos diversos cotitulares de cada unidade.

Mas, na multipropriedade, em que se opera a aquisição de quotas de tempo, por meio de ato de transmissão com a abertura de matrícula e os subsequentes registros, o art. 1.358-I elenca os direitos principais, não excluindo outros que possam vir previstos na convenção:

> São direitos do multiproprietário, além daqueles previstos no instrumento de instituição e na convenção de condomínio em multipropriedade:
>
> I – usar e gozar, durante o período correspondente à sua fração de tempo, do imóvel e de suas instalações, equipamentos e mobiliário;
>
> II – ceder a fração de tempo em locação ou comodato;
>
> III – alienar a fração de tempo, por ato entre vivos ou por causa de morte, a título oneroso ou gratuito, ou onerá-la, devendo a alienação e a qualificação do sucessor, ou a oneração, ser informadas ao administrador;
>
> IV – participar e votar, pessoalmente ou por intermédio de representante ou procurador, desde que esteja quite com as obrigações condominiais, em:
>
> a) assembleia geral do condomínio em multipropriedade, e o voto do multiproprietário corresponderá à quota de sua fração de tempo no imóvel;
>
> b) assembleia geral do condomínio edilício, quando for o caso, e o voto do multiproprietário corresponderá à quota de sua fração de tempo em relação à quota de poder político atribuído à unidade autônoma na respectiva convenção de condomínio edilício.

Relativamente aos deveres ou obrigações, a relação está no art. 1.358-J, na seguinte ordem, igualmente não esgotando a matéria, que poderá vir suplementada no instrumento de constituição e na convenção:

> São obrigações do multiproprietário, além daquelas previstas no instrumento de instituição e na convenção de condomínio em multipropriedade:
>
> I – pagar a contribuição condominial do condomínio em multipropriedade e, quando for o caso, do condomínio edilício, ainda que renuncie ao uso e gozo, total ou parcial, do imóvel, das áreas comuns ou das respectivas instalações, equipamentos e mobiliário;
>
> II – responder por danos causados ao imóvel, às instalações, aos equipamentos e ao mobiliário por si, por qualquer de seus acompanhantes, convidados ou prepostos ou por pessoas por ele autorizadas;
>
> III – comunicar imediatamente ao administrador os defeitos, avarias e vícios no imóvel dos quais tiver ciência durante a utilização;
>
> IV – não modificar, alterar ou substituir o mobiliário, os equipamentos e as instalações do imóvel;
>
> V – manter o imóvel em estado de conservação e limpeza condizente com os fins a que se destina e com a natureza da respectiva construção;
>
> VI – usar o imóvel, bem como suas instalações, equipamentos e mobiliário, conforme seu destino e natureza;
>
> VII – usar o imóvel exclusivamente durante o período correspondente a sua fração de tempo;

VIII – desocupar o imóvel, impreterivelmente, até o dia e hora fixados no instrumento de instituição ou na convenção de condomínio em multipropriedade, sob pena de multa diária, conforme convencionado no instrumento pertinente;

IX – permitir a realização de obras ou reparos urgentes.

Os vários parágrafos que seguem trazem as cominações pelas violações, especificam mais algumas obrigações e apontam a responsabilidade pelo cumprimento.

Nessa ordem, o § 1º instrui que a convenção conterá a previsão de penalidades de multa simples, multa progressiva e perda temporária do direito de utilização do imóvel conforme as situações abaixo:

I – multa, no caso de descumprimento de qualquer de seus deveres;

II – multa progressiva e perda temporária do direito de utilização do imóvel no período correspondente à sua fração de tempo, no caso de descumprimento reiterado de deveres.

Entretanto, cumpria que a lei, além de definir, quantificasse as penalidades, não se admitindo a delegação de tal incumbência à convenção, por aplicação da segunda parte do inc. XXXIX do art. 5º da CF.

O montante das multas virá definido, bem como se descreverá a abrangência do descumprimento reiterado de deveres.

No § 2º indicam-se os responsáveis para o pagamento das despesas de reparos no imóvel, incluindo suas instalações, equipamentos e mobiliário:

I – de todos os multiproprietários, quando decorrentes do uso normal e do desgaste natural do imóvel;

II – exclusivamente do multiproprietário responsável pelo uso anormal, sem prejuízo de multa, quando decorrentes de uso anormal do imóvel.

Na versão enviada à sanção presidencial, havia os §§ 3º, 4º e 5º.

Pelo § 3º, "todos os multiproprietários responderão, na proporção de sua fração de tempo, pelo pagamento dos tributos, contribuições condominiais e outros encargos que incidam sobre o imóvel".

De acordo com o § 4º, haveria uma contabilidade, na qual se lançaria o valor da obrigação de cada unidade, servindo o documento como instrumento para a cobrança.

O § 5º afastava a solidariedade entre os multiproprietários pelo custeio das obrigações concernentes ao uso individual da fração de tempo, como acontece no condomínio edilício comum.

O Presidente da República vetou os parágrafos, após ouvir o Ministério da Fazenda, no que há coerência, sob o argumento de que "os dispositivos substituem a solidariedade tributária (art. 124 do Código Tributário Nacional) pela proporcionalidade quanto à obrigação pelo pagamento e pela cobrança de tributos e outros encargos incidentes sobre o imóvel com multipropriedade. No entanto, cabe à Lei Complementar dispor a respeito de normas gerais em matéria tributária (art. 146, III, da Constituição). Ademais, geram insegurança jurídica ao criar situação de enquadramento diversa para contribuintes em razão da multipropriedade, violando o princípio da isonomia (art. 150, II, da Constituição). Por fim, poderiam afetar de forma negativa a arrecadação e o regular recolhimento de tributos".

21.6. A administração

Questão importante é a administração do imóvel e de suas instalações, equipamentos e mobiliário, em regime de multipropriedade, abrangendo especialmente o pagamento das despesas que envolvem as unidades, do conjunto onde as mesmas se encontram, a conservação, a gerência na prestação de serviços das mais variadas espécies, e o controle do tempo de uso das quotas ou quinhões, a teor dos arts. 1.358-M a 1.358-N.

Evidentemente, como está no *caput* do art. 1.358-A, a indicação do administrador constará no instrumento de instituição ou na convenção de condomínio. Na omissão, escolhe-se a pessoa em assembleia geral dos condôminos.

O § 1º do art. 1.358-M elenca as atribuições do administrador, além das constantes no instrumento de constituição e na convenção ou em regulamentos internos, sendo as seguintes:

> I – coordenação da utilização do imóvel pelos multiproprietários durante o período correspondente a suas respectivas frações de tempo;
>
> II – determinação, no caso dos sistemas flutuante ou misto, dos períodos concretos de uso e gozo exclusivos de cada multiproprietário em cada ano;
>
> III – manutenção, conservação e limpeza do imóvel;
>
> IV – troca ou substituição de instalações, equipamentos ou mobiliário, inclusive:
>
> a) determinar a necessidade da troca ou substituição;
>
> b) providenciar os orçamentos necessários para a troca ou substituição;
>
> c) submeter os orçamentos à aprovação pela maioria simples dos condôminos em assembleia;
>
> V – elaboração do orçamento anual, com previsão das receitas e despesas;
>
> VI – cobrança das quotas de custeio de responsabilidade dos multiproprietários;
>
> VII – pagamento, por conta do condomínio edilício ou voluntário, com os fundos comuns arrecadados, de todas as despesas comuns.

Relativamente à troca ou substituição de instalações, equipamentos ou mobiliário, incluindo a decisão da necessidade de troca ou substituição, a apresentação de orçamento e sua aprovação pelos condôminos, o § 2º autoriza à convenção a liberdade de dispor de forma diferente a atribuição do inciso IV do § 1º, o qual diz respeito à troca ou substituição de instalações, equipamentos ou mobiliário.

Já no art. 1.358-N, está assegurada a possibilidade de constar, no instrumento de constituição ou na convenção, a fração de tempo destinada aos serviços indispensáveis de reparo para o exercício normal do direito de multipropriedade. Além, pois, da previsão de fração de tempo para o uso dos condôminos, inserem-se alguns espaços de tempo para as reparações necessárias, a limpeza e outros serviços, que ocorrem após o período de cada utilização. Obviamente, o espaço de tempo necessário não poderá coincidir com o período de ocupação. Veja-se a norma:

O instrumento de instituição poderá prever fração de tempo destinada à realização, no imóvel e em suas instalações, em seus equipamentos e em seu mobiliário, de reparos indispensáveis ao exercício normal do direito de multipropriedade.

Outrossim, o § 1º do art. 1.358-N define que a incumbência, a qual constará no instrumento de constituição ou na convenção, caberá ao instituidor da multipropriedade, ou à própria pessoa que faz uso do imóvel, ou mesmo ao administrador, embora não conste a indicação deste último, mas que se depreende da gama de funções que lhe é atribuída pelo § 1º do art. 1.358-N:

A fração de tempo de que trata o *caput* poderá ser atribuída:

I – ao instituidor da multipropriedade; ou

II – aos multiproprietários, proporcionalmente às respectivas frações.

O § 2º excepciona a possibilidade de se realizarem os reparos nos períodos de uso da unidade, em casos de emergência:

Em caso de emergência, os reparos de que trata o *caput* deste artigo poderão ser feitos durante o período correspondente à fração de tempo de um dos multiproprietários.

Situações de emergência se afiguram como a de rompimentos de condutos de água e energia elétrica, vazamentos internos, rachaduras de paredes, entupimentos do sistema de esgoto. Naturalmente, poderão os instrumentos de constituição, a convenção e regimentos internos trazer casuísticas, mas nunca se exigindo que esgotem as possibilidades de ocorrências.

21.7. O regime de multipropriedade em parte ou na totalidade das unidades autônomas

É permitida a instituição do regime de multipropriedade, no condomínio edilício, em parte ou na totalidade das unidades autônomas. Dispõem-se, no instrumento de instituição, ou na convenção condominial, e por deliberação da maioria absoluta dos condôminos, as unidades de compartilhamento de uso e aquelas sem esse regime, ou de unipropriedade. É a previsão do art. 1.358-O da vigente redação do Código Civil:

O condomínio edilício poderá adotar o regime de multipropriedade em parte ou na totalidade de suas unidades autônomas, mediante:

I – previsão no instrumento de instituição; ou

II – deliberação da maioria absoluta dos condôminos.

21.7.1. Exigências no instrumento de instituição

Constando do instrumento de instituição essa divisão de tipos de unidades, o parágrafo único do art. 1.358-O atribui a iniciativa e a responsabilidade pela instituição de multipropriedade a determinadas pessoas, que são as indicadas nas alíneas "a", "b" e "c" e no § 1º do art. 31 da Lei n. 4.591/1964, na ordem que segue:

a) Aos proprietários do terreno, ou promitentes compradores, ou cessionários, ou promitente cessionários, com título que satisfaça os requisitos da alínea "a" do art. 32.

O referido art. 32, alterado pela Lei n. 14.382/2022, discrimina os vários documentos a serem aportados, como título de propriedade; certidões negativas de tributos e débitos previdenciários; histórico dos títulos abrangendo os últimos vinte anos; projetos de construção; cálculo das áreas; memorial descritivo; avaliação da obra; instrumento de divisão do terreno em frações ideais autônomas que contenham a sua discriminação e a descrição, a caracterização e a destinação das futuras unidades e partes comuns que a elas acederão; minuta da futura convenção; e mais várias outras exigências descritas.

b) Ao construtor ou corretor de imóveis.

c) Ao ente da Federação imitido na posse a partir de decisão proferida em processo judicial de desapropriação em curso, ou o cessionário deste, conforme comprovado no registro de imóveis competente.

No caso da alínea "b", em vista do § 1º do art. 31, o incorporador será investido, pelo proprietário de terreno, ou promitente comprador e cessionário deste ou pelo promitente cessionário, de mandato outorgado por instrumento público, onde se faça menção expressa da Lei n. 4.591/1964, e se transcreva o disposto no § 4º de seu art. 35, para concluir todos os negócios tendentes à alienação das frações ideais de terreno, mas se obrigando pessoalmente pelos atos que praticar na qualidade de incorporador. O § 4º do art. 35 estabelece que, descumprida pelo incorporador e pelo mandante a obrigação da outorga dos contratos referidos no *caput* do art. 35, nos prazos fixados, a carta-proposta ou o documento de ajuste preliminar poderão ser averbados no Registro de Imóveis, averbação que conferirá direito real oponível a terceiros, com o consequente direito à obtenção compulsória do contrato correspondente.

Operando-se a instituição pela maioria absoluta dos condôminos, evidentemente que a deliberação importará na introdução de alterações no instrumento e na convenção.

21.7.2. Regras a serem inseridas na convenção e em outros regramentos internos dos condomínios em regime de multipropriedade

Ocorrendo a instituição do regime de multipropriedade e de uso das unidades condominiais em período de frações de tempo, o art. 1.358-P indica os elementos que devem constar na convenção condominial: "Na hipótese do art. 1.358-O, a convenção de condomínio edilício deve prever, além das matérias elencadas nos arts. 1.332, 1.334 e, se for o caso, 1.358-G deste Código:

> I – a identificação das unidades sujeitas ao regime da multipropriedade, no caso de empreendimentos mistos;
>
> II – a indicação da duração das frações de tempo de cada unidade autônoma sujeita ao regime da multipropriedade;
>
> III – a forma de rateio, entre os multiproprietários de uma mesma unidade autônoma, das contribuições condominiais relativas à unidade, que, salvo se disciplinada de forma diversa no instrumento de instituição ou na convenção de condomínio em multipropriedade, será proporcional à fração de tempo de cada multiproprietário;

IV – a especificação das despesas ordinárias, cujo custeio será obrigatório, independentemente do uso e gozo do imóvel e das áreas comuns;

V – os órgãos de administração da multipropriedade;

VI – a indicação, se for o caso, de que o empreendimento conta com sistema de administração de intercâmbio, na forma prevista no § 2º do art. 23 da Lei n. 11.771, de 17 de setembro de 2008, seja do período de fruição da fração de tempo, seja do local de fruição, caso em que a responsabilidade e as obrigações da companhia de intercâmbio limitam-se ao contido na documentação de sua contratação;

VII – a competência para a imposição de sanções e o respectivo procedimento, especialmente nos casos de mora no cumprimento das obrigações de custeio e nos casos de descumprimento da obrigação de desocupar o imóvel até o dia e hora previstos;

VIII – o *quorum* exigido para a deliberação de adjudicação da fração de tempo na hipótese de inadimplemento do respectivo multiproprietário;

IX – o *quorum* exigido para a deliberação de alienação, pelo condomínio edilício, da fração de tempo adjudicada em virtude do inadimplemento do respectivo multiproprietário.

Há de se observar que, além das exigências acima, se incluem na convenção as matérias elencadas nos arts. 1.332, 1.334 e, se for o caso, as cláusulas que estão descritas no art. 1.358-G.

O art. 1.332 diz com a instituição do condomínio edilício por ato entre vivos ou testamento, registrado no Cartório de Registro de Imóveis, impondo-se que conste do instrumento, além do disposto em lei especial, os seguintes elementos:

I – a discriminação e individualização das unidades de propriedade exclusiva, estremadas uma das outras e das partes comuns;

II – a determinação da fração ideal atribuída a cada unidade, relativamente ao terreno e partes comuns;

III – o fim a que as unidades se destinam.

O art. 1.334 complementa as exigências que constarão na convenção:

Além das cláusulas referidas no art. 1.332 e das que os interessados houverem por bem estipular, a convenção determinará:

I – a quota proporcional e o modo de pagamento das contribuições dos condôminos para atender às despesas ordinárias e extraordinárias do condomínio;

II – sua forma de administração;

III – a competência das assembleias, forma de sua convocação e *quorum* exigido para as deliberações;

IV – as sanções a que estão sujeitos os condôminos, ou possuidores;

V – o regimento interno.

As cláusulas contidas pela convenção, indicadas no art. 1.358-G, já transcritas acima, dizem respeito aos poderes e deveres dos multiproprietários, especialmente em matéria de instalações, equipamentos e mobiliário do imóvel, de manutenção ordinária e extraordinária, de conservação e limpeza e de pagamento da contribuição condominial; ao número máximo de pessoas autorizado a ocupar simultaneamente o imóvel no período correspondente a cada fração de tempo; às regras de acesso do administrador condominial ao imóvel para cumprimento do dever de manutenção, conservação e limpeza; à criação de fundo de reserva para reposição e manutenção dos equipamentos, instalações e mobiliário; ao regime aplicável em caso de perda ou destruição parcial ou total do imóvel, inclusive para efeitos de participação no risco ou no valor do seguro, da indenização ou da parte restante; e às multas aplicáveis ao multiproprietário nas hipóteses de descumprimento de deveres.

O sistema de administração de intercâmbio, na forma prevista no § 2º do art. 23 da Lei n. 11.771/2008, constante do inciso VI do art. 1.358-P, diz com os serviços de hospedagem, e consiste na prestação de tais serviços em tempo compartilhado entre os ocupantes. Deverá constar na convenção do empreendimento a existência ou não dos serviços (limpeza, faxina, arrumação interna), bem como a prestação compartilhada, o intercâmbio entre os que usam a unidade, nos períodos de fração de tempo previstos de uso. Eis a disposição do § 2º do art. 23 da Lei n. 11.771/2008: "Considera-se prestação de serviços de hospedagem em tempo compartilhado a administração de intercâmbio, entendida como organização e permuta de períodos de ocupação entre cessionários de unidades habitacionais de distintos meios de hospedagem".

O regimento interno do condomínio, elaborado por escritura pública ou escrito particular, de acordo com o parágrafo único do art. 1.538-Q, conterá regras específicas e particularizadas, indicadas, mais exemplificativamente, no citado art. 1.358-Q, que são transcritas:

I – os direitos dos multiproprietários sobre as partes comuns do condomínio edilício;

II – os direitos e obrigações do administrador, inclusive quanto ao acesso ao imóvel para cumprimento do dever de manutenção, conservação e limpeza;

III – as condições e regras para uso das áreas comuns;

IV – os procedimentos a serem observados para uso e gozo dos imóveis e das instalações, equipamentos e mobiliário destinados ao regime da multipropriedade;

V – o número máximo de pessoas que podem ocupar simultaneamente o imóvel no período correspondente a cada fração de tempo;

VI – as regras de convivência entre os multiproprietários e os ocupantes de unidades autônomas não sujeitas ao regime da multipropriedade, quando se tratar de empreendimentos mistos;

VII – a forma de contribuição, destinação e gestão do fundo de reserva específico para cada imóvel, para reposição e manutenção dos equipamentos, instalações e mobiliário, sem prejuízo do fundo de reserva do condomínio edilício;

VIII – a possibilidade de realização de assembleias não presenciais, inclusive por meio eletrônico;

IX – os mecanismos de participação e representação dos titulares;

X – o funcionamento do sistema de reserva, os meios de confirmação e os requisitos a serem cumpridos pelo multiproprietário quando não exercer diretamente sua faculdade de uso;

XI – a descrição dos serviços adicionais, se existentes, e as regras para seu uso e custeio.

21.8. A contratação de administração profissional

O art. 1.358-R exige a designação de um administrador profissional das unidades em regime de multipropriedade em parte ou na totalidade, de modo a comandar e gerir a combinação e o cumprimento das frações de tempo de uso, bem como as unidades sem a multipropriedade. Realmente, envolvendo a administração um amplo gerenciamento e controle do uso limitado a períodos de tempo sucessivos, com a prestação de inúmeros serviços, como de conservação, pagamentos de despesas, cobrança de encargos condominiais, contratação e comando de empregados, é imposta a administração por um profissional, contratado ou destacado para a função, diferentemente do condomínio edilício comum, que admite o exercício da função por um condômino.

Em consonância com os §§ 1º a 5º, é livre o prazo de duração do contrato de administração, não se admitindo, todavia, a exagerada extensão, e incluindo-se, também, a previsão das hipóteses de rescisão, como a ineficiência da administração. Mesmo na falta de previsão, sempre que conveniente aos interesses do condomínio, é admissível a demissão ou o rompimento do contrato. Daí a necessidade de inclusão de cláusula de liberdade na rescisão, ou sem motivação, evitando-se, deste modo, litígios ou discussões sobre direitos e indenizações.

O cargo de administrador abrange todas as unidades de multipropriedade das unidades autônomas, bem como as não destinadas ao uso por frações de tempo. Necessária a unidade de administração, sem divergência de métodos, convergindo os interesses, e centralizando as ações, em especial as que envolvem as receitas e despesas.

O administrador exerce as funções na qualidade de mandatário de todos os multiproprietários apenas nos atos de gestão ordinária, incluindo a manutenção, a conservação e a limpeza do imóvel e de suas instalações, equipamentos e mobiliário, e estendendo-se na arrecadação das taxas condominiais e pagamento de encargos.

Reconhece-se ao administrador o poder de alterar o regimento interno, mas adstritamente aos aspectos operacionais da multipropriedade, sem envolver regras institucionais. Admite-se que estabeleça ou altere as diretrizes sobre a entrada de prestadores de serviços nos prédios, o encaminhamento de encomendas, as condições para a utilização de áreas comuns.

Admite-se que o administrador seja um prestador de serviços de hospedagem, ou seja, um funcionário contratado para prestar serviços ao condomínio, como zelador, como, aliás, permite o § 5º do art. 1.358-R do Código Civil, na redação da Lei n. 13.777/2018.

21.9. O inadimplemento por parte do multiproprietário da obrigação de custeio das despesas ordinárias ou extraordinárias

O art. 1.358-S trata da inadimplência, pelo multiproprietário, no pagamento das despesas ordinárias e extraordinárias.

Evidentemente, a inadimplência importa na incidência do regramento previsto na lei civil e na lei processual civil, com as cominações próprias, como a cobrança, ou a execução judicial da obrigação, e inclusive a incidência de encargos de juros e atualização monetária. No caso específico da multipropriedade, porém, foi introduzida uma modalidade especial, que é a adjudicação da fração de tempo correspondente à obrigação pendente. Realmente, reza o *caput* do dispositivo acima:

Na hipótese de inadimplemento, por parte do multiproprietário, da obrigação de custeio das despesas ordinárias ou extraordinárias, é cabível, na forma da lei processual civil, a adjudicação, ao condomínio edilício da fração de tempo correspondente.

Importa em concluir na possibilidade de, computados o valor devido e o valor correspondente ao uso por fração de tempo, se realizar o pagamento na fração de tempo de uso necessário para saldar a dívida.

Embora a finalidade consista em uma maneira mais certa de garantir o crédito em favor do condomínio, a solução delineada é extremamente difícil, pois importa, a rigor, em definir os valores devidos e os que serão havidos pelo uso, o que somente se torna viável mais adequadamente por meio do procedimento judicial comum.

Todavia, na previsão da lei, a adjudicação contemplada no art. 1.358-S é a que se encontra nos arts. 876 a 878 do CPC, própria para a satisfação do crédito prevista na execução por quantia certa, que pressupõe a definição do valor devido, com a prévia penhora e outros atos pertinentes ao processo de execução.

Visando uma adequação da norma ao sistema processual da execução por quantia certa, encaminha-se o processo de execução, exigindo o valor da dívida pendente, e perante o montante que corresponde ao uso em fração de tempo, pede-se a citação e a penhora do valor resultante da fração de tempo de uso. Assegura-se o oferecimento de embargos, não se descartando a necessidade de avaliação do valor pelo uso de fração de tempo, e, inclusive, de perícia. Em suma, a adjudicação referida pressupõe o procedimento processual estabelecido para a execução por quantia certa.

Daí transparecer que a adoção do procedimento comum se afigura mais apropriado, com a posterior adjudicação em cumprimento de sentença por quantia certa (arts. 523 a 527 do CPC).

O parágrafo único oferece alternativas para a solução de obrigações, na hipótese de empreendimento com sistema de locação das frações de tempo em que as locações se perfazem por intermédio de uma administração única: "Na hipótese de o imóvel objeto da multipropriedade ser parte integrante de empreendimento em que haja sistema de locação das frações de tempo no qual os titulares possam ou sejam obrigados a locar suas frações de tempo exclusivamente por meio de uma administração única, repartindo entre si as receitas das locações independentemente da efetiva ocupação de cada unidade autônoma, poderá a convenção do condomínio edilício regrar que em caso de inadimplência:

I – o inadimplente fique proibido de utilizar o imóvel até a integral quitação da dívida;

II – a fração de tempo do inadimplente passe a integrar o pool da administradora;

III – a administradora do sistema de locação fique automaticamente munida de poderes e obrigada a, por conta e ordem do inadimplente, utilizar a integralidade dos valores líquidos a que o inadimplente tiver direito para amortizar suas dívidas condominiais, seja do condomínio edilício, seja do condomínio em multipropriedade, até sua integral quitação, devendo eventual saldo ser imediatamente repassado ao multiproprietário".

Nota-se que três as viabilidades, desde que previstas na convenção, fixadas para a satisfação dos créditos em favor do condomínio: a proibição, pelo devedor, de utilização do imóvel; a transferência da fração de tempo ao conjunto ou grupo da administradora; e apropriação, em favor da administradora, dos valores líquidos a que tem direito o inadimplente, até a satisfação da dívida.

21.10. Renúncia ao direito de multipropriedade

A renúncia ao direito de multipropriedade, de forma translativa, é permitida unicamente ao condomínio do qual faz parte a unidade do renunciante. Veja-se o art. 1.358-T:

> O multiproprietário somente poderá renunciar de forma translativa a seu direito de multipropriedade em favor do condomínio edilício.

Percebe-se que a renúncia ao direito está limitada ao condomínio edilício. Todavia, não importa em impedir a transferência por doação ou compra e venda e outras convenções a terceiros. O impedimento restringe-se à renúncia.

Já o parágrafo único coloca condição para a renúncia, consistente em não ser o renunciante devedor de obrigações relativas a encargos e tributos com o condomínio:

> A renúncia de que trata o *caput* só é admitida se o multiproprietário estiver em dia com as contribuições condominiais, com os tributos imobiliários e, se houver, com o foro ou a taxa de ocupação.
>
> Do contrário, a renúncia não passaria de uma modalidade de anistia de suas obrigações, talvez superiores ao valor da quota no compartilhamento da unidade.

21.11. Introdução das normas registrárias relativas à multipropriedade

Algumas normas relativas ao registro imobiliário foram introduzidas.

A Lei n. 14.382/2022 trouxe nova redação ao inciso I do § 1º do art. 176 da Lei n. 6.015/1973, nos seguintes termos:

> A escrituração do Livro nº 2 obedecerá às seguintes normas:
>
> I – cada imóvel terá matrícula própria, que será aberta por ocasião do primeiro ato de registro ou de averbação caso a transcrição possua todos os requisitos elencados para a abertura de matrícula;

Ainda, o art. 176, § 1º, inc. II, da mesma Lei foi acrescido do n. 6 pela Lei n. 13.777/2018, ordenando a indicação da existência de matrículas, nos termos do § 10 do mesmo art. 176: "Tratando-se de imóvel em regime de multipropriedade, a indicação da existência de matrículas, nos termos do § 10".

O § 10 passou a exigir uma matrícula para cada fração de tempo:

> Quando o imóvel se destinar ao regime da multipropriedade, além da matrícula do imóvel, haverá uma matrícula para cada fração de tempo, na qual se registrarão e averbarão os atos referentes à respectiva fração de tempo, ressalvado o disposto no § 11.

Haverá, pois, a abertura de matrícula própria para cada fração de tempo.

De observar a possibilidade de exigir a legislação tributária municipal a inscrição individualizada da fração de tempo nos cadastros municipais, constante do § 11:

> Na hipótese prevista no § 10 deste artigo, cada fração de tempo poderá, em função de legislação tributária municipal, ser objeto de inscrição imobiliária individualizada.

Cada fração de tempo se sujeita à inscrição imobiliária no órgão fazendário do Município. É mister observar, no entanto, que impossível a incidência do Imposto Predial e Territorial Urbano (IPTU) sobre as frações de tempo, porquanto o fato gerador do imposto, de competência dos Municípios, é a propriedade, o domínio útil ou a posse de bem imóvel localizado na zona urbana do Município, por natureza ou por acessão física, como definido na Lei Civil. Inconcebível a exigibilidade sobre a unidade e o uso por fração de tempo, a menos que venha a ser instituído novo tributo.

Houve a introdução, também, do § 12 ao art. 176 da Lei dos Registros Públicos, rezando:

> Na hipótese prevista no inciso II do § 1º do art. 1.358-N da Lei n. 10.406, de 10 de janeiro de 2002 (Código Civil), a fração de tempo adicional, destinada à realização de reparos, constará da matrícula referente à fração de tempo principal de cada multiproprietário, e não será objeto de matrícula específica.

A hipótese do inc. II do § 1º do art. 1.358-N refere-se à atribuição da fração de tempo necessária para os reparos aos multiproprietários proporcionalmente às respectivas frações. Pelo § 12, pois, na mesma matrícula referente à fração de tempo principal de cada multiproprietário também constará a fração de tempo adicional necessária para os reparos.

Ao art. 178 da Lei n. 6.015/1973 se acrescentou o inc. III. Mencionado artigo indica os atos que se registrarão no livro n. 3 (livro destinado ao registro dos atos que, sendo atribuídos ao Registro de Imóveis por disposição legal, não digam respeito diretamente a imóvel matriculado), incluindo-se, em face do acréscimo, "as convenções de condomínio edilício, condomínio geral voluntário e condomínio em multipropriedade".

22

A alienação das unidades e das partes comuns e acessórias

Dos §§ 1º e 2º do artigo 1.331 do Código Civil depreende-se o significado das unidades exclusivas e das partes comuns. Já o artigo 1.339 estabelece que são indissociáveis as partes comuns relativamente às unidades: "Os direitos de cada condômino às partes comuns são inseparáveis de sua propriedade exclusiva; são também inseparáveis das frações ideais correspondentes as unidades imobiliárias, com as suas partes acessórias." Inexiste propriedade unicamente sobre a unidade, pois esta depende de uma série de outras áreas e de componentes do prédio para viabilizar seu uso ou a fruição. A própria unidade tem sua estrutura montada em solos, muros e paredes que se destinam a todo o prédio. Prossegue Clyde Werneck Prates:

> Faz-se necessário ressaltar que, sendo a propriedade exclusiva do condômino indissociável da parte comum, a quem faz jus, tanto na alienação como, no caso de oneração judicial por penhora, a exclusão da propriedade da unidade autônoma, de forma voluntária ou judicial, também acarreta a da fração ideal do terreno e das áreas comuns.[1]

A proibição de se alienar, ou mesmo gravar separadamente umas e outras utilidades, está expressa no § 1º do mesmo artigo 1.339: "Nos casos deste artigo, é proibido alienar ou gravar os bens em separado." Nem se encontraria alguma serventia a venda de uma coisa sem a outra. Quanto ao apartamento ou qualquer outro tipo de unidade, ficaria sem entrada, ou sem corredores, ou desprovido dos equipamentos que possibilitam o proveito. No pertinente às porções comuns, têm elas razão de sua existência em função das unidades usadas com exclusividade.

No entanto, o § 2º abre exceção quanto à parte acessória de uma unidade, admitindo a alienação a condômino, e a terceiro se autorizada no ato constitutivo do condomínio, e se não se opuser a assembleia geral: "É permitido ao condômino alienar parte acessória de sua unidade imobiliária a outro condômino, só podendo fazê-lo a terceiro se essa faculdade constar do ato constitutivo do condomínio, e se a ela não se opuser a respectiva assembleia geral." Pelo dispositivo, é permitida ao condômino a alienação da parte acessória de sua unidade imobiliária a outro condômino, titular da unidade contígua ou não, e desde que haja sua referência na matrícula, em conjunto com a unidade; quanto a terceiro, a venda depende de cláusula expressa inserida na convenção e da omissão da assembleia em se opor.

---

[1] *Manual prático do condomínio*. Curitiba: Juruá, 2006. p. 28.

A disciplina também consta inserida no § 2º do artigo 2º da Lei n. 4.591/1964: "O direito de que trata o § 1º deste artigo poderá ser transferido a outros condôminos independentemente da alienação da unidade a que corresponder, vedada sua transferência a pessoas estranhas ao condomínio."

Cabe, em primeiro lugar, entender o sentido de parte acessória, já que omissa a lei quanto a isso. Não se encontra outra categoria senão a garagem, ou o depósito, ou o box para finalidade diferente que a guarda de veículos, desde que não haja a individuação própria e a correspondente abertura de matrícula, e nem mesmo a averbação junto à matrícula do imóvel como ente distinto sobre o qual se ergueu o prédio. Inconcebível outra categoria de bens, como um banheiro, ou outra divisão da unidade, que integra a unidade. Muito menos deve-se cogitar de espaços comuns, no sentido de transferir o condômino o seu direito sobre a piscina comum do prédio, ou sobre o salão de festas, ou sobre um jardim.

Mário Pazutti Mezzari cuida claramente da distinção:

> Nos condomínios em que a vaga de garagem não é tratada como unidade autônoma, as áreas construídas relativas à garagem estão distribuídas entre as unidades autônomas. Ou seja, a área correspondente a cada vaga soma-se com as restantes áreas atribuídas à unidade autônoma a que se acha vinculada, ficando englobada na chamada área total da unidade autônoma. E é com base nesta área total que, via de regra, é calculada a fração ideal de terreno correspondente.[2]

Pedro Elias Avvad aprofunda a distinção:

> Sendo assim, podemos classificar de acessória a vaga de garagem quando estiver vinculada a um apartamento ou conjunto; não, assim, quando se constituir em propriedade autônoma, como nos edifícios garagem. Também será acessório o terraço, uma piscina ou a área adjacente de alguma unidade, quando possuir acesso próprio ou pela unidade do condômino adquirente; o quarto do motorista ou o depósito fechado situado em parte comum e outras partes assemelhadas que puderem ser separadas da unidade sem descaracterizá-la.

Em seguida, leciona como deve ser levada a efeito a alienação:

> Acreditamos que a forma de se proceder a essa alienação está muito mais próxima dos regulamentos edilícios, código de obras dos municípios e política urbana, do que propriamente na legislação condominial. Com certeza, a alienação deve ser acompanhada de alteração do projeto arquitetônico, licença e aceitação da modificação no processo administrativo relativo à edificação.
>
> Direito à vaga de garagem é transferível por meio de escritura de cessão de direitos, pagamento de ITBI e desvinculação na matrícula do imóvel cedente e vinculação na matrícula do imóvel adquirente no registro de imóveis competente.[3]

A venda para os condôminos não encontra qualquer resistência, já que o § 2º simplesmente autoriza. A dificuldade surge se a terceiro, ou a pessoa que não é con-

---

[2] *Condomínio e incorporação no Registro de Imóveis.* 3. ed. 2010. p. 52.
[3] *Condomínio em edificações no novo Código Civil comentado.* Ob. cit. p. 240 e 241.

dômina, se faz a venda. Para o caso, não basta a mera viabilidade assegurada no ato constitutivo. Exige-se a convalidação por decisão da assembleia geral.

Das operações de venda resulta uma diminuição da área daquele que vende e um aumento na área do adquirente. Isto tanto de área útil como de área comum, sendo que esta diminuirá ou crescerá na mesma proporção percentual do da redução ou aumento da área útil. Verifica-se, obviamente, um contrato de compra e venda, ou de outra espécie de transmissão de propriedade, que se concretiza mediante a escritura pública, em atendimento à ordem do artigo 108 do Código Civil: "Não dispondo a lei em contrário, a escritura pública é essencial à validade dos negócios jurídicos que visem à constituição, transferência, modificação ou renúncia de direitos reais sobre imóveis de valor superior a trinta vezes o maior salário mínimo vigente no País."

Em seguimento, registra-se a alienação na matrícula do imóvel do qual se operou a transmissão de parte do mesmo, com a especificação do titular para o qual se deu a venda, e averba-se a situação do imóvel que restou. Quanto à matrícula do imóvel do adquirente, unicamente averba-se o aumento da área, com as características e dimensões que passou a ter o imóvel.

A venda para terceiro também está autorizada no referido § 2º, mas desde que admitida pela convenção, e expressamente não se oponha a assembleia geral, em votação unânime dos condôminos. Será por dois terços de votos por aplicação do disposto no artigo 1.351, segunda parte, do Código Civil, na redação da Lei n. 14.405/2022, eis que a alienação importa em alteração da unidade. Procede-se à transmissão através de escritura pública, na qual se especificará a área e se referirá a autorização da assembleia através de ata, por força do artigo 108 do Código Civil. Registra-se na matrícula, com a inserção dos dados da escritura, passando o adquirente a condômino do titular da unidade. Não se abrirá matrícula nova da parte transferida, pois forma-se um condomínio comum com o transmitente. No caso de referir a matrícula que o espaço de estacionamento faz parte da unidade, coloca-se esse dado na escritura pública e no registro.

Em hipótese alguma se concebe a alienação de uma porção do apartamento, como de uma sala, ou de um dormitório, ou de um banheiro, em razão da limitação contida no § 2º. Nem se coaduna com a prática a venda de parte de um apartamento, com a abertura de nova matrícula. Entretanto, não se inviabiliza a formação de um condomínio sobre uma unidade, mediante a transmissão não de uma fração ideal decimal, mas sim do equivalente a um percentual da unidade e da fração comum. Institui-se um condomínio comum entre duas ou até mais pessoas, com o necessário registro em sequência à matrícula, onde se apõe o ato de transmissão, com os elementos que a acompanham.

A venda de box ou garagem que formam unidade autônoma não sofre a menor restrição, no que se posicionou o STJ:

> O box de estacionamento, como objeto de circulação econômica, desligado do principal, pode ser vendido, permutado ou cedido a condômino diverso, saindo da propriedade de um para outro, continuando útil a sua finalidade de uso, visto que não está sob o domínio de comunhão geral, mas identificado como unidade autônoma.
>
> Em assim sendo, penhorável para garantia de execução, sem as restrições apropriadas ao imóvel de moradia familiar. Precedentes.[4]

---

[4] REsp. n. 23.420/RS. Primeira Turma do STJ. Julgado em 31.08.1994, *DJU* 26.09.1994.

23

Locação de garagens ou espaços de estacionamento

A transferência remunerada do uso de garagem ou abrigo para veículos está materializada na locação, prevalecendo a preferência aos demais condôminos, conforme previsão do artigo 1.338: "Resolvendo o condômino alugar área no abrigo para veículos, preferir-se-á, em condições iguais, qualquer dos condôminos a estranhos, e, entre todos, os possuidores." Tem-se uma exceção à regra de que o acessório é inseparável do principal, isto é, de que as garagens são inseparáveis das partes comuns e das frações ideais. Entretanto, para viabilizar essa alienação, não se prescinde da matrícula da unidade no Registro de Imóveis.

Está garantida a preferência em favor dos condôminos. Mas, entre os que ocupam pessoalmente a unidade e os que não as ocupam, como se residem em outro local ou se as alugaram, aos primeiros se reserva a preferência.

Para viabilizar o direito de preferência, revela-se indispensável documentar o ato, seja mediante comunicação por escrito a cada condômino, com a prova do encaminhamento, seja através de aviso colocado em lugar visível a todos. Coloca-se um prazo para a manifestação dos interessados, informando-se o valor pretendido. Havendo vários concorrentes, vencerá aquele que oferecer preço maior, ou satisfizer mais a contento as condições exigidas.

A matéria da locação oferece certa controvérsia quanto à possibilidade ou não da convenção em vedar tal faculdade. A leitura do artigo 1.338 conduz a ver um caráter disciplinador, dando uma ordem de preferência aos demais condôminos, e não a depreender regra garantidora de direito de locação. Nem está a proibição dentre as disposições, elencadas no artigo 1.334, que devam constar em cláusula obrigatória da convenção. Decorre, daí, a liberdade das partes em disporem a respeito. Nessa dimensão, parece razoável concluir pela possibilidade em constar, na convenção, item coibindo a faculdade de dar a garagem em locação para pessoas não condôminas ou não residentes no edifício. Essa visão já era dada por José Fernando Lutz Coelho, ao lado de outros doutrinadores:

> Mas também devem prevalecer as regras estabelecidas na convenção condominial, regulamento interno, e até decisão tomada em assembleia condominial, regulamento interno, e até decisão tomada em assembleia ordinária ou extraordinária, com o devido *quorum* legal, sobre a proibição de locação de garagens a estranhos, ou seja, as pessoas que não integram o conjunto residencial ou não residencial (comercial) como condôminos ou possuidores, em prol da segurança e da estabilidade das relações da

coletividade condominial, acautelando-se de futuros conflitos, principalmente na guarda dos veículos e acesso ao prédio do condomínio edilício.[1]

O entendimento veio confirmado pela nova redação do § 1º do artigo 1.331 do Código Civil, introduzida pela Lei n. 12.607/2012:

> As partes suscetíveis de utilização independente, tais como apartamentos, escritórios, salas, lojas e sobrelojas, com as respectivas frações ideais no solo e nas outras partes comuns, sujeitam-se a propriedade exclusiva, podendo ser alienadas e gravadas livremente por seus proprietários, exceto os abrigos para veículos, que não poderão ser alienados ou alugados a pessoas estranhas ao condomínio, salvo autorização expressa na convenção de condomínio.

---

[1] *Condomínio edilício*. Ob. cit. p. 79.

24

Disciplina e limitações na utilização das partes comuns

A todos os condôminos é autorizado o uso das partes comuns, destinadas à generalidade dos proprietários e moradores, desde que não desvirtuadas da finalidade própria, e não se dê a apropriação exclusiva para o proveito de uma ou algumas pessoas. Trata-se de um direito, que encontra amparo no artigo 1.335, inciso II, do Código Civil, considerando como direito do condômino "usar das partes comuns, conforme a sua destinação, e contando que não exclua a utilização dos demais compossuidores". Pela norma, compromete a destinação comum a constante ocupação de um espaço reservado para a manobra de veículos, ou para a colocação de objetos próprios do edifício. Mesmo na falta de utilização do espaço, não se autoriza o aproveitamento individual de algum proprietário de unidade. Não se revela coerente a fixação de propagandas em paredes do prédio, que beneficiem um morador, em função da profissão que exerce. Insustentável a prática de esportes em pátios do prédio, destinados ao trânsito de pessoas. A utilização de jardins e parques para a permanência e o passeio constante de animais de propriedade de alguns moradores também caracteriza o uso exclusivo e desvirtuado.

Em situações especiais, quando não existe a utilização de uma parte comum, diante da omissão da convenção, à assembleia incumbe decidir sobre o modo de uso, inclusive a cessão para um interessado, a quem recaem as despesas, além do valor pelo proveito. A essa conclusão conduz o artigo 1.340: "As despesas relativas a partes comuns de uso exclusivo de um condômino, ou de alguns deles, incumbem a quem delas se serve."

Nos condomínios de prédios em que se reserva o pavimento térreo para lojas, é normal que se conceda o direito de estacionamento para os clientes no espaço situado na frente, ou num pátio, ou ao lado da edificação, permitindo o acesso e facilitando o comércio. As despesas de manutenção, limpeza, água e luz recaem nos condôminos titulares das lojas, ou que as exploram. Não se dá a transferência da propriedade dessas partes, mas somente a utilização para certas finalidades, e de acordo com exigências previamente delineadas.

A ocupação ou o proveito das áreas comuns se dará de modo a que não se exclua a utilização dos demais titulares. Entrementes, em assembleia, não se coíbe aos condôminos autorizar a utilização, em caráter de exclusividade, em favor de um ou alguns condôminos, das partes comuns do prédio. Isto, em especial, nos espaços adjacentes ou na entrada das unidades, que fazem adaptações para a transformação em pequenos *halls*. Restando espaços não utilizados próximos às garagens, costuma-se aproveitá-los, com pequenas adequações, para o uso individual. Ao tempo da plena regulamentação pela Lei n. 4.591/1964, a parte final de seu artigo 3º impedia a utilização exclusiva por qualquer dos condôminos, restrição que não constou no artigo 1.331, § 2º, do Código Civil, o qual passou a regular a matéria.

Dentre as áreas comuns, encontra-se o terraço, o qual nem sempre é utilizado pelos condôminos em geral. Todavia, em face da proximidade à unidade de algum condômino, pelo mesmo torna-se aproveitável. Dada a frequência da situação, na própria escritura de constituição costuma-se dar uma destinação exclusiva a um dos condôminos, como garante o § 5º do artigo 1.331: "O terraço de cobertura é parte comum, salvo disposição contrária da escritura de constituição do condomínio." Naturalmente, no caso as despesas de conservação são arcadas pelo condômino, que se responsabiliza, também, pelos danos às unidades inferiores, possíveis de ocorrerem. É explícito, a respeito, o artigo 1.344: "Ao proprietário do terraço de cobertura incumbem as despesas da sua conservação, de modo que não haja danos às unidades imobiliárias inferiores."

Merecem a atenção as paredes que separam os apartamentos. Sem dúvida, se incluem entre as áreas comuns. A rigor, haveria óbice a um condômino em retirar a parede entre duas unidades distintas, ambas de sua propriedade, para transformar em um único apartamento. Ficaria proibida a intercomunicação entre paredes, já que insuscetíveis as áreas comuns de apropriação ou uso individualizado. Entretanto, não pode ir a tanto o exagero na interpretação, porquanto a parede faz parte da área comum pela razão de separar unidades diferentes. Desde o momento que perde essa finalidade, e destinando-se a servir para divisões dentro de unidades do mesmo titular, se torna individualizada, não tendo qualquer serventia para outras pessoas.

A ninguém são permitidas obras que atingem as áreas ou espaços comuns, como o erguimento de uma pilastra de sustento de uma ampliação de sacada, ou a própria ampliação de espaços da unidade imobiliária. Como área comum incluem-se os espaços superiores e laterais. Daí a proibição de aumentar a sacada, alargando-a, ou de efetuar uma construção sobre o terraço ou a cobertura. Mesmo na garagem situada em piso térreo não é permitida a escavação, para criar um abrigo, ou um depósito. Nem se admite a construção de coberturas ou telhados para a proteção dos veículos, se os espaços ou boxes estão ao ar livre, em área apenas delimitada.

24.1. A utilização de partes comuns para uso individual do condômino

Obviamente, as partes comuns destinam-se a todos os condôminos, não se permitindo o uso individual. Não interessa o local onde se localizam e o tipo, v.g., como as escadas, a piscina, as salas de recreação, a churrasqueira comum. Mesmo os titulares das unidades sitas no andar térreo têm livre acesso às escadas e ao terraço, ficando perfeitamente franqueados a eles os equipamentos e os espaços destinados mais propriamente aos titulares de unidades em andares superiores. Entretanto, se algum equipamento não tem qualquer serventia para um proprietário, nem se revela coerente a sua utilidade a ele, é reconhecido o direito em pretender a isenção dos custos de manutenção – matéria esta que será abordada em item separado (item 42: As receitas e despesas do condomínio e os responsáveis pelo pagamento).

Todavia, se um espaço comum, como o terraço, se consolida no uso por apenas um ou alguns condôminos, e mesmo realizando eles obras que acentuem e particularizem a utilização individual, não havendo interesse na ocupação pelos demais condôminos, nasce o direito à exclusividade do domínio? De modo algum se opera o direito à titularidade individual, afastando a utilização pelos demais condôminos. Não interessa que somente um condômino exerça o uso, seja qual for o período de tempo de ocupação aproveitada unicamente por ele. A lei estabelece uma destinação própria, sem importar quanto ao exercício daqueles que a aproveitam. Do contrário, ocorreria o absurdo da possibilidade da usucapião em partes comuns do prédio, como no caso de alguém ocupar uma extensão do espaço comum pela simples colocação de um objeto de sua propriedade indefinidamente no local. Abrir-se-ia uma porta para descaracterizar o próprio condomínio edilício, inviabilizando, inclusive, a sua existência. Não será o fato da ausência de participação no uso que importará em reconhecimento do domínio.

Reserva-se a ação petitória a qualquer condômino no caso de alguém se apoderar de um espaço comum, se o síndico não tomar a iniciativa, como reconhece o STJ: "O condômino tem legitimidade para propor ação demolitória contra outro condômino que realiza obra invasora de área comum, notadamente em caso de omissão do síndico."[1]

Não se pense, porém, que é inviável a usucapião em área comum não edificada. Suponha-se que haja um espaço sem utilização comum, e que alguém construa ou passa a exercer a posse sobre esse espaço, de modo contínuo, pacífico, sem interrupção e sem oposição, por espaço de tempo suficiente ao reconhecimento do domínio. Nada impede que se reconheça a aquisição originária da propriedade. Entretanto, não se está subtraindo espaço de utilização de todos, envolvendo a construção. Simplesmente verifica-se a posse em um espaço sem destinação específica do condomínio.

De igual modo, não se impede a usucapião de uma unidade de uso exclusivo, se preenchidos os requisitos próprios. Exercendo uma pessoa a posse por longo período de tempo, de modo apto ao completar o prazo de usucapião, decorre o direito ao reconhecimento do domínio, com a respectiva parte comum.

Relativamente ao terraço, tem vingado certo entendimento da possibilidade de se manterem determinadas obras feitas por um condômino, se utilizado unicamente por ele, com a exclusão de outros consortes. Decorrido certo período de tempo, de dez anos comumente, por aplicação do prazo do artigo 1.242 do Código Civil, consolida-se o direito de manterem-se as modificações, mas reservado o direito à indenização em favor dos demais condôminos. Não que se equipare estritamente a situação à aquisição por usucapião, tanto que fica ressalvado o direito à indenização aos demais condôminos.

A consolidação do direito de manter modificações realizadas em outras áreas comuns também é reconhecida se passado longo espaço de tempo, e, assim, nas alterações de fachadas, no fechamento de sacadas, na colocação de tela nas janelas, no aproveitamento do *hall* de entrada para o apartamento.

24.2. O reconhecimento de direitos de uso ou proveito, embora contrários à convenção, com base nas teorias da *suppressio* e da *surrectio*

Há algum tempo tem surgido uma teoria que busca tornar direito adquirido uma situação que se consolidou ou que vinha ocorrendo através do tempo. Embora determinada pactuação, houve uma conduta diferente, que iniciou e foi indo em constante repetição, sem que se tenha levantado uma oposição do outro contratante, numa evidente aceitação, como se as partes revelassem uma disposição de estabelecer uma nova realidade, ou de simplesmente suprimir aquilo que haviam combinado antes. Apesar de haver uma regra de procedimento, ou uma proibição, ou um comando contratual, a pessoa segue em trilha diferente e contrária, sem despertar qualquer manifestação de repulsa ou inconformidade, o que leva a induzir que se ostenta e vai se consumando uma aceitação.

---

[1]   REsp. n. 114.462/PR. Quarta Turma. Julgado em 29.06.2000. *DJU* 18.09.2000.

Cap. 24 | Disciplina e limitações na utilização das partes comuns • **91**

Vários os exemplos, como nos contratos de locação, em que se tolera o pagamento do aluguel até o final do mês, embora conste no contrato que se faça até o dia dez; ainda neste tipo de contrato, no qual há a expressa previsão de caracterizar causa de sua resolução a sublocação, mas que se verifica e existe há longo tempo, tendo o contrato se renovado periodicamente, com ciência do locador.

De outra parte, nos condomínios está consignada a proibição na convenção de se individualizar o espaço que vai do elevador até a porta da unidade, mas, apesar disso, vários condôminos fazem o aproveitamento privativo de tal espaço. Neste mesmo tipo de instituto, os proprietários aproveitam as sacadas, erguendo parede até o teto, fazendo-as uma extensão da peça com a qual têm ligação. Ainda, apesar de estabelecida a proibição do exercício de qualquer atividade profissional nas unidades destinadas exclusivamente para a moradia, alguns condôminos executam nos apartamentos em que moram funções econômicas mais de caráter pessoal e esporádico, recebendo pessoas dentro de certa constância, como professores que ministram aulas particulares, ou mesmo outros profissionais, mas desde que não estabelecidos com indicações e anúncios de se destinar o espaço para uma finalidade econômica. Em outro caso, apesar de constar na convenção a colocação nos espaços de estacionamento individuados um único veículo, mesmo que comportem mais de um, no curso dos anos foi se consolidando a tolerância de serem guardados dois veículos. Outrossim, ficou consolidada a dispensa de cobrança da multa no pagamento das contribuições condominiais se feito até o final do mês em que são devidas, embora a previsão da incidência se efetuado após o dia dez do mês em que são devidas.

Ou seja, vai se realizando, se prolongando e se consolidando uma conduta diferente daquela que é ditada ou imposta em um regulamento, ou contrato, ou convenção. Não se levantaram vozes contrárias ou reclamações, numa clara e notória atitude não apenas de complacência, mas de real aceitação. Este estado de postura revela a concordância com a nova situação que passou a vigorar e foi se firmando e perpetuando, a ponto de se tornar definitiva, impedindo, posteriormente, que se procure revogá-la, ou se busque o retorno ao cumprimento ao que vinha escrito e estabelecido. Dá-se validade ao que passou a vigorar e foi aceito, em prestígio ao princípio da boa-fé objetiva, já que se implantou um estado de fato aceito por todos.

Esta aquisição de direito em manter uma situação que se consolidou, em evidente expressão de desistência de qualquer oposição, e inclusive de mudar aquilo que vinha constando nas manifestações escritas, é conhecida como teoria da *suppressio* (palavra que se costumou escrevê-la erradamente, pois usada no latim com grafia *supretio*), logrando aceitação na doutrina e na jurisprudência.

As situações, no entanto, são parecidas. Importa que se suprime o direito de um contratante em modificar um estado de fato que se consolidou, e reconhece-se, ou emerge, ou opera-se o surgimento do direito de que perdure o estado de fato.

Há também a *surrectio*, que é uma variante da *suppressio*, e que Fernando Noronha considera como o exercício continuado de uma situação jurídica ao arrepio do convencionado ou do ordenamento jurídico, que implica nova fonte de direito subjetivo, estabilizando-se tal situação para o futuro.[2] Opera-se uma consolidação de uma situação de repetida violação contratual ou legal, de modo que se presuma e se aceita como uma

---

[2]   *O direito dos contratos e seus princípios fundamentais*. São Paulo: Saraiva, 1994. p. 183.

nova conformação jurídica a que as partes afeiçoaram. Daí concluir Judith Martins Costa que a *surrectio* "aponta para o nascimento de um direito como efeito, no tempo, da confiança legitimamente despertada na contraparte por determinada ação ou comportamento".[3]

Ou seja, na *surrectio*, pratica-se um determinado ato, contra o que vinha estabelecido, havendo uma aceitação, e vindo a reconhecer-se o direito a manter-se e prosseguir o ato. Já a *suppressio* diz mais com a omissão em desencadear uma reação contrária a um ato. No fundo, em ambas as figuras aparece um estado de fato que é admitido por certo período de tempo, ou porque não há oposição, ou em razão de sua repetida realização, que se consolida e passa a prevalecer.

Em várias ocasiões o Tribunal de Justiça do RGS utilizou da teoria da *suppressio*, como na Apelação Cível n. 70005342332, de 14.05.2003, publicada no DJ 21.05.2003, da Segunda Câmara Cível, em que entendeu que não se encontrava caracterizada. Na Apelação Cível n. 70003607231, de 18.10.2002, publicada no DJ 30.10.2002, a 14ª Câmara Cível também enfrentou a mesma teoria, mas concluindo que o contexto dos fatos não a tipificava. Já na Apelação Cível n. 70001911684, de 04.12.2000, publicada no DJ 26.12.2000, a Segunda Câmara Cível descreveu os elementos para a sua admissão: "Para a sua configuração, exige-se (i) o decurso de prazo sem exercício do direito com indícios objetivos de que o direito não mais seria exercido e (ii) desequilíbrio, pela ação do tempo, entre o benefício do credor e o prejuízo do devedor." E acrescentou a relatora, Desembargadora Maria Isabel de Azevedo Souza, com base na lição de Menezes Cordeiro: "Não caracteriza conduta contrária à boa-fé o exercício do direito de exigir a restituição de quantia emprestada depois de transcorrido mais de quinze anos se tal não gera desvantagem desproporcional ao devedor em relação ao benefício do credor." Essa omissão de reclamar o crédito anteriormente não representaria, pois, a formação do direito de não mais exercer o direito. A mesma inteligência foi reeditada na Apelação Cível n. 09.08.2000, de 09.08.2000, publicada no DJ 11.09.2000, também da Segunda Câmara Cível.

Em outro julgamento, a 13ª Câmara Cível, sendo relator o Dr. Roberto Carvalho Fraga, reconheceu-se a figura da *suppressio*, dada a longa demora em pleitear o direito de indenização, conforme Apelação Cível n. 70004385837, j. em 30.03.2008, DJ 06.04.2004:

> *Direito privado não especificado. "Contrato de bandeira". Denúncia do contrato.* Evidencia-se a ausência de culpa da apelada na demora da efetivação de ato que incumbia exclusivamente ao serventuário judicial, caso em que se aplica a Súmula n. 106 do STJ.
>
> *Uso indevido de marca. Indenização. Perdas e danos.* Tendo efetivamente a apelada utilizado indevidamente sinais distintivos da Distribuidora apelante, cabia a esta agir de forma célere para reparar o dano que lhe estava causando tal conduta. Contudo, apenas decorridos mais de quatro anos da notificação judicial para denunciação do contrato, foi a apelante buscar a indenização. Com tal conduta, mostrou não ser tão premente a necessidade da reparação pretendida. Dentro da função interpretativa da boa-fé objetiva, essa conduta acarreta a minoração da exigibilidade da cláusula indenizatória, a chamada *supretio*. Ademais, como bem ressaltado pelo magistrado, se houve conduta maliciosa da apelada por não restituir os materiais publicitários e equipamentos, também agiu insidiosamente a apelante ao esperar o momento em que mais lhe convinha para

---

[3] *A boa-fé no direito privado*: sistema e tópica no processo obrigacional. São Paulo: Revista dos Tribunais, 1999. p. 469.

exigir o ressarcimento. Dessa forma, compensam-se as condutas, dentro do que prevê o art. 150 do novo Código Civil brasileiro, não havendo entre as partes qualquer direito a pleitear indenização também porque já deferida pela sentença a retirada do material publicitário da apelante do estabelecimento da apelada, bem como os equipamentos cedidos a ela em comodato.

Apelo desprovido.

Também junto ao STJ foi aventada a teoria, com o seu reconhecimento e aplicação:

> *Direito civil. Vizinhança. Condomínio comercial que admite utilização mista de suas unidades autônomas. Instalação de equipamento por condômino que causa ruído. Indenização devida. Dano moral fixado em* quantum *razoável.* O exercício de posições jurídicas encontra-se limitado pela boa-fé objetiva. Assim, o condômino não pode exercer suas pretensões de forma anormal ou exagerada com a finalidade de prejudicar seu vizinho. Mais especificamente não se pode impor ao vizinho uma convenção condominial que jamais foi observada na prática e que se encontra completamente desconexa da realidade vivenciada no condomínio.
>
> A *suppressio*, regra que se desdobra do princípio da boa-fé objetiva, reconhece a perda da eficácia de um direito quando este longamente não é exercido ou observado.
>
> Não age no exercício regular de direito a sociedade empresária que se estabelece em edifício cuja destinação mista é aceita, de fato, pela coletividade dos condôminos e pelo próprio Condomínio, pretendendo justificar o excesso de ruído por si causado com a imposição de regra constante da convenção condominial, que impõe o uso exclusivamente comercial, mas que é letra morta desde sua origem.
>
> A modificação do *quantum* fixado a título de compensação por danos morais só deve ser feita em recurso especial quando aquele seja irrisório ou exagerado.
>
> Recurso especial não conhecido.[4]

Importante a fundamentação do voto, neste trecho:

O artigo 187 do Código Civil, ao tratar da definição de ato ilícito, reconhece que a violação da boa-fé objetiva pode corresponder ao exercício inadmissível ou abusivo de posições jurídicas. Isto é, a figura do abuso de direito é associada à violação do princípio da boa-fé objetiva e, nessa função, em vez de criar deveres laterais, a boa-fé restringe o exercício de direitos, para que não se configure a abusividade.

O exercício de posições jurídicas encontra-se limitado pela boa-fé objetiva. Assim, o condômino não pode exercer suas pretensões de forma anormal ou exagerada com a finalidade de prejudicar seu vizinho. Mais especificamente não se pode impor ao recorrido uma convenção condominial que jamais foi observada na prática e que se encontra completamente desconexa da realidade vivenciada naquele condomínio. Se colocarmos a questão em termos teóricos, constata-se aqui a figura da *suppressio*, regra que se desdobra do princípio maior da boa-fé objetiva e segundo a qual o não exercício de direito por certo prazo pode retirar-lhe a eficácia. Confira-se, *mutatis mutandis*, o que já estabeleceu esta Corte a este respeito:

---

4 STJ. REsp. n. 1.096.639/DF. Relatora: Min.ª Nancy Andrighi. Terceira Turma. Julgado em 09.12.2008. *DJe* 12.02.2009.

> *Condomínio. Área comum. Prescrição. Boa-fé.* Área destinada a corredor, que perdeu sua finalidade com a alteração do projeto e veio a ser ocupada com exclusividade por alguns condôminos, com a concordância dos demais. Consolidada a situação há mais de vinte anos sobre área não indispensável à existência do condomínio, é de ser mantido o *statu quo*.
>
> Aplicação do princípio da boa-fé (*suppressio*). Recurso conhecido e provido (REsp. n. 214.680/SP. Relator: Min. Ruy Rosado de Aguiar. Quarta Turma. *DJ* 16.11.1999).

O citado Min. Ruy Rosado de Aguiar, em outro julgamento, embora vencido o seu voto, deixou evidenciado a causa que leva ao reconhecimento do direito:

> Tenho como admissível a teoria da *suppressio*, segundo a qual o comportamento da parte, que se estende por longo período de tempo ou se repete inúmeras vezes, porque incompatível com o exercício do direito, pode levar a que se reconheça a extinção desse direito, com base na boa-fé objetiva.
>
> No caso dos autos, a egrégia Câmara examinou os fatos da causa e concluiu que o documento de fl. 28 representava o acerto final das contas entre empregadora e empregado, tendo o decurso de tempo consolidado essa conclusão. Daí a improcedência da reconvenção. Para modificar esse julgamento, seria necessário rever os fatos e lhes dar nova qualificação jurídica, considerando-os insuficientes para a conclusão a que, com base neles, chegou a r. Câmara.[5]

Mais recentemente, voltou-se a adotar a espécie, com fulcro na boa-fé objetiva: "O instituto da *suppressio* indica a possibilidade de se considerar suprimida uma obrigação contratual, na hipótese em que o não exercício do direito correspondente, pelo credor, gere no devedor a justa expectativa de que esse não exercício se prorrogará no tempo."[6]

No tocante à *surrectio*, tem-se um exemplo do Tribunal de Justiça de Minas Gerais:

> *Direito civil. Locação residencial. Situação jurídica continuada ao arrepio do contrato. Aluguel. Cláusula de preço.* Fenômeno da *surrectio* a garantir seja mantido a ajuste tacitamente convencionado. A situação criada ao arrepio de cláusula contratual livremente convencionada pela qual a locadora aceita, por certo lapso de tempo, aluguel a preço inferior àquele expressamente ajustado, cria, à luz do Direito Civil moderno, novo direito subjetivo, a estabilizar a situação de fato já consolidada, em prestígio ao princípio da boa-fé contratual.[7]

A aplicação no condomínio edilício é frequente, em que não são obedecidas certas regras e restrições, ou passam a ser admitidos proveitos, usos e destinação, embora o contrário conste nas regras da convenção.

---

[5] REsp. n. 207.509/SP. Quarta Turma. Julgado em 27.11.2001. *DJU* 18.08.2003.
[6] REsp. n. 953.389/SP. Relatora: Min.ª Nancy Andrighi. Terceira Turma. Julgado em 23.02.2010. *DJe* 15.03.2010.
[7] TJMG. Apelação Cível n. 1.0024.03.163299-5/001-Belo Horizonte-MG. Relator: Des. Mauro Soares de Freitas. 16ª Câmara Cível. Julgado em 07.03.2007.

25

A destinação de certas áreas comuns e equipamentos restritamente aos condôminos

Não raramente, constam nas convenções ou regimentos internos disposições reservando o uso do *hall* do edifício, do salão de eventos e festas, jardins, piscinas, e de elevadores especiais unicamente aos condôminos e às pessoas de suas relações. Fica proibida a utilização de certas áreas e equipamentos aos empregados do edifício ou serviçais dos apartamentos. Há, também, restrições de frequência ou proveito de algumas áreas aos visitantes, como a colocação de carros em espaços vagos, a entrada em piscinas, a permanência por longo período no *hall* e o divertimento com jogos e equipamentos existentes em salão de esportes ou praça de jogos.

De certo modo, transparece a violação ao princípio da igualdade (art. 5º da CF), não podendo haver restrições em razão de raça, profissão, cor, condição social, escala social, poder econômico e origem. Não se descarta a existência de regulamentos internos vedando o acesso dos empregados domésticos a determinados locais, especialmente aos elevadores sociais. Em verdade, queira-se ou não, verifica-se uma distinção de classes sociais, assim como acontece em tantos outros locais, mesmo em edifícios públicos, quando são reservados espaços e elevadores unicamente àqueles que desempenham altas funções, e isto não em função da segurança, mas do destaque pessoal.

Pode-se, no entanto, contra-argumentar que se está disciplinando as relações pessoais dos condôminos com seus empregados domésticos, e que não cabe negar as aparências, existindo e devendo existir diferenças e distinções sociais. Neste ponto, difícil sustentar uma mentira, e olvidar a realidade. É próprio da cultura e dos costumes impor regras sobre a destinação de áreas, elevadores e equipamentos, havendo uma aceitação, uma acomodação, não gerando preconceitos. Não parece anormal deixar de franquear o uso de salas de esporte, de visitas, de banheiros privativos, de piscina, de quadras de esporte aos serviçais e a outros prestadores de serviços. Em vários países europeus e até americanos são comuns as interdições de certos locais a operadores de funções e serviços, e inclusive se reconhece o poder aos condôminos de vetar a ocupação ou o uso de apartamentos a pessoas inconvenientes e extremamente diferenciadas, e mesmo às que são famosas ou vastamente conhecidas, como políticos, artistas, jogadores e cantores ilustres ou renomados, cuja presença atrai multidões, estando acompanhadas de seguranças e de séquitos de admiradores. Naturalmente, além de constrangimentos aos demais moradores, decorre o sacrifício à tranquilidade, ao sadio anonimato, ao sossego e a outros valores próprios ao recôndito dos lares.

Não se está implantando uma discriminação, no caso de empregados ou serviçais, em função da condição social ou da prática de atividades. Implanta-se uma regulamentação quanto ao uso do prédio, sendo que cada categoria de pessoas que frequenta o prédio tem a sua atividade, os espaços de ocupação e os locais de permanência. Mais que um desmerecimento em razão do exercício de atividades, instituem-se privilégios para os proprietários dos apartamentos, e para seus convivas ou parentes, no sentido de terem reservado para seu uso pessoal algumas salas, ou certos espaços, bem como elevadores. Não se faz diferença por motivos de raça, cor, origem, condição social ou econômica, mas sim pela posição de proprietário do prédio e de executor de atividades laborais por pessoas contratadas e pagas, mas sempre de modo genérico e impessoal.

As áreas, equipamentos ou partes comuns de um prédio, como propriedade particular dos condôminos, sujeitam-se ao uso que consta na convenção ou no regimento interno, reconhecendo-se válidas as restrições de que o acesso dos empregados, fornecedores, prestadores de serviços, entregadores de encomendas e outras categorias especificadas se faça pela entrada de serviço. Não há ofensa aos princípios constitucionais da igualdade, da isonomia, da legalidade, da liberdade, do racismo. Na hipótese, é realmente diferente a situação entre os condôminos e empregados, não havendo inconveniência de se reservar um tratamento mais adequado e honroso aos primeiros, posto que proprietários do prédio. Seguramente, essa distinção não se estabelece em função classe social, da cor, da etnia, da situação econômica, da nacionalidade, mas sim em vista da titularidade dos condôminos sobre as unidades e partes comuns.

Em todos os agrupamentos de indivíduos há regras de conduta. Tão lícitas as cláusulas das convenções ou dos regimentos que destinam compartimentos e elevadores para empregados como as que proíbem a prática de divertimentos por crianças no *hall* de entrada, ou nos corredores, ou nos jardins, nas garagens.

Têm-se normas *interna corporis*, estabelecidas para o bom funcionamento do prédio, e com a finalidade de resguardar o direito dos condôminos ao uso privativo de alguns espaços e equipamentos.

26

Unidades para guarda ou abrigo de veículos

O espaço destinado para o abrigo ou a garagem de veículo pode ter autonomia própria, constituindo unidade distinta daquela que corresponde à moradia, ou ao conjunto e escritório onde são exercidas atividades liberais, ou à loja reservada para a venda de mercadorias. Recebe uma matrícula individual no Registro de Imóveis, levando a se reconhecer a sua distinção em face de outra unidade, e não se concebendo como seu acessório.

A esse tipo de imóveis, o Código Civil faz duas únicas referências.

A primeira encontra-se no § 1º do artigo 1.331, onde está o imóvel catalogado entre "as partes suscetíveis de utilização independente", a par de outras unidades citadas, e que são os apartamentos, os escritórios, as salas, as lojas e sobrelojas, e os abrigos para veículos, todos com as respectivas frações ideais no terreno e nas outras partes comuns. Essa a redação, trazida pela Lei n. 12.607/2012: "As partes suscetíveis de utilização independente, tais como apartamentos, escritórios, salas, lojas e sobrelojas, com as respectivas frações ideais no solo e nas outras partes comuns, sujeitam-se a propriedade exclusiva, podendo ser alienadas e gravadas livremente por seus proprietários, exceto os abrigos para veículos, que não poderão ser alienados ou alugados a pessoas estranhas ao condomínio, salvo autorização expressa na convenção de condomínio."

A segunda consta no artigo 1.338, o qual assegura, na pretensão de se alugar um abrigo para veículos ou garagem, a preferência aos condôminos, frente a estranhos, e, dentre os condôminos, os possuidores, isto é, os ocupantes de unidades. Eis o texto: "Resolvendo o condômino alugar área no abrigo para veículos, preferir-se-á, em condições iguais, qualquer dos condôminos a estranhos, e, entre todos, os possuidores." Se reconhecida a sua independência na utilização, juridicamente não se enquadram tais espaços no conceito de bem acessório.

O texto do artigo 1.338 vai contra o disposto no § 1º do artigo 1.331, em redação da Lei n. 12.607/2012, que passou a exigir a expressa autorização na convenção do condomínio para a venda e locação a estranhos ao condomínio. Houve uma inadvertência do legislador ao não alterar a redação do artigo 1.338, de modo a se coadunar ao § 1º do artigo 1.331.

Possibilitam-se a venda e a locação em separado relativamente ao apartamento ou conjunto, sala, escritório, loja e sobreloja, exceto se a convenção dispõe em sentido contrário. No caso de abrigos para veículos, a alienação e a locação para estranhos ao condomínio dependem de autorização expressa na convenção.

No entanto, existem certas reservas de espaços para a finalidade de guarda ou abrigo de veículos que aparecem como uma extensão de outras unidades autônomas. No artigo 1.339, § 2º, tem-se a referência às partes acessórias das unidades, consideradas genericamente, sendo possível enquadrar nelas os espaços de estacionamento ou garagens, desde que se enquadrem nessa categoria. Todavia, não é dada a caracterização de parte acessória, o que se encontra na Lei n. 4.591/1964, com as alterações da Lei n. 4.864/1965.

Realmente, mais amplificada está a disciplina na Lei n. 4.591/1964, cujas disposições perduram, dada a falta de uma regulamentação suficiente no Código Civil de 2002. É certo que, naquelas matérias não disciplinadas pelo Código Civil, segue a Lei n. 4.591/1964 em vigor. Enquadra-se a garagem ou abrigo para a guarda de veículos no conceito do artigo 2º, que traz a caracterização de qualquer unidade condominial: "Cada unidade com saída para a via pública, diretamente ou por processo de passagem comum, será sempre tratada como objeto de propriedade exclusiva, qualquer que seja o número de suas peças e sua destinação, inclusive edifício-garagem, com ressalva das restrições que se lhe imponham."

Necessário, no entanto, distinguir.

Existem as áreas destinadas às vagas de garagem que são localizadas, demarcadas e normalmente numeradas, tendo saída para a via pública, de exclusiva titularidade da pessoa especificada, com fração ideal própria de terreno, e não como adendo ou consectário da unidade maior, que é o apartamento, ou conjunto, ou sala. Neste caso, a autonomia é completa, permitindo-se a venda separada do abrigo ou garagem separadamente do apartamento ou da unidade destinada à moradia ou a outro tipo de ocupação. Salienta-se que a venda ou locação a estranhos ao condomínio somente é permitida havendo autorização expressa na convenção condominial. Trata-se das unidades que se enquadram dentro da previsão dos artigos 1.331, § 1º, e 1.338, ambos do Código Civil.

João Batista Lopes, com subsídios colhidos da doutrina de Elvino Silva Filho (*As vagas de garagem nos edifícios de apartamentos*. 1977. p. 24), arrola os requisitos para se erigir a vaga de garagem à categoria de unidade autônoma:

> a) Que cada vaga corresponda a uma fração ideal de terreno; b) que haja demarcação do espaço correspondente à vaga para identificá-lo perfeitamente; c) que cada espaço seja assinalado por designação numérica com averbação no Registro de Imóveis; d) que os espaços correspondentes às vagas sejam precisamente descritos na especificação do condomínio (área, localização, confrontações etc.).[1]

A caracterização é dada também pelo STJ:

> *Civil. Condomínio. Vaga de garagem. Fração ideal do terreno e matrícula própria. Unidade autônoma. Reivindicação pelo proprietário. Recurso provido. I – A vaga em garagem, com fração ideal do terreno, matrícula individual e designação numérica própria, tendo sua área, localização e confrontações convenientemente descritas, sendo possível, ainda, o estabelecimento de algum tipo de divisão, constitui unidade autônoma, à qual tem*

---

[1] *Condomínio*. Ob. cit. p. 62.

aplicação os princípios que vigoram para os titulares de apartamentos, lojas e salas em edifícios coletivos. II – Tendo o pedido cunho reivindicatório, e inoponível o fato simples da posse em face do direito de propriedade, salvo exceção de usucapião, de que não se cogitou na espécie.[2]

Se, no entanto, embora o tratamento como propriedade exclusiva, não se ergue em uma fração ideal específica de terreno, a caracterização da garagem ou espaço de estacionamento considera-se como acessório. No Registro Imobiliário, a área correspondente a este espaço será, de conformidade com os respectivos cálculos informativos da constituição do condomínio, lançada como área comum nas próprias matrículas das unidades autônomas, conjugada com as demais áreas comuns correspondentes.

No § 1º do artigo 2º da Lei n. 4.591/1964 encontram-se essas duas modalidades de tais espaços:

> O direito à guarda de veículos nas garagens ou locais a isso destinados nas edificações ou conjuntos de edificações será tratado como objeto de propriedade exclusiva, com ressalva das restrições que ao mesmo sejam impostas por instrumentos contratuais adequados, e será vinculada à unidade habitacional a que corresponder, no caso de não lhe ser atribuída fração ideal específica de terreno.

Os dois tipos estão bem definidos, mas sempre reconhecida a propriedade exclusiva: é acessório o espaço se não tiver atribuída fração ideal específica de terreno, ficando vinculada à unidade habitacional; fundando-se em fração ideal própria, não há a vinculação à unidade habitacional, permitindo-se a alienação a qualquer pessoa.

No geral, os abrigos ou espaços de estacionamento na espécie de parte acessória aparecem especificados como direito de uso a um determinado local, mesmo que tenha uma numeração, uma metragem quadrada, e uma localização. Na verdade, esses espaços integram as áreas comuns, destinadas a estacionamentos. Mais comum, em condomínios simples, formados de blocos de edifícios, destinados a classes sem elevado poder aquisitivo, reservarem-se vagas de ocupação a título de espaço de garagem, mesmo que se identifiquem por uma numeração. Não raramente, assegura-se o direito de ocupar o espaço para o carro, de localização indeterminada, e nem vindo uma numeração.

Como exercer o direito ao uso, se não discriminado o espaço destinado a cada veículo? Suponha-se que a indiscriminação do uso chegue ao extremo de um condômino ocupar dois ou mais espaços, não restando vaga para outro condômino.

O STJ entendeu que sequer a ação reivindicatória é possível, por falta de requisitos para a sua admissibilidade:

> 1. A ação reivindicatória (art. 1.228 do CC), fundada no direito de sequela, outorga ao proprietário o direito de pleitear a retomada da coisa que se encontra indevidamente nas mãos de terceiro, tendo como requisitos específicos: (i) a prova do domínio da coisa reivindicanda; (ii) a individualização do bem; e (iii) a comprovação da posse injusta.

---

[2]   REsp. n. 37.928/SP. Quarta Turma. Julgado em 31.05.1994, *DJU* 15.08.1994.

> 2. Em condomínio edilício, a vaga de garagem pode ser enquadrada como: (i) unidade autônoma (art. 1.331, § 1º, do CC), desde que lhe caiba matrícula independente no Registro de Imóveis, sendo, então, de uso exclusivo do titular; (ii) direito acessório, quando vinculado a um apartamento, sendo, assim, de uso particular; ou (iii) área comum, quando sua fruição couber a todos os condôminos indistintamente.
>
> 3. A via da ação reivindicatória não é franqueada àquele que pretende obter direito exclusivo de vaga no estacionamento, quando este, na verdade, configura direito acessório da unidade autônoma ou área de uso comum, uma vez que, nessas hipóteses, inexiste requisito essencial ao seu ajuizamento, qual seja, a individualização do bem reivindicando.
>
> 4. No caso em exame, as vagas na garagem encontram-se na área comum do edifício ou são acessórias aos apartamentos, a depender do que regula a convenção do condomínio, o que se torna ainda mais evidente ante a ausência de matrícula autônoma no Registro de Imóveis, descabendo, por isso, o manejo da ação reivindicatória.[3]

A melhor solução é a regulamentação do uso pela convenção, com a individuação dos espaços. Na ausência de disciplina a respeito, resta uma ação de obrigação de não fazer promovida pelo condomínio, ou pelo condômino prejudicado, contra aquele que pratica abusos, com a cominação de multa no caso de desobediência, inclusive com ordem judicial para a remoção do veículo que indevidamente ocupa mais de um espaço.

Na qualidade de bens acessórios também se consideram as vagas mesmo que localizadas e demarcadas, mas não com uma fração ideal, uma individualidade e uma matrícula própria.

Mesmo que o espaço permita o tratamento como propriedade exclusiva em qualquer dos tipos, existe a possibilidade de vinculação do espaço à unidade, e de incidirem outras restrições, as quais constarão descritas em instrumento contratual adequado.

Nesses tipos, impede-se a alienação independente da unidade à qual se ligam a pessoas não condôminas, a menos que a convenção o permita.

Todavia, se se atribuir área ideal à garagem ou espaço de estacionamento, a autonomia é total, decorrendo a liberdade de alienação a qualquer pessoa, mesmo que estranha ao condomínio. Essa autonomia ampla decorre da parte final do § 1º, que determina a vinculação à unidade habitacional unicamente se não houver a atribuição de fração ideal específica de terreno.

Embora exista a vinculação a outra unidade, e tratado o espaço com o caráter de acessório, a transferência é autorizada desde que a outro condômino, segundo faculta o § 2º do artigo 2º: "O direito de que trata o § 1º deste artigo poderá ser transferido a outro condômino, independentemente da alienação da unidade a que corresponder, vedada sua transferência a pessoas estranhas ao condomínio."

De observar, porém, que o Código Civil, no artigo 1.339, § 2º, veio a introduzir a permissão de venda do acessório, e, assim, os espaços de estacionamento ou garagens sem fração ideal no terreno, a estranhos desde que a tanto autorize o ato constitutivo, e não se opuser a assembleia geral: "É permitido ao condômino alienar parte acessória de sua unidade imobiliária a outro condômino, só podendo fazê-lo a

---

[3] REsp. n. 1.152.148/SE. Relator: Min. Luis Felipe Salomão. Quarta Turma. Julgado em 13.08.2013. *DJe* 02.09.2013.

terceiro se essa faculdade constar do ato constitutivo do condomínio, e se a ela não se opuser a respectiva assembleia geral."

Dois são os pressupostos para a alienação: a permissão constante no ato de constituição, ou na convenção, e a concordância da assembleia geral. Pela redação do texto, para a venda não pode opor-se a assembleia. Ora, inconcebível que se faça a alienação, e que prevaleça o ato se não advier a reprovação. A falta de oposição importa em submeter a venda à apreciação da assembleia.

Finalmente, ressalva-se que, nos edifícios de garagens, é obrigatória a atribuição de fração ideal a cada garagem, a teor do § 3º do art. 2º da Lei n. 4.591/1964: "Nos edifícios garagem, às vagas serão atribuídas frações ideais de terreno específicas." No caso, total a liberdade de alienação, mesmo que a estranhos e não titulares de outras garagens.

27

A utilização do box ou espaço de estacionamento

O espaço destinado para o abrigo ou a garagem de veículo pode ter autonomia própria, constituindo unidade distinta daquela que corresponde à moradia, ou ao conjunto e escritório onde são exercidas atividades liberais, ou à loja reservada para a venda de mercadorias. Recebe uma matrícula individual no Registro de Imóveis, levando a se reconhecer a sua distinção em face de outra unidade, e não se concebendo como seu acessório.

A esse tipo de imóveis, o Código Civil faz duas únicas referências.

A primeira encontra-se no § 1º do artigo 1.331, onde está o imóvel catalogado entre "as partes suscetíveis de utilização independente", a par de outras unidades citadas, e que são os apartamentos, os escritórios, as salas, as lojas e sobrelojas, e os abrigos para veículos, todos com as respectivas frações ideais no terreno e nas outras partes comuns.

A segunda consta no artigo 1.338, o qual assegura, na pretensão de se alugar um abrigo para veículos ou garagem, a preferência aos condôminos, frente a estranhos, e, dentre os condôminos, os possuidores, isto é, os ocupantes de unidades.

No entanto, existem certas reservas de espaços para a finalidade de guarda ou abrigo de veículos que aparecem como uma extensão de outras unidades autônomas, considerando-se como acessórias. No art. 1.339, § 2º, tem-se a referência às partes acessórias das unidades, consideradas genericamente, sendo possível enquadrar nelas os espaços de estacionamento ou garagens, desde que se enquadrem nessa categoria.

Se, entrementes, embora o tratamento como propriedade exclusiva, não se ergue em uma fração ideal específica de terreno, a caracterização da garagem ou espaço de estacionamento considera-se como acessório.

No § 1º do artigo 2º da Lei n. 4.591/1964 mais bem definidas encontram-se essas duas modalidades de tais espaços:

> O direito à guarda de veículos nas garagens ou locais a isso destinados nas edificações ou conjuntos de edificações será tratado como objeto de propriedade exclusiva, com ressalva das restrições que ao mesmo sejam impostas por instrumentos contratuais adequados, e será vinculada à unidade habitacional a que corresponder, no caso de não lhe ser atribuída fração ideal específica de terreno.

Os dois tipos estão bem caracterizados, mas sempre reconhecida a propriedade exclusiva: é acessório o espaço se não tiver atribuída fração ideal específica de terreno, ficando vinculada à unidade habitacional; fundando-se em fração ideal própria, não há a vinculação à unidade habitacional, permitindo-se a alienação a qualquer pessoa.

Na qualidade de bens acessórios também se consideram as vagas mesmo que localizadas e demarcadas, mas não com uma fração ideal, uma individualidade e uma matrícula próprias.

A classificação das garagens como unidades autônomas ou bens acessórios ficou bem explicada por J. Nascimento Franco:

> a) Como unidade autônoma, com fração ideal específica no terreno (art. 2º, § 1º, *in fine*), hipótese em que poderá manter a sua própria individualidade ou ficar vinculada a uma unidade habitacional;
>
> b) como simples acessório da unidade autônoma a que se vincula, hipótese em que não participa no terreno com fração ideal específica.[1]

Se classificada como unidade autônoma, com a devida demarcação do espaço e identificação do condômino, inexistirá qualquer problema, posto que ficou individualizada a ocupação. Na falta de vinculação de cada espaço identificado a um titular de unidade, em geral não haverá destinação demarcada dos espaços para a colocação do veículo. Cada condômino ocupará o local que estiver vago. Viável, porém, que a convenção ou a assembleia implante uma numeração, identificando cada ocupante. Mesmo que constitua acessório, isto é, não venha o espaço com matrícula própria, nada impede que se leve a termo numeração, ou se vinculem os espaços às unidades individualmente.

A locação ou cessão das garagens está autorizada pelo artigo 1.338, desde que se ofereça preferência aos possuidores (locatários) e aos condôminos, relativamente a estranhos: "Resolvendo o condômino alugar área no abrigo para veículos, preferir-se-á, em condições iguais, qualquer dos condôminos a estranhos, e, entre todos, os possuidores."

Permite o artigo 1.339, § 2º, a alienação da vaga ou espaço considerado como acessório a outros titulares do condomínio, ou mesmo a estranho se houver a previsão na convenção, ou, na falta, se manifeste de acordo a assembleia: "É permitido ao condômino alienar parte acessória de sua unidade imobiliária a outro condômino, só podendo fazê-lo a terceiro se essa faculdade constar do ato constitutivo do condomínio, e se a ela não se opuser a respectiva assembleia geral." O *quorum* da votação, para se opor, é, em primeira convocação, o da maioria dos condôminos presentes que representem pelo menos metade das frações ideais; ou, em segunda convocação, o da maioria simples dos votos dos condôminos presentes.

Eventuais furtos e danos causados nos veículos e demais bens guardados em garagens e outros compartimentos de depósito são indenizados desde que conste a previsão explícita ou segura na convenção, com a assunção da responsabilidade pela guarda. Do contrário, se a convenção exclui qualquer direito à indenização, não assiste a pretensão, caminho traçado pelo STJ:

---

[1] *Condomínio*. 3. ed. São Paulo: RT, 2001. p. 4.

> Existindo na convenção cláusula excludente de responsabilidade pelo furto de veículos das dependências da garagem, e havendo restada afastada a culpa do síndico ou dos prepostos do réu, quanto às providências de segurança deliberadas pelos condôminos, não responde o condomínio em razão do furto de sua motocicleta no interior da garagem.[2]

Todavia, se omissa a convenção, em existindo um serviço de guardas e segurança, resulta coerente a assunção da guarda, com a decorrência da obrigação da indenização. Notória a desídia na vigilância, o que importa em culpa. A menos que a subtração ou o dano se dê em assalto, quando se inviabiliza o exercício da guarda.

A responsabilidade é objetiva se inexistente caso fortuito ou de força maior (como assalto), tendo amparo nos artigos 932 e 933 do Código Civil. O empregador responde pelos atos de seus empregados, ainda que não haja culpa de sua parte. E empregador é o condomínio, não se aventando para o deslocamento da responsabilidade ao síndico, a não ser subsidiariamente, e, aí, desde que notada culpa ou dolo de sua parte no ato que redundou em prejuízo ao condômino – culpa verificável quando contrata pessoas desqualificadas para a função, ou retira os vigilantes ou guardas do setor em que deveriam permanecer, dando azo ao fato da presença de meliantes no prédio; também, se não providencia nos reparos de mecanismos de proteção, como portão da entrada das garagens, revelando desídia.

Um assunto que merece a atenção, dentro da matéria em epígrafe, consiste na utilização da garagem ou espaço destinado à guarda de veículo para finalidades diferentes, como para depósito de outros bens, e, assim, de mercadorias, móveis, produtos que não são usados pelos moradores, ficando expostos e colocados no fundo do compartimento da garagem, ou pendurados nas paredes, ou em armários suspensos, e mesmo no teto através de ganchos ou armações apropriadas. Insta referir, primeiramente, que a utilização da garagem constitui matéria a ter detalhada regulamentação na convenção. Em princípio, em havendo total omissão, e sendo da natureza da garagem a guarda de veículo, deve-se coibir a destinação para fins diversos, sob pena de se quebrar a harmonia do conjunto e desvirtuar o emprego para objetivos que infringem a própria destinação da unidade, como para a prática de pequenas atividades em seu interior, para a lavagem de veículos, para instalar oficina de reparos.

---

[2] REsp. n. 76.984/SP. Julgado em 15.04.1997, *DJU* 12.05.1997.

28

A impenhorabilidade no box ou garagem

Firmou-se entendimento de que a garagem, ou espaço de estacionamento, desde que unidade autônoma, não entra na regra da impenhorabilidade, mesmo que a finalidade não se dirija para a exploração econômica.

O STJ firmou-se nessa posição: "Está consolidado nesta Corte o entendimento de que a vaga de garagem, desde que com matrícula e registro próprios, pode ser objeto de constrição, não se lhe aplicando a impenhorabilidade da Lei n. 8.009/1990."[1]

No voto do Min. Fernando Gonçalves, aparecem vários precedentes:

> Com efeito, a jurisprudência iterativa desta Corte orienta-se no sentido de que a vaga de garagem, desde que com matrícula e registro próprios, pode ser objeto de constrição, não se lhe aplicando a impenhorabilidade da Lei n. 8.009/1990. Nesse sentido:
>
> *Recurso Especial. Embargos de devedor. Penhora. Vagas autônomas de garagem. Matrícula própria. Precedente da Corte especial.* Conforme o precedente da Corte Especial, o box de estacionamento, identificado como unidade autônoma em relação à residência do devedor, tendo, inclusive, matrícula própria no Registro de Imóveis, não se enquadra na hipótese prevista no art. 1º da Lei n. 8.009/1990, sendo, portanto, penhorável (EREsp. n. 595.099/RS). Recurso especial não conhecido (REsp. n. 876.011/SP. Relator: Min. Cesar Asfor Rocha. Quarta Turma. *DJ* 03.09.2007).
>
> *Processual civil. Execução fiscal. Penhora. Imóveis residenciais. Vaga de garagem. Penhorabilidade. Precedentes jurisprudenciais. Desprovimento.* 1. A jurisprudência desta Corte firmou-se no sentido de que as vagas de garagem de apartamento residencial, individualizadas como unidades autônomas, com registros individuais e matrículas próprias, podem ser penhoradas, não se enquadrando na hipótese prevista no art. 1º da Lei n. 8.009/1990.
>
> 2. Recurso especial desprovido (REsp. n. 869.497/RS. Relatora: Min.ª Denise Arruda. *DJ* 18.10.2007).
>
> *Processual civil. Execução. Penhora de vaga de garagem com matrícula própria, distinta daquela do imóvel residencial do devedor. Possibilidade. Precedentes.* 1. É possível a penhora de vaga de garagem com matrícula própria, por tratar-se de unidade autônoma, distinta daquela que integra o imóvel residencial do devedor. Hipótese que não se enquadra no art. 1º da Lei n. 9.009/1990. Precedentes. 2. Recurso especial não provido (REsp. n. 977.004/RS. Relator: Min. Castro Meira. Segunda Turma. *DJ* 02.10.2008).
>
> Outrossim, não se afigura como empecilho eventual convenção de condomínio, assegurando exclusividade de uso aos condôminos, nos termos da correta interpretação do art. 2º, §§ 1º e 2º, da Lei n. 4.591/1964.

---

[1] AgRg no Ag n. 1058070/RS. Quarta Turma. Julgado em 16.12.2008, *DJe* 02.02.2009.

Confira-se:

Processual civil. Recurso especial. Prequestionamento. Ausência. Execução. Garagem. Matrícula própria. Penhora. Possibilidade. 1. Não decidida pelo Tribunal de origem matéria suscitada no especial, ressente-se o recurso do necessário prequestionamento. 2. Nos termos da iterativa jurisprudência desta Corte, a garagem que tem matrícula e registro próprios pode ser objeto de constrição, não se lhe aplicando a impenhorabilidade da Lei n. 8.009/1990, tampouco afigurando-se como empecilho eventual convenção de condomínio, assegurando exclusividade de uso aos condôminos. Inteligência do art. 2º, §§ 1º e 2º da Lei n. 4.591/1964. 3. Recursos especiais não conhecidos (REsp. n. 316.686/SP. Relator: Min. Fernando Gonçalves. Quarta Turma. *DJ* 29.03.2004, p. 245).

A interpretação acima levou o STJ a emitir a Súmula n. 449, *DJe* de 21.06.2010: "A vaga de garagem que possui matrícula própria no Registro de Imóveis não constitui bem de família para o efeito de penhora." É que não existe uma vinculação necessária com a unidade de apartamento, porquanto permitida a venda, ou a permuta, ou a cessão de um condômino para outro, não se encontrando sob o domínio da comunhão geral, e sim identificando-se como unidade autônoma.

A rigor, embora com individualidade própria, a garagem ou box de estacionamento destina-se a servir à unidade residencial, constituindo um seu adendo ou apêndice, tanto que impedida a venda a estranhos ao condomínio. Por isso, tem vingado também o entendimento de que é indissociável do apartamento:

É certo que esta Corte firmou entendimento no sentido da possibilidade de se penhorar vagas de garagem em condomínio vertical, com matrícula e registro próprios, distintos do apartamento em que reside o devedor e sua família, não integrando essas vagas o bem de família (cf. REsp. n. 582.044/RS. Relator: Min. Aldir Passarinho Júnior. *DJ* 29.03.2004; REsp. n. 541.696/SP. Relator Min. César Asfor Rocha. *DJ* 28.10.2003; REsp. n. 316.686/SP. Relator: Min. Fernando Gonçalves. *DJ* 29.03.2004; REsp. n. 311.408/SC. Relator: Min. Antônio de Pádua Ribeiro. *DJ* 01.10.2001).

No entanto, tratando-se de vagas de garagem em condomínio vertical e sendo considerado bem de família o apartamento a elas vinculado, deve-se interpretar o art. 1º da Lei n. 8.009/1990 juntamente com a legislação relativa ao condomínio em edificações e às incorporações imobiliárias, a saber, Lei n. 4.591/1964, cujo art. 2º, §§ 1º e 2º, com a redação dada pela Lei n. 4.864/1965, é expresso ao vedar a transferência do direito à guarda de veículos nas garagens a pessoas estranhas ao condomínio. Assim, as vagas de garagem integram o apartamento (bem de família), estando, portanto, protegidas pelo disposto na Lei n. 8.009/1990, ou seja, são impenhoráveis, ainda que possuam registros próprios e individualizados no Registro de Imóveis, com matrículas próprias (cf. REsp. n. 595.099/RS. Relator: Min. Franciulli Netto. *DJ* 16.08.2004).

Recurso parcialmente conhecido e, nesta parte, provido, para afastar a penhora incidente sobre as vagas de garagem.[2]

A respeito do tema em comento, já se posicionou o douto Ministro Carlos Alberto Menezes Direito no sentido de que "há um elemento indispensável para manter a garagem, no caso, sob o regime tutelar do bem de família que é a impossibilidade de negócio em separado".

---

[2]   REsp. n. 776.611/SP. Quarta Turma. Julgado em 12.12.2005, *DJU* 01.02.2006.

Em outro passo, adverte o ilustre Magistrado que, "em muitos condomínios é vedada a utilização da garagem por quem não é condômino, com o que sequer é possível o aluguel da mesma para pessoa estranha ao condomínio. Sem dúvida, em se tratando de imóvel residencial, a garagem adere ao principal, não sendo, a meu sentir, possível apartá-la para efeito da incidência da Lei n. 8.009/1990" (cf. REsp. n. 222.012/SP. *DJ* 24.04.2000).

– Não custa lembrar que os titulares de bem de família, na propriedade horizontal, acabariam por ter tratamento diferenciado para pior em relação aos de imóveis não condominiais.

– Recurso especial conhecido, mas improvido.[3]

---

[3] REsp. n. 595.099/RS. Segunda Turma. Julgado em 14.04.2004, *DJU* 16.09.2004.

29

A existência de animais nos apartamentos

Questão que, até certa época, provocava constantes debates, dizia respeito à permissão da presença de animais nas unidades condominiais. Embora de modo não acirrado, persiste a polêmica. Sabe-se que a maior parte dos animais mantida em residências urbanas constituídas de casas ou apartamentos é de cães, gatos e pássaros, havendo situações que chegam à insuportabilidade, especialmente quando pequenos apartamentos abrigam quantidade excessiva desses animais, numa completa falta de bom senso, ou de extrema ignorância de regras básicas de higiene e civilidade. Com efeito, é do conhecimento primário e da experiência comum que se revela inapropriada a convivência de pessoas e certos animais num mesmo recinto, podendo afetar a saúde humana, além de provocar barulho e sujeira na própria unidade e nas áreas internas do edifício. O confinamento em espaços limitados e fechados, além de afetar os sentidos e deteriorar a própria natureza do animal, equivalendo a maus-tratos, a crueldade, a tratamento impiedoso, torna-se nocivo à saúde humana e às regras básicas de higiene.

A tendência é aceitar a presença em condomínios, se não resultar em incômodo e risco à saúde e à segurança dos demais moradores, situação que se verifica se houver excessos de latidos em qualquer hora do dia ou da noite, de correria, de mau cheiro. Isto mesmo que conste na convenção a restrição à presença de animais. A justiça tende a autorizar a permanência de animais de pequeno porte (e não como os das raças *rottweiler*, *fila* e *pitbull*), desde que não ofereçam perigo aos moradores e demais pessoas que precisam ingressar nas unidades. Se não advierem incômodos, não importa que haja regra na convenção vedando a manutenção de animais domésticos nas unidades autônomas e partes comuns. No ponto, reflete um sinal dos tempos, um costume, em que se generalizou a existência especialmente de cães nas residências, passando a haver uma aceitação tácita. A seguinte posição externada por J. Nascimento Franco e Nisske Gondo tem orientado o tratamento dado pelos tribunais:

> Estamos acompanhando a evolução do direito no tocante a esse difícil problema da vida nos edifícios de apartamentos e nos inclinamos pela corrente que recomenda moderação na aplicação das cláusulas proibitivas, do que resulta que só sejam vetados os animais incômodos ou nocivos, o que se apura à luz das provas, em cada caso concreto. Pode ser que esse critério leve ao subjetivismo em alguns casos, mas a função da justiça é solucionar problemas humanos, nos quais é impossível eliminar a carga da subjetividade.[1]

---

[1] *Condomínio em edifícios*. Ob. cit. p. 222.

Se ofendidos os direitos básicos do sossego, da segurança e da salubridade, resta a proibição, com a aplicação de multa, nas previsões do artigo 1.337 e seu parágrafo único do Código Civil. Entretanto, se chegar a insuportabilidade ao cúmulo de prejudicar não apenas a convivência com os demais moradores do prédio, mas também a permanência no prédio, dados os seguidos atritos, as situações de insegurança, a poluição interna, o barulho, decorre o direito natural de buscar a medida judicial de obrigação de fazer, consistente na retirada dos animais, inclusive com suporte no artigo 1.277 do Código Civil, na seguinte redação: "O proprietário ou o possuidor de um prédio tem o direito de fazer cessar as interferências prejudiciais à segurança, ao sossego e à saúde dos que o habitam, provocadas pela utilização de propriedade vizinha."

A expressão "interferências prejudiciais", que substituiu o "mau uso" do Código de 1916, expressa o uso de forma abusiva e irregular.

O inciso IV do artigo 1.336 reforça a exigência de não utilizar a unidade "de maneira prejudicial ao sossego, salubridade e segurança dos possuidores, ou aos bons costumes".

Sempre, porém, levando em conta as condicionantes do parágrafo único: "Proíbem-se as interferências considerando-se a natureza da utilização, a localização do prédio, atendidas as normas que distribuem as edificações em zonas, e os limites ordinários de tolerância dos moradores da vizinhança." Daí não se revelar abuso ou conduta relapsa se os animais ficam no círculo restrito da área privativa, se não provocam barulho excessivo e se não constituem ameaça de perigo à saúde. Deve dominar o princípio de que a presença dos animais na unidade autônoma sofre limitações se decorre risco à saúde, à segurança e ao sossego dos vizinhos.

Também o artigo 19 da Lei n. 4.591/1964 traz respaldo à imposição de respeito aos direitos de vizinhança:

> Cada condômino tem o direito de usar e fruir, com exclusividade, de sua unidade autônoma, segundo suas conveniências e interesses, condicionados, umas e outros às normas de boa vizinhança, e poderá usar as partes e coisas comuns de maneira a não causar dano ou incômodo aos demais condôminos ou moradores, nem obstáculo ou embaraço ao bom uso das mesmas partes por todos.

O STJ traçou as seguintes orientações, que sintetizam o acima exposto:

> Cinge-se a controvérsia a definir se a convenção condominial pode impedir a criação de animais de qualquer espécie em unidades autônomas do condomínio.
>
> Se a convenção não regular a matéria, o condômino pode criar animais em sua unidade autônoma, desde que não viole os deveres previstos nos arts. 1.336, IV, do CC/2002 e 19 da Lei nº 4.591/1964.
>
> Se a convenção veda apenas a permanência de animais causadores de incômodos aos demais moradores, a norma condominial não apresenta, de plano, nenhuma ilegalidade.
>
> Se a convenção proíbe a criação e a guarda de animais de quaisquer espécies, a restrição pode se revelar desarrazoada, haja vista determinados animais não apresentarem risco à incolumidade e à tranquilidade dos demais moradores e dos frequentadores ocasionais do condomínio.
>
> Na hipótese, a restrição imposta ao condômino não se mostra legítima, visto que o condomínio não demonstrou nenhum fato concreto apto a comprovar que o animal (gato) provoque prejuízos à segurança, à higiene, à saúde e ao sossego dos demais moradores.[2]

---

[2] REsp n. 1.783.076/DF. Terceira Turma. Relator: Min. Ricardo Villas Bôas Cueva. Julgado em 14.05.2019. *DJe* 24.05.2019.

30
O exercício de atividades profissionais na unidade destinada à habitação

Resta evidente que não é admitida a prática de atividades liberais ou profissionais na unidade destinada para a moradia. Obrigatoriamente, na convenção coloca-se "o fim a que as unidades se destinam", conforme o inciso III do artigo 1.332 do Código Civil, obrigando seu artigo 1.336, inciso IV, que se dê "a mesma destinação que tem a edificação". Inaceitável que se mude a destinação, diante dos transtornos que surgirão, sendo que a Lei n. 4.591/1964, no artigo 10, inciso III, trazia regra expressa sobre a proibição: "É defeso a qualquer condômino: III – destinar à unidade a utilização diversa de finalidade do prédio, ou usá-la de forma nociva ou perigosa ao sossego, à salubridade e à segurança dos demais condôminos".

Inadmissível a alteração da finalidade, a menos que se colha o consentimento de dois terços dos votos dos condôminos, em atenção à segunda parte do artigo 1.351, em redação da Lei n. 14.405/2022, do Código Civil.

A realização de atividades profissionais no interior das unidades autônomas traz vários percalços e incômodos ao próprio condomínio e aos moradores, como maior frequência de público e comparecimento de pessoas estranhas, aumento do serviço de atendimento pelos funcionários, acarretando elevação de despesas de energia elétrica pelo uso do elevador e de luz nos corredores, e pela exigência de limpeza mais assídua. Ademais, o constante ingresso e movimento de pessoas desconhecidas nos vários recintos, de difícil controle, enseja acréscimo de riscos à segurança interna, sem contar com a quebra da privacidade, o barulho, os distúrbios.

No caso de constatar-se o desvio da destinação, compete ao síndico desencadear as medidas impeditivas do ingresso, com a aplicação de penalidades e a promoção do processo para conseguir da justiça medidas drásticas de abstenção de prática das atividades. Cabe-lhe ordenar aos porteiros a proibição de permitir a entrada de pessoas clientes, que buscam a prestação de serviços.

Situação de maior gravidade, que aponta para o completo desvio de finalidade do condomínio, está na realização de atividades em salão de festas, ou em outros compartimentos de uso comum, consistentes na organização ou administração de pequenos cursos profissionais, de práticas de caráter religioso, de aulas de recuperação de disciplinas escolares, de reuniões sociais, e mesmo de confecção de objetos e de artesanato. Nas unidades residenciais acontece o recebimento de clientes, especialmente por advogados, contadores, engenheiros, e mesmo médicos, dentro de certa constância, e não esporadicamente. Essas presenças não caracterizam, pois, eventuais visitas, ou simples contatos. Cabe, porém, uma distinção entre realizar uma atividade econômica no apartamento e promover a realização de atividades econômicas ou de outro caráter na mesma unidade, com a presença de participantes. Evidentemente, não se coíbe que o morador faça seus trabalhos, mesmo que de cunho econômico, como projetos, desenhos, escritos, e inclusive produções culinárias, no apartamento, desde que não o transforme em centro profissional, ou industrial, ou comercial. A vedação restringe-se à destinação da unidade condominial para a prática de atividades profissionais junto de terceiros ou funcionários e sócios.

Nesse mesmo âmbito, mister que a habitação das pessoas em cada unidade se mantenha coerente com o seu tamanho. Não cabe admitir uma verdadeira multidão de pessoas em um pequeno apartamento, fato que também traz interferências negativas no condomínio. Não comportando um número exagerado de moradores, e emanando prejuízos aos condôminos, cabível a adequação, mesmo que se utilize de processo judicial.

31
A realização de obras e reparos

Em princípio, as obras realizadas em áreas comuns classificam-se em voluptuárias, úteis e necessárias. O significado é colhido do artigo 96 do Código Civil.

Voluptuárias denominam-se as que trazem mero deleite ou recreio, não aumentando o uso habitual, ainda que tornem mais agradável a vida no condomínio e tenham elevado valor. Revelam-se nos ajardinamentos, nos enfeites, na colocação de mármore nos pisos ou de granito nas paredes, na construção de piscina, de quadra de tênis, de sauna.

Já as úteis são as que aumentam ou facilitam o uso, e, nesta classe, estão a colocação de portões eletrônicos; a introdução de gás centralizado e encanado; a cobertura dos espaços de estacionamento; a adaptação das entradas com rede de visores; a instalação de banheiros junto à piscina; a construção de churrasqueiras no salão de festas; a compra de cabinas de segurança. Assim também a instalação de central telefônica, como foi decidido:

> Ação declaratória de nulidade de decisão assemblear e abstenção de atos do síndico cumulada com depósito. Colocação de central telefônica visando à maior segurança da coletividade. Obra útil e necessária. Art. 1341, II, do Código Civil/2002. O Código Civil de 2002 prevê, no art. 1341, II, que a realização de obras úteis no condomínio depende do voto da maioria dos condôminos, sendo que, em segunda convocação, poderá deliberar por maioria dos votos presentes, ausente previsão, até porque inexistente convenção no caso, da exigência de quórum especial. A característica da obra, colocação de uma central telefônica, evidencia-se útil e necessária, e não voluptuária. Além disso, a realidade da vida condominial impõe, sempre que se mostrar possível, se delibere acerca dos pontos levados à discussão na assembleia e dê a eles o devido encaminhamento. Apelação improvida.[1]

Como necessárias têm-se as que se destinam a conservar o bem ou evitar sua deterioração.

Em relação às duas primeiras espécies, dependem da aprovação pela assembleia dos condôminos. Quanto às voluptuárias, de acordo com o artigo 1.341, a votação favorável corresponderá a 2/3 (dois terços) dos condôminos; já em relação às úteis, basta a maioria absoluta para decidir pela realização, mas computando-se essa maioria de acordo com os artigos 1.352 e 1.353 do Código Civil, ou seja, em primeira convo-

---

[1] TJRS. Apelação Cível n. 70011290418. Décima Sétima Câmara Cível. Relator: Elaine Harzheim Macedo. Julgado em 24.05.2005.

cação a maioria que represente pelo menos metade das frações ideais, e em segunda convocação a maioria dos condôminos que se encontrem presentes.

Como regra geral, qualquer obra de custo excessivo, ou de maior vulto antes de sua realização, requer a autorização da assembleia.

No entanto, há exceções.

A realização daquelas de menor despesa, desde que de reparos nas partes comuns, as próprias de equipamentos ou redes de água, luz, esgoto, gás, elevador, infiltração de água, qualificadas como de mera conservação, fica ao arbítrio do administrador.

Referentemente às necessárias, como o restabelecimento de energia elétrica, o fornecimento de água para o edifício, os reparos no sistema de segurança não podem ficar na expectativa de convocação de assembleia e de debates. Não dependem da autorização da assembleia. Na omissão ou impedimento do síndico, a lei faculta iniciativa a qualquer condômino para a serem executadas. Inserem-se no poder discricionário do síndico a inclusão na taxa condominial, para efeitos da cobrança, independentemente da aprovação da assembleia geral, com o que se proporciona a eficiência no funcionamento da vida condominial.

Essa a disposição constante no § 1º do artigo 1.341 do Código Civil: "As obras ou reparações necessárias podem ser realizadas, independentemente de autorização, pelo síndico, ou, em caso de omissão ou impedimento deste, por qualquer condômino."

Se de valor elevado ou excessivo, embora urgentes e necessárias, também podem ser realizadas antecipadamente, mas exige-se a posterior submissão à assembleia geral, para a ratificação, de acordo com exigência do § 2º: "Se as obras ou reparos necessários forem urgentes e importarem em despesas excessivas, determinada sua realização, o síndico ou o condômino que tomou a iniciativa delas dará ciência à assembleia, que deverá ser convocada imediatamente."

Nota-se a qualidade das obras para ensejar a submissão à assembleia, mesmo que posteriormente à sua realização: não as de mera conservação, que ordinariamente acontecem, como rompimentos de canos, quebra de aparelhos, desgaste de equipamentos, reposições de peças, conservação do prédio e de elevadores. Unicamente aquelas que, embora surgindo repentinamente, alcançarem um custo elevado, sendo exemplo a de reposição do telhado destruído ou atingido por forte vendaval, a de demolição de uma parede que ameaça cair e representa perigo para os moradores, a abertura do piso por causa do rompimento de cano de esgoto ou água, a substituição dos condutores internos de gás em razão de vazamento. Esses defeitos ou situações, para autorizar o imediato reparo, devem ter aparecido de repente, inesperadamente, e sem possibilidade de se aguardar a reconstituição ou o reparo para momento posterior.

Não se caracterizando como urgentes as obras ou reparos, apesar da necessidade, e importando em elevados custos, requer-se a aprovação antecedente de assembleia, especialmente convocada pelo síndico ou por condômino, se verificar-se omissão ou impedimento daquele. A obrigatoriedade consta do § 3º do artigo 1.341: "Não sendo urgentes, as obras ou reparos necessários, que importarem em despesas excessivas, somente poderão ser efetuadas após autorização da assembleia, especialmente convocada pelo síndico, ou, em caso de omissão ou impedimento deste, por qualquer dos condôminos."

Outrossim, o condômino fica autorizado a realizar obras ou reparos em prol do condomínio, se necessárias e não de custo excessivo, mesmo que não urgentes, sem a prévia autorização, com o direito ao devido reembolso. Não é inconcebível a ocorrência de situações determinantes da pronta atuação, em face de problemas surgidos que afetam pontos essenciais no funcionamento do prédio, como na rede de água, no encanamento do gás, no entupimento de canos do sistema de esgoto, impondo a aquisição de produtos e a contratação de mão de obra apropriada, com o pagamento exigido no ato da compra ou dos reparos. Esses atendimentos de grande necessidade são, a rigor, da competência do síndico. Na sua ausência ou impedimento, aos condôminos em geral a lei permite a iniciativa para as providências normais. Posteriormente, os custos serão cobrados do condomínio, desde que revelarem o caráter de necessidade e urgência, como garante o § 4º do artigo 1.341: "O condômino que realizar obras ou reparos necessários será reembolsado das despesas que efetuar, não tendo direito à restituição das que fizer com obras ou reparos de outra natureza, embora de interesse comum."

Ao síndico atribui-se o poder e até o dever de reembolsar as citadas despesas, independentemente da aprovação da assembleia geral, figurando-se correta a mera cobrança através de sua inclusão na taxa de condomínio, enviado através de boleto a cada condômino.

Não há referência no pertinente ao vulto do custo. Entretanto, se o § 3º exige a aprovação antecedente para as obras necessárias em geral, desde que não urgentes, de igual modo deve entender-se quando efetuadas por qualquer um dos condôminos.

O direito à reposição dos gastos restringe-se às obras necessárias, mesmo que não urgentes. Se necessárias, impunha-se a realização. Não se tem como essencial, daí, a prévia autorização. Mais cedo ou mais tarde seriam efetuadas. Por isso o direito à reposição dos custos.

Se desnecessárias, embora o benefício advindo ao condomínio, e mesmo com base no enriquecimento sem causa, não assiste a indenização, já que decorreram de ato de espontânea vontade do condômino.

O condomínio, em assembleia, com a aprovação mínima de dois terços dos votos dos condôminos, fica autorizado a realizar obras de acréscimo, que venham a aumentar ou facilitar a utilização das áreas comuns, destinadas a todos os titulares de unidades. Esses acréscimos ou ampliações dependem da utilidade e do benefício que trazem, ficando sempre na dependência dos órgãos municipais, e não podendo resultar em prejuízo às unidades privativas, e mesmo às demais áreas comuns. Essa a condição que se extrai do artigo 1.342:

> A realização de obras, em partes comuns, em acréscimo às já existentes, a fim de lhes facilitar ou aumentar a utilização, depende da aprovação de 2/3 (dois terços) dos votos dos condôminos, não sendo permitidas construções, nas partes comuns, suscetíveis de prejudicar a utilização, por qualquer dos condôminos, das partes próprias, ou comuns.

Tem-se como exemplos o aumento da área ajardinada ou do salão de festas, da piscina, da área de lazer ou recreio. Tais beneficiamentos somente trazem aumento ou facilidades, não correspondendo a novas obras.

Após a visão acima, oportuna a seguinte síntese:

O artigo 1.341 do Código Civil trata com especificidade da realização de obras no condomínio, dele apurando-se que:

a) as obras destinadas à realização de benfeitorias voluptuárias, consideradas as que têm por escopo tão somente dar comodidade àquele que as fez, não tendo qualquer utilidade por serem obras para embelezar a coisa, dependem do voto de aprovação de 2/3 dos condôminos, no mínimo;

b) a realização de obras denominadas úteis, ou seja, as que visam aumentar ou facilitar o uso do bem, apesar de não serem necessárias, dependem de voto de aprovação da maioria absoluta dos condôminos;

Quando esse tipo de obra abranger área comum do condomínio, o artigo 1.342 exige duas condições: aprovação de 2/3 dos votos dos condôminos e que as obras não sejam passíveis de causar obstáculos à livre utilização, por qualquer dos condôminos, das partes de propriedade exclusiva, ou das que pertencerem à comunhão.

c) em relação à realização de obras que se constituam em necessárias, isto é, aquelas que se destinam a conservar o bem ou evitar sua deterioração, o síndico pode determinar a sua execução, independentemente de autorização dos condôminos. Em omitindo-se este, ou em caso de verificar-se impedido, por qualquer motivo, a realização desse tipo de obra poderá ser determinada por qualquer dos condôminos. A observar, ainda, que:

1) se a realização desse tipo de obra for urgente e importar em custos elevados, aquele que houver determinado a sua execução (síndico, ou condômino), deverá levar esse fato ao conhecimento dos demais condôminos, convocando-os imediatamente a reunir-se em assembleia especial;

2) se a realização desse tipo de obra não for urgente, mas importar em custos elevados, somente poderá ser determinada a sua execução após a aprovação dos condôminos, em assembleia, a ser convocada por aquele que tiver interesse (pelo síndico, ou, em caso de impedimento deste, por qualquer dos condôminos).

32

A construção de outro prédio ou de novo pavimento, ou de aumentos, e alteração das frações ideais

Na construção, no solo comum, de novo pavimento ou de outro edifício, ou de aumento de construção, para a finalidade de trazer novas unidades imobiliárias, ou agregar a construção, é imperativa a aprovação da unanimidade dos condôminos, por força do artigo 1.343: "A construção de outro pavimento, ou, no solo comum, de outro edifício, destinado a conter novas unidades imobiliárias, depende da aprovação da unanimidade dos condôminos". Pode entender a assembleia a conveniência de mais um pavimento para a utilidade do próprio condomínio, como para a instalação de salões ou salas de recreação, de ginástica, de reuniões etc.; ou decidir em erguer uma nova edificação, destinada a garagens, que serão reservadas aos próprios condôminos ou para a locação, com pagamento a preço de custo; ou mesmo optar pela construção de mais um edifício para a alienação das unidades a quem tiver interesse na aquisição, tornando-se, então, necessária uma nova incorporação.

O erguimento de um pavimento no condomínio ou de acessões importa em uma série de providências, iniciando, conforme acima visto, com a necessidade da aprovação unânime dos condôminos para esse fim.

As providências decorrem da construção de novo prédio, ou de outro pavimento, ou de extensões e mudanças nas áreas comuns. Uma delas, que é indispensável, será a alteração das frações ideais que se encontram distribuídas entre todas as unidades do condomínio, e já consolidadas diante do registro do ato constitutivo do condomínio, a fim de que o novo pavimento ou outro prédio adquira a sua respectiva base no solo. Naturalmente, com a nova construção, as frações ideais das unidades já constituídas sofrerão alteração. As porções das partes comuns ou das novas unidades deverão ser inicialmente oferecidas para a aquisição pelos condôminos que já são titulares das unidades. Verificada a opção para a compra, procede-se através de escritura pública, ou por instrumento particular (isso se o valor não for superior a trinta vezes o maior salário mínimo vigente). Realmente, como se dá alteração no direito imobiliário, a formatização por meio de escritura pública nasce de ordem imperativa do artigo 108 do Código Civil: "Não dispondo a lei em contrário, a escritura pública é essencial à validade dos negócios jurídicos que visem à constituição, transferência, modificação ou renúncia de direitos reais sobre imóveis de valor superior a trinta vezes o maior salário mínimo vigente no País."

A necessidade de escritura pública é defendida por Mário Pazutti Mezzari:

> Tenha-se presente que qualquer alteração nas frações ideais de um condomínio terá como consequência imediata um aumento-diminuição de patrimônio imo-

biliário. Quando mudam as frações ideais, alguém transfere e alguém adquire bem imóvel.

É preciso frisar que a lei não contempla a alteração de fração ideal como exceção à regra do art. 108 do Código Civil. A lei não contém dispositivo que considere o documento emitido pela assembleia condominial como contrato tendente à transmissão/aquisição de direito real, que possa ser substitutivo da escritura pública.

Como exceção à regra geral do art. 108 (a que exige escritura pública), é o mesmo dispositivo legal, *in fine*, que determina que se o valor do bem objeto da transmissão (ou seja, o valor da porção de fração ideal de terreno que for transmitida) for inferior a trinta (30) vezes o maior salário mínimo nacional, será admitido o instrumento particular como forma hábil para o contrato de transmissão de bem imóvel.

Ainda assim, não será a ata de assembleia que servirá de título para a transmissão no Registro de Imóveis, porque o acordo de transmissão é um contrato e como tal deve ser redigido, com as cláusulas de transferência de propriedade e posse, o recolhimento de imposto de transmissão etc., ou seja, deverá ser um instrumento de contrato e não de ajuste de cláusulas da convenção.[1]

Entrementes, importante que se faça a devida distinção. Não se nega a necessidade de escritura pública, precedida da aprovação em assembleia geral da constituição de novas unidades ou de alterações. A escritura pública será de compra e venda se registrada em nome do condomínio a nova extensão, ou a propriedade, tendo como origem a aquisição pelo condomínio por compra e venda (ou outra modalidade de aquisição) junto um estranho ou terceiro; revestirá a forma de divisão da nova área entre os condôminos, caso simplesmente existiu a construção de área. Esse acréscimo de construção se adicionará às frações ideais de cada condômino.

Do acima exposto se conclui que, ao mesmo tempo em que aparecem novas unidades ou áreas comuns, alteram-se as áreas comuns existentes, tudo implicando mudanças nos registros imobiliários lançados.

E esse ajuste deverá ter ingresso perante o Registro Imobiliário, mediante a sequência dos seguintes atos:

1) averbação, na matrícula-mãe (onde se encontra lançado o registro do ato constitutivo do condomínio), da ata de aprovação da construção desse outro pavimento, ou do acréscimo de construção, ou da introdução de novas áreas, como de piscina, de compra de área adjacente, por votação unânime dos condôminos;

2) averbação, na matrícula-mãe e nas matrículas de todas as unidades do condomínio, da escritura pública de alteração do ato de instituição do condomínio e de individuação das unidades imobiliárias, nas quais será feita a redistribuição das frações ideais e partes comuns do condomínio, em razão do empreendimento futuro que originará as quatro novas unidades ou em razão do aumento de construção;

3) registro, na matrícula-mãe, da escritura pública ou instrumento particular de compra ou da divisão das frações ideais que corresponderão às novas unidades imobiliárias;

4) averbação da área correspondente ao novo pavimento ou do novo prédio na matrícula-mãe;

---

[1] *Condomínio e incorporação no Registro de Imóveis*. 3. ed. 2010. p. 51.

5) abertura das matrículas das novas unidades, se for o caso;

6) averbação, no registro competente, do instrumento de alteração da convenção do condomínio, fazendo a inserção das novas unidades imobiliárias ou dos acréscimos de construção.

33

A convenção condominial

A convenção constitui a lei interna do condomínio, que é adotada para reger as relações de convivência dos condôminos, de uso das áreas exclusivas e comuns, e de conduta individual dos moradores, com a discriminação dos direitos e das obrigações a que todos ficam sujeitos. Mais especificamente, é o ato normativo interno do microssistema do condomínio, aprovado pela vontade dos condôminos em assembleia, destinando-se a regular as relações entre os condôminos, mas estendendo-se sua aplicação a terceiros que frequentarem o prédio ou forem ocupantes de unidades. Revela-se clara e completa a definição de Pedro Elias Avvad: "A Convenção do Condomínio é um contrato típico, de cunho normativo, realizado entre os proprietários, promitentes compradores, cessionários e promitentes cessionários dos direitos relativos às unidades autônomas, em edifícios a serem construídos, em construção ou já construídos, que não a tenham realizado ainda."[1]

Embora se enquadre melhor como ato normativo, insere elementos do contrato, na medida em que os condôminos aceitam a série de vinculações que traz às condutas e na esfera patrimonial. Inconcebível cingi-la a uma simples norma, já que importa em compromissos e encargos, inclusive de ordem patrimonial. Essa a visão de Ricardo Guimarães Kollet:

> Seu elemento fundante (do condomínio) nasce a partir de um contrato social, representado pela convenção de condomínio, a qual estabelece, entre outras regras, o modo de pagamento das contribuições condominiais, a forma de administração, a competência das assembleias, as sanções e o regimento interno, criando os órgãos decisórios, fiscalizatórios e de representação da coletividade.[2]

Por isso se diz que a convenção vincula os condôminos, o que se dá pelo cumprimento dos deveres e compromissos econômicos, e pela garantia de direitos. Advém, daí, o caráter contratual por se comprometerem os assinantes ao cumprimento de deveres e obrigações. Desponta, outrossim, o lado institucional ou normativo, pois contém normas a serem obedecidas não apenas por aqueles que a aprovaram, mas também por aqueles que ingressam no condomínio, como os locatários, os comodatários, os visitantes, os empregados ou serviçais. Nessa visão, o seguinte aresto: "A matéria discutida no âmbito da Convenção de condomínio é eminentemente institu-

---

[1]   *Direito imobiliário*. 2. ed. Rio de Janeiro: Renovar, 2009. p. 171.

[2]   Propriedade horizontal e condomínio edilício – em busca de uma identidade jurídica. *Revista de Direito Imobiliário*, São Paulo, RT, n. 60, ano 29, p. 99, jan.-jun. 2006.

cional normativa, não tendo natureza jurídica contratual, motivo pelo qual vincula eventuais adquirentes. Diz respeito aos interesses dos condôminos e, como tal, não se trata de um contrato e não está submetida às regras do contrato de adesão. Daí a desnecessidade de assinatura ou visto específico do condômino".[3]

Tem força de lei, mas deve se ordenar à lei para se impor, tanto que não prevalece se contrariar algum de seus cânones, como bem expõe Pedro Elias Avvad:

> Havendo divergência entre a convenção e a lei, esta haverá de prevalecer, já que não será válida a declaração unilateral ou coletiva de vontade contrariando o comando legal maior. Assim, quando houver dissenso, entre o que dispõe a convenção e o que preceitua a lei, resolver-se-á na conformidade do comando maior.[4]

Celebra-se por escrito a convenção, demandando extremo cuidado na elaboração, pois uma convenção defeituosa, incompleta ou carente de elementos pode ser uma enorme fonte de conflitos e de prejuízos para os condôminos. Em geral, vem apresentada uma minuta no ato de constituição do condomínio, normalmente elaborada por instrumento público, ficando a sua aprovação definitiva para momento posterior.

Interessam, aqui, os elementos que terá a convenção. Para tanto, necessário, por primeiro, o disposto no artigo 1.334: "Além das cláusulas referidas no art. 1.332 e das que os interessados houverem por bem estipular, a convenção determinará."

Deve-se, diante do previsto no dispositivo acima, observar o conteúdo do artigo 1.332, que encerra: "Institui-se o condomínio edilício por ato entre vivos ou testamento, registrado no Cartório de Registro de Imóveis, devendo constar daquele ato, além do disposto em lei especial." Conjugando os dois dispositivos, eis a sequência das cláusulas que tratarão de matérias obrigatórias:

a) a discriminação e individualização das unidades de propriedade exclusiva, estremadas uma das outras e das partes comuns;

b) a determinação da fração ideal atribuída a cada unidade, relativamente ao terreno e partes comuns;

c) a quota proporcional e o modo de pagamento das contribuições dos condôminos para atender às despesas ordinárias e extraordinárias do condomínio;

d) sua forma de administração;

e) a competência das assembleias, forma de sua convocação e *quorum* exigido para as deliberações;

f) as sanções a que estão sujeitos os condôminos, ou possuidores;

g) a definição da forma de utilização, limites e restrições quanto ao uso das vagas comuns para o estacionamento dos veículos;

h) o regimento interno.

Faculta-se que mais regras constem introduzidas, como relativamente às condutas dos condôminos, à utilização dos espaços comuns, à finalidade a que se destina o condomínio,

---

[3] REsp n. 1.733.370/GO. Terceira Turma. Relator p/acórdão Min. Moura Ribeiro. Julgado em 26.06.2018. *DJe* 31.08.2018.

[4] *Condomínio em edificações no novo Código Civil comentado.* Ob. cit. p. 197.

ao horário de reformas no interior das unidades, às modificações permitidas, à escolha do síndico e suas atribuições, aos encargos e à proporção das contribuições dos condôminos, se bem que mais apropriadas ao regimento interno, admitindo-se que nele constem.

Na verdade, os elementos elencados pelo Código Civil revelam-se insuficientes, acarretando uma convenção não apropriada para a solução dos problemas condominiais, e gerando um estatuto precário. O artigo 9º, no § 3º, da Lei n. 4.591/1964, traz mais dados a serem inseridos, sendo os seguintes: o destino das diferentes partes; o modo de usar das coisas e serviços comuns; os encargos, forma e proteção das contribuições dos condôminos para as despesas de custeio e para as extraordinárias; o modo de escolher o síndico e o Conselho Consultivo; as atribuições do síndico, além das legais; a definição da natureza gratuita ou remunerada de suas funções; o modo e o prazo de convocação das assembleias dos condôminos; o *quorum* para os diversos tipos de votações; a forma de contribuição para a constituição do fundo de reserva; a forma e o *quorum* para as alterações de convenção; e a forma e o *quorum* para a aprovação do Regimento Interno, quando não incluídos na própria convenção.

É comum a introdução de regras a respeito da punição dos maus vizinhos, da responsabilidade pelas tubulações de água, meios de prevenção ou contenção de inadimplentes, da regulação do uso das diferentes partes comuns (horários, requisição etc.), dos procedimentos para realização de obras ou mudanças no condomínio, da responsabilidade por danos nas áreas comuns ou exclusivas, do padrão estético das diferentes partes, do uso exclusivo de partes comuns (cessão, cobrança etc.).

Obviamente, as matérias na convenção omitidas de regramento submetem-se ao Código Civil, desde que existam normas; incidirá a Lei n. 4.591/1964, unicamente se omitido a disciplina no primeiro diploma. Considerando que os elementos da convenção constam indicados no Código Civil, a rigor os obrigatórios são os nele previstos. Faculta-se a introdução de outros, como os da Lei n. 4.591/1964.

A aprovação se fará em assembleia geral dos condôminos, por votação de, no mínimo, dois terços das frações ideais, mas tornando-se obrigatória para todos os condôminos, inclusive para os moradores e inquilinos. Está a regra no artigo 1.333: "A convenção que constitui o condomínio edilício deve ser subscrita pelos titulares de, no mínimo, 2/3 (dois terços) das frações ideais e torna-se, desde logo, obrigatória para os titulares de direito sobre as unidades, ou para quantos sobre elas tenham posse ou detenção."

Daí advém a imprescindibilidade da votação, devendo-se convocar a assembleia. A minuta, subscrita no ato da constituição ou em outra ocasião, obriga enquanto não vigorar a forma aprovada na assembleia. Jamais se pode pensar que a mera aprovação concomitante com o ato da assinatura da aquisição da unidade dispensa a aprovação em assembleia. Leva-se a termo a aprovação na primeira reunião da assembleia geral, quando da instalação do condomínio e a eleição do síndico. Na falta de iniciativa do incorporador para a convocação, aos próprios condôminos cabe a medida, mesmo que seja por um quarto dos condôminos, por analogia à convocação ao § 1º do artigo 1.350 do Código Civil, prevista para a assembleia anual da assembleia geral ordinária. Verificada a omissão, qualquer condômino tem legitimidade para requerer ao juiz a determinação da convocação. Dada a natureza de norma básica de regência da vida do condomínio, e principalmente dos direitos e deveres dos condôminos, resultará da aprovação democrática da assembleia, e não da imposição de alguns condôminos ou do incorporador.

No entanto, enquanto não se der a aprovação em assembleia, prevalece a convenção constante do ato de instituição do condomínio, mesmo que venha com a incorporação imobiliária, e se era a incorporadora a única proprietária, segundo decorre da interpretação do artigo 9º da Lei n. 4.591 pelo STJ:

> No que concerne à suposta vulneração ao art. 9º, da Lei 4.591/64, aduz o recorrente a ocorrência de irregularidade na elaboração e aprovação da Convenção do Condomínio em apreço. A lei é clara ao estabelecer que a Convenção Condominial seja elaborada, por escrito, pelos proprietários, promitentes compradores, cessionários ou promitentes cessionários dos direitos pertinentes à aquisição de unidades autônomas, em edificações a serem construídas, em construção ou já construídas. *In casu*, a irregularidade apontada pelo recorrente estaria no fato da Convenção do Condomínio ter sido constituída apenas pela incorporadora. Todavia, extrai-se dos autos, que à época da sua constituição, a incorporadora do imóvel era única proprietária de todas as unidades. Logo, tal circunstância lhe permitiu a elaboração da Convenção condominial, bem como sua aprovação, nos termos legais. Assim, não vislumbro no caso a aludida violação à norma infraconstitucional.[5]

O assunto, porém, não se esgota aí. Existem situações especiais, como na hipótese de pertencer o edifício a uma única pessoa, que construiu o edifício de apartamentos. Efetua-se a venda das unidades após a construção, precedendo a individuação. Como encaminha a formação de um condomínio, que surge a partir da venda da primeira unidade, deverá apresentar a convenção, que será, então, outorgada. Nada impede que se leve a registro, passando a ter plena validade. Posteriormente, através da aprovação pelo mínimo de dois terços dos condôminos, essa convenção torna-se retificável, segundo autoriza o artigo 1.351 do Código Civil, na redação da Lei n. 14.405/2022. Todavia, na formação de um condomínio por um grupo de pessoas, a aprovação em assembleia é de rigor, tanto como acontece na formação de condomínio por meio de incorporação.

33.1. O registro da convenção

Além da aprovação, para surtir efeitos em relação a terceiros, procede-se ao registro imobiliário, na matrícula do imóvel do qual redundou o condomínio, segundo consta no parágrafo único do artigo 1.333: "Para ser oponível contra terceiros, a convenção do condomínio deverá ser registrada no Cartório de Registro de Imóveis." Importante o esclarecimento de Ricardo Guimarães Kollet a respeito do registro:

> Sublinhe-se que a convenção de condomínio será registrada junto ao Livro 3 – Registro Auxiliar, conforme dispõe o art. 178, III, da Lei dos Registros Públicos, o que constitui elemento diferencial bastante importante para afastá-la da propriedade horizontal ou compartimentada a que acede. Conforme mencionamos, a propriedade horizontal terá vida jurídica a partir do registro da instituição jurídico-formal no Livro 2 do Registro Geral. São, portanto, dois atos e dois momentos distintos, ainda que umbilicalmente ligados.[6]

---

[5] REsp. n. 400.333/DF. Relator: Min. Jorge Scartezzini. Quarta Turma. Julgamento em 28.04.2004, *DJU* 06.12.2004.

[6] *Propriedade horizontal e condomínio edilício* – em busca de uma identidade jurídica. Trabalho citado. p. 100.

O registro procede-se de modo simples, com a colocação da data, do nome do condomínio, de sua localização, bem como da composição. Neste ponto, indicam-se a totalidade das unidades (apartamentos e garagens), com os números respectivos; os blocos, os pavimentos, as frações ideais e a área total; a individuação e discriminação; transcrevem-se as normas, a súmula de seus conteúdos, com a referência expressa do arquivamento de uma via original, devidamente assinada. Refere-se o ato de sua aprovação, com o número de condôminos que a aprovaram, e sua equivalência percentual sobre a totalidade de titulares.

No Livro 2 – Registro Geral do Registro de Imóveis, lavra-se a averbação de que a convenção está registrada no Livro 3 – Registro Auxiliar, com a menção do número.

No entanto, com ou sem registro, é de obediência obrigatória não apenas aos condôminos, mas também a qualquer ocupante de unidades, no que ainda tem plena aplicação o § 2º do artigo 9º da Lei n. 4.591/1964:

> Considera-se aprovada, e obrigatória para os proprietários de unidades, promitentes compradores, cessionários ou promitentes cessionários, atuais e futuros, como para qualquer ocupante, a Convenção que reúna as assinaturas de titulares de direitos que representem, no mínimo, 2/3 (dois terços) das frações ideais que compõem o condomínio.

Desde que verificada a aprovação, não importa o registro, relativamente aos condôminos e outras pessoas que ocupam as unidades, mesmo que inquilinos.[7]

Para o registro, normalmente os cartórios do Registro de Imóveis exigem os seguintes cumprimentos:

a) pagamento das custas cartorárias correspondentes;

b) a apresentação de três vias originais da convenção com as procurações anexas;

c) as vias devem estar rubricadas pelos assinantes em todas as páginas;

d) o reconhecimento de firma em todas as assinaturas da convenção e procurações.

No que diz com a sua exteriorização, admite-se a forma pública, isto é, a convenção por escritura pública, ou o escrito particular. O § 1º do artigo 1.334 possibilita essas modalidades: "A convenção poderá ser feita por escritura pública ou por instrumento particular." Sempre se submete à sua aprovação, sendo implícita quando assinada no tabelionato, mas com a convocação de todos os condôminos, ou, depois de elaborada e assinada pelo síndico, colocando-se à apreciação na assembleia geral. Vindo em instrumento particular, naturalmente terá a assinatura dos condôminos. Todavia, poderá o instrumento também ser submetido à votação em assembleia dos condôminos.

Os promitentes compradores e os cessionários de promessas equiparam-se aos proprietários, na linha ditada pelo § 2º do citado artigo: "São equiparados aos proprietários, para os fins deste artigo, salvo disposição em contrário, os promitentes compradores e os cessionários de direitos relativos às unidades autônomas." Com isso, participam na assembleia, e são chamados para a assinatura, fazendo parte do *quorum* para a aprovação.

Decorrendo o condomínio da incorporação, é a convenção outorgada pelo incorporador, que apresentará a minuta (art. 32, letra *j*, da Lei n. 4.591/1964), a qual deverá ser, posteriormente, aprovada em assembleia.

---

[7] AgRg no Ag 348604/DF, Relatora: Ministra Nancy Andrighi. Julgado em 04.12.2001, *DJ* 18.02.2002.

34

A falta de registro da convenção e a cobrança das despesas condominiais

Não se pense que a falta de registro da convenção autoriza o descumprimento das obrigações pelos condôminos, ou importa em justificativa para não pagar, como bem decidiu o STJ: "A cobrança de cotas condominiais deve recair sobre o comprador da unidade adquirida em condomínio, sendo irrelevante o fato da escritura de compra e venda não estar inscrita no Cartório de Imóveis." Ocorre que, a fim de assegurar o perfeito equilíbrio econômico e financeiro do condomínio, a lei atribui a obrigação de pagamento das despesas normais e das extraordinárias. Segue o acórdão referido trazendo doutrina de Nascimento Franco e Nisske Gondo, cujos autores garantem que o adquirente,

> tratando-se de obrigação legal, dela não se exonera, nem mesmo através de cláusula... No caso, cumpre ao adquirente informar-se junto ao síndico ou o administrador do edifício se há débitos pendentes perante o condomínio, deduzindo da importância a ser paga ao alienante o suficiente para solver aqueles encargos... (*Condomínio em edifícios*. 3. ed. São Paulo: RT, p. 160-161).[1]

Seguindo no entendimento:

> *Direito civil. Condomínio. Convenção aprovada e não registrada. Obrigatoriedade para as partes signatárias. Legitimidade do condomínio. Recurso desacolhido.* A convenção de condomínio registrada, como anota a boa doutrina, tem validade *erga omnes*, em face da publicidade. Se não registrada, mas aprovada, faz ela lei entre os condôminos, passando a disciplinar as relações internas do condomínio.[2]

Tão reiterado o entendimento acima que se consubstanciou na Súmula n. 260 do STJ, de 2002: "A convenção de condomínio aprovada, ainda que sem registro, é eficaz para regular as relações entre os condôminos."

Unicamente para ser oponível contra terceiros requer-se o registro, segundo decorre da exegese do parágrafo único do artigo 1.333 do Código Civil: "Para ser oponível contra terceiros, a convenção do condomínio deverá ser registrada no Cartório de Registro de Imóveis."

---

[1]   REsp. n. 122.924/RJ. Terceira Turma. *DJ* 30.03.1998.
[2]   STJ. REsp. n. 63.530/DF. Quarta Turma. Julgado em 12.05.1998.

35

Convenção não registrada e responsabilidade dos condôminos

Não se depreende que a falta de registro da convenção importa em descumprimento das obrigações pelos condôminos, como amiúde se alega nas ações movidas contra os inadimplentes. O Tribunal de Justiça do Rio de Janeiro revela com perfeição a injustiça que acarretaria um tratamento contrário:

> Não é moralmente admissível que o condômino usufrua dos benefícios à custa dos demais condôminos, o que representaria locupletamento indevido à custa alheia, que o direito e a moral veementemente repelem. Prestados os serviços, legitimado está o Condomínio para a cobrança da taxa, porquanto a Convenção "é de observância obrigatória, não só para os condôminos como para qualquer ocupante de unidade, segundo prevê expressamente o § 2º do art. 9º da Lei n. 4.591/1964, tornando-se, com o registro, oponível *erga omnes*, daí dizer Marco Aurélio Viana que o registro só é importante para validade contra terceiros" (*Teoria e prática do direito das coisas*. São Paulo: Saraiva, 1983. p. 112). Provimento do Agravo..., reconhecendo-se, destarte, a legitimidade do condomínio para a cobrança em relação ao condômino, independentemente do registro.[1]

Da mesma forma, o Superior Tribunal de Justiça admitiu a exegese acima, em manifestação de recurso com a seguinte ementa: "A cobrança de cotas condominiais deve recair sobre o comprador da unidade adquirida em condomínio, sendo irrelevante o fato da escritura de compra e venda não estar inscrita no Cartório de Imóveis." Ocorre que, a fim de assegurar o perfeito equilíbrio econômico e financeiro do condomínio, a lei atribui a obrigação de pagamento das despesas normais e das extraordinárias. Segue o acórdão referido trazendo doutrina de Nascimento Franco e Nisske Gondo, cujos autores garantem que o adquirente,

> tratando-se de obrigação legal, dela não se exonera, nem mesmo através de cláusula... No caso, cumpre ao adquirente informar-se junto ao síndico ou o administrador do edifício se há débitos pendentes perante o condomínio, deduzindo da importância a ser paga ao alienante o suficiente para solver aqueles encargos... (*Condomínio em edifícios*. 3. ed. São Paulo: RT, p. 160-161).[2]

---

[1] Agravo n. 2.932/97-A. Décima Oitava Câmara Cível, de 22.04.1998. *Boletim de Direito Imobiliário IOB*, n. 23, de jun. 1998.

[2] Recurso Especial n. 122.924/RJ. Terceira Turma. Rel. Min. Waldemar Zveitrer. Julgado em 04.12.1997. *DJU* 30.03.1998.

36

Modelo de convenção de condomínio de edifício

CONVENÇÃO DE CONDOMÍNIO DO EDIFÍCIO..........................

Rua .... n. .... – Município de ....

Localização do edifício:

Os abaixo assinados, na qualidade de proprietários (ou promitentes compradores, cessionários etc.) das unidades autônomas do Edifício denominado ...., situado à Rua .... n. ...., na cidade de ...., Estado de ...., estatuem a presente *Convenção de Condomínio*, a cujas disposições se submetem e prometem cumprir, nos termos dos artigos 1.333 e 1.334 do Código Civil, como segue:

Identificação do edifício:

Art. 1º O Edifício .... está assentado sobre o terreno (*descrição completa de acordo com a matrícula*). Dito terreno está cadastrado na Prefeitura Municipal de ...., com frente para a Rua ...., n. ...., lado .... do logradouro, constante da matrícula n. ...., do Livro ...., do Registro de Imóveis de ....

Composição do edifício:

Art. 2º Sobre este terreno foi construído um edifício com finalidade .... (*indicar a finalidade*), denominado EDIFÍCIO ...., cadastrado na Prefeitura Municipal de ...., com frente para a Rua .... n. ....

O prédio está constituído de .... pavimentos e um subsolo, com a seguinte composição:

O SUBSOLO é composto de uma garagem, subterrânea, que contém .... boxes de estacionamento, para veículos de porte médio, sendo que cada box constitui-se em unidade autônoma.

Todos os PAVIMENTOS, do primeiro ao segundo andar, são compostos, cada um, de um apartamento residencial.

Nos fundos do terreno está edificado o salão de festas.

Existem ainda sobre o terreno uma piscina e um *playground*.

O empreendimento está submetido ao regime do Condomínio Edilício regulado nos artigos 1.331 a 1.358 do Código Civil, instituído em Condomínio especial e individuadas as unidades autônomas na forma abaixo.

Art. 3º O Edifício ...., nos termos do Condomínio Edilício, é constituído de .... unidades autônomas, ou seja, ... boxes, e .... apartamentos, com a seguinte individuação:

BOXES:

a) Box n. ...., da garagem situada no subsolo, localizado com as seguintes divisas ....; possui a área privativa real de .... m², área real de uso comum de divisão proporcional de .... m², totalizando a área de .... m² e correspondendo-lhe a fração ideal de .... do terreno e das coisas comuns, sendo a matrícula de n. ...., da .... Zona do Registro de Imóveis desta Cidade.

(*Continua com as descrições dos demais boxes*)

APARTAMENTOS:

a) Apartamento n. ...., ocupando todo o térreo ou 1º pavimento, com as seguintes divisas: ....; possui a área privativa real de .... m², área real de uso comum de divisão proporcional de .... m², totalizando a área de .... m², e correspondendo-lhe a fração ideal de .... do terreno e das coisas e áreas comuns, sendo a matrícula de n. ...., da .... Zona do Registro de Imóveis desta Cidade.

b) Apartamento n. ...., ocupando todo o 1º andar ou 2º pavimento, com as seguintes divisas: ....; possui a área privativa real de .... m², área real de uso comum de divisão proporcional de .... m², totalizando a área real de .... m², e correspondendo-lhe a fração ideal de .... do terreno e das coisas e áreas comuns, sendo a matrícula de n. ...., da .... Zona do Registro de Imóveis desta Cidade.

c) Apartamento n................, ocupando todo o 2º andar ou 3º pavimento, com as seguintes divisas: ....; possui a área privativa real de .... m², área real de uso comum de divisão proporcional de .... m², totalizando a área real de .... m², e correspondendo-lhe a fração ideal de .... do terreno e das coisas e áreas comuns, sendo a matrícula de n. ...., da .... Zona do Registro de Imóveis desta Cidade.

(*Continua com as descrições das demais unidades*)

Fracionamento e divisão das unidades autônomas:

Art. 4º É vedado o fracionamento ou divisão física das unidades autônomas, salvo prévia autorização, em Assembleia Geral e aprovação pela Prefeitura Municipal de ....

Áreas comuns:

Art. 5º Constituem-se áreas e partes comuns do edifício, indivisíveis e inalienáveis destacadamente da respectiva unidade, além do terreno e das demais já expressamente enumeradas no § 2º do artigo 1.331 do Código Civil: o salão de festas edificado nos fundos do terreno, a piscina e seus vestiários, o *playground*, as rampas de acesso para o subsolo e para o andar térreo, banheiro de serviço, o *hall* de entrada (*seguir na discrição*).

Finalidade:

Art. 6º O edifício tem finalidade exclusivamente ...., vedada qualquer outra forma de uso das unidades autônomas e das áreas comuns.

As quotas proporcionais para rateio das despesas:

Art. 7º As despesas ordinárias e extraordinárias do Condomínio serão rateadas proporcionalmente à fração ideal de cada condômino e cobradas mensalmente.

Parágrafo único. O condômino que aumentar as despesas comuns de uso individual deverá suportar o excesso correspondente.

Encargos pela mora:

Parágrafo único. O atraso no pagamento da contribuição condominial sujeitará o condômino faltoso ao pagamento de uma multa de 2% sobre o valor da contribuição, mais a atualização monetária e juros de 1% ao mês, valores estes que deverão ser compulsoriamente cobrados pelo Síndico.

Áreas comuns e boxes de garagem:

Art. 8º É vedada a alienação ou qualquer forma de cessão de posse de áreas de uso comum ou de parte acessória das unidades autônomas para pessoa estranha ao Condomínio.

Parágrafo único. Por expressa previsão legal, contida no § 1º do artigo 1.331 do Código Civil, alterada pela Lei n. 12.607/2012, é permitida a alienação ou cessão de posse dos boxes de garagem para terceiros, não integrantes do Condomínio.

Administração do Condomínio pelo Síndico:

Art. 9º A administração do Condomínio ficará a cargo de um Síndico, de acordo com o artigo 1.347 do Código Civil, que poderá ser escolhido pela Assembleia Geral entre condôminos, ou ser pessoa estranha, física ou jurídica.

§ 1º Na mesma Assembleia Geral será escolhido também um Subsíndico, para substituir o Síndico em suas férias, ou, em casos de urgência, nas ausências prolongadas.

§ 2º Vagando o cargo do Síndico ou do Subsíndico antes do prazo previsto para a gestão, a Assembleia Geral nomeará novos titulares para o tempo restante.

Art. 10. O Síndico será escolhido em Assembleia Geral, convocada na forma abaixo, e seu mandato terá a duração de 2 (dois) anos, podendo ser reeleito um número indeterminado de vezes.

§ 1º O Síndico terá direito a uma remuneração, a ser fixada em Assembleia Geral com a previsão no edital dessa finalidade (*Ou Síndico não terá direito à remuneração*).

§ 2º A destituição do síndico depende da votação dos condôminos que representem 2/3 (dois terços) das frações ideais do Condomínio, presentes à Assembleia Geral especialmente convocada para essa finalidade.

Art. 11. Ao Síndico fica o encargo da representação do Condomínio, judicial e extrajudicialmente, ativa e passivamente, praticando os atos necessários à defesa dos interesses comuns;

Art. 12. Compete ao Síndico, ainda, o cumprimento das funções artigo 1.348 do Código Civil e de outras normas inerentes ao desempenho da representação e administração, como abaixo segue:

I – convocar as Assembleias Gerais ordinárias nas épocas próprias e as extraordinárias quando houver necessidade em função de assuntos a serem deliberados, ou por solicitação devidamente fundamentada de condôminos em dia com suas obrigações condominiais que representem, no mínimo, 25% (vinte e cinco por cento) das frações ideais do Condomínio;

II – remeter trimestralmente aos membros do Conselho Consultivo demonstrativo contábil da administração, bem como prestar as informações à Assembleia Geral e aos condôminos sempre que solicitadas, bem como sobre a existência de procedimento judicial ou administrativo, de interesse do Condomínio;

III – cumprir e fazer cumprir a Convenção, o Regimento Interno e as determinações da Assembleia;

IV – diligenciar a conservação e a guarda das partes comuns e zelar pela prestação dos serviços que interessem aos condôminos e demais moradores;

V – prestar contas de sua gestão à Assembleia Geral ordinária anualmente, com a prévia ouvida do Conselho Fiscal, acompanhando a documentação respectiva;

VI – apresentar proposta do orçamento da receita e da despesa para o próximo exercício, na mesma Assembleia anual de prestação de contas;

VII – providenciar na realização do seguro da edificação e na sua renovação, sempre que vencer o prazo;

VIII – manter a contabilidade em dia, com a escrituração no livro-caixa, lavrando os termos de abertura e encerramento, ou elaborar os demonstrativos de receitas e despesas, com os saldos positivos ou negativos;

IX – cobrar dos condôminos em mora ou inadimplentes, amigável ou judicialmente, as taxas condominiais, juros e multas, quando cabíveis,

X – manter em dia a correspondência, os livros e as atas e outros documentos relativos ao Condomínio;

XI – contratar e demitir empregados que sejam necessários ao Condomínio;

XII – autorizar despesas incluídas no orçamento;

XIII – efetuar pagamentos, abrir e movimentar contas em bancos, inclusive para o depósito do fundo de reserva, com a comunicação à Assembleia Geral;

XIV – delegar funções a pessoas de sua confiança e sob sua inteira responsabilidade;

130 • Condomínio Edilício e Incorporação Imobiliária | Arnaldo Rizzardo

XV – ordenar os reparos urgentes e adquirir as mercadorias necessárias à segurança e higiene do edifício até o limite máximo do total mensal do orçamento;

XVI – convocar o Conselho Fiscal e o Conselho Consultivo para as funções que lhe são afetas;

XVII – aplicar as penalidades previstas pela lei e nesta Convenção, assegurado recurso, no prazo de dez dias, à Assembleia Geral, que poderá ser convocada pelo próprio condômino ou morador punido, se não atendido o pedido de convocação formulado ao Síndico no prazo de 15 (quinze) dias;

Parágrafo único. As despesas não incluídas no orçamento do edifício ou que extrapolem o valor das cotas normais de contribuição condominial somente poderão ser feitas uma vez autorizadas em Assembleia Geral com convocação expressa para esta finalidade.

Art. 13. O Síndico prestará contas à Assembleia Geral, em novembro (*ou dezembro*) de cada ano, ou sempre que a mesma o exigir, colhendo previamente o parecer do Conselho Fiscal, que será formado por três condôminos eleitos pela mesma Assembleia, por período igual à gestão do Síndico.

Parágrafo único. Independentemente da prestação de contas à Assembleia, cada condômino poderá exigir melhores esclarecimentos e a apresentação dos comprovantes das contas.

Art. 14. O Síndico poderá ser destituído em Assembleia convocada expressamente para tal fim.

Conselho Consultivo e Conselho Fiscal:

Art. 15. A Assembleia Geral ordinária, a cada período de gestão do Síndico, elegerá um Conselho Consultivo e um Conselho Fiscal, composto cada um de 3 (três) membros efetivos, podendo ser reeleitos ao final de cada período, ficando afastada qualquer remuneração pelo exercício da função.

§ 1º O Conselho Consultivo e o Conselho Fiscal serão presididos por um Presidente, escolhido pelos respectivos membros, que designarão também um substituto e um secretário.

§ 2º São funções do Conselho Consultivo o assessoramento do Síndico na solução dos problemas do Condomínio; indicar um substituto para o Síndico, na eventualidade da inexistência de Subsíndico; dar pareceres em matérias que envolvam despesas extraordinárias, reformas do prédio, aumento da taxa de Condomínio e sempre que solicitado pelo Síndico; e fazer recomendações ao Síndico, por escrito, sobre qualquer assunto que envolva o interesse do Condomínio.

§ 3º São funções do Conselho Fiscal dar parecer sobre as contas do síndico aconselhando a sua aprovação ou rejeição; fiscalizar a utilização dos recursos arrecadados e as contas em geral; e conferir os balancetes com o lançamento do visto.

Assembleias Gerais:

Art. 16. As Assembleias Gerais ordinárias realizar-se-ão ordinariamente uma vez por ano, no mês de novembro (*ou dezembro*), em dia a ser decidido pelo Síndico; e extraordinariamente, por convocação do Síndico, do Conselho Fiscal, ou do Conselho Consultivo, ou de condôminos que representem no mínimo ¼ (um quarto) das frações ideais.

Parágrafo único. As Assembleias Gerais extraordinárias serão convocadas para a deliberação de matérias de interesse do Condomínio não contempladas na relação de assuntos pautada para as Assembleias Gerais ordinárias, ou por solicitação devidamente fundamentada de condôminos em dia com suas obrigações condominiais que representem, no mínimo, 25% (vinte e cinco por cento) das frações ideais do Condomínio. Havendo negativa de sua convocação pelo Síndico, a convocação poderá ser providenciada por 1/4 (um quarto) dos condôminos.

Art. 17. A convocação para as Assembleias será feita com antecedência mínima de 10 (dez) dias, ou de 48 (quarenta e oito) horas se extraordinárias e houver motivo de grande urgência, através de edital a ser afixado em quadro mural do edifício por um período não inferior a 10 (dez) dias, ou a 48 (quarenta e oito) horas se extraordinárias, bem como do envio de correspondência registrada para o endereço de cada condômino.

§ 1º O condômino que não residir no edifício deverá ser comunicado diretamente da realização da Assembleia Geral, com antecedência mínima de 10 (dez) dias, ou de 48 (quarenta e oito) horas se extraordinárias mediante meio que possibilite a prova do recebimento, podendo ser utilizado para tal fim o AR (Aviso de Recebimento da correspondência) postal, notificação pessoal ou por serviço registral, ou qualquer outra forma idônea.

§ 2º A Assembleia não poderá deliberar se todos os condôminos não forem convocados para a reunião.

§ 3º As Assembleias serão presididas pelo Síndico, exceto quando não partir a convocação de sua iniciativa. Nesta hipótese, presidirá um condômino eleito ou aclamado. Em qualquer caso, o Presidente da Assembleia convocará um dos presentes para lavrar a ata e colher as assinaturas dos presentes em livro próprio.

Art. 18. São atribuições principais da Assembleia Geral:

I – discutir e votar o orçamento das despesas para o exercício subsequente, bem como definir a contribuição para o fundo de reserva, se existir;

II – estabelecer a época e a forma de pagamento da quota mensal de responsabilidade dos condôminos, de acordo com o rateio estabelecido em função da área ideal do terreno e da unidade;

III – deliberar sobre o relatório e as contas do Síndico, apresentados ao final de sua gestão e sempre que houver solicitação pela Assembleia, através de condôminos que representem, no mínimo, 25% (vinte e cinco por cento) das frações ideais do Condomínio;

IV – eleger o Síndico, o Subsíndico, o Conselho Consultivo e o Conselho Fiscal (*desde que existentes ou criados*), fixando a remuneração do Síndico (*caso haja previsão*);

V – deliberar sobre as matérias constantes da ordem do dia e os assuntos gerais de interesse do Condomínio, que venham a ser apresentados nas reuniões;

VI – decidir em grau de recurso os assuntos que tenham sido deliberados pelo síndico e solicitados que sejam apreciados pela Assembleia Geral pelos interessados;

VII – decidir sobre pedido de reforço de verba ou rateios extraordinários, sobre a realização de obras ou melhoramentos de vulto para a edificação;

VIII – destituir o síndico, se houver matéria que justifique o ato, e nomear o substituto, observado o *quorum* especial do artigo 1.349 do Código Civil;

IX – votar a aprovação do Regimento Interno, devendo haver a presença de dois terços dos condôminos.

Art. 19. Salvo quando exigido *quorum* especial, as deliberações da Assembleia serão tomadas, em primeira convocação, por maioria de votos dos condôminos presentes em número equivalente, pelo menos, à metade das frações ideais.

§ 1º Os votos serão proporcionais às frações ideais no solo e nas outras partes comuns pertencentes a cada condômino, salvo quando a lei ordenar a contagem pelo número dos que se encontram presentes na Assembleia.

§ 2º Em segunda convocação, a Assembleia poderá deliberar por maioria dos votos dos presentes, salvo quando exigido *quorum* especial.

§ 3º Terão direito a votar nas assembleias os condôminos inteiramente quites com suas quotas condominiais e outras obrigações, como juros e multas, e participação no fundo de reserva.

§ 4º O condômino poderá fazer-se representar nas Assembleias por procurador, devendo apresentar instrumento de mandato com poderes especiais.

§ 5º Havendo a copropriedade nas unidades, indicar-se-á a pessoa que representará a todos para exercer o direito de voto.

§ 6º Quando o critério da votação se contar pela presença de condôminos, cada um deles terá direito a tantos votos quantas forem as unidades autônomas que lhes pertençam ou que representem legalmente.

Art. 20. As decisões da Assembleia Geral obrigam a todos, presentes ou não, e deverão ser comunicadas aos condôminos ausentes, pelo mesmo processo previsto no artigo 17.

Art. 21. Depende da aprovação de dois terços dos votos dos condôminos a alteração da Convenção e do Regimento Interno. A mudança da destinação do edifício, ou da unidade imobiliária, depende de aprovação pela unanimidade dos condôminos.

Fundo de Reserva (no caso de previsão):

Art. 22. Será formado um fundo de reserva para atender às necessidades extraordinárias de conservação e melhoria do edifício e emergências não previstas no orçamento anual, mediante a contribuição de um valor calculado em percentual sobre o valor da cota condominial e cujo equivalente deverá ter escrituração à parte.

§ 1º O percentual do fundo de reserva será decidido pela Assembleia Geral de cada ano.

§ 2º Os valores arrecadados irão para uma conta separada em instituição bancária escolhida com a aprovação da Assembleia Geral.

§ 3º A movimentação da conta dependerá de prévia autorização da Assembleia Geral, exceto nos casos de emergência, para o pagamento de despesas urgentes e necessárias de reparos de instalações, devendo o Síndico prestar contas na primeira Assembleia ordinária que se efetuar.

Imposições, direitos e obrigações:

Art. 23. Todas as pessoas, condôminos, arrendatários e ocupantes, a qualquer título, que residem no Condomínio, suas famílias e empregados, são obrigados a cumprir, respeitar e fiscalizar a observância das disposições desta Convenção, que só poderá ser alterada no todo ou em parte, desde que assim fique resolvido, a qualquer tempo, por decisão dos condôminos em Assembleia Geral Extraordinária, tomada pelo mesmo número de votos previstos para a alteração desta Convenção (dois terços dos votos de todos os condôminos – art. 1.351 do CC), devendo as modificações constar de escritura pública ou instrumento particular devidamente registrado.

Parágrafo único. São condôminos os proprietários, ou detentores de direito real sobre as unidades residenciais, promitentes compradores, cessionários ou promitentes cessionários dos direitos pertinentes à aquisição de unidades autônomas, em edificações a serem construídas, em construção ou já construídas, sendo que os arrendatários e os locatários dos imóveis não são considerados condôminos.

Art. 24. Em caso de venda, doação, legado, usufruto, cessão de direitos, locação ou qualquer forma legal de transação, que importe na transferência da propriedade, ou da posse de suas respectivas unidades autônomas, os adquirentes, quer da propriedade, quer da posse, ficam automaticamente obrigados à observância de todos os dispositivos desta Convenção, ainda que nenhuma referência a esta cláusula seja feita no contrato público ou particular, pelo qual se efetive a transferência e aquisição da propriedade ou da posse.

Parágrafo único. Os condôminos que alugarem ou cederem suas unidades serão responsáveis pelos danos causados pelos ocupantes nas coisas de uso comum, cabendo ao síndico providenciar nas reparações necessárias.

Art. 25. Os ocupantes a qualquer título, que não sejam proprietários, promitentes compradores, cessionários ou promitentes cessionários dos direitos pertinentes às unidades autônomas, não terão, perante o Condomínio, qualquer representação, salvo os arrendatários e locatários nas decisões da Assembleia que envolvam despesas ordinárias do Condomínio.

Art. 26. É permitida a entrada e permanência apenas de animais domésticos de pequeno porte nas unidades privativas do prédio, exceto cachorros das raças *rottweiler*, *fila*, *pitbull* e outros que possam causar agressões aos moradores, desde que não causem perturbação ou constrangimento aos condôminos. Os proprietários conduzirão, no interior do prédio, em áreas comuns, como corredores, pátios, jardins, salões de festa, elevadores e garagens os animais no colo, ou em carrinhos e cestos apropriados, de modo a não circularem caminhando ou correndo, em companhia ou livremente.

Art. 27. Não respondem o Condomínio e o Síndico pelos danos, como riscos, batidas, colisões que ocorrerem nos veículos e em outros bens dos condôminos e demais moradores nas garagens e demais locais de estacionamento e circulação. Também não há responsabilidade pelos furtos dos veículos e pela subtração de objetos, peças, mercadorias, móveis ou valores que se encontrarem no seu interior, nas garagens, e mesmo nas unidades autônomas e em locais de área comum. Assumem os condôminos a responsabilidade e aceitam a plena eficácia da cláusula de não indenizar.

Art. 28. As mudanças para os apartamentos do Condomínio, ou a retirada dos móveis de seu interior, devem ser comunicadas ao Síndico com o prazo de antecedência de 48 (quarenta e oito) horas, ficando reservada a sua efetivação no horário compreendido entre as 8h até as 16h, com a expressa proibição de se efetuarem durante a noite. Responderá o proprietário da unidade pelos danos que ocorrerem durante as mudanças ou retiradas de móveis.

Art. 29. Quaisquer reformas ou reparos no interior das unidades, que resultem em barulho, como batidas, ruídos de deslocamentos de móveis, vozerio dos trabalhadores, focam condicionados ao horário das 9h até as 17h, impondo-se a prévia comunicação ao síndico com a antecedência de 48h.

Art. 30. As motocicletas e bicicletas deverão ser guardadas no box ou espaço de estacionamento do respectivo proprietário.

Art. 31. São direitos de cada condômino, arrendatário ou ocupante a qualquer título, bem como seus familiares que residem no Condomínio:

I – usar, gozar e dispor da sua unidade autônoma, com exclusividade e segundo suas conveniências e interesses, observadas as normas de boa vizinhança e respeitadas as disposições desta Convenção, de maneira a não prejudicar igual direito dos demais condôminos, arrendatários ou ocupantes a qualquer título, assim como não comprometer a segurança, higiene e o bom nome do Condomínio;

II – usar as partes e coisas comuns conforme o seu destino e sem causar dano ou incômodo aos demais condôminos ou moradores, nem obstáculo ou embaraço ao bom uso das mesmas partes por todos;

III – examinar livros, arquivos, contas, balancetes, extratos bancários e documentos outros do Condomínio, podendo ainda, a qualquer tempo solicitar informações ao Síndico ou Subsíndicos, acerca de questões atinentes à administração do Condomínio;

IV – fazer consignar no livro de atas da Assembleia ou no livro de reclamações do Condomínio eventuais críticas, sugestões, desacordos ou protestos contra decisões e atos que reputem prejudiciais à boa administração do empreendimento, solicitando ao Síndico, se for o caso, a adoção das medidas corretivas adequadas;

V – manter em seu poder as chaves e controladores das portas de ingresso e de serviço;

VI – os condôminos quites com suas obrigações condominiais poderão participar das assembleias, apresentar sugestões, votar e serem votados; já aos inquilinos faculta-se votar caso os condôminos-locadores não compareçam, e unicamente nas decisões que não envolvam despesas extraordinárias (§ 4º do art. 24 da Lei n. 4.591/1964);

VII – comunicar ao Síndico as irregularidades que ocorrem na edificação;

VIII – recorrer contra decisões do Síndico à Assembleia Geral;

IX – colocar grades de proteção nas portas que dão para os corredores ou partes internas.

Art. 32. São deveres de cada condômino, arrendatário, locatário ou ocupante a qualquer título:

Cap. 36 | Modelo de convenção de condomínio de edifício • 135

I – cumprir, fazer cumprir, respeitar e fiscalizar a observância do disposto nesta Convenção, nas normas relativas ao Condomínio Edilício regulado a partir do artigo 1.331 até o artigo 1.358 do Código Civil e no Regimento Interno, aprovado em Assembleia Geral pelos titulares de direitos que representem, no mínimo, dois terços das frações ideais que compõem o Condomínio (podendo haver um *quórum* diferente);

II – concorrer, na proporção fixada para sua unidade, com as despesas ordinárias necessárias à conservação, funcionamento, limpeza e segurança do Condomínio, incluindo o prêmio de seguro da unidade e partes comuns, e, ainda, com qualquer outra despesa, seja de que natureza for, desde que aprovada em Assembleia, nos termos da lei e desta Convenção;

III – suportar, na mesma proporção, os ônus a que tiver ou ficar sujeito o Condomínio, em seu conjunto;

IV – zelar pelo asseio e segurança do Condomínio, devendo o lixo das unidades ser acondicionado em sacos plásticos perfeitamente fechados e colocados em lixeiras ou local estipulado pelo Síndico, para a coleta;

V – exigir do Síndico ou administrador as providências que forem necessárias ao cumprimento fiel da presente Convenção;

VI – comunicar ao Síndico qualquer caso de moléstia epidêmica para fins de providências junto à Saúde Pública;

VII – facilitar ao Síndico, ao proprietário ou seus prepostos, o acesso às unidades onde reside;

VIII – permitir a entrada do síndico e de técnicos em serviços especializados, para a verificação de defeitos nas instalações, em especial na rede de água, esgoto e de energia elétrica, que tragam prejuízo aos demais condôminos, sempre quando surgirem suspeitas de defeitos na unidade do condômino, não se opondo, ainda, aos consertos que forem da responsabilidade do Condomínio, ou providenciando nos reparos em 48 (quarenta e oito) horas, se de sua responsabilidade;

IX – indicar ao porteiro o endereço onde o Síndico disporá das chaves em situação de urgência comprovada;

X – é obrigatório que os moradores forneçam os dados necessários ao cadastro mantido pelo síndico, inclusive endereços e telefones para contato urgente, mantendo permanente atualização.

Parágrafo único. Aplicam-se aos moradores, familiares ou empregados, todas as obrigações referentes ao uso, fruição e destino das unidades e partes comuns.

Art. 33. É vedado aos condôminos, arrendatários, ocupantes a qualquer título, suas famílias e empregados:

I – alterar a forma, materiais, pintura, cores e tonalidades dos elementos dos componentes das fachadas, tais como, paredes, esquadrias, forros, tetos, beirais, tabeiras etc., salvo as modificações permitidas nesta Convenção e, ainda assim, desde que previamente aprovada em Assembleia Geral Extraordinária, convocada para esse fim, por decisão tomada nos termos do que dispõe esta Convenção;

II – retirar, alterar, ou substituir, por tipos diferentes, materiais de acabamentos internos da unidade residencial autônoma de que não seja proprietário, promitente comprador, cessionário ou promitente cessionário, sem a prévia e expressa anuência do proprietário, preservando, no caso de necessidade de obras de manutenção, as especificações originais, quer sejam de pisos, paredes, tetos, esquadrias internas, ferragens, instalações, louças e metais sanitários etc.

III – destinar a unidade autônoma de sua propriedade, ou que ocupe, bem como às partes comuns, utilização diversa da finalidade exclusivamente residencial estabelecida nesta Convenção ou usá-la de forma nociva ou perigosa ao sossego, à salubridade, à higiene e à segurança das pessoas, dos demais condôminos, arrendatários, ocupantes, suas famílias e empregados;

IV – instalar nas dependências do Condomínio ou em suas unidades autônomas, qualquer atividade comercial, cultural ou recreativa, incluindo, entre outras: hospedarias, repúblicas de moradores, internatos, oficinas, de qualquer natureza, clubes carnavalescos, agremiações ou partidos políticos, cursos ou escolas, entidades ou agremiações estudantis, laboratórios de análises químicas, enfermarias, ateliers de corte e costura, salões de beleza, cabeleireiros, manicures, instituições destinadas à prática de cultos religiosos, assim como sublocações de forma geral e qualquer outra destinação que não a residencial ou própria da finalidade do edifício;

V – executar serviços de lavagem e qualquer conserto de carros, mecânica ou lanternagem, nos locais destinados à guarda dos mesmos, salvo pequenos reparos necessários a desenguiçar veículos próprios;

VI – usar, subarrendar, ceder ou alugar as unidades residenciais e partes comuns para fins incompatíveis com a decência e o sossego do Condomínio ou permitir a sua utilização por pessoa de maus costumes passíveis de repreensão penal ou policial, ou de vida duvidosa ou que, de qualquer modo ou forma, possam prejudicar a boa ordem ou afetar a reputação do Condomínio;

VII – remover o pó de tapetes e cortinas e outros pertences nas janelas, promovendo a limpeza de sua unidade em prejuízo das partes comuns;

VIII – estender ou secar roupas, tapetes, toalhas e outros pertences em locais visíveis do exterior das unidades;

IX – violar de qualquer forma a lei do silêncio, usar aparelhos radiofônicos, alto falantes, televisão e similares, buzinas, instrumentos de sopro, corda, percussão e quaisquer outros, em elevado som, de modo que perturbe o sossego dos condôminos e moradores vizinhos;

X – promover, sem o conhecimento e anuência prévia do Síndico, festas, reuniões e ensaios em suas unidades ou partes comuns, com orquestras e conjuntos musicais, quaisquer que sejam os gêneros de música;

XI – usar rádios transmissores e receptores que causem interferência nos demais aparelhos elétricos existentes no Condomínio e de propriedade e uso dos demais condôminos e moradores;

XII – usar aparelhos como fogões, aquecedores e similares, do tipo que não seja a gás e a eletricidade;

XIII – lançar papéis, cinzas, pontas de cigarro, líquidos, lixo e quaisquer outros objetos e detritos em locais e formas que não apropriados para tanto, como em *hall* de entrada, corredores, escadarias, e demais áreas comuns ou janelas do edifício;

Cap. 36 | Modelo de convenção de condomínio de edifício • **137**

XIV – usar toldos externos, coberturas ou equivalentes nas janelas, varandas, terraços, áreas de serviço ou amuradas;

XV – usar nas pias, ralos, lavatórios, vasos e demais instalações sanitárias das unidades produtos que provoquem entupimentos ou que contenham agentes corrosivos;

XVI – deixar de reparar, no prazo de 48 (quarenta e oito) horas, os vazamentos ocorridos na canalização secundária que sirva privativamente a sua unidade autônoma, bem como infiltrações nas paredes e pisos das mesmas, respondendo pelos danos que porventura ditos vazamentos e infiltrações vierem a causar à unidade autônoma de terceiros;

XVII – gritar, conversar, discutir em voz elevada, e ainda, pronunciar palavras de baixo calão, nas dependências do Condomínio, áreas de serviço, partes comuns etc., que comprometam o bom nome do Condomínio, com violação das normas elementares da boa educação;

XVIII – permitir e realizar jogos infantis em outras partes que as destinadas aos mesmos;

XIX – utilizar-se das pessoas a serviço do Condomínio, para seus serviços particulares no horário de trabalho dos mesmos;

XX – guardar explosivos e inflamáveis nas unidades residenciais e respectivas dependências, ou em quaisquer dependências do Condomínio, bem como queimar fogos de artifícios de qualquer natureza, ter ou usar instalações ou materiais suscetíveis que, de qualquer forma, possam afetar a saúde e a segurança dos demais moradores do Condomínio, ou de que possa resultar o aumento do prêmio do seguro;

XXI – instalar no Condomínio, rádio amador de qualquer amplitude, fios ou condutores; colocar placas, avisos, letreiros, cartazes, anúncios ou reclames na parte externa do Condomínio, ou em janelas, fachadas e portas externas das unidades, prejudicando a sua estética, e ainda usar máquinas e aparelhos ou instalações que provoquem trepidações ou ruídos excessivos;

XXII – obstruir o passeio, entrada, áreas comuns, ainda que em caráter provisório, ou utilizar algumas dessas dependências para qualquer fim que não o de trânsito;

XXIII – sobrecarregar a estrutura e lajes com peso superior a .... kg/m²;

XXIV – utilizar as tomadas existentes nos corredores e garagens para uso próprio, as quais são de uso exclusivo para serviços do condomínio;

XXV – manter as portas e os portões do edifício trancados ao entrar e sair do prédio;

XXVI – abrir as portas ou portões do edifício através do interfone, e ordenar que pessoas que trazem encomendas ou carteiros do Correio ingressem no prédio e se dirijam às unidades dos condôminos, sendo que as encomendas e correspondência devem ser recebidas pelos porteiros, ou diretamente pelo condômino, que se dirigirá à portaria;

XXVII – entregar as chaves e o controle da garagem a estranhos, mesmo que parentes;

XXVIII – colocar vasos e latas com plantas, moringas, gaiolas, enfeites ou quaisquer objetos sobre os peitoris e grades das janelas ou áreas de serviços.

Art. 34. Verificada qualquer infração às normas da Convenção, fica autorizado o Síndico a fazer um contato verbal e pessoal ao condômino, alertando para o fato e solicitando o cumprimento dos deveres, e mesmo a reparação de eventual prejuízo que causou. Na reincidência, fará o Síndico a comunicação por escrito, com a concessão de prazo de 72 (setenta e duas) horas para corrigir a falta, reparar o dano ou se justificar. Não havendo o atendimento, aplicará as penalidades cabíveis, na ordem e forma estabelecidas nos §§ 1º e 2º dos artigos 1.336, 1.337 e em seu parágrafo único, do Código Civil.

Receitas e despesas:

Art. 35. Cada exercício financeiro do Condomínio tem início em 01 de janeiro de cada ano e terminará no dia 31 de dezembro do mesmo ano.

Art. 36. São despesas ordinárias do Condomínio, de responsabilidade de todos os condôminos:

I – as relativas à conservação, ao asseio, à limpeza, às reparações e reconstruções das partes e coisas de uso comum e dependências do edifício;

II – o prêmio de seguro das unidades autônomas e das áreas e coisas de uso comum do Condomínio, de seguro de responsabilidade de terceiros e do prédio;

III – os impostos, taxas e demais despesas, como de água, luz, gás, compra de materiais e reparos relativamente às áreas e coisas comuns do Condomínio;

IV – os custos relativos à remuneração do síndico (*quando estabelecida*), aos serviços prestados por terceiros, aos salários dos empregados do edifício, aos encargos trabalhistas e previdenciários, aos processos judiciais e advogados;

V – as despesas de conservação das calçadas, jardins, bombas de recalque, de pintura de partes danificadas, limpeza de caixa de água, desinsetização e outras relativas a vestuário de empregados e manutenção de equipamentos de segurança.

Parágrafo único. O pagamento das quotas-parte das despesas comuns deverá ser feito até o dia 5 (cinco) de cada mês, com o recolhimento da quantia devida ao síndico ou estabelecimento bancário por ele indicado, em conta aberta em nome do condomínio.

Seguro da edificação:

Art. 37. O Condomínio fará anualmente contrato de seguro da edificação, inclusive de responsabilidade civil, com a cobertura de todas as unidades autônomas e partes comuns, contra incêndio e sinistros que causem a destruição no todo ou em parte da edificação e unidades autônomas.

§ 1º A contratação da companhia seguradora e a aprovação do valor de reposição e do prêmio vigente à época da contratação deverão ser submetidas à deliberação da Assembleia Geral, com a apresentação de justificativa pelo Síndico.

§ 2º Virão discriminados na apólice os valores individuais das unidades, dos equipamentos e dos acessórios e das partes comuns, com o prévio conhecimento dos condôminos através de comunicação por escrito pelo síndico.

§ 3º Ficam os condôminos autorizados a se isentarem da contratação do seguro da unidade unicamente se já possuem seguro da unidade autônoma, apresentando a devida comprovação, devendo, todavia, contribuir no pagamento do prêmio relativamente ao seguro dos equipamentos e partes comuns do prédio.

§ 4° Ocorrendo sinistro cujos danos sejam superiores a 2/3 (dois terços) do edifício, ou que coloquem em risco a sua solidez e segurança, providenciará o Síndico, no prazo de 15 (quinze) dias, na convocação da Assembleia Geral extraordinária para decidir sobre a reconstrução ou venda, e para o recebimento do valor da indenização, em consonância com o artigo 1.357 do Código Civil. Se os danos forem inferiores a 2/3 (dois terços) do edifício, também se fará a convocação da Assembleia para decidir sobre a indenização e a reconstrução ou outra destinação do imóvel.

§ 5° Também procede-se à convocação de Assembleia, para decidir sobre as providências a serem encetadas nos casos de condenação da edificação, por ameaça de ruína, pela autoridade pública; ou no caso de desapropriação.

Disposições finais:

Art. 38. As disposições desta Convenção, na íntegra ou parcialmente, poderão ser afixadas nas áreas comuns do Condomínio e em outros locais, a critério do Síndico.

Art. 39. Os casos omissos serão resolvidos em Assembleia Geral, pela utilização das normas gerais reguladoras da matéria e pela aplicação dos princípios comuns à administração de condomínios.

Art. 40. Fica eleito o foro da Comarca de ...., para as ações oriundas da presente convenção ou relativas ao condomínio.

E por assim estarem de pleno acordo, assinam a presente Convenção os condôminos proprietários do Condomínio ...., passando a mesma a produzir de imediato os devidos e legais efeitos, devendo ser encaminhada ao registro no Cartório de Registro de Imóveis da .... Zona, desta Comarca de ....

Assinaturas, local e data.

Observações:

Em nota ao modelo acima, cabe o denominado aluguel através da plataforma Airbnb, a qual, segundo se colhe da internet, foi criada em 2008 por dois designers que hospedaram três viajantes em um espaço sobrando em seu apartamento. Com o tempo, tornou-se uma plataforma usada mundialmente e, agora, milhões de anfitriões e viajantes optam por criar uma conta gratuita e se conectar, em qualquer lugar do mundo.

Por esse aluguel, as estadias nada mais são do que acomodações, como quartos, apartamentos e casas. É possível escolher a partir de categorias, como preço, data, tipo de hospedagem, viagem de trabalho, comodidades do imóvel etc.

Outrossim, a assembleia está autorizada a estabelecer prazo mínimo de locação por temporada, conforme o seguinte aresto do STJ:

1. Recurso especial interposto contra acórdão publicado na vigência do Código de Processo Civil de 2015 (Enunciados Administrativos nºs 2 e 3/STJ). 2. Delimitação da

controvérsia: saber se os condomínios residenciais podem ou não fixar tempo mínimo de locação das unidades autônomas ou até mesmo impedir a utilização de determinado meio para tal finalidade, a exemplo das plataformas digitais de hospedagem. 3. A disponibilização de espaços ociosos para uso de terceiros, seja de um imóvel inteiro ou de um único cômodo, pode ocorrer das mais variadas formas: por meio de plataformas digitais, por intermédio de imobiliárias, por simples panfletos afixados nas portarias dos edifícios, anúncios em classificados etc. 4. A forma por meio da qual determinado imóvel é disponibilizado para uso de terceiros não é o fator decisivo para que tal atividade seja enquadrada em um ou outro regramento legal. 5. A disponibilização de imóveis para uso de terceiros por meio de plataformas digitais de hospedagem, a depender do caso concreto, pode ser enquadrada nas mais variadas hipóteses existentes no ordenamento jurídico, sobretudo em função da constante expansão das atividades desenvolvidas por empresas do gênero. 6. Somente a partir dos elementos fáticos delineados em cada hipótese submetida à apreciação judicial – considerados aspectos relativos ao tempo de hospedagem, ao grau de profissionalismo da atividade, à destinação exclusiva do imóvel ao ocupante ou o seu compartilhamento com o proprietário, à destinação da área em que ele está inserido (se residencial ou comercial), à prestação ou não de outros serviços periféricos, entre outros – é que se afigura possível enquadrar determinada atividade em alguma das hipóteses legais, se isso se mostrar relevante para a solução do litígio. 7. O enquadramento legal da atividade somente se mostra relevante quando se contrapõem em juízo os interesses do locador e do locatário, do hospedeiro e do hóspede, enfim, daquele que disponibiliza o imóvel para uso e do terceiro que o utiliza, visando, com isso, definir o regramento legal aplicável à relação jurídica firmada entre eles. 8. Diversa é a hipótese em que o conflito se verifica na relação entre o proprietário do imóvel que o disponibiliza para uso de terceiros e o próprio condomínio no qual o imóvel está inserido, atingindo diretamente os interesses dos demais condôminos. 9. A exploração econômica de unidades autônomas mediante locação por curto ou curtíssimo prazo, caracterizada pela eventualidade e pela transitoriedade, não se compatibiliza com a destinação exclusivamente residencial atribuída ao condomínio. 10. A afetação do sossego, da salubridade e da segurança, causada pela alta rotatividade de pessoas estranhas e sem compromisso duradouro com a comunidade na qual estão temporariamente inseridas, é o que confere razoabilidade a eventuais restrições impostas com fundamento na destinação prevista na convenção condominial. 11. O direito de propriedade, assegurado constitucionalmente, não é só de quem explora economicamente o seu imóvel, mas sobretudo daquele que faz dele a sua moradia e que nele almeja encontrar, além de um lugar seguro para a sua família, a paz e o sossego necessários para recompor as energias gastas ao longo do dia. 12. Recurso especial não provido.[1]

---

[1] REsp 1.884.483/PR, da 3ª Turma, rel. Min. Ricardo Villas Bôas Cueva, j. em 23.11.2021, *DJe* de 16.12.2021.

37
O regimento interno

Constitui-se o regimento ou regulamento interno de um conjunto de normas de procedimento mais particularizado que rege o condomínio, sobretudo a conduta dos condôminos, suplementando e regulamentando as regras da convenção, devendo, portanto, estar em perfeita sintonia com as mesmas. Considera-se mais propriamente um regulamento da convenção, um instrumento complementar, revelando um caráter mais dinâmico, explicitativo e detalhado, e expondo como se realizam as regras gerais da convenção. Está ele para a convenção como o regulamento administrativo está para a lei. Deve concluir a convenção, regulamentá-la, sem com ela conflitar. Ocorrendo divergência, deve predominar a convenção, pois é ele um instrumento complementar.

A título de exemplo, em relação aos pagamentos das taxas devidas, traz o modo de pagamento, o local onde se efetuará, a data estabelecida. Quanto à presença de animais no prédio, estabelece os espaços onde é proibida a permanência, a forma de depósito de dejetos e o horário de circulação nos corredores. A respeito do salão de festas ou de uso comum, impõe a ordem de preferência de uso, a taxa de pagamento pela utilização, e obrigatoriedade de limpeza.

A convenção, também exemplificando, assegura o direito ao uso das partes comuns, enquanto o regimento interno prevê o horário de uso, a comunicação ao síndico ou ao zelador, a taxa de pagamento. Em outra previsão, enquanto a convenção destaca as áreas comuns, o regimento interno traz penalidades na hipótese de colocação de objetos dos condôminos nesses espaços. No pertinente ao direito de uso das unidades, a convenção garante a liberdade de ação compatível com as normas da boa vizinhança, segurança, sossego, convivência pacífica e harmoniosa com os demais condôminos ou ocupantes; já o regulamento interno explicita os conceitos, elencando os casos de perturbação da boa vizinhança, de violação à segurança, de perturbação do sossego e de convivência pacífica, bem como o horário de atividades de reformas internas nas unidades, que produzem barulho ou batidas com repercussões nos demais apartamentos.

Pedro Elias Avvad vê no regimento interno um conjunto de regras sobre o funcionamento interno do condomínio:

> Deve, portanto, o regimento interno traduzir-se em instrumento apartado e conter somente regras de funcionamento interno do edifício e, uma vez aprovado, estará sujeito à alteração pelo mesmo *quorum* exigido para as votações da matéria de competência da assembleia geral ordinária, como preceitua o art. 1.350 do Código Civil.[1]

---

[1]   *Condomínio em edificações no novo Código Civil comentado*. Ob. cit. p. 82.

Elabora-se o regimento interno em momento concomitante ou posterior à convenção, sendo fruto da deliberação coletiva, e constando a sua previsão no artigo 1.334, inciso V, do Código Civil. A aprovação se fará em assembleia, ou em ato contratual, quando da constituição do condomínio, inserindo-se na escritura pública ou em documento particular. No entanto, na própria convenção permite-se, em cláusula própria, inserir que os condôminos aprovam o regulamento. Já a permissão de aprovação por deliberação em assembleia ou em ato particular vem permitida no artigo 9º da Lei n. 4.591/1964. Está omisso, a respeito, o Código Civil. Por conseguinte, incide o citado artigo 9º, na seguinte redação:

> Os proprietários, promitentes compradores, cessionários ou promitentes cessionários dos direitos pertinentes à aquisição de unidades autônomas, em edificações a serem construídas, em construção ou já construídas, elaborarão, por escrito, a Convenção de condomínio, e deverão, também, por contrato ou por deliberação em assembleia, aprovar o Regimento Interno da edificação ou conjunto de edificações.

Sempre, para a validade da aprovação em documento particular ou em convenção, a autorização virá prevista na convenção, em atendimento ao artigo 9º, § 3º, letra *m*, da Lei n. 4.591/1964. Na omissão de prever, segundo certo entendimento, faz-se a aprovação em obediência ao *quorum* imposto para as demais matérias, ou seja, pela maioria absoluta dos condôminos em primeira convocação (metade e mais um dos condôminos presentes, que representem, no mínimo, metade das frações ideais), e por maioria simples na segunda convocação (metade e mais um dos condôminos presentes na assembleia). Entretanto, o mais correto é a aprovação por dois terços dos condôminos, como se dá com a aprovação da convenção, eis que de igual natureza, dado seu caráter normativo.

Para a alteração, não se requer o mesmo *quorum* exigido na alteração da convenção. É que, para esta, a votação e a quantidade de condôminos estão no artigo 1.351, em texto vindo com a Lei n. 14.405/2022. Diante da falta de referência ao regimento interno, reclama-se o número de votos exigido em matérias comuns, ou seja, em primeira convocação, a maioria dos votos dos condôminos presentes, que perfaçam pelo menos metade das frações ideais; e em segunda convocação, a maioria dos votos dos condôminos presentes (arts. 1.352 e 1.353).

Não se reclama a obrigatoriedade do registro do regimento interno. Todavia, não se impede que se proceda, em sequência ao registro da convenção, em especial para a finalidade de trazer efeitos frente a terceiros.

38

Modelo de regimento interno

REGIMENTO INTERNO DO EDIFÍCIO CONDOMÍNIO ....

O presente instrumento visa atender as disposições da Convenção do Edifício Condomínio ...., localizado situado à Rua .... n. ...., na cidade de ...., Estado de ...., tendo o fim específico de regrar o uso das coisas e partes comuns do prédio, de modo a satisfazer as necessidades daqueles a que se destinam. Faz parte integrante da Convenção de Condomínio, registrada no Cartório de Registro de Imóveis da .... Zona, da cidade de ...., sob n. ...., complementando-a nas matérias específicas que seguem.

1. *Salão de Festas*:

1.1. O uso do salão de festas, de suas dependências e seus utensílios é direito de todos os condôminos. Para o uso, cada interessado deverá solicitar a sua reserva junto ao Síndico, com a antecedência de sete dias, fornecendo a data e horário da utilização.

1.2. O horário de funcionamento compreenderá a parte da tarde e da noite, até às 3h da madrugada, permitindo-se o uso de música em som moderado, sem gritarias e algazarras. Fica proibida a utilização de instrumento musical ou som metálico que possa perturbar o sossego dos condôminos.

1.3. O zelador fará a conferência dos materiais e utensílios de cozinha existentes, devendo recair no titular da unidade do condomínio que utilizou o salão a responsabilidade pela reposição ou pagamento, no caso de extravio, quebra ou falta.

1.4. Pela utilização do salão e bens que nele se encontrarem, o condômino pagará uma taxa, em cada dia de uso, no valor de ...., que servirá pelo uso de luz, água, gás, e limpeza do piso, mesas e cadeiras. A limpeza de pratos, copos, pires, xícaras e talheres será da responsabilidade do condômino que utiliza o salão.

2. *Áreas de uso comum*:

No estacionamento do subsolo e do térreo haverá espaços reservados para manobras e deslocamentos, vedando-se o uso para outros fins, como jogos, andar de bicicleta, patins, skates. A área descoberta *playground* fica reservada às crianças para diversões com brinquedos infantis e que não possam causar danos ao patrimônio do prédio.

144 • Condomínio Edilício e Incorporação Imobiliária | *Arnaldo Rizzardo*

3. *Lavagem de veículos*:

Não é permitida a lavagem de veículos nos estacionamentos ou nas áreas comuns do prédio.

4. *Carrinhos para o transporte de mercadorias*:

4.1. Os carrinhos para transportar mercadorias aos apartamentos (conhecidos como carrinhos de supermercado) serão distribuídos um em cada pavimento ou andar.

4.2. A condução do carrinho ao apartamento será por conta do condômino ou morador, sem a ajuda de empregados do condomínio.

4.3. O carrinho será devolvido pelo que o utilizou, não podendo ser colocado no elevador, e nem se utilizar do zelador ou de porteiros para a sua retirada e condução ao local destinado para permanecer.

4.4. Tão prontamente desocupado o carrinho, deverá ser devolvido junto ao local destinado para a sua permanência no pavimento.

4.5. A fim de exercer o controle da utilização, e acelerar a devolução, cada carrinho ficará preso com uma corrente na parede do pavimento, entregando-se uma chave a cada unidade condominial, e ficando outra no próprio carrinho presa também por corrente, de modo que somente se torne possível a liberação do carrinho com a introdução da chave da unidade no mecanismo. Na devolução do carrinho, para a liberação da chave da unidade, basta introduzir a chave do carrinho na fechadura. Na chave em poder da unidade, que ficará na fechadura enquanto o carrinho estiver com o condômino, estará inscrito o número do apartamento.

5. *Utilização de empregados do condomínio*:

5.1. É proibida a utilização de empregados do condomínio para servidos ou atividades particulares dos condôminos, em suas unidades, mesmo que fora do horário de trabalho dos mesmos.

5.2. Poderão os moradores utilizar os empregados do edifício somente nos casos de urgência, como chamadas de médico para prestar socorro e táxis para conduzir doentes.

6. *Serviço de portaria e ingressos no edifício*:

6.1. A portaria ficará atendida durante as vinte e quatro horas do dia, em três turnos.

6.2. Os porteiros permanecerão na guarita a eles destinada na parte frontal do edifício.

6.3. Unicamente às pessoas do grupo familiar dos condôminos, ou a visitas expressamente identificadas, ou a prestadores de serviços com o antecedente fornecimento dos dados pessoais, terão acesso às unidades. Não poderão ingressar no prédio além da portaria os portadores de mercadorias, mensageiros, funcionários de correios, *motoboys* e outras pessoas desconhecidas, devendo o porteiro anunciar, pelo interfone, a chegada, aguardando o condômino ou pessoa do apartamento na portaria, que fará o devido contato.

6.4. As portas de acesso ao subsolo e ao térreo ficarão sempre fechadas, sendo abertas unicamente por meio de chaves pelos condôminos. O porteiro abrirá somente a porta que dá para o *hall* de entrada.

6.5. Aos visitantes ou estranhos ao prédio não se entregarão chaves dos portões de entrada.

6.6. Os prestadores de serviços de carga e descarga, e de mudança ingressarão no prédio pelos portões da garagem ou portas laterais se devidamente identificados e autorizados pelo condômino que os contratar.

6.7. Os visitantes e estranhos não terão o acesso de seus veículos aos espaços comuns e mesmo às garagens eventualmente desocupadas.

6.8. Os porteiros anunciarão às pessoas das unidades visitadas os visitantes, fornecendo o nome e outros dados, mesmo que conhecidos e parentes.

6.9. Aos porteiros se entregará a relação das placas e do tipo de veículos de cada condômino. Na troca de veículo, o condômino fará a devida comunicação.

6.10. O condômino, mediante prévia comunicação ao porteiro, poderá disponibilizar seu box que esteja livre para a colocação do veículo do visitante.

6.11. Os encarregados de efetuar a mudança, motoristas, carregadores e supervisores, deverão ser identificados na portaria, anotando nome completo, identidade, CPF, endereços, empresa contratada, placas dos veículos, horários de entrada e saída da mudança, proprietário, inquilino e número da respectiva unidade.

6.12. Compete ao Síndico fiscalizar os serviços executados pelos empregados das empresas de segurança e vigilância, com notificação das falhas às empresas, por escrito e sob protocolo, fazendo com que os serviços a eles relacionados sejam executados de maneira satisfatória.

7. *O lixo*:

7.1. Em cada andar haverá um nicho ou local próprio onde serão colocadas as lixeiras, dentro das quais os condôminos depositarão o lixo acondicionado em sacos plásticos devidamente vedados ou fechados, sem que haja vazamentos ou derrame.

7.2. O zelador recolherá o lixo pela manhã, das 9h às 10h, e pela tarde, entre as 17h e 18h, ou logo antes de encerrar seu expediente, depositando-o na lixeira comum, posta no subsolo ou no andar térreo, de modo que fique disponível para ser colocado na rua para coleta pública no horário em que o veículo fizer o recolhimento.

7.3. Se for mais conveniente, deposita-se o lixo recolhido ou armazenado em um carrinho, que ficará próximo ou ao lado do portão da garagem. Ao se aproximar o caminhão da coleta, o porteiro abrirá o portão, de modo a possibilitar a sua retirada e colocação no caminhão.

7.4. Será seletivo o lixo, devendo cada unidade separar o orgânico em embalagens separadas. O inorgânico se acondicionará em outras embalagens. O zelador, ao recolher as embalagens, fará a separação das embalagens.

8. *A utilização do gás*:

O gás será solicitado ao fornecedor de imediato ao esvaziamento do botijão ou da bateria em uso. Caberá ao zelador providenciar no chamado para o fornecimento, recebendo o entregador, e acompanhando a colocação no local destinado, com o recebimento do comprovante e a sua entrega ao síndico ou à empresa administradora do condomínio.

9. *A caixa d'água*:

9.1. As caixas d'água serão limpas e desinfetadas uma vez por ano, sempre durante o mês de dezembro, por empresa do ramo de limpeza e saúde pública contratada pelo síndico.

9.2. Acompanhará o trabalho de limpeza e revisão das bombas e dos motores elétricos um técnico devidamente contratado e indicado pela empresa que administra o prédio.

10. *Os extintores e o seguro*:

10.1. Anualmente os extintores de incêndio serão revisados e substituídos, se necessário. As mangueiras dos hidrantes serão testadas e substituídas quando houver necessidade.

10.2. Renova-se a apólice de seguro anualmente, sempre no mês de janeiro, de acordo com calendário previamente agendado pela empresa seguradora.

11. *As reformas e serviços realizados nas unidades*:

11.1. As reformas e trabalhos barulhentos causados por furadeiras, uso de martelos ou instrumentos provocadores de sons, e mais as instalações de móveis e equipamentos se efetuarão mediante prévia comunicação ao síndico, com a antecedência mínima de 48h, obedecendo-se o seguinte horário, das segundas às sextas-feiras:

Turno da manhã: das 9h às 12h;

Turno da tarde: das 14h às 18h;

Sábado: das 9h às 12h.

11.2. Aos condôminos que realizarem as obras cabe:

a) promover a limpeza das partes comuns sujas por operários ou materiais das respectivas reformas;

b) responsabilizar-se pelos danos que causar aos condôminos e ao condomínio, decorrentes de reformas e ou mudanças;

c) não depositar entulho, mesmo que provisoriamente, nas áreas comuns;

d) retirar o entulho de sobras de reformas;

e) suspender as obras, por ordem do Síndico, a pedido de moradores prejudicados pelas obras ou pelo não cumprimento das normas previstas neste Regimento.

12. *A locação das unidades e responsabilidades*:

12.1. Os contratos de locação deverão ser acompanhados de cópia deste Regimento Interno e nele constar cláusulas proibindo sublocação de parte do imóvel e obrigando o locatário a usar o apartamento exclusivamente para residência familiar, bem como o cumprimento dos preceitos deste Regimento Interno.

12.2. O proprietário do imóvel ou quem detenha legalmente a sua posse é responsável por danos e atos praticados por terceiros que a seu contrato adentrem o condomínio.

12.3. Os condôminos locadores são solidariamente responsáveis com seus locatários pelos danos causados às coisas ou dependências comuns do condomínio, inclusive por seus agregados.

13. *Obrigação de evitar desperdícios e condutas dirigidas ao bem comum*:

13.1. Os moradores e seus agregados deverão evitar o gasto inútil de água e energia elétrica, evitando desperdícios e vazamentos, a fim de evitar contas elevadas de água, esgoto e energia elétrica, desequilíbrio orçamentário, racionamentos e falta de água e energia, além da obrigação cidadã de preservar o meio ambiente.

13.2. Os condôminos, inquilinos e seus agregados deverão zelar pela boa reputação do edifício, sendo proibido proferir palavras de baixo calão no interior do prédio, nas escadas, *hall*, pilotis, calçadas e estacionamento, ou executar quaisquer atos e atividades suscetíveis de ferir o decoro, o respeito, a moral e os bons costumes.

13.3. Os moradores devem comunicar à autoridade competente, imediatamente, toda e qualquer infração penal, crime ou situação de emergência que ocorrer nas dependências do condomínio ou em suas redondezas e que vier a testemunhar ou de que tiver conhecimento, devendo apresentar ao Síndico ou Subsíndico cópia do Boletim de Ocorrência e notificações oficiais.

13.4. Em caso de moléstia infectocontagiosa ou ocorrência similar sujeita à imposição legal passível de ser comunicada à autoridade pública competente, ficam os condôminos e moradores obrigados a tomar direta e indiretamente as devidas providências, além de comunicar, por escrito, ao Síndico.

13.5. Os empregados das empresas que prestam serviço ao condomínio devem ser tratados com educação e gentileza, não cabendo nenhuma relação de subordinação daqueles empregados aos condôminos ou moradores, devendo toda reclamação ou sugestão ser dirigida ao Síndico ou Subsíndico, por escrito.

13.6. É vedado o trânsito de pessoas, pelas entradas, pilotis, escadas, *hall*, estacionamento e calçadas do edifício, em trajes inadequados.

14. *Obrigações do zelador e dos porteiros*:

Incumbe ao zelador e aos porteiros:

a) fiscalizar o fiel cumprimento deste regimento;

b) registrar qualquer infração no Livro de Ocorrências;

c) informar imediatamente ao Síndico e ao Subsíndico as infrações verificadas;

d) identificar todos os moradores do prédio;

e) confirmar com o morador a visita de qualquer pessoa, antes de liberar o acesso;

f) verificar se o visitante realmente dirigiu-se ao local anunciado;

g) chamar o morador para receber encomendas de entregadores, notificações judiciais e ou policiais, bem como correspondências registradas e ou com Aviso de Recebimento, seja pelos correios ou quaisquer outras empresas entregadoras, além de qualquer documento sob protocolo;

h) somente permitir o acesso no prédio às pessoas referidas no item 6.3;

i) ficar alerta a qualquer movimento suspeito, de pessoas e ou veículos, ligar os refletores, telefonar para a polícia, conforme lista afixada na portaria, registrar o fato no livro de ocorrência e comunicar em seguida ao Síndico ou ao Subsíndico;

j) exigir das pessoas que se apresentem como policiais ou Oficiais de Justiça o mandado judicial ou citação destinados a morador e a respectiva identificação;

k) verificar se os funcionários de empresas e concessionárias de serviços estão devidamente identificados e anotar seus nomes, número da carteira funcional, horário de chegada/saída e unidade envolvida;

l) combinar códigos de gestos ou palavras com moradores, identificando possíveis situações de risco;

m) denunciar ao síndico e à autoridade policial presença de pessoas estranhas em qualquer área do condomínio, desacompanhada de moradores.

15. *Comunicações, ocorrências, reclamações e encerramento*:

15.1. Uma cópia do presente Regimento Interno ficará sempre em poder do síndico, subsíndico, conselho consultivo, zelador, porteiro e empresas contratadas para a prestação de serviços ao condomínio. A todos os condôminos, proprietários e inquilinos, será entregue uma cópia deste Regimento Interno, até sessenta (60) dias da aprovação em Assembleia Geral Extraordinária, após registrado em cartório, mediante protocolo.

15.2. Todo e qualquer problema que surgir será objeto de registro no Livro de Ocorrências, pelo porteiro, zelador, síndico ou qualquer morador, bem como de imediata notificação, por escrito, sob protocolo, ao condômino infrator e ao responsável pelo apartamento, solicitando o cumprimento das normas deste Regimento.

15.3. As reclamações dos condôminos ou inquilinos, bem como críticas e sugestões, deverão ser transmitidas ao síndico através do registro no livro próprio, existente na portaria, mediante anotação de data, hora, identificação das pessoas e unidades envolvidas e discriminação pormenorizada da ocorrência.

15.4. O síndico, em atenção às reclamações formuladas, cientificará o interessado de que tomou conhecimento e apresentará, até quinze (15) dias úteis, as alternativas para a solução dos problemas.

15.5. Este regimento foi aprovado na Assembleia Geral Extraordinária realizada na data de ...., fazendo parte integrante da Convenção do Condomínio aprovada em data de ...., registrada sob o número ...., folhas ...., do Livro ...., Cartório do ...., da cidade de ....

Local, data e assinaturas

39

Direitos dos condôminos

Do exercício de propriedade da unidade exclusiva e das partes comuns advêm vários direitos aos condôminos. Naturalmente, esses direitos relacionam-se ao uso, ao proveito, à privacidade que deve ser preservada, ao respeito pelos demais consortes, à locomoção nas áreas internas e de uso de todos, a interferir para sanar irregularidades, a exigir ordem interna e condutas compatíveis, a manejar as utilidades que oferece o prédio, a manobrar os veículos, a reclamar contra perturbações, a receber os balancetes das contas, à entrega das comunicações de interesse do condomínio, a ser votado e a votar, a participar de reuniões, a recorrer de penalidades. O artigo 1.335 indica os direitos primordiais, mais atinentes ao uso da unidade e das partes comuns, e à participação nas decisões:

> São direitos do condômino:
>
> I – usar, fruir e livremente dispor das suas unidades;
>
> II – usar das partes comuns, conforme a sua destinação, e contanto que não exclua a sua utilização dos demais compossuidores;
>
> III – votar nas deliberações da assembleia e delas participar, estando quite.

Nas convenções e regimentos internos, em função com a categoria ou tipo edifício, podem ser ampliados os direitos, como exigir:

– a obediência à finalidade de utilização do prédio, não se permitindo, assim, que, em unidades estritamente residenciais, se utilizem para fins comerciais ou profissionais, como consultórios médicos, escritórios de advocacia, ou salões de cabeleireiros;

– o atendimento às restrições de uso, sendo exemplo a proibição em se manterem animais de estimação nas áreas comuns do prédio;

– a não utilização das paredes externas para a colocação de anúncios, propagandas e quaisquer comunicados ou informações;

– a proibição de barulho ou algazarras nas unidades e em áreas de uso de todos, bem como de colocação de objetos em corredores ou espaços comuns.

Parece que as medidas discriminadas são da competência do condômino em se verificando a omissão do síndico, cabendo, então, o caminho judicial, ajuizando a ação de preceito cominatório, no sentido de fazer ou cumprir os deveres, ou de abstenção ou não fazer atos atentatórios ao bom uso da propriedade exclusiva e das partes comuns.

Quanto ao exercício do voto e à participação, a todos os condôminos é assegurado o direito a se manifestar e a votar nas assembleias. Todavia, quem não se encontra em dia com as obrigações condominiais fica cerceado desses direitos, facultando-se unicamente estar presente. Não se lhe concede a palavra, a fim de opinar ou expressar o pensamento sobre os assuntos trazidos a debate. Muito menos se lhe enseja votar nas matérias submetidas às decisões da assembleia. No entanto, tais restrições não podem levar a admitir a dispensa na convocação, tanto que não é inviável sejam adimplidas as quantias pendentes até o momento da reunião.

O sentido de "estando quite" leva a entender que nada está a dever o condômino. Mesmo na existência de dívida, se não vencida, pois parcelado o pagamento, não incide o cerceamento do direito de participar e de votar. Em idêntica interpretação a situação daqueles que estão questionando as dívidas, tanto na via administrativa como na judicial, e até o efetivo trânsito em julgado das decisões.

40

Deveres dos condôminos

Os direitos trazem, em contrapartida, deveres, de obrigatório atendimento para viabilizar a própria instituição do condomínio, exigidos indistintamente de qualquer pessoa que resida, ou se encontre estabelecida, ou mesmo frequente o condomínio. Deveres existem que competem aos titulares das unidades, como o pagamento das taxas, e outros que abrangem os moradores em geral e ocupantes de conjuntos ou salas, como familiares, os locatários, e os frequentadores, ou seja, as visitas, os clientes e empregados.

O artigo 1.336, com alteração da Lei n. 10.931/2004, elenca os deveres aos condôminos, e que se distribuem na seguinte ordem:

I – Contribuir para as despesas do condomínio na proporção das suas frações ideais, salvo disposição em contrário da convenção.

No caso, em função da soma da metragem de área ideal de todos os condôminos, calcula-se a participação da contribuição. Divide-se a quantidade das despesas pelo total da área, encontrando-se um valor por metro unitário, que será multiplicado pela área de cada proprietário. Já em relação de certos proveitos, como água, luz e gás, a melhor alternativa consiste na medição da utilização ou da quantidade gasta através de instrumentos próprios, arcando o condômino com os custos em consonância com o montante que utilizou. Os instrumentos de medição ficam no controle de cada prestadora dos serviços ou dos bens.

Está-se diante de uma obrigação *propter rem*, que deve ser suportada pela pessoa que é proprietária ou titular da coisa.

Em relação às despesas comuns, não mensuráveis por meio de aparelhos, a convenção tem autonomia para estabelecer critério diferente que o do cálculo em razão da área ideal de cada titular. Há os que reconhecem a validade de se eleger a divisão simplesmente pelo número de unidades, mesmo que de tamanhos diferentes, malgrado as distorções que resultarem, de evidente injustiça; ou a divisão pela área construída, e até pela área útil de cada unidade. Igualmente, admite-se um redutor do montante em função do pavimento em que está situada a unidade, sob o pressuposto de importar mais custo os ocupantes de unidades em andares superiores. Daí a necessidade de bem sopesar as consequências, quando do ato de votação da convenção. Alguns defendem como correta a definição das contribuições pelo número de pessoas que residem na unidade, ou a partir do valor de mercado, aumentando em razão do crescimento de moradores da unidade.

Quanto à matéria, a jurisprudência tem permitido liberdade de mudanças pela convenção:

> Na hipótese em exame, alterada a Convenção de Condomínio quanto ao rateio das despesas comuns, com a adoção de parâmetro razoável, baseado na proporção das áreas privativas de cada apartamento e com a observância das exigências formais previstas em lei, e não estando caracterizado nenhum vício de consentimento, enriquecimento sem causa ou violação de princípio ou norma de Direito, não se mostra devida a intervenção judicial para anular a cláusula convencionada ou restabelecer o método anterior para o rateio das despesas condominiais.[1]

Cumpre salientar, porém, que não terá validade o critério permitindo a simples divisão do montante pelo número de unidades, se não tiverem todas idênticas áreas. Veja-se que o inciso I do artigo 1.336 atribui aos condôminos contribuir com as despesas na proporção da fração ideal, salvo disposição em contrário na convenção. É de se entender que a disposição diferente estabelecida na convenção não vai ao ponto de implantar um sistema injusto. Autoriza-se um critério diferente, mas desde que não desrespeitada a proporcionalidade em função da quota, segundo se depreende do inciso I do artigo 1.334 do Código Civil.

Seja como for, no caso de apresentar o critério distorções, em assembleia dos condôminos é possível a modificação em decisão da maioria, ou pelo *quorum* constante da convenção.

Mesmo que a assembleia ou a convenção tenha implantado a injustiça, necessária a correta exegese à disposição que determine o pagamento por critério diferente que a proporção das frações ideais. Mantém-se o critério se não acarretar prejuízo aos condôminos, ou não provocar o proveito injusto de alguns condôminos em detrimento de outros. Acontece que a autonomia e a liberdade de a assembleia decidir não vão ao ponto de oficializar a prevalência de injustiças, de modo a favorecer os condôminos com extensas áreas condominiais.

Embora o critério de justiça deva predominar, tem o STJ admitido divisão das despesas por modo diferente, como por unidade, embora as diferenças de áreas:

> A assembleia dos condôminos é livre para estipular a forma adequada de fixação da quota dos condôminos, desde que obedecidos os requisitos formais, preservada a isonomia e descaracterizado o enriquecimento ilícito de alguns condôminos. O rateio igualitário das despesas condominiais não implica, por si só, enriquecimento sem causa dos proprietários de maior fração ideal.[2]

No voto, expôs o relator, Min. Cesar Asfor Rocha:

> O Tribunal de origem assentou que o critério de rateio de forma igualitária acarreta enriquecimento ilícito da maioria dos condôminos em prejuízo ocupantes de espaço menor.

---

[1] REsp 1.733.390/RJ, da 4ª Turma, rel. Min. Raul Araújo, j. em 06.04.2021, *DJe* de 18.04.2021.
[2] REsp. n. 541.317/RS. Quarta Turma. Julgado em 09.09.2003, *DJU* 28.10.2003.

Dispõe o art. 12 da Lei n. 4.591/1964, *verbis:* "Cada condômino concorrerá nas despesas do condomínio, recolhendo, nos prazos previstos na Convenção, a quota-parte que lhe couber em rateio.

§ 1º Salvo disposição em contrário na Convenção, a fixação da quota no rateio corresponderá à fração ideal de terreno de cada unidade."

A convenção condominial é livre para estipular a forma adequada de fixação da quota dos condôminos, desde que obedecidas as regularidades formais, preservada a isonomia e descaracterizado o enriquecimento ilícito. O rateio igualitário das quotas não implica, por si só, a ocorrência de enriquecimento sem causa dos proprietários de maiores unidades, uma vez que os gastos mais substanciais suportados pelo condomínio – *v.g.* o pagamento dos funcionários, a manutenção das áreas comuns e os encargos tributários incidentes sobre essas áreas – beneficiam de forma equivalente todos os moradores, independentemente de sua fração ideal.

Assim, não prevalece a presunção do aresto hostilizado de que os proprietários de menores economias "acarretam menor despesa", porquanto os custos, em sua maior parte, não são proporcionais aos tamanhos das unidades, mas das áreas comuns, cujos responsabilidade e aproveitamento são de todos os condôminos indistintamente.

Ressalte-se que, *in casu*, a fração ideal é irrelevante nas votações e decisões da assembleia condominial.

Ora, ao afastar a adoção de critério igualitário no rateio das despesas, entendido indevidamente como ensejador de enriquecimento ilícito, o acórdão recorrido aplicou inadequadamente o art. 12, § 1º, da Lei n. 4.591/1964, afrontando o dispositivo.

Na inexistência de convenção, ou de previsão na forma de estabelecer a proporção, calcula-se a participação de conformidade com a área ideal de cada condômino, solução a que se chega diante da exegese que emerge do § 1º do artigo 12 da Lei n. 4.591: "Salvo disposição em contrário na Convenção, a fixação da quota do rateio corresponderá à fração ideal do terreno de cada unidade".

Essa a linha de interpretação do STJ:

> Na ausência de convenção de condomínio, impõe-se a regra estabelecida no art. 12, parágrafo 1º, da Lei n. 4.591/1964, segundo a qual, em tais circunstâncias, "a fixação da cota no rateio corresponderá à fração ideal de terreno de cada unidade".[3]

II – Não realizar obras que comprometam a segurança da edificação.

No caso, os proprietários devem ater-se à capacidade da estrutura do prédio, não efetuando reformas ou inovações, em suas unidades, que tragam excessiva sobrecarga, ou que resultem em impacto exagerado nas paredes. Mormente ficam vedadas perfurações e desbaste nas partes estruturais do prédio, enfraquecendo as colunas, vigas e paredes.

III – Não alterar a forma e a cor da fachada, das partes e esquadrias externas.

Revela-se notória a inconveniência de alterar as cores e a forma externa, pois importa na quebra do plano inicial da uniformidade que deve existir, além de destoar do conjunto arquitetônico. Muito menos é aceitável mudança nas esquadrias exter-

---

[3] REsp. n. 620.406/RJ. Quarta Turma. Julgado em 22.06.2004, rel. Min. Aldir Passarinho Junior, *DJU* 06.06.2005.

nas (portas, janelas), porque resulta quebra de harmonia. Em relação à cor, a Lei n. 4.591/1964, no artigo 10, I, era omissa, vindo a proibição de alterar com o Código Civil. Para a mudança, insta se obtenha autorização da assembleia, em votação com dois terços dos votos dos condôminos, por aplicação do artigo 1.342, em razão de ser a regra mais aproximada à matéria; ou, também, por aplicação do artigo 1.341, inciso I, que estabelece o mesmo *quorum* para a realização de obras voluptuárias. Precederá às obras a prévia licença da Prefeitura Municipal, eis que ocorrerá alteração do aspecto externo do prédio.

As pequenas alterações, ou o aproveitamento para a colocação de grades ou redes de proteção nas janelas e sacadas, não sofrem proibição; na permissão também se incluem a adaptação para introduzir redes de proteção e a fixação de suportes para a introdução de persianas ou venezianas nas aberturas.

A colocação de grades e outros dispositivos de segurança, mormente em janelas e portas, é permitida na parte interna da unidade, sem que extrapolem o espaço interno e ocupem a fachada ou a área comum. Também não cabe a proibição em adaptar exaustores de ar, instrumentos condicionadores de ar nas paredes ou sacadas, bem como antenas de aparelhos captadores de sinais (para televisão, rádio, telefonia, *internet*), nas paredes, no teto ou telhado do prédio. Mesmo que alterem a fachada e adentrem em espaço comum, a verdade é que nem a lei e muito menos as convenções podem sair da realidade e ir contra os tempos, limitando os usos e direitos. Na existência de restrições, cabem as alterações exigíveis nas convenções, de modo a se adaptar aos avanços técnicos do tempo. Em épocas nem tão remotas, havia certa rigidez no tratamento do assunto, tendo-se como nociva a instalação de tais aparelhos nas paredes dos corredores internos e externos. Achava-se que, por exalarem cheiro de gordura e fumaça, os exaustores de ar traziam transtornos aos demais moradores, além de deformarem as linhas arquitetônicas. Já os aparelhos de ar condicionado e outros aparelhos equivalentes, além da rede elétrica nem sempre comportá-los, traziam significativa mudança no visual estético do prédio. A tendência se acentuou e se consolida em não criar obstáculos frente às exigências e avanços da tecnologia, tendo-se como normais as adaptações dirigidas para criar e manter uma temperatura ambiente agradável, desde que comportem a infraestrutura e a rede elétrica instalada.

Para o fechamento de terraços e sacadas, a situação é diferente, sendo obrigatória a previsão na convenção, ou, no mínimo, a autorização da assembleia, em votação favorável que atinja dois terços dos votos dos condôminos, por aplicação do artigo 1.342, que é o que mais se adapta à disciplina da situação.

A permissão se faz necessária em razão de ocorrer a alteração da fachada. Se as sacadas aparecem como espaços abertos, e assim os terraços, resta evidente que resulta modificação se houver o fechamento com paredes ou mesmo vidros, perdendo o edifício a uniformidade de traços e a harmonia do relevo externo, já que aparecerão algumas sacadas abertas e outras fechadas. Em especial ocorre a alteração de aspecto externo se constar no memorial a descrição das sacadas, e tendo-se as mesmas na função de adorno do edifício. Nesta concepção, integram a área comum.

Muito menos a construção de churrasqueiras é tolerada, porquanto altera o aspecto externo do prédio, sem contar com outros inconvenientes. Inexistindo chaminé, e mais exaustor de ar, é porque não se permitiu a sua colocação ou construção no prédio.

Já a mera colocação de vidraças transparentes nas sacadas tem sido vista com mais condescendência, sob o enfoque de que não implica alteração substancial e de que não desfaz a harmonia do conjunto.

A colocação de letreiros, propaganda, placas, luminosos, emblemas e outros chamados de publicidade depende de autorização da convenção, ou, na falta de previsão, da assembleia, também em *quorum* qualificado de dois terços dos condôminos. Entretanto, a matéria deve ser vista com profundo senso de moderação. Parece notório que, nos condomínios destinados a fins comerciais, como lojas e centros profissionais, faz-se necessária a fixação de luminosos, placas, faixas e outros adereços convidativos, de modo a chamar a atenção do público. Todavia, desde que haja moderação e proporcionalidade aos fins a que se destinam os edifícios. Se o uso é para profissionais liberais de certo nível cultural, como médicos, advogados, engenheiros, psicólogos, não comportam as exageradas e imensas placas, ou os letreiros cuja dimensão prejudica o visual do prédio. O normal é permitir a colocação de indicativos de atividades, com os nomes dos profissionais, e desde que não destoam da qualidade e do padrão da construção.

IV – Dar às suas partes a mesma destinação que tem a edificação, e não as utilizar de maneira prejudicial ao sossego, salubridade e segurança dos possuidores, ou aos bons costumes.

Vasto é o alcance da regra.

Quanto à destinação, virá consignada na convenção. Se previsto o uso para moradia, não se admite a transformação para o comércio, ou a instalação de pequena indústria, ou a prestação de serviços mesmo que liberais. Redundaria esse desvirtuamento em prejuízo aos demais moradores, que viriam quebrada a finalidade do condomínio, com o surgimento de transtornos, incômodos e aumento de frequência de pessoas, inclusive afetando a segurança.

Constitui obrigação relevante a obediência a regras de educação, de bom comportamento, de conduta ponderada, de higiene e limpeza, de postura moral e outras precauções no modo de agir e se portar, de sorte a criar um ambiente de tranquilidade e harmonia, sem atritos e percalços. Assim, o procedimento dos condôminos e moradores terá em conta o relacionamento educado, pacífico, conveniente, especialmente no que se refere ao uso de aparelhos de som ou música nos apartamentos e no salão de festas, à presença de animais inconvenientes especialmente em áreas comuns, ao depósito de resíduos, à utilização de sacadas, aos atritos internos e familiares, ao uso de bens e substâncias inconvenientes. Igualmente no tocante à conduta individual, de modo a não transformar a unidade em centro de orgias, ou local de encontros de homens e mulheres para a exploração sexual, causando constrangimento aos demais moradores e deteriorando o nível do próprio edifício. Importante que se tenha em vista o mau uso da propriedade, através de condutas licenciosas, da presença de indivíduos que despertam suspeitas, de atitudes com falta de decoro ou que chegam ao escândalo, tudo comportando escancarada violação aos bons costumes e ofensa aos direitos de vizinhança.

Como medida preventiva para a preservação do bom ambiente e da idoneidade dos frequentadores, é de extrema conveniência que as convenções ou regimentos internos contenham a previsão de os visitantes e estranhos apresentarem documento de identidade, com a anotação dos números e dos nomes pelos porteiros, quando da entrada, mesmo que acompanhados por moradores ou condôminos.

Em síntese, estão os condôminos sujeitos às normas de boa vizinhança, não usando nocivamente a propriedade.

Merecem destaque os deveres de boa vizinhança, incidindo as normas dos artigos 1.277 a 1.281 do Código Civil, não podendo o condômino, v.g., lançar lixo em pátios, sacadas ou em quaisquer compartimentos dos demais condôminos, ou em áreas comuns; provocar ruídos com aparelhos de som e instrumentos musicais, ou ferramentas, ou exercendo atividades noturnas incômodas, ou em festas com danças e outras diversões; realizar reformas ou consertos no interior das unidades, cujo barulho e batidas repercutam nos apartamentos fora do horário previsto na convenção ou no regimento interno. A toda conduta capaz de resultar interferências prejudiciais à segurança, ao sossego e à saúde dos moradores do prédio asseguram-se os meios judiciais para a devida correção ou cessação (art. 1.277 do CC).

41

As penalidades no descumprimento dos deveres pelos condôminos

O mais grave descumprimento de deveres seguramente é de cunho econômico e consiste na falta de pagamento das contribuições condominiais, embora assegurada a possibilidade da cobrança judicial, e encontre-se a obrigação garantida pela própria unidade, cuja expropriação não é protegida pela impenhorabilidade, diante do artigo 3º, inciso IV, da Lei n. 8.009/1990. Outras infrações que ultrapassam a suportabilidade da tolerância estão na conduta inconveniente do condômino, quebrando a ordem, a normalidade e o equilíbrio no conjunto habitacional; nos incômodos que provoca; no desrespeito às normas de convivência, de modo a tornar-se um elemento desagregador e pernicioso, causa de constantes atritos ou conflitos sociais.

Revela-se profundamente tímida a lei no reprimir as transgressões e em permitir medidas fortes contra o condômino ou morador desajustado e de mau procedimento.

As penalidades são de ordem econômica, e que nem sempre surtem efeito, sobretudo em vista dos percalços exigidos para a sua exigibilidade e conversão de bens em dinheiro. As soluções judiciais, normalmente cominatórias, buscando condutas de fazer e não fazer (manter postura condizente, acondicionar o lixo, evitar excesso de barulho, não perturbar o sossego etc.), além de morosas, também acabam por punir através da aplicação de multas.

A impenhorabilidade na execução pelo valor das multas não fica, no caso, afastada, porquanto limitada às taxas.

Não existe uma penalidade mais forte, consistente na retirada forçada ou alijamento do condômino ou morador, ou na proibição de frequentar áreas comuns (piscinas, salão de festas, espaço reservado ao esporte), e mais, na sua interdição em permanecer no prédio, a exemplo de legislações de outros países, como da Suíça. Haroldo Guilherme Vieira Fazano cita várias outras legislações que autorizam a obrigação da venda da unidade, ou a interdição no uso, como as da Alemanha, da Guatemala, do México, da Bulgária e da Espanha.[1] Muito menos se tem uma tipificação penal própria de condutas, capaz de ensejar a aplicação de penas restritivas da liberdade. Neste ponto, deveria ter ido adiante a lei, dando poderes ao condomínio para providências extremas, como a expropriação da unidade, mediante prévia avaliação para ensejar o pagamento do valor justo.

---

[1] *Condomínio* – aspectos teóricos e práticos. Ob. cit. p. 478 e 479.

No entanto, se houver previsão na convenção, parecem passíveis de aplicação certas restrições, e mesmo represálias, como cortar o fornecimento de água, luz ou gás, desligar o interfone, ou vetar o acesso a dependências comuns como garagem, piscina, sauna ou salão de festas.

Quanto a vetar o acesso a dependências comuns, o STJ manifestou-se contrariamente:

> O direito do condômino ao uso das partes comuns, seja qual for a destinação a elas atribuídas, não decorre da situação (circunstancial) de adimplência das despesas condominiais, mas sim do fato de que, por lei, a unidade imobiliária abrange, como parte inseparável, não apenas uma fração ideal no solo (representado pela própria unidade), bem como nas outras partes comuns que será identificada em forma decimal ou ordinária no instrumento de instituição do condomínio (§ 3º do art. 1.331 do Código Civil). Ou seja, a propriedade da unidade imobiliária abrange a correspondente fração ideal de todas as partes comuns. A sanção que obsta o condômino em mora de ter acesso a uma área comum (seja qual for a sua destinação), por si só, desnatura o próprio instituto do condomínio, limitando, indevidamente, o correlato direito de propriedade.
>
> Para a específica hipótese de descumprimento do dever de contribuição pelas despesas condominiais, o Código Civil impõe ao condômino inadimplente severas sanções de ordem pecuniária, na medida de sua recalcitrância.
>
> (...)
>
> A vedação de acesso e de utilização de qualquer área comum pelo condômino e de seus familiares, independentemente de sua destinação (se de uso essencial, recreativo, social, lazer etc.), com o único e ilegítimo propósito de expor ostensivamente a condição de inadimplência perante o meio social em que residem, desborda dos ditames do princípio da dignidade humana.
>
> 5. Recurso especial improvido.[2]

> É ilícita a prática de privar o condômino inadimplente do uso de áreas comuns do edifício, incorrendo em abuso de direito à disposição condominial que proíbe a utilização como medida coercitiva para obrigar o adimplemento das taxas condominiais. Em verdade, o próprio Código Civil estabeleceu meios legais específicos e rígidos para se alcançar tal desiderato, sem qualquer forma de constrangimento à dignidade do condômino e dos demais moradores.
>
> O legislador, quando quis restringir ou condicionar o direito do condômino, em razão da ausência de pagamento, o fez expressamente (CC, art. 1.335). Ademais, por questão de hermenêutica jurídica, as normas que restringem direitos devem ser interpretadas restritivamente, não comportando exegese ampliativa.
>
> O Código Civil estabeleceu meios legais específicos e rígidos para se alcançar tal desiderato, sem qualquer forma de constrangimento à dignidade do condômino inadimplente: a) ficará automaticamente sujeito aos juros moratórios convencionados ou, não sendo previstos, ao de um por cento ao mês e multa de até dois por cento sobre o débito (§ 1°, art. 1.336); b) o direito de participação e voto nas decisões referentes aos interesses condominiais poderá ser restringido (art. 1.335, III); c) é possível incidir a sanção do art. 1.337, *caput*, do CC, sendo obrigado a pagar multa em até o quíntuplo do valor atribuído à contribuição para as despesas condominiais, conforme a gravidade da fal-

---

2 REsp 1564030/MG, da 3ª Turma do STJ, j. em 09.08.2016, *DJe* 19.08.2016, rel. Min. Marco Aurélio Bellizze.

ta e a sua reiteração; d) poderá haver a perda do imóvel, por ser exceção expressa à impenhorabilidade do bem de família (Lei n° 8.009/90, art. 3°, IV).[3]

Consistem as penalidades econômicas em juros para o caso de atraso de pagamento dos encargos condominiais, e em multas nas infrações de outros deveres, conforme se desenvolverá nos itens que seguem.

Há a previsão, também, de indenização por perdas e danos, se surgirem, evidentemente, prejuízos. É claro, a respeito, o § 2° do artigo 1.336 do Código Civil. Tanto ao condomínio cabe o pagamento, se restar lesado, bem como aos condôminos, desde que atingidos os valores patrimoniais e morais dos mesmos, sobretudo os concernentes ao sossego, à salubridade e segurança. Independe a exigibilidade de previsão na convenção.

a) Penalidades pela falta de pagamento de despesas do condomínio

A primeira ordem de penalidades está na violação aos deveres inciso I do artigo 1.336, relativamente à falta de pagamento das taxas condominiais, observando que a penalidade consiste no pagamento de juros moratórios convencionados, ou de 1% (um por cento) ao mês, na falta de previsão, e no pagamento de multa de até 2% (§ 1° do art. 1.336). Na verdade, em ocorrendo tamanha infração, deveria a lei permitir ao síndico o simples cancelamento no fornecimento de certos serviços, como o de água, luz, gás, se comum do condomínio a responsabilidade pelo pagamento e não individualizados os consumos para cada condômino, e cobrados diretamente pelo fornecedor junto a cada consumidor. Impunham-se poderes mais fortes ao síndico, como a interdição de qualquer prestação de atividade ou bens ao morador faltoso, e a previsão de medidas especiais, como o compulsório afastamento do condômino, apreendendo-se a sua unidade, e autorizando o leilão extrajudicial. Pelo sistema atual, que consiste na simples cobrança, em vista da morosidade e da ineficiência da Justiça, da crescente degradação da prestação jurisdicional, tudo aliado a falsos princípios que muitos juízes nutrem, pretensamente protetores de direitos humanos, instala-se verdadeiro caos em vários condomínios, obrigando alguns condôminos a pagarem durante longos anos encargos de consortes relapsos e irresponsáveis, os quais valem-se do moroso mecanismo judicial para protelarem indefinidamente as obrigações, máxime através de recursos ao STJ, cuja superada, insuficiente e arcaica estrutura conduz a se prolongar até dez ou mais anos um processo.

A única solução é o rateio dos valores junto aos demais condôminos, como bem expõe José Fernando Lutz Coelho, que também retrata o quadro de descalabro hoje imperante:

> Evidentemente que em caso de atraso das taxas condominiais, deverá ser procedido um rateio entre os condôminos pontuais, ou até a utilização do fundo de reserva do condomínio, para ser suprida a inadimplência dos outros condôminos, que mesmo em atraso, continuam usufruindo de todas as utilidades do prédio, como se nada houvesse, não podendo nem ser cobrados publicamente, pois poderá ser "vexatório", e, nesses casos, utilizam a água, às vezes gás, salão de festas, usufruem de todos os serviços, facilidades e privilégios do condomínio, sem existir a possibilidade de serem suspensas

---

[3] REsp 1.699.022/SP. Quarta Turma. Relator: Min. Luis Felipe Salomão. Julgado em 28.05.2019. *DJe* 1°.07.2019.

todas as vantagens pelo síndico, o que não é permitido por lei, ficando os devedores, sem qualquer constrangimento, com o beneplácito da justiça.[4]

Relativamente aos juros, mister observar que serão de um por cento ao mês na falta de convenção de taxa diferente, a teor do § 1º do art. 1.336:

> O condômino que não pagar a sua contribuição ficará sujeito aos juros moratórios convencionados ou, não sendo previstos, os de um por cento ao mês e multa de até dois por cento sobre o débito.

O STJ já admitiu a taxa acima de um por cento ao mês, entendendo-a como legal:

> Após o advento do Código Civil de 2002, é possível fixar na convenção do condomínio juros moratórios acima de 1% (um por cento) ao mês em caso de inadimplemento das taxas condominiais.[5]

A fim de bem compreender a matéria, conveniente a transcrição do voto da Relatora:

> Neste processo, a convenção do condomínio prevê a incidência de juros moratórios de 0,3% ao dia, após o trigésimo dia de vencimento, e multa de 2%, em caso de inadimplemento das taxas condominiais (fl. 296).
>
> A despeito disso, o acórdão recorrido concluiu que, na vigência do Código Civil/02 "devem ser aplicados os juros previstos no § 1º do artigo 1.336, ou seja, juros de mora de 1% (um por cento) ao mês e multa de 2% (dois por cento)".
>
> Todavia, infere-se da leitura do art. 1.336, § 1º, do CC/02 que: (i) devem ser aplicados os juros moratórios expressamente convencionados, ainda que superiores a 1% (um por cento) ao mês; e (ii) apenas quando não há essa previsão, deve-se limitar os juros moratórios a 1% (um por cento) ao mês.
>
> Com efeito, o referido dispositivo não limitou a convenção dos juros moratórios ao patamar de 1% ao mês como o fez expressamente com a multa, que será de "até dois por cento".
>
> Acrescente-se que, por ocasião da Lei 10.931/2004, que alterou, entre outros, o inciso I do art. 1.336 do CC/02, houve também proposta de alteração do § 1º, o que, contudo, não ocorreu em razão do veto presidencial.
>
> A proposição buscava manter a redação referente aos juros moratórios e dar novos contornos à multa, que passaria a ser progressiva e diária "à taxa de 0,33% (trinta e três centésimos por cento) por dia de atraso, até o limite estipulado pela Convenção do Condomínio, não podendo ser superior a dez por cento".
>
> As razões do veto presidencial à referida proposta ressaltam a possibilidade de cobrança dos juros moratórios acima de 1% ao mês, nos seguintes termos:
>
> "O novo Código Civil estabeleceu o teto de dois por cento para as multas condominiais, adequando-as ao já usual em relações de direito privado. A opção do Código Civil de 2002, diploma legal profundamente discutido no Congresso Nacional, parece-nos a mais acertada, pois as obrigações condominiais devem seguir o padrão das obrigações de direito privado. Não há razão para apenar com multa elevada condômino que atrasou o pagamento durante poucas semanas devido a dificuldade financeira momentânea.

---

[4] *Condomínio edilício.* Ob. cit. p. 19.
[5] REsp. n. 1.002.525/DF. Relatora: Min.ª Nancy Andrighi. Terceira Turma. Julgado em 16.09.2010, DJe 22.09.2010.

Ademais, observe-se que o condomínio já tem, na redação em vigor, a opção de aumentar o valor dos juros moratórios como mecanismo de combate a eventual inadimplência causada por má-fé. E neste ponto reside outro problema da alteração: aumenta-se o teto da multa ao mesmo tempo em que se mantém a possibilidade de o condomínio inflar livremente o valor dos juros de mora, abrindo-se as portas para excessos.

Por fim, o dispositivo adota fórmula de cálculo da multa excessivamente complexa para condomínios que tenham contabilidade e métodos de cobrança mais precários, o que poderá acarretar tumulto na aplicação rotineira da norma, eliminando pretensas vantagens" (Mensagem n. 461/2004, *DOU*, 03.08.2004).

Essa interpretação converge com a redação do art. 1.336, § 1º, do CC/02, que limita os juros moratórios ao patamar de 1% (um por conto) ao mês apenas quando a convenção do condomínio é omissa nesse ponto.

Dessarte, após o advento do Código Civil de 2002, é possível fixar na convenção do condomínio juros moratórios acima de 1% (um por cento) ao mês, em caso de inadimplemento das taxas condominiais.

A liberdade de estabelecer uma taxa superior ao percentual previsto não é ilimitada, de modo a não representar um enriquecimento sem causa, e muito menos aceitando-se que represente uma vantagem econômica excessiva. Na verdade, faltaria coerência com a parte final do mesmo § 1º, que limita a multa em dois por cento. Se o propósito do legislador consistiu em reduzir os encargos da inadimplência para não dificultar a purga da mora, representa um contrassenso tolerar uma taxa de juros superior à estabelecida para a multa.

b) *Penalidades pela realização de obras proibidas, pela alteração da fachada e pela mudança de destinação da unidade, e por conduta prejudicial*

A penalidade para as infrações constantes nos incisos II a IV do artigo 1.336, e que se revelam na realização de obras que comprometam a segurança da edificação; na alteração da forma e da cor da fachada, das partes e esquadrias externas; na destinação das partes da unidade diferente da prevista na edificação; e na utilização de maneira prejudicial ao sossego, salubridade e segurança dos possuidores, ou contrariamente aos bons costumes, consiste em uma multa que deve estar permitida no ato constitutivo do condomínio, a qual não poderá ultrapassar a cinco vezes o valor de suas contribuições mensais, além de possível indenização por perdas e danos. Na ausência de previsão, convoca-se a assembleia geral, que estabelecerá o montante, sempre respeitado o teto máximo. Impõe-se um *quorum* de dois terços dos condôminos restantes (e não somente daqueles que se encontram na assembleia), isto é, dos condôminos excluído o infrator. Assim consta do § 2º do artigo 1.336:

> O condômino, que não cumprir qualquer dos deveres estabelecidos nos incs. II a IV, pagará a multa prevista no ato constitutivo ou na convenção, não podendo ela ser superior a cinco vezes o valor de suas contribuições mensais, independentemente das perdas e danos que se apurarem; não havendo disposição expressa, caberá à assembleia geral, por 2/3 (dois terços) no mínimo dos condôminos restantes, deliberar sobre a cobrança da multa.

Por conseguinte, pela infração a que o condômino incorreu há a penalidade da multa, que ficará em até cinco vezes o montante das contribuições do mês da sua verificação. A cada infração sujeita-se o condômino à punição. No entanto, se houver continuidade da mesma falta num período, entende-se que unicamente uma punição é permitida. Assim, transgredindo a regra do sossego durante vários momentos da noite, uma será a multa. Já se a cada dia é repetida a infração, corresponderão tantas multas quantos os dias em que se verificaram.

Quanto à mudança de destinação, entendeu o STJ a possibilidade, desde que haja autorização da assembleia dos condôminos:

> O Código Civil, em seus arts. 1.333 e 1.334, concede autonomia e força normativa à convenção de condomínio regularmente aprovada e registrada no Cartório de Registro de Imóveis competente. Portanto, existindo na Convenção de Condomínio regra impondo destinação residencial, mostra-se indevido o uso de unidades particulares que, por sua natureza, implique o desvirtuamento daquela finalidade (CC/2002, arts. 1.332, III, e 1.336, IV).

> Não obstante, ressalva-se a possibilidade de os próprios condôminos de um condomínio edilício de fim residencial deliberarem em assembleia, por maioria qualificada (de dois terços das frações ideais), permitir a utilização das unidades condominiais para fins de hospedagem atípica, por intermédio de plataformas digitais ou outra modalidade de oferta, ampliando o uso para além do estritamente residencial e, posteriormente, querendo, incorporarem essa modificação à Convenção do Condomínio.[6]

c) Penalidade pelo reiterado descumprimento dos deveres

Há mais outra punição, aplicável na reiterada violação aos deveres, seja de qualquer ordem (inclusive falta de pagamento de taxas), exceto para o caso de reiterado comportamento antissocial, e extensiva ao possuidor, ou seja, ao morador, como locatário. Não incide pela infração, mas pela reiterada violação, ou repetição de infrações. Ou seja, além da multa constante dos §§ 1º e 2º do artigo 1.336, há outra multa, em valor de até o quíntuplo do quanto da contribuição mensal, na diretriz do artigo 1.337:

> O condômino, ou o possuidor, que não cumpre reiteradamente com os seus deveres perante o condomínio poderá, por deliberação de ¾ (três quartos) dos condôminos restantes, ser constrangido a pagar multa correspondente até ao quíntuplo do valor atribuído à contribuição para as despesas condominiais, conforme a gravidade das faltas e a reiteração, independentemente das perdas e danos que se apurem.

Verifica-se a reiterada violação dos deveres de condômino. Quais os deveres? Responde Pedro Elias Avvad:

> Que deveres são esses? São quaisquer deveres, estejam na convenção, no regulamento interno, na lei especial ou ordinária, ou, simplesmente, sejam preceitos morais ou dos bons costumes. A lei maior que, na graduação da multa, se avalie a gravidade das faltas e a reincidência da prática de infrações, não necessariamente da mesma natureza.[7]

Na hipótese, necessário que a assembleia aprove a penalidade, mesmo que autorizada pelo ato constitutivo do condomínio, ou pela convenção. O dispositivo não

---

[6] REsp 1.819.075/RS, da 4ª Turma, red. p/ acórdão Min. Raul Araújo, j. em 20.04.2021, *DJe* de 27.05.2021.

[7] *Condomínio em edificações no novo Código Civil comentado.* Ob. cit. p. 234.

coloca a exigência da autorização da assembleia na omissão de previsão nos diplomas formalizadores do condomínio. Novamente Pedro Elias Avvad explica a exigência:

> (...) Temos que a competência para o julgamento do ato e determinação de sua punibilidade que, antes, cabia ao síndico ou, omitindo-se este, a qualquer condômino, passou a ser, agora, a deliberação da assembleia por ¾ (três quartos) dos condôminos restantes, excluído, do total, o infrator. Por fim, a dosagem da multa, que haveria de estar fixada na convenção ou no regimento interno, foi, no novo estatuto civil, delegada aos próprios condôminos julgadores, mas com os limites máximos estabelecidos na lei.[8]

O montante não será automaticamente até o quíntuplo da contribuição, mas não poderá ultrapassá-lo.

Se a conduta punível é de parte do ocupante ou possuidor, responderá subsidiariamente o condômino, por ter a titularidade do imóvel e também em face da *culpa in elegendo*.

d) Penalidade pelo reiterado comportamento antissocial

Para o caso de repetida conduta antissocial, mesmo que não contemplada no ato constitutivo, convenção ou regimento do condomínio, a ponto de gerar incompatibilidade de convivência com os demais condôminos ou possuidores, o valor da multa sobe para o décuplo da quantia da contribuição. É a regra contida no parágrafo único do artigo 1.337:

> O condômino ou possuidor que, por seu reiterado comportamento antissocial, gerar incompatibilidade de convivência com os demais condôminos ou possuidores, poderá ser constrangido a pagar multa correspondente ao décuplo do valor atribuído à contribuição para as despesas condominiais, até ulterior deliberação da assembleia.

Tem-se, na previsão, a conduta do chamado condômino antissocial, que é aquele que não tem um comportamento compatível com a vida em condomínio, que não respeita as limitações naturais dos edifícios coletivos, que viola os mais comezinhos princípios de convivência social, que se atrita com os vizinhos, apresentando um comportamento insuportável.

A conduta antissocial ostenta-se de várias maneiras, consistindo as mais comuns na desobediência das regras do regimento interno, como as perturbações do sossego, a algazarra, a colocação de lixo e resíduos em locais inapropriados, o desleixo no fechamento de portões de entrada do condomínio, a ocupação de espaços comuns com veículos ou objetos pessoais, a permissão do ingresso de pessoas duvidosas, o exercício de atividades profissionais em prédio de uso exclusivamente residencial, as posturas inconvenientes exemplificadas em bebedeiras, a utilização do apartamento para a prostituição ou o comércio de drogas, o uso de tóxicos, as brigas, as discussões no seio familiar a ponto de gerar incômodos e intranquilidade aos moradores de outras unidades. Mais concretamente, um morador alcoólatra, que chega diariamente bêbado no prédio e causa confusões na portaria e em outras áreas internas; uma moradora histérica que passa o dia gritando com os filhos nas áreas comuns do prédio; um filho

---

[8] *Condomínio em edificações no novo Código Civil comentado*. Ob. cit. p. 233.

164 • Condomínio Edilício e Incorporação Imobiliária | *Arnaldo Rizzardo*

que é baterista e toca instrumentos musicais até altas horas da noite; uma moradora que namora um traficante, o qual passa a ter livre acesso no edifício.

O artigo 1.337, ao referir "até a ulterior deliberação da assembleia", não importa em concluir a existência de viabilidade de vir a assembleia a autorizar medidas mais fortes. Importa em deduzir que o síndico aplicará a penalidade, que permanecerá enquanto a assembleia não a afastar.

Trata-se da penalidade mais grave contemplada pela lei.

A rigor, não se permite o afastamento do condômino ou morador, embora certa doutrina, acompanhada de raros julgados, que anteveja a possibilidade de expulsão. Expõe, a respeito, Álvaro Villaça Azevedo:

> A exclusão do condômino é a única solução para conter os aludidos abusos no direito de propriedade, que tem seu fundamento, principalmente constitucional, na ideia de função social. A lei civil, assim, dá um passo adiante na complementação desse significado importante, do condicionamento do uso da propriedade de forma harmônica, pacífica, nos moldes legais, preservando-se o bem-estar dos condôminos, dos vizinhos e do meio ambiente.

Reporta-se o autor a alguma jurisprudência que vislumbra a saída da expulsão, como uma decisão do Tribunal de Justiça de São Paulo:

> *Condomínio edilício.* Situação criada por morador, sargento da Polícia Militar que, reincidente no descumprimento das normas regulamentares, renova condutas antissociais, apesar da multa aplicada e que não é paga, construindo, com isso, clima de instabilidade ao grupo e uma insegurança grave, devido ao seu gênio violento e ao fato de andar armado no ambiente, por privilégio profissional. Adequação da tutela antecipada emitida para obrigá-lo a não infringir a convenção, sob pena de multa ou outra medida específica do § 5º do art. 461 do CPC, inclusive o seu afastamento. Interpretação do art. 1.337 do CC. Não provimento (Agravo de Instrumento n. 513.932-4/3. da Quarta Câmara de Direito Privado. Julgado em 02.08.2007).[9]

O artigo 461, § 5º, citado no aresto, tem regra equivalente no artigo 536, § 1º, do CPC/2015.

O afastamento é viável, pois, em situações de perigo, de perturbação continuada, o que admitem as leis de alguns países, como a Lei n. 49/1960, no artigo 19, da Espanha; a Lei Federal alemã de 15.03.1951, nos §§ 31 a 58; e o Código Suíço, nos artigos 649-b a 649-c.

Outras manifestações favoráveis à medida existem, como a de J. Nascimento Franco:

> O legislador não quis enfrentar o problema e determinar o afastamento do condômino cujo comportamento se revela incompatível com a boa convivência condominial, temeroso de ferir o direito de propriedade. Rigoroso em outros pontos, o legislador foi muito tímido ao regular a utilização do apartamento da porta para dentro. Contudo, para os abusos reiterados a punição eficaz é a exclusão definitiva do condômino ou,

---

[9] Condomínio edilício e exclusão do condômino nocivo. *Revista Magister de Direito Civil e Processo Civil*, Porto Alegre, Magister, n. 27, p. 57, nov.-dez. 2008.

Cap. 41 | As penalidades no descumprimento dos deveres pelos condôminos • **165**

pelo menos, com condenação de mudar-se para outro local, pois não é justo que o edifício seja afetado em seu bom nome e seus moradores forçados a suportar a presença de alguém cujo mau comportamento seja incompatível com a moralidade e os bons costumes.... O preceito constitucional que assegura o direito de propriedade não conflitará com a lei ordinária que prescreve a interdição temporária do uso, ou a alienação compulsória do apartamento cujo titular cause intranquilidade à vida condominial. Isso porque aquele direito tem de ser exercido visando o bem-estar social, nunca para prejudicá-lo na sua realização prática.[10]

Inclusive decisões mais recentes, como a seguinte do TJ do Paraná:

> Apelação cível. Condomínio edilício vertical. Preliminar. Intempestividade. Inocorrência. Apelo interposto antes da decisão dos embargos. Ratificação. Desnecessidade. Exclusão de condômino nocivo. Limitação do direito de uso/habitação, tão somente. Possibilidade, após esgotada a via administrativa. Assembleia geral realizada. Notificações com oportunização do contraditório. *Quorum* mínimo respeitado (3/4 dos condôminos). Multa referente ao décuplo do valor do condomínio. Medida insuficiente. Conduta antissocial contumaz reiterada. Graves indícios de crimes contra a liberdade sexual, redução à condição análoga a de escravo. Condômino que aliciava candidatas a emprego de domésticas com salários acima do mercado, mantendo-as presas e incomunicáveis na unidade condominial. Alta rotatividade de funcionárias que, invariavelmente, saíam do emprego noticiando maus-tratos, agressões físicas e verbais, além de assédios sexuais, entre outras acusações. Retenção de documentos. Escândalos reiterados dentro e fora do condomínio. Práticas que evoluíram para investida em moradora menor do condomínio. Conduta antissocial inadmissível que impõe provimento jurisdicional efetivo. Cabimento. Cláusula geral. Função social da propriedade. Mitigação do direito de uso/habitação. Dano moral. Não conhecimento. Matéria não deduzida tampouco apreciada. Honorários sucumbenciais fixados em R$ 6.000,00 (seis mil reais). Mantença. Peculiaridades do caso concreto. Sentença mantida. Recurso desprovido.[11]

De outros Tribunais:

> Verossimilhança dos fatos alegados, tendo em vista que o agravado comprova, de forma inequívoca, o comportamento antissocial do demandado a impedir a convivência pacífica com os demais moradores. Receio de dano irreparável ou de difícil reparação, uma vez que a permanência do réu no condomínio coloca em risco a segurança e a integridade dos demais moradores. Manutenção da decisão que deferiu a tutela antecipada de exclusão do condômino, nos termos do art. 273, I, do CPC. Negado seguimento ao recurso, por decisão monocrática.[12]

> Condomínio. Exclusão de condômino antissocial. Ação julgada extinta. Carência de ação. Impossibilidade jurídica do pedido. Sanção gravosa que não possui previsão no Código Civil. Inconformidade. Omissão do legislador que, por si só, não proíbe a pretensão deduzida em juízo e nem afasta a aplicação de normas constitucionais que integram

---

10   *Condomínio*. 5ª ed., São Paulo: Ed. Revista dos Tribunais, 2005, p. 246 e 247.
11   Apel. Cível n. 957.743-1. Primeira Câm. Cível do TJ/PR. Relator: Des. Arquelau Araújo Ribas. Julgado em 13.12.2012, publicação em 22.01.2012.
12   TJRS. Agravo de Instrumento n. 70065533911. Décima Oitava Câmara Cível. Relator: Des. Nelson José Gonzaga. Julgado em 13.08.2015, publ. em 12.08.2015.

> o direito privado. Dever de justiça de solucionar controvérsias pelo mérito. Direito de ação reconhecido. Sentença anulada.[13]

> Apelações cíveis. Condomínio edilício. Ação ordinária com pedido de exclusão de condômino antissocial. Condomínio. Interesse de agir. O interesse de agir diz respeito à utilidade do provimento jurisdicional, que vem a ser o benefício que, diante da necessidade de solução de uma lide, possa ser alcançado com a sanção. Ante o acolhimento de um pedido declaratório, condenatório e/ou constitutivo. Indicado o benefício a ser alcançado, não se justifica a extinção do processo sem resolução de mérito. Circunstância dos autos em que o condomínio, por iniciativa do síndico, tem interesse de agir ao buscar a medida judicial por descumprimento de obrigação legal ou condominial que afete os demais condôminos. É a preliminar arguida pelo réu é insubsistente. Condômino. Comportamento antissocial. Exclusão do convívio condominial. O condômino ou o usuário de unidade condominial que incorra em reiterada conduta que se caracteriza antissocial é passível de ter vedado o uso pessoal da unidade e de dependências condominiais, independente da aplicação da multa prevista no art. 1.335, parágrafo único do Código Civil. A conduta nociva autoriza a tutela jurisdicional por aplicação dos arts. 187, 1.228, §§ 1º e 2º, e art. 1.336, IV, do Código Civil. Circunstância dos autos em que restou comprovada a conduta antissocial do condômino fazendo festas e reuniões na sua unidade, com grupo de pessoas alcoolizadas, ocasionando transtornos de som alto, arruaça, descumprimento de normas de higiene e sanitárias, e risco à segurança dos demais condôminos, além do descumprimento da própria liminar que vedara a realização de festas e reuniões. Se impõe a medida de restrição ao uso pessoal da sua unidade e dependências condominiais. Recurso do réu desprovido e recurso do autor provido.[14]

Consoante referido, não se requer, para a configuração, a infração de regra constante no ato constitutivo ou no regimento. Basta que decorra incompatibilidade, mal-estar, dissabor constante a um ou mais condôminos ou moradores.

A penalidade prescinde de previsão em algum documento. Pela regra acima transcrita, depois de deliberada pela assembleia, ao síndico cabe a aplicação. Pensa-se que, verificada a transgressão, está o síndico autorizado a aplicá-la imediatamente, devendo haver ulterior deliberação da assembleia, que a ratificará ou isentará o infrator. Em vista do transtorno que causa a conduta, em havendo a reiteração, permitida a imediata incidência.

Também coerente pensar que, na convocação da assembleia, virá a sua previsão na ordem do dia. Notifica-se o condômino para a assembleia, dando-se oportunidade de se defender, exercendo o direito durante a apreciação de seu caso. Tanto através do uso da palavra como por meio escrito, encaminhando a peça aos participantes da assembleia, garante-se a defesa. Não, entretanto, em um procedimento antecedente, como num processo administrativo.

O direito à defesa está garantido pelo próprio STJ:

> "O art. 1.337 do Código Civil estabeleceu sancionamento para o condômino que reiteradamente venha a violar seus deveres para com o condomínio, além de instituir, em seu parágrafo único, punição extrema àquele que reitera comportamento antissocial,

---

[13] Apelação n. 4000396-25.2013.8.26.0010. Oitava Câm. de Direito Privado do TJ/SP. Relator: Des. Alexandre Coelho. Julgada e registrada em: 07.04.2016.

[14] Apelação Cível n. 50015547420208210016, Décima Oitava Câmara Cível, Tribunal de Justiça do RS, rel. João Moreno Pomar, j. em 28.06.2021 e publicado em 1º.07.2021.

verbis: 'O condômino ou possuidor que, por seu reiterado comportamento antissocial, gerar incompatibilidade de convivência com os demais condôminos ou possuidores, poderá ser constrangido a pagar multa correspondente ao décuplo do valor atribuído à contribuição para as despesas condominiais, até ulterior deliberação da assembleia'.

Por se tratar de punição imputada por conduta contrária ao direito, na esteira da visão civil-constitucional do sistema, deve-se reconhecer a aplicação imediata dos princípios que protegem a pessoa humana nas relações entre particulares, a reconhecida eficácia horizontal dos direitos fundamentais que, também, deve incidir nas relações condominiais, para assegurar, na medida do possível, a ampla defesa e o contraditório. Com efeito, buscando concretizar a dignidade da pessoa humana nas relações privadas, a Constituição Federal, como vértice axiológico de todo o ordenamento, irradiou a incidência dos direitos fundamentais também nas relações particulares, emprestando máximo efeito aos valores constitucionais. Precedentes do STF".[15]

---

[15] REsp 1365279/SP, da Quarta Turma, rel. Min. Luis Felipe Salomão, j. em 25.08.2015, *DJe* 29.09.2015.

42

As receitas e despesas do condomínio e os responsáveis pelo pagamento

Está consignado expressamente no artigo 24 da Lei n. 4.591/1964 que anualmente se elabore um orçamento das despesas comuns e rotineiras do condomínio, para a finalidade de estabelecer as contribuições:

> Haverá, anualmente, uma assembleia geral ordinária dos condôminos, convocada pelo síndico na forma prevista na Convenção, à qual compete, além das demais matérias inscritas na ordem do dia, aprovar, por maioria dos presentes, as verbas para as despesas de condomínio, compreendendo as de conservação da edificação ou conjunto de edificações, manutenção de seus serviços e correlatas.

Não que haja obrigatoriedade na previsão orçamentária. A omissão não importa em afastar a exigibilidade. Recomenda-se a programação a fim de manterem-se cientes os condôminos do montante das obrigações. Entram, na relação, as despesas comuns, que se repetem mensalmente, e que são estatutárias ou constam do regimento, denominadas ordinárias, como as relativas ao salário dos empregados aos encargos previdenciários; à remuneração do administrador e do síndico; às taxas e aos impostos da responsabilidade do condomínio; aos gastos de água, energia elétrica, gás pelo condomínio; à conservação do elevador e de outros equipamentos; ao seguro da edificação; ao serviço de jardinagem; as de conservação e limpeza das áreas comuns.

O montante mensal segue certa estabilidade, não havendo significativas alterações.

O pagamento é obrigatório, esteja ou não o condômino utilizando a sua unidade. Não se exime da obrigação na falta de ocupação do apartamento, e, assim, não usufruindo das vantagens que trazem as despesas. Ocorre que se referem elas às partes comuns, destinadas não apenas a pessoa do titular, mas também à unidade em si. Não resulta em diminuição do montante a ausência de morador na unidade. Com ou sem ocupação direta, existem os empregados, e é utilizada a energia elétrica, assim como se fazem necessários outros bens ou serviços. Se ocorre o descumprimento por um ou mais condôminos, os demais condôminos arcarão com o valor inadimplido, até que se consiga a cobrança do valor, fazendo-se, posteriormente, a compensação ou a reposição. Tem sido admitida, entretanto, a incorporação do valor recuperado junto ao condômino inadimplente ao patrimônio do condomínio:

> O valor recebido de condôminos inadimplentes, em ação movida pelo condomínio, pertence a este, à ausência de decisão em Assembleia Geral determinando a devolução

> de valores pagos em rateios extras, instituído diante da inadimplência e satisfeito por condôminos.
>
> Validade de decisão em Assembleia Geral de Condôminos, destinando o valor judicialmente recuperado à incorporação ao patrimônio do Condomínio, com direcionamento de obras e outras necessidades.
>
> Validade de deliberação em Assembleia, pelo quórum determinado pela Convenção, nos termos dos arts. 1.323 e 1.325, 1º da Lei 4.591/94. Aplicada por analogia ao condomínio.[16]

Se alguns serviços ou bens são prestados e oferecidos ao condomínio em geral, dividindo-se as despesas, como da água, e até do gás, entre todos os condôminos, independentemente da medição ou quantidade destinada a cada um, parece evidente o descabimento da cobrança junto aos proprietários que não se encontram utilizando o imóvel. Do contrário, decorreria um proveito ou enriquecimento indevido.

Neste mesmo tratamento ficam as despesas cujo proveito se restrinja a um ou mais condôminos: os demais condôminos ficam excluídos da responsabilidade. É de clareza solar o artigo 1.340 do Código Civil: "As despesas relativas a partes comuns de uso exclusivo de um condômino, ou de alguns deles, incumbe a quem delas se serve." Identifica-se nesta hipótese o terraço, estabelecendo o § 5º do artigo 1.331: "O terraço de cobertura é parte comum, salvo disposição contrária da escritura de constituição do condomínio." Não havendo, exemplificativamente, qualquer utilização dos elevadores por parte dos condôminos do pavimento térreo, e mesmo que não conste na convenção que as despesas de conservação não são exigíveis junto a esses condôminos, não se revela justo incluí-las, proporcionalmente, nas cotas desses titulares de unidades.

Sob esta visão cumpre se decida sobre a distribuição de encargos relativos a equipamentos utilizados unicamente por alguns moradores ou titulares de unidades. No caso de despesas de elevador, parece injusto exigi-las dos proprietários das unidades térreas, que não usufruem da utilidade. Desde que o condômino, em razão da localização de sua unidade, não se utilize de um serviço ou de coisa comum, não se lhe debitam os encargos. A convenção não reflete validade na disposição que obriga o pagamento independentemente de utilização ou proveito, sendo viável a alteração de cláusula impondo a obrigatoriedade de participação.

42.1. Despesas necessárias, úteis e voluptuárias e sua aprovação

Com ou sem a previsão, certas despesas tornam-se exigíveis sempre que verificadas, dizendo respeito às reparações prementes do prédio e ao conserto de bens e equipamentos. Nem carece de autorização da assembleia para a sua efetivação. O síndico, e mesmo qualquer condômino na falta do primeiro, ficam autorizados a efetuar despesas imprescindíveis, responsabilizando o condomínio, com amparo no artigo 1.341, § 1º, do Código Civil: "As obras ou reparações necessárias podem ser realizadas, independentemente de autorização, pelo síndico, ou, em caso de omissão ou impedimento deste, por qualquer condômino."

---

16 REsp 1.358.718/SP, da 3ª Turma, rel. Min. Sidnei Beneti, j. em 14.05.2013, DJe de 10.02.2014.

Mesmo que excessivas essas despesas, podem ser realizadas, mas devendo-se convocar, com certa presteza, a assembleia para a devida aprovação, nos termos do § 2º do mesmo artigo 1.341: "Se as obras ou reparos necessários forem urgentes e importarem em despesas excessivas, determinada sua realização, o síndico ou o condômino que tomou a iniciativa delas dará ciência à assembleia, que deverá ser convocada imediatamente."

Na ausência do caráter de urgência, mister que se obtenha, por primeiro, a autorização da assembleia, segundo indica o § 3º: "Não sendo urgentes, as obras ou reparos necessários, que importarem em despesas excessivas, somente poderão ser efetuadas após autorização da assembleia, especialmente convocada pelo síndico, ou, em caso de omissão ou impedimento deste, por qualquer dos condôminos."

Neste mesmo enquadramento estão as de obras voluptuárias e as úteis, cuja realização depende da permissão dos condôminos, na proporção de dois terços quanto às primeiras; e da aprovação da maioria simples dos condôminos em relação às segundas. A diretriz consta do artigo 1.341: "A realização de obras no condomínio depende: I – se voluptuárias, de voto de 2/3 (dois terços) dos condôminos; II – se úteis, de voto da maioria dos condôminos."

A classificação é bem exemplificada por Hamilton Quirino Câmara:

> Existem despesas úteis, necessárias e voluptuárias. As voluptuárias são de mero embelezamento. Por exemplo, uma redecoração total na portaria necessita de dois terços dos votos dos condôminos, conforme o art. 1.341, I, do Código Civil. As despesas necessárias são aquelas obrigatórias, como o conserto urgente e indispensável de uma bomba, que pode ser feito até mesmo sem a prévia autorização da assembleia. Já as obras úteis, que vão melhorar o funcionamento das áreas comuns, dependem da maioria simples dos condôminos, conforme o art. 1.341, II. Nos dois casos, entendemos que se trata de obras úteis. Consideremos indispensável um aparelho de ar condicionado no salão de festas, também assim o aquecimento da piscina, para maior conforto de todos. No caso, seriam necessários os votos da maioria dos condôminos presentes à reunião da assembleia geral.[17]

Ao condômino que efetuou as despesas relativas a obras ou reparos necessários, assegura-se o reembolso, nos termos do § 4º: "O condômino que realizar obras ou reparos necessários será reembolsado das despesas que efetuar, não tendo direito à restituição das que fizer com obras ou reparos de outra natureza, embora de interesse comum."

Todas as despesas acima indicadas são extraordinárias, por compreenderem gastos de porte expressivo, esporádicos, e consistentes em restauração, conservação, pintura, substituição de equipamentos ou de peças, refazimento de reboco e calçamento, dado o deterioramento pelo passar do tempo.

As despesas classificadas nesta categoria, se alugada a unidade, são da responsabilidade do locador, isto é, do titular da unidade, de acordo com o artigo 22, inciso X, da Lei n. 8.245/1991.

A recusa no pagamento importa em multa de dois por cento do valor devido, além dos juros de um por cento ao mês, constando a previsão de incidência no artigo

---

[17] *Condomínio edilício*. 3. ed. Rio de Janeiro: Lumen Juris, 2010. p. 302.

Cap. 42 | As receitas e despesas do condomínio e os responsáveis pelo pagamento • 171

1.336, § 1º: "O condômino que não pagar a sua contribuição ficará sujeito aos juros moratórios convencionados ou, não sendo previstos, os de 1% (um por cento) ao mês e multa de até 2% (dois por cento) sobre o débito."

42.2. Despesas ordinárias e extraordinárias

Dispensável salientar que as despesas a que se obrigam os condôminos decorrem de variada gama de gastos de manutenção e conservação do condomínio, como de vigilância, portaria, limpeza, energia elétrica, gás, água, segurança, consertos, salários, contribuições previdenciárias e outros encargos trabalhistas, não constituindo as que são exigidas pelos credores que fornecem bens ou prestam serviços junto aos beneficiados considerados individualmente, diante do uso pessoal, e debitadas na respectiva conta de cada um. A título de exemplo, no pertinente à energia elétrica, o consumo na unidade é contabilizado na conta do respectivo titular, enquanto o correspondente ao utilizado nas áreas comuns (corredores, elevador, pátios, garagens) ingressa na conta do condomínio, de quem é exigido, e que vai compor a taxa de condomínio, em geral calculada na proporção da fração ideal. No entanto, existem bens e prestações de serviços destinados aos condôminos individuais, e que são divididas entre todos, compondo a taxa condominial, eis que não se dá a mensuração pelo uso individual. Em face do interesse comum da coletividade que habita o edifício condominial, todos, sem exceção, ficam obrigados a contribuir para os custos condominiais. A condição de condômino é suficiente para impor o custo condominial, mas que deve se estender de modo amplo, abrangendo cessionários e promitentes compradores das unidades, Nas promessas de compra e venda e nas cessões dos direitos incidentes na unidade, respondem os que prometeram adquirir ou se tornaram cessionários, nos termos do § 2º do artigo 1.334 do Código Civil: "São equiparados aos proprietários, para os fins deste artigo, salvo disposição em contrário, os promitentes compradores e os cessionários de direitos relativos às unidades autônomas."

Considerando que todos devem concorrer nas despesas do condomínio, na imposição do artigo 1.336, inciso I, do Código Civil, o descumprimento importa em grave violação aos deveres, ensejando a devida cobrança judicial, e inclusive a incidência da penhora sobre a unidade.

O conjunto dos pagamentos das taxas condominiais forma a receita, para cujo montante também ingressam os esporádicos valores recolhidos a título de multa, e de eventuais locações de áreas comuns do edifício, como lojas e espaços de estacionamento. A fixação do valor da taxa ou contribuição está condicionada ao montante das despesas, sendo que, a cada ano, em geral no seu final, ou começo do ano seguinte, na assembleia geral ordinária, apresentará o síndico a previsão orçamentária das arrecadações que ocorrerão, sugerindo os ajustes necessários, frente a novas obrigações que surgirem ou aos reajustes que ocorrerão. Elabora-se uma previsão do montante de gastos mensais, o que levará à fixação do valor necessário para dar a devida cobertura, com a possibilidade de inclusão de novos itens ou rubricas.

O orçamento terá em conta as despesas comuns e previsíveis, que são as ordinárias, e sendo exemplificadas nos salários, encargos trabalhistas, contribuições previdenciárias, e taxas de água, energia elétrica, gás, e mais pagamentos de serviços de reparos comuns, como as de conservação e manutenção de equipamentos elétricos, mecânicos, eletrônicos, dos porteiros eletrônicos e das antenas. Ingressam os custos de revisão de elevador e de outros mecanismos internos, de jardinagem, de limpeza de piscina, de substituição de extintores de incêndio. Ingressa na relação o valor para a formação do fundo de reserva, utilizado em situações especiais.

Essas despesas são as ordinárias, ou comuns, ou normais, não havendo como relegá-las.

Contabilizam-se, ainda, aquelas despesas que fogem dos gastos comuns e rotineiros, que se repetem mês a mês, e que surgem em momentos especiais, como quando se torna imprescindível uma reforma de maior vulto, ou que surgem de repente em face de consertos necessários. Também ingressam nessa natureza as decididas para a pintura da fachada do prédio, das aberturas e das áreas comuns, para as obras de acréscimos, ou que se destinam a restaurar partes fundamentais, como a estrutura. Incluem-se as demandadas para atender indenizações trabalhistas; as exigidas para a compra de novos instrumentos, como telefonia interna e intercomunicação; as de investimento nas áreas de lazer, de jardim e outros tipos de embelezamento (ampliação de garagem, instalação de portão eletrônico, construção de salão de festas, ajardinamento, compra de móveis etc.).

Exceto as relacionadas a reparos urgentes e necessários, que poderão ser providenciados pelo síndico ou, na sua omissão, por qualquer um dos condôminos, as demais dependem da autorização da assembleia, em atendimento à regra do § 3º do artigo 1.341: "Não sendo urgentes, as obras ou reparos necessários, que importarem em despesas excessivas, somente poderão ser efetuadas após autorização da assembleia, especialmente convocada pelo síndico, ou, em caso de omissão ou impedimento deste, por qualquer dos condôminos."

A votação obedecerá, em primeira convocação, o da maioria dos condôminos presentes que representem pelo menos metade das frações ideais; ou, em segunda convocação, o da maioria simples dos votos dos condôminos presentes.

O cálculo, para a justa distribuição entre os condôminos, de umas e outras despesas, levará sempre em conta a área individual de cada condômino, estabelecida no § 3º do artigo 1.331: "A cada unidade imobiliária caberá, como parte inseparável, uma fração ideal no solo e nas outras partes comuns, que será identificada em forma decimal ou ordinária no instrumento de instituição do condomínio."

Em princípio, a distribuição procede-se em vista da fração ideal, consoante consta do § 1º do artigo 12 da Lei n. 4.591/1964, cuja incidência persiste, já que regra geral sem correspondente em dispositivo do Código Civil: "Salvo disposição em contrário na Convenção, a fixação da quota no rateio corresponderá à fração ideal de terreno de cada unidade". É como já oficializou o STJ:

> A lei de regência dos condomínios em edificações (Lei 4.591/64), em seu art. 12, *caput* e § 1º, estabelece a obrigação de cada condômino arcar com as despesas condominiais na proporção de sua quota-parte. Em regra, a aludida quota-parte deve corresponder à fração ideal do terreno de cada unidade, podendo a convenção condominial dispor em sentido diverso.[18]

---

[18] AgInt nos EDcl no AREsp 1.169.871/RS, da 4ª Turma, rel. Min. convocado Lázaro Guimarães, j. em 11.09.2018, *DJe* de 14.09.2018.

O artigo 1.334, inciso I, oportuniza a que se estabeleça de modo diferente na convenção, quando permite que a convenção determinará "a quota proporcional e o modo de pagamento das contribuições dos condôminos para atender às despesas ordinárias e extraordinárias do condomínio". Com base nessa previsão, parece não se impedir que se faça a mera divisão do total das despesas pelo número dos condôminos. Embora tal contratação padeça de justiça, a rigor não chega a ponto da nulidade, mantendo-se a sua validade se vier a sofrer impugnação.

42.3. Os juros de mora e a multa por atrasos no pagamento de despesas condominiais

Dever básico do condômino, na ordem do artigo 1.336, inciso I, do Código Civil, está em "contribuir para as despesas do condomínio na proporção das suas frações ideais, salvo disposição em contrário na convenção".

Cabe a cobrança judicial quando verificada a falta de pagamento, junto com a penalidade de juros moratórios de um por cento ao mês e da multa de 2% sobre a quantia em débito. Eis a regra, consubstanciada no § 1º do artigo 1.336 do Código Civil: "O condômino que não pagar a sua contribuição ficará sujeito aos juros moratórios convencionados ou, não sendo previstos, os de 1% (um por cento) ao mês e multa de até 2% (dois por cento) sobre o débito." Recorda-se que a Lei n. 4.591/1964 autorizava a taxa da multa em até vinte por cento do débito, a teor do artigo 12, § 3º:

> O condômino que não pagar a sua contribuição no prazo fixado na Convenção fica sujeito ao juro moratório de 1% (um por cento) ao mês, e multa de até 20% (vinte por cento) sobre o débito, que será atualizado, se o estipular a Convenção, com a aplicação dos índices de correção monetária levantados pelo Conselho Nacional de Economia, no caso da mora por período igual ou superior a seis meses.

Tem incidência imediata o novo percentual da multa, não importando que os condomínios tenham sido constituídos antes do vigente Código Civil. É que a lei tem aplicação imediata, atingindo as relações ou contratos de cumprimento ou execução diferida, ou que se prolongam no tempo. Mais diretamente, vindo da lei a modificação, a vigência é geral e imediata (art. 6º da LINDB), deixando de lado somente as relações já consumadas e satisfeitas. A *ratio* ora exposta se coaduna com a regra do artigo 2.035 do Código Civil:

> A validade dos negócios e demais atos jurídicos, constituídos antes da entrada em vigor deste Código, obedece ao disposto nas leis anteriores, referidas no art. 2.045, mas os seus efeitos, produzidos após a vigência deste Código, aos preceitos dele se subordinam, salvo se houver sido prevista pelas partes determinada forma de execução.

Não se embasasse a fixação em lei, encontraria mais justificativa a manutenção dos encargos convencionados. Entretanto, impunha-se a multa de até 20% porque a lei autorizava. Por isso é que se elevava a cominação a esse patamar, formando-se a convenção. Com a sua mudança, e sendo continuadas as relações, será a nova lei que passa a disciplinar a matéria. Não vinha, portanto, o percentual por causa de um contrato, mas o contrato o previa porque encontrava sustento na lei. Diz-se, daí, que a convenção se condicionou ao regramento legal.

No tocante aos juros, se não convencionados, estão previstos em 1% ao mês, nos termos da lei. Se permitida essa taxa, e ao mês, importa em interpretar que a cada mês são calculados, devendo acrescer ao capital, isto é, ao débito pendente. Em decorrência, no mês seguinte, a taxa incidirá sobre a dívida, que é o débito com os juros do mês anterior, importando em capitalização.

No caso de haver convenção, pode-se conjecturar de taxa de juros superior a um por cento ao mês? A resposta está no artigo 406 do Código Civil: "Quando os juros moratórios não forem convencionados, ou o forem sem taxa estipulada, ou quando provierem de determinação da lei, serão fixados segundo a taxa que estiver em vigor para a mora do pagamento de impostos devidos à Fazenda Nacional."

Depreende-se que se adota a taxa estabelecida para a mora no pagamento de tributos. E essa taxa, por imposição do artigo 161, § 1º, do Código Tributário Nacional (Lei n. 5.172/1966), é de um por cento ao mês, se não vier taxa diferente em outra lei. A matéria é um tanto controvertida, existindo leis, em especial para o imposto de renda, estabelecendo a taxa segundo a SELIC, isto é, a taxa referencial do Sistema Especial de Liquidação e Custódia para títulos federais, aplicada aos tributos e contribuições pelo artigo 13 da Lei n. 9.065/1995, e pelo artigo 16 da Lei n. 9.250/1995. Entretanto, além de duvidosa a constitucionalidade das previsões, não se trata de taxa para os impostos em geral. Daí que o critério mais coerente se assenta também na limitação dos juros à taxa de um por cento ao mês.

Em relação à multa, o cálculo terá em conta sempre o valor final devido, limitada ao máximo de dois por cento sobre o total, já incluídos os juros.

42.4. A cobrança judicial dos encargos condominiais

Para exercitar a ação de cobrança por atrasos, anexam-se ao pedido a cópia da ata da assembleia geral ordinária onde se encontra prevista a despesa (art. 24 da Lei n. 4.591/1964), ou da assembleia geral que autorizou os gastos extraordinários (art. 25 da Lei n. 4.591/1964); os comprovantes correspondentes à cobrança do débito, e, assim, os boletos ou recibos das cotas condominiais; a comunicação que deu ciência aos condôminos da previsão orçamentária e do rateio das despesas; cópia da convenção de condomínio.

Não se requer a apresentação dos comprovantes de todos os gastos do condomínio e do cálculo do rateio. Nem se permite o pedido, em contestação ou embargos à execução, para que se traga aos autos a prova das despesas. Tendo havido assembleia na qual se deu a aprovação das contas, opera-se a preclusão para a impugnação. Aceita-se unicamente se a cobrança abrange montante em desconformidade com as contas submetidas à assembleia geral. Na cobrança de contribuições que ocorreram no curso do exercício, cumpre observar se as parcelas correspondem proporcionalmente ao orçamento, e se ficam na média dos meses anteriores.

O procedimento judicial apropriado para a cobrança era o sumário, mas, a rigor, ainda pode ser aplicado, regrado no artigo 275, II, letra *b*, do Código de Processo Civil de 1973, até que não surja lei nova regulando o procedimento, diante da previsão do artigo 1.063 do atual diploma processual, com o seguinte texto:

> Até a edição de lei específica, os juizados especiais cíveis previstos na Lei n. 9.099, de 26 de setembro de 1995, continuam competentes para o processamento e julgamento das causas previstas no art. 275, inciso II, da Lei n. 5.869, de 11 de janeiro de 1973.

Eis a disposição do artigo 275, II, letra *b*, do CPC/1973:

> Observar-se-á o procedimento sumário: (...) II – nas causas, qualquer que seja o valor: (...) b) de cobrança ao condômino de quaisquer quantias devidas ao condomínio.

Tal o procedimento a ser seguido em face do artigo 3º, inciso II, da Lei n. 9.099/1995, cuja competência estende-se às causas cíveis de menor complexidade, assim consideradas "as enumeradas no artigo 275, inciso II, do Código de Processo Civil".

O CPC/2015, em seu artigo 318, prevê o procedimento comum para todas as causas, afora as que têm regulamentação específica.

Assim, de acordo com a lei de regência atual, se reservado procedimento sumário para as ações de cobrança de quaisquer quantias devidas ao condomínio, e se autorizada também a competência do Juizado Especial Cível para essas demandas, decorre que a cobrança de taxas condominiais se submete ao mesmo procedimento especial.

Consoante deflui do artigo 3º da Lei n. 9.099/1995, qualquer ação de cobrança, não importando o valor (mesmo que superior ao valor de quarenta salários mínimos), sujeita-se ao seu procedimento, dada a enumeração das hipóteses, nela incluída a do inciso II do artigo 275 do CPC de 1973, em item destacado, ao lado de outras situações admitidas, como "as causas cujo valor não exceda a quarenta vezes o salário mínimo". Nesse rumo, o Sétimo Encontro Nacional dos Coordenadores de Juizados Especiais, realizado na cidade de Vitória/ES, no período de 24 a 27 de maio de 2000, assentou o Enunciado n. 2: "As causas cíveis enumeradas no artigo 275, inciso II, do Código de Processo Civil, ainda que de valor superior a quarenta salários mínimos, podem ser propostas no Juizado Especial".

A cobrança direta de taxa condominial é privativa dos condomínios, que não se enquadram como pessoa jurídica. Todavia, se a propriedade da unidade é de uma pessoa jurídica, e se esta faz o pagamento, não pode ela, em ação regressiva, utilizar o procedimento do Juizado Especial Cível para o reembolso ao locatário da unidade.

De observar, como o fez o Superior Tribunal de Justiça, que "o ajuizamento da ação perante o Juizado Especial é uma opção do autor",[19] reservando-se a liberdade de utilizar o procedimento sumário e mesmo o ordinário.

Entende-se que também é apropriada a adoção do procedimento da execução de título extrajudicial para a exigência do crédito, desde que acompanhe documentalmente a prova. A permissão consta da exegese que se deve dar ao artigo 784, inciso VIII, do CPC atual, o qual permite a execução do "crédito, documentalmente comprovado, decorrente de aluguel de imóvel, bem como de encargos acessórios, tais como taxas e despesas de condomínio". Se admitida a execução de taxas e despesas condominiais que acompanham os valores dos aluguéis, parece normal que referidas taxas e despesas também mereçam o mesmo tratamento se exigidas isoladamente pelo condomínio. Vindo acompanhado o processo de documentos das prestações, da assembleia geral aprovada na qual se embasa o valor, dos boletos e demonstrativo do cálculo, revela-se exacerbante o formalismo de recusar o uso do processo de execução. O STJ já havia validado, no regime do Código processual anterior, o uso do processo de execução:

---

[19] REsp n. 151.703/RJ. Quarta Turma. Julgado em 24.03.1998, *DJU* 18.06.1998.

"Em tese, as taxas condominiais, desde que havendo orçamento e aprovação desse orçamento já em convenção, podem ser cobradas pela via executiva".[20]

A Lei n. 4.591/1964, no artigo 12, § 2°, autorizava a via da ação executiva. Pensa-se, porém, que o dispositivo perdeu força, inclusive diante do Código de Processo Civil de 1973, que é posterior.

Para ensejar a execução, deverão acompanhar a discriminação das taxas condominiais, com a referência das despesas ordinárias e extraordinárias: o demonstrativo mensal que bem retrate a mensuração dos valores; a forma de rateio; a ata da assembleia que trata de valores e encargos; a cópia da convenção.

O assunto já mereceu exame pelo STJ:

> Com o advento do CPC/2015, o crédito referente às contribuições ordinárias ou extraordinárias de condomínio edilício – previstas na respectiva convenção ou aprovadas em assembleia geral, desde que documentalmente comprovadas – passou a ser expressamente considerado como título executivo extrajudicial, nos termos do art. 784, inciso X. 2. Com a comprovação dos requisitos do título executivo extrajudicial, mostra-se possível a inclusão, na execução, das parcelas vincendas no débito exequendo, até o cumprimento integral da obrigação do curso do processo. 3. No entanto, apenas as prestações homogêneas, contínuas e da mesma natureza comportam essa inclusão automática na execução. Assim, em havendo modificação da natureza da prestação ou da sua homogeneidade, bem como de eventual ampliação do ato constritivo dela decorrente, deverá ser oportunizado ao devedor o direito de se defender, por meio de embargos, em relação a esse acréscimo e limitado ao referido conteúdo.[21]

Em face dos debates que podem ensejar esse processo, parece mais conveniente que se utilize o procedimento comum. Haroldo Guilherme Vieira Fazano bem examinou o assunto, fazendo um retrato da maioria dos tribunais do País, demonstrando o quanto é controvertida a matéria e o quanto são divergentes as posições. Daí pender para não considerar como executivo o título que embasa a cobrança:

> Enfim, concluímos que o título executivo é aquele em que a lei expressamente o considera (*numerus clausus*), razão pela qual a contribuição condominial não é título executivo e não pode ser cobrada pelo processo de execução e nem pode ser protestada, salvo se lei federal assim determinar. Isso porque o critério de interpretação adotado é o da interpretação autêntica e restritiva quanto à numeração dos títulos executivos previstos no art. 585 do CPC.[22]

O artigo 585 referido corresponde ao artigo 784 do CPC/2015.

No entanto, quanto ao protesto, constituindo a quota condominial dívida líquida, certa e exigível, enseja a possibilidade de protesto do título que a representa. Mesmo que se acolha a linha que não aceita a utilização do processo de execução para a exigibilidade do crédito, cumpre lembrar que a executividade do título não consti-

---

[20] REsp n. 33.062/RJ. Quarta Turma. *DJU* 27.04.1998. No mesmo sentido, Agravo Regimental n. 216.816/DF. Terceira Turma. *DJU* 31.05.1999; e REsp n. 43.318/MG. Terceira Turma. *DJU* 26.02.1996.
[21] REsp 1.835.998/RS, da 4ª Turma, rel. Min. Luis Felipe Salomão, j. em 26.10.2021, *DJe* de 17.12.2021.
[22] *Condomínio* – aspectos teóricos e práticos. Ob. cit. p. 398.

tui condição para o protesto. A finalidade está em caracterizar a inadimplência, nos termos do artigo 1º da Lei n. 9.492/1997: "Protesto é o formal e solene pelo qual se provam a inadimplência e o descumprimento de obrigação originada em títulos e outros documentos de dívida." Apresenta-se ao Cartório de Protestos o boleto não pago, acompanhado de planilha discriminando a dívida, acompanhado da convenção de condomínio e da ata da assembleia geral que aprovou o orçamento das quotas condominiais.

42.5. Adjudicação da unidade pelo condomínio em venda judicial verificada na cobrança de encargos condominiais

Tanto, na prática, é reconhecida a personalidade jurídica do condomínio que lhe confere a lei legitimidade para propor ações judiciais e para responder como demandado. Verificada a falta de pagamento de prestações, decorrentes da compra de unidade, ao incorporador se permite levar a leilão o bem, depois de notificado o devedor para adimplir suas obrigações no prazo de dez dias. Também à Comissão de Representantes é assegurado o direito de levar a leilão o imóvel, sempre que assumir a construção por destituição do incorporador em face de atraso ou paralisação das obras, ou de falência e insolvência, depois da prévia notificação para o devido adimplemento das obrigações no prazo de dez dias, matéria esta regulada no artigo 63 e parágrafos da Lei n. 4.591/1964. Entretanto, havendo leilão, ao condomínio se dá o privilégio de adjudicar a unidade, se autorizado pela assembleia geral, e desde que o exerça no prazo de vinte e quatro horas a contar do leilão. É a previsão do § 3º do artigo 63 da mesma Lei: "No prazo de 24 horas após a realização do leilão final, o condomínio, por decisão unânime de Assembleia Geral em condições de igualdade com terceiros, terá preferência na aquisição dos bens, caso em que serão adjudicados ao condomínio". A permissão, na previsão *supra*, está condicionada à configuração da inadimplência, por parte do adquirente ou contratante, do pagamento de três ou mais prestações do preço da construção. Assim, deve desenvolver-se no curso da construção.

Entrementes, mesmo que a venda em leilão se dê na ação de cobrança de encargos de condomínio, na fase do cumprimento da sentença, a legitimidade postulatória conduz necessariamente ao direito de adjudicar, segundo as regras do artigo 876 do CPC: "É lícito ao exequente, oferecendo preço não inferior ao da avaliação, requerer lhe sejam adjudicados os bens penhorados". O imóvel, de acordo com as normas que constam no artigo 877, § 2º, do CPC, será registrado em nome do adjudicante: "A carta de adjudicação conterá a descrição do imóvel, com remissão à sua matrícula e aos seus registros, a cópia do auto de adjudicação e a prova de quitação do imposto de transmissão". Assim, ao condomínio se reconhece a personalidade jurídica para adquirir direito real, bem como permite o artigo 63, § 3º, da Lei n. 4.591/1964, com o registro do título aquisitivo da unidade autônoma, devendo conter, para tanto, a descrição do imóvel, a remissão à matrícula e registros, a cópia do auto de adjudicação e a prova da quitação do imposto de transmissão. Todavia, tanto quanto acontece na modalidade do artigo 63, § 3º, deverá autorizar o ato a permissão da unanimidade dos condôminos, colhida em assembleia geral, por envolver custos e, naturalmente, desembolso de valores.

De observar que a adjudicação, no caso, opera-se segundo as regras do Código de Processo Civil. Inclusive fica ressalvada a liberdade em não adjudicar, mas preferir a venda por iniciativa particular, com obediência ao artigo 880 do CPC: "Não efetivada a adjudicação, o exequente poderá requerer a alienação por sua própria iniciativa ou por intermédio de corretor ou leiloeiro público credenciado perante o órgão judiciário". No mais, atender-se-ão as regras procedimentais dos parágrafos, devendo ficar definida a publicidade e fixar-se o preço mínimo, com as condições de pagamento e as garantias, de tudo lavrando-se termo nos autos.

42.6. Renúncia à parte ideal para eximir-se das despesas comuns

No condomínio comum, o artigo 1.316 do Código Civil possibilita ao condômino eximir-se das despesas e dívidas, desde que renunciada a parte ideal: "Pode o condomínio eximir-se do pagamento das despesas e dívidas, renunciando à parte ideal". Ou seja, para não participar do pagamento das despesas comuns, renuncia-se à fração ideal. Em decorrência, ao mesmo tempo em que se enriquecem os demais condôminos, pois acrescida à sua fração ideal a do renunciante, devem eles assumir as despesas debitadas a este último. Todavia, conforme se retira dos §§ 1º e 2º do mesmo artigo, não são os demais condôminos obrigados a aceitar a fração ideal do renunciante. No caso, outra solução não existe senão tornar ineficaz a renúncia, retornando ou ficando a titularidade na pessoa daquele que pretendia renunciar.

Já relativamente ao condomínio edilício, não está contemplada a renúncia da fração ideal, em troca da isenção das despesas e encargos. Realmente, consta do § 5º do artigo 12 da Lei n. 4.591, que segue em vigor, diante da falta de regulamentação da matéria pelo Código Civil, na parte em que trata do condomínio edilício: "A renúncia de qualquer condômino aos seus direitos em caso algum valerá como escusa para exonerá-lo de seus encargos". E isso porque as dívidas podem ascender a montantes elevados, que ultrapassem o preço da fração ideal, na qual se encontra a unidade, máxime em edifícios antigos e desvalorizados. Todavia, de uma maneira ou de outra acabam os demais condôminos por suportar as dívidas do condômino inadimplente, naqueles encargos em que aparece como responsável o condomínio, como no caso dos concernentes a água e gás, quando as contas não são individualizadas. Na verdade, existem edifícios em total abandono, invadidos por delinquentes, mas com as unidades registradas em nome dos titulares, e cujo único valor que resta situa-se no terreno sobre o qual estão erguidos.

43

A prescrição e a decadência no condomínio edilício

Nenhuma previsão específica existe no Código Civil e nem mesmo na Lei n. 4.591/1964 sobre a prescrição ou decadência em matéria que envolva o condomínio edilício. Daí se entender a incidência do tratamento comum do Código Civil quanto aos prazos para a cobrança de taxas ou contribuições condominiais, para a anulação de decisões da assembleia geral e dos atos em geral praticados ou omitidos pelos condôminos.

No tocante à ação de cobrança das despesas, pensa-se que incide a regra do artigo 206, § 5º, inciso I, do Código Civil, prevendo a prescrição em cinco anos para "a pretensão de cobrança de dívidas líquidas constantes de instrumento público ou particular". Realmente, as dívidas decorrentes de despesas condominiais estão lastreadas em documentos, pois correspondem a compras de mercadorias, ao pagamento de empregados e prestadores de serviços, e de toda sorte de despesas havidas no edifício. Ademais, encontram amparo na convenção e em assembleias, e são calculadas em função da quantidade de condôminos existentes, já que divididas entre todos, em função da área da titularidade de cada um.

É o entendimento que se colhe de Hamilton Quirino Câmara: "Desta forma, tratando-se de dívida líquida e certa, apesar de não ser cobrada pela via executiva, passa a incidir, a partir de 2003 (respeitada a transição prevista no art. 2.028 do Código), a prescrição de cinco anos." A matéria foi consolidada em recurso repetitivo pelo STJ por meio de tese firmada no Tema 949, com o seguinte texto: "Na vigência do Código Civil de 2002, é quinquenal o prazo prescricional para que o condomínio geral ou edifício (horizontal ou vertical) exerce a pretensão de cobrança da taxa condominial ordinária ou extraordinária constante em instrumento público ou particular, a contar do dia seguinte ao vencimento da prestação".[1]

Inclusive esse é o prazo para a prescrição dos juros, segue referido autor: "Quanto aos juros devidos à mora do condomínio, aplica-se a mesma prescrição das cotas condominiais, e não a prevista para os juros, que é de três anos, conforme o § 3º, III, do artigo 206 do Código Civil." Transcreve, a seguir, decisão do STJ:

> Os juros contratualmente fixados em razão do atraso no pagamento de quotas condominiais, portanto de natureza moratória, não se sujeitam à prescrição prevista no Código

---

[1] REsp n. 1.483.930/DF. Segunda Seção. Relator: Min. Luis Felipe Salomão. Julgado em 23.11.2016. *DJe* 1º.02.2017.

Civil de 1916, art. 178, § 10, III (CC/2002, art. 206, § 3º, III – STJ. REsp. n. 291.610/RJ. Relator: Min. Aldir Passarinho Júnior. Quarta Turma. Unânime. Julgado em 04.09.2001, *DJU* 04.02.2002, p. 478).[2]

Em relação às pretensões anulatórias com base nos vícios de consentimento (erro, dolo, coação etc.), o prazo é de decadência, sendo de quatro anos, por força do artigo 178 do Código Civil, ao estabelecer:

> É de 4 (quatro) anos o prazo de decadência para pleitear-se a anulação do negócio jurídico, contado:
>
> I – no caso de coação, do dia em que ela cessar;
>
> II – no de erro, dolo, fraude contra credores, estado de perigo ou lesão, do dia em que se realizou o negócio jurídico;
>
> III – no de atos de incapazes, do dia em que cessar a incapacidade.

Quanto às nulidades, sabe-se que são nulos os atos por falta de requisito ou pressuposto essencial, como omissão de convocação, ou a deliberação de matéria omitida na convocação, não surtindo eficácia, e admitindo-se a invocação a qualquer tempo, com base no artigo 169, também do Código Civil: "O negócio jurídico nulo não é suscetível de confirmação, nem convalesce pelo decurso do tempo."

Nas demais violações da lei ou da convenção, a prescrição se dá em dez anos, por falta de uma previsão de prazos específicos, por imposição do artigo 205 do mesmo diploma: "A prescrição ocorre em 10 (dez) anos, quando a lei não lhe haja fixado prazo menor."

Essa a interpretação esposada por José Fernando Lutz Coelho, que se apoia em J. Nascimento Franco (*Condomínio*. 5. ed. ampl. e atual. São Paulo: RT, p. 364):

> Para tal, devemos observar as considerações realizadas por J. Nascimento Franco, na sua recente obra sobre Condomínio, em que enumera os prazos prescricionais decorrentes das normas do Código Civil, e que evidenciamos as seguintes: a) de 4 (quatro) anos (art. 178, I e II, do CC) para anulação das deliberações assembleares e outras tomadas sob coação, erro ou dolo; b) de 5 (cinco) anos para cobrança de despesas de condomínio (art. 206, § 5º); c) de 10 (dez) anos para as ações fundadas em direito, tais como remoção de placa publicitária chumbada na parede externa do edifício, a desobstrução de área comum; d) de 10 (dez) anos (art. 205 do CC) para anulação de decisão de assembleia que ilegalmente decide sobre obras do prédio, benesses em prol de condômino em prejuízo de outros, e alteração de convenção ou regimento interno, em desconformidade à própria convenção ou *quorum* legal.[3]

---

[2] *Condomínio edilício*. Ob. cit. p. 225.
[3] *Condomínio edilício*. Ob. cit. p. 38.

44

Fundo de reserva

Para atender despesas especiais, não previstas, e que sempre aparecem, sendo que, às vezes, inesperadamente, tem-se adotado a cobrança de um valor destinado a atender essas situações, de sorte a não se precisar acrescer o valor da taxa condominial através de chamadas extraordinárias. Cobra-se de cada condômino uma quantia mensal própria, que não se destina a satisfazer uma obrigação vencida e exigível normal, para a cobertura de gastos ocorridos, mas tem por escopo constituir uma reserva para fazer frente a certas eventualidades que impõem gastos urgentes e inadiáveis, sem necessidade de acorrer subitamente aos condôminos. Assim, formado esse fundo, em surgindo gastos urgentes e inadiáveis, não se faz necessário a convocação de uma assembleia na qual se decidirá sobre o rateio das despesas. Simplesmente efetua-se o pagamento, por determinação do síndico. Todavia, a fim de manter a sua finalidade, e desde que haja previsão na convenção, posteriormente poderá ser ordenada a reposição do valor gasto, com a cobrança correspondente nas mensalidades seguintes.

As necessidades a que se destina atender devem ser momentâneas, e que fogem à normalidade, não cobertas pelo caixa resultante da taxa mensal paga, e não constantes, pois, neste último caso, a caminho será o rateio mediante o reajuste da taxa normal. Dispensa-se, com isso, contrair empréstimos ou a transferência do saldo negativo para o mês posterior.

A cada mês, juntamente com a taxa condominial, há um acréscimo calculado em percentual, que reverterá para um fundo instituído com a finalidade atender situações de urgência, cuja previsão está no artigo 9°, § 3°, letra *j*, da Lei n. 4.591/1964, ao ordenar que a convenção conterá a forma de contribuição para constituição de fundo de reserva. Simplesmente é cobrado o valor, cuja previsão deve encontrar-se na convenção, em parcelas mensais, fixado pela assembleia, em conjunto com a taxa condominial, cujo montante ingressará no patrimônio condominial, sem possibilidade de retorno aos condôminos, nem se houver a alienação da unidade. Normalmente, corresponde a um percentual incidente sobre as despesas ordinárias pagas mensalmente pelo condômino, mas devendo ficar disponibilizado em uma conta separada, aberta em instituição bancária, e não se confundido com as demais contribuições.

A contribuição pode conduzir a formar um valor significativo, que respalde certa segurança se aparecer alguma necessidade. Por isso, a assembleia fica autorizada a suspender a exigibilidade enquanto se mantém o montante estabelecido em um patamar ou limite previsto, já que o propósito está no atendimento de necessidades circunstanciais não cobertas pelas verbas ordinárias da receita do condomínio. Mesmo assim, reconhece-se à assembleia dar uma finalidade específica, como para a cobertura de obra necessária ou útil não emergencial, dispensando-se chamadas extraordinárias para o aumento da taxa.

O Código Civil não traz regra sobre o assunto, razão que leva a manter-se a disciplina da Lei n. 4.591/1964. Todavia, contrariamente a certo entendimento, não se revela obrigatória a introdução da taxa, ficando ao arbítrio da assembleia decidir sobre a sua exigibilidade.

45

Não incidência da impenhorabilidade na cobrança das taxas condominiais

No caso, não incide a impenhorabilidade do imóvel, por expressa aplicação do artigo 3º, inciso IV, da Lei n. 8.009/1990. Para a compreensão, oportuna a transcrição da regra: "A impenhorabilidade é oponível em qualquer processo de execução civil, fiscal, previdenciária, trabalhista ou de outra natureza, salvo se movido: ... IV – para cobrança de impostos, predial ou territorial, taxas e contribuições devidas em função do imóvel familiar."

A exceção da não incidência da impenhorabilidade abrange as taxas e contribuições devidas em função do imóvel familiar, de sorte que dúvida não existe se não destinada a unidade para a residência da família. Mesmo diante da clareza do dispositivo, que refere taxas e contribuições, surgiram fortes discussões a respeito de se estender ou não seu alcance às unidades condominiais destinadas à residência. Tanto que se decidiu: "O imóvel destinado à família do devedor não pode ser penhorado na execução da sentença que o condenou a pagar contribuições devidas ao condomínio. A ressalva do inciso IV do artigo 3º da Lei n. 8.009/1990 protege o crédito fiscal. Precedentes da Turma...".[1]

Em outra decisão:

> O inc. IV do art. 3º da Lei n. 8.009/1990 não compreende as despesas ordinárias de condomínio... No entanto, quanto à aplicação do art. 3º, inc. IV, da Lei n. 8.009/1990, entendo que a interpretação extensiva dada pelo aresto violou a disposição ora referida... O inc. IV do art. 3º não compreende as despesas ordinárias de condomínio.[2]

Em sentido contrário, isto é, admitindo a penhorabilidade:

> O inc. IV do art. 3º da Lei n. 8.009/1990 foi redigido nos seguintes termos: "Art. 3º A impenhorabilidade é oponível em qualquer processo de execução civil, fiscal, previdenciária, trabalhista ou de outra natureza, salvo se movido: IV – para cobrança de impostos, predial ou territorial, taxas e Contribuições devidas em função do imóvel familiar."
>
> A penhorabilidade por despesas provenientes de imposto, predial ou territorial, taxas e contribuições devidas em função do imóvel familiar tem assento exatamente no

---

[1] REsp. n. 82.563/RJ. Quarta Turma. Julgado em 12.02.2006, *DJU* 08.04.1996.

[2] REsp. n. 52.156-4/SP. Julgado em 23.08.1994, *DJU* 10.10.1994.

referido dispositivo, como se colhe nos seguintes precedentes: no STF. RE n. 439.003/SP. Relator: Min. Eros Grau, 06.02.2007; no STJ e REsp. n. 160.928/SP. Relator: Min. Ari Pargendler. *DJU* 25.06.01.

O raciocínio analógico que se impõe é o assentado pela Quarta Turma que alterou o seu posicionamento anterior para passar a admitir a penhora de imóvel residencial na execução promovida pelo Condomínio para a cobrança de quotas condominiais sobre ele Incidentes, inserindo a hipótese nas exceções contempladas pelo inc. IV do art. 3º da Lei n. 8.009/1990. Precedentes (REsp. n. 203.629/SP, Relator: Min. Cesar Rocha, *DJU* 21.06.1999).

Recurso especial a que se nega provimento.[3]

Em mais um aresto:

O bem residencial da família é penhorável para atender às despesas comuns de condomínio, que gozam de prevalência sobre interesses individuais de um condômino, nos termos da ressalva inserta na Lei n. 8.009/1990 (art. 3º, IV).[4]

Torna-se desastrosa inteligência que não aceita a penhorabilidade, pois inviabiliza a existência do condomínio edilício, conduzindo a privilegiar condôminos que não disponham de outro patrimônio penhorável. Oficializa a inadimplência perenemente, e impõe que os demais consortes saldem suas obrigações. Caso se generalize o estado de insolvência, simplesmente de ninguém se pode cobrar, o que importa na interrupção da prestação dos serviços e do fornecimento de bens.

O Código Civil de 2002, no artigo 1.715, colocou um fim às divergências, ao excluir da proteção o bem de família por dívidas tributárias relativas ao prédio ou pelas despesas de condomínio: "O bem de família é isento de execução por dívidas posteriores à sua instituição, salvo as que provierem de tributos relativos ao prédio, ou de despesas de condomínio." Ou seja, mesmo que instituído o bem de família de acordo com as regras dos artigos 1.711 e 1.712, não fica imune às mencionadas obrigações, ou não estará a salvo das constrições judiciais decorrentes da ação de cobrança judicial. Torna-se possível a penhora, levando-se à praça, para a necessária cobrança da dívida. No caso de vendido em hasta pública, o saldo que sobrou do pagamento da dívida condominial poderá ser aplicado em outro prédio ou em títulos da dívida pública, cujos resultados serão aplicados no sustento da família. É a previsão do parágrafo único do citado artigo 1.715: "No caso de execução pelas dívidas referidas neste artigo, o saldo existente será aplicado em outro prédio, como bem de família, ou em títulos da dívida pública, para sustento familiar, salvo se motivos relevantes aconselharem outra solução, a critério do juiz." Ainda sobre a exclusão de proteção do bem de família, cumpre mencionar a Súmula 549 do Superior Tribunal de Justiça, de 2015, que assim determina: "É válida a penhora de bem de família pertencente a fiador de contrato de locação".

---

[3] STJ. REsp. n. 1.100.087/MG. Primeira Turma. Julgado em 12.05.2009, *DJe* 03.06.2009.
[4] REsp 1.473.484/RS, da 4ª Turma, rel. Min. Luis Felipe Salomão, j. em 21.06.2018, *DJe* de 27.08.2018.

46

Responsabilidade pelas dívidas dos condôminos e pelas dívidas do condomínio

Obviamente, o titular da unidade arca com as obrigações condominiais, isto é, deverá pagar as dívidas e cumprir com os deveres decorrentes da propriedade, inclusive os de ordem fiscal. Recaem na sua pessoa as exigências de natureza pública e particular, como as decorrentes do direito de vizinhança. Considerando que nascem em razão da implantação de um direito real, ou em razão da coisa, da existência de um bem, caracterizam-se como *propter rem*, acompanhando o imóvel, ou não se desvinculando da unidade, pouco importando a sua transmissão ou transferência a outra pessoa. O novo proprietário assume as obrigações pendentes, como as dívidas em aberto, e relativas à taxa condominial, aos tributos, às multas e aos juros. Revela-se claro, sobre a matéria, o artigo 1.345: "O adquirente de unidade responde pelos débitos do alienante, em relação ao condomínio, inclusive multas e juros moratórios."

O caráter *propter rem* traz a decorrência de assumir o novo titular a obrigação, de acordo com o acentuado por Orlando Gomes: "Quem quer que seja proprietário da coisa, ou titular de outro direito real, é, *ipso facto*, devedor da prestação. A obrigação está vinculada à coisa."[1]

De acordo com a Lei n. 4.591/1964, artigo 4º, ficava a alienação das unidades condominiais condicionada à prova de quitação das obrigações do alienante para com o condomínio. Pelas disposições do vigente Código Civil, essa exigência não é mais obrigatória, uma vez que a regra do artigo 1.345, acima reproduzida, deixa bem esclarecido que a responsabilidade se transfere ao adquirente, o que conduz a se ter uma obrigação *propter rem*, não podendo o novo proprietário eximir-se dos encargos passados. Diante da atual ordem, evidencia-se que a obrigação segue a coisa e não o sujeito.

Nas promessas de compra e venda e nas cessões dos direitos incidentes na unidade, respondem os que prometeram adquirir ou se tornaram cessionários, nos termos do § 2º do artigo 1.334 do Código Civil: "São equiparados aos proprietários, para os fins deste artigo, salvo disposição em contrário, os promitentes compradores e os cessionários de direitos relativos às unidades autônomas."

Não importa em concluir que fica afastado o condomínio de exigir o crédito perante o antigo titular, ou aquele que prometeu vender ou cedeu os direitos, mas está

---

[1] *Direitos reais*. 19. ed. Rio de Janeiro: Forense, p. 24.

186 • Condomínio Edilício e Incorporação Imobiliária | *Arnaldo Rizzardo*

assegurado o direito de buscar o pagamento ou o cumprimento de obrigações junto ao adquirente, ou que prometeu adquirir, ou que se tornou cessionário.

Não surtem efeito, afora as partes envolvidas, eventuais cláusulas que deslocam as obrigações ao anterior proprietário, ou ao locatário, ou ao comodatário.

O STJ resumiu a matéria na seguinte ementa:

> A ação de que dispõe o condomínio para buscar haver o valor de quotas condominiais em atraso deve ser proposta, em princípio, contra quem figure no álbum imobiliário como proprietário, promissário, cessionário ou como locatário da unidade autônoma em relação à qual exista débito em aberto.[2]

Já se as dívidas são do condomínio, decorrentes de compras, da contratação de serviços, de condenação judicial, de imposição de multas, figurando terceiros na qualidade de credores ou mesmo condôminos, o condomínio é chamado a responder, tendo legitimidade passiva para ser acionado judicialmente. Na falta de cumprimento das obrigações, a própria renda ou receita condominial é penhorável, na esteira da jurisprudência:

> A penhora de receita do condomínio é mais adequada e menos onerosa do que a constrição nos bens de uso comum, podendo o condomínio lanças mão de cotas extras para pagamento de seu débito. Percentual reduzido, garantindo o pagamento da dívida originária e manutenção de suas atividades. A execução deve se fazer pela forma menos gravosa, conforme o previsto no art. 620 do Código de Processo Civil, mas com observância nos princípios da efetividade do processo.[3]

O dispositivo citado corresponde ao artigo 805 do atual CPC.

> *Penhora de receita. Condomínio.* A penhora de receita no condomínio é mais adequada e menos onerosa do que a constrição de bens de uso comuns. O percentual de vinte por cento sobre a receita não se revela oneroso tanto mais que o condomínio pode constituir cotas extras para tal fim e não ter capital de giro.[4]

Mesmo qualquer das unidades torna-se suscetível de constrição, respondendo, então, um condômino pelas obrigações comuns, dada a responsabilidade solidária que domina:

> *Processo civil. Execução. Condomínio condenado. Penhora de bens de condôminos. Possibilidade.* O condômino, em face da obrigação *propter rem*, pode ter sua unidade penhorada para satisfazer execução movida contra o condomínio. Os condôminos suportam, na propriedade horizontal, e na proporção da respectiva cota-parte, as consequências decorrentes de obrigações do condomínio inadimplente.[5]

---

[2] REsp. n. 30.117-1/RJ. Julgado em 08.09.1995, *DJU* 11.09.1996.
[3] TJRJ. Agravo de Instrumento n. 2004.002.01073. Quarta Câmara Cível. Julgado em 01.06.2004.
[4] TJRJ. Apelação Cível n. 2001.002.06890. Primeira Câmara Cível.
[5] STJ. REsp. n. 1.654/RJ. Relator: Min. Sálvio de Figueiredo Teixeira. Quarta Turma. *DJU* 05.03.1990.

O condômino é chamado, se não suportada a obrigação pelo condomínio, inclusive se de natureza tributária, conforme o artigo 124 do Código Tributário Nacional:

> "São solidariamente obrigadas:
> I – as pessoas que tenham interesse comum na situação que constitua o fato gerador da obrigação principal. (...)".

A jurisprudência aplica a regra:

> Em se tratando de copropriedade *pro indiviso*, e indemonstrado o pagamento de tributo por qualquer dos condôminos, pode o Fisco exigir o total da exação de um só deles, por força do art. 124, inc. 1, do CTN/1966[6].

Cumpre se atenha a responsabilidade do condômino unicamente à sua cota-parte, não arcando com uma obrigação superior à parte correspondente à sua titularidade do bem como um todo. Entendimento este reiterado pela Justiça do Trabalho:

> Diante da inexistência de bens do condomínio para responder pelo débito trabalhista, o patrimônio particular dos condôminos sujeita-se à execução, na proporção da cota-parte respectiva, de acordo com o artigo 3º da Lei n. 2.757/1956, artigos 1.315 e 1.317 do Código Civil Brasileiro de 2002 e artigo 12 da Lei n. 4.591/1964.[7]

A matéria ficou bem posta pelo STJ:

> 1. Constitui obrigação de todo condômino concorrer para as despesas condominiais, na proporção de sua cota-parte, dada a natureza de comunidade singular do condomínio, centro de interesses comuns, que se sobrepõe ao interesse individual.
>
> 2. As despesas condominiais, inclusive as decorrentes de decisões judiciais, são obrigações *propter rem* e, por isso, será responsável pelo seu pagamento, na proporção de sua fração ideal, aquele que detém a qualidade de proprietário da unidade imobiliária ou seja titular de um dos aspectos da propriedade (posse, gozo, fruição), desde que tenha estabelecido relação jurídica direta com o condomínio, ainda que a dívida seja anterior à aquisição do imóvel.
>
> 3. Portanto, uma vez ajuizada a execução em face do condomínio, se inexistente patrimônio próprio para satisfação do crédito, podem os condôminos ser chamados a responder pela dívida, na proporção de sua fração ideal.
>
> 4. O bem residencial da família é penhorável para atender às despesas comuns de condomínio, que gozam de prevalência sobre interesses individuais de um condômino, nos termos da ressalva inserta na Lei n. 8.009/1990 (art. 3º, IV).[8]

---

[6] TRF4, 2ª Turma, AC 96.04.16679-4, Relator Des. Fed. Luiz Carlos de Castro Lugon, *DJ* 12.05.1999.

[7] TRT da 9ª Região. Processo n. 367.199.821.908-PR. Relatora: Rosalie Michaele Bacila Batista. Publicado em 08.04.2005.

[8] REsp n. 1.473.484/RS. Quarta Turma. Relator: Min. Luis Felipe Salomão. Julgado em 21.06.2018. *DJe* 23.08.2018.

> 1. Alienação de imóvel em hasta pública com informação no edital acerca da existência de débitos condominiais.
>
> 2. Responsabilidade do arrematante por dívidas condominiais anteriores à arrematação, devido ao caráter *propter rem* da obrigação.
>
> 3. Possibilidade de redirecionamento da execução contra o arrematante, *ex vi* do disposto no art. 42, § 3º, do CPC/1973. Julgados desta Corte Superior.
>
> 4. Caso concreto em que foi dada preferência ao credor hipotecário, não restando saldo suficiente para quitar a dívida condominial.
>
> 5. Circunstância peculiar que não justifica realização de uma distinção para o caso dos autos.[9-10]

Resta àquele que teve o bem excutido reembolsar-se, via regressiva, junto aos demais condôminos omitidos na exigibilidade, proporcionalmente à quantidade de fração ideal de cada um.

Originada a dívida do condomínio de uma condenação judicial, ou mesmo da violação de um dever que acarretou prejuízo a um condômino, como de obras comuns mal executadas, queda de objetos sobre bens particulares, avarias de veículos no interior das garagens causadas por funcionários, naturalmente o condômino que será ressarcido entra no rateio dos custos. Se a obrigação recai no condomínio, e advindo os recursos da contribuição de todos os titulares de unidades, o credor da verba indenizatória participa no pagamento que será feito à sua pessoa, no correspondente à sua cota ou fração ideal.

---

[9] AgInt no REsp n. 1.532.631/SP. Terceira Turma. Relator: Min. Paulo de Tarso Sanseverino. Julgado em 13.06.2017. *DJe* 23.06.2017.

[10] O citado artigo 42, § 3º, corresponde ao artigo 109, § 3º, do CPC/2015.

47
Responsabilidade pelo pagamento das despesas por todos os condôminos

Os encargos serão suportados por todos os condôminos, havendo um entendimento de que não se eximem aqueles situados no piso térreo, que não necessitam de elevador e de outras conveniências usufruídas pelos demais coproprietários, excetuada a hipótese de a convenção condominial contemplar a isenção. Exemplo dessa inteligência está na seguinte ementa:

> Tem responsabilidade pelo pagamento das cotas condominiais quem, sendo condômino, embora não participando da assembleia que determinou a alteração da anterior convenção, não tomou qualquer providência para desconstituir a decisão condominial, contra a qual se insurge em momento impróprio. Estabelecimento comercial, no caso cinema, poderia ser uma loja, como tem sido decidido, deve cumprir aquilo que está estabelecido na Convenção. A alegação de que está no andar térreo e não se beneficia de muitos serviços do condomínio não pode ser oposta, contra a previsão condominial, votada e aprovada pela assembleia de condôminos, conforme previsão legal, art. 9º da Lei n. 4.591/1964.[1]

Entrementes, já advertia Caio Mário da Silva Pereira, não arcará com as despesas o condômino que não usufrui dos benefícios decorrentes das despesas:

> Cumpre, entretanto, observar que não se pode atribuir ônus de tais despesas a comunheiros que nada têm, direta ou indiretamente, com os serviços que nenhuma utilidade lhes prestam. Está neste caso o proprietário de loja no rés do chão, e com saída livre, quanto às despesas de manutenção de elevadores.[2]

A jurisprudência tem isentado o condômino de participar no pagamento das despesas:

> A loja térrea, como unidade autônoma independente, só participa do custeio de despesas referentes ao terreno, telhado, calçada e paredes externas e outras coisas ou áreas que, por sua natureza e destinação, pertencem e aproveitam a todos os condôminos.

---

[1] Tribunal de Alçada do RGS. Apelação Cível n. 197.004.724. Quinta Câmara Cível. Julgado em 26.06.1997. *Direito Imobiliário*, COAD, n. 20, p. 407, expedição de 24.05.1998.

[2] *Condomínio e Incorporações*. 5. ed. Rio de Janeiro: Forense, 1985. p. 143.

Entrada independente. Descabimento de inclusão da unidade no rateio comum de despesas.

Adiante, no voto:

A lei determina a contribuição do condômino naquilo em que o mesmo efetivamente foi partícipe na despesa (Lei n. 4.591/1964); o demais é abuso de direito originário dos demais condôminos, interessados em aumentar o rateio das despesas para diminuírem suas próprias contribuições. Fere o bom senso (e a lei) exigir-se que o condômino, na espécie, pague por serviço de que ele não usufrui e nem poderia, dada a localização da loja...

Nem tudo o que a convenção do condomínio diz será feito, será lei entre os condôminos, se o dito ferir a lei e a lógica.[3]

Em outro exemplo:

Não se pode exigir que determinado condômino arque com o pagamento de despesas relativas a utilidades ou serviços que não têm, para ele, qualquer serventia, não porque deles não queira utilizar-se, mas em virtude da própria configuração do edifício.[4]

No Superior Tribunal de Justiça vinga igual *ratio*:

Condomínio. Loja térrea. Despesas.

Do rateio das despesas do condomínio não se pode resultar deva arcar o condômino com aquelas que se refiram a serviços ou utilidades que, em virtude da própria configuração, não tem, para ele, qualquer préstimo.

Justifica-se no voto:

Consigno, ainda, que a doutrina, de modo geral, ressalva a possibilidade de a cobrança ser obrigatória, se assim dispuser, expressamente, a convenção de condomínio. Mesmo em tal hipótese tenho como passível de dúvida essa obrigatoriedade, estando a depender do caso concreto. Se o condômino manifestou seu dissenso, não me parece que a maioria possa impor-lhe deva suportar despesa que só aos demais interessa. De qualquer sorte, não corresponde a essa ressalva, geralmente aceita, a simples reprodução do que consta da lei, como ocorre com a cláusula 31 da convenção em exame.[5]

Em outra decisão:

A convenção condominial deve estar em sintonia com a lei porque apesar da autonomia dos condôminos em autorregulamentar suas condutas, jamais poderão perder de vista a lei, cuja obediência se impõe pelo princípio da supremacia da ordem pública sobre as deliberações privadas.

---

[3] TJRGS. Apelação Cível n. 70002730125. 19ª Câmara Cível. Julgado em 20.08.2002.
[4] TJRGS. Apelação Cível n. 70003703873. 18ª Câmara Cível. Julgado em 15.05.2003.
[5] REsp. n. 164.672/PR. Terceira Turma. Julgado em 04.11.1999. *DJU* 07.02.2000, *RSTJ* 128/256.

> A regra estabelecida no art. 1.340 do novo Código Civil atende ao princípio da equidade, evitando o enriquecimento indevido dos condôminos que se utilizam de serviços ou de partes comuns a diversos deles, em detrimento daqueles que não utilizam os referidos serviços e equipamentos comuns.
>
> Na espécie, o condômino somente pode suportar, na proporção de sua participação no condomínio, despesas de conservação das coisas de cuja utilização efetivamente participa.
>
> Onde não existe o gozo e/ou o uso da coisa comum, não existe obrigação de suportar os correspondentes dispêndios.[6]

Efetivamente, resulta um enriquecimento indevido dos demais condôminos se obrigar-se aquele que de nada usufruiu a participar no pagamento das despesas.

De outro lado, havendo copropriedade do mesmo apartamento, a qualquer um dos dois proprietários exige-se a satisfação da obrigação. Há solidariedade na responsabilidade. Nesta linha já se manifestou a jurisprudência: "Despesas condominiais. Duplicidade de titulares sobre uma unidade autônoma. Cobrança ajuizada contra um deles. Admissibilidade porque indivisível a fração autônoma nas relações com os demais condôminos. Solidariedade dos coproprietários, dispensada a citação do outro titular."[7]

---

[6] REsp n. 1.652.595/PR. Terceira Turma. Relator: Min. Paulo de Tarso Sanseverino. Julgado em 05.12.2017. *DJe* 20.02.2018.

[7] TASP. Agravo de Instrumento n. 393.367-5. Quinta Câmara Cível. Julgado em 31.08.1988, em Julgados dos Tribunais de Alçada Civil de São Paulo, *RT* 112/184.

48
Preferência das dívidas condominiais na execução hipotecária ou comum contra o titular da unidade imobiliária

As taxas de condomínio e encargos decorrentes são preferenciais mesmo se a unidade do condômino se encontra hipotecada. Operando-se a execução hipotecária, e dando-se a adjudicação ou arrematação do imóvel pelo credor hipotecário ou por terceiro, mantém-se o direito de exigir o crédito por dívida relativa a encargos condominiais, em favor do condomínio, que poderá cobrá-la sobre a mesma unidade e contra o novo adquirente. E isto justamente por força do artigo 1.345 do Código Civil, na seguinte redação: "O adquirente de unidade responde pelos débitos do alienante, em relação ao condomínio, inclusive multas e juros moratórios."

Não que se invalide a alienação judicial, ou se desconstitua a aquisição pelo adjudicante ou arrematante. Entretanto, por se tratar de obrigações *propter rem*, gozam de preferência as despesas condominiais, não se extinguindo com a venda judicial do imóvel, em processo o entendimento de execução, mesmo que garantido o crédito por hipoteca. Ao adquirente transferem-se as dívidas condominiais por não constituírem dívidas do proprietário, mas sim encargos da própria coisa, originadas das despesas necessárias à conservação e subsistência do conjunto condominial, acompanhando, pois, a coisa, seja quem for o dono.

Embora o valor apurado na venda vá para o credor hipotecário, ou o exequente, as dívidas acompanham a unidade na transferência para o terceiro arrematante, ou o para o próprio credor, se ele adjudica de conformidade com os termos do artigo 876 e seus parágrafos do Código de Processo Civil em vigor. É clara a jurisprudência a respeito: "O adquirente da unidade responde perante o condomínio pelas cotas condominiais em atraso. O modo de aquisição não assume relevo".[1]

Diante deste tratamento dado pelo direito, o condomínio, mesmo que através da Comissão de Representantes, está autorizado a buscar a exigibilidade do crédito junto ao novo titular da unidade. Com mais razão fica garantido o direito de cobrar o valor perante o novo titular em execuções sem que tenha havido hipoteca da unidade.

---

[1] REsp n. 67.701/RS. Julgado em 16.06.1997, *Revista do STJ*, n. 96, p. 252. Em decisão mais recente, confirmando: REsp 1672508/SP, da Terceira Turma do STJ, rel. Min. Paulo de Tarso Sanseverino, Julgado em 25.06.2019, *DJe* 1º.08.2019.

Cap. 48 | Preferência das dívidas condominiais na execução hipotecária ou comum • 193

Nesse entendimento trilha a jurisprudência do STJ:

> A comissão de condôminos que, depois de destituído o incorporador, recebeu poderes da assembleia geral para prosseguir na obra, tem legitimidade para promover ação de cobrança das parcelas referentes ao custo de construção.
>
> O agente financeiro que promove a execução hipotecária e adjudica o bem do mutuário em atraso com o financiamento, responde pelo débito existente quanto ao custo da construção, pois, do contrário, estaria recebendo indevidamente patrimônio construído com recursos de outrem. Dívida contratual vencida que deve ser satisfeita.
>
> Arts. 43, VI, 49 e 50 da Lei n. 4.591/1964 e 33 do Decreto-lei n. 70/1966.[2]

Assim, por aplicação do artigo 1.345 acima transcrito, existindo uma ação de cobrança em andamento, proposta pelo condomínio, não fica a mesma extinta ou suspensa pela adjudicação ou arrematação do imóvel em outro processo de execução. Já que o condomínio está exercendo o direito de haver o crédito, se decidido e definido judicialmente, do valor apurado na execução hipotecária ou em qualquer execução retira-se o montante necessário para satisfazer, primeiramente, o crédito do condomínio, por se tratar de crédito preferencial. Ao credor hipotecário resta o direito de preferência quanto ao valor remanescente do preço, após atendidos os credores preferenciais. E isto, repita-se, em qualquer execução promovida por outros credores. Há julgados antigos nesse sentido, conforme o seguinte:

> *Agravo de instrumento. Ação de execução. Cobrança de cotas condominiais. Praça pública. Arrematação pelo credor hipotecário.* A arrematação pelo credor hipotecário não o exime do pagamento da dívida executada, muito embora a alegação de preferência na satisfação de seu crédito, eis que se trata de cotas condominiais, obrigação *propter rem*, e que acompanha o imóvel. Agravo provido.[3]

Não há dúvida que se extingue a hipoteca, já que houve a arrematação ou adjudicação, consoante prevê o artigo 1.499, VI, do Código Civil.

Entretanto, não se pode ir o ponto de se extinguir o crédito do condomínio que acompanha o imóvel, dada a prioridade estabelecida na lei, repassando-se o remanescente para outros credores, e isto mesmo que hipotecários.

Nessa concepção da matéria, qualquer se exigido um crédito com garantia hipotecária não importa em preferência ante os encargos condominiais, que serão primeiramente satisfeitos, como reitera o STJ:

> Agravo regimental. Crédito decorrente de despesas condominiais. Prevalência sobre o crédito hipotecário. Precedentes – Agravo improvido.[4]

---

[2] REsp. n. 255.593/SP. Quarta Turma do STJ. Julgado em 15.08.2000, *DJU* 19.09.2000.

[3] Agravo de Instrumento n. 195020391. Quinta Câmara do extinto Tribunal de Alçada do RGS. Julgado em 16.03.1995. Há decisões posteriores com o mesmo entendimento. Assim, TJRGS. Agravo de Instrumento n. 70003718046. 18ª Câmara Cível. Julgado em 06.06.2002.

[4] AgRg no Ag. n. 1.085.775/RS. Terceira Turma. Julgado em 10.05.2009, *DJe* 29.05.2009.

A matéria já foi objeto de uniformização de jurisprudência, como lembra o relator, Min. Massami Uyeda:

> No mais, o entendimento do Tribunal de origem coaduna-se com a jurisprudência desta Corte, que já decidiu que o crédito condominial tem preferência sobre o crédito hipotecário, por consistir em obrigação *propter rem*, constituído em função da utilização do próprio imóvel ou para evitar-lhe o perecimento. A propósito, os seguintes precedentes:
>
> *Agravo regimental. Créditos condominiais e hipotecários. Preferência. Uniformização de jurisprudência.* O crédito condominial, porque visa à proteção da coisa, prefere ao crédito hipotecário. O art. 476 não obriga o Tribunal a suscitar incidente de uniformização da jurisprudência (*ut* AgRg no REsp. n. 773.285/RJ. Relator: Min. Humberto Gomes de Barros. *DJ* 04.12.2007).
>
> No mesmo sentido: AgRg no Ag n. 863.603/RJ. Relator: Min. Sidnei Beneti. *DJ* 01.12.2008; e REsp. n. 654.651/SP. Relator: Min. Aldir Passarinho Júnior. *DJ* 28.05.2007. Por essa razão, o apelo nobre esbarra, nesse ponto, no óbice do Enunciado n. 83/STJ.

O referido artigo 476 é do CPC/1973, não tendo regra correspondente no CPC/2015.

49

Responsabilidade pelas despesas de obras que favorecem aos condôminos

Naturalmente, as despesas pelas obras particulares no apartamento ou unidade recaem na pessoa do respectivo titular. O mesmo acontece naquelas decorrentes de obras nas partes comuns, mas usadas ou aproveitadas por um ou alguns dos condôminos, em obediência ao artigo 1.340: "As despesas relativas a partes comuns de uso exclusivo de um condômino, ou de alguns deles, incumbem a quem delas se serve."

Não se pode, pois, exigir da generalidade dos condôminos o ressarcimento do custo das obras cuja fruição restringe-se a um condômino em particular, ou a uma pequena parcela deles. A Lei n. 4.591/1964 não trouxe dispositivo próprio para o assunto, posto que se restringia a atribuir a responsabilidade aos condôminos em geral pelas obras de interesse comum, sobressaindo, pela importância, a regra do § 4º do artigo 12:

> As obras que interessarem à estrutura integral da edificação ou conjunto de edificações, ou ao serviço comum, serão feitas com o concurso pecuniário de todos os proprietários ou titulares de direito à aquisição de unidades, mediante orçamento prévio aprovado em assembleia geral, podendo incumbir-se de sua execução o síndico, ou outra pessoa, com aprovação da assembleia.

O Código Civil, no artigo 1.341, trata da autorização para a construção das obras voluptuárias e das úteis. "A realização de obras no condomínio depende: I – se voluptuárias, de voto de 2/3 (dois terços) dos condôminos; II – se úteis, de voto da maioria dos condôminos."

Já o síndico e, se omisso este, mesmo qualquer condômino, sem a prévia autorização, podem realizar as obras necessárias, por autorização do § 1º do artigo 1.341: "As obras ou reparações necessárias podem ser realizadas, independentemente de autorização, pelo síndico, ou, em caso de omissão ou impedimento deste, por qualquer condômino." Extrai-se que o ressarcimento das voluptuárias e das úteis recairá nos condôminos que passaram a usufruí-las.

No entanto, se urgentes as obras e excessivo ou elevado o custo, o § 2º do artigo 1.341 manda que, de imediato, dará o síndico ou o condômino ciência aos condôminos, convocando a assembleia. A urgência decorre de previsibilidade difícil, mas não impossível de acontecer, como rompimento da encanação, pane em máquinas e elevadores, queda de paredes, destelhamento, inundações, arrombamentos, vazamentos da caixa de água, interrupção da rede elétrica. Para ter-se como excessivo o aumento das despesas, deve o valor ultrapassar, no mínimo, a um terço das comumente exigidas. Mesmo que da compreensão comum o significado de urgência e de excessivo, sempre emergirão dúvidas, discussões, concepções diferentes, prestando-se o sentido a ensejar diferenças de entendimentos, e até questionamentos judiciais. Por isso, se possível, de bom alvitre que se obtenha um consenso a respeito do alcance em assembleia geral.

Se não urgentes as obras ou reparos, e de elevado montante o custo, imprescindível a antecedente autorização da assembleia. É a exigência do § 3º do mesmo artigo 1.341: "Não sendo urgentes, as obras ou reparos necessários, que importarem em despesas excessivas, somente poderão ser efetuadas após autorização da assembleia, especialmente convocada pelo síndico, ou, em caso de omissão ou impedimento deste, por qualquer dos condôminos." Não revelam o caráter de urgência a queda de um muro interno, a rachadura de uma parede divisória, o desabamento de arranjos nos jardins, as fissuras do piso dos passeios.

Por outro lado, não se enquadram como elevadas ou excessivas as despesas exigidas para a reposição de lâmpadas, ou para o conserto de um cano, ou a reposição de vidraças nas janelas, ou a substituição de telhas, ou a troca de chaves, ou reparos no portão de entrada.

Unicamente se necessárias e urgentes as obras importam em reembolso, e desde que caracterizadas como necessárias.

> É dever do condomínio proceder à realização de obra essencial à preservação da própria edificação, sendo, portanto, de sua responsabilidade efetuar os reparos no imóvel por danos decorrentes de infiltração na tubulação – inteligência do art. 12, § 4º, da Lei n. 4.591/1964. Se para efetivação dos reparos necessários se acesse a unidade do condomínio cujos proprietários se encontram em lugar incerto e não sabido deve ser autorizado o arrombamento passando o termo inicial para a realização das obras a contar da data de tal evento que deve se dar *incontinenti*.[1]

Nessa visão, os danos causados pelo prédio em si importam em pagamento pelo condomínio, e, assim, por todos os condôminos: "A obrigação de reparar danos em unidade condominial, causados por vazamentos de dutos de água em área comum do prédio, decorre da própria relação obrigacional entre o condomínio e o condômino."[2]

As obras não necessárias e urgentes, mesmo que tenham trazido benefício comum aos condôminos, não garantem o ressarcimento, por força do § 4º: "O condômino que realizar obras ou reparos necessários será reembolsado das despesas que efetuar, não tendo direito à restituição das que fizer com obras ou reparos de outra natureza, embora de interesse comum."

As obras de utilização comum necessitam da aprovação de dois terços dos condôminos para serem efetuadas, sendo viabilizadas desde que não prejudiquem as partes

---

[1] TJRJ. Apelação Cível n. 14.133/01. Sexta Câmara Cível. *DJ* 28.02.2002. ADCOAS 8211240. *Boletim de Jurisprudência ADCOAS*, n. 45, p. 710, nov. 2002.

[2] TJRJ. Apelação Cível n. 2001.001.29408. Sétima Câmara Cível. *DJ* 01.03.2002. ADCOAS 8209771. *Boletim de Jurisprudência ADCOAS*, n. 38, p. 598, set. 2002.

Cap. 49 | Responsabilidade pelas despesas de obras que favorecem aos condôminos • **197**

próprias dos condôminos ou as de todos. É o que encerra o artigo 1.342 do Código, repetindo parte do conteúdo do § 3º do artigo 1.341:

> A realização de obras, em partes comuns, em acréscimo às já existentes, a fim de lhes facilitar ou aumentar a utilização, depende da aprovação de 2/3 (dois terços) dos votos dos condôminos, não sendo permitidas construções, nas partes comuns, suscetíveis de prejudicar a utilização, por qualquer dos condôminos, das partes próprias, ou comuns.

O artigo 1.344 atribui ao proprietário de terraço de cobertura o ônus das despesas de conservação, devendo evitar danos às unidades inferiores: "Ao proprietário do terraço de cobertura incumbem as despesas da sua conservação, de modo que não haja danos às unidades imobiliárias inferiores."

Os danos, que possivelmente ocorrem em unidade de cobertura, ou no terraço, serão suportados unicamente pelo respectivo proprietário, eis que os demais condôminos não usufruem de tal parte do edifício:

> Demanda proposta por proprietária de apartamento localizado no último andar do edifício para compelir o condomínio a realizar as obras de manutenção da laje e reparação dos danos ocasionados por infiltrações. Inadmissibilidade. Área de uso exclusivo da autora. Condomínio que em nada contribuiu para os danos ocorridos.[3]

---

[3] TJSP. Apelação Cível n. 259.946-4/6. Segunda Câmara Cível. Julgado em 02.09.2003. *Revista dos Tribunais*, 820/246.

50
Divisão das despesas de água

Não se considera legal a cobrança de tarifa de água igual de todos os condôminos, sem aferir o real consumo de cada economia. Cumpre se faça a verificação do real consumo de cada unidade. Após controvérsia sobre o assunto, o STJ pacificou a matéria, conforme exemplos dos seguintes arestos:

> A Segunda Turma, em recente julgado (REsp. n. 726.582/RJ. Relator p/ o acórdão: Min. Herman Benjamin. Julgado em 15.09.2009, pendente de publicação), pacificou o entendimento segundo o qual nos condomínios em que o total de água consumida é medido por um único hidrômetro, é ilegal a cobrança de tarifa mínima com base no número de economias, sem considerar o efetivo consumo de água.[1]

> A Segunda Turma pacificou o entendimento segundo o qual nos condomínios em que o total de água consumida é medido por um único hidrômetro, é ilegal a cobrança de tarifa mínima com base no número de economias, sem considerar o efetivo consumo de água (REsp. n. 726.582/RJ. Relator p/ o acórdão: Min. Herman Benjamin. Segunda Turma. Julgado em 15.09.2009, *DJe* 28.10.2009). Direito à devolução em dobro reconhecido com base no art. 42, parágrafo único, do Código de Defesa do Consumidor.[2]

A Ministra Eliana Calmon, em seu voto no julgamento acima, retrata a evolução do tratamento jurídico imprimido à matéria:

> Colocada a questão nestes termos, cumpre examinar se é legal a cobrança de tarifa mínima pelo número de economias e não por unidade de hidrômetro. Observo que sempre compartilhei, em harmonia com a jurisprudência da Primeira Seção, do entendimento de que é legal a cobrança da taxa de água pela tarifa mínima, mesmo que haja hidrômetro que registre consumo inferior àquele. Confira-se, a propósito, os precedentes abaixo:

> *Administrativo. Serviço público. Taxa de água. Cobrança de tarifa pelo consumo mínimo. Legalidade. Precedentes jurisprudenciais.* É lícita a cobrança da taxa de água pela tarifa mínima, mesmo que haja hidrômetro que registre consumo inferior àquele. Inteligência das disposições legais que regulam a fixação tarifária (art. 4º da Lei n. 6.528/1978 e arts. 11, *caput*, 11, § 2º e 32 do Decreto n. 82.587/1978). Recurso provido (REsp. n. 416.383. Relator: Min. Luiz Fux. Primeira Turma. Unânime. Julgado em 27.08.2002, *DJ* 23.09.2002, p. 254). (...) Ocorre, porém, que em 15 de setembro do corrente ano (2009),

---

[1] REsp. n. 955.290/RJ. Segunda Turma. Julgado em 03.11.2009, *DJe* 17.11.2009.

[2] REsp. n. 982.938/RJ. Segunda Turma. Julgado em 17.12.2009, *DJe* 10.02.2010.

quando do julgamento do REsp. n. 726.582/RJ, a Segunda Turma, por maioria de votos, houve por bem rever o entendimento anteriormente firmado e estabelecer que nos condomínios em que o consumo total de água é medido por um único hidrômetro, é ilegal a cobrança de tarifa mínima de água com base no número de economias, sem considerar o consumo efetivamente registrado.

Para melhor visualizar essa afirmação, merece ser trazido à colação o referido precedente:

Administrativo. Fornecimento de água e esgoto. Condomínio edilício. Multiplicação do consumo mínimo pelo número de unidades autônomas (economias). Impossibilidade. 1. O STJ pacificou o entendimento de que, nos condomínios em que o consumo total de água é medido por um único hidrômetro, é ilegal a cobrança de tarifa mínima de água com base no número de economias, sem considerar o consumo efetivamente registrado. 2. Recurso Especial não provido (REsp. n. 726.582/RJ. Relatora: Min.ª Eliana Calmon. Relator p/ o acórdão: Min. Herman Benjamin. Segunda Turma. Julgado em 15.09.2009, DJe 28.10.2009).

O referido julgado se posicionou na linha de entendimento adotado pela Primeira Turma, conforme o precedente abaixo reproduzido:

(...) Nos condomínios edilícios comerciais e/ou residenciais, onde o consumo total de água é medido por um único hidrômetro, a fornecedora não pode multiplicar o consumo mínimo pelo número de unidades autônomas, devendo ser observado, no faturamento do serviço, o volume real aferido.

O cálculo da CEDAE desconsidera a ratio legis subjacente à finalidade da tarifa mínima, instituída no escopo de se assegurar a viabilidade econômico-financeira do sistema, e não para proporcionar lucros abusivos à custa dos usuários.

São direitos básicos do consumidor a proteção contra práticas abusivas no fornecimento de serviços e a efetiva prevenção/reparação de danos patrimoniais (CDC, art. 6º, IV e VI), sendo vedado ao fornecedor condicionar o fornecimento de serviço, sem justa causa, a limites quantitativos, exigir do consumidor vantagem manifestamente excessiva, bem como elevar sem justa causa o preço de serviços (CDC, art. 39, I, V e X). 7. Os usuários têm direito ao serviço público adequado, assim entendido aquele que satisfaz as condições de regularidade, continuidade, eficiência, segurança, atualidade, generalidade, cortesia na sua prestação e modicidade das tarifas (Lei n. 8.987/1995, arts. 6º, § 1º, e 7º, I). 8. A remuneração pelo fornecimento de água e esgotamento sanitário não tem natureza jurídica tributária (taxa), mas constitui tarifa cujo valor deve guardar relação de proporcionalidade com o serviço efetivamente prestado, sob pena de enriquecimento sem causa. 9. Recurso especial parcialmente conhecido e, nessa parte, provido, apenas para se determinar a restituição simples dos valores indevidamente recolhidos pela CEDAE, acrescidos de juros moratórios legais e correção monetária (REsp. n. 655.130/RJ. Relatora Min.ª Denise Arruda. Primeira Turma. Julgado em 03.05.2007, DJ 28.05.2007, p. 287).

Com base nos precedentes acima reproduzidos, percebe-se que os argumentos expendidos pela parte recorrente não merecem prosperar, na medida em que estabelece a relação entre a concessionária de serviço público e seus usuários, à luz do Código de Defesa do Consumidor.

A propósito, no que se refere à suposta afronta ao parágrafo único do art. 42 do CDC, observo que já houve pronunciamento desta Corte Superior de Justiça no sentido de que basta a culpa daquele que cobrou em demasia a prestação do serviço, a qual pode ser afastada somente na hipótese de engano justificável. Confira-se o precedente desta Corte Superior de Justiça:

(...) 1. Não ocorre ofensa ao art. 535, II, do CPC, se o Tribunal de origem decide, fundamentadamente, as questões essenciais ao julgamento da lide. 2. Prevalece no STJ o entendimento de que a ANATEL não tem legitimidade passiva para responder pela cobrança indevida de valores levada a efeito pelas empresas de telefonia na conta tele-

fônica. 3. É inadmissível o recurso especial quanto a questão não decidida pelo Tribunal de origem, dada a ausência de prequestionamento. 4. A Segunda Turma desta Corte firmou entendimento no sentido da ilegalidade do repasse do PIS e da COFINS na fatura telefônica, bem como acerca da má-fé das empresas de telefonia e, por consequência, da abusividade dessa conduta. 5. Direito à devolução em dobro reconhecido com base no art. 42, parágrafo único, do Código de Defesa do Consumidor. 6. Recurso especial conhecido em parte e, nessa parte, não provido (REsp. n. 910.784/RJ. Relatora: Min.ª Eliana Calmon. Segunda Turma. Julgado em 04.06.2009, *DJe* 23.06.2009) (...).

Diante do exposto, nego provimento ao recurso especial.

O citado artigo 535, II, corresponde ao artigo 1.022, II, do CPC em vigor.

Em especial é a inteligência aplicada na existência de hidrômetros, com a finalidade de medir o consumo:

> (...) 1. A fornecedora de água aos condomínios edifícios comerciais e/ou residenciais, nos quais o consumo total de água é medido por um único hidrômetro, não pode multiplicar o consumo mínimo pelo número de unidades autônomas, devendo ser observado, no faturamento do serviço, o volume real aferido. Precedentes: REsp. n. 1.006.403/RJ. *DJ* 30.06.2008; AgRg no REsp. n. 966.375/RJ. *DJ* 01.04.2008; e REsp. n. 655.130/RJ. *DJ* 28.05.2007. 2. Se o prédio dispõe de um hidrômetro, medindo o fornecimento de água a todas as salas não é lícito à empresa fornecedora de água desprezar o que nele foi registrado, para cobrar, em relação a cada unidade, um valor arbitrário. Precedente: REsp. n. 280.115/RJ. Relator: Min. Humberto Gomes de Barros. *DJ* 01.07.2002).[3]

---

[3] AgRg no Ag. n. 1.047.336/RJ. Primeira Turma. Julgado em 12.05.2009, *DJe* 01.06.2009.

51

Responsabilidade do condomínio pelos danos causados por condômino identificado e por condômino não identificado

É comum ocorrerem danos em unidades ou apartamentos inferiores de edifícios, provocados em unidades ou apartamentos superiores, especialmente decorrentes de infiltrações acarretadas pela deficiente impermeabilização. Desde que provada a causa do defeito, a responsabilidade recai no proprietário que está no nível superior. No entanto, deve-se compreender coerentemente o fato, e examinar se a infiltração não inicia em outro patamar, e vai se estendendo em várias unidades. Nem se afigura inviável que se alastre verticalmente para cima. Também necessário aferir se o mal advém de vício de construção ou não.

Definida a responsabilidade, o proprietário atual deve assumir a efetuação dos reparos, arcando com a obrigação indenizatória, consoante ficou decidido pelo Superior Tribunal de Justiça:

> Como já decidiu esta Terceira Turma, "o direito à indenização pelos danos causados a um prédio subsiste ainda que o proprietário transmita o respectivo domínio a terceiro – conclusão que se justifica, tenham os danos sido reparados, ou não", e, ainda, que se o prédio "for alienado sem a reparação dos danos, o respectivo preço será evidentemente depreciado, com a consequência de que o proprietário receberá por ele menos do que obteria se estivesse em bom estado; se, ao contrário, for vendido depois da reparação dos danos, o preço, para o proprietário, será o montante recebido menos o que gastou para repor o imóvel ao *statu quo ante*" (REsp. n. 97.548/SP. Relator: Min. Ari Pargendler. *DJ* 08.05.2000).[1]

Seguem as razões no desenvolvimento do voto:

> Com efeito, não há que se falar em perda de interesse no prosseguimento do feito se restam sobejamente provado nos autos os prejuízos irresponsavelmente causados pelos embargantes, seja nos reparos já autorizados e realizados pelo embargado, seja na patente desvalorização causada no imóvel pelas infiltrações ocorridas.
>
> A simples venda da unidade residencial não afasta o interesse de agir dos embargados, que, nos dizeres do extinto processualista Vicente Greco Filho (*Direito processual civil brasileiro*. São Paulo: Saraiva, v. I, p. 72), vem a ser "a necessidade de se recorrer ao Ju-

---

[1] REsp. n. 402.468/ES. Relator: Min. Carlos Alberto Menezes. Terceira Turma. Julgado em 29.11.2002. *Revista Forense*, 371/332.

diciário para a obtenção do resultado pretendido, independentemente da legitimidade ou legalidade da pretensão".

No entanto, se não identificado o condômino, prevalecerá a responsabilidade do condomínio pelos danos que envolvem terceiros. São possíveis os danos na queda de objetos do prédio, provocando lesões em pessoas ou bens que se encontram nas adjacências. Aplicável especialmente o artigo 938 do Código Civil, cuja versão é a seguinte: "Aquele que habitar prédio, ou parte dele, responde pelo dano proveniente das coisas que dele caírem ou forem lançadas em lugar indevido." Tem-se a responsabilidade objetiva, já que o dispositivo não contempla a necessidade de culpa, sendo suficiente o nexo causal entre o ato e o dano.

Certo que a regra atribui a responsabilidade a "quem habitar prédio, ou parte dele", querendo abranger a generalidade dos que habitam. O condomínio sujeita-se à reparação, mesmo se identificado o autor direto do ato. De qualquer modo, se descoberto, resta a ação de regresso contra o autor do ato. A vítima tem respaldo para acionar o condomínio.

O STJ já adotou a tese da responsabilidade do condomínio:

> *Responsabilidade civil. Objetos lançados da janela de edifício. A reparação dos danos é responsabilidade do condomínio.* A impossibilidade de identificação do exato ponto de onde parte a conduta lesiva impõe ao condomínio arcar com a responsabilidade reparatória por danos causados a terceiros.[2]

Na ação de regresso, se não identificado o causador, procura-se reaver o valor unicamente dos proprietários de apartamentos cuja localização se revele hábil à prática da lesão. Não parece coerente mover a lide contra os titulares das unidades localizadas em parte do prédio afastada do ponto onde ocorreu a queda ou o lançamento de objeto em transeunte ou no bem que se encontrava na via pública.

A responsabilidade pelo dano moral, desde que identificado o causador, afasta o direito de mover a ação contra o condomínio, conforme orienta o seguinte aresto:

> *Civil. Recursos Especiais. Ação de compensação por danos morais como se verá na ementa abaixo. Agressões físicas entre condôminos. Ausência de responsabilidade do condomínio. Dissídio jurisprudencial. Cotejo analítico e similitude fática. Ausência.* Hipótese em que foi ajuizada ação de compensação por danos morais por condômino, em face do condomínio, decorrente de agressão física praticada na garagem do prédio.
>
> O condomínio não responde pelos danos morais sofridos por condômino, em virtude de lesão corporal provocada por outro condômino, em suas áreas comuns, salvo se o dever jurídico de agir e impedir a ocorrência do resultado estiver previsto na respectiva convenção condominial.[3]

---

[2]   REsp. n. 64.682/RJ. Quarta Turma. Julgado em 10.11.1998. *DJU* 29.03.1999.
[3]   REsp. n. 1.036.917/RJ. Terceira Turma. Julgado em 24.11.2009. *DJe* 02.12.2009.

52

Transferência da unidade condominial e responsabilidade pelos encargos pendentes

A falta de pagamento dos encargos impedia a transferência da unidade autônoma, segundo o parágrafo único do artigo 4º da Lei n. 4.591/1964: "A alienação ou transferência de direitos de que trata este artigo dependerá de prova de quitação das obrigações do alienante para com o respectivo condomínio." A redação veio trazida pela Lei n. 7.182/1984.

Não manteve o Código Civil a cominação. O adquirente sub-roga-se na obrigação pendente, o que está escrito no artigo 1.345 do Código Civil de 2002: "O adquirente de unidade responde pelos débitos do alienante, em relação ao condomínio, inclusive multas e juros moratórios." Ou seja, as taxas e contribuições devidas ao condomínio constituem obrigação do adquirente, que responde pelo adimplemento, não importando que as parcelas vencidas sejam de período anterior ao da aquisição.

Não mais é necessária a apresentação da prova de quitação do condomínio, e isto porque o comprador assumirá as obrigações pendentes.

Ficou mais clara, portanto, a responsabilidade do adquirente da unidade autônoma pelos débitos pendentes. Ao mesmo tempo, veio definida a obrigação *propter rem*. Não repercute a desoneração do imóvel feita pelo antigo proprietário quando da venda do imóvel, seguindo a dívida vinculada à coisa, com o que onera o comprador da unidade. Não conduz essa permanência da dívida em concluir que se torne a mesma sempre devida. Se emanada de despesas irregulares, ou se excede a realidade legal, decorrendo de juros ilegais ou multa superior a 2%, é plausível a contestação judicial.

Eis as consequências da omissão em pagar, constante no § 1º do artigo 1.336: "O condômino que não pagar a sua contribuição ficará sujeito aos juros moratórios convencionados ou, não sendo previstos, os de 1% (um por cento) ao mês e multa de até 2% (dois por cento) sobre o débito." Esta cominação igualmente está contemplada na Lei n. 4.591/1964, no § 3º do artigo 12, com a diferença da taxa da multa, que é de vinte por cento.

De modo que não fica limitado o direito de transferir a unidade. Todavia, o adquirente assume as obrigações pendentes, o que vem corroborado pela jurisprudência:

> O dever de arcar com as despesas de condomínio é obrigação que segue o direito real de propriedade, obrigando o novo titular do imóvel ao pagamento de todas as prestações

204 • Condomínio Edilício e Incorporação Imobiliária | *Arnaldo Rizzardo*

vencidas e vincendas. O modo de aquisição do imóvel – *in casu*, a adjudicação – não desobriga o pagamento de taxas condominiais não pagas pelo antigo proprietário.[1]

Cobrança de cotas... Mantida a sentença que julgou procedente o pedido, condenando a CEF no pagamento das parcelas atrasadas relativas às despesas condominiais, pois conforme entendimento majoritário da jurisprudência, trata-se de obrigação *propter rem*, que pode ser cobrada de quem adquiriu o imóvel por adjudicação, ou, no caso, arrematação.[2]

A alteração do parágrafo único do art. 14 da Lei n. 4.591/1964 pela Lei n. 7.182/1984 não descaracterizou a natureza *propter rem* dos débitos condominiais, que se transferem ao adquirente com o domínio da respectiva unidade. O adquirente da unidade responde perante o condomínio pelas cotas condominiais em atraso, sendo irrelevante a forma de aquisição.[3]

Mesmo no caso de promessa de compra e venda, embora em contrato não registrado, a responsabilidade passiva passa para o promitente adquirente, na ação de cobrança das despesas condominiais:

A cobrança de cotas condominiais deve recair sobre o comprador da unidade adquirida em condomínio, sendo irrelevante o fato da escritura de compra e venda não estar inscrita no Cartório de Imóveis.[4]

Em outro julgamento:

Já assentou a Corte que o Tribunal pode, de ofício, apreciar a legitimidade de parte. Nas circunstâncias dos autos, tendo o Condomínio conhecimento da existência de adquirente em decorrência de promessa de compra e venda, não tem o vendedor legitimidade para responder pela ação de cobrança, não relevando a ausência de registro no Cartório de Imóveis. Recurso Especial não conhecido.[5]

Mas não se afasta a opção para dirigir a lide tanto contra o promitente comprador como contra o promitente vendedor, na orientação também emanada do Superior Tribunal de Justiça: "A ação de cobrança pode ser dirigida tanto contra aquele em nome de quem está o imóvel registrado no Ofício Imobiliário, como contra o promissário comprador sem registro, conforme o que for mais adequado nas circunstâncias peculiares do caso."[6]

Todavia, não responde o promitente comprador pelas obrigações anteriores à promessa de compra:

---

[1]   TRF – 4ª Região. Apelação Cível n. 2000.71.01.002680-4/RS. Quarta Turma. *DJ* 19.06.2002. ADCO-AS 8210566. *Boletim de Jurisprudência ADCOAS*, n. 41, p. 646, out. 2002.

[2]   TRF – 4ª Região. Apelação Cível n. 2000.71.12.004453-9/RS. Terceira Turma. *DJ* 20.02.2002.

[3]   TRF – 4ª Região. Apelação Cível n. 2000.71.12.002521-1/RS. Quarta Turma. *DJ* 07.08.2002. ADCO-AS 8211396. *Boletim de Jurisprudência ADCOAS*, n. 46, p. 726, nov. 2002.

[4]   STJ. Recurso Especial n. 122 924/RJ. Terceira Turma. *DJ* 30.03.1998, *ADV Jurisprudência*, n. 23, p. 452, expedição de 14.06.1998.

[5]   STJ. Recurso Especial n. 237.572/RJ, da Terceira Turma. *DJ* 01.08.2000, *ADV Jurisprudência*, n. 49, p. 779, expedição de 10.12.2000.

[6]   Recurso Especial n. 164.096/SP. *DJ* 29.06.1998, *ADV Jurisprudência*, n. 3, p. 43, expedição de 21.01.2001.

Cap. 52 | Transferência da unidade condominial e responsabilidade pelos encargos pendentes • 205

O promitente comprador é parte legítima para responder pelas despesas condominiais se a dívida se refere a período posterior à celebração do contrato de promessa de compra e venda, ainda que não registrado, havendo legitimidade do promitente vendedor somente se o débito cobrado se referir a data anterior à do contrato. Tendo o promitente vendedor transferido a posse dos imóveis em data anterior ao período da dívida, mediante compromisso de compra e venda, não detém ele legitimidade para responder à ação de cobrança das despesas de condomínio.[7]

52.1. Responsabilidade pelos encargos pendentes nas promessas de compra e venda de unidades

Nas promessas de compra e venda de unidades, os encargos condominiais e mesmo outras obrigações que surgirem, a rigor, por medida de justiça, são da responsabilidade de quem aparece como titular da unidade. As avenças particulares, não levadas ao conhecimento público através do registro de imóveis, não trazem efeitos relativamente a terceiros. Entretanto, a jurisprudência tem reconhecido a responsabilidade tanto de parte daquele que aparece no registro imobiliário como no do atual ocupante, ou seja, mais especificamente, tanto do promitente vendedor como do promitente comprador. E com razão, pois, enquanto não totalmente cumprido o pagamento, existe como que um compartilhamento na propriedade, justificando a responsabilidade solidária.

Colacionam-se os seguintes exemplos de decisões do STJ:

A responsabilidade pelas despesas de condomínio, ante a existência de promessa de compra e venda, pode incidir tanto sobre o promitente comprador quanto sobre o promissário vendedor, devendo ser aferida de acordo com as circunstâncias de cada caso concreto. Precedentes.

In casu, as circunstâncias não permitem o afastamento da responsabilidade do promissário vendedor.[8]

A teor da jurisprudência desta Corte, o promissário comprador, imitido na posse do bem, responde pelo pagamento das quotas condominiais relacionadas a período de sua imissão, somente sendo transferida a responsabilidade para o proprietário, após a reintegração deste na posse da unidade condominial.

Recurso conhecido e provido para determinar o prosseguimento do feito com relação aos promitentes-compradores do imóvel em contenda, ora interessados, reconhecendo, por outro lado, a responsabilidade da recorrente para responder pelas despesas de condomínio referentes, tão somente, ao período a partir do qual se imitiu na posse daquele.[9]

Na linha da orientação adotada por este Tribunal, a responsabilidade pelas despesas de condomínio ante a existência de promessa de compra e venda, pode recair tanto sobre o promitente comprador quanto sobre o promissário vendedor, dependendo das circunstâncias de cada caso concreto. Sob esse prisma, pois, a questão relacionada à

---

[7] STJ. Recurso Especial n. 258.382/MG. Quarta Turma do STJ. *DJU* 25.09.2000, *ADV Jurisprudência*, n. 1, p. 11, expedição de 07.01.2001.

[8] EDcl. no REsp. n. 324.329/MG. Quarta Turma. Julgado em 18.09.2007, *DJU* 08.10.2007.

[9] REsp. n. 813.161/SP. Quarta Turma. Julgado em 11.04.2006, *DJU* 08.05.2006.

posse do imóvel, e não só a propriedade, é relevante para a aferição da responsabilidade por tais encargos.[10]

Merece ser transcrito o seguinte trecho do voto do relator, Min. Sidnei Beneti, que resultou na última ementa citada, quando aponta vários precedentes da mesma Corte:

> *Cobrança de cotas condominiais. Dissídio. Precedentes.* Na linha de precedente da Corte, mantido pela Segunda Seção (EREsp. n. 261.693/SP, j. em sessão de 10.04.2002, Relator para o acórdão o Senhor Min. Ari Pargendler), não destacando o acórdão recorrido "nenhuma particularidade, salvo a ausência de escritura definitiva e do registro da promessa, prevalece a jurisprudência da Turma sobre a legitimidade passiva do promitente comprador em ação de cobrança de quotas condominiais" (REsp. n. 261.693/SP, da minha relatoria. *DJ* 13.08.2001).
>
> Recurso especial conhecido e provido (REsp. n. 330.992/RS, da minha relatoria, Terceira Turma. *DJ* 05.09.2002).
>
> *Condomínio. Despesas condominiais. Legitimidade de parte passiva.* É o adquirente do imóvel parte legítima para figurar no polo passivo da ação de cobrança de encargos condominiais, ainda que não registrada no Cartório de Imóveis o instrumento de cessão de direitos sobre o imóvel. Precedentes do STJ. Recurso especial conhecido e provido (REsp. n. 435.349/DF. Relator: Min. Barros Monteiro. Quarta Turma. *DJ* 21.10.2002).
>
> *Condomínio. Cobrança de despesas condominiais.* Responsabilidade do promitente comprador, ainda que não registrado no Cartório de Imóveis o compromisso de compra e venda (REsp. n. 211.116/SP. Relator: Min. Eduardo Ribeiro. Terceira Turma. *DJ* 18.09.2000).

No entanto, domina, na Corte, também o entendimento de que o promitente vendedor desvincula-se da responsabilidade por dívidas posteriores à promessa de compra e venda, não importando a falta de registro. É como revela, mais adiante, o mesmo voto:

> Ressalte-se que é entendimento assente neste Superior Tribunal de Justiça a prescindibilidade do registro da compra e venda para desvincular o promitente vendedor da obrigação quanto às contas condominiais. Ademais, restou demonstrado nos autos que o adquirente possuía o bem a longo tempo. Confiram-se, a propósito, o seguinte precedente: "*Civil. Quotas de condomínio.* A falta de registro do contrato no Ofício Imobiliário não descaracteriza a responsabilidade do promitente comprador pelo pagamento das quotas de condomínio. Agravo regimental não provido" (AgRg no Ag 615.652/SP. Relator: Min. Ari Pargendler. Terceira Turma. Julgado em 04.08.2005, *DJ* 29.08.2005, p. 333).

---

[10] AgRg no Ag. n. 660.515/RJ. Terceira Turma. Julgado em 26.08.2008, *DJe* 23.09.2008.

53

Indenização por danos ocorridos em unidades condominiais causados por defeitos de outras unidades e pelas partes comuns

Seguidas as situações de danos causados em apartamentos, por falhas estruturais de outros apartamentos. Não se cuida, aqui, propriamente de atos voluntários ou deliberados, causando transtornos e incômodos, mas de defeitos internos, decorrentes da construção ou do tempo, que provocam prejuízos ou danos a outras unidades. Situação frequente diz respeito a infiltrações originadas geralmente de pavimentos superiores, e que levam umidade aos situados em patamares inferiores.

É evidente a obrigação de exigir as reparações necessárias, através da competente ação condenatória, com obrigação de fazer, isto é, de realizar obras saneadoras, ou reparos nos equipamentos internos, ou substituição de encanamentos e condutores.

O artigo 19 da Lei n. 4.591/1964 dá amparo ao exercício de direitos, na hipótese de uso inconveniente:

> Cada condômino tem o direito de usar e fruir, com exclusividade, de sua unidade autônoma, segundo suas conveniências e interesses, condicionados, umas e outros, às normas de boa vizinhança, e poderá usar as partes e coisas comuns, de maneira a não causar dano ou incômodo aos demais condôminos ou moradores, nem obstáculo ou embaraço ao bom uso das mesmas partes por todos.

O dever de não prejudicar os demais condôminos importa em realizar as obras que evitem prejuízo, e em abster-se de atos potencialmente nocivos.

A recusa em proceder aos reparos oportuniza ao ofendido ou credor a iniciativa de sua realização, com a consequente reposição indenizatória, segundo autorizam os artigos 247 e 249 do Código Civil.

Para tanto, ingressará com a ação apropriada, inclusive oportunizando-se o pedido de tutela antecipada, de modo a obter comando judicial para os imediatos reparos. Naturalmente, a fim de munir-se de elementos que imprimem certeza nos defeitos e nos danos, infundindo convicção quanto à necessidade das obras, de extrema relevância a produção antecipada de prova, mediante perícia, com o que se levará ao juiz a efetiva comprovação dos defeitos e a causa de sua origem.

Proferida decisão que autoriza o imediato saneamento, e decorrido o prazo concedido para tanto, isto é, verificada a omissão da pessoa obrigada, ao próprio interessado ou autor assiste a sua efetivação, com o posterior ressarcimento. Para a concretização das obras, autorizará o juiz o ingresso no interior da unidade condominial, inclusive com o uso de força policial se houver resistência.

As situações de danos revelam-se, não raramente, de tamanha gravidade, que autorizam inclusive a busca de reparação por dano moral, segundo prepondera na jurisprudência. Frequentes são os transtornos e incômodos provocados em imóveis localizados em condomínios, decorrentes de infiltrações ocorridas por culpa do proprietário do apartamento superior, e causadas pela falta de impermeabilização adequada das áreas onde existem os vazamentos. Daí, aduziu-se como fundamento para impor a condenação,

> urge que se ponha ponto final no suplício a que estão submetidos o autor e sua família, advindo da incúria e indiferença do réu, que perduram por seis anos, aproximadamente. A hipótese tratada nos presentes autos aborda tema cruciante que ocorre frequentemente na vida dos condomínios, cuja convivência exige compreensão e boa vontade para o fortalecimento do sadio relacionamento entre os integrantes da comunidade condominial. Quando, todavia, ausente aqueles predicamentos, a vida no condomínio resta infernizada.[1]

Se os defeitos que provocam danos estão nas áreas ou partes comuns do edifício, como no telhado, nas paredes, nos vazamentos de canos de água localizados em colunas ou nas caixas de depósito de água, o condomínio arcará na recomposição dos prejuízos eventualmente causados aos condôminos, devendo levar a efeito os consertos. De igual modo no pertinente aos estragos causados pelos empregados, por suas imprudências ou falta de cuidado nas atividades que desempenham. Neste ponto, verificam-se esquecimentos em fechar os portões do prédio, facilitando o ingresso de estranhos e meliantes; furtos de bens particulares guardados em compartimentos de propriedade exclusiva dos moradores; pequenos acidentes no transporte ou na remoção de objetos; esquecimentos em desligar chaves e aparelhos elétricos após o uso; utilização indevida de equipamentos. Ao condomínio recai a responsabilidade, com a participação de todos os condôminos em ressarcir os danos.

Todavia, imputa-se essa obrigação unicamente se a origem ou a causa dos prejuízos partir de coisas ou pessoas que forem da responsabilidade do condomínio. Não se pense que ao condomínio recai a responsabilidade se não apurado o causador, ou se surgir um dano desconhecendo-se o seu autor. Não se trata de responsabilidade objetiva, pois não se está diante de uma atividade de risco, e muito menos cabe invocar-se a incidência do Código de Defesa do Consumidor. É inquestionável a responsabilidade se unicamente se a lesão a um bem ou direito decorre de bens do próprio condomínio, ou de pessoas que estão a seu serviço. Nesta linha, os arrombamentos e subtrações de bens do interior das unidades não acarretam a responsabilidade do condomínio se não perscrutada culpa na conduta dos encarregados da guarda e da vigilância. Ingressando os delinquentes escalando muros ou paredes, sem terem utilizado a entrada principal onde se posicionam os guardas ou porteiros, não se imputa a responsabilidade ao condomínio, já que indispensável a prova da culpa, que, no caso, é exigida.

---

[1]   TJRJ. Apelação Cível n. 15.442/98. Sexta Câmara Cível. *DJ* 17.02.2000, *ADV Informativo*, n. 13, p. 216, expedição de 02.04.2000.

54

Responsabilidade pelos danos e furtos verificados nos condomínios edilícios

Em princípio, já impunha o artigo 22, § 1º, letra *b*, da Lei n. 4.591/1964, a inteligência que procurava incutir a responsabilidade do condomínio pelos furtos e danos verificados no seu interior, prescrevendo que lhe compete, através do síndico, "exercer a administração interna da edificação ou do conjunto de edificações, no que respeita à sua vigilância, moralidade e segurança, bem como aos serviços que interessam a todos os moradores". Presentemente, reforçando a regra, o artigo 1.348, nos incisos II e V do Código Civil, atribui ao síndico a defesa dos interesses comuns e zelar pela prestação dos serviços que interessem aos possuidores.

Na verdade, a matéria sempre se revelou polêmica e continua sendo, divergindo os entendimentos sobre o assunto.

Atribuir a culpa pela mera obrigação de guarda, e depreender que houve falha no zelo, na implantação do sistema de vigilância, ou na escolha de pessoas para desempenhar a guarda, enfrenta contradição na própria argumentação do alegante, eis que ele também é condômino, a ele se debitando parcela de culpa. Torna-se estranha a sua posição, posto que restaria favorecido pela participação numa conduta repreendida. Seria aceitar que ele dirigisse a ação contra si próprio, situação que não se conforma com a regularidade dos princípios de coerência.

Vê-se, pois, que se está diante de uma situação especial, não se podendo olvidar as regras do bom senso. Manifestada a falha do condomínio, todos os condôminos são copartícipes, incidindo, inclusive, as regras da responsabilidade solidária, o que importa em admitir a ação contra os condôminos.

Nessa visão coaduna-se o seguinte aresto do STJ:

> Os empregados não são prepostos apenas do condomínio, mas sim igualmente de todos e de cada um dos condôminos, ante a peculiar natureza associativa dos condomínios habitacionais. Lei n. 4.591/1964. As cláusulas de não responsabilidade do condomínio perante os condôminos, ou as deficiências na guarda e vigilância do prédio e dos veículos estacionados em suas dependências, estão vinculadas às deliberações regularmente adotadas na convenção, e/ou às conveniências e às disponibilidades dos condôminos em contribuir para as despesas e encargos comuns. Cláusula de isenção de responsabilidade, para quando os condôminos aceitam confiar a guarda de suas chaves aos porteiros do prédio, a fim de evitar o incômodo de pessoalmente movimentar seus

210 • Condomínio Edilício e Incorporação Imobiliária | *Arnaldo Rizzardo*

veículos. Porteiro que se apodera de um carro, sai a passeio e o destrói em acidente. Incidência da cláusula. Lei n. 4.591/1964, art. 9º, §§ 2º e 3º, *c* e *d*.[1]

De outra parte, se a causa do evento está na pessoa de quem exerceu precariamente a função de síndico, a ele somente inculca-se a responsabilidade. Na hipótese de detectar-se desídia na empresa que presta o serviço de guarda, desloca-se para esta entidade a obrigação pela indenização.

Com certeza, o dever de indenizar é próprio e inerente de emanação do dever de guarda, nascendo da natureza da responsabilidade objetiva, porquanto dificilmente se depara a pessoa com algum grau de culpa. Se for procurada a responsabilidade na deficiência do sistema de guarda e vigilância, sempre se encontrará alguma falha. Difícil, senão impossível, chegar à exaustão no cumprimento de todas as precauções ou exigências para implantar um sistema perfeito de segurança. Sempre aparecem pontos frágeis, ou precariedades em um setor ou outro. Daí, pois, a rigor e por força dos ditames que regem o depósito, não se isentaria o condomínio da responsabilidade. E tal se dá em relação a bens de terceiros, que são recebidos para a guarda, demandando a completa indenização pelo dano, furto ou qualquer evento prejudicial.

Diante dessa realidade *sui generis*, tem o Superior Tribunal de Justiça exposto uma exegese de somente obrigar-se o condomínio se há previsão expressa na convenção do condomínio, e admitindo a inserção de cláusula em sentido contrário: "Lícito aos condomínios estabelecer não ser devida indenização, pelo condomínio, em virtude de danos sofridos por veículos estacionados na garagem do edifício."[2]

Indo mais longe, o mesmo STJ adotou a posição de que não basta a previsão estatutária de contratação de servidores para a vigilância e guarda do local, e nem estabelecer que as áreas comuns serão usadas sob a supervisão dos administradores do condomínio. Não se reconhece a responsabilidade total na omissão a respeito do assunto. Há de se considerar que a socialização do prejuízo sofrido por um dos integrantes do grupo onera a todos: "O condomínio só responde por furtos ocorridos nas suas áreas comuns se isso estiver expressamente previsto na respectiva convenção."[3] Justificava Biasi Ruggiero:

> O condomínio não tem implícita obrigação de garantir a guarda dos bens dos condôminos. Tal prestação deriva de natureza contratual quando prevista em convenção ou assembleia geral que adote essa prestação de serviço e reserve para ela verba própria no orçamento (...). Se o condomínio não se propôs a prestar supervigilância, funcionando como autêntico guardião, e, para isso, não recebeu qualquer verba, como pode responder por aquilo a que não era obrigado? Entendimento diverso importa em atribuir ao condomínio a qualidade de depositário de toda sorte de objetos que os moradores conduzem para o interior do prédio. É transformar o pagamento das despesas condominiais em apólice de seguro.[4]

---

[1] Recurso Especial n. 26.852-0/RJ. Quarta Turma. *DJU* 08.05.1993.
[2] Recurso Especial n. 10.285/SP. Terceira Turma. Julgado em 05.11.1991, *DJU* 16.12.1991.
[3] Recurso Especial n. 266.669/SP. Relator p/o Acórdão: Min. Ruy Rosado de Aguiar.
[4] *Questões Imobiliárias*. São Paulo: Saraiva, 1997. p. 65.

Orientação que é seguida nos Tribunais estaduais, consoante o seguinte exemplo:

São da responsabilidade do condomínio os danos decorrentes de furtos ocorridos nas unidades autônomas que o integram se consta do Regulamento Interno a obrigação da manutenção deste serviço. Os danos morais resultantes de furto em residência estão relacionados à ofensa à privacidade dos moradores e à angústia de sofrerem violação domiciliar. Os danos materiais só podem ser reconhecidos se efetivamente comprovados, o que não se dá com a mera indicação da existência de bens, mas sem a prova de estarem na residência no momento do furto, máxime se correspondem a joias pertencentes à mulher e à filha afastadas do lar conjugal.[5]

Indo mais longe, há de constar na convenção a obrigação de indenizar na hipótese de prejuízos, como os de furto:

Condomínio. Ação de reparação de danos. Furto de motocicleta estacionada no interior do condomínio. Inexistindo expressa previsão acerca do dever de guarda e segurança dos bens depositados em área comum, mediante repasse de despesas de proteção pelos condôminos, não se legitima a responsabilização do condomínio por subtração de bem que haja sido conservado no interior do edifício. Isto porque o condomínio somente responde por furtos que venham a ocorrer em suas áreas comuns conquanto tal haja sido, de modo expresso, previsto, na respectiva convenção, circunstância inocorrente a hipótese em lide. De mais a mais, não há prova nos autos de que o Síndico haja sido cientificado formalmente acerca de danos no acesso às dependências do prédio, o que, se ocorrente, daria azo à eventual responsabilização em face de conduta omissiva deste. Apelação desprovida.[6]

---

[5] TJRJ. Apelação Cível n. 2003.001.15319. 17ª Câmara Cível. Reg. em 25.09.2003. ADCOAS 8.223.462. *Boletim de Jurisprudência ADCOAS*, n. 5, p. 70, fev. 2004.

[6] TJRS. Apelação Cível n. 70072422223. 17ª Câmara Cível. Relatora: Des. Marta Borges Ortiz. Julgado em 29.06.2017. *DJ* 10.07.2017.

55
Responsabilidade por atos prejudiciais em condomínio e cláusula de não indenizar

Com bastante frequência acontecem furtos de bens em condomínios, e mesmo colisões, especialmente de veículos. Em geral, as convenções contêm cláusulas de não indenizar. No caso, mesmo que revelada culpa dos prepostos ou empregados, e inclusive do síndico por desídia na contratação, não é possível a indenização. Acontece que é válida, afora certas exceções, a cláusula de não indenizar em nosso ordenamento jurídico.

A matéria, dada a sua importância, merece um exame mais aprofundado.

A cláusula de não indenizar constitui um ajuste feito pelas partes envolvidas em uma relação contratual pelo qual se estabelece que não respondem elas pelo dano ou prejuízo que possa advir da inexecução ou execução deficiente de um contrato. Ou, em caso de prejuízo ocorrido durante uma relação contratual, as partes ficam isentas da indenização.

Não raramente, colocam-se em contratos advertências ou estipulações, através de cláusulas, de que não cabe qualquer indenização, ou restituição de valores pagos, ou retenção de um bem, na resolução por descumprimento, ou na desistência do negócio. De igual modo, inserem-se avisos ou notificações em estabelecimentos de prestação de serviços, ou nas vendas de bens, da isenção de responsabilidade ou da não cobertura por seguro em hipóteses de danos, furtos, acidentes e outros prejuízos que possam advir nas coisas e mesmo nas pessoas que se encontrarem no local, ou nos defeitos e mau funcionamento que revelarem as mercadorias. Não é incomum encontrarem-se avisos de tal conteúdo em garagens, oficinas mecânicas, estacionamentos de hotéis, de centros comerciais, de *shoppings*, de hospitais, de repartições públicas, de parques de diversões. Nos produtos aparecem informações de que não se aceitam reclamações ou devoluções de qualquer natureza.

Num primeiro passo, cumpre distinguir entre cláusula de não indenizar da cláusula de irresponsabilidade, ou de isenção de responsabilidade. Naturalmente, se introduzida a cláusula de não indenizar, é porque existe a responsabilidade. Do contrário, não se impunha a sua previsão. De outro lado, é inadmissível a cláusula de irresponsabilidade, já que somente a lei tem força para estabelecer quando cabe ou não cabe a responsabilidade. Constituem previsões de irresponsabilidade as contempladas nos artigos 188 e 393, isto é, a legítima defesa, o estado de necessidade, o exercício regular do direito, o estrito cumprimento do dever legal, o caso fortuito ou de força maior, além de outras, como a culpa da vítima.

Cap. 55 | Responsabilidade por atos prejudiciais em condomínio e cláusula de não indenizar • 213

No máximo, pode cogitar-se a dispensa de indenizar quando o direito positivo reconhece a responsabilidade. Às partes não se faculta deslocar situações de incidência da responsabilidade para a isenção de tal ônus, já que decorre esta da ordem jurídica implantada, ou do estado de direito. Todavia, embora não se admita a convenção de simplesmente afastar a responsabilidade, não se equipara ao ajuste dos estipulantes de se afastar a obrigação de indenizar em certas hipóteses.

55.1. Situações de proibição da cláusula de não indenizar e de outras decorrências diante do inadimplemento das obrigações

Em verdade, não é bem vista a cláusula de não indenizar, porquanto revela uma prepotência, ou uma imposição que cerceia a liberdade de decisão. Ninguém, de bom gosto, aceita renunciar ou relegar seus direitos, ou assinar um documento que atente contra seus interesses. Em vários casos, a lei não empresta validade a estipulações de tal jaez. Assim o artigo 734 do Código Civil, sem ditame equivalente no diploma anterior: "O transportador responde pelos danos causados às pessoas transportadas e suas bagagens, salvo motivo de força maior, sendo nula qualquer cláusula excludente de responsabilidade." Já o Decreto n. 2.681/1912, em seu artigo 12, contemplava a impossibilidade, originando a Súmula n. 161 do STF, com a seguinte redação: "Em contrato de transporte, é inoperante a cláusula de não indenizar." Igualmente o Código Brasileiro de Aeronáutica (Lei n. 7.565/1986), no artigo 247, comina de nulidade a cláusula que afasta a responsabilidade do transportador.

O Código de Defesa do Consumidor, no artigo 25, não valida a inserção da cláusula em contratos: "É vedada a estipulação contratual de cláusula que impossibilite, exonere ou atenue a obrigação de indenizar prevista nesta e nas seções anteriores." Também diretamente, o artigo 51 do mesmo diploma comina de nulidade

> de pleno direito, entre outras, as cláusulas relativas ao fornecimento de produtos e serviços que: I – impossibilitem, exonerem ou atenuem a responsabilidade do fornecedor por vícios de qualquer natureza dos produtos e serviços ou impliquem renúncia ou disposição de direitos. Nas relações de consumo entre o fornecedor e o consumidor pessoa jurídica, a indenização poderá ser limitada, em situações justificáveis.

Quando a lei estabelece as consequências pelo inadimplemento, como na falta de pagamento de prestações na promessa de compra e venda, ou na locação, ou no arrendamento mercantil, e em outras avenças que permitem a resolução mediante prévia interpelação constitutiva da mora, cabe simplesmente deixar de exercer o direito de resolução ou retomada, mas não firmar a renúncia da medida que cabe pelo inadimplemento. Em síntese, inválida a cláusula na responsabilidade extracontratual, pois as previsões estão inseridas na lei. Acontece que não se permite às pessoas derrogar as disposições da lei. Se não pretendem seus efeitos, basta não acionar para que sejam os mesmos colocados em prática.

As obrigações impostas nos contratos por lei não são passíveis de renúncia, ou de sua dispensa. Inconcebível que se coloque a possibilidade de não indenizar no caso de desaparecimento do bem em contrato de guarda ou depósito. De que adiantaria colocar um veículo em garagem ou estacionamento pago se constar a isenção de indenizar em caso de furto ou danos? Se fosse dar validade a previsão semelhante, ficaria sem valor ou utilidade o próprio contrato e incentivar-se-ia a delinquência ou, no mínimo, a desobediência ao cumprimento das convenções. De nada valeria o contrato sem a sanção. No contrato de locação de cofre celebrado com um banco, caso prestigiada a cláusula que afasta a obrigação de indenizar em havendo furto, não encontraria justificativa o contrato em si.

Muito menos externa validade a previsão de isentar alguém das consequências normais se pratica um ato ilícito, seja por culpa ou por dolo. Num contrato de transporte, não encontra respaldo legal a celebração de um ajuste que livra o condutor de toda e qualquer responsabilidade pelos acidentes que acontecerem, verificada ou não a culpa no evento. Não se dá amparo à convenção que dispõe sobre a dispensa ou não de regras de condução, ou que transige sobre a imprudência, a negligência, a imperícia, e sobre quaisquer obrigações inerentes ao exercício da profissão. Realmente, foge ao bom senso estipular a possibilidade de afastar a responsabilidade, importando indiretamente em abrir campo para o cometimento de infrações, ou em dar carta de alforria à má-fé, à arbitrariedade, à imoralidade. Por isso, sem valor algum a inserção de disposição em regulamento de hospital, isentando-o de responsabilidade por erros ou deficiências de funcionários e médicos; ou de norma em contrato de transporte pela qual se afasta qualquer dever de indenizar por deterioração ou perda de mercadorias.

Oportunas as seguintes colocações de Pedro Elias Avvad:

> Pensamos não existirem dúvidas quanto à impossibilidade de se estabelecer a cláusula de não indenizar nos edifícios de garagem, ou nos estacionamentos pagos, pois o objetivo do trabalho, a guarda, nesses casos, é da essência da atividade. A questão aflora toda vez que ocorrem danos em veículos nos prédios residenciais ou comerciais, onde a garagem é simples acessório, mesmo quando dispõe de serviço de guarda.

No entanto, adverte:

> A simples existência de garagista para os serviços de manobra, ou de arrumação, com a função de guarda, não é, em nosso ângulo de visão, suficiente para caracterizar a essencialidade da atividade, porquanto o mesmo raciocínio levaria à conclusão de que basta que haja um porteiro ou vigia, na portaria para que o condomínio tenha de responder pela segurança dos apartamentos, indenizando os prejuízos decorrentes de assaltos, roubos e furtos nas residências.[1]

Com mais ênfase não se valida a cláusula se abrange direito de ordem pública, ou mesmo se concerne a direitos fundamentais da pessoa humana, como não reclamação de pensão alimentícia, de direitos trabalhistas, ou de proteção em casos de ofensa à liberdade, de tolerância se ofendida a inviolabilidade.

55.2. Hipóteses de validade da cláusula de não indenizar

Como se dessume do acima observado, não produzem validade as cláusulas que exoneram de responsabilidade, se estabelecidas na lei, ou decorrem da ordem jurídica,

---

[1] *Direito imobiliário*. Ob. cit. p. 194.

Cap. 55 | Responsabilidade por atos prejudiciais em condomínio e cláusula de não indenizar • 215

ou constituam as obrigações o núcleo do contrato. Mesmo que criadas as obrigações no pacto, a dispensa do cumprimento, ou a previsão de que não se buscará a indenização na falta de cumprimento, torna ineficaz o ajuste. Se firmado um contrato de guarda, não tem cabimento a cláusula exonerativa de responsabilidade na subtração. Não teria razão de ser o contrato se advier uma disposição que dilua ou mesmo exima as decorrências do inadimplemento.

No entanto, é plausível que se contemple uma atenuação da obrigação de ressarcir, ou que se afaste a responsabilidade em certas hipóteses. Assim, no contrato de depósito, ou locação de veículos, afigura-se comum a referência ao afastamento da responsabilidade pelos objetos deixados no interior do veículo e não relacionados em documento escrito entregue para o guardador ou garagista. Coerente também se tem a informação afixada em hotéis da existência de cofres para a guarda de dinheiro e coisas preciosas, de modo a não incidir a responsabilidade pelos furtos. Em relação a tais bens a guarda é condicionada à colocação dos mesmos em compartimentos apropriados para tanto.

Nas convenções condominiais, revelam-se eficazes as disposições exonerativas de compromisso reparatório nos furtos, roubos e colisões ocorridas no interior das garagens ou dos boxes. O STJ firmou-se nessa linha:

> Prevendo a convenção que o condomínio não é responsável pelos danos sofridos por veículos estacionados em garagem de prédio, não é admissível, em caso de furto, pleitear-se indenização, porque lícita a cláusula de não indenizar. Precedentes. STJ. REsps. n. 10.285 e n. 13.027. Terceira Turma.[2]

Em outra decisão:

> Civil. Condomínio. Furto de veículo. Prevalência da cláusula excludente de indenização, estabelecida na Convenção de Condomínio. Recurso especial não conhecido.[3]

No voto do Relator, é lembrada a consolidação da jurisprudência no mesmo rumo:

> A jurisprudência do Superior Tribunal de Justiça consolidou-se no mesmo sentido do acórdão recorrido, conforme se verifica do REsp n. 168.346, SP, Rel. para acórdão Min. Carlos Alberto Menezes Direito, assim ementado:
> "Condomínio. Furto de veículo. Cláusula de não indenizar.
> 1. Estabelecendo a Convenção cláusula de não indenizar, não há como impor a responsabilidade do condomínio, ainda que exista esquema de segurança e vigilância, que não desqualifica a força da regra livremente pactuada pelos condôminos.
> 2. Recurso especial conhecido e provido" (*DJU* 06.09.1999).

No entanto, a eficácia restringe-se aos condôminos, não alcançando terceiros, já que não participaram do ato que aprovou a convenção. Nem surte efeitos o aviso,

---

[2] REsp. n. 45.565-0/SP. Julgado em 24.05.1994, *DJU* 13.06.1994.
[3] REsp 170.046/RJ. Terceira Turma. Relator: Min. Ari Pargendler. Julgado em 12.06.2001. *DJ* 13.08.2001.

estampado em placas, de que o condomínio está isento de responsabilidade, eis que imposta essa cláusula. Desde que é aceito um bem em seu interior, decorre naturalmente a responsabilidade pela sua conservação e guarda.

Em certos locais de estacionamento, onde não existem guardas e nada se cobra pelo tempo de permanência do veículo, transparecendo o caráter de mera cortesia, produz efeitos a existência de placa com aviso de advertência da não responsabilização pelos veículos furtados ou danificações que se verificarem. Estende-se essa exegese aos estacionamentos permitidos por cortesia aos visitantes pelos condomínios.

56

Seguro contra riscos de incêndio e destruição

A obrigatoriedade da contratação do seguro contra o risco de incêndio e destruição total ou parcial da edificação está prevista no artigo 1.346 do Código Civil: "É obrigatório o seguro de toda a edificação contra o risco de incêndio ou destruição, total ou parcial". O regramento também se encontra previsto nos artigos 13 a 18 da Lei n. 4.591/1964.

Transparece a exigência que se impõe obrigatoriamente. Daí tratar-se de um seguro obrigatório, compulsório, independentemente da adesão individual, tendo a lei civil instituído a regra em benefício dos condôminos, já que, na ocorrência do sinistro, torna-se certa a cobertura, com a reposição dos bens sinistrados, consistentes da própria unidade autônoma e das partes comuns do prédio, sem necessidade de se indagar quanto à causa ou autoria do evento. Não terá validade disposição em contrário da assembleia geral, ou da convenção, dispensando a contratação.

Ao síndico não cabe furtar-se da obrigação de providenciar em contratar o seguro, já que elencado como dever por força do artigo 1.348, inciso IX, do Código Civil.

Sendo a contratação desse seguro obrigação do síndico, poderá ele responder cível e criminalmente pela ocorrência de sinistro de incêndio, se não tiver celebrado o contrato. Ou seja, caso ocorra o sinistro de incêndio no edifício e inexistindo seguro contratado para esse fim, aos moradores/condôminos faculta-se ingressar em juízo contra o síndico, visando o ressarcimento dos prejuízos advindos da omissão. Unicamente à seguradora interessa apurar a origem, em razão da ação de regresso da causa; ou àqueles que tiveram mais prejuízos, de ordem diferente dos pertinentes à construção do prédio em si, como em relação aos móveis; ou à autoridade policial, para apurar eventual conduta penal.

Consoante ressalta do cânone acima, duas as coberturas previstas: a dos danos decorrentes de incêndio e a dos danos causados pela destruição total ou parcial. No pertinente à primeira, não interessa se o incêndio tenha sido intencionalmente provocado ou não, ou se causado por fato da natureza, ou por defeito da fiação elétrica, ou por fuga de gás do encanamento. Quanto à destruição, igualmente não importa a causa. Se proveniente do incêndio, provocando o aquecimento interno e o rompimento da sustentação do telhado ou dos pisos de madeira, reconhece-se a exigibilidade em função do seguro contra incêndio. Em caso de destruição por outras causas, como tremores de terra, abalos sísmicos, vendavais, impõe-se a cobertura. Também incidirá a cobertura se tiver como origem defeito de construção, ficando resguardado o direito de reembolso à seguradora.

Entende-se, entrementes, se a causa teve origem em uma unidade por culpa do respectivo titular ou de seus familiares, assiste o direito de regresso da seguradora, para reembolsar-se do valor despendido. Nesta eventualidade, nem se reconhece o direito à cobertura dos prejuízos que teve, por aplicação do disposto no artigo 768 do Código Civil: "O segurado perderá o direito à garantia se agravar intencionalmente o risco objeto do contrato."

Permite-se ao condômino celebrar um seguro facultativo de sua unidade, como de furto e roubo, segundo se infere do § 1º do artigo 14 da Lei n. 4.591/1964. Ao próprio condomínio, por decisão da assembleia, garante-se decidir pela contratação de várias espécies de seguros, como o das garagens para cobrir eventuais danos e furtos de veículos que possam ocorrer no seu interior, abrangendo igualmente os de propriedade de terceiros. O condomínio contrata o seguro, rateando-se entre os condôminos as despesas, proporcionalmente ao valor declarado dos veículos. Importante, na gama de possíveis danos verificáveis, é também se prevenir contra prejuízos suscetíveis de acontecer aos empregados, especialmente aos que atuam na vigilância ou segurança, de modo a garantir o ressarcimento numa eventual condenação na reparação civil.

O artigo 13 da Lei n. 4.591/1964 dimensiona a abrangência do seguro, abarcando todas as unidades e as partes comuns:

> Proceder-se-á ao seguro da edificação ou do conjunto de edificações, neste caso, discriminadamente, abrangendo todas as unidades autônomas e partes comuns, contra incêndio ou outro sinistro que cause destruição no todo ou em parte, computando-se o prêmio nas despesas ordinárias do condomínio.

Ou seja, abrangerá o Seguro Condominial toda a construção, tanto as áreas comuns quanto as quotas autônomas, visando garantir eventual sinistro que cause incêndio ou destruição do todo ou parte da edificação.

De modo que há de se prever o montante da cobertura, fixando-se o respectivo limite. Se o proprietário da unidade entender insuficiente a importância, faculta-se-lhe que faça um seguro complementar, com a discriminação da cobertura de danos ocorridos acima do seguro celebrado pelo condomínio.

Não se incluem no seguro os danos ou destruição dos móveis e veículos. Para a cobertura, outro seguro há de se contratar, que será facultativo.

Os vícios de construção não ficam abrangidos, mas poderão ser objeto de um seguro específico ou exigido em programas governamentais, tornando-se, então, obrigatório, segundo orienta a jurisprudência: "Os vícios estruturais de construção estão acobertados pelo seguro habitacional cujos efeitos devem se prolongar no tempo, mesmo após a do contrato, para acobertar o sinistro concomitante à vigência deste, ainda que só se revele depois de sua extinção (vícios ocultos)".[1]

A contratação do seguro se fará no prazo de cento e vinte dias da data da concessão do "habite-se". Diante da omissão do Código Civil a respeito do assunto, persiste a disposição do parágrafo único do artigo 13 da Lei n. 4.591/1964, com esta redação:

---

[1] REsp n. 1.773.822/GO. Terceira Turma. Relatora: Min. Nancy Andrighi. Julgado em 06.08.2019. *DJe* 13.08.2019.

> O seguro de que trata este artigo será obrigatoriamente feito dentro de 120 (cento e vinte) dias, contados da data da concessão do "habite-se", sob pena de ficar o condomínio sujeito à multa mensal equivalente a 1/12 (um doze avos) do imposto predial, cobrável executivamente pela Municipalidade.

O descumprimento da contratação importa, conforme referido, em responsabilidade do síndico, que arcará com os danos advindos.

Se ocorrer o sinistro, o artigo 1.357 do Código Civil, em regra que ficou no lugar do artigo 14 da Lei n. 4.591/1964, faculta aos condôminos, em assembleia, decidir sobre a reconstrução do prédio ou a venda do terreno e dos restos que sobraram: "Se a edificação for total ou consideravelmente destruída, ou ameace ruína, os condôminos deliberarão em assembleia sobre a reconstrução, ou venda, por votos que representem metade mais uma das frações ideais." O significado da expressão "consideravelmente destruída" deve entender-se como a destruição em dois terços ou mais do prédio, previsão que constava no artigo 14 da Lei n. 4.591/1964. Todavia, parece despicienda a regra, posto que não se subtrai dos condôminos decidir em dar o destino que entenderem à construção. Já em relação à ameaça de ruína, parece óbvia a necessidade de um laudo ou parecer técnico.

O artigo 16 da Lei n. 4.591/1964, merecendo a sua aplicação em vista de omissão de regra pelo Código Civil, determina o recebimento do seguro e a reconstrução se inferior a dois terços do prédio a destruição: "Em caso de sinistro que destrua menos de dois terços da edificação, o síndico promoverá o recebimento do seguro e a reconstrução ou os reparos nas partes danificadas." Entretanto, não há empecilho em decidirem diferentemente o condomínio e a seguradora.

Decidindo pela reconstrução, na disciplina do § 1º do artigo 1.357, o condômino que transferir seus direitos a outros condôminos exime-se do pagamento das despesas decorrentes do incêndio: "Deliberada a reconstrução, poderá o condômino eximir-se do pagamento das despesas respectivas, alienando os seus direitos a outros condôminos, mediante avaliação judicial." No entanto, recebendo ele o valor do seguro, que compensará o custo que teve.

Optando os condôminos pela venda do terreno e dos restos do prédio, reparte-se o preço alcançado, em divisão proporcional às frações ideais, em atendimento ao § 2º do mesmo artigo 1.357: "Realizada a venda, em que se preferirá, em condições iguais de oferta, o condômino ao estranho, será repartido o apurado entre os condôminos, proporcionalmente ao valor das suas unidades imobiliárias."

A cada ano se renovará o contrato de seguro, ou no vencimento do período estabelecido na apólice anterior.

Nota-se, ainda, que se debitam as despesas decorrentes aos condôminos em geral, que devem suportá-las juntamente com os demais encargos comuns, na proporção da cota de cada um.

57

A demolição ou alienação do edifício por motivos urbanísticos ou arquitetônicos, por falta de segurança ou salubridade e por motivo de desgaste do prédio

Com o passar do tempo, naturalmente ficam desatualizados ou ultrapassados o feitio e a estrutura do prédio, não satisfazendo os padrões de conforto. Inúmeros os casos de prédios que são demolidos porque não mais satisfazem as exigências que surgiram com o evoluir do tempo, tanto na aparência como nas utilidades que foram aparecendo e se tornaram comuns. Até porque, em épocas passadas, a concepção restringia-se à realidade então vigente, jamais se imaginando a técnica e os avanços que foram surgindo. Em geral, não se previam unidades com duas ou mais garagens, nem se implantava um sistema de segurança e prevenção contra incêndios que a necessidade e a ciência passaram a impor.

Ademais, surgem problemas que envolvem a segurança e a completa falta de salubridade, isto é, não mais oferecendo garantia em face de rachaduras das paredes, afundamento das vigas, decomposição do reboco e inclusive do concreto, além da total falta de proteção contra delinquentes ou invasores. Existem prédios que tornam perigosa ou nociva à saúde a ocupação, em razão da umidade, da falta de luminosidade, das fissuras em paredes, dos vazamentos da rede de encanamentos.

Daí que procurou o legislador moldar o sistema de mecanismos que permitem ou facilitam a alienação e demolição do edifício de estrutura ultrapassada, ou por motivos de segurança e falta de salubridade. Com efeito, o artigo 17 da Lei n. 4.591/1964 teve a redação modificada pela Lei n. 6.709/1979, de modo a se viabilizar a demolição, a reconstrução ou alienação:

> Os condôminos que representem, pelo menos 2/3 (dois terços) do total de unidades isoladas e frações ideais correspondentes a 80% (oitenta por cento) do terreno e coisas comuns poderão decidir sobre a demolição e reconstrução do prédio, ou sua alienação, por motivos urbanísticos ou arquitetônicos, ou, ainda, no caso de condenação do edifício pela autoridade pública, em razão de sua insegurança ou insalubridade.

Revela-se injusto aceitar que a minoria de um grupo de pessoas imponha a sua vontade, não raramente por meras dissensões pessoais e não por razões de ordem real e objetiva.

Para a aprovação, requisito básico está na votação favorável por condôminos que representem pelo menos dois terços do total das unidades isoladas, e ao mesmo tempo sejam titulares de, no mínimo, oitenta por cento do terreno e coisas comuns. Não atingindo os níveis de aprovação previstos, mantém-se o prédio no estado em que se encontra.

A recusa em contribuir não contém o condão de impedir a demolição, a reconstrução ou a alienação.

Decorre, ademais, que aqueles que discordarem não ficam obrigados a contribuir para a construção. No entanto, se os demais condôminos manifestarem interesse na aquisição das unidades dos dissidentes, são estes obrigados a vender, sob pena de se depositar em juízo o valor, apurado em procedimento judicial de avaliação. Adjudicam--se os interessados na propriedade das unidades.

Realmente, esse o caminho traçado pelo § 1º do artigo 17: "A minoria não fica obrigada a contribuir para as obras, mas assegura-se à maioria o direito de adquirir as partes dos dissidentes, mediante avaliação judicial, aplicando-se o processo previsto no art. 15."

O artigo 15 regulamenta a reconstrução do prédio no caso de incêndio, em especial a adjudicação pela maioria dos condôminos relativamente às unidades postas à venda dos que discordarem, devendo o adjudicante fazer o prévio depósito do valor do prédio apurado através de avaliação, conforme se verá, abaixo, no item seguinte. Na espécie em exame de demolição e reconstrução por motivos urbanísticos ou arquitetônicos, ou por falta de segurança ou salubridade, também está garantido o direito de adjudicação, como já referido, com o depósito do montante calculado mediante avaliação judicial. Ingressa o condômino interessado com uma ação de adjudicação compulsória, requerendo o depósito do preço.

Os dois terços correspondem às unidades isoladas e frações ideais, isto é, ao conjunto das duas áreas pertencente aos condôminos, cujo domínio das áreas deve abranger, no mínimo, à titularidade de dois terços dos condôminos, e somar oitenta por cento do total da área do edifício.

De outro lado, assegura-se o direito de alienação em havendo o desgaste, pela ação do tempo, das unidades.

Realmente, existe também a alienação por desgaste do prédio, ou seja, em razão dos defeitos que passa a apresentar, como deterioração das paredes, aparecimento de fissuras, vazamentos no telhado, rompimentos do sistema de energia elétrica, entupimento dos canos, envelhecimento do esgoto e da canalização da água, insuficiência de garagens ou de espaço para o estacionamento de veículos. Vem a matéria disciplinada no § 2º do mesmo artigo 17:

> Ocorrendo desgaste, pela ação do tempo, das unidades habitacionais de uma edificação, que deprecie seu valor unitário em relação ao valor global do terreno onde se acha construída, os condôminos, pelo *quorum* qualificado mínimo de votos que representem 2/3 (dois terços) das unidades isoladas e frações ideais correspondentes a 80% (oitenta por cento) do terreno e coisas comuns, poderão decidir por sua alienação total, procedendo-se em relação à minoria na forma estabelecida no art. 15, e seus parágrafos, desta Lei.

O desgaste importa na perda do valor do edifício, como explica Ivan Hugo Silva: "Permite-se a alienação do edifício quando, em decorrência da ação do tempo, as unidades percam seu valor unitário em relação ao terreno ocupado pela edificação geral.

São na prática os velhos prédios, cujo aproveitamento da construção é insignificante em relação ao terreno, ou desgaste em decorrência do tempo tornou o prédio inadequado."[1]

Pensa-se que não apenas a venda garante-se aos condôminos, mas ainda a demolição e reconstrução do prédio, desde que atingida a maioria estabelecida acima. Parece evidente que o desgaste conduz à inadequação aos requisitos arquitetônicos e urbanísticos. Não existe impedimento em decidir a respeito, dada a semelhança de situação relativamente à desconformidade com os mencionados requisitos.

O § 3º dá o parâmetro do valor atribuído às unidades dos condôminos vencidos, e que formam a minoria, na hipótese de decidir a maioria pela venda por causa do desgaste, o que atinge a decisão de demolição e reconstrução, conforme entendido acima, valor que deve equivaler ao preço efetivo do prédio, a que se chega através de avaliação, ou mediante estimativa comparativa com prédios vizinhos: "Decidida por maioria a alienação do prédio, o valor atribuído à quota dos condôminos vencidos será correspondente ao preço efetivo, e, no mínimo, à avaliação prevista no § 2º ou, a critério desses, a imóvel localizado em área próxima ou adjacente com a mesma área útil de construção."

---

[1] HUGO E SILVA, Ivan. *Comentários à lei de condomínios em edifícios*. Rio de Janeiro: Aide Editora e Comércio de Livros Ltda., 1981. pp. 164 e 165.

58

O direito da minoria dos condôminos discordantes da demolição para a reconstrução ao recebimento do valor correspondente às suas unidades

Tanto em razão do incêndio ou outro sinistro como por fatores diferentes, por analogia, de ordem urbanística ou arquitetônica, de falta de segurança e de salubridade, e por desgaste ou depreciação do prédio pela ação do tempo, em vista do que ficou estudado nos itens anteriores, resta garantido à minoria dos condôminos que discordar da demolição, da reconstrução e da alienação, o recebimento do valor correspondente ao preço de suas unidades, se os condôminos que constituem a maioria pretenderem a aquisição das unidades e áreas comuns. Se não houver interesse na aquisição, continuarão eles com a titularidade das unidades e áreas comuns respectivas. Todavia, a sua renitência não impede a demolição, a reconstrução ou a alienação.

De notar que, no caso de sinistro por incêndio, a disciplina que regerá o pagamento aos condôminos minoritários discordantes da demolição, reconstrução ou alienação, se lhes adjudicarem os demais condôminos as unidades, aparece no artigo 15 da Lei n. 4.591/1964, por referência expressa ao dispositivo que trata da reconstrução no caso de incêndio: "Na hipótese de que trata o § 3º do artigo antecedente, à maioria poderão ser adjudicadas, por sentença, as frações ideais da minoria." O § 3º do artigo 14 estabelece que, em se optando pela reconstrução (pois remete ao parágrafo anterior, que cuida da reconstrução), "a minoria não poderá ser obrigada a contribuir para a reedificação, caso em que a maioria poderá adquirir as partes dos dissidentes, mediante avaliação judicial, feita em vistoria".

Cumpre lembrar que a determinação para a reconstrução, na hipótese de sinistro por incêndio, depende da aprovação por votos que representem metade mais uma das frações ideais, em função do artigo 1.357 do Código Civil.

No caso da aprovação da demolição para reconstrução e modernização, ou da alienação, por razões de ordem urbanística ou arquitetônica, de falta de segurança e de salubridade, e por desgaste do prédio pela ação do tempo, a aprovação equivalerá, pelo menos, 2/3 (dois terços) do total de unidades isoladas e frações ideais correspondentes a 80% (oitenta por cento) do terreno e coisas comuns, na previsão do artigo 17 e seu § 2º da Lei n. 4.591/1964.

Consoante restou anotado acima, a minoria não fica obrigada a contribuir para as obras, embora não possa se opor à demolição, reconstrução ou alienação. À maioria se reconhece o direito de adquirir as partes dos dissidentes, mediante avaliação judicial, aplicando-se o processo previsto no artigo 15, com as adaptações ao atual CPC.

Ou seja, há o direito de ressarcimento, em favor da minoria de condôminos, pelo valor das unidades e das partes comuns se ocorrer a demolição, com a posterior reconstrução, no caso de os interessados da maioria dos condôminos exercer o direito de adjudicação; na eventualidade da alienação, seja em razão de sinistro de incêndio ou de outro tipo, seja por razão de ordem urbanística ou arquitetônica, de falta de segurança e de salubridade, e por desgaste do prédio pela ação do tempo, simplesmente divide-se o valor em consonância com a fração ideal das partes comuns e das unidades.

Se a maioria não exercer o direito de aquisição das unidades dos discordantes, com estes segue a titularidade.

Na situação de haver reconstrução, está contemplada, pois, a adjudicação das unidades e partes comuns pelos demais condôminos interessados, desde que tenham interesse.

O regramento da adjudicação está no artigo 15 e seus parágrafos da Lei n. 4.591/1964.

Inicia-se com o artigo 15, que garante o direito à adjudicação se aprovada a demolição para a reconstrução: "Na hipótese de que trata o § 3º do artigo antecedente, à maioria poderão ser adjudicadas, por sentença, as frações ideais da minoria."

Ingressa-se com o processo judicial, pedindo o depósito do valor apurado através de vistoria de avaliação. A exigência vem no § 1º, que exige tal vistoria: "Como condição para o exercício da ação prevista neste artigo, com a inicial, a maioria oferecerá e depositará, à disposição do Juízo, as importâncias arbitradas na vistoria para avaliação, prevalecendo as de eventual desempatador."

Ao que se depreende, haverá primeiramente uma ação preparatória para a vistoria, ou a avaliação, de procedimento comum.

Perante o atual Código de Processo Civil, nada impede a cumulação do pedido de adjudicação, mas devendo os interessados depositar o valor, em atenção ao § 2º, o que somente se viabiliza após a avaliação: "Feito o depósito de que trata o parágrafo anterior, o Juiz, liminarmente, poderá autorizar a adjudicação à maioria, e a minoria poderá levantar as importâncias depositadas; o Oficial de Registro de Imóveis, nestes casos, fará constar do registro que a adjudicação foi resultante de medida liminar."

Consta do preceito que o juiz concederá liminarmente a adjudicação à maioria. Ora, em razão do atual diploma processual civil, cumula-se a ação de avaliação com o pedido de adjudicação, e postula-se a tutela provisória de urgência antecipada, de caráter antecedente. Isto se a maioria resolver ingressar com a ação.

Na linha acima de raciocínio, nem é possível a aplicação do § 3º do artigo 15, que possui o seguinte texto: "Feito o depósito, será expedido o mandado de citação, com o prazo de dez dias para a contestação."

Igualmente o procedimento do § 5º não se coaduna com o diploma processual em vigor, ao ordenar: "Se contestado o pedido, seguirá o processo o rito ordinário."

Conforme o § 6º, fixando a sentença valor superior ao da perícia, é obrigatória a entrega aos condôminos que tiveram desapossadas suas unidades, com os juros legais e a correção monetária. Eis o texto do dito parágrafo: "Se a sentença fixar valor superior ao da avaliação feita na vistoria, o condomínio em execução restituirá à minoria a respectiva diferença, acrescida de juros de mora ao prazo de 1% ao mês, desde a data da concessão de eventual liminar, ou pagará o total devido, com os juros da mora a contar da citação."

Com o trânsito em julgado da sentença que define o valor e concede a adjudicação, leva-se a registro a mesma, na ordem do § 7º: "Transitada em julgado a sentença, servirá ela de título definitivo para a maioria, que deverá registrá-la no Registro de Imóveis."

Ficam os adjudicantes autorizados a cobrar os encargos fiscais e condominiais, e mesmo os necessários à adjudicação definitiva, conforme o § 8º: "A maioria poderá pagar e cobrar da minoria, em execução de sentença, encargos fiscais necessários à adjudicação definitiva a cujo pagamento se recusar a minoria."

Na eventualidade de os condôminos componentes da maioria não manifestarem interesse na adjudicação, os titulares de unidades constitutivos da minoria manterão a propriedade ou os direitos. Entretanto, não é coerente a recusa em ressarcir os custos que os integrantes da maioria tiveram que suportar, e que resultaram na valorização do prédio. Do contrário, decorreria o enriquecimento sem causa, com o evidente empobrecimento daqueles que arcaram com os custos da reconstrução.

O procedimento constante do artigo 15 é um tanto complexo, por exigir a prévia avaliação judicial, mas inaplicável perante o Código de Processo Civil de 2015. Daí a solução delineia-se no ingresso com uma ação de avaliação, cumulada com o pedido de adjudicação. O pedido liminar da adjudicação, se postulado, é feito segundo os ditames que regem a tutela provisória. O depósito do valor do imóvel que cabe à minoria, em razão do procedimento a ser adotado, torna-se viável somente depois de sua definição, a que se chega através da avaliação judicial.

Assim, o regramento do artigo 15 deve ser encarado mais quanto ao direito material, isto é, no pertinente aos direitos que ele contém.

Não fica cerceada a parte de escolher um procedimento mais simplificado, como uma ação de obrigação de fazer, isto é, de obrigação de outorgar a titularidade, sob pena de valer a sentença como título de transmissão. Nesse procedimento, em pedido de tutela específica, com amparo no artigo 497 do Código de Processo Civil, procura-se o deferimento da liminar de transferência da unidade e de sua imissão na posse, fazendo a prova do real custo da unidade por meio de laudo elaborado por técnico, viabilizando-se o depósito judicial.

59
Assembleia geral do condomínio

A assembleia geral constitui o órgão hierárquico supremo de decisão e de autoridade máxima, visando, sobretudo, a administração do condomínio e a elaboração de normas internas. No conceito de Haroldo Guilherme Vieira Fazano, "é um órgão e a autoridade máxima que rege a vida condominial, tendo por objetivo ditar as bases essenciais do funcionamento da comunidade e tudo o que disser respeito à conservação dos bens comuns".[1] Atua através de deliberações, colhidas estas em votações e definidas por maioria dos condôminos, ou dos presentes nas reuniões, de acordo com as previsões da lei civil e da convenção – deliberações que a todos obrigam, não importando a ausência na assembleia, inclusive ao síndico, ao Conselho Fiscal e ao Conselho Consultivo, desde que não ofendam à lei e à convenção. Realmente, costuma-se dizer que a assembleia é soberana. Todavia, não tem a autoridade de poder absoluto, se adota deliberações ilegais.

Para encerrar o caráter de soberana, deve decidir nos limites de sua competência, sempre em coerência com as formalidades legais e com a convenção, e desde que não ofenda os direitos dos condôminos. Daí que não possuem validade as decisões da assembleia que alteram as normas que a convenção considera inalteráveis; nem as que vão contra a legislação municipal, estadual ou federal, e contra as decisões judiciais. Muito menos revelam consistência jurídica as votações que não atingiram o *quorum* exigido pela lei. Podem ser questionadas as decisões que violam o direito dos condôminos, ou que impõem um sistema de divisão de taxa condominial que agrava algumas unidades, a não ser se o próprio condômino votar contra seus interesses ou direitos. Exemplificativamente, se estabelece o critério de rateio das quotas condominiais por unidade e não em função da área da unidade, resta evidente que traz lesão aos proprietários de duas ou mais unidades, cuja área é inferior a uma unidade. Realmente, uma pessoa que tenha dois apartamentos de um dormitório cada um terá menor área que um apartamento com cinco dormitórios, todos sitos no mesmo edifício.

Além das funções administrativas, existem as normativas, que são as que formam a legislação interna do condomínio, em geral corporificadas na convenção e nos atos que determinam o cumprimento de condutas. Neste campo, decidirá sobre a supressão de serviços existentes, a alteração das taxas nas despesas do condomínio, a mudança de destinação de áreas comuns, a autorização para a realização de obras.

Ao síndico normalmente cumpre a devida execução das deliberações, já que sua função é de administrador, agindo segundo os poderes ditados pela lei e pela convenção, ou mesmo por imposição do condomínio.

---

[1] *Condomínio* – aspectos teóricos e práticos. Ob. cit. p. 399.

59.1. Tipos de assembleias gerais

Existem, segundo o Código Civil, a assembleia geral ordinária e a assembleia geral extraordinária.

Relativamente à primeira, obrigatória é a realização, no mínimo, uma vez por ano, para a aprovação do orçamento das despesas e a fixação das contribuições dos condôminos, para a aprovação ou rejeição das contas do síndico ou para a prestação de contas, para a eleição de novo síndico ou subsíndico e os membros da administração, quando for época da eleição. Além de constar como obrigação do síndico a convocação (art. 1.348, I), revela-se preciso o artigo 1.350 no pertinente às finalidades:

> Convocará o síndico, anualmente, reunião da assembleia dos condôminos, na forma prevista na convenção, a fim de aprovar o orçamento das despesas, as contribuições dos condôminos e a prestação de contas, e eventualmente eleger-lhe o substituto e alterar o regimento interno.

Não providenciada na convocação pelo síndico, ficam autorizados a fazê-lo os condôminos, desde que por número correspondente a um quarto de sua totalidade, na expressa previsão do § 1º do mesmo artigo: "Se o síndico não convocar a assembleia, ¼ (um quarto) dos condôminos poderá fazê-lo." Inclusive ao Conselho Consultivo delega-se essa função, desde que permitida pela convenção.

Para tanto, elabora-se um edital ou chamado de convocação, com a assinatura dos condôminos, de modo a atingir a quantidade exigida, afixando-se em local de acesso comum (desde que esteja prevista no ato constitutivo ou na convenção), ou encaminhando-se a cada condômino, que lançará a assinatura do recebimento. Havendo recusa no recebimento, necessário o encaminhamento através do correio com o devido registro de recepção. Aceitável, outrossim, que o próprio funcionário do edifício proceda à entrega do aviso da assembleia, atestando o resultado da diligência. Para uma hipotética arguição de invalidade na cientificação, na esfera administrativa ou judicial, à pessoa visada cabe a prova da falta de efetivação. Do contrário, ou se exigidas formalidades extremas, inviabiliza-se a própria vida condominial.

Não se perfazendo o mínimo de convocantes exigido, resta um último caminho, consistente no encaminhamento, mesmo que por um único condômino, de uma demanda judicial, para a finalidade de o juiz determinar a realização da assembleia. No caso, o condômino, por meio de advogado, elabora a inicial da ação convocatória de assembleia, inclusive com o pedido de antecipação de tutela, se razões urgentes impuserem. A regulamentação da convocação é escassa, resumida no § 2º do artigo 1.350: "Se a assembleia não se reunir, o juiz decidirá, a requerimento de qualquer condômino."

Na inicial, exporá o autor os fatos e as razões determinantes da convocação da assembleia, em especial com a omissão do síndico nas providências, inclusive no que diz com as consequências para a vida do condomínio.

Em relação à assembleia geral extraordinária, havendo quem a designe pelo nome de "especial", tem por escopo quaisquer assuntos diferentes daqueles próprios da assembleia ordinária, sendo exemplos a mudança da convenção, alterações do regimento interno, o aumento do valor da taxa condominial, as chamadas para despesas extras, a substituição dos administradores, o julgamento de infrações e a aplicação de penalidades. Idênticas as formalidades para a convocação, como estabelece o artigo 1.355:

"Assembleias extraordinárias poderão ser convocadas pelo síndico ou por ¼ (um quarto) dos condôminos." Naturalmente, também para este tipo de assembleia justifica-se a convocação por determinação do juiz, mesmo que a pedido de apenas um condômino, se omitir-se o síndico, ou não providenciar o equivalente a um quarto dos condôminos.

Uma das hipóteses de realização da assembleia extraordinária consiste na deliberação sobre as providências frente ao desgaste do prédio, cuja decisão poderá ordenar, inclusive, a alienação, de conformidade com o § 2º do artigo 17 da Lei n. 4.591/1964:

> Ocorrendo desgaste, pela ação do tempo, das unidades habitacionais de uma edificação, que deprecie seu valor unitário em relação ao valor global do terreno onde se acha construída, os condôminos, pelo *quorum* mínimo de votos que representem 2/3 (dois terços) das unidades isoladas e frações ideais correspondentes a 80% (oitenta por cento) do terreno e coisas comuns, poderão decidir por sua alienação total, procedendo-se em relação à minoria na forma estabelecida no art. 15, e seus parágrafos, desta Lei.

No mais, aplicam-se os mesmos regramentos estabelecidos para a assembleia geral ordinária.

59.2. A convocação para a assembleia

A assembleia, tanto a geral como a extraordinária, é precedida de convocação, ato reservado a quem tem competência para tanto, que se faz por aviso, ou carta, ou edital. Mesmo que alguns condôminos representem a maioria das frações ideais, não se dispensa a convocação da totalidade dos titulares, conforme expunham J. Nascimento Franco e Nisske Gondo:

> Mesmo quando um condômino detém sozinho a maioria qualificada, diz Lodovico Barassi, deve ser convocada a minoria, e ainda que ela seja representada por uma só pessoa *"E si intende sempre che l'unico participante constituente la maggioranza deve pur sempre convocare gli altri e sentirli, come sopra si è detto"* (*Proprietè e comproprietà*. p. 820).[2]

Comumente, utiliza-se colocar o aviso em um livro de registro de convocações, normalmente em condomínios de pequeno porte, no qual se inserem o dia, a hora, o local e a ordem das matérias objeto de discussão e deliberação, bem como a previsão de segunda convocação, colhendo-se a assinatura dos condôminos (elementos que se inserem em qualquer espécie de convocação). Não se encontram na lei regras a respeito da matéria, ou que indiquem as hipóteses das diversas convocações. Na verdade, o artigo 1.334, inciso III, do Código Civil, delegou à convenção tratar da convocação.

Afixa-se o aviso em local de frequência de todos os condôminos, de sorte a ninguém ensejar a alegação do desconhecimento.

Já por carta se realiza quando é encaminhada a convocação a cada unidade dos condôminos, também nos de menor tamanho. Mesmo que não residam ou não ocupem a unidade, é válida essa forma de convocação. Todavia, se fornecido endereço diferente, indispensável que se faça o correto envio do aviso, de modo a ficar comprovado o recebimento.

Mediante o edital, com publicação na imprensa, justifica-se se desconhecidos os endereços dos condôminos – situação difícil de acontecer; ou se procurados para o recebimento do aviso, da carta, não forem encontrados, e se desconhecido o paradeiro.

---

[2] *Manual prático das incorporações imobiliárias*. Ob. cit. p. 37.

Conveniente que venha prevista a forma de convocação na convenção, impedindo, assim, posteriores alegações de avisos insuficientes.

Sempre deve ser colocada a ordem do dia, que é o elenco de matérias a serem debatidas na reunião, para as devidas deliberações. Na falta, perdem a validade as decisões relativas a assuntos não previstos, ficando sem condições de serem impostas. Efetivamente, torna-se nula a decisão assemblear a respeito de assunto não constante no edital, e que não figurou na ordem do dia, exceto se tratar-se de caso de grande urgência, mas para valer enquanto não houver a ratificação em outra assembleia, ou de questões comuns e de simples caráter administrativo. Não cabe, para sanar possível nulidade, introduzir na pauta da assembleia no item de "assuntos gerais", ou sob um título genérico, uma questão importante para o condomínio, pois subtrair-se-ia dos condôminos a ciência das matérias que iriam a debate.

Sobre a matéria, decidiu o STJ:

> Da convocação para a assembleia geral extraordinária deve constar a ordem do dia com a clara especificação dos assuntos a serem deliberados, tendo em vista que a sua pauta é variável e deve ser dada a conhecer aos condôminos a fim de que possam se preparar para discuti-la e votá-la ou ainda para que, entendendo irrelevante a matéria, deixem de comparecer.
>
> Para a assembleia geral ordinária, já existe expressa previsão legal acerca de determinadas matérias a serem deliberadas, as quais estão dispensadas de constar da ordem do dia. Quanto às demais matérias, entretanto, o rigor com a divulgação e a clareza é igual ao da assembleia geral extraordinária.[3]

Se ordinária a assembleia, como visto na ementa acima, e se a finalidade for aquela que a lei prevê para as matérias próprias constantes da lei (art. 1.350 do CC – aprovar o orçamento das despesas, as contribuições dos condôminos e a prestação de contas, eleger o síndico), não se decreta a nulidade:

> Da convocação para a assembleia geral extraordinária deve constar a ordem do dia com a clara especificação dos assuntos a serem deliberados, tendo em vista que a sua pauta é variável e deve ser dada a conhecer aos condôminos a fim de que possam se preparar para discuti-la e votá-la ou ainda para que, entendendo irrelevante a matéria, deixem de comparecer.
>
> Para a assembleia geral ordinária, já existe expressa previsão legal acerca de determinadas matérias a serem deliberadas, as quais estão dispensadas de constar da ordem do dia. Quanto às demais matérias, entretanto, o rigor com a divulgação e a clareza é igual ao da assembleia geral extraordinária.
>
> Recurso especial parcialmente provido.[4]

Sem a convocação de todos os condôminos, sequer permite-se a deliberação. Assim está no artigo 1.354:

> "A assembleia não poderá deliberar se todos os condôminos não forem convocados para a reunião".

---

[3] REsp n. 654.496/RJ. Terceira Turma. Relator: Min. João Otávio de Noronha. Julgado em 05.11.2009. *DJe* 16.11.2009.

[4] STJ. REsp. n. 654.496/RJ. Quarta Turma. Julgado em 05.11.2009, *DJe* 16.11.2009.

É necessário que a totalidade dos condôminos abranja os promitentes compradores e os cessionários de unidades, desde que haja ciência de parte do condomínio. Esse é o entendimento por inteligência que impõe o artigo 9º da Lei n. 4.591/1964:

> Os proprietários, promitentes compradores, cessionários ou promitentes cessionários dos direitos pertinentes à aquisição de unidades autônomas, em edificações a serem construídas, em construção ou já construídas, elaborarão, por escrito, a Convenção de condomínio, e deverão, também, por contrato ou por deliberação em assembleia, aprovar o Regimento Interno da edificação ou conjunto de edificações.

Se participam na elaboração e aprovação da convenção e do regimento interno, decorre naturalmente o direito à participação nas assembleias.

No entanto, perdura a validade das deliberações, mesmo que verificadas irregularidades, enquanto não se der a impugnação, que se torna suscitável perante o síndico, o qual deverá convocar outra assembleia, para que decida em acolher ou não. Reserva-se o direito da suscitação em juízo, por qualquer condômino interessado, mediante a ação de anulação da deliberação, ou mesmo da assembleia no caso de vício de convocação. Figurará no polo passivo o condomínio, representado pelo síndico.

O prazo para a anulação, dada a falta de previsão específica, é o do artigo 178 do Código Civil, se houver vícios de coação, erro, dolo, fraude contra credores, estado de perigo ou lesão, ou incapazes não devidamente representados. Entrementes, parece difícil buscar a anulação com base em tais causas. Mais apropriado, segundo certo entendimento, é o artigo 179 do mesmo diploma: "Quando a lei dispuser que determinado ato é anulável, sem estabelecer prazo para pleitear-se a anulação, será este de 2 (dois) anos, a contar da data da conclusão do ato." A matéria será analisada mais extensamente em item específico.

59.3. A convocação por ordem judicial

Ao síndico incumbe a convocação da assembleia, tanto a ordinária como a extraordinária, nos termos do artigo 1.348, inciso I, do Código Civil, constituindo um dever que a lei lhe comete. Em relação à assembleia ordinária, feita no mínimo uma vez por ano, a obrigação de convocar consta do artigo 1.350:

> Convocará o síndico, anualmente, reunião da assembleia dos condôminos, na forma prevista na convenção, a fim de aprovar o orçamento das despesas, as contribuições dos condôminos e a prestação de contas, e eventualmente eleger-lhe o substituto e alterar o regimento interno.

Na omissão do ato, aos condôminos delega-se a atribuição, devendo a convocação ser subscrita, pelo mínimo, de um quarto dos condôminos, e não do total das frações ideais, por força do § 1º do artigo 1.350:

> Se o síndico não convocar a assembleia, ¼ (um quarto) dos condôminos poderá fazê-lo.

O mesmo procedimento adota-se para a assembleia extraordinária, sempre que necessária a sua realização, como para modificar a convenção, ou para destituir o síndico, ou para decidir sobre a mudança de destinação do prédio, e mesmo para a realização de obras úteis, dentre várias outras situações. A respeito, reza o artigo 1.355:

Assembleias extraordinárias poderão ser convocadas pelo síndico ou por ¼ (um quarto) dos condôminos.

Na falta de iniciativa dos condôminos, delega-se o poder a qualquer dos condôminos providenciar, mediante requerimento dirigido ao juiz, que determinará a sua realização, como consta do § 2º do mesmo artigo 1.350:

Se a assembleia não se reunir, o juiz decidirá, a requerimento de qualquer condômino.

Embora a medida conste em dispositivo que se destina para a assembleia ordinária, aplica-se também para a extraordinária. De seus termos colhe-se que ao juiz cabe decidir, ou seja, determinar as providências necessárias, em atendimento aos termos do pedido. E se nem o síndico nem os condôminos tomarem a iniciativa da convocação, e mesmo se ele não conseguir arregimentar a quantidade necessária de assinaturas para a convocação, dirige-se o condômino ao juiz, para que ele mande se realizar a assembleia. No caso, poderá ordenar ao síndico que faça a convocação, ou também faculta-se-lhe que nomeie uma pessoa para as providências da convocação e para dirigir a realização do ato.

A rigor, o condômino dirigirá um pedido ao síndico, para a convocação da assembleia. Na falta de atendimento, ou de resposta, a única solução é provocar uma ordem judicial. O artigo 27 da Lei n. 4.591/1964, que vigora no caso, pois encerra regra de maior amplitude que o § 2º do artigo 1.350 do Código Civil, fixa o prazo de quinze dias, a partir do pedido, para a convocação ou, no mínimo, para o síndico decidir:

Se a assembleia não se reunir para exercer qualquer dos poderes que lhe competem, 15 (quinze) dias após o pedido de convocação, o Juiz decidirá a respeito, mediante requerimento dos interessados.

Por evidente, os condôminos, desde que haja o mínimo de um quarto de sua totalidade, não necessitam que dirijam o pedido ao síndico. Eles farão a convocação, com a expedição de edital, ou de cartas, ou através da assinatura em livro específico, sempre com a ordem do dia, o local, a data e o horário.

Não existe na lei a indicação de um procedimento próprio para o pedido. Visando a prestação obrigar o síndico a convocar a assembleia, que consiste numa obrigação de fazer, sob pena de multa; a regulamentação consta no artigo 497 e em seu parágrafo único do CPC, com a possibilidade de se conceder a tutela específica. No entanto, mais simples o procedimento especial de jurisdição voluntária, previsto nos artigos 719 a 725 do CPC, com a formulação do pedido, devendo este estar acompanhado de documentos necessários, como a prova do domínio da unidade, da convenção, da última assembleia realizada. Cita-se unicamente o condomínio, por meio do síndico, ao qual se reserva o prazo de quinze dias para a manifestação. Se for o caso, permite-se a realização de audiência, para a ouvida das partes e de testemunhas. Em seguida, decidirá o juiz, cuja sentença está sujeita ao recurso de apelação.

59.4. A sistemática da votação na assembleia, a representação de condôminos e a participação de locatários

No horário marcado para a assembleia, verifica-se a presença de sócios, de modo a atender o número exigido para a instalação, isto é, de um total que perfaça o mínimo da metade das frações ideais, se não exigido *quorum* especial. Não satisfeita essa quantidade de presenças, aguarda-se o horário para a segunda chamada, que pode se dar passado um período de tempo de meia hora ou mais, quando se instalará com qualquer número de condôminos. Em livro próprio, ou em uma folha de papel, colhem--se as assinaturas dos presentes, com a indicação da unidade de que são titulares.

Em relação aos condôminos representados por procurador, ou à representação dos condôminos na assembleia, que poderá ser por outro condômino, anexa-se o respectivo instrumento de constituição, com a referência na ata. Desnecessário que se faça o reconhecimento da assinatura, a menos que a convenção o exija, ou conste a obrigação em ata de assembleia, devendo o síndico ou dirigente da reunião verificar o preenchimento dos requisitos, como a assinatura, a pessoa nomeada, os poderes conferidos, incluído o de votação. De levar em conta o § 2º do artigo 654 do Código Civil: "O terceiro com quem o mandatário tratar poderá exigir que a procuração traga a firma reconhecida."

A procuração conterá poderes específicos para deliberar e votar na reunião de condomínio. Não existe restrição à quantidade de mandatos que poderá receber um condômino, para representar outros consortes, embora não se encontre óbice a que a convenção estabeleça um limite. Nem são colocadas ressalvas a quem se deve outorgar a procuração. Todavia, parece inconveniente, e inclusive manobra de domínio, a maciça concentração de procurações a um condômino, mormente ao síndico ou a membros do conselho consultivo.

Parece inconveniente a nomeação de procurador em pessoa estranha (exceto de locatária), ou em funcionário do condomínio. Além de viabilizar interferências de terceiros em assuntos internos e sigilosos, decorre a quebra de hierarquia.

Tendo falecido o condômino, a representação se faz pelo espólio. A pessoa nomeada inventariante se fará presente, pessoalmente ou através de procurador. Não aberto o inventário, normalmente o cônjuge sobrevivente comparecerá na assembleia, sem dar importância ao regime de casamento. Não havendo casamento, ou desconhecendo-se quem é o real representante, a qualquer pessoa assiste participar da assembleia, desde que demonstrada a relação de parentesco com o condômino falecido, ou mesmo da união estável, se for o caso.

Dando-se a abertura da reunião, nomeia-se uma pessoa para secretariar os trabalhos, e passa-se à leitura, feita pela pessoa designada como secretária, da ordem do dia, que deve ser a constante do edital ou aviso.

Cada item submetido à discussão e votação, é precedido de sumária apresentação ou justificação pelo presidente da assembleia.

A votação terá início somente depois de encerrado o debate, devendo ser procedida verbalmente, ou, se houver previsão na convenção, de forma secreta, através da distribuição de material, e colhendo-se os votos, com a sua abertura perante uma comissão formada no momento.

Os inquilinos estão autorizados a votar desde que não estejam presentes os proprietários das unidades, e em matéria que não diga respeito a despesas extraordinárias. Assim determina o § 4º do artigo 24 da Lei n. 4.591/1964: "Nas decisões da Assembleia que não envolvam despesas extraordinárias do condomínio, o locatário poderá votar, caso o condômino-locador a ela não compareça." Assunto inteiramente afeto aos seus interesses refere-se ao debate sobre as despesas ordinárias.

Se instalada em primeira convocação a assembleia, os votos serão contados proporcionalmente às frações ideais do terreno e das partes comuns. Ou seja, conta-se o voto em função da área ideal de cada condômino, prevalecendo a decisão que corresponder aos que tiveram maior quantidade de área ideal e parte comum. A matéria está regida pelos artigos 1.352, parágrafo único, do Código Civil, revelando-se útil a sua transcrição: "Os votos serão proporcionais às frações ideais no solo e nas outras partes comuns pertencentes a cada condômino, salvo disposição diversa da convenção de constituição do condomínio."

Somente em segunda convocação é que prevalecerá a maioria dos condôminos presentes, em vista do artigo 1.353. Uma vez levada a termo a votação, e obtido o resultado, fica definida a matéria, ou *tollitur quaestio*, devendo ser obedecida e seguida por todos os condôminos e moradores, inclusive os discordantes ou ausentes.

Os critérios acima prevalecerão se não constar modo diferente na convenção.

A falta de comparecimento não exime os condôminos ausentes de cumprir as imposições aprovadas. Nem terá repercussão a reclamação contra as deliberações aprovadas, a menos que flagrante o desrespeito às normas legais e estatutárias.

Os condôminos inadimplentes no pagamento das contribuições ficam proibidos de exercer o direito de votar, a menos que haja previsão contrária na convenção. Realmente, localiza-se no Código Civil o artigo 1.335, inciso III, comando que cerceie o direito de voto, por razão de atraso ou falta na satisfação da taxa de condomínio: "São direitos do condômino: ... III – votar nas deliberações da assembleia e delas participar, estando quite." A condição é que se encontre em dia com suas obrigações pecuniárias. A rigor, a própria participação é alcançada pela proibição.

Importante ter em conta o critério para a votação, isto é, em função da fração ideal, e desde que se encontre em dia com o pagamento das contribuições. Se titular de duas ou mais frações ideais, o voto é exercido em relação às frações em que há o pagamento. É como entendeu o STJ:

> Cinge-se a controvérsia a definir se o condômino que é proprietário de diversas unidades autônomas de um condomínio edilício, mas está inadimplente em relação a alguma delas, tem direito a participação e voto em assembleia.
>
> 3. O dissídio jurisprudencial deve ser comprovado mediante o cotejo analítico entre acórdãos que versem sobre situações fáticas idênticas.
>
> 4. A unidade isolada constitui elemento primário da formação do condomínio edilício, e se sujeita a direitos e deveres, que devem ser entendidos como inerentes a cada unidade, o que é corroborado pela natureza *propter rem* da obrigação condominial.
>
> 5. Estando a obrigação de pagar a taxa condominial vinculada não à pessoa do condômino, mas à unidade autônoma, também o dever de quitação e a penalidade advinda do seu descumprimento estão relacionados a cada unidade.
>
> O fato de um condômino ser proprietário de mais de uma unidade autônoma em nada altera a relação entre unidade isolada e condomínio.
>
> Se o condômino está quite em relação a alguma unidade, não pode ter seu direito de participação e voto – em relação àquela unidade – tolhido.
>
> Negado provimento ao recurso especial.[5]

Em relação ao síndico, desde que as matérias postas em votação não digam respeito à sua pessoa, não se apresentam objeções para participar na votação. Assim,

---

[5] REsp. n. 1.375.160/SC. Relatora: Min. Nancy Andrighi. Terceira Turma. Julgado em 1º.10.2013, *DJe* 07.10.2013.

não é admissível que vote se a assembleia visa a sua destituição. Aliás, nem lhe cabe presidir ou participar da mesa dos trabalhos. Também não participará com seu voto quando atos de sua gestão, como a prestação de contas, estiverem submetidos ao julgamento ou à apreciação. Resta evidente a suspeição.

59.5. O procedimento para as deliberações nas assembleias

De modo geral, as decisões da assembleia devem refletir a maioria simples do grupo dos condôminos. De acordo com a lei, para as matérias de maior relevância, e que dizem respeito ao próprio condomínio, a votação deve atingir, para a aprovação, uma quantidade mais expressiva de condôminos.

O *quorum* estabelecido é específico para a primeira e para a segunda convocação.

Para a primeira convocação, a contagem se faz em função da maioria dos condôminos presentes, mas que representem o mínimo da metade das frações ideais. O assunto é tratado, basicamente, no artigo 1.352: "Salvo quando exigido *quorum* especial, as deliberações da assembleia serão tomadas, em primeira convocação, por maioria de votos dos condôminos presentes que representem pelo menos metade das frações ideais."

Vê-se, daí, que dois os requisitos para o funcionamento e a instalação da assembleia, em se tratando de matérias comuns, relativas à aprovação de contas, ao orçamento do exercício seguinte, à nomeação dos administradores, matérias essas que não envolvem a estrutura do condomínio, como modificação dos estatutos e aplicação de penalidades:

a) a aprovação pela maioria dos condôminos presentes, ou seja, pela metade e mais um dos condôminos;

b) essa maioria deve representar, no mínimo, a metade das frações ideais.

Sempre se requer o significado da maioria em função da titularidade das frações ideais. Necessária a presença, daí, de uma quantidade de condôminos que atinja o mínimo da metade das frações ideais. No que diz com as frações ideais, dá o parágrafo único o critério para a aferição: "Os votos serão proporcionais às frações ideais no solo e nas outras partes comuns pertencentes a cada condômino, salvo disposição diversa da convenção de constituição do condomínio." Entram, no cálculo, a fração ideal no solo, abrangendo a unidade e as partes comuns, isto é, aquelas do uso geral dos condôminos.

Quanto à segunda convocação, a aprovação se dá pela maioria simples, isto é, pela maioria dos condôminos presentes na assembleia, desde que não exigido *quorum* especial ou qualificado, como nas hipóteses acima exemplificadas. Esta a regra do artigo 1.353: "Em segunda convocação, a assembleia poderá deliberar por maioria dos votos dos presentes, salvo quando exigido *quorum* especial." Na prestação de contas, na aprovação do orçamento, na eleição do síndico, no aumento das contribuições, na autorização para a realização de obras comuns, basta a maioria simples, desde que em segunda convocação.

Para as matérias de grande importância para o condomínio, próprias da assembleia geral extraordinária, maior é o *quorum* exigido para a aprovação. Vários os casos, nesta categoria, que requerem uma quantidade de votos superior à maioria simples.

Assim, quando se deliberar sobre a aprovação e a alteração da convenção, o mínimo é dois terços dos condôminos para a aprovação. Exigia-se a unanimidade caso houvesse a mudança da destinação do edifício ou de qualquer uma das unidades condominiais. No entanto, a Lei n. 14.405/2022 reduziu a exigência para dois terços, imprimindo nova redação ao artigo 1.351: "Depende da aprovação de 2/3 (dois terços) dos votos dos condôminos a alteração da convenção, bem como a mudança da destinação do edifício ou da unidade imobiliária".

Também é admitida a convocação de assembleia permanente, quando exigido quorum especial, com a designação de várias sessões e intimações dos presentes e outras exigências, o que veio permitido pelos §§ 1º a 3º do artigo 1.353, incluídos pela Lei n. 14.309/2022:

> § 1º Quando a deliberação exigir quórum especial previsto em lei ou em convenção e ele não for atingido, a assembleia poderá, por decisão da maioria dos presentes, autorizar o presidente a converter a reunião em sessão permanente, desde que cumulativamente:
>
> I – sejam indicadas a data e a hora da sessão em seguimento, que não poderá ultrapassar 60 (sessenta) dias, e identificadas as deliberações pretendidas, em razão do quórum especial não atingido;
>
> II – fiquem expressamente convocados os presentes e sejam obrigatoriamente convocadas as unidades ausentes, na forma prevista em convenção;
>
> III – seja lavrada ata parcial, relativa ao segmento presencial da reunião da assembleia, da qual deverão constar as transcrições circunstanciadas de todos os argumentos até então apresentados relativos à ordem do dia, que deverá ser remetida aos condôminos ausentes;
>
> IV – seja dada continuidade às deliberações no dia e na hora designados, e seja a ata correspondente lavrada em seguimento à que estava parcialmente redigida, com a consolidação de todas as deliberações;
>
> § 2º Os votos consignados na primeira sessão ficarão registrados, sem que haja necessidade de comparecimento dos condôminos para sua confirmação, os quais poderão, se estiverem presentes no encontro seguinte, requerer a alteração do seu voto até o desfecho da deliberação pretendida.
>
> § 3º A sessão permanente poderá ser prorrogada tantas vezes quantas necessárias, desde que a assembleia seja concluída no prazo total de 90 (noventa) dias, contado da data de sua abertura inicial.

Ainda quanto ao quorum, entende-se que a maioria de dois terços dos condôminos pode abranger também o regimento interno, se constar a previsão na convenção.

Visando à aplicação de algumas penalidades, pela assembleia geral, se omissa a convenção, nas infrações previstas nos incisos II a IV do artigo 1.336 (realização de obras que comprometam a segurança da edificação; alteração da forma e da cor da fachada, das partes e esquadrias externas; dar às unidades ou partes comuns destinação diferente da prevista para a edificação; prejudicar o sossego, a salubridade, a segurança dos possuidores, ou agir contra os bons costumes), a votação deverá alcançar o mínimo de dois terços dos condôminos, excluído da contagem aquele a quem se destina a penalidade.

Aumenta a quantidade de condôminos para três quartos do total se a punição tiver como causa o reiterado descumprimento dos deveres, a teor do artigo 1.337.

De igual modo esse o *quantum* exigido na votação, *ex vi* do parágrafo único do artigo 1.337, se o condômino, reiteradamente, revelar comportamento antissocial, gerando incompatibilidade de convivência com os demais condôminos ou possuidores.

Para a realização de obras voluptuárias do condomínio, necessária a aprovação pelo voto de dois terços dos condôminos; se úteis as obras, exige-se a maioria absoluta. É o que está no artigo 1.341, incisos I e II. No artigo 1.342, exemplificam-se as obras úteis, como aquelas erguidas em partes comuns, em acréscimo às existentes:

> A realização de obras, em partes, em acréscimo às já existentes, a fim de lhes facilitar ou aumentar a utilização, depende da aprovação de 2/3 (dois terços) dos votos dos condôminos, não sendo permitidas construções, nas partes comuns, suscetíveis de prejudicar a utilização, por qualquer dos condôminos, das partes próprias, ou comuns.

Já a construção de novo pavimento, ou de outro edifício no solo comum, depende da unanimidade dos votos dos condôminos, como impõe o artigo 1.343: "A construção de outro pavimento, ou, no solo comum, de outro edifício, destinado a conter novas unidades imobiliárias, depende da aprovação da unanimidade dos condôminos."

A deliberação sobre a reconstrução ou venda do edifício, diante da ameaça de ruína, ou destruição total ou parcial, exige a aprovação por votos dos condôminos que representem a maioria absoluta das frações ideais, em obediência ao artigo 1.357:

> Se a edificação for total ou consideravelmente destruída, ou ameace ruína, os condôminos deliberarão em assembleia sobre a reconstrução, ou venda, por votos que representem metade mais uma das frações ideais.

Em vista do artigo 1.349, para a destituição do síndico que infringir seus deveres, como praticar irregularidades, não prestar contas, ou não administrar convenientemente o condomínio, impõe-se o voto da maioria absoluta dos condôminos, isto é, da maioria de todos os condôminos, e não apenas daqueles que se encontram na assembleia.

59.6. Impugnação às deliberações da assembleia

As deliberações da assembleia obrigam a todos os condôminos, ficando definidas as questões, ou seja, *tollitur quaestio*, não importando se ausentes ou dissidentes, em vista do § 1º do artigo 24 da Lei n. 4.591/1964: "As decisões da Assembleia, tomadas em cada caso, pelo *quorum* que a Convenção fixar, obrigam todos os condôminos." A imperatividade das decisões está na sua validade, pressupondo que não tenham sido decididas contrariamente à lei, desde que observadas as formalidades legais, ou que não resulte ferido algum direito dos condôminos que estiveram presentes e que votaram a favor da matéria que os prejudicou. Mesmo que ausentes, e atingidos seus direitos, a observância dos requisitos da assembleia impõe a validade. Destarte, a mudança do critério estabelecido na convenção para o uso de espaços de estacionamento, malgrado a ausência de condôminos interessados ou o voto em contrário, produz plena eficácia se a aprovação obtiver dois terços de todos os condôminos, e não daqueles que compareceram à assembleia. Resta-lhe a ação anulatória ou desconstitutiva da decisão, movida contra o condomínio representado pelo síndico, se constatado algum desrespeito à lei, como falta de convocação ou de especificação do assunto na ordem do dia.

Obviamente, dentre as formalidades, de relevância a correta convocação, a regularidade do *quorum* e a expressa menção da ordem das matérias objeto de deliberação da reunião.

Questão de máxima importância está na convocação de todos os condôminos, dada a imposição do artigo 1.354 do Código Civil: "A assembleia não poderá deliberar se todos os condôminos não forem convocados para a reunião."

Em geral, as maiores causas de nulidade estão nas deliberações de matérias especiais, como a modificação do critério de repartição das despesas constante da convenção, o que importa em sua alteração, sem a presença de dois terços dos condôminos, isto é, de todos os condôminos, e não apenas daqueles que se encontram presentes, em atendimento ao artigo 1.351. Também a falta de referência das matérias na ordem do dia constitui causa de nulidade, o que se depreende do artigo 24 da Lei n. 4.591/1964, cuja vigência permanece diante da falta de previsão do Código Civil. Realmente, mencionado artigo ordena que a assembleia examinará as matérias inscritas na ordem do dia.

Mesmo que presentes todos os condôminos, a aprovação de deliberação lesiva aos espaços ou às áreas comuns importa em violação ao § 2º do artigo 1.331, que estabelece a sua destinação ao uso e proveito geral:

> O solo, a estrutura do prédio, o telhado, a rede geral de distribuição de água, esgoto, gás e eletricidade, a calefação e refrigeração centrais, e as demais partes comuns, inclusive o acesso ao logradouro público, são utilizados em comum pelos condôminos, não podendo ser alienados separadamente, ou divididos.

Não merece validade a decisão que favorece alguns condôminos, com a sua dispensa no pagamento da taxa condominial, ou isentando-os de certos encargos, por razões de ordem social ou humana, e mesmo em face do reduzido uso de alguns equipamentos comuns, como do elevador e áreas de recreação. Àqueles que não votaram ou discordaram, reconhece-se o direito de impugnação, mesmo que pela via judicial. A atribuição de valor excessivamente alto para remunerar o síndico, que destoa da praxe comum, também pode ensejar a competente revisão judicial.

No entanto, embora presentes certas irregularidades de ordem mais formal, em não resultando danos aos condôminos, não possuem a força de anular a assembleia. Exemplificando, a falta de menção de uma matéria na ordem do dia, mas introduzida no debate e aprovada, não acarreta a nulidade, caso todos os condôminos se façam presentes e exerceram o direito de voto; no mesmo tratamento as questões que envolvem a convenção, decididas contrariamente aos seus ditames, mas com a presença de todos os condôminos, importando, assim, na sua alteração, e desde que não envolvam matéria de obrigatoriedade legal. Nessa linha deve-se dar o tratamento às questões puramente organizacionais, como a ausência de indicação da pessoa que fez a ata da reunião, ou a omissão na menção de quem presidiu os trabalhos da assembleia, ou mesmo a aprovação de matérias sem especificar se houve ou não unanimidade na votação favorável. Não se consignando na ata se todos os condôminos se encontravam presentes, mas verificada a assinatura na própria ata ou no livro específico da totalidade, mantém-se a validade das decisões, mesmo daquelas que exigiam a aprovação da unanimidade.

A impugnação às deliberações se faz através da ação anulatória, ou mediante a alegação de sua ilegalidade, quando exigido o devido cumprimento, segundo orienta Nascimento Franco:

> O prejudicado pela deliberação ilegal tem a faculdade de propor ação judicial de nulidade, ou alegá-la em defesa em qualquer outra oportunidade, ou, ainda, pleitear seja

a questão reexaminada em outra assembleia geral, uma vez que se tem admitido que uma assembleia pode, por *quorum* regular, anular ou alterar deliberação anterior, ainda que tomada por unanimidade, desde que respeitados eventuais direitos adquiridos.[6]

59.7. O não comparecimento de condôminos na assembleia

Questão que tem trazido frequente discussão é o caso de ninguém comparecer à assembleia. Em se tratando de matéria que exige *quorum* especial, como a atinente à aprovação de reforma do edifício. A rigor, sequer a deliberação de matérias seria possível. Entretanto, uma vez obedecidos todos os requisitos legais de convocação, com o encaminhamento de correspondência e a comprovação de seu recebimento, a ausência importa em consentimento com a pauta de assuntos levados a debate e à decisão. Em matérias comuns, acredita-se que não há impedimento na sua aprovação. A ausência pode ser levada como consentimento.

Exigindo a matéria a aprovação qualificada, isto é, com certa quantidade de votos, como no caso de reforma do prédio, ou de destituição síndico, e desde que regular a convocação, inconcebível impedir a decisão, posto que, do contrário, a própria existência do condomínio ficaria comprometida. Também aqui deve a omissão em comparecer ser interpretada como consentimento com as propostas.

Nessa visão aconselha Hamilton Quirino Câmara:

> O síndico deve convocar todos os condôminos, com indicação da pauta e antecedência razoável, para evitar a nulidade das reuniões da assembleia geral. Se ainda assim ninguém comparecer, poderá ser lavrada a ata com a aprovação das contas, aumento da cota ordinária e até mesmo a reeleição do síndico.[7]

59.8. Os diversos *quoruns* para as votações nas assembleias e as quantidades de condôminos para as convocações

Já em itens anteriores ficaram ressaltados diversos *quoruns* para as votações, variando de acordo com a importância ou natureza dos assuntos. Conveniente a especificação, para fins didáticos, em consonância com as matérias postas à deliberação, o número ou proporção de votos necessários para as aprovações, bem como a quantidade de condôminos para a convocação de assembleias, nos casos de maior relevância:

1) Matérias comuns (apreciação da prestação de contas, nomeação de síndico etc.), em primeira convocação: maioria simples de votos dos condôminos presentes, mas devendo representar, no mínimo, a metade das frações ideais (art. 1.352).

2) Matérias comuns (apreciação da prestação de contas, nomeação de síndico etc.), em segunda votação: maioria dos votos dos condôminos presentes (art. 1.353).

3) A aprovação da convenção de constituição do condomínio: dois terços das frações ideais de terreno, e não dos condôminos (art. 1.333).

4) Mudança da destinação do edifício ou da unidade autônoma, ou da fração ideal: exigia-se a unanimidade dos condôminos (artigo 1.351). Assim reconhecia o STJ:

---

[6]   *Condomínio.* Ob. cit. p. 127.
[7]   *Condomínio edilício.* Ob. cit. p. 367.

> Doutrina e jurisprudência são acordes no entendimento de que, no quorum para alteração de fração ideal, necessário se faz o consenso de todos os condôminos e, até mesmo nos casos em que a Assembleia ou a Convenção autoriza a estimativa das cotas, a votação há de ser unânime. Matéria de fato não se reexamina em Especial.[8]

Ocorre que a Lei 14.405/2022 introduziu nova redação ao artigo 1.351 do Código Civil, passando a exigir 2/3 (dois terços) dos votos: "Depende da aprovação de 2/3 (dois terços) dos votos dos condôminos a alteração da convenção, bem como a mudança da destinação do edifício ou da unidade imobiliária".

O motivo básico para a alteração consistiu na acentuada desocupação de edifícios, conjuntos e salas comerciais, sobretudo aqueles com destinação ao exercício de profissões, fenômeno decorrente da pandemia da Covid-19, com o aumento do teletrabalho, ou seja, da prestação de serviços por meio remoto ou virtual. Inspirou tal mudança, também, o fato de se afigurar injusto admitir que um único condômino pudesse impedir a mudança de destinação.

Entretanto, a alteração contém eivas de inconstitucionalidade, pois, além de ofender o direito de propriedade, interfere na política urbana, garantida pelo artigo 182. Com efeito, imóveis convencionados como unicamente residenciais podem passar para centros profissionais, tumultuando a vida interna, às vezes sem uma infraestrutura apropriada, o que se dá com o aumento de circulação de pessoas.

Como se não bastasse, possível a ofensa às leis municipais que disciplinam e ordenam o zoneamento para moradia e para as atividades comerciais ou profissionais.

Nota-se a inclusão na mudança inclusive da unidade condominial, possibilitando a criação de condomínios mistos, isto é, concomitantemente para fins profissionais ou comerciais e para fins residenciais.

5) Modificação da fachada pelo proprietário ou titular de direito à aquisição de unidade: a unanimidade dos condôminos (art. 10, § 2º, da Lei n. 4.591/1964), o que envolve, também, as modificações das sacadas e do terraço externo, por alterarem a estética externa do prédio, e desde que não se restrinjam ao mero envidraçamento.

6) Aquisição, pelo condomínio, em igualdade de condições com terceiro que faça lance, da unidade levada a leilão por falta de pagamento de três ou mais prestações do preço da construção, depois da prévia notificação com o prazo de dez dias para a purgação da mora, com a rescisão do contrato, devendo a opção da aquisição ser feita no prazo de vinte e quatro horas após a realização do leilão final: a unanimidade dos membros da assembleia geral (art. 63, § 3º, da Lei n. 4.591/1964).

7) A realização de obras em partes comuns, em acréscimo às já existentes: dois terços dos votos dos condôminos (art. 1.342).

8) A construção de outro edifício com a finalidade de conter novas unidades imobiliárias, em parte comum, ou de outros pavimentos: a unanimidade dos condôminos (art. 1.343).

9) Alteração da convenção e do regimento interno:

– quanto à alteração da convenção, dois terços dos votos dos condôminos, isto é, de todos os condôminos, e não daqueles que se encontram presentes, e muito menos das frações ideais;

---

[8] REsp. n. 56.545-6/CE. Julgado em 17.04.1995. *DJU* 22.05.1995.

– quanto ao regimento interno, pela maioria dos condôminos presentes que representem, pelo menos, metade das frações ideais.

É a inteligência que se extrai dos artigos 1.351 e 1.352 do Código Civil, sendo que o primeiro em redação da Lei n. 14.405/2022.

Em relação à alteração da convenção, há precedente no STJ:

> Recurso especial. Condomínio. Ação anulatória de assembleia. Alteração da convenção condominial. Respeito ao *quorum* legal. Rateio por fração ideal.
>
> 1. É legítima a escolha por 2/3 dos condôminos reunidos em assembleia da forma de rateio de despesas condominiais na proporção da fração ideal, conforme assegurado pelo art. 1.336, I, do Código Civil.
>
> 2. Tendo em vista a natureza estatutária da convenção de condomínio, não há falar em violação do direito adquirido ou do ato jurídico perfeito (REsp n. 1.447.223/RS).[9]

No tocante à alteração do regimento interno, não se exige o *quorum* qualificado, a menos que a convenção preveja uma quantidade ou qualificação diferente, a teor do interpretado pelo STJ:

> 1. O art. 1.333 do Código Civil, ao dispor que a convenção que constitui o condomínio edilício torna-se, desde logo, obrigatória para os titulares de direito sobre as unidades, ou para quantos sobre elas tenham posse ou detenção, não tem, assim como toda a ordem jurídica, a preocupação de levantar paredes em torno da atividade individual. É intuitivo que não pode coexistir o arbítrio de cada um com o dos demais, sem uma delimitação harmônica das liberdades, por isso, na verdade, o direito delimita para libertar: quando limita, liberta (REALE, Miguel. Lições Preliminares de Direito. 27 ed. São Paulo: Saraiva, 2004, p. 64).
>
> 2. Com efeito, para propiciar a vida em comum, cabe aos condôminos observar as disposições contidas na convenção de condomínio, que tem clara natureza estatutária. Nesse passo, com a modificação promovida no art. 1.351 Código Civil, pela Lei n. 10.931/2004, o legislador promoveu ampliação da autonomia privada, de modo que os condôminos pudessem ter maior liberdade no que tange à alteração do regimento interno; visto que, à luz dos arts. 1.334, III e V, do Código Civil e art. 9º da Lei n. 4.591/1964, é matéria a ser disciplinada pela convenção de condomínio.
>
> 3. No caso em julgamento, a pretendida admissão de *quorum* (maioria simples), em dissonância com o previsto pelo estatuto condominial – que prevê maioria qualificada (dois terços dos condôminos) –, resultaria em violação da autonomia privada, princípio constitucionalmente protegido.
>
> 4. Recurso especial não provido.[10]

No entanto, o assunto envolve algumas nuances específicas quanto à alteração da convenção. De observar a redação do art. 1.351, com alterações da Lei n. 14.405/2022:

---

[9] REsp n. 1.458.404/RS. Terceira Turma. Relator: Min. João Otávio de Noronha. Julgado em 07.06.2016. *DJe* 13.09.2016.

[10] REsp. n. 1.169.865/DF. Relator: Min. Luis Felipe Salomão. Quarta Turma. Julgado em 13.08.2013. *DJe* 02.09.2013.

Cap. 59 | Assembleia geral do condomínio • 241

Depende da aprovação de 2/3 (dois terços) dos votos dos condôminos a alteração da convenção, bem como a mudança da destinação do edifício ou da unidade imobiliária.

Isso em primeira convocação. Ou seja, dois terços em primeira convocação, em vista do art. 1.352, que também será transcrito para a melhor compreensão:

> Salvo quando exigido *quorum* especial, as deliberações da assembleia serão tomadas, em primeira convocação, por maioria de votos dos condôminos presentes que representem pelo menos metade das frações ideais.

Desponta da regra que tal *quorum* se exige em primeira convocação, e quando não se encontrar previsto *quorum* especial. Na modificação da convenção, o *quorum* especial está consignado como de dois terços. Contam-se os votos, na ordem do parágrafo único, na proporção "às frações ideais no solo e nas outras partes comuns pertencentes a cada condômino, salvo disposição diversa da convenção de constituição do condomínio".

E em segunda convocação? A resposta está no art. 1.353:

> Em segunda convocação, a assembleia poderá deliberar por maioria dos votos dos presentes, salvo quando exigido *quorum* especial.

A exceção "salvo quando exigido *quorum* especial" deve-se compreender como exigência para a assembleia decidir em primeira convocação. Do contrário, não haveria como se implantarem modificações na convenção.

10) A destituição do síndico: a maioria absoluta dos membros da assembleia geral. Mister explicitar que essa maioria se calculará não sobre os condôminos presentes na solenidade, mas sobre a totalidade dos condôminos, conforme ressalta do artigo 1.349: "A assembleia, especialmente convocada para o fim estabelecido no § 2º do artigo antecedente, poderá, pelo voto da maioria absoluta de seus membros, destituir o síndico que praticar irregularidades, não prestar contas, ou não administrar convenientemente o condômino." Se a referência é da maioria absoluta dos membros da assembleia geral, necessariamente a contagem terá em consideração a totalidade dos condôminos, que são representados pela assembleia geral. No entanto, convém esclarecer, essa maioria absoluta é necessária para a primeira chamada. Em segunda convocação, basta a maioria absoluta dos condôminos presentes. Esse o entendimento mais coerente. Do contrário, inviabiliza-se ou, no mínimo, dificulta-se a destituição. Encontra essa inteligência apoio no STJ:

> O *quorum* exigido no Código Civil para a destituição do cargo de síndico do condomínio é a maioria absoluta dos condôminos presentes na assembleia geral extraordinária.[11]

O voto do Relator defende que a maioria absoluta corresponde aos que se encontram presentes na assembleia:

---

[11] REsp. n. 1.266.016/DF, Terceira Turma, Relator: Min. Paulo de Tarso Sanseverino. Julgado em 18.12.2014, *DJe* 05.02.2015.

Pois bem, especificamente acerca do quórum, em uma exegese literal do enunciado normativo do artigo 1.349, extrai-se que o termo "maioria absoluta de seus membros" faz clara referência ao sujeito da frase, ou seja, o vocábulo "assembleia".

É bem verdade que mais apropriado seria o próprio legislador ter utilizado o termo "totalidade dos condôminos", pois melhor se coadunaria com a intelecção jurídica da expressão "maioria absoluta", vinculada, de maneira geral, ao todo de um colegiado, grupo ou instituição.

Entretanto, se quisesse o legislador considerar a "maioria dos membros do condomínio", teria feito expressamente, tal como o fez ao tratar da Administração do Condomínio na Seção II do Capítulo VII do Código Civil, na qual, conforme anota Luiz Fernando de Queiroz (in Condomínio em foco: questões do dia a dia, Curitiba: Bonijuris, 2012, p. 196), todos os artigos (do art. 1.347 ao art. 1.356) "[...] fazem referência direta à assembleia dos condôminos como sendo a reunião, o encontro dos coproprietários, e não como a totalidade dos condôminos isoladamente considerados".

E, mais adiante, especifica:

No artigo 1.347, lê-se que "a assembleia escolherá um síndico", simplesmente; no artigo 1.348, que "o síndico pode transferir a outrem, total ou parcialmente, os poderes de representação ou as funções administrativas, mediante aprovação da assembleia, salvo disposição em contrário da convenção"; no artigo 1.350, que "convocará o síndico, anualmente, reunião da assembleia dos condôminos", deixando entrever aqui que reunião (encontro) não se confunde com condôminos (conjunto de todos); no artigo 1.351, que "depende da aprovação de 2/3 (dois terços) dos votos dos condôminos", deixando claro que o voto é da totalidade de proprietários; no artigo 1.352, que "as deliberações da assembleia serão tomadas, em primeira convocação, por maioria de votos dos condôminos presentes"; no artigo 1.354, que "a assembleia não poderá deliberar se todos os condôminos não forem convocados para a reunião"; e assim por diante.

Em outros artigos (1.333, 1.337, 1.341, 1.342, 1.343, 1.357) o Código Civil também fixa quóruns vinculados ao conjunto de consortes, ou à fração ideal total, sempre deixando claro quando o coeficiente deve ser visto como parte do todo.

É também nesse sentido o entendimento do e. Desembargador do Tribunal de Justiça de São Paulo Francisco Eduardo Loureiro (in *Código Civil Comentado, doutrina e jurisprudência*, Cord. Ministro César Peluso, 5. ed., Barueri: Manole, 2011, p. 1.409), para quem "a maioria absoluta é dos presentes à assembleia, metade mais um das frações ideais dos condôminos aptos a votar, salvo se a convenção dispuser contagem por critério diverso".

J. Nascimento Franco (in Condomínio, 5. ed. São Paulo: Editora Revista dos Tribunais, 2005, p. 69), do mesmo modo, afirma que "o quórum para a destituição, segundo o art. 1.349, é a maioria dos membros da assembleia e não da massa condominial".

Por outro lado, também em uma interpretação teleológica da norma, a aprovação da destituição pela maioria dos presentes na assembleia melhor se justificaria.

Com efeito, a Assembleia Geral é o órgão máximo do condomínio, pois é através dela que se manifesta a vontade da coletividade dos condôminos. Daí a necessidade, portanto, de serem prestigiadas as deliberações tomadas pela maioria dos presentes na assembleia, sobretudo considerando o inexpressivo comparecimento de condôminos nas reuniões assembleares que a prática revela.

Nesse sentido, pertinentes as considerações feitas pelo e. Desembargador Teófilo Caetano no julgamento do Agravo de Instrumento n. 20100020065604, do Tribunal de Justiça do Distrito Federal, que, interpretando o artigo 1.349, entendeu que "[...] as deliberações serão tomadas pela maioria dos condôminos que efetivamente participam dos negócios sociais, vez que não se afigura razoável a consideração, para fins de aferição da maioria, os condôminos que optam por manterem-se alheios à condução da entidade condominial".

Ademais, verifica-se que, com o advento do Código Civil de 2002, a destituição do síndico passou a ser necessariamente motivada. Antes, a matéria era disciplinada exclusivamente pela Lei do Condomínio (Lei n.º 4.591/64), no § 5º do artigo 22, que estabelecia ser o síndico destituível na forma e sob as condições previstas na convenção do condomínio, ou, à míngua de previsão convencional, pelo voto de dois terços dos condôminos presentes em assembleia especialmente convocada.

Como se observa, a Lei não exigia destituição motivada, mas apenas a observância do rígido quórum de dois terços dos condôminos presentes. Esse quórum se justificava pela gravidade da medida de destituição do síndico, que, salienta-se, deve ser difícil, porém, não impossível.

11) A convocação da assembleia geral ordinária, por omissão do síndico: um quarto dos condôminos (art. 1.350, § 1º).

12) A convocação da assembleia geral extraordinária, por omissão do síndico: um quarto dos condôminos (art. 1.355).

13) A realização de obras úteis: maioria dos condôminos (art. 1.341, inc. II), computando-se essa maioria de conformidade com os artigos 1.352 e 1.353, isto é, em primeira convocação tendo em conta os votos dos condôminos presentes que representem pelo menos metade das frações ideais, e em segunda convocação terá a maioria em conta os condôminos presentes na assembleia.

14) Realização de obras voluptuárias: dois terços dos condôminos (art. 1.341, inc. I).

15) Reconstrução ou venda da edificação quando total ou consideravelmente destruída, ou ofereça ameaça de ruína: metade mais uma das frações ideais (art. 1.357).

16) Aplicação de multas por desrespeito a vários deveres a que estão obrigados os condôminos (realização de obras que comprometam a segurança do edifício, alteração da cor e da fachada do prédio e alteração da destinação da unidade, e ofensa ao sossego, à salubridade, à segurança e aos bons costumes): dois terços dos condôminos não sujeitos à incidência das multas (art. 1.336, § 2º).

17) Aplicação de multas por descumprimento constante ou reiterado de deveres condominiais: três quartos dos condôminos que não estão sendo submetidos à aplicação da sanção (art. 1.337).

18) Alterações do projeto do prédio e da construção: a aprovação da totalidade dos condôminos ou interessados. Quaisquer alterações do projeto e, por conseguinte, da construção, dependem obrigatoriamente da concordância unânime dos interessados (art. 43, inc. IV, da Lei n. 4.591/1964). Considera-se nula toda inovação procedida pelo incorporador igualmente às cláusulas contratuais que delineiam as especificações materiais do imóvel ou a titularidade jurídica do condomínio.

19) Destituição do incorporador se paralisar as obras da edificação por mais de trinta dias, ou se retardar excessivamente o seu andamento, sem justa causa, no caso de, após a notificação, não retomar as obras ou não der o andamento normal em trinta dias: a maioria absoluta dos votos dos adquirentes das unidades (art. 43, inc. VI, da Lei n. 4.591/1964).

20) Decisão pela assembleia, no caso de falência ou insolvência civil do incorporador, em ratificar o mandado da Comissão de Representantes, ou eleger novos membros: maioria simples dos condôminos presentes (§ 1º do art. 31-F da Lei n. 4.591/1964).

21) Decisão pela assembleia, no caso de falência ou insolvência civil do incorporador, para instituir o condomínio da construção, por instrumento público ou particular, e para estabelecer ou deliberar sobre os termos da continuação da obra ou da liquidação do patrimônio de afetação: dois terços dos votos dos adquirentes em primeira convocação, ou maioria absoluta desses votos em segunda convocação (§ 1º do art. 31-F da Lei n. 4.591/1964).

22) A convocação da assembleia para deliberar, em havendo omissão do Conselho de Representantes, no caso de falência ou insolvência civil do incorporador, em ratificar o mandado da Comissão de Representantes, ou eleger novos membros, e para decidir sobre o condomínio da construção, por instrumento público ou particular, e para estabelecer ou deliberar sobre os termos da continuação da obra ou da liquidação do patrimônio de afetação: um sexto dos titulares de frações ideais (§ 1º do art. 31-F da Lei n. 4.591/1964).

23) A decisão sobre a demolição e reconstrução do prédio, ou a sua alienação, por motivos urbanísticos ou arquitetônicos, ou por motivo da condenação do edifício pela autoridade pública em razão de sua insegurança ou insalubridade: condôminos que representem, pelo menos dois terços do total de unidades isoladas e frações ideais correspondentes a oitenta por cento do terreno e coisas comuns (art. 17 da Lei n. 4.591/1964).

24) A decisão sobre a alienação no caso de ocorrer o desgaste, pela ação do tempo, das unidades habitacionais de uma edificação, que deprecie seu valor unitário em relação ao valor global do terreno onde se acha construída: condôminos que representem, pelo menos dois terços do total de unidades isoladas e frações ideais correspondentes oitenta por cento do terreno e coisas comuns (art. 17, § 2º, da Lei n. 4.591/1964).

25) A convocação de assembleia dos condôminos contratantes da construção, para tratar de interesses inerentes à mesma: condôminos adquirentes que representem, no mínimo, um terço dos votos dos contratantes, além de admitida a convocação pelo incorporador e pelo construtor (art. 49, § 1º, da Lei n. 4.591/1964).

De observar o art. 5º da Lei n. 14.010/2020, permitindo a realização de assembleias por meios eletrônicos, independentemente de previsão nos atos constitutivos da pessoa jurídica, com observância, sempre, da proteção dos dados pessoais, inclusive nos meios digitais (inc. LXXIX do art. 5º da CF, incluído pela EC n. 115/2022).

59.9. Modelo de convocação da assembleia pelos condôminos

Os abaixo assinados, condôminos do Edifício ..., sito na rua ...., n. ...., representando um quarto (ou mais de um quarto) do condomínio, convocam, nos termos do artigo 25 da Lei n. 4.591/1964 e dos artigos 1.350, § 1º, e 1.355, do Código Civil, uma Assembleia Geral Extraordinária, a se realizar no .... (indicar o local, na conformidade da Convenção), às .... horas do dia ...., a fim de deliberarem sobre a matéria da seguinte ordem do dia .... (mencionar a matéria da convocação).

Se não houver número para a reunião da Assembleia, em primeira convocação, instalar-se-á em segunda, com qualquer número, às .... horas (mencionar a hora, com 30 minutos de intervalo da primeira).

Local e data ....

Assinaturas dos Condôminos convocantes.

60

Síndico, subsíndico e serviço de assessoria

Sabe-se que o síndico administra o condomínio, cujo mandato não excederá a dois anos. Por isso, sempre haverá um síndico. Não cabe a contratação, para a administração, de uma prestadora de serviços, dispensando a figura do síndico.

Admite-se, porém, que se contrate com uma empresa de prestação de serviços a nomeação de um síndico. Acontece que o síndico é o representante dos condôminos, pertença ele ao quadro dos condôminos ou seja de fora, devendo o mesmo resolver todas as situações que exigem providências, ou encaminhá-las para uma operadora, que será contratada como administradora. Todavia, quem exerce a representação, tanto a judicial ou em outros setores públicos e particulares, será o síndico, ou pessoa encarregada e nomeada para a função, não se confundindo com a administradora, que executará as atividades próprias do síndico. Assim, deve-se entender o inciso XI do artigo 75 do CPC atual, pelo qual se reconhece ao administrador ou ao síndico a representação judicial, ativa e passivamente.

O significado de "administrador" transcende à simples execução de atividades de administração, abrangendo uma dimensão maior, significativa de direção e representação. Tanto isto que o § 1º do artigo 1.348 do Código Civil assinala, se outra pessoa for encarregada para a administração, que poderá ela ser investida inclusive para a representação: "Poderá a assembleia investir outra pessoa, em lugar do síndico, em poderes de representação." Ademais, pelo § 2º do citado artigo, fica autorizado o síndico a transferir, total ou parcialmente, as funções administrativas, inclusive os poderes de representação, desde que obtenha a autorização da assembleia geral, a menos que haja a proibição pela convenção: "O síndico pode transferir a outrem, total ou parcialmente, os poderes de representação ou as funções administrativas, mediante aprovação da assembleia, salvo disposição em contrário da convenção." Assim, não se requer a previsão na convenção; basta que não haja disposição proibindo a delegação ou transferência de funções.

Nota-se a possibilidade da transferência das funções de síndico, e não a sua dispensa. É diferente da delegação das atividades próprias do síndico, como a realização de pagamentos, a cobrança de contribuições, a contratação de empregados, a gerência de bens e valores, mas permanecendo a figura do síndico, ou do representante, que atua e decide pelo condomínio. Embora continue a existir a pessoa do síndico, estende-se a delegação mesmo dos poderes de representação, importando em decisões e comparecimento perante audiências judiciais, em repartições públicas e em estabelecimentos particulares.

Neste campo de constituição de representante, o § 2º do artigo 22 da Lei n. 4.591/1964 não ia tão longe, pois nada dizia quanto a poderes de representação, mas era restrito unicamente às funções administrativas.

O artigo 22, no § 4º, da Lei n. 4.591/1964 escala tanto a pessoa física como a pessoa jurídica (em geral uma administradora de imóveis) para o exercício da função.

A nomeação recairá em pessoa de absoluta confiança, de idoneidade e que tenha conhecimentos de gestão, dadas as importantes funções que lhe são atribuídas, como de gerir os recursos financeiros do condomínio.

O condomínio pode ser constituído por um aglomerado de edificações, isto é, por vários prédios, ou um conjunto de edificações, mas não importando que em cada prédio se eleja e nomeie um síndico, pois importaria em confusão nas funções. Sabe--se que o síndico administra o condomínio, cujo mandato não excederá a dois anos. Por isso, sempre haverá um síndico. Admite-se que delegue funções, sem, no entanto, existir vários síndicos, ou um síndico para cada edificação.

A Lei n. 14.010/2020, no parágrafo único do art. 12, permite, no caso de não ser possível a realização de assembleia condominial na forma prevista, a prorrogação dos mandatos de síndico vencidos a partir de 20 de março de 2020. A prorrogação estendia-se até 30 de outubro de 2020. No entanto, as assembleias de condôminos passaram a estender a prorrogação, o que se revela perfeitamente válido. Se admissível a reeleição do síndico, com mais razão a prorrogação de seu mandato.

De lembrar a possibilidade de existir subsíndico, com a função de substituir o síndico em suas ausências, especialmente nas ocasiões de urgência na iniciativa de medidas impostergáveis, ou em período de férias. A previsão consta no § 6º do artigo 22 da Lei n. 4.591/1964: "A Convenção poderá prever a eleição de subsíndicos, definindo-lhes atribuições e fixando-lhes o mandato, que não poderá exceder a 2 (dois) anos, permitida a reeleição."

Nunca existirá uma divisão de tarefas, devendo ser bem entendida a referência do dispositivo acima sobre a definição de tarefas, querendo significar que na convenção se discriminará a sua competência, sempre na ausência do síndico. Não se impede, assim, que receba, total ou parcialmente, os poderes de representação e seja incumbido de executar funções administrativas. Para tanto, haverá uma delegação que parte do síndico, devendo haver autorização da assembleia. O síndico documentará a sua designação através de um ato. Nas suas ausências ou férias, porém, há a substituição, procedendo-se automaticamente.

Não se descarta a viabilidade de, em certos casos, como nos grandes condomínios de natureza comercial, residencial e profissional, adotar um sistema de assessoria para realização de atividades para cuja execução se revela incapaz o zelador. A complexidade dos sistemas elétrico e hidráulico, da segurança interna, do atendimento ao público e encaminhamento, do controle de frequentadores, de vigilância sobre os serviçais, impõe uma equipe de administração e gerência, com altos custos, e que, na verdade, pode conceber-se como de assessoramento do síndico.

60.1. Atribuições do síndico

As atribuições do síndico sintetizam-se nas atividades de administração (como gerir os fundos recolhidos junto aos condôminos) e de representação (como a atuação judicial em nome do condomínio). As mais importantes constam elencadas no artigo 1.348. Várias outras existem, específicas da administração, revelando-se difícil indicá-las exaustivamente. Pode-se admitir qualquer atuação desde que dirigida à administração ou para o bem comum, sendo legítima a sua intervenção nos assuntos internos que se referem ao condomínio, e inclusive à conduta dos moradores desde que interfiram na vida dos demais, em especial no pertinente à conduta exigida nos espaços comuns. Manterá a disciplina interna, emitirá ordens aos empregados, fiscalizará os horários de circulação ou presença em certos locais, como áreas de recreio, salão de festas e piscina. Expedirá avisos e ordens, cartas e portarias de aplicação de penas, quando for o caso.

A síntese dos poderes está na representação e administração.

Na diretriz do artigo 1.348, compete ao síndico a série de atribuições ou competências abaixo explicitadas, na maior parte já consolidadas no § 1º do artigo 22 da Lei n. 4.591/1964.

"I – Convocar a assembleia dos condôminos"

Sempre deve o síndico ter a iniciativa de convocar e preparar as assembleias, tanto as ordinárias como as extraordinárias, especialmente aquelas previstas na lei, como para a prestação de contas, para a elaboração do orçamento, para a eleição de novo síndico. Neste passo, oportuno transcrever o artigo 1.350 do Código Civil, que se adstringe às assembleias gerais ordinárias:

> Convocará o síndico, anualmente, reunião da assembleia dos condôminos, na forma prevista na convenção, a fim de aprovar o orçamento das despesas, as contribuições dos condôminos e a prestação de contas, e eventualmente eleger-lhe o substituto e alterar o regimento interno.

A convocação das extraordinárias, para outras deliberações, vem disciplinada no artigo 1.355: "Assembleias extraordinárias poderão ser convocadas pelo síndico ou por ¼ (um quarto) dos condôminos."

A convocação da assembleia tem um sentido amplo, abrangendo a sua preparação, com a suma dos assuntos ou matérias submetidas à ordem do dia, a publicação de edital ou o encaminhamento dos avisos de comparecimento e a colocação de avisos em locais de acesso geral, a designação do local da realização, a redação das atas, a remessa de extratos das contas correntes, a verificação dos condôminos em condições de votar.

"II – Representar, ativa e passivamente, o condomínio, praticando, em juízo ou fora dele, os atos necessários à defesa dos interesses comuns"

Já mencionado que os poderes do síndico, além da administração, abrangem também a representação, tanto em juízo como em quaisquer outros setores ou campos, mas sempre em estrita obediência à lei e à convenção, e na defesa dos interesses comuns. Não está agindo como substituto processual, mas representa o condomínio. Estende-se, pois, sua capacidade em receber a citação nos processos promovidos contra o condomínio, em promover demandas judiciais e processos administrativos, em outorgar procuração a advogados, em comparecer nas repartições públicas e em estabelecimentos privados, devendo sempre estar munido da ata onde consta a sua nomeação e da convenção devidamente registrada no Cartório de Títulos e Documentos, para possibilitar aferir o conteúdo e a gama de poderes de que se encontra revestido. Não precisa de procuração outorgada pelos condôminos, posto que o múnus decorre do exercício do cargo, bastando que exiba cópia da ata de sua eleição, que é o instrumento hábil para a representação.

Os poderes de representação são os decorrentes da administração, e que vêm especificados na convenção. Todos os atos do condomínio efetuam-se através do síndico. Entretanto, não importa em sempre decidir o síndico pelo condomínio. Não lhe cabe suprimir a autorização da assembleia para certas providências, ou resolver sobre assuntos que envolvem custos e implicações com o próprio condomínio. Faz-se imprescindível, antes, a aprovação pela assembleia. Nessa ordem, não se lhe reconhece o poder de decidir sobre a promoção de um processo indenizatório, se não autorizado pela assembleia. No entanto, para promover a ação de cobrança, já que se insere na sua função legal, não depende de autorização assemblear. Igualmente no concernente a contestar as demandas ajuizadas contra o condomínio. Naquelas ações que afetam individualmente os condôminos, ou seus interesses privados, como ação de desapropriação, parece evidente que não se prescinde de sua citação, pois devem integrar a lide no polo passivo. Visando a ação a reparação por erros de construção que atingem as partes comuns, do síndico é o ônus em promovê-la.

No uso anormal da propriedade pelos vizinhos, deve o síndico levar o caso à assembleia, para que sejam autorizadas as medidas a serem postas em prática. Assim, no fato de lançar o lixo em propriedade vizinha, da cobrança dos encargos em patamares.

"III – Dar imediato conhecimento à assembleia da existência de procedimento judicial ou administrativo, de interesse do condomínio"

Quando da citação ou notificação, chamando o condomínio para se defender em uma demanda judicial ou em processo administrativo, ou comunicando a respeito de alguma cominação imposta, ou exigindo uma conduta, a primeira providência será a convocação da assembleia, a fim de dar ciência aos condôminos e colher a deliberação sobre a providência a ser adotada. Não resolverá o síndico pelo arbítrio próprio, exceto se urgente a medida, mas com a necessidade de, o mais breve possível, obter a ratificação pela assembleia.

Não envolvendo a comunicação recebida a existência de um procedimento judicial ou administrativo, não se exige a convocação da assembleia. Havendo a informação de uma penalidade, ou a solicitação da prestação de um ato, decidirá o síndico. Convocará a assembleia apenas quando tiver ele de decidir sobre o interesse dos condôminos.

"IV – Cumprir e fazer cumprir a convenção, o regimento interno e as determinações da assembleia"

É dever do síndico envidar todo o empenho e o esforço para o devido cumprimento dos ordenamentos que dirigem o condomínio. Para tanto, convocará as assembleias sempre que necessárias, providenciará a contratação de empregados, efetuará os pagamentos, fará a compra dos materiais necessários. Não permitirá a violação dos preceitos que regem o edifício, buscando sempre a rigorosa disciplina e postura dos moradores no interior do edifício. Para tanto, advertirá os que praticam desmandos ou não seguem os ordenamentos internos e a lei. Providenciará no devido enquadramento disciplinar nas infrações e aplicará as sanções permitidas.

Cabe-lhe zelar pelo bom funcionamento dos serviços internos, impondo a ordem sempre que necessário.

Mensalmente, antes de saldar os compromissos relativos à empresa administradora, que envolvem empregados, exigirá a apresentação de documentação provando o cumprimento de obrigações fiscais, previdenciárias e de ordem trabalhista, ou seja, as cópias de pagamento dos salários aos empregados do mês anterior, das guias do recolhimento da Contribuição Sindical, do INSS, do FGTS, da entrega do DIR – Declaração do Imposto de Renda na Fonte da entrega da RAIS.

Ainda no pertinente à administradora contratada, é de suma relevância a pesquisa de informações sobre o seu bom nome e questionamento judicial, considerando a grande quantidade de fraudes e desvios que acontecem nesse setor das empresas prestadoras de serviços.

"V – Diligenciar a conservação e a guarda das partes comuns e zelar pela prestação dos serviços que interessem aos possuidores"

Para atender essa função, cumpre que fique atento ao que acontece no prédio e mantenha uma dobrada presença em todos os locais e pontos das partes comuns, coibindo abusos e desvios que contrariem a convenção, observando com bastante frequência se funcionam os equipamentos, se ocorrem deteriorações, se os moradores individualizam para o proveito próprio espaços ou reservados e lhe alterem a destinação. Exercerá vigilância necessária sobre o patrimônio condominial, de modo a logo detectar os defeitos que surgirem, e providenciar nos reparos que forem precisos.

Cabe-lhe, também, intermediar a contratação dos serviços de manutenção e conservação do prédio, mantendo sempre uma equipe selecionada, de sorte a facilitar os contatos e o comparecimento para os consertos, em especial no que se refere a setores de maior urgência, que envolvem encanamentos, rede elétrica, esgoto, canalização do gás. Também, dentro do possível e do interesse, prestará assessoria aos condôminos na indicação dos prestadores de serviços.

"VI – Elaborar o orçamento da receita e da despesa relativa a cada ano"

Desde que exija a convenção, na assembleia ordinária anual apresentará a previsão orçamentária dos gastos para o exercício seguinte ou que está iniciando. É importante o orçamento pelo fato de servir de medida dos futuros gastos do síndico, com o que se evitará a realização de investimentos em obras e serviços não devidamente planejados e aprovados pela assembleia. No geral, a menos que decidida a realização de obras necessárias, as despesas serão equiparadas ou próximas às do exercício que passou, e devem corresponder aos itens que vinham sendo praticados, assim exemplificados: de salários de empregados; de seguro; dos encargos previdenciários; de conservação das áreas comuns; de manutenção dos elevadores; de energia elétrica das partes comuns; de tributos sobre bens e serviços objeto da aquisição e da prestação ao condomínio;

de remuneração do síndico e da empresa administradora; de manutenção do jardim e das áreas comuns.

A previsão orçamentária não impede alterações e chamadas extras, para o atendimento de encargos que apareceram inesperadamente, como defeitos nos equipamentos ou reajustes de salários.

"VII – Cobrar dos condôminos as suas contribuições, bem como impor e cobrar as multas devidas"

Considera-se a cobrança como uma das principais obrigações, pois necessária para a arrecadação de fundos visando fazer frente às despesas mensais. Portanto, não se admite que se postergue a providência em exigir o pagamento da quota de despesas atribuída a cada condômino. Deve o síndico tentar o recebimento diretamente com o condômino, ou através da administradora. Não conseguindo êxito, encaminhará de imediato a cobrança via judicial, salientando-se que se lhe faculta a utilização do procedimento da ação de execução, conforme já explicitado. Também de bom alvitre lembrar que não incide a impenhorabilidade no imóvel, por expressa aplicação do artigo 3º, inciso IV, da Lei n. 8.009/1990.

A aplicação de multa, quando da atribuição do síndico, coloca-se como obrigação sempre que ocorrer o fato gerador, sequer se reconhecendo ao síndico o arbítrio em dispensá-la. Cumpre, a respeito, observar que a incumbência de aplicar a multa também já constava explícita no § 1º, letra *d*, do artigo 22, da Lei n. 4.591/1964: "Compete ao síndico: ... d) impor as multas estabelecidas na Lei, na Convenção ou no Regimento Interno."

"VIII – Prestar contas à assembleia, anualmente e quando exigidas"

Anualmente, quando da assembleia geral ordinária, ou em períodos diferentes se prever a convenção (como também está no artigo 1.350 do CC), impõe-se ao síndico fazer a prestação de contas, levando ao conhecimento dos condôminos um panorama exato dos pagamentos efetuados, com a explanação dos valores que ingressaram, de sorte a não ensejar dúvida. No geral, a cada mês é feita a prestação de contas, enviando a empresa administradora um relato pormenorizado das despesas e dos pagamentos feitos no mês. Por isso, a rigor, em havendo esse serviço de remessa mensal da receita e dos gastos do mês, não parece que a omissão venha a constituir descumprimento de obrigação. Se, porém, não adotado o encaminhamento mensal, a omissão se converte em causa de destituição do síndico, a ser decidida pela assembleia especialmente convocada para essa finalidade (art. 1.349 do CC).

Na omissão dessa importante obrigação, a ação judicial dirige-se contra o síndico e não o condomínio, segundo adverte o STJ:

> O art. 22, § 1º, f, da Lei n. 4.591/1964, que tem por objeto o condomínio em edificações e as incorporações imobiliárias, expressamente, dispõe que, compete ao síndico: ... f) prestar contas à assembleia dos condôminos.
>
> Logo, não há dúvidas a respeito da responsabilidade do síndico, na qualidade de representante e administrador do condomínio, de prestar contas de sua gestão, já que lhe cabe administrar e gerir valores e interesses alheios.

Forçoso, portanto, reconhecer a ilegitimidade do condomínio para figurar no polo passivo da demanda.[1]

"IX – Realizar o seguro da edificação"

A obrigatoriedade do seguro contra o risco de incêndio ou destruição consta no artigo 1.346 da Lei Civil: "É obrigatório o seguro de toda a edificação contra o risco de incêndio ou destruição, total ou parcial." Estabelece o parágrafo único do artigo 13 da Lei n. 4.591/1964 o prazo de cento e vinte dias para a sua contratação, a iniciar a partir do habite-se concedido às unidades. O descumprimento importa na cominação de uma multa mensal equivalente a um doze avos do imposto predial, ficando a cargo da municipalidade a cobrança com o uso do processo de execução. Não se prestando o síndico em encaminhar o seguro, sujeita-se a suportar regressivamente a penalidade, e inclusive os prejuízos dos danos que afetarem as unidades. Nem é aceitável a escusa com suporte na decisão da assembleia, decidindo pela não contratação. Diante do caráter da obrigatoriedade, não resta espaço para dissentir.

Neste sentido a doutrina:

> A ausência do seguro (obrigatório) configura um dos casos de omissão que levará à responsabilização pessoal do síndico, caso ocorram danos ao edifício sem a devida cobertura securitária. É dever e não faculdade do síndico proceder ao seguro.[2]

Oportuno lembrar a Lei paulista n. 17.406/2021, que obriga os condomínios residenciais e comerciais do Estado, sobretudo através dos síndicos, a comunicar os órgãos de segurança pública quando houver em seu interior a ocorrência ou indícios de episódios de violência doméstica e familiar contra mulheres, crianças, adolescentes ou idosos.

60.2. Eleição do síndico e intervenção judicial

O artigo 1.347 do Código Civil (a previsão na Lei n. 4.591/1964 vinha no art. 22) trata da nomeação do síndico, por um prazo que vai até dois anos: "A assembleia escolherá um síndico, que poderá não ser condômino, para administrar o condomínio, por prazo não superior a 2 (dois) anos, o qual poderá renovar-se."

Está bem visível a permissão de escolha de pessoa que não seja condômino, isto é, de uma terceira pessoa, física ou jurídica. Haverá, então, um administrador com as funções de síndico.

Procede-se à eleição pela assembleia geral, precedida de convocação, que se realiza a cada ano, com a prévia inclusão da matéria na ordem do dia, e mediante a aprovação, em primeira convocação, por maioria dos votos dos condôminos presentes, que devem representar, pelo menos, metade das respectivas frações ideais. Em segunda convocação, basta a maioria simples dos condôminos presentes. Se passado o tempo

---

[1] REsp n. 707.506/RJ. Terceira Turma. Relator: Min. Sidnei Beneti. Julgado em 15.12.2009, *DJe* 18.12.2009.

[2] Cláudio Antônio Soares Levada. *Condomínio edilício*. Editora Método. São Paulo, 2005, p. 60.

do mandato, segue na administração o síndico que se encontra no cargo, até a escolha de outra pessoa, em assembleia convocada, na omissão do síndico, no mínimo por um quarto dos condôminos, ou por determinação judicial (art. 1.350 e parágrafos).

Omitindo-se o síndico em convocar, e não suprido o ato por um quarto dos condôminos, a qualquer dos condôminos cabe encaminhar solicitação ao síndico, para que diligencie na designação e convocação.

Não se efetuando a convocação, seja pelo síndico ou pelos condôminos, ao juiz cabe providenciar para que se realize a assembleia, por provocação de qualquer condômino. É a regra do artigo 27 da Lei n. 4.591/1964, que se mantém em pleno vigor: "Se a assembleia não se reunir para exercer qualquer dos poderes que lhe competem, 15 dias após o pedido de convocação, o Juiz decidirá a respeito, mediante requerimento dos interessados."

Mostra-se imperfeita a redação. Não se impõe a convocação da assembleia para oportunizar a intervenção judicial. Reserva-se ao juiz a nomeação caso não exista convocação tanto pelo síndico como pelos condôminos, ou não se realize a assembleia por outros motivos. Daí o caráter supletivo da sentença, já que supre a omissão de ato do encargo da assembleia. De igual modo, ao juiz cabe determinar e garantir a assembleia se convocada pelos condôminos, e surgir a tentativa do síndico ou mesmo de condôminos em impedir a sua efetivação.

Terá a sentença força e vigência enquanto os condôminos, em assembleia, não decidirem pela eleição regular de um síndico, posto que se deveu a mesma pela falta de providência dos condôminos.

Ingressa-se com uma ação de rito ordinário, com o pedido de antecipação de tutela se conveniente, descrevendo-se a situação e justificando-se o pedido, com a juntada da documentação pertinente.

A duração do mandato será de dois anos, sendo permitida a reeleição. Todavia, nada impede a adoção de período menor, em geral de um ano, desde que a convenção assim estabeleça. Mostra-se inconveniente um prazo menor, pois não dará estabilidade à administração, com a possibilidade de constante mudança de orientação e critérios na direção.

Cabe lembrar que pode o síndico desistir do cargo, e mesmo abandoná-lo, em qualquer tempo, independentemente do consentimento de outro órgão, eis que, por sua natureza, tem caráter voluntário, a lei não impele a obrigatoriedade da aceitação, nem existe mandamento algum que constranja a permanência até o final do período de eleição.

60.3. A natureza do vínculo na contratação do síndico

Se contratado o síndico entre pessoas que não são condôminas, naturalmente haverá uma remuneração pelos serviços que prestará. No caso, o contrato será de prestação de serviços, regulado pelas disposições dos artigos 593 a 609 do Código Civil. Não se configura uma relação empregatícia, dada a tipicidade de serviços realizados, que envolve a representação e a administração. Aduz Haroldo Guilherme Vieira Fazano: "O vínculo que o síndico tem é de natureza estatutária e não trabalhista ou de prestação de serviços. Portanto, a natureza jurídica do órgão executivo decorre do mandato."[3]

---

[3] *Condomínio* – aspectos teóricos e práticos. Ob. cit. p. 411.

Normalmente, contrata-se uma sociedade que administra imóveis, a qual designará um funcionário seu para exercer o cargo. Em decorrência, a relação de emprego prende-se à entidade contratada.

Mesmo que se dê a contratação de pessoa natural autônoma, sem qualquer ligação como uma sociedade civil ou empresarial, não se caracteriza a relação de emprego. Faltam os elementos próprios, como a subordinação hierárquica, a obediência a horário, a contribuição previdenciária e de outros encargos de cunho laboral, como o seguro de acidentes de trabalho. O comum é a existência de pessoas físicas formando uma classe profissional que atua no ramo dos condomínios, exercendo a função de síndico em vários prédios. Pela atividade desempenhada se estabelece, mediante negociação, o valor da remuneração, por determinado período.

Trata-se de um contrato sinalagmático através do qual uma das partes contratantes, designada prestadora, se compromete a prestar serviços ou mão de obra, que a outra, denominada beneficiária ou recebedora, se compromete a remunerar.

Na definição, destacam-se os seguintes caracteres: a) bilateralidade, pois origina o contrato obrigações para ambas as partes, isto é, a prestação da atividade para o prestador de serviços e a remuneração para o que toma ou se utiliza da atividade; b) onerosidade, o que decorre da própria bilateralidade, ou seja, origina obrigações e benefícios para um e outro, não se concebendo que só um dos contratantes seja beneficiado; c) consensualidade, já que se considera perfeito o ato com o simples acordo de vontades, independentemente de forma externa, ou escrita; d) comutatividade, no sentido de impor a equivalência entre as prestações e as vantagens mútuas.

São elementos componentes da figura: o objeto, a remuneração e o consentimento.

Fica completamente inapropriada a ideia de uma relação empregatícia, eis que o síndico seria chefe de si. Além de bizarra a espécie, necessariamente se imporia a presença de uma pessoa superior, a quem caberia expedir as ordens a serem cumpridas, e que passaria a representar o condomínio, em especial se o síndico se voltasse contra o "empregador". Não se impede, todavia, a contratação de pessoas para o desempenho das funções de síndico, em especial em setores de supervisão e administração. Sempre, porém, deverá existir alguém nomeado como síndico, que atua na qualidade de representante último e autoridade no circuito interno do condomínio. O artigo 1.348, em seus §§ 1º e 2º, autoriza a contratação de estranho no lugar do síndico, com poderes de representação; e faculta ao síndico a transferência, total ou parcial, dos poderes de representação ou das funções administrativas. Todavia, são contratados funcionários do condomínio para certas atividades, o que é diferente de contratar síndico; ou delegam-se a outrem encargos e atividades que estão destinados ao síndico. Tais indivíduos submetem-se ao regime das leis trabalhistas. Enquadram-se como empregados, já que cumprem as atribuições que lhes são delegadas.

60.4. Remuneração do síndico e prestação de contas

Em princípio, cabe a remuneração ao síndico, segundo consta no § 4º do artigo 22 da Lei n. 4.591/1964, embora a omissão das disposições do Código Civil que tratam do condomínio edilício a respeito: "Ao síndico, que poderá ser condômino ou pessoa física ou jurídica estranha ao condomínio, será fixada a remuneração pela mesma assembleia que o eleger, salvo se a Convenção dispuser diferentemente."

Nota-se que resta a faculdade de a convenção dispensar o pagamento pela atividade que exerce. Não se delega à assembleia a dispensa, à qual, no entanto, tem poderes para alterar a disposição a respeito do assunto, desde que a aprovação obtenha dois terços dos votos dos condôminos (art. 1.351 do CC).

Entretanto, se a nomeação recair em pessoa distinta dos condôminos, há um caráter profissional no desempenho, não se viabilizando a gratuidade pelo exercício do cargo.

Tem sido comum estabelecer a remuneração através da dispensa no pagamento da taxa condominial, sem abranger, que representa os gastos comuns exigidos mensalmente, mas sem incluir, por óbvio os impostos da unidade.

Merece destaque a prestação de contas, exigida pelo menos anualmente, contemplada no artigo 1.348, inciso VIII, da Lei Civil: "Compete ao síndico ... VIII – prestar contas à assembleia, anualmente e quando exigidas." Igualmente vinha a regra na Lei n. 4.591/1964, artigo 22, § 1º, letra *f*.

À assembleia dos condôminos reserva-se a prerrogativa de pedir a prestação em períodos mais curtos, como a cada semestre ou trimestre. Mesmo ao condômino fica reservado igual direito, pois se alça como direito a exigência da comprovação dos gastos feitos no curso do ano. O oferecimento de balancetes, a cada mês, não exime o dever da apresentação a cada ano, acompanhando um relatório. Todavia, se entregue a cada condômino o relatório com a discriminação dos ingressos e das saídas envolvendo todo o período, e na falta de pedido expresso para serem dadas explicações, não comete infração legal ou contratual a omissão da providência na assembleia.

Na omissão do síndico, reserva-se o direito de buscar a prestação pelo caminho judicial, por meio de uma ação de exigir a prestação de contas, cuja regulamentação consta nos artigos 550 a 553 do Código de Processo Civil. Arrolam-se as despesas minuciosamente, com a discriminação em balancete ou relatório dos gastos e recebimentos. Não é suficiente a entrega de alguns documentos da contabilidade. Normalmente, submete-se à aprovação da assembleia a documentação do estado econômico do ano todo, para fins de averiguações. Integram a prestação a documentação dos gastos e das receitas, o relato da situação interna das contas nos bancos, a relação das quotas condominiais em atraso, e todas as matérias relacionadas a valores financeiros.

Para a aprovação, segue-se o *quorum* exigido para os assuntos comuns, isto é, da maioria de votos dos condôminos presentes que representem pelo menos metade das frações ideais, ou, em segunda convocação, da maioria dos votos dos presentes.

Na omissão do síndico em convocar a assembleia, transfere-se a medida aos condôminos um quarto de sua totalidade. Na falta de iniciativa, qualquer condômino fica autorizado a buscar a intervenção judicial, que mandará fazer a convocação e nomeará uma pessoa para dirigir os atos.

A aprovação das contas não tem o alcance de impedir qualquer discussão judicial. Não passando o ato de uma providência administrativa na esfera privada, reserva-se a via judicial para aferir a correção do relatório ou balanço apresentado. Entretanto, não para o ajuizamento da prestação de contas. Se atendida a obrigação junto à assembleia geral, em atendimento à previsão legal, não se reconhece ao condômino exigir, individualmente, nova prestação de contas – situação que serviria para provocar tumulto e verdadeira discórdia na vida condominial.

Havendo discordância nos valores recebidos e gastos, ou constatando-se a indevida aplicação, cabe a ação judicial para a reposição, ou cobrança, ou para pleitear a medida que o condômino entender correta aos interesses do condomínio. Na verdade, é possível que existam desvios, ou a apresentação de despesas que, na prática, inexistiram; igualmente, não se descarta a possibilidade de utilização da verba condominial em setores não autorizados ou previstos na convenção. Ao aferir os balancetes, e mesmo a planilha de gastos, mensalmente encaminhados a cada condômino, ao interessado assiste a reclamação, encaminhada ao próprio síndico, e à assembleia, quando da convocação, devendo munir-se dos necessários documentos comprobatórios. Surgirá a hipótese da não aprovação das contas. Nesta bastante frequente eventualidade, aí é admissível a ação de prestação de contas, e inclusive a destituição do síndico.

Todavia, viável que a assembleia aprove contas irregulares, com votos divergentes de alguns condôminos. No caso, o remédio cabível não será a ação de prestação de contas, mas de nulidade da aprovação, com o consequente reembolso em favor do condômino lesado. Efetivamente, atendendo jogo de interesses, máxime em conglomerados imobiliários onde a maioria das unidades pertence a poucos proprietários, criam-se, ajeitam-se despesas supérfluas que se destinam a satisfazer vantagens de poucos, onerando sobremaneira os demais condôminos. Na verdade, alguns proprietários arrumam um meio de dividir gastos decorrentes mais da comodidade própria, como na contratação de gerente do edifício, ou de um administrador de serviços, e mesmo de porteiros desnecessários.

60.5. A destituição do síndico

A destituição do síndico requer um procedimento de votação pela assembleia geral, com a aprovação da maioria absoluta dos condôminos, isto é, da metade e mais, e da prática de atos irregulares, ou da não prestação de contas, ou da administração do condomínio de maneira inconveniente – faltas estas indicadas no artigo 1.349:

> A assembleia, especialmente convocada para o fim estabelecido no § 2º do artigo antecedente, poderá, pelo voto da maioria absoluta de seus membros, destituir o síndico que praticar irregularidades, não prestar contas, ou não administrar convenientemente o condomínio.

Primeiramente, considerando que a destituição é *interna corporis*, há a imposição da convocação para "o fim estabelecido no § 2º do artigo antecedente". Parece inapropriada a referência ao § 2º do artigo antecedente, isto é, do artigo 1.348, cuja destinação dirige-se à convocação da assembleia para a aprovação da transferência a outrem dos poderes ou das funções administrativas do síndico, total ou parcialmente.

A fim de levar a efeito a destituição, a convocação normalmente se faz por um quarto dos condôminos, ou por ordem judicial, mesmo a pedido de um único condômino, por aplicação extensiva do artigo 1.350, e seus §§ 1º e 2º, e do artigo 1.355, pois dificilmente o síndico levará a efeito a convocação. Partindo de um quarto dos condôminos, devem eles subscrever a convocação, dirigida a cada condômino, e afixada no local de acesso comum. Se emanar de imposição judicial, também se encaminhará a cada condômino. Designará o juiz um dos condôminos, ou mesmo terceira pessoa, para dirigir os trâmites da convocação e a própria assembleia.

O *quorum* exigido dificulta a destituição, pois exige a maioria absoluta dos membros da assembleia geral, a qual representa a totalidade dos condôminos. Daí que a maioria absoluta corresponde à metade e mais um do total de condôminos. Não se restringe aos participantes da assembleia. Nota-se, daí, a dificuldade para colocar em prática a disposição que faculta a destituição em assembleia, já que dificilmente verificam-se presenças expressivas de condôminos nas assembleias.

Não se afasta a viabilidade de se requerer a destituição pela via judicial, em ação apropriada, inclusive com a antecipação da tutela, ou através de ação cautelar. Igualmente, está sujeita a decisão da assembleia a sofrer revisão em juízo, em ação própria, se a destituição se deu com infringências no aspecto formal, ou se não provado o ato que determinou a medida.

Várias as situações que comportam a destituição, apontadas pelo acima transcrito artigo 1.349, passando a ser analisadas.

Se praticar irregularidades, as quais têm um sentido amplo, abrangente dos deveres estabelecidos no artigo 1.348. Neste campo, estão as apropriações e desvio de valores e bens, a mudança de destinação de áreas comuns, a realização de pagamentos indevidos, a má gerência do dinheiro, ou a não utilização regular das verbas arrecadadas pelo condomínio. Também abrangem a omissão da prática de atos próprios do cargo, e, assim, não convocar a assembleia nas ocasiões necessárias; a falta de atendimento quando chamado para representar o condomínio, como o não comparecimento para representar o condomínio nas citações em processos judiciais; a desídia no pagamento de obrigações e encargos; deixar de providenciar os reparos que aparecem nas coisas comuns. Na verdade, qualquer desatendimento aos deveres propicia a destituição, desde que bem discriminadas as transgressões.

A falta de prestação de contas, convocando, para tanto, a assembleia ordinária, em atendimento ao artigo 1.350, com a discriminação dos valores recebidos e as quantias gastas, evidenciando o fechamento de contas entre o débito e o crédito. Demonstrará a correta destinação das contribuições, com os devidos pagamentos, de modo a não restar débitos pendentes. Virão as contas em forma contábil, acompanhadas dos comprovantes de todos os gastos, bem como das necessárias justificações ou notas explicativas.

A administração não conveniente do condomínio, revelando desídia, incapacidade, despreparo, com a omissão de providências que se impunham. Assim se não houver a cobrança de contribuições dos condôminos relapsos, se não pagar as despesas de compras, de prestação de serviços, de fornecimento de água, de gás e outras que são comuns, e divididas entre todos os proprietários ou possuidores. A completa omissão diante das constantes indisciplinas e condutas inapropriadas ou inconvenientes de condôminos e demais moradores, sem a aplicação das penalidades incidentes, e, assim, permitindo o uso individual de partes comuns e o ingresso de estranhos no condomínio, tolerando balbúrdias e confusões no interior do prédio, enseja o reconhecimento de motivo para destituir. Não usa de autoridade no desempenho da função, ou simplesmente mantém-se alheio quando necessária a sua intervenção.

Cap. 60 | Síndico, subsíndico e serviço de assessoria • 257

Em princípio, o descumprimento de quaisquer deveres previstos na lei e na convenção justificam a demissão, bem como as impostas nas assembleias e no regimento interno, devendo a relação estabelecida no artigo 1.349 ser considerada exemplificativamente.

60.6. Responsabilidade do síndico

A responsabilidade do sindico está diretamente ligada ao exercício de suas funções. Se desatender as obrigações que lhe são atribuídas pela lei ou pela convenção, arcará com as decorrências negativas ou prejudiciais que resultarem. Não comparecendo nos atos em que é chamado o condomínio, ou na omissão de estar presente quando o condomínio é réu, como em ações judiciais, ou na desídia de seus deveres de administração, terá que reembolsar os prejuízos que advierem. Na contratação de serviçais incompetentes, ou aceitando pessoas sem averiguar os antecedentes, ou simplesmente desleixando de exercer certa vigilância sobre as suas condutas internas, resta-lhe ressarcir os danos que forem causados.

Sobre a extensão da responsabilidade, discorre Hamilton Quirino Câmara:

> Não obstante, seja como mandatário, seja como representante dos condôminos, grande é a responsabilidade do síndico, que poderá vir a ser condenado em perdas e danos se, por exemplo, deixar de defender o condomínio em uma ação ou deixar de cobrar um crédito, ou mesmo deixar de renovar o seguro obrigatório. Na primeira hipótese, confira-se o acórdão da Apelação Cível n. 2.467/1988 do Tribunal de Justiça do Rio de Janeiro... No texto do julgado, que cuida de um síndico que deixou de efetuar determinados pagamentos e também deixou de fazer a defesa na correspondente ação de cobrança, é usada a expressão "mandatário". Vê-se, assim, que, na prática, são confundidas as expressões *representação* e *mandato*. Mas o que interessa é a extensão da responsabilidade. Decidiu-se naquele acórdão que o síndico tinha o dever jurídico de fazer o pagamento e depois de fazer a defesa na ação proposta em face do condomínio, em vista do art. 22, § 1º, da Lei n. 4.591/1964 (art. 1.348 do atual CC). Além disso, segundo o acórdão, aplica-se o art. 1.300 do Código Civil (art. 688 do novo CC), dada a qualidade de mandatário de que se reveste o síndico em relação aos demais condôminos que o elegeram para gerir os interesses do condomínio, de forma que fica o síndico obrigado a indenizar qualquer prejuízo causado por culpa sua ou decorrente de omissão a ele imputável.[4]

O fundamento básico da responsabilidade decorre do artigo 22, § 1º, letra *b*, da Lei n. 4.591/1964, ordenando que compete ao síndico o dever de "exercer a administração interna da edificação ou do conjunto de edificações, no que respeita à sua vigilância, moralidade e segurança, bem como aos serviços que interessam a todos os moradores"; e mais do artigo 1.348, nos incisos II e V, do Código Civil, que o encarrega de "representar ativa e passivamente o condomínio, praticando em juízo ou fora dele os atos necessários à defesa dos interesses comuns", e "diligenciar a conservação e a guarda das partes comuns e zelar pela prestação dos serviços que interessem aos possuidores".

---

[4] *Condomínio edilício.* Ob. cit. p. 360.

Deve responder mesmo se constatada falha na obrigação de guarda, isto é, no zelo, na implantação do sistema de vigilância, ou na escolha de pessoas para desempenhar a guarda. Manifestada a precária condução dos serviços gerais, a ele inculca-se a responsabilidade. Na hipótese de detectar-se desídia na empresa que presta o serviço de guarda, e se a contratação partiu da iniciativa do síndico, ele é chamado a responder em primeiro lugar, facultando-se que denuncie ou acione posteriormente dita empresa, para ressarcir-se da indenização que teve de pagar.

Evidentemente, os terceiros têm a ação contra o condomínio, que poderá, em caso de condenação, acionar o síndico.

Sobre a responsabilidade do síndico, eis a orientação do STJ: "Responde o síndico, pessoalmente, por atos ilícitos praticados contra o condomínio."

No voto do relator, invoca-se a doutrina de J. Nascimento Franco:

> Ao analisar as atribuições do síndico, explica que:
>
> "Administrando o condomínio como mandatário legal da massa condominial, deve o síndico esmerar-se para cuidar do edifício como se fora seu. E, embora não responda solidariamente com o condomínio pelas obrigações deste, responde, contudo, pelos prejuízos que o inexato cumprimento de suas tarefas causar ao condomínio. Tarefa tão delicada quanto importante do síndico é usar adequadamente as verbas de que dispuser para a manutenção dos serviços necessários para a utilização normal do edifício e, ainda, a execução de obras que para tal fim sejam indispensáveis. Assim é que a supressão de algum serviço ou instalação existente só deverá ocorrer mediante deliberação em Assembleia especialmente convocada para examinar a questão, porquanto é presumível que as condições de utilização do edifício devem ser mantidas, mormente quando atendem às necessidades dos condôminos, ou mesmo de alguns deles.
>
> Como órgão encarregado de executar tarefas marcadamente administrativas, o síndico não pode praticar qualquer ato que importe em liberalidade, alienação, oneração ou inovação nas áreas e coisas de uso e copropriedade comuns ou na destinação que lhes tiver sido dada quando da instituição e Convenção do condomínio" (NASCIMENTO, Franco, J. *Condomínio*. São Paulo: RT, 2005. p. 42-43).
>
> No caso ora em análise, ao rescindir o contrato de manutenção do sistema de telefonia sem consulta prévia aos condôminos, restou caracterizado o abuso dos direitos conferidos ao síndico pelos condôminos.
>
> Nesse sentido os seguintes precedentes: (...)
>
> "A Lei n. 4.591/1964, em seu art. 22, § 1º, alínea *g*, arrola dentre as atribuições do síndico a guarda de documentos relativos ao condomínio, dentre eles o de licitação e de contratação de empresa para realização de obras no condomínio.
>
> Hipótese que não versa obrigação do ente despersonalizado 'condomínio', mas de obrigação pessoal de guarda de documentos pelo síndico, como mandatário, não poderia ser adimplida por terceiro, nem por eventual eleição de novo síndico, porque só o réu detinha a posse dos documentos exibendos.
>
> É parte legitimada passiva o síndico – quando age por si só, com abuso ou excesso de poder –, e não o condomínio, apesar de representá-lo em juízo, porque a comunhão não possui acesso aos documentos, que estão sujeitos à guarda do síndico" (REsp. n. 224.429/RJ, Relatora: Min.ª Nancy Andrighi. Terceira Turma. Julgado em 15.05.2001, *DJ* 11.06.2001, p. 201).[5]

---

[5] REsp. n. 402.026. Relator: Min. Luis Felipe Salomão. Quarta Turma. Julgado em 01.12.2009.

Sempre deverá se vislumbrar alguma culpa na ocorrência do fato lesivo, o que revela o seguinte aresto:

> O síndico é o representante do condomínio, agindo em nome alheio, nos limites da convenção e da lei, cabendo-lhe exercer a administração interna do edifício.
>
> No caso, a conduta do zelador do edifício, que há muito prestava serviços ao condomínio, foi temerária, contudo, não era razoável esperar que a síndica pudesse ter antevisto a tragédia e a negligência do preposto, porquanto este, após a pintura, simplesmente "encostou" a porta do elevador para que se fechasse, sem ao menos aferir se houve o travamento. Embora aconselhável avisar aos moradores a respeito da pintura, foi o fato de a porta do elevador estar destravada que deu causa ao acidente.[6]

---

[6] REsp n. 955.464/RS. Quarta Turma. Relator: Min. Luis Felipe Salomão. Julgado em 06.12.2011. *DJe* 1º.02.2012.

61
Conselhos consultivo e fiscal

Conforme a palavra sugere, o Conselho Consultivo tem função de mera consulta, de estudo, de parecer junto ao síndico, de auxiliá-lo na solução dos problemas que dizem respeito ao condomínio, de assessoramento, mas sem poder de decisão e de administrar. Não tem relevância a sua criação, até porque omitido o Código Civil sobre a sua existência. Por isso, não é obrigatória a sua existência, a menos que prevista na convenção. A escolha dos membros compete à assembleia. Prevalece a previsão na Lei n. 4.591/1964, em seu artigo 23, que segue vigorando, dada a falta de previsão no Código Civil: "Será eleito, na forma prevista na Convenção, um Conselho Consultivo, constituído de 3 (três) condôminos, com mandatos que não poderão exceder de 2 (dois) anos, permitida a reeleição."

O parágrafo único delineia a finalidade. "Funcionará o Conselho como órgão consultivo do síndico, para assessorá-lo na solução dos problemas que digam respeito ao condomínio, podendo a Convenção definir suas atribuições específicas."

O alcance de assessor corresponde à ajuda, à mera participação, e não à delegação ou divisão de funções administrativas. Nem se reconhece o caráter de substituição do síndico, ou de assunção de tarefas e departamentos dentro do condomínio. Em geral, a atuação vem discriminada na convenção, a que se deve obedecer, desde que não represente uma intromissão na função de síndico, a qual preverá, também, o número de reuniões que deverá realizar, a forma de convocação, o caráter vinculatório das decisões, as funções e a destituição.

A composição compreende três membros, todos os condôminos, não se impedindo a nomeação de substitutos, mormente em grandes condomínios.

Já o conselho fiscal, cuja principal função é o exame das contas, apresenta-se como um órgão também não obrigatório, vindo contemplado no artigo 1.356 do Código Civil: "Poderá haver no condomínio um conselho fiscal, composto de três membros, eleitos pela assembleia, por prazo não superior a 2 (dois) anos, ao qual compete dar parecer sobre as contas do síndico." A função, como resta óbvio, consiste em fiscalizar não apenas os atos de utilização, pelo síndico, dos recursos arrecadados, mas também as contas em geral, as cobranças, as receitas, os gastos e pagamentos de conformidade com o planejamento orçamentário, mormente quando da apresentação dos balancetes, que passarão para o exame e visto do conselho fiscal, o qual proporá à assembleia geral a sua aprovação ou rejeição, sempre expondo as razões. Para o desempenho dessas atividades, o síndico e o administrador, antecipadamente encaminharão ao Conselho toda a contabilidade, envolvendo os documentos de gastos e compras.

Sendo o prazo do mandato de dois anos, normalmente coincide com o mandato do síndico. Quanto ao mandato, conveniente que coincida com o do síndico.

Não se costuma remunerar as funções. No máximo, cobrem-se as despesas de comparecimento às reuniões. Pensa-se, porém, que não existe vedação legal para uma remuneração módica.

Em situações especiais, como na renúncia do síndico, ou no seu falecimento, e inexistindo um substituto, ou o subsíndico, a qualquer dos conselhos se reconhece o exercício da administração, com primazia para o consultivo, até a convocação da assembleia e a nomeação de novo titular, como já admitiu a jurisprudência:

> *Vacância do cargo de síndico. Exercício das funções pelo Conselho Fiscal.* Havendo vacância do cargo de síndico e inexistindo o de vice-síndico, essas funções serão exercidas pelo Conselho Fiscal, que pode indicar um dos seus membros para exercer as funções de síndico, até outro seja eleito.[1]

Na hipótese, em vista do § 1º do artigo 1.350 do Código Civil, terá legitimidade para a convocação da assembleia o equivalente a um quarto dos condôminos. Na omissão, a qualquer condômino reconhece-se o direito de encaminhar pedido ao juiz, para que determine e providencie na convocação.

Não é proibida a nomeação de suplentes em ambos os conselhos, cuja eleição se fará junto com os membros titulares.

---

[1] Apelação Cível n. 3.781/86. Oitava Câmara Cível do Rio de Janeiro. Julgado em 30.04.1987.

62
Extinção do condomínio edilício

Não se aborda, aqui, a extinção do condomínio pela divisão da propriedade comum, de modo a se individualizar a porção de cada condômino. No condomínio por unidades autônomas, há a indivisibilidade da propriedade comum, isto é, das áreas comuns, de uso de todos. Embora se tenha a separação das unidades de cada proprietário, tal não se dá com as partes de uso comum dos condôminos.

A extinção que se estudará consiste no desaparecimento do condomínio, ou mais apropriadamente, do edifício dividido em unidades.

O condomínio pode ser extinto em caso de alienação do edifício, de aquisição de todas as unidades por uma única pessoa natural ou jurídica, de sua destruição, de ameaça de ruína, de desapropriação do imóvel, de destinação para uma finalidade diversa da estabelecida no seu ato constitutivo, e que não mais comporta a manutenção da propriedade em comum, ou por mera decisão dos condôminos. Sobre a destruição (por fogo, água, desabamento, calamidades, terremoto, tremores de terra, deslizamento de terra, ou por mera decisão dos condôminos), ou ameaça de ruína, o artigo 1.357 faculta aos condôminos decidirem quanto à reconstrução ou venda: "Se a edificação for total ou consideravelmente destruída, ou ameace ruína, os condôminos deliberarão em assembleia sobre a reconstrução, ou venda, por votos que representem metade mais uma das frações ideais." Naturalmente, se a opção for para a venda dá-se a extinção.

Ainda referentemente à destruição, é obrigatória se condenado o edifício pela autoridade pública; ou por motivo de insegurança ou insalubridade.

Haverá uma assembleia para a deliberação, convocada especificamente, com a ordem do dia voltada a essa finalidade, devendo todos os condôminos ser cientificados. Torna-se complicada a situação se não alcançado o *quorum* exigido, pois importará em manter-se o condomínio no estado em que se encontra o edifício, ou seja, destruído, mesmo que parcialmente, ou com ameaça de ruína, inclusive sem possibilidade de uso. Resta aos condôminos a escolha da venda de suas unidades, inclusive judicialmente (venda judicial de coisa comum), como permite o artigo 730 do Código de Processo Judicial, com a observância das disposições do procedimento de jurisdição voluntária, fazendo-se a avaliação e atendendo-se as preferências que se oferecem aos condôminos para a aquisição, em atenção aos artigos 879 a 903 do referido diploma. A venda se fará pelo maior lanço oferecido, ainda que inferior ao valor da avaliação.

Optando pela reconstrução, aos condôminos discordantes é facultada a venda de suas unidades, mediante avaliação judicial, isentando-se eles das despesas respectivas.

Vem a previsão no § 1º do artigo 1.357: "Deliberada a reconstrução, poderá o condômino eximir-se do pagamento das despesas respectivas, alienando os seus direitos a outros condôminos, mediante avaliação judicial." Não aparecendo interessados para a compra, nem mesmo estranhos ao condomínio, incumbe que participe das despesas. Se persistir a discordância, a via que resta consiste na venda judicial de coisa comum, com a prévia avaliação judicial, mas inclusive por preço inferior, pois se fará pelo maior lanço oferecido.

O valor da venda sujeita-se à avaliação judicial, segundo o dispositivo acima. Entretanto, não parece apropriado prever a lei civil o procedimento processual para determinado ato. Na hipótese, a avaliação será judicial unicamente se instaurar-se litígio, com o encaminhamento da matéria a juízo. No mais, várias outras maneiras existem para chegar-se ao valor, como a deliberação em ata da assembleia, em especial se os condôminos concordarem; ou recorrer a um juízo arbitral; ou mesmo delegar a uma comissão, a um corretor ou profissional competente a estimativa do preço da unidade.

Para a reconstrução, submetem-se os projetos de demolição e reconstrução ao procedimento administrativo municipal. Não se trata de nova incorporação, eis que já se encontra consolidada a propriedade. As modificações, relativamente edifício anterior, dependem da aprovação municipal, com a consequente averbação no registro imobiliário.

Na venda do edifício, os condôminos terão preferência para a compra frente aos estranhos, na existência de ofertas com preço igual. Após, reparte-se o valor apurado, sempre na proporção do valor das unidades, e não das frações ideais de cada condômino, em atendimento ao estipulado no § 2º do citado artigo: "Realizada a venda, em que se preferirá, em condições iguais de oferta, o condômino ao estranho, será repartido o apurado entre os condôminos, proporcionalmente ao valor das suas unidades imobiliárias." Justifica-se a divisão em vista do valor das unidades pela razão dos possíveis investimentos realizados por alguns condôminos, aumentando o preço, em detrimento de outros, que nenhum beneficiamento fez na sua unidade. Entretanto, essa diferenciação depende da possibilidade de avaliação. Do contrário, o repartimento terá em conta as frações ideais.

Seguramente, imensas as dificuldades na divisão do valor. Se a venda envolver o prédio inteiro, haverá complicações em definir o preço das diversas unidades, dadas as divergências que surgirão. Por isso, é conveniente que, antes da venda, decidam os condôminos o preço do imóvel e das unidades. Na falta de um denominador comum, pode-se nomear um avaliador em assembleia. Não se encontrando um consenso comum, o único caminho que resta é o judicial, o que importa em antever um descalabro total, posto que sabidos os percalços e a ineficiência da deste caminho.

Esta mesma forma de divisão do preço segue-se em havendo desapropriação pelo Poder Público, diante do ordenado pelo artigo 1.358: "Se ocorrer desapropriação, a indenização será repartida na proporção a que se refere o § 2º do artigo antecedente." Daí se depreender que a desapropriação, permitida em caso de necessidade ou utilidade pública, isto é, por exigência do bem comum, também importa em extinção do condomínio, porquanto todas as unidades transferem-se ao Poder Público. Todavia, se o ato expropriatório abranger parte das unidades, a entidade pública simplesmente tornar-se-á condômina do imóvel, já que se torna titular de fração ideal dentro do todo. Essa a solução dada pelo artigo 18 da Lei n. 4.591/1964, em pleno vigor, porquanto omisso o Código Civil sobre a matéria: "A aquisição parcial de uma edificação, ou de um conjunto de edificações, ainda que por força de desapropriação, importará no ingresso do adquirente no condomínio, ficando sujeito às disposições desta lei, bem assim às da convenção do condomínio e do regulamento interno."

A distribuição do valor pago pelo desapropriante se fará na proporção do valor das unidades, se individualizada a avaliação; no caso de a estimativa levar em conta o conjunto transferido, divide-se o preço pela totalidade da metragem, com o pagamento em consonância com a fração ideal de cada titular que foi desapropriado.

Parte Segunda
INCORPORAÇÃO IMOBILIÁRIA

63

A ideia de incorporação

O sentido de incorporação imobiliária transcende o significado que advém da origem etimológica da palavra. A semântica revela o alcance diferente daquele a que conduz a decomposição do termo, com vistas a encontrar o real sentido. Forma-se a expressão da junção do sufixo *in* (em) e do verbo *corporare* (corporar), levando a entender-se como "colocar no corpo". *Incorporare* veio a expressar a junção de coisas na formação de uma realidade. Coloca-se no corpo. É mais que um "agrupar", ou um "congregar", pois corresponde a uma assimilação de coisas diferentes para transformá--las em uma unidade. Mais propriamente, unem-se bens e atividades para dar ensejo a novos bens. Também representa a entrada de um ser, de um espírito, em outro ser, quando passam a se exteriorizarem as duas realidades em ações e formas.

Existe um bem, ao qual se agregam elementos, formando uma realidade diferente e nova, que sucede a anterior, e que se rege por um ordenamento especial e diferente daquele que regia os bens que se fundiram ou jungiram.

No terreno que existe são aportados elementos que o enquadram em uma nova realidade. Não se resume na mera agregação de outros bens, ou em uma junção de coisas, ou na justaposição de realidades distintas. Nem se esgota a significação no ajuntamento ou aposição de coisas, as quais se fundem ou são assimiladas, como num processo químico, vindo a constituir uma realidade distinta.

A incorporação aqui estudada tem uma dimensão especial, pois há um imóvel, no qual se constrói em cima do mesmo, e se imprime um sistema jurídico que leva à formação de uma copropriedade em favor de várias pessoas. Adotou-se a denominação incorporação porque se acrescentam elementos jurídicos, que passam a fazer parte do imóvel, e lhe dão um contorno totalmente diferente. Não pelo fato de se aumentar a construção, ou se erigir um edifício, posto que, então, manter-se-ia a propriedade com um mero adendo, e sim porque se leva a efeito o comprometimento ou a venda de frações ideais de terreno objetivando a vinculação das mesmas frações às unida-des autônomas em edificações a serem construídas ou em construção, sob regime condominial, com a responsabilidade pela entrega da obra concluída em certo prazo, por um preço determinado e sob condições estabelecidas. Na incorporação, tem-se uma transformação em razão do regime de propriedade que passa a existir, podendo manter-se o mesmo bem ou idêntico imóvel, sem acréscimo em sua dimensão material, mas introduz-se a finalidade da venda de suas várias unidades. A incorporação existirá porque se multiplicaram as unidades, embora todas centradas no mesmo imóvel, e com a junção de extensões novas através de áreas construídas, para a finalidade de sua comercialização. Introduziu-se um regime distinto do então existente, e resolveu-se implantar múltiplas propriedades, todas distintas e individuadas, e transferíveis a interessados, no que se dá a diferença relativamente ao condomínio puro e simples.

Caio Mário da Silva Pereira dá a gênese que leva à constituição do contrato de incorporação imobiliária:

> Um indivíduo procura o proprietário de um terreno bem situado, e incute-lhe a ideia de realizar ali a edificação de um prédio coletivo. Mas nenhum dos dois dispõe de numerário e nenhum deles tem possibilidade de levantar por empréstimo o capital, cada vez mais vultoso, necessário a levar a termo o empreendimento. Obtém, então, opção do proprietário, na qual se estipulam as condições em que este aliena o seu imóvel. Feito isto, vai o incorporador ao arquiteto, que lhe dá o projeto. De posse dos dados que lhe permitem calcular o aspecto econômico do negócio (participação do proprietário, custo da obra, benefício do construtor e lucro), oferece à venda as unidades. Aos candidatos à aquisição não dá um documento seu, definitivo, ou provisório, mas deles recebe uma "proposta" de compra, em que vêm especificadas as condições de pagamento e outras minúcias. Somente quando já conta com o número de subscritores suficientes para suportar os encargos da obra é que o incorporador a inicia. Se da sua execução por empreitada, "contrata" com o empreiteiro; se por administração, ajusta esta com o responsável técnico e contrata o calculista, contrata os operários, contrata o fornecimento de materiais etc.[1]

Em termos mais atuais, o empresário desenvolve pessoalmente, ou por intermédio de outrem, os projetos respectivos; contata com o proprietário do terreno sobre o qual erguer-se-á o edifício, acertando com o mesmo a aquisição do terreno que deverá ser formalizada tão logo seja devidamente formado o grupo; oferece as unidades aos interessados e, no momento em que todas as unidades foram reservadas, promove a constituição do condomínio com a elaboração do respectivo contrato; intermedeia a celebração do contrato de aquisição do terreno, que é feito diretamente entre o grupo e o proprietário; celebra com o grupo contrato de administração de obra e responsabilidade técnica; administra o condomínio que assume perante a sociedade em geral todas as responsabilidades relativas ao empreendimento.

Por aí se depreende a ideia de incorporação: obriga-se uma pessoa a promover a construção de um edifício dividido em unidades autônomas para distintos adquirentes da respectiva fração ideal do terreno, sob regime de condomínio especial, com a sua transferência no curso de sua construção. Trata-se de um negócio jurídico que tem o intuito de promover e realizar a construção, para alienação total ou parcial, da edificação composta de unidades autônomas. Desenvolve-se a atividade visando promover e efetuar a construção de prédios, os quais se dividem em unidades que serão colocadas à venda.

Coloca-se um imóvel para a destinação de edificação coletiva, que se subdividirá em várias unidades, as quais se destinam à comercialização. E a destinação empresarial constitui a nota característica da incorporação. Organiza-se um conjunto de bens distintos, mas formado sobre um terreno, com elementos comuns e elementos

---

[1] *Condomínio e incorporações*. 5. ed. Rio de Janeiro: Forense, 1985. p. 231-232.

privativos, o qual, com a individuação futura, se desdobra em propriedades distintas e individuadas.

Everaldo Augusto Cambler traz a nota que identifica a incorporação, relativamente a outras construções: "Caso o proprietário resolva alienar as unidades antes ou durante a construção do edifício, deverá utilizar o sistema de incorporação, obrigando-se a entregar os apartamentos, salas ou lojas nos termos contratados com os adquirentes".[2]

Diz-se que o condomínio que se forma é imperfeito, eis que a copropriedade só abrange o terreno, os elementos de sustentação do edifício, as áreas livres ou de circulação, e equipamentos de utilização comuns.

Melhor explicam Luiz Autuori, Jorge Lopes Pinto e Iracy Lopes Pinto:

> O terreno objeto da edificação ou o conjunto de edificações e suas instalações, incluindo-se as fundações, paredes externas, o teto, as áreas internas de ventilações, bem como qualquer dependência de uso comum dos titulares de direito à aquisição de unidades, constituirão condomínio de todos, e sempre insuscetíveis de divisão ou de alienação destacada da respectiva unidade, sendo incapazes também de utilização exclusiva por qualquer condômino.[3]

Pode ocorrer que se dê a construção de um edifício sobre um terreno, também dividido em unidades próprias, e tendo elementos comuns, e que serão de todos. No entanto, não são dirigidas essas unidades para a alienação em momento anterior à construção. O proprietário, ou o grupo de proprietários, ergue o prédio, partilhando-se as unidades para os integrantes do grupo, e não objetivando a venda enquanto se faz a construção. Não se dá, pois, a atividade empresarial no curso da obra, posto que não se empreende, mediante oferta pública, a venda antecipada de apartamentos, ou de lojas, ou de escritórios. Não ocorre a captação de recursos para a construção, através da venda de unidades, para a finalidade de dar seguimento às obras. Não se mobilizam fatores de produção para a finalidade lucrativa.

Nesta situação, basta a aprovação da obra perante os órgãos administrativos. Averba-se a existência do prédio. Posteriormente, procede-se à individuação de cada unidade, destacando-se as áreas comuns, as partes individualizadas, e o equivalente em fração ideal sobre o todo, com a abertura das matrículas correspondentes à unidade de cada condômino, a qual é formada pela unidade autônoma e pela fração de área comum. Todavia, dispensa-se o registro da incorporação. Aliás, nem incorporação existe, posto que foge da tipicidade disciplinada pela Lei n. 4.591/1964.

Dentro desta espécie de construção, é comum formar-se um grupo de pessoas, que decide pela construção de unidades autônomas, com a sua divisão a partir de seu início à titularidade de cada um dos integrantes.

---

[2] Condomínio edilício, incorporação imobiliária e loteamento. *Revista Autônoma de Direito Privado*, Curitiba: Juruá Editora, n. 2, p. 281. 2007.
[3] *Sutilezas em tema de condomínio*. Rio de Janeiro: Forense, 1978. p. 31.

64
Origens legislativas

O tratamento legislativo, no Brasil, sobre a incorporação imobiliária teve incremento através da Lei n. 4.591/1964. Houve modificações pela Lei n. 4.864/1965, e, dentre outros diplomas, pela Lei n. 10.931/2004. Antes da Lei n. 4.591/1964, não existia um ordenamento que tratasse com abrangência a incorporação imobiliária em imóveis. O regramento existente resumia-se no Decreto n. 5.481/1928, regulamentando os prédios de mais de cinco andares, construídos com cimento armado e divididos em apartamentos ou escritórios isolados de, no mínimo, três peças cada, e prevendo que se constituíssem por unidades autônomas, averbadas no registro imobiliário, permitida a alienação isolada. Surgiram alterações com o Decreto-lei n. 5.243/1943, e com a Lei n. 285/1945, mais atinente à venda de partes das edificações já com dois ou mais pavimentos e à sua ocupação. Leandro Leal Ghezzi, quanto à sequência da legislação:

> Em 1964, o governo militar determinou a elaboração de um anteprojeto de lei que disciplinasse as incorporações imobiliárias. Através dessa Lei, desejava-se não apenas viabilizar a retomada dos empreendimentos imobiliários, mas também que as relações jurídicas que permeavam esta nova modalidade negocial fossem devidamente disciplinadas, trazendo-se, por conseguinte, ordem ao mercado imobiliário.[1]

A crescente urbanização do País, que iniciou a adquirir proporções a partir de 1960, deu impulso à propriedade horizontal, criando a pujante atividade empresarial da incorporação de imóveis. Concentrando-se as populações nas cidades, e, num primeiro momento, diante da falta de espaço para a construção de habitações condizentes com as necessidades de bem-estar e a comodidade; já numa etapa posterior por imperativos de segurança e tranquilidade, as cidades adquiriram dimensões e crescimento para o alto, marcadas por edifícios com até centenas de metros de altura, de modo a adquirirem uma nova fisionomia, totalmente diferente das grandes urbes do passado.

O acelerado processo de urbanização, que se propaga em níveis sempre mais crescentes na medida em que se aperfeiçoa a evolução industrial e se aprofunda a informatização em todos os setores das atividades econômicas, impõe cada vez mais a estruturação dos locais de moradia e de práticas econômicas em conjuntos de unidades imobiliárias em planos horizontais. Vai ficando de lado o hábito da construção de uma

---

[1] *A incorporação imobiliária à luz do Código de Defesa do Consumidor e do Código Civil*. São Paulo: RT, 2007. p. 61.

única moradia em um espaço delimitado de terreno, para erguerem-se prédios com unidades superpostas, formando edifícios com certo número de pavimentos. Opera-se a concentração de grandes levas de pessoas em um único local, acondicionadas em conjuntos de espaços preparados para várias finalidades, em uma harmonia de linhas e destinações que atende as necessidades de trabalho, recreação, descanso, convívio, segurança e tranquilidade.

65

A incorporação no início

Sempre existiram construções de prédios altos e com mais de um pavimento, nele residindo várias pessoas em conjunto de cômodos separados, ou estabelecendo-se em suas divisões vários profissionais, que desempenhavam os trabalhos independentes uns dos outros. Assim ao longo da evolução humana, desde os primórdios da humanidade, mormente em regiões muito povoadas. A titularidade desses conjuntos de peças e cômodos contíguos e separados por paredes, distribuídos em vários pavimentos, era de uma pessoa que, em geral, cobrava valores pela utilização. Ou pertenciam a várias pessoas, formando-se uma espécie de condomínio, inclusive com a discriminação das porções. Aliás, revelava-se frequente a propriedade comum de algumas pessoas, que se tornavam titulares de frações ideais de um terreno, e promoviam a construção de um prédio, com a divisão em compartimentos, os quais eram incorporados à fração ideal do terreno. Nada tinha essa forma de copropriedade com a incorporação. No máximo, uma pessoa tomava a direção para a formação do empreendimento, sem qualquer vínculo que o atrelasse ao negócio, nem assumindo obrigações.

Pelo menos no Brasil, desde a Primeira Guerra Mundial, iniciou-se a expansão da produção de imóveis compostos na forma de moradias múltiplas, ou apropriados para neles se instalarem pessoas e famílias que ficavam em um conjunto autônomo de peças e cômodos, sem constituírem uma moradia conjunta para as pessoas em geral. A partir de 1930, começou a aumentar consideravelmente a construção de edifícios de vários andares, com divisões internas para venda isolada de cada uma, e já se destinando, embora rudimentarmente, áreas especiais para o uso dos moradores.

Preparavam-se prédios repartidos em vários compartimentos, os quais, por sua vez, se subdividiam em áreas apropriadas para as destinações próprias de uma família, como quartos, cozinha, salas etc.

Com o passar do tempo, apareceu um intermediador, ou um construtor, ou um organizador, que reunia pessoas interessadas, formando uma espécie de sociedade para a construção do prédio, pagando cada uma importâncias fixadas e entregues durante a construção. No entanto, diante da primariedade na organização, logo apareceram problemas, como abandono dos prédios em construção, o aumento repentino dos preços, o descumprimento das obrigações pelo empreendedor, tudo diante da ausência de uma disciplina regulamentando a relação que se formara.

Desde a década que iniciou em 1950, aumentavam os problemas dessa ordem, inclusive quanto à indisciplinada construção, dada a inexistência de alguma legislação específica abrangente, socorrendo-se os operadores do direito em dispositivos do Código Civil então vigente.

66

Conceito, composição e características da incorporação

O parágrafo único do artigo 28 da Lei n. 4.591/1964, apresenta uma definição concisa de incorporação: "Para efeito desta Lei, considera-se incorporação imobiliária a atividade exercida com o intuito de promover e realizar a construção, para alienação total ou parcial, de edificações compostas de unidades autônomas." Trata-se da atividade que procura unir pessoas e fundos para a construção de edificações, divididas em unidades imobiliárias individualizadas e discriminadas, que se destinam à venda, a qual se processa durante a própria construção. Mais conceitualmente, é a atividade de coordenação e execução de edificações imobiliárias (e não somente de prédios), que vai desde a alienação de frações ideais, que se transformam em unidades imobiliárias em construção, com a sua destinação aos adquirentes quanto prontas, e a efetivação do registro imobiliário. Vendem-se antecipadamente as unidades de um edifício com a construção planejada, ou unidades pendentes de construção, podendo inclusive ser vendida na "planta". Daí se firmar a ideia de que se trata de promessa de compra e venda futura.

Arnoldo Wald trouxe uma definição bastante expressiva do sentido:

> Chama-se incorporação imobiliária, incorporação edilícia ou simplesmente incorporação, o contrato pelo qual uma parte (o incorporador) obriga-se a fazer construir um edifício composto de unidades autônomas, alienando-as a outras partes (os adquirentes), em regime de condomínio, com as frações ideais do terreno.[1]

Há uma atividade de coordenação e consecução de edificações, visando à venda das unidades que as compõem, que se faz no curso da construção, dando-se a entrega depois de concluídas. No terreno, criam-se frações ideais, que ficam vinculadas às unidades imobiliárias que são construídas, tudo vindo a formar tantas novas propriedades quantas forem as unidades vinculadas a uma parcela do terreno, tanto que é procedida a averbação da construção e unidade receberá a individuação e a respectiva matrícula no Registro de Imóveis.

Na concretização da incorporação, existe o elemento objetivo, que se externa pela divisão do terreno em frações ideais, sendo que cada uma destas se vincula a uma parte (unidade) da construção, e que se denominará apartamento, ou loja, ou sala, ou box de estacionamento. Há o elemento subjetivo, que se apresenta na ideia,

---

[1] *Obrigações e contratos*. 14. ed. São Paulo: RT, 2000. p. 431.

no plano, na atividade que engendra a incorporação. Também faz parte o elemento formal, revelado no registro da incorporação, e na posterior abertura de matrícula de cada parte ou unidade.

Com a venda antecipada das unidades, consegue-se a captação de recursos necessários ou o capital para o incorporador levar a termo o empreendimento.

Destacam-se os seguintes aspectos na atividade de incorporação:

a) Há uma coordenação dirigida a organizar e executar o empreendimento imobiliário;

b) busca-se a alienação de unidades imobiliárias que se encontram em construção, isto é, vendem-se antecipadamente os apartamentos ou conjuntos de um edifício em construção;

c) a entrega aos adquirentes se fará depois da conclusão;

d) com a venda antecipada, o empreendedor capta recursos necessários ao andamento, até a consecução, das obras.

Não se restringe essa atividade à mera construção. Este é um dos aspectos materiais, ao qual somam-se outros, de significante relevância, que constituem a alma da incorporação e que se revelam na formulação e elaboração da ideia e diretrizes da obra, no planejamento, na mobilização de recursos necessários, na organização, na coordenação ou administração de atividades, na venda de unidades ou partes ideais, no encaminhamento ao registro imobiliário.

67

O caráter de proteção ao adquirente na Lei das Incorporações

Está saliente que a Lei n. 4.591/1964 estrutura um sistema de proteção ao adquirente. Acontece que, antes de sua vigência, a atividade do incorporador caíra em descrédito dada a má fama criada ao longo dos anos, especialmente pelo abandono de muitos empreendimentos. Os compradores de unidades efetuavam os pagamentos, dando-se o desvio ou mau emprego dos valores, com o desaparecimento ou a insolvência dos empreendedores, que simplesmente paralisavam ou abandonavam a construção. Denotava-se a completa insegurança no cumprimento dos negócios. A Lei n. 4.591/1964, com alterações posteriores, introduziu a responsabilidade do incorporador e dos profissionais envolvidos no negócio, havendo uma evolução nas garantias, que se aperfeiçoaram na medida em que se ampliaram e aumentaram as incorporações. Com as inovações posteriores, especialmente trazidas pela Lei n. 10.931/2004, e o ajustamento que a doutrina e a jurisprudência trouxeram, o adquirente de unidades saiu da posição de vulnerabilidade, pois a lei o ampara com várias garantias. Mesmo assim, ainda é presa fácil de emboscadas, já que influenciável pela farta publicidade levada a efeito, levando-o a dar credibilidade a promessas de facilidades que, na prática, tornam inexequíveis os projetos. É difícil elaborar e implantar um mecanismo de proteção completa aos direitos patrimoniais, embora considerável parcela das prestações venha a formar um acervo, que fica à disposição de um órgão de representantes que faça os pagamentos das obrigações. Com isso, chega-se a uma forma de não sucumbir a obra no caso de falência da empresa incorporadora, ou na hipótese de paralisação por desvio de valores ou simples ausência de empenho.

O STJ, no intento de proteger o adquirente, sustenta a proteção no direito consumerista:

> Segundo a jurisprudência do STJ, "o adquirente de unidade imobiliária, mesmo não sendo o destinatário final do bem e apenas possuindo o intuito de investir ou auferir lucro, poderá encontrar abrigo da legislação consumerista com base na teoria finalista mitigada se tiver agido de boa-fé e não detiver conhecimentos de mercado imobiliário nem *expertise* em incorporação, construção e venda de imóveis, sendo evidente a sua vulnerabilidade. Em outras palavras, o CDC poderá ser utilizado para amparar concretamente o investidor ocasional (figura do consumidor investidor)" (REsp n. 1.785.802/SP, Relator Ministro Ricardo Villas Bôas Cueva, da 3ª Turma julgado em 19.02.2019, DJe 6.03.2019), o que foi observado pela Corte local.[1]

---

[1] AgInt no AREsp 1.786.252/RJ, da 4ª Turma, rel. Min. Antônio Carlos Ferreira, j. em 17.05.2021, *DJe* de 20.05.2021.

68

Partes integrantes do contrato

Permite a Lei n. 4.591/1964, no artigo 29, que o incorporador seja pessoa física ou jurídica, comerciante ou não, a qual se compromete a construir o edifício, devendo efetuar a entrega, a cada adquirente, da respectiva unidade. Evidentemente, terá ela de cumprir a avença dentro de certo prazo, previamente combinado.

Na forma do artigo 31 do citado estatuto, em redação da Lei n. 12.424, de 16.06.2011, revestem-se de capacidade para ser incorporador: o proprietário do terreno; o promitente comprador; o cessionário deste ou o promitente cessionário, desde que ele esteja autorizado a demolir a construção existente e a construir o edifício, e inexista, no título elaborado para a aquisição do terreno, o qual deve ser irretratável e estar devidamente registrado, cláusula impeditiva de alienação das frações ideais a serem atribuídas às unidades autônomas; o construtor e o corretor de imóveis, desde que se encontrem no exercício regular da profissão e estejam investidos, pelo proprietário do terreno, promitente comprador e cessionário deste, ou promitente cessionário dos direitos à aquisição, de mandato outorgado por instrumento público, onde se faça menção expressa da Lei n. 4.591/1964 e se transcreva o disposto no § 4º ao seu artigo 35, para concluir todos os negócios tendentes à alienação das frações ideais do terreno, e conste, também, que se obrigará pessoalmente pelos atos que praticar na qualidade de incorporador (§ 1º, art. 31); e o ente da Federação imitido na posse a partir de decisão proferida em processo judicial de desapropriação em curso ou o cessionário deste, conforme comprovado mediante registro no registro de imóveis competente.

Na enumeração do artigo 31 não consta como incorporador o promitente permutante de área construída do futuro edifício por fração ideal do terreno. Contudo, o artigo 39 evidentemente se refere ao promitente permutante quando dispõe que,

> nas incorporações em que a aquisição do terreno se der com pagamento total ou parcial em unidades a serem construídas, deverão ser discriminadas, em todos os documentos de ajuste: I – a parcela que, se houver, será paga em dinheiro; II – a quota-parte da área das unidades a serem entregues em pagamento do terreno que corresponderá a cada uma das unidades, a qual deverá ser expressa em metros quadrados.[1]

---

[1] FRANCO, Nascimento e GONDO, Nisske. *Incorporações imobiliárias.* 2. ed. São Paulo: RT, 1984. p. 16.

Nota-se, ainda, não ser necessário que o incorporador seja o construtor. Permite a lei que se estipule com terceiros a edificação, sob o regime de empreitada ou administração. Incumbe-lhe a tarefa de comandar ou dirigir a construção, assumindo quaisquer responsabilidades junto aos adquirentes.

No caso de figurar na posição de incorporador o construtor ou o corretor, é irrevogável a procuração conferida, por imposição da segurança de que necessitam os compradores, que investem o capital num projeto de edificação, embora já aprovado e registrado.

Aliás, em todo contrato de incorporação está implícita a outorga de um mandato, eis que representa o incorporador os interesses dos subscritores. Atua ele na qualidade de mandatário, e enquanto isto, salienta Caio Mário da Silva Pereira, está ele

> sujeito às normas disciplinares do mandato e tem as obrigações àquele inerentes. Tem de aplicar sua diligência habitual na execução do mandato, indenizar aos comitentes os prejuízos que lhes causar, prestar contas minuciosas de sua gerência, transferindo ao comitente as vantagens provenientes do ato que praticar, não se utilizar do numerário do cliente em proveito próprio ou de outros clientes ou em outros negócios, e contratar o que for de estrito interesse do mandante.[2]

Ordena o § 2º do apontado artigo 31 que nenhuma incorporação poderá ser proposta à venda sem a indicação expressa do incorporador, devendo também seu nome permanecer indicado ostensivamente no local da construção.

O outro contratante na incorporação edilícia é, conforme evidencia Orlando Gomes, "qualquer pessoa, física ou jurídica, que se proponha a adquirir, em edificação sob regime de condomínio especial, uma ou várias unidades autônomas, comprando-as ou prometendo comprá-las".[3]

De observar, outrossim, que este tipo de contrato sempre requer a existência de vários subscritores de unidades, jamais sendo celebrado com uma só parte adquirente. Exige sua tipicidade certa quantidade de interessados aderentes.

Os contratos possuem cláusulas uniformes, o que leva, na prática, à celebração dos instrumentos através de formulários impressos. É inerente à espécie, pois, o cunho de contrato de adesão.

---

[2] *Condomínio e incorporações*. Ob. cit. p. 243.
[3] *Contratos*. 10. ed. Rio de Janeiro: Forense, 1984. p. 504.

69
Incorporador

Consoante já mencionado, no artigo 29 está o conceito de incorporador, em definição extensa, complexa, dificultando a própria compreensão:

> Considera-se incorporador a pessoa física ou jurídica, comerciante ou não, que, embora não efetuando a construção, compromisse ou efetive a venda de frações ideais de terreno objetivando a vinculação de tais frações a unidades autônomas, em edificações a serem construídas ou em construção sob regime condominial, ou que meramente aceita propostas para efetivação de tais transações, coordenando e levando a termo a incorporação e responsabilizando-se, conforme o caso, pela entrega, a certo prazo, preço e determinadas condições, das obras concluídas.

Melhor teria sido que simplesmente constasse o incorporador como a pessoa natural ou jurídica que promove a construção de edificação composta de unidades autônomas para a sua alienação total ou parcial.

O certo é que se tem o incorporador como a figura central da incorporação, ou a pessoa formuladora da ideia da edificação, que planeja o negócio, reúne um grupo de pessoas e se responsabiliza pela sua plena realização. Assume o compromisso de angariar recursos e de comercializar as unidades, sob pena de assumir os respectivos custos e encargos. Cumpre-lhe que providencie no indispensável registro imobiliário.

De modo geral, a qualquer indivíduo, desde que capaz, no exercício dos direitos, e que tenha a disponibilidade de seus bens, é reconhecida a legitimidade para ser incorporador. A tanto induz o artigo 30 da Lei n. 4.591/1964: "Estende-se a condição de incorporador aos proprietários e titulares de direitos aquisitivos que contratem a construção de edifícios que se destinem à constituição em condomínio, sempre que iniciarem as alienações antes da conclusão das obras".

Pelo artigo 31, na redação da Lei n. 12.424/2011, poderá ser incorporador:

> a) o proprietário do terreno, o promitente comprador, o cessionário deste ou promitente cessionário com título que satisfaça os requisitos da alínea *a* do art. 32;
>
> b) o construtor (Decretos n. 23.569/1933, e 3.995/1941 e Decreto-lei n. 8.620/1946), ou corretor de imóveis (Lei n. 4.116/1962);
>
> c) o ente da Federação imitido na posse a partir de decisão proferida em processo judicial de desapropriação em curso ou o cessionário deste, conforme comprovado mediante registro no registro de imóveis competente.

A atual lei que regulamenta a profissão do corretor é a de nº 6.530/1979.

Todavia, difíceis as hipóteses de um construtor, de um corretor e de um ente da Federação empreender uma incorporação.

Os três primeiros diplomas indicados na letra *b* regulam o exercício das profissões de engenheiro, arquiteto e agrimensor, enquanto o último regulamenta o exercício da profissão de corretor de imóveis.

Sendo incorporador o proprietário do terreno, comprovará a titularidade pela apresentação do documento de propriedade, como escritura pública, carta de sentença, formal de partilha, com o devido registro imobiliário. Enquadram-se nessa qualidade o promitente comprador, o promitente permutante, o cessionário destes, cumprindo que exibam, sempre, os títulos, nos quais conste a imissão na posse, não aparecendo qualquer proibição de venda e dando o caráter de irrevogabilidade e irretratabilidade às avenças.

Na eventualidade de constar o construtor como incorporador, necessário que apresente o contrato social (no caso de ser pessoa jurídica) ou a declaração de empresário individual (se for pessoa natural), onde figure a incorporação imobiliária como objeto da atividade.

Se o incorporador for corretor de imóveis, necessário que acompanhe o registro no Conselho Regional de Corretores de Imóveis – CRECI.

Tanto na hipótese de construtor como de corretor, comprovar-se-á a outorga de mandato ou procuração para a finalidade da incorporação, concedida pelo proprietário ou titular de direitos aquisitivos.

No caso do ente da Federação emitido na posse em face de decisão proferida no processo de desapropriação, depreende-se que trata de um ente público, pertencente à União, Estado, Distrito Federal ou Município e suas entidades delegadas. Consoante aparece na redação, elemento para admitir a incorporação é a imissão na posse advinda de decisão judicial em processo de desapropriação. A imissão poderá ocorrer no início do processo.

Frisa-se, no entanto, que além do proprietário, do construtor, do corretor de imóveis e do ente da Federação, admite-se como incorporador aquele que contrata com o proprietário do imóvel ou uma empresa de empreendimentos imobiliários para a finalidade de organizar e dirigir a incorporação. Expõe mais Everaldo Augusto Cambler:

> De fato, o incorporador, nos termos da Lei dos Condomínios e das Incorporações, pode ser pessoa física ou jurídica, pública ou privada, nacional ou estrangeira, que desenvolve atividade de produção, montagem, criação, construção e comercialização de unidades condominiais, quando proprietário do imóvel incorporável. Quando não, o incorporador atua igualmente como prestador de serviços, intermediando as negociações entre os demais sujeitos incorporativos (dono do terreno, agente financeiro, construtora).[1]

Na fase inicial, antes de propriamente oferecer as unidades, existem as etapas do estudo arquitetônico, das providências para a aprovação do projeto de construção, das

---

[1] Publicidade – Lançamento e venda de unidades de edificações sem registro de incorporação – Contrato de incorporação imobiliária – Lei n. 4.591/64. *Revista Forense*, Rio de Janeiro, n. 400, p. 337, 2008.

minutas dos atos que levam à materialização dos contratos futuros, como dos recibos e sinal de reserva, da escritura para a comercialização, da convenção de condomínio etc.

Várias as atribuições reservadas. Ele é o proprietário do terreno ou faz o contrato com terceiro, para que o ceda ao empreendimento, com a promessa de sua transmissão aos promitentes adquirentes das unidades. Cabe-lhe formular os contratos de venda de frações e das unidades com os interessados nas aquisições. Assume o comando da construção ou contrata a obra com terceiros. Financia pelo menos os custos iniciais ou obtém financiamento junto a instituições bancárias, pelo menos até o ingresso de valores oriundos das aquisições das futuras unidades. Cabe-lhe dirigir e administrar a obra, etapa por etapa, contratando técnicos e demais profissionais, adquirindo materiais de construção, e encaminhando a documentação à autoridade municipal, para a devida aprovação.

Atua também na função de corretor, se assume a colocação das unidades no comércio, ou encaminha as vendas. Mas não se limita à posição de simples intermediário, dadas as responsabilidades que recaem em sua pessoa.

Como se colhe da regulamentação, não se estabelecem requisitos para alguém ser incorporador. Não se trata de uma profissão disciplinada especificamente. O proprietário do terreno, o empreendedor, o empresário, o construtor e o corretor de imóveis são autorizados a organizar e implantar a incorporação, desde que atendam os ditames próprios para essa atividade, e que não dizem quanto à pessoa de quem exerce a atividade. O caráter empresarial, porém, encontra-se presente, já que evidente a finalidade do lucro. Ninguém se lança a um empreendimento complexo, que oferece riscos, se não objetiva obter ganhos, embora não constitua esse propósito requisito para a atividade. Destinando-se a construção para a venda de suas unidades, tem-se uma feição empresarial, possibilitando-se a organização da empresa, embora não haja obrigatoriedade. Nenhum óbice se conhece que impeça a pessoa natural de organizar e implantar uma incorporação.

Irrelevante, ademais, a forma da construção, isto é, se vertical, horizontal, autônoma, ou isolada, para que a pessoa física seja considerada incorporador e se submeta ao regime de equiparação à pessoa jurídica, para efeitos fiscais, desde que existentes os demais pressupostos para a configuração dessa forma de tributação dos resultados auferidos nesse empreendimento.

69.1. Ideia ultrapassada e ideia atual de incorporador

Não se pode conceber o incorporador como um organizador do negócio, ou alguém que não é parte integrante do contrato, ao qual se reserva a função de localizar um terreno adequado para a construção, de contatar com o proprietário, de reunir pessoas interessadas, de promover a contratação da aquisição de frações ideais do terreno e vinculá-las ao empreendimento, e providenciar na realização da obra com uma empresa construtora. Servia mais como um intermediador entre o proprietário do terreno e o construtor. Limitava-se, no passado, a atuar na alienação e na edificação coletiva. Atuava livre de limitações legais, não havendo cominações pela sua desídia, e estando livre de responsabilidade. Daí que favoreceu esse clima o surgimento de aventureiros, ficando os adquirentes constantemente presos aos riscos de golpes e sempre na expectativa do abandono das obras da incorporação que promoveu.

Na verdade, a atividade de incorporador tem como meta e objetivo a produção de edificações coletivas compostas por unidades imobiliárias autônomas, as quais ficam indissoluvelmente vinculadas, e formam o elemento integrante do conjunto da edificação à qual passarão a integrar.

Dirige-se a sua atividade à produção de novos bens imóveis, constituindo sobre eles direito de propriedade, tantos quantos são as unidades destacadas e individualizadas sobre o terreno, passando a ser autônomos, abrindo-se a correspondente ou respectiva matrícula no registro imobiliário. Opera-se a formação de direito de propriedade sobre edificações coletivas, transformando-se em frações ideais, e atribuindo-se o direito ao domínio às pessoas que as adquirem. Realmente, o resultado é que decorre um processo de transformação de uma propriedade em várias outras, as quais terão individualidade própria, tanto que receberão a respectiva matrícula.

69.2. Exigências para a caracterização de incorporador

Não basta, para ser incorporador, alguém assumir um empreendimento, e planejar a sua realização. Não é aceita a ideia da função desvinculada da existência de algum direito sobre o imóvel destinado à incorporação. Em princípio, imprescindível a ligação do incorporador ao imóvel, por meio do domínio ou algum direito sobre o mesmo, ou de poderes expressos recebidos. Nesta ordem, é necessário que o incorporador tenha a propriedade do terreno, ou seja, o promitente comprador, ou o cessionário, ou promitente cessionário, ou construtor, ou corretor, se devidamente autorizado pelo proprietário.

O artigo 31, na redação da Lei n. 12.424, de 16.06.2011, elenca as pessoas que possam se revestir da qualidade de incorporador:

> A iniciativa e a responsabilidade das incorporações imobiliárias caberão ao incorporador, que somente poderá ser:
>
> a) o proprietário do terreno, o promitente comprador, o cessionário deste ou promitente cessionário com título que satisfaça os requisitos da alínea a do art. 32;
>
> b) o construtor (Decretos n. 23.569/1933, e 3.995/1941, e Decreto-lei n. 8.620/1946) ou corretor de imóveis (Lei n. 4.116/1962);
>
> c) o ente da Federação imitido na posse a partir de decisão proferida em processo judicial de desapropriação em curso ou o cessionário deste, conforme comprovado mediante registro no registro de imóveis competente.

Quanto às pessoas do item a), é colocada a condição da alínea *a* do artigo 32, a qual diz respeito ao título de propriedade do terreno, impondo, em se tratando de promessa, ou cessão de contrato de promessa, ou de permuta, que conste como irrevogável e irretratável, com a cláusula de imissão de posse, sem estipulações impeditivas de sua alienação, e com a permissão para a demolição e a construção. Existirá, pois, a disponibilidade do imóvel. Evidentemente, qualquer dessas formas estará devidamente lançada no registro imobiliário.

Em relação às pessoas do item b), por ordem do § 1º do artigo 31, o construtor ou o corretor que assumir a função de incorporador terá a investidura, para tanto, do proprietário do terreno, do promitente comprador e cessionário deste ou do promitente cessionário, com mandato outorgado por instrumento público, onde se faça menção expressa da Lei n. 4.591/1964, com a transcrição do § 4º de seu artigo 35, e contendo o mandato poderes expressos para concluir todos os negócios tendentes à alienação das frações ideais do terreno, e se obrigando pessoalmente pelos atos que praticar na qualidade de incorporador. O texto do § 4º do artigo 35 diz respeito a acarretar ou trazer a carta-proposta ou documento de ajuste o direito real oponível a terceiros, se houver a sua averbação no Registro de Imóveis, com o consequente direito à obtenção compulsória do contrato correspondente, no caso de o incorporador descumprir a obrigação de outorgar o contrato.

Importante ressaltar que o proprietário do terreno ou o titular dos direitos de aquisição concede mandato ao construtor ou corretor, com poderes especiais para a finalidade de implantar a incorporação e transferir aos adquirentes as porções ideais sobre o terreno e as unidades, se qualquer deles encaminhar a incorporação.

No pertinente ao item c), a lei introduziu mais um titular para figurar como incorporador, que é o ente público, nele compreendidos a União, o Distrito Federal, os Estados-membros e os Municípios, desde que tenha a titularidade do imóvel ou a posse decorrente de decisão proferida em processo de desapropriação judicial, a qual se encontra em curso. Inclui-se nesta categoria de titularidade o cessionário do imóvel ou de direitos decorrentes de imissão na posse pelo ente público. É necessária a comprovação da titularidade ou do ato de imissão, através do registro imobiliário.

Estendeu a lei a qualidade de incorporador ao ente público com a finalidade de implantar programas sociais de habitação, destinados a atender camadas normalmente com menor poder aquisitivo, sendo exemplo o "Programa Minha Casa Minha Vida", regido pela Lei n. 11.977/2009, com várias alterações, como as da Lei n. 13.465/2017. Faz-se menção, outrossim, à Lei 14.118/2021, que institui o Programa Casa Verde e Amarela, e revogou as alíneas "a" e "b" do § 1º do art. 33 da Lei n. 13.465/2017, que atribui ao Município ou ao Distrito Federal a responsabilidade de elaborar e custear o projeto de Regularização Fundiária Urbana (Reurb), e mais a regularização fundiária e a implantação da infraestrutura essencial, quando necessária. No entanto, esses tipos de empreendimentos estão a cargo do Poder Público, não sendo objeto da incorporação imobiliária comum.

Existe a possibilidade de se estender a qualidade de incorporador ao proprietário ou titular de direitos sobre o terreno, caso se der a venda de frações ideais ou unidades antes de concluída a construção, por força do artigo 30 da Lei n. 4.591/1964: "Estende-se a condição de incorporador aos proprietários e titulares de direitos aquisitivos que contratem a construção de edifícios que se destinem à constituição em condomínio, sempre que iniciarem as alienações antes da conclusão das obras." Como se denota, não se qualifica o proprietário como incorporador, mas apenas se lhe estende tal condição se iniciadas as alienações antes da conclusão da obra. Vale a afirmar que a responsabilidade do proprietário é subsidiária, sendo chamado para atender as obrigações junto aos adquirentes quando o incorporador efetivo se tornar insolvente ou não se conseguir dele o devido ressarcimento.

Emerge, pois, a equiparação à figura de incorporador na hipótese de o proprietário ou daquele que tem algum direito aquisitivo sobre o imóvel seja titular de contrato de construção de prédios cujas unidades serão vendidas enquanto se constrói a obra.

O parágrafo único do artigo 29 discrimina a vinculação de certos atos à atividade do incorporador, os quais, se verificados, importam no reconhecimento da figura:

> Presume-se a vinculação entre a alienação das frações do terreno e o negócio de construção, se, ao ser contratada a venda, ou promessa de venda ou de cessão das frações de terreno, já houver sido aprovado e estiver em vigor, ou pender de aprovação de unidade administrativa, o respectivo projeto de construção, respondendo o alienante como incorporador.

De modo que, existindo já a venda ou promessa de venda de frações do terreno, e encontrando-se aprovado ou estando a se providenciar o procedimento de aprovação do projeto de construção, fica reconhecida a incorporação.

69.3. Atos de administração e de disposição reconhecidos ao incorporador

No desempenho da função de incorporador, uma ampla gama de poderes é reconhecida, necessária para levar a termo o empreendimento. Nesta ordem, merecem realce os seguintes atos que decorrem da investidura:

– firmar contrato de aquisição do imóvel;

– figurar como prestador ou tomador dos serviços necessários às obras;

– firmar contrato de permuta ou promessa de permuta relativamente ao terreno sobre o qual erigirá a edificação;

– celebrar contrato de promessa de compra e venda, de cessão ou promessa de cessão, na posição de adquirente ou promitente comprador, ou de cessionário;

– efetuar vendas de partes do imóvel, ou prometer a venda;

– proceder a venda de frações ideais e, quando da conclusão da construção, das unidades;

– ceder os créditos dos quais é titular;

– vender fiduciariamente o terreno, a fim de conseguir financiamento para a obra, e, também, vender com pacto fiduciário as frações ideais ou as unidades;

– dar em garantia hipotecária o imóvel para fins de conseguir financiamento;

– negociar a posição contratual dos adquirentes de frações ideais ou unidades.

Acrescenta-se a possibilidade de incluir na função do incorporador a construção, que, nesse caso, entregará a unidade pronta ao adquirente, podendo realizá-la ele próprio ou contratá-la, ou ser contratada diretamente com os adquirentes.

Daí permite-se sintetizar que a atividade é dirigida à realização das ações necessárias para a produção de edificações coletivas, sua venda e entrega aos futuros adquirentes.

Para levar adiante sua atividade, para a consecução de seu negócio, visando à constituição de novos direitos de propriedade, o incorporador pratica inúmeros atos e celebra vários e diferentes contratos, desdobrados na compra e venda, permuta, promessa de compra e venda, promessa de permuta, construção, compra e venda de frações ideais, promessa de compra e venda de unidades futuras.

70

Incorporador e construtor

Não se confunde a ideia de construtor com a de incorporador, já que a última abrange aspectos bem mais amplos, de organização e administração, de venda de frações ideais, com a elaboração de projetos e encaminhamento ao registro imobiliário. Viável que o incorporador contrate um construtor, o qual não se vincula ao plano de venda, nem se articula com os adquirentes. Assim, assiste-lhe o direito de exigir o pagamento em dia das prestações e parcelas do custo das obras, não respondendo pelas consequências ocasionadas pelos adquirentes de unidades. No entanto, se o pagamento fica condicionado ao regular cumprimento das obrigações pelos adquirentes, fica complicada a situação. Como existem adquirentes que seguem pagamento, não lhe cabe retardar ou abandonar a obra. No caso, fica obrigado a exigir do incorporador a satisfação do valor. A este resta agir contra os inadimplentes, inclusive com a possibilidade de leiloar as suas frações ideais.

O construtor fica responsável pela qualidade e solidez da obra, mas solidariamente com o implantador do empreendimento se aforar-se demanda contra o último.

É comum a entrega da construção a terceiros, que celebram contratos com o incorporador, sem vinculação com os titulares das unidades, os quais, no descumprimento de obrigações, têm a ação unicamente em relação àquele. Assim, nas demandas por vícios de construção, em princípio, responsabiliza-se o titular da incorporação, ao qual se asseguram a denunciação e a ação de regresso por eventuais indenizações ou refazimento de obra a que for obrigado.

71

Construção de edifício pelo proprietário de um terreno ou por um grupo de pessoas

Desde que presente a construção de unidades para a venda, naturalmente com a finalidade lucrativa, há uma atividade empresarial, não importando se pessoa física ou jurídica o incorporador. Procedendo à implantação de um edifício para negociar frações ideais que, posteriormente, se transformam em unidades, a natureza é lucrativa, havendo a prestação de serviços e o fornecimento de bens, no que importa em receber uma remuneração, que se fora os lucros. Todavia, se várias pessoas se unem formando um grupo e adquirem um imóvel, constituindo nele um condomínio *pro indiviso*, providenciando no devido registro imobiliário, e partindo para a construção de um prédio dividido em unidades apartamentais, que serão entregues aos titulares, não se tem uma incorporação, e sim uma propriedade comum ou coletiva, com a discriminação da quota comum e das unidades para cada proprietário. Unicamente no final da construção é que se leva a efeito a averbação no Registro de Imóveis, vinculando as unidades à respectiva fração ideal. É quando, também, se leva a termo a instituição do condomínio, já com a convenção devidamente aprovada.

Nessa modalidade, por óbvio, não se pode falar em atividade empresarial, muito menos em oferta de futuras unidades autônomas. Trata-se de modalidade de constituição de condomínio *sui generis*, ou seja, o próprio dono do edifício, ou um grupo de pessoas, é quem constituiu o condomínio, dando sua destinação ao alienar as unidades em que o secionou.

Esta forma aparece bem explicitada por Frederico Henrique Viegas de Lima:

> De outra parte, é importante salientar que a incorporação imobiliária é um procedimento totalmente distinto daquele em que um grupo de pessoas se cotiza para adquirir um terreno e delibera promover sobre o mesmo uma edificação.
>
> Esta forma de construção, muito popular na Itália e em vários Estados do País, ocorre quando várias pessoas:
>
> "Adquirindo partes ideais de um terreno e obrigando-se a custear a edificação das respectivas unidades autônomas, desde logo identificadas, os interessados não promovem uma incorporação imobiliária, mas simplesmente convencionam aquilo que os italianos denominam *condominio precostituito*, enquadrável no sistema da Lei n. 4.591/1964 apenas depois de finda e averbada a construção, ao ensejo da escritura de instituição, especificação, discriminação, divisão e convenção do condomínio" (cf. NASCIMENTO FRANCO, J. e GONDO, Nisske. Ob. cit. p. 14).
>
> Portanto, há de ficar patente distinguir o modo de operacionalização de uma incorporação imobiliária de outros processos construtivos, que podem levar a uma

mesma finalidade prática: o surgimento de uma edificação composta de unidades autônomas.[1]

De igual modo, se pessoa física ou jurídica, também sem qualquer oferta ao público, realiza uma edificação sobre terreno próprio ou de terceiro, e, concluída a obra, sem efetuar vendas anteriormente, após o devido registro da transmissão das frações ideais do solo, pretende, por meio da Lei n. 4.591/1964, comercializar as unidades, registrando a instituição e a especificação do condomínio, atribuindo a estranhos as unidades autônomas que nunca foram ofertadas sob a ótica da lei especial.

A previsão, de um modo semelhante, é também apresentada em um *decisum* do STJ, que denomina este tipo de incorporação direta:

> Na incorporação direta, por sua vez, o incorporador constrói em terreno próprio, por sua conta e risco, realizando a venda das unidades autônomas por "preço global", compreensivo da cota de terreno e construção. Ele assume o risco da construção, obrigando-se a entregá-la pronta e averbada no Registro de Imóveis. Já o adquirente tem em vista a aquisição da propriedade de unidade imobiliária, devidamente individualizada, e, para isso, paga o preço acordado em parcelas.[2]

Não se faz a incorporação, não se exige registro de documentos, nem se institui um incorporador, embora não se impeça que o grupo contrate um encarregado ou administrador. Na verdade, os titulares do terreno é que são incorporadores de si próprios. Essa modalidade de construção de prédios aparece com certa frequência, inclusive assumida por empresas construtoras, que se encarrega da execução da obra. Uma vez conseguido um terreno, reúne um grupo de interessados, em cujo nome é registrado o terreno, e faz a venda de unidades, que são pagas à medida que se desenvolvem as várias etapas. Opera-se o pagamento de uma remuneração, em tudo se assemelhando o empreendimento a uma construção por administração.

Organiza-se o grupo, com a nomeação de um representante, que coordena as atividades e dirige a execução. A ele se incumbem as contratações, as compras de materiais, os pagamentos de empreiteiros e funcionários e o encaminhamento das providências administrativas.

Desta sorte, não há impedimento para que se ergam edifícios, desde que obtida a devida aprovação municipal, composto de várias unidades, de propriedade de um único indivíduo ou de vários, procedendo-se, posteriormente, à necessária individuação, e com a decorrente averbação. Todavia, feita a individuação, cada parte adquire a sua autonomia, isto é, surge um novo imóvel, possibilitando a abertura de matrícula para cada uma, com a posterior alienação.

Sempre deve-se ter em conta a especificidade da incorporação, que consiste na venda de frações ideais antes da conclusão da obra. Tais frações ideais se transformarão em unidades imobiliárias. O procedimento da incorporação tem precipuamente a função de possibilitar a alienação de frações ideais, nelas embutindo-se o preço de construção das unidades e o correspondente aos lucros.

---

[1] Possibilidade de registro de incorporação imobiliária. *Revista de Direito Imobiliário*, São Paulo: RT, n. 67, jul.-dez. 2009.

[2] REsp n. 1.166.039/RN. Segunda Turma. Relator: Min. Castro Meira. Julgado em 1º.06.2010. *DJe* 11.06.2010.

72

Natureza e características do contrato de incorporação

Através da incorporação, os contratantes entabulam a construção de uma edificação dividida em certa quantidade de porções que serão utilizadas para a moradia ou para a exploração de atividades econômicas, como escritórios, lojas, salas de serviços, centros comerciais, depósitos e garagens. O incorporador tem a iniciativa de comprar o imóvel e de organizar o grupo que adquirirá as unidades, recebendo um pagamento pela sua venda, ou contratando a construção por conta do titular do terreno, cobrando uma remuneração pelos serviços que presta.

Forma-se uma relação entre o incorporador e o adquirente, que se concretiza em um contrato pelo qual o primeiro assume o encargo de construir, ou fazer construir, um conjunto de unidades componentes de uma edificação, enquanto o segundo se compromete a pagar o preço combinado pelo recebimento da unidade.

Em vista do objeto e da finalidade da relação que se estabelece, pode-se incluir o contrato de incorporação entre os de natureza real e obrigacional.

Efetivamente, com o contrato chega-se à constituição de um direito real, tanto que o adquirente se torna proprietário da unidade, com a abertura de matrícula no Registro de Imóveis. Transmite-se uma fração ideal sobre um terreno, à qual corresponderá uma unidade da construção, formando-se um novo domínio, e surgindo a titularidade separada do restante do imóvel.

Outrossim, emerge o caráter obrigacional, porquanto o construtor ou incorporador assume o compromisso de executar a obra, ao passo que o adquirente se obriga a realizar o pagamento pela fração ideal e pela construção.

O contrato revela características comuns da maioria dos demais contratos de conteúdo econômico. É um contrato bilateral ou sinalagmático, oneroso, comutativo, consensual e típico.

Bilateral ou *sinalagmático* porque decorre obrigações de ambas as partes, ou correspectivas, com o incorporador administrando a construção até a entrega das unidades, e os adquirentes efetuando os pagamentos, ou fornecendo os meios para que seja alcançado o propósito último da obra.

Considera-se *oneroso* em razão das contraprestações de cada parte, dos encargos recíprocos, do custo das obrigações de ambos os contratantes, devendo ser compensados ou remunerados pela atividade desenvolvida e impondo-se a realização das obras.

Diz-se *comutativo* porque as prestações de um e de outro lado devem manter uma correspondência ou equivalência bastante exata, evitando desproporções injustas, ou vantagens exageradas de um dos contratantes. O valor que o adquirente paga representará o real preço da unidade, de sorte a ninguém ficar prejudicado.

É *consensual* o contrato desde que manifestadas as declarações de vontade de ambos os figurantes através de instrumento escrito, e não podendo ser imposto unilateralmente, com cláusulas favoráveis a somente um dos lados da relação. Por isso, necessária a obediência aos princípios e regramentos do Código de Defesa do Consumidor (Lei n. 8.078/1990), e de outros diplomas, como o artigo 122 do Código Civil.

Enquadra-se como *típico* porque regido por uma legislação própria, a Lei n. 4.591/1964, tanto que seu artigo 28 é expresso em submeter as incorporações à sua disciplina: "As incorporações imobiliárias, em todo o território nacional, reger-se-ão pela presente Lei." No parágrafo único, é dada a configuração jurídica, apontando uma série de elementos constitutivos, como as condições, os contornos, o objeto, os efeitos: "Para efeito desta Lei, considera-se incorporação imobiliária a atividade exercida com o intuito de promover e realizar a construção, para alienação total ou parcial, de edificações ou conjunto de edificações compostas de unidades autônomas."

Inclui-se entre os contratos de *execução continuada*, porquanto não se esgota em um momento único, sendo que, normalmente, o pagamento se faz em prestações sucessivas, enquanto o erguimento da construção segue um ritmo de etapas, até chegar ao seu final. Permite-se, inclusive, a resolução por incumprimento das obrigações, quando se dá a venda da unidade do inadimplente.

Tem-se um contrato *solene* no sentido de exigir, para a sua validade e imposição, a formalização através de vários requisitos, como a celebração por meio de um instrumento escrito, devendo levar-se a termo o arquivamento de uma série de documentos relacionados no artigo 32 da Lei n. 4.591/1964, com o pedido de registro imobiliário. Desde que apontada uma forma de instrumento, embora particular, com os elementos que conterá, inclui-se entre os contratos solenes.

73

Objeto e causa do contrato de incorporação

Em razão da natureza do contrato de incorporação, encontram-se em sua constituição um objeto que contém elementos de natureza real e um objeto com elementos de natureza obrigacional, que levam a formar a propriedade do imóvel.

Os elementos de natureza real consistem na atribuição ou alienação ao adquirente da titularidade do imóvel, que se compõe de uma fração ideal do terreno, das coisas comuns, e das unidades de construção. Há uma transferência de propriedade que abrange o conjunto das frações e das unidades. Considera-se o conjunto porque não é possível a existência isolada ou independente das unidades individualizadas. Entregam-se partes da construção que o incorporador assumiu erguê-la, com a sua individualização e a abertura de matrícula no registro imobiliário. Essa parte da construção vem a ser a unidade, composta de fração do terreno e das acessões que a ele vão acrescendo, a qual terá existência isolada ou independente do conjunto da obra. Assim, o objeto de natureza real do negócio abrange o terreno e as acessões.

Já o objeto com elementos de natureza obrigacional revela-se na própria construção que o incorporador deve erguer ou executar. O incorporador assume a obrigação de fazer e de entregar a unidade aos adquirentes, enquanto estes se colocam na obrigação de pagar o preço. Percebe-se, daí, que o objeto não se resume na entrega de unidades aos interessados, mas abrange um momento anterior, que consiste em obrigação de fazer, de executar, de erguer o prédio.

Todavia, a construção de prédio não constitui elemento necessário para a incorporação, que poderá cingir-se a organizar a venda de terrenos. O artigo 29 da Lei n. 4.591/1964 conduz a essa conclusão: "Considera-se incorporador a pessoa física ou jurídica, comerciante ou não, que embora não efetuando a construção, compromisse ou efetive a venda de frações ideais de terreno objetivando a vinculação de tais frações a unidades autônomas, em edificações a serem construídas ou em construção sob regime condominial, ou que meramente aceite propostas para efetivação de tais transações, coordenando e levando a termo a incorporação e responsabilizando-se, conforme o caso, pela entrega, a certo prazo, preço e determinadas condições, das obras concluídas".

Nesse sentido entendeu o STJ:

> O fato de a incorporadora não ficar responsável pela edificação direta das casas do condomínio não caracteriza, por si só, burla ao sistema de loteamento previsto na Lei n. 6.766/1979. Ao contrário, o artigo 29 da Lei n. 4.591/1964 expressamente prevê essa

possibilidade, permitindo ao incorporador, quando não for também construtor, escolher tão somente alienar as frações ideais, sem se compromissar com a execução direta da construção do empreendimento incorporado, de modo que esta poderá ser contratada, em separado, pela incorporadora ou pelos adquirentes do imóvel, com terceiro – o construtor. Nessas hipóteses, para que fique caracterizada a vinculação entre a alienação das frações do terreno e o negócio de construção, basta que o incorporador, no ato de incorporação, providencie, perante a autoridade administrativa competente, a aprovação de projeto de construção.

No caso em apreço, consoante se dessume dos v. acórdãos (apelação e embargos infringentes) proferidos pela colenda Corte local, a incorporadora apenas celebrou contrato de compra e venda de frações ideais, vinculando-o a projeto de construção aprovado pela Municipalidade, não ficando ela própria responsável pela construção das casas nos condomínios. A incorporadora, autorizada pela Lei n. 4.591/1964, providenciou a aprovação de projeto de construção perante a Administração Municipal e o incluiu no Memorial de Incorporação, levado a Registro no Cartório Imobiliário. No contrato celebrado com os adquirentes do imóvel, ficou firmada a responsabilidade destes em providenciar a obra em conjunto com a construtora.[1]

A causa leva a inferir a motivação determinante do contrato de incorporação, e que não se resume no mero erguimento de um prédio composto de múltiplas unidades. A incorporação compreende um conjunto de ações e atos, que vai desde a formulação da ideia, a elaboração de um plano, concretizando-se em memoriais, plantas, cronogramas, desenhos, encaminhamentos administrativos, divulgações e propaganda, encaminhamento para o registro, a escolha e adequação do terreno, e o desenvolver das obras, culminando com a averbação da construção no registro de imóveis e a individualização ou discriminação do direito de propriedade, em ato de abertura de matrícula de cada unidade. Esta última culminação conduz a se oficializar o direito real que emerge da construção da unidade incidente em uma fração ideal de terreno. Tal engrenagem ou conjugação de ações e atos dirige-se à constituição de novos direitos de propriedade.

De modo que a motivação desencadeante da incorporação abrange a constituição de novos direitos de propriedade, diferentemente do objeto, que se dirige a atribuir a propriedade aos adquirentes e a criar uma relação jurídica obrigacional, consistente na construção.

A causa da incorporação confunde-se com a sua razão jurídica, que se projeta na constituição de direitos reais de propriedade antes inexistentes, com a sua atribuição aos adquirentes, pois surgem unidades imobiliárias decorrentes da atividade produtiva do incorporador. Não se resume a incorporação, daí, na mera construção da edificação, com a entrega aos adquirentes.

---

[1] REsp. n. 709.403/SP. Quarta Turma. Relator: Min. Raul Araújo. Julgado em 06.12.2011, *DJe* 10.02.2012.

74

As pessoas que podem assumir a incorporação

Na maioria dos casos, as partes ou sujeitos no contrato de incorporação envolvem o incorporador, isto é, aquele que assume a obrigação de implantar o empreendimento, e os adquirentes das unidades que vão compor a construção. No caso, o incorporador adquire o terreno, figurando como seu proprietário no Registro Imobiliário. Além disso, será quem promoverá a construção. Depois de estabelecido o projeto, com o devido arquivamento dos documentos no Cartório de Registro de Imóveis, vão se tornando partes os que adquirirem as unidades através de contratos de compra e venda ou promessa de compra e venda, sendo esta última a modalidade mais comum. Todavia, se um grupo de pessoas é proprietário do terreno, na qualidade de condôminos, e se organiza para a construção de um prédio, não existe a incorporação, não importando que contrate a obra por empreitada. O construtor não é incorporador. Procede-se, ao final da construção, à discriminação e individuação das unidades, com a abertura das respectivas matrículas.

É preciso notar que o elemento básico para a identificação do incorporador está na atividade exercida com o intuito de promover e realizar a construção, para alienação total ou parcial, de edificações ou conjunto de edificações compostas de unidades autônomas (parágrafo único do art. 28 da Lei n. 4.591/1964). A execução da atividade que consiste em promover a construção de uma obra que se dividirá em unidades, para a alienação, é que domina.

Além do proprietário do terreno, o construtor, o corretor de imóveis e o ente da Federação imitido na posse a partir de decisão proferida em processo judicial de desapropriação em curso ou o cessionário deste, podem participar da incorporação, conforme já visto nos capítulos anteriores.

Quanto ao proprietário do terreno, numa situação bastante frequente, mantém-se distinto ou em separado, sendo o mesmo quem efetuará a transferência das frações ideais para os diversos adquirentes. Isto ocorre se a ele se entrega área construída em troca da transferência do terreno, que se repartirá em frações ideais. Aparece, então, como parte também o proprietário do terreno. Mas, é necessário distinguir a hipótese em que ele transfere integralmente a propriedade para o incorporador, em contrato no qual se pactua que o pagamento se faz mediante a entrega de certa quantidade de área a ser construída. Lavra-se uma escritura pública de transferência. Posteriormente, o incorporador lhe transmitirá a fração ideal, com a área construída que lhe corresponde. Nesta situação, o proprietário não figurará como parte.

Todavia, o proprietário do terreno integra a relação se o incorporador celebra com ele um contrato de promessa de compra e venda do imóvel. A transferência das frações ideais aos adquirentes, por meio de escritura pública, é feita pelo titular do terreno, prometido vender ao incorporador, que é titular somente dos direitos de aquisição sobre o imóvel, o qual se encarrega, também, da construção. A titularidade do terreno perdura em nome da pessoa que prometeu vender ao incorporador, o qual poderá unicamente ceder esses direitos. Por isso, o proprietário efetuará a venda pessoalmente ou por meio do incorporador se a ele outorgou procuração com poderes especiais.

Também existe a possibilidade de o incorporador contratar a construção. Haverá um contrato de construção, ao qual aderem os adquirentes. Mais comumente, os adquirentes contratam a construção com um empreendedor, em um contrato à parte daquele celebrado com o incorporador. Para figurar como parte, os adquirentes devem contratar com ele, com a delimitação dos direitos e obrigações. Se parte somente do incorporador a contratação de um construtor, não figurará ele na relação da incorporação. O vínculo do construtor restringe-se ao incorporador, sem comprometer os adquirentes de unidades.

Essas as partes ou os sujeitos que integram o contrato.

Em algumas situações, a Comissão de Representantes assume o lugar do incorporador, em se dando a sua insolvência ou falência. Sempre, porém, é criada essa Comissão, cuja finalidade, afora a administração decorrente da insolvência ou falência, é basicamente a representação e a fiscalização das atividades do incorporador, como decorre do artigo 50 da Lei n. 4.591/1964, na redação da Lei n. 14.382/2022:

> Será designada no contrato de construção ou eleita em assembleia geral a ser realizada por iniciativa do incorporador no prazo de até 6 (seis) meses, contado da data do registro do memorial de incorporação, uma comissão de representantes composta por, no mínimo, 3 (três) membros escolhidos entre os adquirentes para representá-los perante o construtor ou, no caso previsto no artigo 43 desta Lei, o incorporador, em tudo o que interessar ao bom andamento da incorporação e, em especial, perante terceiros, para praticar os atos resultantes da aplicação do disposto nos artigos 31-A a 31-F desta Lei.

Há um prazo para a designação ou eleição, o qual é de até seis meses, que inicia a partir da data do registro do memorial de incorporação. Cabe a iniciativa ao incorporador. No entanto, omitindo-se ele dessa obrigação, naturalmente a assembleia dos condôminos arvora-se no direito de nomear a comissão.

75

O interesse coletivo na incorporação e a impossibilidade de desistência por incumprimento dos adquirentes das unidades

A relação entre o incorporador e o adquirente se materializa através de um contrato particular individual. Essa relação revela várias dimensões, sendo as mais comuns a de aquisição e a de construção. Celebram-se os contratos com as pessoas individualmente, embora os regramentos e os interesses sejam coletivos, mesmo os que se dirigem ao cumprimento das avenças estabelecidas para o participante, posto que a todos traz efeitos. Se, v.g., ocorre a falta de pagamento das prestações, possível que advenham consequências para os demais adquirentes, que terão de arcar com encargos mais elevados, e ficando, inclusive, sujeitos à paralisação das obras, dada a carência de recursos que poderá decorrer.

Existe uma vinculação entre os membros ou a comunidade dos adquirentes em vista de estarem os direitos e obrigações gerados pelos contratos voltados para o objetivo comum, que é a conclusão da obra e a entrega das unidades imobiliárias a cada integrante. De certo modo, o congraçamento de ideais comuns conduz a se formar uma *affectio societatis*, tamanha a afinidade de objetivos que iguais e próximos de todos os membros do condomínio. Não que se caracterize uma sociedade no sentido da lei, com um liame contratual que leva a se decidir conjuntamente os propósitos comuns. Todavia, as relações jurídicas e individuais dos condôminos, formadas pelos adquirentes com os organizadores ou proprietários do empreendimento, revelam-se de expressiva identidade e mesmo unidade, pois a finalidade por todos visada é comum. Todos os contratos encerram iguais premissas e idêntico objetivo. A feição unitária ostenta-se em ações ou atos que são dirigidos à consecução de propriedades imobiliárias novas que constituirão um conjunto imobiliário. A conjugação de ideais e atividades com grande identidade das metas importa em se configurar uma forma societária nas relações estabelecidas, embora a individualidade de cada contrato. Realmente, não se atingirá a realização do escopo último da incorporação mediante o cumprimento de um ou alguns contratos, mas, no mínimo, de sua grande maioria, de sorte a se chegar à edificação coletiva. Somente assim alcança-se a finalidade da incorporação.

Havendo um agrupamento de pessoas para promover, mediante a conjugação de esforços e recursos, a construção de uma edificação, com decisões direcionadas sempre para esse propósito, inclusive com a possibilidade de eleger o grupo que as represente, revela-se incontestável o liame comum da totalidade dos adquirentes, decorrendo, daí, uma forma societária inclusive de organização.

Por isso, isto é, em vista desse congraçamento de interesses, e, assim, do interesse comum, nem se reserva ao incorporador a desistência do empreendimento, e muito menos se justifica o atraso indefinido da obra, não importando que aconteçam em grande número as inadimplências. Não resta outra solução ao incorporador senão a execução das obrigações pendentes, ou a resolução do contrato, para a venda da unidade a outros interessados. É como decidiu o Tribunal de Justiça do RGS:

> *Apelação cível. Condomínio.* Legitimidade do réu que é proprietário do terreno e responsável pelo projeto da obra, mas não responsável, contudo, pelo não cumprimento do contrato pela construtora. Inadimplência é fato previsível, não extraordinário, e não escusa a não entrega da obra.[1]

Retira-se esta passagem do voto do relator:

> Acontece que a inadimplência é fato previsível, não extraordinário, e não escusa a não entrega da obra, até porque a construtora (credora) deveria comprovar que diligenciou, infrutiferamente, na cobrança dos devedores faltosos. Tal dever é inafastável pois a ela competia tudo fazer para levar a bom termo o empreendimento. De maneira que, se a obra tornou-se impossível, pelos fatos acima, deve proceder a devolução dos valores recebidos do autor entre 1991 e 1994 (ano de quitação), sob pena de enriquecimento indevido.

---

[1] TJRS. Apelação Cível n. 70003825734. Segunda Câmara Especial Cível. Julgado em 20.11.2002.

76
A forma da incorporação e formação de condomínio no terreno

Não é impossível que se forme uma incorporação de fato, ou através de avenças pessoais, sem qualquer combinação escrita, figurando uma pessoa na posição de proprietária do terreno, e recebendo valores de terceiros, com os quais erguerá um prédio dividido em unidades, que serão entregues àqueles que contribuíram. No entanto, dadas as imposições legais existentes, o negócio de incorporação deve vir sempre elaborado por escrito, sob pena de ficarem desprovidos de garantias os terceiros que comprarem as unidades. Para viabilizar o registro imobiliário, necessário que venha organizada a incorporação, compilando-se os documentos exigidos. Possibilita-se, então, efetuar as vendas de unidades, através de contratos de promessa de compra e venda ou de compra e venda definitiva.

A forma importa em seguir um procedimento e em obedecer a normas para a exteriorização dos documentos. Assim, para o registro da incorporação, necessário apresentar, dentre outros elementos, um requerimento, acompanhado de vários documentos, dentre os quais o memorial com a descrição e a caracterização das unidades imobiliárias. Virá a discriminação das frações ideais do terreno e de outras coisas comuns e conterá, em minúcias, as áreas construídas e as unidades que resultarão, a identificação das vagas de garagem para o estacionamento ou guarda de veículos, além de outras acessões. Far-se-á a averbação no registro imobiliário do documento, não importando que faltem elementos, irradiando efeitos junto a terceiros, isto é, protegendo os adquirentes contra eventuais condutas. Tanto que a lei o entende suficiente quando vier na modalidade de um simples ajuste ou de uma carta proposta. Importante que refira a unidade reservada ou a ser adquirida, o preço, o adquirente, para oportunizar a eficácia e possibilitar a obtenção compulsória do contrato correspondente, com amparo no § 4º do artigo 35 da Lei n. 4.591/1964:

> Descumprida pelo incorporador e pelo mandante de que trata o § 1º do art. 31 a obrigação da outorga dos contratos referidos no *caput* deste artigo, nos prazos ora fixados, a carta-proposta ou o documento de ajuste preliminar poderão ser averbados no Registro de Imóveis, averbação que conferirá direito real oponível a terceiros, com o consequente direito à obtenção compulsória do contrato correspondente.

Pelo teor do texto, denota-se uma mitigação nas exigências, considerando-o bastante mesmo que externado através de simples adesão a uma proposta que parte do incorporador.

Faz parte da forma a averbação do prédio construído, com a discriminação das unidades e acessões. A individualização terá em conta o teor da averbação, que viabilizará a abertura de matrícula no registro imobiliário, fazendo, assim, nascer a unidade imobiliária, em atendimento ao artigo 44:

> Após a concessão do "habite-se" pela autoridade administrativa, o incorporador deverá requerer (vetado) a averbação da construção das edificações, para efeito de individualização e discriminação das unidades, respondendo perante os adquirentes pelas perdas e danos que resultem da demora no cumprimento dessa obrigação.

Para a averbação, anexam-se cópia autenticada do "habite-se" ou certidão de construção, expedida pela Prefeitura Municipal; do pagamento do IPTU do atual exercício ou certidão de valor venal, quando no IPTU não constar o valor da construção; e Certidão Negativa de Débitos do INSS.

Há a matrícula do terreno. Nele, em sequência à matrícula ou a outros registros se existentes, se faz o registro da incorporação. Segue-se a averbação da construção. Procede-se o registro dos contratos de compra e venda ou de promessas de compra e venda, atos que atribuem aos adquirentes a propriedade ou os direitos reais de aquisição da unidade. Se registrada a promessa de aquisição, posteriormente se faz o registro do contrato definitivo. Não é mister outro ato para a atribuição de propriedade. Com o registro da aquisição da unidade, parte-se para a abertura da matrícula da mesma unidade, pois se tem uma nova propriedade, para o nome do adquirente. Criando-se um novo imóvel, que decorre da construção da unidade, abre-se a respectiva matrícula, em atenção ao artigo 176, § 1º, inciso I, da Lei n. 6.015/1973, na redação das Leis n. 6.212/1975 e n. 6.688/1979, estabelecendo que "cada imóvel terá matrícula própria, que será aberta por ocasião do primeiro registro a ser feito na vigência desta Lei". Por constar a obrigatoriedade de matrícula de cada imóvel, e em vista da unidade se constituir em um imóvel, advém, daí, a obrigatoriedade de se abrir a matrícula em nome do adquirente.

Existem situações especiais. Na construção de um edifício por uma pessoa ou por um grupo de pessoas, em que não aparece a finalidade empresarial, após procedida a individualização das unidades, cada uma delas receberá um registro. No entanto, a transferência não se materializa mediante simples registro de um contrato. Há necessidade da escritura pública. Enquanto não efetuada a transferência, não se abre a matrícula. Esse ato se constitui da escritura de extinção de condomínio, se as unidades com as frações ideais no terreno forem partilhadas entre os membros do grupo de pessoas que adquiriu o terreno e ergueu a construção; ou da escritura pública de transmissão de unidades e das frações ideais para adquirentes, se de um único ou de vários titulares a construção. Decorrendo um novo imóvel, enseja-se a abertura de nova matrícula.

Se procedida a extinção de condomínio, decorre a divisão do imóvel, em frações ideais, com as respectivas unidades, para os condôminos. Para tanto, antes da extinção, necessária a formação da divisão do terreno em frações ideais, com a averbação da construção de unidades em cada fração ideal, cada uma constituída de apartamento, ou loja, ou sala, ou escritório, com a devida numeração ou indicação.

Na formação de condomínio, ficam habilitados os coproprietários desde já a convencionar, quando da aquisição do terreno, a divisão em frações ideais para cada um deles. Não se impede a convenção de estabelecer a construção de unidades, que corresponderá a cada fração ideal, com a averbação, posteriormente, da edificação (art. 167, inc. II, n. 4, da Lei n. 6.015/1973). Após, mediante certidão, forma-se um novo imóvel, abrindo-se a respectiva matrícula.

77

O contrato de venda das unidades e requisitos

Feito o registro da incorporação, fica o empreendedor autorizado a colocar à venda as frações ideais com as unidades em construção por oferta pública, isto é, a todo e qualquer interessado. A venda se procede através de contratos. Como a incorporação envolve um negócio complexo, não basta uma simples transferência de fração ideal e da futura unidade. Revela-se importante o contrato de construção, pelo qual se estabelecem as relações próprias da construção, fixada a obrigação do incorporador de entregar a unidade já pronta, com todos os elementos reveladores de sua área total e área privativa, ou tamanho, número de peças ou partes internas, prazo para a conclusão, localização, o orçamento e demais dados identificadores e obrigações, devendo tudo já vir constando enunciado no memorial descritivo. Todavia, no próprio contrato de venda ou promessa de venda da quota ideal, ou de unidade imobiliária, admite-se que venham as disposições relativas à construção, com a completa discriminação de encargos e a regulamentação de direitos e deveres.

Os contratos conterão os requisitos sobre o objeto da incorporação, as partes envolvidas, o prazo de entrega, os pagamentos, as obrigações e os direitos, tudo precedido pelo quadro-resumo, que virá com os seguintes elementos, elencados no art. 35-A da Lei n. 4.591/1964, dispositivo introduzido pela Lei n. 13.786, de 27.12.2018:

> Os contratos de compra e venda, promessa de venda, cessão ou promessa de cessão de unidades autônomas integrantes de incorporação imobiliária serão iniciados por quadro-resumo, que deverá conter:
>
> I – o preço total a ser pago pelo imóvel;
>
> II – o valor da parcela do preço a ser tratada como entrada, a sua forma de pagamento, com destaque para o valor pago à vista, e os seus percentuais sobre o valor total do contrato;
>
> III – o valor referente à corretagem, suas condições de pagamento e a identificação precisa de seu beneficiário;
>
> IV – a forma de pagamento do preço, com indicação clara dos valores e vencimentos das parcelas;
>
> V – os índices de correção monetária aplicáveis ao contrato e, quando houver pluralidade de índices, o período de aplicação de cada um;
>
> VI – as consequências do desfazimento do contrato, seja por meio de distrato, seja por meio de resolução contratual motivada por inadimplemento de obrigação do adquirente ou do incorporador, com destaque negritado para as penalidades aplicáveis e para os prazos para devolução de valores ao adquirente;

VII – as taxas de juros eventualmente aplicadas, se mensais ou anuais, se nominais ou efetivas, o seu período de incidência e o sistema de amortização;

VIII – as informações acerca da possibilidade do exercício, por parte do adquirente do imóvel, do direito de arrependimento previsto no art. 49 da Lei n. 8.078, de 11 de setembro de 1990 (Código de Defesa do Consumidor), em todos os contratos firmados em estandes de vendas e fora da sede do incorporador ou do estabelecimento comercial;

IX – o prazo para quitação das obrigações pelo adquirente após a obtenção do auto de conclusão da obra pelo incorporador;

X – as informações acerca dos ônus que recaiam sobre o imóvel, em especial quando o vinculem como garantia real do financiamento destinado à construção do investimento;

XI – o número do registro do memorial de incorporação, a matrícula do imóvel e a identificação do cartório de registro de imóveis competente;

XII – o termo final para obtenção do auto de conclusão da obra (habite-se) e os efeitos contratuais da intempestividade prevista no art. 43-A desta Lei.

Na omissão dos dados descritos, ao cartório de registro de imóveis, e mesmo ao tabelionato, quando do reconhecimento das assinaturas, cabe exigir que seja sanada a falta, o que deve se providenciar no prazo de trinta dias. O não atendimento representa justa causa para o adquirente buscar a rescisão do contrato, a teor do § 1º do art. 35-A: "Identificada a ausência de quaisquer das informações previstas no *caput* deste artigo, será concedido prazo de 30 (trinta) dias para aditamento do contrato e saneamento da omissão, findo o qual, essa omissão, se não sanada, caracterizará justa causa para rescisão contratual por parte do adquirente".

De acordo com o § 2º do citado dispositivo, e com vistas ao inc. VI, o cumprimento das consequências do desfazimento do contrato por distrato ou por resolução em vista do inadimplemento de obrigações de parte do adquirente ou do incorporador, dependerá de anuência prévia revelada por meio da assinatura do primeiro junto às cláusulas onde se encontram previstas as mesmas consequências. Cumpre, ainda, que se observe a exigência do § 4º do art. 54 do Código de Defesa do Consumidor, no sentido de que as cláusulas que implicarem limitação de direito do consumidor deverão ser redigidas com destaque, permitindo sua imediata e fácil compreensão.

Eis o texto do § 2º: "A efetivação das consequências do desfazimento do contrato, referidas no inciso VI do *caput* deste artigo, dependerá de anuência prévia e específica do adquirente a seu respeito, mediante assinatura junto a essas cláusulas, que deverão ser redigidas conforme o disposto no § 4º do art. 54 da Lei n. 8.078, de 11 de setembro de 1990 (Código de Defesa do Consumidor)".

Nota-se que os elementos discriminados são exigências para a venda, a promessa de compra e venda e a cessão de unidades. Não importa o elenco trazido que outros requisitos não se façam necessários. Ademais, como está no *caput*, tais exigências destinam-se ao quadro-resumo, que precederá o contrato propriamente dito.

Mais especificamente, destacam-se os seguintes componentes do contrato, precedidos pelo quadro-resumo, cujos dados inseridos poderão ser explicitados ou desenvolvidos nas cláusulas do contrato, mas não carecendo que venham repetidos:

a) A identificação das partes, isto é, dos adquirentes e do incorporador, e mesmo do proprietário do terreno se a ele incumbe efetuar a transferência das frações ideais, o que se dá, em especial, nos casos de receber, em pagamento, quota de área construída, e se não alienar o imóvel para o incorporador; de promessa de compra e venda, ou de cessão, ou de promessa de cessão ao incorporador, o qual dispõe somente de direitos de aquisição.

Também aparecerá o construtor, se contratado o erguimento da obra por pessoa ou empresa distinta do incorporador.

Figurando como incorporador o construtor ou o corretor de imóveis, por exigência do § 1º do artigo 31 da Lei n. 4.591/1964, apresentará e se mencionará no contrato o mandato outorgado por instrumento público pelo proprietário do terreno, ou pelo promitente comprador, ou pelo cessionário do terreno, ou pelo promitente cessionário. No mandato constará o conteúdo do § 4º do artigo 35 da Lei n. 4.591/1964, pelo qual fica estabelecido que a carta-proposta assinada pelo incorporador ou o documento de ajuste servirá para a averbação no registro do imóvel, assegurando direito real oponível a terceiro, e viabilizando a obtenção compulsória do contrato definitivo, se houver a negativa de sua outorga. Consigna-se, ainda, a assunção pessoal da obrigação de realizar todos os atos relativos à incorporação. De notar que os contratos particulares, incluindo-se o ajuste preliminar, são registráveis junto ao Registro Geral de Imóveis, sendo tal prática de extrema relevância para fins de oposição do direito de aquisição perante terceiros. Desta feita, pode-se perceber que, não obstante a série de exigências para a solenidade exigida pela Lei para os contratos que visem à constituição de direito real sobre bem imóvel, a Lei n. 4.591/1964 mitiga essa exigência na incorporação imobiliária, na medida em que admite o registro de contratos particulares junto ao Registro de Imóveis, constituídos de simples ajustes ou meras propostas, independentemente do valor da transação.

A identificação inclui o número do Registro de Identidade e o Cadastro das Pessoas Físicas ou das Pessoas Jurídicas do Ministério da Fazenda. No caso de constituir-se de pessoa jurídica uma das partes, indica-se o representante, com os dados de sua identificação.

b) A descrição da incorporação a que pertence a unidade objeto de venda, promessa de venda, cessão ou promessa de cessão, indicando-se os dados que a caracterizam, e mormente do registro imobiliário e do título aquisitivo do terreno. A descrição abrange o número do registro do memorial de incorporação, a matrícula do imóvel e a identificação do cartório de registro de imóveis competente, imposição que se encontra no inciso XI do art. 35-A, devendo estes dados constarem também no quadro-resumo.

c) A especificação da fração ideal do terreno e da unidade objeto da aquisição, bem como das acessões e quaisquer elementos que a integram.

d) O preço pela aquisição da fração ideal e da unidade, abrangendo o prazo, o valor das prestações, a época e as condições do pagamento, o índice de correção monetária, os critérios de reajuste, a taxa de juros, a multa na eventualidade de atrasos.

A discriminação do preço, do valor das prestações, da correção dos valores está exigida nos incisos I, II, IV e V do art. 35-A, impondo-se que conste no quadro-resumo.

De igual modo, se exige que se lancem no referido quadro, previsão do inc. VII do mesmo artigo, a referência às taxas de juros eventualmente aplicadas, se mensais ou anuais, se nominais ou efetivas; o seu período de incidência e o sistema de amortização. Há, pois, a obrigatoriedade da explicitação dos encargos pelo financiamento da unidade, ou mesmo da entrada do preço de parte desta.

Necessário observar que, quando as unidades imobiliárias forem contratadas por preço global, abrangendo a quota do terreno e a construção, impõe-se que venham discriminados no contrato os preços do terreno e da construção, a teor do artigo 41 da Lei n. 4.591/1964:

> Quando as unidades imobiliárias forem contratadas pelo incorporador por preço global compreendendo quota de terreno e construção, inclusive com parte de pagamento após a entrega da unidade, discriminar-se-ão, no contrato, o preço da quota de terreno e o da construção.

No caso, faculta-se consignar que os efeitos da mora se fazem refletir não somente na falta de pagamento das prestações relativas à construção, mas que abrangem também as prestações da fração ideal do terreno. É como permite o § 1º do artigo 41: "Poder-se-á estipular que, na hipótese de o adquirente atrasar o pagamento de parcela relativa a construção, os efeitos da mora recairão não apenas sobre a aquisição da parte construída, mas, também, sobre a fração ideal de terreno, ainda que esta tenha sido totalmente paga."

O inverso também se aconselha venha colocado no contrato, isto é, que os efeitos da mora pela falta de pagamento das prestações concernentes às frações ideais do terreno atingem a parte construída. Assim está no § 2º: "Poder-se-á também estipular que, na hipótese de o adquirente atrasar o pagamento da parcela relativa à fração ideal de terreno, os efeitos da mora recairão não apenas sobre a aquisição da fração ideal, mas, também, sobre a parte construída, ainda que totalmente paga."

e) O encargo no pagamento da comissão de corretagem, nos termos que se encontram no inciso III do art. 35-A, isto é, o valor, as condições de pagamento e a identificação precisa de seu beneficiário. Isto no caso de o interessado em adquirir a unidade tê-lo feito por meio de corretor. A aquisição direta com o incorporador não importa em impor a exigência, até porque conceito de corretagem pressupõe a aproximação de pessoas que desejam contratar, sendo que uma comete a outra tal aproximação daquele que deseja vender. Ocorre que se implantou a praxe de cobrar do adquirente um determinado percentual pela mera confecção de um negócio, o que constitui uma ilegalidade. Normalmente, o negociador integra os quadros da empresa de incorporação. Esse valor, às vezes, vem denominado "taxa de serviço de assessoria técnico-imobiliária", que não passa de um jeito para explorar o adquirente, tendo o Superior Tribunal de Justiça considerado abusiva a sua exigência, matéria submetida ao regime do recurso repetitivo, e sendo objeto do Tema 938: "Abusividade da cobrança pelo promitente-vendedor do serviço de assessoria técnico-imobiliária (SATI), ou atividade congênere, vinculado à celebração de promessa de compra e venda de imóvel".[1]

Relativamente à comissão de corretagem, para a sua imposição, requer-se cláusula expressa, contendo o montante a ser pago, a teor de tese aprovada pelo STJ e vindo resumida no também Tema 938: "Validade da cláusula contratual que transfere ao promitente-comprador a obrigação de pagar a comissão de corretagem nos contratos

---

[1] REsp n. 1.599.511/SP. Segunda Seção. Relator: Min. Paulo de Tarso Sanseverino. Julgado em 24.08.2016. *DJe* 06.09.2016.

de promessa de compra e venda de unidade autônoma em regime de incorporação imobiliária, desde que previamente informado o preço total da aquisição da unidade autônoma, com o destaque do valor da comissão de corretagem".[2]

f) O completo detalhamento do regime de construção, isto é, se a contratação se deu pelo regime de empreitada, ou se o incorporador a assume e a administra. Incluem-se informações completas sobre o prazo para a conclusão e entrega, sobre a previsão de prorrogação e a incidência de multa se ultrapassado o prazo estabelecido. Ainda, indica-se o prazo para a quitação das obrigações pelo adquirente após a obtenção do auto de conclusão da obra pelo incorporador, cuja previsão está no inc. IX do art. 35-A, e devendo constar no quadro-resumo.

g) A informação sobre a existência de financiamento contratado com uma entidade bancária, e de gravames, encargos ou ônus instituídos para a garantia do empreendimento.

Quanto aos gravames e encargos, também constarão no quadro-resumo, a teor do inc. X do art. 35-A, as informações acerca dos ônus que recaiam sobre o imóvel, em especial quando o vinculem como garantia real do financiamento destinado à construção do investimento.

h) A relação das obras, serviços e bens que estão fora do preço, e que ficam na responsabilidade do incorporador quanto ao pagamento.

i) A previsão das causas e transgressões que conduzem à resolução do contrato, com a enumeração dos casos, especialmente a falta de pagamento de encargos e prestações, que importam em venda das unidades mediante leilão público. No caso, de observar a exigência do inc. VIII do art. 35-A, isto é, que se coloquem no quadro-resumo as hipóteses de desistência do contrato, com o montante dos valores pagos que ficarão retidos; as informações acerca da possibilidade do exercício, por parte do adquirente do imóvel, do direito de arrependimento previsto no art. 49 da Lei n. 8.078, de 11 de setembro de 1990 (Código de Defesa do Consumidor), em todos os contratos firmados em estandes de vendas e fora da sede do incorporador ou do estabelecimento comercial. Devem, pois, ser bem delineadas as situações que importam em resolução por direito de arrependimento, com a especificação do *quantum* do valor retido.

O direito de arrependimento com suporte no art. 49 do Código de Defesa do Consumidor envolve a desistência até o sétimo dia da efetivação do negócio ou do recebimento do imóvel, segundo revelam os termos do dispositivo e de seu parágrafo único:

> Art. 49. O consumidor pode desistir do contrato, no prazo de 7 dias a contar de sua assinatura ou do ato de recebimento do produto ou serviço, sempre que a contratação de fornecimento de produtos e serviços ocorrer fora do estabelecimento comercial, especialmente por telefone ou a domicílio.
>
> Parágrafo único. Se o consumidor exercitar o direito de arrependimento previsto neste artigo, os valores eventualmente pagos, a qualquer título, durante o prazo de reflexão, serão devolvidos, de imediato, monetariamente atualizados.

---

[2]   REsp n. 1.599.511/SP. Segunda Seção. Relator: Min. Paulo de Tarso Sanseverino. Julgado em 24.08.2016. *DJe* 06.09.2016.

No caso, porém, revela-se difícil a realização do negócio fora do estabelecimento do fornecedor. Ninguém irá adquirir um imóvel sem o prévio e devido exame, o que só pode ocorrer no local do empreendimento. Se a aquisição se operou com base apenas em prospectos, desenhos, imagens e outras visualizações, infere-se a inteligência da confiabilidade que resultou de tais elementos, devendo o adquirente comprovar a sua não correspondência real com o imóvel que lhe foi entregue.

j) As multas e outras penalidades incidentes nas violações do contrato, bem como as cláusulas penais pelo descumprimento das obrigações assumidas.

k) O prazo de carência para o incorporador desistir, bem como a forma de restituição ou mesmo ressarcir os adquirentes pelos gastos que suportam.

l) Os casos de resolução ou de incidência de penalidades na infringência das obrigações contratuais e das decorrentes da lei. O inciso VI do art. 35-A ordena que se descrevam, no quadro-resumo, as consequências do desfazimento do contrato, seja por meio de distrato, ou de resolução contratual motivada por inadimplemento de obrigação do adquirente ou do incorporador, com destaque negritado para as penalidades aplicáveis e para os prazos para devolução de valores ao adquirente.

m) As hipóteses que autorizam a transferência para terceiros, com a imposição ou não de preferência aos demais adquirentes.

n) A existência de gravames ou ônus sobre o imóvel, o montante das obrigações garantidas, os encargos e o prazo de sua vigência.

o) O prazo para a conclusão das obras, com a entrega das unidades e obtenção do habite-se, o que também se assinalará no quadro-resumo, em vista do inciso XII do art. 35-A. No entanto, o prazo deve ter em vista a prorrogação introduzida no art. 43-A pela Lei n. 13.786/2018:

> A entrega do imóvel em até 180 (cento e oitenta) dias corridos da data estipulada contratualmente como data prevista para conclusão do empreendimento, desde que expressamente pactuado, de forma clara e destacada, não dará causa à resolução do contrato por parte do adquirente nem ensejará o pagamento de qualquer penalidade pelo incorporador.

Nota-se a exigência da pactuação para a prorrogação do prazo. Aliás, a jurisprudência já vinha admitindo dito prazo de tolerância. Realmente, a Terceira Turma do STJ, já antes da Lei n. 13.786/2018, reconhecia a validade da cláusula de tolerância, desde que contratada com prazo determinado e razoável, prorrogando a data de entrega da obra, para atenuar os fatores de imprevisibilidade que podem afetar a realização do empreendimento. Foi aceito como razoável o prazo de 180 dias e acentuado que:

> Mesmo sendo válida a cláusula de tolerância para o atraso na entrega da unidade habitacional em construção com prazo determinado de até 180 (cento e oitenta) dias, o incorporador deve observar o dever de informar e os demais princípios da legislação consumerista, cientificando claramente o adquirente, inclusive em ofertas, informes e peças publicitárias, do prazo de prorrogação, cujo descumprimento implicará responsabilidade civil. Igualmente, durante a execução do contrato, deverá notificar o consumidor acerca do uso de tal cláusula juntamente com a sua justificação, primando pelo direito à informação.[3]

---

[3] REsp. 1.582.318/RJ, Relator: Min. Ricardo Villas Bôas Cueva, Terceira Turma. Julgado em 12.09.2017, *DJe* 21.09.2017.

Também se validou a indenização, se ultrapassado o prazo:

> É firme a jurisprudência do STJ no sentido de que, apesar de não considerar abusiva a cláusula de tolerância, deve-se respeitar o prazo máximo de 180 dias para fins de atraso da entrega da unidade habitacional, sob pena de responsabilização:
>
> "Nos termos da jurisprudência do STJ, o atraso na entrega do imóvel enseja pagamento de indenização por lucros cessantes durante o período de mora do promitente vendedor, sendo presumido o prejuízo do promitente comprador" (EREsp 1341138/SP, Rel. Ministra Maria Isabel Gallotti, Segunda Seção, julgado em 9.05.2018, *DJe* 22.05.2018).[4]

Três parágrafos tratam do prazo ultrapassado e da prorrogação do prazo, todos vindos com a Lei n. 13.786/2018.

O § 1º, na hipótese de ultrapassado o prazo, reserva ao adquirente a resolução do contrato, sem prejuízo da evolução total das prestações ou dos valores entregues, e da multa estabelecida, tudo com a devida correção monetária:

> Se a entrega do imóvel ultrapassar o prazo estabelecido no *caput* deste artigo, desde que o adquirente não tenha dado causa ao atraso, poderá ser promovida por este a resolução do contrato, sem prejuízo da devolução da integralidade de todos os valores pagos e da multa estabelecida, em até 60 (sessenta) dias corridos contados da resolução, corrigidos nos termos do § 8º do art. 67-A desta Lei.

O § 2º dá a alternativa de o adquirente de não resolver o contrato, mas de exigir a indenização correspondente a 1% do montante pago para cada mês de atraso, com a devida correção monetária:

> Na hipótese de a entrega do imóvel estender-se por prazo superior àquele previsto no *caput* deste artigo, e não se tratar de resolução do contrato, será devida ao adquirente adimplente, por ocasião da entrega da unidade, indenização de 1% (um por cento) do valor efetivamente pago à incorporadora, para cada mês de atraso, *pro rata die*, corrigido monetariamente conforme índice estipulado em contrato.

No entanto, em se optando por multa, não cabe a indenização, como se encontra em decisão do STJ que ensejou a tese sintetizada no Tema 970:

> A tese a ser firmada, para efeito do art. 1.036 do CPC/2015, é a seguinte: "A cláusula penal moratória tem a finalidade de indenizar pelo adimplemento tardio da obrigação, e, em regra, estabelecida em valor equivalente ao locativo, afasta-se sua cumulação com lucros cessantes".[5]

A matéria foi extensamente analisada nos votos dos componentes da Segunda Seção, sobressaindo o do Relator, em lição emblemática de direito, nas seguintes passagens, no que é pertinente:

---

[4] STJ. AgInt no REsp n. 1.737.415/SP. Quarta Turma. Relator: Min. Luis Felipe Salomão. Julgado em 24.09.2019. *DJe* 30.09.2019.

[5] REsp 1.635.428/SC, da 2ª Seção, rel. Min. Luis Felipe Salomão, j. em 22.05.2019, *DJe* 25.06.2019.

Diante desse cenário, havendo a cláusula penal no sentido de prefixar em patamar razoável a indenização, não cabe posterior cumulação com lucros cessantes. Nesse diapasão, mencionam-se os seguintes precedentes das duas Turmas de Direito Privado:

"(...) O valor estabelecido a título de multa contratual representa, em essência, a um só tempo, a medida de coerção ao adimplemento do devedor e a estimativa preliminar dos prejuízos sofridos com o inadimplemento ou com a mora.

No atual Código Civil, o abrandamento do valor da cláusula penal em caso de adimplemento parcial é norma cogente e de ordem pública, consistindo em dever do juiz e direito do devedor a aplicação dos princípios da função social do contrato, da boa-fé objetiva e do equilíbrio econômico entre as prestações, os quais convivem harmonicamente com a autonomia da vontade e o princípio *pacta sunt servanda*.

A redução da cláusula penal é, no adimplemento parcial, realizada por avaliação equitativa do juiz, a qual relaciona-se à averiguação proporcional da utilidade ou vantagem que o pagamento, ainda que imperfeito, tenha oferecido ao credor, ao grau de culpa do devedor, a sua situação econômica e ao montante adimplido, além de outros parâmetros, que não implicam, todavia, necessariamente, uma correspondência exata e matemática entre o grau de inexecução e o de abrandamento da multa. Considerando, assim, que não há necessidade de correspondência exata entre a redução e o quantitativo da mora, que a avença foi firmada entre pessoas jurídicas – não tendo, por esse motivo, ficado evidenciado qualquer desequilíbrio de forças entre as contratantes –, que houve pequeno atraso no pagamento de duas prestações e que o adimplemento foi realizado de boa-fé pela recorrente, considera-se, diante das peculiaridades da hipótese concreta, equitativo e proporcional que o valor da multa penal seja reduzido para 0,5% do valor de cada parcela em atraso (Recurso especial provido" (REsp 1641131/SP, rel. Ministra Nancy Andrighi, Terceira Turma, julgado em 16.02.2017, *DJe* de 23.02.2017).

"A cláusula penal é pacto acessório, por meio do qual as partes determinam previamente uma sanção de natureza civil – cujo escopo é garantir o cumprimento da obrigação principal –, além de estipular perdas e danos em caso de inadimplemento parcial ou total de um dever assumido. Há dois tipos de cláusula penal, o vinculado ao descumprimento total da obrigação e o que incide quando do incumprimento parcial desta. A primeira é denominada pela doutrina como compensatória e a segunda como moratória" (...) (REsp 1.186.789/RJ, rel. Ministro Luis Felipe Salomão, Quarta Turma, julgado em 20.03.2014, *DJe* 13.05.2014).

Nessa linha de intelecção, diante de alentado estudo apresentado em palestra proferida no auditório do STJ, em 25/4/2018, a douta Ministra Maria Isabel Gallotti, pontuou, *in verbis*: "Aqui também se põe a mesma observação: a definição da tese há de levar em consideração a natureza da cláusula penal e não apenas o rótulo a ela dado no contrato. Se a cláusula penal incide em todos os meses, tendo como base de cálculo o valor do total do contrato, vale dizer, o valor do imóvel, é certo que se destina a coibir a mora da empresa na entrega do imóvel, mas também compensa o prejuízo sofrido mensalmente com a privação do uso imóvel, cujo valor locatício, como é notório, não ultrapassa no mercado, em regra, de 0,5% a 1% ao mês do valor do bem".

(...) "Efetivamente, pena convencional é a prefixação das perdas e danos resultantes de culpa contratual; se outros prejuízos existem, a indenização não pode cingir-se ao pagamento da multa exclusivamente"! (MONTEIRO, Washington de Barros; MALUF, Carlos Alberto Dabus. *Direito das obrigações*. 40. ed. São Paulo: Saraiva, 2015, p. 441-442).

(...)

A tese, portanto, do recurso repetitivo é a seguinte: "A cláusula penal moratória tem a finalidade de indenizar pelo adimplemento tardio da obrigação, e, em regra, estabelecida em valor equivalente ao locativo, afasta-se sua cumulação com lucros cessantes".

Pelo § 3º do art. 43-A, não é permitida a cumulação da multa prevista no § 2º, de 1% do valor pago, para cada mês de atraso, devidamente corrigida, com a multa do § 1º, a qual diz respeito à inexecução total do contrato, isto é, "à devolução da integralidade de todos os valores pagos e da multa estabelecida, em até 60 (sessenta) dias corridos contados da resolução, corrigidos nos termos do § 8º do art. 67-A desta Lei".

> A multa prevista no § 2º deste artigo, referente a mora no cumprimento da obrigação, em hipótese alguma poderá ser cumulada com a multa estabelecida no § 1º deste artigo, que trata da inexecução total da obrigação.

A correção nos termos do § 8º do art. 67-A corresponde à atualização com base no índice contratualmente estabelecido para a correção monetária das parcelas do preço do imóvel, que, em geral, é o Índice Nacional de Custo da Construção – INCC.

Outras consequências vieram ditadas pela jurisprudência, no caso de atraso na entrega da unidade pronta, com o habite-se: pela dívida no período de atraso não incidem juros e a correção monetária se faz pelo IPCA: "É ilícito cobrar do adquirente juros de obra ou outro encargo equivalente, após o prazo ajustado no contrato para a entrega das chaves da unidade autônoma, incluído o período de tolerância.

O descumprimento do prazo de entrega do imóvel, computado o período de tolerância, faz cessar a incidência de correção monetária sobre o saldo devedor com base em indexador setorial, que reflete o custo da construção civil, o qual deverá ser substituído pelo IPCA, salvo quando este último for mais gravoso ao consumidor".[6]

---

[6] REsp n. 1.729.593/SP. Segunda Seção. Relator: Min. Marco Aurélio Bellizze. Julgado em 25.09.2019. *DJe* 27.09.2019.

78
Modelo de instrumento particular de contrato de compromisso de venda e compra de unidade imobiliária em construção

Que entre si fazem, de um lado, como Promitente Vendedor(a), ..., brasileiro(a), casado(a), empresário(a), portador(a) da CI RG n. .... SSP-.......... e inscrito no CPF-MF sob o n. ...., residente e domiciliado(a) na Rua .... (ou pessoa jurídica, com a completa qualificação e indicação do(a) representante); e como Promitente Comprador(a), a(o) Sr(a). ...., brasileiro(a), casado(a), empresário(a), portador(a) da CI RG n. .... SSP-........... e inscrito no CPF-MF sob o n. ...., residente e domiciliado(a) na Rua .... (ou pessoa jurídica, com a completa qualificação e indicação do(a) representante), mediante o quadro-resumo e as cláusulas a seguir.

QUADRO-RESUMO
I – Preço total a ser pago pelo imóvel;
II – o valor da parcela do preço a ser tratada como entrada, a sua forma de pagamento, com destaque para o valor pago à vista, e os seus percentuais sobre o valor total do contrato;
III – o valor referente à corretagem, suas condições de pagamento e a identificação precisa de seu beneficiário;
IV – a forma de pagamento do preço, com indicação clara dos valores e vencimentos das parcelas;
V – os índices de correção monetária aplicáveis ao contrato e, quando houver pluralidade de índices, o período de aplicação de cada um;
VI – as consequências do desfazimento do contrato, seja por meio de distrato, seja por meio de resolução contratual motivada por inadimplemento de obrigação do adquirente ou do incorporador, com destaque negritado para as penalidades aplicáveis e para os prazos para devolução de valores ao adquirente;
VII – as taxas de juros eventualmente aplicadas, se mensais ou anuais, se nominais ou efetivas, o seu período de incidência e o sistema de amortização;
VIII – as informações acerca da possibilidade do exercício, por parte do adquirente do imóvel, do direito de arrependimento previsto no art. 49 da Lei n. 8.078, de 11 de setembro de 1990 (Código de Defesa do Consumidor), em todos os contratos firmados em estandes de vendas e fora da sede do incorporador ou do estabelecimento comercial;
IX – o prazo para quitação das obrigações pelo adquirente após a obtenção do auto de conclusão da obra pelo incorporador;

X – as informações acerca dos ônus que recaiam sobre o imóvel, em especial quando o vinculem como garantia real do financiamento destinado à construção do investimento;
XI – o número do registro do memorial de incorporação, a matrícula do imóvel e a identificação do cartório de registro de imóveis competente;
XII – o termo final para obtenção do auto de conclusão da obra (habite-se) e os efeitos contratuais da intempestividade prevista no art. 43-A da Lei n. 4.591/64.

CLÁUSULA I

Que o(a) Promitente Vendedor(a), pretendendo alienar frações do terreno a seguir descrito, representativas de unidades autônomas de edificações a serem erigidas sobre o mesmo imóvel, promoverá à Incorporação Imobiliária tais edificações, para a ordenação jurídica da Lei Federal n. 4.591/1964, e todas as suas regulamentações e alterações posteriores, cujo empreendimento denomina-se CONDOMÍNIO ....

CLÁUSULA II

O empreendimento será construído sobre o imóvel constituído pelo Lote n. ...., com área de .... m², da Gleba ...., situado no perímetro urbano do Município e Comarca de ...., no Jardim ...., o qual possui as seguintes confrontações: .... Encontra devidamente lançado na Matrícula n. ...., do Ofício de Registro de Imóveis da ....

§ 1º As obras de construção serão executadas pela empresa ...., pessoa jurídica de direito privado, com sede na Rua ...., inscrita no CNPJ/MF sob o n. ....; neste ato representada por seu sócio, ..., brasileiro, casado, administrador, portador da CI RG n. .... e inscrito no CNPJ ou CPF-MF (*conforme se tratar de pessoa jurídica ou pessoa natural*) sob o n. ...., residente e domiciliado na Rua ...., n. ...., Apartamento ...., Bloco ...., Centro, na cidade de ...., conforme contrato firmado entre esta e o Promitente Vendedor. A obra será totalmente custeada pelo Promitente Vendedor e administrada pela empresa ...., a qual será remunerada por tais serviços.

CLÁUSULA III

O projeto arquitetônico do condomínio com suas edificações está em processo de aprovação pela Prefeitura do Município de ...., sob a responsabilidade do Arquiteto ...., inscrito no CREA sob n. .... A edificação será constituída de .... residências térreas, com área total de ...., sendo .... m² de área privativa, ... m² de área de garagens privativas e .... m² de área comum (paredes entre as unidades).

CLÁUSULA IV

O Promitente Vendedor declara, sob pena de responsabilidade civil e penal, que o citado empreendimento está livre de ônus, de ações reais ou pessoais reipersecutórias e de constrições judiciais.

CLÁUSULA V

Pelo presente Instrumento Particular o Promitente Vendedor se compromete a transmitir por venda ao Promitente Comprador, e este último se compromete a adquirir por compra daquela, uma fração ideal do descrito terreno equivalente a .... m², a qual, quando da conclusão da mencionada Incorporação Imobiliária, corresponderá à Unidade n. 1, que possuirá a área total de .... m², sendo .... m² de área privativa, ... m² de área privativa de garagem, e .... m² de área de uso comum, e os seguintes compartimentos: Sala de TV e jantar, cozinha, área de serviço, circulação, 3 quartos, banheiro e garagem para um carro de passeio, sendo a primeira unidade à esquerda para quem entra no condomínio.

CLÁUSULA VI

O preço deste compromisso de venda e compra é de .... reais, sendo o valor de .... reais equivalente à fração ideal do terreno e o valor de .... reais, pela construção, cujo preço será pago da seguinte forma:

a) Entrada, de R$..............., em dinheiro, a ser pago da seguinte forma: ....

b) O valor de R$..............., a ser pago após a conclusão da unidade, através de financiamento bancário.

§ 1º A partir da data da averbação do CCO – Certificado de Conclusão de Obras, "habite-se" e CND do INSS da unidade, no Cartório de Registro de Imóveis, estando a mesma com matrícula individualizada e em condições de financiamento, será concedido um prazo de 30 (trinta) dias para que o Promitente Comprador conclua o processo de financiamento e para que o valor estipulado acima seja creditado na conta do Promitente Vendedor. Após este prazo, será cobrada multa e correção sobre o saldo devedor, conforme segue.

§ 2º A partir do primeiro dia de atraso incidirá sobre a parcela não paga uma multa de dois por cento (2%), mais juros moratórios de um por cento (1%) ao mês e correção monetária pelo Índice Geral de Preços ao Mercado (IGP-M), divulgado pela Fundação Getulio Vargas.

§ 3º O valor a ser pago como entrada será exclusivamente referente a parcela da fração do terreno e o saldo restante será referente ao valor restante da fração do terreno e para a construção da unidade.

§ 4º Os vencimentos em sábados, domingos ou feriados (inclusive bancários) serão prorrogados para o dia útil seguinte.

§ 5º Os pagamentos deverão ser feitos diretamente ao Promitente Vendedor, em sua sede ou em local que este indicar, em horário comercial, mediante recibo. Optando o Promitente Vendedor por cobrança bancária, esta deverá enviar o documento para pagamento ao Promitente Comprador em até cinco (5) dias antes do vencimento da parcela.

§ 6º O Promitente Comprador, após concluída a unidade autônoma, deverá, a seu exclusivo cargo, pleitear financiamento, liberação de recursos do Fundo de Garantia do Tempo de Serviço – FGTS, utilizar-se de carta de crédito de consórcio ou outros meios de obtenção de crédito, com o fim de quitar o saldo do preço deste compromisso, sem prejuízo das prerrogativas do Promitente Vendedor.

§ 7º O Promitente Comprador responde pela evicção dos bens, quer sejam moveis ou imóveis, dados em pagamento, nos termos do artigo 447 e seguintes do Código Civil, de forma ampla, geral e irrestrita.

§ 8º O Promitente Comprador poderá fazer amortizações extraordinárias.

§ 9º O valor total acima combinado é fixo e irreajustável.

§ 10. A posse provisória do imóvel se dará somente quando for efetuada a assinatura do contrato de financiamento e a posse definitiva se dará somente após o recebimento do crédito do valor financiado na conta do Promitente Vendedor.

CLÁUSULA VII

Havendo o atraso no pagamento de qualquer parcela de amortização do preço deste compromisso o Promitente Comprador será notificado para purgar a mora no prazo de dez (10) dias. Findo este prazo o presente Contrato ficará rescindido de pleno direito, hipótese que ocorrendo, o Promitente Comprador perderá, em benefício do Promitente Vendedor, uma multa de dez por cento (10%) sobre o valor total pago, sem prejuízo do Promitente Comprador ainda responder por:

a) despesas despendidas pelo Promitente Vendedor para obter seus direitos, tais como emolumentos de serviços de Registros de Imóveis e/ou de Registro de Títulos e Documentos, honorários de empresas de cobrança, custas processuais e honorários advocatícios, estes desde já arbitrados em vinte por cento (20%);

b) aluguel mensal equivalente a .... sobre o valor deste compromisso de venda e compra, caso a unidade autônoma já tenha sido entregue ao Promitente Comprador.

§ 1º As penalidades a que se referem esta Cláusula serão calculadas com base no valor total atualizado do preço deste compromisso à época da rescisão, de acordo com o disposto no parágrafo 1º da cláusula anterior.

§ 2º Descontadas as penalidades dos valores já pagos pelo Promitente Comprador, este receberá o saldo que houver do preço deste compromisso. Tal saldo será devolvido na mesma periodicidade em que foram pagos ao Promitente Vendedor, corrigidos monetariamente somente pela variação do citado IGP-M. Tal periodicidade de devolução será feita a partir e no valor do último pagamento feito, retornando até o primeiro, de modo que ao fim ocorra a devolução de todo o valor devido.

CLÁUSULA VIII

A unidade autônoma ora compromissada será entregue concluída, com documentação jurídica regular, no prazo máximo até o dia ...., com uma tolerância de mais noventa (90) dias, sem penalidades, sendo tal prazo prorrogável por caso fortuito ou força maior.

§ 1º Pelo prazo que o Promitente Comprador eventualmente ficar inadimplente no pagamento de qualquer parte do preço deste compromisso, importará em prorrogação, por igual período, no prazo de entrega a que se refere o *caput* desta Cláusula, ainda que o Promitente Comprador pague as penalidades devidas pela inadimplência. Tal medida se faz necessária para garantir o equilíbrio financeiro do empreendimento, haja vista que a obra será executada no prazo ajustado contando com o regular pagamento do Promitente Comprador.

§ 2º Não havendo motivo bastante para o atraso na entrega da obra, o Promitente Vendedor pagará ao Promitente Comprador uma multa mensal equivalente a zero vírgula cinquenta por cento (0,50%) sobre o valor total deste compromisso, multa essa devida a partir do atraso até a entrega da obra.

§ 3º O empreendimento será executado de acordo com o projeto aprovado pela Prefeitura do Município de .... e com as especificações constantes nos instrumentos arquivados no citado Ofício de Registro de Imóveis.

§ 4º A documentação jurídica regular a que se refere o *caput* da Cláusula anterior importa em estar o empreendimento com sua construção averbada e submetido ao regime da citada Lei n. 4.591/1964.

CLÁUSULA IX

Todos os tributos, contribuições condominiais, multas e demais responsabilidades sobre a unidade compromissada, até ser entregue ao Promitente Comprador, correrão por conta do Promitente Vendedor, e a partir de tal entrega, por conta do Promitente Comprador.

CLÁUSULA X

A Escritura definitiva de transferência do imóvel será outorgada ao Promitente Comprador quando integralmente quitado o preço deste compromisso, correndo por conta do Promitente Comprador as despesas decorrentes de tal transferência.

CLÁUSULA XI

O Promitente Comprador não poderá ceder os direitos e obrigações advindas deste Instrumento, nem alterar a estrutura e paredes da unidade autônoma, sem o prévio consentimento por escrito do Promitente Vendedor.

CLÁUSULA XII

Na hipótese de rescisão deste Contrato por inadimplência do Promitente Comprador, caso já tenha ocupado a unidade ora compromissada, deverá desocupá-la de coisas e pessoas no prazo máximo de trinta (30) dias, a contar da notificação para esse fim, sob pena de caracterizar esbulho possessório. Deverá também o Promitente Comprador retirar as benfeitorias que houver introduzido no imóvel, restaurando-o ao estado de antes, haja vista que não será indenizado.

CLÁUSULA XIII

O presente contrato é firmado em caráter irrevogável e irretratável, obrigando não só as partes contratantes, bem como seus herdeiros e legais sucessores.

CLÁUSULA XIV

As partes elegem mutuamente o foro da Comarca de ...., para nele, por meio de ação competente, serem dirimidas quaisquer dúvidas oriundas deste Instrumento.

E, por estarem de acordo, fizeram este Contrato em duas (2) vias de igual teor e forma, para um só efeito, que aceitam, outorgam e assinam, com testemunhas.

Cidade e data ....

_____

Promitente Vendedor

_____

Construtora pelo sócio ....

_____

Promitente Comprador

79
Modelo de contrato particular de promessa de compra e venda de unidade imobiliária e de construção

Pelo presente instrumento particular, as partes adiante qualificadas têm justo e acertado entre si uma promessa de compra e venda de unidade imobiliária em construção, descrita e caracterizada abaixo, que se regerá pelo quadro-resumo e pelas cláusulas e condições seguintes:

QUADRO-RESUMO:
I – Preço total a ser pago pelo imóvel;
II – o valor da parcela do preço a ser tratada como entrada, a sua forma de pagamento, com destaque para o valor pago à vista, e os seus percentuais sobre o valor total do contrato;
III – o valor referente à corretagem, suas condições de pagamento e a identificação precisa de seu beneficiário;
IV – a forma de pagamento do preço, com indicação clara dos valores e vencimentos das parcelas;
V – os índices de correção monetária aplicáveis ao contrato e, quando houver pluralidade de índices, o período de aplicação de cada um;
VI – as consequências do desfazimento do contrato, seja por meio de distrato, seja por meio de resolução contratual motivada por inadimplemento de obrigação do adquirente ou do incorporador, com destaque negritado para as penalidades aplicáveis e para os prazos para devolução de valores ao adquirente;
VII – as taxas de juros eventualmente aplicadas, se mensais ou anuais, se nominais ou efetivas, o seu período de incidência e o sistema de amortização;
VIII – as informações acerca da possibilidade do exercício, por parte do adquirente do imóvel, do direito de arrependimento previsto no art. 49 da Lei n. 8.078, de 11 de setembro de 1990 (Código de Defesa do Consumidor), em todos os contratos firmados em estandes de vendas e fora da sede do incorporador ou do estabelecimento comercial;
IX – o prazo para quitação das obrigações pelo adquirente após a obtenção do auto de conclusão da obra pelo incorporador;
X – as informações acerca dos ônus que recaiam sobre o imóvel, em especial quando o vinculem como garantia real do financiamento destinado à construção do investimento;

XI – o número do registro do memorial de incorporação, a matrícula do imóvel e a identificação do cartório de registro de imóveis competente;
XII – o termo final para obtenção do auto de conclusão da obra (habite-se) e os efeitos contratuais da intempestividade prevista no art. 43-A da Lei n. 4.591/64.

CLÁUSULA I – DAS PARTES CONTRATANTES

I.01 – PROMITENTE VENDEDOR(A), doravante denominado simplesmente VENDEDOR: Construtora e Incorporadora ...., inscrição no CNPJ n. ...., com sede na Rua ...., n. .... neste ato representada por seu sócio ...., brasileiro, (*completar os demais dados de qualificação, inclusive sobre o estado civil se pessoa natural o vendedor, com o nome do cônjuge e seus dados qualificadores*) .... Carteira de Identidade n. ..../ SSP-......... e CPF n. ....

I.02 – PROMISSÁRIO(A)(S) COMPRADOR(AS)(ES) doravante denominado(a)(s) simplesmente COMPRADOR: (*completar os demais dados de qualificação, inclusive sobre o estado civil se pessoa natural o comprador, com o nome do cônjuge e seus dados qualificadores*) ...., Carteira de Identidade n. ..../SSP-......... e CPF n. ....

CLÁUSULA II – DO OBJETO DA PROMESSA DE COMPRA E VENDA

Apartamento n. .... do empreendimento designado ...., de propriedade do VENDEDOR, localizado à Rua ...., com área total construída de .... metros quadrados e quatro centímetros, com (*exemplificativamente*) sala em dois ambientes, sacada, lavabo, cozinha, área de serviços, três quartos sendo um suíte, banheiro suíte e banheiro social tipo americano, dois boxes de garagem e um depósito (escaninho). E box de garagem de n. ...., com as seguintes medidas ....

CLÁUSULA III – DA ORIGEM DO IMÓVEL E DA INCORPORAÇÃO

III.01 – Imóvel registrado sob o n. .... no Cartório de Registro de Imóveis da Comarca de ...., Estado de ...., em data de ....

III.02 – Registro de Incorporação: matrícula n. ...., Cartório de Registro de Imóveis da Comarca de ...., Estado de ...., feito em data de ....

CLÁUSULA IV – DO PREÇO

O preço certo e ajustado da presente promessa de compra e venda é de R$ .... (......................... reais).

CLÁUSULA V – DAS CONDIÇÕES DE PAGAMENTO

O COMPRADOR pagará ao VENDEDOR o valor descrito na Cláusula IV *retro*, da seguinte forma (*fórmulas exemplificativas*):

V.01 – 01 (uma) parcela em, princípio de negócio, a teor do artigo 419 do Código Civil Brasileiro, (arras confirmatórias), no valor de R$ .... (...................... reais), no ato de assinatura deste instrumento.

V.02 – (uma) parcela intermediária de R$ .... (........................ reais) vencível em ...., que será reajustada de acordo com os índices pactuados na cláusula sexta.

V.03 – 12 (doze) parcelas mensais e sucessivas, no valor de R$ .... (...................... reais), vencíveis em todo dia .... a partir do mês de .... do ano de ....

V.04 – 01 (uma) parcela de R$ .... (........................ reais) vencível em data de ....

V.05 – 03 (três) parcelas de R$ .... (........................ reais) vencíveis em datas de ...., ... e ....

V.06 – 18 (dezoito) parcelas de R$ .... (........................ reais) vencíveis em todo dia .... a partir do mês de .... do ano de ....

CLÁUSULA VI – DO ÍNDICE DE REAJUSTE DAS PARCELAS E FORMA DE APLICAÇÃO PARA MANUTENÇÃO DO EQUILÍBRIO CONTRATUAL

As parcelas referidas na CLÁUSULA V *retro* serão reajustadas da seguinte forma:

VI.01 – A partir do 1º dia do mês de assinatura do presente instrumento até o mês da liberação do termo do "habite-se" pelo Órgão Público Municipal responsável, o reajuste será feito pelo INCC – Índice Nacional da Construção Civil da FGV (*exemplificativamente*), calculado de acordo com a variação acumulada ocorrida entre o índice referente ao segundo mês anterior à assinatura deste e o índice referente ao segundo mês anterior ao vencimento de cada parcela.

VI.02 – A partir do 1º dia do mês posterior à expedição do termo de "habite-se" e até a quitação final, o reajuste será feito pelo IGP-M – Índice Geral de Preços de Mercado (*exemplificativamente*). Este índice deverá ser acumulado tendo como base o primeiro mês após a expedição do "habite-se", até a data do efetivo pagamento integral de cada parcela, mais juros de 1% (um por cento) ao mês.

VI.03 – As parcelas reajustáveis deverão ser liquidadas simultaneamente com as diferenças relativas ao reajuste a elas vinculado, para realinhamento e equilíbrio das parcelas, o qual constituirá obrigação líquida e certa.

VI.04 – As partes concordam em que, havendo extinção, congelamento, modificação ou não publicação dos índices referidos na Cláusula anterior, adotar-se-á, pela ordem, o IGP-FGV ou o índice utilizado para atualização dos contratos do Sistema Brasileiro de Poupança e Empréstimo – SBPE, sem prejuízo dos juros e sua forma de aplicação previsto na Cláusula *retro*.

CLÁUSULA VII – DA MORA

VII.01 – Caso não sejam pagas em seu vencimento, as parcelas ficarão sujeitas, até o seu efetivo pagamento, a reajuste *pro rata die* ao índice pactuado e vigente no mês do pagamento; a juros moratórios em conformidade com o artigo 406 do Código Civil Brasileiro, ou seja, fixados segundo a taxa que estiver em vigor para a mora do pagamento de impostos devidos à Fazenda Nacional; e mais à multa de 2% (dois por cento), calculados sobre o valor do débito atualizado.

VII.02 – É assegurado ao COMPRADOR o direito de purgar a mora dentro do prazo de 90 (noventa) dias, a contar da data do vencimento da obrigação não cumprida, segundo dicção do inciso VI do art. 1º da Lei n. 4.864/1965, entendendo como devidamente purgada a mora desde que cumpridas as condições previstas nos incisos acima, no tocante aos seus encargos.

VII.03 – Para o caso em que o COMPRADOR, regularmente citado para purgar a mora, não o fizer no prazo previsto no inciso anterior, fica autorizado o VENDEDOR a rescindir o contrato por inadimplemento do adquirente, com o que, incidirá nas penas previstas na Cláusula XXIX do presente instrumento.

VII.04 – O COMPRADOR em mora na satisfação das prestações não poderá ser emitido na posse de sua unidade, podendo o VENDEDOR exercer o direito de retenção sobre o imóvel, em conformidade com o artigo 52 da Lei n. 4.591/1964.

VII.05 – O direito de retenção da unidade ainda não entregue, previsto no inciso anterior poderá, alternativamente ser exercido pelo VENDEDOR, facultando-se-lhe também optar entre aplicar as sanções estipuladas no presente contrato ou, em conjunto com a Comissão de Representantes do Condomínio, levar a unidade habitacional a leilão extrajudicial, segundo o permissivo do artigo 63 da Lei n. 4.591/1964.

VII.06 – Para o caso do exercício do direito de levar o bem em hasta pública, previsto no inciso anterior, deverá o COMPRADOR ser notificado para purgar a mora, no prazo improrrogável de 10 (dez) dias, devendo, ainda, haver expressa previsão do ato na Convenção do Condomínio e que o VENDEDOR faça constar na referida notificação tal pretensão.

CLÁUSULA VIII – DAS ANTECIPAÇÕES

VIII.01 – Na hipótese de o COMPRADOR pretender efetuar o pagamento de qualquer parcela reajustável, anteriormente à data determinada para seu vencimento, o valor da mesma deverá ser acrescido de atualização monetária *pro rata die*, conforme o índice ora pactuado entre as partes.

VIII.02 – À antecipação de pagamento aplica-se, também, a regra revisional aqui prevista, ficando claro, ainda, que a antecipação de pagamento, mesmo se realizada mais de uma vez, não implicará novação ou modificação dos critérios de reajuste monetário ou quanto à maneira de pagamento aqui estipulada.

CLÁUSULA IX – DA FORMAÇÃO DE TÍTULO EXECUTIVO EXTRAJUDICIAL

IX.01 – As parcelas referidas na Cláusula V *retro*, estão sendo representadas por Notas Promissórias emitidas em caráter *pro solvendo,* que ficam vinculadas a este instrumento, consignando-se no título os reajustes monetários e demais encargos a que estão sujeitos, em conformidade com o estipulado neste contrato.

IX.02 – O COMPRADOR, desde já, declara e confessa dever ao VENDEDOR o valor total do presente contrato, representado pelas parcelas descritas na Cláusula V e que o presente contrato representa título executivo extrajudicial na forma do artigo 784, incisos II, III e IV, do Código de Processo Civil brasileiro, para o caso em que, estando o imóvel em construção, o VENDEDOR não venha a optar pelo direito pelo previsto na CLÁUSULA VII, incisos 05 e 06 (DA MORA).

IX.03 – O COMPRADOR declara-se ainda ciente de que as obrigações originadas da presente promessa deverão ser quitadas contra recibo no prazo estipulado, na sede do VENDEDOR ou a quem este indicar ou, ainda, através de cobrança bancária, ficando estabelecido que a falta de recebimento de aviso de vencimento não exime o COMPRADOR de efetuar qualquer dos pagamentos previstos neste contrato, nem constitui justificativa para atraso na liquidação de qualquer das parcelas, ficando também condicionado o pagamento de qualquer prestação à liquidação de obrigação anterior vencida.

CLÁUSULA X – DO PRAZO DE CONCLUSÃO DA OBRA

O prazo para conclusão da obra e entrega da unidade aqui negociada é de .... (........................) meses, contados da data de assinatura deste instrumento, com tolerância de até .... (........................) dias, conforme cláusula XXI adiante.

CLÁUSULA XI – DAS CONDIÇÕES CONTRATUAIS

XI.01 – As partes retroqualificadas têm justa e comprometida a compra e a venda da unidade imobiliária descrita neste instrumento, pelo preço, condições e forma de pagamento aqui determinadas, que foram por elas previamente examinadas e aprovadas, sendo este Contrato celebrado de modo irretratável e irrevogável, não admitindo as partes arrependimento para este negócio.

XI.02 – A unidade imobiliária aqui comprometida está sendo ou será construída pelo VENDEDOR, em terreno por ele adquirido conforme descrito na Cláusula III deste, caracterizando-se o presente negócio como venda de imóvel *para entrega futura*, sem que haja qualquer relação contratual de empreitada ou outra prestação de serviços entre as partes. Fica claro que não fazem parte deste contrato os mobiliários e eletrodomésticos apresentados nas ilustrações dos materiais publicitários.

XI.03 – A eficácia da presente promessa é subordinada à condição de pagamento integral do preço.

XI.04 – Ao DEVEDOR foi dada oportunidade de tomar conhecimento prévio de todo o conteúdo do presente instrumento, sendo devidamente esclarecidas as cláusulas e condições nele constantes, segundo determina o artigo 46 do Código de Defesa do Consumidor (Lei n. 8.078/1990).

CLÁUSULA XII – DA CONSTITUIÇÃO DE HIPOTECA E DO CONTRATO DE FINANCIAMENTO CONCEDIDO PELA CONSTRUTORA (VENDEDOR) E/ OU AGENTE FINANCEIRO

XII.01– A obra em construção e o respectivo terreno poderão ser dados em garantia de financiamento *concedido pelo VENDEDOR*, exclusivamente para produção do empreendimento ao qual pertence o imóvel objeto deste contrato, e desde já, o COMPRADOR autoriza ao VENDEDOR a constituir hipoteca sobre a unidade autônoma ora compromissada, assim como autoriza a cessão do crédito, o desconto ou a caução de recebíveis, ressalvando que, quando da constituição, em primeira e especial hipoteca, em favor do VENDEDOR, que, por força da lei, deverá ser formalizada por Escritura Pública, todos os encargos, impostos, emolumentos, despesas cartorárias, correrão por conta do COMPRADOR.

XII.02 – Se o COMPRADOR desejar *quitar o financiamento* junto à construtora (VENDEDOR) de forma integral e exclusivamente com seus próprios recursos, este último se obriga a liberar a hipoteca que incide sobre a unidade imobiliária à data da liquidação do saldo devedor pelo COMPRADOR, outorgando-lhe título definitivo, sem ônus ou gravame de qualquer espécie, exceto as despesas relativas ao cancelamento do gravame e seus emolumentos e demais despesas cartorárias que deverão correr por conta do COMPRADOR e referidas no inciso anterior.

XII.03 – O COMPRADOR poderá ainda optar pelo pagamento do saldo devedor deste contrato, através de financiamento junto a Agente do Sistema Financeiro. Neste caso, todas as diligências para a obtenção do financiamento deverão ser implementadas pelo COMPRADOR, *antes do vencimento da parte do preço que promete resgatar com o financiamento.*

XII.04 – Se o valor do financiamento ou conta vinculada do FGTS for inferior ao da parcela a liquidar e seu reajuste, com acréscimo de juros, ou se a quantia líquida a ser recebida pelo VENDEDOR, através do financiamento, for menor que o valor corrigido e a pagar, a diferença, devidamente atualizada monetariamente (correção monetária mais juros), deverá ser paga pelo COMPRADOR, antes da assinatura do Contrato de Compra e Venda, com Pacto Adjeto de Hipoteca em favor do VENDEDOR, sob pena de execução imediata do saldo devedor remanescente.

XII.05 – Caso o COMPRADOR opte pelo pagamento total do preço ao VENDEDOR, na forma descrita no item acima, *após a conclusão da obra*, será feita a *Escritura de Compra e Venda definitiva* ou *Contrato de Venda com Pacto Adjecto de Hipoteca* ou *contrato com Alienação Fiduciária a favor do Agente Financeiro*, ocasião em que o VENDEDOR se sub-rogará de pleno direito no valor do financiamento concedido, junto ao Agente financeiro, obrigando-se a cumprir todas as exigências do mesmo para formalização do repasse.

XII.06 – O COMPRADOR obrigar-se-á a cumprir as exigências do Agente Financeiro com referência à documentação, cadastros, informações e outras, no prazo máximo de 20 (vinte) dias após a notificação ao VENDEDOR, para a apresentação dos documentos necessários.

XII.07 – Se o COMPRADOR vier a utilizar-se da conta vinculada do FGTS, Carta de Crédito FGTS, Carta de Crédito CAIXA, ou qualquer outra modalidade de financiamento existente no mercado, através de agente financeiro, para amortização ou quitação do seu saldo devedor, ficará sujeito ao pagamento ao VENDEDOR do respectivo reajuste do remanescente no período que decorrer entre a assinatura deste contrato até a efetiva liberação do crédito pelo Agente Financeiro em favor do VENDEDOR.

XII.08 – No caso do VENDEDOR, para o fim do financiamento, atendendo a solicitação do COMPRADOR, vier a fornecer dados ou firmar documentos para o Agente Financiador, serão eles entendidos como de simples cumprimento de formalidades, com o objetivo de viabilizar o financiamento, restando, no entanto, sempre válidas e exigíveis as presentes cláusulas, sem que implique qualquer modificação dos elementos do presente contrato, que restarão plenamente convalescidas em caso de não concessão ou liberação do financiamento pretendido.

XII.09 – Nos casos em que o COMPRADOR optar pelo pagamento de parte do saldo devedor através de financiamento pelo Agente Financeiro, a unidade será entregue ao COMPRADOR somente após a liberação e registro em cartório do documento firmado para liberação do financiamento e/ou saque de FGTS e ainda o acerto das diferenças apuradas em função de reajuste de preço.

XII.10 – A hipoteca que vier a ser constituída em decorrência do presente financiamento, deverá incidir sobre o imóvel com todas as suas acessões, construções ou melhoramentos já existentes ou que vierem a ser agregadas, independentemente da área construída efetivamente averbada na respectiva matrícula, renunciando o COMPRADOR, neste ato, à pretensão a quaisquer direitos ou indenizações pelos acréscimos de construção não averbados, a teor do artigo 1.474 do Código Civil Brasileiro e artigo 29 da Lei n. 4.864/1965.

CLÁUSULA XIII – DO SEGURO

Durante a vigência deste contrato de financiamento e para o caso em que o imóvel não venha a ser financiado por agente financeiro, faz-se obrigatório o seguro contra danos físicos do imóvel, obrigando-se o COMPRADOR a pagar os respectivos prêmios, a partir da entrega do "habite-se".

XIII.01 – O COMPRADOR declara estar ciente de que, para o caso de não obter financiamento junto ao agente financeiro, não contará por parte do VENDEDOR com a cobertura por morte, invalidez permanente resultante de acidente ocorrido ou morte natural, nada podendo exigir do VENDEDOR a este título.

XIII.02 – Em caso de falecimento do DEVEDOR, para o caso previsto no inciso anterior, o VENDEDOR oferecerá ao espólio do DEVEDOR a opção, pelo prazo de 90 (noventa) dias, contado da data do evento, entre continuar com a unidade nas condições do contrato ou receber, no prazo igual ao de sua vigência, a devolução de todas as prestações pagas, com a respectiva correção monetária, deduzidos os encargos elencados na CLÁUSULA XXVIII, a teor do parágrafo único do artigo 2º da Lei n. 4.864/1965.

CLÁUSULA XIV – DA REVISÃO DO PREÇO

XIV.01 – O reajuste monetário pela variação do índice eleito terá a periodicidade mínima permitida em lei, admitido ajuste posterior em período inferior desde que outra lei ou decisão judicial assim o determine, razão por que será feita revisão dos valores das obrigações anteriores, pagas ou não, e vincendas para apurar possíveis diferenças.

XIV.02 – Sendo admitida periodicidade inferior à prevista na legislação vigente nesta data, por disposição legal ou judicial, as partes contratantes concordam, desde já e em caráter irrevogável, que a revisão passará, automaticamente a ser feita no menor prazo que for permitido.

XIV.03 – À revisão se aplicam, também, as regras de substituição automática de índices aqui previstas.

XIV.04 – Em face do avençado quanto a preço, parcelas, reajustes, resíduos etc., o pagamento de qualquer parcela corrigida de maneira diversa da estabelecida neste contrato, inclusive perante terceiros autorizados a recebê-las, não implicará a quitação do respectivo débito, sendo que qualquer diferença verificada entre os pagamentos efetuados pelo COMPRADOR e a sistemática de cálculos dos valores estabelecidos neste instrumento, deverão ser imediatamente pagos pelo COMPRADOR no prazo

Cap. 79 | Modelo de contrato particular de promessa de compra e venda de unidade imobiliária • **319**

máximo de 48 (quarenta e oito) horas, contados da comunicação por escrito que o VENDEDOR lhe dirigir neste sentido, sob pena de incorrer em mora contratual.

CLÁUSULA XV – OBRIGAÇÕES DAS PARTES

XV.01 – São obrigações do VENDEDOR, dentre outras constantes deste contrato:

a) Entregar a unidade comprometida no prazo previsto e de acordo com as especificações constantes do memorial de incorporação, ressalvados os atrasos justificados de que trata o item XXI.

b) Reparar, no prazo máximo de 180 (cento e oitenta) dias, os vícios e defeitos que foram reclamados, nas condições e prazos previstos em lei.

c) Permitir ao COMPRADOR visitar as obras a que pertence a unidade comprometida, desde que atendidas as normas de segurança e os dias e horários por ela fixados.

d) Prestar as informações que forem solicitadas pelo COMPRADOR a respeito do andamento da obra.

e) Esclarecer o COMPRADOR quanto à forma de reajuste do preço, das prestações e seus acréscimos.

XV.02 – São obrigações do COMPRADOR, dentre outras constantes deste contrato:

a) Pagar pontualmente as parcelas do preço e outros débitos que forem devidos em favor do VENDEDOR no local designado.

b) Pagar, no tempo devido, os encargos fiscais, condominiais e outros a que estiver sujeito, ressarcindo prontamente o VENDEDOR quando este for compelido a fazê-lo em seu nome.

c) Comunicar o VENDEDOR a respeito de qualquer alteração de seu endereço.

XV.03 – Correrão por conta do VENDEDOR todas as despesas e os encargos fiscais, relativos ao imóvel, até a data de concessão do "Habite-se".

XV.04 – Correrão por conta do COMPRADOR todas as despesas e os encargos fiscais relativos à unidade comprometida, devidas a partir da data de concessão do "habite-se", tais como:

a) As despesas de condomínio, ainda que o COMPRADOR não tenha recebido a posse da unidade.

b) Os foros, impostos, taxas, seguro contra incêndio e outros encargos, fiscais ou não, que já incidam, na data do contrato, ou que venham a incidir sobre a unidade comprometida, ainda que lançados em nome do VENDEDOR, e que deverão ser pagos regular e pontualmente, ainda que o COMPRADOR não tenha recebido a posse da unidade.

c) Todas as despesas de escritura e transferência da unidade comprometida, tais como certidões negativas, quitações fiscais, custas e emolumentos de cartórios, impostos, taxas, laudêmios, emolumentos de avaliação, taxas de agente financeiro e outras.

d) Quaisquer outros pagamentos que forem exigidos pelos órgãos públicos.

e) As despesas de ligações definitivas dos serviços públicos, bem como as indispensáveis à instalação, funcionamento e regulamentação do condomínio.

XV.05 – Não estão incluídos no preço pactuado e, portanto, ficarão a cargo do COMPRADOR, todos os acessórios não expressamente previstos no memorial de incorporação, tais como, exemplificativamente: o custo e a instalação de luminárias da unidade autônoma, dos armários embutidos, espelho de banheiro, fogão, exaustor, aparelhos de ar condicionado, instalações especiais, internas e externas, que venham a ser exigidas pelos órgãos públicos, inclusive cabines e *vaults I* (cofres), bem assim o projeto e o valor da execução de benfeitorias voluntárias, tais como: jardins, decoração de *halls*, portarias etc.

CLÁUSULA XVI – DA CONSTRUÇÃO

XVI.01 – O edifício ...., objeto da incorporação, será construído com fiel observância às plantas aprovadas, das especificações e do memorial descritivo que integram o Memorial de Incorporação, podendo o VENDEDOR no entanto, por conveniência técnica devidamente justificada, determinação do Poder Público ou exigência das empresas concessionárias de serviços públicos, promover modificações no projeto aprovado, sem que assista a qualquer das partes direito a indenização ou compensação, desde que não decorra prejuízo de qualquer ordem ao COMPRADOR, e nem acarrete aumento de suas obrigações.

XVI.02 – A referida unidade imobiliária autônoma é agora prometida em compra e venda *ad mensuram*, isto é, como coisa certa e determinada nas medidas apresentadas, não sendo meramente enunciativa a referência às dimensões, ficando assim convencionado que haverá repercussão contratual, seja jurídica, econômica ou financeira, por diferenças de até 1/20, para mais ou para menos, nas dimensões das citadas unidades e de suas correspondentes frações ideais de terreno, em consonância com o disposto no *caput* do artigo 500 do Código Civil Brasileiro.

XVI.03 – O COMPRADOR não poderá interferir, direta ou indiretamente, no andamento normal da obra, quer seja mantendo entendimentos com o seu encarregado ou operários, quer permanecendo no local, sem autorização prévia do VENDEDOR e, igualmente, não poderá introduzir na obra operários ou materiais, antes da efetiva entrega das chaves.

CLÁUSULA XVII – DAS MODIFICAÇÕES NA UNIDADE

Conforme normas específicas anexas, faculta-se ao COMPRADOR solicitar por escrito ao VENDEDOR modificações em sua unidade, sendo que esta poderá ser aceita ou não, levando-se em conta a complexidade da modificação, sua conformidade com as normas técnicas da ABNT, o respeito ao Projeto aprovado e ao Código de Edificações da Prefeitura, os riscos de danos materiais e pessoais decorrentes destas modificações e outros inconvenientes, sendo que a conclusão destas considerações deverá ser efetivada por escrito, por parte do VENDEDOR e entregue mediante recibo ao COMPRADOR, no prazo máximo de 20 (vinte) dias do recebimento da proposta de modificação, que também deverá ser entregue por escrito ao VENDEDOR.

CLÁUSULA XVIII – DA SUBSTITUIÇÃO DE MATERIAIS

O VENDEDOR fica autorizado a substituir qualquer dos materiais especificados no memorial descritivo, na hipótese de os mesmos não serem encontrados na praça, desde que de qualidade e função equivalentes.

CLÁUSULA XIX – SOBRECARGA MÁXIMA

A sobrecarga (carga útil) máxima permitida nas unidades é prevista pela Associação Brasileira de Normas Técnicas (ABNT). Em razão disso o COMPRADOR

Cap. 79 | Modelo de contrato particular de promessa de compra e venda de unidade imobiliária • **321**

não poderá sobrecarregar a sua unidade com cargas superiores ao limite estabelecido pelas referidas normas. Também, não poderão exceder a 200 kg por metro quadrado na copa/cozinha e banheiros e 150 kg por metro quadrado nas demais dependências.

CLÁUSULA XX – CONCLUSÃO DAS OBRAS

É admitida uma tolerância de 180 (cento e oitenta) dias no prazo previsto para a conclusão da obra, bem como sua prorrogação pela ocorrência de caso fortuito ou força maior, de acordo com o artigo 393 do Código Civil, entendendo-se como tal, exemplificada, mas, não exclusivamente:

a) greves, guerras, revoluções que afetem o setor imobiliário;

b) suspensão ou falta de transportes;

c) inexistência de materiais de construção ou similares para compra na praça ou de mão de obra especializada;

d) chuvas prolongadas que impeçam ou dificultem etapas importantes da obra;

e) eventual embargo da obra, não resultante de incúria ou erro do VENDEDOR;

f) demora na execução dos serviços que são próprios de empresas concessionárias de serviços públicos, tais como interrupções dos meios de transporte coletivo e desvios por quedas de pontes, com interdições de estradas e/ou rodovias;

g) demora na concessão do "habite-se" e outras autorizações legais, por motivos que independam da vontade do VENDEDOR;

h) reformas econômicas ou outros atos governamentais que interfiram no setor da construção;

i) atraso no pagamento das prestações, por uma quantidade superior a 30% (trinta por cento) dos demais COMPRADORES;

j) demandas judiciais em relação a vizinhos ou terrenos lindeiros;

k) impontualidade do COMPRADOR no cumprimento de suas obrigações.

CLÁUSULA XXI – ENTREGA DA UNIDADE E VISTORIA

XXI.01 – Imediatamente após a expedição do "habite-se", o VENDEDOR notificará o COMPRADOR para, nos 20 (vinte) dias seguintes, cumprir todas as providências que lhe couberem no recebimento das chaves.

XXI.02 – O COMPRADOR será imitido na posse da unidade desde que esteja rigorosamente em dia com o pagamento de suas obrigações, inclusive diferença apurada para realinhamento das parcelas, desde que devidamente aprovada ou definida. Caso o COMPRADOR não tenha quitado integralmente o preço pactuado, para garantia do pagamento das parcelas restantes, obriga-se antes do recebimento do imóvel a firmar Escritura Pública com o gravame hipotecário a que faz referência a Cláusula XII do presente instrumento, em favor do VENDEDOR, sem prejuízo dos encargos inerentes à mora, previstos na CLÁUSULA VII do presente instrumento.

XXI.03 – Recebidas as chaves, o COMPRADOR deverá proceder à respectiva vistoria e apresentar por escrito as suas reclamações em relação aos defeitos aparentes ou de fácil constatação, com comprovante de entrega e recebimento.

XXI.04 – O recebimento das chaves pelo COMPRADOR não importará em qualquer renúncia ao seu direito à reparação dos defeitos constatados, hipótese que ficará ressalvada no respectivo termo.

XXI.05 – Após a entrega da unidade, o VENDEDOR poderá vistoriá-la periodicamente para acompanhar o desempenho das estruturas e fundações.

XXI.06 – A quitação total do preço fica condicionada à apuração de eventual diferença, em face da revisão aqui prevista, ainda que tal ressalva não conste expressamente do recibo.

XXI.07 – Fica pactuado que a entrega do imóvel e a imissão de posse pelo COMPRADOR, em qualquer caso, só se dará se ele estiver quite com suas obrigações e compromissos para com o VENDEDOR, pelo que o atraso no pagamento de obrigações automaticamente prorrogará o prazo de entrega do imóvel até a data da purgação do débito.

CLÁUSULA XXII – DA POSSE PRECÁRIA

XXII.01 – O VENDEDOR, a seu exclusivo critério, poderá conceder ao COMPRADOR, em caráter excepcional a posse do imóvel comprometido, após a liberação do "habite-se" e antes da quitação total do preço, desde que esteja ele em dia com suas obrigações. Tal posse será exercida, no entanto, em caráter precário e temporário, sempre em nome do VENDEDOR, que, por ficção que ora se ajusta, continua a exercer posse indireta sobre o imóvel, sendo vedado ao COMPRADOR realizar benfeitorias sem a expressa anuência do VENDEDOR.

XXII.02 – O COMPRADOR, imitido na posse precária, deverá manter, por sua própria conta, o imóvel segurado contra incêndio e outros danos, tendo como beneficiário o VENDEDOR.

XXII.03 – A posse, assim tolerada, cessará de pleno direito em caso de inadimplemento absoluto, para o caso de não purgação da mora, hipótese em que deverá restituir o imóvel no prazo previsto na CLÁUSULA VII, inciso 04, sob pena de constituir-se em possuidor de má-fé e caracterizar-se esbulho, sujeito à reintegração liminar.

XXII.04 – A devolução do imóvel deverá ser efetuada ao VENDEDOR quando do término do prazo da interpelação que constituiu em mora o COMPRADOR. A não entrega configurará esbulho, que permitirá ao VENDEDOR obter, mediante instituto processual adequado, a sua reintegração liminar na posse do imóvel, conforme artigos 1.210 e 1.212 do Código Civil.

XXII.05 – Até a efetiva devolução do imóvel, na hipótese do item anterior, será devida pelo COMPRADOR em favor do VENDEDOR taxa de fruição de 1% (um por cento) sobre o valor atualizado da unidade comprometida do imóvel, calculada *pro rata die*, não havendo direito de indenização pelas benfeitorias feitas sem autorização do VENDEDOR, salvo as comprovadamente necessárias; o percentual acima será devido a partir da data da entrega do imóvel pelo VENDEDOR, até a sua desocupação, ou seja durante todo o período de posse indevida pelo COMPRADOR.

XXII.06 – Reconhecendo, de logo, a precariedade da posse, o COMPRADOR deverá devolver ao VENDEDOR em perfeitas condições de utilização o imóvel limpo, pintado e conservado, tal como lhe foi entregue pelo VENDEDOR, ficando este autorizado a reter as importâncias suficientes à recomposição do imóvel ao estado em que lhe foi entregue.

XXII.07 – O VENDEDOR poderá compensar o crédito *supra* com os valores a serem devolvidos, valores estes previstos na CLÁUSULA XXVIII, para os casos de revisão ou rescisão contratual, mesmo que esta se opere judicialmente.

CLÁUSULA XXIII – DEVOLUÇÃO DAS PARCELAS EM CASO DE RESCISÃO – Artigo 53 do Código de Defesa do Consumidor

XXIII.01 – Na hipótese de rescisão do presente Contrato de Promessa de Compra e Venda de Unidade Imobiliária, pactuam as partes, quanto à devolução das quantias pagas e ônus decorrentes do inadimplemento e rescisão, a aplicação da seguinte fórmula:

Vr = Vp-Dc-Da, onde:

Vr = Valor líquido da restituição a ser feita ao COMPRADOR.

Vp =Valor pago pelo COMPRADOR, excluído os juros de mora e multa, corrigido pelo indexador eleito pelo contrato.

Dc = Despesas de comercialização = valor correspondente a 5% (cinco por cento) do valor do contrato corrigido pelo indexador eleito pelo contrato.

Da = Despesas administrativas e tributárias = valor correspondente a 10% (dez por cento) do valor do contrato, corrigido pelo indexador eleito pelo contrato.

O COMPRADOR ressarcirá ao VENDEDOR, a fruição, que corresponde a 1% (um por cento) do valor do contrato corrigido pelo indexador eleito, para cada mês, no período compreendido entre o habite-se até a devolução do mesmo ao VENDEDOR, a título de aluguel.

Obs.: A restituição (Vr) ao COMPRADOR será feita em tantas parcelas idênticas às parcelas efetivamente recebidas (sinal, intermediárias, mensais, chaves) pelo VENDEDOR. O início da devolução dar-se-á 30 (trinta) dias depois de efetivada a restituição da unidade.

CLÁUSULA XXIV – DO INADIMPLEMENTO ABSOLUTO

XXIV.01 – O atraso no pagamento de três (3) prestações mensais, sem a purgação da mora, e efetuada a notificação para o pagamento das quantias devidas em atraso, de conformidade com o artigo 1º do Decreto-lei n. 745/1969, formalizada com a planilha da dívida, detalhada com o valor do principal, e mais correção monetária, juros, multa e eventuais encargos contratados, ensejará, de pleno direito, a rescisão do contrato, sujeitando o COMPRADOR a pagar ao VENDEDOR o valor da dívida vencida, reajustada monetariamente pelo indexador eleito, acrescido dos juros moratórios avençados no presente contrato, mais a multa contratual, sem prejuízo das perdas e danos, honorários de advogado, em conformidade com o disposto no artigo 389 do Código Civil Brasileiro.

XXIV.02 – Qualquer tolerância por parte do VENDEDOR quanto à cobrança de multa e acréscimo ou à exigência do cumprimento de qualquer obrigação do contrato, não implicará renúncia ao respectivo direito nem induzirá novação, precedente ou alteração do contrato, sendo aqueles fatos levados à conta de simples liberalidade.

XXIV.03 – A dívida será considerada antecipadamente vencida:

I – SE O COMPRADOR:

1. faltar ao pagamento de três encargos mensais consecutivos ou não ou de qualquer outra importância prevista neste instrumento, conforme estabelecido no *caput* da presente cláusula;

2. ceder ou transferir a terceiros, no todo ou em parte, os seus direitos e obrigações, venderem ou prometerem à venda o imóvel, sem prévio e expresso consentimento do VENDEDOR;

3. não mantiver o imóvel, durante o prazo de financiamento, em perfeito estado de conservação, segurança e habitabilidade, ou realizar no imóvel, sem prévio e expresso consentimento do VENDEDOR, obras de demolição, alteração ou acréscimo de modo a comprometer a manutenção ou realização da garantia dada;

4. constituir sobre o imóvel, no caso do mesmo ser oferecido em garantia, no todo ou em parte, novas hipotecas ou outros ônus reais, sem o consentimento prévio e expresso do VENDEDOR;

5. deixar de apresentar, quando solicitado pelo VENDEDOR, os recibos de impostos, taxas ou tributos, bem como dos encargos previdenciários e securitários que incidam ou venham a incidir sobre o imóvel hipotecado e que sejam de sua responsabilidade.

II – NA OCORRÊNCIA DE QUAISQUER DAS SEGUINTES HIPÓTESES:

1. quando vier a ser comprovada a falsidade de qualquer declaração feita pelo COMPRADOR na ficha de cadastro constante do processo de financiamento ou no contrato, de sorte a trazer prejuízos ao VENDEDOR no importe do valor da unidade;

2. quando desfalcada a garantia, em virtude de depreciação ou deterioração a que deu causa o COMPRADOR e este não a reforçar, depois de devidamente notificado;

3. quando contra o COMPRADOR for movida qualquer ação ou execução ou decretada qualquer medida judicial ou administrativa que, de algum modo, afete o imóvel dado em garantia, no todo ou em parte;

4. quando for desapropriado o imóvel dado em garantia;

5. no caso de insolvência do COMPRADOR;

6. se houver infração de qualquer cláusula do presente contrato de financiamento;

7. quando não for providenciado o registro do presente contrato no prazo estipulado neste instrumento.

III – EM CASO DE DESAPROPRIAÇÃO

No caso de desapropriação do imóvel financiado ou hipotecado, receberá do poder expropriante a indenização correspondente, imputando-a na solução desta dívida e pondo o saldo, se houver, à disposição do DEVEDOR.

CLÁUSULA XXV – CESSÃO E TRANSFERÊNCIA DE DIREITOS

XXV.01 – O COMPRADOR poderá ceder ou prometer ceder os direitos e obrigações constantes deste contrato, desde que obtida prévia e expressa anuência do VENDEDOR.

XXV.02 – O VENDEDOR não é obrigado a permitir a cessão, a promessa de cessão ou transferência, se não garantidas as obrigações devidas pelo cedente, e se não oferecidas as garantias originariamente firmadas. Para viabilizar a concordância com a cessão ou

Cap. 79 | Modelo de contrato particular de promessa de compra e venda de unidade imobiliária • **325**

transferência, o cessionário ou o promitente cessionário avalizará os títulos de créditos emitidos pelo COMPRADOR, ou emitirá, a critério do VENDEDOR, Notas Promissórias em substituição às emitidas pelo COMPRADOR, ficando, ademais, sub-rogado em todas as obrigações e em todos os compromissos aqui contraídos e assumidos pelo COMPRADOR.

XXV.03 – Fica convencionado que a dívida vencer-se-á de pleno direito, acrescida da correção, multa e juros, podendo o VENDEDOR exigir seu pronto pagamento, se o COMPRADOR ceder, transferir ou alienar a qualquer título o bem objeto deste contrato sem o prévio e expresso consentimento do VENDEDOR.

XXV.04 – O COMPRADOR não se opõe a que o crédito ou títulos representativos do preço sejam cedidos ou transferidos a terceiros, desde que previamente cientificado, por escrito, nos moldes avençados nos itens anteriores.

CLÁUSULA XXVI – DAS AUTORIZAÇÕES AO VENDEDOR

XXVI.01 – É facultado ao VENDEDOR a colocação, enquanto não vendidas todas as unidades, em local por ele escolhido, de uma marca ou placa alusiva ao empreendimento e à sua construção.

XXVI.02 – Até a venda da última unidade, o VENDEDOR ou Empresa por ela contratada poderá manter no condomínio um plantão de vendas, bem como cartazes, faixas, placas e luminosos destinados à respectiva comercialização.

XXVI.03 – O COMPRADOR autoriza (*ou não autoriza*) o VENDEDOR a incluir seu nome na listagem de clientes, entregues aos fornecedores de equipamentos, móveis, acessórios e material de decoração utilizados na unidade imobiliária que é montada a título de amostra.

XXVI.04 – Poderá o VENDEDOR, em nome e por conta do Condomínio, contratar pelo prazo de 3 (três) meses após o "habite-se", os funcionários e vigias necessários aos serviços indispensáveis à manutenção e conservação, bem como providenciar a ligação dos medidores de energia elétrica das unidades, pagar as contas de luz, água e gás. Os custos respectivos deverão ser prontamente ressarcidos pelo Condomínio, devidamente atualizados monetariamente.

CLÁUSULA XXVII – CONVENÇÃO E INSTALAÇÃO DO CONDOMÍNIO

XXVII.01 – O COMPRADOR declara, no presente instrumento, que leu os termos da convenção do Condomínio de que faz parte a unidade comprometida e integrante do memorial de incorporação, aceita-os inteiramente e obriga-se a cumpri-la, por si, seus herdeiros, sucessores e ocupantes da unidade, a qualquer título, devendo a mesma prevalecer enquanto não submetida à assembleia geral dos condôminos, para a sua ratificação ou alteração.

XXVII.02 – Com referência às unidades não comercializadas pelo VENDEDOR, este pagará o valor equivalente a 100% (cem por cento) da taxa condominial estabelecida para cada uma das unidades. Entende-se, para todos os efeitos, como taxa condominial, a proporcionalidade relativa a cada unidade por despesas do condomínio, ordinária ou extraordinária, para manutenção, conservação, aquisição de equipamentos ou mesmo para atender a feitura de obras voluntárias, úteis ou necessárias, para aquisição de móveis ou utensílios para melhoramento.

CLÁUSULA XXVIII – DAS DISPOSIÇÕES CONDOMINIAIS

XXVIII.01 – O COMPRADOR obriga-se, por si e por seus dependentes, empregados ou visitantes, a cumprir e a fazer cumprir as regras da Convenção de Condomínio, do Manual do Proprietário, posto que concorda expressamente com todos os seus termos, sem exceção ou oposição de qualquer espécie ou natureza, enquanto não ratificada ou alterada pela assembleia geral dos condôminos, cujos instrumentos receberá na entrega da unidade.

XXVIII.02 – O COMPRADOR obriga-se, expressamente, a incluir em qualquer instrumento de alienação, ou de locação, ou de cessão de uso de unidade objeto deste contrato particular cláusula que obrigue o futuro COMPRADOR, locatário ou usuário a cumprir e a fazer cumprir a Convenção de Condomínio e as normas do Manual do Proprietário.

XXVIII.03 – Enquanto não for instalado formalmente o condomínio, o VENDEDOR, em face da sua condição de incorporadora, administrará o condomínio, diretamente ou através de empresa especializada por ela contratada para esse fim, rateando previamente entre as unidades dele integrantes as despesas correspondentes, na proporção de suas respectivas frações ideais de terreno.

XXVIII.04 – Expedido o "habite-se" da unidade, o COMPRADOR obriga-se a satisfazer as taxas de condomínio a ele referentes, a menos que não lhe sejam entregues as chaves.

CLÁUSULA XXIX – DAS DECLARAÇÕES DO COMPRADOR

XXIX.01 – O COMPRADOR responsabiliza-se pelas seguintes declarações que consubstanciam condições prévias à assinatura do contrato, obrigando-se a comprová-las se e quando solicitadas pelo VENDEDOR:

a) inexistência de débitos fiscais, protestos cambiais ou quaisquer ações contra si ajuizadas que possam afetar os direitos creditórios do VENDEDOR;

b) veracidade das indicações sobre sua identidade, estado civil, nacionalidade, profissão, endereço, cadastro fiscal e situação econômico-financeira.

XXIX.02 – No ato da entrega da unidade, o DEVEDOR firmará Termo de Recebimento do imóvel, no qual, após análise, deverá declarar ter ou não o VENDEDOR cumprido suas obrigações, em especial no relacionado às especificações técnicas de acabamento, equipamentos, composição da unidade e do Condomínio e explicitará a anuência com relação aos prazos de decadência seguintes:

a) 1 (um) ano contado da data da entrega da unidade, para reclamar possíveis defeitos aparentes ou de fácil constatação;

b) da mesma forma e termos iniciais, o prazo de 1 (um) ano para os vícios ocultos, devendo iniciar da data em que apareceram;

c) 180 (cento e oitenta), no curo de 05 (cinco) anos contados da data da efetiva entrega da unidade, com relação à solidez e segurança da edificação, conforme o artigo 618 e parágrafo único do Código Civil, ficando pré-excluída a responsabilidade do VENDEDOR se o defeito decorrer da falta de manutenção e conservação a que ficam obrigados o COMPRADOR e o Condomínio;

d) o COMPRADOR declara, neste ato, que o recebimento de qualquer aviso, notificação, interpelação judicial ou extrajudicial, bem como quaisquer comunicações ou convites considerar-se-ão legalmente entregues se remetidas sob protocolo, ou Aviso

Cap. 79 | Modelo de contrato particular de promessa de compra e venda de unidade imobiliária • **327**

de Recebimento – AR, no endereço do imóvel, assumindo os ônus que porventura venham a decorrer de sua eventual omissão em comunicar novo endereço.

XXIX.03 – Fica plenamente entendido que esses são os prazos legais de garantia com relação à edificação da obra, e não garantia contratual com base na culpa ou dolo do VENDEDOR, quando a regulamentação se dá pelas regras do direito civil.

CLÁUSULA XXX – DAS DECLARAÇÕES DO VENDEDOR

O VENDEDOR, sendo pessoa jurídica que exerce atividade de compra e venda de imóveis, locação, desmembramento ou loteamento de terrenos, incorporação imobiliária ou construção de prédios destinados à venda, declara solenemente, sob as penas da lei, que o imóvel objeto da presente transação não faz, nem nunca fez, parte integrante do seu ativo permanente, estando, pois, enquadrado na dispensa da apresentação da Certidão de Quitação de Tributos e Contribuições Federais e da CND do INSS.

CLÁUSULA XXXI – DA DECLARAÇÃO DE CONHECIMENTO INTEGRAL DO CONTRATO EM CONFORMIDADE COM O ART. 46 DO CDC.

O COMPRADOR declara, neste ato:

a) que recebeu previamente do VENDEDOR a minuta do presente instrumento, a fim de que a mesma fosse examinada, tendo permanecido com a referida minuta em seu poder;

b) que as cláusulas e condições doravante descritas neste Contrato são de inteira e integral compreensão e alcance dos objetivos do presente negócio, pelo que nada poderá ser alegado, futuramente, pelo COMPRADOR sobre não ter tido conhecimento ou ter sido surpreendido;

c) que as obrigações assumidas por ele neste instrumento estão de acordo com a sua capacidade econômico-financeira;

d) que obriga-se a guardar, tanto na execução como na conclusão do presente contrato os princípios de probidade e de boa-fé.

CLÁUSULA XXXII – DA OUTORGA DE ESCRITURA

XXXII.01 – A escritura definitiva será outorgada ao COMPRADOR quando do cumprimento da totalidade de suas obrigações perante o VENDEDOR, para o caso em que o VENDEDOR libere o COMPRADOR de garantia hipotecária prevista na CLÁUSULA XXII do referido instrumento. Em caso contrário, será obrigado a escriturar o imóvel ainda antes do cumprimento total da obrigação, para fazer constar a garantia real, como determina o Código Civil Brasileiro.

XXXII.02 – Obriga-se, ainda, o COMPRADOR a registrar a escritura pública na serventia imobiliária correspondente e a levar o documento registrado ao órgão municipal competente, no prazo improrrogável de 30 (trinta) dias, para expedição das guias ou recibos de imposto predial da unidade em nome do novo proprietário, sob pena de responder por eventual cobrança da dívida além das perdas e danos decorrentes.

CLÁUSULA XXXIII – DA IRRETRATABILIDADE

O presente contrato é firmado em caráter, irrevogável e irretratável, pelo que obriga e vincula não só aos contratantes, mas também aos seus herdeiros e sucessores.

CLÁUSULA XXXIV – DA OUTORGA DE PROCURAÇÕES EM HAVENDO DOIS OU MAIS DEVEDORES

Havendo dois ou mais DEVEDORES, todos estes declaram-se solidariamente responsáveis por todas as obrigações assumidas neste contrato e se constituem em procuradores recíprocos, até o pagamento integral do saldo devedor, com poderes irrevogáveis para foro em geral e os especiais para requerer, concordar, recorrer, transigir, receber e dar quitação, desistir, receber citações, notificações, intimações, inclusive de penhora, leilão ou praça, embargar, enfim, praticar todos os atos necessários ao bom e fiel desempenho do presente mandato.

CLÁUSULA XXXV – DO FORO

Todas as questões eventualmente oriundas do presente contrato, serão resolvidas de forma definitiva junto ao FÓRUM da comarca de ....

E, por estarem assim justas e contratadas, as partes acima nominadas assinam o presente contrato em 3 (três) vias de igual teor, na presença de duas testemunhas, protestando por fazê-lo sempre bom, firme e valioso.

........................, ... de .... de ....

VENDEDOR CÔNJUGE

COMPRADOR CÔNJUGE

Testemunhas:

_____

RG

_____

RG

80

A irretratabilidade dos contratos decorrentes da incorporação se não verificada a inadimplência das prestações do preço

A incorporação impõe a irretratabilidade dos contratos celebrados com os adquirentes de frações ideais e de unidades. Relativamente ao incorporador, durante o prazo de cento e oitenta dias é-lhe facultada a denúncia da incorporação, consoante faculta o artigo 34, § 2º, em combinação com o artigo 33, na redação da Lei n. 14.382/2022, da Lei n. 4.591/1964, tendo o prazo sido elevado pela Lei n. 4.864/1965. Inicia o lapso temporal com o registro da incorporação. No caso, a denúncia opera a rescisão da incorporação, abrangendo a rescisão dos contratos de transferência de frações ideais possivelmente já realizados.

Afora a previsão acima, dirigida para a incorporação, é possível a rescisão ou resolução da incorporação por iniciativa dos adquirentes das unidades, nas situações que autorizam o seu afastamento, como falência ou insolvência, paralisação ou demora da injustificada da obra (art. 43, incs. VI e VII da Lei n. 4.591/1964).

Já quanto aos contratos de compra e venda ou promessa de compra e venda, permite-se a rescisão se houver mora do adquirente ou promitente adquirente da unidade, sendo o vendedor ou promitente vendedor o incorporador, que notificará o devedor para saldar a mora no prazo de quinze dias, sob pena de resolução, nos termos do Decreto-lei n. 745/1969, ingressando, após, com a ação de resolução.

Nesta situação, aplicam-se as disposições dos artigos 40 a 42 da Lei n. 4.591/1964:

> Art. 40. No caso de rescisão de contrato de alienação do terreno ou de fração ideal, ficarão rescindidas as cessões ou promessas de cessão de direitos correspondentes à aquisição do terreno.
>
> § 1º Nesta hipótese, consolidar-se-á, no alienante em cujo favor se opera a resolução, o direito sobre a construção porventura existente.
>
> § 2º No caso do parágrafo anterior, cada um dos ex-titulares de direito à aquisição de unidades autônomas haverá do mencionado alienante o valor da parcela de construção que haja adicionado à unidade, salvo se a rescisão houver sido causada pelo ex-titular.
>
> § 3º Na hipótese dos parágrafos anteriores, sob pena de nulidade, não poderá o alienante em cujo favor se operou a resolução voltar a negociar seus direitos sobre a unidade autônoma, sem a prévia indenização aos titulares, de que trata o § 2º.
>
> § 4º No caso do parágrafo anterior, se os ex-titulares tiverem de recorrer à cobrança judicial do que lhes for devido, somente poderão garantir o seu pagamento a unidade e respectiva fração de terreno objeto do presente artigo.

Art. 41. Quando as unidades imobiliárias forem contratadas pelo incorporador por preço global compreendendo quota de terreno e construção, inclusive com parte de pagamento após a entrega da unidade, discriminar-se-ão, no contrato, o preço da quota de terreno e o da construção.

§ 1º Poder-se-á estipular que, na hipótese de o adquirente atrasar o pagamento de parcela relativa a construção, os efeitos da mora recairão não apenas sobre a aquisição da parte construída, mas, também, sobre a fração ideal de terreno, ainda que esta tenha sido totalmente paga.

§ 2º Poder-se-á também estipular que, na hipótese de o adquirente atrasar o pagamento da parcela relativa à fração ideal de terreno, os efeitos da mora recairão não apenas sobre a aquisição da fração ideal, mas, também, sobre a parte construída, ainda que totalmente paga.

Art. 42. No caso de rescisão do contrato relativo à fração ideal de terreno e partes comuns, a pessoa em cujo favor se tenha operado a resolução sub-rogar-se-á nos direitos e obrigações contratualmente atribuídos ao inadimplente, com relação a construção.

Nas incorporações por empreitada ou por administração, em que há a Comissão de Representantes, verificada a mora, notifica-se o devedor, oportunizando o pagamento no prazo de dez dias. Na omissão, fica a Comissão de Representantes autorizada a proceder à venda da unidade, em público leilão, encontrando-se a matéria disciplinada no artigo 63. Levado o bem a leilão, o adquirente assume as obrigações pendentes do anterior adquirente, aplicando-se o disposto no artigo 42 da Lei n. 4.591/1964, acima transcrito.

Entretanto, passou a ser admitida a resolução por decisão do que prometeu adquirir, como consta do artigo 67-A e parágrafos da Lei acima, incluídos pela Lei n. 13.786/2018:

> Em caso de desfazimento do contrato celebrado exclusivamente com o incorporador, mediante distrato ou resolução por inadimplemento absoluto de obrigação do adquirente, este fará jus à restituição das quantias que houver pago diretamente ao incorporador, atualizadas com base no índice contratualmente estabelecido para a correção monetária das parcelas do preço do imóvel, delas deduzidas, cumulativamente.

Matéria que vem abordada nos Capítulos 80 e 150, no que já se manifestou o STJ:

> A despeito do caráter originalmente irretratável da compra e venda no âmbito da incorporação imobiliária (Lei 4.591/1964, art. 32, § 2º), a jurisprudência do STJ, anterior à Lei 13.786/2018, de há muito já reconhecia, à luz do Código de Defesa do Consumidor, o direito potestativo do consumidor de promover ação a fim de rescindir o contrato e receber, de forma imediata e em pagamento único, a restituição dos valores pagos, assegurado ao vendedor sem culpa pelo distrato, de outro lado, o direito de reter parcela do montante (Súmula 543/STJ).[1]

> Em relação à incorporação, afora as hipóteses mencionadas, é inconcebível a sua rescisão. Normalmente, a inadimplência do adquirente importa em rescindir o seu contrato, e não a incorporação, dando-se a sua substituição através da venda da unidade a outra

---

[1] REsp n. 1.723.519/SP. Segunda Seção. Relatora: Ministra. Maria Isabel Gallotti. Julgado em 20.08.2019. *DJe* 02.10.2019.

Cap. 80 | A irretratabilidade dos contratos decorrentes da incorporação se não verificada • **331**

pessoa, seja através do incorporador se ele promoveu a rescisão, ou do leilão quando a Comissão de Representantes providenciou na execução do crédito de um participante inadimplente, e não houve o pagamento, situação que importa justamente na venda em público leilão.

Não se dá respaldo à alegação que procura justificar a desistência da incorporação com suporte na falta de pagamento das prestações pelos adquirentes de unidades. Cabe ao incorporador buscar o devido cumprimento, com a resolução ou a venda em leilão da unidade. O Tribunal de Justiça de São Paulo já esposou essa inteligência:

> *Incorporação imobiliária. Compromisso de compra e venda. Rescisão contratual. Admissibilidade.* Paralisação das obras, pela construtora, em razão de inadimplência dos demais adquirentes, e negociação de unidades sem prévio registro da incorporação. Inadmissibilidade. Contrato que deve ser rescindido com a devolução das parcelas pagas corrigidas monetariamente e acrescidas de juros moratórios. Inteligência da Lei 4.591/1964.[2]

Sustenta-se, no voto do relator:

> A falta de pagamento das prestações pelos demais adquirentes não justifica o atraso nas obras, pois incumbia à construtora adotar medidas preventivas, tais como a contratação de seguro, para evitar que faltassem recursos para a continuidade do empreendimento.
>
> Cuidando-se a inadimplência de evento que podia e devia prever, não há falar na superveniência de força maior.
>
> Tem-se, ademais, que a circunstância de outros contratantes deixarem de honrar suas obrigações não pode acarretar prejuízos aos ora recorridos.

---

[2] TJSP. Apelação civil n. 259.459.4/3-00/3-00. Nona Câmara de Direito Privado. Julgado em 30.08.2005.

81
A criação de novas propriedades com a incorporação

A incorporação imobiliária dá origem a novas entidades imobiliárias, ou seja, a novas propriedades. Parte-se da elaboração do memorial das edificações coletivas, onde está a descrição do fracionamento do terreno em porções ideais, cujos adquirentes, num primeiro momento, se consideram condôminos, e passando à titularidade de unidades quando se der a construção, que serão devidamente identificadas.

O memorial, pode-se dizer, representa o ato que identificará cada fração ideal vendida. O artigo 32, com alterações da Lei n. 14.382/2022, indica uma série de elementos que o acompanhará, os quais dão segurança ao negócio, viabilizando a sua organização, sendo objeto de estudo futuro. Além de identificar a futura propriedade, forma o conjunto de elementos componentes da incorporação, com a especificação dos vários tipos de área e de bens de propriedade comum.

Tantos novos imóveis surgem quantos são as frações ideais destacadas. Com o registro da incorporação, e averbações da conclusão, para cada apartamento ou conjunto abre-se uma matrícula, o que importa em concluir que se formarão tantas novas propriedades quantas forem as unidades. Mesmo, entrementes, que se omita o arquivamento dos documentos e o registro junto à matrícula do imóvel, não importa em concluir que fica exonerado o incorporador de suas responsabilidades. As unidades tornam-se uma realidade, existindo e gerando efeitos.

Dispensa-se o registro se não destinadas à venda as unidades, ou se figurarem como seus proprietários os construtores, formando um grupo fechado, que as destinarão para o uso próprio. A finalidade do registro está na garantia e segurança em existindo a mercancia. Posteriormente à conclusão, se faz a individualização, e depois da averbação no registro imobiliário da construção do prédio, se procede às aberturas de matrícula. Entrementes, se pretender-se a venda no curso da construção, torna-se imprescindível o registro.

82

Gênese da formalização da incorporação e de seu registro

Embora não se possa dizer que seja uma regra, o processo de incorporação segue uma dinâmica, que inicia com a formulação da ideia e segue até a conclusão do edifício dividido em unidades.

Alguns pontos básicos despontam, merecendo a sua compreensão.

O momento inicial está na escolha de um terreno apropriado para o empreendimento cuja ideia já se encontra elaborada ou, no mínimo, visualizada. Justamente tendo em conta a realidade do terreno, parte o incorporador para os exames e a definição das metas. Providenciará nos estudos arquitetônicos, na análise do solo, e na projeção dos custos. Procurará desenvolver os estudos sobre a viabilidade econômica e financeira. Uma vez decidindo-se em levar adiante sua meta, sempre em função da construção no local escolhido, busca encontrar um terreno que atenda os reclamos como desejados e programados. Várias as formas para a aquisição: a compra e venda, com o pagamento integral do preço; a aquisição de direitos sobre o terreno, através de promessa de compra e venda ou promessa de cessão; a aquisição mediante permuta do imóvel por área construída, em contrato por meio do qual o incorporador, em contrapartida ao recebimento do terreno, se obriga a entregar ao permutante uma ou mais unidades, sempre em função do tamanho do terreno e sua localização.

No momento que segue, promove-se à confecção dos projetos definitivos, com a submissão dos projetos à aprovação pelos órgãos municipais competentes.

Uma vez concluída a aprovação do projeto, ingressa-se em uma nova fase, que é a da apresentação de documentos, cuja previsão se encontra no artigo 32 da Lei n. 4.591/1964, em redação da Lei n. 14.382/2022, formando um dossiê que recebe a denominação de "memorial".

Reza o dispositivo: "O incorporador somente poderá alienar ou onerar as frações ideais de terrenos e acessões que corresponderão às futuras unidades autônomas após o registro, no registro de imóveis competente, do memorial de incorporação composto pelos seguintes documentos".

Esses documentos são apresentados ao Registro Imobiliário, onde se abrirá o registro da incorporação, consoante previsto no artigo 167, inciso I, n. 17, da Lei n. 6.015/1973. Junto à matrícula, coloca-se que no imóvel se fará a incorporação.

Eis os documentos relacionados no artigo 32 da Lei n. 4.591/1964, com as alterações da Lei n. 4.864/1965 e da Lei n. 14.382/2022:

a) título de propriedade de terreno, ou de promessa, irrevogável e irretratável, de compra e venda ou de cessão de direitos ou de permuta do qual conste cláusula de imissão na posse do imóvel, não haja estipulações impeditivas de sua alienação em frações ideais e inclua consentimento para demolição e construção, devidamente registrado;

b) certidões negativas de impostos federais, estaduais e municipais, de protesto de títulos de ações cíveis e criminais e de ônus reais relativamente ao imóvel, aos alienantes do terreno e ao incorporador;

c) histórico dos títulos de propriedade do imóvel, abrangendo os últimos 20 anos, acompanhado de certidão dos respectivos registros;

d) projeto de construção devidamente aprovado pelas autoridades competentes;

e) cálculo das áreas das edificações, discriminando, além da global, a das partes comuns, e indicando, cada tipo de unidade a respectiva metragem de área construída;

f) certidão negativa de débito para com a Previdência Social, quando o titular de direitos sobre o terreno for responsável pela arrecadação das respectivas contribuições;

g) memorial descritivo das especificações da obra projetada, segundo modelo a que se refere o inciso IV do artigo 53 desta Lei;

h) avaliação do custo global da obra, atualizada à data do arquivamento, calculada de acordo com a norma do inciso III do artigo 53 com base nos custos unitários referidos no artigo 54, discriminando-se, também, o custo de construção de cada unidade, devidamente autenticada pelo profissional responsável pela obra;

i) instrumento de divisão do terreno em frações ideais autônomas que contenham a sua discriminação e a descrição, a caracterização e a destinação das futuras unidades e partes comuns que a elas acederão;

j) instrumento de divisão do terreno em frações ideais autônomas que contenham a sua discriminação e a descrição, a caracterização e a destinação das futuras unidades e partes comuns que a elas acederão;

k) minuta de convenção de condomínio que disciplinará o uso das futuras unidades e partes comuns do conjunto imobiliário;

l) declaração em que se defina a parcela do preço de que trata o inciso II do artigo 39;

m) certidão do instrumento público de mandato, referido no § 1º do artigo 31;

n) declaração expressa em que se fixe, se houver, o prazo de carência (art. 34);

o) (revogado pela Lei n. 14.382/2022);

p) declaração, acompanhada de plantas elucidativas, sobre o número de veículos que a garagem comporta e os locais destinados à guarda dos mesmos.

Todavia, na incorporação implantada pelo ente da Federação imitido na posse a partir de decisão proferida em processo judicial de desapropriação em curso, ou pelo cessionário deste (previsão da alínea "c" do artigo 31 da Lei n. 4.591/1964, na letra da Lei n. 12.424/2011), desde que registrada conforme item 36 do inciso I do artigo 167 da Lei n. 6.015/1973, não se exigem os requisitos das alíneas "a", "b", "c", "f" e "o" do artigo 32 da Lei n. 4.591/1964.

Assim consta do § 13 do artigo 32 da Lei n. 4.591/1964, em texto da Lei n. 12.424/2011:

> Na incorporação sobre imóvel objeto de imissão na posse registrada conforme item 36 do inciso I do art. 167 da Lei 6.015, de 31 de dezembro de 1973, fica dispensada a apresentação, relativamente ao ente público, dos documentos mencionados nas alíneas "a", "b", "c", "f" e o deste artigo, devendo o incorporador celebrar contrato de cessão de posse com os adquirentes das unidades autônomas, aplicando-se a regra prevista nos §§ 4º, 5º e 6º do artigo 26 da Lei n. 6.766, de 19 de dezembro de 1979.

O registro de acordo com o item 36 do inciso I do artigo 167 da Lei n. 6.015/1973 é da decisão de imissão provisória na posse, quando concedida à União, aos Estados, ao Distrito Federal, aos Municípios ou às suas entidades delegadas, e da respectiva cessão e promessa de cessão. Deve, para tanto, o incorporador celebrar contrato de cessão de posse com os adquirentes das unidades autônomas, com a aplicação da regra prevista nos §§ 4º, 5º e 6º do art. 26 da Lei 6.766/1979.

Quais são as regras dos citados parágrafos?

A regra do § 4º diz respeito à cessão de posse em parcelamentos populares, com a imissão de posse em favor da União, dos Estados, do Distrito Federal, dos Municípios e respectivas entidades delegadas. A cessão de posse, em tais incorporações, constitui crédito contra o expropriante, impondo-se aceitação obrigatória.

Já o disposto no § 5º estabelece a conversão da posse em propriedade uma vez registrada a sentença da desapropriação fixando o valor.

Pelo § 6º, os compromissos de compra e venda, as cessões e promessas de cessão, em tais imóveis desapropriados para a finalidade de incorporação da iniciativa de ente público, valerão com título para o registro da propriedade do lote adquirido, desde que acompanhados da de quitação.

No mais, quanto à incorporação em geral, com o arquivamento da documentação e o registro do pedido de incorporação sobre o imóvel, estabelece-se uma vinculação entre o terreno sobre o qual se erguerá o edifício projetado e as futuras unidades imobiliárias. Projeta-se o surgimento de uma nova realidade edilícia, dando uma configuração diferente da existente com o terreno. Com a realização do registro, surge uma propriedade condominial especial, que é *pro diviso*, tornando o terreno destinado à edificação.

Ainda, uma vez levado a termo o registro, com o arquivamento dos documentos acima, parte-se para a oferta pública, que consiste na publicidade, no oferecimento das frações ideais e futuras unidades. Utilizam-se os meios de comunicação na busca de adquirentes. À medida que se apresentarem candidatos, procedendo-se ao devido cadastramento, e ao exame de condições para a aquisição.

Com a efetivação do registro, que é passo antecedente para a propagação da venda, os futuros interessados em adquirir têm condições de conhecer a história do imóvel, a situação jurídica do incorporador, a sua realidade patrimonial, as condições da negociação do terreno, os eventuais ônus incidentes no imóvel, a aprovação do projeto do edifício pelas autoridades competentes.

83

Obrigação de fazer na elaboração do projeto e apresentação dos documentos necessários, e de dar na transferência das unidades

Há uma primeira fase na implantação da incorporação, consistente no cumprimento de uma obrigação de fazer, em que se elabora o projeto e se constrói a edificação através do próprio incorporador ou de terceiros. Constitui o que muitos chamam de fase preliminar do contrato de incorporação (*pacto de contrahendo*). Os interessados em adquirir assinam contratos de promessa de compra e venda de unidade autônoma, ou contrato de compra e venda de coisa futura, ou contrato de promessa de compra e venda de fração ideal do terreno, juntamente com o contrato de construção por empreitada ou por administração, ou contrato de compra e venda com pacto adjeto de alienação fiduciária ou de hipoteca.

A elaboração do projeto da incorporação torna-se um passo de importância vital, pois vem a ser a representação da realidade futura, permitindo a visão de como será a obra. Através do projeto partem os orçamentos e os preços das frações ideais. Serve de elemento fundamental para calcular o custo. Uma vez devidamente formalizado, encaminha-se o pedido de aprovação nos diversos órgãos municipais e mesmo estaduais, como os encarregados de fornecimento de água e luz, de prestar os serviços de esgoto, e o de proteção ambiental.

Somente depois de obtida a aprovação é que se dá início à consecução de outros documentos, discriminados no artigo 32 da Lei n. 4.591/1964, com alterações da Lei n. 14.382/2022.

Uma vez feita a obra, nasce a segunda obrigação, que é de dar ou transferir efetivamente a propriedade das unidades autônomas aos adquirentes. É quando se faz a abertura de matrícula de cada unidade, já em nome do adquirente. Em momento anterior, existia o terreno, devidamente matriculado, com o registro da incorporação, em que se detalham todos os dados possíveis, como a construção, os espaços comuns, as unidades, tudo devidamente individuado e medido. Entretanto, não se proíbe que se providencie na abertura da matrícula em seguida à efetivação do registro da incorporação. Com o registro da incorporação, cada unidade autônoma já fica perfeitamente identificada, viabilizando a transferência definitiva (por escritura pública ou contrato particular se lei especial exigir, como nos financiamentos), e abrindo-se a matrícula, mesmo que em andamento a obra e o pagamento do valor saldado em prestações. Mas, considerando a viabilidade de posterior resolução do contrato, especialmente por falta de pagamento, necessário constar a modalidade como se desenvolve o pagamento. Parece, também, necessária a autorização do incorporador, caso se der a abertura em momento anterior, ou logo depois do registro da incorporação.

Se o incorporador descumpre a primeira fase, que é de fazer, oportuniza-se aos adquirentes ou promitentes compradores a sua destituição, assumindo eles o andamento e a conclusão da obra, por meio da Comissão de Representantes, por força do artigo 43, inciso VI, da Lei n. 4.591/1964; também se lhes reserva o ajuizamento de execução forçada, nos moldes dos artigos 815 e 816 do CPC. Se a opção assentar-se na assunção da obra pelos condôminos, decorre a necessidade da posse do prédio. Para tanto, com a ação de cumprimento de obrigação de fazer, mister que se procure a imissão na posse do prédio. Somente com a posse do imóvel revela-se possível a construção.

No caso de faltar com a obrigação de entregar ou dar, arma-se o adquirente de vários instrumentos processuais para conseguir o bem, com a transferência definitiva, como a adjudicação compulsória e a sentença substitutiva do ato de vontade do incorporador ou proprietário do terreno, com suporte no artigo 501 do CPC.

Remansosa a jurisprudência quanto à adjudicação compulsória: "Ação de adjudicação compulsória cumulada com pedido de tutela antecipada e cancelamento de hipoteca. Pagamento do valor do imóvel à construtora que não repassou ao banco para a liberação da hipoteca em razão de dificuldades financeiras. Aplicabilidade do CDC".[1]

Mesmo que o contrato não tenha sido lançado no Cartório de Registro de Imóveis, não se impede a adjudicação compulsória, com respaldo na Súmula n. 239/2000 do STJ: "O direito à adjudicação compulsória não se condiciona ao registro do compromisso de compra e venda no Cartório de Imóveis".

Se o contrato revestir-se dos requisitos próprios de título executivo extrajudicial, no caso de formalizar-se por escritura pública ou documento particular assinado pelo devedor (incorporador) e por duas testemunhas, conforme artigo 784, incisos II, III e IV, do CPC, autoriza-se o ingresso de uma ação de execução para a entrega de coisa certa, obedecendo ao procedimento dos artigos 806 e seguintes do CPC. Essa execução tem início com uma petição endereçada pelo credor, que, na hipótese, é o adquirente da unidade autônoma. Cita-se o devedor (incorporador) para a entrega do imóvel ou para assegurar o juízo e apresentar embargos. Não efetuando o incorporador a entrega da unidade, ou não sendo admitidos os embargos, expede-se em favor do adquirente o mandado de imissão de posse, a teor do artigo 806, § 2º, do CPC, nos seguintes termos: "Do mandado de citação constará ordem para imissão na posse ou busca e apreensão, conforme se tratar de bem imóvel ou móvel, cujo cumprimento se dará de imediato, se o executado não satisfizer a obrigação no prazo que lhe foi designado". Vê-se que imissão ou busca e apreensão é de imediato, se não efetuada a entrega espontaneamente. Desimporta a apresentação ou não de embargos.

A imissão de posse também se opera se, durante a execução, houver a transferência a terceiro. Considera-se ineficaz a alienação, posto que evidente a fraude à execução (artigo 808 do CPC).

Importante anotar, no caso de embargos à execução, que a sua admissão requer que o juízo conceda o efeito suspensivo, possível de se obter se relevantes os seus fundamentos, se provável o grave dano de difícil ou incerta reparação, e se houver o depósito do bem (artigo 919, § 1º, do CPC).

---

[1]   TJPR. Apelação Cível n. 0114805-6. Segunda Câmara Cível. *DJ* 11.03.2002.

Em suma, o descumprimento das obrigações pelo incorporador trazem duas opções aos adquirentes de unidades contratadas na fase da elaboração e de implantação do empreendimento: a destituição do incorporador, ficando resolvido o negócio jurídico com ele entabulado, ou a exigência do cumprimento forçado do contrato – alternativa esta mais difícil e de duvidoso resultado prático, posto que o incorporador se encontra geralmente em estado de insolvência.

84

Bases que conduzem a implantar a incorporação

O incorporador, presentemente, deve encarar a decisão de implantar a incorporação com visão de empresário, medindo e conjecturando a realidade local, de modo a não se lançar a uma aventura, e não obter sucesso no seu empreendimento. Conceberá a ideia com o necessário discernimento, à vista de dados levantados dentro da circunscrição da obra. O tipo de prédio, a medida de sua expressão econômica, a previsão das leis de oferta e procura, o público alvo visado, as tendências do mercado, a perspectiva de demanda, são alguns dos fatores que devem inspirar a decisão. Daí a necessidade de estudos, a cargo de profissionais em urbanismo, sociologia urbana, política e economia, a fim de oferecerem subsídios ante um investimento geralmente elevado, de modo a visualizar expectativa de, no mínimo, relativo sucesso nas vendas. Somente assim é alcançada a percepção das tendências do mercado, não bastando o mero tino empresarial, ou a sensibilidade de empreendedor.

Não pode ficar de lado a atenção da legislação sobre o uso e ocupação do solo urbano, com a previsão de instalações apropriadas para a destinação. É natural que, embora o plano diretor da cidade não impeça as construções habitacionais, o destaque para a instalação de indústrias em certa área constitui elemento negativo para a valorização de prédios de moradia.

De relevo a análise do tipo social de pessoas predominante na ocupação do solo, em nível econômico e cultural, de modo que inapropriado a construção de prédios suntuosos em localidades de desajustes e de populações sem poder aquisitivo. Igualmente o grau de marginalidade dos habitantes, sendo elemento decisivo para o sucesso do empreendimento.

A demanda de mercado terá como coordenada a adaptação do imóvel não só ao uso preponderante, mas, sobretudo, à qualidade e capacidade econômica das pessoas.

85

O ato de constituição da incorporação e desdobramento de uma incorporação em várias outras

Conforme se disse, a incorporação nasce de uma ideia, que se materializa em um projeto, elaborado por profissionais de engenharia, de arquitetura, de urbanismo, do meio ambiente, de levantamento de custos, tudo em um complexo trabalho de planejamento, estudos de viabilidades e confecção de projetos.

O incorporador, decidindo pela construção do empreendimento, parte para a sua exteriorização, ou para levá-lo a público, e manifestar o propósito da construção. Existirá um ato de declaração de vontade, ou de uma contratação, ou a assunção de um compromisso perante os órgãos públicos?

Na verdade, não existiria a necessidade dessa providência, ou desse passo inicial. Uma vez decidido na meta a que se lança, simplesmente organiza a documentação para o encaminhamento ao registro imobiliário, na forma do artigo 32 da Lei n. 4.591/1964, em redação da Lei n. 14.382/2022. No entanto, visando dar visibilidade e transparência ao empreendimento, inspirar credibilidade, e para oficializar ou tornar pública a sua decisão a respeito da futura obra, faculta-se que faça uma declaração, por meio de escritura pública, onde expresse o propósito a que se dispõe. Declarará o tipo de empreendimento, com as características, descrevendo e especificando a área, os pavimentos, as frações ideais, as unidades, os espaços comuns reservados, o preço, o prazo para a entrega e a conclusão das unidades e de pagamento, e outros elementos próprios, de modo a dar um retrato da futura edificação a que se propõe.

Mesmo que faça essa etapa, na qual se insere a obrigação de encaminhar e realizar a incorporação, nos contratos de venda das unidades, e mesmo nas propostas ou promessas de venda, deverá constar o compromisso de construir o prédio. Descreverá o tipo de empreendimento, em toda a sua realidade, inserindo o preço, o prazo, o tipo de construção, a quantidade de unidades, a área comum e a privativa. Ou seja, insere-se um verdadeiro compromisso de construção. Todavia, não se torna necessária a declaração ou a escritura pública da realização do empreendimento, justamente porque já consta nessa declaração de vontades de promessa de venda de unidade, na qual, obviamente, se colocará o objeto do contrato, com todas as suas minúcias, que é a construção do edifício.

A finalidade da prévia antecedente escritura, ou mesmo de um instrumento particular de construção do prédio, além de dar seriedade ao seu propósito e segurança aos interessados na aquisição de unidades, é o oferecimento de um título que pode servir para uma possível execução de obrigação de fazer.

Uma incorporação pode abranger a construção de vários edifícios, fato comum nos grandes empreendimentos, em geral destinados a extensas camadas de populações, em um único ou em vários imóveis. Em épocas passadas, nos planos habitacionais do Governo, eram comuns as megaconstruções. Elabora-se um projeto abrangendo blocos de prédios, com a colocação para a venda de frações ideais concomitantemente ou em etapas. Não importa que se concretize a construção em uma ordem escalonada. Se o mesmo grupo ou a mesma pessoa assume a construção, em locais determinados, admite--se uma única incorporação. Entretanto, especialmente se estabelecido um cronograma na realização das obras, mais conveniente que se estabeleçam várias incorporações, facilitando, assim, a administração. Havendo empreendimentos de grande porte, com o projeto de construção de vários blocos de prédios, a racionalização das construções por etapa aconselha que, para cada edifício, se estruture uma incorporação própria.

86
Modelo de escritura pública de constituição de incorporação

Saibam quantos virem este instrumento público que, no dia .... de ....
de ...., nesta cidade de ...., Estado de ...., ao meu
cartório, situado à rua ...., n. ...., perante mim, tabelião e as
testemunhas adiante nomeadas, qualificadas e assinadas, compareçam, partes entre si
avindas e contratadas, de um lado como incorporador .... (*qualificar*),
todos identificados por mim, tabelião, do que dou fé.

E perante as testemunhas me foi dito:

a) que é proprietário do terreno situado na cidade de ...., com a
seguinte descrição (*dar a medida e caracteres do imóvel como exige a lei de Registros Públicos, no art. 225*), imóvel este livre de desembaraçado de qualquer ônus ou
encargo;

b) que com base na Lei n. 4.591/1964, está promovendo e realizando a construção
do edifício .... (*explicar o tipo de edificação*), com .... pavimentos, em regime condominial, para alienação das unidades autônomas, acrescidas
dos direitos sobre o terreno e coisas de uso comum;

c) que a referida construção terá início em data de ...., concluindo-
-se em data de ...., quando serão entregues as unidades autônomas;

d) que a documentação de que trata o artigo 32 da Lei n. 4.591/1964[1] se encontra
depositada no Cartório de Imóveis de ...., conforme certidão adiante
transcrita;

e) que ao incorporador será concedido o prazo de .... para desistir
do empreendimento;

f) que a escritura de compra e venda das quotas ideais do terreno será outorgada
dentro de .... (..........................) dias, contados do término do prazo de
carência;

g) que as frações ideais compreendidas na incorporação obedecerão aos seguintes
preços e condições de pagamento: .... (*discriminar os preços e formas
de pagamento de cada unidade autônoma*);

---

[1]   Com alterações da Lei n. 14.382/2022.

h) que a edificação compreenderá as seguintes unidades autônomas, além das partes de uso comum (*especificar cada uma das unidades, indicando seu adquirente e o preço de cada uma*): ....;

i) que a edificação será realizada sob o regime de .... (*especificar o tipo de empreitada, o preço de custo, indicando se haverá ou não reajustamento, administração etc.*); que o pagamento do imposto sobre lucro imobiliário será obrigação do .... (*adquirente ou incorporador*);

j) que o preço do terreno acima descrito deverá ser pago .... (*indicar as condições de pagamento*);

k) que o incorporador contribuirá para a edificação das unidades .... (*discriminar as unidades autônomas que o incorporador reservou para si ou que não foram adquiridas por ninguém*), até que se verifique sua venda, quando, então os adquirentes assumirão a responsabilidade pelos pagamentos;

l) que ficarão por conta do .... (*incorporador ou compradores*) as despesas com água, luz elétrica, telefone (*esclarecer se estão ou não compreendidas no preço de cada unidade autônoma*);

m) que o atraso nos pagamentos das prestações sujeitará o devedor impontual a juros moratórios de ....% (............... por cento) ao mês, sendo que se houver atraso de três prestações relativas à aquisição da fração ideal do terreno rescindir-se-á o contrato, consoante procedimento específico que será adotado e previsto na lei, consolidando-se na pessoa do incorporador os direitos sobre o que já tiver sido edificado, sem prejuízo das sanções das contratuais previstas no contrato de construção;

n) que o foro eleito pelos contratantes é o da comarca de ...., renunciando assim a outro por mais privilegiado que seja;

o) que os adquirentes aceitam a escritura nestes termos, por si e por seus sucessores, aos quais transmitirão as obrigações assumidas;

p) que me foram apresentados os seguintes documentos, que ficaram arquivados: ....

De como assim o disseram e, por se acharem justos e contratados, me pediram e eu lhes lavrei esta escritura, perante as testemunhas, que são as seguintes: .... (*qualificar*), que vai assinada pelas partes, pelas testemunhas e por mim, tabelião.

Local e assinaturas das partes.

Testemunhas (2)

87
O contrato de incorporação e elementos componentes

A incorporação vem a ser um procedimento de condutas que se desenvolve para a finalidade da produção de unidades imobiliárias em edificações coletivas, levando a constituir novas propriedades sobre tais unidades, que passam a se individualizar e a ter uma matrícula própria no Registro de Imóveis em nome dos adquirentes.

É através do contrato de instituição da incorporação que o empreendedor se obriga a realizar a construção de edificações coletivas, divididas em unidades imobiliárias, para a finalidade de transmitir a propriedade das mesmas a interessados em adquiri--las. Há um negócio jurídico firmado envolvendo a construção de edifícios, a cargo do incorporador, e a venda das frações ideais desta construção, que se exteriorizam em unidades autônomas. No início, implanta-se o projeto, e procura-se efetuar o seu registro imobiliário, ato que permite o início da venda das frações ideais, que se expressarão em unidades, ao mesmo tempo em que se começa a construção. Trata--se de um contrato complexo, que se erige e se completa mediante outros contratos, como o contrato de promessa de compra e venda de frações ideais e o contrato de construção. Todos, embora distintos, se articulam e se vinculam, pressupondo-se a sua existência para formar a incorporação.

A rigor, o contrato de incorporação celebra-se em conjunto com o contrato de compra e venda ou promessa de compra e venda de unidade e com o de construção. Todos se articulam entre si, tornando-se coligados, de modo a se atingir a venda da área em frações ideais, a construção, e a individualização no Registro imobiliário. A manifestação de vontade do incorporador e dos adquirentes centraliza-se na produção do bem, passando por outras figuras, que procuram especificar o desenvolver das várias etapas e as partes que compõem a incorporação. Todavia, é possível a confecção de contratos isolados, que podem se exteriorizar através de escritura pública ou de instrumento particular.

Não se exaure o contrato nos atos de construir, de fazer construir, de vender ou prometer vender. Abrange, também, a individualização das unidades no Registro de Imóveis, com a abertura de matrícula. O incorporador cumpre a sua função com as providências levadas a efeito no Registro de Imóveis, e consistentes no registro e na averbação da construção visando a individualização e a discriminação das unidades.

Justamente porque a constituição da propriedade imobiliária se perfectibiliza com o ato registrário da incorporação, devem o registro da incorporação e a averbação da construção ser efetuados a cargo do incorporador, em obediência ao artigo 44 da Lei n. 4.591/1964, em texto modificado pela Lei n. 14.382/2022, que expressa:

Após a concessão do habite-se pela autoridade administrativa, incumbe ao incorporador a averbação da construção em correspondência às frações ideais discriminadas na matrícula do terreno, respondendo perante os adquirentes pelas perdas e danos que resultem da demora no cumprimento dessa obrigação.

Esquematizando-se, consideram-se importantes os seguintes elementos do contrato, além do quadro-resumo introduzido pelo art. 35-A da Lei nº 13.786/2018, não se querendo afirmar que não existam outros:

– a identificação das partes, com a devida qualificação, e, assim, dos compradores ou promitentes compradores; do vendedor ou promitente vendedor do terreno se adquirido junto ao proprietário, ou do incorporador se avençada a entrega da unidade a prazo e preços certos, determinados ou determináveis (art. 43 da Lei n. 4.591/1964);

– o objeto da incorporação, que consiste na unidade, com a sua descrição, e dados sobre a localização, as dimensões do terreno, a fração ideal, as vagas da garagem;

– o histórico da construção, permitindo o conhecimento do imóvel desde as suas origens, abrangendo o título aquisitivo do terreno, o projeto devidamente aprovado, o arquivamento dos documentos enumerados no artigo 32 e o registro da incorporação, a existência de ônus reais, de dívidas que gravam o imóvel e as ações porventura ingressadas na justiça;

– os direitos e deveres dos condôminos e do incorporador;

– os encargos hipotecários ou ônus reais, ou com garantia real sobre o terreno e a construção do edifício;

– o preço da unidade, com o prazo de pagamento, o valor das prestações, o tipo de índice de correção monetária;

– a construção, com o seu acompanhamento, a previsão de mudanças, e as condições para a entrega das unidades;

– o prazo para a entrega das unidades, com a menção das etapas, das causas que justificam o atraso e o lapso temporal de demora admitido;

– durante a construção do prédio, a permissão ou não de reformas e de prorrogação, esclarecendo se a incumbência é do incorporador ou dos condôminos;

– as cláusulas penais e cominações por causa da mora ou de fato que enseja a cessação do contrato;

– autorização ou proibição de cessão ou transferência do contrato;

– os direitos e deveres das partes;

– o representante das partes, se for o caso, a quem se recorrerá em situações de dúvidas e em qualquer matéria que envolva a incorporação;

– as condições e exigências para as mudanças o projeto, e mais do prédio e das unidades;

– em havendo um prazo de carência dentro do qual se permite a denúncia pelo incorporador, o modo de sua efetivação;

– a cominação no caso de desistência da construção pelo incorporador e também de desistência pelo adquirente, com a multa ou qualquer outra sanção;

– a forma de restituição dos valores entregues na eventualidade de resilição ou desistência pelo promitente comprador.

88
Modelo de contrato de instituição de incorporação celebrado com o construtor e o proprietário do terreno

INSTRUMENTO PARTICULAR DE INSTITUIÇÃO DE INCORPORAÇÃO IMOBILIÁRIA DO EDIFÍCIO...................

I – *Preâmbulo*

O presente instrumento particular de incorporação imobiliária tem por finalidade submeter o empreendimento imobiliário adiante descrito ao regime estabelecido pela Lei n. 4.591/1964 e demais disposições legais sobre a matéria para possibilitar e viabilizar a conclusão da edificação mediante a alienação de unidades autônomas a serem construídas.

II – *Do Objeto*

O empreendimento imobiliário a ser construído consiste de um prédio composto de unidades autônomas do tipo "apartamento", que terão uso exclusivamente residencial, bem como demais partes acessórias como áreas comuns e espaços destinados à guarda de veículos. O empreendimento terá a denominação ....

III – *Da Fundamentação jurídica*

A presente incorporação será feita nos moldes da Lei n. 4.591/1964, especialmente o disposto no § 2º do artigo 55, ou seja, pelo regime de empreitada com preços reajustáveis e ainda nos termos do disposto no artigo 31, letra *b,* também da Lei n. 4.591/1964.

IV – *Das Pessoas que compõem a incorporação*

Compõem o presente instrumento de incorporação, bem como a realização geral do empreendimento as pessoas adiante qualificadas, todas com a participação definida na Lei n. 4.591/1964, a saber:

IV-A – *Incorporadora*:

..........................., com sede na cidade de ...., Estado de ...., na rua ...., n. ...., inscrita no CNPJ sob n..........................., regularmente constituída mediante Contrato Social de Sociedade, lavrado nesta cidade de ...., aos .... (*data*) e regularmente registrado na Junta Comercial do Estado de ...., sob n. – NIRE .... – despacho na sessão de (*data*) ...., com sua primeira e última alteração feita em data de ...., devidamente arquivada na Junta Comercial do Estado de ...., sob n. ...., sendo seu quadro societário composto por .... (*qualificação de cada sócio*), portador do RG n. .... e CPF n. ....; e construtora ...., pessoa jurídica de direito privado inscrita no CNPJ sob n. ...., com sede na cidade de ...., na Rua ...., n. ...., neste instrumento representada pelos seus administradores .... e .... (*qualificações*), portadores respectivamente do RG n. .... e n. .... e do CPF n. .... e n. ....

Para efeitos do disposto no artigo 31 da Lei n. 4.591/1964, a "incorporadora" .... participará e estará obrigada às disposições da incorporação somente em relação às partes constantes do projeto de construção cujas obras terão início a partir do presente instrumento, qual seja, a edificação das torres destinadas às unidades autônomas tipo apartamentos residenciais, não havendo em relação à incorporadora nenhuma participação ou responsabilidade nas partes constantes do projeto de construção cujas obras já se encontram concluídas e que são de propriedade e responsabilidade exclusiva da proprietária do terreno e partes de construção concluídas, adiante qualificada.

IV-B – *Proprietária do terreno e partes de construção concluídas*:

A empresa ...., pessoa jurídica de direito privado com sede na cidade de .... (*endereço completo*), inscrita no CNPJ sob n. ...., regularmente constituída por instrumento particular de contrato social firmado na cidade de ...., registrada na Junta Comercial de ...., sob n. ...., neste instrumento representada pelo bastante procurador, ..., (*qualificação*), portador do RG ....e CPF ...., residente e domiciliado nesta cidade de (*endereço completo*) nos termos do instrumento público de procuração feito nas notas do Tabelionato ...., desta cidade, em data de ...., livro ...., fl. ....

A pessoa jurídica acima qualificada é proprietária do terreno objeto da presente incorporação nos termos do registro n. .... do Cartório de Registro de Imóveis de ...., bem como das partes das edificações já concluídas e constantes do projeto do empreendimento e mencionadas no item VII deste instrumento, cujas partes da edificação é de sua propriedade exclusiva e serão integrantes da futura especificação em unidades autônomas e que serão objeto de atribuição com as suas respectivas frações ideais de terreno para efeitos de manutenção de domínio em futuro instrumento particular de especificação imobiliária a ser lavrado por ocasião da conclusão total do empreendimento conforme previsto no projeto aprovado pelos órgãos competentes.

IV-C – *Construtora:*

A empresa ...., pessoa jurídica de direito privado inscrita no CNPJ sob n. ...., com sede na cidade de ...., na Rua

..........................., n. ...., com seus atos constitutivos registrado na Junta Comercial de ...., sob n. .... e última alteração sob n. ...., neste instrumento representada por seu diretor, ... (*qualificação completa*), RG: .... e CPF .... (*demais dados da qualificação*).

V – *Do terreno*

O terreno onde será implantado o empreendimento encontra-se totalmente localizado em zona urbana da cidade de ...., com a seguinte descrição e caracterização ...., imóvel esse cadastrado pela Prefeitura Municipal de ...., sob n. ...., matrícula n. ...., do Cartório de Registro de Imóveis de ....

VI – *Do projeto da construção*

O empreendimento será realizado com base em projeto elaborado pela Construtora ...., tendo como responsável técnico o Eng. .... – CREA .... – cadastro ...., regularmente aprovado pela Prefeitura Municipal de ...., em data de ...., através do processo administrativo n. ....

VII – *Da descrição do empreendimento*

Em conformidade com o projeto aprovado pela municipalidade, o empreendimento é composto de duas partes distintas, assim consideradas:

a) uma parte com características comerciais cuja edificação já se encontra concluída por iniciativa e responsabilidade da proprietária do terreno ...., com a área total de .... metros quadrados de construção, que a ela pertence exclusivamente com a sua respectiva fração ideal de terreno e que, em razão de se tratar de área já edificada, não fará parte integrante da incorporação. Porém, para viabilizar a distribuição das frações ideais de terreno correspondente a cada unidade autônoma, será objeto apenas a especificação de condomínio a ser elaborada ao final, por ocasião da conclusão do empreendimento;

b) Outra parte com características residenciais a ser construída sob a responsabilidade da incorporadora ...., com a área total de .... metros quadrados de construção e que é efetivamente o objeto da presente incorporação imobiliária e também será parte integrante da futura especificação de condomínio para efeitos de distribuição de fração ideal de terreno para cada uma das unidades autônomas.

Sendo assim o empreendimento tem as características adiante descritas, totalmente individualizado, em suas unidades autônomas, as pertencentes à proprietária do terreno composta da edificação já concluída com sua respectiva fração ideal de terreno, e as objeto da presente incorporação também com suas respectivas frações ideais de terreno.

Da edificação existente:

A parte de construção existente no terreno e pertencente com sua respectiva fração ideal de terreno exclusivamente para ...., e que não é objeto da incorporação com a área total de .... metros quadrados de área construída, é composta de três unidades autônomas, denominadas no projeto do empreendimento, como *pavimento lojas, pavimento 2° subsolo e pavimento 1° subsolo*, cada uma delas assim caracterizada:

a) pavimento lojas – localizado ao nível das vias públicas rua .... e rua ...., com a área total, útil e comum, construída de .... metros quadrados, correspondendo-lhe uma fração ideal no terreno de .... metros quadrados, ou ....%, confrontando, pela frente, com o recuo do terreno voltado para a rua ....; pelo lado direito de quem da rua .... olha para a unidade, divide com a rua ....; pelo lado de frente a fundos da direita, com a rua ....; pelo lado frente a fundos da esquerda, seguindo a mesma orientação divide-se ....;

b) pavimento 2° subsolo – localizado imediatamente acima do pavimento lojas, com a área total, útil e comum, construída de .... metros quadrados, correspondendo-lhe uma fração ideal no terreno de ...., metros quadrados, ou ....%, confrontando, pela frente, com o recuo do terreno voltado para a rua ....; pelo lado direito de quem da rua .... olha para a unidade, divide com a rua ....; pelo lado de frente a fundos da direita, com a rua ....; pelo lado frente a fundos da esquerda, seguindo a mesma orientação divide-se com ....;

c) pavimento 1° subsolo – localizado imediatamente acima do pavimento 2° subsolo, com a área total, útil e comum, construída de ...., metros quadrados, correspondendo-lhe uma fração ideal no terreno de .... metros quadrados, ou ....%, confrontando, pela frente, com o recuo do terreno voltado para a rua ....; pelo lado direito de quem da rua .... olha para a unidade, divide com a rua ....; pelo lado de frente a fundos da direita, com a rua ....; pelo lado frente a fundos da esquerda, seguindo a mesma orientação divide-se (*segue a descrição*) ....

As três unidades autônomas já implantadas no local, denominadas Pavimento lojas, pavimento 2° subsolo e pavimento 1° subsolo, com as características acima mencionadas, comporão apenas a especificação imobiliária a ser elaborada após a conclusão da totalidade do empreendimento e serão, com suas respectivas frações ideais de terreno, atribuídas e mantidas no domínio da empresa ....

Da edificação a ser construída:

A empresa incorporadora ...., nos moldes da Lei n. 4.591/1964, fará realizar no local as edificações adiante mencionadas e que terão a destinação exclusiva ao uso residencial, com a área total de .... metros quadrados de

350 • Condomínio Edilício e Incorporação Imobiliária | *Arnaldo Rizzardo*

construção, sendo .... metros quadrados de construção de área comum e .... metros quadrados de construção de área útil e será composta das partes assim denominadas no projeto do empreendimento como a) *pavimento pilotis (térreo), b) oito pavimentos-tipo, com as unidades,* c) *cobertura (barrilete casa de máquina)* e d) *caixa d'água,* com as seguintes características:

a) pavimento pilotis (térreo) – localizado imediatamente acima do pavimento 1º subsolo, com acesso principal para a Rua ...., por meio de rampas para veículos e pedestres, com a área total construída de .... metros quadrados totalmente incorporada à área de uso comum do empreendimento, composto de rampas de acesso para veículos e pedestres voltada para a Rua ....; guarita com cobertura; *halls* de entrada, principal e de circulação, recepção, sala de administração, salão de festas com dois banheiros, feminino e masculino e cozinha, salão de jogos, sauna, espaço livre para *playground* e espaço *gourmet*, 03 poços com elevadores e escadarias de acesso aos pavimentos superiores.

Localizam-se também no pavimento pilotis (térreo), ... (*número*) espaços devidamente identificados e individualizados no projeto do empreendimento que consistem em box de garagem, cada um deles com capacidade para a guarda de dois veículos de passeios e que serão vinculados diretamente a cada uma das unidades autônomas denominadas apartamentos e localizadas nos pavimentos-tipo, na proporção de um box de garagem com capacidade para a guarda de dois veículos por apartamento, além de .... (*número*) espaços também identificados no projeto do empreendimento e que serão destinados ao estacionamento de motocicletas, cuja norma de utilização deverá ser prevista no regimento interno a ser elaborado por ocasião do registro da convenção de condomínio ao final;

b) pavimentos-tipo e unidades – em número de 08 (oito) com as denominações de pavimento-tipo n. 01 a n. 08 localizados imediatamente acima do pavimento pilotis (térreo), contendo cada um deles *halls* de circulação, três poços com elevadores, um espaço de depósito, três *halls* de escadarias de acesso aos pavimentos inferiores e superiores respectivamente e treze unidades autônomas do tipo apartamento para uso exclusivamente residencial, identificadas por numeração de final 01 a 13 e adiante caracterizadas.

Segue a discriminação dos pavimentos-tipo e, após, das unidades:

b.1) 1º pavimento-tipo – abrigará, além das áreas de uso comum, treze unidades autônomas do tipo apartamento de uso residencial identificados pelos números 101, 102, 103, 104, 105, 106, 107, 108, 109, 110, 111, 112 e 113;

b.2) 2º pavimento-tipo – abrigará, além das áreas de uso comum, treze unidades autônomas do tipo apartamento de uso residencial identificados pelos números 201, 202, 203, 204, 205, 206, 207, 208, 209, 210, 211, 212 e 213;

b.3) 3º pavimento-tipo – abrigará, além das áreas de uso comum, treze unidades autônomas do tipo apartamento de uso residencial identificados pelos números 301, 302, 303, 304, 305, 306, 307, 308, 309, 310, 311, 312 e 313;

b.4) 4º pavimento-tipo – abrigará, além das áreas de uso comum, treze unidades autônomas do tipo apartamento de uso residencial identificados pelos números 401, 402, 403, 404, 405, 406, 407, 408, 409, 410, 411, 412 e 413;

b.5) 5° pavimento-tipo – abrigará, além das áreas de uso comum, treze unidades autônomas do tipo apartamento de uso residencial identificados pelos números 501, 502, 503, 504, 505, 506, 507, 508, 509, 510, 511, 512 e 513;

b.6) 6° pavimento-tipo – abrigará, além das áreas de uso comum, treze unidades autônomas do tipo apartamento de uso residencial identificados pelos números 601, 602, 603, 604, 605, 606, 607, 608, 609, 610, 611, 612 e 613;

b.7) 7° pavimento-tipo – abrigará, além das áreas de uso comum, treze unidades autônomas do tipo apartamento de uso residencial identificados pelos números 701, 702, 703, 704, 705, 706, 707, 708, 709, 710, 711, 712 e 713;

b.8) 8° pavimento-tipo – abrigará, além das áreas de uso comum, treze unidades autônomas do tipo apartamento de uso residencial identificados pelos números 801, 802, 803, 804, 805, 806, 807, 808, 809, 810, 811, 812 e 813.

As unidades autônomas do tipo apartamento localizadas do 1° ao 8° pavimentos--tipo e identificadas pelas numerações de finais 01 a 13 estão localizadas nos seus respectivos pavimentos umas sobrepostas às outras e serão compostas de área útil de uso exclusivo, além de participação nas áreas de uso comum e fração ideal no terreno e serão assim caracterizadas:

Unidades ou apartamentos de final 01 (um) – cada um deles, com a área útil de .... metros quadrados, mais a área comum de .... metros quadrados, totalizando a área construída de .... metros quadrados, correspondendo também para cada um deles a uma fração ideal no terreno de .... metros quadrados, ou 0,............%, compostos de sala com varanda, cozinha, área de serviço com dependência, *hall* de circulação, banheiro social, dois dormitórios simples e um dormitório tipo suíte com banheiro e varanda e possuindo as seguintes confrontações, considerando-se de quem do *hall* de circulação do pavimento olha para a porta de entrada da unidade: pela frente divide com o *hall* de circulação interno e espaço da escadaria de acesso aos pavimentos superiores; pelo lado direito divide com o recuo do terreno voltado para o edifício (*segue descrição*) ....

Unidades ou apartamentos de final 02 (dois) – cada um deles com a área útil de .... metros quadrados, mais a área comum de .... metros quadrados, totalizando a área construída de .... metros quadrados, correspondendo também para cada um deles a uma fração ideal no terreno de .... metros quadrados, ou 0,............%, compostos de sala com varanda, cozinha, área de serviço com dependência, *hall* de circulação, banheiro social, dois dormitórios simples e um dormitório tipo suíte com banheiro e varanda e possuindo as seguintes confrontações, considerando-se de quem do *hall* de circulação do pavimento olha para a porta de entrada da unidade: pela frente divide com o *hall* de circulação do pavimento e apartamento de final 04; pelo lado direito divide com o apartamento de final 01 (segue descrição) ....

Unidades ou apartamentos de final 03 (três) – cada um deles com a área útil de .... metros quadrados, mais a área comum de .... metros quadrados, totalizando a área construída de .... metros quadrados, corres-

pondendo também para cada um deles a uma fração ideal no terreno de ....
metros quadrados, ou 0,.............%, compostos de sala com varanda, cozinha, área de
serviço com dependência, *hall* de circulação, banheiro social, 01 dormitório simples
e 01 dormitório com varanda e possuindo as seguintes confrontações, considerando-se
de quem do *hall* de circulação do pavimento olha para a porta de entrada da unidade:
pela frente divide com o *hall* de circulação do pavimento; pelo lado direito divide com
o *hall* de circulação do pavimento e poço do elevador; pelo lado esquerdo divide com
o espaço de escadarias de acesso aos pavimentos superiores e finalmente pelos fundos
divide com o recuo do terreno voltado para os lotes (*segue descrição*) ....

Unidades ou apartamentos de final 04 (quatro) – cada um deles com a área útil
de .... metros quadrados, mais a área comum de ....
metros quadrados, totalizando a área construída de .... metros quadrados, correspondendo também para cada um deles a uma fração ideal no terreno de
.... metros quadrados, ou 0,.............%, compostos de sala com varanda,
cozinha, área de serviço com dependência, *hall* de circulação, banheiro social, dois
dormitórios simples e 01 dormitório tipo suíte com banheiro e varanda e possuindo
as seguintes confrontações, considerando-se de quem do *hall* de circulação do pavimento olha para a porta de entrada da unidade: pela frente divide com o *hall* de
circulação do pavimento; pelo lado direito divide com o apartamento de final 02; pelo
lado esquerdo divide com o *hall* de circulação do pavimento e o poço do elevador e
finalmente pelos fundos divide com o (*segue descrição*) ....

Unidades ou apartamentos de final 05 (cinco) – cada um deles com a área útil
de .... metros quadrados, mais a área comum de ....
metros quadrados, totalizando a área construída de .... metros quadrados, correspondendo também para cada um deles a uma fração ideal no terreno de
.... metros quadrados, ou 0,.............%, compostos de sala com varanda,
cozinha, área de serviço com dependência, *hall* de circulação, banheiro social, dois
dormitórios simples e 01 dormitório tipo suíte com banheiro e varanda e possuindo
as seguintes confrontações, considerando-se de quem do *hall* de circulação do pavimento olha para a porta de entrada da unidade: pela frente divide com o *hall* de
circulação do pavimento e apartamento de final 07; pelo lado direito divide com o
recuo do terreno voltado para a Avenida da Saudade; pelo lado esquerdo divide com
o apartamento de final 06 e (*segue descrição*) ....

Unidades ou apartamentos de final 06 (seis) – cada um deles com a área útil
de .... metros quadrados, mais a área comum de ....
metros quadrados, totalizando a área construída de .... metros quadrados, correspondendo também para cada um deles a uma fração ideal no terreno de
.... metros quadrados, ou 0,.............%, compostos de sala com varanda,
cozinha, área de serviço com dependência, *hall* de circulação, banheiro social, dois
dormitórios simples e 01 dormitório tipo suíte com banheiro e varanda e possuindo as
seguintes confrontações, considerando-se de quem do *hall* de circulação do pavimento
olha para a porta de entrada da unidade: pela frente divide com o *hall* de circulação

do pavimento e espaço de escadaria de acesso aos pavimentos superiores; pelo lado direito divide com o apartamento de final 05; pelo lado esquerdo divide com o recuo do terreno voltado para os lotes 31, 02, 03, 04 e 07 (*segue descrição*) ....

Unidades ou apartamentos de final 07 (sete) – cada um deles com a área útil de .... metros quadrados, mais a área comum de .... metros quadrados, totalizando a área construída de .... metros quadrados, correspondendo também para cada um deles a uma fração ideal no terreno de .... metros quadrados, ou 0,............%, compostos de sala com varanda, cozinha, área de serviço com dependência, *hall* de circulação, banheiro social, dois dormitórios simples e 01 dormitório tipo suíte com banheiro e varanda e possuindo as seguintes confrontações, considerando-se de quem do *hall* de circulação do pavimento olha para a porta de entrada da unidade: pela frente divide com o *hall* de circulação do pavimento; pelo lado direito divide com o *hall* de circulação do pavimento e poço do elevador; pelo lado esquerdo divide com o apartamento de final 05; (*segue descrição*) ....

Unidades ou apartamentos de final 08 (oito) – cada um deles com a área útil de .... metros quadrados, mais a área comum de .... metros quadrados, totalizando a área construída de .... metros quadrados, correspondendo também para cada um deles a uma fração ideal no terreno de .... metros quadrados, ou 0,............%, compostos de sala com varanda, cozinha, área de serviço com dependência, *hall* de circulação, banheiro social, 01 dormitório simples e 01 dormitório com varanda e possuindo as seguintes confrontações, considerando-se de quem do *hall* de circulação do pavimento olha para a porta de entrada da unidade: pela frente divide com o *hall* de circulação do pavimento; pelo lado direito divide com o espaço de escadaria de acesso aos pavimentos superiores; pelo lado esquerdo divide com o *hall* de circulação do pavimento e com o poço do elevador e (*segue descrição*) ....

Unidades ou apartamentos de final 09 (nove) – cada um deles com a área útil de .... metros quadrados, mais a área comum de .... metros quadrados, totalizando a área construída de .... metros quadrados, correspondendo também para cada um deles a uma fração ideal no terreno de .... metros quadrados, ou 0,............% compostos de sala com varanda, cozinha, área de serviço com dependência, *hall* de circulação, banheiro social, dois dormitórios simples e 01 dormitório tipo suíte com banheiro e varanda e possuindo as seguintes confrontações, considerando-se de quem do *hall* de circulação do pavimento olha para a porta de entrada da unidade: pela frente divide com o *hall* de circulação do pavimento e espaço de escadaria de acesso aos pavimentos superiores; pelo lado direito divide com o recuo do terreno voltado para (*segue descrição*) ....

Unidades ou apartamentos de final 10 (dez) – cada um deles com a área útil de .... metros quadrados, mais a área comum de .... metros quadrados, totalizando a área construída de .... metros quadrados, corres-

pondendo também para cada um deles a uma fração ideal no terreno de ....
metros quadrados, ou 0,...........%, compostos de sala com varanda, cozinha, área de
serviço com dependência, *hall* de circulação, banheiro social, dois dormitórios simples
e 01 dormitório tipo suíte com banheiro e varanda e possuindo as seguintes confrontações, considerando-se de quem do *hall* de circulação do pavimento olha para a porta
de entrada da unidade: pela frente divide com o *hall* de circulação dó pavimento e
apartamento de final 12; pelo lado direito divide com o apartamento de final 09; pelo
lado esquerdo divide com o recuo do terreno voltado (*segue descrição*) ....

Unidades ou apartamentos de final 11 (onze) – cada um deles com a área útil
de .... metros quadrados, mais a área comum de ....
metros quadrados, totalizando a área construída de .... metros quadrados, correspondendo também para cada um deles a uma fração ideal no terreno de
.... metros quadrados, ou 0,...........%, compostos de sala com varanda,
cozinha, área de serviço com dependência, *hall* de circulação, banheiro social, 01 dormitório simples e 01 dormitório com varanda e possuindo as seguintes confrontações,
considerando-se de quem do *hall* de circulação do pavimento olha para a porta de
entrada da unidade: pela frente divide com o *hall* de circulação do pavimento; pelo
lado direito divide com o *hall* de circulação do pavimento e com o poço do elevador; pelo lado esquerdo divide com o espaço de escadaria de acesso aos pavimento
superiores e pelos (*segue descrição*) ....

Unidades ou apartamentos de final 12 (doze) – cada um deles com a área útil
de .... metros quadrados, mais a área comum de ....
metros quadrados, totalizando a área construída de .... metros quadrados, correspondendo também para cada um deles a uma fração ideal no terreno de
.... metros quadrados, ou 0,...........%, compostos de sala com varanda,
cozinha, área de serviço com dependência, *hall* de circulação, banheiro social, dois
dormitórios simples e 01 dormitório tipo suíte com banheiro e varanda e possuindo as
seguintes confrontações, considerando-se de quem do *hall* de circulação do pavimento
olha para a porta de entrada da unidade: pela frente divide com o *hall* de circulação
do pavimento; pelo lado direito divide com o apartamento de final 10; pelo lado
esquerdo divide com o *hall* de circulação do pavimento e espaço para depósito; e
pelos fundos divide (*segue descrição*) ....

Unidades ou apartamentos de final 13 (treze) – cada um deles com a área útil
de .... metros quadrados, mais a área comum de........................ metros
quadrados, totalizando a área construída de .... metros quadrados, correspondendo também para cada um deles a uma fração ideal no terreno de ....
metros quadrados, ou 0,........ 9%, compostos de sala com varanda, cozinha, área de
serviço com dependência, *hall* de circulação, banheiro social, 01 dormitório tipo suíte
com banheiro e varanda e 01 dormitório do tipo suíte com banheiro e possuindo as
seguintes confrontações, considerando-se de quem do *hall* de circulação do pavimento
olha para a porta de entrada da unidade: pela frente divide com o *hall* de circulação
do pavimento, poço do elevador e espaço para depósito; pelo lado direito divide (*segue
descrição*) ....

Para cada uma das unidades autônomas do tipo apartamento corresponderá um box de garagem com capacidade para a guarda de dois veículos de passeio cada um localizados no pavimento pilotis (térreo), cuja uso e definição do box de garagem que estará vinculada ao apartamento serão regulamentados na convenção de condomínio e regimento interno do empreendimento a serem elaborados por ocasião da efetiva ocupação pelos proprietários.

c) pavimento cobertura (barriletes c/ casa de máquinas) – localizado imediatamente acima do oitavo pavimento-tipo, com a área total de .... metros quadrados de construção totalmente incorporada a área de uso comum do empreendimento composto por três barriletes mais a casa de máquinas dos três elevadores que servem os pavimentos-tipo;

d) pavimento caixa d'água – localizado imediatamente acima do pavimento cobertura (barriletes com casa de máquinas), com a área total de .... metros quadrados de construção, totalmente incorporada a área de uso comum do empreendimento, composto de três reservatórios para água destinados ao abastecimento das unidades autônomas (apartamento), bem como aos serviços nas áreas de uso comum do empreendimento.

VIII – *Das Partes de uso comum e das partes exclusivas*

a) Das partes de uso comum

Constituem partes de uso comum do empreendimento, insuscetíveis de alienação, divisão ou utilização exclusiva de qualquer condômino, proprietário ou ocupante a qualquer título de apartamentos do empreendimento e diretamente vinculadas às unidades autônomas, além daquelas previstas no artigo 3º da Lei n. 4.591/1964, mais as adiante descritas, todas perfeitamente definidas no projeto do empreendimento:

a) a totalidade do pavimento pilotis (térreo) com suas dependências sociais e de serviço, rampas de acesso de veículos e pedestres, guarita com cobertura, bem como os espaços destinados aos boxes de garagem para a guarda de veículos de passeio e motocicletas, áreas livres de recreação, *halls* de circulação de pedestres e veículos, espaços destinados às manobras de veículos e demais compartimentos que ali se encontram projetados;

b) os espaços localizados nos pavimentos-tipo compostos pelos *halls* de circulação interna, espaços das escadarias de acessos aos pavimentos, poços dos elevadores, espaço para depósito e demais compartimentos de uso não exclusivo que ali se encontram projetados; as totalidades dos espaços localizados nos pavimentos cobertura (barriletes com casa de máquinas) e caixa d'água com todos os seus compartimentos e equipamentos que ali se encontram projetados.

b) Das partes de uso exclusivo

As partes de uso exclusivo são aquelas compostas pelas unidades autônomas, de uso e propriedade exclusiva dos condôminos proprietários e suscetíveis de alienação individualmente, independente da anuência ou concordância dos demais condôminos e proprietários que, de acordo com o projeto aprovado, são constituídas de .... (número de blocos) blocos distintos, um de construção já existente e de natureza e uso comercial e outro que é objeto da presente incorporação a ser construído e de uso e natureza residencial; constituem-se as partes de uso exclusivo e de natureza comercial as unidades autônomas pavimentos-lojas, pavimento 2º subsolo e pavimento 1º subsolo, cuja edificação já se encontra concluída e são de propriedade exclusiva da empresa proprietária do terreno, denominada ...., e que não integram o objeto da incorporação, porém serão, com suas respectivas frações ideais de terreno, parte integrante da futura especificação de condomínio, bem como atribuição e manutenção no domínio da empresa proprietária do terreno; constituem-se as partes de uso exclusivo e de natureza residencial as unidades autônomas denominadas "apartamentos", em número de ...., localizadas nos pavimentos--tipo, cuja edificação é o objeto da presente incorporação que será realizada sob a responsabilidade da empresa incorporadora ....

Para a finalidade da alienação ou promessa de alienação antecipada das unidades autônomas a serem construídas e denominadas "apartamentos residenciais", a empresa incorporadora .... será nomeada procuradora por meio de mandato público outorgado pela empresa proprietária do terreno ...., conforme previsto no § 1º do artigo 31 da Lei n. 4.591/1964, ficando assim a empresa incorporadora habilitada para firmar contratos com os compradores ou promitentes compradores das respectivas unidades autônomas.

IX – *Da Avaliação da obra*

Para os efeitos do disposto no artigo 32, letra *h*, da Lei n. 4.591/1964 o empreendimento está avaliado em seu custo global da obra acrescido do valor do terreno pelo valor de R$ .... (.......................... reais). As unidades autônomas a serem construídas e que integram a presente incorporação possuem os seguintes valores individualizados:

Os apartamentos de final 01 – 06 – 09 estão avaliados cada um deles pelo valor de R$ .... (............................ reais).

Os apartamentos de final 02 – 05 estão avaliados cada um deles pelo valor de R$ .... (............................ reais).

Os apartamentos de final 03 – 08 – 11 estão avaliados cada um deles pelo valor de R$ .... (............................ reais).

Os apartamentos de final 04 – 07 – 12 estão avaliados cada um deles pelo valor de R$ .... (............................ reais).

Os apartamentos de final 10 estão avaliados cada um deles pelo valor de R$ .... (.......................... reais).

Os apartamentos de final 13 estão avaliados cada um deles pelo valor de R$ .... (............................ reais).

Os valores de avaliação da obra, individualizado e global, se referem aos valores de custo da construção acrescidos do valor do terreno e foram obtidos conforme o disposto no artigo 54 da Lei n. 4.591/1964, portanto, não vinculados aos valores contábeis do empreendimento que somente alcançará o seu valor final e definitivo ao término da construção.

X – *Disposições transitórias*

Nos termos do artigo 39 da Lei n. 4.591/1964, a empresa proprietária do terreno .... receberá em pagamento da fração ideal de terreno de 4.069,09 m², correspondente às unidades a serem construídas do empreendimento as seguintes unidades autônomas: Apartamentos 209, 210, localizados no segundo pavimento-tipo; apartamentos 301, 302 localizados no terceiro pavimento-tipo; apartamentos 505, 506, 509, 510, 513, localizadas no quinto pavimento-tipo; e apartamentos 702, 704 e 713 localizadas no sétimo pavimento-tipo.

Para os efeitos do disposto no inciso I do artigo 39 da Lei n. 4.591/1964, as partes estabelecem que não haverá parcela a ser paga em dinheiro para pagamento da fração ideal de terreno correspondente as unidades residenciais a serem construídas.

Para os efeitos do disposto no inciso II do artigo 39 da Lei n. 4.591/1964, as partes estabelecem que as disposições em "metro quadrado" correspondente as unidades que a empresa proprietária do terreno receberá em pagamento são aquelas constantes neste memorial de incorporação e nas planilhas de discriminação de área construída e fração ideal de terreno que integram este documento.

XI – *Encerramento*

As pessoas integrantes do presente instrumento particular de incorporação imobiliária qualificadas no capítulo IV declaram que são responsáveis civil e criminalmente por todas as informações prestadas anteriormente, comprometendo-se a cumprir o disposto na legislação pertinente à matéria, especialmente a Lei n. 4.591/1964.

.............................., ... de .... de 20........

....

Incorporadora

....

Proprietária do terreno e edificações concluídas

....

Construtora

....

Possível outro participante

89

Incorporação e *shopping centers*

Não se enquadra o *shopping center* necessariamente no conceito de incorporação. Acontece que o *shopping center* não se destina, normalmente, para a venda de unidades ou frações ideais, mas para a locação ou exploração comercial das lojas ou divisões internas. Pelo menos a grande maioria dessas construções tem essa finalidade, em que se dá o arrendamento para interessados, cobrando o empreendedor uma parcela fixa e uma parte variável, incidente no faturamento bruto, ou a locação, quando fixam-se valores fixos como contraprestação pelo uso, sem uma variação em vista do valor que mensalmente ingressa. A forma de pagamento do aluguel é destacada por José Fernando Lutz Coelho:

> O pagamento da renda como forma de remuneração da loja, pelos lojistas, é fixado em percentual sobre a renda bruta da loja comercial, onde, por precaução, se estabelece um aluguel mínimo, mensurado em valor de moeda corrente nacional, que será utilizado, na hipótese de o percentual da renda não for superior ao valor determinado como mínimo.[1]

A natureza de locação transparece do próprio conceito de *shopping center*, dado pela Associação Brasileira de *Shopping Centers* – ABRASCE, e reproduzido por Caio Mário da Silva Pereira:

> É um centro comercial planejado, sob a administração única e centralizada, composta de lojas destinadas à exploração de ramos diversificados de comércio, e que permaneçam, na sua maior parte, objeto de locação, ficando os locatários sujeitos a normas contratuais padronizadas que visam à conservação do equilíbrio da oferta e da funcionalidade, para assegurar, como objeto básico, a convivência integrada e que varie o preço da locação, ao menos em parte, de acordo com o faturamento dos locatários – centro que ofereça aos usuários estacionamento permanente e tecnicamente bastante.[2]

No entanto, existem centros comerciais construídos na modalidade de incorporações, verificando-se a venda de partes quando da implantação, com o que são captados recursos com os quais se ergue o estabelecimento. Organiza-se o empreendimento,

---

[1] *Condomínio edilício* – teoria e prática. Ob. cit. p. 103.
[2] Shopping centers – organização econômica e disciplina jurídica. *Revista dos Tribunais*, n. 580, p. 17, 1984.

procedendo-se o devido registro. Em seguida, faz-se a oferta pública de venda ou promessa de venda de frações ideais e das futuras unidades, em prestações, com a emissão de contratos particulares. Normalmente, já faz parte da incorporação uma ou mais lojas de grande importância econômica (lojas âncoras), conhecidas no comércio, que atraem público e outros comerciantes para a locação de espaços, ou aquisição de conjuntos.

Forma-se, então, um condomínio especial ou edilício, havendo a propriedade exclusiva de unidades e a propriedade comum de certos espaços. Dá a caracterização Pedro Elias Avvad:

> Desse modo, fica, de imediato, constituído um condomínio especial, nos moldes do "condomínio edilício", no qual o adquirente de loja em *shopping center*, apesar de proprietário de uma unidade autônoma, devidamente caracterizada, à qual se vincula uma fração ideal no terreno e nas coisas comuns, sofre algumas restrições, contratualmente acertadas, ao seu direito de condômino. As limitações atingem especialmente a autonomia, já que terá que se utilizar do imóvel exatamente para a finalidade específica para a qual foi alienada e adquirida, observando, quanto à utilização, as mesmas regras que são impostas a todos os demais lojistas.

> Portanto, o adquirente de uma unidade em *shopping*, ostenta, em relação à coisa, a posição jurídica de condômino e, em relação à atividade negocial ou econômica, a condição jurídica de lojista. No que concerne às obrigações financeiras, evidentemente que o condômino não paga aluguel, mas arca com as despesas condominiais como qualquer outro ocupante ... Deverá, ainda, o adquirente de loja, se nada tiver negociado em contrário com os empreendedores, suportar as despesas condominiais inerentes à propriedade, não se beneficiando da isenção concedida aos lojistas nos §§ 1º e 2º do art. 54 da Lei das locações.[3]

---

[3]   *Condomínio em edificações no novo Código Civil comentado*. Ob. cit. p. 349.

90
Cessão ou transferência da posição contratual do titular da incorporação

Não existe proibição legal para o incorporador ceder a sua posição contratual, com a transferência dos direitos e obrigações vinculados à construção. É comum esta operação de transferir a incorporação, mas sempre se mantendo os contratos celebrados com os adquirentes de frações ideais, sem trazer onerações, bem como as obrigações existentes. O cessionário ou adquirente assume o estado da obra em que se encontra, e torna-se titular das frações ideais ainda não transferidas.

Também não existe empecilho que faça a transferência ou ceda algumas funções da incorporação. Figurando ele como corretor, ou construtor, não fica impedido de passar para outrem as atividades inerentes, isto é, as atividades levar a termo as vendas e de construir o edifício, permanecendo, no entanto, com a administração.

No caso de ceder a incorporação, alienará o ativo, ou seja, os imóveis e demais bens existentes, as frações ideais que ainda remanescem com sua pessoa, os materiais adquiridos e depositados. Transferem-se os encargos bem como os créditos que tem a receber junto aos adquirentes.

Envolvendo imóveis à venda, obedece-se a forma estabelecida na lei, que é a escritura pública, levando-se à averbação no registro imobiliário a mudança de incorporador.

Se a transferência envolver a posição de incorporador, torna-se o novo titular responsável pelo cumprimento das obrigações ainda pendentes, devendo levar adiante a obra, concluindo sua construção; cabe-lhe proceder à venda das unidades, e regularizar o registro imobiliário, se ainda pendente esse ato.

Embora certos entendimentos em contrário, não parece que deva existir o consentimento de todos adquirentes de unidades para a substituição. Melhor que se dê a concordância. Entretanto, os interesses dos interessados não podem alcançar a livre disponibilização do negócio de incorporação. Certo que os direitos e obrigações do incorporador que contratou transferem-se para uma nova pessoa, mas remanesce a responsabilidade daquele com o qual se contratou. Havendo o descumprimento de parte do adquirente do negócio, perfeitamente admissível que se procure a satisfação de créditos e obrigações junto ao transmitente.

No registro da incorporação, leva-se a efeito a averbação da mudança de incorporador. Em todos os documentos, inclusive nos órgãos administrativos, providencia-se na alteração. Existindo contratos celebrados com terceiros, especialmente de fornecimento e de prestação de serviços, cumpre que se providencie na ratificação. No mínimo, é imprescindível a devida comunicação, se não alteradas as condições dos negócios.

De qualquer forma, sempre subsiste a responsabilidade do primitivo contratante, a menos que tenha havido a concordância expressa de todos que efetuaram contratos até o momento da transferência.

91
A responsabilidade dos adquirentes no financiamento hipotecário da construção

É frequente o incorporador contrair empréstimo ou financiamento para a construção, oferecendo em garantia o próprio imóvel ou a construção, o que se faz por meio de hipoteca do imóvel ou alienação fiduciária.

Salienta-se que, em geral, parte do preço resta financiado pelo próprio incorporador, e o restante por instituição financeira.

A venda, no entanto, não fica comprometida ou impedida. Persiste a liberdade em vender frações ideais. Na hipótese de inadimplemento, autoriza-se a execução, mas recaindo eventual constrição em créditos a serem recebidos pelo incorporador, com a intimação dos adquirentes para efetuarem o pagamento das prestações em conta cuja abertura será autorizada. Não cabe ao Banco executar a unidade do adquirente, por dívida pendente do incorporador. Distintas são as pessoas obrigadas, mesmo que verificada a ciência ou a concordância do titular da unidade, que aparece no contrato de financiamento ou, inclusive, no contrato de promessa de venda da unidade. No caso, deve entender-se a ciência ou concordância para a finalidade de pagar as prestações restantes ao financiador, em havendo inadimplência do incorporador.

Sabe-se que a hipoteca é um direito real de garantia imobiliária, através da qual o devedor hipotecante dá em garantia de uma determinada dívida um bem imóvel em favor do credor hipotecário, mantendo, entretanto, a posse direta do bem. Pode, pois, o devedor hipotecante usar, gozar, reivindicar e até dispor do bem, uma vez que o artigo 1.475 do Código Civil determina que é nula a cláusula que proíbe ao proprietário alienar imóvel hipotecado.

O construtor, para levar adiante sua obra, necessita de capital. Na incorporação imobiliária, normalmente, o financiamento da obra é proveniente da própria venda das unidades imobiliárias no mercado.

Mas é comum o incorporador, para dar mais rapidez à construção, especialmente em função das fracas vendas das unidades, recorrer a empréstimos junto às instituições financeiras. Estas, por sua vez, pedem uma garantia de pagamento e, em regra, o bem dado em garantia é o próprio terreno sobre o qual será construída ou está sendo construída a obra. Quando o incorporador paga rigorosamente o financiamento, não acarretará nenhum problema. Quando, porém, deixa de pagar o financiamento, não consegue liberar a hipoteca constituída e, considerando que o Código Civil diz que a hipoteca abrange todas as acessões, melhoramentos ou construções do imóvel, as unidades construídas, em tese, também estão alcançadas pelo ônus que grava o terreno. Esse é o tratamento comum dado à matéria.

Até certo tempo atrás, em se cuidando de promessa de compra de unidade em incorporação imobiliária, o entendimento majoritário era o de que se a promessa de compra e venda estivesse registrada antes da constituição da hipoteca, o adquirente poderia pleitear a adjudicação compulsória em seu favor, independentemente da hipoteca posteriormente constituída. Caso contrário, deveria suportar os efeitos da garantia hipotecária anteriormente constituída e um desses efeitos era a impossibilidade de outorga da escritura pública definitiva em favor do adquirente da unidade, em função da prioridade da hipoteca existente em favor do agente financeiro.

Surgiu, no entanto, a Súmula n. 308 do STJ, de 2005, que traz em suas linhas a seguinte orientação jurisprudencial: "A hipoteca firmada entre a construtora e o agente financeiro, anterior ou posterior à celebração da promessa de compra e venda, não tem eficácia perante os adquirentes do imóvel." Ou seja, o adquirente não assume responsabilidade pela dívida, contraída pelo incorporador, para financiar a obra.

Representa a Súmula um passo importante dado pelo STJ em favor do direito do adquirente de unidade imobiliária. Não importa ao adquirente do imóvel se a hipoteca firmada em favor do agente financeiro é anterior ou posterior à celebração da promessa de compra e venda. Para todos os casos, o entendimento é de que, havendo promissário comprador, é ele quem terá direito de preferência na transcrição da propriedade do bem comprado.

A mesma *ratio* se aplica à alienação fiduciária celebrada entre o incorporador e o agente financeiro, em que o primeiro transfere o imóvel ao último, em garantia de financiamento da obra, de acordo com o seguinte aresto do STJ, protótipo de tal inteligência:

> Direito civil. Recurso especial. Ação declaratória cumulada com obrigação de fazer. Alienação fiduciária firmada entre a construtora e o agente financeiro. Ineficácia em relação ao adquirente do imóvel. Aplicação, por analogia, da Súmula 308/STJ.
>
> 1. Ação declaratória cumulada com obrigação de fazer, por meio da qual se objetiva a manutenção de registro de imóvel em nome da autora, bem como a baixa da alienação fiduciária firmada entre a construtora e o agente financeiro.
>
> 2. Ação ajuizada em 12/03/2012. Recurso especial concluso ao gabinete em 05/09/2016. Julgamento: CPC/73.
>
> 3. O propósito recursal é definir se a alienação fiduciária firmada entre a construtora e o agente financeiro tem eficácia perante a adquirente do imóvel, de forma a se admitir a aplicação analógica da Súmula 308/STJ.
>
> 4. De acordo com a Súmula 308/STJ, a hipoteca firmada entre a construtora e o agente financeiro, anterior ou posterior à celebração da promessa de compra e venda, não tem eficácia perante os adquirentes do imóvel.
>
> 5. A Súmula 308/STJ, apesar de aludir, em termos gerais, à ineficácia da hipoteca perante o promitente comprador, o que se verifica, por meio da análise contextualizada do enunciado, é que ele traduz hipótese de aplicação circunstanciada da boa-fé objetiva ao direito real de hipoteca.
>
> 6. Dessume-se, destarte, que a intenção da Súmula 308/STJ é a de proteger, propriamente, o adquirente de boa-fé que cumpriu o contrato de compra e venda do imóvel e quitou o preço ajustado, até mesmo porque este possui legítima expectativa de que

a construtora cumprirá com as suas obrigações perante o financiador, quitando as parcelas do financiamento e, desse modo, tornando livre de ônus o bem negociado.

7. Para tanto, partindo-se da conclusão acerca do real propósito da orientação firmada por esta Corte – e que deu origem ao enunciado sumular em questão –, tem-se que as diferenças estabelecidas entre a figura da hipoteca e a da alienação fiduciária não são suficientes a afastar a sua aplicação nessa última hipótese, admitindo-se, via de consequência, a sua aplicação por analogia.

8. Recurso especial conhecido e não provido.[1]

No entanto, é de se observar que é adotado outro caminho, em grande parte das vezes. O próprio incorporador financia uma parcela do preço, e encaminha-se o adquirente ou interessado a uma instituição financeira para a celebração de empréstimo, a fim de saldar a parte restante. Ou seja, o adquirente da unidade faz o pagamento através de financiamento.

---

[1] REsp n. 1.576.164/DF. Terceira Turma. Relatora: Ministra Nancy Andrighi. Julgado em 14.05.2019. *DJe* 23.05.2019.

92

O registro da incorporação

Procede-se ao encaminhamento da incorporação ao registro imobiliário, para o arquivamento e o registro na matrícula do terreno onde se erguerá a edificação. Sem essa medida, exigida pelo artigo 32 da Lei n. 4.591/1964, alterado pela Lei n. 14.382/2022, e também pelo artigo 167, I, n. 17, da Lei n. 6.015/1973, sequer é permitida que se faça a oferta pública das unidades integrantes da futura edificação. Realmente, para que seja possível a comercialização de um condomínio na planta ou em construção, é indispensável que seja realizado o registro da incorporação imobiliária.

Para tanto, o incorporador formulará um requerimento que será acompanhado de vários documentos.

O STJ tem reiterado a obrigatoriedade do prévio registro da incorporação antes de começar a venda de unidades:

> O incorporador só se acha habilitado a negociar unidades autônomas do empreendimento imobiliário quando registrados, no Cartório de Registro Imobiliário competente, os documentos previstos no artigo 32 da Lei n. 4.591/1964. Descumprida a exigência legal, impõe-se a aplicação da multa do art. 35, § 5º, da mesma lei. Precedentes.[1]

Apontam-se precedentes no voto do Relator:

> Acerca da matéria, esta Corte já se manifestou, firmando seu entendimento de que a incorporadora somente poderá negociar as unidades autônomas após ter arquivado, no cartório competente de Registro de Imóveis, a respectiva incorporação.
>
> Transcrevo os seguintes precedentes:
>
> "Direito civil e processual civil. Recurso especial. Incorporação imobiliária. Multa. Aplicação. CDC. Matéria jurídica não apreciada pelo Tribunal de origem. Indenização. Fatos e provas insuscetíveis de reexame.
>
> (...)
>
> O art. 32 da Lei n.º 4.591/1964 dispõe que a incorporadora somente poderá negociar as unidades autônomas após ter arquivado, no cartório competente de Registro de Imóveis, a respectiva incorporação.

---

[1] AgRg no REsp. n. 334.838/AM. Relator: Min. João Otávio de Noronha. Quarta Turma. Julgamento em 18.05.2010, *DJe* 27.05.2010.

O descumprimento da obrigação que incumbe à incorporadora de proceder à outorga válida do contrato de compra e venda de fração ideal de terreno no prazo fixado em lei, impõe a aplicação da multa prevista no art. 35, § 5º da Lei n.º 4.591/64. Precedentes.

Recurso especial parcialmente conhecido e, nessa parte, provido" (REsp n. 678.498/PB, rel. Ministra Nancy Andrighi, Terceira Turma, *DJ* 09.10.2006).

"Execução. Fraude de execução. Multa do art. 35, § 5º, da Lei nº 4.591/64. Precedentes da Corte.

(...)

Na linha de precedentes da Corte, o incorporador só se acha habilitado a negociar unidades autônomas uma vez registrados os documentos previstos no art. 32 da Lei n° 4.591/64, sendo suscetível de sofrer a multa do art. 35, § 5°, no caso de violação.

Recurso especial conhecido e provido, em parte" (REsp n. 325.876/PB, rel. Ministro Carlos Alberto Menezes Direito, Terceira Turma, *DJ* 20.05.2002).

(...)

"Na linha da jurisprudência desta Corte, o incorporador só se acha habilitado a negociar unidades autônomas uma vez registrados os documentos previstos no art. 32 da Lei 4.591/1964, sendo suscetível de sofrer a multa do art. 35, § 5°, no caso de violação" (REsp 192.182/MG, rel. Ministro Sálvio de Figueiredo Teixeira, Quarta Turma, *DJ* 18.02.2002).

Esses precedentes preconizam também a incidência da multa prevista no artigo 35, § 5°, da Lei n. 4.591/1964 na hipótese em que o negócio é feito em desconformidade com a legislação própria. Na situação em exame, o negócio imobiliário foi realizado pelo incorporador sem o cumprimento das exigências previstas, o que impõe a aplicação da multa.

Assim, como consequência do não cumprimento da obrigação, é de ser reconhecida a nulidade do contrato mencionado e restituídas as partes ao status quo ante, com a devolução integral dos valores pagos pela agravante e a manutenção da propriedade da unidade imobiliária em favor da empresa agravada, devendo ainda ser aplicada a multa mencionada.

O registro, na matrícula do imóvel, da incorporação imobiliária estabelece e vincula as frações ideais do terreno às futuras unidades autônomas que serão construídas, responsabilizando o incorporador pela entrega, em prazo certo, pelo preço e pelas condições de entrega da obra concluída.

A partir do registro, o imóvel passa a ter destinação específica: nele será construído um condomínio edilício, formado por unidades autônomas, das quais cada proprietário poderá usar e dispor livremente, e áreas de uso comum, em que haverá propriedade condominial comum aos diversos proprietários das unidades autônomas.

Antes do registro, está proibida não só a venda, como também a promessa de cessão, as cartas-propostas, recibos de opção, procurações com poderes para adquirir, e a reserva de unidade, por estar subjacente uma promessa de venda. Bem disserta a respeito Everaldo Augusto Cambler:

A chamada "reserva", com o recebimento de valores ou garantias constitui, na verdade, modalidade de contrato preliminar, hoje regulado nos arts. 462 e seguintes do CC/2002, assim considerado aquele ajuste que, exceto quanto à forma, contém todos os requisitos essenciais ao contrato a ser celebrado. Essa espécie de ajuste, a nosso ver, afronta o *caput* do art. 32 da Lei de Condomínio e Incorporação, que abrange toda a negociação relativa a unidades condominiais autônomas.[2]

---

[2] Publicidade – Lançamento e venda de unidades de edificações sem registro de incorporação – Contrato de incorporação imobiliária – Lei n. 4.591/64. Trabalho citado. p. 341.

Portanto, o registro da incorporação é ato declaratório, que visa discriminar e individualizar as diversas espécies de áreas que comporão as edificações, a serem construídas sob a forma de unidades isoladas entre si, residenciais ou não residenciais, conforme entende Ademar Fioraneli.[3]

Do § 3º do artigo 32 da Lei n. 4.591/1964 infere-se a obrigatoriedade de se inserir, em qualquer ato de venda, promessa de venda, disponibilização de fração ideal e de unidade futura, de anúncio, de propaganda, o número do registro imobiliário: "O número do registro referido no § 1º, bem como a indicação do cartório competente, constará, obrigatoriamente, dos anúncios, impressos, publicações, propostas, contratos, preliminares ou definitivos, referentes à incorporação, salvo dos anúncios classificados."

Caso decidir-se alienar as unidades somente após a conclusão da obra, não é preciso proceder ao registro da incorporação imobiliária, bastando apenas a individuação. Realmente só é necessário o registro da incorporação imobiliária quando o incorporador pretender alienar as unidades da edificação em construção, ou seja, se há promessa de compra e venda de coisa futura.

Não será necessário o registro se o capital for próprio do incorporador e não provém de terceiros. É de terceiros se obtido ou mediante empréstimo ou com o produto da alienação das futuras unidades autônomas.

O requerimento para o registro assemelha-se a um sumário de memorial, contendo a descrição do edifício, de sua estrutura, e dando a caracterização e a identificação (com o nome e localização).

Em primeiro lugar, virá a identificação do incorporador, com o nome, a qualificação, o registro da identidade, a inscrição na Receita Federal. Não sendo proprietário, constará que se encontra devidamente autorizado pelo proprietário para a implantação do empreendimento, fornecendo o seu nome e endereço.

Descreverá pormenorizadamente a incorporação imobiliária, com as informações sobre os documentos exigidos pela lei. A descrição compreenderá a relação minuciosa dos documentos, e, assim, da indicação do incorporador, do título de propriedade do terreno, da cópia do projeto aprovado pelas autoridades administrativas, do orçamento da obra, da especificação dos materiais, das plantas da situação do terreno, da programação das várias etapas do condomínio, das metragens das futuras unidades, da localização, dos pavimentos, da individualização das unidades e da distribuição das peças de cada unidade. Por isso, forma um caderno, ou dossiê, contendo informações básicas, acompanhado da documentação necessária para a construção. Representa uma síntese de todo o empreendimento, conhecido simplesmente como memorial.

Corresponderá à descrição completa da incorporação edilícia e à compilação dos documentos exigidos pela lei, que são aqueles discriminados para o registro imobiliário da incorporação, e que aparecem minuciosamente elencados no artigo 32 da Lei n. 4.591/1964, com a modificação da Lei n. 14.382/2022, o qual dispõe: "O incorporador somente poderá alienar ou onerar as frações ideais de terrenos e acessões que corresponderão às futuras unidades autônomas após o registro, no registro de imóveis competente, do memorial de incorporação composto pelos seguintes documentos".

---

[3] *Direito registral imobiliário.* Porto Alegre: Safe Editora, 2001. p. 565.

Uma vez procedido o arquivamento, e lançado o registro em sequência à matrícula, a incorporação fica acessível para a consulta de qualquer pessoa, em especial para aqueles que revelarem interesse na aquisição de unidades, que poderão, também, concluir sobre a regularidade da documentação e a segurança no investimento. Examinando o registro e, assim, o processo que está arquivado, o adquirente toma conhecimento do negócio que vai contrair, da pessoa ou empresa com a qual contratará e que dirigirá o empreendimento, e cientifica-se do imóvel que efetivamente comprará, das dimensões da unidade de que será titular, de sua participação nas áreas comuns e na área do terreno. Com isso, fica, em princípio, o incorporador impedido de alterar o tamanho das áreas, ou a própria conformação da unidade à descrição constante do contrato.

Enquanto não concluída a incorporação, todas as movimentações ou alterações que ocorrerem em relação ao terreno e ao prédio em construção serão lançadas no próprio registro. Se abertas as matrículas das unidades antes da conclusão, igualmente em sequência a elas fazem-se os registros dos eventos que ocorrerem. A essa ordem conduz o artigo 237-A da Lei n. 6.015/1973 (Lei dos Registros Públicos), trazido pela Lei n. 11.977/2009, com a redação que segue:

> Após o registro do parcelamento do solo ou da incorporação imobiliária, até a emissão da carta de habite-se, as averbações e registros relativos à pessoa do incorporador ou referentes a direitos reais de garantias, cessões ou demais negócios jurídicos que envolvam o empreendimento serão realizados na matrícula de origem do imóvel e em cada uma das matrículas das unidades autônomas e eventualmente abertas.

92.1. Documentos para o registro

Vários os documentos a serem apresentados no Cartório do Registro de Imóveis, em original ou cópias autenticadas, figurando a relação nas alíneas que seguem o *caput* do artigo 32. Naturalmente, encaminha-se o pedido através de requerimento, assinado pelo incorporador, com a sua devida qualificação, inclusive o número do CPF (ou CNPJ se tratar-se de pessoa jurídica), estado civil, domicílio, nacionalidade, ou, se for o caso de pessoa jurídica, com o CNPJ, o número do registro na Junta Comercial, o representante e sua qualificação.

Consoante já explicado, na incorporação implantada pelo ente da Federação imitido na posse a partir de decisão proferida em processo judicial de desapropriação em curso, ou pelo cessionário deste (previsão da alínea "c" do artigo 31 da Lei n. 4.591/1964, na letra da Lei n. 12.424/2011), desde que registrada conforme item 36 do inciso I do artigo 167 da Lei n. 6.015/1973, não se exigem os requisitos das alíneas "a", "b", "c", f" e "o" do artigo 32 da Lei n. 4.591/1964.

É o que prevê o § 13 do artigo 32 da Lei n. 4.591/1964, em texto da Lei n. 12.424/2011:

> Na incorporação sobre imóvel objeto de imissão na posse registrada conforme item 36 do inciso I do art. 167 da Lei 6.015, de 31 de dezembro de 1973, fica dispensada a apresentação, relativamente ao ente público, dos documentos mencionados nas alíneas "a", "b", "c", "f" e "o" deste artigo, devendo o incorporador celebrar contrato de cessão de posse com os adquirentes das unidades autônomas, aplicando-se a regra prevista nos §§ 4º, 5º e 6º do art. 26 da Lei n. 6.766, de 19 de dezembro de 1979.

Na incorporação comum, não figurando o incorporador como proprietário do terreno, nomeia-se a pessoa que tem a titularidade, qualificando-a com todos os dados identificadores. Ao mesmo tempo, descreve-se o imóvel com os dados retirados do registro imobiliário.

Conveniente acrescentar que todas as alterações da convenção serão averbadas no registro imobiliário, a tanto ordenando o § 1º do artigo 9º da Lei n. 4.591/1964: "Far-se-á o registro da Convenção no Registro de Imóveis, bem como a averbação das suas eventuais alterações".

Eis os documentos, com modificações da Lei n. 14.382/2022:

a) *"Título de propriedade de terreno*, ou de promessa, irrevogável e irretratável, de compra e venda ou de cessão de direitos ou de permuta do qual conste cláusula de imissão na posse do imóvel, não haja estipulações impeditivas de sua alienação em frações ideais e inclua consentimento para demolição e construção, devidamente registrado".

Documento básico é o título de propriedade do terreno, que garante, pelo menos no início, a confiabilidade do negócio e a perspectiva de segurança no investimento. Representa a credencial para o oferecimento das unidades para a compra, na medida em que permite aos interessados o exame da localização e da perspectiva de qualidade da edificação.

Conforme o item acima, ficam legitimados a promover a incorporação o proprietário do terreno e o titular de direitos aquisitivos, compreendendo este o promitente comprador de um imóvel, o cessionário de uma compra e venda e de uma promessa de compra e venda, ou promitente cessionário. Por isso, o título de domínio é criado por uma compra e venda, ou doação, ou permuta, ou adjudicação, ou formal de partilha, ou promessa de compra e venda, ou promessa de cessão. No caso de um promitente comprador, de um cessionário, ou de um promitente cessionário, isto é, de pessoas que não apresentarem título definitivo, promoverem a incorporação, exigem-se do título as características que imprimam definitividade no negócio, que se manifestam desde que inserida a irrevogabilidade da promessa ou cessão; não venha com cláusula impeditiva da venda de frações ideais; insira permissão para a demolição na eventual existência de prédio no local; contenha autorização para construir o edifício retratado no projeto da incorporação; e se dê a imissão no imóvel, ou detenha o comprador ou titular de direitos a posse do imóvel.

Fazendo a leitura sob outro enfoque, aquele que, sendo promitente comprador do imóvel, cujo contrato não contenha restrição à demolição e construção, em que haja imissão de posse, irrevogabilidade e irretratabilidade e que esteja registrado no Registro de Imóveis, poderá este promitente comprador negociar sobre unidades autônomas futuras.

Como diz Caio Mário da Silva Pereira quando o incorporador for promitente comprador do terreno, tem ele a "possibilidade de alienação do imóvel em frações ideais, decorrentes da ausência de estipulação em contrário. Com efeito, o promitente comprador, em princípio, pode assumir o compromisso de alienar o objeto de que tem promessa".[4]

Nota-se a viabilidade de promessa de aquisição, ou mais extensamente, de aquisição por meio de promessa de compra e venda, de promessa de cessão, de cessão de promessa de compra e venda e de cessão de direitos.

---

4   *Condomínio e incorporações*. Rio de Janeiro: Forense, 1977. p. 253.

Nessas modalidades, diante das garantias que ficarão expressas e que decorrem, – a irrevogabilidade ou irretratabilidade, a ausência de proibição de venda do imóvel em frações ideais, a previsão do consentimento para a demolição e construção, e a imissão ou posse no imóvel – equivale a forma de promessa ou cessão a uma verdadeira transmissão definitiva, posto que não tornará o imóvel ao promitente vendedor ou cedente. Em havendo descumprimento das obrigações, resta a satisfação do crédito por meio de cobrança ou execução.

De rigor o registro imobiliário da promessa de compra e venda ou da cessão de direitos (art. 167, I, n. 9, da Lei n. 6.015/1973), com o que se evitará posterior transferência a terceira pessoa, distinta do incorporador.

No pertinente à cláusula de irrevogabilidade, nas formas de não aquisição definitiva, importa em não se desfazer o negócio da compra na eventualidade do incorporador deixar de cumprir suas obrigações perante aquele que lhe transferiu direitos sobre o imóvel, ou de não conseguir ele o documento de propriedade definitiva. A irrevogabilidade conduz a reservar-se ao adquirente da unidade o direito de obter o contrato de transferência definitiva. Assim está assegurado pelo § 4º do artigo 35:

> Descumprida pelo incorporador e pelo mandante de que trata o § 1º do art. 31, a obrigação da outorga dos contratos referidos no *caput* deste artigo nos prazos ora fixados, a carta-proposta ou o documento de ajuste preliminar poderão ser averbados no Registro de Imóveis, averbação que conferirá direito real oponível a terceiro, com o consequente direito à obtenção compulsória do contrato correspondente.

No caso, o incorporador não detendo o título definitivo, a rigor, não estaria autorizado a transferir definitivamente a unidade. Em se cuidando, porém, de incorporação imobiliária, diferente é o tratamento. Faz-se a compra e venda da unidade e frações ideais justamente porque assim se dá na incorporação. Com o pagamento das prestações, torna-se definitiva a aquisição, não se abrindo razões para a rescisão do contrato. Todavia, não se operando a transferência definitiva do imóvel ao incorporador, mesmo assim não fica o adquirente de unidade desprotegido. Assiste a ele a via da ação compulsória para a entrega do contrato correspondente. No caso de negativa, a sentença do juiz servirá de título definitivo. Mesmo que omissa essa providência do registro imobiliário, persistirá a definitividade de qualquer das modalidades de transferência, não importando que venha através de promessa ou cessão.

Em resumo, a irretratabilidade ou irrevogabilidade, na promessa de venda do dono do terreno para o incorporador, visa justamente oferecer condições para a venda definitiva das unidades, cuja transferência não fica à mercê de acertos ou desacertos entre o incorporador e o proprietário do terreno. Tal condição não se estende à promessa de venda de unidades pelo incorporador, pois admissível a resolução, seja pelo adquirente, ou promitente comprador, por simples desistência; seja pelo vendedor ou promitente vendedor, em vista do descumprimento de obrigações a cargo do comprador ou promitente comprador.

Antes da Lei n. 14.382/2022, o § 2º do artigo 32 da Lei n. 4.591/1964, em texto da Lei n. 10.931/2004, que tratava, dentre várias outras matérias, antes reguladas pela Medida Provisória n. 2.221, de 2001, do patrimônio de afetação das incorporações imobiliárias, não havia a possibilidade de retratação ou desistência dos contratos, sendo que doutrinava o Prof. Melhim Namem Chalhub:

> Os contratos de compra e venda, promessa de venda, cessão ou promessa de cessão de unidades autônomas são irretratáveis e, uma vez registrados, conferem direito real oponível a terceiros, atribuindo direito a adjudicação compulsória perante o incorporador ou a quem o suceder, inclusive na hipótese de insolvência posterior ao término da obra.

Isso quanto à então relação entre o incorporador e o promitente comprador de unidade, e não quanto à relação entre o vendedor ou promitente vendedor do terreno e o incorporador.

Ao adquirente de unidade não interessa o tipo de relação entre o incorporador e o titular do terreno, dada a existência da irrevogabilidade no negócio havido entre eles. Se o incorporador não lhe outorgar o contrato de venda da unidade definitivo, reserva-se-lhe a ação de adjudicação compulsória, promovida justamente contra o incorporador.

Conveniente frisar que o incorporador deverá estar imitido na posse, tendo a utilidade do imóvel, trabalhando-o através de obras, escavações, sem qualquer restrição no uso, desde que dirigido para a finalidade da construção do condomínio. Não haverá condição suspensiva e muito menos resolutiva, no sentido de depender a utilização de algum evento, ou com a previsão de uma possível resolução. Inadmissível com a natureza da incorporação a possibilidade de desfazimento do negócio, quando já estão se procedendo as vendas de unidades, ou se efetuaram as vendas.

A permuta revela-se em mais uma forma de transferência do domínio do imóvel. O incorporador recebe um imóvel no qual implantará a incorporação, e dá em troca outro bem. Na prática, constitui o que se conhece por troca de área construída pelo terreno. Recebe o proprietário do terreno uma fração da edificação em pagamento da transferência do terreno. No instrumento de transferência, ou contrato, feito por escritura pública ou particular, discriminam-se a fração transferida e a que permanece com o transmitente, que ficará enriquecida por área construída, tudo devidamente discriminado, em atendimento à diretriz do artigo 39:

> Nas incorporações em que a aquisição do terreno se der com pagamento total ou parcial em unidades a serem construídas, deverão ser discriminadas em todos os documentos de ajuste:
>
> I – a parcela que, se houver, será paga em dinheiro;
>
> II – a quota-parte da área das unidades a serem entregues em pagamento do terreno que corresponderá a cada uma das unidades, a qual deverá ser expressa em metros quadrados.

No contrato, em vez de constar a transferência da unidade através de compra e venda, ficará consignado que se operou por meio de permuta, especificando-se a exata extensão da área construída, e a correspondência em fração ideal. Na verdade, trata-se de uma promessa de permuta, posto que a transferência se consuma quando da conclusão da edificação. Mais apropriadamente, configura-se uma promessa de permuta de um bem existente por uma coisa futura, consistente esta em unidade imobiliária a ser construída, em adequação à figura do artigo 483 do Código Civil de 2002, que a permite: "A compra e venda pode ter por objeto coisa atual ou futura. Neste caso, ficará sem efeito o contrato se esta não vier a existir, salvo se a intenção das partes era de concluir contrato aleatório."

O pagamento do terreno por meio de área construída não redundará em baratear a construção, pois representará um acréscimo das prestações, que suportarão o custo da área construída e que passará para o permutante. O pagamento do terreno vai se completando na exata medida da construção do prédio e dos demais equipamentos.

O parágrafo único do artigo 39 obriga a que se consigne, em todos os documentos da incorporação, essa forma de aquisição e de pagamento, a fim de evitar surpresa aos adquirentes: "Deverá constar, também, de todos os documentos de ajuste, se o alienante do terreno ficou ou não sujeito a qualquer prestação ou encargo."

Não se adapta a propriedade fiduciária para formar a incorporação, eis que, quanto ao credor fiduciário, desaparece a titularidade do domínio quando cumprida a obrigação que constituiu a alienação fiduciária; e, quanto ao devedor fiduciário, ele transfere a titularidade.

Bem expõe a matéria Mario Pazutti Mezzari:

> Imóvel sob alienação fiduciária não poderá ser objeto de incorporação imobiliária. Diversas são as razões para tanto, das quais citamos duas:
>
> 1ª – O credor (fiduciário) não tem a posse do imóvel e a propriedade que detém encontra-se sob condição resolutiva expressa, eis que estará comprometida com o retorno ao anterior proprietário: o devedor ou fiduciante. A sequência lógica da alienação fiduciária é o retorno do imóvel ao anterior proprietário, ou seja, que o credor perca a propriedade assim que a dívida for paga. Ora, se a tendência natural do instituto é fazer com que o proprietário fiduciário perca sua propriedade, não pode ele contratar com terceiros o compromisso de alienação de partes do imóvel: as frações ideais. Para o proprietário fiduciário, o imóvel constitui patrimônio de afetado, o qual deve ser mantido intacto em sua natureza até que o devedor faça o resgate (pagando a dívida).
>
> No entanto, se a dívida não for paga e o imóvel ficar consolidado na propriedade do credor, mediante os procedimentos exigidos na Lei 9.514, de 1997, aí não mais estaremos frente à propriedade fiduciária, mas sim à propriedade plena, caso em que será perfeitamente possível o registro da incorporação imobiliária.
>
> 2ª – O devedor (fiduciante) não pode efetuar incorporação imobiliária porque não tem a propriedade do bem, apenas uma expectativa real de tornar a adquiri-lo. Se não é proprietário, mas apenas titular de um direito real de aquisição, cuja transferência dependerá sempre de anuência do credor fiduciário, obviamente não poderá lançar um empreendimento imobiliário sobre o imóvel.[5]

b) *"Certidões negativas* de impostos federais, estaduais e municipais, de protesto de títulos de ações cíveis e criminais e de ônus reais, relativamente ao imóvel, aos alienantes do terreno e ao incorporador".

O imóvel destinado à incorporação não poderá representar algum risco ou comprometimento de sofrer medidas judiciais por obrigações de seu titular e do incorporador, ao tempo da transferência para o incorporador. Para tanto, a lei manda, quando do

---

[5] *Condomínio e Incorporação no Registro de Imóveis*. 3. ed., Porto Alegre: Norton Editor, 2010. p. 122.

registro da incorporação, a apresentação de certidões negativas de tributos e de dívidas civis em nome do proprietário e do incorporador.

A certidão do registro imobiliário, na qual se registram ou averbam todos os ônus, cláusulas e gravames incidentes no imóvel, não é suficiente, já que admissível a pendência de obrigações pecuniárias sem que tenha sido levada a registro.

Não bastam as certidões negativas em relação à pessoa do proprietário. Exigem-se inclusive quanto ao incorporador, quando distinto do proprietário. No tocante ao primeiro, se pendentes dívidas, a transferência pode caracterizar fraude contra devedores, e mesmo fraude à execução, se já aforada a exigibilidade da obrigação. Já quanto ao incorporador, as dívidas sujeitam a destinar o imóvel a realizar o pagamento, através da expropriação judicial, com a venda em leilão, impedindo a destinação para a finalidade determinante da transferência.

As certidões negativas abrangem o âmbito tributário, na esfera federal, estadual e municipal, com o fornecimento pelos órgãos cadastrais das respectivas secretarias da fazenda. Sabe-se que eventuais obrigações fiscais têm preferência sobre quaisquer outras obrigações, e mesmo que terceiros tenham direitos sobre os bens do devedor, mormente quando formados após a constituição das dívidas.

Também as dívidas de outra natureza, como as civis, as trabalhistas, as alimentares, as multas, as condenações pecuniárias no juízo criminal comprometem a incorporação, representando um risco na sua implantação. A toda a evidência, a sua existência permite o juízo executório, ou a cobrança, podendo a satisfação recair no imóvel. Para evitar esse risco, juntam-se certidões dos juízos estaduais e federais (inclusive da área trabalhista), e dos tabelionatos ou cartórios de protestos de títulos.

As certidões negativas são fornecidas pelos cartórios de distribuição de ações civis e criminais, nas esferas da justiça estadual e federal, do domicílio do titular do imóvel e do incorporador e do local da situação do imóvel. Sendo o domicílio em município distinto daquele em que se implantará a incorporação, nos cartórios e juízos de ambos os locais colhem-se as certidões.

Na eventualidade da existência de ações que não comprometam o imóvel, como as que envolvem direitos de família, as que são promovidas pelo alienante ou incorporador e que representam o exercício de direitos, não têm qualquer influência negativa sobre o registro da incorporação. Para a devida verificação, ao oficial do Registro de Imóveis é assegurado o poder de pedir esclarecimentos e a apresentação de certidões narratórias, de modo a concluir quanto à existência de risco de fraude contra credores, ou de fraude de execução, o que viabilizaria a anulação da alienação. Impedem o registro as onerações que viabilizam o prometimento do imóvel, com a sua excussão, como os arrestos, o sequestro, a penhora, a hipoteca, a própria citação da existência de ação em andamento, a desapropriação em andamento e a indisponibilidade por ato judicial.

A redação da letra *b* ordena a apresentação de *certidões negativas*, dando a entender que não pode haver qualquer dívida, encargo ou gravame. Na realidade, essa exegese literal conduz a imprimir maior garantia e segurança na incorporação. Entretanto, por força de dois dispositivos, abaixo citados, entende-se que a existência de dívidas, encargos ou gravames não inviabiliza a incorporação, e que a apresentação de documentos sobre a sua existência tem o escopo mais de prevenir os adquirentes de unidades.

Assim enseja o § 5º do artigo 32, quanto aos ônus fiscais ou reais, mas que, por uma questão de coerência, devem ser abrangidas quaisquer obrigações pendentes e gravames incidentes: "A existência de ônus fiscais ou reais, salvo os impeditivos de alienação, não impedem o registro, que será feito com as devidas ressalvas, mencionando-se, em todos os documentos, extraídos do Registro, a existência e a extensão dos ônus." Portanto, não é a simples existência de dívidas para com o Município que impedirá o registro da incorporação imobiliária. Todavia, mesmo que a finalidade vise prevenir os adquirentes de unidades, aconselhável é não permitir a instauração do processo de incorporação se existentes averbações de dívidas e gravames, em função das graves consequências que advirão. O registrador emitirá um juízo de valor sobre a extensão dos gravames e o grau de comprometimento deles para com o empreendimento. Esta análise é sempre subjetiva, mas alguns dados podem ser apontados como elementos formadores da convicção do registrador, tais como o tamanho do empreendimento projetado, o valor das dívidas, o estado em que se encontra o processo e se está garantido etc.

Julgando o registrador que os gravames existentes são de pequena monta, poderá fazer o registro, estando obrigado a mencionar nele (registro) e em todas as certidões que expedir, a existência das certidões positivas.

Em linhas gerais, o registro somente deverá ser recusado quando presentes fortes indícios de incontornáveis prejuízos para os futuros compradores de unidades autônomas.

De observar a ressalva do § 5º acima, relativamente aos gravames impeditivos de alienação, que são, obviamente, aqueles que proíbem, a alienação, como a indisponibilidade de bens decretada judicialmente, o decreto de desapropriação, a cláusula de inalienabilidade, a instituição de bem de família, o sequestro judicial, a existência de uma ação visando a declaração de nulidade do título de aquisição.

Cumpre lembrar que as certidões de protestos de títulos e de ações cíveis e criminais devem referir-se ao incorporador e aos alienantes. Não abrangem seus antecessores. Quando, porém, a incorporação é autorizada pelo compromissário comprador do terreno, ou promitente cessionário de direitos à aquisição, as certidões precisam referir-se a todos eles, assim como ao proprietário, isto é, ao promitente vendedor, ou promitente cedente, e ao permutante.

Já o artigo 37, também quanto aos imóveis gravados de ônus real ou fiscal, ou se existir ação que possa comprometer a situação do alienante, e que, por coerência com o sistema jurídico, se estendem a ônus e gravames decorrentes de obrigações de outra natureza, manda que seja o fato mencionado nos documentos de constituição da incorporação e nos de venda das unidades: "Se o imóvel estiver gravado de ônus real ou fiscal ou se contra os alienantes houver qualquer ação que possa comprometê-lo, o fato será obrigatoriamente mencionado em todos os documentos de ajuste, com a indicação de sua natureza e das condições de liberação."

Instituído o usufruto no imóvel, o registro carece da concordância do seu exercício manifestada pelo nu-proprietário e pelo usufrutuário. Isto porque o primeiro não exerce a posse, sendo que restaria sem a posse a incorporação; o segundo justamente pela razão de ele exercer a posse.

Cap. 92 | O registro da incorporação • 375

A hipoteca não impede o registro, em face do chamado direito de sequela, acompanhando o imóvel se transmitido.

c) *"Histórico dos títulos de propriedade do imóvel*, abrangendo os últimos 20 anos, acompanhado de certidão dos respectivos registros".

De acordo com a lei, narra-se o histórico dos registros imobiliários nos vinte últimos anos, em atendimento ao princípio da continuidade registral, e para imprimir ao empreendimento a devida segurança. Descrevem-se, no requerimento dirigido ao Cartório de Registro de Imóveis, todos os registros efetuados no curso do período de vinte anos, com as datas de sua efetivação, e as transferências de titularidade havidas, e inclusive os ônus constantes e mesmo aqueles que tenham sido constituídos anteriormente, embora já cancelados. Ao mesmo tempo, juntam-se as certidões das matrículas, comprovando a descrição no pedido de registro e arquivamento. Com a providência, incute-se certeza à propriedade, que se alcança pela verificação da regularidade dos registros. Afasta--se a possibilidade, embora remota, da existência de fraudes. Não interessa que, no período, tenha o imóvel estado no domínio de vários proprietários, que se sucederam. Não se objetiva o entendimento da necessidade de registro em nome do alienante ou do incorporador imobiliário. Irrelevante que haja outros titulares, ao longo do prazo.

No pertinente à duração do prazo, a fixação decorre do fato de que, ao tempo do surgimento da lei, era o prazo máximo para a prescrição das ações judiciais estabelecido pelo Código Civil de 1916 (art. 177). Com o Código de 2002, esse prazo máximo ficou em dez anos na inexistência de previsão de prazos menores para a prescrição em geral (art. 205), e de dez anos é o prazo para o reconhecimento da usucapião, se basear-se o pedido em justo título e boa-fé (art. 1.242). Não foge da verdade e da razoabilidade a inteligência de que se busque o histórico dos títulos apenas durante esse lapso temporal.

Embora o atual prazo para a usucapião extraordinária tenha ficado em quinze anos (art. 1.238), leva-se em consideração o prazo de prescrição de dez anos, posto que, após decorrido, nada mais pode ser reclamado contra o titular da propriedade imobiliária, dada a prova do encadeamento da propriedade em títulos. De qualquer sorte, com o passar de quinze anos, ao titular da propriedade fica assegurado o direito do reconhecimento, em seu favor, da titularidade, sem justo título e boa-fé, pelo decurso do tempo (art. 1.238), eliminando quaisquer irregularidades porventura existentes. Assim, a rigor, não se mantém atual a exigibilidade do histórico durante vinte anos.

No entanto, a questão não se encerra aí. Mesmo que apresentada a relação dos títulos no lapso temporal estabelecido na lei, não se tira de cogitação que pessoa diferente daquela que consta nos títulos exerça a posse. E sendo a posse um fato, não representa certeza absoluta ou plena segurança a comprovação da titularidade pelos registros imobiliários. Possível que exista um possuidor na área, e que venha a alegar a usucapião. Mesmo assim, imprime veracidade de domínio o histórico.

E se não se lograr o histórico dos títulos ao longo do tempo de vinte anos, ou mesmo de quinze ou dez anos (em face do vigente Código Civil)? Tal pode acontecer na aquisição originária do domínio através da usucapião, sem que se tenha notícias ou referência do anterior titular. Não se impede o direito à incorporação. A exigência de vinte anos pela lei

376 • Condomínio Edilício e Incorporação Imobiliária | *Arnaldo Rizzardo*

(aceitando-se o prazo de dez ou quinze anos por interpretação lógica do vigente Código Civil) é para a hipótese da existência da titularidade durante esse decurso de tempo.

d) *"Projeto de construção* devidamente aprovado pelas autoridades competentes".

O projeto de construção corresponde aos desenhos e mapas da obra que será erguida, nas mais diversas áreas, como de engenharia, de arquitetura, da rede elétrica, dos encanamentos de água e esgoto, com a aprovação pelas autoridades sanitárias, e que já deve se encontrar devidamente elaborado quando do início das escavações. Descrevem-se todas as etapas a serem executadas, os materiais utilizáveis, os custos, o total de área construída de cada unidade e das partes comuns, com a individuação das peças e respectivas metragens. Anexam-se duas cópias, feitas e assinadas por profissionais habilitados, com os números da inscrição nos órgãos competentes. Abrangem todos os campos da obra, como o projeto da planta baixa, da rede de esgoto, água e eletricidade, os cortes e elevações, os detalhes, os elementos urbanísticos com o paisagismo, a recreação, as maquetes, as fotografias. Acompanham a licença da construção e o número da inscrição da pessoa que elaborou o projeto.

Tais plantas, dada a sua necessidade durante a construção e nas apresentações aos interessados, permanecerão na obra, permitindo o § 10 do artigo 32 que sejam anexadas através de cópias: "As plantas do projeto aprovado (alínea *d* deste artigo) poderão ser apresentadas em cópia autenticada pelo profissional responsável pela obra, acompanhada de cópia da licença de construção."

e) *"Cálculo das áreas das edificações*, discriminando, além da global, a das partes comuns, e indicando, cada tipo de unidade a respectiva metragem de área construída".

Embora o projeto de construção contenha os elementos acima, o pedido de arquivamento será acompanhado da medição separada das áreas das edificações, tanto as individuais como as comuns, o que permitirá o cálculo de custos das unidades, fornecendo elementos para a execução de orçamentos da construção, em seus vários campos, permitindo o preço total da obra, e ensejando a estimativa para a alienação.

Destina-se o cálculo das áreas para distribuir a responsabilidade de cada adquirente no custo da construção, desde que contratada por empreitada ou por administração, e não por venda de coisa futura, quando o preço é fixado em função do valor da unidade já pronta.

Nesse cálculo, seguem-se as normas da Associação Brasileira de Normas Técnicas – ABNT, em atendimento ao artigo 53 da Lei n. 4.591/1964:

> O Poder Executivo, através do Banco Nacional da Habitação, promoverá a celebração de contratos com a Associação Brasileira de Normas Técnicas (ABNT), no sentido de que esta, tendo em vista o disposto na Lei n. 4.150/1962, prepare, no prazo máximo de 120 dias, normas que estabeleçam, para cada tipo de prédio que padronizar:
>
> I – critérios e normas para cálculo de custos unitários de construção, para uso dos sindicatos, na forma do art. 54;
>
> II – critérios e normas para execução de orçamentos de custo de construção, para fins de disposto no art. 59;
>
> III – critérios e normas para a avaliação de custo global de obra, para fins da alínea *h* do art. 32;

IV – modelo de memorial descritivo dos acabamentos de edificação, para fins do disposto no art. 32;

V – critério para entrosamento entre o cronograma das obras e o pagamento das prestações, que poderá ser introduzido nos contratos de incorporação inclusive para o efeito de aplicação do disposto no § 2º do art. 48.

Segue o § 1º, dispondo sobre os tipos padronizados e sobre o cálculo dos custos:

O número de tipos padronizados deverá ser reduzido e na fixação se atenderá primordialmente:

a) o número de pavimentos e a existência de pavimentos especiais (subsolo, pilotis etc.);

b) o padrão da construção (baixo, normal, alto), tendo em conta as condições de acabamento, a qualidade dos materiais empregados, os equipamentos, o número de elevadores e as inovações de conforto;

c) as áreas de construção.

A medição das áreas de construção definirá a dimensão de cada unidade em área útil e área construída, servindo também para o cálculo das taxas condominiais, que tomará por base a extensão para a definição dos valores.

Haverá a medição de cada área, com a devida identificação e a discriminação. Indicam-se as áreas privativa e individual das unidades e a comum, de uso de todos, com a participação proporcional em função da privativa. Somando-se a totalidade, alcança-se a área total da edificação. Relativamente a cada condômino ou titular da edificação, haverá uma fração ideal. Com a soma da fração ideal de cada condômino, chega-se à área global, traduzida em metros quadrados.

Naturalmente, o custo total da unidade equivale não propriamente à uma divisão do valor gasto por metro quadrado, multiplicando-se, após, pela quantidade de metros que coube a cada unidade. Acontece que se estabelece o custo em razão do material usado, que poderá ser diferente para as diversas unidades, e inclusive quanto ao padrão técnico, com a inclusão de equipamentos diferentes e mais sofisticados. Influi no preço a localização da unidade em função da altura do pavimento, e da posição de frente para uma via, para uma praça, ou para o mar, ou até para o sol, ou se considerar-se de fundo, ou se fica no meio do prédio. A localização da área comum nas adjacências de unidades em posições privilegiadas, como bairro nobre, também acarreta majoração do preço. Igualmente se existe considerável distância entre um prédio e outro, de sorte a não haver exagerada proximidade, e não ficar obstaculizada a vista. Daí, pois, a atenção aos critérios para a formação dos preços, que terão peso diferenciado em razão de vários fatores.

Aos sindicatos cabe divulgar a tabela de custos, segundo o artigo 54:

Os sindicatos estaduais da indústria da construção civil ficam obrigados a divulgar mensalmente, até o dia 5 (cinco) de cada mês, os custos unitários de construção a serem adotados nas respectivas regiões jurisdicionais, calculados com observância dos critérios e normas a que se refere o inc. I do artigo anterior.

§ 1º O sindicato estadual que deixar de cumprir a obrigação prevista neste artigo deixará de receber dos cofres públicos, enquanto perdurar a omissão, qualquer subvenção ou auxílio que pleiteie ou a que tenha direito.

§ 2º Na ocorrência de omissão de sindicato estadual, o construtor usará os índices fixados por outro sindicato estadual, em cuja região os custos de construção mais lhe pareçam aproximados dos da sua.

§ 3º Os orçamentos ou estimativas baseados nos custos unitários a que se refere este artigo só poderão ser considerados atualizados, em certo mês, para os efeitos desta Lei, se baseados em custos unitários relativos ao próprio mês ou a um dos dois meses anteriores.

No pertinente à divulgação dos preços pelos sindicatos, em atenção ao artigo 54 e seus parágrafos, torna-se uma incumbência difícil, sobretudo, em vista da diferenciação de qualidade, de altura e posição das unidades.

f) *"Certidão negativa de débito para com a Previdência Social,* quando o titular de direitos sobre o terreno for responsável pela arrecadação das respectivas contribuições".

É dever do incorporador apresentar a Certidão Negativa de Débito (CND), perante o Instituto Nacional do Seguro Social (INSS). Cabe esta incumbência também ao titular do imóvel, se não figurar na qualidade de incorporador. A par da exibição de certidões negativas de débitos fiscais para com a União, o Estado e o Município, acompanhará a certidão negativa em relação ao INSS para a finalidade de não se comprometer, posteriormente, o imóvel no cumprimento da obrigação. Com efeito, persistindo a obrigação, e seguindo a implantação do empreendimento, todos os adquirentes assumem a posição de corresponsáveis, eis que a instituição do novo regime sobre o imóvel não afasta a responsabilidade do devedor, mantendo-se a garantia que então existia.

Providencia-se a inscrição ou a matrícula no Cadastro Específico do INSS (CEI), que deve ser realizada no prazo de trinta dias contado do início das atividades, sendo responsável pela matrícula o proprietário do imóvel, ou dono da obra ou o incorporador de construção civil, pessoa física ou pessoa jurídica (art. 19 da Instrução Normativa RFB nº 971, de 13 de novembro de 2009, com várias alterações).

Mesmo com Cadastro Especial no INSS (CEI), é obrigatória a inscrição do condomínio no Cadastro Nacional da Pessoa Jurídica – CNPJ, conforme estabelece o art. 4º, II, da Instrução RFB nº 1863, de 27 de dezembro de 2018: "São também obrigados a se inscrever no CNPJ: (...) II – condomínios edilícios, conceituados nos termos do art. 1.332 da Lei nº 10.406, de 10 de janeiro de 2002, e os setores condominiais na condição de filiais, desde que estes tenham sido instituídos por convenção de condomínio".

Cláudia Fonseca Tutikian bem aborda o assunto:

> Além disso, é imprescindível que a empresa esteja em regular situação junto à Previdência Social (INSS – Instituto Nacional de Seguridade Social) no que tange ao recolhimento das contribuições previdenciárias. Somente assim a empresa poderá obter a CND – Certidão Negativa de Débito. Importante fazer a ressalva de que esta certidão é exigível apenas do incorporador que seja responsável por este tipo de contribuição, ou seja, do incorporador que possua empregados.
>
> Se o incorporador tiver feito parcelamento de dívidas junto ao INSS e esteja adimplindo esse acordo, o INSS terá de fornecer a CND positiva, com efeito de negativa; objetivando não impedir as transações do incorporador.[6]

---

[6]   *Da incorporação imobiliária*: implementação do direito fundamental à moradia. São Paulo: Quartier Latin do Brasil, 2008. p. 91-92.

g) *"Memorial descritivo das especificações da obra projetada*, segundo modelo a que se refere o inciso IV do art. 53 desta Lei". O memorial representa a descrição da estrutura da incorporação, contendo as características gerais, e abrangendo a localização, as metragens das futuras unidades e das áreas comuns, os pavimentos, a distribuição das peças das unidades, sempre com as medidas exatas, em conformidade com as plantas e projetos. Constitui um documento de natureza técnica, jurídica, financeira e empresarial, de modo a oferecer aos interessados condições de conhecer a realidade das frações e das unidades objeto da compra.

Descreverá o terreno onde se ergue a edificação, com todas as referências da situação localizada, e os dados constantes da matrícula lançada no Registro de Imóveis. Apresentará os projetos de construção, devidamente aprovados pelas autoridades, relativamente a todas as entidades que prestam serviços e utilidades, como energia elétrica, esgoto, água e gás. Sobre a elaboração dos projetos, adverte Cláudia Fonseca Tutikian:

> Os projetos devem ser elaborados por profissional inscrito no CREA, órgão de classe dos engenheiros e arquitetos, o qual será o responsável técnico pelos projetos. Este deve ser o procedimento adotado para todos os projetos – hidráulico, elétrico, telefônico, estrutural, arquitetônico etc.
>
> Sempre que um profissional cadastrado no CREA efetiva um serviço desta natureza, ele tem a obrigação de emitir e pagar a ART – Anotação de Responsabilidade Técnica – junto ao CREA.[7]

Conterá o custo ou o orçamento da obra, na ordem de posições das unidades nos vários pavimentos, e da localização em área frontal, do meio ou de fundo. Virá assinado pelo incorporador e pelo construtor do terreno, contendo duas vias.

Acontece que o comprador deverá ter pleno conhecimento de toda a documentação relativa ao projeto aprovado, já que ele está comprando uma ideia (um imóvel que só existe na planta). Para isso, é necessário o domínio de uma planta baixa, com as explicações técnicas, porém de maneira inteligível ao cliente. Além da planta baixa, o memorial descritivo deverá ser apresentado, comentado e explicado, a fim de transmitir com fidelidade o que será o imóvel depois de pronto. Deverá o cliente ser levado até o local onde será edificado o empreendimento, para que lhe seja mostrada toda a infraestrutura do setor, com os principais pontos de interesse da comunidade local, e os serviços básicos indispensáveis a qualquer família (supermercado, farmácia, padaria etc.). É importante observar que toda e qualquer construção por incorporação requer a formalização de uma série de documentos, todos eles exigidos pela Lei das Incorporações e que deverão constar do memorial descritivo devidamente arquivado no Cartório de Registro de Imóveis da Circunscrição a que pertence o terreno sobre o qual se constrói.

h) *"Avaliação do custo global da obra*, atualizada à data do arquivamento, calculada de acordo com a norma do inciso III do artigo 53 com base nos custos unitários referidos no artigo 54, discriminando-se, também, o custo de construção de cada unidade, devidamente autenticada pelo profissional responsável pela obra".

---

[7]   *Idem*. p. 96.

A avaliação do empreendimento não se resume em uma simples estimativa, ou uma indicação do custo aproximado. Para fornecer o preço de toda a construção, com a sua implantação, inclusive ajardinamento e benfeitorias, servir-se-á o incorporador de dados de mercado, reportados ao momento do arquivamento no Cartório de Registro de Imóveis, tendo por base critérios e normas para a avaliação de custo global de obra, e atendo-se, dentro do possível e se existentes, aos custos unitários de construção a serem adotados pelos sindicatos estaduais da indústria da construção, em atendimento ao disposto no inciso III do artigo 53 e no artigo 54 da Lei n. 4.591/1964. Na construção pela modalidade de empreitada ou por administração, revela-se como elemento essencial o orçamento, já que serve de parâmetro para medir a capacidade de compra pelos adquirentes das unidades, que, na verdade, custearão as obras, porquanto a eles é debitada a responsabilidade pelo custeio da construção.

Por isso, a observância de critérios técnicos do preço das unidades, de modo a inexistirem alterações no curso das obras, impõe-se como elemento contratual, já que, posteriormente, se houver alteração, é questionada a responsabilidade dos adquirentes no pagamento. Sem dúvidas, se apresentado um custo de toda a construção, com a distribuição proporcional em função de cada unidade, não se mostra coerente exigir reajustes de preço, ou de adequação das mensalidades. Aliás, essa é a maior finalidade, de modo a impedir manobras que o incorporador inescrupuloso arquitetar para elevar o preço, propósito da lei que ordenou também a avaliação de cada unidade. Tanto que era comum a diminuição do ritmo da construção, e inclusive solução de continuidade nos trabalhos.

Nessa previsão, parece coerente que se reserve alguma margem de tolerância, especialmente em razão de irregularidades passíveis de ocorrerem, e de movimentos sociais que possam afetar aqueles que executam a mão de obra. Normais, daí, as alterações de preços até certa margem, de sorte a não destoar o custo da previsão inicial. Nesta eventualidade se enquadra a previsão da correção monetária, que ficará atrelada a índices próprios e setoriais da construção civil.

i) *"Instrumento de divisão do terreno* em frações ideais autônomas que contenham a sua discriminação e a descrição, a caracterização e a destinação das futuras unidades e partes comuns que a elas acederão".

Mesmo que no memorial e em outros documentos já constem as frações ideais de terreno, anexa-se a exata descrição das frações ideais e das unidades que serão erguidas, com instrumento discriminação e a descrição, a caracterização e a destinação das futuras unidades e partes comuns. Pela fração ideal, fixa-se a porção do edifício de cada condômino. Fica delimitada a propriedade dos adquirentes e é calculada a participação proporcional. Em algumas assembleias gerais ou extraordinárias, a votação se faz pela fração ideal, como no caso de aprovação e alteração da Convenção de condomínio. Realmente, o artigo 1.333 do Código Civil toma como critério de votação a fração ideal: "A convenção que constitui o condomínio edilício deve ser subscrita pelos titulares de, no mínimo, 2/3 (dois terços) das frações ideais e torna-se, desde logo, obrigatória para os titulares de direito sobre as unidades, ou para quantos sobre elas tenham posse ou detenção." Igualmente pelo artigo 1.351, em texto da Lei n. 14.405/2022, é estabelecida tal proporção para alterar a convenção.

Esse é o critério, ainda, na distribuição dos encargos condominiais, diante do artigo 1.336, I, do Código Civil, que estabelece como dever do condômino a contribuição "para as despesas do condomínio na proporção das suas frações ideais, salvo disposição em contrário na convenção".

Por último, constitui a discriminação um meio de impedir a redução da área ou a modificação da planta, em prejuízo dos adquirentes. A esse respeito, já destacavam a importância J. Nascimento Franco e Nisske Gondo:

> A discriminação prévia das frações ideais de terreno atribuíveis às unidades autônomas do edifício tem a virtude de fixar em definitivo a participação de cada condômino, trancando-se ao incorporador a possibilidade de alterar a planta do edifício, aumentando o número de pavimentos e de unidades e, portanto, a participação dos condôminos no terreno e nas coisas e áreas de uso comum.[8]

j) *"Minuta de convenção de condomínio* que disciplinará o uso das futuras unidades e partes comuns do conjunto imobiliário".

A convenção constitui a lei interna do condomínio, mas ficando em posição hierárquica inferior ao Código Civil, que traz as regras básicas, e à Lei n. 4.591/1964, nos dispositivos que ainda perduram. Trata-se do diploma que regerá a constituição do condomínio, que rege as relações internas entre os condôminos e entre eles e o próprio condomínio e que elenca os direitos e deveres de todos quantos são titulares de unidades e exercem a posse das mesmas. Daí, pois, decorre a importância do estatuto, que deverá vir revelado quando do encaminhamento da incorporação ao Registro Imobiliário, para a finalidade de todos terem acesso ao seu texto.

Apresenta-se a minuta em duas vias, com as assinaturas do incorporador, em instrumento particular, ou através de escritura pública, a qual poderá ser elaborada em ato conjunto ou concomitante com a escritura de constituição do condomínio. Posteriormente, porém, quando concluída e averbada a construção, e procedida a individualização das unidades, isto é, já encontrando-se formado o condomínio, submete-se a sua aprovação à assembleia geral dos condôminos.

Sobre a transitoriedade da minuta, enfatiza Cláudia Fonseca Tutikian:

> Esta minuta é transitória, pois elaborada pelo incorporador; por isso, denomina-se *minuta*. Posteriormente, após a instituição do condomínio e a eleição de síndico, poderão os moradores unir-se e efetivar uma convenção de condomínio, a qual será de acordo com a vontade comum dos adquirentes.
>
> Enfatiza-se, após as respectivas moradias construídas sob o regime da incorporação imobiliária estarem habitadas e enquanto não houver alteração da dita minuta, os seus moradores deverão seguir este regramento básico de convivência constante na minuta.[9]

Na aprovação, admite-se que se adote a redação constante do pedido de registro da incorporação. A aprovação requer a assinatura concordante de dois terços das frações ideais. Já era o ensinamento de J. Nascimento Franco e Nisske Gondo:

---

[8]   *Manual prático das incorporações imobiliárias.* 1. ed. São Paulo: Sugestões Literárias, 1967. p. 32.
[9]   Ob. cit. p. 102.

Esse *quorum*, todavia, deverá ser tomado em assembleia geral de que participem os proprietários e os adquirentes de unidades. O § 2º do art. 9º da Lei n. 4.591/1964 diz que se considera aprovada a convenção que reúna assinaturas de titulares de direitos que representem, no mínimo, 2/3 (dois terços) das frações ideais que compõem o condomínio.[10]

É o que induz o artigo 1.333 do Código Civil: "A convenção que constitui o condomínio edilício deve ser subscrita pelos titulares de, no mínimo, 2/3 (dois terços) das frações ideais e torna-se, desde logo, obrigatória para os titulares de direito sobre as unidades, ou para quantos sobre elas tenham posse ou detenção".

Conterá a minuta os elementos do artigo 1.332:

Institui-se o condomínio edilício por ato entre vivos ou testamento, registrado no Cartório de Registro de Imóveis, devendo constar daquele ato, além do disposto em lei especial:

I – a discriminação e a individualização das unidades de propriedade exclusiva, estremadas uma das outras e das partes comuns;

II – a determinação da fração ideal atribuída e cada unidade, relativamente ao terreno e partes comuns;

III – o fim a que as unidades se destinam.

A fim de valer relativamente a terceiros, e não constituir *lex inter alios*, necessário o registro da convenção.

l) *"Declaração em que se defina a parcela do preço* de que trata o inciso II do artigo 39 da Lei 4.591/1964".

A parcela do preço de que trata o inciso II do artigo 39 diz pertinência à incorporação em que o terreno é pago, total ou parcialmente, mediante a entrega de unidades a serem construídas. No caso, a quota-parte da área das unidades a serem entregues em pagamento do terreno corresponderá a cada uma das unidades entregue, que virá expressa em metros quadrados. Ou seja, o incorporador adquire o terreno através de permuta ou promessa de permuta, e se obriga a construir e entregar área construída ao permutante, representada em unidades.

Se o incorporador ou construtor adquirir em seu nome o terreno, repassará o preço nas unidades que vender. Constará essa assunção de aquisição em uma declaração. Se, todavia, houver a permuta, os condôminos ou adquirentes de unidades deverão saber e assinar que assumem o encargo de arcar com o custo das unidades destinadas ao vendedor do terreno.

Por diferentes termos, haverá uma declaração oriunda do incorporador, na qual constará o valor pago em dinheiro pelo terreno. Ou, se a transferência se efetivar por meio de permuta, emite-se a declaração indicando as unidades passadas à pessoa que transferiu o terreno. Tudo ficará claro, com a menção das prestações pendentes de pagamento, ou das unidades destinadas ao que entregou o terreno. Com isso, ficará explicitado o custo da construção das unidades, dando-se ciência aos adquirentes da área de construção que ficarão obrigados a custear para o proprietário do terreno.

---

[10] *Manual prático das incorporações imobiliárias*. Ob. cit. p. 34.

Oportuna, porém, a observação feita por Cláudia Fonseca Tutikian:

> Nas incorporações imobiliárias a preço e prazo certos, em nada interfere para o eventual adquirente a declaração dos preços exigidos neste item, pois para ele o que interessa é o valor da oferta pública da unidade autônoma. Esta modalidade de incorporação é a mais comum no mercado, e os preços das unidades colocadas à venda jamais são baseados nas declarações de custos, mas de oferta e procura.[11]

m) *"Certidão do instrumento público de mandato*, referido no § 1º do artigo 31".

O mandato referido no § 1º do artigo 31 corresponde ao passado para o construtor ou corretor de imóveis que assumir a incorporação. Eis os termos da norma:

> No caso da alínea *b*, o incorporador será investido, pelo proprietário de terreno, o promitente comprador e cessionário deste ou o promitente cessionário, de mandato outorgado por instrumento público, onde se faça menção expressa desta Lei e se transcreva o disposto no § 4º do art. 35, para concluir todos os negócios tendentes à alienação das frações ideais de terreno, mas se obrigará pessoalmente pelos atos que praticar na qualidade de incorporador.

Conforme já analisado, a par do proprietário, o construtor e o corretor de imóveis também são autorizados a serem incorporadores pelo artigo 31, alínea *b*, da Lei n. 4.591/1964.

Acontece que o titular do terreno, o promitente comprador, o promitente cessionário do terreno, e o promitente cessionário de uma promessa de compra e venda estão autorizados a atribuir o encargo da incorporação a um construtor ou corretor. Para tanto, será outorgada uma procuração ao construtor ou corretor, dando poderes para exercer a função de incorporador, função que abrange todos os passos do empreendimento, inclusive de transferir as frações ideais aos adquirentes.

Necessário que o mandato venha confeccionado por instrumento público, com a expressa menção da finalidade, e contenha a transcrição do texto do § 4º do artigo 35, que tem o seguinte teor:

> Descumprida pelo incorporador e pelo mandante de que trata o § 1º do art. 31 a obrigação da outorga dos contratos referidos no *caput* deste artigo, nos prazos ora fixados, a carta-proposta ou o documento de ajuste preliminar poderão ser averbados no Registro de Imóveis, averbação que conferirá direito real oponível a terceiros, com o consequente direito à obtenção compulsória do contrato correspondente.

n) *"Declaração expressa* em que se fixe, se houver, o prazo de carência (art. 34 da Lei 4.591/1964)".

O prazo de carência é um período de tempo durante o qual assiste ao incorporador a faculdade de desistir do empreendimento. Enquanto não transcorrer, permite-se essa faculdade, não mais prosseguindo a incorporação. O artigo 34 assegura o direito de desistir: "O incorporador poderá fixar, para efetivação da incorporação, prazo de carência, dentro do qual lhe é lícito desistir do empreendimento."

---

[11] *Da incorporação imobiliária*: implementação do direito fundamental à moradia. Ob. cit. p. 102 e 103.

Para colocar em prática esse direito, apresenta-se uma declaração expressa na qual se fixará o referido prazo de carência, de modo que todos tenham conhecimento de sua existência, e saibam da possibilidade de não se efetivar a incorporação.

Justamente em face do alto custo exigido na implantação da incorporação, e da série de implicações e compromissos que acarreta, a lei teve a cautela de reservar ao incorporador um determinado lapso de tempo, durante o qual fica autorizado a desistir do plano da incorporação, e de rescindir os contratos celebrados com os pretendentes às aquisições de unidades. Confere-se ao incorporador a faculdade de confirmação do negócio somente após constatar que as vendas efetuadas no *prazo de carência* do lançamento demonstraram a capacidade do empreendimento de gerar receitas em montante suficiente para sua realização.

É que nem sempre os resultados almejados acontecem de acordo com o planejado. Supõe-se que, pelos exames e estudos realizados, terá sucesso uma empreitada, ou uma obra ambicionada. No entanto, diante de situações adversas que acontecem, os resultados não são os esperados. E diante do iminente fracasso, ou do insucesso previsível, mais coerente que não se vá adiante no plano.

Normalmente, antes de se iniciar um empreendimento, providencia-se num levantamento socioeconômico da realidade. Todavia, para assegurar-se melhor de riscos futuros, a lei lhe concede um prazo para que se leve a termo uma avaliação prévia das condições de viabilidade econômica do negócio. Durante um prazo estabelecido, terá o empreendedor condições para realizar como que uma consulta prévia no mercado, e concluir sobre a aceitação que terão as unidades imobiliárias que construirá.

Everaldo Augusto Cambler bem coloca a questão:

> Em princípio, a prática é lícita para qualquer atividade; visa investigar as disponibilidades do mercado que se quer atingir e orientará o empresário em relação ao produto, ao preço e demais elementos típicos do negócio.
>
> Embora a prática não esteja prevista na Lei n. 4.591/1964, esse diploma legal permite ao incorporador realizar uma espécie de "avaliação prévia" do mercado.
>
> Trata-se de mecanismo denominado "prazo de carência" e está disciplinado no art. 34 da Lei n. 4.591/1964, limitado a seis meses, dentro do qual o incorporador poderá fazer oferta pública do empreendimento e, se neste período concluir pela inviabilidade econômica do empreendimento, poderá desistir da realização do empreendimento, restituindo àqueles que aderiram ao negócio as quantias que tiver recebido a título de sinal e parcelas do preço.
>
> O prazo de carência, entretanto, também pressupõe o prévio registro do memorial de incorporação e tem prazo de validade de seis meses, a contar da data do registro.[12]

No pedido de registro e arquivamento constará, se houver, o prazo considerado de carência. A finalidade, como se depreende do exposto acima, é a pesquisa de mercado para o tipo de unidades a que se dirige a incorporação. Evidentemente, ao ser lançado o plano, e enquanto forem apresentadas as propostas de aquisição, ficarão cientes os interessados da possibilidade de não se realizar a construção, sendo colocadas as eventualidades para ensejar essa a decisão.

---

[12] *Publicidade* – lançamento e venda de unidades de edificações sem registro de incorporação – contrato de incorporação imobiliária – Lei n. 4.591/64, p. 340.

Realmente, na declaração de carência, colocam-se os casos ou fatos que permitem o exercício da faculdade, sendo o mais comum a falta de subscrição de uma quantidade mínima de unidades postas à venda. Coerente que não iniciem as obras se poucos os adquirentes, com o que permanecerá a maioria das unidades em seu domínio. Não obterá fundos para suportar os custos. Outra causa que justifica a denúncia do empreendimento, interrompendo-o, é o eclodir de uma crise política, de uma guerra ou distúrbios sociais que mudem o panorama antes existente, e afastem as condições propícias, inclusive com a falta de materiais necessários. Igualmente são acontecimentos que permitem o rompimento do contrato uma súbita doença do incorporador, impossibilitando a prática de atividades; ou a necessidade de uma viagem impostergável; ou a mudança de lei municipal, alterando o plano diretor, e com isso impedindo a construção de prédios comerciais em certa zona.

A exigência de se estabelecerem condições emana do § 1º do artigo 34: "A fixação do prazo de carência será feita pela declaração a que se refere a alínea *n* do art. 32, onde se fixem as condições que autorizarão o incorporador a desistir do empreendimento".

Várias são as regras que seguem, e estão nos demais parágrafos.

Pelo § 2º do mesmo artigo 34, permite-se estabelecer um prazo de carência que corresponderá ao da validade do registro da incorporação: "Em caso algum poderá o prazo de carência ultrapassar o termo final do prazo da validade do registro ou, se for o caso, de sua revalidação". Esse prazo não consta mais fixado, porquanto a Lei 14.382/2022 revogou o artigo 12 da Lei n. 4.864/1965, que o fixava em cento e oitenta dias.

Todavia, o artigo 33 da Lei n. 4.591/1964 autoriza a revalidação, caso não se concretize a incorporação por meio da formalização da alienação ou da oneração de alguma unidade futura, da contratação de financiamento para a construção, ou do início das obras em cento e oitenta dias do registro da incorporação, desde que renovados os documentos, como vem contemplado no mencionado artigo 33, com o texto dado pela Lei n. 14.382/2022:

> Se, após 180 (cento e oitenta) dias da data do registro da incorporação, ela ainda não se houver concretizado, por meio da formalização da alienação ou da oneração de alguma unidade futura, da contratação de financiamento para a construção ou do início das obras do empreendimento, o incorporador somente poderá negociar unidades depois de averbar a atualização das certidões e de eventuais documentos com prazo de validade vencido a que se refere o artigo 32 desta Lei.

A obrigatoriedade da atualização repete-se a cada período de cento e oitenta dias que passa, segundo o parágrafo único, incluído Lei 14.382/2022:

> Enquanto não concretizada a incorporação, o procedimento de que trata o *caput* deverá ser realizado a cada cento e oitenta dias.

Pode-se, pois, sintetizar que o prazo de carência ficou vinculado à validade do prazo de registro, com a permissão da revalidação, com o endereçamento de aviso ao oficial registrador, para a devida averbação, e a inserção nos documentos que serão emitidos.

Em todas as veiculações, e na aceitação de propostas ou intenções de compra, insere-se a carência, como exigido pelo § 3º do art. 34: "Os documentos preliminares de ajuste, se houver, mencionarão, obrigatoriamente, o prazo de carência, inclusive para efeitos do art. 45".

Quanto ao artigo 45, diz respeito ao imposto recolhido pelo incorporador.

Comunica-se ao Registro de Imóveis a desistência e aos adquirentes de unidades, como ordena o § 4º do artigo 34: "A desistência da incorporação será denunciada, por escrito, ao Registro de Imóveis (vetado) e comunicada, por escrito, a cada um dos adquirentes ou candidatos à aquisição, sob pena de responsabilidade civil e criminal do incorporador." Outrossim, averba-se junto ao registro da incorporação, com o arquivamento do documento, em obediência ao § 5º: "Será averbada no registro da incorporação a desistência de que trata o parágrafo anterior arquivando-se em cartório o respectivo documento." Para que se dê outro uso ao imóvel, será necessário que o Incorporador requeira a averbação do cancelamento da incorporação. Esse ato de cancelamento terá o condão de alterar a destinação do imóvel, já que deixará de existir sobre ele um condomínio edilício e não mais estará destinado à construção e comercialização de unidades autônomas.

Ao proprietário do terreno, que tenha outorgado mandato ao construtor ou corretor para implantar a incorporação, reconhece o § 3º do artigo 35 a faculdade da denúncia, desde que o faça nos cinco dias seguintes ao esgotamento do prazo reservado ao incorporador:

> Se, dentro do prazo de carência, o incorporador não denunciar a incorporação, embora não se tenham reunido as condições a que se refere o § 1º, o outorgante do mandato de que trata o § 1º do art. 31, poderá fazê-lo nos cinco dias subsequentes ao prazo de carência, e nesse caso ficará solidariamente responsável com o incorporador pela devolução das quantias que os adquirentes ou candidatos à aquisição houverem entregue ao incorporador, resguardado o direito de regresso sobre eles, dispensando-se, então, do cumprimento da obrigação fixada no *caput* deste artigo.

Assume o proprietário a responsabilidade solidária na restituição das quantias recebidas, no caso de exercer a faculdade de denúncia, e se outorgou procuração ao construtor ou corretor para a implantação da incorporação.

O STJ tem reconhecido a possibilidade do proprietário do terreno em fazer a denúncia, mas com a obrigação de restituir as quantias eventualmente pagas ao incorporador:

> Na realização do contrato de incorporação, o incorporador pode estipular um prazo de carência dentro do qual lhe é lícito desistir do empreendimento.
>
> Ultrapassado o prazo de carência estipulado no contrato de incorporação e não realizada a denúncia pelo incorporador, a lei faculta ao proprietário do terreno, no quinquídio subsequente, denunciar a incorporação – art. 35, § 3º, da Lei de Incorporações.[13]

Proveitosas as seguintes razões, expendidas no voto do Relator:

> A incorporação imobiliária é negócio jurídico em que o incorporador, pessoalmente ou por terceiros, obriga-se a construir unidades imobiliárias autônomas em prédio coletivo, além de transmitir a propriedade dessas unidades aos adquirentes.

---

[13] REsp. n. 723.067/PR. Quarta Turma. Relator: João Otávio de Noronha. Julgado em 02.02.2010, *DJe* 02.02.2010.

A construção pode se dar em terreno próprio do incorporador ou em terreno alheio, hipótese em que o proprietário do terreno deve necessariamente outorgar-lhe procuração pública concedendo poderes para concluir todos os negócios referentes à alienação das unidades autônomas (art. 31, § 1º, da Lei n. 4.591/1964). O caso dos autos corresponde à segunda hipótese.

Na elaboração do contrato de incorporação, pode o incorporador estipular um prazo de carência dentro do qual lhe é lícito desistir do empreendimento. Ultrapassado esse prazo e não realizada a denúncia pelo incorporador, a lei faculta ao proprietário do terreno, no quinquídio subsequente, denunciar a incorporação – art. 35, § 3º, da Lei de Incorporações.

Nesse caso, optando o proprietário do terreno por realizar a denúncia, ficará solidariamente responsável, junto com o incorporador, pela devolução aos adquirentes das unidades dos valores recebidos referentes às alienações já efetuadas.

Ressalto, outrossim, que a lei, a fim de oferecer proteção ao proprietário do terreno contra possível negligência do incorporador que opte em levar adiante uma incorporação fadada ao fracasso, concedeu a faculdade ao proprietário do terreno de, no prazo estipulado, denunciar o contrato. Não há por que falar, portanto, em dever de denunciar. Importante destacar ainda que o § 3º do art. 35 da Lei n. 4.591/1964 é claro ao determinar a solidariedade do proprietário do terreno apenas quando este optar por realizar denúncia:

"Art. 35, § 3º Se, dentro do prazo de carência, o incorporador não denunciar a incorporação, embora não se tenham reunido as condições a que se refere o § 1º, o outorgante do mandato de que trata o § 1º, do art. 31, poderá fazê-lo nos cinco dias subsequentes ao prazo de carência, e nesse caso ficará solidariamente responsável com o incorporador pela devolução das quantias que os adquirentes ou candidatos à aquisição houverem entregue ao incorporador, resguardado o direito de regresso sobre eles, dispensando-se, então, do cumprimento da obrigação fixada no *caput* deste artigo."

Sobre o tema, colaciono o comentário de Melhim Namem Chalhub na obra *Da incorporação imobiliária*. p. 59:

"Caso o incorporador deixe de denunciar a incorporação, apesar de se terem verificado as condições para que a denúncia ocorra, o proprietário do terreno poderá fazê-lo (art. 35, § 3º), na hipótese em que tiver outorgado ao incorporador a procuração de que trata o art. 31, § 1º. Para esse fim, o proprietário do terreno terá cinco dias para denunciar a incorporação, contado do término do prazo de carência, e ficará responsável, solidariamente com o incorporador, pela obrigação de restituição aos adquirentes ou candidatos à aquisição. A medida visa resguardar os direitos dos proprietários do terreno, desvinculando-o de uma incorporação fracassada, mas, também, protege os adquirentes ou candidatos à aquisição, na medida em que atribui à pessoa do proprietário uma função de fiscalização que também beneficia outras pessoas vinculadas ao empreendimento.

A denúncia da incorporação, dentro do prazo de carência, é medida de avaliação da viabilidade do negócio, no contexto do mercado, sendo, portanto, fator de proteção do negócio e de todas as partes que eventualmente nele se envolverem, entre elas os adquirentes."

Compartilhando o mesmo posicionamento, CAMBLER, Everaldo Augusto. *Responsabilidade civil na incorporação imobiliária*, fl. 188:

"A formalização da denúncia também pode ser feita pelo outorgante do mandato de que trata o § 1º do art. 31 da LCI, desde que efetuada nos cinco dias subsequentes ao escoamento do prazo de carência, hipótese em que ficará solidariamente responsável com o incorporador pela devolução das quantias que os adquirentes ou candidatos à aquisição houverem a ele entregue, resguardando o direito de regresso contra o incorporador (art. 35, § 3º, da LCI). No sentido do texto, Nascimento Franco e Nisske Gondo (op. cit. n. 68, p. 71) evidenciam a intenção do legislador de facultar ao proprietário do terreno, ao compromissário comprador e ao promitente cessionário de direitos à aquisição do terreno a possibilidade de tomar a iniciativa na denúncia da incorporação, diante da contingência de vincular-se o terreno a uma iniciativa fracassada, impondo-lhe, não obstante, o dever de restituir as quantias pagas pelos adquirentes, sub-rogando--se no direito de exigir do incorporador o respectivo reembolso (da mesma maneira, LEANDRO, Waldemar. *Condomínio de imóveis*. p. 262-3)."

Trago, por fim, no mesmo sentido, o escólio de NASCIMENTO FRANCO, J. e GONDO, Nisske. *Incorporações imobiliárias*. p. 91 e 92:

"Diante da contingência de ver o terreno vinculado a uma incorporação fracassada, por falta de denúncia do incorporador, a lei devolve essa faculdade ao proprietário, ou compromissário comprador do imóvel, e lhe impõe a obrigação de restituir as quantias pagas pelos adquirentes. Pagando-as, o titular do terreno libera-se da incorporação e se sub-roga no direito de exigir do incorporador o respectivo reembolso."

A lei é omissa quanto ao critério que justifica a denúncia supletiva da incorporação, pelo titular do terreno, donde se deduz que essa faculdade fica a seu inteiro arbítrio e não pode ser embargada pelo incorporador, ou pelos pretendentes à aquisição de unidades do edifício projetado.

Como visto, a lei confere ao Incorporador o prazo de cento e oitenta dias, contado da data do registro da Incorporação, para que a concretize, ou seja, para que dê início às atividades de construção das edificações e/ou venda das unidades autônomas, prazo esse que se aplica para exercer a denúncia. Uma vez, no entanto, que se celebre o primeiro contrato ou compromisso de compra e venda, ou se contrate o financiamento da obra, não será mais necessário observar esse prazo. A partir daí, pode o Incorporador negociar as demais frações ideais vinculadas às unidades futuras, pelo prazo necessário ao término da obra. Para que se efetive a incorporação, durante o prazo de validade da Incorporação, basta que seja celebrado um contrato de compra e venda de unidade autônoma, mesmo que este não seja levado a registro no Ofício de Registro de Imóveis no prazo legal; basta que exista alguma forma oficial de fixação da data de celebração do contrato, por exemplo, a data do reconhecimento de firmas dos celebrantes. Por isso, se entende que também houve a renúncia à denúncia, cessando o prazo de carência.

Finalmente, é improrrogável o prazo de carência, mas assim entendendo-se em vista do artigo 33, isto é, a improrrogabilidade incide após o prazo de revalidação, que pode estender-se em mais cento e oitenta dias, por coerência com o acima exposto, e lembrando que a extensão para esse lapso de tempo foi introduzida pela Lei n. 4.864/1965 e mantida pela Lei n. 14.382/2022.

o) Alínea revogada pela Lei n. 14.382/2022.

p) *"Declaração, acompanhada de plantas elucidativas, sobre o número de veículos* que a garagem comporta e os locais destinados à guarda dos mesmos".

A exigência da declaração é necessária na hipótese de não virem os espaços de estacionamentos formalizados em unidades independentes, com a respectiva e posterior abertura de matrícula autônoma. Desde que as garagens constem como unidades específicas, sem a referência de acessório do apartamento, ou da loja, ou do escritório, não se justifica a imposição. Todavia, se constar no edifício a reserva de espaço

Cap. 92 | O registro da incorporação • **389**

comum para estacionamento, ficando integrada na matrícula da unidade, acompanhará a declaração, com a menção dos espaços existentes e de plantas elucidativas, e a quantidade que comporta para a colocação de veículos.

Mais apropriado que se relacione cada espaço reservado para a unidade condominial individuada, isto é, com a vinculação à unidade, dando-se a numeração. Igualmente, conveniente que se estabeleça a fração ideal das vagas, sempre relativamente à unidade a que pertencerem.

A declaração é assinada pelo incorporador e pelo responsável técnico da obra, com as firmas reconhecidas no tabelionato. Juntam-se as correspondentes plantas, que evidenciem os espaços, e insiram a numeração e a vinculação à unidade.

Além dos documentos acima, anexa-se o modelo do contrato padrão utilizado para a venda de unidades. Embora não venha a exigência prevista no artigo 32, alterado pela Lei n. 14.382/2022, consta a mesma no artigo 67, § 4º, que expressa: "Os Cartórios de Registro de Imóveis, para os devidos efeitos, receberão dos incorporadores, autenticadamente, o instrumento a que se refere o parágrafo anterior." O instrumento mencionado é justamente o contrato padrão, ou o contrato modelo, representando mais apropriadamente o tipo de objeto, de avenças, de obrigações e direitos que as partes assumem. Na verdade, não passa de um contrato de adesão, já que formalizado pelo incorporador, sequer aceitando-se eventuais alterações propostas pelo adquirente. Consta no § 3º do artigo 67 a imposição de ser entregue cópia aos adquirentes, extraídas através dos meios mecânicos comuns existentes na época da promulgação da Lei n. 4.591/1964, mas que atualmente nem mais se usam, sendo substituídos por outros: "Aos adquirentes, ao receberem os respectivos instrumentos, será obrigatoriamente entregue cópia, impressa ou mimeografada, autenticada, do contrato padrão contendo as cláusulas, termos e condições referidas no § 1º deste artigo".

92.2. Roteiro prático para o registro da incorporação

Existem procedimentos padrões, mais do tipo formulários, que servem de orientação para o encaminhamento do registro, exceto quando o incorporador se constituir de ente público. Os próprios cartórios entregam aos interessados as orientações formalizadas, em geral extraídas da consolidação normativa notarial e registral das Corregedorias-Gerais dos Tribunais de Justiça. O incorporador seguirá a esquematização na consecução e na entrega dos documentos. Segue o formulário de documentos e condutas, mais no sentido ilustrativo, já que amplamente desenvolvida a matéria no item anterior:

1. Requerimento do proprietário, dirigido ao Oficial de Registro de Imóveis da Comarca da situação do imóvel, com firma reconhecida, solicitando o registro da incorporação constando o número da matrícula ou transcrição onde será feito o registro solicitado (art. 222 da Lei n. 6.015/1973).

1.1. Se o proprietário for pessoa jurídica, o requerimento deverá ser assinado pelo(s) representante(s) legal(ais), devendo ser juntado o Contrato ou Estatuto Social e todas as eventuais alterações, devidamente registrados no Oficial de Registro Civil das Pessoas Jurídicas ou na Junta Comercial competente, provando a regularidade de situação e representação da empresa. Tratando-se de empresa constituída por outras pessoas jurídicas, tais certidões deverão referir-se aos representantes legais destas últimas.

1.1.1. Anexar declaração, sob pena da lei, de que a alteração contratual é a última efetivada.

1.2. Se o Requerente, pessoa física ou jurídica, for representado por procuração, deverá, ser juntado o competente instrumento de mandato, com poderes especiais.

1.2.1. Em se tratando de instrumento particular, verificar se aquele que outorgou tem poderes bastantes para tanto, mediante análise na documentação social da empresa, bem como se as firmas dos signatários estão devidamente reconhecidas, estando dispensadas estas verificações nos instrumentos públicos.

1.3. Em se tratando de pessoa jurídica, deverão, ainda, ser apresentadas:

1.3.1. CND do INSS (Certidão Negativa de Débitos para com o Instituto Nacional do Seguro Social), conforme artigo 47 da Lei n. 8.212/1991 (exceto na averbação da construção civil localizada em área de objeto de regularização fundiária de interesse social, na forma da Lei n. 11.977/2009 – redação das Leis n. 12.249/2010, n. 12.424/2011, n. 12.693/2012, n. 12.722/2012, n. 13.097/2015, n. 13.173/2015, n. 13.274/2016 e 13.465/2017).

1.3.2. CND relativas a Tributos Federais e à Dívida Ativa da União, expedida pelo Ministério da Fazenda.

1.3.3. Se os cônjuges forem os incorporadores do empreendimento, ambos deverão assinar o requerimento; caso o incorporador seja apenas um deles, somente este assinará o requerimento mas, na hipótese, deverá apresentar o instrumento de mandato referido no artigo 31, § 1º, c/c artigo 32 da Lei n. 4.591/1964, outorgado pelo outro cônjuge. Igual exigência deverá ser observada em relação aos alienantes do terreno, se não forem, ao mesmo tempo, incorporadores.

2. Título de propriedade de terreno, ou de promessa, irrevogável e irretratável, de compra e venda ou cessão de direitos ou de permuta, do qual conste cláusula de imissão na posse do imóvel, não devendo haver estipulações impeditivas de sua alienação em frações ideais e exigência de consentimento para demolição e construção, sendo obrigatório o registro imobiliário da promessa (art. 32, alínea *a*, da Lei n. 4.591/1964).

3. Certidões negativas (relativamente ao imóvel, aos alienantes do terreno e ao incorporador, inclusive de seus cônjuges).

3.1. Certidões negativas de tributos:

FEDERAIS (art. 32, *b*, da Lei n. 4.591/1964):

a) de Tributos Federais Administrados pela Receita Federal;

b) relativa à Justiça do Trabalho, se pessoa jurídica ou equiparada;

c) da Justiça Federal (cível e criminal) – Obs.: a criminal, somente se pessoa física;

d) da Procuradoria-Geral da Fazenda Nacional.

ESTADUAIS (art. 32, b, da Lei n. 4.591/1964):

a) da Fazenda Estadual;

b) da Justiça Comum Estadual (cível e criminal) – Obs.: a criminal, somente de pessoa física.

MUNICIPAIS (art. 32, *b*, da Lei n. 4.591/1964):

a) Relativa a Tributos Diversos.

3.2. Protesto de Títulos – pelo período de 05 (cinco) anos.

3.3. Ações Cíveis – pelo período de 10 (dez) anos, e de processos em andamentos.

3.4. Ações Criminais – pelo período de 10 (dez) anos. Deverão também referir-se aos representantes legais da incorporadora.

3.5. Ônus Reais (certidão da matrícula ou transcrição do imóvel).

NOTAS:

a) todas as certidões deverão ser extraídas na Comarca da situação do imóvel e, se distintas, naquelas onde domiciliadas as pessoas representantes legais da empresa (*Vide* item 1.1, *retro*). As certidões da Justiça Federal, da Justiça Estadual, da Justiça do Trabalho e do Tabelionato de Protesto de Títulos deverão ser extraídas no domicílio do proprietário e do incorporador, bem como na circunscrição onde se localiza o imóvel incorporado;

b) sempre que das certidões do distribuidor constar ações cíveis e criminais, devem ser exigidas certidões complementares, esclarecedoras de seu desfecho ou estado atual;

b.1) mesmo tendo sido aceitos os esclarecimentos, far-se-á, junto à matrícula a publicação do ônus;

c) tal certidão será desnecessária quando se tratar de ação que, pela sua natureza, desde logo aferida da certidão do distribuidor, não tenha qualquer repercussão econômica, ou, de outra parte, relação com o imóvel objeto da incorporarão;

d) todas as certidões, para fins do registro pretendido, têm prazo de validade de seis meses, à exceção daquelas em que o prazo consta nas referidas certidões.

4. Histórico dos títulos de propriedade do imóvel, abrangendo os últimos vinte anos, acompanhado de certidão dos respectivos registros (art. 32, alínea *c*, da Lei n. 4.591/1964).

5. Projeto de Construção devidamente aprovado pelas autoridades competentes e assinado pelo profissional responsável, juntamente com o proprietário, contendo o seguinte (art. 32, *d*, da Lei n. 4.591/1964 e quadros I, II, III, IV, V, VI, VII. Verificar o prazo constante do projeto para fins de registro.

6. Cálculo das áreas das edificações, discriminando, além da global, a das partes comuns e indicando, para cada tipo de unidade, a respectiva metragem de área construída (art. 32, alínea *e*, da Lei n. 4.591/1964).

7. Certidão Negativa de Débito para com a Previdência Social, quando o titular de direitos sobre o terreno for responsável pela arrecadação das respectivas contribuições (art. 32, alínea *f*, da Lei n. 4.591/1964).

8. Memorial descritivo das especificações da obra projetada, segundo o modelo da Associação Brasileira de Normas Técnicas – ABNT (art. 32, alínea *g*, art. 53, inc. IV, da Lei n. 4.591/1964 e NBR n. 12.721 – Quadros I a VIII).

9. Avaliação do custo global da obra, atualizada à data do arquivamento, calculada de acordo com a norma do inciso III do artigo 53 da Lei n. 4.591/1964, com

base nos cálculos unitários, referidos no artigo 54 da citada lei, discriminando-se, também, o custo de construção de cada unidade, devidamente autenticada pelo profissional responsável pela obra (art. 32, alínea *h*, da Lei n. 4.591/1964). A Avaliação será feita pelo sindicato da construção civil – SINDUSCON, e os custos unitários serão relativos ao próprio mês ou a um dos dois meses anteriores à apresentação dos documentos para registro.

10. Instrumento de divisão do terreno em frações ideais autônomas que contenham a sua discriminação e a descrição, a caracterização e a destinação das futuras unidades e partes comuns que a elas acederão (artigo 32, alínea *i*, da Lei n. 4.591/1964, alterado pela Lei n. 14.382/2022).

11. Minuta de convenção de condomínio que disciplinará o uso das futuras unidades e partes comuns do conjunto imobiliário (artigo 32, alínea *j*, da Lei n. 4.591/1964, em texto da Lei n. 14.382/2022).

12. Declaração em que se defina a parcela do preço de que trata o inciso II do artigo 39 (art. 32, alínea *l*, da Lei n. 4.591/1964).

13. Certidão do instrumento público de mandato, quando não for proprietário o incorporador (art. 32, alínea *m*, da Lei n. 4.591/1964).

14. Declaração expressa em que se fixe, se houver, o prazo de carência (art. 34 da Lei n. 4.591/1964).

15. Atestado de idoneidade financeira, fornecido por estabelecimento de crédito que opere no País há mais de 5 (cinco) anos.

16. Declaração, acompanhada de plantas elucidativas, sobre o número de veículos que a garagem comporta e os locais destinados à guarda dos mesmos (art. 32, alínea *p* da Lei n. 4.591/1964).

17. Apresentar "contrato-padrão" (art. 67 e parágrafos da Lei n. 4.591/1964), à exceção quando a construção for contratada pelo regime de administração, também chamado a "preço de custo".

18. Certidão da inscrição no CREA (Conselho Regional de Engenharia e Arquitetura) ou no Sindicato dos Corretores de Imóveis (CRECI), quando o incorporador for corretor ou construtor (art. 31, alínea *b*, da Lei n. 4.591/1964).

19. Anuência do cônjuge, se a incorporação se fizer em terreno de sua propriedade ou de que seja compromissário comprador, seja qual for o regime de bens do casal.

Observações gerais aos itens acima:

a) Todos os documentos deverão ser datados, assinados e com firma reconhecida, apresentados em duas vias. As cópias deverão ser autenticadas. As plantas virão sempre no original.

b) Pelos documentos técnicos constantes das peças componentes do processo de incorporação, ou seja, as alíneas *e, g, h, l* e *p*, do artigo 32 da Lei n. 4.591/1964, o Oficial não responde pela sua exatidão, desde que assinados pelo profissional responsável pela obra (art. 32, § 9º da Lei n. 4.591/1964). Não obstante, apesar de isento de responsabilidade pelos erros técnicos, compete ao Oficial verificar a soma das áreas das unidades autônomas com as de uso comum que lhes são atribuídas, na totalização da área construída. Feita essa operação, soma-se a área total construída de todas as unidades, confrontando-a com a planta de construção, pois ambas devem igualar-se. Deve o Oficial somar também as áreas ideais do terreno atribuídas às unidades autônomas do edifício, porque esse total precisa coincidir com o terreno.

c) O registro da incorporação será válido pelo prazo de cento e oitenta dias, desde que não iniciadas as obras, ou não formalizada a alienação ou oneração de alguma unidade, ou não contrato financiamento da construção (artigo 33 da Lei n. 4.591/1964, em redação da Lei n. 14.382/2022).

d) O oficial tem o prazo de dez dias para apresentar, por escrito, todas as exigências. Satisfeitas estas, deverá o Oficial efetuar o registro dentro de uma dezena de dias (artigo 32, § 6º, da Lei n. 4.591/1964, em redação da Lei n. 14.382/2022).

e) O exame do requerimento e cálculo dos emolumentos, bem como a prenotação desejada, só serão procedidas mediante os atendimentos dos itens elencados.

f) O regime especial tributário do patrimônio de afetação é de caráter opcional e irretratável (art. 1º) e deverá ser efetivada em conformidade com os requisitos do artigo 2º, ambos da Lei n. 10.931/2004.

g) É dispensável anuências dos adquirentes de unidades imobiliárias no "termo de afetação" da incorporação imobiliária (Enunciado n. 323 (CJF) – IV Jornada de Direito Civil – nov. 2006: "É dispensável a anuência dos adquirentes de unidades imobiliárias no 'termo de afetação' da incorporação imobiliária".

h) É possível a averbação do "termo de afetação" de incorporação imobiliária (art. 31-b da Lei n. 4.591/1964) a qualquer tempo, na matrícula do terreno, mesmo antes do registro do respectivo memorial de incorporação (Enunciado n. 324 (CJF) – IV Jornada de Direito Civil – nov. 2006.

i) A apresentação dos documentos far-se-á à vista dos originais, admitindo-se cópias reprográficas autenticadas.

92.3. Modelo de requerimento de registro de incorporação

Importante que se dirija corretamente o requerimento para o registro da incorporação, que se fará acompanhar dos documentos referidos acima, exceto quando o ente público encaminhar a incorporação. Embora não de estrita obrigação, poderá incluir a descrição dos documentos que acompanham o pedido. Apresenta-se um exemplo:

ILMO. SR. OFICIAL DO CARTÓRIO DE REGISTRO DE IMÓVEIS DA ....
ZONA DE ....

Ref.: Incorporação do Edifício ....

...., empresa de construção civil, com sede à rua ....
..........................., n. ...., n./Cidade de ...., com CNPJ n. ....
representada por seu diretor ...., brasileiro, casado, ...,
Carteira de Identidade n. ...., CPF n. ...., residente e domiciliado à rua ...., n. ...., nesta cidade de
..............................., vem solicitar, nos termos e para os efeitos da Lei n. 4.591/1964

394 • Condomínio Edilício e Incorporação Imobiliária | *Arnaldo Rizzardo*

e alterações futuras, o *registro da incorporação* adiante caracterizada, sem a abertura das matrículas das respectivas frações ideais neste momento, para o que deposita os documentos ora anexados, que deverão ser arquivados neste Cartório, nos termos da legislação em vigor.

I – *Objeto da incorporação*

Destina-se o empreendimento à construção de um edifício residencial e comercial, que se denominará ...., e que ficará na rua ...., onde existe o prédio n. ...., nesta cidade.

II – *A descrição do terreno*

a) Descrição do terreno conforme o título:

Um terreno de forma irregular, com frente para a Rua ...., onde existiu um pavilhão de alvenaria sob n. ...., distando .... metros da esquina com a rua ...., na direção norte-sul, lado par; mede, na face oeste, ...metros, de frente para a rua ....; na face norte, por uma linha quebrada, formada pelo segmento de .... metros em direção ao norte, com terras de ...., infletindo daí para a direção nordeste-sudeste, numa extensão de ...., também com terras de ...., daí infletindo novamente na direção norte-sudeste, numa extensão de ...., face norte, com terras que são ou foram de ...., na direção norte-sul; na face leste, com .... metros de extensão com terras de ...., até a rua ....; daí, numa extensão de ...., face sul, com frente para a rua ...., distando este ponto .... metros da rua ...., no alinhamento da mesma rua; deste ponto, na direção sul-norte, com .... metros de extensão, na direção leste--oeste, até entestar com a rua ...., numa extensão de ...., face sul, dividindo-se com terras de ....

Quarteirão: Rua ...., rua .... e ruas .... e .... Bairro: ....

b) Descrição do terreno, conforme se apresenta no local e como será utilizado para a construção:

Um terreno de forma irregular, com frente para a rua ...., onde existiu um pavilhão de madeira sob n. ...., distando .... metros da esquina com a rua ...., na direção norte-sul, lado par, mede na face oeste .... metros de extensão, frente para a rua ....; na face norte, por uma linha quebrada formada por seis segmentos, o primeiro a partir da rua .... no sentido oeste-leste com .... metros; o segundo no sentido noroeste-sudeste mede .... metros; o terceiro no sentido sul-norte mede .... metros, estes três segmentos dividindo-se sempre com terras de ....; o quarto no sentido noroeste-sudeste mede .... metros; o quinto, com leve inclinação à direita, mede .... metros; o sexto, novamente com leve inclinação à direita, mede .... metros, nestes três últimos segmentos dividindo-se com terras que são ou foram de propriedade de ....; na face leste, com .... metros, onde divide-se com terras de ...., até atingir a rua ....; ao sul, formado por uma linha quebrada de três segmentos: o primeiro partindo da rua .... no sentido oeste-leste mede .... metros; o segundo, no sentido norte-sul mede .... metros, até encontrar a rua ...., ambos dividindo-se com terras de propriedade de ....; o terceiro, no sentido oeste-leste mede .... metros, com frente para a rua ....

Quarteirão: rua .... e ruas .... e .... Bairro: ....

III – *Os títulos aquisitivos do terreno*

A incorporadora adquiriu o terreno descrito no item II *supra* diretamente do senhor .... e da senhora ...., através da escritura pública de compra e venda lavrada no .... Tabelionato da cidade de ...., em .... de .... de ...., descrito no livro .... de compra e venda, fls. ...., devidamente registrado no Cartório de Registro de Imóveis sob n. ....

IV – *O histórico vintenário dos títulos de domínio*

O vendedor ...., portador da carteira de identidade sob n. ...., e do CPF sob n. ...., adquiriu o terreno supradescrito de ...., através de escritura pública de compra e venda lavrada no .... Tabelionato desta cidade, em .... de .... de ...., sendo objeto do registro imobiliário n. .... do Registro de Imóveis da .... Zona desta cidade.

V – *Sistema de incorporação*

A construção das unidades autônomas obedecerá ao regime de construção por empreitada global, para entrega futura da unidade construída, incluído o preço da fração do terreno, sendo o preço reajustado conforme a variação nominal do Índice Nacional do Custo da Construção – INCC, podendo o incorporador buscar recursos junto ao Sistema Financeiro da Habitação para a construção do empreendimento, sendo repassado aos adquirentes o saldo devedor existente perante o agente financeiro referente às unidades adquiridas.

VI – *O prazo de carência*

A incorporadora renuncia expressamente ao prazo de carência de que trata o artigo 34 da Lei n. 4.591/1964.

VII – *A edificação e suas características*

Sobre o terreno descrito no item II-b, a incorporadora construirá um prédio residencial e comercial constituído de uma torre, que possui duas lojas no térreo e mezanino, estacionamentos nos dois primeiros pavimentos e 12 pavimentos- -tipo com quatro apartamentos cada um, conforme projeto arquitetônico aprova- do pela Prefeitura Municipal de ...., através do expediente único n. ....

a) Das partes comuns:

Constituem-se partes de uso comum e propriedade de todos os condôminos o terreno, as fundações, a estrutura, os telhados, as paredes, as esquadrias externas, os ornamentos de fachada, o acesso coberto, a central de gás, o *hall* de entrada, os elevadores, as escadas, o depósito de lixo, a subestação transformadora, as rampas de circulação dos estacionamentos, os terraços, o apartamento do zelador, o salão de festas, o *fitness*, a brinquedoteca, o *hall* dos pavimentos, a sala dos medidores, o bicicletário, o depósito condominial, a casa de máquinas, os reservatórios, as partes internas de ventilação, os dutos, as chaminés, os muros divisórios, os portões de acesso, as redes gerais de abastecimento de energia, água, gás, comunicações, esgoto sanitário, e tudo o mais que sirva de uso conjunto dos condôminos.

b) Das partes de uso exclusivo – áreas privativas:

Loja 1 – localizada no pavimento térreo, com frente e acesso pela rua ...., tendo ao sul o acesso coberto do prédio e ao norte a divisa norte do terreno, com a área privativa de .... m², área total de .... m², correspondendo à fração ideal de 0,0.......... no terreno e nas coisas de uso comum do edifício. Esta unidade tem direito a uso exclusivo da área descoberta condominial de .... m², localizada junto à divisa norte do terreno. Custo da fração ideal do terreno: R$ .... (..................................reais). Custo da construção: R$ .... (.................................reais).

Loja 2 – localizada .... (*repetir a descrição, de acordo com os dados do memorial*).

Box 1 – coberto, localizado no andar térreo, com acesso pela Rua ...., através do portão n. ...., tendo a oeste a parede que separa a loja 1, ao norte o muro da divisa norte do terreno, com área real privativa de .... m², área real de uso comum de .... m², área real total de .... m², correspondente à fração ideal de 0,0.............. no terreno e nas coisas de uso comum do edifício. Custo separado da fração ideal de terreno: R$................ (.................................. reais). Custo da construção da unidade: R$................ (.................................. reais).

Box .... (*repetir a descrição, de acordo com os dados do memorial, e, assim, quanto aos demais boxes*).

Apartamento 300 – localizado no terceiro andar ou quarto pavimento, de frente para a rua ...., às esquerda de quem postado na dita rua olhar o prédio, com a área privativa de .... m², área real de uso comum de .... m², área real total de .... m², correspondendo à fração ideal de 0,0............. no terreno e nas coisas de uso comum do edifício. Custo da fração ideal de terreno: R$................ (.................................. reais). Custo da construção: R$................ (........................ reais).

Apartamento 400 – .... (*repetir a descrição, de acordo com os dados do memorial, e, assim, quanto aos demais apartamentos*).

c) Áreas:

c.1) Área do terreno .... : ....

c.2) Área da construção: .... : ....

c.2.1) Área privativa .... : ....

c.2.2) Área real de uso comum .... : ....

c.2.3) Área real total: .... : ....

c.2.4) Área de construção privativa: .... : ....

c.2.5) Área de construção de uso comum: .... : ....

c.2.6) Área de construção total: .... : ....

VIII – *Custo total da construção*

a) lojas: .... R$ ....

b) estacionamentos: .... R$ ....

c) Construção: .... R$ ....

Frações ideais do terreno: .... R$ ....

IX – *Documentos que acompanham*

Apresenta os seguintes documentos, relativos à incorporação e ao imóvel: (*nomear os documentos, cuja discriminação está no artigo 32 da Lei n. 4.591/1964, na redação da Lei n. 14.382/2022, e descritos mais pormenorizadamente no item anterior*).

Termos em que pede deferimento.

Data

_____

assinatura

92.4. O procedimento para o registro da incorporação

O incorporador, reunidos os documentos da incorporação, os encaminhará ao Registro de Imóveis, especificando-os requerimento. O oficial ou encarregado procederá ao exame, conferindo se estão completos e se atendem os requisitos para o registro. Naturalmente, na falta de alguma exigência legal, solicitará a devida complementação.

No Registro de Imóveis, o primeiro passo consiste na análise do requerimento juntamente com a documentação, reservando-se, para tanto, o prazo de dez dias, findo o qual, se exigências existirem, o oficial deverá indicá-las ao incorporador. No entanto, entendem alguns que o prazo foi dilatado para trinta dias, pela regra geral contida no artigo 188 da Lei de Registros Públicos, que se refere ao processo de registro em geral. Predomina o entendimento de que a todos os pedidos de registro se reserva o lapso de tempo, atualmente, de dez dias para serem examinados e deduzidas as exigências, sendo que anteriormente à Lei n. 14.382/2022 era de quinze dias.

Discordando o incorporador, requererá que se levante dúvida ao juiz competente, a qual se processará nos termos do artigo 198 ao artigo 203 da Lei n. 6.015/1973, com várias modificações pela Lei n. 14.382/2022 e pela Lei n. 6.216/1975.

Sobre a matéria, revela-se claro o § 6º do artigo 32 da Lei n. 4.591/1964, em redação da Lei n. 14.382/2022:

> Os oficiais do registro de imóveis terão 10 (dez) dias úteis para apresentar, por escrito, todas as exigências que julgarem necessárias ao registro e, satisfeitas as referidas exigências, terão o prazo de 10 (dez) dias úteis para fornecer certidão e devolver a segunda via autenticada da documentação, quando apresentada por meio físico, com exceção dos documentos públicos, e caberá ao oficial, em caso de divergência, suscitar a dúvida, segundo as normas processuais aplicáveis.

Frise-se, pois, que o registrador tem o prazo de dez dias úteis, a contar do ingresso do requerimento no Registro de Imóveis, para apresentar, por escrito e se necessário fundamentada, a impugnação com todas as suas exigências para efetivar o arquivamento ou registro da incorporação, tanto em matéria de informações como de documentação.

Neste caso, depois de satisfeitas tais exigências por parte do incorporador, o registrador tem o prazo de dez dias para fornecer a certidão do registro da incorporação. Somente com esse documento está habilitado a alienar legalmente as futuras unidades autônomas.

O cumprimento no prazo de dez dias úteis referido no § 6º é obrigatório, dada a urgência do registro da incorporação. O desatendimento implica a aplicação de penalidade, segundo previsão do § 8º, em redação da Lei n. 4.864/1965:

> O Oficial do Registro de Imóveis, que não observar os prazos previstos no § 6º ficará sujeito a penalidade imposta pela autoridade judiciária competente em montante igual ao dos emolumentos devidos pelo registro de que trata este artigo, aplicável por quinzena ou fração de quinzena de superação de cada um daqueles prazos.

Mário Pazutti Mezzari discrimina os atos que se perfazem com o registro:

> (...) No registro a der feito na matrícula do imóvel, dever-se-ão consignar todos aqueles elementos exigíveis para o memorial de incorporação de que tratamos acima e apenas enumeramos para maior clareza:
>
> a) nome e qualificação do titular de direito sobre o terreno;
>
> b) nome e qualificação do incorporador;
>
> c) caracterização da obra, descrevendo o empreendimento em linhas gerais, contendo também os dados cadastrais e custos projetados;
>
> d) individuação das unidades autônomas;
>
> e) indicação das áreas comuns que se pretenda construir e não estejam elencadas no art. 3º da Lei n. 4.591/1964;
>
> f) declaração a respeito da composição e uso da garagem;
>
> g) fixação de prazo de carência, se houver;
>
> h) existência de certidões positivas de ações judiciais ou de ônus reais ou fiscais.[14]

---

[14] *Condomínio e incorporação no Registro de Imóveis*. Ob. cit. p. 143.

Em relação aos documentos, a existência de ônus fiscais e reais não afasta o registro, porquanto a lei exige somente que se faça a referência no registro, nos documentos de transferência de unidades e nas veiculações, em conformidade com o § 5º do artigo 32: "A existência de ônus fiscais ou reais, salvo os impeditivos de alienação, não impede o registro, que será feito com as devidas ressalvas, mencionando-se, em todos os documentos, extraídos do registro, a existência e a extensão dos ônus."

Com a observação da existência de ônus ou gravames, ficam os adquirentes cientes dessa realidade, e de sua responsabilidade em pagar as dívidas ou obrigações que os originaram.

Se irregular o registro, ou sem os documentos elencados no artigo 32, com alterações da Lei n. 14.382/2022, responde funcional e penalmente o oficial do Registro de Imóveis, nos termos do § 7º: "O Oficial de Registro de Imóveis responde, civil e criminalmente, se efetuar o arquivamento de documentação contraveniente à lei ou der certidão .... (vetado)................ sem o arquivamento de todos os documentos exigidos".

No entanto, em alguns dos documentos das alíneas do artigo 32, afasta-se a responsabilidade, nos termos do § 9º, introduzido pela Lei n. 4.864/1965: "Oficial do Registro de Imóveis não responde pela exatidão dos documentos que lhe forem apresentados para arquivamento em obediência ao disposto nas alíneas *e*, *g*, *h*, *l*, e *p* deste artigo, desde que assinados pelo profissional responsável pela obra." De modo que, se os documentos do cálculo das áreas de edificações, do memorial descritivo das especificações da obra, da avaliação do custo global da obra, da declaração em que se define a parcela do preço da área permutada total ou parcialmente em área construída, e da declaração acompanhada de plantas sobre o número de veículos que a garagem comportar, estiverem devidamente assinados pelo responsável da obra, não responde o Oficial do Registro de Imóveis por eventuais deficiências ou irregularidades.

Resolvidas as pendências, se houver, arquivam-se no cartório os documentos com o requerimento, em uma pasta própria, e providencia-se no registro, em seguimento à matrícula ou aos demais registros porventura existentes. Com tais atos, na forma do § 1º-A do art. 32, na redação da Lei n. 14.382/2022, assegura-se o exercício dos respectivos direitos: "O registro do memorial de incorporação sujeita as frações do terreno e respectivas acessões a regime condominial especial investe o incorporador e os futuros adquirentes na faculdade de sua livre disposição ou oneração e independe de anuência dos demais condôminos".

Pelo § 1º do artigo 32 da Lei n. 4.591/1964, "a documentação referida neste artigo, após o exame do Oficial de Registro de Imóveis, será arquivada em cartório, fazendo-se o competente registro".

Como se percebe, o registro constitui-se de ato importante, em que se refere a entrega dos documentos da incorporação, com a menção de que são os do artigo 32, incluindo os dados básicos, e, assim, nome do incorporador, a área da incorporação, as unidades, a área comum, os espaços de estacionamento, e outros elementos que constem no requerimento, de modo a bem evidenciar a incorporação.

A finalidade do registro é dar publicidade, possibilitando o acesso e o conhecimento dos interessados em adquirir as unidades, através de consultas ou da extração de cópias. O § 4º revela esse intento: "O Registro de Imóveis dará certidão ou for-

400 • Condomínio Edilício e Incorporação Imobiliária | *Arnaldo Rizzardo*

necerá, a quem o solicitar, cópia fotostática, heliográfica, termofax, microfilmagem ou outra equivalente, dos documentos especificados neste artigo, ou autenticará cópia apresentada pela parte interessada."

Daí a imposição de, em todas as transferências de unidades, nos impressos, nos anúncios, nas propagandas e demais formas de comunicação, se inserirem obrigatoriamente a referência e o número do registro imobiliário, bem como o respectivo cartório, viabilizando a procura ou consulta. Assim manda o § 3º: "O número do registro referido no § 1º, bem como a indicação do cartório competente, constará, obrigatoriamente, dos anúncios, impressos, publicações, propostas, contratos, preliminares ou definitivos, referentes à incorporação, salvo dos anúncios classificados." Válido, a respeito, citar a doutrina de Everaldo Augusto Cambler:

> Como procurou-se demonstrar, a lei exige a divulgação do número do registro em anúncios, impressos, publicações da incorporação imobiliária, estando, a nosso ver, aí englobada a veiculação de todo tipo de publicidade em jornais, televisão, tapumes de obras, *site*, panfletos, folhetos, folder, *outdoors*, razão pela qual entendemos que tal veiculação constituiria violação da norma do § 3º do art. 32 da Lei n. 4.591/1964.[15]

Após a averbação do término da construção, através do documento de "habite-se" e outros exigidos por lei, o incorporador apresentará o requerimento de individuação que igualmente sofrerá análise pelo Registro de Imóveis e estando correto fará o desmembramento da matrícula "mãe", originando as novas matrículas, em tantas quanto forem o número de unidades autônomas discriminadas, nas quais estará registrada a individuação e a convenção do condomínio.

Por meio da Lei n. 12.424/2011, veio introduzida a incorporação implantada pelo ente público, em adendo acrescentado ao artigo 31 da Lei n. 4.591/1964, conforme já observado anteriormente. A esse tipo de incorporação, que possui um tratamento especial, a referida lei trouxe o § 13 ao artigo 32 da Lei n. 4.591/1964, no seguinte texto:

> Na incorporação sobre imóvel objeto de imissão na posse registrada conforme item 36 do inciso I do art. 167 da Lei 6.015, de 31 de dezembro de 1973, fica dispensada a apresentação, relativamente ao ente público, dos documentos mencionados nas alíneas *a, b, c, f* e *o* deste artigo, devendo o incorporador celebrar contrato de cessão de posse com os adquirentes das unidades autônomas, aplicando-se a regra prevista nos §§ 4º, 5º e 6º do art. 26 da Lei 6.766, de 19 de dezembro de 1979.

Ao referir a incorporação sobre o imóvel objeto da imissão na posse, a regra tem em conta a incorporação estabelecida na alínea "c" do artigo 31 da Lei n. 4.591/1964, permitindo o registro conforme o item 36 do inciso I do artigo 167 da Lei n. 6.015/1964. Consta do dispositivo a permissão do registro:

> da imissão provisória na posse, quando concedida à União, aos Estados, ao Distrito Federal, aos Municípios ou às suas entidades delegadas, e respectiva cessão e promessa de cessão.

---

[15] Publicidade. Lançamento e venda de unidades de edificações sem registro de incorporação. Contrato de incorporação imobiliária – Lei n. 4.591/64. Trabalho citado. p. 341.

Além disso, dispensam-se os requisitos das letras "a", "b", "c", "f" e "o" do artigo 32. Eis os requisitos dispensados:

a) título de propriedade de terreno, ou de promessa, irrevogável e irretratável, de compra e venda ou de cessão de direitos ou de permuta do qual conste cláusula de imissão na posse do imóvel, não haja estipulações impeditivas de sua alienação em frações ideais e inclua consentimento para demolição e construção, devidamente registrado;

b) certidões negativas de impostos federais, estaduais e municipais, de protesto de títulos de ações cíveis e criminais e de ônus reais relativamente ao imóvel, aos alienantes do terreno e ao incorporador;

c) histórico dos títulos de propriedade do imóvel, abrangendo os últimos 20 anos, acompanhado de certidão dos respectivos registros;

f) certidão negativa de débito para com a Previdência Social, quando o titular de direitos sobre o terreno for responsável pela arrecadação das respectivas contribuições;

o) atestado de idoneidade financeira, fornecido por estabelecimento de crédito que opere no País há mais de cinco anos.

Lembra-se que a exigência da letra "o" ficou revogada pela Lei n. 14.382/2022.

Deve, ainda, o incorporador celebrar contrato de cessão de posse das unidades aos adquirentes, com a aplicação das regras dos §§ 4º, 5º e 6º do artigo 26 da Lei do Parcelamento do Solo Urbano (Lei n. 6.766/1979).

O mencionado artigo 26 trata dos elementos que conterão os compromissos de compra e venda, as cessões ou promessas de cessão. Nos parágrafos citados, encontram-se estabelecidas regras especiais sobre os efeitos de definitividade das cessões de posse, da conversão da posse em propriedade e das cessões em compromissos de compra e venda, sobre a validade dos contratos como títulos para efeito do registro da propriedade, se acompanhados da prova de quitação.

Eis as regras:

§ 4º A cessão da posse referida no § 3º, cumpridas as obrigações do cessionário, constitui crédito contra o expropriante, de aceitação obrigatória em garantia de contratos de financiamentos habitacionais. (Incluído pela Lei n. 9.785, de 1999)

§ 5º Com o registro da sentença que, em processo de desapropriação, fixar o valor da indenização, a posse referida no § 3º converter-se-á em propriedade e a sua cessão, em compromisso de compra e venda ou venda e compra, conforme haja obrigações a cumprir ou estejam elas cumpridas, circunstância que, demonstradas ao Registro de Imóveis, serão averbadas na matrícula relativa ao lote. (Incluído pela Lei n. 9.785, de 1999.)

§ 6º Os compromissos de compra e venda, as cessões e as promessas de cessão valerão como título para o registro da propriedade do lote adquirido, quando acompanhados da respectiva prova de quitação.

Mais dois parágrafos vieram com a Lei n. 14.382/2022, relativamente à existência de processos contra o incorporador e ao registro imobiliário.

Em correndo processo judicial – cível ou penal –, cumpre-se demonstrar que não afetará o imóvel objeto da incorporação, por meio de certidão narratória, a qual, no entanto, faculta-se seja substituída por impressão do andamento do processo digital, com o fornecimento de número e chave de ingresso, o que veio permitido pelo § 14: "Quando demonstrar de modo suficiente o estado do processo e a repercussão econômica do litígio, a certidão esclarecedora de ação cível ou penal poderá ser substituída por impressão do andamento do processo digital".

O § 15 estabelece que o registro do memorial e o ato da instituição do condomínio constituem ato registral único, isto é, deverão constar do mesmo registro, e não dois registros: "O registro do memorial de incorporação e da instituição do condomínio sobre as frações ideais constitui ato registral único".

92.5. Modelo de registro de incorporação

Depois de tudo o que se explicou, conveniente apresentar um exemplo de registro da incorporação imobiliária. Advirta-se que o Oficial do Registro de Imóveis aferirá a documentação apresentada frente ao artigo 32 da Lei n. 4.591/1964, com alterações da Lei n. 14.382/2022, em geral explicitada pelas normas administrativas emanadas de órgãos controladores dos Tribunais de Justiça estaduais. Não se exigirá que se especifique, no registro, cada documento, mas tão somente que se refira a entrega de conformidade com o artigo 32, o que leva a presumir que houve obediência à lei.

Assim, no Registro aparecerá, em primeiro lugar, a matrícula do imóvel, com o número, a descrição, o quarteirão, sempre se remetendo ao registro anterior, citando--se o número e o cartório registrário. Em seguimento, virão as os possíveis registros posteriores e averbações, com numeração sequencial.

No pertinente ao registro propriamente da incorporação, adota-se a seguinte forma, podendo, naturalmente, haver pequenas diferenças:

R. ...../..............., em .... de .... de .... (*data*).
TÍTULO: Incorporação.
Conforme requerimento datado de .... de .... de ...., e de acordo com os documentos exigidos pela Lei n. 4.591/1964, ... (*nome da incorporadora*) requereu o registro da incorporação de um edifício a ser construído na Rua ...., n. ...., n./cidade, sobre o terreno desta matrícula, que se denominará Edifício ...., composto por .... lojas (*o número de lojas*) no pavimento térreo, um mezanino, ... (*número*), ... (*número*) de boxes de estacionamento nos .... (*número*) primeiros pavimentos e .... (*número*) apartamentos distribuídos por .... (*número*) pavimentos-tipo, totalizando a área construída de .... m². A incorporação do edifício obedecerá ao regime de construção por empreitada global, para a entrega futura das unidades construídas. O preço será reajustado conforme a variação nominal do INCC (Índice Nacional do Custo de Construção), podendo o incorporador buscar recursos junto ao Sistema Financeiro Habitacional para a construção do empreendimento, repassando aos adquirentes o saldo devedor junto ao agente financeiro das unidades adquiridas. A incorporadora renuncia ao prazo de carência do artigo 34 da Lei n. 4.591/1964. O custo total da construção foi orçado em R$ .... (....................................reais), conforme planilha de custos datada de .... de .... de .... Foram apresentadas (*se for o caso*) as seguintes certidões positivas referentes à empresa pro-

prietária/incorporadora: da Justiça do Trabalho da .... Região, com a data de ....
de .... de ...., indicando .... (*número*) ações trabalhistas; da Justiça
Estadual de .... (*comarca*), com a data de .... de ....
de ...., indicando .... (*número*) ações; da Secretaria da Fazenda Municipal de
.... (*município*), com a data de .... de .... de ....,
indicando o débito de tributos municipais no valor de R$ .... (......................
.... reais); negativa da Justiça Federal da .... Região. As futuras unidades
autônomas, com respectivos custos da fração ideal do terreno e custo de construção,
conforme planilha de custos datada de .... de .... de ...., e as
futuras partes comuns serão as seguintes:

a) *Das futuras unidades autônomas*:
Loja 1 – localizada no pavimento térreo, com frente e acesso pela rua ....,
tendo ao sul o acesso coberto do prédio e ao norte a divisa norte do terreno, com a
área privativa de .... m², área total de .... m², correspondendo
à fração ideal de 0,0.......... no terreno e nas coisas de uso comum do edifício. Esta
unidade tem direito a uso exclusivo da área descoberta condominial de ....
m², localizada junto à divisa norte do terreno. Custo da fração ideal do terreno: R$
.... (.................reais). Custo da construção: R$ .... (.................................reais).
Loja 2 – localizada .... (*repetir a descrição, de acordo com os
dados do memorial*).
Box 1 – coberto, localizado no andar térreo, com acesso pela Rua ....,
através do portão n. ...., tendo a oeste a parede que separa a loja 1, ao norte o
muro da divisa norte do terreno, com área real privativa de .... m², área real de
uso comum de .... m², área real total de .... m², correspondente à fração
ideal de 0,0.............. no terreno e nas coisas de uso comum do edifício. Custo da fração ideal de terreno: R$................. (................................ reais). Custo da construção:
R$................. (................................. reais).
Box .... (*repetir a descrição, de acordo com os dados do memorial, e, assim,
quanto aos demais boxes*).
Apartamento 300 – localizado no terceiro andar ou quarto pavimento, de frente
para a rua ...., à esquerda de quem postado na dita rua olhar o prédio,
com a área privativa de .... m², área real de uso comum de .... m², área
real total de .... m², correspondendo à fração ideal de 0,0............. no terreno
e nas coisas de uso comum do edifício. Custo da fração ideal de terreno: R$..............
(................. reais). Custo da construção: R$................. (................................. reais).
Apartamento 400 – .... (*repetir a descrição, de acordo com os dados do me-
morial, e, assim, quanto aos demais apartamentos*).

b) *Das futuras partes comuns*:
Constituem-se partes de uso comum e propriedade de todos os condôminos o
terreno, as fundações, a estrutura, os telhados, as paredes, as esquadrias externas,
os ornamentos de fachada, o acesso coberto, a central de gás, o *hall* de entrada, os
elevadores, as escadas, o depósito de lixo, a subestação transformadora, as rampas
de circulação dos estacionamentos, os terraços, o apartamento do zelador, o salão

de festas, o *fitness*, a brinquedoteca, o *hall* dos pavimentos, a sala dos medidores, o bicicletário, o depósito condominial, a casa de máquinas, os reservatórios, as partes internas de ventilação, os dutos, as chaminés, os muros divisórios, os portões de acesso, as redes gerais de abastecimento de energia, água, gás, comunicações, esgoto sanitário, e tudo o mais que sirva de uso conjunto dos condôminos.

Uma vez concluída a construção, seguem-se os lançamentos de averbações, como da construção das unidades e da abertura de matrículas na medida em que se fizerem os requerimentos, que, em geral, acontecem quando das vendas. Cada unidade receberá, pois, uma matrícula nova, tendo como precedente a matrícula do imóvel do qual se originou a unidade.

93
A revalidação da incorporação

Dispõe o artigo 33 da Lei n. 4.591/1964, em texto atual da Lei n. 14.382/2022, que ampliou o prazo: "Se, após 180 (cento e oitenta) dias da data do registro da incorporação, ela ainda não se houver concretizado, por meio da formalização da alienação ou da oneração de alguma unidade futura, da contratação de financiamento para a construção ou do início das obras do empreendimento, o incorporador somente poderá negociar unidades depois de averbar a atualização das certidões e de eventuais documentos com prazo de validade vencido a que se refere o artigo 32 desta Lei".

Aparentemente, o registro da incorporação tem a validade pelo período de cento e oitenta dias, contado da data do registro no Cartório de Registro de Imóveis. Dentro deste prazo, o incorporador deverá concretizar a incorporação, isto é, vender ou prometer vender as unidades ou frações ideais. No mínimo, deve dar início à venda. Se isto não ocorrer, deverá revalidar o registro da incorporação para poder negociar unidades.

No entanto, diante da atual redação da regra, alguns outros atos permitem considerar formalizada a incorporação, sendo estes: a formalização da alienação ou da oneração de alguma unidade futura, a contratação de financiamento para a construção ou o início das obras do empreendimento.

Bem examinados os termos do dispositivo acima, a lei confere ao incorporador o prazo de cento e oitenta dias, contados da data do registro da Incorporação, para que a concretize, ou seja, para que dê início às atividades de construção das edificações e/ou venda das unidades autônomas, mediante algumas formas. Uma vez que se celebre o primeiro contrato ou compromisso de compra e venda, ou se contrate o financiamento da obra, ou se iniciem as obras, não será mais necessário observar esse prazo. A partir daí, pode o incorporador negociar as demais frações ideais vinculadas às unidades futuras, pelo prazo necessário ao término da obra.

Para que se efetive a incorporação, durante o prazo de validade da incorporação, basta que seja celebrado um contrato de compra e venda de unidade autônoma, mesmo que este não seja levado a registro no Ofício de Registro de Imóveis no prazo legal; basta que exista alguma forma oficial de fixação da data de celebração do contrato, por exemplo, a data do reconhecimento de firmas dos celebrantes.

Expirado o prazo de cento e oitenta dias, o que perde a validade não é registro da incorporação, mas, sim, a autorização para o incorporador efetivar a incorporação. Tanto que a mera atualização dos documentos apontados no artigo 32 da Lei

n. 4.591/1964, em redação da Lei n. 14.382/2022 é suficiente para que o registro, na verdade o direito de concretizar a incorporação, seja revalidado por igual prazo.

Note-se que o registro da incorporação, em si, permanecerá válido e gerando efeitos. Mesmo após o transcurso do prazo de cento e oitenta dias, recairão sobre o imóvel todos os efeitos gerados pelo registro. Ou seja, continuará o imóvel com os caracteres de condomínio edilício, destinado à construção de edificação ou conjunto de edificações, cujas frações ideais permanecem vinculadas a unidades autônomas futuras, destinadas à venda total ou parcial.

Todavia, é possível que passe o prazo, que tenha realizado as vendas, ou promessas de venda, sem a prova da concretização ou a averbação da revalidação da incorporação no Registro de Imóveis. Caso não efetuados os registros, não poderão ser registradas na matrícula do empreendimento as promessas ou vendas, ou mesmo qualquer ato de alienação ou oneração de unidades autônomas. A rigor, essa a interpretação que a literalidade da lei induz.

Se feita a venda, e não procedido o registro, o que importa na concretização da incorporação, incumbe que se leve ao Cartório a comprovação. Ou seja, se passados cento e oitenta dias do registro da incorporação, e ainda não houver sido registrada nenhuma alienação de unidade futura na matrícula, mas, na realidade, ocorreram alienações de unidades ou o início da obra, estes fatos são suscetíveis de comprovação.

Para levar a termo essa comprovação, deve-se:

1) Dirigir requerimento assinado com firma reconhecida.

Em se tratando de pessoa jurídica, anexar cópia autenticada do contrato social, ou da última alteração com a consolidação das normas. Acompanhará certidão da Junta Comercial, informando o último arquivamento contratual (expedida há menos de seis meses).

2) Anexar cópias autenticadas de compromissos de venda e compra, ou escrituras, ou outros contratos celebrados até cento e oitenta dias da data do registro da incorporação.

É necessário que os contratos particulares tenham firmas reconhecidas na época de sua celebração, ou em data compreendida dentro dos cento e oitenta dias acima previstos.

3) Juntar também cópia autenticada do contrato de empreitada (se for o caso) com a construtora da obra (as firmas devem estar reconhecidas dentro do prazo de cento e oitenta dias do registro da incorporação).

4) Se a incorporadora também é a construtora, apresentar cópias autenticadas de notas fiscais de materiais de construção que comprovam início de obras; certidão da Prefeitura Municipal informando que a obra foi iniciada até o prazo de cento e oitenta dias da data do registro da incorporação.

5) Permitir que apresente outros documentos, que possam servir de prova idônea para comprovar a concretização da incorporação no tempo hábil.

Caso não seja possível cumprir os requisitos acima, deverá a incorporadora revalidar as certidões do artigo 32 da Lei n. 4.591/1964.

94

O caráter de autonomia da unidade condominial e de irretratabilidade do contrato de transferência da unidade

Procedida a venda da unidade, ou a promessa de venda, ou a cessão da promessa, ou promessa de cessão, decorre a irrevogabilidade, de sorte a incutir ao adquirente absoluta segurança quanto à definitividade do negócio, exceto se descumprir suas obrigações, mormente as que dizem com o pagamento das prestações.

A irretratabilidade vinha contemplada no § 2º do artigo 32 da Lei n. 4.591/1964, em redação da Lei n. 10.931/2004. Todavia, ficou revogada pela Lei n. 14.382/2022, o que não importa que não deva ser cumprido o contrato.

A faculdade dada ao adquirente, em face do art. 67 e de seus parágrafos, aportados pela Lei n. 13.786/2018 (matéria que será estudada adiante), de desistir da aquisição, promessa de aquisição, cessão e promessa de cessão, não conduz a concluir que não devam ser cumpridas as cláusulas. Daí, embora a revogação do § 2º do art. 32, mantém-se a obrigatoriedade, com a possibilidade de retratação do que se contratou. O § 2º do art. 67 conduz a tal inteligência: "Os contratos, no entanto, consignarão obrigatoriamente que as partes contratantes adotem e se comprometam a cumprir as cláusulas, termos e condições contratuais a que se refere o parágrafo anterior, sempre transcritas, *verbo ad verbum* no respectivo cartório ou ofício, mencionando, inclusive, o número do livro e das folhas do competente registro".

Porém, com ou sem a previsão contratual, há o direito oponível a terceiros, que decorre do registro do contrato, e se faz em sequência ao registro da incorporação. Realmente, as alienações de unidades consubstanciam-se mediante contratos de compra e venda, ou promessa, ou cessão, e mesmo através de escritura pública. Com a devida descrição do objeto e das obrigações, leva-se a termo o registro em seguimento aos registros que ocorreram na matrícula. Efetuado o ato, decorre o direito real oponível a terceiros. Entretanto, mesmo que omitido o ato cartorial, a defesa pelo adquirente, ou promitente comprador, ou promitente cessionário, ou promitente cessionário da promessa de compra e venda, é admitida através de embargos de terceiro, com a aplicação da Súmula n. 84 do STJ: "É admissível a oposição de embargos de terceiro fundados em alegação de posse advinda do compromisso de compra e venda de imóvel, ainda que desprovido do registro".

Não se pode olvidar, porém, ser imprescindível algum elemento documental seguro do momento da efetivação do contrato, de modo a imprimir segurança de que se realizou anteriormente à contratação de uma dívida que tornou o incorporador (alienante ou promitente vendedor, ou promitente cessionário) insolvente, afastando a caracterização de fraude contra credores.

Ainda no que diz com a irretratabilidade, quanto ao incorporador não se aplicam as regras do art. 67 e seus parágrafos, o que leva a concluir que a irretratabilidade abrange a imutabilidade das cláusulas e a impossibilidade de desistência do negócio.

95
A afetação da propriedade objeto da incorporação

A propriedade imobiliária que integra a incorporação pode ser formada de vasto acervo patrimonial, ativo ou passivo, e composto de terreno, do direito de construção, de acessões, receitas originadas do pagamento das contraprestações pela venda de unidades, maquinário, equipamento, direitos, materiais de construção, obrigações relativas ao negócio, encargos trabalhistas e fiscais, contribuições previdenciárias, contas a pagar etc. O conjunto de bens e valores, pelo sistema da afetação, fica sujeito a uma espécie de indisponibilidade, que importa em agregá-lo ou vinculá-lo ao empreendimento, e acarretando a sua incomunicabilidade.

Afetação tem o significado de justamente prender ou ligar um patrimônio a um empreendimento, a uma obrigação, a um compromisso, não se liberando enquanto perdura a relação criada entre aquele que se obriga e os credores da obrigação. Ao mesmo tempo em que se estabelece a vinculação ao cumprimento de uma obrigação, decorre a segregação não propriamente da titularidade de uma pessoa, mas da sua livre disponibilidade, de seu uso ou posse. Daí se depreender que não se opera a desvinculação do domínio da pessoa do incorporador, e muito menos se dá a criação de uma personalidade a esse patrimônio. Condiciona-se, todavia, o exercício dos poderes emanados da propriedade ao cumprimento das obrigações econômicas e fiscais da incorporação.

Pode-se afirmar que se instituiu um regime especial da propriedade, com a finalidade de proteger a incorporação como uma entidade que vai adquirindo cada vez mais autonomia. O intuito é trazer maior segurança jurídica aos adquirentes de imóveis na planta ou ainda em construção. E justamente para evitar desvios de valores, onerações do imóvel e a responsabilidade do acervo por outras obrigações do incorporador; para garantir o pagamento das obrigações, como as fiscais, as previdenciárias, as relativas a materiais e à mão de obra, a financiamentos; e também para fugir dos riscos patrimoniais de outros negócios, cujos insucessos acarretam a responsabilidade, estabeleceu-se a separação do acervo da incorporação, com a sua personalização em ente distinto e autônomo, embora não se separando do patrimônio do incorporador.

Considera-se uma garantia em favor dos credores, sobretudo dos adquirentes, que ficarão protegidos por uma tutela especial.

A afetação abrange um vasto mundo de bens associado a uma finalidade, vinculando-os ou comprometendo-os, pois, à consecução obras, ao cumprimento de obrigações, ao alcance de determinados objetivos, à satisfação dos créditos existentes ou que surgiram, aos direitos dos adquirentes das unidades imobiliárias, aos salários dos trabalhadores da obra, aos tributos devidos ao fisco, às contribuições previdenciárias, à satisfação dos financiamentos, aos valores decorrentes do fornecimento de bens para a construção.

A sua necessidade decorreu da função social da propriedade, de sorte a proteger os adquirentes. Forma-se uma reserva patrimonial para uma destinação específica. Alcança os imóveis, que ficam indisponíveis, inalienáveis, insuscetíveis de gravames; as receitas, que não podem ser desviadas para objetivos outros ou diferentes que a incorporação; os materiais adquiridos, com a utilização constrita ao empreendimento. Todos esses bens respondem, pelo menos em primeira mão, pelas dívidas e obrigações da incorporação. Perdura esse liame de destinação enquanto não se conclui a edificação, ou não se entregam prontas as obras contratadas, ou não se dá a regularização de sua destinação. Por isso, a segregação do conjunto de bens, direitos e obrigações é temporária, e nem significa uma quebra da titularidade da propriedade, que permanece em nome da pessoa em cujo registro imobiliário se encontra. Ocorre somente a afetação ao cumprimento de uma função, ou representa uma garantia na satisfação de compromissos.

De grande relevância outro propósito da afetação, que é tornar o acervo da incorporação imune dos credores cujos créditos não se encontram vinculados ao empreendimento, ou em que as dívidas do incorporador não tiveram origem na sua implantação.

Isto, evidentemente, porque o acervo marcado pela afetação fica condicionado à consecução da incorporação.

Os bens que integram o conjunto da afetação têm, no seu tratamento, como que quase uma personalidade própria, formando um mundo destacado, com um tratamento próprio, uma contabilidade individual e diferente daquela da empresa incorporadora, que perdura enquanto destinado ao cumprimento da função de garantia e segurança que a lei incumbiu. Tanto isto que o controle e a fiscalização são individuados e distintos, em conta-corrente bancária separada das demais contas do incorporador.

Este regime vai até a conclusão da obra e a entrega das unidades, constituindo uma entidade autônoma, que é dirigida pela chamada Comissão de Representantes dos adquirentes, com poderes de administração em certas ocasiões, como no caso de atraso injustificado da obra, de falência ou mesmo prenúncios de insolvência. Passa a gerir o acervo de bens e valores, que ficam intangíveis em relação às obrigações do incorporador. Assumindo a administração direta, sem a intervenção judicial, determinará as medidas convenientes para o prosseguimento das obras, inclusive promovendo a venda de unidades condominiais ainda em nome do incorporador, ou que se encontram no que se pode chamar de "estoque". Seguirá impulsionando a construção, com autonomia para tanto, não sendo atingida pelos efeitos da falência, ou do regime de recuperação judicial do empresário incorporador. Assim, os créditos decorrentes de obrigações contraídas com a incorporação não se submetem ao regime da falência ou do processo de recuperação, efetuando-se o pagamento com recursos da própria incorporação.

Todas as receitas que surgirem, advindas da administração da Comissão de Representantes, dirigem-se a formar o fundo que sustentará o andamento das obras.

Há, assim, todo um procedimento ordenado para dirigir e prosseguir na construção sem a intervenção judicial, com a substituição do incorporador pela Comissão de Representantes.

96
Origens da lei da afetação

A ideia de bens afetados a determinada função é antiga, como no caso de áreas de terra de uso comum, ou utilizadas para interesses públicos, e que acabam ficando afetadas ao domínio público, inclusive ensejando a ação de indenização por desapropriação indireta.

No caso da incorporação, também não é recente a ideia. Há décadas os estudos buscavam a solução para dar segurança aos investimentos feitos para a aquisição de unidades das incorporações. Acontece que não acompanhou a criação da Lei n. 4.591/1964 um sistema de garantias e seguranças que protegesse os adquirentes de unidades autônomas. Eram constantes fraudes praticadas pelos que promoviam a construção de prédios para a finalidade de vender os apartamentos ou demais unidades que os constituíam, pois lançavam os projetos de edifícios, faziam a venda das unidades, arrecadando os valores pagos a título de entrada, bem como as prestações iniciais, e até mesmo considerável parcela do preço, e desapareciam, abandonando as obras recém-iniciadas. Os investidores ficavam sem garantia, e não tinham onde buscar o ressarcimento. Vários foram os exemplos, na história das incorporações, de verdadeiras derrocadas de empreendimentos imobiliários, perdendo os investidores os valores que haviam pago a título de pagamento de futuras unidades habitacionais, compradas quando apenas planejadas ou em construção.

Acontecimentos de grande impacto e comoção social, de falência ou quebra de incorporadoras acarretaram inúmeros prejuízos sociais e econômicos, sendo exemplo a decretação da falência da Encol S.A. Engenharia, Indústria e Comércio, em março de 1999.

Muitas construtoras, de grande porte, mas de pouca visibilidade interna, às vezes escondem uma situação incerta, sendo enganosa a exterioridade que ostentam, especialmente em suas transações imobiliárias.

Por isso, diante desse quadro repetitivo, foi aceita com bons olhos a ideia de um anteprojeto, que foi apresentado por Melhim Namem Chalhub ao Instituto dos Advogados Brasileiros – IAB, o qual, em 1999, chegou à Câmara dos Deputados, e se transformou em projeto de lei, juntamente com mais quatro projetos. Em nível de Poder Executivo também existiam estudos que, conjugados com os projetos de lei em andamento na Câmara dos Deputados, conduziram à edição da Medida Provisória n. 2.221, de 04.09.2001, contendo disposições não bem favoráveis aos adquirentes, pois continha disposições permitindo a comunicação do patrimônio afetado, fugindo de sua destinação para a estrita defesa dos investimentos feitos na entrega de valores para a aquisição de unidades. Ademais, impunha pesados encargos às obrigações dos adquirentes, e colocava o poder de decisão sobre a constituição do patrimônio com tal função ao incorporador. Introduziu essa faculdade no artigo 31-A da Lei n. 4.591/1964, redigido com o seguinte texto:

> A critério do incorporador, a incorporação imobiliária poderá ser submetida ao regime da afetação, pela qual o terreno e as acessões objeto de incorporação imobiliária, bem como os demais bens e direitos a ela vinculados, manter-se-ão apartados do patrimônio do incorporador e constituirão patrimônio de afetação, destinado à consecução da incorporação correspondente e à entrega das unidades imobiliárias aos respectivos adquirentes.

O mais grave, porém, era a comunicação que se permitia entre os bens e as receitas de cada patrimônio de afetação com o patrimônio geral da empresa, autorizando que esta utilizasse recursos afetados para destino diferente daquele visado com a afetação, isto é, da edificação cujas unidades eram objeto da incorporação. Inclusive para o pagamento de dívidas do incorporador, tornando os adquirentes solidariamente responsáveis por suas obrigações, mesmo que estranhas ao patrimônio sob afetação. Notava-se, assim, um desvio da natureza da afetação, proporcionando o surgimento de propostas de emendas, de modo a compatibilização do instituto com a proteção dos que negociavam a compra de unidades.

Diante das contradições da Medida Provisória n. 2.221, desenvolveram-se estudos e debates, no sentido de dar ao instituto a sua real natureza axiológica, surgindo, daí, outro projeto de lei, que foi encaminhado ao Congresso Nacional em 2004, e que adotou o sistema inicial de proteção constante do anteprojeto do Prof. Melhim Namem Chalhub, vindo a ser aprovado com emendas, e convertendo-se na Lei n. 10.931/2004. Ficou revogada a Medida Provisória n. 2.221, de 04 de setembro de 2001. Foram acrescentados os artigos 31-A a 31-F (este último com vinte parágrafos e grande quantidade de incisos) à Lei n. 4.591/1964, sendo introduzido um regime especial para as incorporações submetidas ao regime da afetação. Trouxe, também, modificações ao artigo 32, § 2º; e aos artigos 43, VII, e 50 e em seu § 2º.

De salientar, ainda, que a Lei n. 14.382/2022 acrescentou parágrafos ao artigo 31-E.

Vieram, com os textos acrescentados, importantes inovações ao regime da incorporação, imprimindo-lhe maior segurança, dada a proteção que deu aos bens que a constituem.

97

Fundamentos que justificam as medidas de segurança na incorporação

A finalidade básica da incorporação tem em vista a venda antecipada de unidades imobiliárias, ou na venda de imóveis na planta ou em construção, cujas unidades, no futuro, comporão a edificação coletiva. O objeto das vendas, além da fração ideal, está em um bem que será construído, isto é, abrange uma coisa futura. Realiza-se o pagamento em prestações, durante um período de tempo que, normalmente, equivale ao necessário para a conclusão da obra. Se o adquirente não dispõe de condições para concluir o pagamento total, financia junto a uma instituição bancária o restante, passando-se o valor para o incorporador.

As formas de aquisição são variadas, sendo as mais comuns o contrato de compra e venda de unidade ou fração ideal, a promessa de compra e venda de fração de unidade ou fração ideal, a promessa de venda de fração ideal conjugada com contrato de construção, a cessão de promessa de compra e venda ou de compra e venda, a promessa de cessão de compra e venda ou de promessa de compra e venda de unidade e de fração ideal. Em qualquer das modalidades, sempre consta o pagamento adiantado de um bem que vai ser construído. E justamente a venda antecipada se faz para angariar recursos junto ao público visando a finalidade da construção futura. Procura-se formar um fundo, que se destina à construção futura, impondo um forte grau de confiança de quem faz os pagamentos. Sempre está presente um risco, com possibilidade de desvios ou mau uso dos valores. A lei, na sua versão original, em atenção à necessidade de tornar sólida a organização do empreendimento, evitando que pessoas inescrupulosas se aproveitem do instituto para lesar a economia popular, cercou os adquirentes de uma série de proteções, e impôs ao incorporador várias exigências e penalidades, destacando-se as seguintes:

– o arquivamento do memorial da incorporação como condição para a oferta pública de venda das unidades;

– a incidência de sanções civis e penais no incorporador que infringir as regras da incorporação, especialmente no desvio de recursos;

– a irretratabilidade e a irrevogabilidade dos contratos de promessa de compra e venda, e de cessão de promessa ou de compra e venda, com a previsão da adjudicação compulsória do contrato definitivo, na eventualidade de negativa de transferência pelo incorporador;

– a obrigação de o incorporador informar sobre o andamento da obra, permitindo o acompanhamento e a fiscalização pelo adquirente;

– a previsão da substituição, pelos adquirentes, do incorporador, caso ele não agir corretamente, não dando prosseguimento à obra, ou desviar recursos;

– a classificação dos créditos dos adquirentes, na insolvência ou falência do incorporador, como privilegiados.

O curso do tempo revelou que não eram suficientes os mecanismos da lei para evitar falcatruas e descumprimento do contrato, colocando os adquirentes em uma posição econômica e financeira inferior, sem alternativas de solução no caso de frustração do empreendimento, de desvios de valores, ou de má gestão dos fundos. Seus créditos eram colocados no mesmo patamar de outras dívidas do incorporador, não se diferenciando das que tivessem origem em negócios estranhos à incorporação. Não havia um tratamento diferenciado, com o que, não raramente, os adquirentes acabavam por perde todas as economias entregues ao incorporador. Embora recebendo valores propiciando receitas que completavam o orçamento, e suficientes para concluir a edificação, simplesmente desapareciam os valores, e eram abandonadas as obras. Diante da inexistência de mecanismos de defesa mais eficientes, grandes eram os riscos dos investidores em tudo perder, e ver frustrada a aspiração de adquirir o imóvel que prometera comprar.

Com o instituto da afetação, criou-se um acervo patrimonial que constitui garantia geral dos credores do incorporador, dificultando ao extremo o desvio dos recursos arrecadados.

98

O patrimônio do incorporador garantindo o empreendimento

De acordo com a legislação tradicional, os bens em geral do incorporador respondem pela totalidade das dívidas contraídas. Inexistindo a segregação de patrimônio para atender obrigações específicas, os bens e direitos da titularidade do incorporador entram para a excussão visando ao pagamento de débito oriundo do empreendimento. Não interessa que os débitos ultrapassem o limite orçamentário previsto, e constante do memorial. Nesse regime, os bens e direitos integrantes do empreendimento sujeitam-se a responder por qualquer das obrigações ou dívidas do incorporador, mesmo que relacionadas a outras incorporações, em obediência ao princípio de que o patrimônio constitui a garantia geral dos credores. Nessa ordem, os bens do patrimônio particular do incorporador são arrecadados à massa da falência ou insolvência, podendo ele ser substituído. Decorre plena aplicação do disposto nos incisos III e VI do artigo 43 da Lei n. 4.591/1964, prevendo que o incorporador deve:

> III – em caso de falência do incorporador, pessoa física ou jurídica, e não ser possível à maioria prosseguir na construção das edificações, os subscritores ou candidatos à aquisição de unidades serão credores privilegiados pelas quantias que houverem pago ao incorporador, respondendo subsidiariamente os bens pessoais deste;
>
> (...)
>
> VI – se o incorporador, sem justa causa devidamente comprovada, paralisar as obras por mais de 30 dias, ou retardar-lhes excessivamente o andamento, poderá o Juiz notificá-lo para que no prazo mínimo de 30 (trinta) dias as reinicie ou torne a dar-lhes o andamento normal. Desatendida a notificação, poderá o incorporador ser destituído pela maioria absoluta dos votos dos adquirentes, sem prejuízo da responsabilidade civil ou penal que couber, sujeito à cobrança executiva das importâncias comprovadamente devidas, facultando-se aos interessados prosseguir na obra (vetado).

Advindo a falência ou a insolvência, arrecadam-se os bens do incorporador, e neles incluídos o terreno e as acessões que irão constituir a incorporação, a fim de processar-se a liquidação do ativo da massa, com o pagamento dos credores. Os créditos dos adquirentes de unidades classificam-se como privilegiados, ficando atrás dos créditos trabalhistas e fiscais. Em caso, pois, da falência da empresa incorporadora, o produto da venda da construção executada com recursos dos adquirentes retornará, afora se mais privilegiados outros créditos, aos próprios investidores.

A possibilidade da destituição do incorporador igualmente se considera uma garantia, eis que abre caminho para os próprios adquirentes assumirem e administrarem a incorporação. Não apenas a paralisação da construção por mais de trinta dias, ou o excessivo retardamento do andamento, permitem o afastamento. Existem outras condutas, como a ineficiência na administração, a desorganização dos trabalhos, o desvio de materiais, os erros que se constatam na construção, a omissão na vigilância, a demorada ausência no canteiro de obras, a utilização de materiais de precária qualidade, autorizam as providências para destituir o incorporador. As previsões do inciso VI devem ser consideradas apenas como exemplos. No entanto, o complexo processamento em se destituir torna a medida difícil de ser aplicada. Percebe-se a exigência da prévia notificação para dar prosseguimento, concedendo-se, para tanto, o prazo de trinta dias. Somente depois parte-se para aplicar a providência, que exige a maioria absoluta dos votos dos adquirentes.

99

A proteção estabelecida pelo instituto da afetação

Parte-se da premissa de que o objetivo principal da afetação é assegurar a recomposição imediata dos patrimônios individuais dos adquirentes de fração ideal vinculada à unidade autônoma em construção ou a ser construída, no caso de quebra do incorporador.

Através da Lei n. 10.931/2004 é que se introduziram instrumentos mais eficientes de proteção, especialmente no propósito de serem evitados os riscos. Considerando que o lapso de tempo para a edificação dos edifícios exige um período relativamente longo, quase sempre até a efetiva entrega das unidades, submetem-se os adquirentes a riscos, especialmente pela inadequada administração dos recursos que foram entregues ao incorporador. A deficiente administração conduz a um desequilíbrio do patrimônio, tornando defasadas as prestações que vão sendo liquidadas ao longo do tempo.

Por isso, consideram-se importantes os instrumentos de proteção. Especialmente para a construção contratada pelo regime de administração, já impunha a Lei n. 4.591/1964 um controle bastante efetivo dos recursos que ingressam, impondo que a movimentação se opere em conta corrente bancária separada, e distinta para cada empreendimento. Com essa cautela, evitam-se a mistura de valores e o seu desvio para finalidades diferentes. Sobre o assunto, apropriado transcrever o inciso II do artigo 58 da Lei n. 4.591/1964: "Todas as contribuições dos condôminos para qualquer fim relacionado com a construção serão depositadas em contas abertas em nome do condomínio dos contratantes em estabelecimentos bancários, as quais serão movimentadas pela forma que for fixada no contrato".

A segregação não se estendia para as demais modalidades de contrato, o que ensejava a mistura ou mau emprego das verbas, com o possível desvio para outro edifício, ou para finalidades diferentes e particulares do incorporador. Era difícil instituir ou criar um sistema de controle ou proteção, como destacar um órgão para essa função, pois dificilmente funcionaria na prática, máxime se for público. Permaneceria a falta de proteção patrimonial dos adquirentes, eis que se revelaria bastante inoperante.

Veio a teoria da afetação a prestar com mais efetividade a garantia, considerando que o patrimônio de afetação é constituído do patrimônio próprio de cada empreendimento imobiliário, não se confundindo com o restante do patrimônio da empresa incorporadora. Assim, o patrimônio de cada empreendimento imobiliário é contabilmente apartado do patrimônio total da empresa responsável pela construção e/ou incorporação do imóvel.

Por meio desse instituto, procede-se à segregação do patrimônio para vinculá-lo a uma finalidade determinada, de modo que possa suportar certos encargos, normalmente ligados a um negócio que trará uma aquisição futura. Ou seja, os bens e direitos que constituirão o patrimônio de afetação serão mantidos apartados do patrimônio do incorporador, destinando-se a garantir a consecução da incorporação correspondente e a entrega das unidades imobiliárias aos respectivos adquirentes. Daí se assentar que esse patrimônio, por não se comunicar com os demais bens, obrigações e direitos do incorporador, protege o negócio contra eventuais tropeços deste em outros negócios.

Pela afetação, pois, as obrigações do incorporador não se ressarcirão do patrimônio de afetação. É o que consolidou a jurisprudência:

> 1. A incorporação pode ser submetida ao regime da afetação, pelo qual o terreno e as acessões objeto de incorporação imobiliária, bem como os demais bens e direitos a ela vinculados, mantêm-se apartados do patrimônio do incorporador e constituem patrimônio de afetação, destinado à consecução da incorporação correspondente e à entrega das unidades imobiliárias aos respectivos adquirentes.
>
> 2. O patrimônio de afetação não se comunica com os demais bens, direitos e obrigações do patrimônio geral do incorporador ou de outros patrimônios de afetação por ele constituídos e só responde por dívidas e obrigações vinculadas à incorporação respectiva.
>
> 3. Registrado o patrimônio de afetação, destinado à consecução da incorporação correspondente, o crédito tributário constituído em nome da Incorporadora não pode ser óbice ao fornecimento de certidão negativa de débitos à Incorporação.
>
> 4. Considerando que não existe crédito tributário constituído em relação à Incorporação, faz jus a impetrante à expedição de Certidão Negativa de Débitos.[1]

Além disso, a afetação proporciona às partes meios para terminarem a obra.

Elaborou-se importante mecanismo de segurança dos adquirentes de unidades imobiliárias integrantes da incorporação. Para tanto, forma-se um patrimônio próprio da incorporação, proveniente das receitas da alienação das unidades, e também de financiamentos para a obra. Esse patrimônio normalmente confere autonomia financeira à incorporação, havendo sempre uma margem de arrecadação que supera a perspectiva de gastos ou custos. Com a sua constituição, procura-se dar autossustentação à edificação que se subdividirá em propriedades individuadas, ao mesmo tempo em que se protegem as unidades adquiridas contra os efeitos patrimoniais negativos causados por eventuais desequilíbrios econômico-financeiros do incorporador. Várias as fontes que formarão a propriedade sob afetação, como as prestações das mensalidades, os financiamentos, e os resultados provenientes da venda de frações e unidades do incorporador. Forma-se um tipo de afetação de bens semelhante como acontece em outros campos, como no bem de família, que destina imóvel para o uso da família; e nas rendas vitalícias, em que são separadas algumas coisas cujos rendimentos serão entregues a certas pessoas.

Com a implantação desse sistema, os que possuem créditos a receber junto ao incorporador, em função da aquisição de unidades ou por motivos diferentes, en-

---

[1] Apel Reex 38419/RS 2007.71.00.038419-6, da 1ª Turma do TRF da 4ª Região. Julgado em 16.12.2009, *DJ* 12.01.2010. rel. Des. Joel Ilan Paciornik.

contram a segurança do recebimento no patrimônio afetado, ou estabelecendo-se a garantia sobre esse patrimônio. Por diferentes termos, a eles se dá preferência sobre os bens afetados, pelo menos no tocante ao montante dos créditos, naturalmente até a conclusão da obra.

Não se retira o bem objeto da afetação do patrimônio do titular, nem há o desmembramento relativamente ao patrimônio geral, que permanece uno, mas com a restrição de garantir os compromissos arcados pelo empreendedor. Outrossim, para alcançar o objetivo de dar segurança, decorre a incomunicabilidade, ficando os bens afastados de negócios diferentes ou estranhos daqueles que impuseram a afetação, ou seja, que envolveram a incorporação. São, deste modo, afastados os riscos patrimoniais propícios a prejudicar ou frustrar o escopo último, e que se revelam em outras dívidas, desde que não sejam de maior relevância ou preferência. Realmente, as obrigações trabalhistas e os créditos tributários ficam numa linha de primazia, ou antecedência na sua satisfação. Entretanto, desde que constituídos antes da implantação do empreendimento. Considerando que, dentre os documentos levados ao cartório do Registro de Imóveis, estão as certidões negativas fiscais, o surgimento posterior de dívidas, por omissão das certidões, não pode repercutir na responsabilidade daqueles que adquiriram as unidades.

Em síntese, admite-se afirmar, em vista do regime vindo com a Lei n. 10.931/2004, que o terreno e as acessões objeto da incorporação imobiliária sujeitos ao regime especial de tributação, bem como os demais bens e direitos a ela vinculados, não responderão por dívidas tributárias da incorporadora relativas ao Imposto de Renda das Pessoas Jurídicas – IRPJ, à Contribuição Social sobre o Lucro Líquido – CSLL, e à Contribuição para o Financiamento da Seguridade Social – COFINS. Advindo posteriormente, o patrimônio de afetação é que garantirá tais obrigações.

De sorte que, afora os créditos com maior preferência, os bens que ingressaram na afetação somente respondem pelas dívidas e obrigações vinculadas ao imóvel, como as provenientes de imposto predial, ou de taxas incidentes, ou das quotas condominiais, ou das despesas comuns. Tais bens são independentes e separados do patrimônio geral do incorporador, mas não formando uma nova personalidade.

100
A titularidade dos bens objeto da afetação

Deve-se ter em conta que a afetação objetiva evitar que o incorporador utilize recursos de um empreendimento em outros. Procura resguardar o regular andamento do empreendimento imobiliário. Logo, os valores desembolsados pelo adquirente do imóvel na planta ou fase de construção de determinado empreendimento ficam obrigatoriamente vinculados apenas à própria edificação, não havendo possibilidade de desvio destes recursos para outras obras ou despesas do incorporador. Com isso, há garantia ao adquirente de que os valores pagos à incorporadora serão efetivamente aplicados na construção do seu imóvel.

Sendo somente essa a finalidade, não se opera a transferência de propriedade.

Assim sendo, o terreno, as acessões, o financiamento para a construção do empreendimento, os créditos decorrentes da comercialização das futuras unidades, o produto da eventual securitização destes créditos, os materiais adquiridos para imobilização, enfim os bens e direitos do empreendimento não se comunicam ou se confundem com o patrimônio do incorporador, tampouco com os demais patrimônios de afetação constituídos para outros empreendimentos.

Tão logo efetuada a afetação, continuam os bens objeto da afetação em nome de seu titular. Dá-se a segregação patrimonial com o escopo de vinculá-los à finalidade de garantir as obrigações assumidas pelo proprietário, em quantidade suficiente para dar sustentação à consecução do negócio, sem necessidade de socorrer-se de outras fontes de recursos diferentes que as receitas advindas com a venda de unidades. Há apenas o destaque, a separação de bens ou massas patrimoniais, sem afastar a titularidade dominial, que se destinam a dar suporte para a exploração de uma atividade econômica, semelhantemente como acontece com o bem de família, as rendas vitalícias, e até, enquanto meras garantias, a própria hipoteca, a alienação fiduciária, o arrendamento mercantil, o penhor. Coloca-se unicamente um encargo, um gravame, uma restrição, tudo em função de atender a finalidade que impôs a sua determinação. Com isso, os credores do domínio de unidades não ficam ao desamparo, podendo partir para a própria disposição desses bens ou massas patrimoniais, o que importará na transferência do domínio.

101

A incomunicabilidade e a impenhorabilidade do patrimônio afetado

O patrimônio colocado sob afetação fica incomunicável, o que representa uma característica essencial, sendo expresso o § 1º do artigo 31-A da Lei n. 4.591/1964, na alteração da Lei n. 10.931/2004: "O patrimônio de afetação não se comunica com os demais bens, direitos e obrigações do patrimônio geral do incorporador ou de outros patrimônios de afetação por ele constituídos e só responde por dívidas e obrigações vinculadas à incorporação respectiva". Não é autorizado ao titular dos bens a sua alienação, ou a destinação para usos diferentes daquele pactuado e estabelecido na lei. E isso justamente para dar-se o atendimento à finalidade do patrimônio e dos direitos dos adquirentes, a que a lei concedeu uma tutela especial, que é a garantia, dentro do possível através de instrumentos jurídicos existentes, de receber integralmente o objeto da contratação. E para conseguir plenamente essa garantia, foi necessário que se introduzissem regras proibindo o envolvimento dos bens afetados em negócios estranhos ao objeto incorporação, os quais respondem, por conseguinte, unicamente pelas dívidas relacionadas ao imóvel em razão do cumprimento da incorporação.

Impera, também, a impenhorabilidade por dívidas estranhas ao prédio. Não se permite a penhora, a não ser por obrigações contraídas na execução do empreendimento: "Impenhorabilidade de patrimônio de afetação para pagamento de dívida não vinculada à incorporação imobiliária. desconstituição da penhora. Deram provimento ao recurso de apelação. Unânime".[1] Expõe-se no voto do Relator que, compondo o imóvel penhorado patrimônio de afetação de incorporação imobiliária, somente responde por dívidas e obrigações vinculadas à incorporação respectiva. Considerando que a quantia objeto de execução correspondia a honorários advocatícios contratuais, não existe vinculação à incorporação propriamente dita, o que impede a penhora sobre os bens.

A justificação é colocada no seguinte texto de uma decisão do STJ: "Como bem salientou o Magistrado *a quo*, o intuito da instituição do patrimônio de afetação é a garantia da consecução da obra e a proteção dos compradores e outros credores que possuem relação direta com a execução do empreendimento, com objetivo de entregar as unidades imobiliárias aos adquirentes. Ainda que o crédito dos agravantes decorra do desfazimento do negócio entabulado por culpa da executada, não se trata de obrigação para a execução da própria empreitada. Certo é que, ao possibilitar a penhora do terreno, prejudicaria sobremaneira os demais adquirentes que se associaram para

---

[1] TJRS. Apelação Cível 70071860845. Décima Sexta Câmara Cível.Relator: Paulo Sérgio Scarparo. Julgado em 15.12.2016.

concluir a incorporação inclusive, tendo deles partido a iniciativa da instituição do patrimônio de afetação.

Essa é a exegese do art. 31-A, ao observar o objetivo do instituto, consignou expressamente, em sua parte final, que o patrimônio de afetação tinha uma finalidade específica, assim o fez: '... manter-se-ão apartados do patrimônio do incorporador e constituirão patrimônio de afetação, destinado à consecução da incorporação correspondente e à entrega das unidades imobiliárias aos respectivos adquirentes'".[2]

Repetindo a impenhorabilidade, ficou decidido que se aplica a hipótese do artigo 833, inciso XII, do CPC: "A impenhorabilidade do inciso XII do art. 833 do CPC/2015, comporta extensão interpretativa, incidindo sobre todo o patrimônio de afetação destinado à consecução da incorporação imobiliária, a fim de atender o propósito legal consistente na proteção dos direitos dos consumidores atuais e futuros adquirentes das unidades imobiliárias autônomas".[3]

Pelo referido inciso XII do artigo 833, "são impenhoráveis: (...) XII – os créditos oriundos de alienação de unidades imobiliárias, sob o regime da incorporação imobiliária, vinculados à execução da obra".

Mesmo que se dê a separação dos bens, compreendendo o terreno, as partes já construídas, as receitas, não ocorre o desmembramento ou cisão do patrimônio afetado relativamente ao restante patrimônio do incorporador. Todos os bens formam um conjunto único, abrangendo ao cervo destinado à afetação e os demais bens. Pode-se afirmar, inclusive, que os demais bens também se sujeitam a responder pelas obrigações assumidas, se insuficientes os do acervo reservado com a afetação. Esses bens sob afetação para um fim especial, enquanto tal, são tratados diferentemente e com independência em relação ao patrimônio geral da pessoa, mas apenas quanto às obrigações nascidas com a incorporação. Formam uma universalidade de direitos e obrigações instituída para garantir o cumprimento de uma função especial. A autonomia, a incomunicabilidade, a segregação dirigem-se para tal finalidade.

O incorporador adquire o terreno em seu nome, que passa a lhe pertencer, e a somar-se com os demais bens existentes e de seu domínio. Todavia, dirige esse terreno para a exploração econômica de uma atividade, que é a incorporação. Esse terreno fica reservado para a consecução da incorporação, tornando-se indisponível e incomunicável enquanto não se derem a conclusão das obras e a entrega das unidades aos adquirentes. Como o incorporador responde pela execução da obra, tratando-se de uma obrigação de resultado, todo o patrimônio responde, com a incomunicabilidade do terreno, ficando o incorporador unicamente com o lucro. Assim, no caso do produto da venda das unidades não se revelar suficiente, os demais bens vão complementar os recursos necessários para a conclusão da incorporação. Opera-se, pois, uma interdependência, ou uma articulação, entre as massas patrimoniais da afetação e do patrimônio restante.

---

[2]   AgInt no AREsp 1.577.798. Relator Min. Moura Ribeiro. Decisão monocrática de 25.03.2020. *DJe* 27.03.2020.

[3]   REsp 1.675.481/DF, da 3ª Turma, rel. Min. Marco Aurélio Bellizze, j. em 20.04.2021, *DJe* de 29.04.2021.

102
Ativo e passivo dos bens em regime de afetação

Cada incorporação afetada tem ativo e passivo próprios. Sabe-se que o patrimônio de afetação constitui uma universalidade de direitos reais e obrigacionais, ativos e passivos, com expressão pecuniária, pertencente à pessoa natural ou jurídica.

Os bens postos em afetação não ficam obrigatoriamente estáticos, mas podem render frutos e suportar encargos. Forma-se a existência dos ativos, os quais iniciam com o acervo, isto é, os bens, direitos e obrigações originalmente constituídos, e aumentando progressivamente, na medida em que ingressam novos valores, em geral oriundos das mensalidades decorrentes da venda de unidades e também das rendas caso investidos ou aproveitados em alguma utilização remunerada. Igualmente acumulam-se passivos, derivados dos encargos inerentes à natureza do negócio, dos custos para a sua manutenção, e na aplicação em investimentos para suprir a eventual ausência do incorporador, do qual, posteriormente, se busca o ressarcimento. Incumbe ao incorporador diligenciar a obtenção dos recursos necessários ao pagamento do passivo de cada patrimônio de afetação.

No entanto, o patrimônio colocado sob afetação não tem personalidade própria, ou nem constitui uma entidade distinta. Integra o patrimônio do incorporador. A contabilidade distinta ou separada não traz uma cisão do patrimônio geral. Cria-se uma conta gráfica em que se registram os atos relativos à incorporação e faz incidir um tratamento próprio a determinada gama de bens destinados para garantir o empreendimento. Não acontece uma interferência no conteúdo do direito de propriedade, de modo a subtrair ou reduzir direitos quanto à titularidade, pelo menos enquanto se mantém normal a incorporação, com o devido cumprimento das obrigações. Não se retira a autonomia do direito de propriedade. Segue o titular aproveitando todas as vantagens que lhe traz o domínio.

103
A instituição da afetação por autorização da lei

Para a instituição do regime de afetação, requer-se a permissão ou previsão da lei, a qual virá a disciplinar a segregação patrimonial e a estabelecer as condições, os requisitos, os limites, os casos de permissão e a duração. Não que se impeça a introdução através de convenção, em que as partes, visando à garantia de negócios ou de uma atividade, submetem certos bens a uma destinação, para a garantia da consecução dos resultados e do cumprimento das obrigações. Todavia, a relação tem validade perante os contratantes, nem se dando a publicidade através do registro imobiliário, dada a ausência de previsão legal. Nem importa, na hipótese, a exclusão dos bens na exigibilidade de outros créditos.

O comum é que tenha a permissão da lei, com a sua disciplina, autorizando a segregação de certos bens do patrimônio da pessoa, para dar uma vinculação a uma atividade que necessite de garantia no tocante ao seu cumprimento. Submete-se a uma disciplina detalhada e rígida, em que se especificam os casos em que se dá, os poderes, a duração, a finalidade, a destinação, os credores em cujo favor se faz, a discriminação dos bens, o uso ou emprego, as proibições e a administração.

Mauro Antônio Rocha descreve como se opera a instituição:

"No regime da afetação o incorporador constitui patrimônio de afetação, pelo qual o terreno, as acessões e os demais bens e direitos vinculados à incorporação são apartados no seu patrimônio geral e destinados exclusivamente à construção do empreendimento. Os bens e direitos afetados respondem apenas pelas dívidas e obrigações da incorporação e não se comunicam com os demais bens, direitos e obrigações do patrimônio do incorporador.

Considera-se constituído o patrimônio de afetação a partir da averbação do termo de opção, devidamente firmado pelo incorporador e, se for o caso, pelos demais titulares de direitos reais de aquisição sobre o terreno, no ofício de Registro de Imóveis competente, a qualquer tempo, desde a data do registro do memorial da incorporação até a data de averbação da conclusão da obra. Não impedirá a averbação a existência de ônus reais constituídos para garantir o pagamento do preço de sua aquisição do imóvel objeto da incorporação, ou para garantir o cumprimento da obrigação de construir o empreendimento.

O incorporador poderá constituir patrimônios de afetação separados, para cada um dos blocos do conjunto de edificações ou para cada subconjunto com previsão de conclusão na mesma data. Para isso, a lei exige declaração no memorial de incorporação, de onde se depreende que ausente essa prévia declaração somente poderá ser afetada a totalidade da incorporação. Essa exigência parece-nos contrariar o caráter facultativo que a lei emprestou ao regime de afetação".[1]

---

[1] *O regime da afetação patrimonial na incorporação imobiliária.* Disponível em: <http://www.irib.org.br/html/biblioteca/biblioteca-detalhe.php?obr=61>.

104
Início e término da afetação

A partir do arquivamento dos documentos e do pedido de registro passa a valer a afetação, levando-se a efeito a averbação junto ao registro imobiliário, tornando--se eficaz perante terceiros, e prosseguindo até o momento da conclusão e entrega do edifício, com a expressa comprovação do pagamento de todas as obrigações e a devida regularização perante o registro imobiliário.

Por outras palavras, tem-se como constituído o patrimônio de afetação a partir da averbação do termo de opção firmado pelo incorporador e, se for o caso, pelos demais titulares de direitos reais de aquisição sobre o terreno, no ofício de Registro de Imóveis competente, a qualquer tempo. Pode-se realizar o ato desde a data do registro do memorial da incorporação até a data de averbação da conclusão da obra. Não impede a constituição a existência de ônus reais para garantir o pagamento do preço de sua aquisição do imóvel objeto da incorporação.

Fica impedido o incorporador de empregar ou desviar os bens para a satisfação de outras obrigações, ou para garantir obras distintas. A conclusão se faz acompanhar do "habite-se" fornecido pela autoridade administrativa. Todavia, na existência de obrigações pendentes, mantém-se a garantia, segundo se retira do artigo 44 da Lei n. 4.591/1964, em texto da Lei n. 14.382/2022, ao firmar que,

> "após a concessão do habite-se pela autoridade administrativa, incumbe ao incorporador a averbação da construção em correspondência às frações ideais discriminadas na matrícula do terreno, respondendo perante os adquirentes pelas perdas e danos que resultem da demora no cumprimento dessa obrigação".

Considerando que a demora e possíveis outras pendências têm pertinência ao imóvel, a natureza da obrigação impõe a submissão à proteção da afetação. Nessas obrigações pendentes incluem-se os financiamentos para a construção, a teor do inciso I, § 8º, do artigo 31-A.

Encaminhará o incorporador a averbação do habite-se e da construção, visando à individualização e à discriminação das unidades, em atendimento ao artigo 44 da Lei n. 4.591/1964, acima transcrito.

Assim, pelo que se extrai do inciso III do artigo 43 da citada Lei, em caso de falência do incorporador, pessoa física ou jurídica, e não ser possível à maioria prosseguir na construção das edificações, os subscritores ou candidatos à aquisição de unidades serão credores privilegiados pelas quantias que houverem pago ao incorporador, respondendo subsidiariamente os bens pessoais destes.

Esses bens submetidos à afetação nem respondem pelas dívidas trabalhistas, tributárias, previdenciárias que não decorrentes da incorporação, ou originadas de outros negócios do incorporador. Mesmo que se dê a quebra da empresa de incorporação, mantém-se o seu prosseguimento, e não se arrecadam os bens objeto da afetação. Não se dando a arrecadação dos bens à massa, serão administrados diretamente pelos adquirentes, que se farão presentes por meio da comissão de representantes, a qual será eleita. Os adquirentes das unidades e os credores irão obter a satisfação de seus direitos junto às receitas que ingressaram.

Perdura a autonomia do patrimônio separado enquanto não cumprida a função atribuída ao conjunto de bens, direitos e obrigações. Dando-se o cumprimento da função reservada a esse conjunto de bens, advém a sua liberação, retornando ao patrimônio geral do titular, a menos que outra destinação se tenha inserido. Extingue-se, daí, a afetação ou segregação patrimonial dos bens integrantes da incorporação imobiliária, já que não mais há necessidade de salvaguardar os interesses dos adquirentes.

105
O instituto da afetação sob o enfoque da Lei n. 10.931/2004

Sabe-se que a ideia da afetação se inspirou na necessidade de tutela especial dos direitos dos adquirentes de móveis em construção. O Instituto dos Advogados Brasileiros – IAB – encaminhou à Câmara dos Deputados uma indicação, propondo que a incorporação seja considerada como um patrimônio de afetação. Surgiram, desse ponto, quatro projetos de lei, com várias divergências estruturais entre eles. Todavia, o Poder Executivo editou a Medida Provisória n. 2.221, de 04.09.2001, que se dividia em três partes estruturais: a primeira, instituindo a incorporação imobiliária como patrimônio de afetação; a segunda, estabelecendo o modo de constituição do patrimônio e a organização do negócio e dos mecanismos de controle da obra pelos adquirentes; e a terceira, cuidando dos efeitos da afetação, com a indicação de procedimentos a serem implementados pelos adquirentes na assunção do empreendimento, na sua execução, com a previsão de efeitos nas eventualidades de atrasos e de falência do incorporador. Vários outros assuntos correlatos foram tratados e disciplinados.

Desde logo surgiram emendas, no sentido da supressão de alguns dispositivos relativamente à transferência das dívidas aos adquirentes; à limitação das obrigações transferidas ao valor contratado na compra das unidades; e à incidência imediata da afetação, ou à sua ocorrência tão logo instituída a incorporação, de modo a incidir *ope legis* e compulsoriamente.

Veio apresentado um projeto de lei, por proposta do Governo, que ficou registrado sob n. 3.065, e fundido a outro projeto, em trâmite na Câmara dos Deputados. Deu-se a sua aprovação, sem grandes debates, e convertendo-se na Lei n. 10.931/2004.

Por esta lei, ficou revogada a Medida Provisória n. 2.221, e introduziram-se acréscimos e modificações na Lei n. 4.591/1964.

106
A formalização da afetação segundo o artigo 31-A da Lei n. 4.591/1964

O patrimônio de afetação será constituído, a qualquer tempo, mediante a averbação na matrícula do imóvel no Registro de Imóveis, com validade *erga omnes*, através de termo firmado pelo incorporador e, na hipótese de haver titular com direito real de aquisição sobre o terreno, pelos titulares também. Ressaltando que o incorporador poderá fazer constar a opção pelo patrimônio de afetação diretamente na ocasião do registro da incorporação imobiliária. Esse o ponto de vista de Walter Ceneviva: "Nas hipóteses em que não seja exigível o arquivamento do memorial de incorporação (§1°), a afetação será definida, em qualquer fase da construção, em instrumento, público ou particular, de instituição de condomínio, nos termos e com as discriminações de que tratam os arts. 7° e 8°."[1]

Outrossim, o artigo 31-A reserva ao incorporador a instituição da afetação, em bens da incorporação:

> A critério do incorporador, a incorporação poderá ser submetida ao regime da afetação, pelo qual o terreno e as acessões objeto de incorporação imobiliária, bem como os demais bens e direitos a ela vinculados, manter-se-ão apartados do patrimônio do incorporador e constituirão patrimônio de afetação, destinado à consecução da incorporação correspondente e à entrega das unidades imobiliárias aos respectivos adquirentes.

---

[1] *Lei dos Registros Públicos comentada.* São Paulo: Saraiva, 2002. p. 549.

107
A decisão sobre a instituição da afetação

A instituição do patrimônio de afetação da incorporação imobiliária tem caráter opcional e irretratável, ficando a critério do incorporador, e apenas perdurará enquanto persistirem os direitos de crédito ou obrigações do incorporador junto aos adquirentes dos imóveis que compõem a incorporação.

Encerra o artigo 31-A da Lei n. 4.591/1964 o amplo conceito de afetação, na abrangência de seu alcance jurídico. No entanto, a parte inicial do texto enfraquece o instituto, ao deixar para o incorporador a faculdade de estabelecer ou não a afetação.

Realmente, questão de primordial realce prende-se à faculdade ou não de o incorporador decidir sobre a imposição da afetação. Pela redação do dispositivo, reserva-se ao arbítrio do incorporador decidir sobre a sua criação. Nesta visão, não terá efetividade a espécie. Sendo a incorporação imobiliária um instrumento de proteção da economia popular, e, assim, do consumidor, e isto justamente porque se efetiva com a captação de recursos através da venda antecipada de unidades imobiliárias em construção, obrigatoriamente não se permite que os mecanismos de defesa, para se imporem, fiquem na dependência de quem tem o poder de mando e de controle do empreendimento. Incoerente que, em havendo um instrumento de defesa, a sua aplicação seja decidida pela parte contra a qual o mesmo se criou. Incorre-se, na sua admissibilidade, em uma contradição na sua própria índole ou natureza, porquanto ninguém age contra si próprio, ou arma-se de meios para acioná-los contra a sua pessoa. Por isso, é obrigatória a afetação, e passa a existir com a simples instituição da incorporação. Daí, conclui Melhim Namem Chalhub, "toda e qualquer e qualquer incorporação é merecedora de tutela independentemente de qualquer manifestação do incorporador, bastando para tal o registro do Memorial de Incorporação".[1]

Revela a redação do cânone uma falta de arrojo ou independência do legislador, que capitaneou perante o qual comanda o poder econômico. Em se mantendo a faculdade de decisão nas mãos do incorporador, retira-se toda a perspectiva de sucesso e eficiência do instituto, justamente porque a sua exigência fica no seu poder de decisão. Houve uma completa inversão da coerência, posto que se transferiu ao devedor (o incorporador, pois cabe-lhe cumprir a obrigação de fornecer a construção) a decisão sobre a constituição ou não de garantias patrimoniais.

---

[1] *Da Incorporação imobiliária.* 2. ed. Rio de Janeiro: Renovar, 2005. p. 90.

108

Os bens que passam a formar o patrimônio de afetação

Uma vez instituído o regime de afetação, todo o acervo objeto da construção e de fundos para tanto disponibilizados ou disponibilizáveis fica entregue ou destinado para a garantida do cumprimento das obrigações e encargos decorrentes da construção. Ingressam no acervo os saldos dos preços das frações ideais e acessões integrantes da incorporação que não tenham sido pagos ao incorporador, até a data da decretação da falência ou da insolvência civil, que passarão a ser pagos à comissão, permanecendo estes recursos submetido à afetação, até o limite necessário à conclusão da incorporação. Para tanto, a comissão terá mandato legal, em caráter irrevogável, para, em nome do incorporador ou do condomínio, receber as parcelas do saldo do preço e dar quitação, bem como promover as medidas extrajudiciais ou judiciais necessárias a esse recebimento, devendo realizar a garantia e aplicar na incorporação todo o produto. Em havendo saldo credor, este deve ser repassado para massa falida.

O acervo reservado formará um patrimônio destacado, com ativo e passivo próprios, integrado de bens, direitos e obrigações existentes e que forem se juntando, como as acessões e os equipamentos, os créditos de vendas de unidades, os possíveis rendimentos de aplicações, destinado para garantir os créditos e direitos contratados.

Não se resume o acervo às unidades a serem entregues e aos valores que ingressarão pelas vendas. Abrangerá os investimentos já feitos, seja no pagamento do preço do terreno, no custo dos projetos e da licença, nas fundações, nas propagandas ou publicidade, e na execução parcial da construção, no ponto em que se encontra. Haverá, inclusive, uma contabilidade separada, de modo a não se confundir com as contas gerais do incorporador. Haverá um patrimônio "separado", ou "apartado", ou "segregado", ou "autônomo", que será distinto e desvinculado do patrimônio do incorporador, embora continue em nome do mesmo.

De advertir que, em havendo permuta de terreno por área construída, enquanto não consumada oficialmente a transferência, não se dá o ingresso do bem no patrimônio de afetação. Esse mesmo entendimento estende-se no contrato de incorporação por empreitada ou administração, pois os próprios titulares da construção são os interessados, a cujo favor se institui a afetação. Mesmo isso que o preço pela atividade do incorporador se efetive com a entrega de unidades. Acontece que, enquanto não entregue a obra, mantém-se a titularidade daqueles que contrataram a incorporação. Essa a inteligência de Alberto Fett:

> Contudo, importa ressaltar, tanto na incorporação pelo regime de empreitada como naquela por administração, o terreno é de terceiro estranho à relação. Assim, quando

o incorporador adquire o terreno a partir da alienação de um número "*x*" de unidades autônomas ao seu proprietário, até o implemento desta condição, a propriedade não se transfere. Nestes casos, o terreno não poderá ser objeto da afetação. Por isso, "o terreno, até a conclusão do empreendimento e entrega das unidades autônomas aos adquirentes, não integra o patrimônio afetado, não respondendo por eventuais dívidas e obrigações do empreendimento. Não importa, aí, quem é o proprietário do terreno, que pode ser até do próprio incorporador; o fato é que ele não integrará o patrimônio de afetação" (Sandro Rafael Barioni de Matos, Regime especial tributário: aspectos sob a ótica da Lei n. 10.931/2004. MARQUES FILHO, Vicente de Paula; DINIZ, Marcelo de Lima Castro. *Incorporação imobiliária e patrimônio de afetação*. Curitiba: Juruá, 2005).[1]

Para destacar o patrimônio sob afetação, lavra-se, em averbação no registro imobiliário, um termo circunstanciado (art. 31-B), que abrangerá o terreno no qual se erguerá o edifício e os investimentos realizados. Ingressará nessa reserva a totalidade dos investimentos já feitos e das despesas efetuadas.

---

[1] O contrato de incorporação imobiliária e o patrimônio de afetação: um esforço para a concretização do direito constitucional à moradia.

109

Destinação dos bens objeto da afetação

A destinação dos bens afetados é para a consecução da edificação e a entrega das unidades aos adquirentes. E para alcançar esses objetivos, o patrimônio servirá de garantia para o cumprimento das obrigações que são contraídas no curso das obras, e que, em última instância, são da responsabilidade dos contratantes de unidades. Para tanto, manter-se-á a afetação a contar da prenotação do pedido de registro da incorporação, até a averbação da construção no registro imobiliário, com a individualização das unidades imobiliárias, e a decorrente abertura de matrícula, atos estes previstos no artigo 44 da Lei n. 4.591/1964, na alteração da Lei n. 14.382/2022. Se restarem obrigações pendentes, mantém-se a constrição enquanto não plenamente saldadas, mesmo que terceiros os credores, mas desde que as dívidas sejam provenientes da incorporação. Isto em função da destinação do patrimônio objeto da incorporação, que é a transferência para pessoas distintas ou diferentes do empreendedor, e que são os responsáveis, em face de estranhos, pelas obrigações incidentes nas obras.

Os demais débitos do incorporador, mesmo que assumidos com a proteção de garantias, não ficam protegidos. Inclusive as dívidas tributárias que forem surgindo entram nessa escala de proteção. Já as que preexistiam à formação do negócio debitam--se por contra o incorporador e aqueles aos quais se transferiram as frações ideais, posto a exigência da apresentação de negativas fiscais quando do registro. Embora sejam positivas as certidões, e se assim mesmo se dá a aceitação pelos adquirentes, depreende-se que os mesmos aquiesceram com a assunção de corresponsabilidade.

110
Limitações da incomunicabilidade dos bens objeto da afetação

A afetação não se dá indiscriminadamente sobre todo o patrimônio do incorporador. Alcança apenas aquele patrimônio envolvido na construção, e necessário para a finalidade da contratação. Se a incorporação visa à construção de prédio de conjuntos para escritório, os bens suscetíveis de ficarem vinculados ao cumprimento do contrato resumem-se no terreno, nas unidades não transferidas, nos materiais de construção adquiridos, e nas prestações que vão sendo pagas. Esse será o patrimônio apartado, ou segregado. Não abarca os outros imóveis do incorporador, ou os valores de suas contas bancárias, e nem os créditos que tem a receber.

Mesmo que se dê a separação do patrimônio para a finalidade de garantia, não se cria um patrimônio distinto, desvinculado do patrimônio do incorporador. Acontece que a autonomia que incidirá nos bens separados é exclusivamente funcional, isto é, em função de sua instituição destinada a servir de suporte até a conclusão da obra e a entrega das unidades aos adquirentes. Para tanto, a fim de bem delimitar o alcance, abre-se uma conta gráfica, na qual se registrarão como ativo realizável o terreno sobre o qual se erigirá o edifício e todos os investimentos realizados até o momento do registro, bem como os valores que, em perspectiva, darão ingresso; e como passivo faz-se o registro da contrapartida do incorporador, ou seja, do que se responsabiliza, e assim vão lançados o valor do terreno e dos investimentos lançados no ativo do patrimônio. Ocorre que, pela natureza do contrato, a venda das unidades abrange a fração ideal do terreno, dos investimentos já feitos e a projeção daquilo que se construirá.

O patrimônio de afetação, portanto, restringe a essa gama de bens, que ficam envolvidos na incorporação.

A essa limitação conduz o § 1º do artigo 31-A: "O patrimônio de afetação não se comunica com os demais bens, direitos e obrigações do patrimônio geral do incorporador ou de outros patrimônios de afetação por ele constituídos e só responde por dívidas e obrigações vinculadas à incorporação respectiva."

111

Prejuízos causados ao patrimônio afetado pelo incorporador

O § 2º do artigo 31-A instituiu a responsabilidade do incorporador pelos prejuízos causados aos bens integrantes do patrimônio afetado: "O incorporador responde pelos prejuízos que causar ao patrimônio de afetação." Integram os bens afetados o valor do terreno e das unidades que remanescerem em nome do incorporador, as prestações que ingressam e formam um fundo com a destinação dirigida para o custo da construção, os direitos e rendas trazidos pelos bens, máquinas e equipamentos eventualmente incorporados no edifício, as acessões e as benfeitorias que forem embutidos na incorporação. Decorre a restrição do exercício dos poderes de propriedade sobre tais bens, com a expressa proibição de desfalcá-los ou utilizá-los em finalidades diferentes daquela da incorporação.

O preço das unidades compreende, basicamente, os custos de aquisição do terreno, de elaboração e aprovação dos projetos da edificação e sua implantação, das taxas e emolumentos de licenças e alvarás, das fundações e outros serviços iniciais, de publicidade, de corretagem. Por isso, na aquisição formula-se um valor que abrange a totalidade de tais elementos, o qual se divide em prestações parceladas. Por conseguinte, levando em conta que o preço abrange essa gama de contrapartidas, deve o incorporador respeitar e assegurar a incolumidade de todos os elementos que entram para formar o preço. Ou seja, está obrigado a ressarcir eventuais prejuízos que atingirem tal conjunto de bens.

Por representar o preço de cada unidade, dividido em prestações, o conjunto de elementos componentes da construção, e considerando que os efeitos da afetação atingem o volume de recursos necessários à execução da obra até o final e a regularização perante o registro imobiliário, chega-se a que a afetação incide no preço que é pago pela aquisição das unidades. Daí que, se insuficientes as prestações para a cobertura dos custos, a presunção é o desvio, ou o mau emprego, chamando-se à responsabilidade o incorporador.

112
Operações de crédito garantidas com o patrimônio de afetação

Embora já abordada a matéria no Capítulo 110, mas especificando-a, unicamente às operações de crédito destinadas ao financiamento da edificação é permitida a garantia do patrimônio de afetação. Daí que os bens como terreno, acessões, prestações a receber, benfeitorias, direitos e créditos, que compõem o acervo afetado, não se sujeitam a servir de hipoteca ou penhor de empréstimos ou financiamentos para finalidades diferentes. O incorporador está proibido de utilizar o patrimônio afetado para dá-lo como garantia em seus negócios particulares, distintos ou diferentes das obras da incorporação.

De suma importância essa limitação, de modo a se dar segurança ao negócio e às expectativas de conclusão das obras. Nem a concordância dos adquirentes abre exceção a essa proibição, dado o caráter público de proteção que determinou a sua imposição.

Aparece a regra proclamada no § 3º do artigo 31-A: "Os bens e direitos integrantes do patrimônio de afetação somente poderão ser objeto de garantia real em operação de crédito cujo produto seja integralmente destinado à consecução da edificação correspondente e à entrega das unidades imobiliárias aos respectivos adquirentes."

Em conclusão, o financiamento garantido com bens da edificação terá como objeto o custeio das obras da incorporação.

113
Afetação dos recursos provenientes da cessão de direitos creditórios do incorporador

Os recursos que o incorporador receber da cessão plena ou fiduciária de seus direitos creditórios provenientes da venda das unidades ingressam na afetação. A inclusão está prevista no § 4º do artigo 31-A: "No caso de cessão, plena ou fiduciária, de direitos creditórios oriundos da comercialização das unidades imobiliárias componentes da incorporação, o produto da cessão também passará a integrar o patrimônio de afetação, observado o disposto no § 6º."

A cessão plena corresponde à transferência de plano, que se dá no ato de sua instrumentalização, com o pagamento à vista. Já passa para fiduciária se efetuar-se o pagamento em parcelas, e consumar-se a transferência paulatinamente, com a adimplência das prestações.

De sorte que os valores recebidos ou a receber, pela cessão de unidades, integram o conjunto dos bens afetados, passando a garantir a consecução da obra. No entanto, em atenção ao § 6º do mesmo artigo 31-A, destinando-se os recursos para o pagamento de despesas já feitas e inerentes à incorporação, parece óbvio que está assegurado ao incorporador o direito de reembolsar-se dos gastos que tiver adiantado com valores próprios. De igual modo, admite-se que retire e transfira para sua pessoa as quantias que excederem o montante necessário para o término e a individualização da incorporação no Registro de Imóveis.

114

Responsabilidade do incorporador pelas acessões vinculadas às frações ideais

Ao incorporador recai a responsabilidade pelas acessões ligadas às unidades que pretende construir ou construiu, enquanto não as transferir. De observar, a respeito, o § 5º do artigo 31-A: "As quotas de construção correspondentes a acessões vinculadas a frações ideais serão pagas pelo incorporador até que a responsabilidade pela sua construção tenha sido assumida por terceiros, nos termos da parte final do § 6º do art. 35." Recorda-se que as acessões significam as construções erguidas sobre o terreno. Não se confundem com as benfeitorias, consistente, em grande parte, de melhorias introduzidas, de caráter voluptuário, útil ou necessário. No caso, em atenção ao dispositivo, fica o incorporador responsável pelas acessões, ou seja, pelas construções, pelos prédios, pelo edifício. Ele pagará os custos, assumindo as obrigações originadas até a transferência das unidades.

Em suma, na sua pessoa recai a responsabilidade pelo pagamento dos custos das unidades não vendidas. Suportará as despesas de construção, sequer permitindo-se que fiquem em fase de espera, pois impossível o seguimento das obras unicamente às unidades já vendidas. Daí que o incorporador suportará todos os custos, até porque lhe pertencem, inclusive impostos e taxas condominiais.

Reporta o § 6º acima transcrito a assunção pelo incorporador nos termos da parte final do § 6º do artigo 35, cuja redação é a seguinte: "O incorporador responde, em igualdade de condições, com os demais contratantes, pelo pagamento da construção das unidades que não tenha, tido a responsabilidade pela sua construção assumida por terceiros e até que o tenham."

115
Reembolso ao incorporador do preço do terreno

Reembolsa-se o preço do terreno ao incorporador unicamente quando da alienação das unidades, e sempre em vista das respectivas frações ideais. A regra está no § 7º do artigo 31-A: "O reembolso do preço de aquisição do terreno somente poderá ser feito quando da alienação das unidades autônomas, na proporção das respectivas frações ideais, considerando-se tão somente os valores efetivamente recebidos pela alienação".

Está clara a regra, não havendo dúvida que, se vendidas as frações ideais, e com elas as unidades, está o incorporador se reembolsando dos investimentos que realizou. Também evidente a proporcionalidade do preço em função da extensão da unidade imobiliária, que se estabelecerá de acordo com a fração ideal. Não tolera a lei que a venda se processe destacada ou separadamente para a fração ideal do terreno e para a unidade adquirida. Faz-se a venda de unidades, sempre correspondendo a uma fração ideal.

116

Bens da incorporação submetidos à afetação

A afetação incidirá nos bens suficientes para a garantia da conclusão da obra, não sendo necessário que atinja a totalidade do patrimônio que constituirá a incorporação. Essa a imposição da lei, porquanto não se pode ir além, sob pena de se praticar abuso. Normal que ingressem o terreno onde se ergue a construção e as prestações pagas pelos adquirentes de unidades.

Também se excluem as importâncias provindas do preço de alienação da fração ideal do terreno de cada unidade quando contratada a construção pelo regime de empreitada ou por administração. Acontece que, no caso, a fração ideal será transferida aos adquirentes, ficando com o incorporador o encargo da construção, cujo preço será satisfeito em prestações, na medida do prosseguimento das obras. Os titulares de frações pagam a construção na medida de seu andamento, havendo uma prestação de serviços. Não ocorrerá, pois, em princípio, perigo de desvio ou malversação ode fundos. Ademais, maior a possibilidade de controle pelos contratantes.

A diretriz é ditada pelo § 8º do artigo 31-A:

> Excluem-se do patrimônio de afetação:
>
> I – os recursos financeiros que excederem a importância necessária à conclusão da obra (art. 44), considerando-se os valores a receber até sua conclusão e, bem assim, os recursos necessários à quitação de financiamento para a construção, se houver; e
>
> II – o valor referente ao preço de alienação da fração ideal de terreno de cada unidade vendida, no caso de incorporação em que a construção seja contratada sob o regime por empreitada (art. 55) ou por administração (art. 58).

De tudo retira-se que a vinculação dos bens à afetação mede-se em consonância com os recursos financeiros necessários à consecução da edificação. Excluem-se da afetação as importâncias que excederem o *quantum* necessário à realização da obra. Daí haver coerência em se afirmar que os recursos financeiros afetados devem corresponder ao valor da edificação.

117

Constituição de patrimônios de afetação separados

Nas incorporações formadas para a construção de vários edifícios, ou blocos de edifícios, assegura-se a faculdade de incidir a afetação sobre o conjunto de prédios ou discriminadamente em cada um deles. No primeiro caso, todas as prestações das unidades colocadas à venda, e as unidades que remanescem em nome do incorporador, além de outros bens acessórios, submetem-se à vinculação para garantir o cumprimento das finalidades da incorporação, enquanto na segunda hipótese, mais apropriada nos grandes empreendimentos, fica individualizada a afetação incidente ao edifício em construção a favor dos adquirentes das respectivas unidades.

Ou seja, construindo-se um conjunto de edifícios, em uma única incorporação, é possível a constituição de patrimônios de afetação para cada edifício. Não se dá uma única afetação, abrangendo a totalidade dos edifícios, mas separadamente, segundo os cálculos de custos de cada prédio. A permissão está no § 9º do artigo 31-A:

> No caso de conjuntos de edificações de que trata o art. 8º, poderão ser constituídos patrimônios de afetação separados, tantos quantos forem os:
>
> I – subconjuntos de casas para as quais esteja prevista a mesma data de conclusão (art. 8º, alínea *a*); e
>
> II – edifícios de dois ou mais pavimentos (art. 8º, alínea *b*).

O conjunto de edificações de que trata o artigo 8º corresponde a duas ou mais edificações sobre o mesmo terreno.

A alínea *a* do artigo 8º relaciona-se às casas térreas ou assobradas em um mesmo terreno, em que se deve discriminar a parte do terreno ocupada pela edificação; a parte reservada para a utilização exclusiva dessas casas, como para jardins e quintais; e a fração ideal do todo do terreno e de partes comuns, que corresponderá às unidades.

Por sua vez, a alínea *b* do mesmo artigo 8º, quanto às unidades autônomas de edifícios de dois ou mais pavimentos, discriminam-se a parte do terreno ocupada pela edificação, a reservada como utilização exclusiva e correspondente às unidades do edifício, e ainda a fração ideal do todo do terreno e de partes comuns, que corresponderá a cada uma das unidades.

A afetação em separado, discriminada em cada edificação, deverá constar no memorial, segundo exige o § 10 do artigo 31-A: "A constituição de patrimônios de afetação separados de que trata o § 9º deverá estar declarada no memorial de incorporação".

É natural que venha indicada a vinculação a cada um dos blocos separadamente, de modo que se atribua um patrimônio de afetação individual ou apartada aos edifícios considerados isoladamente.

No registro da incorporação, especificam-se o tipo de afetação e a edificação a que se refere.

118
Comercialização das unidades quando financiada a incorporação

Para a alienação das unidades de incorporações financiadas, é conveniente a anuência do agente financeiro. No mínimo, cumpre que seja cientificada. A exigência está no § 11 do artigo 31-A: "Nas incorporações objeto de financiamento, a comercialização das unidades deverá contar com a anuência da instituição financiadora ou deverá ser a ela cientificada, conforme vier a ser estabelecido no contrato de financiamento." Não está ordenada a obrigatoriedade da anuência ou concordância. Se viesse imposta, e em se negando a instituição em anuir, ficaria inviabilizada a própria incorporação, eis que é ínsita à sua finalidade a venda ou promessa de venda das unidades.

Os adquirentes ficarão informados do financiamento, o qual, em geral, vem garantido por hipoteca. No entanto, com a aquisição de unidades, não se responsabilizam os adquirentes pela obrigação assumida pelo incorporador. No máximo, em havendo inadimplência, à entidade financeira se abrem ensanchas para as providências judiciais em se sub-rogar no recebimento dos valores devidos ao incorporador, proporcionalmente ao montante da dívida. Não se pense, assim, que aos que assumem a titularidade das frações ideais se transfere a totalidade do valor devido. Inconcebível tal inteligência, pois importaria em verdadeira injustiça, consistente em obrigar alguém por dívida de outrem.

119

Proibição da transferência da responsabilidade por vícios de construção e por obrigações do incorporador ao financiador

Era comum os adquirentes ingressarem com ação de indenização, ou de obrigação de fazer, contra os agentes financeiros, por vícios de construção, e mesmo para exigir o atendimento de obrigações assumidas pelo incorporador. Mormente em empreendimentos imobiliários integrantes do Sistema Financeiro da Habitação chegava-se a impor a obrigação às instituições bancárias que financiavam a compra de unidades, sob o fundamento de que lhes cabia fiscalizar se a construção se dava de acordo com as regras de engenharia, de modo a não aparecerem defeitos ou vícios.

Acontece que o financiador tem a função única de financiar o preço, isto é, de pagar ao incorporador ou vendedor o valor do imóvel, assumindo o adquirente a obrigação de amortizar o montante em prestações, durante um prazo fixado.

Oportunamente o § 12 do artigo 31-A da Lei 4.591/1964 disciplinou a situação, afastando qualquer responsabilidade de quem financia, e colocando fim à controvérsia que existia:

> A contratação de financiamento e constituição de garantias, inclusive mediante transmissão, para o credor, da propriedade fiduciária sobre as unidades imobiliárias integrantes da incorporação, bem como a cessão, plena ou fiduciária, de direitos creditórios decorrentes da comercialização dessas unidades, não implicam a transferência para o credor de nenhuma das obrigações ou responsabilidades do cedente, do incorporador ou do construtor, permanecendo estes como únicos responsáveis pelas obrigações e pelos deveres que lhes são imputáveis.

É explícita a norma em afastar a responsabilidade, inclusive por obrigações descumpridas do cedente, do incorporador e do construtor. Quem responde é unicamente o cedente, ou o incorporador, ou o construtor.

Mesmo que haja cessão dos créditos, não assiste ao cessionário pleitear direitos junto ao financiador.

120

A averbação da afetação no Registro de Imóveis de acordo com o artigo 31-B da Lei n. 4.591/1964 e a existência de ônus reais

Conforme já defendido atrás, em vista do propósito protetivo em favor dos adquirentes de unidades imobiliárias que a Lei n. 10.931 imprimiu à Lei n. 4.591/1964, e, assim, à incorporação, decorre *ex lege* a afetação do imóvel e dos valores que ingressaram relativamente ao pagamento das prestações e de outros bens empregados na construção. No entanto, para o registro da incorporação, é necessário que se averbe a constituição da afetação, que se faz em relação ao imóvel. Ou seja, formalmente, a constituição do regime de afetação sobre o imóvel objeto da incorporação imobiliária se dá mediante averbação, a qualquer tempo, no Registro de Imóveis, de termo firmado pelo incorporador e, quando for o caso, também pelos titulares de direitos reais de aquisição sobre o terreno. De tal modo, é importante observar que o patrimônio de afetação deve ser lançado à margem da matrícula do imóvel em ato distinto e posterior ao que originou o registro da incorporação imobiliária.

Realmente, no encaminhamento do ato cartorário de registro deve-se manifestar a pretensão de se averbar a afetação. No requerimento, que poderá ser feito através de instrumento particular, com firma reconhecida, pede-se a instituição da vinculação. O artigo 31-B da Lei n. 4.591/1964 assim ordena: "Considera-se constituído o patrimônio de afetação mediante averbação, a qualquer tempo, no Registro de Imóveis, de termo firmado pelo incorporador e, quando for o caso, também pelos titulares de direitos reais de aquisição sobre o terreno."

Ressalva-se que a automática criação da afetação, ora defendida, e que de fato se opera com a mera instituição da incorporação, não tem unanimidade de entendimento, pois existem os que a condicionam à iniciativa do incorporador, ou à sua deliberação.

Em vez do requerimento, suficiente que acompanhe uma declaração, na qual o incorporador manifesta que o imóvel fica afetado à construção do edifício, ou à implantação da incorporação. Na existência de transferências de unidades, ou de promessas de alienação, de acordo com a lei, os adquirentes também expressarão a instituição da afetação no imóvel e nos bens. Entretanto, é despicienda essa anuência, já que dirige-se a afetação em favor dos próprios adquirentes das frações ideais do imóvel. Todavia, figurando o construtor ou o corretor de imóveis como incorporador (art. 31, alínea *b*, da Lei n. 4.591/1964), e mantendo-se o imóvel em nome do proprietário, este assinará o requerimento ou a declaração.

A exigência da garantia, através de requerimento ou de declaração, nas hipóteses de aparecer como incorporador o promitente comprador, ou cessionário, ou promitente cessionário dos direitos do promitente comprador, é reclamada deste e do proprietário, pois que ambos exercem direitos sobre o imóvel; no primeiro caso, porque houve a transferência de alguns direitos da propriedade; no que se refere ao segundo, em razão de remanescer nele o poder de domínio, que, embora a irrevogabilidade que se impõe mesmo em promessa ou cessão de promessa, conduz a postular direitos de crédito, importando ônus aos adquirentes de unidades.

Merece menção a permuta do terreno, sobre o qual se erguerá a edificação, por área construída. Uma vez efetuado o negócio, aquele que era titular do terreno terá um crédito de área construída. Coloca-se na mesma posição que o adquirente de unidade. Desnecessária a sua participação no processo de regularização da afetação.

Análise especial merece se o caso de se operar a aquisição do terreno, pelo incorporador, através de financiamento, com a constituição de hipoteca, ou de alienação fiduciária. Mesmo assim, não fica dispensada a afetação. Procede-se à sua exteriorização, com a devida averbação. Ocorrerá, na falta de pagamento pelo incorporador, na subsunção do crédito impago nas prestações que os adquirentes deverem ao vendedor do imóvel. É que a existência de ônus reais sobre o imóvel objeto da incorporação, seja para garantir o pagamento do preço de sua aquisição, para cumprimento de obrigação de construir o empreendimento ou por outra razão, não é óbice para a averbação do patrimônio de afetação.

O assunto encontra-se regulado pelo parágrafo único do artigo 31-B: "A averbação não será obstada pela existência de ônus reais que tenham sido constituídos sobre o imóvel objeto da incorporação para garantia do pagamento do preço de sua aquisição ou do cumprimento de obrigação de construir o empreendimento."

Se o registro da incorporação não é obstado pela existência de ônus reais ou fiscais, na esteira do disposto no § 5º do artigo 32, idêntica a inteligência em relação à afetação, que não ficará impedida se comprometido o imóvel pela garantia hipotecária por obrigações decorrentes de sua própria aquisição.

A Comissão de Representantes vem a ser um grupo de, pelo menos, três condôminos, formado na incorporação, escolhido através do contrato de incorporação ou de eleição pela assembleia geral, com a finalidade de representar os adquirentes em todas as etapas da construção, exercendo o acompanhamento, a fiscalização e mesmo interferindo em situações especiais, como nos casos de inadimplemento e de insolvência do incorporador. Do artigo 50 da Lei n. 4.591/1964, com o texto atual da Lei n. 14.382/2022, colhe-se a ideia:

> Será designada no contrato de construção ou eleita em assembleia geral a ser realizada por iniciativa do incorporador no prazo de até 6 (seis) meses, contado da data do registro do memorial de incorporação, uma comissão de representantes composta por, no mínimo, 3 (três) membros escolhidos entre os adquirentes para representá-los perante o construtor ou, no caso previsto no artigo 43 desta Lei, o incorporador, em tudo o que interessar ao bom andamento da incorporação e, em especial, perante terceiros, para praticar os atos resultantes da aplicação do disposto nos artigos 31-A a 31-F desta Lei.

A assembleia geral poderá, pela maioria absoluta dos adquirentes, alterar a composição da comissão e revogar suas decisões.

No caso, interessa o estudo da Comissão de Representantes para, juntamente com o agente financiador, quando houver, a finalidade de fiscalização da obra enquanto incorporação.

Em vista do artigo 31-C, à Comissão de Representantes e ao agente financeiro é autorizada a fiscalização ou o acompanhamento, através de pessoa física ou jurídica, não apenas do andamento das obras, mas também do patrimônio afetado, em especial sobre a sua conservação, de modo a não ser desviado ou dilapidado. Com efeito, eis os termos do dispositivo: "A Comissão de Representantes e a instituição financiadora da construção poderão nomear, às suas expensas, pessoa física ou jurídica para fiscalizar e acompanhar o patrimônio de afetação."

Embora a concessão de poderes para a nomeação de fiscal, não se retira desses órgãos a iniciativa deles próprios exercerem tal mister, isto é, de fiscalizar em todos os momentos o patrimônio de afetação, como exame da contabilidade, das contas bancárias, e acompanhar a utilização dos valores que ingressam, a título de pagamento das unidades.

O desempenho da função importa em consultar e examinar a documentação, os materiais adquiridos, os lançamentos contábeis, com amplo acesso, desde que não abusivo, às atividades ligadas à incorporação, de modo especial para verificar o cumprimento de suas obrigações, inclusive tributárias, no que tiver pertinência com a incorporação. Faculta-se solicitar a apresentação de relatórios das obras e das contas, a cada período delimitado de tempo, de no mínimo de três meses. Diante da sua verificação, em surgindo dúvidas, abre-se o caminho para a consulta nos documentos e na própria vida interna da empresa.

Entretanto, a principal função da comissão de representantes é em caso de falência do incorporador ou de paralisação das obras por mais de 30 dias, sem justa causa, assumir a administração do empreendimento, convocando uma assembleia, em sessenta dias, com *quorum* de dois terços, para deliberar pela continuidade da obra ou pela liquidação do patrimônio de afetação.

Com isso, procura-se evitar que os adquirentes do empreendimento fiquem prejudicados pela falência da incorporadora, pois tem o seu empreendimento resguardado pelo patrimônio de afetação e podem continuar a obra contratando outra empresa, e como medida alternativa podem realizar a liquidação deste patrimônio, visto que o patrimônio de afetação jamais integrará a massa falida.

121
Responsabilidade da Comissão de Representantes ou do agente financeiro pelo patrimônio de afetação

Em princípio, à Comissão de Representantes e à instituição financeira não recai responsabilidade no tocante à qualidade da obra, ao prazo de entrega do imóvel ou a outras obrigações atribuídas ao incorporador ou construtor. Isto em razão de se destinar a fiscalização à preservação do patrimônio de afetação. Não se estende a finalidade para outras funções, próprias da construção, e ao cumprimento das metas estabelecidas. Do § 1º do artigo 31-C se infere a restrição:

> A nomeação a que se refere o *caput* não transfere para o nomeante qualquer responsabilidade pela qualidade da obra, pelo prazo de entrega do imóvel ou por qualquer outra obrigação decorrente da responsabilidade do incorporador ou do construtor, seja legal ou a oriunda dos contratos de alienação das unidades imobiliárias, de construção e de outros contratos eventualmente vinculados à incorporação.

Pela restrição de se objetivar unicamente a preservação do patrimônio de afetação, todas as informações que o encarregado da fiscalização obtiver sobre a obra, de caráter empresarial, tributário, contábil, patrimonial e econômico, ficarão em sigilo e preservadas de qualquer comunicação a terceiros, sendo vedada a utilização para fins diversos daquele estabelecido para o controle. Deve-se desempenhar a função com o máximo de zelo e dedicação, de sorte a evitar desvios e eventuais prejuízos. O desrespeito a essa gama de condutas de discrição e diligência acarreta a responsabilidade, por imposição do § 2º do artigo 31-C: "A pessoa que, em decorrência do exercício da fiscalização de que trata o *caput* deste artigo, obtiver acesso às informações comerciais, tributárias e de qualquer outra natureza referentes ao patrimônio afetado responderá pela falta de zelo, dedicação e sigilo destas informações."

No caso de nomeação de fiscal pela entidade financiadora da obra, os dados colhidos serão repassados para a Comissão de Representantes, através de cópia de relatórios e levantamentos, se houver solicitação, como autoriza o § 3º: "A pessoa nomeada pela instituição financiadora deverá fornecer cópia de seu relatório ou parecer à Comissão de Representantes, a requerimento desta, não constituindo esse fornecimento quebra de sigilo de que trata o § 2º deste artigo." É justificável essa comunicação de dados, em virtude do interesse em ficar a par dos elementos que dizem respeito à obra, e pela função que lhe é própria, de procurar atender as finalidades últimas da incorporação, que são a adequada e normal realização das etapas da construção.

122
Obrigações do incorporador relativamente ao patrimônio afetado

Várias obrigações são trazidas pelo artigo 31-D da Lei n. 4.591/1964, visando à preservação, conservação e boa administração do patrimônio de afetação. Diante da destinação para finalidades de garantia no desiderato final da obra e no cumprimento da totalidade das obrigações, terá o incorporador uma conduta compatível com essa destinação, e manterá um controle nos bens, de tal arte que fiquem preservadas a incolumidade e a sua integridade física e econômica. Procurará desempenhar uma administração eficiente, com o emprego de meios apropriados, não desviando os bens, e efetuando uma prestação de contas à Comissão de Representantes a cada três meses.

As obrigações estão arroladas nos vários incisos do citado artigo, não se descartando, todavia, mais deveres, em especial no que se refere à conservação e boa administração do patrimônio, inclusive com a utilização de meios judiciais. Eis a redação:

> Incumbe ao incorporador:
>
> I – promover todos os atos necessários à boa administração e à preservação do patrimônio de afetação, inclusive mediante adoço de medidas judiciais;
>
> II – manter apartados os bens e direitos objetos de cada incorporação;
>
> III – diligenciar a captação dos recursos necessários à incorporação e aplicá-los na forma prevista nesta Lei, cuidando de preservar os recursos necessários à conclusão da obra;
>
> IV – entregar à Comissão de Representantes, no mínimo a cada três meses, demonstrativo do estado da obra e de sua correspondência com o prazo pactuado ou com os recursos financeiros que integrem o patrimônio de afetação recebidos no período, firmados por profissionais habilitados, ressalvadas eventuais modificações sugeridas pelo incorporador e aprovadas pela Comissão de Representantes;
>
> V – manter e movimentar os recursos financeiros do patrimônio de afetação em conta de depósito aberta especificamente para tal fim;
>
> VI – entregar à Comissão de Representantes balancetes coincidentes com o trimestre civil, relativos a cada patrimônio de afetação;
>
> VII – assegurar à pessoa nomeada nos termos do art. 31-C o livre acesso à obra, bem como aos livros, contratos, movimentação da conta de depósito exclusiva referida no inc. V deste artigo e quaisquer outros documentos relativos ao patrimônio de afetação;
>
> VIII – manter escrituração contábil completa, ainda que esteja desobrigado pela legislação tributária.

A casuística é bem explícita e compreensível, com destaque às exigências de se manterem separados os bens relativamente ao patrimônio restante, efetuando relatórios e registros contábeis próprios para cada incorporação, e apresentando à Comissão de Representantes balancetes e demonstrativos, com os elementos específicos sobre as movimentações financeiras de recursos e o andamento das obras (cronograma), tudo acompanhado de comprovantes e croquis. Revela-se importante a entrega de balancetes trimestrais, no concernente ao patrimônio de afetação, com os extratos das contas de depósitos bancários específicos, onde constam os ingressos, as saídas, ou seja, a completa movimentação feita pelo incorporador.

Essa documentação, em especial os demonstrativos, constituem elementos eficazes para as providências de reclamar maior empenho do incorporador no andamento da construção, e inclusive para a adoção de medidas de sua substituição, se persistir a demora, aliada a outros fatores que revelem a desídia e a infração a deveres constantes no contrato de incorporação.

Providenciará o incorporador na captação de recursos necessários à execução da obra, até a sua conclusão, o que fará mediante a comercialização de unidades e a obtenção de financiamentos. Somente se apropriará das importâncias que excederem as quantias programadas e exigidas na construção. Exige-se, daí, uma administração adequada dos recursos, com o orçamento bastante preciso dos valores que ingressam e os destinados para as obras e o pagamento de empréstimos.

Havendo uma pessoa indicada para a fiscalização, ou um auditor, facilita-se o acesso às informações para a verificação dos montantes existentes e saldos de preço das vendas de unidades. Mesmo com a fiscalização, a cada três meses encaminhará relatório aos adquirentes, com a demonstração do estado físico da construção, em correspondência com o prazo pactuado para a conclusão e a entrega das unidades. Cabe, porém, ressalvar o tempo que decorreu a mais em razão das modificações introduzidas, por solicitação dos titulares das frações, e sempre mediante a prévia aprovação pela Comissão de Representantes. Para justificar a falta de obediência ao cronograma da programação estabelecida na evolução da incorporação, impõe-se a autorização dos titulares das frações vendidas, com a recomendável aprovação da Comissão de Representantes. Somente assim encontram-se saídas plausíveis para o afastamento de eventuais multas e indenizações.

123

Extinção do patrimônio de afetação

Ver-se-á quando termina a afetação, não mais vinculando o patrimônio à finalidade de garantia da construção.

Naturalmente, em princípio a afetação perdura durante a realização das obras, e vai até a conclusão do empreendimento, o que se dá com a sua individuação e a entrega aos adquirentes; com a abertura de matrícula no Registro de Imóveis das unidades em nome dos adquirentes; com a extinção das obrigações perante o agente financiador, se houver financiamento; com a denúncia da incorporação, após a devida restituição das quantias recebidas; e com a liquidação deliberada pela assembleia geral.

A causa de extinção mais comum está na consecução da finalidade, que se resume na construção.

No artigo 31-E aparecem as situações de extinção do patrimônio de "afetação":

> O patrimônio de afetação extinguir-se-á pela:
>
> I – averbação da construção, registro dos títulos de domínio ou de direito de aquisição em nome dos respectivos adquirentes e, quando for o caso, extinção das obrigações do incorporador perante a instituição financiadora do empreendimento;
>
> II – revogação em razão de denúncia da incorporação, depois de restituídas aos adquirentes as quantias por eles pagas (art. 36), ou de outras hipóteses previstas em lei; e
>
> III – liquidação deliberada pela assembleia geral nos termos do art. 31-F, § 1º.

A verificação de qualquer uma das causas acima importa em desafetação dos direitos que ainda perduram em favor do incorporador, incidentes nas unidades eventualmente remanescentes e nas prestações vincendas de valores relativos à comercialização de unidades. Ficará o patrimônio inteiramente livre, podendo o incorporador dar o uso que achar conveniente.

Deverá encaminhar pedido ao registro imobiliário para a averbação do cancelamento. Encontrando-se averbada a construção, ou efetuado o registro dos títulos de domínio, isto é, abertas as matrículas das unidades em nome dos adquirentes, já está perfectibilizada a prova, revelando-se necessária a indicação dos respectivos números. Em existindo financiamento, mister que acompanhe uma declaração de sua quitação, com as referências da destinação e da obra ou das unidades a que se destinava. No caso, haverá, também, a matrícula das unidades, cujas certidões serão anexadas. Se, todavia, encontravam-se unidades que acabaram sendo vendidas, e nada mais restando em nome do incorporador, é suficiente a prova das matrículas. Não havendo o registro, depois da matrícula, da vinculação às obrigações do incorporador, é automático o reconhecimento da desafetação de fato ocorrida.

Quando se der a extinção em virtude da denúncia, acompanharão o respectivo termo, a prova da comunicação aos adquirentes, e, em tendo recebido prestações, a prova de sua devolução e quitação dos valores.

Se a extinção decorreu da liquidação do patrimônio de afetação, a Comissão de Representantes encaminhará o requerimento, vindo instruído com a prova do pagamento das obrigações vinculadas ao patrimônio instituído como de afetação. Perfaz-se a liquidação não somente com a desconstituição da afetação, mas com a demonstração do adimplemento das obrigações que impuseram o ônus.

Em havendo financiamento contraído pelo incorporador, a extinção se dá com o cumprimento das obrigações do incorporador perante a instituição financiadora do empreendimento.

Três parágrafos foram acrescentados ao artigo 31-E pela Lei n. 14.382/2022.

O § 1º dizia respeito à extinção em razão da averbação da construção, do registro dos títulos de domínio ou de direito de aquisição em nome dos adquirentes, no registro imobiliário. No caso, uma vez efetuado o ato de averbação, ou do registro de cada contrato ou de promessa de venda, desde que acompanhasse o termo de quitação da empresa financiadora, se fosse o caso, acarretaria a automática extinção da afetação. Eis a regra que vinha na Medida Provisória:

> Na hipótese prevista no inciso I do *caput*, uma vez averbada a construção, o registro de cada contrato de compra e venda ou de promessa de venda, acompanhado do respectivo termo de quitação da instituição financiadora da construção, importará na extinção automática do patrimônio de afetação em relação à respectiva unidade, sem necessidade de averbação específica.

Eis as razões do veto, que são razoáveis:

> "A proposição legislativa dispõe acerca da extinção do patrimônio de afetação na hipótese prevista no inciso I do *caput* do artigo 31-E da Lei nº 4.591, de 16 de dezembro de 1964, e determina que, uma vez averbada a construção, o registro de cada contrato de compra e venda ou de promessa de venda, acompanhado do respectivo termo de quitação da instituição financiadora da construção, importaria a extinção automática do patrimônio de afetação em relação à respectiva unidade, sem necessidade de averbação específica.
>
> Contudo, apesar da boa intenção do legislador, a medida contraria o interesse público, pois extingue o patrimônio de afetação quando do registro da compra e venda, ou seja, em momento anterior à entrega do imóvel, retirando da competência do incorporador a sua obrigação de entrega pronta e gerando um possível passivo de indenizações por obras inacabadas, o que pode trazer fragilidade ao ambiente de negócios".

O § 2º cuida da afetação e da extinção integral das obrigações do incorporador perante a instituição financiadora. Uma vez feita a averbação da construção no Registro de Imóveis, fica cancelada a afetação das unidades não negociadas, isto é, em estoque da incorporadora, através de averbação do cancelamento, do termo de quitação na matrícula matriz do imóvel no qual se instituiu a incorporação, ou nas matrículas eventualmente abertas de cada unidade.

Evidentemente, a extinção se opera quanto às unidades ainda submetidas ao regime de afetação, conforme o artigo 31-E, § 2º, da Lei n. n. 4.591/1964, incluído pela Lei n. 14.382/2022:

> Por ocasião da extinção integral das obrigações do incorporador perante a instituição financiadora do empreendimento e após a averbação da construção, a afetação das unidades não negociadas será cancelada mediante averbação, sem conteúdo financeiro, do respectivo termo de quitação na matrícula matriz do empreendimento ou nas respectivas matrículas das unidades imobiliárias eventualmente abertas.

Está na regra que a averbação do termo de quitação se dá sem conteúdo financeiro, isto é, não pode o ato acarretar incidências tributárias.

O § 3º versava sobre a desafetação por denúncia da incorporação.

Sabe-se que o artigo 34 permite a denúncia ou desistência do empreendimento, ao rezar: "O incorporador poderá fixar, para efetivação da incorporação, prazo de carência, dentro do qual lhe é lícito desistir do empreendimento".

Nessa situação, a desafetação se opera no mesmo ato de cancelamento do registro da incorporação, que se procede por meio de pedido do incorporador, acompanhados dos documentos elencados nos §§ 4º e 5º do artigo 34 da Lei em estudo. Tais documentos correspondem à cientificação, por escrito, da desistência ao Registro de Imóveis, para a devida averbação, e de comunicação encaminhada a todos os adquirentes de unidades ou candidatos à aquisição. Além disso, incumbe ao incorporador anexar cópias dos termos ou recibos de quitação passados adquirentes , no caso de venda ou promessa de venda das unidades antes do início das obras.

Já na extinção do condomínio por liquidação deliberada pela assembleia geral dos condôminos adquirentes, averba-se a ata da assembleia que decidiu a liquidação junto ao registro do condomínio, ou da matrícula do imóvel. A liquidação ora tratada é a do § 1º do art. 31-F, que decorre da decretação da falência ou insolvência civil do incorporador, por decisão do juiz. Em vista de tal ato, a assembleia decide pela liquidação, para serem apurados eventuais valores e compensarem-se os adquirentes pelos gastos que tiveram. Essa averbação também não terá conteúdo financeiro, isto é, não importa em gastos ou decorrências tributárias.

Transcreve-se o § 3º do art. 31-E, que vinha na Medida Provisória n. 1.085/2021, mas que ficou vetado:

> Em caso de denúncia da incorporação, proceder-se-á à desafetação no mesmo ato de cancelamento do registro da incorporação, à vista de requerimento do incorporador instruído com os documentos a que se referem os §§ 4º e 5º do artigo 34 e com cópias dos recibos de quitação passados pelos adquirentes, e, na hipótese prevista no inciso III do *caput*, mediante averbação, sem conteúdo financeiro, da ata da assembleia geral dos adquirentes que deliberar pela liquidação a que se refere o § 1º do artigo 31-F.

Pelo veto, não se dá a desafetação por denúncia da incorporação, por vício de inconstitucionalidade.

Oportuno ver as razões do veto:

"A proposição legislativa estabelece que a extinção no patrimônio de afetação nas hipóteses do inciso I do caput e do § 1º do art. 31-E da Lei nº 4.591, de 16 de dezembro de 1964, implicaria a extinção do regime de tributação instituído pelo art. 1º da Lei nº 10.931, de 2 de agosto de 2004, o qual dispõe que 'fica instituído o regime especial de tributação aplicável às incorporações imobiliárias, em caráter opcional e irretratável enquanto perdurarem direitos de crédito ou obrigações do incorporador junto aos adquirentes dos imóveis que compõem a incorporação'.

Entretanto, a despeito da boa intenção do legislador, a proposição legislativa incorre em vício de inconstitucionalidade, pois, por emenda parlamentar, foi incluída matéria de conteúdo temático estranho ao objeto originário da Medida Provisória nº 1.085, de 27 de dezembro de 2021, tendo em vista que houve a extensão do regime de tributação diferenciado de que trata o art. 1º da Lei nº 10.931, de 2004, em violação ao princípio democrático e ao devido processo legislativo, nos termos do disposto no parágrafo único do art. 1º, no *caput* do art. 2º e no *caput* e no inciso LIV do art. 5º da Constituição.

Ademais, cumpre ressaltar que a alteração destoa dos objetivos dispostos na referida Medida Provisória, que são essencialmente de cunho procedimental, com vistas à modernização, à simplificação e à agilização dos procedimentos relativos aos registros públicos de atos e negócios jurídicos, de que trata a Lei nº 6.015, de 31 de dezembro de 1973 – Lei de Registros Públicos, e de incorporações imobiliárias, de que trata a Lei nº 4.591, de 16 de dezembro de 1964".

124

A afetação e a falência ou insolvência do incorporador

Vindo o incorporador a falir (se pessoa jurídica empresária), ou tornando-se insolvente (se pessoa natural), não se dá a automática extinção da afetação. O patrimônio continuará a garantir a construção, mas não em favor do incorporador, e sim das obrigações com os adquirentes das unidades e os outros credores. Os adquirentes do empreendimento não ficam prejudicados pela falência da incorporadora, pois tem o seu empreendimento resguardado pelo patrimônio de afetação e podem continuar a obra contratando outra empresa, e como medida alternativa, assegura-se a opção de realizar a liquidação deste patrimônio, visto que o patrimônio de afetação jamais integrará a massa falida. Permanece o encargo, não ingressando, pois, os bens na massa comum que formará o ativo que irá cobrir os créditos diferentes daqueles da incorporação. Esta a determinação do artigo 31-F: "Os efeitos da decretação da falência ou da insolvência civil do incorporador não atingem os patrimônios de afetação constituídos, não integrando a massa concursal o terreno, as acessões e demais bens, direitos creditórios, obrigações e encargos objeto da incorporação."

Se os bens não bastarem para cobrir as obrigações, o saldo ingressará como crédito privilegiado na falência. Ou se o produto da venda dos imóveis remanescentes não ser suficiente para cobrir as obrigações e os créditos dos adquirentes, justamente no que tange à diferença não reembolsada os mesmos adquirentes se tornarão credores privilegiados, sendo que os bens pessoais do incorporador respondem subsidiariamente. É como descreve Cláudia Fonseca Tutikian: "Na hipótese de o produto da venda dos imóveis remanescentes não ser suficiente, no que tange à diferença não reembolsada, os adquirentes se tornarão credores privilegiados, uma vez que os bens pessoais do incorporador respondem subsidiariamente."[1]

A norma é coerente com a disposição do § 1º do artigo 31-A, pelo qual "o patrimônio de afetação não se comunica com os demais bens, direitos e obrigações do patrimônio geral do incorporador ou de outros patrimônios de afetação por ele constituídos e só responde por dívidas e obrigações vinculadas à incorporação respectiva".

Mantém-se a afetação para as finalidades que determinam a sua instituição, sendo decorrente e necessária ou inexorável a incomunicabilidade enquanto perdura essa destinação. Do contrário, de nada adiantaria. Realmente, a Lei n. 10.931/2004 trouxe a incomunicabilidade do patrimônio afetado numa dimensão diferente do que vinha previsto na Medida Provisória n. 2.221/2001, que imputava aos adquirentes a

---

[1] *Incorporação imobiliária e patrimônio de afetação. Boletim do IRIB – Instituto de Registro Imobiliário do Brasil*, São Paulo, n. 320, p. 177, jan./mar. 2005.

456 • Condomínio Edilício e Incorporação Imobiliária | *Arnaldo Rizzardo*

responsabilidade solidária dos adquirentes no pagamento das dívidas do incorporador falido ou insolvente de natureza trabalhista, tributária e previdenciária. Ou seja, todo o patrimônio do falido ou insolvente era dirigido para a satisfação das obrigações, e mesmo o afetado para as trabalhistas, tributárias e previdenciárias.

No entanto, com a Lei n. 10.931/2004, o acervo de afetação de cada incorporação fica reservado ao grupo de credores à mesma vinculados, de sorte a atender, com a exclusão de outros, os respectivos credores.

Na Lei de Recuperação Judicial e de Falência de Empresas (Lei n. 11.101/2005), artigo 119, inciso IX, está reservado à lei especial a disciplina dos patrimônios de afetação, prevendo-se a reserva do patrimônio até o cumprimento de sua finalidade, mas incidente unicamente:

> Os patrimônios de afetação, constituídos para cumprimento de destinação específica, obedecerão ao disposto na legislação respectiva, permanecendo seus bens, direitos e obrigações separados dos do falido até o advento do respectivo termo ou até o cumprimento de sua finalidade, ocasião em que o administrador judicial arrecadará o saldo a favor da massa falida ou inscreverá na classe própria o crédito que contra ela remanescer.

De lembrar que a aplicação restringe-se ao empresário, organizado como pessoa física ou jurídica, ou àquele que, na dicção do artigo 966 do Código Civil "exerce profissionalmente atividade econômica organizada para a produção ou a circulação de bens ou de serviços".

Dá-se o cumprimento da finalidade com a conclusão da obra, quando se procede à averbação da construção, e com a entrega das unidades aos adquirentes e o resgate do financiamento da construção, caso tenha existido. Somente depois o administrador arrecadará o saldo que sobrou à massa, para formar o ativo que satisfará os créditos em geral.

124.1. Deliberação da assembleia de condôminos para assumir a incorporação e continuar a obra, no caso de falência ou insolvência do incorporador ou paralisação e atraso sem justificação da construção

Justamente porque a falência ou insolvência do incorporador não atinge o patrimônio de afetação, a que se submete a incorporação, o § 1º do artigo 31-F estabelece que, nos sessenta dias seguintes à decretação da falência, devem os condôminos ou adquirentes se reunir em assembleia geral, a fim de deliberar, através de maioria simples, ou pela ratificação do mandato dos membros do Conselho de Representantes, ou pela eleição de novos membros.

Outrossim, deliberarão, por dois terços dos votos dos adquirentes em primeira convocação, e por maioria absoluta em segunda convocação, pela instituição do chamado condomínio de construção, e decidirão, sempre pela mesma proporção dos votos, se a obra deverá continuar ou parte-se para a liquidação do patrimônio de afetação, fixando as regras como se deve proceder a alternativa escolhida.

Porque ocorreu a falência ou insolvência do incorporador, e não mantendo-se ele na administração, à Comissão de Representantes, ou, na sua falta, a um sexto dos titulares das frações ideais, ou ainda, por ordem judicial, cabe a iniciativa da convocação. À própria entidade que concedeu o financiamento da obra se reconhece a legitimidade para a convocação.

Toda a matéria vem contida no extenso § 1º acima referido:

> Nos sessenta dias que se seguirem à decretação da falência ou da insolvência civil do incorporador, o condomínio dos adquirentes, por convocação da sua Comissão de Representantes ou, na sua falta, de um sexto dos titulares de frações ideais, ou, ainda, por determinação do juiz prolator da decisão, realizará assembleia geral, na qual, por maioria simples, ratificará o mandato da Comissão de Representantes ou elegerá novos membros, e, em primeira convocação, por dois terços dos votos dos adquirentes ou, em segunda convocação, pela maioria absoluta desses votos, instituirá o condomínio da construção, por instrumento público ou particular, e deliberará sobre os termos da continuação da obra ou da liquidação do patrimônio de afetação (art. 43, inc. III); havendo financiamento para construção, a convocação poderá ser feita pela instituição financiadora.

A própria Lei de Recuperação das Empresas e de Falência, no artigo 117, deixa entrever a viabilidade de seguir a construção por conta do administrador da massa, visando ao cumprimento do contrato: "Os contratos bilaterais não se resolvem pela falência e podem ser cumpridos pelo administrador judicial se o cumprimento reduzir ou evitar o aumento do passivo da massa falida ou for necessário à manutenção e preservação de seus ativos, mediante autorização do Comitê." Nota-se a especificidade da condição para o administrador ordenar o prosseguimento, fazendo-se necessária a autorização do Comitê de Credores. Já, porém, vindo da Comissão de Representantes a decisão de continuar, prescinde-se dessa autorização, em face da regulamentação própria constante no § 1º do artigo 31-F. Todavia, os recursos são hauridos do patrimônio de afetação, e não buscados na massa da falência.

Não atingida a quantidade de votos necessária para deliberar (dois terços dos votos dos adquirentes em primeira convocação e maioria absoluta em segunda convocação) sobre a continuidade da obra ou a liquidação do patrimônio, a solução está no inciso III do artigo 43 da Lei n. 4.591/1964, isto, é, classificam-se como privilegiados os créditos dos adquirentes:

> Em caso de falência do incorporador, pessoa física ou jurídica, e não ser possível à maioria prosseguir na construção das edificações, os subscritores ou candidatos à aquisição de unidades serão credores privilegiados pelas quantias que houverem pago ao incorporador, respondendo subsidiariamente os bens pessoais deste.

No sentido da norma supramencionada decidiu o STJ:

> No processo falimentar, em relação aos créditos habilitados, o princípio norteador é o da *par conditio creditorum*, na esteira do qual os credores do falido devem ser tratados em igualdade de condições, salvo se a lei expressamente dispuser de forma contrária, como ocorre com os créditos com preferências e privilégios eleitos pelo legislador como dignos de prioridade para pagamento.
> 3. O art. 43, III, da Lei n. 4.591/1964 preconiza que, no caso de decretação da quebra do incorporador e ante a impossibilidade de ultimação da construção do edifício pela maioria dos adquirentes, estes se tornam credores privilegiados em relação aos valores já pagos ao incorporador em razão da compra do imóvel.[2]

---

[2] REsp 1.185.336/RS. Quarta Turma. Relator: Min. Luis Felipe Salomão. Julgado em 02.09.2014. *DJe* 25.09.2014.

458 • Condomínio Edilício e Incorporação Imobiliária | *Arnaldo Rizzardo*

Para a contagem dos votos, e se chegar a dois terços dos votos ou à maioria absoluta, não se levam em conta as unidades não vendidas, as reservadas pelo incorporador, isto é, as que ainda se encontram em seu domínio.

Podem-se resumir nas seguintes alternativas as opções dos adquirentes de unidades, em ocorrendo a falência do incorporador, por meio da Comissão de Representantes:

a) interpelar o administrador ou síndico para se manifeste se vai ou não prosseguir a obra;

b) deliberarem os adquirentes em assembleia, por maioria, se prosseguirá ou não o empreendimento. Decidindo pela continuidade, deverão os adquirentes contratar terceiros para a finalização da obra. Se escolherem não dar seguimento à edificação, resta unicamente o caminho da habilitação dos respectivos créditos, nos autos da falência, tendo os créditos privilégio geral, mas no pertinente aos valores desembolsados.

Idênticas normas incidem se verificada a paralisação ou o retardamento injustificado da obra, isto é, à Comissão de Representantes assegura-se assumir a administração, se autorizada em assembleia reunida através das convocações explicadas, seguindo nos trabalhos de construção, ou resta a opção em paralisar definitivamente as obras, com a alienação do empreendimento, e repartição do valor apurado.

É injustificada a paralisação se não tiver andamento a obra por mais de trinta dias sem qualquer razão plausível, como excessiva e anormal quantidade de chuvas, falta de materiais de construção no mercado, greve geral dos empregados da construção civil, simples suspensão do pagamento das prestações pela maioria dos adquirentes, não cumprimento de contrato de financiamento por estabelecimento bancário. Não é imperante que haja amparo na força maior ou em caso fortuito. Já o retardamento excessivo constata-se pela demora no seguimento da obra, pela constante ausência de trabalhadores, pelas seguidas suspensões dos trabalhos, pela desídia e negligência do incorporador em dirigir as obras.

Cabe, então, a determinação judicial, ou mesmo uma simples notificação, para que o incorporador torne a dar o reinício, dentro de trinta dias, ou para que imprima um ritmo normal de trabalho. O não atendimento oportuniza o afastamento do incorporador pela assembleia, mediante decisão da maioria absoluta dos votos dos adquirentes, além de providências judiciais para a responsabilização diante dos danos acarretados.

Essas motivações para a Comissão de Representantes assumir a obra emanam do § 2º do artigo 31-F: "O disposto no § 1º aplica-se também à hipótese de paralisação das obras prevista no art. 43, inciso VI." Eis a hipótese do inciso VI do artigo 43 da Lei n. 4.591/1964:

> Se o incorporador, sem justa causa devidamente comprovada, paralisar as obras por mais de 30 dias, ou retardar-lhes excessivamente o andamento, poderá o Juiz notificá-lo para que no prazo mínimo de 30 dias as reinicie ou torne a dar-lhes o andamento normal. Desatendida a notificação, poderá o incorporador ser destituído pela maioria absoluta dos votos dos adquirentes, sem prejuízo da responsabilidade civil ou penal que couber, sujeito à cobrança executiva das importâncias comprovadamente devidas, facultando-se aos interessados prosseguir na obra.

124.2. Funções da Comissão de Representantes na administração da incorporação

A Comissão de Representantes tem poderes especiais para adotar e colocar em prática as medidas tendentes a dar continuidade à incorporação. Assumirá a administração da obra, até a sua conclusão.

Nos §§ 3º a 8º do artigo 31-F descrevem-se os poderes e as atribuições da Comissão de Representantes, quando investida na administração em face da destituição do incorporador. Pelas regras que estão discriminadas, os compradores de unidades, por meio da Comissão de Representantes, levam adiante a construção por conta própria, assumindo os compromissos pendentes e os custos futuros.

As atividades, no exercício da função executada e dirigida pela Comissão de Representantes, que se fará assessorar por técnicos e administradores subordinados na construção, arroladas nos parágrafos citados, são as principais, não afastando outras, que cuja necessidade e espécie surgem na medida em que se desenvolve a obra. Eis as previsões:

1. Poderes para firmar contrato definitivo aos adquirentes, desde que tenham cumprido integralmente as suas obrigações. Pelo § 3º, a Comissão de Representantes "ficará investida de mandato irrevogável para firmar com os adquirentes das unidades autônomas o contrato definitivo a que estiverem obrigados o incorporador, o titular do domínio e o titular de direitos aquisitivos do imóvel objeto da incorporação em decorrência de contratos preliminares". A comissão de Representantes poderá, pois, firmar os contratos definitivos de compra e venda, de promessa de compra e venda e de cessão de promessa de compra e venda ou de compra e venda. Desde que o incorporador se encontrava revestido de poderes para representar o titular do domínio, ou do titular de compromisso de compra e venda, ou do titular da cessão, esses poderes ou capacidade transferem-se para a Comissão de Representantes.

A assinatura do contrato importa em observar, primeiramente, quem é o titular do terreno. Se não for o incorporador, obviamente o contrato abrangerá o proprietário que consta na matrícula do imóvel no Registro Imobiliário; todavia, se já contratada a incorporação, também haverá a participação do incorporador. Esse contrato, em geral, é preliminar, e de promessa de compra e venda. Naturalmente, o objeto da compra e venda ou da promessa de compra e venda consiste na fração ideal. Posteriormente, já se encontrando adimplidas as obrigações, o mesmo titular do domínio outorgará o contrato definitivo.

De levar em conta, porém, que, geralmente, o incorporador adquire o domínio do terreno, e com ele o adquirente de unidade assinará o contrato definitivo ou, antes, de promessa.

Existe um segundo contrato, de construção, articulado com o contrato de compra e venda ou de promessa de fração ideal do terreno, pelo qual se estabelecem as avenças sobre a obra, mister que se providencie na individualização das unidades no Registro de Imóveis, com o registro dos títulos aquisitivos em nome dos adquirentes.

Mantém-se o mandato enquanto não solvidas todas as obrigações, em obediência ao § 4º, isto é, "mesmo depois de concluída a obra", se persistirem encargos. Somente com a abertura de matrículas das unidades e frações no registro imobiliário, em favor dos adquirentes, e desde que haja plena quitação de dívidas contraídas, termina o múnus da representação, quando se nomeará, para a administração, um síndico com a finalidade de administrar o condomínio. Com certeza, já que o cumprimento da finalidade da instituição do patrimônio de afetação é garantir a obra, terminada a obra, e devidamente individuada, com a abertura das matrículas, extingue-se também o patrimônio de afetação.

Em síntese, a comissão de representantes é investida de mandato irrevogável, com poderes para outorgar aos adquirentes, desde que já tenham cumprido integralmente suas obrigações, as escrituras públicas definitivas da transferência dos imóveis. Este mandato será válido mesmo após a conclusão da obra. Caso o adquirente tenha obrigações a cumprir, se provado estar adimplente, será celebrado contrato definitivo condicionado à constituição de garantia real sobre o imóvel.

2. Poderes para transmitir domínio, direito, posse e ação. Em atenção ao § 5º, "o mandato outorgado à Comissão de Representantes confere poderes para transmitir o domínio, direito, posse e ação, manifestar a responsabilidade do alienante pela evicção e imitir os adquirentes na posse das unidades respectivas". De certo modo, a atribuição está subsumida na do § 3º, pois envolve a transmissão de domínio, que equivale a firmar contrato definitivo. Maior, porém, é a abrangência, já que se estendem os poderes para transferir a posse e ação, além de estabelecer a responsabilidade pela evicção e de imitir os adquirentes na posse das unidades.

Está assegurada aos adquirentes a obtenção da escritura definitiva independentemente da intervenção judicial, afastando a necessidade do ajuizamento de ação de adjudicação compulsória.

3. Poderes para firmar contratos definitivos mesmo que pendentes obrigações, se prestadas garantias. O § 6º confere poderes, ao prever que:

> Os contratos definitivos serão celebrados mesmo com os adquirentes que tenham obrigações a cumprir perante o incorporador ou a instituição financiadora, desde que comprovadamente adimplentes, situação em que a outorga do contrato fica condicionada à constituição de garantia real sobre o imóvel, para assegurar o pagamento do débito remanescente.

Não se impede o contrato definitivo pelo fato da pendência de obrigações, se oferecida garantia suficiente, que será sobre o imóvel, e que se exterioriza pela hipoteca.

4. Poderes para a liquidação do patrimônio, na extinção da incorporação por insolvência ou falência do incorporador, e por paralisação e atraso na obra. A Comissão de Representantes terá mandato irrevogável para, no atendimento do § 7º,

> em nome dos adquirentes, e em cumprimento da decisão da assembleia geral que deliberar pela liquidação do patrimônio de afetação, efetivar a alienação do terreno e das acessões, transmitindo posse, direito, domínio e ação, manifestar a responsabilidade pela evicção, imitir os futuros adquirentes na posse do terreno e das acessões.

Vasta, no caso, a gama de poderes, com realce para a alienação do patrimônio de afetação, sempre que autorizado pela assembleia geral.

A alienação se formalizará por meio de contrato de venda, promessa de venda, ou outra modalidade, consoante o § 8º, que exemplifica as modalidades: "Na hipótese do § 7º, será firmado o respectivo contrato de venda, promessa de venda ou outra modalidade de contrato compatível com os direitos objeto da transmissão." Se houver a venda definitiva do terreno, utiliza-se a escritura pública. Se, no entanto, se proceder a venda das unidades remanescentes, formalizam-se os atos mediante contratos particulares de compra e venda, ou de promessa de compra e venda, ou de cessão pertinente ao contrato. Também é possível a transferência ou cessão da incorporação, ou da obra no estado em que se encontra, envolvendo naturalmente os direitos que ainda persistem, como os de receber as prestações dos adquirentes.

Fica a Comissão de Representantes investida de poderes para firmar a escritura, transmitindo o domínio e a posse, e recebendo o preço. Prestará conta das quantias recebidas e do cumprimento de suas funções. Não se fazem necessárias as presenças dos condôminos ou representados, facilitando enormemente os negócios.

5. Poderes para vender, através de praça, as unidades imobiliárias remanescentes do empreendimento, objetivando pagar as despesas relacionadas às obrigações trabalhistas, previdenciárias e tributárias vinculadas ao empreendimento; reembolsar os adquirentes sobre as quantias que tenham adiantado para pagar estas obrigações; amortizar as parcelas do financiamento para construção; reembolsar os adquirentes sobre as quantias que tenham adiantado para pagar, em nome do incorporador, referente à execução das obras; pagar o proprietário do terreno, se ainda pender de pagamento. É o que garante o § 14:

> Para assegurar as medidas necessárias ao prosseguimento das obras ou à liquidação do patrimônio de afetação, a Comissão de Representantes, no prazo de sessenta dias, a contar da data de realização da assembleia geral de que trata o § 1º, promoverá, em leilão público, com observância dos critérios estabelecidos pelo art. 63, a venda das frações ideais e respectivas acessões que, até a data da decretação da falência ou insolvência, não tiverem sido alienadas pelo incorporador.

6. Poderes para, em caso de falência do incorporador ou de paralisação das obras por mais de trinta dias, sem justa causa, assumir a administração do empreendimento, convocando uma assembleia, no prazo de sessenta dias, com o *quorum* de dois terços, com a finalidade de deliberar pela continuidade da obra ou pela liquidação do patrimônio de afetação (art. 31-F, § 1º).

124.3. Cumprimento do mandato, pela Comissão de Representantes, nos limites fixados pela assembleia geral e dever de prestação de contas

A assembleia geral ditará as diretrizes no exercício das funções que a Comissão de Representantes terá de executar no futuro. Os poderes disseminados ao longo dos §§ 1º a 8º submetem-se, na sua execução, ao que for decidido na assembleia dos condôminos, de sorte a se admitir a autonomia para decidir ao alvedrio das determinações do órgão máximo. O § 9º do artigo 31-F impõe a submissão: "A Comissão de Representantes cumprirá o mandato nos termos e nos limites estabelecidos pela deliberação da assembleia geral e prestará contas aos adquirentes, entregando-lhes o produto líquido da alienação, no prazo de cinco dias da data em que tiver recebido o preço ou cada parcela do preço."

Se autorizada a venda pelo preço à vista, não se concebe a permissão do pagamento em prestações. Não existindo permissão para conceder descontos, decorrerá responsabilidade da Comissão se aceitar preço inferior ao permitido. Se estabelecida a forma de promessa de compra e venda, com a satisfação do preço em prestações, não caberá a efetivação da venda definitiva.

Outrossim, o valor das alienações obedecerá a destinação traçada na Assembleia, como o pagamento de dívidas, de encargos, e a divisão do que sobrar entre os condôminos, na proporção das frações ideais de cada um. Elabora-se o demonstrativo das quantias recebidas e da destinação, em forma de prestação de contas, de modo a

462 • Condomínio Edilício e Incorporação Imobiliária | *Arnaldo Rizzardo*

se obter uma visão clara e completa dos ingressos e resultados. Se não encontrados alguns condôminos, depositam-se as quantias que lhe cabem em contas próprias e individuais no estabelecimento bancário, por ordem do juízo, atendendo-se preceito ditado pelo § 10 do artigo 31-A: "Os valores pertencentes aos adquirentes não localizados deverão ser depositados em Juízo pela Comissão de Representantes."

124.4. A continuação da obra na dependência do pagamento de obrigações tributárias, previdenciárias e trabalhistas

Decidindo o condomínio pela continuidade das obras, deverá efetuar o pagamento das obrigações tributárias, previdenciárias e trabalhistas, vinculadas ao respectivo patrimônio de afetação, cujos fatos geradores tenham ocorrido até a data da decretação da falência do incorporador, com prazo para pagamento de, no máximo, um ano, a contar da deliberação da continuidade ou do "habite-se", se em prazo inferior. Ficam os adquirentes responsáveis solidariamente com as obrigações, mas limitadas a sua fração ideal. Se esta condição não for satisfeita, forçosamente os adquirentes terão de liquidar o patrimônio.

Outrossim, os adquirentes, se optarem em continuar as obras, ficarão sub-rogados nos direitos, obrigações e encargos relativos à incorporação, inclusive aqueles relativos ao contrato de financiamento da obra, se houver. Se outro critério não for deliberado em assembleia, cada adquirente será responsável pelo saldo porventura existente entre a receita do empreendimento e o custo da conclusão da incorporação na proporção do coeficiente de construção atribuível a sua unidade.

Veja-se a regulamentação da lei a respeito da matéria.

Consoante consta do § 1º do artigo 31-F, a assembleia geral decidirá, através de votação por dois terços dos condôminos em primeira convocação, ou pela maioria absoluta em segunda convocação, sobre a continuação da obra ou a liquidação do patrimônio de afetação. Decidindo pela continuação, exige-se o pagamento prévio das obrigações tributárias, previdenciárias e trabalhistas, sob pena de a deliberação perder a eficácia, e de se extinguirem os efeitos do regime de afetação. Essa a previsão que está no artigo 9º da Lei n. 10.931:

> Perde a eficácia a deliberação da obra a que se refere o § 1º do art. 31-F da Lei n. 4.591/1964, bem como os efeitos do regime de afetação instituídos por esta Lei, caso não se verifique o pagamento das obrigações tributárias, previdenciárias e trabalhistas, vinculadas ao respectivo patrimônio de afetação, cujos fatos geradores tenham ocorrido até a data da decretação da falência, ou insolvência do incorporador, as quais deverão ser pagas pelos adquirentes em até um ano daquela deliberação, ou até a data da concessão do habite-se, se esta ocorrer em prazo inferior.

Depreende-se que ficam os adquirentes obrigados ao pagamento das citadas obrigações, até o decurso do prazo de um ano da deliberação, ou até a data da concessão do habite-se, em se obtendo esta antes. A omissão do cumprimento importa em se tornar sem valor a deliberação, e em não mais ficar o patrimônio com a afetação para a garantia dos pagamentos exigidos no custo da obra. Conforme está expresso no preceito, as obrigações tuteladas são as que se relacionam à incorporação, e atingindo os fatos geradores acontecidos até a data da decretação da insolvência ou falência.

A condição ostenta-se extremamente pesada para os adquirentes, posto que pode inviabilizar a continuação do empreendimento. Se elevadas as dívidas, máxime as trabalhistas já definidas, que aumentam vertiginosamente por força de grande quantidade de encargos, como FGTS, multas, indenizações da mais variada espécie, o patrimônio de afetação não as garantirá, e os valores que ingressam não pode cobri-las. Inconcebível que se tenha imposto tal condição, já que vários são os deveres e compromissos, devendo todos merecer a sustentação com os bens afetados, em especial com os valores das prestações. De outra parte, os débitos favorecidos se encontram amparados pelos bens afetados. A obedecer o rigor da preferência, não se fazia mister que viesse introduzido tal privilégio, pois o instituto da afetação foi planejado e imposto para todas as pessoas envolvidas na construção.

Verdade que os adquirentes ficarão automaticamente sub-rogados nos direitos, nas obrigações e nos encargos que satisfizerem, podendo voltar-se contra as pessoas que se houveram com desídia na administração da construção, ante a previsão do § 11 do artigo 31-F, que estatui: "Caso decidam pela continuação da obra, os adquirentes ficarão automaticamente sub-rogados nos direitos, nas obrigações e nos encargos relativos à incorporação, inclusive aqueles relativos ao contrato de financiamento da obra, se houver." Entretanto, nada estimula a propositura de ações de regresso contra insolventes e falidos.

Com a proibição dos adquirentes em prosseguir a obra se não pagos, desde logo, ou dentro de certo prazo, está a regra extrapolando a linha do razoável, eis que coage ao pagamento sob pena de tudo perderem os condôminos, mesmo que as obrigações pendentes sejam consequência de desvios, de malversação de valores, de apropriações indébitas, impondo o ressarcimento por terceiros em relação a dívidas contraídas por outras pessoas.

Tamanha é a incongruência que reflete a incompatibilidade escancarada com o direito, posto que força o pagamento de dívida de terceiro sob pena de perda de bens e de impossibilidade de seguir o exercício de uma atividade adequada à lei. Ora, o ativo do patrimônio de afetação é que responde pelas obrigações contraídas. Se insuficiente para a finalidade, fatalmente impõe-se a complementação da diferença aos condôminos, que deverão arcar com bens pessoais. Vinga a regra da sub-rogação dos adquirentes nos direitos e obrigações concernentes à incorporação, que deverão trazer recursos na proporção dos coeficientes de construção que adquiriram.

124.5. Sub-rogação dos adquirentes nos direitos, nas obrigações e nos encargos da incorporação

Dando-se a opção, pela assembleia, para a continuação da obra, assumem os adquirentes a construção, até ser concluída, como é normal que assim aconteça, e consta ordenado o § 11 do artigo 31-F, ficando os adquirentes automaticamente sub-rogados nos direitos, nas obrigações e nos encargos relativos à incorporação. A Comissão de Representantes se encarrega da administração, com poderes de decisão, passando a ocupar o lugar do incorporador. O Presidente atuará em nome dos demais membros, reconhecendo-se mandato tácito para tanto, e sempre devendo agir em prévia harmonia com as deliberações dos membros, ou haver depois a devida ratificação.

Por sua vez, os adquirentes prosseguirão no pagamento das prestações, em consonância com a previsão nos contratos, por força do § 12 do artigo 31-A:

Para os efeitos do § 11 deste artigo, cada adquirente responderá individualmente pelo saldo porventura existente entre as receitas do empreendimento e o custo da conclusão da incorporação na proporção dos coeficientes de construção atribuíveis às respectivas unidades, se outro critério de rateio não for deliberado em assembleia geral por dois terços dos votos dos adquirentes, observado o seguinte.

Uma série de regramentos é esmiuçada nos itens do § 12 do artigo 31-F, na seguinte ordem:

No inciso I, é estabelecido que o saldo dos preços não pagos será entregue pelos adquirentes à Comissão de Representantes:

Os saldos dos preços das frações ideais e acessões integrantes da incorporação que não tenham sido pagos ao incorporador até a data da decretação da falência ou da insolvência civil passarão a ser pagos à Comissão de Representantes, permanecendo o somatório desses recursos submetido à afetação, nos termos do art. 31-A, até o limite necessário à conclusão da incorporação.

No inciso II, está consignada a investidura dos membros da Comissão de Representantes na função de mandato, para agirem em nome do incorporador ou do condomínio de construção, e, desta forma, para receber as parcelas do saldo do preço, para promover as medidas judiciais ou extrajudiciais necessárias, e, nesta ordem, inclusive para promover o leilão das unidades de adquirentes inadimplentes:

Para cumprimento do seu encargo de administradora da incorporação, a Comissão de Representantes fica investida de mandato legal, em caráter irrevogável, para, em nome do incorporador ou do condomínio de construção, conforme o caso, receber as parcelas do saldo do preço e dar quitação, bem como promover as medidas extrajudiciais ou judiciais necessárias a esse recebimento, praticando todos os atos relativos ao leilão de que trata o art. 63 ou os atos relativos à consolidação da propriedade e ao leilão de que tratam os arts. 26 e 27 da Lei n. 9.514/1997, devendo realizar a garantia e aplicar na incorporação todo o produto do recebimento do saldo do preço e do leilão.

O inciso III fornece o conceito de receitas, como valores das parcelas a receber: "Consideram-se receitas do empreendimento os valores das parcelas a receber, vincendas e vencidas e ainda não pagas, de cada adquirente, correspondentes ao preço de aquisição das respectivas unidades ou do preço de custeio de construção, bem como os recursos disponíveis afetados." Entram, pois, no conceito de receitas aqueles valores que se encontram depositados na conta-corrente bancária especial. Acontece que ao incorporador incumbe manter os recursos de cada patrimônio de afetação separados, em conta-corrente específica de cada um deles, a qual é aberta e movimentada pela empresa de incorporação e em seu nome. Com a falência, à Comissão de Representantes passa a tarefa de movimentar os recursos, convindo que providencie na abertura de nova conta, com a transferência para ela do eventual saldo existente na conta da incorporadora.

O inciso IV dá o alcance ou o conceito de custo da construção, que representa todo o custeio da construção: "Compreendem-se no custo de conclusão da incorporação todo o custeio da construção do edifício e a averbação da construção das edificações para efeito de individualização e discriminação das unidades, nos termos do art. 44", isto é, abrangendo a individualização e discriminação das unidades.

124.6. Exigência de aportes de recursos superiores aos constantes nos contratos

Em princípio, na normalidade, a obrigação dos adquirentes vai até completar o valor previsto no contrato para a aquisição das unidades. No regime da falência ou insolvência não se afasta a imposição de perdurar a necessidade de aportes de recursos, indo além do limite temporal que vem estabelecido no contrato, justamente para chegar à conclusão da obra. É comum, nas situações de quebra, a ocorrência de fatores adversos, e inclusive desvios ou mau emprego de valores, ou por haver sido traçado incorretamente o dimensionamento do custo. Assim, se a assembleia aprovou a continuação do empreendimento, a dedução lógica que se retira é a anuência de concorrerem os adquirentes com mais contribuições além das previstas.

O *quantum* que exceder poderá ser buscado, embora em tentativa vã, pela via do ressarcimento junto ao incorporador, se encontrados recursos junto a ele, através de habilitação dos créditos na massa falida. Esses créditos qualificam-se como privilegiados, na expressa classificação dada pelo inciso VII do artigo 43 da Lei n. 4.591/1964, em redação da Lei n. 14.382/2022, que trouxe alterações em proteção aos adquirentes, ordenando:

Quando o incorporador contratar a entrega da unidade a prazo e preços certos, determinados ou determináveis, mesmo quando pessoa física, ser-lhe-ão impostas as seguintes normas:

I – encaminhar à comissão de representantes:

a) a cada 3 (três) meses, o demonstrativo do estado da obra e de sua correspondência com o prazo pactuado para entrega do conjunto imobiliário; e

b) quando solicitada, a relação dos adquirentes com os seus endereços residenciais e eletrônicos, devendo os integrantes da comissão de representantes, no tratamento de tais dados, atender ao disposto na Lei nº 13.709, de 14 de agosto de 2018 (Lei Geral de Proteção de Dados Pessoais), no que for aplicável;

II – responder civilmente pela execução da incorporação, devendo indenizar os adquirentes ou compromissários, dos prejuízos que a êstes advierem do fato de não se concluir a edificação ou de se retardar injustificadamente a conclusão das obras, cabendo-lhe ação regressiva contra o construtor, se fôr o caso e se a êste couber a culpa;

III – em caso de falência do incorporador, pessoa física ou jurídica, e não ser possível à maioria prosseguir na construção das edificações, os subscritores ou candidatos à aquisição de unidades serão credores privilegiados pelas quantias que houverem pago ao incorporador, respondendo subsidiariamente os bens pessoais dêste;

IV – é vedado ao incorporador alterar o projeto, especialmente no que se refere à unidade do adquirente e às partes comuns, modificar as especificações, ou desviar-se do plano da construção, salvo autorização unânime dos interessados ou exigência legal;

V – não poderá modificar as condições de pagamento nem reajustar o preço das unidades, ainda no caso de elevação dos preços dos materiais e da mão-de-obra, salvo se tiver sido expressamente ajustada a faculdade de reajustamento, procedendo-se, então, nas condições estipuladas;

VI – se o incorporador, sem justa causa devidamente comprovada, paralisar as obras por mais de 30 dias, ou retardar-lhes excessivamente o andamento, poderá o Juiz notificá-lo para que no prazo mínimo de 30 dias as reinicie ou torne a dar-lhes o andamento normal. Desatendida a notificação, poderá o incorporador ser destituído pela maioria absoluta dos votos dos adquirentes, sem prejuízo da responsabilidade civil ou penal que couber, sujeito à cobrança executiva das importâncias comprovadamente devidas, facultando-se aos interessados prosseguir na obra (VETADO).

VII – em caso de insolvência do incorporador que tiver optado pelo regime da afetação e não sendo possível à maioria prosseguir na construção, a assembleia geral poderá, pelo voto de 2/3 (dois terços) dos adquirentes, deliberar pela venda do terreno, das acessões e demais bens e direitos integrantes do patrimônio de afetação, mediante leilão ou outra forma que estabelecer, distribuindo entre si, na proporção dos recursos que comprovadamente tiverem aportado, o resultado líquido da venda, depois de pagas as dívidas do patrimônio de afetação e deduzido e entregue ao proprietário do terreno a quantia que lhe couber, nos termos do art. 40; não se obtendo, na venda, a reposição dos aportes efetivados pelos adquirentes, reajustada na forma da lei e de acordo com os critérios do contrato celebrado com o incorporador, os adquirentes serão credores privilegiados pelos valores da diferença não reembolsada, respondendo subsidiariamente os bens pessoais do incorporador.

Na existência, porém, de sobras ou saldo positivo, o que se revela quase impossível, não se entrega ao incorporador, mas sim para a massa falida, em atendimento ao § 13 do artigo 31-F, incluído pela Lei n. 10.931/2004: "Havendo saldo positivo entre as receitas da incorporação e o custo da conclusão da incorporação, o valor correspondente a esse saldo deverá ser entregue à massa falida pela Comissão de Representantes".

124.7. Venda de unidades não transferidas ou em estoque e pertencentes ao incorporador

Perdurando, ainda, unidades em nome do incorporador ou em estoque, à Comissão de Representantes é facultada a sua venda, com o objetivo de ressarcimento dos prejuízos causados, e para reembolsar-se das dívidas pendentes do incorporador. A providência deve ser levada a termo nos sessenta dias seguintes à assembleia que autorizou a continuação da obra. Com isso, oportuniza-se o ingresso de novos participantes, com recursos, que contribuirão, inclusive, na eventualidade da insuficiência dos recursos aportados pelas prestações.

A abertura para essa solução está no § 14 do artigo 31-F:

> Para assegurar as medidas necessárias ao prosseguimento das obras ou à liquidação do patrimônio de afetação, a Comissão de Representantes, no prazo de sessenta dias, a contar da data de realização da assembleia geral de que trata o § 1º, promoverá, em leilão público, com observância dos critérios estabelecidos pelo art. 63, a venda das frações ideais e respectivas acessões que, até a data da decretação da falência ou insolvência, não tiverem sido alienadas pelo incorporador.

A venda, que se fará em leilão promovido pela Comissão de Representantes, obedece o procedimento do artigo 63 da Lei n. 4.591/1964. Anuncia-se o leilão, que se considera público, pela forma estabelecida na convenção. Normalmente, entregam-se as vendas a leiloeiros e publicam-se avisos, até para atrair interessados.

Nos anúncios, indicam-se os dados relativos à cifra devida, ao preço da unidade (da fração ideal do terreno), ao valor das acessões pendentes de pagamento, conforme exige o § 16: "Dos documentos para anúncio da venda de que trata o § 14 e, bem assim, o inc. III do art. 43, constarão o valor das acessões não pagas pelo incorporador (art. 35, § 6º) e o preço da fração ideal do terreno e das acessões (arts. 40 e 41)."

A qualquer pessoa se abre a faculdade de participar, ficando o arrematante sub-rogado nos direitos e nas obrigações incidentes nas frações ideais e acessões acrescidas. Passa ele, pois, a fazer parte do condomínio, assumindo os encargos e dívidas pendentes. O § 15 do artigo 31-F estabelece essa vinculação:

Cap. 124 | A afetação e a falência ou insolvência do incorporador • 467

Na hipótese de que trata o § 14, o arrematante ficará sub-rogado, na proporção atribuível à fração e acessões adquiridas, nos direitos e nas obrigações relativas ao empreendimento, inclusive nas obrigações de eventual financiamento, e, em se tratando da hipótese do art. 39 desta Lei, nas obrigações perante o proprietário do terreno.

O § 17 traça uma ordem de preferência, dentro de certos prazos a partir da data designada para a venda, ficando em primeiro lugar o proprietário do terreno que não seja incorporador, e, sucessivamente, em segundo o condômino, na inexistência de licitantes e se autorizar a assembleia por maioria simples dos adquirentes presentes:

No processo de venda de que trata o § 14, serão asseguradas, sucessivamente, em igualdade de condições com terceiros:

I – ao proprietário do terreno, nas hipóteses em que este seja pessoa distinta da pessoa do incorporador, a preferência para aquisição das acessões vinculadas à fração objeto da venda, a ser exercida nas vinte e quatro horas seguintes à data designada para a venda; e

II – ao condomínio, caso não exercida a preferência de que trata o inc. I, ou caso não haja licitantes, a preferência para aquisição da fração ideal e acessões, desde que deliberada em assembleia geral, pelo voto da maioria simples dos adquirentes presentes, e exercida no prazo de quarenta e oito horas a contar da data designada para a venda.

124.8. Destinação do produto resultante da venda de unidades em estoque

Conforme é sabido, as unidades em estoque, isto é, não transferidas, e que prosseguem na propriedade do incorporador, sujeitam-se à venda, em procedimento dirigido pela Comissão de Representantes, mediante leilão público – assunto que restou discernido acima, e cuja disciplina geral vem descrita em minúcias no artigo 63 e em seus parágrafos da Lei n. 4.591/1964. Os resultados advindos das vendas são destinados a pagar o passivo, isto é, as dívidas da incorporação (tendo preferência as trabalhistas, previdenciárias e tributárias), os financiamentos e empréstimos, os adiantamentos feitos pelos adquirentes das unidades, as pendências junto ao proprietário do terreno. Havendo sobras, entrega-se à massa falida, como também consigna o inciso IX do artigo 119 da Lei n. 11.101/2005, que trata da recuperação judicial e da falência:

Os patrimônios de afetação, constituídos para cumprimento de destinação específica, obedecerão ao disposto na legislação específica, permanecendo seus bens, direitos e obrigações separados dos do falido até o advento do respectivo termo ou até o cumprimento de sua finalidade, ocasião em que o administrador judicial arrecadará o saldo a favor da massa falida ou inscreverá na classe própria o crédito que contra ela permanecer.

Uma vez efetuada a venda, pois, a Comissão de Representantes terá cinco dias para a distribuição dos valores apurados, observando a ordem delineada no § 18 do artigo 31-F:

Realizada a venda prevista no § 14, incumbirá à Comissão de Representantes, sucessivamente, nos cinco dias que se seguirem ao recebimento do preço:

I – pagar as obrigações trabalhistas, previdenciárias e tributárias, vinculadas ao respectivo patrimônio de afetação, observada a ordem de preferência prevista na legislação, em especial o disposto no art. 186 do Código Tributário Nacional;

468 • Condomínio Edilício e Incorporação Imobiliária | *Arnaldo Rizzardo*

II – reembolsar aos adquirentes as quantias que tenham adiantado, com recursos próprios, para pagamento das obrigações referidas no inc. I;

III – reembolsar à instituição financiadora a quantia que esta tiver entregue para a construção, salvo se outra forma for convencionada entre as partes interessadas;

IV – entregar ao condomínio o valor que este tiver desembolsado para construção das acessões de responsabilidade do incorporador (§ 6º do art. 35 e § 5º do art. 31-A), na proporção do valor obtido na venda;

V – entregar ao proprietário do terreno, nas hipóteses em que este seja pessoa distinta da pessoa do incorporador, o valor apurado na venda, em proporção ao valor atribuído à fração ideal; e

VI – entregar à massa falida o saldo que porventura remanescer.

Algumas observâncias são exigidas na destinação do valor apurado na venda em leilão, discriminadas em decisão do STJ:

> De acordo com o procedimento da Lei 4.591/1964, em caso de falência da incorporadora, a Comissão de Representantes ou condomínio podem ser autorizados a alienar as unidades imobiliárias que permanecem na propriedade da falida, por meio de leilão. Do produto obtido, após a dedução das despesas havidas e dos percentuais que cabem ao condomínio, o saldo porventura existente deve ser destinado para pagar o passivo da falida, nos termos do art. 63, § 4º, do referido diploma legal.
>
> No caso concreto, relativo ao Empreendimento Costa Verde, o juízo falimentar transferiu à Comissão de Representantes a propriedade das "unidades estoque" (as não comercializadas pela Encol S. A.) e das "unidades dos não aderentes" (daqueles que não quiseram aderir à comissão) para alienação. Quanto a estas últimas, foi expressamente determinada a observância do procedimento previsto na Lei de Incorporações Imobiliárias, motivo pelo qual não poderiam ter sido incluídas no contrato de permuta celebrado pela Comissão com a Construtora Via Engenharia, contratada para finalizar as obras.
>
> Com a desvinculação das "unidades dos não aderentes" do ativo da massa falida, o saldo eventualmente existente após o leilão e a dedução das despesas cabíveis deveria ter sido destinado aos promitentes compradores para satisfação de seus respectivos créditos, com base no disposto no art. 63, § 4º, da Lei nº 4.591/1964.
>
> Para não haver enriquecimento ilícito dos promitentes compradores que não aderiram à Comissão, em prejuízo desta e da massa falida, a reparação que lhes cabe após a venda de suas respectivas unidades fica necessariamente adstrita a dois limites: (i) o saldo eventual do valor apurado com a venda dos direitos da sua unidade, após todas as deduções previstas no art. 63, § 4º, da Lei nº 4.591/1964, e (ii) a quantia efetivamente paga por cada um à incorporadora falida.[3]

124.9. Obrigação de o incorporador assegurar o acesso aos documentos e informações

Passando a administração à Comissão de Representantes, fica o incorporador alijado das funções que exercia, não mais se imiscuindo nas obras e nos negócios pendentes. Cumpre-lhe que entregue a documentação, em especial a contábil, a qual deverá, pelo menos em tese, refletir a situação das contas. Além disso, aos peritos, fiscais e representantes da Comissão facilitará o acesso e prestará todas as informações solicitadas, segundo manda o § 19 do artigo 31-F: "O incorporador deve assegurar à pessoa nomeada nos termos do artigo 31-C, o acesso a todas as informações neces-

---

[3] REsp 1.573.595/RJ, da 3ª Turma, rel. Min. Ricardo Villas Bôas Cueva, j. em 21.11.2017, *DJe* 30.11.2017.

Cap. 124 | A afetação e a falência ou insolvência do incorporador • **469**

sárias à verificação do montante das obrigações referidas no § 12, inciso I, do art. 31-F vinculadas ao respectivo patrimônio de afetação."

A pessoa nomeada nos termos do artigo 31-C é a pessoa física ou jurídica nomeada pela Comissão de Representantes e pelo agente financiador, se houver, para fiscalizar e acompanhar o patrimônio de afetação. Aos próprios membros da Comissão, e mesmo aos adquirentes de unidades estende-se a faculdade de fiscalizar e acompanhar. Por razões óbvias, se à pessoa nomeada, ou ao fiscal, ou auditor se concede o exame, também a quem nomeia, e àqueles que figuram como os maiores interessados, isto é, aos titulares de frações ideais, terão acesso à contabilidade e aos documentos.

A menção do § 12, inciso I, do artigo 31-F visa ao acesso aos saldos dos preços das frações ideais e acessões integrantes da incorporação ainda pendentes de pagamento, que passam a ser entregues, desde a decretação da falência ou insolvência, à comissão de permanência. Esses valores ficam afetados ou destinados à obra. Parece evidente que todas as contas submetem-se ao exame, inclusive a contabilidade relativa ao período anterior da falência ou insolvência, com o objetivo de aferir o correto e devido emprego das quantias ingressadas na construção, com o que se viabiliza a responsabilidade na eventualidade de desvios.

Com o acesso à documentação da realidade da obra terá o novo administrador conhecimento das possibilidades de seguir ou não o empreendimento, em especial das obrigações pendentes. Somente após essa verificação colherá elementos para uma decisão madura e real.

124.10. Obrigações tributárias e contribuições excluídas da responsabilidade dos adquirentes de unidades

Todas as obrigações do incorporador, que não se relacionam à obra, não são exigíveis com a instituição do patrimônio afetado. Isto desde que pessoais essas obrigações, e não decorram da atividade do incorporador. Assim as dívidas com outras incorporações, ou que decorram de imposições diferentes, não se transferem aos condôminos adquirentes das unidades.

Mais explicitamente, após a opção por este regime especial, os bens e direitos relativos ao empreendimento imobiliário não responderão por dívidas tributárias do incorporador relativas ao Imposto de Renda das Pessoas Jurídicas, à Contribuição Social sobre o Lucro Líquido – CSLL, à Contribuição para o Financiamento da Seguridade Social – COFINS e à Contribuição para os Programas de Integração Social e de Formação do Patrimônio do Servidor Público – PIS/PASEP, salvo as que se referirem ao próprio empreendimento. Contudo, em sentido oposto, a incorporadora responderá, com todo o seu patrimônio, exceto outros patrimônios afetados, pelas dívidas tributárias deste empreendimento afetado.

Assim colhe-se do artigo 3º da Lei n. 10.931/2004:

> O terreno e as acessões da incorporação imobiliária sujeitas ao regime especial de tributação, bem como os demais bens e direitos a ela vinculados, não responderão por dívidas tributárias da incorporadora relativas ao Imposto de Renda das Pessoas Jurídicas – IRPJ, à Contribuição Social sobre o Lucro Líquido – CSLL, à Contribuição para o Financiamento da Seguridade Social – COFINS à Contribuição para os Programas de Integração Social e

de Formação do Patrimônio do Servidor Público – PIS/PASEP, exceto aquelas calculadas na forma do art. 4º sobre as receitas auferidas no âmbito da respectiva incorporação.

Importante frisar que o patrimônio de afetação fica adstrito a atender as obrigações do empreendimento ao qual está vinculado, sem estender a outras obrigações, devendo se encontrar devidamente regularizado e com a escrituração contábil apartada do restante das contas do incorporador. Entrando o incorporador em insolvência, o fato não refletirá no patrimônio de afetação. As unidades autônomas não alienadas, entretanto, submetem-se a garantir as obrigações do incorporador. Quaisquer prejuízos que o incorporador causar, arca ele pelo seu ressarcimento.

No entanto, se relacionadas à obra, as obrigações, se insuficiente o patrimônio afetado, são transferidas aos adquirentes das unidades. Caso decidirem a continuação da incorporação, as dívidas advindas da incorporação constituem um adendo a mais que onerará cada adquirente, na proporção do coeficiente de sua fração ideal. Não importa que ultrapassem o valor constante no contrato. Em relação ao Imposto de Renda e à Contribuição Social sobre o Lucro Líquido da empresa – CSLL, desde que relacionados à obra, são do encargo do incorporador, e garantidos pelo patrimônio de afetação. Entretanto, se insuficiente este, não se dá a assunção, do excedente, pelos titulares das unidades.

Para que fique clara esta divisão de obrigações tributárias, o incorporador tem de manter a escrituração contábil segregada para cada empreendimento submetido ao regime especial de tributação.

É importante que se destaque a ressalva, porquanto significativa de restrição de responsabilidade. Em relação aos tributos atinentes à propriedade do imóvel que ingressa para formar a incorporação, são assumidos pelos adquirentes de unidade, se insuficiente o patrimônio de afetação para a devida cobertura. Quanto ao Imposto de Renda, à CSLL, à COFINS e ao PIS/PASEP o excedente não suportado pelo patrimônio de afetação não se transfere à responsabilidade dos adquirentes.

É o que garante o § 20 do artigo 31-F, trazido pela Lei n. 10.931/2004:

> Ficam excluídas da responsabilidade dos adquirentes as obrigações relativas, de maneira direta ou indireta, ao imposto de renda e à contribuição social sobre o lucro, devidas pela pessoa jurídica do incorporador, inclusive por equiparação, bem como as obrigações oriundas de outras atividades do incorporador não relacionadas diretamente com as incorporações objeto de afetação.

125

A afetação e a incidência de tributos

Consoante já ressaltado, a afetação não retira a propriedade do incorporador sobre os bens. Continuará ele com a titularidade, havendo apenas uma reserva de servir de garantia ou de destinação para a finalidade da construção. Dentro desta realidade, permanecerá a sua responsabilidade fiscal, ficando à pessoa jurídica credora reservado o direito de impor a exação tributária perante ele. Ocorre que se opera a incidência, com a afetação, somente de um encargo sobre determinada massa de bens pertencente ao incorporador, sem atingir a propriedade. Por isso, continua devido o Imposto Predial e Territorial Urbano – IPTU; de igual modo, deve o incorporador pagar as incidências tributárias pelo exercício da atividade, despontando, dentre elas, a Contribuição para o Financiamento da Seguridade Social – COFINS; o Imposto sobre Serviços – ISS; o Imposto de Renda; e a Contribuição Social sobre o Lucro Líquido da empresa – CSLL.

Relativamente ao Imposto de Renda, torna-se devido sobre a diferença entre o montante entregue e aquele que ingressou para a empresa de incorporação, no que se aplica também nas incorporações sem afetação, conforme consolidou o STJ: "Está pacificado na jurisprudência que incide o imposto de renda na pessoa física sobre operação de incorporação imobiliária, quando há diferença de valor entre o quantitativo do bem entregue e o valor do título recebido em contrapartida."[1]

Explicita-se no voto da relatora, Ministra Eliana Calmon:

> O que se apresenta relevante para efeito de incidência do imposto de renda é a existência de diferença entre o valor dos bens dados em pagamento e o valor do título representativo recebido. Em outras palavras, o custo dos bens entregues e pagamento, segundo consta da declaração de rendimentos do seu titular e o valor recebido pelo alienante por força da incorporação, é que sofre a incidência do imposto, como sendo acréscimo patrimonial tributável.
>
> É exatamente a diferença a maior entre os dois valores que se constitui em ganho de capital e deve sofrer tributação. Neste sentido temos a totalidade dos diplomas referentes à tributação, a partir do Decreto-lei n. 1.641/1978, passando pela Lei n. 7.713/1988, até a Lei n. 9.249/1995.

---

[1] REsp. n. 411.662/RS. Segunda Turma. Julgado em 28.09.2004, *DJU* 06.12.2004.

Com a afetação, não se dá a alteração do regime tributário, e muito menos surgem alterações sobre a responsabilidade do contribuinte.

Não se pense que o conjunto de bens, direitos e obrigações, que constitui o patrimônio de afetação, é excluído do patrimônio geral do incorporador, embora com a destinação para o cumprimento de uma determinada função. Fixada a responsabilidade sobre o contribuinte, que é o titular do patrimônio, aos tributos incidentes sobre as atividades não se dá a transferência para os adquirentes das unidades, que passam a compor a incorporação. Permite-se obrigar o adquirente unicamente com referência ao IPTU, eis que o fato gerador é a propriedade. Na insolvência do incorporador, porém, as dívidas de natureza tributárias são pagas com as receitas da própria incorporação, que se incluem no patrimônio de afetação. De sorte que, se vinculadas à incorporação, entra o patrimônio de afetação para o pagamento. E essas obrigações se resumem nas que decorreram da incorporação. Os bens afetados não sustentam as demais obrigações do incorporador, como os tributos decorrentes de sua atividade, e, assim, o ISS, a COFINS, o Imposto de Renda e a CSLL. Ou seja, segue-se a direção do § 1º do artigo 31-A: "O patrimônio de afetação não se comunica com os demais bens, direitos e obrigações do patrimônio geral do incorporador ou de outros patrimônios de afetação por ele constituídos e só responde por dívidas e obrigações vinculadas à incorporação respectiva."

Pode-se estabelecer a seguinte regra: destacam-se as obrigações tributárias incidentes sobre a atividade em geral da empresa, e aquelas obrigações relacionadas exclusivamente às obras da incorporação. Quanto às primeiras, responde a empresa, e não se estabelecendo a garantia do patrimônio de afetação; já em relação às segundas, chama-se para responder o respectivo patrimônio de afetação. Nestas se incluem o ISS decorrente do serviço prestado diretamente à obra, bem como os demais tributos e contribuições que tiveram como fato gerador a obra.

No caso do Imposto de Renda, haverá um balanço geral de cada incorporação, para efeitos de apuração de lucro. Mesmo que o balanço seja real de todas as incorporações, o patrimônio afetado, por ser autônomo, garante o tributo da incorporação à qual está vinculado. Não se afasta a responsabilidade do incorporador pelos tributos das demais incorporações. Todavia, é inconcebível que busque o Fisco suporte patrimonial nos bens afetados não reservados para as incorporações diferentes daquela onde existe patrimônio disponível. Acontece que a afetação tem em mira também outras finalidades, devendo, pois, haver patrimônio reservado para atendê-las. Somente depois de cumpridas as diversas finalidades que impuseram a afetação, isto é, de entregues as unidades com a devida formalização cartorária e livres de pendências econômicas, de resgatado o financiamento, se houver, os bens afetados retornam para o patrimônio do incorporador, podendo ser usados para atender outras obrigações. Pelo montante dos custos, e em face do valor advindo de entradas pela venda de unidades e oriundo de outras fontes, deduz-se o lucro líquido, que corresponde à vantagem do incorporador, e servirá de base de cálculo do imposto de renda, admitindo-se que o patrimônio afetado se constitua em garantia somente do imposto calculado. Se apuradas perdas no curso do desempenho da atividade, e sendo o incorporador o sujeito passivo dessas perdas, pois a ele são debitadas, não se apurando lucro, deixará de incidir o imposto, ficando o patrimônio afetado para a garantia das demais obrigações relativas à incorporação.

Cap. 125 | A afetação e a incidência de tributos • 473

Fica garantida aos adquirentes a ação regressiva para buscar, junto ao incorporador, o ressarcimento dos encargos porventura pagos e anteriores à venda.

125.1. O regime especial tributário incidente no patrimônio de afetação

A Lei n. 10.931/2004, com as modificações das Leis n. 11.196/2005, n. 12.024/2009, n. 12.767/2012, n. 12.844/2013, n. 13.097/2015, n. 13.476/2017, n. 13.970/2019 e n. 13.986/2020, introduziu o regime especial no tocante a certos tributos, relativamente às incorporações, enquanto se mantiverem os bens afetados. É como dispõe o artigo 1º: "Fica instituído o regime especial de tributação aplicável às incorporações imobiliárias, em caráter opcional e irretratável enquanto perdurarem direitos de crédito ou obrigações do incorporador junto aos adquirentes dos imóveis que compõem a incorporação".

Em vez do lucro real, escolhe o contribuinte o regime especial, mediante uma contribuição em determinado valor. Para a opção, exige o artigo 2º duas condições:

> A opção pelo regime especial de tributação de que trata o art. 1º será efetivada quando atendidos os seguintes requisitos:
>
> I – entrega do termo de opção ao regime especial de tributação na unidade competente da Secretaria da Receita Federal, conforme regulamentação a ser estabelecida; e
>
> II – afetação do terreno e das acessões objeto da incorporação imobiliária, conforme disposto nos arts. 31-A a 31-E da Lei n. 4.591/1964.

Por esse regime, opta o contribuinte pelo pagamento do equivalente a quatro por cento (4%) da receita mensal recebida, abrangendo quatro impostos, na discriminação do artigo 4º:

> Para cada incorporação submetida ao regime especial de tributação, a incorporadora ficará sujeita ao pagamento equivalente a 4% (quatro por cento) da receita mensal recebida, o qual corresponderá ao pagamento mensal unificado do seguinte imposto e contribuições:
>
> I – Imposto de Renda das Pessoas Jurídicas – IRPJ;
>
> II – Contribuição para os Programas de Integração Social e de Formação do Patrimônio do Serviço Público – PIS/PASEP;
>
> III – Contribuição Social sobre o Lucro Líquido – CSLL; e
>
> IV – Contribuição para Financiamento da Seguridade Social – COFINS.

Quanto à incorporação de imóveis residenciais de interesse social, até 31.12.2018, fica o imposto em 1%, da receita mensal recebida, por determinação do § 6º do art. 4º:

> Para os projetos de incorporação de imóveis residenciais de interesse social cuja construção tenha sido iniciada ou contratada a partir de 31 de março de 2009, o percentual correspondente ao pagamento unificado dos tributos de que trata o *caput* deste artigo será equivalente a 1% (um por cento) da receita mensal recebida, desde que, até 31 de dezembro de 2018, a incorporação tenha sido registrada no cartório de imóveis competente ou tenha sido assinado o contrato de construção.

Necessário entender o significado de receita, que é dado pelo § 1º do artigo 4º: "Para fins do disposto no *caput*, considera-se receita mensal a totalidade das receitas auferidas pela incorporadora na venda das unidades imobiliárias que compõem a incorporação, bem assim como as receitas financeiras e variações monetárias decorrentes desta operação." Assim, entram como receitas os resultados que ingressam e são provenientes da venda de unidades, bem como os eventuais rendimentos ou frutos que decorrem de tais ingressos.

Não é admitida a restituição ou a compensação daquilo que for pago, em relação a possíveis prejuízos que ocorrem em exercícios posteriores. Estabelece, a respeito, o § 2º:

> O pagamento dos tributos e contribuições na forma do disposto no *caput* deste artigo será considerado definitivo, não gerando, em qualquer hipótese, direito à restituição ou a compensação com o que for apurado pela incorporadora.

Outrossim, tudo o que restar apurado na incorporação, não se estende a outras atividades empresariais do incorporador, nos termos do § 3º do artigo 4º:

> As receitas, custos e despesas próprios da incorporação sujeita a tributação na forma deste artigo não deverão ser computados na apuração das bases de cálculo dos tributos e contribuições de que trata o *caput* deste artigo devidos pela incorporadora em virtude de suas outras atividades empresariais, inclusive incorporações não afetadas.

Segundo o § 4º, os custos e despesas indiretos de cada incorporação serão apropriados na mesma proporção dos custos diretos:

> Para fins do disposto no § 3º deste artigo, os custos e despesas indiretos pagos pela incorporadora no mês serão apropriados a cada incorporação na mesma proporção representada pelos custos diretos próprios da incorporação, em relação ao custo direto total da incorporadora, assim entendido como a soma de todos os custos direitos de todas as incorporações e o de outras atividades exercidas pela incorporadora.

Uma vez manifestada a opção, estabelece o § 5º que fica o contribuinte obrigado a fazer o recolhimento dos tributos a partir do mês da opção.

No artigo 8º está discriminada a divisão do total recolhido, de sete por cento da receita, para diversos tributos e contribuições:

> Para fins de repartição de receita tributária e do disposto no § 2º do art. 4º, o percentual de 4% (quatro por cento) de que trata o *caput* do art. 4º será considerado:
> I – 1,71% (um inteiro e setenta e um centésimos por cento) como Cofins;
> II – 0,37% (trinta e sete centésimos por cento) como Contribuição para o PIS/Pasep;
> III – 1,26% (um inteiro e vinte e seis centésimos por cento) como IRPJ; e
> IV – 0,66% (sessenta e seis centésimos por cento) como CSLL.
> Parágrafo único. O percentual de 1% (um por cento) de que trata o § 6º do art. 4º será considerado para os fins do *caput*:

Cap. 125 | A afetação e a incidência de tributos • **475**

I – 0,44% (quarenta e quatro centésimos por cento) como Cofins;

II – 0,09% (nove centésimos por cento) como Contribuição para o PIS/Pasep;

III – 0,31% (trinta e um centésimos por cento) como IRPJ; e

IV – 0,16% (dezesseis centésimos por cento) como CSLL.

De sorte que, com suporte nos dispositivos *supra*, e como garante o artigo 3º da Lei n. 10.931, o terreno e as acessões objeto da incorporação imobiliária se sujeitam ao regime especial de tributação, e assim também os demais bens e direitos vinculados submetem-se unicamente aos percentuais dos tributos indicados, impondo o artigo 5º que se proceda ao recolhimento até o vigésimo dia subsequente àquele em que houver sido auferida a receita. Deve a incorporadora utilizar no Documento de Arrecadação de Receita Federal – DARF o número específico de inscrição da incorporação no Cadastro Nacional das Pessoas Jurídicas – CNPJ – e o código de arrecadação próprio (parágrafo único do art. 5º).

Na opção pelo regime especial, incidem, ainda, as seguintes normas:

– Os créditos tributários devidos pela incorporadora não poderão ser objeto de parcelamento (art. 6º).

– Está o incorporador obrigado a manter escrituração contábil segregada para cada incorporação (art. 7º).

– Dá-se a perda da eficácia da deliberação que decide pela continuação da obra no caso de falência da incorporadora, se não verificado o pagamento das obrigações tributárias, previdenciárias e trabalhistas vinculadas ao patrimônio de afetação, desde que os fatos geradores da tributação tenham ocorrido até a data da decretação da falência ou insolvência do incorporador. Aos adquirentes cabe efetuar o pagamento de tais obrigações até um ano da deliberação que decide pela continuação da obra, ou até a data da concessão do habite-se, se esta ocorrer em prazo inferior (art. 9º).

Não optando o incorporador pelo regime especial, adotam-se os mesmos procedimentos para a apuração dos resultados de cada incorporação. Posteriormente, reúnem-se os resultados das diversas incorporações, até chegar ao lucro líquido, para incidir, então, as alíquotas dos tributos e contribuições.

De acordo com o art. 11-A da Lei n. 10.931/2004, incluído pela Lei n. 13.970/2019, "o regime de afetação será aplicado até o recebimento integral do valor das vendas de todas as unidades que compõem o memorial de incorporação registrado no cartório de imóveis competente, independentemente da data de sua comercialização, e, no caso de contratos de construção, até o recebimento integral do valor do respectivo contrato".

125.2. A incorporação imobiliária e o ISS – Imposto sobre Serviços

Ao estabelecer as competências tributárias, dividindo-a entre os entes políticos da Federação (União, Estados, Distrito Federal e Municípios), a Constituição Federal estabeleceu, em seu artigo 156, inciso III, que cabe aos Municípios instituir Imposto sobre os Serviços de Qualquer Natureza (ISSQN), ou simplesmente Imposto sobre Serviços (ISS), exceto os de transporte intermunicipal e interestadual, e os de comunicação, que serão tributados pelo ICMS, de competência dos Estados. Já a Lei Complementar n. 116/2003, definiu as normas gerais acerca do ISS, estabelecendo as hipóteses de incidência do imposto e elencou os serviços que sobre os quais incide tributação.

476 • Condomínio Edilício e Incorporação Imobiliária | *Arnaldo Rizzardo*

De salientar que a atividade de incorporação de imóveis não está incluída na Lista de Serviços Anexa à Lei Complementar n. 116/2003, nem tampouco se encontrava na Lista Anexa ao Decreto-lei n. 406/1968.

Acontece que o rol de serviços contemplado na lista não é exemplificativo, mas sim taxativo, sendo que, não estando expressamente prevista a atividade na lista de serviços, esta não se sujeitará ao ISS.

Esta omissão, porém, não importa em inexigibilidade do imposto se acompanhada a atividade de incorporação com a de construção.

Realmente, a incorporação, normalmente, vem acompanhada da prestação do serviço de construção.

Exercendo as incorporadoras a construção do imóvel, a incidência do ISS se dá em razão da prestação de serviços de construção civil, a qual consta expressamente inserida no item 7.02 ("construção civil, hidráulica e elétrica e de outras obras seme-lhantes") da Lista Anexa à LC n. 116/2003.

Neste sentido orientou o STJ, consoante o seguinte julgado:

> *Tributário. Imposto sobre Serviços. Incorporação de imóveis. Lei n. 4.591/1964. Decreto-lei n. 406/1968. Decreto-lei n. 834/1969.* Se o incorporador assume as funções de construtor, por esta atividade, seja realizada por forma de empreitada ou de administração, está obrigado ao tributo.[2]

Elucidativo o seguinte trecho do voto do relator, Min. Antônio de Pádua Ribeiro:

> A questão posta é exclusivamente de direito e consiste em se saber se nos casos refe-ridos, em que a autora foi incorporadora há ou não a incidência do ISS.
>
> A taxatividade do rol de serviços tributáveis é indiscutível. (...) Na incorporação imo-biliária tem definição legal. *Ex vi* do parágrafo único do art. 28 da Lei n. 4.591/1964, verifica-se ser a atividade exercida com o intuito de promover e realizar a construção, para alienação total ou parcial, de edificações ou conjunto de edificações compostas de unidades autônomas.
>
> A figura do incorporador também está definida na lei. Trata-se de pessoa física ou ju-rídica, comerciante ou não, que, embora não efetuando a construção, compromisse ou efetive a venda de frações ideais de terreno, objetivando a vinculação de tais frações a unidades autônomas, em edificações a serem construídas ou em construção sob o regime condominial, ou que meramente aceita propostas para efetivação de tais transações, coordenando e levando a termo a incorporação e responsabilizando-se, conforme o caso pela entrega, em certo prazo, preço e determinadas condições, das obras concluídas.
>
> Verifica-se assim, que o incorporador não tem necessariamente a atividade de cons-trução (...).

Em outra decisão:

> Conforme decidido no REsp 1.166.039/RN, a incorporação poderá adotar um dos seguin-tes regimes de construção: a) por empreitada, a preço fixo, ou reajustável por índices

---

[2] STJ. REsp. n. 41.383. Relator: Min. Antônio de Pádua Ribeiro. Segunda Turma. *DJU* 19.12.1994.

previamente determinados (Lei 4.591/1964, art. 55); b) por administração ou "a preço de custo" (Lei 4.591/1964, art. 58); ou c) por contratação direta entre os adquirentes e o construtor (Lei 4.591/1964, art. 41).

Nas duas primeiras hipóteses, o serviço é prestado por terceira empresa, contratada pela incorporadora ou pelos adquirentes, que se organizam em regime de condomínio. Contribuinte do ISS sobre o serviço de construção, naturalmente, será a respectiva prestadora, e não o tomador.

Se houver contratação direta, a construção feita pela incorporadora em terreno próprio constitui "simples meio para atingir-se o objetivo final da incorporação; o incorporador não presta serviço de 'construção civil' ao adquirente, mas para si próprio".

Conclui-se que a incorporadora imobiliária não assume a condição de contribuinte da exação".[3]

Importante ver a fundamentação que aparece no voto do Relator:

Sob o regime de construção, assim dispõe o art. 48 da Lei 4.591/1964:

"A construção de imóveis, objeto de incorporação nos moldes previstos nesta Lei poderá ser contratada sob o regime de empreitada ou de administração conforme adiante definidos e poderá estar incluída no contrato com o incorporador, ou ser contratada diretamente entre os adquirentes e o construtor".

A incorporação, portanto, poderá adotar um dos seguintes regimes de construção:

(a) por empreitada, a preço fixo, ou reajustável por índices previamente determinados (Lei 4.591/64, art. 55);

(b) por administração ou "a preço de custo" (Lei 4.591/64, art. 58); ou

(c) diretamente, por contratação direta entre os adquirentes e o construtor (Lei 4.591/64, art. 41). Nos dois primeiros regimes, a construção é contratada pelo incorporador ou pelo condomínio de adquirentes, mediante a celebração de um contrato de prestação de serviços, em que aqueles figuram como tomadores, sendo o construtor um típico prestador de serviços. Nessas hipóteses, em razão de o serviço prestado estar perfeitamente caracterizado no contrato, o exercício da atividade enquadra-se no item 32 da Lista de Serviços, configurando situação passível de incidência do ISSQN.

Na incorporação direta, por sua vez, o incorporador constrói em terreno próprio, por sua conta e risco, realizando a venda das unidades autônomas por "preço global", compreensivo da cota de terreno e construção. O contrato firmado com os adquirentes, nesse caso, é um compromisso de compra e venda de imóvel em construção.

Conforme se verifica, a solução foi extraída com base na premissa de que a construção se faz em imóvel de propriedade da incorporadora, mediante uma das seguintes alternativas: a) por contratação de terceira empresa, sendo tomador do serviço a incorporadora ou os futuros adquirentes, que se organizam em regime de condomínio; e b) por contratação direta entre a própria incorporadora e os interessados na aquisição do edifício.

Ficou claro, portanto, que o tributo somente é devido no primeiro caso (contratação de empresa construtora).

Na espécie, o Tribunal de origem reformou a sentença para determinar a exigibilidade do ISS sobre serviços de construção, ao fundamento de que a incorporadora celebrou dois contratos (compra e venda e empreitada) e alienou o imóvel antes do habite-se.

---

[3] REsp. n. 1.212.888/RN. Relator: Min. Herman Benjamin. Segunda Turma do STJ. Julgado em 12.04.2011, *DJe* 18.04.2011.

Assim, nos termos do precedente acima, concluo que, em qualquer hipótese, a incorporadora jamais será devedora do ISS sobre serviços de construção, quer porque disso não se trata (se for contratação direta), quer porque, nas demais atua na condição de prestadora de serviço, e, portanto, qualifica-se como sujeito passivo da exação.

Reiterando o entendimento:

> Segundo entendimento do Superior Tribunal de Justiça, "não cabe a incidência de ISSQN na incorporação direta, já que o alvo desse imposto é atividade humana prestada em favor de terceiros como fim ou objeto; tributa-se o serviço-fim, nunca o serviço-meio, realizado para alcançar determinada finalidade. As etapas intermediárias são realizadas em benefício do próprio prestador, para que atinja o objetivo final, não podendo, assim, ser tidas como fatos geradores da exação" (REsp 1.166.039/RN, Rel. Min. Castro Meira, Segunda Turma, *DJe* 11.06.2010).[4]

Nesta mesma inteligência, se os construtores/incorporadores fazem mais acessões ou acrescentam benfeitorias, estão os mesmos prestando serviços, pois a tanto equivale o construir por administração ou sob empreitada, a preço fixo ou reajustável. Além de alienar coisa já existente e que consiste na fração ideal e na eventual benfeitoria, assumem os incorporadores/construtores a obrigação de fazer, que é de construir, importando em prestação de serviço. Essa atividade traz a incidência do imposto.

Se a atividade de incorporação está somada à construção em terreno próprio, cuja venda ocorrerá somente após o "habite-se", não há incidência do ISS por força do próprio critério do imposto, que está na prestação de serviços. Acontece que, operando-se a venda depois de prontas as unidades erguidas sobre imóvel do próprio incorporador, não se revela cabível a imposição porquanto a prestação de serviços é para si próprio. Do contrário, estar-se-ia admitindo o "contrato consigo mesmo". Condição para o imposto é a realização de serviços por esforço próprio em favor de terceiros.

Encontra respaldo em manifestação do STJ essa *ratio*:

> *Tributário. Imposto Sobre Serviço.* Comprovado que a parte promovia as construções em terrenos de sua propriedade pelo sistema de incorporação, na qualidade de proprietária-incorporadora, não há falar-se em prestação de serviço, pois impossível o contribuinte prestar a si próprio o serviço desvanecendo, destarte, o fato imponível do ISS. Precedentes. Recurso desprovido.[5]

Esta compreensão está bem desenvolvida no seguinte aresto, também do STJ:

> A incorporação imobiliária é um negócio jurídico que, nos termos previstos no parágrafo único do art. 28 da Lei n. 4.591/1964, tem por finalidade promover e realizar a construção, para alienação total ou parcial, de edificações compostas de unidades autônomas.
>
> Consoante disciplina o art. 48 da Lei n. 4.591/1964, a incorporação poderá adotar um dos seguintes regimes de construção: (a) por empreitada, a preço fixo, ou reajustável por índices previamente determinados (Lei n. 4.591/1964, art. 55); (b) por administração

---

[4] AgRg no REsp n. 1.356.977/MG. Primeira Turma. Relator Min. Arnaldo Esteves Lima. Julgado em 19.03.2013. *DJe* 25.03.2019.

[5] REsp. n. 1.625/RJ. Relator: Min. Geraldo Sobral. Primeira Turma. *DJ* 25.03.1991.

Cap. 125 | A afetação e a incidência de tributos • **479**

ou "a preço de custo" (Lei n. 4.591/1964, art. 58); ou (c) diretamente, por contratação direta entre os adquirentes e o construtor (Lei n. 4.591/1964, art. 41).

Nos dois primeiros regimes, a construção é contratada pelo incorporador ou pelo condomínio de adquirentes, mediante a celebração de um contrato de prestação de serviços, em que aqueles figuram como tomadores, sendo o construtor um típico prestador de serviços. Nessas hipóteses, em razão de o serviço prestado estar perfeitamente caracterizado no contrato, o exercício da atividade enquadra-se no item 32 da Lista de Serviços, configurando situação passível de incidência do ISSQN.

Na incorporação direta, por sua vez, o incorporador constrói em terreno próprio, por sua conta e risco, realizando a venda das unidades autônomas por "preço global", compreensivo da cota de terreno e construção. Ele assume o risco da construção, obrigando-se a entregá-la pronta e averbada no Registro de Imóveis. Já o adquirente tem em vista a aquisição da propriedade de unidade imobiliária, devidamente individualizada, e, para isso, paga o preço acordado em parcelas.

Como a sua finalidade é a venda de unidades imobiliárias futuras, concluídas, conforme previamente acertado no contrato de promessa de compra e venda, a construção é simples meio para atingir-se o objetivo final da incorporação direta; o incorporador não presta serviço de "construção civil" ao adquirente, mas para si próprio.

Logo, não cabe a incidência de ISSQN na incorporação direta, já que o alvo desse imposto é atividade humana prestada em favor de terceiros como fim ou objeto; tributa-se o serviço-fim, nunca o serviço-meio, realizado para alcançar determinada finalidade. As etapas intermediárias são realizadas em benefício do próprio prestador, para que atinja o objetivo final, não podendo, assim, serem tidas como fatos geradores da exação.

Recurso especial não provido.[6]

Reiterando o entendimento:

1. Nos termos da jurisprudência desta Corte, não incide ISS na hipótese de construção feita pelo próprio incorporador, haja vista que, se a construção é realizada por ele próprio, em terreno próprio, não há falar em prestação de serviços a terceiros, mas a si próprio, o que descaracteriza o fato gerador. Precedentes: EREsp 884.778/MT, Rel. Ministro Mauro Campbell Marques, Primeira Seção, DJe 05/10/2010 e REsp 922.956/RN, Rel. Ministro Teori Albino Zavascki, Primeira Turma, DJe 01/07/2010.

2. Agravo regimental a que se nega provimento.[7]

Há a situação de o incorporador encomendar a construção do prédio por terceiro, ou contrata um construtor a quem incumbe o erguimento da obra. Óbvio que o construtor figura como sujeito passivo obrigado ao recolhimento, já que se inclui no item 7.02 da Lista Anexa à Lei Complementar n. 116/2003.

Pela atividade da incorporadora não é exigível o tributo.

No entanto, se o incorporador e o construtor são contratados por terceiro (dono do imóvel), haverá obrigação do ISS em relação a ambos, sobre cada um dos serviços prestados. Para o construtor, porque o ISS recai sobre os serviços de construção

---

6   REsp. n. 1.166.039/RN. Relator: Min. Castro Meira. Segunda Turma. Julgado em 01.06.2010, *DJe* 11.06.2010.

7   AgRg no REsp n. 1.295.814/MS. Relator: Min. Sérgio Kukina. Primeira Turma. Julgado em 03.10.2013, *DJe* 11.10.2013.

prestados ao dono do imóvel. Para o incorporador, haverá o imposto em questão relativamente aos serviços de intermediação imobiliária prestados ao dono do imóvel. Mesmo não havendo previsão para a incidência do ISS em razão do serviço de incorporação, de per si considerado, todavia, desempenhando o incorporador uma atividade de incorporação para terceiro (isto é, para o proprietário do imóvel) e executando as atividades de agenciamento, corretagem ou intermediação para o proprietário do terreno, por esta atividade é que se dá a incidência do ISS.

Nesse ângulo, se há contrato de compra e venda ou empreitada, decorre a incidência:

> Ao que se constata, a pretensão é de inteira procedência, uma vez que o acórdão recorrido se encontra em diametral oposição ao entendimento adotado pela reiterada jurisprudência do STJ, que é no sentido de que a atividade de incorporação imobiliária, por compreender um contrato de compra e de venda e, também, um contrato de empreitada, constitui fato gerador do ISS. Precedentes: REsp. n. 766.278/PR. Relatora: Min.ª Eliana Calmon. *DJ* 26.09.2007; REsp. n. 766.278/PR. Relatora: Min.ª Eliana Calmon. *DJ* 26.09.2007.[8]

Eis a previsão do item 10.05 da Lista Anexa à Lei Complementar n. 116/2003: "Agenciamento, corretagem ou intermediação de bens móveis ou imóveis, não abrangidos em outros itens e subitens, inclusive aqueles realizados no âmbito das Bolsas de Mercadorias e Futuros, por quaisquer meios."

As mencionadas tais atividades, independentemente da denominação com que forem prestadas, mas desde que prestadas de fato, subsumem-se à tributação pelo ISS.

Não se questiona a respeito da imposição ao incorporador se outra pessoa (física ou jurídica) for contratada pelo dono do imóvel para os serviços de agenciamento, corretagem e intermediação.

Em conclusão, afora as situações destacadas, não se criam ou se aplicam outras, já que a relação da listagem é taxativa e não exemplificativa.

---

[8] STJ. REsp. n. 998.437/AM. Julgado em 27.05.2008, *DJe* 20.08.2008.

126

Responsabilidade do proprietário do terreno juntamente com o incorporador na venda de unidades anteriormente ao registro da incorporação

Oficialmente inicia a incorporação na data do seu registro imobiliário, mas com eficácia a partir do momento da prenotação, de conformidade com a regra do artigo 1.246 do Código Civil: "O registro é eficaz desde o momento que se apresentar o título ao oficial do registro, e este o prenotar no protocolo." Com o registro, abre-se a fase de venda das unidades, assumindo o incorporador totalmente a responsabilidade pelo empreendimento.

No entanto, se houver o encaminhamento da incorporação, encontrando-se em andamento os atos de aprovação administrativa, sem o registro, e se já vendidas unidades, o proprietário do terreno responde junto com o incorporador, segundo se infere do parágrafo único do artigo 29 da Lei n. 4.591/1964:

> Presume-se a vinculação entre a alienação das frações do terreno e o negócio de construção, se, ao ser contratada a venda, ou promessa de venda ou de cessão das frações de terreno, já houver sido aprovado e estiver em vigor, ou pender de aprovação de autoridade administrativa, o respectivo projeto de construção, respondendo o alienante como incorporador.

No que há coerência com o seguinte aresto:

> O proprietário de terreno que o aliena a terceiro, dele recebendo em pagamento futuros apartamentos decorrentes de edificação a ser erigida no local, cujo contrato de compra e venda foi rescindido por transação, é responsável pelo ressarcimento de tudo quanto foi pago pelos compradores de outros apartamentos vendidos por aquele terceiro quando o primitivo negócio ainda estava vigente.[1]

Tem-se, então, a presunção de vinculação, na atividade entre o titular da propriedade e o que engendra e está promovendo a incorporação. Do preceito extrai-se que, no caso de o incorporador ser o proprietário do terreno, responderá, como é lógico, pela construção, devendo garantir a entrega e o cumprimento das obrigações; se o

---

[1] REsp n. 282740/SP. Relator: Min. Cesar Asfor Rocha. Quarta Turma. Julgado em 13.11.2001, *DJ* 18.02.2002.

proprietário for pessoa diferente da pessoa do incorporador, mesmo que receba em pagamento área construída, age ele como incorporador.

Revela-se mais explícito o artigo 30: "Estende-se a condição de incorporador aos proprietários e titulares de direitos aquisitivos que contratem a construção de edifícios que se destinem a constituição em condomínio, sempre que iniciarem as alienações antes da conclusão das obras."

Em decorrência, o proprietário e alienante de frações do terreno responderá na mesma proporção como se fosse incorporador. E isso não apenas em relação às unidades vendidas, mas em todos os atos que ensejarem responsabilidade, como aquisição de materiais e prestação de serviços.

Sobre o artigo 30, escreve Luciana Buksztej Gomes:

> O artigo *supra* refere que, quando a alienação for feita antes da conclusão das obras, poderá o proprietário do terreno ser equiparado ao incorporador. Entre diversos fundamentos para justificar esse dispositivo, a nosso ver, poderíamos destacar os seguintes.
>
> A atividade de incorporação tem por finalidade o lucro, a venda de coisa futura, tanto é que se o projeto não tiver a adesão dos futuros adquirentes, poderá haver desistência da incorporação. Portanto, para ser incorporador, um dos requisitos é a obtenção do lucro.
>
> Nessa esteira, se há incorporação, mas o proprietário do terreno não vende fração ideal do que vai corresponder à sua área, não poderia ser equiparado ao incorporador, segundo mencionado artigo; já se vendesse respectivas frações, poderia ser equiparado.
>
> O certo é que, se não há incorporador, o proprietário do terreno que vende futuras unidades, responde pelos danos causados. Assim, a responsabilidade do proprietário alienante de unidade autônoma, existindo incorporador, é uma hipótese levantada neste estudo e ventilada em alguns julgados.[2]

Entretanto, uma vez levado a termo o registro da incorporação, não se pode mais inculcar responsabilidade ao proprietário. Não interessa que permaneça o imóvel em seu nome, recebendo ele, em troca, área construída. A autora acima inclina-se pelo desaparecimento da responsabilidade de quem recebeu área construída: "Neste caso, o registro da incorporação é muito importante, porque define a responsabilidade do próprio titular do terreno frente aos adquirentes das unidades, se a incorporação for promovida por construtor ou corretor."[3]

Realmente, há um negócio perfectibilizado e válido, com a sua publicidade por meio do registro imobiliário da incorporação. Ao que se depreende, basta o registro da incorporação, não se exigindo o da transferência do imóvel para a incorporadora. Todavia, a melhor exegese é a extensão do afastamento da responsabilidade se registrada a transferência pela permuta por área construída, ou pela venda.

---

[2] Responsabilidade civil do proprietário do terreno na atividade de incorporação imobiliária. *Revista de Direito da ADVOCEF – Associação Nacional dos Advogados da Caixa Econômica Federal*, Porto Alegre, ano V, n. 9, p. 242, nov. 2009.

[3] *Responsabilidade civil do proprietário do terreno na atividade de incorporação imobiliária.* Trabalho citado, p. 250.

Esta a exegese que também segue nos tribunais:

> Incorporação. Ação visando ao cumprimento de promessa de compra e venda ou a resolução do contrato com a restituição do preço. Unidade prometida vender à autora, mas escriturada diretamente pelo proprietário do terreno a terceiro, indicado pelo incorporador. Pretendida responsabilidade do dono do terreno, sob o fundamento de haver agido na condição de incorporador. Sentença de procedência, afirmando a responsabilidade solidária do réu pela incorporação, porque emitida a licença para construção em seu nome e não levada a registro a escritura de permuta. Apelação desprovida.[4]

O Superior Tribunal de Justiça se revelou mais rígido, na exigência de responsabilidade do proprietário do terreno, ao entender que algum ato de incorporador deve ele realizar, não importando que o terreno ainda se encontre em seu nome:

> A Lei de Incorporações (Lei n. 4.591/1964) equipara o proprietário do terreno ao incorporador, desde que aquele pratique alguma atividade condizente com a relação jurídica incorporativa, atribuindo-lhe, nessa hipótese, responsabilidade solidária pelo empreendimento imobiliário.
>
> (...)
>
> A impossibilidade de equiparação dos recorrentes, promitentes vendedores, à figura do incorporador demonstra a inexistência de relação jurídica consumerista entre esses e os compradores das unidades do empreendimento malogrado.[5]

Em outros exemplos:

> Em contrato de permuta, no qual uma das partes entra com o imóvel e outra com a construção, não tendo os proprietários do terreno exercido atos de incorporação – uma vez que não tomaram a iniciativa nem assumiram a responsabilidade da incorporação, não havendo contratado a construção do edifício –, não cumprida pela construtora sua parte, deve ser deferida aos proprietários do imóvel a reintegração na posse.[6]
>
> A Lei de Incorporações (Lei 4.591/1964) equipara o proprietário do terreno ao incorporador, desde que aquele pratique alguma atividade condizente com a relação jurídica incorporativa, atribuindo-lhe, nessa hipótese, responsabilidade solidária pelo empreendimento imobiliário.
>
> Na hipótese vertente, todavia, a jurisdição ordinária consignou, mediante ampla cognição fático-probatória, que a ora recorrida limitou-se à mera alienação do terreno para a incorporadora, que tomou para si a responsabilidade exclusiva pela construção do referido empreendimento.[7]
>
> Nem sempre o proprietário do terreno incorporado participa ativamente da incorporação, como incorporador. Este, não raro, firma compromisso de compra e venda com

---

[4] Apelação Cível n. 198079303. Relator: Cláudio Augusto Rosa Lopes Nunes. Redator: Wilson Carlos Rodycz. Décima Oitava Câmara Civil do TJRS. Julgado em 10.08.2000.

[5] REsp n. 1.065.132/RS. Quarta Turma. Relator: Min. Luis Felipe Salomão. Julgado em 06.06.2013. *DJe* 1º.07.2013.

[6] REsp n. 879.548/SP. Terceira Turma. Relator: Ministro Sidnei Beneti. Julgado em 17.08.2010. *DJe* 25.08.2010.

[7] REsp n. 830.572/RJ. Quarta Turma. Relator: Min. Luis Felipe Salomão. Jugado em 17.05.2011. *DJe* 26.05.2011.

o proprietário do imóvel, assumindo a obrigação de efetuar o pagamento do preço, no todo ou em parte, com unidades do empreendimento, modalidade que encontra previsão no art. 39 da Lei nº 4.591/1964 e que é denominada de "permuta no local".

Nessa circunstância, o proprietário do terreno assumirá o *status* jurídico de mero condômino, em igualdade de condições com qualquer outro adquirente de unidades da incorporação. A figura do proprietário do terreno se equipara à do consumidor, nos termos do art. 2º do CDC, tendo o incorporador como fornecedor. O dono do imóvel só difere dos demais adquirentes porque paga sua unidade autônoma com o próprio terreno no qual foi erguido o empreendimento, mas tal circunstância não tem o condão de desvirtuar a relação de consumo.[8]

Em extensão da matéria, a responsabilidade do proprietário do terreno envolve o caso de transação ou acordo entre ele (proprietário do terreno) e o incorporador. Pelas obrigações pagas e a serem devolvidas aos compradores de unidades, responde também o proprietário do terreno, conforme o seguinte paradigma do STJ:

> Este Tribunal Superior consagrou o entendimento de que "o proprietário de terreno que o aliena a terceiro, dele recebendo em pagamento futuros apartamentos decorrentes de edificação a ser erigida no local, cujo contrato de compra e venda foi rescindido por transação, é responsável pelo ressarcimento de tudo quanto foi pago pelos compradores de outros apartamentos vendidos por aquele terceiro quando o primitivo negócio ainda estava vigente", sendo ineficaz com relação aos adquirentes das unidades imobiliárias qualquer cláusula exoneratória de responsabilidade dos alienantes do terreno, haja vista que a mesma "vincularia apenas as partes que ativessem estabelecido" (REsp 282.740/SP, Rel. Min. Cesar Asfor Rocha, *DJ* de 18.02.2002).[9]

---

[8] REsp n. 686.198/RJ. Terceira Turma. Relator: Min. Carlos Alberto Menezes Direito, Relator p/ Acórdão Min. Nancy Andrighi. Julgado em 23.10.2007. DJ 1º.02.2008.

[9] AgRg nos EDcl no REsp 1.107.117/SC, da 3ª Turma, rel. Min. Convocado Vasco Della Giustina, j. em 22.11.2011, *DJe* de 28.11.2018.

127

Garantias na contratação de financiamento pelo incorporador

Ao iniciar o empreendimento, nem sempre dispõe o incorporador de recursos financeiros para as obras, especialmente porque sequer iniciou a venda das unidades. Não havendo o ingresso de valores, pois a contratação com os adquirentes das futuras unidades iniciará após o arquivamento dos documentos no Registro Imobiliário, e não se operando a alienação em um único momento, obriga-se a contrair o financiamento junto a um banco, sendo obrigado a oferecer garantias. A hipoteca aparece como a mais comum, que incidirá no imóvel sobre o qual se erguerá a edificação.

No entanto, outras existem, como a alienação fiduciária do terreno ou de frações e das acessões a serem construídas, tornando-se a instituição financeira titular do bem, enquanto o empreendedor assume a posição de alienante e devedor fiduciário. A própria caução dos direitos aquisitivos é permitida, pela qual o incorporador oferece os créditos como garantia do financiamento.

Em todos os documentos e no Registro de Imóveis se fará a anotação do gravame ou garantia, a teor do artigo 37 da Lei n. 4.591/1964: "Se o imóvel estiver gravado de ônus real ou fiscal ou se contra os alienantes houver ação que possa comprometê-lo, o fato será obrigatoriamente mencionado em todos os documentos de ajuste, com a indicação de sua natureza e das condições de liberação." Obviamente, no registro de imóveis lança-se o registro da instituição da garantia.

Em qualquer das formas, os adquirentes serão notificados ou cientificados da garantia oferecida. Aliás, nos próprios documentos de aquisição deverá constar o gravame. No máximo, respondem junto à instituição financeira pelos valores que devem ao incorporador, ao qual cumpre obrigatoriamente fazer a comunicação de que as prestações devidas ficam oneradas com o gravame e que, se notificado da impontualidade do incorporador, deverá efetuar o pagamento junto a ele. Ademais, consoante amplamente desenvolvido, o patrimônio da incorporação fica afetado ao cumprimento das obrigações pendentes.

Se perdurarem obrigações do incorporador, não se debitará à conta dos adquirentes o restante. Uma vez satisfeitas as prestações, ficam liberadas do gravame a fração ideal e a unidade. Não cabe ao financiador a pretensão de cobrar junto ao adquirente o total da dívida, ou o restante não satisfeito pelo empreendedor.

128
A entrega dos contratos definitivos de aquisição das frações ideais

Deve o incorporador entregar os contratos definitivos aos adquirentes até o decurso de sessenta dias a contar do vencimento do prazo de carência. No artigo 35 da Lei n. 4.591/1964, aparece o prazo de quarenta e cinco dias, lapso de tempo este que a Lei n. 4.864/1965, elevou para sessenta dias:

> O incorporador terá o prazo máximo de 45 (quarenta e cinco) dias, a contar do termo final do prazo de carência, se houver, para promover a celebração do competente contrato relativo à fração ideal de terreno, e, bem assim, do contrato de construção e da Convenção do condomínio, de acordo com discriminação constante da alínea *i* do art. 32.

Desde o momento da contratação, que se perfaz mediante uma promessa de compra e venda, ou de uma simples adesão, ou da assinatura de uma carta-proposta, reserva-se o prazo de sessenta dias para a confecção do contrato definitivo.

Em havendo um prazo de carência, durante o qual é facultada a denúncia da incorporação, inicia o período de sessenta dias a contar de seu vencimento, cuja duração não ultrapassará "o termo final do prazo de validade do registro ou, se for o caso, de sua revalidação" (art. 34, § 2º). O citado prazo de validade do registro da incorporação tem a duração de cento e oitenta dias, em vista do artigo 33 da Lei n. 4.591/1964, tendo sido elevado pela Lei n. 4.864/1965, cumprindo observar que, na redação original, ficava em cento e vinte dias. A Lei n. 14.382/2022 alterou o texto, passando a ser o seguinte: "Se, após 180 (cento e oitenta) dias da data do registro da incorporação, ela ainda não se houver concretizado, por meio da formalização da alienação ou da oneração de alguma unidade futura, da contratação de financiamento para a construção ou do início das obras do empreendimento, o incorporador somente poderá negociar unidades depois de averbar a atualização das certidões e de eventuais documentos com prazo de validade vencido a que se refere o art. 32 desta Lei".

A atualização das certidões e eventuais documentos impõe-se a cada novo período de cento e oitenta dias, conforme o parágrafo único, incluído pela Lei n. 14.382/2022: "Enquanto não concretizada a incorporação, o procedimento de que trata o *caput* deste artigo deverá ser realizado a cada 180 (cento e oitenta) dias".

Nota-se que está contemplada a revalidação. No entanto, para efeitos da entrega do contrato definitivo, não se dá a elevação para mais um lapso de tempo de cento e oitenta dias, se não ocorrida essa revalidação.

Se permitida a revalidação, conclui-se que, expirado o prazo de cento e oitenta dias, o que perde a validade não é registro Incorporação, mas sim a autorização para o Incorporador efetivar a Incorporação. Tanto que a mera atualização dos documentos apontados no artigo 32 da Lei n. 4.591/1964 é suficiente para que o registro, na verdade o direito de concretizar a Incorporação, seja revalidado por igual prazo.

Note-se que o registro da Incorporação, em si, permanecerá válido e gerando efeitos. Mesmo após o transcurso do prazo de cento e oitenta dias, recairão sobre o imóvel todos os efeitos gerados pelo registro. Ou seja, continuará o imóvel com os caracteres de condomínio edilício, destinado à construção de edificação ou conjunto de edificações, cujas frações ideais permanecem vinculadas a unidades autônomas futuras, destinadas à venda total ou parcial.

Uma vez não elaborado e assinado o contrato definitivo, pode o adquirente requerer ao oficial do Registro de Imóveis a averbação de qualquer instrumento preliminar de ajuste, como um simples recibo de pagamento de uma parcela inicial, ou de uma proposta devidamente aceita. A tanto conduz o § 4º do artigo 35:

> Descumprida pelo incorporador e pelo mandante de que trata o § 1º do art. 31 a obrigação da outorga dos contratos referidos no *caput* deste artigo, nos prazos ora fixados, a carta-proposta ou o documento de ajuste preliminar poderão ser averbados no Registro de Imóveis, averbação que conferirá direito real oponível a terceiros, com o consequente direito à obtenção compulsória do contrato correspondente.

Com essa providência, fica o adquirente autorizado a buscar a outorga compulsória da transferência, inclusive por meio judicial. Com o registro do contrato, viabiliza-se a posterior abertura de matrícula individualizada. Daí a importância dessa medida.

129

Obtenção do "habite-se", averbação da construção em correspondência às frações ideais discriminadas na matrícula do terreno e responsabilidade pela demora na entrega

Uma vez pronta a construção, providenciará o incorporador na obtenção do "habite-se" perante o órgão municipal encarregado. Em sequência, deverá efetuar a averbação da construção correspondente às frações ideais discriminadas na matrícula do terreno junto ao Registro de Imóveis. Discriminam-se as unidades, as acessões, a área útil e as partes comuns. Essas providências vêm ditadas pelo artigo 44 da Lei n. 4.591/1964, em redação da Lei n. 14.382/2022, com a previsão de responsabilizar-se pela demora:

> Após a concessão do habite-se pela autoridade administrativa, incumbe ao incorporador a averbação da construção em correspondência às frações ideais discriminadas na matrícula do terreno, respondendo perante os adquirentes pelas perdas e danos que resultem da demora no cumprimento dessa obrigação.

Ao prever a averbação da construção em correspondências às frações ideais, pressupõe-se a construção com a individuação, mas que se faz somente depois da averbação.

A sequência é explicada por Luciano Benetti Timm e Cláudia Fonseca Tutikian:

> Após a averbação do término da construção, através do documento de habite-se e outros exigidos por lei, o incorporador apresentará o requerimento de individuação, que igualmente sofrerá análise pelo Registro de Imóveis. Se tudo estiver adequado, o registrador fará o desmembramento da matrícula "mãe", originando as novas matrículas, em tantas quantas forem o número de unidades autônomas discriminadas, nas quais haverá o registro da individuação e da convenção do condomínio, podendo ser neste ato ou posteriormente.
>
> Conclui-se, assim, que é imprescindível a discriminação das unidades autônomas, as quais terão uma matrícula individual para cada unidade no Registro de Imóveis competente, após o procedimento e registro da individuação da edificação.[1]

---

[1] Reflexões sobre a incorporação imobiliária e a garantia dos imóveis. *Revista de Ciências Jurídicas – Direito e Democracia* – ULBRA (Universidade Luterana do Brasil), Canoas/RS, v. 8, n. 2, p. 201 e 202, dez. 2007.

Cap. 129 | Obtenção do "habite-se", averbação da construção em correspondência às frações ideais • **489**

É necessário o "habite-se", para a transferência definitiva e a abertura de matrícula. Aliás, para a averbação da construção já é necessário tal documento. Realmente, a averbação de construção de prédio só poderá ser feita mediante documento hábil, expedido pela Prefeitura Municipal. Será exigido que do "habite-se" conste a área construída, que deverá ser conferida com a da planta aprovada e já arquivada. Quando houver divergência, o registro não poderá ser feito antes que se esclareça e corrija a situação.

Constitui encargo do incorporador obter o "habite-se". Não providenciando na consecução do documento, nasce a responsabilidade solidária do construtor em conseguir, por ordem do § 1º do artigo 44 da Lei n. 4.591/1964: "Se o incorporador não requerer a averbação (vetado) o construtor requerê-la-á (vetado) sob pena de ficar solidariamente responsável com o incorporador perante os adquirentes."

É como vem se revelando a jurisprudência do STJ:

> *Direito Civil. Incorporação imobiliária. Responsabilidade solidária do construtor prevista no § 1º do art. 44 da Lei n. 4.591/1964. Obtenção do "habite-se". Obrigação do incorporador.* Em princípio, é do incorporador a obrigação de obtenção do "habite-se" junto à autoridade competente.
>
> A responsabilidade solidária do construtor, prevista no § 1º do art. 44 da Lei n. 4.591/1964, ocorre apenas se o mesmo não requerer a averbação das edificações no Registro de Imóveis, após a obtenção do "habite-se" pelo incorporador e a omissão deste em requerer a mencionada averbação.[2]

A explicação da relatora, Min. Nancy Andrighi, é convincente:

> A questão consiste em saber se a solidariedade do construtor, prevista no § 1º do art. 44 da Lei n. 4.591/1964, limita-se à averbação da construção das edificações no Registro de Imóveis, após a obtenção do "habite-se" pelo incorporador, ou se estaria o construtor também solidariamente responsável por esta obtenção do "habite-se", tal como decidido no acórdão recorrido.
>
> (...) A obtenção do denominado "habite-se" mostra-se como uma obrigação do incorporador acessória à obrigação de entregar ao adquirente a sua unidade autônoma. Ora, obrigar o construtor a obter o "habite-se" poderia equivaler a obrigá-lo a ultimar a obra, obrigação esta típica do incorporador.
>
> Ressalte-se que o simples construtor, em princípio, não está responsável pelas obrigações assumidas pelo incorporador.
>
> Caio Mário da Silva Pereira ensina: "Ocorrendo que a demora seja do construtor, nem por isso se exime o incorporador do dever de indenizar. Ao contrário, continua ainda assim sujeito passivo desta obrigação, mas com ação de *in rem verso* contra o construtor moroso, a expensas do qual se ressarce, a seu turno, do que tiver perdido ou pago aos adquirentes.
>
> (...) A falta de cumprimento da obrigação (averbação da construção no Registro de Imóveis) tem duas consequências.
>
> (...) A segunda é transferir-se ao construtor o mesmo dever, com a imposição de solidariedade com o incorporador responsável pela indenização.

---

[2] REsp. n. 441.236/RJ. Terceira Turma. Julgado em 10.06.2003, *DJU* 30.06.2003.

Na omissão do incorporador e do construtor, a averbação poderá ser requerida por quaisquer dos adquirentes de unidades" (*Condomínio e incorporações*. Edição atualizada segundo a legislação vigente. Rio de Janeiro: Forense, 2000. fls. 283 a 288 – nota inexistente no original).

O disposto no § 1º do art. 44 da Lei n. 4.591/1964, malferido na espécie, conclui-se, determina a responsabilidade solidária do construtor apenas se o mesmo não requerer a averbação das edificações no Registro de Imóveis, após a obtenção do "habite-se" pelo incorporador e a omissão deste em requerer a mencionada averbação.

A necessidade do prévio "habite-se" não se substitui por outro documento, como informação ao INSS quanto à construção:

> Registro de Imóveis. Dúvida procedente. Escritura pública de venda e compra de frações ideais de terreno objeto de incorporação. Ausência de "habite-se" que possa dar lastro à exigência de prévia averbação da construção das edificações e, daí, ao registro da instituição do condomínio edilício. Comunicação da Prefeitura ao INSS, noticiando "conclusão de obra", que não tem força de "habite-se" inscritível, observada a divergência de área construída, que sinaliza alteração da planta aprovada e arquivada na serventia predial. Qualificação registrária, ademais, jungida ao caráter formal, que afasta considerações em torno de elementos extratabulares.[3]

No § 2º do artigo 44, qualquer adquirente fica habilitado a requerer a averbação, na omissão do incorporador e do construtor:

> § 2º Na omissão do incorporador e do construtor, a averbação poderá ser requerida por qualquer dos adquirentes de unidade.

A partir do habite-se ou aprovação municipal da construção, fica autorizada a entrega das unidades aos adquirentes, que passarão a exercer a posse, e a se responsabilizarem, desde então, pelos encargos que advierem, como impostos, tarifas e despesas condominiais. Convoca o incorporador uma assembleia dos adquirentes, que é o ato oficial da instalação do condomínio. Elege-se um síndico, e coloca-se em votação a convenção do condomínio, cuja minuta deve ter acompanhado a documentação levada ao registro imobiliário, para o devido arquivamento. Os adquirentes realizarão a vistoria, manifestando uma não conformidade com as plantas, planos ou croquis. Se levantadas ressalvas, com os apontamentos de reparos ou a observação de que a obra está em desacordo com o contrato, lavra-se termo circunstanciado dessa situação, podendo dar-se, assim mesmo, o recebimento.

Na vistoria, tendo-se à mão o memorial com todas as especificações do prédio, em especial das unidades, verifica-se a qualidade da construção e dos materiais, comparando as marcas instaladas com as mencionadas no memorial. Merecem análise os metais, as louças, os azulejos e os pisos. Testam-se as instalações elétricas e hidráulicas, as de gás, de telefonia e interfonia e os pontos de luz. Na cozinha e no banheiro, examinar se as louças, as bancadas e os acessórios estão quebrados,

---

[3] Acórdão da Apelação Cível n. 500-6/4. Conselho Superior da Magistratura do Tribunal de Justiça de São Paulo. Julgado em 30.11.2006.

trincados ou riscados; de igual forma os tampos de pedra das pias, as cubas e sifões. Prudente que se abram todas as torneiras, os chuveiros e se acionem as descargas, de preferência ao mesmo tempo, para checar se a pressão é boa e se há vazamento nas ligações (flexíveis e sifões). Necessário conferir a qualidade das esquadrias (portas e janelas). Aconselha-se que se abra e se fechem esses itens várias vezes e se testem travas e chaves. Também aconselhável vistoriar as áreas comuns como *playground*, piscina, sala de ginástica, *home theater*, salão de festas, a proteção contra incêndio do condomínio, hidrantes, portas corta-fogo etc.

Sobre a convenção, dispõe o artigo 9º da Lei n. 4.591/1964:

> Os proprietários, promitentes compradores, cessionários ou promitentes cessionários dos direitos pertinentes à aquisição de unidades autônomas, em edificações a serem construídas, em construção ou já construídas, elaborarão, por escrito, a Convenção de condomínio, e deverão, também, por contrato ou por deliberação em assembleia, aprovar o Regimento Interno da edificação ou conjunto de edificações.

É comum elaborar-se uma escritura de transmissão definitiva das unidades, de instalação do condomínio, de aprovação da construção e de adoção da convenção, que valerá provisoriamente, ou até a submissão e aprovação na assembleia geral. Essa escritura, em havendo financiamento habitacional, é substituível por contrato particular, mas que tem a mesma força da escritura pública.

Outrossim, nesta mesma assembleia assegura-se a nomeação de uma comissão para o exame ou vistoria das partes comuns, do que se lavrará um relatório, com a indicação de eventuais irregularidades.

Somente depois torna-se obrigatória a abertura de matrícula da unidade, mas não se impedindo que se faça antes.

Por último, há, no final do artigo 44, a cominação da responsabilidade pelas perdas e danos, na omissão do incorporador em providenciar a averbação, ficando o construtor responsável solidário, se também se omite no cumprimento da obrigação.

130
Direitos do incorporador

Vários direitos despontam em favor do incorporador, como é próprio e comum de toda relação contratual desenvolvida entre as pessoas. Decorre da natureza do instituto em exame a exigibilidade dos resultados positivos, que se constituem de vantagens econômicas, e que se medem, em geral, de acordo com a eficiência da administração e a capacidade em levar a bom termo a construção, sem atrasos, perdas de materiais, greves de empregados, inadimplência dos adquirentes, conturbações sociais e alterações anormais do tempo.

A par das vantagens econômicas, no desempenho da atividade destacam-se os seguintes direitos:

– o recebimento do valor das prestações pela venda das unidades, em obediência ao previsto nos instrumentos de compra e venda, ou de promessa de compra e venda, ou de cessão, isto é, no montante e nos prazos convencionados, com os devidos encargos (juros, correção monetária, reajustes e multa se houver atrasos);

– promover a cobrança judicial em havendo o descumprimento da obrigação de pagar as prestações pela compra da unidade, ou pela construção, ou a resolução judicial do contrato antecedida da prévia notificação oportunizando a emenda da mora. A notificação seguirá o disposto no Decreto-lei n. 745/1969, com a concessão de 15 dias para a emenda da mora, com juros e demais encargos eventualmente previstos.

No entanto, apropriada a forma estabelecida no artigo 63 da Lei n. 4.591/1964, em que se reserva o prazo de dez dias para a purga da mora. Para a resolução, são necessárias três prestações em atraso. Encontra a solução do pagamento garantia nos próprios direitos de aquisição do devedor. Eis o texto:

> É lícito estipular no contrato, sem prejuízo de outras sanções, que a falta de pagamento, por parte do adquirente ou contratante, de 3 (três) prestações do preço da construção, quer estabelecidas inicialmente, quer alteradas ou criadas posteriormente, quando for o caso, depois de prévia notificação com o prazo de 10 (dez) dias para purgação da mora, implique a rescisão do contrato, conforme nele se fixar, ou que, na falta de pagamento, pelo débito respondem os direitos à respectiva fração ideal de terreno e à parte construída adicionada, na forma abaixo estabelecida, se outra forma não fixar o contrato.

Necessário observar que, no caso, as prestações são devidas ao incorporador. No contrato em que um grupo de pessoas, proprietárias do terreno, contrata a construção, ou mesmo na insolvência ou falência do incorporador, em que os condôminos assumem o prosseguimento da construção, a mora importa em procedimento extrajudicial. Permite-se, na hipótese, o procedimento administrativo tanto da notificação como da venda da unidade do inadimplente, a cargo da Comissão de Representantes, para a finalidade de saldar a dívida do adquirente, como se depreende dos parágrafos do artigo 63.

– Uma vez desfeita a venda ou a cessão, ou promessa de venda ou de cessão, decorre a faculdade de venda a terceiros da unidade, ou dos direitos incidentes.

– Estabelecer o prazo de carência, não superior a sessenta dias (art. 35, em combinação com a Lei n. 4.864/1965), conforme já observado, durante o qual se lhe permite a denúncia da incorporação, exercendo o direito de arrependimento em não iniciar ou prosseguir na obra. É o que assegura o artigo 34: "O incorporador poderá fixar, para efetivação da incorporação, prazo de carência, dentro do qual lhe é lícito desistir do empreendimento".

– Cabe o direito de retenção da unidade com a fração ideal, enquanto estiverem atrasadas as prestações, segundo se retira do texto do artigo 52 da Lei n. 4.591/1964:

> Cada contratante da construção só será imitido na posse de sua unidade se estiver em dia com as obrigações assumidas, inclusive as relativas à construção exercendo o construtor e o condomínio até então, o direito de retenção sobre a respectiva unidade; no caso do art. 43, este direito será exercido pelo incorporador.

Não é impedida a posse exercida pelo adquirente, que se transmite a partir do contrato. A norma institui a garantia, na satisfação de prestações, incidente na própria unidade. Contratada com o incorporador a construção, e figurando ele como transmitente das unidades, a seu favor se firma a garantia.

131
Obrigações do incorporador

Em razão de certo risco que decorre do empreendimento de incorporação, em especial no que diz com o compromisso da conclusão da obra, no desvio dos valores pagos pelos adquirentes, na qualidade dos serviços, no simples abandono da construção, no descumprimento das exigibilidades fiscais, trabalhistas e previdenciárias, procurou a lei cercar os adquirentes de segurança e garantias (como na afetação do patrimônio), e impor uma série de providências e obrigações a que deve se submeter o incorporador. Buscou desestimular e impedir que aventureiros se lancem a promover incorporações, por não possuírem lastro econômico, condições técnicas e mesmo uma infraestrutura condizente. Em verdade, existe toda uma concatenação de normas dirigidas a exercer o controle da obra.

Destacam-se as seguintes obrigações, afora as decorrentes do patrimônio de afetação, estudadas no capítulo pertinente:

– Encaminhar o registro da incorporação, com a apresentação de todos os documentos elencados no artigo 32 da Lei n. 4.591/1964, nas alterações da Lei n. 14.382/2022. A venda torna-se permitida unicamente depois de entregues os documentos, para o devido arquivamento, com o registro em sequência à matrícula.

– Transmitir a posse e o domínio da unidade autônoma ao adquirente, pronta e acabada, da forma constante em contrato.

– Administrar com eficiência a construção, adquirindo os materiais e exigindo o constante seguimento dos trabalhos, com número de funcionários suficientes e sem paralisações.

– Inserir o seu nome e dados profissionais nos documentos de transferência das unidades, na obra, nos anúncios e publicações. O § 2º do artigo 31 é expresso na exigência: "Nenhuma incorporação poderá ser proposta à venda sem a indicação expressa do incorporador, devendo também seu nome permanecer indicado ostensivamente no local da construção".

– Colocar nos contratos de transferência os gravames que eventualmente comprometem o terreno, como hipoteca, penhora, e informar a existência de dívidas ou encargos contra ele, incorporador, especialmente de ações judiciais, sobretudo de ordem trabalhista, fiscal e previdenciária, e que podem comprometer o terreno.

O artigo 37 traz a seguinte norma, sobre a matéria: "Se o imóvel estiver gravado de ônus real ou fiscal ou se contra os alienantes houver ação que possa comprometê-lo, o fato será obrigatoriamente mencionado em todos os documentos de ajuste, com a indicação de sua natureza e das condições de liberação".

Também o artigo 62 impõe a obrigação de constar a menção:

> Em toda publicidade ou propaganda escrita destinada a promover a venda de incorporação com construção pelo regime de administração em que conste preço, serão discriminados explicitamente o preço da fração ideal de terreno e o montante do orçamento atualizado do custo da construção, na forma dos arts. 59 e 60, com a indicação do mês a que se refere o dito orçamento e do tipo padronizado a que se vincule o mesmo.

No § 1º do mesmo artigo vem reeditada a obrigação: "As mesmas indicações deverão constar em todos os papéis utilizados para a realização da incorporação, tais como cartas, propostas, escrituras, contratos e documentos semelhantes". Todavia, nos simples anúncios de vendas ou classificados dos jornais, o § 2º dispensa a cautela: "Esta exigência será dispensada nos anúncios 'classificados' dos jornais".

– Encaminhar aos adquirentes e à comissão de representantes, quando o contrato envolver a entrega de unidade a prazo e preços certos, no mínimo de três em três meses, o demonstrativo do estado em que se encontra a obra, sempre em função do prazo ajustado; bem como a relação dos adquirentes com os endereços residenciais e eletrônicos, nos termos do artigo 43, inciso I, no texto modificado pela Lei n. 14.382/2022:

> Quando o incorporador contratar a entrega da unidade a prazo e preços certos, determinados ou determináveis, mesmo quando pessoa física, ser-lhe-ão impostas as seguintes normas:
>
> I – encaminhar à comissão de representantes:
>
> a) a cada 3 (três) meses, o demonstrativo do estado da obra e de sua correspondência com o prazo pactuado para entrega do conjunto imobiliário; e
>
> b) quando solicitada, a relação dos adquirentes com os seus endereços residenciais e eletrônicos, devendo os integrantes da comissão de representantes, no tratamento de tais dados, atender ao disposto na Lei nº 13.709, de 14 de agosto de 2018 (Lei Geral de Proteção de Dados Pessoais), no que for aplicável.

– Responsabilizar-se pela construção, indenizando os adquirentes dos prejuízos advindos pela não conclusão no prazo ou atraso, conforme encerra o artigo 43, inciso II:

> Quando o incorporador contratar a entrega da unidade a prazo e preços certos, determinados ou determináveis, mesmo quando pessoa física, ser-lhe-ão impostas as seguintes normas:
>
> (...)
>
> II – responder civilmente pela execução da incorporação, devendo indenizar os adquirentes ou compromissários, dos prejuízos que a estes advierem do fato de não se concluir a edificação ou de se retardar injustificadamente a conclusão das obras, cabendo-lhe ação regressiva contra o construtor, se for o caso e se a este couber a culpa.

Havendo atraso, assiste ao adquirente ou promitente adquirente o direito à reparação pelos prejuízos que decorrerem. Não cabe ao incorporador justificar o atraso por fatores como carência de mão de obra, falta de materiais de construção, intempéries do tempo, greves de setores da construção civil, posto que são eventos comuns e previsíveis na construção civil. Tais desculpas equivalem a transferir para o consumidor todos os riscos e as consequências negativas inerentes à atividade profissional.

O Superior Tribunal de Justiça já reconheceu a responsabilidade do construtor na demora da entrega da obra:

"O atraso na entrega do imóvel implica mora da empresa ré, impondo-se o dever de indenizar por perdas e danos".[1]

"Conforme entendimento desta Corte, descumprido o prazo para entrega do imóvel objeto do compromisso de compra e venda, é cabível a condenação por lucros cessantes. Nesse caso, há presunção de prejuízo do promitente-comprador, cabendo ao vendedor, para se eximir do dever de indenizar, fazer prova de que a mora contratual não lhe é imputável. Não há falar, pois, em enriquecimento sem causa".[2]

– Na contratação do pagamento do terreno através da entrega de área construída, isto é, nas incorporações em que a aquisição do terreno se der com o pagamento total ou parcial em unidades a serem construídas no local, há o dever de se apor nos documentos de transferência ou de promessa de venda esta forma de permuta, com a área que receberá o titular que efetuar a permuta, e o valor que eventualmente lhe for pago. Observar-se-á, também, se for o caso, o montante que deverá pagar. A obrigação consta do artigo 39 e em seu parágrafo único:

Nas incorporações em que a aquisição do terreno se der com pagamento total ou parcial em unidades a serem construídas, deverão ser discriminadas em todos os documentos de ajuste:

I – a parcela que, se houver, será paga em dinheiro;

II – a quota-parte da área das unidades a serem entregues em pagamento do terreno que corresponderá a cada uma das unidades, a qual deverá ser expressa em metros quadrados.

Parágrafo único. Deverá constar, também, de todos os documentos de ajuste, se o alienante do terreno ficou ou não sujeito a qualquer prestação ou encargo.

– Estabelecer a proibição de alterar o projeto de construção, como revela o inciso IV do artigo 43: "É vedado ao incorporador alterar o projeto, especialmente no que se refere à unidade do adquirente e às partes comuns, modificar as especificações, ou desviar-se do plano da construção, salvo autorização unânime dos interessados ou exigência legal".

O STJ decidiu a respeito:

I – Se o comunheiro de imóvel tem legitimidade para reivindicá-lo de terceiro, sem anuência dos demais condôminos, com maior razão pode pleitear indenização por danos à coisa comum ou postular que seja protegido preventivamente de eventuais danos. Direito que se insere na faculdade conferida aos coproprietários.

II – O litisconsórcio facultativo depende da vontade do demandado, porquanto, segundo a legislação pátria, não é dado constranger alguém a demandar.

---

[1] REsp. n. 326.125/DF. Relatora: Min.ª Maria Isabel Gallotti. Quarta Turma. Julgado em 04.10.2011, *DJe* 13.10.2011.

[2] REsp. n. 808.446/RJ. Relator: Min. Castro Filho. Terceira Turma. Julgado em 24.08.2006, *DJ* 23.10.2006.

Cap. 131 | Obrigações do incorporador • 497

III – É vedado ao incorporador alterar o projeto ou desviar-se do plano da construção, salvo autorização unânime dos interessados ou exigência legal.

IV – É defeso ao incorporador utilizar procuração outorgada pelos adquirentes de unidades incorporadas, para alterar, em detrimento deste, o plano da incorporação. Permitir lesão semelhante seria admitir que o mandatário atraiçoe o mandante.[3]

Aduz-se no voto do Min. Humberto Gomes de Barros:

Correta a colocação do tema jurídico que a autora faz da controvérsia no sentido de que, embora não conste do contrato, toda aquela matéria da maquete publicada em anúncios da ré passou a integrar o contrato, obrigando a ré pelo que está ali anunciado, vinculando-a, como fornecedor, no que diz respeito aos elementos anunciados. Tais anúncios tiveram caráter vinculante, integram o conteúdo do contrato delas decorrentes, não podendo sofrer alteração (...).

Se o acórdão repudiou alterações feitas no Projeto pela incorporadora, que para tanto não estava autorizada, não há como falar em ofensa ao art. 43, IV. Permitir que procurador, com base nos poderes que recebeu em cláusula padrão, fizesse alterações prejudiciais a alguns dos adquirentes de unidade incorporada, seria "abrir ensejo para permitir que o mandatário vote contra o interesse do mandante" (sentença, fl. 275).

– Impedir a alteração das condições de pagamento e a majoração dos preços. Realmente, pelo inciso V do artigo 43, não pode o incorporador "modificar as condições de pagamento nem reajustar o preço das unidades, ainda no caso de elevação dos preços dos materiais e da mão de obra, salvo se tiver sido expressamente ajustada a faculdade de reajustamento, procedendo-se, então, nas condições estipuladas".

– Paralisar as obras por mais de trinta dias, ou retardar excessivamente seu andamento. Em vista do inciso VI, se o incorporador, "sem justa causa devidamente comprovada, paralisar as obras por mais de 30 dias, ou retardar-lhes excessivamente o andamento, poderá o Juiz notificá-lo para que no prazo mínimo de 30 dias as reinicie ou torne a dar-lhes o andamento normal. Desatendida a notificação, poderá o incorporador ser destituído pela maioria absoluta dos votos dos adquirentes, sem prejuízo da responsabilidade civil ou penal que couber, sujeito à cobrança executiva das importâncias comprovadamente devidas, facultando-se aos interessados prosseguir na obra".

No artigo 60, vêm explicitadas mais obrigações:

As revisões da estimativa de custo da obra serão efetuadas, pelo menos semestralmente, em comum entre a Comissão de Representantes e o construtor. O contrato poderá estipular que, em função das necessidades da obra sejam alteráveis os esquemas de contribuições quanto ao total, ao número, ao valor e à distribuição no tempo das prestações.

– Informar nos documentos se o imóvel se encontra ocupado, com o esclarecimento do motivo e das condições, por força do artigo 38: "Também constará, obrigatoriamen-

---

[3] REsp 586.684/RJ, da 3ª Turma, rel. Min. Humberto Gomes de Barros, j. em 01.06.2004.

te, dos documentos de ajuste, se for o caso, o fato de encontrar-se ocupado o imóvel, esclarecendo-se a que título se deve esta ocupação e quais as condições de desocupação."

– Atualizar os documentos entregues, se, no prazo de cento e oitenta dias do pedido de registro provisório, não estiver efetivada a incorporação, e se não foi denunciada. A obrigação está no artigo 33, com a dilatação do prazo pela Lei n. 4.864/1965, e redação da Lei n. 14.382/2022: "Se, após 180 (cento e oitenta) dias da data do registro da incorporação, ela ainda não se houver concretizado, por meio da formalização da alienação ou da oneração de alguma unidade futura, da contratação de financiamento para a construção ou do início das obras do empreendimento, o incorporador somente poderá negociar unidades depois de averbar a atualização das certidões e de eventuais documentos com prazo de validade vencido a que se refere o art. 32 desta Lei".

– Inserir, nos anúncios, nos contratos e outros documentos sobre a incorporação, o número do registro imobiliário, como exige o § 3º do artigo 32: "O número do registro referido no § 1º, bem como a indicação do cartório competente, constará, obrigatoriamente, dos anúncios, impressos, publicações, propostas, contratos, prelimi-nares ou definitivos, referentes à incorporação, salvo dos anúncios 'classificados'."

– Inserir em todos os ajustes celebrados com os adquirentes o prazo de carência, durante o qual permite-se a denúncia da incorporação. A tanto impõe o § 3º do artigo 34: "Os documentos preliminares de ajuste, se houver, mencionarão, obrigatoriamente, o prazo de carência, inclusive para efeitos do art. 45."

– Em havendo desistência da incorporação, comunicar imediatamente aos adqui-rentes e ao Registro de Imóveis, para a necessária averbação. Está a obrigação no § 4º do artigo 34: "A desistência da incorporação será denunciada, por escrito, ao Re-gistro de Imóveis, (vetado) e comunicada, por escrito, a cada um dos adquirentes ou candidatos à aquisição, sob pena de responsabilidade civil e criminal do incorporador."

– Entregar, decorrido o prazo do vencimento da carência, o contrato da transferên-cia da unidade, em sessenta dias; inexistindo a carência, conta-se o prazo de qualquer ajuste preliminar. Realmente, reza o artigo 35: "O incorporador terá o prazo máximo de 45 dias, a contar do termo final do prazo de carência, se houver, para promover a celebração do competente contrato relativo à fração ideal de terreno, e, bem assim, do contrato de construção e da Convenção do condomínio, de acordo com discriminação constante da alínea *i* do art. 32." O lapso de quarenta e cinco dias ficou ampliado para sessenta dias pela já citada Lei n. 4.864/1965.

– Restituir, em havendo denúncia da incorporação, ou a desistência em seu pros-seguimento, as quantias recebidas dos adquirentes, tendo, para tanto, o período de trinta dias. A obrigação consta do artigo 36:

> No caso de denúncia de incorporação, nos termos do art. 34, se o incorporador, até 30 dias a contar da denúncia, não restituir aos adquirentes as importâncias pagas, estes poderão cobrá-la por via executiva, reajustado o seu valor a contar da data do rece-bimento, em função do índice geral de preços mensalmente publicado pelo Conselho Nacional de Economia, que reflita as variações no poder aquisitivo da moeda nacional, e acrescido de juros de 6% ao ano, sobre o total corrigido.

– Nos contratos de construção, nomear os responsáveis pelo pagamento de cada unidade, respondendo o incorporador pela falta de pagamento, exceto se o contrato envolver a entrega de unidade a prazo e preço certos, determinados ou determináveis. A exigência vem no § 6º do artigo 35:

> Ressalvado o disposto no art. 43 do contrato de construção, deverá constar expressamente a menção dos responsáveis pelo pagamento da construção de cada uma das unidades. O incorporador responde, em igualdade de condições, com os demais contratantes, pelo pagamento da construção das unidades que não tenham tido a responsabilidade pela sua construção assumida por terceiros e até que o tenham.

– Em se tratando de incorporação contratada por empreitada por preço reajustável, além de discriminar o preço da fração ideal do terreno e o preço da construção, referir, em todos os documentos, os critérios e índices de reajuste, exceto nos classificados de jornais, de conformidade com o artigo 56 e seus parágrafos:

> Em toda a publicidade ou propaganda escrita, destinada a promover a venda de incorporação com construção pelo regime de empreitada reajustável, em que conste preço, serão discriminados explicitamente o preço da fração ideal do terreno e o preço da construção, com indicação expressa da reajustabilidade.
>
> § 1º As mesmas indicações deverão constar em todos os papéis utilizados para a realização da incorporação, tais como cartas, propostas, escrituras, contratos e documentos semelhantes.
>
> § 2º Esta exigência será dispensada nos anúncios "classificados" dos jornais.

– Nos contratos de construção a preço de custo ou por administração, constarão a data do início da obra e o orçamento estimado, com as devidas correções desde o início e até as transferências, conforme manda o artigo 59: "No regime de construção por administração, será obrigatório constar do respectivo contrato o montante do orçamento do custo da obra, elaborado com estrita observância dos critérios e normas referidos no inciso II, do art. 53 e a data em que se iniciará efetivamente a obra."

– Nas construções por administração, organizar uma contabilidade e uma conta-corrente para cada unidade, por ordem do artigo 58 e seu inciso II:

> Nas incorporações em que a construção for contratada pelo regime de administração, também chamado "a preço de custo", será de responsabilidade dos proprietários ou adquirentes o pagamento do custo integral de obra, observadas as seguintes disposições:
>
> (...)
>
> II – todas as contribuições dos condôminos para qualquer fim relacionado com a construção serão depositadas em contas abertas em nome do condomínio dos contratantes em estabelecimentos bancários, as quais, serão movimentadas pela forma que for fixada no contrato.

– Discriminar o custo da fração ideal do terreno, bem como o valor da construção, nas hipóteses de contratos de preço global (art. 41).

– Pagar a multa de cinquenta por cento do montante das importâncias recebidas, se não outorgar o contrato definitivo de transferência da unidade aos adquirentes no prazo de sessenta dias a contar do vencimento do período de carência, ou, em não havendo, a contar do ajuste preliminar ou da carta-proposta. A exigibilidade da multa encontra respaldo no § 5° do artigo 35: "Na hipótese do parágrafo anterior, o incorporador incorrerá também na multa de 50% sobre a quantia que efetivamente tiver recebido, cobrável por via executiva, em favor do adquirente ou candidato à aquisição."

– Estar presente ou comparecer nas reuniões e assembleias que forem convocadas, de acordo com o § 3° do artigo 49:

> A assembleia instalar-se-á, no mínimo, com metade dos contratantes, em primeira convocação, e com qualquer número, em segunda, sendo, porém, obrigatória a presença, em qualquer caso do incorporador ou do construtor, quando convocantes, e pelo menos, com metade dos contratantes que a tenham convocado, se for o caso.

– Discriminar, nos contratos por administração da obra com a previsão do preço, bem como na publicidade ou propaganda, o custo do terreno e o valor atualizado da construção, com base no mês a que se refere o orçamento. É como prevê o artigo 62:

> Em toda publicidade ou propaganda escrita destinada a promover a venda de incorporação com construção pelo regime de administração em que conste preço, serão discriminados explicitamente o preço da fração ideal de terreno e o montante do orçamento atualizado do custo da construção, na forma dos arts. 59 e 60, com a indicação do mês a que se refere o dito orçamento e do tipo padronizado a que se vincule o mesmo.

– Obter junto à autoridade administrativa municipal, quando da conclusão da obra, as cartas de habitação e entregá-las aos titulares das unidades autônomas. Esta providência se faz tão logo levada a efeito a averbação da construção no registro imobiliário, com a individualização das unidades autônomas e a instituição do condomínio sobre o imóvel. A omissão no cumprimento importa em indenização. Ao construtor cabe encaminhar a averbação da construção em correspondência às frações ideais discriminadas na matrícula do terreno, se não o fizer o incorporador, sob pena de também incorrer em responsabilidade. Na omissão de ambos os obrigados, resta, por último, a qualquer adquirente tomar a iniciativa para o ato. No artigo 44, com modificação da Lei n. 14.382/2022, e em seus §§ 1° e 2° estão as regras a respeito da matéria:

> Após a concessão do habite-se pela autoridade administrativa, incumbe ao incorporador a averbação da construção em correspondência às frações ideais discriminadas na matrícula do terreno, respondendo perante os adquirentes pelas perdas e danos que resultem da demora no cumprimento dessa obrigação.
>
> § 1° Se o incorporador não requerer a averbação (vetado) o construtor requerê-la-á (vetado) sob pena de ficar solidariamente responsável com o incorporador perante os adquirentes.
>
> § 2° Na omissão do incorporador e do construtor, a averbação poderá ser requerida por qualquer dos adquirentes de unidade.

Sobre a responsabilidade solidária do construtor, na falta do incorporador em providenciar na averbação, houve manifestação do STJ:

Direito Civil. Incorporação imobiliária. Responsabilidade solidária do construtor prevista no § 1º do art. 44 da Lei n. 4.591/1964. Obtenção do "habite-se". Obrigação do incorporador. Em princípio, é do incorporador a obrigação de obtenção do "habite-se" junto à autoridade competente. A responsabilidade solidária do construtor, prevista no § 1º do art. 44 da Lei n. 4.591/1964, ocorre apenas se o mesmo não requerer a averbação das edificações no Registro de Imóveis, após a obtenção do "habite-se" pelo incorporador e a omissão deste em requerer a mencionada averbação.[4]

---

[4] REsp. n. 441.239/RJ. Relatora: Min.ª Nancy Andrighi. Terceira Turma. Julgado em 10.06.2003.

132
Direitos dos adquirentes

Inspirou a Lei n. 4.591/1964, no que encontrou grande força nas modificações da Lei n. 10.931/2004, o propósito de trazer mais segurança e garantia aos adquirentes de unidades ao contratarem com o incorporador, de modo a afastar as práticas de desvios de valores e o abandono da obra. Neste intento, veio instituído o patrimônio de afetação, que se erigiu em uma proteção para resguardar os bens que envolvem a incorporação. Os direitos são direcionados em conseguir o recebimento da unidade, dentro das condições e do preço justo e acertado quando da formação do contrato.

Merecem destaque, dentro deste norte, os seguintes direitos:

– Receber a unidade segundo consta do contrato, em obediência ao preço, ao prazo e às qualidades e características assinaladas. Para conseguir essa meta, o patrimônio formado pelo terreno, pelas acessões e inclusive prestações ficam destinados para a "consecução da incorporação correspondente à entrega das unidades imobiliárias aos respectivos adquirentes" (art. 31-A da Lei n. 4.591/1964, acrescentado pela Lei n. 10.931/2004).

– Que o incorporador lhe entregue o contrato definitivo, no lapso temporal de sessenta dias a contar da assinatura do ajuste inicial ou, se previsto, do término do prazo de carência a que se reserva o incorporador para desistir da obra, como carta-proposta, promessa de venda ou de cessão. Decorre o direito ao contrato do artigo 35 e de seu § 1º da Lei n. 4.591/1964, com a dilatação do prazo pela Lei n. 4.864/1965.

– Encaminhar ao Registro de Imóveis a averbação da carta-proposta ou qualquer outro instrumento de ajuste inicial de aquisição de unidade e de fração ideal sobre o terreno, se o incorporador se recusar ou omitir em entregar o contrato definitivo. Está o direito garantido no § 4º do artigo 35:

> Descumprida pelo incorporador e pelo mandante de que trata o § 1º do art. 31 a obrigação da outorga dos contratos referidos no *caput* deste artigo, nos prazos ora fixados, a carta-proposta ou o documento de ajuste preliminar poderão ser averbados no Registro de Imóveis, averbação que conferirá direito real oponível a terceiros, com o consequente direito à obtenção compulsória do contrato correspondente.

– Conseguir do incorporador ou dono do terreno a escritura de compra e venda da unidade e da fração ideal do terreno. Se houver recusa, obter a transferência por meio de adjudicação compulsória ou de ação de cumprimento de obrigação de fazer. Falindo o incorporador, à Comissão de Representantes outorgará a escritura, de acordo com o §

3º do artigo 31-F da citada Lei. Também no artigo 119, inciso VI, da Lei n. 11.101/2005 (Lei de Falências e Recuperação Judicial), está garantindo o direito à outorga da escritura definitiva, ao ordenar que, "na promessa de compra e venda de imóveis, aplicar-se-á a legislação respectiva". A legislação específica, na hipótese, é a do artigo 31-F, § 3º.

– Encaminhar ao Registro de Imóveis a averbação da construção, em havendo a omissão do incorporador no encaminhamento da medida. Encontra respaldo esse direito no § 2º do artigo 44: "Na omissão do incorporador e do construtor, a averbação poderá ser requerida por qualquer dos adquirentes de unidade".

– Acompanhar o andamento da construção, inteirando-se das etapas e, inclusive, da situação financeira, da compra de materiais, através da Comissão de Representantes, por previsão dos artigos 50 (alterado pela Lei n. 14.382/2022), 55, § 3º (restritamente à construção por empreitada) e 61 da Lei n. 4.591/1964.

– Notificar o incorporador, no caso de retardamento ou paralisação da obra por mais de trinta dias, sem justificação, para reiniciar os trabalhos e retomar o andamento normal no prazo de trinta dias, sob pena de destituição, a teor do artigo 43, inciso VI.

– Cobrar do incorporador a multa equivalente a cinquenta por cento sobre os valores pagos, se não cumprida a outorga do contrato definitivo no prazo de sessenta dias a contar do vencimento do prazo de carência reservado ao incorporador para a desistência, ou, inexistindo tal previsão, a iniciar do ajuste ou proposta preliminar, como assegura o artigo 35, § 5º.

– Receber a restituição das quantias pagas ao incorporador, se ele denunciar o empreendimento, ou desistir da obra, dentro do prazo de carência. Incidirão, na hipótese, o índice de correção monetária e a taxa de juros de 6% sobre as quantias pagas devidamente corrigidas, caso não devolvidas em trinta dias a contar da denúncia, com suporte no artigo 36.

– Receber do incorporador relatórios periódicos, no mínimo de seis em seis meses, sobre o estado e o avanço da obra e a obediência às etapas estabelecidas no contrato, de modo a acompanhar o cronograma da construção. O artigo 43 garante esse direito, sendo obrigação do incorporador a informação:

> Quando o incorporador contratar a entrega da unidade a prazo e preços certos, determinados ou determináveis, mesmo quando pessoa física, ser-lhe-ão impostas as seguintes normas:
>
> I – informar obrigatoriamente aos adquirentes, por escrito, no mínimo de seis em seis meses, o estado da obra.

– Responsabilizar o incorporador se, no prazo de trinta dias da notificação, não reiniciar as obras, imprimindo o andamento normal, no caso de retardamento injustificado ou paralisação, e em se tratando de obra a prazo e preço certos, no que encontra amparo no artigo 43, inciso II.

– Participar da Comissão de Representantes, concorrendo para ser escolhido, com a finalidade de representar os adquirentes perante o construtor ou o incorporador, em tudo o que interessar ao bom andamento do empreendimento, e para administrar a incorporação nos casos de destituição em especial na insolvência ou falência do empreendedor, com a função de administrar a incorporação, com fulcro no artigo 50 e seu § 1º.

133
Obrigações dos adquirentes

Em relação aos adquirentes, consideram-se genericamente as obrigações.

Revela-se importante a participação dos adquirentes no empreendimento, colaborando com o incorporador, zelando pelo andamento da obra, acompanhando os trabalhos, atendendo prontamente a todos os chamados, e exercendo certa fiscalização e controle. A presença na obra e a atenção no desenvolvimento das etapas programadas conduzem à verificação do cumprimento do contrato. Realmente, se efetuados os pagamentos, e as obras seguem em ritmo lento, não condizente com a receita que ingressa, é de se suspeitar sobre a seriedade do empreendedor, e sobre a possibilidade de desvio dos recursos. Por isso, mais que a demonstração de mero interesse, importa em obrigação, de modo a não caracterizar desídia no cuidado do negócio.

Afora essa função inerente à proteção de interesses próprios, obrigação de rigorosa obediência consiste na regularidade dos pagamentos das prestações acertadas na aquisição das unidades. Graves as decorrências na omissão de dever tão primordial, pois compromete a própria obra.

Na eventualidade de atrasos ou mora, coerente e justo que incidam juros, multa e correção monetária, de sorte a manter o equilíbrio do orçamento necessário e planejado, cominação imposta pelo artigo 63, § 8º: "Independentemente das disposições deste artigo e seus parágrafos, e como penalidades preliminares, poderá o contrato de construção estabelecer a incidência de multas e juros de mora em caso de atraso no depósito de contribuições sem prejuízo do disposto no parágrafo seguinte."

Também adquire relevância a participação nas assembleias gerais realizadas pelos adquirentes, para decidir sobre importantes matérias que devem constar da ordem do dia. A regulamentação da assembleia inicia no artigo 49, que encerra:

> Os contratantes da construção, inclusive no caso do art. 43, para tratar de seus interesses, com relação a ela, poderão reunir-se em assembleia, cujas deliberações, desde que aprovadas por maioria simples dos votos presentes, serão válidas e obrigatórias para todos eles salvo no que afetar ao direito de propriedade previsto na legislação.

Há decisões que dependem da aprovação pela assembleia geral, como a nomeação da Comissão de Representantes (artigo 50, alterado pela Lei n. 14.382/2022), a destituição do incorporador (artigo 43, inc. VI), a opção pelo prosseguimento ou paralisação da obra na insolvência ou falência do incorporador (artigo 31-F, § 1º), na confirmação dos membros da Comissão de Representantes também no caso de insolvência ou falência (artigo 31-F, § 1º), na deliberação sobre a suplementação de receitas para o prosseguimento da obra (artigo 31, § 12).

134

Órgãos de representação dos adquirentes

As relações entre os adquirentes e o incorporador se desenvolvem, em geral, pessoalmente, ou por meio de prepostos, de encarregados, de representantes pessoais e procuradores. O incorporador se constitui, em grande parte das vezes, através de um escritório, ou de um representante, e se organiza na forma de uma empresa ou pessoa jurídica privada. Todos os contatos ou comunicações se realizam por meio de chamados, de correspondência, de avisos publicados, de *e-mails* e *sites*, e até por telefone, imperando certa informalidade, dada a frequência e a imperiosa urgência de serem resolvidas certas matérias e problemas que aparecem durante as obras.

Considerando que os adquirentes têm interesses comuns e praticamente iguais, que o objeto do contrato para todos é a construção da unidade, que o fim último está no andamento normal das obras, com a concentração dos esforços e dos recursos na edificação, e que esses propósitos também nutrem a atividade do incorporador, pode-se perceber uma comunhão de intentos, um congraçamento de ideais e uma unidade de ações. Daí a presença de certa *affectio societatis* na relação estabelecida. Evidentes a afinidade de desideratos e a vinculação das pessoas unidas no mesmo objetivo, que é alcançar a meta que determinou a formação da relação.

Quanto aos adquirentes, já que idêntico o ideal de todos, nada mais comum e apropriado que haja unidade nas ações, e que se institua um órgão que atue por todos, de sorte a se evitarem comportamentos isolados e impotentes ante o maior poderio do incorporador, porquanto detém os meios de construção e controla a obra. As deliberações devem pautar dentro da mesma orientação, decidida e adotada em conjunto. Para tanto, nada mais eficiente que existam órgãos representativos dos adquirentes, os quais executam as deliberações de modo igual para todos, e atuem junto ao incorporador.

A deliberação comum e uniforme decorre das decisões e atos das assembleias gerais, que traçam as linhas de condutas, e que afinam com o pensamento da maioria dos adquirentes, segundo evidencia o artigo 49 da Lei n. 4.591/1964:

> Os contratantes da construção, inclusive no caso do art. 43, para tratar de seus interesses, com relação a ela, poderão reunir-se em assembleia, cujas deliberações, desde que aprovadas por maioria simples dos votos presentes, serão válidas e obrigatórias para todos eles salvo no que afetar ao direito de propriedade previsto na legislação.

Já o acompanhamento, a representação e mesmo a administração são da competência da Comissão de Representantes, em vista do artigo 50, em redação dada pela Lei n. 14.382/2022:

Será designada no contrato de construção ou eleita em assembleia geral a ser realizada por iniciativa do incorporador no prazo de até 6 (seis) meses, contado da data do registro do memorial de incorporação, uma comissão de representantes composta por, no mínimo, 3 (três) membros escolhidos entre os adquirentes para representá-los perante o construtor ou, no caso previsto no artigo 43 desta Lei, o incorporador, em tudo o que interessar ao bom andamento da incorporação e, em especial, perante terceiros, para praticar os atos resultantes da aplicação do disposto nos artigos 31-A a 31-F desta Lei.

A Comissão de Representantes ganha realce pelo fato de se lhe conferir maior poder de controle da incorporação, com razoáveis atribuições de fiscalização no desenvolvimento da obra, dando conta do andamento, pois deverá receber do incorporador, e, assim, também do adquirente, de três em três meses (art. 43, I, com redação e acréscimos da Lei n. 14.382/2022), o demonstrativo do estado da obra e de sua correspondência com o prazo pactuado para entrega do conjunto imobiliário; e a relação dos adquirentes com os seus endereços residenciais e eletrônicos. Terá, inclusive, poder de intervenção, com a destituição do incorporador, quando verificado o desvio de recursos, a paralisação e a demora injustificada (art. 43, VI). O artigo 31-D, inciso IV, em existindo patrimônio de afetação, obriga ao incorporador entregar à Comissão de Representantes, no mínimo a cada três meses, demonstrativo do estado da obra e de sua correspondência com o prazo pactuado ou com os recursos financeiros que integrem o patrimônio de afetação recebidos no período, firmados por profissionais habilitados, ressalvadas eventuais modificações sugeridas pelo incorporador e aprovadas pela Comissão de Representantes.

135

A assembleia geral dos adquirentes

A reunião dos adquirentes, para tratar dos assuntos de interesse da incorporação ou do condomínio, em local e horário previamente agendados, se faz através de convocações, dirigidas a cada adquirente, e avisos publicados em locais de frequência e visibilidade. Interessa, aqui, a reunião para tratar de aspectos atinentes à construção, visando a deliberar ou adotar medidas de interesse da incorporação e dos adquirentes. Qualquer modalidade de contrato de construção submete-se às decisões da assembleia geral, desde que não violados os princípios insculpidos na convenção e na lei, e os direitos e interesses do incorporador.

A assembleia geral está contemplada no artigo 49 da Lei n. 4.591/1964, que preceitua:

> Os contratantes da construção, inclusive no caso do art. 43, para tratar de seus interesses, com relação a ela, poderão reunir-se em assembleia, cujas deliberações, desde que aprovadas por maioria simples dos votos presentes, serão válidas e obrigatórias para todos eles salvo no que afetar ao direito de propriedade previsto na legislação.

A remissão ao artigo 43, alterado pela Lei n. 14.382/2022, diz respeito à incorporação contratada a prazo e preço certos.

A convocação fica a cargo do incorporador, ou pelo construtor, ou, ainda, por um terço dos adquirentes. Na omissão do ato pelas pessoas indicadas, e havendo interesse que justifique a convocação, ao condômino ou adquirente se reconhece a legitimidade de requerer ao juízo a convocação, em ação judicial de obrigação de fazer. Sobre a matéria, dispõe o § 1º do artigo 49: "As assembleias serão convocadas, pelo menos, por 1/3 (um terço) dos votos dos contratantes, pelo incorporador ou pelo construtor, com menção expressa do assunto a tratar, sendo admitido comparecimento de procurador bastante".

Na carta enviada ou protocolada constarão os assuntos objeto de discussão e deliberação. Não que se impeçam o debate e a apreciação de outras matérias, que poderão surgir no momento. Entretanto, para a imposição a todos do que se decidir, constarão as matérias na pauta da assembleia.

Para a convocação, encaminha-se carta para cada condômino ou adquirente, colhendo-se a assinatura, ou com aviso de recebimento, cujos comprovantes ficarão arquivados com aquele que procedeu à convocação. Possível, também, a assinatura em protocolo, isto é, no chamado escrito, seguido dos nomes dos convocados, onde se lançarão as assinaturas. O § 2º do artigo 49 disciplina o assunto: "A convocação da assembleia será feita por carta registrada ou protocolo, com antecedência mínima de 5 (cinco) dias para a primeira convocação, e mais 3 (três) dias para a segunda, podendo ambas as convocações ser feitas no mesmo aviso." Diante da clareza dos termos, não basta a mera remessa de carta, ou a afixação de aviso convocatório na imprensa ou em local por onde todos passam, como na entrada ou no elevador do prédio.

Em primeira convocação, mediará o espaço de tempo de cinco dias entre a entrega da carta e a data da assembleia. Já em segunda convocação, que se realizará na eventualidade de não atingido o *quorum* mínimo de presenças para a instalação da primeira, o lapso de tempo será de oito dias, ou seja, se realizará três dias depois, tudo vindo contemplado na carta.

Na carta, indicam-se o local e a hora da assembleia. O normal é a indicação nas dependências dos escritórios ou da sede da incorporadora. De preferência, escolhe-se um local próximo da construção objeto da incorporação. Revela-se inconveniente a opção por um lugar distante, de difícil acesso, ou em município diferente do qual onde se desenvolve a obra.

O § 3º do artigo 49 aponta a quantidade de pessoas para a instalação da assembleia, que é metade dos adquirentes, em primeira convocação; e de qualquer número, em segunda convocação. Sempre estarão presentes o incorporador ou o construtor, se deles partiu a convocação. Tendo partido dos adquirentes a convocação, metade deles, no mínimo, deverá comparecer e assinar a presença. Eis a regra:

> A assembleia instalar-se-á, no mínimo, com metade dos contratantes, em primeira convocação, e com qualquer número, em segunda, sendo, porém, obrigatória a presença, em qualquer caso do incorporador ou do construtor, quando convocantes, e pelo menos, com metade dos contratantes que a tenham convocado, se for o caso.

Na votação, leva-se em conta a proporção das frações ideais de terreno, conforme o § 4º do artigo 49: "Na assembleia, os votos dos contratantes serão proporcionais às respectivas frações ideais de terreno". Para a aprovação, considera-se a maioria simples dos votos das pessoas presentes, não participando, por óbvio, o incorporador ou o construtor no pleito. Simplesmente exige-se a presença, mas sem o direito a voto.

A aprovação das matérias se faz, de modo geral, pela maioria simples. Merecem destaque situações especiais, que exigem maior *quorum*:

– É necessária a unanimidade dos presentes para decidir pela aquisição das unidades de condômino ou adquirente devedor, conforme § 3º do artigo 63: "No prazo de 24 horas após a realização do leilão final, o condomínio, por decisão unânime de Assembleia Geral em condições de igualdade com terceiros, terá preferência na aquisição dos bens, caso em que serão adjudicados ao condomínio."

– Requer-se a maioria absoluta dos adquirentes para revogar decisão da Comissão de Representantes, em assembleia especialmente convocada, como está no § 2º do artigo 50, com redação determinada pela Lei n. 10.931/2004: "A assembleia geral poderá, pela maioria absoluta dos votos dos adquirentes, alterar a composição da Comissão de Representantes e revogar qualquer de suas decisões, ressalvados os direitos de terceiros quanto aos efeitos já produzidos."

– Também a maioria absoluta dos votos dos presentes é imprescindível para a destituição do incorporador, se retardar ou paralisar injustificadamente a obra, segundo o texto do artigo 43, inciso VI:

> Se o incorporador, sem justa causa devidamente comprovada, paralisar as obras por mais de 30 dias, ou retardar-lhes excessivamente o andamento, poderá o Juiz notificá--lo para que no prazo mínimo de 30 dias as reinicie ou torne a dar-lhes o andamento normal. Desatendida a notificação, poderá o incorporador ser destituído pela maioria absoluta dos votos dos adquirentes, sem prejuízo da responsabilidade civil ou penal que couber, sujeito à cobrança executiva das importâncias comprovadamente devidas, facultando-se aos interessados prosseguir na obra (vetado).

– Requer-se a aprovação por dois terços dos adquirentes, em primeira convocação, ou a maioria absoluta, em segunda convocação, para a finalidade de deliberar sobre a instituição sobre o condomínio da construção, sobre o prosseguimento da obra, ou sobre a liquidação do patrimônio de afetação, se destituído ou falido o incorporador. É a regra do § 1º do artigo 31-F, prevendo que,

> em primeira convocação, por dois terços dos votos dos adquirentes ou, em segunda convocação, pela maioria absoluta desses votos, instituirá o condomínio da construção, por instrumento público ou particular, e deliberará sobre os termos da continuação da obra ou da liquidação do patrimônio de afetação (art. 43, inc. III); havendo financiamento para construção, a convocação poderá ser feita pela instituição financiadora.

– De dois terços dos adquirentes se exige a aprovação para a deliberação sobre a venda do terreno e das acessões, na hipótese de decisão pela não continuação da incorporação em tendo havido a insolência ou falência do incorporador. Esse é o *quorum* indicado no artigo 43, inciso VII, no texto da Lei n. 10.931:

> Em caso de insolvência do incorporador que tiver optado pelo regime da afetação e não sendo possível à maioria prosseguir na construção, a assembleia geral poderá, pelo voto de 2/3 (dois terços) dos adquirentes, deliberar pela venda do terreno, das acessões e demais bens e direitos integrantes do patrimônio de afetação, mediante leilão ou outra forma que estabelecer (...).

136
A Comissão de representantes

Considera-se a Comissão de Representantes um órgão constituído para a finalidade de representar todos os adquirentes no acompanhamento da construção desde o início até o final ou a entrega das unidades, com a possibilidade de assumir a construção e providenciar na venda de unidades, e na fiscalização do ingresso das prestações pagas e aplicação dos recursos de parte do incorporador ou construtor. Composta, em geral, de três pessoas, eleitas entre os adquirentes de unidades, exerce funções importantes de controle da construção, e que envolvem a própria gerência ou administração quando se dá a insolvência ou falência do incorporador, e na eventualidade de sua destituição. Cabe-lhe, então, providenciar na venda das unidades que perduram na titularidade do incorporador, isto é, que não foram, ainda, vendidas. Esta mesma função se lhe atribui quanto às unidades dos compradores que pagam em prestação, e que se tornam inadimplentes.

O artigo 50 da Lei n. 4.591/1964, em redação da Lei n. 14.382/2022, expressa com bastante exatidão a constituição e o alcance:

> Será designada no contrato de construção ou eleita em assembleia geral a ser realizada por iniciativa do incorporador no prazo de até 6 (seis) meses, contado da data do registro do memorial de incorporação, uma comissão de representantes composta por, no mínimo, 3 (três) membros escolhidos entre os adquirentes para representá-los perante o construtor ou, no caso previsto no artigo 43 desta Lei, o incorporador, em tudo o que interessar ao bom andamento da incorporação e, em especial, perante terceiros, para praticar os atos resultantes da aplicação do disposto nos artigos 31-A a 31-F desta Lei.

A representação dos adquirentes é perante o construtor, bem como perante o incorporador na situação do artigo 43, isto é, quando o contrato visa à entrega de unidade, a prazo e preço certos, determinados ou determináveis. Todavia, não se afasta a representatividade em outros tipos de incorporação, e perante terceiros, inclusive judicialmente, podendo celebrar convenções e contrair obrigações quando assume a construção no lugar do incorporador ou do construtor. No exercício de sua função, não precisará apresentar qualquer instrumento de mandato, sendo suficiente a comprovação de sua representatividade mediante a exibição da ata da ata da eleição, com o necessário registro no Cartório de Títulos e Documentos, tudo em conformidade com o § 1º do artigo 50:

> Uma vez eleita a Comissão, cuja constituição se comprovará com a ata da assembleia, devidamente inscrita no Registro de Títulos e Documentos, esta ficará de pleno direito investida dos poderes necessários para exercer todas as atribuições e praticar todos

os atos que esta Lei e o contrato de construção lhe deferirem, sem necessidade de instrumento especial outorgado pelos contratantes ou se for caso, pelos que se sub--rogarem nos direitos e obrigações destes.

Também no próprio contrato de construção da incorporação é possível que se dê a constituição, como permite o começo do artigo 50, sendo necessário, para tanto, que já se encontrem vendidas as unidades, e formado o quadro de adquirentes.

A finalidade da figura é também a proteção e defesa dos adquirentes, de suma importância nos regimes de incorporação contratados com patrimônio reservado como de afetação. Na versão da Lei n. 10.931/2004, profundas as alterações que foram introduzidas, merecendo especial atenção o patrimônio de afetação, cuja defesa incumbe à Comissão de Representantes.

Em qualquer modalidade de contrato de incorporação elege-se a Comissão de Representantes, isto é, no de empreitada ou por administração e no de compra e venda de coisa futura a prazo e preços certos, em que a pessoa adquire a unidade, com a fração ideal, que será construída.

136.1. Natureza jurídica

A natureza alcança diversas dimensões, que se destacam pelas funções a que se destina. Atua como representante dos adquirentes, em especial perante o incorporador, podendo decidir sobre os assuntos pertinentes à obra e dirigir a apuração do patrimônio se decidida pela sua liquidação. Todavia, esse caráter acentua-se na atuação junto ao incorporador, no acompanhamento da abra e agindo em nome dos adquirentes.

Reveste-se do cargo de mandatária, pois a lei lhe delega poderes para decidir quando assume o prosseguimento da construção, inclusive para assinar os contratos definitivos de venda das unidades, sendo forte esse caráter, que está bem presente no § 3º do artigo 31-F, dentre outras situações:

> Na hipótese de que tratam os §§ 1º e 2º, a Comissão de Representantes ficará investida de mandato irrevogável para firmar com os adquirentes das unidades autônomas o contrato definitivo a que estiverem obrigados o incorporador, o titular do domínio e o titular dos direitos aquisitivos do imóvel objeto da incorporação em decorrência de contratos preliminares.

É peculiar a função de administradora, sempre que destituído o incorporador, seja por falência ou insolvência, ou por atraso e paralisação da obra, cabendo-lhe, então, dirigir e assumir a construção, se a tanto decidir a assembleia, de acordo com o artigo 31-F, § 1º. Investida nessa condição, atuará na condução do empreendimento até o seu final, inclusive providenciado na averbação da construção e na abertura de matrícula das unidades aliadas às frações ideais no terreno.

Está nas suas atribuições atuar como fiscal da obra, devendo examinar, em especial, a documentação contábil, por delegação do artigo 31-D, inciso IV, devendo o incorporador

> entregar à Comissão de Representantes, no mínimo a cada três meses, demonstrativo do estado da obra e de sua correspondência com o prazo pactuado ou com os recursos financeiros que integrem o patrimônio de afetação recebidos no período, firmados por

512 • Condomínio Edilício e Incorporação Imobiliária | *Arnaldo Rizzardo*

profissionais habilitados, ressalvadas eventuais modificações sugeridas pelo incorporador e aprovadas pela Comissão de Representantes.

De sorte que a natureza se dimensiona em diversas características, com destaque para a administração, a representação, o mandato e a fiscalização.

136.2. Funções

As funções, que decorrem da natureza, são múltiplas, revelando a importância do órgão, e abrangendo "tudo o que interessar ao bom andamento da incorporação" (art. 50), com atuação, em especial, perante terceiros. Exercerá "todas as atribuições" e praticará "todos os atos que esta Lei e o contrato de construção lhe deferirem" (§ 1º do art. 50), merecendo destaque as seguintes atribuições:

– Representar os adquirentes junto ao construtor, e, conforme o artigo 50, na incorporação quando contratada a prazo e preços fixos, determinados ou determináveis (art. 43), perante o incorporador, "em tudo o que interessar ao bom andamento da incorporação, e, em especial, perante terceiros, para praticar os atos resultantes da aplicação dos artigos 31-A a 31-F", que são os atos relativos ao patrimônio de afetação, no que respeita à sua preservação e destinação exclusiva para a construção. Na verdade, não carecia que viesse a especificação, já que em qualquer tipo de incorporação se tem assegurado a função de representação.

– Acompanhar e fiscalizar o andamento da obra e a atuação do incorporador e do construtor, em todas as etapas, em especial no tocante à obediência ao Projeto e das especificações, exercendo as demais obrigações inerentes à sua função representativa dos contratantes e fiscalizadora da construção, consoante previsão do § 3º do artigo 55.

– Assumir a administração da incorporação, caso vier decretada a falência ou insolvência do incorporador, e também se operada a sua destituição por atraso ou paralisação injustificada das obras, com fulcro no artigo 31-F, § 1º, e artigo 43, inciso VI.

– Providenciar na venda das unidades cujos adquirentes se encontrem com três ou mais prestações atrasadas, após a devida notificação concedendo o prazo de dez dias para emendar a mora, bem como das unidades que ainda se encontrarem em nome do incorporador, no caso de falência ou insolvência, para a finalidade de pagamento de dívidas em favor dos credores. A alienação será extrajudicial, em procedimento autorizado no § 14 do artigo 31-F:

> Para assegurar as medidas necessárias ao prosseguimento das obras ou à liquidação do patrimônio de afetação, a Comissão de Representantes, no prazo de sessenta dias, a contar da data de realização da assembleia geral de que trata o § 1º, promoverá, em leilão público, com observância dos critérios estabelecidos pelo art. 63, a venda das frações ideais e respectivas acessões que, até a data da decretação da falência ou insolvência não tiverem sido alienadas pelo incorporador.

A venda se fará em público leilão, em atendimento à forma estabelecida na convenção, facultando-se que se faça extrajudicialmente, de acordo com o § 1º do artigo 63:

> Se o débito não for liquidado no prazo de 10 dias, após solicitação da Comissão de Representantes, esta ficará, desde logo, de pleno direito, autorizada a efetuar, no pra-

zo que fixar, em público leilão anunciado pela forma que o contrato previr, a venda, promessa de venda ou de cessão, ou a cessão da quota de terreno e correspondente parte construída e direitos, bem como a sub-rogação do contrato de construção.

– Fiscalizar os índices do reajustamento dos preços e das prestações, mormente no contrato de empreitada reajustável, em atenção ao § 4º do artigo 55, de modo a aferir se os aumentos das últimas ultrapassaram ou não os índices estabelecidos no contrato ou, caso estabelecida a majoração em proporção à evolução do custo de mercadorias e mão de obra, se não ultrapassada a correspondência.

– Fiscalizar, nos contratos por administração, a arrecadação das receitas cuja finalidade destina-se à construção, bem como o seu correto emprego na obra, e, assim, na compra de materiais e no pagamento de serviços. Para tanto, cabe o exame dos balancetes, aferindo se as despesas correspondem realmente a investimentos em benefício da incorporação, e se não existem desvios e mau uso do dinheiro. O artigo 61, nas letras *a*, *b* e *d* discrimina essas atribuições:

> a) examinar os balancetes organizados pelos construtores, dos recebimentos e despesas do condomínio dos contratantes, aprová-los ou impugná-los, examinando a documentação respectiva;
>
> b) fiscalizar concorrências relativas às compras dos materiais necessários à obra ou aos serviços a ela pertinentes;
>
> (...)
>
> d) fiscalizar a arrecadação das contribuições destinadas à construção.

– Acertar, em nome do condomínio, com os adquirentes que solicitarem, a contratação de modificações a serem introduzidas nas unidades, desde que não prejudicados outros titulares e nem desrespeitarem o projeto aprovado da edificação, fixando o preço para tanto, em consonância com a letra *c* do artigo 61: "Contratar, em nome do condomínio, com qualquer condômino, modificações por ele solicitadas em sua respectiva unidade, a serem administradas pelo construtor, desde que não prejudiquem unidade de outro condômino e não estejam em desacordo com o parecer técnico do construtor."

– Encaminhar a cobrança de prestações devidas pelo adquirente que se encontra em mora, concedendo-se o prazo de dez dias para tanto. Se não houver o atendimento, providencia-se na venda em leilão da unidade, através de procedimento extrajudicial. O fundamento encontra-se no § 1º do artigo 63:

> Se o débito não for liquidado no prazo de 10 dias, após solicitação da Comissão de Representantes, esta ficará, desde logo, de pleno direito, autorizada a efetuar, no prazo que fixar, em público leilão anunciado pela forma que o contrato previr, a venda, promessa de venda ou de cessão, ou a cessão da quota de terreno e correspondente parte construída e direitos, bem como a sub-rogação do contrato de construção.

– Proceder à venda, em leilão público, da unidade do incorporador que se encontrar em mora. O resultado que se apurar será empregado no pagamento das dívidas do condomínio, encontrando-se a disciplina no artigo 63, §§ 4º a 9º.

– Nos contratos por administração, rever, a cada seis meses, juntamente com o construtor, a estimativa do preço de custo das unidades, e informar as alterações aos adquirentes. A obrigação está clara no artigo 60 e em seu parágrafo único:

> As revisões da estimativa de custo da obra serão efetuadas, pelo menos semestralmente, em comum entre a Comissão de Representantes e o construtor. O contrato poderá estipular que, em função das necessidades da obra sejam alteráveis os esquemas de contribuições quanto ao total, ao número, ao valor e à distribuição no tempo das prestações.
>
> Parágrafo único. Em caso de majoração de prestações, o novo esquema deverá ser comunicado aos contratantes, com antecedência mínima de 45 dias da data em que deverão ser efetuados os depósitos das primeiras prestações alteradas.

136.3. Composição e destituição dos membros

Três membros, no mínimo, comporão a Comissão de Representantes, que é eleita pela assembleia geral dos adquirentes. Entretanto, se integrada por uma quantidade de apenas três adquirentes as unidades, todos farão parte da mesma, de acordo com o § 4º do artigo 50: "Nas incorporações em que o número de contratantes de unidades for igual ou inferior a 3 (três), a totalidade deles exercerá, em conjunto as atribuições que esta Lei confere à Comissão, aplicando-se, no que couber, o disposto nos parágrafos anteriores."

A assembleia geral dos adquirentes, em votação pela maioria absoluta de seus membros, fica autorizada a alterar a Comissão, com o afastamento de seus membros e a nomeação de outros, se motivos suficientes surgirem, por força do § 2º do artigo 50, na redação da Lei n. 10.931/2004: "A assembleia geral poderá, pela maioria absoluta dos votos dos adquirentes, alterar a composição da Comissão de Representantes e revogar qualquer de suas decisões, ressalvados os direitos de terceiros quanto aos efeitos já produzidos."

No entanto, para o afastamento ou destituição de membros, em princípio seguem-se as disposições do contrato, em atenção ao § 3º do artigo 50, entendendo-se, porém, que não se impede a demissão mesmo em casos omissos, se conveniente à incorporação, e se razões plausíveis se fizerem presentes. Resta óbvio que a assembleia se alça em órgão hierárquico superior a qualquer outro, cujos atos somente são atacáveis se ofenderem direitos dos adquirentes, do incorporador e de terceiros, sempre pela via judicial.

Além da alteração dos membros, está no rol de seus poderes a revogação de seus atos e decisões, sempre em votação pela maioria dos membros da assembleia.

No contrato virá estabelecida a duração do mandato dos membros da Comissão, com a definição dos poderes, sem prejuízo dos relacionados na Lei n. 4.591/1964. Assim consta do § 3º do artigo 50:

> Respeitados os limites constantes desta Lei, o contrato poderá discriminar as atribuições da Comissão e deverá dispor sobre os mandatos de seus membros, sua destituição e a forma de preenchimento das vagas eventuais, sendo lícita a estipulação de que o mandato conferido a qualquer membro, no caso de sub-rogação de seu contrato a terceiros, se tenha por transferido, de pleno direito, ao sub-rogatário, salvo se este não o aceitar.

Conforme se percebe, não há limite de duração para o exercício da função. Na prática, fixa-se um prazo, com a possibilidade de reeleição ou renovação automática do mandato nas hipóteses de omissão da assembleia em deliberar sobre o assunto. E assim vai até a conclusão da obra, quando se constituirá o condomínio e se elege o síndico. Se o membro transferir a unidade, automaticamente passa o cargo ao adquirente, a menos que haja recusa do mesmo na aceitação. Na sucessão *causa mortis*, porém, não se dá a automática transferência, posto que há indivisão na transmissão do acervo hereditário.

Não se retira do membro escolhido a renúncia ao cargo, quando se elegerá outra pessoa, o que também acontece no caso de morte, interdição e ato ou fato que torne inconveniente o exercício da função. É a situação de ingressar o membro com demanda contra o condomínio ou a incorporação, com um resultado da ação que atingirá os interesses de outros adquirentes. Igualmente quando a conduta atentar contra os princípios morais, revelando desregramentos, imaturidade, incapacidade cultural e desídia no exercício da função.

Perfeitamente admissível que a Comissão se faça assessorar e representar por pessoas capacitadas no ramo, como engenheiros, arquitetos, contadores, administradores e até por escritórios especializados de auditoria e de administração de imóveis.

137
O direito de preferência do condomínio para a compra da unidade colocada à venda por inadimplência

Na inadimplência do adquirente no cumprimento das obrigações e na falência ou insolvência do incorporador, se colocadas à venda unidades de que são titulares, garante-se a preferência, sucessivamente, ao proprietário do terreno, ao condomínio e a terceiros, todos em igualdade de condições, para a compra. Essa garantia aparece instituída nos incisos I e II do § 17 do artigo 31-F da Lei n. 4.591/1964:

> No processo de venda de que trata o § 14, serão asseguradas, sucessivamente, em igualdade de condições com terceiros:
>
> I – ao proprietário do terreno, nas hipóteses em que este seja pessoa distinta da pessoa do incorporador, a preferência para aquisição das acessões vinculadas à fração objeto da venda, a ser exercida nas vinte e quatro horas seguintes à data designada para a venda; e
>
> II – ao condomínio, caso não exercida a preferência de que trata o inc. I, ou caso não haja licitantes, a preferência para aquisição da fração ideal e acessões, desde que deliberada em assembleia geral, pelo voto da maioria simples dos adquirentes presentes, e exercida no prazo de quarenta e oito horas a contar da data designada para a venda.

Realizado o leilão, reserva-se o prazo de 24 horas para exercer a preferência.

No entanto, para o condomínio manifestar a preferência, necessitará da aprovação unânime dos adquirentes, condição que se encontra no § 3º do artigo 63: "No prazo de 24 horas após a realização do leilão final, o condomínio, por decisão unânime de Assembleia geral em condições de igualdade com terceiros, terá preferência na aquisição dos bens, caso em que serão adjudicados ao condomínio." Depreende-se que a assembleia se reunirá antes do exercício da preferência. Uma vez, pois, decidida a venda, promove-se a convocação, com a ordem do dia. Na convocação dos condôminos ou adquirentes, encaminha-se carta ou protocolo contendo os dados da unidade e da fração ideal, do contrato do adquirente devedor ou do incorporador falido, do valor do débito, do preço da unidade.

Se do incorporador a unidade, para a aprovação da compra pelo condomínio basta a maioria simples, nos termos do § 17, II, do artigo 31-F, estabelecendo que "ao condomínio, caso não exercida a preferência de que trata o inciso I, ou caso não haja licitantes, a preferência para aquisição da fração ideal e acessões, desde que deliberada em assembleia geral, pelo voto da maioria simples dos adquirentes presentes, e exercida no prazo de 48 (quarenta e oito) horas a contar da data designada para a venda". Nota-se, no caso, que se estende o prazo para exercer a preferência a 48 (quarenta e oito) horas, iniciando no momento do leilão. Necessário, portanto, para viabilizar a compra, que tenha se providenciado na realização da assembleia com a devida antecedência.

138

Os tipos de contratos na alienação ou transferência das unidades

A finalidade da incorporação está na comercialização das unidades que vão sendo construídas. Trata-se de uma atividade dirigida a negociar frações ideais de um imóvel, sobre as quais se erguerá uma construção, desdobrada em várias unidades internamente autônomas, para a utilização exclusiva dos adquirentes, conjugadas com áreas e equipamentos comuns, com destinação a todos os que habitam ou usam o prédio. Existe, assim, a discriminação das frações ideais, as quais se desdobrarão em uma parte uso exclusivo, e em outra parte para o proveito de todos, cujo tamanho é proporcional à extensão da fração ideal. No entanto, a diferença decimal de grandeza não traz mais vantagens ou direitos no uso, posto que igual para todos, e sempre em vista, sobretudo, para o uso da unidade exclusiva.

Já que se trata o empreendimento de uma atividade econômica, visando a comercialização, de sorte a trazer um ganho ou lucro em favor do incorporador, vários instrumentos foram criados para a alienação, de sorte a facilitar a negociação, sendo a compra e venda o mais comum e simples, que se admite mesmo quando iniciada a construção, e envolvendo, pois, coisa futura.

Sejam quais forem os tipos de contratos, há elementos comuns, como os seguintes, tomados exemplificativamente:

I – a perfeita identificação das partes, com os números da carteira de identidade e do cadastro na Receita Federal;

II – a menção da incorporação, com o nome, endereço, a inscrição e o registro nos órgãos públicos (receita estadual e federal, prefeitura municipal e registro de imóveis);

III – a expressa especificação da fração ideal e da unidade;

IV – o tipo de contrato de construção, o prazo para a entrega, as cominações, em havendo demora na entrega e atraso nos pagamentos;

V – o preço, as condições de pagamento, os reajustes, as penalidades e correção monetária;

VI – os casos de resolução;

VII – o financiamento, se existente;

VIII – o regime de construção;

IX – as obrigações durante a construção;

X – os direitos dos adquirentes no acompanhamento das obras.

Passa-se a examinar as espécies mais comuns.

138.1. A promessa de compra e venda

Importa, aqui, primeiramente, observar que os contratos de alienação ou transferência são os que precedem à transferência definitiva, que se faz por meio de escritura pública ou contrato particular de compra e venda, se houver autorização especial da lei, como nos casos de financiamento pelo Sistema Financeiro da Habitação.

Pelo contrato de incorporação, o incorporador assume a obrigação de construir um prédio dividido em unidades autônomas, com partes comuns, enquanto os adquirentes se comprometem a adquirir as unidades com as frações ideais incidentes no terreno e na construção. Por isso, o contrato é de natureza real e obrigacional, formado de obrigações de dar e transferir, e de fazer, com as devidas contraprestações de pagar. Ao mesmo tempo em que existe a transferência de bens (unidades e partes ideais), acompanha a atividade de construir, a que se compromete o incorporador ou construtor, tudo tendo como contrapartida os pagamentos, que, em geral, se sucedem até a implementação do preço.

Visa-se, em última instância, a formação de novos imóveis, que adquirirão autonomia e matrículas registrárias próprias.

É inerente a este tipo de relação a promessa de compra e venda, porquanto inicia com uma ideia que se materializa em projeto, operando-se entre os contratantes um compromisso de venda de construção e um compromisso de pagar. Constitui a figura que mais se repete, presente na grande maioria das incorporações. O incorporador se compromete a construir, fixando um preço a que chegará a unidade, preço esse que será reajustável ou certo, definido e fechado; compromete-se, também, a entregá-la em um momento situado no tempo; por último, firma a palavra de que efetuará a transferência, mediante um contrato definitivo e a abertura de matrícula do imóvel concluído. Já o adquirente promete adquirir e a pagar o preço estabelecido em prestações. Tudo, pois, é promessa, exigindo um alto grau de confiabilidade e de honradez na palavra materializada em um instrumento escrito. Mesmo que instituídas garantias fidejussórias ou reais no cumprimento do acervo de promessas, não se descaracteriza a índole de promessa de entrega de coisa futura.

Serve a promessa de garantia ao promitente vendedor, que reserva para si o domínio como meio de garantia do cumprimento do pactuado em sede contratual, ofertando para o promitente comprador o direito de usar e fruir.

Mister distinguir e separar a promessa quando se adstringe à fração ideal do terreno, e contrata o adquirente em um instrumento distinto a promessa de construção com o próprio incorporador ou com uma terceira pessoa. Existem, daí, duas promessas de compra e venda, gerando efeitos separados.

Da parte do incorporador, a figura é de promessa de venda, se proprietário do terreno; denomina-se promessa de cessão, caso tenha ele a promessa de compra e venda do terreno, mesmo que em caráter irrevogável e se encontre definitivamente imitido na posse. Já quanto ao adquirente, importa em considerar-se promitente comprador ou promitente cessionário, justamente em função da posição do incorporador como proprietário ou promitente comprador do imóvel.

Faz parte da natureza dos contratos de aquisição de unidades a promessa. Impossível desvinculá-la, pois sempre se promete entregar a unidade, que não se encontra pronta, mas em fase de edificação. Não interessa que o pagamento se faça na integridade, ou em um único momento. Isto a menos que se dê a aquisição depois de pronto o prédio, e se proceda ao pagamento à vista. Aí, no entanto, nem mais incorporação existe.

É conveniente a averbação dos contratos de compra e venda, de promessa de compra e venda, e de cessão ou promessas de cessão das unidades autônomas à margem do registro da incorporação, com o que se imprime segurança às avenças, em especial em relação a terceiros.

Necessário abordar assunto relativo a possíveis dúvidas e controvérsias que surgem se o incorporador dá em hipoteca o imóvel e a construção. A omissão do ato registral não retira a defesa do adquirente ou promitente comprador, ou cessionário de direitos e do contrato, consoante entendimento consolidado na Súmula n. 84 do STJ: "É admissível a oposição de embargos de terceiros fundados em alegação de posse advinda do compromisso de compra e venda de imóvel, ainda que desprovido do registro."

Iterativas são as manifestações do STJ sobre a matéria, como no seguinte aresto:

> Admite-se a oposição de embargos de terceiro por quem adquire, mediante compra e venda sem registro, unidade de apartamento residencial, com o fito de excluí-la da penhora realizada em execução hipotecária, promovida por agente financeiro contra a construtora, com base em contrato de mútuo pactuado para a construção de edifício de unidades residenciais destinadas às venda.[1]

Realmente, há de se prestigiar a boa-fé do adquirente.

Ademais, embora existente a hipoteca sobre todo o imóvel, resta ao agente financeiro buscar o recebimento das prestações perante aquele a quem se fez a venda ou promessa de venda, no correspondente à área vendida ou prometida vender.

Entretanto, as situações ficam complexas em certos casos. Se efetuada a venda ou promessa de venda quando já existe hipoteca devidamente registrada, presume-se a ciência do comprador ou promitente comprador da unidade. No caso, parece coerente que o agente financeiro gabarita-se a procurar o recebimento da parcela da dívida equivalente à fração vendida ou prometida vender sobre a porção vendida ou prometida vender. Nesta situação específica, parece aplicável o seguinte julgado, também do STJ:

> Se, à data da promessa de compra e venda, o imóvel já estava gravado por hipoteca, a ela estão sujeitos os promitentes compradores, porque se trata de direito real oponível *erga omnes*; o cumprimento da obrigação de escriturar a compra e venda do imóvel sem quaisquer onerações deve ser exigida de quem a assumiu, o promitente vendedor.[2]

Mas se a hipoteca se opera em momento posterior à venda ou promessa de venda, com ou sem a averbação ou registro imobiliário, prestigia-se o direito do adquirente ou promitente comprador: "É nula a hipoteca outorgada pela construtora ao agente financiador em data posterior à celebração da promessa de compra e venda com o promissário comprador."[3]

Evoluiu o STJ para uma interpretação totalmente favorável ao adquirente, protegendo sua aquisição sem levar em conta o momento do ato de transferência, isto é, se ocorreu antes ou depois da constituição de hipoteca pelo incorporador, e se havia ou não o registro desse gravame. Assim leva a entender a Súmula n. 308: "A hipoteca firmada entre a construtora e o agente financeiro, anterior ou posterior à celebração da promessa de compra e venda, não tem eficácia perante os adquirentes do imóvel."

---

[1]   REsp. n. 444.430/PR. Relatora: Min.ª Nancy Andrighi. Terceira Turma. Julgado em 15.10.2002.
[2]   REsp. n. 314.122/PA. Relator: Min. Ari Pargendler. Terceira Turma. Julgado em 27.06.2002.
[3]   REsp. n. 409.076/SC. Relatora: Min.ª Nancy Andrighi. Terceira Turma. Julgado em 07.11.2002.

Certamente, tal interpretação, que seduziu os pretórios inferiores, provoca um completo tumulto em relação a certos princípios jurídicos que disciplinam a prevalência dos efeitos da hipoteca.

Ao lado da promessa, existe a compra e venda com pacto adjeto de hipoteca. Há como que um financiamento do preço. Transferem-se definitivamente a fração ideal e a unidade por um preço certo, e paga-se o valor através de prestações. Todavia, o pagamento não será do imóvel adquirido, e sim do financiamento. Em ocorrendo a inadimplência, não se procurará a resolução, com a prévia notificação interpelatória da mora. Executam-se as prestações devidas, com a incidência da penhora no imóvel hipotecado.

De modo parecido, também é conhecida a compra e venda com a alienação fiduciária, em regulamentação da Lei n. 9.514/1997, com modificações da Lei n. 13.465/2017. Por este tipo de contrato, o incorporador convenciona com o devedor (que é o adquirente) a venda da unidade e da fração ideal, o qual, em seguida, lhe transmitirá os bens, como se verá mais aprofundadamente adiante. Na prática, não se opera a transferência, se o próprio incorporador dá o financiamento. Todavia, se aparece como agente financeiro uma instituição financeira, a fração ideal e a unidade a esta se transmitirão, que manterá a titularidade enquanto se estende o pagamento do preço. Reverterá a propriedade para o efetivo adquirente tão logo se conclua o pagamento.

Mesmo que estas duas espécies tenham o formato de compra e venda, não passam de uma promessa de compra e venda mascarada em compra. Em verdade, persistem os elementos da promessa, seja quanto à construção, seja quanto ao pagamento. Em qualquer das formas, e mesmo na promessa propriamente dita, o adquirente exerce os poderes inerentes ao *jus utendi* e ao *jus fruendi*, ficando reservado ao incorporador e ao proprietário fiduciário o *jus disponendi*, que passa para o adquirente depois de complementado o pagamento do preço. Embora reflita eficácia real a promessa, mormente frente ao próprio incorporador e a terceiros, o que se dá com o registro da incorporação e das promessas de venda de unidades, a inadimplência importa em possibilidade de resolução. Revela esta eventualidade que fica uma condição para a plena implementação da propriedade, que é o pagamento total do preço.

138.2. A alienação fiduciária da unidade

Em vez da utilização da promessa de compra e venda de unidade ou de fração ideal de terreno conjugada com contrato de construção, tem-se implantado a compra e venda com a alienação fiduciária, figura que envolve um mecanismo contratual específico. Dada a importância da matéria, oportuno que seja estudada com mais profundidade.

Através desta espécie, há uma transferência da propriedade plena da fração ideal e da unidade. Todavia, em ato subsequente e imediato, o adquirente transmite ao incorporador esses bens. A transmissão para o credor se dará em caráter fiduciário, o que significa uma transferência temporária e em confiança, perdurando enquanto se está solvendo uma obrigação. Daí se dizer que a propriedade fiduciária do credor é uma propriedade resolúvel, que se extingue em se operando a condição a que está ligada, e que consiste, no caso, do pagamento. Realmente, completado o pagamento ao credor, resolve-se seu direito de propriedade, sem a intervenção judicial, e efetuando--se a mera averbação do pagamento e da quitação.

Fidúcia, pois, vem a ser o contrato pelo qual o adquirente aparente de um bem se obriga a restituí-lo ao alienante, depois de cessadas as causas que motivaram a venda ao fim de certo tempo. Otto de Souza Lima sintetiza o instituto como "a convenção pela qual aquele que recebeu uma coisa ou um direito, pela *mancipatio* ou pela *in jure cessio*, se obriga à restituição, quando satisfeito o fim ou preenchida a destinação".[4]

Em Pietro Bonfante também encontramos uma conceituação que aclara satisfatoriamente o instituto: uma convenção pela qual uma das partes, recebendo da outra uma coisa na forma da *mancipatio* ou da *in jure cessio*, assume a obrigação de usá-la para um fim determinado, devendo restituí-la quando exaurido tal fim.[5]

Os termos *mancipatio* e *in jure cessio* significavam, em direito romano, dois modos solenes ou formais de translação do domínio adquirido. Tinham, por efeito, a transferência da plena titularidade do direito, ou da propriedade.

Especificamente quanto à *mancipatio*, expressava um modo de transferir independentemente da causa da alienação. Seguia uma forma para efetivar-se, segundo explicam Alexandre Correia e Caetano Sciascia. Realizava-se na presença de, no mínimo, cinco testemunhas, escolhidas entre cidadãos romanos probos e experientes. Outra testemunha, da mesma qualidade das anteriores, empunhava uma balança de bronze e proferia uma declaração sobre o negócio que se realizava.[6]

A expressão *in jure cessio* era, também, um modo solene de transferência da propriedade. Operava-se *in jure*, isto é, perante um magistrado e tinha a forma exterior de uma reivindicação fictícia. Usava-se uma fórmula processual para operar, de modo solene, a transferência voluntária do domínio. Mais precisamente, significava uma cessão, perante o magistrado, do direito sobre a pessoa ou a coisa.

Foi, com o tempo, se acentuando a transferência para determinados fins. Uma vez atendidos, retorna o bem ao transmitente.

Observa Tullio Ascarelli que o fim visado pelas partes não corresponde ao fim típico do negócio fiduciário. A característica decorre do fato de se prender ele a uma transmissão de propriedade, mas, acrescenta,

> de ser o seu efeito direito real, parcialmente neutralizado por uma convenção entre as partes em virtude da qual o adquirente pode aproveitar-se da propriedade que adquiriu, apenas para o fim especial visado pelas partes, sendo obrigado a devolvê-la desde que aquele fim seja preenchido. Ao passo que os efeitos de direito real, isoladamente considerados e decorrentes do negócio adotado, vão além das intenções das partes, as ulteriores convenções obrigacionais visam justamente a restabelecer o equilíbrio; é assim possível o uso da transferência da propriedade para finalidades indiretas, ou seja, para fins de garantia, de mandato, de depósito. Mas os efeitos de direito real do negócio são, eles também, queridos e seriamente queridos pelas partes, que, na falta deles, nem poderiam alcançar o fim último visado... Assim, num caso típico de negócio fiduciário, a transferência da propriedade para fins de garantia, a transmissão de propriedade é efetivamente desejada pelas partes, não, porém, para o fim de troca, mas para fim de garantia.[7]

Para que assim aconteça, isto é, a manifestação ostensiva da vontade não corresponda à manifestação encoberta, é indispensável o elemento subjetivo da confiança, que é o fator que conduz uma das partes a encetar o negócio. Através da confiança encontram-se resultados econômicos legítimos para a prática de relações contratuais jurídicas aparentes, sendo certo que a prática do negócio aparente é necessária para o alcance do fim visado.

---

4   *Negócio fiduciário*. São Paulo: RT, 1962. p. 44.
5   *Istituzioni di diritto romano*. 10. ed. Turim: G. Giappichelli., p. 471.
6   *Manual de direito romano*. São Paulo, 1955. v. 2º, p. 49/50.
7   *Problemas das sociedades anônimas e direito comparado*. São Paulo: Saraiva, 1945. p. 106.

Em incorporações, opera-se uma transferência que perdura enquanto pendem de pagamento a fração ideal e a unidade. Sobressai, pois, objetivo único de garantia do pagamento. Todavia, o adquirente exerce o *ius utendi* e o *ius fruendi*. O domínio é que não se transfere até que o adquirente complemente o pagamento do preço.

O contrato concretiza-se em dois momentos, mas em atos de simultânea realização: o incorporador faz a venda da fração ideal e da unidade para o adquirente, e este, em seguida, na qualidade de proprietário, aliena fiduciariamente os bens para o mesmo incorporador, se este fica como credor do valor de valores do preço. No caso de uma instituição financeira fizer o financiamento, a alienação fiduciária se dá para a mesma.

Tem-se, então, o incorporador como vendedor, enquanto o adquirente como comprador. No passo seguinte, o incorporador (ou agente financeiro) será o credor e proprietário fiduciário, e terá a propriedade para o escopo de garantia de seu crédito; por sua vez, o adquirente torna-se o devedor e alienante fiduciário, ficando investido na posse direta do imóvel e com o direito de readquirir a propriedade definitiva quando terminar de adimplir o pagamento das prestações.

Assim acontecendo, tornará, então, a propriedade plena ao adquirente. Por isso se diz que a propriedade fiduciária é propriedade resolúvel, extinguindo-se quando se cumprir a condição prevista, e que consiste no pagamento pleno. Bastará, para a devida baixa registrária, a mera apresentação de documento de quitação do preço.

Cabe lembrar que a Medida Provisória n. 992/2020, em seu art. 14, introduziu à Lei n. 13.476/2017, que trata de gravames e ônus sobre ativos financeiros e valores mobiliários, os arts. 9º-A a 9º-D, os quais dispunham sobre o chamado compartilhamento da alienação fiduciária, com a possibilidade de se instituir, sobre o bem imóvel alienado fiduciariamente, uma nova garantia de alienação fiduciária. Ou seja, o imóvel poderá servir de garantia para mais de uma operação de crédito perante um mesmo credor. No entanto, a Medida Provisória não foi convalidada, perdendo o seu efeito.

Por essa Medida Provisória, o fiduciante ficaria autorizado, em havendo a anuência do credor fiduciário, a utilizar o bem imóvel alienado fiduciariamente como garantia de novas e autônomas operações de crédito de qualquer natureza, desde que contratadas com o credor fiduciário da operação de crédito original. Averba-se, no registro imobiliário, o contrato de alienação fiduciária, celebrado por instrumento público ou particular, com essa nova alienação fiduciária.

O vencimento antecipado da obrigação original ou derivada não obriga o fiduciante a liquidar antecipadamente as demais obrigações garantidas pela segunda alienação fiduciária, mantendo-se as condições e os prazos convencionados.

O inadimplemento de qualquer das obrigações que ensejaram a garantia da alienação fiduciária e a ausência de purgação da mora importam em vencimento das demais operações de crédito contratadas no âmbito do compartilhamento da alienação fiduciária, situação em que será exigível a totalidade da dívida para todos os efeitos legais. Deverá o credor fiduciário, na notificação visando o pagamento sob pena da consolidação da propriedade em seu nome, consignar o vencimento das demais operações, especificando os valores devidos. Ao alienante cumpre que faça o pagamento de todos os saldos existentes nas operações pactuadas.

Leva-se, após a consolidação da propriedade em nome do credor fiduciário, o imóvel a leilão. Não se aplica, na situação, o disposto no § 5º do art. 27 da Lei nº

Cap. 138 | Os tipos de contratos na alienação ou transferência das unidades • 523

9.514/1997, na seguinte redação: "Se, no segundo leilão, o maior lance oferecido não for igual ou superior ao valor referido no § 2º, considerar-se-á extinta a dívida e exonerado o credor da obrigação de que trata o § 4º".

138.2.1. O caráter resolúvel da propriedade na alienação fiduciária

Consoante já referido, a transferência da propriedade para o credor nos financiamentos comuns com a alienação fiduciária e, no caso da incorporação imobiliária, para o incorporador, insere-se dentro de um contexto que nem sempre confere com a realidade. Na verdade, embora o devedor, ou adquirente do bem, se desfaça da titularidade, prossegue ele exercendo alguns direitos próprios do domínio, eis que detém a posse, usufrui do bem, protege-o contra os ataques, e exerce os meios de defesa assegurados legalmente para a sua defesa. Resumindo, com ele permanecem o *ius possidendi*, o *ius utendi* e o *ius fruendi*.

Tem-se, pois, o contrato pelo qual o devedor, *in casu* o adquirente, pactua a transferência da propriedade do imóvel ao credor, podendo este ser o incorporador ou instituição financeira interveniente, com o fulcro de ver adimplido o parcelamento então contraído. O credor permanece proprietário do imóvel enquanto perdurar o pagamento das parcelas aprazadas, revertendo-se a propriedade ao devedor tão logo a dívida seja integralmente quitada.

De certo modo, há uma transferência mais fictícia do bem, e unicamente para dar garantia ao credor, tanto que, uma vez cumprida a obrigação do pagamento, mediante a mera apresentação dos comprovantes ou de um termo de quitação, se registra o cancelamento da propriedade fiduciária. Ou seja, não se processa uma nova transmissão ao até então devedor fiduciário. No mínimo, a propriedade do credor ou incorporador é limitada, circunscrita a certa finalidade, e não para todos os efeitos. Embora se admita a cessão do contrato pelo credor fiduciário, segue a condição da propriedade para o escopo da garantia. Tanto isso que, advindo a inadimplência, o credor está obrigado a levar o bem a leilão, não permanecendo ele em seu domínio. Do montante apurado com a venda, retira-se o equivalente necessário para saldar as obrigações pendentes, e restitui-se o que sobra ao devedor fiduciário. Para arrematar, possível afirmar que extremamente limitada a propriedade em favor do credor ou incorporador, pois quanto mais vão sendo solvidas as prestações, proporcionalmente vai se reduzindo o *quantum* da sua propriedade.

Não se restringe, pois, a posição do devedor fiduciário a uma pessoa titular de um direito de aquisição, ou de um direito de expectativa, justamente porque os pagamentos, na prática, vão aumentando ou acrescendo o direito real, a ponto de a ele se devolverem os valores que sobejarem quando da alienação. Na medida em que se implementa a condição do direito esperado, vai se inteirando ou plenificando a propriedade, ensejando, inclusive, o poder de disposição ou de expropriação dessa parcela de propriedade, através da cessão ou penhora, arresto, sequestro. E mais significativamente, acompanha o direito de defender a posse direta através dos interditos possessórios e mesmo das ações reais contra os que investirem contra o direito do devedor e até, por interesse indireto, contra a titularidade ou o domínio.

Trata-se, portanto, de uma propriedade submetida a uma condição resolutiva, eis que dura até o momento em que se ultima o pagamento. Resolve-se a propriedade com o vencimento do prazo, desde que efetivados os pagamentos, ou implementada a condição resolutiva, quando se restitui o domínio pleno. Esse é o ponto caracterizador, considerando-se que o implemento da condição resolutiva traz a extinção da propriedade do credor, enquanto o mesmo implemento opera a aquisição em favor do devedor.

138.2.2. A incidência da Lei n. 9.514/1997 na alienação fiduciária de imóveis

A alienação fiduciária de imóveis veio instituída pela Lei n. 9.514/1997, encontrando-se regulada nos artigos 22 a 33, com várias alterações, sendo as mais importantes as da Lei n. 10.931/2004 e as últimas vindas com a Lei n. 13.465/2017. Pelo artigo 22, considera-se "o negócio jurídico pelo qual o devedor, ou fiduciante, com o escopo de garantia, contrata a transferência ao credor, ou fiduciário, da propriedade resolúvel de coisa imóvel". Para a sua validade entre terceiros, é necessário o registro imobiliário, nos termos do artigo 23 da Lei n. 9.514/1997: "Constitui-se a propriedade fiduciária de coisa imóvel mediante registro, no competente Registro de Imóveis, do contrato que lhe serve de título".

Consoante já referido, ao incorporador transferem-se o domínio e a posse indireta, enquanto ao alienante se reserva a posse direta, em face do parágrafo único do artigo 23: "Com a constituição da propriedade fiduciária, dá-se o desdobramento da posse, tornando-se o fiduciante possuidor direto e o fiduciário possuidor indireto da coisa imóvel".

A alienação fiduciária importa, pois, em transferência da propriedade do imóvel ao credor, sempre sob condição resolutiva. Consumado o pagamento da dívida, resolve-se automaticamente a propriedade do credor, sem carecer de intervenção judicial.

Não somente a titularidade do bem passa para o incorporador, ou agente financeiro, mas também a ele é reconhecida a posse indireta. Vale afirmar que algum poder, como de vigilância, de acompanhamento, lhe é assegurado, o que o legitima para as ações cabíveis, máxime em caso de esbulho ou turbação por terceiros.

No contrato, observam-se as seguintes exigências, contidas no artigo 24:

> O contrato que serve de título ao negócio fiduciário conterá:
>
> I – o valor do principal da dívida;
>
> II – o prazo e as condições de reposição do empréstimo ou do crédito fiduciário;
>
> III – a taxa de juros e os encargos incidentes;
>
> IV – a cláusula de constituição da propriedade fiduciária, com a descrição do imóvel objeto da alienação fiduciária e a indicação do título e modo de aquisição;
>
> V – a cláusula assegurando ao fiduciante, enquanto adimplente, a livre utilização, por sua conta e risco, do imóvel objeto da alienação fiduciária;
>
> VI – a indicação, para efeito de venda em público leilão, do valor do imóvel e dos critérios para a respectiva revisão;
>
> VII – a cláusula dispondo sobre os procedimentos de que trata o art. 27.

No que mais interessa ao assunto, os procedimentos do artigo 27 dizem respeito à venda, em público leilão, do imóvel, no caso de inadimplência das obrigações pecuniárias, após a devida intimação para saldar a mora no prazo de quinze dias, sendo de realce a verificação do procedimento do leilão, traçado nos §§ 1º, 2º e 3º, em texto da Lei n. 13.465/2017:

> § 1º Se no primeiro leilão público o maior lance oferecido for inferior ao valor do imóvel, estipulado na forma do inciso VI e do parágrafo único do art. 24 desta Lei, será realizado o segundo leilão nos quinze dias seguintes.

Cap. 138 | Os tipos de contratos na alienação ou transferência das unidades • 525

§ 2º No segundo leilão, será aceito o maior lance oferecido, desde que igual ou superior ao valor da dívida, das despesas, dos prêmios de seguro, dos encargos legais, inclusive tributos, e das contribuições condominiais.

§ 2º-A. Para os fins do disposto nos §§ 1º e 2º deste artigo, as datas, horários e locais dos leilões serão comunicados ao devedor mediante correspondência dirigida aos endereços constantes do contrato, inclusive ao endereço eletrônico.

O valor da dívida, o prazo, os juros e as condições de pagamento, a menção expressa da alienação e a descrição do imóvel indicando o título e o modo de aquisição, a previsão da utilização do imóvel pelo alienante, a indicação do valor do imóvel e os critérios de sua revisão, e a inserção da venda em leilão público constituem as cláusulas básicas e obrigatórias que deverão constar no contrato, sem impedir que outras venham incluídas. Parece importante que se estabeleçam, outrossim, as penalidades pela mora, como a multa, os juros incidentes e mesmo a atualização monetária. Também hão de constar o modo de se efetuar a intimação ou notificação constitutiva da mora, desde que de acordo com a lei, a contratação de seguros, as condições para a transferência (como a concordância do credor fiduciário) e a expressa descrição do procedimento da venda particular, mas em público leilão. Considerando que do montante apurado aproveitará ao incorporador ou ao condomínio, no caso da administração pela Comissão de Representantes, o suficiente para cobrir os débitos pendentes, obviamente que o restante devolver-se-á para o adquirente. No entanto, já que ocupou o imóvel, nada mais coerente e aceitável que se estabeleça uma taxa de ocupação, para ensejar crédito ao incorporador, exigível do adquirente. De antemão pode-se fixar a taxa de ocupação. Não se olvide, entrementes, que o direito fica na dependência da ocupação.

Sobre esse ponto, incide a regra do artigo 37-A da Lei n. 9.514/1997, em redação da Lei n. 13.465/2017:

> O devedor fiduciante pagará ao credor fiduciário, ou a quem vier a sucedê-lo, a título de taxa de ocupação do imóvel, por mês ou fração, valor correspondente a 1% (um por cento) do valor a que se refere o inciso VI ou o parágrafo único do art. 24 desta Lei, computado e exigível desde a data da consolidação da propriedade fiduciária no patrimônio do credor fiduciante até a data em que este, ou seus sucessores, vier a ser imitido na posse do imóvel.

Outros regramentos merecem a atenção.

Assim, pelo artigo 25 da Lei n. 9.514/1997, o pagamento da dívida reverte a propriedade plena ao adquirente. Realmente, há a reversão da propriedade ao fiduciante, depois de paga a dívida. O proprietário fiduciário entregará para o adquirente, ou alienante fiduciário, um termo de quitação até trinta dias a partir do resgate da dívida (§ 1º do mesmo art. 25). Encaminha-se o documento para o Cartório do Registro de Imóveis, onde se providenciará no cancelamento do registro da propriedade fiduciária. Oportuna a transcrição do § 2º do artigo 25 da Lei n. 9.514/1997:

> À vista do termo de quitação de que trata o pagamento anterior, o oficial do competente registro de imóveis efetuará o cancelamento do registro da propriedade fiduciária.

138.2.3. A consolidação da propriedade no credor fiduciário ou sua venda, em razão da inadimplência do devedor fiduciário

Uma vez não satisfeita a dívida, consolida-se a propriedade em favor do fiduciário, consoante literal disposição do artigo 26 da Lei n. 9.514/1997: "Vencida e não paga, no todo ou em parte, a dívida e constituído em mora o fiduciante, consolidar-se-á, nos termos deste artigo, a propriedade do imóvel em nome do fiduciário."

Seguem várias regras nos parágrafos, dispondo sobre o procedimento para esse efeito. O primeiro passo é a cobrança da dívida, dirigindo-se, para tanto, um requerimento ao Oficial do Cartório de Registro de Imóveis. Este notificará ao devedor para que efetue o pagamento em quinze dias, sob pena de se consolidar a propriedade em favor do fiduciário. Veja-se o § 1º:

> Para os fins do disposto neste artigo, o fiduciante, ou seu representante legal ou procurador regularmente constituído, será intimado, a requerimento do fiduciário, pelo oficial do competente Registro de Imóveis, a satisfazer, no prazo de quinze dias, a prestação vencida e as que se vencerem até a data do pagamento, os juros convencionais, as penalidades e os demais encargos contratuais, os encargos legais, inclusive tributos, as contribuições condominiais imputáveis ao imóvel, além das despesas de cobrança e de intimação.

Não parece inconveniência que se faça a intimação através do Cartório de Registro de Títulos e Documentos, por decisão do oficial do Registro de Imóveis, ou por carta através do Correio, desde que se dê a comprovação através do aviso de recebimento pela pessoa devedora, ou seu representante legal (§ 3º do mesmo artigo).

A intimação será pessoal.

Instruirá a notificação o demonstrativo do débito, com o valor de cada mês, e do cálculo acompanhado do cálculo dos encargos e atualização monetária.

Verificada a mora, que se caracteriza após a notificação do devedor (podendo efetuar-se na pessoa de representante ou procurador) através do oficial do Registro de Imóveis ou qualquer outra forma válida, para que pague a dívida em atraso no prazo de quinze dias, e sem que o mesmo acorra ao atendimento, o credor-fiduciário torna-se titular absoluto do imóvel.

A referida intimação, somente será expedida após expirar o prazo de carência estipulado no contrato.

Opondo dificuldades para ser intimado, orienta o § 3º-A, incluído pela Lei n. 13.465/2017, as providências que desenvolverá o oficial notificante: avisará familiar ou vizinho de que retornará ao local no dia útil imediato:

> Quando, por duas vezes, o oficial de registro de imóveis ou de registro de títulos e documentos ou o serventuário por eles credenciado houver procurado o intimando em seu domicílio ou residência sem o encontrar, deverá, havendo suspeita motivada de ocultação, intimar qualquer pessoa da família ou, em sua falta, qualquer vizinho de que, no dia útil imediato, retornará ao imóvel, a fim de efetuar a intimação, na hora que designar, aplicando-se subsidiariamente o disposto nos arts. 252, 253 e 254 da Lei n. 13.105, de 16 de março de 2015 (Código de Processo Civil).

Se residir em unidade de edifício o devedor, entrega-se a carta de intimação ao funcionário da portaria, conforme permite o § 3º-B, incluído pela Lei n. 13.465/2017:

> Nos condomínios edilícios ou outras espécies de conjuntos imobiliários com controle de acesso, a intimação de que trata o § 3º-A poderá ser feita ao funcionário da portaria responsável pelo recebimento de correspondência.

Cap. 138 | Os tipos de contratos na alienação ou transferência das unidades • **527**

Não encontrado o devedor, a intimação se faz por meio de publicação, em atendimento ao § 4º do artigo 26 da Lei n. 9.514/1997, alterado pela Lei n. 13.043/2014:

> Quando o fiduciante, ou seu cessionário, ou seu representante legal ou procurador encontrar-se em local ignorado, incerto ou inacessível, o fato será certificado pelo serventuário encarregado da diligência e informado ao oficial de Registro de Imóveis, que, à vista da certidão, promoverá a intimação por edital publicado durante 3 (três) dias, pelo menos, em um dos jornais de maior circulação local ou noutro de comarca de fácil acesso, se no local não houver imprensa diária, contado o prazo para purgação da mora da data da última publicação do edital.

Evidentemente, segundo está no § 5º, a purga da mora, no Registro de Imóveis, convalescerá o contrato de alienação fiduciária.

O devedor deverá emendar a mora em quinze dias junto ao próprio oficial que fez a notificação, que repassará o valor ao credor, no prazo de três dias (§ 6º do art. 26), descontado o correspondente às despesas, se já não adiantadas.

Não efetuado o pagamento, segundo referido, consolida-se a propriedade plena em nome do fiduciário, certificando o oficial do Registro de Imóveis junto ao registro do imóvel, como está no § 7º do artigo 26, na redação dada pela Lei n. 10.931/2004:

> Decorrido o prazo de que trata o § 1º sem a purgação da mora, o oficial do competente Registro de Imóveis, certificando esse fato, promoverá a averbação, na matrícula do imóvel, da consolidação da propriedade em nome do fiduciário, à vista da prova do pagamento por este, do imposto de transmissão *inter vivos* e, se for o caso, do laudêmio.

Cabe ao credor-fiduciário, em seguida, em até trinta dias, levar a efeito o leilão, que se repete em uma segunda vez, se não efetuada a venda na primeira oportunidade. Com efeito, ordena o artigo 27 da Lei n. 9.514/1997:

> Uma vez consolidada a propriedade em seu nome, o fiduciário, no prazo de trinta dias, contados da data do registro de que trata o § 7º do artigo anterior, promoverá público leilão para a alienação do imóvel.

Faculta o § 8º que o fiduciante, anuindo o fiduciário, dê seu direito eventual ao imóvel em pagamento da dívida, dispensados os procedimentos previstos no artigo 27.

De acordo com o artigo 26-A e seus dois parágrafos, em redação da Lei n. 13.465/2017, estende-se o procedimento acima às operações do Programa Minha Casa Minha Vida, instituído pela Lei n. 11.977, de 7 de julho de 2009, com recursos advindos da integralização de cotas no Fundo de Arrendamento Residencial (FAR). A consolidação da propriedade se dá trinta dias após o decurso do prazo para a purgação da mora, assegurando-se ao fiduciante pagar as parcelas da dívida vencidas e as despesas até a data da averbação.

Relativamente ao leilão de venda da unidade sobre as publicações não existem regras próprias na Lei n. 9.514/1997. Daí entender-se que as publicações podem seguir a forma de divulgação ditada pelo CPC. Ou seja, anuncia-se o leilão por meio de edital, com antecedência no mínimo de cinco dias da data aprazada (§ 1º do art. 887 do CPC), publicando-se pela imprensa oficial e local.

528 • Condomínio Edilício e Incorporação Imobiliária | *Arnaldo Rizzardo*

Não sendo a venda judicial, não se aplica a forma estabelecida nas regras processuais dos artigos 886 a 889 do CPC, que disciplinam a venda judicial de bens penhorados e a publicação de editais, que poderá ser pela rede mundial de computadores.

Naturalmente, o leilão é levado a efeito em razão da dívida do fiduciante, fornecendo o § 3º como é formada:

> I – dívida: o saldo devedor da operação de alienação fiduciária, na data do leilão, nele incluídos os juros convencionais, as penalidades e os demais encargos contratuais;
>
> II – despesas: a soma das importâncias correspondentes aos encargos e custas de intimação e as necessárias à realização do público leilão, nestas compreendidas as relativas aos anúncios e à comissão do leiloeiro.

No caso de unidade de condomínio, valerá o primeiro leilão se alcançado, na venda, o valor do imóvel consignado no contrato, nunca inferior ao montante da dívida. Não atingida esta exigência, parte-se para o segundo leilão, a efetuar-se nos quinze dias seguintes.

Está no § 1º do artigo 27, na redação da Lei n. 13.465/2017:

> Se no primeiro leilão público o maior lance oferecido for inferior ao valor do imóvel, estipulado na forma do inciso VI e do parágrafo único do art. 24 desta Lei, será realizado o segundo leilão nos quinze dias seguintes.

Por sua vez, quanto ao valor do lance oferecido, ordena o § 2º:

> No segundo leilão será aceito o maior lance oferecido, desde que igual ou superior ao valor da dívida, das despesas, dos prêmios de seguro, dos encargos legais, inclusive tributos, e das contribuições condominiais."

Não se pode olvidar a comunicação exigida e constante do § 2º-A do artigo 27, aportado pela Lei n. 13.465/2017:

> Para os fins do disposto nos §§ 1º e 2º deste artigo, as datas, horários e locais dos leilões serão comunicados ao devedor mediante correspondência dirigida aos endereços constantes do contrato, inclusive ao endereço eletrônico.

Basta a comprovação da comunicação, realizada segundo os canais existentes e fornecidos pelo devedor.

Caso não lograr êxito na venda, ficará ele, o credor, com o imóvel, extinguindo-se a dívida, mesmo que não alcançada quantia equivalente ao total devido. Está a regra no § 5º do artigo 27:

> Se, no segundo leilão, o maior lance oferecido não for igual ou superior ao valor referido no § 2º, considerar-se-á extinta a dívida e exonerado o credor da obrigação de que trata o § 4º.

Para a compreensão, mister transcrever-se o § 4º:

> Nos cinco dias que se seguirem à venda do imóvel no leilão, o credor entregará ao devedor a importância que sobejar, considerando-se nela compreendido o valor da

indenização de benfeitorias, depois de deduzidos os valores da dívida e das despesas e encargos de que tratam os §§ 2º e 3º, fato esse que importará em recíproca quitação, não se aplicando o disposto na parte final do art. 516 do Código Civil.

O referido artigo 516 equivale ao artigo 1.219 do vigente Código Civil, cuja parte final garante o exercício do direito de retenção pelo valor das benfeitorias necessárias e úteis.

Depreende-se que fica obrigado o credor a entregar ao devedor a quantia que sobrar.

Conjugando os §§ 5º e 4º, entende-se que a titularidade transfere-se ao credor, com a extinção da dívida. No caso, em atenção ao § 6º, deve o fiduciário dar quitação da dívida ao fiduciante, no prazo de cinco dias. Pode-se dizer que, com a transferência do imóvel ao fiduciário, decorre automaticamente a quitação.

Verificada a transferência do imóvel ao credor ou ao terceiro arrematante, providencia-se no ato de registro imobiliário.

Todavia, desde o momento da expiração do prazo do § 7º do artigo 26, acima transcrito, até a realização do segundo leilão, reserva-se ao devedor o pagamento da dívida, o qual, então, permanecerá como titular da unidade. Dois os dispositivos da Lei n. 9.514/1997 que levam a essa conclusão. O primeiro é o § 2º do artigo 26-A, em texto da Lei n. 13.465/2017:

> Até a data da averbação da consolidação da propriedade fiduciária, é assegurado ao devedor fiduciante pagar as parcelas da dívida vencidas e as despesas de que trata o inciso II do § 3º do art. 27, hipótese em que convalescerá o contrato de alienação fiduciária (incluído pela Lei n. 13.465/2017).

O segundo constitui o § 2º-B do artigo 27, também na redação da Lei n. 13.465/2017:

> Após a averbação da consolidação da propriedade fiduciária no patrimônio do credor fiduciário e até a data da realização do segundo leilão, é assegurado ao devedor fiduciante o direito de preferência para adquirir o imóvel por preço correspondente ao valor da dívida, somado aos encargos e despesas de que trata o § 2º deste artigo, aos valores correspondentes ao imposto sobre transmissão *inter vivos* e ao laudêmio, se for o caso, pagos para efeito de consolidação da propriedade fiduciária no patrimônio do credor fiduciário, e às despesas inerentes ao procedimento de cobrança e leilão, incumbindo, também, ao devedor fiduciante o pagamento dos encargos tributários e despesas exigíveis para a nova aquisição do imóvel, de que trata este parágrafo, inclusive custas e emolumentos.

Por outras palavras, até a data da averbação da consolidação da propriedade em nome do credor é possível pagar a dívida, e até a realização do segundo leilão reserva-se ao devedor o direito de preferência para adquirir o imóvel por preço correspondente ao valor da dívida e outros encargos.

Aos adquirentes de unidades do Programa Minha Casa Minha Vida, instituído pela Lei n. 11.977, de 7 de julho de 2009, com recursos advindos da integralização de cotas no Fundo de Arrendamento Residencial (FAR), estende-se o mesmo direito do § 2º-B, por determinação do § 9º do artigo 27.

De notar que o § 8º do artigo 26, em texto da Lei n. 10.931/2004, autoriza ao fiduciante, com a anuência do fiduciário, a dar seu direito eventual ao imóvel em pagamento da dívida, dispensados os procedimentos previstos no artigo 27.

Algumas regras, mais de ordem prática, aparecem nos parágrafos do artigo 27.

Assim, se a unidade tiver uma locação em vigência, resolve-se o contrato através de denúncia, nos termos do § 7º:

> Se o imóvel estiver locado, a locação poderá ser denunciada com o prazo de trinta dias para desocupação, salvo se tiver havido aquiescência por escrito do fiduciário, devendo a denúncia ser realizada no prazo de noventa dias a contar da data da consolidação da propriedade no fiduciário, devendo essa condição constar expressamente em cláusula contratual específica, destacando-se das demais por sua apresentação gráfica.

O § 8º, relativamente aos encargos que pesam sobre a unidade:

> Responde o fiduciante pelo pagamento dos impostos, taxas, contribuições condominiais e quaisquer outros encargos que recaiam ou venham a recair sobre o imóvel, cuja posse tenha sido transferida para o fiduciário, nos termos deste artigo, até a data em que o fiduciário vier a ser imitido na posse.

Tornando-se precária a posse, porquanto injusta diante da inadimplência, assegura-se o exercício da reintegração da posse, segundo permite o artigo 30 da Lei n. 9.514/1997:

> É assegurada ao fiduciário, seu cessionário ou sucessores, inclusive o adquirente do imóvel por força do público leilão de que tratam os §§ 1º e 2º do art. 27, a reintegração na posse do imóvel, que será concedida liminarmente, para desocupação em 60 (sessenta dias), desde que comprovada, na forma do disposto no art. 26, a consolidação da propriedade em seu nome.

A reintegração exige o processamento em juízo, através de ação possessória, diferentemente da cobrança, da consolidação da propriedade e do leilão, que se efetuam extrajudicialmente, junto ao Cartório de Registro de Imóveis onde está localizado o imóvel.

Autoriza o artigo 29 a cessão dos direitos, assumindo o cessionário a dívida: "O fiduciante, com anuência expressa do fiduciário, poderá transmitir os direitos de que seja titular sobre o imóvel objeto da alienação fiduciária, assumindo o adquirente as respectivas obrigações."

A transferência a terceiro dos direitos também se opera se um terceiro, como o fiador, pagar a dívida. É o que garante o artigo 31 da Lei n. 9.514/1997: "O fiador ou terceiro interessado que pagar a dívida ficará sub-rogado, de pleno direito, no crédito e na propriedade fiduciária."

Em suma, está permitida a venda extrajudicial do bem, com a finalidade de ressarcir-se o credor de seu crédito. Resta evidente que a venda, no primeiro leilão, há de alcançar o preço do bem, restituindo-se ao fiduciante unicamente a diferença entre o valor atribuído no contrato e aquilo que resta a pagar, mas descontando-se também as despesas acarretadas com os atos de venda. No segundo leilão, prevalece o critério do maior lance.

Grande controvérsia lavra sobre a constitucionalidade ou não desta modalidade de venda. O tratamento jurídico é o mesmo daquele aplicado à execução extrajudicial de imóvel da dívida hipotecária, contraída para o financiamento habitacional segundo os moldes do SFH. Apesar da série de fundamentos quanto à constitucionalidade desta forma de execução, o STF vem admitindo-a, em inúmeras decisões, como a presente:

> Execução extrajudicial. Decreto-lei n. 70/1966. Constitucionalidade. Compatibilidade do aludido diploma legal com a Carta da República, posto que, além de prever uma fase de controle judicial, conquanto *a posteriori*, não impede que eventual ilegalidade perpetrada no curso do procedimento seja reprimida, de logo, pelos meios processuais adequados.[8]

Outro aspecto de realce, também a ensejar discussões, diz respeito à proteção pelo instituto da impenhorabilidade do imóvel (Lei n. 8.009/1990). Como inexiste penhora, sustenta-se que não incide a Lei n. 8.009. Ocorre que, a toda evidência, instituiu-se a impenhorabilidade com vistas a impedir a alienação. Procura-se, em última instância, evitar a alienação do imóvel destinado à moradia. Pensa-se, daí, que a base legal para admitir-se a venda está no artigo 3º, inciso II, da mesma lei, que ressalva o crédito procurado "pelo titular do crédito decorrente do financiamento destinado à construção ou à aquisição do imóvel, no limite dos créditos e acréscimos constituídos em função do respectivo contrato".

Parece que não ofende esta forma de execução a regra do artigo 53 do Código de Defesa do Consumidor (Lei n. 8.078/1990), assim redigido:

> Nos contratos de compra e venda de móveis ou imóveis mediante pagamento em prestações, bem como nas alienações fiduciárias em garantia, consideram-se nulas de pleno direito as cláusulas que estabeleçam a perda total das prestações pagas em benefício do credor que, em razão do inadimplemento, pleitear a resolução do contrato e a retomada do produto alienado.

As questões e litígios que surgirem, inclusive no pertinente à inadimplência, submetem-se à Lei n. 9.307/1996, se a tanto estipularam as partes, admitindo-se a solução mediante arbitragem (art. 34 da Lei n. 9.514/1997), ou ao caminho judicial.

138.3. A permuta do terreno ou de parte do mesmo por área construída

Conforme já mencionado, é comum a contratação da entrega de um terreno ou de parte do mesmo ao incorporador, em troca do recebimento de certa quantidade de área construída. Por esta figura, o proprietário do terreno o aliena a um terceiro, aceitando, em troca, do mesmo terceiro, o recebimento de área construída sobre o mesmo terreno, a qual fica vinculada com a fração ideal do terreno. Na verdade, não se dá a entrega total do terreno, e sim aquela porção que excede a parte ideal correspondente à unidade ou às unidades que serão construídas para o proprietário do terreno. Neste cenário contratual, transmite-se ao incorporador uma parte do terreno, ficando a titularidade da outra parte, equivalente à porção ideal da construção

---

[8]   RE n. 223.075-1. Relator: Min. Ilmar Galvão. Primeira Turma. Julgado em 23.06.1998.

entregue, com o permutante, a qual fica vinculada ao quinhão reservado a ele. Mais apropriadamente, tem-se uma promessa de permuta, em que o objeto é parte de um terreno por coisa futura, que consiste na unidade imobiliária que será construída, ou promessa de permuta de parte ideal do terreno por unidades a serem construídas para seu proprietário. Assim, diante do recebimento da fração do terreno, o incorporador obriga-se a entregar ao proprietário-permutante as unidades combinadas. Sistemática explicada por Michel Dagot, que entrevê a seguinte negociação: as partes estipulam um preço e ele é convertido no mesmo ato em uma obrigação de fazer.[9]

No contrato feito através de escritura pública, estabelece-se a permuta, sendo que, posteriormente, averba-se a construção na matrícula. Realmente, depois de concluídas as obras, o proprietário do terreno recebe a quitação das unidades que lhe caberão, e realiza a venda do terreno ao incorporador, ou de frações ideais aos cessionários do terreno.

Ao longo do tempo se proliferou esta forma de utilização de imóveis, servindo de incentivo nas construções, especialmente em vista da escassez cada vez maior de terrenos. Entregam-se imóveis com construções, não raramente valiosas, as quais são demolidas, e que vão dando lugar ao erguimento de pomposos edifícios, especialmente em centros e bairros mais valorizados das cidades. É que a falta de espaço e a perspectiva de ganhos garantidos, os titulares de casas em zonas altamente valorizadas preferem a entrega do imóvel em troca de área útil, representada em duas ou mais unidades. No direito de outros países se propagou esta modalidade, vindo explicada por José Luiz Merino Hernandez:

> En el cambio proyectado entre el propietario de un solar (o edificación a demoler) y una persona individual o empresa constructora, por virtud del cual el primero transmite inmediatamente la propiedad del terreno al segundo, y éste se compromete a transmitir a cambio la propiedad de determinado número de elementos independientes (pisos o locales) del edificio que proyecta construir sobre el solar adquirido.[10]

A Lei n. 4.591/1964 previu a permuta por área construída, ao incluir a exigência do contrato ou título de permuta para o registro da incorporação, e estabelecendo, na letra *a* do artigo 32 (cujo *caput* ficou alterado pela Lei n. 14.382/2022), que o incorporador apresentará o

> título de propriedade de terreno, ou de promessa, irrevogável e irretratável, de compra e venda ou de cessão de direitos ou de permuta do qual conste cláusula de imissão na posse do imóvel, não haja estipulações impeditivas de sua alienação em frações ideais e inclua consentimento para demolição e construção, devidamente registrado.

Destaca-se o caráter de irrevogabilidade e irretratabilidade da permuta, com a imissão de posse. Total a segurança exigida, de sorte a não restar algum risco em os adquirentes quando da aquisição de suas frações ideais. Além disso, destinando-se

---

[9] *La cession de terrain moyennant remise de locaux à construire.* Paris: Librairies Techniques, 1976. p. 67.

[10] *El contrato de permuta.* Madrid: Tecnos, 1978. p. 338.

Cap. 138 | Os tipos de contratos na alienação ou transferência das unidades • **533**

a terreno para a venda, ou promessa de venda, por óbvio que a transferência para terceiros não se subordine a alguma condição em favor do permutante. Não assiste a qualquer das partes a via da resolução, desde que efetuadas as vendas ou promessas de venda aos adquirentes de frações ideais. No caso de inadimplemento do incorporador, veda-se ao permutante pretender a restituição. Hão de se respeitar os direitos dos adquirentes. Reserva-se a solução de a Comissão de Representantes prosseguir na obra, inclusive quanto à área de construção devida ao permutante.

Já o artigo 39 do mesmo diploma exige a inserção da permuta em todos os documentos da incorporação, nos anúncios e nas promessas e contratos de compra e venda, de modo a terem conhecimento os adquirentes do real custo de sua unidade e dos compromissos que estão assumindo:

> Nas incorporações em que a aquisição do terreno se der com pagamento total ou parcial em unidades a serem construídas, deverão ser discriminadas em todos os documentos de ajuste:
> I – a parcela que, se houver, será paga em dinheiro;
> II – a quota-parte da área das unidades a serem entregues em pagamento do terreno que corresponderá a cada uma das unidades, a qual deverá ser expressa em metros quadrados.
> Parágrafo único. Deverá constar, também, de todos os documentos de ajuste, se o alienante do terreno ficou ou não sujeito a qualquer prestação ou encargo.

Ressalta observar, da norma acima, a colocação da cota-parte das unidades em relação à área total do edifício, isto é, em proporção à área total.

Diante das normas, contratada a aquisição do terreno na forma do artigo 39, o incorporador deverá discriminar em todos os documentos de ajuste a parcela que, se houver, será paga em dinheiro. Mais ainda, discriminar-se-á a quota-parte da área das unidades a serem entregues, em pagamento do terreno, que corresponderá a cada uma das unidades, a qual deverá ser expressa em metros quadrados, bem como se o alienante do terreno ficou ou não sujeito a qualquer prestação ou encargo. Além de constar tais requisitos nos documentos de ajuste, o incorporador arquivará no Registro Imobiliário, juntamente com o Memorial de Incorporação, declaração em que se defina a parcela do preço de que trata o inciso II do artigo 39.

Isto com o intento de objetivar, precipuamente, a proteção ao adquirente de unidade autônoma de edifício em construção ou a construir, conferindo-lhe plena ciência de suas obrigações e direitos. Além disso, todo direito real ou seu gravame deve se revestir da mais ampla publicidade, de modo a permitir seu fácil conhecimento por todos.

Ao lado da forma de permuta, adota-se, também, a dação em pagamento, que, no conceito do artigo 356 do Código Civil, representa o pagamento através de prestação diversa da que se contratou como devida. Ou seja, tem-se uma compra e venda de terreno, estabelecendo-se o preço. Acerta-se, no entanto, que o incorporador, em momento posterior, entregará área construída ou unidades pelo preço da compra e venda, de valor equivalente ao do terreno. Há dação em pagamento justamente porque se insere que a obrigação do adquirente será satisfeita através da entrega de coisa futura, consistente de área construída, representada em uma ou mais unidades, com a devida descrição.

Não se regula a espécie com as regras da compra e venda de coisa futura, estabelecida no artigo 483 do Código Civil, que estipula: "A compra e venda podem ter por objeto coisa atual ou futura. Neste caso, ficará sem efeito o contrato se esta não vier a existir, salvo se a intenção das partes era de concluir contrato aleatório." Acontece que a permuta ou a entrega do terreno não permite retorno ao estado anterior, se iniciado o empreendimento. Interrompendo o incorporador a construção, e tornando-se ele insolvente, não é possível desfazer o negócio, em face da irrevogabilidade e irretratabilidade da permuta, diante da regra do artigo 32, letra *a*, da Lei n. 4.591/1964.

Na verdade, as partes celebram, simultaneamente, duas operações de transferência de imóveis. Na primeira, o proprietário do imóvel o vende ao incorporador, mediante certo preço em dinheiro. Na segunda, pode-se conceber que o incorporador aliena ao primitivo proprietário do terreno unidades autônomas do edifício a construir no local. Todavia, no fundo ele se obriga a edificar, a suas expensas, as futuras unidades autônomas, em vez de pagar em dinheiro o preço de aquisição. Assim, a transferência das unidades se dá em troca do recebimento do terreno.

138.3.1. Modelo de contrato de permuta de terreno por área construída

Por este instrumento particular, as partes qualificadas na Cláusula 1ª têm entre si justa e acertada a presente relação contratual.

CLÁUSULA 1ª – QUALIFICAÇÃO DAS PARTES

Primeiro Permutante:

(*Nome ou Razão Social do proprietário do terreno, com a qualificação completa, com o CNPJ se pessoa jurídica, ou o CPF e o Registro da Identidade se pessoa física, inclusive do cônjuge, conforme o estado civil de casado ou solteiro*).

Segundo Permutante:

(*Nome ou Razão Social do incorporador ou de quem recebe do terreno, com a qualificação completa, com o CNPJ se pessoa jurídica, ou o CPF e o Registro da Identidade se pessoa física, inclusive do cônjuge, conforme o estado civil de casado ou solteiro*).

CLÁUSULA 2ª

O PRIMEIRO PERMUTANTE é senhor e legítimo proprietário de um terreno de .... m², abaixo descrito, livre e desembaraçado de qualquer ônus: ....

Endereço do Imóvel: ....

Número de Matrícula no Cartório de Registro de Imóveis: ....

CLÁUSULA 3ª

O PRIMEIRO e o SEGUNDO PERMUTANTE ajustam, entre si, a permuta do imóvel descrito na cláusula segunda acima (ou da área de ....) pela da fração ideal correspondente a .... m², no prédio que será construído no imóvel de propriedade do PRIMEIRO PERMUTANTE, descrito e caracterizado na Cláusula 2ª, correspondente a .... unidades.

§ 1º As partes contratantes declaram, expressamente, que a presente permuta é realizada pura e simplesmente com pagamento em área construída, já individualizada e descrita nesta Cláusula, sem reposição de ambas as partes de quaisquer importâncias em dinheiro ou outros valores.

§ 2º O SEGUNDO PERMUTANTE obriga-se a entregar o edifício construído, com o respectivo "habite-se", expedido pela Prefeitura Municipal, e, ainda, Certidão Negativa de Débitos (CND) expedida pelo INSS, além de outras, no prazo máximo de ...., a contar de ...., quando deverá ser iniciada a obra, salvo por motivo de força maior, sob pena de, enquanto não entregar as respectivas unidades, pagar, ao PRIMEIRO PERMUTANTE, uma multa contratual, estabelecida e aceita neste ato, de R$ .... (............................ reais) por mês, isto é, valor vencível mês a mês, em cada mês completo, atualizado pelo índice oficial determinado pelo Governo Federal.

§ 3º O PRIMEIRO PERMUTANTE declara neste ato que o imóvel de sua propriedade, descrito na Cláusula 2ª, encontra-se totalmente livre e desembaraçado de quaisquer ônus ou gravames.

CLÁUSULA 4ª

Para viabilização do negócio aqui proposto, as partes se comprometem, dentro de um prazo aproximado de .... dias após a aprovação do anteprojeto à Prefeitura Municipal, a firmar, através de Escritura Pública, a fração ideal por unidades autônomas, a qual, a partir desta data, será celebrada em caráter irrevogável e irretratável, declarando cada parte reciprocamente à outra, na oportunidade, a transferir todo o domínio, obrigando as partes, por si, seus herdeiros e sucessores a responderem pela edificação, na forma prevista no Código Civil Brasileiro.

Parágrafo único. O PRIMEIRO PERMUTANTE transfere a posse do imóvel descrito na Cláusula 2ª, imediatamente, ao SEGUNDO PERMUTANTE, para que possa executar as obras, pelo que está autorizado a requerer, em nome próprio, alvará de construção e demais autorizações perante órgãos públicos, comprometendo-se o PRIMEIRO PERMUTANTE a outorgar procuração pública ao SEGUNDO PERMUTANTE para representá-lo diante de quaisquer órgãos, até a completa execução da obra.

CLÁUSULA 5ª

Em decorrência do negócio ora realizado, cujo pagamento será efetuado através de área construída, o SEGUNDO PERMUTANTE assume, perante o PRIMEIRO PERMUTANTE, as seguintes obrigações de fazer:

I – Elaborar, às suas próprias custas, expensas e total responsabilidade:

a) os projetos arquitetônicos e de engenharia civil, hidrossanitário, prevenção de incêndio, e elétrico-telefônico, estrutural e sondagem;

b) projeto integral de incorporação imobiliária, com a respectiva minuta de convenção de condomínio e demais instrumentos, na forma da Lei n. 4.591/1964, e suas alterações posteriores.

II – Executar a construção e a administração, às suas próprias custas, expensas e total responsabilidade, do Edifício denominado ...., de acordo com as normas definidas e legais, devendo:

a) empregar mão de obra e materiais de boa qualidade, com pessoal técnico qualificado e compatível com o nível do projeto, conforme memorial descritivo (documento em anexo), o qual fica fazendo parte integrante do presente instrumento, sendo que O SEGUNDO PERMUTANTE faculta ao PRIMEIRO PERMUTANTE as alterações apenas quanto aos materiais consignados no memorial descritivo, sempre com a devida antecedência, após o devido ajuste de preço sobre a alteração pretendida;

b) todas as despesas referentes a serviços e obras de construção do Edifício, tais como elaboração de todos os projetos; compra de materiais necessários à obra; contratação de mão de obra geral e ou especializada; emolumentos; alvarás; habite-se; registros; averbações; encargos fiscais, previdenciários e trabalhistas; indenizações a terceiros por danos causados no curso da construção; multas que venham a ser aplicadas por infrações de leis ou regulamentos e quaisquer outros custos ou despesas necessários à construção e seus acabamentos, inclusive calçadas, ajardinamentos, monumentos, muros e outros do gênero, correrão por conta exclusiva do SEGUNDO PERMUTANTE;

c) entregar o Edifício pronto e acabado no prazo determinado no § 2º da Cláusula 3ª deste instrumento.

III – Pagar todos os tributos que incidam ou venham a incidir sobre a construção a partir desta data.

§ 1º O PRIMEIRO PERMUTANTE autoriza, neste ato, o SEGUNDO PERMUTANTE a registrar e arquivar no competente Cartório de Registro de Imóveis o projeto de incorporação e a Minuta da Convenção de Condomínio, ficando o SEGUNDO PERMUTANTE autorizado a comercializar as unidades autônomas correspondente à área construída, salvo as unidades escolhidas pelo PRIMEIRO PERMUTANTE.

§ 2º O PRIMEIRO PERMUTANTE declara expressamente que renuncia ao direto de preferência na aquisição das demais unidades autônomas do Edifício a ser construído.

CLÁUSULA 6ª

O PRIMEIRO PERMUTANTE só se reputará integralmente pago após o cumprimento total das obrigações assumidas neste instrumento, inclusive com a entrega efetiva ao mesmo das unidades autônomas, livres e desembaraçadas de despesas de qualquer natureza, tais como impostos, taxas, tarifas e emolumentos, que recaiam ou venham a recair sobre o empreendimento, exceto as despesas inerentes à outorga das escrituras definitivas das unidades acima mencionadas, inclusive imposto de transmissão (ITBI), certidões, Tabelionato, Registro de Imóveis e outras que se fizerem necessárias.

Parágrafo único. O SEGUNDO PERMUTANTE transmitirá a posse das unidades descritas e caracterizadas na Cláusula 3ª ao PRIMEIRO PERMUTANTE somente após o "habite-se", sendo que o domínio será outorgado através de Escritura Pública de atribuição de propriedade, totalmente livre e desembaraçada de quaisquer ônus ou gravames, ao PRIMEIRO PERMUTANTE.

CLÁUSULA 7ª

O SEGUNDO PERMUTANTE pagará todas as despesas de transferência de domínio do terreno consignado na Cláusula 2ª, tais como Tabelionato, certidões, Registro de Imóveis, assim como todos os impostos ou taxas que recaiam ou venham a recair sobre o mesmo, a partir do recebimento da posse do imóvel.

CLÁUSULA 8ª

Declara o SEGUNDO PERMUTANTE que não é devedor às Fazendas Federal, Estadual e Municipal, nem à Previdência Social, conforme certidões anexas.

CLÁUSULA 9ª

As partes contratantes declaram aceitar o presente contrato nos seus expressos termos em que foi redigido, obrigando herdeiros e sucessores, por tudo aqui declarado.

CLÁUSULA 10ª

As partes elegem o Foro da Comarca de ...., para dirimir qualquer dúvida sobre este instrumento.

E por estarem assim justas e contratadas as partes assinam o presente contrato em .... vias de igual teor e forma, na presença de testemunhas.

.... , em .... de .... de ....

....
1º PERMUTANTE

....
CÔNJUGE

....
2º PERMUTANTE

....
CÔNJUGE

TESTEMUNHAS

....
Nome e CPF

....
Nome e CPF

138.3.2. Modelo de contrato de permuta de partes ideais de terreno por unidades edificadas com confissão de dívida

Contrato de permuta de partes ideais de terreno por unidades edificadas que entre si fazem .... (*dados do credor, conforme tratar-se de pessoa*

física ou jurídica), CPF (*ou CNPJ, se tratar-se de pessoa jurídica*) ....
......, residente e domiciliado (*estabelecida, se tratar-se de pessoa jurídica*) à Rua ...
........................., n. ...., bairro ...., a seguir denominado (*ou "denominada", se for pessoa jurídica*) simplesmente O PERMUTANTE CREDOR; e de outro lado .... (*dados do devedor, conforme tratar-se de pessoa física ou jurídica*), CPF (*ou CNPJ, se tratar-se de pessoa jurídica*) ....
......, residente e domiciliado (*estabelecida, se tratar-se de pessoa jurídica*) à Rua ...
........................., n. ...., bairro ...., a seguir denominado (*ou "denominada", se for pessoa jurídica*) simplesmente O PERMUTANTE DEVEDOR, resolvem contratar a permuta de partes ideais de terreno por unidades edificadas, a qual se regerá pelas cláusulas seguintes:

DO OBJETO

CLÁUSULA 1ª

O PERMUTANTE CREDOR é legítimo proprietário e possuidor do imóvel urbano constituído pela casa sito à Rua ...., n. ...., e seu terreno formado pelo lote ...., do quarteirão .... da .... seção urbana de ....
..........................., com .... m², registrado sob n. ....
do ofício do Registro de Imóveis desta cidade.

Parágrafo único. O PERMUTANTE CREDOR declara que o terreno acima descrito está livre e desembaraçado de quaisquer ônus, judiciais ou extrajudiciais, inexistindo, em relação a ele, ações ou procedimentos judiciais de natureza real ou pessoal.

DAS CONDIÇÕES DA PERMUTA

CLÁUSULA 2ª

O PERMUTANTE CREDOR transfere ao PERMUTANTE DEVEDOR o imóvel acima descrito, reservando, entretanto, as PARTES IDEAIS correspondentes a ....
.... unidades residenciais, sendo .... (*descrever a localização*) na cobertura, conforme projeto que é parte integrante deste contrato, que irão corresponder às futuras unidades autônomas e respectivas áreas comuns, às mesmas integradas, a serem construídas sobre o terreno.

CLÁUSULA 3ª

O PERMUTANTE DEVEDOR oferece em PERMUTA, pelas PARTES IDEAIS remanescentes daquelas reservadas, a construção das unidades autônomas retrorreferidas, a serem construídas no imóvel, as quais corresponderão às frações ideais reservadas pelo PERMUTANTE CREDOR, a serem entregues nas seguintes condições:

a) Apartamento de cobertura assim descrito ...., no valor de R$ .... (............................... reais), com .... metros quadrados de área interna e .... metros quadrados de varanda e sua respectiva fração ideal, em fase de acabamento, bem como .... vagas na garagem;

b) Apartamento tipo ...., no valor de R$ .... (.............
.... reais), do décimo pavimento, com .... metros quadrados
de área interna e .... metros quadrados de varanda e sua respectiva
fração ideal, totalmente acabado, bem como .... vagas na garagem.

c) Apartamento tipo ...., no valor de R$ .... (...........
.... reais), do nono pavimento, com aproximadamente ....
metros quadrados de área interna e .... metros quadrados de varanda
e sua respectiva fração ideal, em fase de acabamento, bem como .... vagas
na garagem.

CLÁUSULA 4ª

As demais unidades autônomas do empreendimento, tais como constam da planta
e projeto arquitetônico do anexo deste contrato, com seus elementos básicos, áreas,
frações ideais correspondentes, e outros descritos documentos de INCORPORAÇÃO
a serem levados a registro imobiliário, na forma exigida pela Lei n. 4.591/1964, pertencerão ao PERMUTANTE DEVEDOR, que poderá repassá-los a terceiros, desde
que ressalvados, no documento respectivo, as unidades destinadas ao PERMUTANTE
CREDOR.

DA CONSTRUÇÃO

CLÁUSULA 5ª

Nos lotes de terreno descritos, o PERMUTANTE DEVEDOR construirá, sob
sua exclusiva conta e responsabilidade, um edifício, composto de ....
... unidades autônomas, em regime de condomínio horizontal, nos moldes previstos
na Lei n. 4.591/1964.

§ 1º Tal construção obedecerá a anteprojeto e especificações de que terá amplo
conhecimento o PERMUTANTE E CREDOR, que dará sua prévia concordância.

§ 2º É parte integrante deste contrato de permuta a planta arquitetônica, com
todas as especificações do prédio e apartamentos constantes deste instrumento, devidamente rubricada pelas partes, que se denominará anexo II. As eventuais alterações
do projeto ou das especificações respectivas deverão ser precedidas de formal acordo
entre os contratantes.

DA HIPOTECA

CLÁUSULA 6ª

Como garantia e segurança do cumprimento da dívida confessada nas condições
estabelecidas, completo atendimento dos compromissos pactuados e dos demais ônus
consectários, subsidiariamente, o PERMUTANTE DEVEDOR oferece ao PERMUTAN-
TE CREDOR, em primeira e especial HIPOTECA, a totalidade da fração ideal ora
adquirida, equivalente a .... do lote de terreno objeto deste contrato,
sendo que, no prazo de 30 dias, se providenciará na confecção de escritura pública,

que será averbada junto ao registro da presente permuta no Cartório de Registro de Imóveis respectivo.

DO PRAZO DA CONSTRUÇÃO E ENTREGA DAS UNIDADES

CLÁUSULA 7ª

As unidades autônomas que estão comprometidas para serem entregues em PERMUTA, como retro estabelecido, deverão sê-lo no prazo de .... meses, a contar do trigésimo dia após a desocupação do imóvel da rua ...., pelo PERMUTANTE CREDOR.

§ 1º A entrega somente se efetivará para todos os fins de direito quando forem efetivamente entregues ao PERMUTANTE CREDOR as suas unidades autônomas comprometidas, observadas todas as especificações de construção e acabamento respectivas, com o requerimento de "Baixa de Construção" e "habite-se".

§ 2º Ressalva-se, entretanto, o atraso na entrega das unidades na hipótese de ocorrência de motivo de força maior, como chuvas em excesso, greves, ou anormalidades técnicas ocorridas quando das fundações, em razão do terreno.

§ 3º Na eventualidade da não efetiva entrega das unidades permutadas após 120 (cento e vinte) dias, contados a partir do final do prazo de 36 (trinta e seis) meses estabelecido para conclusão das obras, o PERMUTANTE DEVEDOR passará a pagar ao PERMUTANTE CREDOR uma quantia mensal a título de indenização por aluguéis não recebidos, no valor correspondente aos aluguéis de mercado, sobre cada uma das unidades não entregues.

DA MORA

CLÁUSULA 8ª

Ocorrendo paralisação das obras por período igual a 03 (três) meses, ou atraso na conclusão das obras por período superior a 12 (doze) meses, ressalvados os motivos previstos no parágrafo segundo da cláusula anterior, ficará o PERMUTANTE CREDOR com o direito de exigir o cumprimento das obrigações assumidas pelo PERMUTANTE DEVEDOR, na forma que melhor lhe convier, buscando a indenização correspondente ao valor das unidades e lucros cessantes respectivos.

DO VALOR ATRIBUÍDO AOS BENS EM PERMUTA

CLÁUSULA 9ª

Para fins de valor de indenização, em caso de descumprimento das cláusulas pactuadas e não optando pela execução da hipoteca, estabelecem os contratantes que o valor dos créditos do PERMUTANTE CREDOR será igual ao valor das unidades que deveria receber, conforme avaliação da época, e mais o valor dos aluguéis correspondentes aos imóveis não entregues até a efetiva quitação do débito.

DAS DESPESAS

CLÁUSULA 10ª

As despesas com a escritura de permuta, impostos, emolumentos, inclusive o registro imobiliário, correrão por conta do PERMUTANTE DEVEDOR. Correrão, ainda, por conta exclusivas do PERMUTANTE DEVEDOR todos os ônus e encargos decorrentes desta transação, do empreendimento e da construção, sejam tais ônus de que natureza forem, como trabalhista, previdenciários, fiscais, tributários, entre outros.

DA DEMOLIÇÃO

CLÁUSULA 11ª

Será facultado ao PERMUTANTE CREDOR, quando da demolição do imóvel hoje existente no terreno, a retirada de materiais ou objetos de seu interesse, conforme rol que será entregue ao PERMUTANTE DEVEDOR até a desocupação do imóvel.

DA ESCRITURA DEFINITIVA

CLÁUSULA 12ª

Imediatamente após o término das obras de fundação, o PERMUTANTE CREDOR outorgará escritura definitiva, nos mesmos termos da presente avença, ao PERMU-TANTE DEVEDOR.

DA ELEIÇÃO DO FORO

CLÁUSULA 13ª

As partes elegem o Foro da Comarca de ...., para dirimir qualquer dúvida sobre este instrumento.

CONCLUSÃO

E, por estarem assim justos e contratados, assinam o presente instrumento em 03 (três) vias de igual teor e forma, juntamente com as testemunhas abaixo nomeadas, para as finalidades de direito.

.... , em .... de .... de ....

....
PERMUTANTE CREDOR   CÔNJUGE

....
PERMUTANTE DEVEDOR   CÔNJUGE

TESTEMUNHAS

....
Nome e CPF

....
Nome e CPF

138.3.3. Modelo de registro de permuta de terreno por unidade autônoma e modelo de incorporação no terreno permutado

Registro de Imóveis de .... (*cidade*) Matrícula n. ....
Livro 2 – Registro Geral   folha ......

.... (*cidade e data*)
IMÓVEL:
Um terreno sem benfeitorias, de forma retangular, localizado na rua ....
..............., nesta cidade de ...., dentro do quarteirão formado pelas ruas
...., ... e ...., distante .... metros da
esquina .... (*leste, ou oeste, ou sul ou norte*) desta última rua, com a área
superficial de .... m²; medindo .... metros de frente para a rua
.....................; .... metros de frente a fundos por ambos os lados; e ....
metros nos fundos. Confronta a .... com o imóvel de n. .... da rua
....................., de propriedade de ....; a .... com
o imóvel n. .... da rua ...., de propriedade de ....
.............; ao ....com o imóvel de n. .... da rua ...., de
propriedade de ....; e ao .... com o imóvel n. ...., da
rua ...., de propriedade de .... O imóvel encontra-se
cadastrado na Prefeitura Municipal de .... com frente, ao lado par,
para a rua ...., tendo o n. ....
PROPRIETÁRIO: .... (*qualificação*).
Registro anterior: ....
Registrador: ....

R.1. .... (*cidade*) .... (*data*). PERMUTA
Transmitente:

....
Adquirente:

....
Conforme escritura pública de permuta lavrada na data de .... de ....
de ...., a fl. .... do Livro .... do .... Tabelionato desta cidade de
....................., Estado do ...., protocolada em data de .... de ....

.... de ...., este terreno é transmitido por permuta, com o valor estimado pelas partes de R$ .... (............................... reais), e avaliação fiscal de
R$ .... (....................... reais), sendo pago o ITBI no valor de ....
(..................... reais).

CONDIÇÃO: Como contraprestação da permuta, o adquirente comprometeu-se a
entregar ao transmitente, dentro do prazo de .... (...................) anos o apartamento
n. ...., com .... metros quadrados de área total construída, situado no
.... pavimento do prédio a ser construído no terreno supra e o box n. ....,
com .... metros quadrados de área total construída, situado no .... pavimento do prédio a ser construído no mesmo terreno.

Oficial do Registro de Imóveis: ....

R. 2 .... (*cidade*) .... (*data*). INCORPORAÇÃO
IMOBILIÁRIA.

A proprietária .... (*nome*), com sede e foro jurídico na cidade de ....
...................., Estado de ...., à rua ...., n. ...., inscrita no
CNPJ sob n. ...., na qualidade de incorporadora, depositou neste
Cartório de Registro de Imóveis os documentos exigidos pela Lei n. 4.591/1964, do
condomínio denominado ...., constituído de um edifício de alvenaria
com .... (.......................) pavimentos, formado por um bloco, composto por ....
(*número*) lojas no pavimento térreo, um mezanino, ... (*número*) de boxes de
estacionamento nos .... (*número*) pavimentos, distribuídos por .... (*número*) pavimentos-tipo, totalizando a área construída de .... metros quadrados.
O preço será reajustado conforme a variação nominal do INCC (Índice Nacional do
Custo de Construção), podendo o incorporador buscar recursos junto ao Sistema Financeiro Habitacional para a construção do empreendimento, repassando aos adquirentes
o saldo devedor junto ao agente financeiro das unidades adquiridas. A incorporadora
renuncia ao prazo de carência do artigo 34 da Lei n. 4.591/1964. O custo total da
construção foi orçado em R$ .... (....................................reais), conforme
planilha de custos datada de .... de .... de .... Foram apresentadas (*se for o caso*) as seguintes certidões positivas referentes à empresa proprietária/
incorporadora: da Justiça do Trabalho da .... Região, com a data de .... de
.... de ...., indicando .... (*número*) ações trabalhistas; da Justiça
Estadual de .... (*comarca*), com a data de .... de ....
de ...., indicando .... (*número*) ações; da Secretaria da Fazenda Municipal de
.... (*município*), com a data de .... de .... de ....,
indicando o débito de tributos municipais no valor de .R$ .... (.......................
.... reais). Apresentada certidão negativa da Justiça Federal da .... Região. As
futuras unidades autônomas, com respectivos custos da fração ideal do terreno e custo
de construção, conforme planilha de custos datada de .... de .... de
............, e as futuras partes comuns serão as seguintes:

a) *Das unidades autônomas*:

Loja 1 – localizada no pavimento térreo, com frente e acesso pela rua ....
...................., tendo ao sul o acesso coberto do prédio e ao norte a divisa norte do

terreno, com a área privativa de .... m², área total de .... m², correspondendo à fração ideal de 0,0.......... no terreno e nas coisas de uso comum do edifício. Esta unidade tem direito a uso exclusivo da área descoberta condominial de .... m², localizada junto à divisa norte do terreno. Custo da fração ideal do terreno: R$ .... (..................................reais). Custo da construção: R$ .... (..................................reais).

Loja 2 – localizada .... (*repetir a descrição, de acordo com os dados do memorial*).

Box 1 – coberto, localizado no andar térreo, com acesso pela Rua ...., através do portão n. ...., tendo a oeste a parede que separa a loja 1, ao norte o muro da divisa norte do terreno, com área real privativa de .... m², área real de uso comum de .... m², área real total de .... m², correspondente à fração ideal de 0,0.............. no terreno e nas coisas de uso comum do edifício. Custo da fração ideal de terreno: R$.............. (.............................. reais). Custo da construção: R$.............. (.............................. reais).

Box .... (*repetir a descrição, de acordo com os dados do memorial, e, assim, quanto aos demais boxes*).

Apartamento 300 – localizado no terceiro andar ou quarto pavimento, de frente para a rua ...., à esquerda de quem postado na dita rua olhar o prédio, com a área privativa de .... m², área real de uso comum de .... m², área real total de .... m², correspondendo à fração ideal de 0,0.............. no terreno e nas coisas de uso comum do edifício. Custo da fração ideal do terreno: R$................ (................................ reais). Custo da construção: R$................. (................................ .... reais).

Apartamento 400 – .... (*repetir a descrição, de acordo com os dados do memorial, e, assim, quanto aos demais apartamentos*).

b) *Das partes comuns*:

Constituem-se partes de uso comum e propriedade de todos os condôminos o terreno, as fundações, a estrutura, os telhados, as paredes, as esquadrias externas, os ornamentos de fachada, o acesso coberto, a central de gás, o *hall* de entrada, os elevadores, as escadas, o depósito de lixo, a subestação transformadora, as rampas de circulação dos estacionamentos, os terraços, o apartamento do zelador, o salão de festas, o *fitness*, a brinquedoteca, o *hall* dos pavimentos, a sala dos medidores, o bicicletário, o depósito condominial, a casa de máquinas, os reservatórios, as partes internas de ventilação, os dutos, as chaminés, os muros divisórios, os portões de acesso, as redes gerais de abastecimento de energia, água, gás, comunicações, esgoto sanitário, e tudo o mais que sirva de uso conjunto dos condôminos.

R. 3. .... (*cidade*) .... (*data*). PERMUTA.
Transmitente:

....

Adquirente:

....

Objeto da permuta: A fração ideal de 0,0............ do terreno, que corresponderá ao apartamento n. ...., com .... m² de área privativa, ... m² área comum, e .... m² área ideal; e a fração ideal de 0,0............ do terreno, que corresponderá ao box n. ...., com .... m² de área privativa, ... m² área comum, e .... m² área ideal. Conforme escritura pública de permuta lavrada na data de .... de .... de ...., a fl. .... do Livro .... do .... Tabelionato da cidade de ...., Estado do ...., protocolada sob n. ...., as referidas frações ideais do terreno são transmitidas por permuta, como valor estimado pelas partes de R$ .... (..................... reais), sendo a avaliação fiscal para fins de ITBI de R$ .... (..................... reais), imposto que foi pago nesta data, no valor de R$ .... (..................... reais).

O Registrador: ....

138.3.4. Resolução do contrato de permuta por inadimplência do incorporador e responsabilidade do permutante

A troca de terreno por futura área construída constitui um passo que antecede ao registro da incorporação. Somente depois deve-se partir para os atos do registro, e, em seguida, para a venda das unidades. Para tanto, necessário que se encontre perfectibilizada a permuta do terreno pela futura unidade autônoma no local. Daí decorre, logicamente, a permissão legal de alienação do terreno antes do prévio registro do Memorial de Incorporação.

Em ocorrendo a rescisão de contrato de alienação do terreno ou de fração ideal – regra do artigo 40 da Lei n. 4.591/1964 –, ficarão rescindidas as cessões ou promessas de cessão de direitos correspondentes à aquisição do terreno. Importa concluir que, se o alienante do terreno objeto da incorporação não receber o preço em dinheiro ou a unidade autônoma permutada, o contrato celebrado com o incorporador sujeita-se a ser rescindido ou resolvido.

Se ocorrer essa eventualidade, os contratos firmados pelo incorporador com os adquirentes de unidades autônomas também serão desconstituídos, seguindo idêntico destino. Daí advém que se consolidará no alienante do terreno, em cujo favor se opera a resolução, o direito sobre a construção porventura existente, segundo prevê o § 1º do artigo 40: "Nesta hipótese, consolidar-se-á, no alienante em cujo favor se opera a resolução, o direito sobre a construção porventura existente." Neste caso, cada um dos ex-titulares de direito à aquisição de unidades autônomas haverá do mencionado alienante do terreno o valor da parcela de construção que haja adicionado à unidade, salvo se a rescisão houver sido causada pelo ex-titular, em atendimento ao § 2º do mesmo artigo: "No caso do parágrafo anterior, cada um dos ex-titulares de direito à aquisição de unidades autônomas haverá do mencionado alienante o valor da parcela de construção que haja adicionado à unidade, salvo se a rescisão houver sido causada pelo ex-titular."

A fim de impedir o enriquecimento sem causa, o proprietário do terreno restituirá aos adquirentes das demais unidades autônomas a quantia paga como custeio de obra, que ficou acrescida em seu terreno. A matéria aparece no seguinte aresto do STJ:

> Em contrato de permuta, no qual uma das partes entra com o imóvel e outra com a construção, não tendo os proprietários do terreno exercido atos de incorporação – uma

546 • Condomínio Edilício e Incorporação Imobiliária | *Arnaldo Rizzardo*

vez que não tomaram a iniciativa nem assumiram a responsabilidade da incorporação, não havendo contratado a construção do edifício – não cumprida pela construtora sua parte, deve ser deferida aos proprietários do imóvel a reintegração na posse.

O deferimento, no entanto, fica condicionado às exigências do § 2º do art. 40 da Lei das Incorporações, Lei n. 4.591/1964, para inclusive resguardar os interesses de eventuais terceiros interessados.

Os terceiros deverão ser comunicados do decidido, podendo essa comunicação ser feita extrajudicialmente, em cartório.[11]

De modo que o proprietário do terreno também ingressa na lide e suportará a responsabilidade se ele vendeu unidades, no que assenta com ênfase o STJ:

> Este Tribunal Superior consagrou o entendimento de que "o proprietário de terreno que o aliena a terceiro, dele recebendo em pagamento futuros apartamentos decorrentes de edificação a ser erigida no local, cujo contrato de compra e venda foi rescindido por transação, é responsável pelo ressarcimento de tudo quanto foi pago pelos compradores de outros apartamentos vendidos por aquele terceiro quando o primitivo negócio ainda estava vigente", sendo ineficaz com relação aos adquirentes das unidades imobiliárias qualquer cláusula exoneratória de responsabilidade dos alienantes do terreno, haja vista que a mesma "vincularia apenas as partes que a tivessem estabelecido" (REsp n. 282.740/SP, Relator: Min. Cesar Asfor Rocha, *DJ* 18.02.2002).[12]

No voto do relator, é exposta a fundamentação da incidência da responsabilidade do proprietário do terreno:

> Pois bem, sobre o assunto sob exame, o art. 40 da Lei 4.591/64 assim dispõe: "No caso de rescisão de contrato de alienação do terreno ou de fração ideal, ficarão rescindidas as cessões ou promessas de cessão de direitos correspondentes à aquisição do terreno.
>
> § 1º Nesta hipótese, consolidar-se-á, no alienante em cujo favor se opera a resolução, o direito sobre a construção porventura existente.
>
> § 2º No caso do parágrafo anterior, cada um dos ex-titulares de direito à aquisição de unidades autônomas haverá do mencionado alienante o valor da parcela de construção que haja adicionado à unidade, salvo se a rescisão houver sido causada pelo ex-titular.
>
> § 3º Na hipótese dos parágrafos anteriores, sob pena de nulidade, não poderá o alienante em cujo favor se operou a resolução voltar a negociar seus direitos sobre a unidade autônoma, sem a prévia indenização aos titulares, de que trata o § 2º.
>
> § 4º No caso do parágrafo anterior, se os ex-titulares tiverem de recorrer à cobrança judicial do que lhes for devido, somente poderão garantir o seu pagamento a unidade e respectiva fração de terreno objeto do presente artigo".
>
> Este Tribunal Superior, interpretando tais normas legais, consagrou o entendimento de que "o proprietário de terreno que o aliena a terceiro, dele recebendo em pagamento futuros apartamentos decorrentes de edificação a ser erigida no local, cujo contrato de compra e venda foi rescindido por transação, é responsável pelo ressarcimento de tudo quanto foi pago pelos compradores de outros apartamentos vendidos por aquele terceiro quando o primitivo negócio ainda estava vigente', sendo ineficaz com

---

[11] REsp. n. 489.281/SP. Quarta Turma. Julgado em 03.06.2003, *DJU* 15.03.2004.
[12] AgRg nos EDcl no REsp. n. 1.107.117/SC. Relator: Min. Vasco Della Giustina. Terceira Turma. Julgado em 22.02.2011, *DJe* 28.02.2011.

Cap. 138 | Os tipos de contratos na alienação ou transferência das unidades • 547

relação aos adquirentes das unidades imobiliárias qualquer cláusula exoneratória de responsabilidade dos alienantes do terreno, haja vista que a mesma 'vincularia apenas as partes que a tivessem estabelecido" (REsp n. 282.740/SP. Relator: Min. Cesar Asfor Rocha, *DJ* 18.02.2002).

Outrossim, este Sodalício também já decidiu, como consta no referido precedente, serem "nulos todos os atos de alienação praticados posteriormente à retomada do terreno, desde que os primitivos adquirentes das unidades em construção fizeram constar no registro imobiliário próprio a promessa de compra e venda. Caso não tenham disso cuidado – que é a hipótese dos autos –, as alienações posteriores são meramente ineficazes, com relação àquelas unidades, até o pagamento da indenização aos primitivos adquirentes".

Ressalte-se que o descumprimento, pela incorporadora, da obrigação constante no art. 32 da Lei 4.591/64, consistente no registro do memorial de incorporação no Cartório de Imóveis, não implica a nulidade ou anulabilidade (nulidade relativa) do contrato de promessa de compra e venda de unidade condominial (cf. REsp n. 192.315/MG. Relator: Min. Sálvio de Figueiredo Teixeira, *DJ* 18.02.2002), tampouco impede, ao ex-titular de direito à aquisição de unidade autônoma, a reparação a que alude o art. 40 da Lei 4.591/64 (cf. REsp n. 90.490/SP. Relator: Min. Ruy Rosado de Aguiar, *DJ* 09.09.1996).

A finalidade da regulamentação da matéria sob exame, feita pela Lei de Condomínio em Edificações e Incorporações Imobiliárias, é justamente a de proteger o adquirente da unidade autônoma, evitando o enriquecimento ilícito do proprietário do terreno, consoante se depreende dos seguintes trechos extraídos do voto proferido pela e. Minª. Nancy Andrighi no REsp 535.438/SP (*DJ* 14. 06.2004):

Depreende-se que o citado dispositivo tem por finalidade resguardar o direito dos adquirentes das unidades autônomas e evitar o enriquecimento ilícito do proprietário do terreno, em havendo rescisão do contrato de alienação do terreno ou de fração ideal. Em tal hipótese, não só o terreno, como também o direito sobre a parte da edificação que já foi construída, serão transmitidos para o alienante, em cujo favor se operou a resolução, já que ficam também rescindidas as cessões ou promessas de cessão de direitos correspondentes à aquisição do terreno – aquelas feitas a cada um dos ex-titulares de direito à aquisição de unidades autônomas. Dessa forma, não poderá o mencionado alienante voltar a negociar seus direitos sobre as unidades autônomas sem a prévia indenização de cada um dos ex-titulares da parcela de construção que haja adicionado à respectiva unidade.

Desse modo, é certo que "em contrato de permuta, no qual uma das partes entra com o imóvel e outra com a construção, não tendo os proprietários do terreno exercido atos de incorporação – uma vez que não tomaram a iniciativa nem assumiram a responsabilidade da incorporação, não havendo contratado a construção do edifício – não cumprida pela construtora sua parte, deve ser deferida aos proprietários do imóvel a reintegração na posse". Todavia, "o deferimento fica condicionado às exigências do § 2º do art. 40 da Lei das Incorporações, Lei nº 4.591/64, para inclusive resguardar os interesses de eventuais terceiros interessados", que "deverão ser comunicados do decidido, podendo essa comunicação ser feita extrajudicialmente, em cartório (REsp n. 489.281/SP. Relator para acórdão: Min. Sálvio de Figueiredo Teixeira, *DJ* 15.03.2003)".

Cumpre ressaltar a condição para o reembolso aos adquirentes: desde que tenha havido acréscimos, ou construção, ou investimento no terreno. Enquanto não concretizar essa medida, fica cerceado a renegociar o terreno para a finalidade de se constituir um condomínio através de incorporação. O § 3º do artigo 40 revela-se claro: "Na hipótese dos parágrafos anteriores, sob pena de nulidade, não poderá o alienante em cujo favor se operou a resolução voltar a negociar seus direitos sobre a unidade autônoma, sem a prévia indenização aos titulares, de que trata o § 2º."

548 • Condomínio Edilício e Incorporação Imobiliária | *Arnaldo Rizzardo*

Os seguintes arestos se afeiçoam à regra acima:

O proprietário de terreno que o aliena a terceiro, dele recebendo em pagamento futuros apartamentos decorrentes de edificação a ser erigida no local, cujo contrato de compra e venda foi rescindido por transação, é responsável pelo ressarcimento de tudo quanto foi pago pelos compradores de outros apartamentos vendidos por aquele terceiro quando o primitivo negócio ainda estava vigente.

Serão nulos todos os atos de alienação praticados posteriormente à retomada do terreno, desde que os primitivos adquirentes das unidades em construção fizeram constar no registro imobiliário próprio a promessa de compra e venda. Caso não tenham disso cuidado – que é a hipótese dos autos –, as alienações posteriores são meramente ineficazes, com relação àquelas unidades, até o pagamento da indenização aos primitivos adquirentes.

O valor da indenização, de que trata o § 2º do art. 40 da Lei n. 4.591/1964, a ser paga pelo primitivo proprietário do terreno ao ex-titular da unidade anteriormente adquirida deve ter como base de cálculo, na sua aferição, o que efetivamente valer referida unidade no momento do pagamento da indenização, proporcional ao estágio da construção quando foi paralisada, por ter sido desconstituído o primitivo negócio, incluído aí o valor da fração ideal do terreno.

Alegação de existência de cláusula exoneratória da responsabilidade dos alienantes do terreno. Incidência das Súmulas n. 05 e 07/STJ. Ainda que assim não fosse, isto é, mesmo que existisse tal cláusula, ela vincularia apenas as partes que a tivessem estabelecido.

Recursos especiais parcialmente conhecidos e, nessa parte providos.[13]

Polêmica em torno da responsabilidade do proprietário de terreno pelos danos sofridos pelos antigos titulares de promessas de aquisição de unidades autônomas, que tiveram seus contratos desfeitos pela rescisão mais ampla do contrato de permuta de terreno, decretada pelo juízo da falência, no curso do processo falimentar da incorporadora/construtora, que lhes prometera construir apartamentos antecipadamente pagos. Reconhecimento da legitimidade passiva dos proprietários do terreno para responder pelos danos sofridos pelos antigos adquirentes de unidades autônomas, objeto de rescisão contratual, que realizarem nova alienação do imóvel sem a devida indenização, em face do enriquecimento sem causa. Inteligência do artigo 40, § 3º, da Lei 4.591/1964.[14]

Buscando o ressarcimento pela via judicial dos valores entregues, unicamente a unidade e a fração de terreno garantirão o pagamento, em vista do § 4º do artigo 40 da lei já citada: "No caso do parágrafo anterior, se os ex-titulares tiverem de recorrer à cobrança judicial do que lhes for devido, somente poderão garantir o seu pagamento a unidade e respectiva fração de terreno objeto do presente artigo."

Não se retira, entretanto, dos adquirentes de frações ideais, a faculdade de decidirem em manter o empreendimento, a ser prosseguido pela Comissão de Representantes, que cumprirá a avença estabelecida entre o incorporador e aquele que lhe transferiu o terreno. Aplica-se a norma do inciso VI do artigo 43, no que é pertinente à possibilidade de se levar adiante a construção. É que, em realidade, se opera o descum-

---

[13] REsp. n. 282.740/SP. Quarta Turma. Julgado em 13.11.2001, *DJU* 18.02.2002. *RSTJ*, v. 154, p. 443.
[14] REsp n. 1.537.012/RJ. Terceira Turma. Relator: Min. Paulo de Tarso Sanseverino. Julgado em 20.06.2017. *DJe* 26.06.2017.

Cap. 138 | Os tipos de contratos na alienação ou transferência das unidades • 549

primento do objeto da incorporação por aquele que assumiu o seu desenvolvimento. Resta consumada, por via indireta, a paralisação das obras por mais de trinta dias, ou o retardamento excessivo do andamento.

Anote-se, finalmente, que, na hipótese do artigo 39 da Lei n. 4.591/1964, tal responsabilidade pode ser pré-excluída, mediante cláusula de não indenizar, eis que o parágrafo único do mesmo artigo 39 prevê a possibilidade de o alienante ficar ou não sujeito a alguma prestação ou encargo, caso em que se livrará por essa forma o proprietário de qualquer responsabilidade, em face de terceiros, na rescisão do negócio por culpa do incorporador ou de seus sucessores.

138.3.5. A posição do proprietário que permuta o terreno por área útil

Com a realização do negócio jurídico do artigo 39, o proprietário do terreno passa a ser titular de direitos sobre unidades autônomas do edifício a construir, já que transferiu o imóvel e adquiriu quotas em área do prédio que formará o condomínio.

Nesta posição, ele assumirá o *status* jurídico de condômino, em igualdade de condições com qualquer outro adquirente de unidade, com a única diferença de que ele recebe quitada (no todo ou em parte) sua unidade autônoma.

Na qualidade de condômino, todos os direitos e deveres próprios deste *status* assumirá, como integrar a Comissão de Representantes, pagar as despesas condominiais, exercer o cargo de síndico, deliberar, votar e ser votado nas assembleias gerais, solicitar alterações em sua unidade autônoma (a suas expensas ou não, conforme o acordado com o incorporador), observada, evidentemente, eventual incompatibilidade decorrente de sua posição de recebedor das unidades autônomas (exemplo: deliberar sobre alteração do prazo de conclusão da obra).

Em suma, seus direitos e deveres, como condômino, podem e devem ser exercitados e cumpridos.

Na verdade, se passa para a condição de condômino, naturalmente é porque se tornou titular de direitos sobre frações ideais e sobre unidades na futura construção. Por isso se percebe que a sua titularidade se cria antes do registro da incorporação. Sabe-se, porém, que o artigo 32 da Lei n. 4.591/1964, alterado pela Lei n. 14.382/2022, apenas autoriza a negociação sobre unidades autônomas de edifício em construção ou a construir após o registro do Memorial de Incorporação. Haveria uma contradição com a norma do artigo 32. Todavia, deve-se procurar uma conciliação da regra do artigo 32 com a do artigo 39.

Para viabilizar o artigo 39, não se impõe um engenho na interpretação, mas uma simples coadunação com as regras da lei.

Sabe-se que, na hipótese de troca de terreno por futura área construída, a ordem lógica é a seguinte: para ser titular de direito real, que lhe permita assumir tal condição, o incorporador há de registrar seu título; este traduz permuta de futura unidade autônoma no local.

Decorre, para viabilizar o artigo 39, logicamente a permissão legal de alienação antes do prévio registro do Memorial de Incorporação, com a promessa de receber área construída, excepcionando, assim, a regra do artigo 32, que teve alterações da Lei n. 14.382/2022. Isso porque somente após o registro de seu contrato aquisitivo (permuta ou promessa de) é que o incorporador estará habilitado a requerer o registro do respectivo Memorial. Daí se conclui que há legalidade, diante da lei, da promessa de permuta de fração ideal do terreno por unidades a serem construídas, por ser condição a aquisição ou promessa de aquisição para o registro da incorporação. Se as exigências do artigo 32 da Lei n. 4.591/1964 necessariamente dependerão do registro do título aquisitivo, pois somente após este registro é que se poderá cuidar da inscrição da incorporação, decorre a imposição da aquisição antes, mesmo que acompanhada da promessa de pagar mediante área a ser construída.

Inclusive procede-se ao registro imobiliário do contrato de promessa. A permuta em si, elaborada através de escritura pública, está autorizada pelo artigo 167, inciso 30, da Lei n. 6.015/1973. Quanto à promessa, por analogia aos incisos 9 e 18 do mesmo artigo 167, também se estende a possibilidade de registro. Realmente, se a espécie "promessa de permuta" constitui um instituto jurídico autorizado pelo artigo 39 da Lei n. 4.591/1964, e se está assemelhada à natureza da promessa de compra e venda de imóvel e de unidades autônomas condominiais, não se encontra uma justificativa que impeça o ato.

Outrossim, o registro de promessa de permuta antecede o registro da incorporação, com o que tem assegura-se aos contratantes garantia de validade e perenidade do ato no futuro. Após, o incorporador, como titular de direito real de propriedade ou de aquisição, se achará habilitado a requerer o registro do Memorial de Incorporação.

138.4. Contrato de compra e venda com financiamento hipotecário

Além da compra e venda pura, com o pagamento no ato do preço da unidade, ou da promessa de compra e venda, ou de cessão de promessa de compra e venda, ou de compra e venda com alienação fiduciária, merece salientar a compra e venda com financiamento. Efetua-se a venda por um determinado preço, o qual é financiado por uma instituição financeira, ou diretamente pelo incorporador. Todavia, institui-se a hipoteca da fração ideal e da unidade a ser construída em garantia a favor do financiador.

No caso, é necessário bem distinguir e separar o financiamento, pois torna-se viável que se destine a custear a construção do edifício, sendo contraído pelo incorporador. Todo o imóvel submete-se à hipoteca, incluídas as acessões ou unidades, não importando que sejam alienadas aos adquirentes. Na proporção da quantidade de suas áreas, e de acordo com os coeficientes de construção, as frações ideais e as unidades garantem o mútuo, ou, mais adequadamente, o financiamento. Ou seja, o valor do financiamento é transferido, em regra, aos adquirentes das unidades na proporção das frações ideais. O contratante do financiamento efetua o pagamento, com a possibilidade de serem apropriadas as prestações à instituição financiadora, se tornar-se inadimplente ou não ocorrer o resgate quando da conclusão da obra. Não se sobrecarregarão os adquirentes com responsabilidade superior ao montante da dívida que assumiram na aquisição das frações ideais e das unidades, sempre abatendo as quantias pagas diretamente ao incorporador. Acima desse limite, não revelará validade a hipoteca. É como deve entender-se a Súmula n. 308 do STJ: "A hipoteca firmada entre a construtora e o agente financeiro, anterior ou posterior à celebração da promessa de compra e venda, não tem eficácia perante os adquirentes do imóvel."

Esse entendimento decorreu de decisões que levaram a não admitir a hipoteca incidente sobre o a fração ideal ou a unidade que o incorporador vendeu. Veja-se o seguinte exemplo:

> *Compra e venda. Incorporação. Lei n. 4.591/1964. Massa falida da ENCOL S/A. Hipoteca. Violação aos direitos do consumidor. Art. 51 do Código de Defesa do Consumidor. Anuência para tal gravame.* Após a averbação da incorporação e realizados os contratos de promessa de compra e venda com terceiros, é impossível onerar o imóvel como um todo, porque estar-se-ia violando o direito do consumidor adquirente, que pagou ou vem pagando a contento suas prestações. A penhora ou hipoteca só pode ser permitida com a expressa anuência dos promitentes-compradores, não bastando, para tal fim, cláusulas genéricas que preveem a possibilidade de dar em garantia, para financiamento, os terrenos e as unidades construídas.[15]

Mesmo que se insira autorização em cláusula, não vinha sendo admitida a validade:

> A cláusula do contrato de promessa de compra e venda que autorizava o gravame hipotecário é abusiva e não pode prevalecer por colocar o consumidor em desvantagem exagerada em relação à construtora, subordinando-a exclusivamente à sua vontade. III. Uma vez cumprida a contraprestação do promissário comprador, traduzida, tão somente, no pagamento do preço ajustado, deve o vendedor liberar o imóvel do gravame hipotecário e outorgar a escritura de compra e venda.[16]

Para o pagamento da dívida, não raramente se opera a cessão ao financiador dos créditos que tem o incorporador a receber, e decorrentes da venda das unidades. Há a cessão do crédito, ou o incorporador paga a dívida com o produto das vendas.

Nesta operação de crédito, o agente financeiro, em geral, entrega os recursos na medida em que se executam as diversas etapas da obra, visando impedir o desvio dos valores. Assim, credita-se certo montante durante as escavações ou fundações, sucedendo as disponibilizações de acordo com a sucessão de fases que vão sendo alcançadas. Haverá um acompanhamento da real destinação dos valores, de modo a corresponderem ao orçamento e plano traçado. O repasse do valor seguinte fica dependente da conclusão da etapa anterior, custeada pelo montante entregue. Suprem-se as necessidades que vão sucedendo parceladamente, por meio de depósitos feitos na conta-corrente, ao longo da construção, e na exata medida em que são cumpridas as etapas estabelecidas e comprovadamente aplicados os recursos concedidos anteriormente.

A partir do lançamento dos créditos na conta do incorporador, incidem os encargos, que normalmente correspondem a juros capitalizados.

O financiamento pode se dirigir também ao adquirente da unidade, para a compra de sua unidade. Realiza-se o financiamento mediante a entrega de uma importância em dinheiro ao adquirente para a finalidade de pagamento da fração ideal e da unidade, instituindo-se, também, a hipoteca sobre os bens adquiridos, para a garantia da dívida. Tão prontamente oficializado o contrato, com o competente registro imobiliário

---

[15] TJDF. Apelação Cível n. 19990110142308. Relator Des.: Vasquez Cruxên. Terceira Turma Cível. *DJU* 21.05.2003.

[16] TJDF. Apelação Cível n. 19990110129219. Terceira Turma Cível. Relatora: Des.ª Sandra de Santis. *DJU* 11.06.2003.

da hipoteca, libera-se o valor diretamente ao vendedor, em atendimento a autorização assinada pelo adquirente no contrato.

No entanto, se houver um financiamento da edificação feito diretamente ao incorporador, o qual se encontra em fase de amortização, do valor do crédito depositado na conta do vendedor para a finalidade de financiar a aquisição da unidade se abate a dívida atribuída à unidade, e cujo montante era utilizado para o pagamento do financiamento da edificação. No contrato deverá estar especificada a composição do financiamento, com a menção expressa da parcela assumida com o financiamento da incorporação e da parcela estabelecida para financiar a compra da porção ideal e da unidade. O total deverá corresponder ao valor da unidade. Constará no instrumento que do total financiado, correspondente ao preço da unidade, determinada quantia se destina ao pagamento do financiamento da incorporação.

A hipoteca, na disciplina dos artigos 1.473 e seguintes do Código Civil, virá instrumentalizada por escritura pública, exceto se ditado segundo o regime do Sistema Financeiro da Habitação o mútuo destinado à aquisição de imóvel próprio, mormente para fins residenciais (Lei n. 4.380/1964, art. 61, § 5°), ou de acordo com o Sistema Financeiro Imobiliário (Lei n. 9.514/1997, art. 38, redação da Lei n. 11.076/2004), quando é permitido o instrumento particular. É indispensável o devido registro imobiliário a fim de valer contra terceiros.

Havendo o financiamento da aquisição da fração ideal e da unidade, o contrato será de compra e venda. O pagamento do mútuo se faz em prestações, não existindo, aí, a possibilidade de resolução da compra e venda por falta de pagamento. Procede-se, no caso de inadimplência, se vinculado o financiamento ao Sistema Financeiro da Habitação, à execução extrajudicial, seguindo-se os ditames do Decreto-lei n. 70/1966, ou à execução judicial, na forma da Lei n. 5.741/1971. Não se impede, todavia, a opção pela execução estabelecida no Código de Processo Civil. Em se tratando de financiamento ditado pelo Sistema Financeiro Imobiliário, e havendo a alienação fiduciária, o procedimento de exigibilidade do crédito segue os ditames dos artigos 26 e 27 da Lei n. 9.514/1997, matéria esta já analisada no item "A alienação fiduciária da unidade" (item 138.2). Não se retira a faculdade do processo de execução comum do Código de Processo Civil, que também se aplica se não estabelecida a alienação fiduciária.

138.5. Cessão dos créditos que o incorporador tem a receber e seu oferecimento em garantia

O financiamento das incorporações, ou a concessão de crédito imobiliário, encontra previsão básica na Lei n. 4.864/1965, e na Lei n. 9.514/1997, que disciplinam, sobretudo, a concessão do crédito.

Já restou explicado que, contraindo o incorporador financiamento para a construção, normalmente institui-se a hipoteca sobre o imóvel, em favor da entidade que concede o empréstimo. Além do pagamento em dinheiro, a dívida é resgatada também mediante a cessão dos créditos decorrentes da comercialização das unidades. Essa prática é comum, permitindo o abatimento da dívida no montante dos valores cujo direito ao recebimento é transferido.

Está, aí, a cessão simples. Todavia, há mais duas garantias que se oferecem ao agente financiador: cessão fiduciária e a caução do crédito. O incorporador fica autorizado a

Cap. 138 | Os tipos de contratos na alienação ou transferência das unidades • **553**

transferir fiduciariamente os créditos que tem a receber, e a dar em caução o crédito a compromissos que ele assume. Assim consta no artigo 22 da Lei n. 4.864/1965: "Os créditos abertos nos termos do artigo anterior pelas Caixas Econômicas, bem como pelas sociedades de crédito imobiliário, poderão ser garantidos pela caução, a cessão parcial ou a cessão fiduciária dos direitos decorrentes dos contratos de alienação das unidades habitacionais integrantes do projeto financiado".

Percebe-se que o propósito do preceito foi autorizar ao financiador que receba as prestações do preço diretamente dos adquirentes, que servirão para abater a dívida contraída com o financiamento da construção.

Em relação à cessão do crédito, existem a sem garantia e a com garantia, na forma cessão fiduciária do crédito. Quanto à primeira, o montante vai até o valor que consta na cessão, tornando-se exigível tão logo se opere a transferência, diferentemente da caução. É o que revela o § 2º do citado artigo: "Na cessão parcial referida neste artigo, o credor é titular dos direitos cedidos na percentagem prevista no contrato, podendo, mediante comunicações ao adquirente da unidade habitacional, exigir, diretamente, o pagamento em cada prestação da sua percentagem nos direitos cedidos." Em relação à segunda espécie, encerra maior importância, dada a segurança que traz ao credor, merecendo o estudo em item destacado.

Todas as transferências revelam certa precariedade, pois, para se tornarem efetivas, dependem do cumprimento das obrigações do incorporador perante os adquirentes. Verificada a mora na construção do incorporador, fica claro que assiste o direito de interromper os pagamentos, com a invocação da *exceptio non adimpleti contratus*, já que a tanto ampara o artigo 476 do Código Civil. Como se não fosse suficiente, no inadimplemento, com a paralisação das obras ou demora injustificada, os próprios adquirentes ficam autorizados a seguirem no empreendimento, com a assunção da construção, através da Comissão de Representantes. Na hipótese, não surtirá efeito a cessão, mesmo que fiduciária, do crédito, ou a sua entrega em caução.

138.5.1. Cessão fiduciária em garantia dos direitos creditórios

A cessão com alienação fiduciária do crédito consta no artigo 23 da Lei n. 4.864/1965, importando em transferir os direitos reais em que se encontram lastreados os títulos, mantendo-se a transferência enquanto perdura a dívida que será atendida por determinado montante dos créditos: "Na cessão fiduciária em garantia referida no artigo 22, o credor é titular fiduciário dos direitos cedidos até a liquidação da dívida garantida, continuando o devedor a exercer os direitos em nome do credor, segundo as condições do contrato e com as responsabilidades de depositário".

A garantia é superior à mera cessão de crédito, porquanto encontra segurança executória no lastro dos títulos. Há como que uma afetação da propriedade em que se assentam os títulos, transferindo essa garantia para o cessionário. Os direitos creditórios levam consigo a garantia assentada no patrimônio do devedor-cedente-fiduciário, constituindo uma garantia para o cessionário fiduciário. Na falência e até na insolvência, o credor continuará a receber do adquirente as prestações.

Transfere-se a titularidade dos créditos, mas permanecendo os títulos na posse do devedor, que segue a receber os valores.

O conceito está bem colocado no artigo 18 da Lei n. 9.514/1997, que também regulamenta a espécie, sem afastar a Lei n. 4.864/1965:

> O contrato de cessão fiduciária em garantia opera a transferência ao credor da titularidade dos créditos cedidos, até a liquidação da dívida garantida, e conterá, além de outros elementos, os seguintes:
> I – o total da dívida ou sua estimativa;
> II – o local, a data e a forma de pagamento;
> III – a taxa de juros;
> IV – a identificação dos direitos creditórios objeto da cessão fiduciária.

Várias as prerrogativas que favorecem o credor fiduciário, elencadas nos incisos do artigo 19 da Lei n. 9.514/1997:

> I – Conservar e recuperar a posse dos títulos representativos dos créditos cedidos, contra qualquer detentor, inclusive o próprio cedente;
> II – promover a intimação dos devedores que não paguem ao cedente, enquanto durar a cessão fiduciária;
> III – usar das ações, recursos e execuções, judiciais e extrajudiciais, para receber os créditos cedidos e exercer os demais direitos conferidos ao cedente no contrato de alienação do imóvel;
> IV – receber diretamente dos devedores os créditos cedidos fiduciariamente.

Nota-se a transferência em garantia de uma dívida. Unicamente na falta de cumprimento, pelo financiado, de seus compromissos é que o credor fiduciário buscará o crédito junto ao adquirente da unidade, em obediência ao § 1º do artigo 23 da Lei n. 4.864/1965:

> No caso de inadimplemento da obrigação garantida, o credor fiduciário poderá, mediante comunicação aos adquirentes das unidades habitacionais, passar a exercer diretamente todos os direitos decorrentes dos créditos cedidos, aplicando as importâncias recebidas no pagamento do seu crédito e nas despesas decorrentes da cobrança, e entregando ao devedor o saldo porventura apurado.

O conteúdo da norma, além vir contemplado no inciso IV do artigo 19 da Lei n. 9.514/1997, consta mais explicitado no § 1º do mesmo artigo:

> As importâncias recebidas na forma do inc. IV deste artigo, depois de deduzidas as despesas de cobrança e de administração, serão creditadas ao devedor cedente, na operação objeto dessa cessão fiduciária, até final liquidação da dívida e encargos, responsabilizando-se o credor fiduciário perante o cedente, como depositário, pelo que receber além do que este lhe devia.

A transferência restringe-se, pois, a implementar a soma devida. Todavia, se insuficiente para satisfazer a totalidade do crédito, continua o devedor responsável, tudo de acordo com o § 2º do artigo 23 da Lei n. 4.864/1965: "Se a importância recebida na realização dos direitos cedidos não bastar para pagar o crédito do credor fiduciário, bem como as despesas referidas no parágrafo anterior, o devedor continuará pessoalmente obrigado a pagar o saldo remanescente." Regra que também está no § 2º do artigo 19 da Lei n. 9.514/1997.

Sempre a cessão vai até o montante do crédito cedido, não se admitindo cláusula que autorize a transferência ao financiador de todo o crédito que o incorporador tem junto ao adquirente, se verificada a falta de pagamento, nos termos do § 3º do artigo 23 da Lei n. 4.864/1965: "É nula a cláusula que autoriza o cessionário fiduciário a ficar com os direitos cedidos em garantia, se a dívida não for paga no seu vencimento."

Para valer contra terceiros, é necessário o registro do título cedido fiduciariamente no Cartório de registro de Títulos e Documentos. Do contrário, se o incorporador o transferir a outra pessoa, prevalece o direito da mesma na realização do crédito contido no título. É a regra do § 4º do artigo 23 da Lei n. 4.864/1965: "A cessão fiduciária em garantia somente valerá contra terceiros depois que o seu instrumento, público ou particular, qualquer que seja o seu valor, for arquivado por cópia o Registro de Títulos e Documentos."

O artigo 20 da Lei n. 9.514/1997 cuida de hipótese de insolvência ou falência do devedor, encontrando-se ele com os títulos de crédito em seu poder. Ao credor assiste a restituição, como bem garante o dispositivo: "Na hipótese de falência do devedor cedente e se não tiver havido a tradição dos títulos representativos dos créditos cedidos fiduciariamente, ficará assegurada ao cessionário fiduciário a restituição na forma da legislação pertinente."

A restituição, em caso de falência, é feita através de pedido autuado em apenso à ação falimentar, como reza o artigo 85 da Lei n. 11.101/2005: "O proprietário de bem arrecadado no processo de falência ou que se encontre em poder do devedor na data da decretação da falência poderá pedir sua restituição."

138.5.2. O oferecimento em caução dos direitos creditórios e dos direitos aquisitivos

Diferentes são as duas situações, isto é, a caução de direitos creditórios e caução de direitos aquisitivos, encontrando-se ambas contempladas no artigo 17, inciso III, da Lei n. 9.514/1997.

A caução dos direitos creditórios está disciplinada no § 1º do artigo 22 da Lei n. 4.864/1965, autorizando o credor a receber seu crédito diretamente junto aos adquirentes das unidades, na inadimplência do incorporador ou da empresa financiada:

> Nas aberturas de crédito garantidas pela caução referida neste artigo, vencido o contrato pelo inadimplemento da empresa financiada, o credor terá o direito de, independentemente de qualquer procedimento judicial e com preferência sobre todos os demais credores da empresa financiada, haver os créditos caucionados diretamente dos adquirentes das unidades habitacionais, até o final da liquidação do crédito garantido.

Nota-se que a caução, como vem prevista, traz a transferência do crédito, até o montante da dívida, na falta de pagamento pelo devedor. Autoriza-se, inclusive, a opção pela execução ou cobrança perante o adquirente da unidade.

Trata-se de uma garantia real porque transfere os títulos, os quais ficam vinculados à unidade da construção que os originou. Na medida em que se dá o recebimento do valor dos títulos opera-se a amortização da dívida do devedor.

A caução equivale ao penhor, trazendo ao credor as garantias do artigo 1.459 do Código Civil, sendo as seguintes:

I – conservar a posse do título e recuperá-la de quem quer que o detenha;

II – usar dos meios judiciais convenientes para assegurar os seus direitos, e os do credor do título empenhado;

III – fazer intimar ao devedor do título que não pague ao seu credor, enquanto durar o penhor;

IV – receber a importância consubstanciada no título e os respectivos juros, se exigíveis, restituindo o título ao devedor, quando este solver a obrigação.

A extensão de tais regras à caução, a par de outras, decorre do § 2º do artigo 17 da Lei n. 9.514/1997, estabelecendo: "Aplicam-se à caução dos direitos creditórios a que se refere o inc. III deste artigo as disposições dos arts. 789 a 795 do Código Civil." Esses dispositivos são do Código de 1916, e correspondem aos artigos 1.451 a 1.460 do Código de 2002.

Já na Lei n. 9.514/1997 está disciplinada a caução dos direitos aquisitivos sobre o imóvel, em consonância com seu artigo 21: "São suscetíveis de caução, desde que transmissíveis, os direitos aquisitivos sobre imóvel, ainda que em construção." O promissário comprador dá seus direitos em garantia. Na verdade, consistirá a garantia no *quantum* do valor de mercado do imóvel, diminuído o saldo a pagar. Estabelece-se um coeficiente do valor do imóvel, que equivalerá ao preço pago.

Trata-se de uma garantia real, ou, mais precisamente, de um direito real de aquisição. Quem oferece a garantia é titular somente de direitos de aquisição, pois está pagando a unidade. Assinou ele uma promessa de compra e venda, sendo essa a natureza do contrato, e não existindo a titularidade plena sobre o imóvel.

A pessoa que oferece em caução será o titular dos direitos aquisitivos, estabelecidos sobre uma promessa de compra e venda. Os promissários compradores de frações ideais, que estão devendo prestações, e que visam ao financiamento das unidades, é que entregam os direitos aquisitivos já formados.

O § 1º do acima citado artigo 21 indica os elementos básicos do contrato de caução: "O instrumento da caução, a que se refere este artigo, indicará o valor do débito e dos encargos e identificará o imóvel cujos direitos aquisitivos são caucionados."

A caução admitida será de títulos referentes a promessas de venda de unidades, cujo preço é pago em prestações. Na hipótese, se inadimplente o promissário comprador, ou interrompendo os pagamentos das prestações que deve, oportuniza-se ao credor promover a execução. Se preferir, no entanto, faculta-se que faça o protesto da mora, e efetive o pagamento do saldo da promessa, ou das prestações em atraso. Nesta eventualidade, evitará a resolução da promessa por falta de pagamento, e exercerá os direitos sobre o contrato, inclusive visando uma futura adjudicação dos direitos. É o que assegura o § 2º do artigo 21: "Referindo-se a caução a direitos aquisitivos de promessa de compra e venda cujo preço ainda não tenha sido integralizado, poderá o credor caucionário, sobrevindo a mora do promissário comprador, promover a execução do seu crédito ou efetivar, sob protesto, o pagamento do saldo da promessa."

Na opção de pagar o saldo da promessa de compra e venda, com os encargos e multa, e isto se o promissário comprador estiver em mora e nela permanecer depois do protesto, o montante acrescerá a dívida garantida pela caução, respeitando-se o direito de execução pelo credor. A tanto garante o § 3º: "Se, nos termos do disposto no parágrafo anterior, o credor efetuar o pagamento, o valor pago, em todos os seus acessórios e eventuais penalidades, será adicionado à dívida garantida pela caução, ressalvado ao credor o direito de executar desde logo o devedor, inclusive pela parcela da dívida assim acrescida."

139
A contratação de seguros na incorporação ou construção

Alguns tipos de seguros são apropriados para as incorporações e construções.

O primeiro deles diz com a conclusão da obra, apesar da ausência de uma regulamentação legal e administrativa específica, e da falta de adoção na prática. Instituiu-se um tipo de seguro que visa dar cobertura aos prejuízos advindos da não conclusão da incorporação, da falta de averbação da construção no registro de imóveis, e da omissão na individualização e abertura de matrícula. É o denominado contrato de seguro de garantia do cumprimento das obrigações do incorporador e do construtor do imóvel, encontrando fulcro no § 3º do artigo 5º da Lei n. 9.514/1997:

> Na alienação de unidades em edificação sob o regime da Lei n. 4.591/1964, a critério do adquirente e mediante informação obrigatória do incorporador, poderá ser contratado seguro que garanta o ressarcimento ao adquirente das quantias por este pagas, na hipótese de inadimplemento do incorporador ou construtor quanto à entrega da obra.

Integram a relação jurídica o adquirente da fração ideal e da unidade na qualidade de segurado; o incorporador ou o construtor, como responsáveis pela construção; e a seguradora, que tem a função de responsável pelo cumprimento da obrigação assumida pelo incorporador ou construtor.

O sinistro corresponde à omissão do incorporador ou construtor em cumprir as obrigações assumidas no contrato de incorporação ou construção. A indenização tem seu montante fixado na apólice, ficando cobertos os prejuízos acarretados pelo inadimplemento das obrigações assumidas no contrato de construção da edificação. Outras previsões tornam-se passíveis de indenização, como os danos pelo abandono da obra, ou pela desistência da incorporação, quando a cobertura terá como objeto a devolução das quantias pagas, isto naturalmente se o descumprimento pelo incorporador não tem como causa conduta do adquirente, que deixa de pagar as prestações. Se verificada a paralisação desmotivada, ou o excessivo retardamento, a previsão ressarcitória se baseará nas perdas e danos decorrentes.

Normalmente, como a construção não se restringe a uma unidade, mas a todas as colocadas no projeto, o normal é a extensão do seguro a todos os adquirentes, abrangendo as unidades previstas. É inviável cindir a obra, já que abrange a totalidade das unidades. A complementação das obras é da edificação, e não de parte da mesma.

Procedida reparação, fica a empresa seguradora sub-rogada nos direitos dos adquirentes de reembolso junto ao incorporador.

Outro tipo de seguro, este sim mais adotado nas construções, é o dirigido a cobrir danos decorrentes da construção do edifício. Enquadra-se como o seguro de responsabilidade civil por danos a pessoas e a coisas. Institui-se o seguro em benefício das pessoas que atuam na construção, e, assim, para cobrir danos que venham a sofrer os construtores, os empreiteiros, os subempreiteiros, os empregados, os assessores e prepostos, sempre quando no exercício das atividades próprias da incorporação.

De variada gama os riscos suscetíveis de ocorrerem, como as quedas dos operários, o despencar de materiais sobre os trabalhadores e outras pessoas que circundam o local, o rompimento de paredes de prédios vizinhos, a poluição que atinge moradores próximos, os acidentes no erguimento de produtos para a construção.

Nessas eventualidades, a responsabilidade é objetiva, e decorre da prática de atividades de risco, recaindo a obrigação indenizatória, pelo mínimo subsidiária, nos adquirentes das unidades.

Em vários dispositivos do Código Civil vem imposta a responsabilidade. Assim, no artigo 1.277, relativamente às interferências prejudiciais a vários bens: "O proprietário ou o possuidor de um prédio tem o direito de fazer cessar as interferências prejudiciais à segurança, ao sossego e à saúde dos que o habitam, provocadas pela utilização de propriedade vizinha."

No artigo 1.280, garantindo providências protetivas ou a imposição de caução se o prédio ameaçar produzir dano iminente: "O proprietário ou o possuidor tem direito a exigir do dono do prédio vizinho a demolição, ou a reparação deste, quando ameace ruína, bem como que lhe preste caução pelo dano iminente."

O artigo 1.299 obriga o respeito do direito dos vizinhos em todas as construções: "O proprietário pode levantar em seu terreno as construções que lhe aprouver, salvo o direito dos vizinhos e os regulamentos administrativos."

O seguro dirige-se a cobrir os danos decorrentes da execução da obra, verificados nas pessoas ou nas coisas. O segurado é reembolsado de acordo com os limites assumidos na apólice, haja ou não culpa na perpetração das ocorrências.

Há, também, o seguro de morte e invalidez permanente do adquirente, que se torna obrigatório em havendo financiamento da obra, já que a tanto impõe o artigo 5º, inciso IV, da Lei n. 9.514/1997, pelo menos no Sistema de Financiamento Imobiliário. Ordenado que é condição essencial da operação de financiamento a "contratação, pelos tomadores de financiamento, de seguros contra os riscos de morte e invalidez permanente".

Figura como segurado o adquirente, sendo beneficiário o vendedor da unidade, ou seja, o incorporador. Se um terceiro o financiador, ao mesmo destina-se a indenização.

Com a cobertura, fica pago o saldo devedor do preço da unidade, ou do financiamento, nada mais restando para satisfazer, a menos que não prevista a cobertura total. Há a quitação da parte do preço que faltava pagar quando do sinistro, dando-se a liberação do imóvel.

Mais uma espécie é comum: o seguro de danos físicos no imóvel. A finalidade está em cobrir os danos possíveis de acontecer no imóvel objeto da compra e venda, desde que oriundos de causa externa, como incêndio, inundações ou alagamento, terremotos, explosão, desmoronamento, desabamento de paredes e rompimento da estrutura, destelhamento, ruptura das vigas etc. Destina-se a cobrir também despesas para evitar tais acontecimentos, introduzindo melhoramentos das partes vitais da construção comprometidas, desde que não deterioráveis pelo decurso do tempo e do uso normal.

O adquirente é quem faz o seguro, sendo o beneficiário se a obra já se encontra em sua disposição. Na hipótese de se encontrar em construção, caberá a indenização àquele que assumiu a entrega, e que contratou a sua realização.

Costuma ser obrigatória a contratação desse seguro unicamente se houver financiamento segundo as regras do Sistema Financeiro da Habitação (segundo a Lei n. 4.380/1964) ou do Sistema Financeiro Imobiliário (segundo a Lei n. 9.514/1997). No entanto, a exigência parte dos agentes financeiros. Estabelece-se a vigência durante o prazo de pagamento.

Estabelece-se o valor do prêmio na apólice, podendo a cobertura chegar ao patamar do custo da unidade, mas fixando-se a quantia reembolsável ao montante dos danos, de modo a repô-la nas condições originais. É praxe impor-se que será o orçamento elaborado pela seguradora.

Embora raramente, admite-se o seguro para dar cobertura à possível falta de pagamento das prestações pelo adquirente no curso do prazo. Vindo a ocorrer a inadimplência, mesmo que firmada a garantia real da hipoteca, ou com a alienação fiduciária da unidade, a seguradora cobrirá o valor das prestações, sub-rogando-se ela nos direitos executórios e nos procedimentos de venda reservados ao credor. O credor, que será ou incorporador, ou o vendedor, ou o agente financeiro, receberá a cobertura, enquanto o adquirente figurará como garantido.

Este tipo de seguro pode visar outro tipo de cobertura, que consiste na diferença entre o valor alcançado na venda do imóvel, procedida pelo credor (incorporador ou agente financeiro), e a real dívida acumulada ao longo da inadimplência, acrescida com as despesas e os encargos da mora. Não alcançando o preço obtido com a alienação o *quantum* pendente que se formou, opera-se a complementação com o seguro, de sorte se chegar ao equilíbrio do fluxo financeiro previsto, e que se faz necessário para dar seguimento à obra. No entanto, a apólice fixará o limite da cobertura, que servirá de critério para medir a responsabilidade da seguradora. Para tanto, leva-se em conta o montante do financiamento, em função da estimativa econômica da unidade.

140
Vinculação da alienação da fração ideal à unidade

Com o registro da incorporação, definem-se os elementos identificadores da unidade com a correspondente fração ideal do terreno e a área total da futura unidade, a numeração, localização, limites e demais elementos que permitam a perfeita identificação da futura unidade. Mesmo que no registro conste somente a fração ideal, e embutindo-se os demais elementos no contrato de promessa, a fração ideal fica vinculada às acessões que forem construídas, nelas incluídas as unidades. Na promessa de compra de fração ideal, também se dá a ligação obrigatória com construção, que é a finalidade última da compra de área ideal. O fato de, quando se firmar um contrato de promessa de compra e venda, existir apenas uma fração ideal, necessariamente se está adquirindo as acessões que virão a ser construídas, e que formarão a unidade imobiliária. Por isso que, ao se contratar, acompanha um projeto da futura unidade, com a área a ser construída e todas as minúcias. Existe, daí, um vínculo real entre as duas realidades, pois não se encontra sentido em adquirir a fração ideal separadamente da acessão que se converterá na unidade.

Diante dessa realidade, o contrato de promessa de compra e venda de fração ideal está sempre ligado ao contrato de construção. Na promessa de venda, está inerente a dimensão de construir. Ao contratar, o promitente comprador opta por uma das seguintes modalidades, quanto à construção: juntamente com a fração ideal ou já está incluída a entrega da unidade, ou contrata a construção por empreitada, ou contrata a construção por administração. Seja qual for a escolha, a promessa de venda de fração ideal se agrega à promessa de construção da unidade imobiliária, que nem sempre é celebrada com o incorporador. Por isso, adquirindo ou em prometendo adquirir uma fração ideal, a construção poderá vir em contrato separado, e celebrado junto a terceira pessoa, a qual se identificará no construtor, sem que seja o incorporador, que figurará apenas como o organizador, ou quem inicia e organiza a incorporação. Embora adquirindo a fração ideal em separado da contratação da construção, que pode se efetuar junto a um construtor, o organizador do empreendimento será o incorporador.

141

Contrato de construção da obra e espécies

Conforme referido, o adquirente pode contratar a compra ou promessa de compra de uma fração ideal com a unidade, sem se envolver com a construção, que fica a cargo do incorporador. É a hipótese contemplada no artigo 43 da Lei n. 4.591/1964, ficando dispensada a instrumentalização do contrato de construção, tanto que não consta a mesma exigida na relação de documentos para o registro da incorporação. O incorporador será o próprio construtor, fundindo-se, em uma só pessoa, as obrigações estabelecidas a ambos. Não importa que o incorporador celebre, ele próprio, um contrato de construção com um terceiro. Existirá uma unificação do contrato, que abrange a fração ideal e a unidade. Neste caso, importante observar que no contrato se inserem, em separado, o preço da fração ideal e o preço da construção, segundo o texto do artigo 41: "Quando as unidades imobiliárias forem contratadas pelo incorporador por preço global compreendendo quota de terreno e construção, inclusive com parte de pagamento após a entrega da unidade, discriminar-se-ão, no contrato, o preço da quota de terreno e o da construção".

Todavia, comum é a compra ou promessa de compra da fração ideal, e a contratação da construção da obra. Organiza-se uma incorporação em que os adquirentes de frações acertam, em um contrato separado, a construção do prédio. Esse contrato de construção pode efetuar-se com o próprio construtor ou com terceiros e revelar-se em duas modalidades: ou por empreitada, ou por administração.

Na primeira forma, acerta-se no contrato da construção um preço fixo (determinado), ou reajustável; na segunda, também denominada a preço de custo, não se fixa o preço exato, aparecendo como estimado ou meramente previsível, e efetuando os adquirentes o pagamento dos custos na medida em que surgirem, e de conformidade com os preços das mercadorias e da mão de obra. Enquanto na empreitada está ajustado o valor da obra, admitindo-se variações no pertinente às modificações que surgirem ou à correção dos preços por índices oficiais, no contrato de administração os adquirentes são os agentes diretos da construção, que têm unicamente um incorporador ou construtor que está às suas ordens, e que não se compromete com a variação dos preços.

Numa ou em outra modalidade, em que os adquirentes assumem a construção do prédio, com o incorporador ou com terceiro, ficando eles vinculados, não se afasta a responsabilidade do incorporador se administra o negócio, embora sendo os adquirentes os donos da obra. Todavia, a responsabilidade restringe-se às perdas pela deficiente ou má administração, e não pela obra em si.

Em ambas as espécies, conterão os contratos especificadamente todos os elementos técnicos que constam no memorial descritivo, como prazo de entrega, de escalona-

Cap. 141 | Contrato de construção da obra e espécies • **563**

mento das várias etapas das obras, com a previsão da prorrogação e suspensão do prazo. Colocam-se o preço de cada unidade, as condições e o prazo de pagamento, as multas e outros encargos pela mora, a área construída, a qualidade dos materiais, o tipo de piso e de aberturas, além de outros elementos.

Desenvolve-se a construção na medida em que se dá o ingresso de capital, e que vão sendo adquiridas as frações ideais junto ao proprietário, sob a direção de um incorporador. A construção, porém, é da responsabilidade dos adquirentes e futuros condôminos, não cabendo seja exigida do incorporador, a menos que se leve a efeito a sua contratação para dirigir a construção. Tendo eles contratado a construção, a situação é diferente daquela em que são postas à venda as frações ideais conjugadas com as futuras unidades. Se, porventura, alguns participantes interrompem os pagamentos das prestações relativas às frações ideais, ao proprietário do terreno é que assiste a busca para a satisfação de seu crédito. Já quando a inadimplência se relaciona às prestações pela construção do prédio e, assim, das unidades, o incorporador, ou o organizador promoverá a cobrança ou a venda em leilão público, sendo que o comprador adquire a propriedade da fração ideal do terreno e se sub-roga no contrato de construção, seguindo a pagar as prestações, como se retira do artigo 42 da Lei n. 4.591/1964: "No caso de rescisão do contrato relativo à fração ideal de terreno e partes comuns, a pessoa em cujo favor se tenha operado a resolução sub-rogar-se-á nos direitos e obrigações contratualmente atribuídos ao inadimplente, com relação à construção."

Importante ressaltar a possibilidade de celebrar o contrato de empreitada ou de construção por administração com o próprio incorporador, que será pago pela atividade que desempenhará, fixando-se a remuneração, geralmente, em um percentual sobre o custo da obra. No caso, os proprietários do terreno contratam a construção. Essa viabilidade está inserida no artigo 48 da Lei n. 4.591/1964:

> A construção de imóveis, objeto de incorporação nos moldes previstos nesta Lei poderá ser contratada sob o regime de empreitada ou de administração conforme adiante definidos e poderá estar incluída no contrato com o incorporador (vetado), ou ser contratada diretamente entre os adquirentes e o construtor.

Sendo o incorporador o construtor, junto com o contrato de aquisição da unidade, ou em um instrumento à parte, contrata-se a construção.

Sempre fica a construção vinculada ao contrato de aquisição de frações ideais, eis que não se concebe uma convenção sobre uma construção sem a relação com o terreno. Todavia, a resolução do contrato de construção não importa em resolver o contrato de compra das frações ideais. Se o construtor não cumprir os deveres assumidos, naturalmente decorrerá a procura de outro construtor, que substituirá o anterior. No caso de se contratar com o incorporador a construção, desrespeitar ele as obrigações assumidas, se entrar em falência ou insolvência, se atrasar ou paralisar injustificadamente a obra, tornando-se inadimplente, rompe-se o contrato com ele, e a Comissão de Representantes assumirá a incorporação, podendo contratar a obra com um construtor.

O inadimplemento de parte dos adquirentes conduz à resolução do contrato de aquisição das frações ideais e da construção. Inconcebível romper unicamente o con-

564 • Condomínio Edilício e Incorporação Imobiliária | *Arnaldo Rizzardo*

trato de construção, permanecendo o adquirente com a titularidade da fração ideal. Não interessa que já se encontre paga a fração ideal. Coloca-se à venda a unidade, constituída do conjunto da fração ideal com a obra na etapa de construção em que se encontra. Aquele que adquirir a unidade, a teor do artigo 42, seguirá pagando a construção. Salda-se, com o valor obtido na venda, a dívida do inadimplente, e entrega-se a ele o montante que sobrar.

141.1. Elementos do contrato de construção

Nos contratos de construção, seja de empreitada ou de administração, destacam-se alguns elementos básicos, e que não podem ser olvidados, pois definem a relação estabelecida, tornam claro o objeto, e fazem decorrer os direitos e obrigações próprios de cada tipo. Daí merecerem a sua identificação os seguintes:

– a indicação da construção pretendida, com todas as particularidades identificadoras, a localização completa e a finalidade ou destinação;

– a identificação das partes, com todos os dados necessários indicativos da localização e profissional, e mais os registros no Ministério da Fazenda e em órgão de identificação do Estado;

– o prazo de duração da construção, com a previsão do momento de entrega e o período de prorrogação, com os motivos que o justifica;

– o preço da construção, com as causas de eventuais reajustes ou revisão, o que se dá na construção contratada por administração ou a preço de custo, bem como das unidades, colocando o valor das prestações, a data do pagamento, os juros incidentes, os índices de atualização, os encargos no caso de atraso;

– o local de pagamento e as instituições bancárias onde será feito, o número da agência e da conta bancária, pois os recursos destinados à obra serão movimentados através da conta corrente aberta no estabelecimento bancário em nome do condomínio. Os contribuintes depositarão nessa conta as quotas de construção pagas, de onde sairão os valores destinados ao atendimento das obrigações na medida em que surgirem, nos termos do inciso I do artigo 58: "Todas as faturas, duplicatas, recibos e quaisquer documentos referentes às transações ou aquisições para construção, serão emitidos em nome do condomínio dos contratantes da construção;"

– a descrição sumária do projeto, abrangendo as áreas comuns e privativas, os andares, as unidades, a sua aprovação administrativa e o memorial descritivo;

– a efetivação do registro da incorporação no Cartório de Registro de Imóveis, com a indicação do número e a data em que se realizou;

– a existência de ônus reais, como hipotecas incidentes no imóvel, penhoras, sequestros, registros da existência de ações, se o título é de propriedade plena ou limitada, como de compra e venda, ou de promessa de compra e venda, ou de cessão de compra e venda e de promessa de compra e venda;

– a existência ou não de ocupantes no imóvel, e de ações contra o titular da propriedade ou outra forma de aquisição;

– as principais infrações contratuais e as penalidades incidentes;

– os nomes dos membros da Comissão de Representantes já nomeados, em existindo, bem como as suas funções e os poderes que lhe são próprios. Neste tipo de contrato, tal órgão terá atuação mais intensa que na empreitada, já que se lhe reserva a incumbência de revisão do orçamento a cada seis meses, e de fiscalização das concorrências para a compra de materiais ou a contratação de serviços. São de sua competência, outrossim, o acompanhamento arrecadação das receitas e o exame dos balancetes do construtor, em atenção aos incisos do artigo 61;

– as obras e despesas que não estão incluídas no preço da construção, e assim, exemplificativamente, quanto às benfeitorias de embelezamento, aos jardins, aos pisos internos das unidades, às luminárias e adereços e mobiliários das áreas comuns. De realce a referência dos custos de aquisição de móveis do *hall* de entrada do edifício, do apartamento do zelador, da sala onde ficam os vigilantes, guardas e porteiro, os aparelhos de intercomunicação, de controle eletrônico de portas, de chaves e materiais de limpeza e colocação de lixo;

– a previsão de reuniões dos adquirentes, bem como a indicação dos locais;

– o procedimento para a venda em leilão público de unidades de adquirentes inadimplentes, com a forma de notificação em caso de mora no pagamento das prestações. Efetivamente, de acordo com o artigo 63 da Lei n. 4.591/1964, verificado o atraso de pagamento das parcelas por noventa dias, ou de três prestações, a Comissão de Representantes notificará o adquirente para, em dez dias, contados do recebimento da notificação, saldar o que deve. Decorrido o lapso de tempo sem o devido atendimento, promove-se a venda da fração ideal e das acessões já feitas através de público leilão. Utiliza-se o valor apurado para a satisfação do crédito do condomínio, para atender as despesas havidas e os débitos fiscais, transferindo-se para o condômino o que sobrar;

A responsabilidade pelo pagamento de despesas decorrentes de tarifas na prestação de certos serviços considerados públicos, como ligação de água, luz, gás, telefone, esgoto e vistorias, caso não incluídas no orçamento da obra em si, ou não integrarem o contrato de construção. A respeito, revelam-se importantes as regras do artigo 51 e de seu parágrafo único da Lei n. 4.591/1964:

> Nos contratos de construção, seja qual for seu regime deverá constar expressamente a quem caberão as despesas com ligações de serviços públicos, devidas ao Poder Público, bem como as despesas indispensáveis à instalação, funcionamento e regulamentação do condomínio.
>
> Parágrafo único. Quando o serviço público for explorado mediante concessão, os contratos de construção deverão também especificar a quem caberão as despesas com as ligações que incumbam às concessionárias no caso de não estarem elas obrigadas a fazê-las, ou, em o estando, se a isto se recusarem ou alegarem impossibilidade.

– a atribuição de custos de constituição e instalação do condomínio e de sua regulamentação, e, assim, as despesas de advogado, de registro cartorário da convenção;

– a previsão de retenção das unidades imobiliárias pertencentes aos condôminos inadimplentes, não transferindo a posse das mesmas aos adquirentes que estiverem em atraso em suas prestações. Essa faculdade consta do artigo 52: "Cada contratante da construção só será imitido na posse de sua unidade se estiver em dia com as obrigações assumidas, inclusive as relativas à construção exercendo o construtor e o condomínio até então, o direito de retenção sobre a respectiva unidade; no caso do art. 43, este direito será exercido pelo incorporador."

141.2. Contrato de construção por empreitada

Nesta espécie, contrata-se ou o fornecimento de materiais e o serviço de construção, ou somente esta última atividade, que é a mão de obra. Adotam-se o conceito, os princípios e a regulamentação do Código Civil, no que diz com os aspectos gerais do contrato, e dos artigos 55 a 57 da Lei n. 4.591/1964, na parte específica da incorporação.

Necessário apresentar a distinção da empreitada relativamente à construção e da incorporação a prazo e preço certos, determinados ou determináveis. No tocante à empreitada, o objeto do contrato consiste na construção e entrega da obra. Todavia, é comum a aquisição de unidade por prazo e preço certos, determinados ou determináveis, juntamente ao incorporador, nos termos do artigo 43. Existe apenas a compra de unidades junto ao incorporador, com a previsão do prazo e do preço. Não se está contratando a construção.

Incumbem à Comissão de Representantes a fiscalização e o acompanhamento da construção, nos termos do § 3º do artigo 55: "Nos contratos de construção por empreitada, a Comissão de Representantes fiscalizará o andamento da obra e a obediência ao Projeto e às especificações exercendo as demais obrigações inerentes à sua função representativa dos contratantes e fiscalizadora da construção."

Se o incorporador assume a empreitada, ele assume a responsabilidade pelos vícios de construção. Everaldo Augusto Cambler trata do assunto, com respaldo em decisão do STJ:

> A questão – e no sentido da responsabilidade da incorporadora pela empreitada que contrata – foi profundamente analisada em v. acórdão do STJ (REsp. n. 1.473/RJ. Relator: Min. Fontes de Alencar. *Diário da Justiça*, 05.03.1990), do qual se extrai: "... o fulcro da argumentação da recorrente de f. reside no entendimento, que sustenta, de estar limitada, a responsabilidade do incorporador que contratar a entrega da unidade a prazo e preços certos, determinados ou determináveis, mesmo quanto à pessoa física, unicamente à obrigação prevista no art. 43, II, da Lei n. 4.591/1964, que impõe, àquele incorporador, responder civilmente pela execução da incorporação, devendo indenizar os adquirentes ou compromissários dos prejuízos que a estes advierem do fato de não se concluir a edificação ou de se retardar injustificadamente a conclusão das obras, cabendo-lhe ação regressiva contra o construtor, se a este couber a culpa".[1]

Dada a importância da matéria sobre a empreitada, é necessária uma abordagem mais ampla para a sua perfeita compreensão.

141.2.1. Conceito e espécies

A empreitada equivale à forma romana *locatio conductio operis*, ou *locatio operis faciendi*. Vem a ser o contrato pelo qual uma das partes obriga-se a executar por si só, ou com o auxílio de outros, mas sem dependência ou subordinação, determinada obra, ou a prestar certo serviço, e a outra a pagar o preço global ou proporcional ao trabalho realizado. Como salienta Arnoldo Wald,

> alguém faz ou manda fazer uma obra ou um serviço com autonomia aos seus próprios riscos, recebendo o pagamento pela obra ou pelo serviço, e caracterizando-se o contrato

---

[1] CAMBLER, Everaldo Augusto. *Incorporação imobiliária*. São Paulo: RT, 1993. p. 246-247.

pela sua finalidade, pelo resultado alcançado e distinguindo-se do contrato de trabalho, por exemplo, pela ausência de um vínculo de subordinação e de continuidade de um dos contratantes em relação ao outro.[2]

O Código Civil prevê duas espécies de empreitada, conforme o artigo 610: "O empreiteiro de uma obra pode contribuir para ela só com seu trabalho ou com ele e os materiais."

Por outras palavras, existem:

a) a empreitada de lavor ou de mão de obra, constituída de uma obrigação de fazer, em que o empreiteiro contribui apenas com o seu trabalho.

Ao proprietário incumbe o fornecimento dos materiais e o pagamento da mão de obra, o que ocorre na medida em que os trabalhos se desenvolvem. O empreiteiro simplesmente recebe a remuneração, combinada em uma percentagem acertada sobre a soma dos valores gastos pelo dono da obra. A sua obrigação se prende à direção e à fiscalização dos trabalhos. Está ele coberto dos riscos decorrentes da oscilação dos preços dos materiais, o que representa, sem dúvida, maior segurança no resultado do trabalho contratado;

b) a empreitada mista, ou o contrato de empreitada propriamente dito, ou de empreitada global, quando o empreiteiro fornece também os materiais necessários à execução do trabalho, envolvendo uma obrigação de fazer e de dar. Deverá estar contemplada em lei ou vir expressa através de convenção esta modalidade, na imposição do § 1º do artigo 610: "A obrigação de fornecer os materiais não se presume; resulta da lei ou da vontade das partes." Importando em custo extremamente superior a empreitada, deverá ficar bem caracterizada e definida, de sorte a não resultar dúvidas.

A responsabilidade do empreiteiro é bem maior nesta espécie. Tudo fica a seu cargo, ou seja, o fornecimento de mão de obra e de materiais, a direção e a supervisão. O preço acertado deve abranger todas as despesas necessárias para a concretização da obra. Inexistindo previsão, não cabe o direito a qualquer acréscimo, muito embora se tenha verificado o aumento do custo do material e dos salários dos empregados. Assim, a orientação é não admitir a invocação da cláusula *rebus sic stantibus*, mesmo ocorrendo o empobrecimento do empreiteiro, em face da alta dos preços no curso do empreendimento.

Relativamente à determinação do preço, surgem duas modalidades:

a) a empreitada de preço fixo, estabelecendo-se a remuneração pela obra inteira, sem consideração ao desenvolvimento da mesma. Mas nada impede o fracionamento das prestações, ou o escalonamento dentro de um cronograma previamente fixado, cujo critério pode ser a metragem concluída, o que normalmente acontece;

A preço fixo também costuma-se designar a empreitada que não prevê o reajuste dos pagamentos, em função da variação dos preços da mão de obra e dos materiais. Embora verificada a variação, em princípio mantém-se o valor estabelecido, por determinação do artigo 619:

---

[2] *Curso de direito civil brasileiro* – obrigações e contratos. 3. ed. São Paulo: Sugestões Literárias, 1972. p. 307-308.

Salvo estipulação em contrário, o empreiteiro que se incumbir de executar uma obra, segundo plano aceito por quem a encomendou, não terá direito a exigir acréscimo no preço, ainda que sejam introduzidas modificações no projeto, a não ser que estas resultem de instruções escritas do dono da obra.

Nas incorporações, há dispositivo expresso proibindo o reajuste, quando a construção é feita pelo regime de empreitada a preço fixo. Sendo fixo o preço, estabelece o artigo 55, § 1°, da Lei n. 4.591/1964, que será o mesmo "irreajustável, independentemente das variações que sofrer o custo efetivo das obras e quaisquer que sejam suas causas". Se a preço variável o contrato, haverá aumentos de acordo com a variação dos preços da mão de obra e do custo dos materiais, no que encontra amparo no § 2° do mesmo artigo 55, onde se permite que "o preço fixado no contrato será reajustado na forma e nas épocas nele expressamente previstas, em função da variação dos índices adotados, também previstos obrigatoriamente no contrato". Em geral, a variação do preço fica presa a um índice de reajuste previamente determinado, escolhido dentre os disponíveis por órgãos especializados ou setores ligados à construção civil, e que apurem as variações da inflação nos preços da mão de obra e dos insumos usados na construção. Esta a espécie que predomina. E com razão, pois, na prática, foram abandonados, pouco a pouco, os contratos *a forfait*, ou a preços fixos. Em substituição, surgiram as cláusulas escalares (*escalator clauses*), que estipulam uma revisão do preço em função das modificações de um número índice, ou a atualização por força da inflação.

Assim acontece em contratos nos quais se pactua que o preço da obra sofrerá reajustes na proporção do encarecimento do material e dos salários dos trabalhadores.

A rigidez das regras sobre o preço fixo deve ser atenuada, se tácito o consentimento do dono nas modificações, o que decorre de sua presença constante na obra e, assim, da verificação por ele próprio, sem que tenha manifestado alguma oposição. Oportunamente o Código Civil trouxe a previsão dessa possibilidade no parágrafo único do artigo 619: "Ainda que não tenha havido autorização escrita, o dono da obra é obrigado a pagar ao empreiteiro os aumentos e acréscimos, segundo o que for arbitrado, se, sempre presente à obra, por continuadas visitas, não podia ignorar o que se estava passando, e nunca protestou."

A inovação procura dirimir casos frequentes de controvérsias decorrentes de alterações da obra, beneficiando o proprietário, o qual, no regime do Código anterior, dada a ausência de disposição a respeito, se negava a ressarcir o empreiteiro, em detrimento do qual obtinha vantagem. Especialmente nas empreitadas celebradas com o Poder Público, eram impostas alterações que encareciam os custos, mas surgindo, posteriormente, a peremptória negativa em readaptar o preço, invocando-se várias escusas, como a falta de previsão na licitação ou a omissão de alteração no contrato.

Finalmente, a mera correção monetária do preço não altera a espécie de empreitada. Importa considerar como preço fixo aquele combinado para a obra toda, impondo-se a variação do montante segundo o índice de atualização adotado quando o pagamento desdobra-se em prestações.

b) a empreitada com reajustamento, ou contendo cláusula permissiva da variação do preço em decorrência da variação do custo dos materiais e da mão de obra. Permite esta modalidade que as partes, em razão das alterações de preço dos componentes da obra, revejam, periodicamente, a retribuição contratada. As quantias devidas sofrerão reajustes segundo a majoração das mercadorias necessárias ou dos salários, desde que relacionados a tais itens.

Lembram-se, nesta categoria, da empreitada por medida, quando o preço se fixará por unidade ou pela extensão; e a empreitada por séries, contratando-se o preço em função das diversas espécies de trabalhos realizadas. Assemelha-se à empreitada de preço combinado de acordo com as partes da obra. O valor está programado para cada setor do prédio. A sua composição é o resultado da soma dos valores estipulados para os diversos componentes do edifício. De modo que, ao concluir-se a colocação dos fundamentos, satisfaz-se uma parcela; ao se erguer estrutura de concreto, mais uma cifra em dinheiro é paga, e assim por diante.

Os tipos acima de empreitada se encontram contemplados no artigo 55 da Lei n. 4.591/1964: "Nas incorporações em que a construção seja feita pelo regime de empreitada, esta poderá ser a preço fixo, ou a preço reajustável por índices previamente determinados."

Neste tipo, há as exigências do artigo 56 e de seus parágrafos, sobre a obrigação em se inserirem, no mínimo, os critérios dos elementos componentes do preço das frações ideais e das unidades na publicidade, nos anúncios e nos contratos, exceto nos "classificados dos jornais:

> Em toda a publicidade ou propaganda escrita, destinada a promover a venda de incorporação com construção pelo regime de empreitada reajustável, em que conste preço, serão discriminados explicitamente o preço da fração ideal do terreno e o preço da construção, com indicação expressa da reajustabilidade.
>
> § 1º As mesmas indicações deverão constar em todos os papéis utilizados para a realização da incorporação, tais como cartas, propostas, escrituras, contratos e documentos semelhantes.
>
> § 2º Esta exigência será dispensada nos anúncios "classificados" dos jornais.

O § 4º do artigo 55 da Lei n. 4.591/1964 atribui à Comissão de Representantes a perfeita fiscalização dos reajustamentos, naturalmente para verificar a prática de abusos: "Nos contratos de construção fixados sob regime de empreitada, reajustável, a Comissão de Representantes fiscalizará, também, o cálculo do reajustamento."

Mesmo que a preço reajustável a empreitada, é necessário que venha orçamentada, segundo obriga o § 5º do mesmo artigo: "No contrato deverá ser mencionado o montante do orçamento atualizado da obra, calculado de acordo com as normas do inciso III do artigo 53, com base nos custos unitários referidos no artigo 54, quando o preço estipulado for inferior ao mesmo."

O inciso III do artigo 53 reza que os critérios para a avaliação de custo global da obra seguirão as normas da Associação Brasileira de Normas Técnicas (ABNT). Seguem-se, também, os custos unitários dos sindicatos estaduais da indústria da construção civil, consoante os termos do artigo 54, citado no § 5º do artigo 55: "Os sindicatos estaduais da indústria da construção civil ficam obrigados a divulgar mensalmente, até o dia 5 de cada mês, os custos unitários de construção a serem adotados nas respectivas regiões jurisdicionais, calculados com observância dos critérios e normas a que se refere o inciso I do artigo anterior."

141.2.2. Redução do preço da obra

Está, no vigente Código Civil, o que constitui uma novidade em relação ao diploma anterior, contemplada a possibilidade de redução do preço da empreitada, quando forem reduzidos até certo nível os preços de materiais no mercado ou da mão de obra. Eis a regra do artigo 620: "Se ocorrer diminuição no preço do material ou da mão de obra superior a 1/10 (um décimo) do preço global convencionado, poderá este ser revisto, a pedido do dono da obra, para que se lhe assegure a diferença apurada."

Não se tem precedentes da redução do valor do contrato em nossa realidade, em face do comportamento da economia, que não leva a baixar os preços de mercadorias ou de mão de obra. É possível a esporádica diminuição de alguns preços, mas não em níveis tão significativos que abranjam a redução do custo total da obra em um décimo do preço estabelecido.

Para incidir a norma, é preciso que se opere o barateamento em uma proporção que reflita no custo da obra, devendo ser aferido quando do contrato e no momento posterior, mas envolvendo todo o período da execução. Não se vá concluir que, se em determinada época se verificar a queda dos preços, possa o dono promover a revisão do contrato, para o efeito de abaixar o preço. Unicamente no final da obra viabiliza-se a aferição, posto que, assim como eventualmente diminuem os preços, também acontece o fenômeno do recrudescimento, o que é comum, em um momento posterior.

É de se notar que a queda dos preços de materiais na proporção de um décimo do preço total importa em reduzir unicamente esse setor do custo; já se a diminuição se limita à mão de obra, nesse campo restringe-se a revisão.

Parece natural que a previsão tem incidência na empreitada global, envolvendo a mão de obra e os materiais.

Embora omissa a Lei n. 4.591/1964, mostra-se perfeitamente aplicável o artigo 620 da lei civil às incorporações.

141.2.3. Alterações do projeto pelo dono da obra

Unicamente em situações especiais é autorizada a alteração do projeto da obra, elaborado por um determinado profissional, como um arquiteto ou engenheiro. Encomendado o projeto, não é possível obrigar a sua mudança substancial. Cabe, então, ao proprietário da obra contratar a confecção de outro projeto, com novas plantas e memoriais descritivos.

A proibição de se alterar visa a própria preservação obra, posto que, especialmente se não tiver o proprietário conhecimentos técnicos no setor, não é fora de cogitação que introduza alterações que possam comprometer a segurança do empreendimento. Visando baratear o custo, não se afigura inviável que vá reduzir a profundidade do estaqueamento, ou a dimensão das estruturas e colunas de sustentação.

O Código de 2002, no artigo 621, aportou norma específica sobre essa preservação, que envolve, também, o respeito ao direito de autor:

> Sem anuência de seu autor, não pode o proprietário da obra introduzir modificações no projeto por ele aprovado, ainda que a execução seja confiada a terceiros, a não ser que,

por motivos supervenientes ou razões de ordem técnica, fique comprovada a inconveniência ou a excessiva onerosidade de execução do projeto em sua forma originária.

De sorte que, dada a regra acima, nas seguintes eventualidades é prevista a alteração do projeto original:

a) no caso inconveniência por deficiência técnica, que compromete não apenas a segurança, mas também a aparência, a comodidade, e a utilidade da obra;

b) se verificar-se a excessiva onerosidade da execução do projeto, inviabilizando o empreendimento, situação percebida quando da entrega do projeto, apurando-se, ainda, a inexistência de mercado para a comercialização;

Não se afasta a proibição na hipótese de ser executada por terceiros a obra, mesmo por profissionais que revelem conhecimento técnico no setor. Se descontente o dono com o projeto, cabe-lhe rejeitá-lo, e encomendar que outro se proceda.

Não atinge a proibição as mudanças de menor importância, nos termos do parágrafo único do artigo 621: "A proibição deste artigo não abrange alterações de pouca monta, ressalvada sempre a unidade estética da obra projetada." Cuida-se das alterações internas, restritas, *v.g.*, a algumas paredes da obra, ao tipo de revestimento, ao material utilizado no piso, desde que não atinjam a apresentação estética ou o conjunto arquitetônico, se for o caso, da obra. As pequenas mudanças não repercutem na fisionomia da obra, ou não descaracterizam o projeto.

141.2.4. Obrigações e responsabilidade do empreiteiro

Constem do Código Civil várias obrigações e incidências de responsabilidade atribuídas ao empreiteiro, que se estendem à empreitada na incorporação, pois são de âmbito geral, embora as específicas existentes na Lei n. 4.591/1964.

A principal obrigação do empreiteiro é realizar a obra ou o serviço no prazo estabelecido, de acordo com as condições convencionadas, ou os usos e costumes do local. É o que emana da primeira parte do artigo 615: "Concluída a obra de acordo com o ajuste, ou o costume do lugar, o dono é obrigado a recebê-la. Poderá, porém, rejeitá-la, se o empreiteiro se afastou das instruções recebidas e dos planos dados, ou das regras técnicas em trabalhos de tal natureza."

No caso de mora do empreiteiro, ou de defeitos na obra, o dono pode optar entre o recebimento com a exigência de abatimento do preço, ou a rescisão do contrato, com perdas e danos. O artigo 616 confirma a possibilidade de abatimento do preço. Mas nada impede ao dono postular da unidade a correção ou o saneamento das imperfeições.

Nesta hipótese, se o empreiteiro se recusar a corrigir os defeitos, ou permitir que transcorra o lapso de tempo a isto destinado, reconhece-se ao dono da obra a faculdade de, alternativamente, resolver o contrato, enjeitando a obra, ou recebê-la com abatimento proporcional do preço.

Obrigando-se o empreiteiro a efetuar a entrega no prazo convencionado, se incorrer em mora, responderá por perdas e danos, caso ao dono interesse o recebimento. Mas se dividida em partes distintas a obra, ou se é daquelas que se determinam por medida, constitui dever efetuar a entrega também em partes, ou por medida, desde o momento da conclusão.

A respeito, prevê o artigo 614: "Se a obra constar de partes distintas, ou for de natureza das que se determinam por medida, o empreiteiro terá direito a que também se verifique por medida, ou segundo as partes em que se dividir, podendo exigir o pagamento na proporção da obra executada."

Vê-se, pois, que a entrega por medidas ou parcelada constitui um direito assegurado ao empreiteiro, que, assim, se desvinculará da responsabilidade inerente à guarda e manutenção, possibilitando-se-lhe, se não concluir, procurar o pagamento na proporção da execução. Não constitui razão para afastar a obrigação o fato de não ter chegado ao seu término.

Constatada a mora ou a paralisação injustificada, e sendo empreiteiro o incorporador, também se reserva a opção para a sua destituição; em consequência, o artigo 43, inciso VI, da Lei n. 4.591/1964 permite a resolução do contrato:

> Se o incorporador, sem justa causa devidamente comprovada, paralisar as obras por mais de 30 dias, ou retardar-lhes excessivamente o andamento, poderá o Juiz notificá--lo para que no prazo mínimo de 30 dias as reinicie ou torne a dar-lhes o andamento normal. Desatendida a notificação, poderá o incorporador ser destituído pela maioria absoluta dos votos dos adquirentes, sem prejuízo da responsabilidade civil ou penal que couber, sujeito à cobrança executiva das importâncias comprovadamente devidas, facultando-se aos interessados prosseguir na obra.

No mais, o incorporador responde unicamente se assumiu como construtor, ou se ele contratou a empreitada. A previsão consta do inciso II do artigo 43 da Lei n. 4.591/1964, estabelecendo que deve

> responder civilmente pela execução da incorporação, devendo indenizar os adquirentes ou compromissários, dos prejuízos que a estes advierem do fato de não se concluir a edificação ou de se retardar injustificadamente a conclusão das obras, cabendo-lhe ação regressiva contra o construtor, se for o caso e se a este couber a culpa.

O § 1º do artigo 614 do Código Civil traz uma norma importante no tocante à responsabilidade: "Tudo o que se pagou presume-se verificado." Por outras palavras, o pagamento da parte concluída estabelece a presunção de que foi a mesma verificada e aceita, desde que o pagamento seja posterior e já devido. Importa em presumir a verificação pelo dono. Admite-se, no entanto, prova em contrário, desde que as falhas, ou defeitos, ou extensão inferior, forem denunciados no lapso de trinta dias após a medição, em regra trazida pelo § 2º do mesmo artigo 614: "O que se mediu presume-se verificado se, em trinta dias, a contar da medição, não forem denunciados os vícios ou defeitos pelo dono da obra ou por quem estiver incumbido da sua fiscalização." Por conseguinte, abre-se a oportunidade para eventuais impugnações, numa medida que levou em conta a dificuldade da exata análise quando do recebimento da obra, ou mesmo do pagamento, fatos que fazem concluir que houve medição. Realmente, é difícil uma constatação no momento da entrega do trabalho ou da obra. Às vezes, com o passar de algum tempo, e com o uso, é que surgem os defeitos e imperfeições.

A execução da obra deverá ser pessoal na hipótese de celebrado o contrato em vista das aptidões e qualidades do empreiteiro. Afora este caso, ou não celebrado o

Cap. 141 | Contrato de construção da obra e espécies • 573

contrato *intuitu personae*, não se considera proibida a subempreitada parcial, ou de partes da obra. Dizia em tempos antigos Eduardo Espínola:

> É universalmente admitido que o empreiteiro é obrigado a executar a obra pessoalmente ou por empregados sob sua responsabilidade, porquanto o dono da obra contrata confiando nas qualidades técnicas e na idoneidade do empreiteiro. As subempreitadas, porém, não são excluídas. Alguns códigos o declaram expressamente, mas com a ressalva de serem autorizadas pelo comitente.[3]

Estipula o artigo 617: "O empreiteiro é obrigado a pagar os materiais que recebeu, se por imperícia ou negligência os inutilizar." É que, ponderava Clóvis Beviláqua no início da vigência do Código Civil anterior, recebendo "os materiais para a factura da obra, afirma o empreiteiro achar-se habilitado a manejá-los, com necessário zelo, e segundo as regras da sua arte. Se mostrar-se desleixado ou imperito, e, por essa razão, inutiliza o que lhe foi entregue para o preparo da obra, deve indenizar o prejuízo causado".[4]

Quanto à responsabilidade na empreitada com o fornecimento de materiais, prescreve o art. 611: "Quando o empreiteiro fornece os materiais, correm por sua conta os riscos até o momento da entrega da obra, a contento de quem a encomendou, se este não estiver em mora de receber. Mas se estiver, por sua conta correrão os riscos."

De sorte que, até verificar-se a entrega e o recebimento da obra construída, está em vigor a obrigação do empreiteiro. Perecendo a obra, ou vindo ela a sofrer qualquer risco antes de concluída ou antes da entrega, sem verificar-se a *mora accipiendi*, não cabe imputar responsabilidade ao dono ou a quem encomendou. Os riscos que ocorrerem, e daí as decorrências, serão suportados pelo empreiteiro.

Unicamente no empreiteiro incide a responsabilidade, se não houver mora em receber. Verificada a mora, não se lhe atribui qualquer ônus, entende a doutrina, como a de Luiz Roldão de Freitas Gomes: "Relativamente aos riscos, correm por conta do empreiteiro, quando ele fornece materiais, se o dono da obra não estiver em mora para recebê-la. Caso haja acidente, neste caso o prejuízo é do empreiteiro, porque não satisfez a obrigação de entrega da obra."[5]

Necessário esclarecer que a mora do credor não se configura com a simples recusa de receber. É necessária a ocorrência de culpa na recusa. Se esta se fundar em motivo razoável e justo, não fica caracterizada a mora, o que sujeitará o empreitante a responder pelos riscos que, por qualquer forma, venham a afetar a construção. São motivos que amparam o não recebimento: a evidência de imperfeições e defeitos, a inconclusão nos seus acabamentos, entre outros. Na própria redação do dispositivo transcrito que a obra deve ser entregue a contendo de quem a encomendou. Ou seja, que esteja pronta e no padrão da contratação.

Havendo mora em receber, admite-se a atribuição da responsabilidade também ao empreiteiro, e não apenas ao empreitante, se ocorrer, da parte do primeiro, culpa,

---

[3]   *Dos contratos nominados no direito civil brasileiro*. Rio de Janeiro: Gazeta Judiciária – Editora S. A., 1953. p. 287.

[4]   *Código Civil dos Estados Unidos do Brasil comentado*. Rio de Janeiro: Livraria Francisco Alves, 1919, v. VI, p. 431.

[5]   *Curso de direito civil* – contratos. Rio de Janeiro: Renovar, 1999. p. 256.

negligência ou má-fé na conservação e guarda. Para Alfredo de Almeida Paiva, é mantida a sua responsabilidade se não colocar a coisa à disposição do empreitante:

> Para desonerar-se dos ricos e dos ônus que a lei expressamente lhe impõe, caberá ao empreiteiro colocar a obra construída à disposição de quem a encomendou, depositando--a em seu nome ou consignando-a à sua ordem. Ficará, assim, desonerado de todos os riscos da obra construída, os quais passarão a correr por exclusiva conta de quem a encomendou.[6]

Na empreitada de lavor, em que o empreiteiro fornece a mão de obra apenas, ordena o artigo 612 que todos os riscos em que ele não tiver culpa correrão por conta do dono. Acontece que o empreitante é o proprietário dos materiais fornecidos. Incumbe-lhe, pois, demonstrar que os riscos sofridos advieram da culpa do empreiteiro, para obrigá-lo à indenização.

Ainda no caso de empreitada unicamente de lavor, estabelece o artigo 613 que, "se a coisa perecer antes de entregue, sem mora do dono nem culpa do empreiteiro, este perderá a retribuição, se não provar que a perda resultou de defeito dos materiais e que em tempo reclamara contra a sua quantidade ou qualidade".

Ressalta o perecimento da obra, antes da entrega, sem mora do empreitante no recebimento, e sem culpa do empreiteiro. Perderá, então, este quaisquer direitos, inclusive quanto à remuneração, a menos que prove decorrer a perda de defeitos dos materiais e que tenha, em tempo, reclamado contra a sua quantidade ou qualidade.

Trata-se, sem dúvida, de um caso de responsabilidade objetiva, cuja aplicação não se coaduna com o artigo 612.

Outrossim, a responsabilidade do empreiteiro, na previsão do artigo 624, envolve a indenização por perdas e danos, se ele resilir o contrato sem justa causa. Reza o preceito: "Suspensa a execução da empreitada sem justa causa, responde o empreiteiro por perdas e danos." Embora utilizado o termo "suspensa", há de se entender que a obrigação de indenizar abrange também a resilição. Ou seja, corresponde tanto no adiamento da obra como no completo abandono ou desistência. As perdas e danos compreendem os prejuízos resultantes, como o aumento de custo na contratação de novo empreiteiro e na falta de rendimentos que traria a obra, incidente no período em que ficaria pronta, até o momento em que conseguiu, ou era presumível que conseguisse, a confecção por novo empreiteiro.

O artigo 618 delimita o prazo de cinco anos para a responsabilidade em certas obras: "Nos contratos de empreitada de edifícios ou outras construções consideráveis, o empreiteiro de materiais e execução responderá, durante o prazo irredutível de cinco anos, pela solidez e segurança do trabalho, assim em razão dos materiais, como do solo."

As obras envolvem edifícios, pontes, estradas, reservatórios de água, viadutos e outras de valor e consistência.

Contrariamente ao que pensava Caio Mário da Silva Pereira,[7] a interpretação correta consiste em que o prazo é de simples garantia. Durante cinco anos o cons-

---

[6] *Aspectos do contrato de empreitada.* Rio de Janeiro: Forense, 1955; e 2. ed. 1997. p. 45-50.
[7] *Instituições de direito civil.* 3. ed. Rio de Janeiro: Forense, 1975. p. 289.

trutor obriga-se a assegurar a solidez e a garantia da construção. Mas não envolve a indenização pelos prejuízos que advierem da imperfeição da obra.

Carvalho Santos mostrava-se incisivo neste ponto:

> O prazo de cinco anos aí prefixado não diz respeito ao exercício da ação que o proprietário pode intentar contra o construtor, em razão de sua responsabilidade. Esta sim é que se presume sempre, se se manifestam os vícios da obra ou sobrevém a ruína nesse prazo.
>
> De fato, nos termos do texto comentado, o construtor fica obrigado a garantir a solidez e a segurança da construção que fizer pelo prazo de cinco anos. Mas não obriga a lei que o dono da obra intente a sua ação nesse mesmo prazo. Pelo que, parece evidente a sua ação prescreverá em vinte anos, contados do momento em que se verificar a falta de segurança ou solidez da obra.[8] Clóvis, analisando a doutrina francesa, era do mesmo pensamento, propagando a aplicação do direito comum.[9]

O Código Civil em vigor, visando dirimir as controvérsias que grassavam antes, introduziu regra expressa de decadência, fixando em cento e oitenta dias o lapso assegurado para a reclamação indenizatória, de acordo com o parágrafo único do artigo 618: "Decairá do defeito assegurado neste artigo o dono da obra que não propuser a ação contra o empreiteiro, nos cento e oitenta dias seguintes ao aparecimento do vício ou defeito."

Por último, a responsabilidade excepcional a que alude o artigo 618 não se aplica a todo e qualquer empreiteiro, mas tão somente àquele que fornece os materiais e o trabalho.

Não se pode olvidar, por último, que a responsabilidade prevista no artigo 618 mantém-se na pessoa do autor do projeto se a execução da obra for confiada a terceiros, não arcando ele com outras decorrências desde que não assuma a direção ou fiscalização. É o que está no artigo 622: "Se a execução da obra for confiada a terceiros, a responsabilidade do autor do projeto respectivo, desde que não assuma a direção ou fiscalização daquela, ficará limitada aos danos resultantes de defeitos previstos no artigo 618 e seu parágrafo único."

Constata-se, sem dúvida, uma incoerência na previsão, ou não se encontra bem redigida a regra. A responsabilidade do artigo 618 restringe-se à empreitada global, isto é, àquela de lavor e de fornecimento de materiais. Havendo a transferência de execução, o autor do projeto não executa a obra e nem fornece os materiais. Destarte, inconcebível que vá responder pela solidez e segurança do trabalho, tanto em razão dos materiais como do solo. A menos que se tenha seguido à risca o projeto, com o erguimento no solo e o uso dos materiais que constam rigorosamente no dito projeto.

141.2.5. Obrigações e responsabilidade do dono da obra e do incorporador

Também aqui se abordam as disposições do Código Civil sobre a empreitada em geral, que se aplicam à empreitada na incorporação, desde que não ofendidas as regras próprias estatuídas na Lei n. 4.591/1964.

A obrigação de extremo realce do empreitante é pagar o preço previamente ajustado no contrato ou fixado de acordo com a medição do serviço, ou de outra forma apurado.

---

8   *Código Civil brasileiro interpretado*. Rio de Janeiro: Freitas Bastos, 1964. v. XVII, p. 347-348.
9   *Código Civil dos Estados Unidos do Brasil comentado*. 1953. v. IV, p. 432-433.

A consequência mais importante do pagamento é a presunção que dele decorre da verificação da obra pelo dono, com significado de aprovação, impedindo posterior reclamação. Tendo este efeito, se o contrato não especifica quando seria o mesmo satisfeito, entende-se que há de ser no momento da entrega da obra, e não quando do término da obra, ou da verificação.[10] Cumpre-lhe pagar tempestivamente as somas acertadas. Se deixa de assim proceder, não parece que possa o incorporador suspender o andamento da obra, eis que restam prejudicados os demais adquirentes. As cominações vêm no artigo 63 da Lei n. 4.591/1964, seguindo-se as regras procedimentais de seus parágrafos. Se três ou mais as prestações devidas, notifica-se para a emenda da mora, e leva-se o bem a leilão público, a realizar-se na forma que dispuser o contrato de empreitada.

Obriga-se, ainda, o dono da obra, quando lhe incumbe o fornecimento de materiais, a colocá-los à disposição do empreiteiro tempestivamente. Observa Orlando Gomes:

> Retardando-se no cumprimento de tal obrigação, incorre em mora, podendo, em consequência, ser responsabilizado pelos prejuízos advindos do atraso. Nesse caso, também assiste ao empreiteiro o direito de notificar o dono da obra para que forneça os materiais em certo prazo, sob pena de rescisão do contrato.[11]

O recebimento da obra aparece como outra importante obrigação, pois a recusa, sem justa causa, importa em mora, transferindo-se ao dono os riscos, ensejando que responda por perdas e danos, e por despesas decorrentes da conservação e guarda, como faz entender o artigo 615 do Código Civil.

Há um dever de receber a obra, a menos que não apresente as qualidades prometidas. Por outras palavras, admite-se a recusa se não foram obedecidas as instruções transmitidas e combinadas, ou se não observadas as regras técnicas de execução, ou se a obra revela defeitos ou vícios. Aceita-se o recebimento provisório para verificação, concedendo-se, para dar o resultado da aceitação, um prazo determinado. Recebida a coisa, presume-se aprovado o trabalho do empreiteiro, que se libera do dever de execução e da responsabilidade dos vícios aparentes. Perdura o liame contratual quanto aos vícios ocultos somente.

Na hipótese de haver o empreiteiro se afastado das instruções recebidas, ou do projeto, ou do plano, ou da planta, ou das normas técnicas exigíveis para o caso, em vez de enjeitar a obra, autoriza o artigo 616 o abatimento do preço, na proporção das insuficiências, carências e defeitos que apresentar: "No caso da segunda parte do artigo antecedente, pode quem encomendou a obra, em vez de enjeitá-la, recebê-la com abatimento do preço." Há uma simples faculdade, cuja decisão está na vontade do empreitante, que, naturalmente, optará por tal opção se conservar a coisa a finalidade a que se destina.

A mera recusa em receber não autoriza o empreiteiro a pretender a resolução do negócio, ou à indenização por inadimplemento, porquanto o contrato, quanto ao objeto principal, já está consumado, restando tão unicamente a mora por alguma consequência

---

[10] PONTES DE MIRANDA, Francisco Cavalcanti. *Tratado de direito privado.* 3. ed. Rio de Janeiro: Editor Borsoi, 1972. p. 417.

[11] *Contratos.* 10. ed. Rio de Janeiro: Forense, 1984. p. 386.

Cap. 141 | Contrato de construção da obra e espécies • **577**

que surgir posteriormente ao término da obra. A indenização, neste caso, consistirá no ressarcimento de gastos a que se viu envolvido o construtor na conservação e na guarda do bem. Exemplificava Pontes de Miranda: "Se a obra, em caso de mora de receber, sofreu danos, de jeito que o empreiteiro teve de consertar, limpar, rejuntar ou substituir peças, assiste a esse a pretensão à indenização, por se tratar de serviços ou de gastos, ou de serviços e gastos não incluídos na retribuição."[12]

Quanto à responsabilidade, recai ela na pessoa do empreitante nas seguintes situações, em consonância com os dispositivos do Código Civil abaixo citados:

– Se configurar-se a mora *accipiendi* por quem encomendou a obra, através da injustificada negativa em recebê-la na oportunidade própria, os riscos correrão contra ele, podendo o empreiteiro também responder se ele se revelou desidioso na guarda e conservação – artigo 611.

– No caso de o empreiteiro só fornecer mão de obra, não tendo ele culpa, todos os riscos correrão por conta do empreitante ou dono – artigo 612.

– Igualmente na empreitada de lavor, perecendo a coisa antes da entrega, havendo mora do dono e não existindo culpa do empreiteiro, não será ele – o dono – indenizado, mas arcará com os prejuízos, embora prove que a perda não resultou de defeito dos materiais, e que em tempo algum houve reclamação contra a sua quantidade ou qualidade. Compete-lhe, outrossim, pagar a remuneração do empreiteiro. Mas, não provada a mora do dono, e mesmo que inexistente culpa do empreiteiro, não cabe a retribuição – artigo 613.

– Finalmente, responde o empreitante pelas despesas havidas e lucros relativos aos serviços já feitos que teria o empreiteiro, mais por indenização razoável calculada em função do que ganharia se a obra fosse levada até o final, na hipótese de resilir ou pôr término ao contrato – artigo 623.

Se o incorporador contratou a empreitada, é clara a sua responsabilidade, como é explicitado na seguinte ementa:

> *Incorporação imobiliária. Empreiteira contratada para edificação do empreendimento.* Incorporador que responde, solidariamente com esta, não só pela conclusão da obra, mas também por sua solidez e segurança perante os condôminos. Inteligência do art. 29 da Lei n. 4.591/1964 e do art. 1.245 do CC.[13]

O art. 1.245 citado corresponde ao art. 618 do CC/2002.

No voto, constam os seguintes fundamentos:

> Como incorporadora contratou a execução da obra e, assim, é a responsável perante os adquirentes (cláusulas 2ª, 16ª e 24ª do compromisso de compra e venda, f.) por sua efetivação, juntamente com a empreiteira. É corresponsável pela empreitada, porque a assumiu perante os compromissários, além de participar e fiscalizar a edificação em todo o seu curso, como se extrai da leitura da avença.
>
> Assim, secundário que não tenha realizado a execução específica da obra, física e diretamente. O que importa é que, igualmente, a empreitou, ao promover a construção. E como se vinculou a esse fim, vinculação legal, consoante art. 29 da Lei n. 4.591/1964,

---

[12] *Tratado de direito privado*. 3. ed. Rio de Janeiro: José Konfino – editor, 1972. v. 44, p. 417.
[13] TJSP. Apelação Civil n. 009.750. 4/2-00. Quinta Câmara. Julgado em 16.11.2000.

e para tanto contratou uma empreiteira, é solidária com esta, não só pela conclusão da obra, mas também por sua solidez e segurança perante os condôminos. Jungindo-se à entrega da obra concluída, a incorporadora, jungiu-se à empreitada, que, por seletividade exclusivamente sua, veio a contratar. Cumpre lembrar, mais uma vez, o ensinamento de Maria Helena Diniz, ao posicionar dentre as obrigações contratuais do incorporador a de: "Promover a construção do edifício dividido em unidades autônomas, estabelecendo o plano da obra e, eventualmente, as condições da construção.

O próprio incorporador poderá ser o construtor do prédio, caso em que inserirá no contrato de incorporação o de construção do comprador. Mas nada obsta a que celebre contrato sob regime da empreitada ou administração com engenheiro ou empresa de engenharia, caso em que responderá solidariamente com o empreiteiro pela solidez e segurança do edifício, pelo prazo de cinco anos, a contar da conclusão da obra" (Op. cit. p. 17). No mesmo sentido, CAMBLER, Everaldo Augusto. *Incorporação imobiliária*. São Paulo: RT, 1993. p. 246-247. A questão – e no sentido da responsabilidade da incorporadora pela empreitada que contrata – foi profundamente analisada em v. acórdão do STJ (REsp. n. 1.473/RJ. Relator: Min. Fontes de Alencar. *Diário da Justiça*, 05.03.1990), do qual se extrai: "... o fulcro da argumentação da recorrente de f. reside no entendimento, que sustenta, de estar limitada a responsabilidade do incorporador que contratar a entrega da unidade a prazo e preços certos, determinados ou determináveis, mesmo quanto à pessoa física, unicamente à obrigação prevista no art. 43, II, da Lei n. 4.591/1964, que impõe, àquele incorporador, II – responder civilmente pela execução da incorporação, devendo indenizar os adquirentes ou compromissários dos prejuízos que a estes advierem do fato de não se concluir a edificação ou de se retardar injustificadamente a conclusão das obras, cabendo-lhe ação regressiva contra o construtor, se a este couber a culpa".

Parece, no entanto, acertado entender que a obrigação estipulada pelo art. 43, II, da Lei n. 4.591/1964, não exaure a responsabilidade do incorporador, nem veio a revogar a disposição genérica do art. 1.245 do CC, que, lembre-se, reza: "Nos contratos de empreitada de edifícios ou outras construções consideráveis, o empreiteiro de materiais e execução responderá, durante cinco anos, pela solidez e segurança do trabalho, assim em razão dos materiais, como do solo, exceto, quanto a este, se, não o achando firme, preveniu em tempo o dono da obra." É que, enquanto o art. 43, II, da Lei n. 4.591/1964, visa, exclusivamente, fixar a responsabilidade do incorporador pelo "fato de não se concluir a edificação ou de se retardar injustificadamente a conclusão das obras", já o art. 1.245 do Código Civil conferiu proteção a outro valor: "Solidez e segurança do trabalho." Ora, a mesma Lei 4.591/1964, define, expressamente, a incorporação imobiliária, no parágrafo único de seu art. 28: "Para efeito desta lei, considera-se incorporação imobiliária a atividade exercida com o intuito de promover e realizar a construção, para alienação total ou parcial, de edificações ou conjunto de edificações compostas de unidades autônomas."

Revela-se, assim, intrínseca à atividade do incorporador a realização da construção. É óbvio que o incorporador pode realizar de per si a construção ou efetuá-la mediante a contratação de terceiro, o construtor. Se contratar um construtor, nem por isso, entretanto, se eximirá o incorporador de responder pela inexecução de sua obrigação principal de construir e da obrigação acessória de construir com solidez e segurança: o que poderá é agir regressivamente contra o construtor, tais sejam os termos do contrato.

141.2.6. Responsabilidade pelos danos causados a terceiros

É comum o aparecimento de problemas a terceiros nas construções. Especialmente os prédios vizinhos sofrem as consequências, aparecendo, *v.g.*, em suas paredes trincas, fendas e rachaduras, rebaixamento, infiltrações. Os resíduos provindos de edifícios altos provocam entupimentos nas calhas dos telhados próximos, além de penetrarem nos interiores das residências, ou serem despejados nos pátios das casas. Inclusive a queda de objetos ou materiais pode causar danos físicos às pessoas.

Várias as teorias que buscam a responsabilidade ou do empreiteiro, ou do proprietário da obra, ou solidariamente dos dois. Embora prepondere a que sujeita o empreiteiro à obrigação de indenizar, especialmente na empreitada mista, ou com fornecimento de materiais, envolvendo o dono da obra unicamente se ele estiver em mora no recebimento, o certo é que ao prejuízo causado se deve assegurar total garantia na reparação, o que somente ocorrerá se ambos os contratantes puderem ser responsabilizados. Conquanto não proceda culposamente o proprietário, e a obra siga estritamente as normas técnicas mais recomendadas, não se exime ele de indenizar. Havendo dano no prédio vizinho, o dono da obra responde pelos reparos. Os riscos da construção correm por conta do empreiteiro, mas o dano advindo à propriedade vizinha recai na pessoa do proprietário, que terá condições de agir regressivamente, após, contra aquele. O artigo 1.299 do Código Civil enseja esta atribuição de responsabilidade: "O proprietário pode levantar em seu terreno as construções que lhe aprouver, salvo o direito dos vizinhos e os regulamentos administrativos."

É a prevalência da teoria da responsabilidade objetiva, perfeitamente aplicável no caso, fundada na ideia do risco-proveito (*ubi emolumentum, ibi onus*).

A razão justificando a responsabilidade veio bem exposta em antiga decisão do STF – Recurso Extraordinário n. 84.328, através do voto do Min. Leitão de Abreu, que se atrela ao artigo 572 do Código Civil de 1916, cuja redação é igual à do artigo 1.299 do Código vigente:

> Se o empreiteiro tiver exclusivamente a responsabilidade da construção, não será preposto do dono da obra (Baudry-Lacantinerie et Barbe. *Obligations*, v. 4º, n. 2.913; *Delvaux*, n. 446; *Planiol-Ripert*, v. 6º, n. 645 e segs.). Neste caso, não é possível falar-se no art. 1.521, n. III, do Código Civil; e, se não houve culpa, por parte do proprietário, tampouco é lícito invocar-se o art. 159 do Código Civil. Assim, o proprietário será responsabilizado, mas em face do art. 572 do Código Civil: a expressão "salvo o direito dos vizinhos" é suficiente para resguardá-los das ofensas à lei da boa vizinhança. Quanto ao empreiteiro, é força apelar para o art. 159. Conciliam-se, dessarte, as duas teorias, permitindo-se que o vizinho acione o proprietário ou o empreiteiro; apenas, como dissemos, a responsabilidade do empreiteiro deverá basear-se no art. 159 do Código Civil; ao passo que a do proprietário, que não tiver incorrido em culpa, defluirá da infração de uma obrigação legal: a de respeitar os direitos de seu vizinho.[14]

Os artigos 1.521, n. III, e 159, referidos no texto, equivalem aos artigos 932, inciso III, e 186 do Código em vigor.

A invocação do artigo 1.299 torna irrelevante a circunstância da inexistência de laço de subordinação entre o empreiteiro e o dono da obra.

De outra parte, justifica-se a responsabilidade solidária, pois, como sustenta o Min. Cordeiro Guerra na mesma decisão, e em texto plenamente atual,

> o direito fundamental a ser defendido é o do vizinho, isto é, daquele que quer viver em paz, do que sofreu o dano. De modo que, sem ignorar exatamente a posição tri-

---

[14] *Revista Trimestral de Jurisprudência*, p. 82-950.

580 • Condomínio Edilício e Incorporação Imobiliária | *Arnaldo Rizzardo*

partite da jurisprudência, eu me fixo na responsabilidade solidária, porque, se o dono da obra, que é quem ia ter o proveito escolheu mal ou não fiscalizou o construtor, ou mesmo por impossibilidade de o fazer, muito menos teria responsabilidade o vizinho que sofreu o dano. Ele não poderia escolher o construtor, não poderia fiscalizá-lo; entretanto, ele é que teve o prejuízo. O proveito, se existir, é para o dono do terreno no qual se levanta a construção.

Por outro lado, nada impede que o dono da obra busque o ressarcimento da negligência, imprudência ou imperícia do construtor que ele mesmo escolheu. Se esse construtor é inidôneo, é razoável que o dono do prédio, onde a obra se executava, responda e não o vizinho que não tira nenhum proveito. Proposta a ação, o proprietário deve chamar à responsabilidade o construtor, e se não o fez é porque esse construtor era inidôneo, o que, por si só, justifica a ação contra ele proposta.[15]

No mínimo, é de admitir-se a responsabilidade subsidiária do titular da obra, para suportar os danos no caso de inidôneo ou insolvente o empreiteiro.

141.2.7. Obras extraordinárias

O construtor só terá direito em exigir acréscimo no preço, em caso de alteração ou aumento da obra encomendada, se houver instrução por escrito do dono da obra. É o conteúdo da regra do artigo 619 do Código Civil:

Salvo estipulação em contrário, o empreiteiro que se incumbir de executar uma obra, segundo plano aceito por quem a encomendou, não terá direito a exigir acréscimo no preço, ainda que sejam introduzidas modificações no projeto, a não ser que estas resultem de instruções escritas do dono da obra.

A orientação que surgiu atenuou a rigidez da regra se tácito o consentimento do dono nas modificações, o que decorre de sua presença constante na obra e, assim, da verificação por ele próprio, sem que tenha manifestado alguma oposição. É o que está no parágrafo único do artigo 619: "Ainda que não tenha havido autorização escrita, o dono da obra é obrigado a pagar ao empreiteiro os aumentos e acréscimos, segundo o que for arbitrado, se, sempre presente à obra, por continuadas visitas, não podia ignorar o que se estava passando, e nunca protestou."

A flexibilização procura dirimir casos frequentes de controvérsias decorrentes de alterações da obra, beneficiando o proprietário, o qual, no regime do Código anterior, dada a ausência de disposição a respeito, se negava a ressarcir o empreiteiro, em detrimento do qual obtinha vantagem.

Realmente, dependendo das situações práticas, é de admitir-se a remuneração. Em muitas ocasiões, nota-se que os proprietários, valendo-se não raramente da confiança dos construtores, e das circunstâncias que envolvem o relacionamento, solicitam repetidas modificações nas obras, encarecendo o custo. Tornam-se difíceis, de outro lado, constantes alterações do contrato, com o acréscimo de aditivos, o que leva a se desenvolverem os trabalhos na base da confiabilidade.

---

[15] *Revista Trimestral de Jurisprudência*, p. 82-944.

141.2.8. Extinção e suspensão do contrato

Extingue-se o contrato com o término da obra e o respectivo pagamento.

O recebimento da obra e o pagamento importam em quitação mútua, o que representa que houve exame, verificação e conformidade nos trabalhos efetuados e no bem confeccionado, como está assinalado no § 1º do artigo 614.

Mas outras modalidades de extinção existem:

a) Por acordo das partes contratantes. Como nas demais formas contratuais, equivale ao distrato, pelo qual os figurantes firmam um acordo a fim de extinguirem o vínculo obrigacional que haviam estabelecido.

b) Inadimplemento das obrigações por uma das partes. Prometendo o dono da obra efetuar o pagamento das parcelas, ou colocar material à disposição do construtor, e deixando de cumprir, dará lugar à resolução do contrato, mais propriamente à venda em leilão público se a empreitada envolver incorporação imobiliária. Identicamente, se o empreiteiro não cumprir o prazo segundo o cronograma elaborado, há motivo para a rescisão, com a destituição se o empreiteiro for o incorporador, nos termos do artigo 43, inciso VI, da Lei n. 4.591/1964, a menos que ressalvada a demora, prevendo-se, para a hipótese, a incidência de multa.

Caracteriza razão para o dono rescindir o contrato, e escusar-se do pagamento, rejeitando a obra, se o empreiteiro se afastou das instruções recebidas e dos planos dados ou programados, ou das regras técnicas em trabalhos de tal natureza, o que está assegurado na segunda parte do artigo 615. À parte lesada, no entanto, em vez da resolução, faculta-se pleitear o abatimento do preço.

c) Resilição unilateral pelo dono da obra. Esta possibilidade está assegurada pelo artigo 623: "Mesmo após iniciada a construção, pode o dono da obra suspendê-la, desde que pague ao empreiteiro as despesas e lucros relativos aos serviços já feitos, mais indenização razoável, calculada em função do que ele teria ganho, se concluída a obra."

É de esclarecer, primeiramente, que o sentido de suspender equivale a resilir, porquanto depreende-se dos termos que a previsão é o término do contrato, ou a sua extinção, tanto que vêm discriminadas as cominações.

Segundo o conteúdo do preceito, permite-se ao dono da obra resilir o contrato no curso da execução, mas fica ele compelido a indenizar ao empreiteiro as despesas que teve, os lucros relativos aos serviços já feitos, além de indenização, calculada em função do valor que lucraria se concluída a obra.

A falta de fornecimento de materiais para os trabalhos equivale à resilição unilateral, cominando a indenização acima.

d) Resilição unilateral pelo empreiteiro verificada na suspensão imotivada da execução da empreitada, acarretando a responsabilidade por perdas e danos, com suporte no artigo 624. Realmente, dando-se a suspensão sem justa causa da obra, de modo indefinido, não resta alternativa senão dar-se por findo o contrato, com a consequente indenização. Não há justa causa quando nenhuma razão plausível ampara a atitude de não prosseguir na obra.

e) A morte do empreiteiro ou do dono da obra, exceto se não se der a contratação em função da pessoa do empreiteiro. A previsão está no artigo 626: "Não se extingue

582 • Condomínio Edilício e Incorporação Imobiliária | *Arnaldo Rizzardo*

o contrato de empreitada pela morte de qualquer das partes, salvo se ajustado em consideração às qualidades pessoais do empreiteiro."

Em relação ao empreiteiro, com o seu falecimento dá-se o fim da empreitada, em face da sua natureza pessoal, se estabelecida *intuitu personae*. Ressalte-se, é de se aplicar esta *intelectio* no caso de ser personalíssima a natureza, o que ampara a recusa em receber os serviços pretendidos prosseguir pelos herdeiros. Ou seja, quem faz o negócio tendo em vista as qualidades técnicas, o nome profissional e a experiência do empreiteiro, não aceita que terceiros prossigam na execução do trabalho, máxime se contratou com um renomado artista, ou com um técnico especializado.

Nada impede, porém, o prosseguimento do contrato, havendo concordância entre o titular da obra e o sucessor do encarregado da confecção ou construção.

Já a morte do empreitante, ou de quem fez a encomenda, a rigor não pode determinar a extinção, malgrado a redação da parte final do artigo 626. Há uma contradição, ou uma ininteligibilidade no texto, quando prevê que não se extinguirá por morte de qualquer das partes, salvo se o ajuste se fizer em função das qualidades pessoais do empreiteiro. Ora, a rigor, se em vista de tais qualidades a celebração do contrato, a conclusão que calharia é que se daria a rescisão unicamente pela morte do empreiteiro. Daí se impor a intelecção com certa cautela, no sentido de se admitir a extinção se os sucessores do empreitante não oferecerem condições de satisfazer as obrigações, e se eles assim optarem. Do contrário, continuará a avença, substituindo-se o primitivo contratante pelos seus herdeiros, aos quais serão transferidos os respectivos direitos e as obrigações.

f) Falência do empreiteiro ou do dono da obra. A rigor, a falência do empreiteiro não acarreta a rescisão, em face do artigo 117 da Lei n. 11.101/2005 (Lei de Recuperação Judicial e de Falências), segundo o qual os contratos bilaterais não se resolvem automaticamente pela superveniência do estado falimentar. Ao síndico cabe decidir, de acordo com o interesse e a conveniência da massa, o prosseguimento ou não da execução da obra. Ademais, havendo patrimônio de afetação na incorporação, à Comissão de Representantes passa a administração da obra, se autorizar a assembleia geral, segundo o § 1º do artigo 31-F da Lei n. 4.591/1964, na redação da Lei n. 10.931/2004.

Celebrado o contrato em função das qualidades especiais ou aptidões do empreiteiro, e estipulado que ele executaria pessoalmente o trabalho, resolver-se-á a relação contratual, em recusando-se ele a prestar o serviço, hipótese em que arcará com as perdas e danos.

Verificada a quebra do dono da obra, habilita-se o empreiteiro na posição de credor com privilégio especial, diante do artigo 964, inciso IV, que diz: "Tem privilégio especial: (...) IV – sobre os prédios rústicos ou urbanos, fábricas, oficinas, ou quaisquer outras construções, o credor de materiais, dinheiro, ou serviços para a sua edificação, reconstrução, ou melhoramento".

Outros fatos determinantes da rescisão ou da extinção aparecem, despontando o caso fortuito, ou motivo de força maior, e a desapropriação pelo poder público.

g) Fatos não imputáveis ao empreiteiro, mas provocados pelo empreitante, discriminados no artigo 625, cuja resilição decorre pela sua verificação. Eis a discriminação:

Pode o empreiteiro suspender a obra:

I – Por culpa do dono, ou por motivo de força maior. Toda conduta infratora do contrato pelo empreitante traz a possibilidade de resolução, e, assim, a falta de pagamento, a

Cap. 141 | Contrato de construção da obra e espécies • **583**

não entrega dos materiais, a omissão em providenciar a autorização das autoridades competentes. O motivo de força maior verifica-se quando surge um fato superveniente que independente da vontade do empreiteiro, e, assim, a doença, a inexistência repentina de material, a proibição de importação de matéria-prima, um ato governamental proibindo a atividade.

II – Quando, no decorrer dos serviços, se manifestarem dificuldades imprevisíveis da execução, resultantes de causas geológicas ou hídricas, ou outras semelhantes, de modo que torne a empreitada excessivamente onerosa, e o dono da obra se opuser ao reajuste do preço inerente ao projeto por ele elaborado, observados os preços.

Conforme consta do inciso, tais causas aparecem depois de assumido o contrato. Não eram previsíveis antes, pela constância de construções normais que se erguiam no solo, e podem consistir, numa exemplificação, no desmoronamento ou deslizamento da área onde se ergue a obra; no aparecimento de subsolo, em certa profundidade, impróprio para sustentar a obra; no brotamento de excessiva umidade em face do aparecimento de um lençol de água; no surgimento de aterro que retira a consistência do terreno. Tais fatores não impedem a obra em si, mas encarecem sobremaneira os custos, pela maior profundidade das fundamentações que exigem, ou pelo tamanho das sapatas, ou pela retirada de material nocivo e pelas obras de compactação do terreno, sem que se disponha o dono a dar cobertura nos excessos.

III – Se as modificações exigidas pelo dono da obra, por seu vulto e natureza, forem desproporcionais ao projeto aprovado, ainda que o dono se disponha a arcar com o acréscimo de preço.

Isto, *v.g.*, pela circunstância de demandarem tais mudanças maior espaço de tempo na edificação ou desenvolvimento da obra, comprometendo outros contratos ou compromissos acertados, ou por acarretar o vulto das obras um alcance técnico e exigir uma estrutura que não dispõe o empreiteiro.

Conforme se pode ler começo do artigo 625, tais fatores permitem ao empreiteiro suspender a obra. O sentido de "suspender" é de resilir, ou rescindir, pois a tanto conduz a descrição das causas. De qualquer forma, não é inviável que se dê a mera suspensão, e retome o empreiteiro a construção ou confecção, tão logo superados os entraves, ou desaparecido o empecilho, ou acorrer o dono para satisfazer as necessidades acarretadas pelos imprevistos.

141.3. Subempreitada

Verifica-se a subempreitada quando o empreiteiro contrata com outra pessoa a execução da obra de que se encarregara. Será ela total, se convencionada a execução de toda a obra; é parcial, o que mais frequentemente sucede, se terceiro é encarregado para realizar parte da mesma.

Trata-se de um contrato derivado, permanecendo a relação contratual com o dono da obra. Não se confunde com os contratos de trabalho que o empreiteiro celebra com os empregados, a quem se submetem hierarquicamente e ficam a seu serviço.

É perfeitamente admitida a subempreitada, desde que a obra não venha encomendada em função das qualidades e aptidões pessoais do empreiteiro.

O primitivo contrato mantém-se inalterado, perdurando os direitos e obrigações nele constantes. O empreiteiro continuará como único e direto responsável perante o dono da obra, obrigando-se pelos atos de seus subempreiteiros, a cujas relações permanece aquele alheio. Igualmente no tocante aos danos causados a terceiros recai responsabilidade, em última instância, no empreiteiro e no proprietário da obra, de acordo com a *ratio* defendida acima, com o direito de regresso assegurado ao último.

No entanto, a matéria oferece certa complexidade quando se trata de responsabilidade. É, em princípio, a subempreitada *res inter alios acta* com relação ao dono da obra caso não provado que tenha ele assumido algum dever ou certas responsabilidades em relação ao subempreiteiro, como apresentar as medições da obra e faturas, para o pagamento, à proprietária da obra; ou se submete, para o pagamento à empreiteira, a condição da prova de que repassou, nos meses anteriores, os valores devidos às obras realizadas pela subempreiteira; e, principalmente, se ele transmite orientações à subempreiteira. Nessa visão a jurisprudência:

> No contrato de subempreitada de obra, a relação obrigacional se estabelece entre o empreiteiro e o subempreiteiro. Nada tem a ver com tal relação o dono da obra que contratara com o empreiteiro, a não ser tenha aderido ou participado do contrato de subempreitada, assumindo solidariamente a responsabilidade pelas obrigações do pacto decorrentes.[16]

Tal visão se alinha ao pensamento de Pontes de Miranda, quando faz a seguinte distinção:

> Se o próprio empreitante tratou com o subempreiteiro, dando-lhe, por exemplo, instruções, sabendo que ia ser feito ou que já fora feito o contrato de empreitada, houve assentimento tácito ... Se o empreitante considerava o terceiro como empregado, ou empreiteiro para alguma peça (feitura de assoalho, portas, teto), não assentiu em subempreitada.[17]

De observar, passando para outro ponto, como lembra Alfredo de Almeida Paiva, que é competente a Justiça do Trabalho para a solução de litígios em que o empreiteiro é parte. Embora a questão seja controvertida, tal competência é aceitável quando se trata de pequena subempreitada.[18]

Nas relações entre subempreiteiro e seus empregados, assinala o artigo 455 da Consolidação das Leis do Trabalho: "Nos contratos de empreitada, responderá o subempreiteiro pelas obrigações derivadas do contrato de trabalho que celebrar, cabendo, todavia, aos empregados o direito de reclamação contra o empreiteiro principal pelo inadimplemento daquelas obrigações por parte do primeiro".

E o parágrafo único: "Ao empreiteiro principal fica ressalvada, nos termos da lei civil, ação regressiva contra o subempreiteiro e a retenção de importâncias a este devidas, para a garantia das obrigações previstas neste artigo".

---

[16] TJRGS. Apelação Cível n. 597.095.207, de 08.04.1995.
[17] *Tratado de Direito Privado*. Rio de Janeiro: Editor Borsoi, 1972, V. XLIV, p. 380-381.
[18] *Aspectos do contrato de empreitada*. Ob. cit. p. 163.

Cap. 141 | Contrato de construção da obra e espécies • **585**

Constitui a norma uma garantia aos empregados contra o expediente de realizarem--se diversas subempreitadas, com o propósito de livrar-se o responsável direto pela obra de obrigações notadamente trabalhistas.

141.4. Contrato de construção por administração ou a preço de custo

Na Construção por administração, o custo é de inteira responsabilidade dos condôminos, o que acontece em todos os tipos de incorporação, mas com a diferença de que o montante é fixado pelo custo que vai surgindo. Encerra, a respeito, o artigo 58 da Lei n. 4.591/1964: "Nas incorporações em que a construção for contratada pelo regime de administração, também chamado 'a preço de custo', será de responsabilidade dos proprietários ou adquirentes o pagamento do custo integral de obra".

Neste regime, obrigam-se os adquirentes ao pagamento do custo integral da obra, adequadas as prestações à realidade econômico-financeira, como, aliás, se dá em qualquer outro regime de construção. A nota diferenciadora, em relação à construção por empreitada, está no fator preço, sempre assumido pelos adquirentes, ou entre eles rateado, que se ajusta ao real custo da obra, e variando segundo as alterações de preços de custo que acontecerem, sem o acréscimo do lucro que poderia engendrar o empreendimento. No máximo, agrega-se uma remuneração, conhecida como "taxa de administração", que será paga ao incorporador ou construtor, em geral fixada em um percentual sobre o valor dos preços dos materiais e da mão de obra, abrangendo, pois, as despesas de confecção dos projetos e sua aprovação, salários em geral, aquisição de materiais, subempreitadas parciais, emolumentos, taxas, impostos, vigias, água, energia elétrica, combustíveis, mão de obra dos operários, diaristas, tarefeiros, autônomos etc.

A responsabilidade pela obra, no entanto, é dos condôminos, que são os tomadores dos serviços e, em geral, contratam a construção com uma terceira pessoa, ou com o próprio incorporador. Assumem eles o custo integral da obra, que abrange os materiais a serem adquiridos, a mão de obra, a remuneração do construtor, os tributos, as taxas e outras despesas. O STJ bem coloca a questão, inclusive para efeitos da responsabilidade pela restituição de valores pagos pelo condômino:

> No regime de construção por administração, a responsabilidade pelo andamento, recebimento das prestações e administração da obra é dos adquirentes, condôminos, por intermédio da comissão de representantes, e não da incorporadora, parte ilegítima para figurar no polo passivo de ação que visa à devolução de valores pagos por adquirente inadimplente.[19]

A fundamentação que se colhe do voto da Ministra Relatora é elucidativa:

> A Lei n. 4.591/1964 prevê diversos regimes para a incorporação imobiliária, entre eles a construção por administração, também denominada construção a preço de custo, regida pelo art. 58, que assim dispõe: "Nas incorporações em que a construção for contratada pelo regime de administração, também chamado a preço de custo, será de

---

[19] REsp. n. 679.627/ES. Relatora: Min.ª Nancy Andrighi. Terceira Turma. Julgado em 26.10.2006, *DJU* 20.11.2006.

responsabilidade dos proprietários ou adquirentes o pagamento do custo integral de obra, observadas as seguintes disposições:

I – todas as faturas, duplicatas, recibos e quaisquer documentos referentes às transações ou aquisições para construção, serão emitidos em nome do condomínio dos contratantes da construção;

II – todas as contribuições dos condôminos para qualquer fim relacionado com a construção serão depositadas em contas abertas em nome do condomínio dos contratantes em estabelecimentos bancários, as quais, serão movimentadas pela forma que for fixada no contrato."

Como se vê, no regime de construção por administração, a obra torna-se um empreendimento coletivo dos adquirentes, controlado por intermédio de uma comissão de representantes, a quem cabe, entre outras coisas, o recebimento de valores em contas abertas em nome do condomínio.

Conforme anota Caio Mário da Silva Pereira ao tratar do tema, "a fim de se evitar, por outro lado, a confusão de contas e o mau emprego de recursos de um prédio em outro, as contribuições dos adquirentes serão, igualmente, recolhidas em contas individuadas e distintas, a serem movimentadas na forma que o contrato prevê (art. 58, § 2º, inclusive com visto da Comissão de Representantes)" (*Condomínio e incorporações*. 10. ed. Rio de Janeiro: Forense, 2000. p. 318-319).

Aliás, nos termos do art. 63 da Lei n. 4.591/1964, o condomínio tem legitimidade inclusive para alienar em leilão a unidade do adquirente em atraso, justamente para recompor seu caixa – fruto das contribuições dos próprios condôminos – e permitir que a obra não sofra solução de continuidade.

Assim, não há como cogitar que a incorporadora figure no polo passivo de ação cujo escopo seja obter a restituição de valores pagos diretamente ao condomínio e por ele administrados para investimento na construção.

Muito oportuna, nesse contexto, a lição de Humberto Theodoro Júnior: "Diante da sistemática da incorporação, no regime da construção por administração (preço de custo), nem mesmo tem o adquirente legitimidade para exigir da construtora, no caso de rompimento do contrato, a restituição das parcelas já aplicadas na obra, já que esta se desenvolve por conta do condomínio, representado pela comissão de representantes" (Incorporação imobiliária: atualidade do regime jurídico instituído pela Lei n. 4.591/1964. In: *Revista Forense*, v. 100, n. 376, p. 92, 2004).

(...) Portanto, constata-se que foi o condomínio – e não a incorporadora – que se beneficiou financeiramente frente ao recorrido: além de ter recebido e administrado os valores pagos ao longo do contrato, também adjudicou para si a unidade adquirida pelo recorrido.

Note-se que não se está aqui a negar o direito do recorrido de pleitear judicialmente a devolução dos valores que entender devidos; todavia, sua pretensão deve ser dirigida contra quem tenha legitimidade para tanto, *in casu*, o condomínio. Dessa forma, no que tange ao pedido de devolução dos valores pagos pelo recorrido, imperioso que se reconheça a ilegitimidade passiva da incorporadora.

O entendimento encontra ressonância também nos tribunais estaduais, como no do Rio Grande do Sul:

Em se tratando de construção pelo regime de preço de custo ou administração, não há falar em responsabilidade do incorporador, administrador ou dos responsáveis técnicos pelo andamento, recebimento das prestações e administração da obra, visto que esta é dos adquirentes, condôminos, por intermédio da comissão de representantes. Ilegitimidade da incorporadora e dos responsáveis técnicos para figurarem no polo passivo de ação que visa à devolução de valores pagos por condômino adquirente. Extinguiram, de ofício, o feito, restando prejudicado o exame o apelo. Unânime.[20]

Difícil firmar este tipo contrato a preço fixo, ou a preço fechado, muito embora acompanhe o montante do orçamento do custo da obra, elaborado de acordo com as normas fixadas pela Associação Brasileira de Normas Técnicas (ABNT). Mesmo, porém, que venha o orçamento, e que deva a previsão ser revista a cada seis meses (art. 60 da Lei n. 4.591/1964), considera-se normal o reajuste, desde que obedeça a variação dos preços dos materiais e da mão de obra, conforme se verá abaixo.

O contrato de compra e venda não se restringe à fração ideal, abrangendo a unidade. Na escritura de aquisição, institui-se um condomínio de proprietários. Em ato distinto, ou mesmo na própria escritura, lança-se a constituição do condomínio, com a discriminação da obra em todas as suas minúcias, como as unidades, as áreas comuns, a distribuição das unidades. Haverá, paralelamente, um contrato de construção.

Assumindo a construção um incorporador, fica estabelecido o critério de sua remuneração, que poderá consistir em entrega de área construída. O pagamento se faz em prestações, que variarão de acordo com a alteração do preço de custo.

Distribuem-se as unidades aos condôminos. O titular originário do imóvel assumirá as que sobraram ou não foram vendidas.

Desta sorte, de conformidade com os incisos que seguem ao artigo 58, duas as consequências:

> I – Todas as faturas, duplicatas, recibos e quaisquer documentos referentes às transações ou aquisições para a construção serão emitidos em nome do condomínio dos contratantes da construção.
>
> II – Todas as contribuições dos condôminos para qualquer fim relacionado com a construção serão depositadas em contas abertas em nome do condomínio dos contratantes em estabelecimentos bancários, as quais serão movimentadas pela forma que for fixada no contrato.

Constará, obrigatoriamente, no contrato, o montante do orçamento do custo da obra, por exigência do artigo 59: "No regime de construção por administração, será obrigatório constar do respectivo contrato o montante do orçamento do custo da obra, elaborado com estrita observância dos critérios e normas referidos no inciso II do artigo 53 e a data em que se iniciará efetivamente a obra."

Os critérios e normas referidos no inciso II do artigo 53 são os relativos aos orçamentos de custos da construção.

Conclui-se, daí, que o regime de administração não importa em imprevisão de valores. Aliás, em todos os setores exige-se uma estimativa prévia do custo, até para aferir a viabilidade econômica da obra, e sua compatibilidade com o poder financeiro dos adquirentes. Todavia, necessário entender que essa previsão não significa definição de preço, não passando de uma estimativa inicial de custo, tanto que, no artigo 60, a lei ordena que semestralmente se façam as revisões dos custos.

---

[20] Apelação Cível n. 70.018.312.116, da 17ª Câmara Cível do TJRGS. Relator: Des. Alexandre Mussoi Moreira. Julgado em 06.12.2007.

Aparece nos §§ 1° e 2° do artigo 59 elemento indicador das estimativas do preço, que constará nos contratos, de conformidade com a sua celebração antes ou depois do término das fundações:

"§ 1° Nos contratos lavrados até o término das fundações, este montante não poderá ser inferior ao da estimativa atualizada, a que se refere o § 3° do art. 54." A estimativa atualizada a que se refere o § 3° do artigo 54 exige que se tenham em conta os custos unitários relativos ao próprio mês ou a um dos dois meses anteriores. Não se admite um cálculo ultrapassado, feito em período anterior, quando a realidade econômica era diferente.

"§ 2° Nos contratos celebrados após o término das fundações, este montante não poderá ser inferior à última revisão efetivada na forma do artigo seguinte."

O mencionado artigo seguinte é o artigo 60, ordenando que semestralmente se façam as revisões, em combinação entre a Comissão de Representantes e o construtor.

O valor do orçamento e as estimativas do preço serão colocados também na cessão dos contratos, de modo a dar perfeita ciência aos cessionários da realidade do custo ou valor da obra. É a exegese que se colhe do § 3° do artigo 59: "As transferências e sub-rogações do contrato, em qualquer fase da obra, aplicar-se-á o disposto neste artigo."

De extrema importância estender-se na aplicação do artigo 60, que trata da revisão semestral do preço da construção:

> As revisões da estimativa de custo da obra serão efetuadas, pelo menos semestralmente, em comum entre a Comissão de Representantes e o construtor. O contrato poderá estipular que, em função das necessidades da obra sejam alteráveis os esquemas de contribuições quanto ao total, ao número, ao valor e à distribuição no tempo das prestações.

Percebe-se que se imprimiu uma dinâmica no acompanhamento do preço, que está sujeito a variar a cada reajuste de preço de material e de salários. Considerando que os condôminos são gerenciadores da construção, os donos da obra, nada mais coerente que tenham os dados reais do custo, e que participem, através da Comissão de Representantes, no estudo e elaboração das novas tabelas de valores que se comprometeram a pagar.

Considerando que nunca é possível chegar a uma aferição correta ou exata, em meses posteriores cobram-se as diferenças.

A elaboração da tabela de custos e de mensalidades se fará em um prazo não inferior a quarenta e cinco dias da vigência dos novos valores, por força do parágrafo único do artigo 60: "Em caso de majoração de prestações, o novo esquema deverá ser comunicado aos contratantes, com antecedência mínima de quarenta e cinco dias da data em que deverão ser efetuados os depósitos das primeiras prestações alteradas." De regra, cumpria que oportunizasse a alteração das prestações na exata medida do aumento do custo. Do contrário, a fim de manter estanques os valores até uma nova autorização para o reajuste, definido em combinação entre o construtor e a Comissão de Representantes, condiciona-se a reduzir o ritmo das obras e das compras de materiais, a fim de reduzir o custo. Assim se prolongará o tempo necessário à construção se optarem os condôminos em manter o valor da contribuição, embora o aumento do custo do material e da mão de obra, encontrando-se amparo no artigo 60 acima transcrito, quando permite a possibilidade de alteração dos esquemas de contribuições quanto ao total devido.

Haverá uma comissão de representantes, com mais atuação que em outras modalidades de contratos, atribuindo-se-lhe poderes para examinar os balancetes do custo e das despesas; fiscalizar concorrências relativas às compras dos materiais necessários à obra ou aos serviços a ela pertinentes; contratar modificações a serem efetuadas nas unidades dos condôminos; fiscalizar a arrecadação das contribuições destinadas à construção; e exercer as demais atribuições inerentes à função.

Essa atribuição de funções está elencada no artigo 61 da Lei n. 4.591/1964:

> A Comissão de Representantes terá poderes para, em nome de todos os contratantes e na forma prevista no contrato:
>
> a) examinar os balancetes organizados pelos construtores, dos recebimentos e despesas do condomínio dos contratantes, aprová-los ou impugná-los, examinando a documentação respectiva;
>
> b) fiscalizar concorrências relativas às compras dos materiais necessários à obra ou aos serviços a ela pertinentes;
>
> c) contratar, em nome do condomínio, com qualquer condômino, modificações por ele solicitadas em sua respectiva unidade, a serem administradas pelo construtor, desde que não prejudiquem unidade de outro condômino e não estejam em desacordo com o parecer técnico do construtor;
>
> d) fiscalizar a arrecadação das contribuições destinadas à construção;
>
> e) exercer as demais obrigações inerentes a sua função representativa dos contratantes e fiscalizadora da construção e praticar todos os atos necessários ao funcionamento regular do condomínio.

A principal função consiste no acompanhamento da obra e dos reais custos, de modo a bem aquilatar a realidade dos preços que formarão as prestações, e a impedir a manipulação de preços e de lançamentos de despesas.

Também a prestação de contas é assegurada, que se estende aos adquirentes ou condôminos:

> Os adquirentes das unidades habitacionais detêm legitimidade para a propositura de ação de prestação de contas em face do construtor e/ou incorporador, a despeito das atribuições legalmente acometidas à Comissão de Representantes. Precedentes. Vencida a parte ré, que apresentou vigorosa resistência, cabível a fixação de honorários de advogado na primeira fase da ação de prestação de contas. Precedentes. Recursos Especiais não conhecidos.[21]

A fim de que todos possam inteirar-se da dimensão da importância que terão de desembolsar, e não surpreender-se com a cobrança de prestações incompatíveis com a realidade econômica pessoal, em todos os escritos que formalizem os contratos, bem como nos anúncios de publicidade e propaganda, informam-se os preços das

---

[21] STJ. REsp. n. 782.631/MG. Terceira Turma. Julgado em 07.10.2008, *DJe* 23.10.2008.

frações ideais e da construção, com a referência do mês do orçamento, de modo a evidenciar-se atualizado ou não defasado no tempo. A exigência emana do artigo 62:

> Em toda publicidade ou propaganda escrita destinada a promover a venda de incorporação com construção pelo regime de administração em que conste preço, serão discriminados explicitamente o preço da fração ideal de terreno e o montante do orçamento atualizado do custo da construção, na forma dos arts. 59 e 60, com a indicação do mês a que se refere o dito orçamento e do tipo padronizado a que se vincule o mesmo.

Naturalmente, por se tratar justamente de contrato de construção por administração, não se impede que haja reajustes e modificações nas prestações, e isto justamente porque os condôminos assumem o custo da construção. Procura-se, com as informações, fornecer uma ideia do valor aos pretendentes quando da procura das frações ideais.

O § 1º do artigo 62 amplia a exigência a todos os documentos que envolvem a incorporação: "As mesmas indicações deverão constar em todos os papéis utilizados para a realização da incorporação, tais como cartas, propostas, escrituras, contratos e documentos semelhantes." Excepciona-se nos anúncios "classificados" dos jornais, por exceção do § 2º: "Esta exigência será dispensada nos anúncios 'classificados' dos jornais."

141.4.1. A responsabilidade dos condôminos ou do incorporador pelas obrigações da incorporação

Conforme visto acima, os condôminos respondem pela construção do edifício, abrangendo a totalidade dos custos. Entretanto, se entregue a construção ao incorporador, sobre ele recai a responsabilidade, nas relações com os condôminos. Junto a terceiros, porém, os condôminos, representados pela Comissão de Representantes, são os obrigados no cumprimento dos contratos, a menos que as obrigações tenham sido contraídas pessoalmente pelo incorporador, com o qual se deram as avenças.

O STJ imprime tal linha de solução:

> A construção do imóvel sob o regime de administração (preço de custo), na forma do art. 58 da Lei n. 4.591/1964, é negócio coletivo, administrado pelos próprios condôminos, adquirentes de frações ideais do empreendimento, que, por meio de uma comissão de representantes, recebe, administra e investe os valores vertidos por todos, motivo pelo qual os riscos do empreendimento são de responsabilidade dos próprios adquirentes, sendo incabível, em regra, que a incorporadora figure no polo passivo da ação de devolução das parcelas pagas e administradas pelo condomínio.
>
> Contudo, no caso ora em análise, embora exista a figura do condomínio, os valores devidos para a realização da construção eram pagos diretamente ao alienante das frações ideais, o qual se confunde com os incorporadores, restando ao condomínio, somente, a fiscalização das obras realizadas, razão pela qual não há falar em carência da ação, respondendo os réus, em tese, pela devolução dos valores pagos e pelos eventuais danos decorrentes do alegado inadimplemento da obrigação.[22]

---

[22] REsp. n. 426.934/SP. Relator: Min. Luiz Felipe Salomão. Quarta Turma. Julgado em 16.03.2010, *DJe* 12.04.2010.

Em outro caso:

> Os adquirentes das unidades habitacionais detêm legitimidade para a propositura de ação de prestação de contas em face do construtor e/ou incorporador, a despeito das atribuições legalmente acometidas à Comissão de Representantes. Precedentes.[23]

141.4.2. Modelo de escritura pública de venda de frações ideais e de contratação da incorporadora para a construção do prédio por administração a preço de custo

Escritura Pública de compra e venda que faz .... para os adquirentes ...., como adiante se vai declarar. Saibam quantos esta pública escritura virem que, no dia .... do mês de ...., do ano de ...., nesta cidade de ...., Estado do ...., neste .... Tabelionato, compareceram partes entre si justas e contratadas, a saber: de um lado, como outorgante vendedora, a ...., inscrita no CNPJ/MF sob n. ...., com sede na rua ...., n/Cidade (*indicação da incorporadora, com a sua qualificação completa*), representada por seu Diretor .... (*qualificação completa*); e de outro lado, como outorgados compradores .... (*qualificação completa, números da Carteira de Identidade e inscrição no CPF, inclusive dos cônjuges se casados*). Os comparecentes são todos pessoas juridicamente capazes, foram identificados documentalmente e reconhecidos como os próprios por mim, Tabelião (*ou escrevente autorizado, ou substituto de tabelião*). E, perante mim, tabelião (*ou escrevente autorizado, ou substituto de tabelião*), pela outorgante vendedora me foi dito que é proprietária e legítima possuidora do imóvel localizado na cidade de ...., no quarteirão formado pelas Ruas ...., imóvel assim constituído: o terreno com a área de .... m², medindo .... metros de frente, por .... de frente ao fundo, tendo as seguintes confrontações: a oeste, na frente, com ...., lado dos números (*pares ou ímpares*); fundos, a leste, com igual medida da frente, com terreno que é ou foi de ....; de um lado, ao norte, com propriedade de ....; e do outro lado, ao sul, com dita de .... Dito imóvel encontra-se matriculado sob o n. ...., às fls. .... do Livro n. 2 – Registro Geral do Registro de Imóveis. Declara mais a outorgante vendedora, sob as penas da lei, que encontra-se o imóvel descrito livre e desembaraçado de quaisquer ônus reais e de ações reais e pessoais reipersecutórias; e sob pena de responsabilidade civil, declara que o imóvel não está sujeito a penhoras judiciais de qualquer natureza. Contrata e decide vender a fração ideal do imóvel de .... (*em decimal, se não abrangido todo o imóvel na venda*), como de fato vendido tem aos outorgados compradores e que são os seguintes, já nomeados acima: .... (*indicar os nomes dos compradores*), pelo preço total, certo e ajustado de .... (*em número e por extenso*), pago anteriormente (*ou neste ato*) pelos ditos outorgados compradores à outorgante vendedora, da seguinte quantidade de extensão e de valores pagos: 1) ao adquirente ...., vende a fração ideal de .... , pelo preço

---

[23] STJ. REsp. n. 782.631/MG. Julgado em 07.10.2008, *DJe* 23.10.2008.

total, certo e ajustado de .... (*em número e por extenso*), sendo que, da fração ideal adquirida, a fração ideal de ...., corresponden-te ao apartamento pelo preço certo e ajustado de .... (*em número e por extenso*), e a fração ideal de ...., correspondente ao box, pelo preço certo e ajustado de .... (*em número e por extenso*); 2) ao adquirente ...., vende a fração ideal de ...., pelo preço total, certo e ajustado de .... (*em número e por extenso*), sendo que, da fração ideal adquirida, a fração ideal de ...., corres-pondente ao apartamento pelo preço certo e ajustado de .... (*em número e por extenso*), e a fração ideal de ...., correspondente ao box, pelo preço certo e ajustado de .... (*em número e por extenso*); 3) (...) (*nomear e especificar as frações e aquisições dos demais outorgados com-pradores*). Dos valores recebidos, foi dito pela outorgante vendedora que dá plena, geral e irrevogável quitação, transmitindo aos outorgados compradores, desde já, todo o domínio, posse, direitos e ações que exercia sobre as mencionadas frações ideais do imóvel, para que os outorgados compradores as considerem suas, como efetivamente ficam sendo, de ora em diante, por força da presente escritura, obri-gando-se a outorgante vendedora, por si e seus sucessores, a fazer esta venda para sempre boa, firme e valiosa, e a responder pela evicção de direito. Reserva-se a mesma outorgante vendedora a fração ideal (*se for o caso*) de .... (*em decimal*). Pela outorgante vendedora e pelo outorgados compradores, falando uniformemente, cada um por sua vez, me foi dito ainda: que, diante de prévios entendimentos mantidos com a outorgante vendedora, com vistas à aquisição do terreno objeto da presente compra e venda, desenvolveram os contratantes sobre o mesmo terreno um projeto devidamente aprovado pela Prefeitura Municipal de ...., que será denominado Condomínio ....; e, confor-me previsão padrão constante do memorial descritivo aprovado pelas partes, no que se refere aos acabamentos e especificações internas, com os correspondentes com-partimentos identificados no projeto, e às partes e coisas de uso comum que inte-grarão as futuras unidades autônomas; que os acabamentos internos e externos da construção não poderão ter sua qualidade reduzida ou sofrerem alteração quanto ao especificado sem a concordância expressa do responsável técnico respectivo. Ou-trossim, ficou dito que aos outorgados compradores, em vista das frações ideais por eles adquiridas, corresponderão as seguintes unidades: 1) a ...., a fração ideal de .... (*em decimal*), da qual a fração decimal de .... (*em decimal*) corresponderá ao apartamento n. ...., e a fração ideal de .... (*em decimal*) corresponderá ao box n. ....; 2) a .. .., a fração ideal de .... (*em decimal*), da qual a fração ideal de .... (*em decimal*) corresponderá ao apartamento n. ...., e a fração ideal de .... (*em decimal*) corresponderá ao box n. ....; 3 (... *seguir a descrição das unidades*). À vendedora outorgante e incorporadora .... caberá a fração ideal reservada de .... (*em decimal*), da qual as frações ideais de ...., ... e de .... (*em decimais*) corresponderão aos apartamentos n. ...., ... e ....; e a fração ideal reservada de .... (*em decimal*), da qual as frações ideais de ...., ... e de .... (*em decimais*) corresponderão aos boxes n. ...., ... e .... Foi

Cap. 141 | Contrato de construção da obra e espécies • 593

dito ainda, pelos comparecentes outorgante vendedora e outorgados compradores que o Condomínio .... será edificado pelo sistema de preço de custo, não podendo as frações ideais ora adquiridas ser alienadas antes da conclusão da construção, de vez que se trata de condomínio fechado, mantido de forma solidária entre os ora adquirentes; que a construção será custeada exclusiva e integralmente pelos outorgados compradores, que assumem essa obrigação de forma irrevogável e irretratável por si, seus herdeiros e sucessores; que o pagamento do preço da fração ideal do equivalente a .... (*decimal*) do terreno, objeto desta transação, foi satisfeito pelos outorgados compradores à outorgante vendedora (incorporadora) em moeda corrente nacional Acertam as partes aqui contratantes que a área construída das unidades e boxes reservada à incorporadora será construída com recursos dos outorgados compradores, divididos proporcionalmente à fração ideal de cada um, como pagamento pela atividade de administradora e incorporadora. Fica acertado que os outorgados compradores obrigam-se a não fazerem incidir sobre as suas respectivas frações ideais quaisquer ônus ou hipotecas, salvo para a constituição de garantia em operação financeira destinada a carrear recursos para as obras; que, ressalvado o caso fortuito ou de força maior, e os casos previstos em lei ou adotados pelo costume, a conclusão da obra deverá se dar em até 24 (vinte e quatro) meses após a conclusão das fundações, dentro de cujo prazo as unidades deverão ser colocadas à disposição dos outorgados compradores, que anteciparam o preço do terreno, em condições de habitabilidade, com todos os seus acessórios, equipamentos e pertences plenamente funcionando, seguindo-se a imediata averbação da construção e a instituição do condomínio no Ofício imobiliário competente; que, para que possa ser cumprido o prazo estabelecido, obrigam-se os outorgados compradores, entre si, a dotar os recursos exigidos pelo cronograma físico-financeiro com pontualidade, de modo a preservar o ritmo compatível ao cumprimento das suas etapas; que o trato das questões relativas à construção deverá se dar por via da outorgante vendedora na condição de representante dos outorgados compradores, posto que por estes eleita de forma irrevogável e irretratável, como coordenadora dos interesses comuns, na forma da procuração a seguir outorgada, da qual declara a outorgante vendedora ter perfeito conhecimento (...) E, assim, justos e contratados, pediram que lhes lavrasse esta escritura, a qual lhes foi lida, e achando em tudo conforme com suas vontades livre e soberanamente manifestada, aceitaram, ratificaram e assinam (... *seguem as fórmulas de praxe do encerramento*).

Observação 1: No mesmo instrumento, é possível lavrar o instrumento de procuração, passado pelos outorgados compradores à outorgante vendedora, para as finalidades de representação perante o Tabelionato, o Registro de Imóveis, as repartições púbicas e quaisquer entidades particulares, para tratar de todo e qualquer assunto relacionado à construção, e com poderes para assinar escrituras de rerratificação, plantas, planilhas, requerimentos de incorporação, individualização, prestar esclarecimentos e informações, efetuar pagamentos, pagar taxas e emolumentos etc.

Observação 2: Na escritura, constará, ainda, a apresentação de negativas, com a sua referência, ou a sua dispensa com amparo no artigo 502 do Código Civil, assumindo, então, os outorgados compradores a responsabilidade por obrigações tributárias pendentes.

Observação 3: Certificam-se os valores de avaliação, o pagamento do imposto de cada fração ideal com o nome do banco onde se fez o recolhimento, os valores individualizados e os números das respectivas guias, além de outras circunstâncias comuns da escritura pública.

142

Pagamento dos valores incontroversos nas ações que versarem sobre financiamentos de unidades imobiliárias

Muitos são os litígios judiciais formados sobre o valor das prestações, em financiamentos contraídos na aquisição de unidades imobiliárias. Em geral, rebelam-se os mutuários contra os encargos incidentes nas prestações e no saldo devedor que se forma ao longo do prazo de pagamento. Tornam-se controvertidas as relações disciplinadas, em geral, por cláusulas consideradas iníquas, e com demasiada carga de juros capitalizados e em taxas elevadas, correção monetária em índices superiores à desvalorização da moeda (como na aplicação da Tabela *Price*), comissão de permanência e multas. Ao longo da história, desde a implantação do Sistema Financeiro da Habitação, as lides alcançaram uma quantidade exorbitante, abarrotando os órgãos da Justiça brasileira, e envolvendo a grande maioria das discussões sobre os encargos e os critérios dos sistemas de amortização da dívida paga em prestações sucessivas. Todavia, não cabe a análise da matéria no presente estudo, dada a magnitude das controvérsias, com o surgimento de teorias, teses e construções jurídicas que fogem do assunto aqui tratado, e que já foram abordadas extensamente em obra de nossa autoria.[1]

Interessa destacar, aqui, a frequência de ações judiciais questionando os contratos de venda das unidades, com a possibilidade de se concederem medidas liminares, cautelares ou antecipatórias de sustação do pagamento das prestações. Obtida a pretensão no início da ação, fica suspenso o pagamento de prestações porque considerados abusivos ou com excesso de encargos alguns de seus componentes. No entanto, deve-se prosseguir o pagamento da parte não impugnada da prestação, dos tributos e taxas condominiais incidentes. Do contrário, envolvem-se credores que nada têm a ver com o problema, e cria-se uma situação de dificuldades, inviabilizando o próprio empreendimento, que sofrerá redução na receita, ficando obrigado a assumir as consequências, ou a levar adiante a construção sem os necessários fundos. Resultaria da conduta de inadimplência em proveito indevido do devedor, que fruiria gratuitamente o imóvel, à custa dos demais condôminos, consumando-se uma evidente injustiça.

A Lei n. 10.931/2004 procurou atenuar as decorrências da suspensão do pagamento, autorizando o juiz a revogar a medida liminar, como se constata em seu artigo 49:

> No caso do não pagamento tempestivo, pelo devedor, dos tributos e das taxas condominiais incidentes sobre o imóvel objeto do crédito imobiliário respectivo, bem como das parcelas mensais incontroversas de encargos estabelecidos no respectivo contrato e de quaisquer

---

[1] *Contratos de Crédito Bancário*. 8. ed. São Paulo: RT, 2009.

outros encargos que a lei imponha ao proprietário ou ao ocupante de imóvel, poderá o juiz, a requerimento do credor, determinar a cassação de medida liminar, de medida cautelar ou de antecipação dos efeitos da tutela que tenha interferido na eficácia de cláusulas do contrato de crédito imobiliário correspondente ou suspendido encargos dele decorrentes.

É justa a previsão, que serve para bem delimitar o alcance das decisões, e para não estender efeitos a setores impertinentes com a demanda. O fato de se propor uma ação em torno do financiamento da aquisição ou construção não importa na suspensão do pagamento das quotas condominiais, do IPTU e das parcelas devidas não impugnadas.

Outrossim, segundo o artigo 50 da mesma Lei, a inicial da ação especificará ou delimitará a matéria controvertida, destacando a parcela que entende devida e não discutível: "Nas ações judiciais que tenham por objeto obrigação decorrente de empréstimo, financiamento ou alienação imobiliários, o autor deverá discriminar na petição inicial, dentre as obrigações contratuais, aquelas que pretende controverter, quantificando o valor incontroverso, sob pena de inépcia."

Para viabilizar a suspensão do pagamento ao credor, e permitir o depósito, faz-se mister que a inicial discrimine as obrigações objeto de controvérsia, e quantifique ou individualize o valor da parcela não controvertida. Não basta, porém, a mera alegação. Indispensável que venha a consistência da demonstração, de modo a incutir convencimento de ser indevido o *quantum* pretendido pelo credor.

As parcelas não discutidas e reconhecidas devem ser pagas normalmente, em obediência ao § 1º do mesmo artigo 50: "O valor incontroverso deverá continuar sendo pago no tempo e modo contratados."

Em relação ao valor controvertido, ao juiz compete admitir a suspensão do pagamento direito ao credor, mas sujeitando-se ao depósito nas cifras da contratação, mantendo-se indisponível até a decisão final, nos termos do § 2º: "A exigibilidade do valor controvertido poderá ser suspensa mediante depósito do montante correspondente, no tempo e modo contratados."

Esses valores depositados sujeitam-se à remuneração e atualização pelos mesmos índices previstos para o financiamento no contrato. Entretanto, deverá haver concordância do credor. Se não aceitar essa condição, resta unicamente a remuneração normal como acontece em todos os depósitos judiciais, em estabelecimento bancário que o juiz eleger. Reserva-se ao credor indicar a instituição para o depósito. A disciplina está no § 3º do artigo 50:

> Em havendo concordância com o réu, o autor poderá efetuar o depósito de que trata o § 2º deste artigo, com remuneração e atualização nas mesmas condições aplicadas ao contrato:
>
> I – na própria instituição financeira credora, oficial ou não; ou
>
> II – em instituição financeira indicada pelo credor, oficial ou não, desde que estes tenham pactuado nesse sentido.

Faz-se o depósito na própria instituição financeira credora, ou em instituição que a mesma indicar. Não se procederá em conta do incorporador, se ele é o financiador, numa medida exigida para preservar os valores em caso de sua falência ou insolvência, pois haveria risco de utilização dos depósitos para finalidades diferentes da incorporação.

Cap. 142 | Pagamento dos valores incontroversos nas ações que versarem sobre financiamentos • **597**

O § 4º abre exceção quanto à obrigatoriedade do depósito, se motivos graves vierem colocados, mas com a imposição da devida fundamentação na decisão do juiz: "O juiz poderá dispensar o depósito de que trata o § 2º em caso de relevante razão de direito e risco de dano irreparável ao autor, por decisão fundamentada na qual serão detalhadas as razões jurídicas e fáticas da ilegitimidade da cobrança no caso concreto." Não será fácil encontrar razões que evidenciem riscos de dano irreparável, a ponto de justificar a suspensão do depósito. Unicamente no caso de vir a demonstrar o desvio dos valores, ou se coloque em séria dúvida a legitimidade do credor e a titularidade do direito. Havendo discussão que aponte a inconsistência do tributo, ou da quota, de maneira segura e concreta, não parece justo obrigar a manutenção dos depósitos. De igual modo quando se demonstre erro de cálculo, ou excesso de juros, ou índice equivocado de correção monetária.

No § 5º, vem proibida a suspensão da exigibilidade da obrigação principal a título de compensação de valores eventualmente pagos em montantes superiores aos devidos, ou a compensação entre o que se alegou ter pago a mais e aquilo que se está a dever: "É vedada a suspensão liminar da exigibilidade da obrigação principal sob a alegação de compensação com valores pagos a maior, sem depósito do valor integral desta." Sob o pretexto de que pagou a mais, não se concede a antecipação da tutela ou liminar para dispensar o pagamento, numa evidente busca de compensação. Não se impede, todavia, que fique depositada judicialmente a quantia que se entende já se encontrar paga através de prestações anteriores cobradas em cifra superior.

143
Direito de retenção enquanto não concluído o pagamento

O direito de retenção está previsto no artigo 52 da Lei n. 4.591/1964, no caso de mora na satisfação das prestações pelo condômino:

> Cada contratante da construção só será emitido na posse de sua unidade se estiver em dia com as obrigações assumidas, inclusive as relativas à construção, exercendo o construtor e o condomínio, até então, o direito de retenção sobre a respectiva unidade; no caso do art. 43, este direito será exercido pelo incorporador.

Diante da regra, a entrega das unidades aos respectivos titulares ao serem concluídas é obrigatória se eles estiverem em dia com os pagamentos.

Observa Valdemar Leandro que o objetivo da lei foi estabelecer certas vantagens ou medidas protetivas aos legítimos interesses do incorporador, em contraposição aos pesados encargos e responsabilidades, de toda natureza, principalmente da legislação fiscal e tributária, que fez recair sobre o promovente da grandiosa atividade incorporativo-imobiliária.[1]

Com a restrição imposta, não se permite a imissão de posse do devedor relapso no imóvel, o qual deixou de honrar seu compromisso.

Ao condomínio é assegurado o direito em situações especiais, como a do artigo 61, letra *c*, na qual o mesmo contrata com o condômino modificações no interior do apartamento, ou quando satisfaz as prestações dos adquirentes inadimplentes, com o escopo de evitar o desequilíbrio financeiro do empreendimento e o atraso das obras.

Mas cumpre advertir o descabimento da medida se a intenção é compelir o titular do direito ao pagamento de valores discutíveis, ou para forçar a majoração do preço sob os mais diversos pretextos, como atualização do custo, reajuste havido nos salários dos empregados, superveniência de despesas imprevistas, melhoramentos introduzidos no prédio etc.

---

[1] *Condomínio de imóveis.* 5. ed. São Paulo: LEUD – Livraria e Editora Universitária de Direito Ltda., 1985. p. 314.

144
Alterações no projeto e na construção do prédio

Quaisquer alterações do projeto e, por conseguinte, da construção dependem obrigatoriamente da concordância unânime dos interessados, como se depreende do artigo 43, inciso IV, da Lei n. 4.591/1964. Considera-se nula toda inovação procedida pelo incorporador igualmente às cláusulas contratuais que delineiam as especificações materiais do imóvel ou a titularidade jurídica do condomínio.

Ao tempo da Lei anterior (Decreto n. 5.481/1928), já doutrinava Carlos Maximiliano:

> Para modificar ou afrontar o direito de cada um sobre as coisas comuns, ampliar as vantagens de um só..., mudar o destino da casa ou de fração autônoma da mesma, alterar o estilo ou a estética do edifício, introduzir melhoramentos onerosos pelo alto custo da instalação e aumento de despesas de conservação e custeio..., estabelecer, em prédio destinado à habitação, oficina ou indústria rumorosa, ou suscetível de causar explosões, maus odores, ou o surto de fumo e gases: para legitimar qualquer desses excessos de aproveitamento, uso e gozo, não basta o voto da maioria; é de rigor o consenso de todos os coproprietários. No tocante às inovações graves, algures minuciosamente expostas e acima resumidas..., vige o apotegma sapientíssimo: *quod omnes similiter tangit, ab omnibus comprobetur* – o que a todos respeita semelhantemente, fica dependente da aprovação de todos.[1]

O Supremo Tribunal Federal havia endossado a mesma posição: "Para modificar ou afrontar direito de cada condômino sobre as coisas comuns, alterar o destino da fração autônoma do prédio, não basta o voto da maioria, mas necessário é o assentimento de todos os consortes."[2]

O registrador e professor Mário Pazutti Mezzari descreve o procedimento para as alterações que envolvem aumento de área:

> Assim, quando se pretender construir mais uma unidade, há que se contar em primeiro lugar com o concurso unânime das vontades dos comunheiros. Em segundo lugar e obviamente, com a aprovação da municipalidade; e por terceiro mas não por último, aquele que virá a ser proprietário da nova unidade deverá adquirir (a título oneroso ou gratuito) a fração que estará vinculada à dita unidade. Haverá, por certo, uma diminuição patrimonial de todos os demais, a ensejar a necessidade de título de transmissão e de

---

[1] *Condomínio*. Rio de Janeiro: Freitas Bastos, 1944. p. 189, n. 144.
[2] *Revista Trimestral de Jurisprudência*, 71/428.

registro deste título junto ao Registro de Imóveis. Por derradeiro, deverá ser feita nova instituição do condomínio, especialmente no que se refere à individuação das unidades, que deverá ser refeita. As alterações correrão não só na fração ideal de terreno de cada unidade, mas também nas áreas de uso comum de divisão proporcional que correspondem a cada uma delas, de tal sorte que a área total (soma das áreas privativa e comum) também se modificará.[3]

---

[3] *Condomínio e incorporação no Registro de Imóveis.* Porto Alegre: Livraria do Advogado, 1996. p. 131.

145

A dimensão e efeitos do registro da incorporação

Deve-se dar a verdadeira dimensão do registro imobiliário da incorporação. A transferência da propriedade se efetiva com o contrato, pelo qual se passa a titularidade da propriedade de uma pessoa para outra. Transferem-se os direitos reais através do ato material que desloca o domínio para aquele que o adquire através de um ato de vontade. Importa a disponibilização do bem, que vai de um indivíduo para outro. Para a plena materialização do ato de transferência, ou a exteriorização perante terceiros, reclama-se o registro imobiliário. Diante da necessidade de que o ato tenha valor junto a terceiros, demanda-se a imposição do registro, cuja importância se depreende da leitura do artigo 1.245 do Código Civil: "Transfere-se entre vivos a propriedade mediante o registro do título translativo no Registro de Imóveis." Conforme está no texto, há o título translativo, isto é, o documento que materializa a transferência. Tem-se, pois, uma translação, uma deslocação de domínio, que necessita de uma exterioridade, a qual se efetiva através do registro. Com essa providência, se fornecem à propriedade territorial segurança e a estabilidade.

A importância do ato está no § 1º do artigo 1.245: "Enquanto não se registrar o título translativo, o alienante continua a ser havido como dono do imóvel." Percebe-se que somente será havido como titular o alienante. Não que não seja o titular, ou que se impeça de exercer os direitos reais. Unicamente não prevalece contra terceiros o ato de aquisição, ou ficam mais difíceis os efeitos *erga omnes*. Todavia, a titularidade constitui uma realidade.

Deve-se, pois, dimensionar com exatidão os efeitos dos atos. Com o registro, dá-se publicidade ao ato de transferência, e impõe-se o devido respeito de modo geral. A existência do imóvel torna-se pública, adquirindo plena validade e eficácia. O direito real formado é anunciado a terceiros. E para que também se tornem plenamente existentes junto a terceiros, as mutações ou alterações que incidem no imóvel são anotadas, ou assentadas, no Registro de Imóveis, através de um procedimento que se denomina averbação. Assim se faz com a construção, a demolição, a alteração do estado civil do proprietário, a instituição de condomínio, a divisão, a introdução de novas configurações.

Nessa ordem de atos, a incorporação imobiliária se forma com a elaboração do contrato, externado por escritura pública ou documento particular. Para a plena validade junto a terceiros, e impedir interferências de estranhos, procura-se o devido registro. Entretanto, a transferência de frações ideais do terreno, das acessões ou unidades, depende do ato de vontade que leva a esse propósito. Cria-se um vínculo não meramente obrigacional, e sim real, patrimonial, para cuja publicidade é indispensável o registro do título no Registro de Imóveis. Cria-se, mediante esse encaminhamento, um sistema de informações, com o recebimento e o armazenamento de dados relativos aos imóveis. Lançam-se, em assentamentos sucessivos, as mutações, de modo a nada passar despercebido, e servir como um histórico da vida do imóvel. São exemplos as mudanças de titularidade, a constituição de garantias, as constrições emanadas de ordens judiciais, os adendos que são lançados.

Vários os princípios que orientam e infundem o registro, com destaque para os seguintes.

O primeiro consiste na *publicidade*, já salientada, levando ao conhecimento de terceiros a aquisição da propriedade e o domínio que o titular exerce sobre o bem. Tornam-se pública a existência de cada imóvel e as ocorrências que o acompanham. Adquire visibilidade a propriedade, assegurando mais eficácia em sua proteção, sobretudo em relação ao titular dos direitos e a terceiro, pois permite o exame da ficha da matrícula e ver se a pessoa que se diz titular e se propõe a vender constitui realmente o titular do direito de propriedade. Trazendo todo o histórico da vida do imóvel, fica o interessado a par de todas as ocorrências havidas ou existentes, como os gravames e constrições.

A *continuidade* desponta como o princípio que conduz a acompanhar o imóvel até a sua origem, e constatar, assim, a existência da cadeia da titularidade, que remonta do último registro até o primeiro e a matrícula, na qual se encontra a menção do número do registro anterior. Essa vinculação de um proprietário ao anterior importa em existir sempre uma ligação entre um titular e outro, sem a interrupção, ou o aparecimento de uma pessoa que efetua a venda sem que a ela tenha sido feita, antes, a transferência. Não se admite, pois, intercalar a relação entre um proprietário e outro, revelando-se expresso, a respeito, o artigo 195 da Lei n. 6.015/1973: "Se o imóvel não estiver matriculado ou registrado em nome do outorgante, o oficial exigirá a prévia matrícula e o registro do título anterior, qualquer que seja a sua natureza, para manter a continuidade do registro."

O princípio da *prioridade* importa em se reconhecer a titularidade a favor da pessoa que primeiro teve o registro efetuado. No caso, pressupõe-se, para definir a preferência, em havendo concurso de direitos reais sobre o mesmo imóvel, a precedência fundada na ordem cronológica do ato. Suponha-se que um mesmo imóvel seja vendido, através de escrituras públicas lavradas em um único ou em diferentes tabelionatos, a duas ou até mais pessoas. A prioridade do registro será do adquirente que apresentou em primeiro lugar o título para o registro. Não importa que sua escritura tenha sido lavrada em data posterior. É certo que a propriedade em nome de uma pessoa exclui a da outra, mesmo que seja portadora de um título de propriedade. Existindo incompatibilidade nas propriedades sobrepostas, a prioridade para a validade é daquele que registrou em primeiro lugar. O critério definidor da prioridade é sempre a ordem de entrega no Registro de Imóveis, relegando-se os demais títulos levados a registro para a mesma finalidade. Por isso se diz que o registro faz surtir efeitos oponíveis a terceiros.

Outro desdobramento permite o princípio. Na instituição de hipoteca, se não apresentada a registro a escritura pública antes do protocolo da escritura pública de compra e venda, não incidirá o gravame.

Não se registram títulos de propriedade que se contrapõem entre si, ou com o mesmo conteúdo, conforme artigo 190 da Lei n. 6.015/1973: "Não serão registrados, no mesmo dia, títulos pelos quais se constituam direitos reais contraditórios sobre o mesmo imóvel".

A diretriz que dá a preferência está no artigo 191 da Lei n. 6.015/1973 na apresentação dos títulos no mesmo dia: "Prevalecerão, para efeito de prioridade de registro, quando apresentados no mesmo dia, os títulos prenotados no Protocolo sob número de ordem mais baixo, protelando-se o registro dos apresentados posteriormente, pelo prazo correspondente a, pelo menos, um dia útil."

O artigo 192 da citada Lei, se com a mesma data os títulos, dá a prioridade para o registro ao título protocolado antes, ou, se protocolados ao mesmo momento, à escritura feita em horário anterior à outra: "O disposto nos artigos 190 e 191 não se aplica às escrituras públicas, da mesma data e apresentadas no mesmo dia, que determinem, taxativamente, a hora de sua lavratura, prevalecendo, para efeito de prioridade, a que foi lavrada em primeiro lugar."

Conhecido é o princípio da *especialização*, pelo qual os imóveis virão bem identificados, ou individualizados. Descreve-se o imóvel objeto do registro, colocando-se as referências da localização, das medidas, da superfície, das confrontações, de sorte a ficar caracterizado a contento. O artigo 176, § 1º, n. 3, da Lei n. 6.015/1973, discrimina todos os elementos que devem constar do registro:

> a) se rural, do código do imóvel, dos dados constantes do CCIR, da denominação e de suas características, confrontações, localização e área;
>
> b) se urbano, de suas características e confrontações, localização, área, logradouro, número e de sua designação cadastral, se houver.

No artigo 225 da Lei citada reproduz as exigências, sendo uma imposição para todos aqueles que determinarem ou lavrarem o ato:

> Os tabeliães, escrivães e juízes farão com que, nas escrituras e nos autos judiciais, as partes indiquem, com precisão, os característicos, as confrontações e as localizações dos imóveis, mencionando os nomes dos confrontantes e, ainda, quando se tratar só de terreno, se esse fica do lado par ou do lado ímpar do logradouro, em que quadra e a que distância métrica da edificação ou da esquina mais próxima, exigindo dos interessados certidão do registro imobiliário.

Por último, cabe destacar o efeito do registro em formalizar a afetação dos bens que integram a incorporação. Desde a entrada em vigor da Lei n. 10.931/2004, o registro da Incorporação passou a gerar novo efeito: a critério do Incorporador, poderá a incorporação ser submetida ao regime de afetação. O terreno e acessões objeto do contrato, bem como os demais bens ou direitos a ela vinculados, serão afastados do patrimônio do incorporador, constituindo Patrimônio de Afetação, que poderá ser utilizado como garantia real em operação de crédito, cujo produto deve ser exclusivamente destinado à conclusão das obras e entrega das unidades autônomas aos respectivos adquirentes.

146
Penalidades cominadas aos órgãos de informação e publicidade, aos incorporadores e aos demais agentes da construção

A vários sujeitos de infrações são estabelecidas sanções, em matérias envolvendo incorporações. Tem-se em conta a proteção pública das incorporações, já que de significativa repercussão social, eis que se dirigirem a angariar a fundos retirados da economia popular. Trata-se de matéria penal, visando a proteção do consumidor, tendo em conta, sobretudo, prevenir na captação de recursos públicos. Segue a discriminação das penalidades:

a) Aos órgãos de informação e publicidade incide multa estabelecida no dobro do preço pago pelo anunciante, que reverterá em favor da municipalidade, na divulgação pública de incorporações, em propaganda ou anúncios de venda, impressos, publicações, propostas, contratos preliminares ou definitivos, cartas, escrituras, contratos e documentos semelhantes, exceto nos classificados de jornais, sem os requisitos exigidos pelo § 3º do artigo 32 e dos artigos 56 e 62 da Lei n. 4.591/1964, de acordo com seu artigo 64:

> Os órgãos de informação e publicidade que divulgarem publicamente sem os requisitos exigidos pelo § 3º do art. 32 e pelos arts. 56 e 62, desta Lei, sujeitar-se-ão à multa em importância correspondente ao dobro do preço pago pelo anunciante, a qual reverterá em favor da respectiva Municipalidade.

Os requisitos do § 3º do artigo 32, e dos artigos 56 e 62, são os seguintes:

– o número do registro do imóvel na matrícula do Cartório de Registro de Imóveis;

– a indicação do cartório competente, isto é, do Registro de Imóveis;

– o preço da fração ideal do terreno;

– o preço da construção, com indicação expressa da reajustabilidade;

– o preço da fração ideal de terreno;

– o montante do orçamento atualizado do custo da construção;

– a indicação do mês a que se refere o orçamento;

– o tipo padronizado a que se vincule o orçamento;

– a forma e outros indicativos dos reajustes.

Fica, todavia, um tanto difícil estabelecer a penalidade, já que corresponde ao dobro do preço pago pelo anunciante, preço este nem sempre conhecido, podendo haver sonegação de informações corretas e fidedignas.

Cap. 146 | Penalidades cominadas aos órgãos de informação e publicidade, aos incorporadores • 605

b) Aos que promoverem incorporação, e que inserirem em proposta, anúncios, prospectos, contratos e em comunicações ao público ou aos interessados informação falsa sobre a construção do condomínio, a alienação das frações ideais do terreno, ou sobre a construção das edificações, aplicam-se as penas de reclusão de um a quatro anos, e de multa de cinco a cinquenta vezes o maior salário mínimo legal vigente no País. Por diferentes termos, considera-se crime contra a economia popular a promoção de incorporação enganosa através de propostas, contratos, prospectos ou comunicações ao público ou a interessados com afirmações falsas sobre a constituição de condomínio, alienação de frações ideais do terreno ou sobre a construção de edificações. É a previsão do artigo 65 da Lei n. 4.591/1964:

> É crime contra a economia popular promover incorporação, fazendo, em proposta, contratos, prospectos ou comunicação ao público ou aos interessados, afirmação falsa sobre a construção do condomínio, alienação das frações ideais do terreno ou sobre a construção das edificações.
>
> PENA – reclusão de um a quatro anos e multa de cinco a cinquenta vezes o maior salário mínimo legal vigente no País.

Há a tipificação de crimes contra a economia popular.

Sujeitam-se às sanções as pessoas físicas do incorporador, do construtor e do corretor. Incluem-se os diretores ou gerentes da empresa incorporadora, construtora ou corretora. Isto desde que não participe o incorporador, ou se existe uma contratação conjunta, abrangendo o incorporador, o construtor, ou o corretor, ou o proprietário ou titular de direitos aquisitivos do terreno.

Com efeito, de acordo com o § 1º, incorrem na mesma pena:

> I – o incorporador, o corretor e o construtor, pessoas individuais bem como os diretores ou gerentes de empresa coletiva incorporadora, corretora ou construtora que, em proposta, contrato, publicidade, prospecto, relatório, parecer, balanço ou comunicação ao público ou aos condôminos, candidatos ou subscritores de unidades, fizerem afirmação falsa sobre a constituição do condomínio, alienação das frações ideais ou sobre a construção das edificações;
>
> II – o incorporador, o corretor e o construtor individuais, bem como os diretores ou gerentes de empresa coletiva, incorporadora, corretora ou construtora que usar, ainda que a título de empréstimo, em proveito próprio ou de terceiros, bens ou haveres destinados a incorporação contratada por administração, sem prévia autorização dos interessados.

O § 2º do mesmo artigo 65 estabelece que o julgamento dos crimes acima será de competência de Juízo singular, aplicando-se os artigos 5º, 6º e 7º da Lei n. 1.521/1951.

A Lei referida cuida dos crimes contra a economia popular. Seus artigos 5º e 6º preveem a suspensão condicional da pena, o livramento condicional; permitem a concessão de fiança na prisão em flagrante; e autorizam a interdição de direitos e a suspensão provisória do exercício de profissão ou atividade. Já o artigo 7º determina o recurso de ofício na absolvição de acusados e no arquivamento dos autos do inquérito policial.

c) Aos incorporadores e, na sua ausência, ao construtor, ao corretor, ao proprietário ou ao titular de direitos aquisitivos do terreno, desde que figurem no contrato, com direito regressivo sobre o incorporador, incide a multa de cinco a vinte vezes o maior salário mínimo legal vigente no País, na prática das seguintes contravenções, elencadas no artigo 66 da Lei n. 4.591/1964:

> I – negociar o incorporador frações ideais de terreno, sem previamente satisfazer às exigências constantes da Lei n. 4.591/1964, sendo a principal a que se relaciona ao registro da incorporação;
>
> II – omitir o incorporador, em qualquer documento de ajuste, as indicações a que se referem os arts. 37 e 38, da mesma Lei n. 4.591/1964 (omissão da existência de gravames, ou encargos no imóvel, ou ônus fiscais, ou de ações judiciais envolvendo o terreno e as unidades, da ocupação do imóvel por outrem);
>
> III – deixar o incorporador, sem justa causa, no prazo do art. 35 (sessenta dias, em face da Lei n. 4.864/1965), contado do final do prazo de carência, e ressalvada a hipótese de seus §§ 2º e 3º (previsão de denúncia da incorporação se houver prazo de carência permitindo a desistência da incorporação dentro do mesmo prazo), de promover a celebração do contrato relativo à fração ideal de terreno, do contrato de construção ou da Convenção do condomínio;
>
> IV – (vetado);
>
> V – omitir o incorporador, no contrato, a indicação a que se refere o § 5º do art. 55 (menção do montante do orçamento da obra) da Lei n. 4.591/1964;
>
> VI – paralisar o incorporador a obra, por mais de trinta dias, ou retardar-lhe excessivamente o andamento sem justa causa, incidindo a penalidade simplesmente por esses fatos, não se, a rigor, impondo a prévia notificação para o reinício sob pena de destituição. Entretanto, a fim de bem aquilatar as razões da paralisação ou do atraso, conveniente que anteceda a notificação, posto que sabido a dificuldade em se tipificar uma conduta penal, dado o amplo leque de situações que descaracterizam a infração, como motivo de força maior ou caso fortuito.

Quanto à falta de registro ou de arquivamento dos documentos da incorporação no Registro de Imóveis, decidiu o STJ:

> Constitui contravenção penal vender fração ideal de terreno sem arquivamento prévio dos documentos no cartório de registro de imóveis. Igualmente, paralisar ou retardar a obra por mais de trinta dias, sem justa causa (Lei n. 4.591/1964, art. 66 c/c o art. 32). A atividade negocial, no caso, compreende o recebimento pelo vendedor das parcelas enquanto estiverem sendo pagas pelo comprador. Aí não há lapso prescricional. Recurso improvido.[1]

Devemos salientar a completa insignificância repressiva das sanções penais, embora as decorrências civis não tenham força para atemorizar as pessoas e reprimir condutas delituosas. Realmente, para um desrespeito tão grave como o da exigência do prévio registro da incorporação antes do início da venda de frações ideais e unidades futuras, a multa de cinco a vinte vezes o maior salário mínimo legal vigente no País não terá o efeito de forçar a precaução de evitar a violação à lei. Em relação a espécies parecidas, como a venda de terrenos sem o devido registro do loteamento ou

---

[1] Recurso Ordinário em *Habeas Corpus* n. 1.979/SP. Relator: Min. Edson Vidigal. Quinta Turma. Julgado em 03.06.1992.

Cap. 146 | Penalidades cominadas aos órgãos de informação e publicidade, aos incorporadores • **607**

desmembramento, vê-se que as penas são bem mais graves, inclusive com a previsão de reclusão de um a quatro anos (art. 50 da Lei n. 6.766/1979).

d) Ao incorporador e outros responsáveis que se omitirem em entregar os contratos definitivos, nos prazos combinados ou previstos em lei (de sessenta dias, art. 35, em face do aumento introduzido pelo art. 13 da Lei n. 4.864/1965) sujeitam-se à multa equivalente a 50% sobre a quantia efetivamente recebida, nos termos do § 5º do artigo 35 da Lei n. 4.591/1964. O STJ tem dado força à aplicação da penalidade:

> O art. 32 da Lei n. 4.591/1964 dispõe que a incorporadora somente poderá negociar as unidades autônomas após ter arquivado, no cartório competente de Registro de Imóveis, a respectiva incorporação.
>
> O descumprimento da obrigação que incumbe à incorporadora de proceder à outorga válida do contrato de compra e venda de fração ideal de terreno no prazo fixado em lei, impõe a aplicação da multa prevista no art. 35, § 5º da Lei n. 4.591/1964. Precedentes. Recurso especial parcialmente conhecido e, nessa parte, provido.[2]

---

[2] STJ. REsp. n. 678.498/PB. Terceira Turma. Julgado em 25.09.2006, *DJU* 09.10.2006.

147
O cumprimento das obrigações do incorporador e extinção da incorporação

Naturalmente, chega um momento em que as partes cumpriram as respectivas obrigações, dando-se por extinto o contrato de incorporação. O incorporador concluiu a construção, fez a entrega das unidades e procedeu à formalização perante o registro imobiliário, enquanto o adquirente atendeu todos os pagamentos a que se comprometeu. Uma vez cumpridas as obrigações contratuais, chegando aos seus respectivos objetivos, ou seja, tendo o contrato sido perfeitamente acabado com cláusulas esgotadas em suas funções, faz com que o término do ajuste negocial importe em extinção do contrato.

Já era essa a doutrina de Caio Mário da Silva Pereira:

> O contrato de incorporação busca uma finalidade última, que é proporcionar aos adquirentes as respectivas unidades autônomas concluídas e aptas à sua utilização, seja esta residencial, profissional ou comercial. Partindo desta noção, que é, ao mesmo passo, de ordem jurídica e de ordem prática, deve-se considerar em vigor o contrato de incorporação até o momento em que se atinge este resultado econômico ou teleológico. Assim sendo, é de se assentar que o termo natural do contrato de incorporação coincide com a consecução deste objetivo. Daí dizer que o contrato de incorporação extingue-se com a conclusão da edificação ou do conjunto de edificações e sua entrega aos adquirentes em condições de habitabilidade, considerada esta expressão no sentido de sua utilização.[1]

Quanto ao incorporador, no entanto, para o reconhecimento de que atendeu ou cumpriu todas as obrigações, vários os aspectos a observar. Suas obrigações abrangem a promoção da incorporação, a construção da edificação sobre o terreno, a atribuição da propriedade aos adquirentes, a entregar as unidades. Diante da extensão a que corresponde tais atos, pode-se considerar como cumprida a função ou a obrigação do incorporador quando:

– Concluiu a construção do prédio.

– Obteve a aprovação pelos órgãos públicos municipais, através da concessão do "habite-se", do alvará de instalação, do fornecimento da certidão da construção. Neste

---

[1] Incorporação Imobiliária. In *Revista de Direito Imobiliário*, São Paulo: Ed. Revista dos Tribunais, vol. 4, 1979, p. 9.

passo, a precaução e a salvaguarda contra possíveis reclamações futuras, convocará individualmente cada adquirente para a necessária vistoria da respectiva unidade, e mesmo de todo o prédio, em especial das porções comuns, a fim de exporem e anotarem as ressalvas. Se estiverem de acordo com a perfeita conclusão, receberão os compradores as chaves, assinando um termo da conformidade com o cumprimento das obrigações do incorporador ou construtor. Todavia, na eventualidade de irregularidades, defeitos, ou falta de conclusões, não se impede a entrega das chaves, mas faculta-se colocar em documento as falhas ou objeções, que devem ser consertadas, ou refeitas, levadas a termo, em um prazo estabelecido.

No entanto, a eventual quitação não afasta as garantias reservadas no artigo 618 e em seu parágrafo único, e no artigo 445 e em seu § 1º, do Código Civil.

– Averbou a construção no Registro de Imóveis.

– Individualizou e discriminou as unidades no Registro de Imóveis, com a constituição do condomínio. A averbação para viabilizar a individualização é exigida pelo artigo 44 da Lei n. 4.591/1964, em redação da Lei n. 14.382/2022:

> Após a concessão do habite-se pela autoridade administrativa, incumbe ao incorporador a averbação da construção em correspondência às frações ideais discriminadas na matrícula do terreno, respondendo perante os adquirentes pelas perdas e danos que resultem da demora no cumprimento dessa obrigação.

Por sua vez, a constituição do condomínio está contemplada no artigo 7º da Lei n. 4.591/1964:

> O condomínio por unidades autônomas instituir-se-á por ato entre vivos ou por testamento, com inscrição obrigatória no Registro de Imóvel, dele constando; a individualização de cada unidade, sua identificação e discriminação, bem como a fração ideal sobre o terreno e partes comuns, atribuída a cada unidade, dispensando-se a descrição interna da unidade.

No ato de constituição, é ratificada a minuta de convenção, obtendo-se dos condôminos a adesão ou aprovação do instrumento que veio apresentado pelo incorporador. Não se olvide, porém, que essa adesão não dispensa a aprovação por assembleia geral devidamente convocada, a ser realizada quando da entrega das unidades, sendo esse o ato oficial da entrega a posse do edifício, da instalação do condomínio e da transferência da administração.

Na assembleia, elegem-se, em caráter provisório ou definitivo, o síndico, o subsíndico (se houver), o Conselho Fiscal e o Conselho Consultivo; fixam-se o prazo dos mandatos e a remuneração; contratam-se os serviços de administração; decide-se pela realização de obras e serviços de instalação e funcionamento, como a decoração do *hall* de entrada e da portaria, a iluminação das áreas comuns, a contração de empregados, a compra de equipamentos e materiais de limpeza e conservação. Na mesma assembleia já se quantifica a taxa condominial, e é possível colocar em discussão e aprovação a minuta da convenção.

– Fez a outorga ao adquirente da escritura de compra e venda da unidade;

– Entregou ao adquirente o termo de quitação da dívida.

Em relação ao adquirente, o cumprimento se dá basicamente com o pagamento do prelo da unidade e da fração ideal. Considera-se plenamente satisfeito o pagamento quando integralizado o preço junto ao incorporador, ou ao construtor, ou ao agente financeiro. Extingue-se, aí, a incorporação, passando a prevalecer a propriedade individual da unidade, que terá matrícula própria. Trata-se da extinção natural, dada a normalidade da satisfação das obrigações pelas partes.

Outras causas se apresentam para a extinção do condomínio, como a resilição e a resolução, cujas matérias são objeto de análise nos itens seguintes a seguir.

148
Resilição da incorporação

Como foi analisado, o cumprimento da função de cada parte faz extinguir-se a incorporação. Obviamente, não mais se admitirá a resilição do que se tratou e se cumpriu. Consolida-se definitivamente a relação criada.

Lembra-se o sentido de resilição, que corresponde à desconstituição de um contrato por consenso das partes.

Antes do pleno cumprimento da incorporação, aceita-se que decidam as partes pelo rompimento do vínculo por consenso, com amparo no acordo de vontades, adotando-se um instrumento de resilição que manifeste um consenso válido ou que revele a induvidosa desconstituição da avença antes celebrada. Não que se faça indispensável idêntica forma, como a escritura pública se a mesma serviu para firmar a compra. O ato material de resilição surte efeitos materiais entre as partes, embora utilizado um escrito particular. Entretanto, para tornar a desfazer a escritura pública, e não o ato de desfazimento, é necessária a escritura pública. No caso de negativa de uma das partes para oficializar o ato, deve ela valer-se dos meios judiciais, com a ação de obrigação de fazer, segundo as normas do artigo 501 do CPC. O documento particular não deixa de se revestir de efeitos, pois não mais assiste ao acordante buscar os efeitos do contrato de aquisição, como exercer a posse. Entretanto, para apagar o ato oficial, e mesmo o registro, requer-se a chancela judicial, caso não eleita a forma utilizada quando da materialização do contrato, em se tratando de escritura pública.

Como é sabido, a incorporação gera uma gama complexa de relações. Se estabelecido o contrato de aquisição com o incorporador, parece admissível a resilição, e mesmo o distrato, em qualquer fase do curso do contrato. Voltará a titularidade ao incorporador, que assume as obrigações ainda pendentes. Entretanto, no contrato por empreitada ou por administração, e mesmo quando os condôminos assumem o empreendimento por afastamento do incorporador (por falência, paralisação ou atraso excessivo da obra), em que existe a formação de um condomínio de titulares, o qual contrata a construção da obra, parece que há a inviabilidade da resilição. A menos que o desistente, ou que pretende se afastar, encontre acolhida em alguém na aquisição e recebimento de sua fração ideal e da unidade que está sendo erguida.

Dentro do conceito de resilição, que é a desconstituição do contrato por comum deliberação das partes ou por expressa autorização legal, e não por descumprimento de obrigações, o rompimento do vínculo contratual pela vontade de apenas uma das partes também é possível, porém como exceção, sendo que o artigo 473 do Estatuto Civil ampara a resilição unilateral somente "... nos casos em que a lei expressa ou implicitamente o permita", com a prévia denúncia notificada da outra parte. No caso da Incorporação Imobiliária, ao incorporador, segundo já visto, é reconhecido o direito do incorporador desistir do empreendimento, através da sua denúncia, nos termos do artigo 34 da Lei n. 4.591/1964: "O incorporador poderá fixar, para efetivação da incorporação, prazo de carência, dentro do qual lhe é lícito desistir do empreendimento." Reserva-se um prazo para tanto, que é de cento e oitenta dias, prazo este reservado para a validade do registro da incorporação do registro da incorporação, ou para a sua revalidação. No caso, cumpre que faça a denúncia por escrito, em comunicação dirigida ao Oficial do Registro de Imóveis e a cada um dos adquirentes ou candidatos à aquisição. Uma vez efetivada, importa a denúncia em exoneração do compromisso de executar a incorporação, desde que sejam restituídas aos adquirentes as quantias eventualmente recebidas.

Mario Pazutti Mezzari trata do assunto:

> No entanto, seja pelo arrojo do empreendimento, ou porque o incorporador não conhece suficientemente o mercado, ou porque o momento conjuntural é particularmente difícil, há casos em que o empreendedor não deve assumir maiores riscos do que aqueles normais do negócio. Nestes casos, quando o incorporador não sabe qual a receptividade que o empreendimento terá por parte de seu público alvo, poderá ele fixar prazo de carência, dentro do qual será lícito desistir do empreendimento. Este prazo não poderá ser superior a 180 dias, conforme dispõe o artigo 33 da Lei n. 4.591, de 1964.[1]

---

[1] *Condomínio e Incorporação no registro de Imóveis*, obra citada, p. 130.

149

Resolução da incorporação por descumprimentos do incorporador

Primeiramente, cabe anotar que a palavra "resolução" tem a acepção de resolver, colocar fim, podendo ser expressa ou tácita. Desde que as partes insiram nas avenças as causas ou situações que acarretam o desfazimento do contrato, há a cláusula resolutiva expressa. Se o término da relação contratual tem seu fundamento na lei e alcança todos os contratos, a cláusula é tácita, estando prevista no Código Civil, em seu artigo 475, a seguir transcrito: "A parte lesada pelo inadimplemento pode pedir a resolução do contrato, se não preferir exigir-lhe o cumprimento, cabendo, em qualquer dos casos, indenização por perdas e danos".

De lembrar, ainda, que o Código Civil, no artigo 474, faz distinção entre os efeitos da cláusula resolutiva expressa e tácita: "A cláusula resolutiva expressa opera de pleno direito; a tácita depende de interpelação judicial".

Quanto ao assunto em análise, cabe dizer que se o incorporador descumpre suas obrigações, a várias penalidades sujeita-se a suportar, como pagamento de multas, de indenização, de juros sobre os valores devidos, além de sanções de ordem penal, contempladas nos artigos 65 e 66 da Lei n. 4.591/1964. Entretanto, a consequência maior resulta na resolução do contrato, que será consequência da destituição do cargo, com a destituição do incorporador, por iniciativa dos adquirentes, que serão representados pela Comissão de Representantes da incorporação. É o que permite o inciso VI do artigo 43 da Lei n. 4.591/1964:

> Se o incorporador, sem justa causa devidamente comprovada, paralisar as obras por mais de 30 (trinta) dias, ou retardar-lhes excessivamente o andamento, poderá o Juiz notificá-lo para que no prazo mínimo de 30 (trinta) dias as reinicie ou torne a dar-lhes o andamento normal. Desatendida a notificação, poderá o incorporador ser destituído pela maioria absoluta dos votos dos adquirentes, sem prejuízo da responsabilidade civil ou penal que couber, sujeito à cobrança executiva das importâncias comprovadamente devidas, facultando-se aos interessados prosseguir na obra.

A destituição como causa de extinção ou resolução foi reconhecida em decisão do STJ:

> A Lei nº 4.591/1964 confere aos adquirentes o poder de destituição do incorporador. A destituição, além de significar uma penalidade ao incorporador, que paralisa as obras, ou lhes retarda excessivamente o andamento, é também uma causa extintiva do contrato de incorporação. Doutrina.[1]

---

[1] REsp 1.881.806/SP, da 3ª Turma, rel. Min. Ricardo Villas Bôas Cueva, j. em 04.05.2021, *DJe* de 07.05.2021.

A resolução estende-se também à hipótese que está no inciso VII, isto é, que decorre da insolvência ou falência do incorporador que houver optado pelo regime de afetação, porquanto haverá a venda do conjunto de patrimônio que forma a incorporação. Fica a assembleia geral, por votação de dois terços dos adquirentes, deliberar pela venda do patrimônio de afetação, através de formas judiciais ou leilão, com a finalidade do ressarcimento pelos prejuízos havidos. Por eventuais saldos credores, assiste o direito à habilitação na falência, na classe de créditos privilegiados. Eis o dispositivo:

> Em caso de insolvência do incorporador que tiver optado pelo regime da afetação e não sendo possível à maioria prosseguir na construção, a assembleia geral poderá, pelo voto de 2/3 (dois terços) dos adquirentes, deliberar pela venda do terreno, das acessões e demais bens e direitos integrantes do patrimônio de afetação, mediante leilão ou outra forma que estabelecer, distribuindo entre si, na proporção dos recursos que comprovadamente tiverem aportado, o resultado líquido da venda, depois de pagas as dívidas do patrimônio de afetação e deduzido e entregue ao proprietário do terreno a quantia que lhe couber, nos termos do art. 40; não se obtendo, na venda, a reposição dos aportes efetivados pelos adquirentes, reajustada na forma da lei e de acordo com os critérios do contrato celebrado com o incorporador, os adquirentes serão credores privilegiados pelos valores da diferença não reembolsada, respondendo subsidiariamente os bens pessoais do incorporador.

Várias regras vieram com a Lei n. 14.382/2022, acrescidas à Lei n. 4.591/1964.

O § 1º do artigo 43 autoriza a notificação do incorporador para as finalidades dos incisos I e II, isto é, para imitir na posse do empreendimento a Comissão de Representantes, e para que efetue o pagamento das quotas ainda pendentes, para que se viabilize a auditoria do artigo 31-C, destinada a fiscalizar e acompanhar o patrimônio de afetação. Transcreve-se o texto:

> Deliberada a destituição de que tratam os incisos VI e VII do *caput*, o incorporador será notificado extrajudicialmente pelo oficial do registro de imóveis da circunscrição em que estiver localizado o empreendimento para que, no prazo de quinze dias, contado da data da entrega da notificação na sede do incorporador ou no seu endereço eletrônico:
>
> I – imita a comissão de representantes na posse do empreendimento e lhe entregue: a) os documentos correspondentes à incorporação; e
>
> b) os comprovantes de quitação das quotas de construção de sua responsabilidade a que se referem o § 5º do art. 31-A e o § 6º do art. 35; ou
>
> II – efetive o pagamento das quotas que estiverem pendentes, de modo a viabilizar a realização da auditoria a que se refere o art. 31-C desta Lei.

No pertinente ao inciso I, letra *b*, as quotas que estiverem pendentes referem-se às quotas de construção correspondentes a acessões vinculadas às frações ideais, que deverão ser pagas pelo incorporador, se não vier disposto diferentemente no contrato de construção.

O § 2º descreve os dados que deverão constar na ata da assembleia de destituição do incorporador:

Cap. 149 | Resolução da incorporação por descumprimentos do incorporador • 615

Da ata da assembleia geral que deliberar a destituição do incorporador deverão constar os nomes dos adquirentes presentes, incluídos:

I – a qualificação;

II – o documento de identidade;

III – as inscrições no Cadastro de Pessoas Físicas – CPF ou no Cadastro Nacional de Pessoas Jurídicas – CNPJ da Secretaria Especial da Receita Federal do Brasil do Ministério da Economia;

IV – os endereços residenciais ou comerciais completos; e

V – as respectivas frações ideais e acessões a que se vincularão as suas futuras unidades imobiliárias, com a indicação dos correspondentes títulos aquisitivos, públicos ou particulares, ainda que não registrados no registro de imóveis.

O § 3º aponta para as finalidades da ata da assembleia, devendo ser registrada no Registro de Títulos e Documentos, a fim de assegurar os efeitos perante terceiros, e tornando-se documento hábil para a averbação nas matrículas o ato de destituição do incorporador, e para servir de prova de possíveis medidas judiciais e extrajudiciais em favor do patrimônio da incorporação, na exemplificação das alíneas do inciso II:

A ata de que trata o § 2º, registrada no registro de títulos e documentos, constituirá documento hábil para:

I – averbação da destituição do incorporador na matrícula do registro de imóveis da circunscrição em que estiver registrado o memorial de incorporação; e

II – implementação das medidas judiciais ou extrajudiciais necessárias:

a) à imissão da comissão de representantes na posse do empreendimento;

b) à investidura da comissão de representantes na administração e nos poderes para a prática dos atos de disposição que lhe são conferidos pelos art. 31-F e art. 63 desta Lei;

c) à inscrição do respectivo condomínio da construção no CNPJ; e

d) quaisquer outros atos necessários à efetividade da norma instituída no *caput* deste artigo, inclusive para prosseguimento da obra ou liquidação do patrimônio da incorporação.

Pelos §§ 4º e 5º do artigo 43, determina-se a permanência das unidades não negociadas pelo incorporador e que correspondem às quotas de construção, ficando indisponíveis quanto a dívidas estranhas à incorporação; e autoriza-se a venda pela Comissão de Representantes, desde que remanesçam obrigações pendentes de satisfação pelo incorporador, decorrido o prazo de quinze dias da notificação para o pagamento:

§ 4º As unidades não negociadas pelo incorporador e vinculadas ao pagamento das correspondentes quotas de construção nos termos do disposto no § 6º do art. 35 ficam indisponíveis e insuscetíveis de constrição por dívidas estranhas à respectiva incorporação até que o incorporador comprove a regularidade do pagamento.

§ 5º Fica autorizada a comissão de representantes a promover a venda, com fundamento no § 14 do art. 31-F e no art. 63 das unidades de que trata o § 4º, expirado o prazo da notificação a que se refere o § 1º, com aplicação do produto obtido no pagamento do débito correspondente.

Outras causas de resolução existem, embora a menção expressa se resuma às acima, como o desvio dos valores recebidos pela venda de unidades em havendo patrimônio de afetação, o desajuste da construção ao projeto aprovado e contratado e a colocação de materiais de qualidade inferior nas obras. O inadimplemento importa em resolução, por manifesta permissão do artigo 475 do Código Civil, acima transcrito. A falência do incorporador, dada a sua obrigatória substituição, também importa em uma resolução tácita ou indireta, tanto que à Comissão de Representantes se desloca a administração do consórcio, estando a matéria disciplinada ao longo do artigo 31-F da Lei n. 4.591/1964.

Dentre as obrigações atribuídas ao incorporador, as principais, e cuja violação podem ensejar a resolução, consistem na construção do edifício, na averbação da obra e individualização das unidades no registro de imóveis, na entrega das unidades aos adquirentes, e na transmissão da propriedade aos adquirentes, tão logo completado o pagamento do preço.

Além da resolução, reconhece-se o direito ao ressarcimento dos danos acarretados. Para tanto, cumpre registrar que é fundamental ao incorporador o atendimento das obrigações consideradas básicas, e que dizem com a própria finalidade do contrato. A Lei n. 4.591/1964 é explícita, cominando sanções no descumprimento, em seu artigo 43, inciso II:

> Quando o incorporador contratar a entrega da unidade a prazo e preços certos, determinados ou determináveis, mesmo quando pessoa física, ser-lhe-ão impostas as seguintes normas: ... II – responder civilmente pela execução da incorporação, devendo indenizar os adquirentes ou compromissários, dos prejuízos que a estes advierem do fato de não se concluir a edificação ou de se retardar injustificadamente a conclusão das obras, cabendo-lhe ação regressiva contra o construtor, se for o caso e se a este couber a culpa.

Melhim Namem Chalhub considera objetiva a responsabilidade, cabendo sempre a indenização:

> Pouco importa que a impossibilidade da incorporadora de cumprir sua prestação seja de natureza não culposa, pois sua obrigação é de resultado e sua responsabilidade é objetiva. Assim, a desativação da incorporação e a resolução da promessa de compra e venda implicam a responsabilidade da incorporadora de indenizar o comprador, e é exatamente essa a regra específica da lei das incorporações: o incorporador responde independentemente de culpa pela "execução da incorporação, devendo indenizar os adquirentes ou compromissários dos prejuízos que a estes advierem do fato de não se concluir a edificação ou de se retardar injustificadamente a conclusão da obra" (Lei n. 4.591/1964, art. 43, II).[2]

A base da indenização também se encontra no artigo 389 do Código Civil: "Não cumprida a obrigação, responde o devedor por perdas e danos, mais juros e atuali-

---

[2] Incorporação imobiliária. Impossibilidade de realização. Resolução de promessa de compra e venda. Responsabilidade objetiva do incorporador. Critério da indenização ao promitente comprador. Propositura de ação de resolução antes da exigibilidade da prestação do incorporador. In: *Revista dos Tribunais,* São Paulo: RT, v. 844, p. 102, fev. 2006.

zação monetária segundo índices oficiais regularmente estabelecidos, e honorários de advogado."

Cabe a indenização por perdas e danos no desatendimento de qualquer das funções que lhe são atribuídas. Exemplificando, no injustificado retardamento da construção, ou na paralisação sem motivo fundado em caso fortuito ou força maior (greve inesperada da categoria de empregados, chuvas prolongadas e atípicas, falta de material utilizado no mercado), é legítima a pretensão indenizatória pelo tempo em que se prolongou a obra, acarretando a não utilização seja para a moradia ou para a exploração econômica. Incumbia ao incorporador desenvolver um ritmo às obras condizente com o prazo estabelecido para a conclusão. Não importa que tenha sido entregue a edificação a um construtor, pois escolhido pelo incorporador, devendo arcar com as anormalidades que advierem. Fica assegurada, no entanto, a ação *in rem verso* contra o construtor, para ressarcir-se dos valores que foi obrigado a pagar aos adquirentes de unidades. De lembrar que, em geral, vêm estabelecidas multas pelo atraso e outras violações, as quais são fixadas em função dos prejuízos previsíveis decorrentes dos atrasos, os quais têm em vista a multa contemplada nos contratos entre o incorporador e os adquirentes.

O artigo 395 do Código Civil dá força para a reparação, em razão da mora: "Responde o devedor pelos prejuízos a que sua mora der causa, mais juros, atualização dos valores monetários segundo índices oficiais regularmente estabelecidos, e honorários de advogado."

Há, no parágrafo único, a previsão da faculdade de enjeitar a obra, se a mora tornou inútil a prestação: "Se a prestação, devido à mora, se tornar inútil ao credor, este poderá enjeitá-la, e exigir a satisfação das perdas e danos." Advirta-se, porém, que dificilmente afigura-se a inutilidade da prestação em se tratando de unidade imobiliária, pois sempre se encontrará uma destinação.

150
Resolução do contrato por inadimplemento do adquirente da unidade em relação ao incorporador

A principal obrigação que assume o adquirente consiste no pagamento do preço, geralmente estabelecido em parcelas, considerando que a maioria dos contratos vem na forma de promessa de compra e venda, tanto em relação às frações ideais como às unidades. Na verdade, em vista do preço na aquisição, organiza-se um plano de pagamento com a divisão em várias partes: um percentual pequeno é pago quando da assinatura do contrato; uma parcela mais significativa fica desdobrada em prestações, durante um ou dois anos; finalmente, o restante de expressão superior do preço é financiado junto a uma instituição financeira. Dificilmente o incorporador financia todo o preço. Daí que a promessa de compra e venda se restringe a uma parte do preço, enquanto o restante é financiado por instituição bancária, adotando-se como garantia a hipoteca ou a alienação fiduciária.

Interessam, aqui, os efeitos da inadimplência quanto à parte do preço que ficou parcelada perante o incorporador. Realiza-se o pagamento em parcelas, ou em quotas mensais de amortização, abrangendo os juros e outros encargos.

Mister ressaltar que figura o incorporador como credor. No entanto, há situações em que é afastado o incorporador, como na sua falência (art. 31-F, § 1º, da Lei n. 4.591/1964); de igual modo nas hipóteses de paralisação das obras por mais de trinta dias, ou de retardamento excessivo (art. 43, inc. VI, da mesma Lei), quando a Comissão de Representantes passará a ocupar a administração, que representará a incorporação e providenciará no cumprimento dos contratos.

Sabe-se das nefastas consequências em caso de inadimplemento, desestruturando a própria incorporação. Realmente, se os valores e prazos de pagamento ajustados nas promessas de compra e venda estiverem fora de sintonia com os prazos e valores do contrato de financiamento bancário para a construção, é concreto o risco de que a equação econômico-financeira do negócio não esteja equilibrada adequadamente. Por isso, a lei reserva mecanismos de cobrança ou resolução do contrato, em sobrevindo o descumprimento das prestações.

Verificado o inadimplemento, faculta-se a opção pela cobrança judicial das prestações em atraso (se devidamente documentadas e calculadas através de processo de execução), ou pela resolução. Escolhida esta segunda via, o primeiro passo consiste na providência da notificação, para a purgação da mora e encargos no prazo de quinze dias, nos termos do Decreto-lei n. 745/1969. Leva-se a termo a notificação

Cap. 150 | Resolução do contrato por inadimplemento do adquirente da unidade • **619**

por meio judicial ou pelo Cartório de Títulos e Documentos, devendo ser entregue pessoalmente ao devedor, ou mediante o representante legal. Na falta de localização, a notificação se faz por edital, mas pela via judicial. Se não acorrer o devedor para satisfazer o valor devido, nasce o direito à ação de resolução do contrato, que terá o procedimento ordinário.

Basta a mora de uma prestação para ensejar o procedimento de resolução. Incumbe ao credor depositar em favor do devedor os valores recebidos, após abater as despesas e cominações do processo, como juros e multa, além do valor pelo uso ou fruição do imóvel, caso já entregue. Também assiste o desconto do valor que for apurado a título de indenização pelas perdas e danos decorrentes do inadimplemento, como faculta o artigo 389 do Código Civil.

Não encontra abrigo no direito a retenção pura e simples dos valores recebidos, por vedação da norma geral do artigo 884 do Código Civil: "Aquele que, sem justa causa, se enriquecer à custa de outrem, será obrigado a restituir o indevidamente auferido, feita a atualização dos valores monetários." O artigo 53 do Código de Defesa do Consumidor (Lei n. 8.078/1990) revela-se mais incisivo a respeito:

> Nos contratos de compra e venda de móveis ou imóveis mediante pagamento em prestações, bem como nas alienações fiduciárias em garantia, consideram-se nulas de pleno direito as cláusulas que estabeleçam a perda total das prestações pagas em benefício do credor que, em razão do inadimplemento, pleitear a resolução do contrato e a retomada do produto alienado.

Perfeitamente legal a compensação do valor recebido com o das perdas e danos ou prejuízos, consistentes também na ocupação do imóvel. Para se chegar ao valor, impõe-se o arbitramento da indenização que será paga, a título de aluguel, o que se viabiliza em perícia, no procedimento de liquidação de sentença.

A resolução encontra suporte no artigo 475 do Código Civil: "A parte lesada pelo inadimplemento pode pedir a resolução do contrato, se não preferir exigir-lhe o cumprimento, cabendo, em qualquer dos casos, indenização por perdas e danos." Naturalmente, a resolução se tornará efetiva com a decisão que se proferirá na ação própria.

150.1. Resolução do contrato por inadimplência, distrato ou desistência do adquirente e restituição de valores recebidos

Já observada no Capítulo 80 a linha de interpretação delineada pela jurisprudência do STJ, no rumo de obrigar o promitente vendedor (incorporador) a restituir o valor recebido, excetuado o correspondente a vinte e cinco por cento, sob o enfoque de que essa retenção servirá para custear os gastos exigidos na implantação e administração do empreendimento. Não haveria, pois, o processo de execução de um título extrajudicial, e muito menos o leilão particular, para a venda da unidade do inadimplente, com a restituição do saldo que restar após a satisfação das obrigações pendentes.

Visando contrabalançar a vantagem que advém ao adquirente, estabeleceu-se, já há certo tempo, a obrigação de ressarcir, mediante valor que for encontrado em liquidação de sentença, o proveito resultante da ocupação do imóvel, concebido a título de locação.

Criou-se uma jurisprudência a respeito do assunto, citando-se, ilustrativamente, a seguinte ementa:

> O desfazimento do contrato dá ao comprador o direito à restituição das parcelas pagas, com retenção pelo vendedor de 25% sobre o valor pago, a título de ressarcimento das despesas havidas com a divulgação, comercialização e corretagem na alienação, nos termos dos precedentes do STJ a respeito do tema (2ª Seção. EREsp. n. 59.870/SP. Relator: Min. Barros Monteiro. Unânime. *DJU* 09.12.2002; REsp. n. 196.311/MG. Relator: Min. Cesar Asfor Rocha. Quarta Turma. Unânime. *DJU* 19.08.2002; REsp. n. 723.034/MG. Relator: Min. Aldir Passarinho Junior. Quarta Turma. Unânime. *DJU* 12.06.2006, dentre outros).
>
> Caso, todavia, excepcional, em que ocorreu a reintegração da posse após a entrega da unidade aos compradores e o uso do imóvel por considerável tempo, a proporcionar enriquecimento injustificado, situação que leva a fixar-se, além da retenção aludida, um ressarcimento, a título de aluguéis, a ser apurado em liquidação de sentença.[1]

No voto, vários os precedentes que são lembrados:

> No mérito, tenho que assiste parcial razão ao recorrente. Inicio a análise do mérito, remetendo ao voto condutor do REsp. n. 712.408/MG, em que fui relator, *verbis*: "Ocorre, porém, que diferentemente dos precedentes acima lembrados, no caso dos autos não se cuidou meramente de desistência no curso da construção, porém trata-se de imóvel ocupado desde meados de 1997 (...), situação que se tornou extremamente vantajosa para os compradores, eis que apesar de pagarem apenas uma parte do preço do imóvel, puderam nele residir, obtendo o benefício econômico com a moradia.
>
> Nessas circunstâncias, haverá a retenção, automática, de 25% de todas as quantias pagas pelos compradores, de acordo com a jurisprudência consolidada pela 2ª Seção, e o ressarcimento, a título de ocupação, superior aos 5% já deferidos na instância revisora, a ser apurado em liquidação de sentença, do valor representado pelo tempo que mediar entre a posse do apartamento pelos réus e a sua entrega à autora, incluindo dívidas acaso existentes de condomínio em atraso e tributos, pois se agregam ao imóvel (*propter rem*) e passarão à responsabilidade da vendedora, que ficará lesada se não considerados também."

Em caso análogo, assim decidiu esta Quarta Turma:

> Civil e processual. Empreendimento imobiliário. Desistência dos adquirentes. Penalização contratual. Situação peculiar. Ocupação da unidade por largo período. Uso. Desgaste. CDC. Elevação do percentual de retenção. Consoante a jurisprudência do STJ, é possível aos adquirentes de imóvel em construção a desistência da compra sob alegação de insuportabilidade do pagamento das prestações, situação em que se reconhece, por outro lado, direito da empresa empreendedora à retenção de parte da quantia paga, a fim de se ressarcir das despesas administrativas havidas com a divulgação, comercialização e corretagem na alienação. Precedentes do STJ que fixam o percentual em 25% (2ª Seção. EREsp. n. 59.870/SP. Relator: Min. Barros Monteiro. Quarta Turma. Unânime. *DJU* 09.12.2002; REsp. n. 196.311/MG. Relator: Min. Cesar Asfor Rocha. Quarta Turma.

---

[1] REsp. n. 331.923/RJ. Relator: Min. Aldir Passarinho Junior. Quarta Turma. Julgado em 28.04.2009, *DJe* 25.05.2009.

Unânime. *DJU* 19.08.2002; REsp. n. 723.034/MG. Relator: Min. Aldir Passarinho Junior Quarta Turma. Unânime. *DJU* 12.06.2006, dentre outros).

Caso, todavia, excepcional, em que ocorreu a desistência, porém já após a entrega da unidade aos compradores e o uso do imóvel por considerável tempo, a proporcionar enriquecimento injustificado se não reconhecida à construtora compensação mais ampla, situação que leva a fixar-se, além da retenção aludida, uma extensão desta, até o limite da cláusula penal contratualmente estabelecida, a ser apurada em liquidação de sentença.

Recurso especial conhecido em parte e parcialmente provido (REsp. n. 474.388/SP. Relator: Min. Aldir Passarinho Junior. Unânime. *DJU* 08.10.2007).

Na verdade, deveras singela a solução acima adotada, eis que o percentual de 25%, considerado como apropriado para a cobertura dos custos exigidos na execução e administração, tanto pode refletir um quantitativo exacerbante como uma quantia irrisória. Se a finalidade é evitar injustiças, e impedir o enriquecimento sem causa, o único caminho coerente e apto está na perícia, que aferirá, também, o desgaste no imóvel causado pelo seu uso.

Em vista de se tratar de matéria muito debatida, a tendência foi a sua regulamentação, tendo despontado o Projeto de Lei da Câmara n. 68/2018, do Deputado Federal Celso Russomano, que se transformou na Lei n. 13.786, de 27.12.2018, passando a vigorar no dia de sua publicação. Acrescentou, entre outros, dois dispositivos, sendo um deles o art. 67-A à Lei n. 4.591/1964, com vários parágrafos, estatuindo regras sobre o distrato ou resolução por inadimplemento absoluto das obrigações pelo adquirente, mas reconhecendo-lhe o direito à restituição de parte das quantias pagas. Restringem-se as regras às unidades adquiridas junto ao incorporador. Não se estendem à inadimplência no pagamento de prestações de financiamento bancário, com ou em garantia hipotecária, ou garantido com a alienação fiduciária. Revela-se bem claro o mencionado artigo:

> Em caso de desfazimento do contrato celebrado exclusivamente com o incorporador, mediante distrato ou resolução por inadimplemento absoluto de obrigação do adquirente, este fará jus à restituição das quantias que houver pago diretamente ao incorporador, atualizadas com base no índice contratualmente estabelecido para a correção monetária das parcelas do preço do imóvel, delas deduzidas, cumulativamente.

O desfazimento pode dar-se por distrato (resilição bilateral ou de comum acordo), ou por desistência (arrependimento do adquirente), ou por resolução (inadimplemento por uma das partes, sendo, no caso, pelo adquirente).

A disposição não impede a execução extrajudicial ou judicial, que será analisada abaixo, no Capítulo 152, constituindo opção de o incorporador buscar a resolução com base no art. 67-A ou a execução extrajudicial, e mesmo a judicial, das quantias em atraso.

Nos incisos, elencam-se os valores permitidos descontar ou deduzir do montante pago pelo adquirente:

> I – a integralidade da comissão de corretagem;
> II – a pena convencional, que não poderá exceder a 25% (vinte e cinco por cento) da quantia paga.

Naturalmente, a parcela relativa à comissão de corretagem será descontada se tiver havido pagamento, e se existiu a intermediação na compra e venda.

Quanto à pena convencional, em princípio de 25% sobre as quantias entregues, mas com os acréscimos indicados no § 2º e a elevação de até 50% no caso do § 5º, permite-se o desconto independentemente da existência ou não de prejuízos no imóvel. Nem se exige tenha o adquirente ocupado ou aproveitado de outro modo a unidade, como se depreende do § 1º:

> Para exigir a pena convencional, não é necessário que o incorporador alegue prejuízo.

O § 2º inclui vários custos e despesas, em havendo distrato ou desistência do contrato, que serão acrescidos ao percentual do inciso II do art. 67-A:

> Em função do período em que teve disponibilizada a unidade imobiliária, responde ainda o adquirente, em caso de resolução ou de distrato, sem prejuízo do disposto no *caput* e no § 1º deste artigo, pelos seguintes valores:
>
> I – quantias correspondentes aos impostos reais incidentes sobre o imóvel;
>
> II – cotas de condomínio e contribuições devidas a associações de moradores;
>
> III – valor correspondente à fruição do imóvel, equivalente à 0,5% (cinco décimos por cento) sobre o valor atualizado do contrato, *pro rata die*;
>
> IV – demais encargos incidentes sobre o imóvel e despesas previstas no contrato.

Não se pense que tem aplicação o Tema 970, resultante do Recurso Repetitivo n. 1.635.428, da Segunda Seção do STJ, julgado em 22.05.2019, e publicado em 26.06.2019, nos seguintes termos: "A cláusula penal moratória tem a finalidade de indenizar pelo adimplemento tardio da obrigação, e, em regra, estabelecida em valor equivalente ao locativo, afasta-se sua cumulação com lucros cessantes". Ocorre que a tese tem em conta "definir acerca da possibilidade ou não de cumulação da indenização por lucros cessantes com a cláusula penal, nos casos de inadimplemento do vendedor em virtude do atraso na entrega de imóvel em construção objeto de contrato ou promessa de compra e venda".

A matéria sobre as decorrências da falta de entrega das unidades no prazo avençado restou examinada no capítulo 77.

São exigíveis as quantias gastas com impostos (Imposto sobre a Propriedade Territorial Urbana – IPTU), com as cotas de condomínio, taxa de lixo e contribuições pagas a associações de moradores.

Adiciona-se o correspondente a 0,5% (cinco décimos por cento) do valor do contrato, desde que tenha havido fruição do imóvel, com a devida correção monetária calculada *pro rata die*, isto é, calcula-se a cifra que resulta o percentual sobre o valor atualizado do contrato, não importando o número de dias de fruição. Esta maneira de calcular não constitui um critério coerente, pois a obrigação é igual para aquele que ocupa o imóvel durante poucos dias ou até mais de um ano.

Não incide tal obrigação mensalmente, nem pode repetir-se.

Igualmente acrescentam-se outros encargos que decorreram do imóvel, desde que indicados no contrato, como chamadas extras ou contribuições para o fundo de reserva, o que é possível se exercido o uso ou proveito.

Cap. 150 | Resolução do contrato por inadimplemento do adquirente da unidade • **623**

Autoriza o § 3º que os mencionados ônus ou débitos sejam descontados do valor que terá de ser restituído, como garante o § 3º:

> Os débitos do adquirente correspondentes às deduções de que trata o § 2º deste artigo poderão ser pagos mediante compensação com a quantia a ser restituída.

O somatório de todas as quantias acima discriminadas não pode ultrapassar os valores efetivamente pagos, excetuado o percentual correspondente à fruição. Se o montante total ultrapassar o *quantum* da devolução, somente as quantias relativas à fruição tornam-se exigíveis afora dos descontos, pois não ficam no limite dos valores pagos. É o que se extrai do § 4º:

> Os descontos e as retenções de que trata este artigo, após o desfazimento do contrato, estão limitados aos valores efetivamente pagos pelo adquirente, salvo em relação às quantias relativas à fruição do imóvel.

O § 5º trata da pena convencional e da restituição do valor restante no caso de submetida a incorporação ao regime do patrimônio de afetação, que é o sistema em que o conjunto de bens e valores fica sujeito a uma espécie de indisponibilidade, importando em agregá-lo ou vinculá-lo ao empreendimento, e acarretando a sua indisponibilidade. A matéria relativa à afetação teve seu estudo realizado nos Capítulos 95 a 124 desta obra. Em tal situação, se faz a restituição dos valores recebidos pelo incorporador devidamente atualizados mediante a correção monetária pelo índice eleito no contrato, e com as deduções já vistas, no prazo de trinta dias a contar do habite-se ou documento equivalente, fornecido pelo Município. A pena convencional, ou montante da retenção pelo incorporador, será, então, de até 50%. Justifica-se o aumento pela razão de não se transferirem os valores e bens ao incorporador, já que utilizados unicamente no empreendimento. Impõe-se este agravamento, também, para assegurar a viabilidade da incorporação, já que sofre, com a desistência ou distrato, uma defasagem nos recursos para a sua concretização.

Eis a regra do § 5º:

> Quando a incorporação estiver submetida ao regime do patrimônio de afetação, de que tratam os arts. 31-A a 31-F desta Lei, o incorporador restituirá os valores pagos pelo adquirente, deduzidos os valores descritos neste artigo e atualizados com base no índice contratualmente estabelecido para a correção monetária das parcelas do preço do imóvel, no prazo máximo de 30 (trinta) dias após o habite-se ou documento equivalente expedido pelo órgão público municipal competente, admitindo-se, nessa hipótese, que a pena referida no inciso II do *caput* deste artigo seja estabelecida até o limite de 50% (cinquenta por cento) da quantia paga.

Não adotado tal regime, a restituição do montante que resta após os descontos autorizados se fará em até cento e oitenta dias da data do desfazimento do negócio (e não do habite-se). Assim consta do § 6º:

> Caso a incorporação não esteja submetida ao regime do patrimônio de afetação de que trata a Lei n. 10.931, de 2 de agosto de 2004, e após as deduções a que se refe-

rem os parágrafos anteriores, se houver remanescente a ser ressarcido ao adquirente, o pagamento será realizado em parcela única, após o prazo de 180 (cento e oitenta) dias, contado da data do desfazimento do contrato.

Oportuno lembrar o Tema Repetitivo 1002 do STJ, concernente aos contratos celebrados antes da Lei n. 13.786/2018, havendo pedido de resolução pelo promitente adquirente da unidade, os juros incidentes no valor a ser restituídos serão contados somente a partir do trânsito em julgado da sentença, se pedida a restituição de forma diversa da cláusula penal convencionada: "Nos compromissos de compra e venda de unidades imobiliárias anteriores à Lei nº 13.786/2018, em que é pleiteada a resolução do contrato por iniciativa do promitente comprador de forma diversa da cláusula penal convencionada, os juros de mora incidem a partir do trânsito em julgado da decisão".[2]

Ocorrendo revenda da unidade, reduz-se o prazo de restituição para trinta dias a contar da transferência, com a necessária atualização monetária, segundo os §§ 7º e 8º:

> § 7º Caso ocorra a revenda da unidade antes de transcorrido o prazo a que se referem os §§ 5º ou 6º deste artigo, o valor remanescente devido ao adquirente será pago em até 30 (trinta) dias da revenda.
>
> § 8º O valor remanescente a ser pago ao adquirente nos termos do § 7º deste artigo deve ser atualizado com base no índice contratualmente estabelecido para a correção monetária das parcelas do preço do imóvel.

Já o § 9º afasta a cláusula penal inserida no contrato se o adquirente inadimplente conseguir comprador do imóvel que assuma os direitos e obrigações, com a concordância do incorporador e a aprovação do cadastro e da capacidade financeira e econômica do substituto. Na hipótese, não restam prejuízos ao incorporador.

Necessário observar que cláusula penal consiste em uma cominação de natureza acessória pela qual se estabelece uma pena ou multa para a parte que deixar de cumprir uma obrigação. No caso, a cláusula penal vem a ser a pena convencional constante do inc. II do art. 67-A, ou a do § 5º. Seria inconcebível cumular a pena de retenção do correspondente a até 25% ou 50% do montante pago e mais outra penalidade. Eis o texto do dispositivo:

> Não incidirá a cláusula penal contratualmente prevista na hipótese de o adquirente que der causa ao desfazimento do contrato encontrar comprador substituto que o sub-rogue nos direitos e obrigações originalmente assumidos, desde que haja a devida anuência do incorporador e a aprovação dos cadastros e da capacidade financeira e econômica do comprador substituto.

De conformidade com o § 10, autoriza-se a desistência ou o arrependimento, sem qualquer retenção ou pena convencional, desde que os contratos tenham sido firmados em estandes de venda (sendo exemplos os pontos de venda no local da implantação

---

[2] REsp n. 1.740.911/DF. Segunda Seção. Relator: Min. Moura Ribeiro. Julgado em 14.08.2019. *DJe* 22.08.2019.

Cap. 150 | Resolução do contrato por inadimplemento do adquirente da unidade • 625

do prédio da incorporação) ou fora da sede do incorporador, e se exercido o direito no prazo de sete dias da realização do contrato. Transcreve-se o dispositivo:

> Os contratos firmados em estandes de vendas e fora da sede do incorporador permitem ao adquirente o exercício do direito de arrependimento, durante o prazo improrrogável de 7 (sete) dias, com a devolução de todos os valores eventualmente antecipados, inclusive a comissão de corretagem.

O § 10 tem origem no art. 49 e de seu parágrafo único do Código de Defesa do Consumidor, na redação que segue:

> O consumidor pode desistir do contrato, no prazo de 7 (sete) dias a contar de sua assinatura ou do ato de recebimento do produto ou serviço, sempre que a contratação de fornecimento de produtos e serviços ocorrer fora do estabelecimento comercial, especialmente por telefone ou a domicílio.
>
> Parágrafo único. Se o consumidor exercitar o direito de arrependimento previsto neste artigo, os valores eventualmente pagos, a qualquer título, durante o prazo de reflexão, serão devolvidos, de imediato, monetariamente atualizados.

De anotar, ainda, a incumbência, por ordem do § 11, a cargo do adquirente em demonstrar que exerceu o direito de arrependimento por meio de carta com aviso de recebimento, encaminhada dentro do prazo de sete dias da data do contrato:

> Caberá ao adquirente demonstrar o exercício tempestivo do direito de arrependimento por meio de carta registrada, com aviso de recebimento, considerada a data da postagem como data inicial da contagem do prazo a que se refere o § 10 deste artigo.

Sobre a desistência de contrato de promessa de compra e venda de imóvel, existe a Súmula 543/STJ, prevendo quando cabe a restituição total ou parcial dos valores pagos: "Na hipótese de resolução de contrato de promessa de compra e venda de imóvel submetido ao Código de Defesa do Consumidor, deve ocorrer a imediata restituição das parcelas pagas pelo promitente comprador – integralmente, em caso de culpa exclusiva do promitente vendedor/construtor, ou parcialmente, caso tenha sido o comprador quem deu causa ao desfazimento" (Segunda Seção, julgado em 26/08/2015, *DJe* 31/08/2015).

Entretanto, diante da Lei n. 13.786/2018, o critério de suas disposições é que passa a vigorar.

De acordo com o § 12, decorrido o lapso temporal de sete dias do negócio sem o exercício do direito de arrependimento, torna-se irretratável o negócio.

Pelo § 13, às partes reserva-se a liberdade, de comum acordo, para estabelecer condições diferenciadas das acima previstas.

O § 14 disciplina as hipóteses de leilão de imóvel objeto de contrato de compra e venda com pagamento parcelado, com ou sem garantia real; de promessa de compra e venda ou de cessão; e de compra e venda com pacto adjeto de alienação fiduciária em garantia. Realizado o leilão no contexto ou processo de execução judicial ou de procedimento extrajudicial de execução ou de resolução, a restituição de eventuais valores ao adquirente contra quem se dirigiu a execução nas modalidades citadas far-se-á de acordo com os critérios estabelecidos na respectiva lei especial ou com as normas aplicáveis à execução em geral. Normalmente, pagos os encargos e as dívidas, e havendo saldo, faz-se a entrega do mesmo ao adquirente.

Por último, é necessário dizer que a Lei n. 13.786/2018 tem efeitos para o futuro. Não se aplica a contratos anteriores à sua vigência. É que os fatos são regidos pelas leis da época de sua ocorrência. A lei nova não se aplica a contratos pretéritos nem mesmo quanto a efeitos futuros que deles resultarem, apenas para exemplificar), segundo antiga decisão do STF:

> A regência do contrato faz-se, pouco importando o desdobramento em prestações sucessivas, pela lei em vigor na data em que formalizado. Entendimento adotado pela ilustrada maioria.[3]

De modo que apenas contratos assinados após o advento da Lei n. 13.786/2018 serão por ela regidos.

---

[3] RE n. 134.570. Pleno do Supremo Tribunal Federal. Relator: Min. Marco Aurélio, Julgado em 15.03.2006. *DJ* 10.08.2006.

151
Resolução do contrato e devolução dos valores pagos na construção

Pelo artigo 40 da Lei n. 4.591/1964, "no caso de rescisão de contrato de alienação do terreno ou de fração ideal, ficarão rescindidas as cessões ou promessas de cessão de direitos correspondentes à aquisição do terreno", o que se revela natural. Evidente que, desfazendo-se o contrato de compra e venda de unidade, as possíveis cessões e promessas de cessão deixarão de existir. Em havendo construção na fração ideal adquirida, e uma vez operada a resolução do contrato, vai a dita construção para o domínio do vendedor, em cujo nome se consolidará o direito sobre a construção, nos termos do § 1º do artigo 40. Todavia, isto se a resolução se operou em favor do alienante, isto é, se não deu causa à desconstituição. No entanto, poderão os adquirentes de unidades, cujos contratos restaram desfeitos, buscar o ressarcimento do valor que representa a construção. Assim garante o § 2º do mesmo artigo: "No caso do parágrafo anterior, cada um dos ex-titulares de direito à aquisição de unidades autônomas haverá do mencionado alienante o valor da parcela de construção que haja adicionado à unidade, salvo se a rescisão houver sido causada pelo ex-titular."

Enquanto não se der o ressarcimento do valor, sujeita-se à nulidade a venda, de acordo com o § 3º: "Na hipótese dos parágrafos anteriores, sob pena de nulidade, não poderá o alienante em cujo favor se operou a resolução voltar a negociar seus direitos sobre a unidade autônoma, sem a prévia indenização aos titulares, de que trata o § 2º'".

Outrossim, na eventualidade da resolução por falta de pagamento, os ex-titulares, isto é, os adquirentes cujas unidades se transferiram para o alienante, se tiverem de buscar o recebimento do valor das construções, terão como garantia unicamente as frações ideais e a unidade autônoma. É o que determina o § 4º: "No caso do parágrafo anterior, se os ex-titulares tiverem de recorrer à cobrança judicial do que lhes for devido, somente poderão garantir o seu pagamento a unidade e respectiva fração de terreno objeto do presente artigo."

Importa deixar claro que a devolução certa do valor investido refere-se ao montante da construção, por assim constar dos §§ 2º e 3º.

Essa a linha de entendimento do STJ:

> *Civil. Compra e venda. Rescisão.* Desfeito o negócio, a parte que não deu causa à respectiva rescisão faz jus ao *statu quo ante.* Interpretação do art. 40, § 2º, da Lei n. 4.591/1964. Recurso especial não conhecido.[1]

---

[1] REsp. n. 702.307/RJ. Relator: Min. Castro Filho. Terceira Turma. Julgado em 14.02.2008, *DJe* 05.11.2008.

Vem a matéria bem explicada no voto do Relator:

> Quanto ao tema de fundo, contudo, melhor sorte lhe socorre, tendo em vista o julgamento proferido pela Terceira Turma no REsp. n. 606.117/RJ. Relator: o eminente Min. Menezes Direito. *DJ* 10.10.2005, quando, em hipótese análoga à dos presentes autos, decidiu-se que, "se o ex-titular não causou a rescisão, direito tem ele a receber o valor que pagou para construção de seu imóvel. Todavia, nos termos do art. 40, § 2º, da Lei n. 4.591/1964, não são todos os valores pagos, mas apenas aqueles que digam diretamente com a construção, descontados, portanto, alguns itens que não se relacionam com a obra e que devem ser apurados em execução por arbitramento".
>
> Por elucidativos, permito-me transcrever do voto condutor do acórdão, os seguintes fundamentos:
>
> "(...) Na apelação, a parte autora invocou os arts. 40 e 42 da Lei n. 4.591/1964. É em torno desses dispositivos que a controvérsia deve ser dirimida. Vejamos.
>
> A empresa ré, como consta da inicial, retomou o terreno negociado com a antiga incorporadora, assumiu o empreendimento e impôs a renegociação do contrato. A autora, diante disso, não conseguiu mais pagar as prestações e pede a rescisão do contrato e a restituição dos valores pagos. O acórdão aplicou o art. 40 da Lei n. 4.591/1964 e decretou a rescisão do contrato e a devolução do que foi pago. A lei determina que o ex-titular de direito à aquisição de unidades autônomas haverá do mencionado alienante o valor da parcela de construção que haja adicionado à unidade, salvo se a rescisão houver sido causada pelo ex-titular (...).
>
> Na minha compreensão, o que decidiu o Tribunal local não discrepa daquilo que a mais justa interpretação recomenda ao comando legal.
>
> O valor adicionado à construção é o correspondente àquele pago pelo ex-titular para a construção da sua unidade, relacionado diretamente com a obra. Se outra interpretação for dada, assim, aquela da sentença, no sentido de que deve ser feita a prova de que os valores foram adicionados à unidade, o dispositivo ficaria sem sentido.
>
> A situação é diferente daqueles casos em que há o pedido de rescisão decorrente da impossibilidade de pagamento pelo adquirente, como admitido pela Corte. Aqui, a rescisão decorre do próprio comando legal e não seria razoável que os adquirentes arcassem com os prejuízos advindos do inadimplemento da antiga incorporadora, assumindo o alienante o direito sobre a construção existente. Com isso, já que o ex-titular não causou a rescisão, direito tem ele a receber o valor que pagou para construção de seu imóvel. Todavia, como já assinalado, não são todos os valores pagos, mas apenas aqueles que digam diretamente com a construção, descontados, portanto, alguns itens que não se relacionam com a obra e que devem ser apurados em execução por arbitramento. O que o dispositivo determinou foi que houvesse o ressarcimento da parte relativa à construção, não incluídas despesas de administração, de seguro, propaganda e outras que não estão diretamente relacionadas com a obra. Não se inclui também a fração ideal do terreno (...)."
>
> Pelo exposto, alinhando-me aos fundamentos retro transcritos, no sentido de que a restituição não deve abranger todos os valores pagos, mas apenas os que digam diretamente com a construção, conheço do recurso e lhe dou parcial provimento, para determinar que seja feita a restituição da parte relativa à construção, deduzida aquela pertinente a despesas que não se relacionem diretamente à obra, tal como apurado em execução por arbitramento.

Em mais um precedente:

Se o ex-titular não causou a rescisão, tem direito de receber o que pagou na construção de seu imóvel. Nos termos do art. 40, § 2º, da Lei n. 4.591/1964, não são todos os valores pagos, mas apenas os utilizados na construção, descontados, os itens não relacionados com a obra a serem apurados em execução de sentença.[2]

---

[2] STJ. REsp. n. 960.748/RJ. Terceira Turma. Julgado em 12.02.2008, *DJe* 26.06.2008.

152
Resolução por meio de notificação e venda em leilão da unidade

De salientar, inicialmente, que a inadimplência tanto do adquirente como do promitente adquirente constitui motivo para a resolução do contrato de promessa de compra da unidade. O procedimento judicial para a resolução é perfeitamente válido, em demanda que terá por embasamento o artigo 475 do Código Civil, consoante acima analisado.

Interessa, aqui, a resolução administrativa, a cargo da Comissão de Representantes, e mesmo do incorporador (se não preferir a resolução ou distrato segundo o disposto no art. 67-A e parágrafos, vindos com a Lei nº 13.786/2018), a qual está disciplinada no artigo 63 e em seus vários parágrafos da Lei n. 4.591/1964. Constatada a mora no pagamento de três ou mais prestações, leva-se a termo a notificação, através do incorporador ou da Comissão de Representantes, para o devido adimplemento, no prazo de dez dias. Na falta de atendimento, fica rescindido o contrato, devendo ser levado a leilão o bem, para a venda, e poder o condomínio ou o incorporador satisfazer o crédito pendente de que é titular. A quantia que sobrar, após cobrir todas as despesas, entrega-se para o devedor.

O procedimento acima aparece devidamente descrito no artigo 63:

> É lícito estipular no contrato, sem prejuízo de outras sanções, que a falta de pagamento, por parte do adquirente ou contratante, de 3 (três) prestações do preço da construção, quer estabelecidas inicialmente, quer alteradas ou criadas posteriormente, quando for o caso, depois de prévia notificação com o prazo de 10 (dez) dias para purgação da mora, implique a rescisão do contrato, conforme nele se fixar, ou que, na falta de pagamento, pelo débito respondem os direitos à respectiva fração ideal de terreno e à parte construída adicionada, na forma abaixo estabelecida, se outra forma não fixar o contrato.

O § 1º impõe a obrigação da venda em leilão:

> Se o débito não for liquidado no prazo de 10 (dez) dias, após solicitação da Comissão de Representantes, esta ficará, desde logo, de pleno direito, autorizada a efetuar, no prazo que fixar, em público leilão anunciado pela forma que o contrato previr, a venda, promessa de venda ou de cessão, ou a cessão da quota de terreno e correspondente parte construída e direitos, bem como a sub-rogação do contrato de construção.

A venda por meio de leilão, como está previsto *supra*, é validada pela jurisprudência do STJ:

Cap. 152 | Resolução por meio de notificação e venda em leilão da unidade • 631

1. Com a entrada em vigor do Código Civil de 2002, parte da Lei n. 4.591/1964, que dispõe sobre a constituição e registro das incorporações imobiliárias, foi revogada, passando o diploma civil a disciplinar o tema nos seus artigos 1.331 a 1.358.

2. A revogação parcial da Lei n. 4.591/1964 não atingiu a previsão constante de seu art. 63, consistente na execução extrajudicial do contratante faltoso em sua obrigação de pagamento das prestações do preço da construção.

3. A execução instituída pela Lei n. 4.591/1964 possibilitou a realização de leilão extrajudicial, devendo, no entanto, a opção por sua utilização constar sempre, previamente, do contrato estabelecido entre as partes envolvidas na incorporação.

4. A necessidade de previsão contratual da medida expropriatória extrajudicial, e a ocorrência de prévia interpelação do devedor para que seja constituído em mora, dão a essa espécie de execução elementos satisfatórios de contraditório, uma vez que a interpelação será absolutamente capaz de informar o devedor da inauguração do procedimento, possibilitando, concomitantemente, sua reação.

5. Nos termos da execução extrajudicial da Lei n. 4.591/1964, não é necessária a realização de uma segunda notificação do devedor com o objetivo de cientificá-lo da data e hora do leilão, após a interpelação que o constitui em mora.

6. Recurso especial não provido.[1]

É obrigatória a venda em leilão, não se facultando ao credor reter a unidade, em razão da obrigatoriedade em devolver a quantia que exceder à dívida.

Não apenas à Comissão de Representantes é assegurada essa modalidade de resolução e leilão para o recebimento do crédito. Estende-se ao incorporador, máxime se figura como credor, como reconhece Melhim Namem Chalhub:

> Além da Comissão de Representantes, o incorporador ou o construtor, enquanto alienantes, também estão legitimados a promover o leilão da unidade do adquirente inadimplente, ficando o alienante investido dos mesmos poderes conferidos à Comissão de Representantes pelo art. 63 §§ 1º a 8º.[2]

No entanto, ele deve estar presente no contrato na qualidade de alienante, ou da pessoa que prometeu alienar.

A Comissão de Representantes atuará em nome do condomínio, ou mesmo da incorporação nos contratos de construção por empreitada ou administração. Também figurará quando destituído o incorporador, se dele partiram as vendas, ou promessas de vendas, e se configurarem as hipóteses do artigo 43, inciso VI (se o incorporador paralisar as obras por mais de trinta dias, ou retardar-lhes excessivamente o andamento), ou no caso de falência (se decidirem os adquirentes prosseguir na construção). Sempre se lhe abre o caminho da notificação para resolver o contrato e da venda em leilão. Não se lhe reconhece, todavia, legitimidade para atuar em nome do incorporador, por créditos dele.

Incumbe que se proceda com todo o desvelo e rigor no exercício da função, mormente em relação aos trâmites da resolução do contrato e dos leilões, sob pena de perda automática do mandato e de substituição (§ 10 do art. 63).

---

[1] REsp 1.399.024/RJ. Quarta Turma. Relator: Min. Luis Felipe Salomão. Julgado em 03.11.2015. *DJe* 11.12.2015.

[2] *Da incorporação imobiliária*. Ob. cit. p. 336.

A notificação, para trazer o efeito da resolução, explicitará a origem da dívida, isto é, se decorre da compra da fração ideal, ou se é proveniente da construção; a exatidão dos valores, com a sua discriminação, e inclusive planilha de cálculo, máxime na incidência de juros e correção monetária.

Encaminha-se o ato ao adquirente e seu cônjuge, com a entrega pessoa, ou através de procurador legal. Na falta de localização, efetua-se judicialmente a notificação, com a publicação de edital.

A indispensabilidade da correta notificação já foi ressaltada pelo STJ:

> *Incorporação imobiliária. Atraso no pagamento de prestações. Art. 63 da Lei n. 4.591/1964. Leilão da unidade habitacional. Direitos de terceiro adquirente de boa-fé.* O leilão da unidade habitacional, promovido pela Comissão de Representantes do condomínio, é anulável quando não efetuada, na forma do art. 63 da Lei n. 4.591/1964, a regular notificação do adquirente em mora, a fim de que venha a purgá-la. Caso em que, pela anterior separação judicial do casal de compradores, os direitos sobre a unidade habitacional haviam tocado a mulher, feitos os devidos lançamentos no Oficio imobiliário.
>
> Notificação apenas do ex-marido, por via edital. Nulidade decretada. Aos compradores da unidade habitacional, de boa-fé, assiste o direito de retenção pelas quantias pagas e que reverteram em proveito do término do prédio, do pagamento de dívida hipotecária e do acabamento interno do apartamento; estes valores serão ao final compensados com o valor do ressarcimento devido à autora pela posse do apartamento pelos terceiros adquirentes, desde a citação.[3]

Uma vez transcorrido o prazo de dez dias para a emenda da mora, e sem a providência de acorrer para a emenda, fica resolvido o contrato, passando-se para o público leilão com a finalidade da venda da fração ideal e das acessões (unidade e demais bens).

Dois os leilões previstos. No primeiro, há um patamar mínimo do preço exigido, não inferior a tudo quando o inadimplente gastou, enquanto no segundo opera-se a venda com um valor inferior, desde que não irrisório. Assim está no § 2º do artigo 63:

> Se o maior lanço obtido for inferior ao desembolso efetuado pelo inadimplente, para a quota do terreno e a construção, despesas acarretadas e as percentagens expressas no parágrafo seguinte será realizada nova praça no prazo estipulado no contrato. Nesta segunda praça, será aceito o maior lanço apurado, ainda que inferior àquele total.

O montante mínimo, para admitir-se a arrematação, não será inferior ao investimento feito pelo adquirente, abrangendo a compra da fração ideal e a construção das acessões, multa, juros, correção monetária, prestações em atraso e despesas do leilão. O § 4º indica as despesas:

> Do preço que for apurado no leilão, serão deduzidas as quantias em débito, todas as despesas ocorridas, inclusive honorários de advogado e anúncios, e mais 5% (cinco por cento) a título de comissão e 10% (dez por cento) de multa compensatória, que

---

[3] REsp n. 9.818/SP. Relator: Min. Athos G. Carneiro. Quarta Turma. Julgado em 15.06.1992. Publicado em 30.11.1992.

Cap. 152 | Resolução por meio de notificação e venda em leilão da unidade • **633**

reverterão em benefício do condomínio de todos os contratantes, com exceção do faltoso, ao qual será entregue o saldo, se houver.

O STJ ponderou a respeito:

> O art. 63 dessa lei prevê a possibilidade de o condomínio alienar em leilão a unidade do adquirente em atraso, visando à recomposição de seu caixa e permitindo que a obra não sofra solução de continuidade. Todavia, a autorização de alienação do imóvel não pode ensejar o enriquecimento sem causa do condomínio, de maneira que o § 4° estabelece que do valor arrematado deverão ser deduzidos: (I) o valor do débito; (II) as eventuais despesas; (III) 5% a título de comissão; e (IV) 10% de multa compensatória. E, havendo quantia remanescente, deverá ser devolvida ao condômino inadimplente.[4]

Depois do prazo de dez dias, e enquanto se desenvolve o procedimento do leilão, não cabe ao devedor acorrer para remir ou pagar a dívida. Unicamente se houver concordância da Comissão de Representantes, e se não comparecerem interessados, é de se aceitar a remissão. Nem é de se aplicar analogicamente a remissão do artigo 826 do Código de Processo Civil para a espécie em exame, posto que destinada a figura para as execuções processadas judicialmente.

O § 8° do artigo 63 autoriza a introdução de juros e multa na exigibilidade em caso de mora no pagamento ou depósito das prestações, enquanto no § 9° está permitida a incidência da atualização nas prestações se pagas com atraso, aplicando-se índices que realmente reflitam as oscilações do poder aquisitivo da moeda nacional.

O § 7° inclui outros encargos no pagamento com o resultado da venda, sendo eles os débitos fiscais ou os previdenciários:

> Os eventuais débitos fiscais ou para com a Previdência Social não impedirão a alienação por leilão público. Neste caso, ao condômino somente será entregue o saldo, se houver, desde que prove estar quite com o Fisco e a Previdência Social, devendo a Comissão de Representantes, em caso contrário, consignar judicialmente a importância equivalente aos débitos existentes dando ciência do fato à entidade credora.

As obrigações tributárias e previdenciárias não impedem o leilão. Tais obrigações gozam de preferência no juízo universal da falência ou da insolvência. Acompanham o imóvel, sub-rogando-se nelas o arrematante ou adquirente.

Já no segundo leilão, como acontece nas vendas judiciais, é aceito lanço com oferta inferior, mas sem aviltar o preço, jamais se convalidando quando irrisório, inferior ao mínimo de sessenta por cento do total da dívida, abaixo do qual se tem como irrisório o preço.

No prazo de 24 horas, poderá o condomínio adjudicar a unidade, ficando-lhe reservada a preferência, que se exercerá sempre pelo valor da arrematação do leilão. Naturalmente, mede-se o valor consoante o ofertado no primeiro ou segundo leilão. O § 3° do artigo 63 trata do assunto: "No prazo de 24 horas após a realização do

---

4   REsp n. 860.064/PR. Quarta Turma. Relator: Min. Raul Araújo. Julgado em 27.03.2012. *DJe* 02.08.2012.

leilão final, o condomínio, por decisão unânime de Assembleia Geral em condições de igualdade com terceiros, terá preferência na aquisição dos bens, caso em que serão adjudicados ao condomínio".

O § 8º do artigo 63 autoriza a introdução de juros e multa na exigibilidade em caso de mora no pagamento ou depósito das prestações, enquanto no § 9º está permitida a incidência da atualização nas prestações se pagas com atraso, aplicando-se índices que realmente reflitam as oscilações do poder aquisitivo da moeda nacional.

O leiloeiro oficial realizará o leilão, não se concebendo que se faça privada ou internamente, seguindo-se as normas usuais para tanto, embora o silêncio da lei. Publicam-se editais de leilão pelo menos por duas vezes em jornal local de grande circulação. Inserem-se no edital a identificação do imóvel colocado à venda, as características da incorporação, a razão do leilão, o valor da avaliação, o dia, a hora e local da realização, o valor do lanço mínimo, as condições impostas, inclusive a respeito da assunção ou sub-rogação, pelo arrematante, nas obrigações e direitos do adquirente devedor.

Não é necessária a intimação do devedor. Considerando que aparece na Lei n. 4.591/1964 a regulamentação específica, e dada a omissão de regras a respeito, pensa--se que não se empresta o rigor do ordenamento do Código de Processo Civil a este tipo de leilão, que se destaca pela singeleza de sua efetivação.

A ata de leilão constitui o ato da transferência, sem a imposição de uma escritura pública. Expede-se uma carta de arrematação, por ordem do leiloeiro, que será o título de transferência. Considera-se definitivo o título, se precedeu uma compra e venda da fração ideal e da unidade; constitui-se de uma promessa de compra e venda, se desta espécie for o título anterior, isto é, se o inadimplente era titular de uma promessa de compra e venda.

Há profundas dúvidas a respeito da formalização do ato de transferência. O mais correto e coerente é seguir-se como acima explicado, servindo a ata de leilão como título da transferência, com o posterior registro. Em ocorrendo a adjudicação, torna-se necessária a exteriorização do ato, por meio de manifestação de vontade, expressa através de requerimento, ou correspondência, incumbindo ao representante do condomínio o encaminhamento, acompanhado dos documentos da aprovação unânime da assembleia.

Não parece constituir a forma correta a indicada por Mário Pazutti Mezzari:

> Para instrumentalizar a venda, seja para terceiro, seja para o condomínio que exerça o seu direito de adjudicação, a Comissão de Representantes é investida de mandato irrevogável, na vigência do contrato geral de construção da obra, com poderes necessários para, em nome do condômino inadimplente, efetuar as citadas transações, podendo para este fim fixar preços, ajustar condições, sub-rogar o arrematante nos direitos e obrigações decorrentes do contrato de construção e da quota de terreno e construção, outorgar as competentes escrituras e contratos, receber preços, dar quitações; imitir o arrematante na posse do imóvel; transmitir o domínio, direito e ação; responder pela evicção; receber citação, propor e variar de ações; e também dos poderes *ad juditia*, a serem substabelecidos a advogado legalmente habilitado.[5]

---

[5] *Condomínio e Incorporação no Registro de Imóveis*. 3. ed. Porto Alegre: Norton Editor, 2010. p. 34.

Cap. 152 | Resolução por meio de notificação e venda em leilão da unidade • 635

Não age a Comissão de Representantes em nome do inadimplente. Inconcebível que se reconheça poderes para atuar contra seus interesses, isto é, para expropriar o seu imóvel.

No entanto, nada impede que a Comissão de Representantes oficialize a transferência através de uma escritura pública, na qual se insiram os atos de leilão, ficando investida de poderes para tal finalidade. A essa interpretação induz o § 5º do artigo 63:

> Para os fins das medidas estipuladas neste artigo, a Comissão de Representantes ficará investida de mandato irrevogável, isento do imposto do selo, na vigência do contrato geral de construção da obra, com poderes necessários para, em nome do condômino inadimplente, efetuar as citadas transações, podendo para este fim fixar preços, ajustar condições, sub-rogar o arrematante nos direitos e obrigações decorrentes do contrato de construção e da quota de terreno e construção; outorgar as competentes escrituras e contratos, receber preços, dar quitações; imitir o arrematante na posse do imóvel; transmitir domínio, direito e ação; responder pela evicção; receber citação, propor e variar de ações; e também dos poderes *ad juditia*, a serem substabelecidos a advogado lealmente habilitado.

Perduram os poderes para a transferência, reconhecidos em favor da Comissão de Representantes, caso se der a extinção por falência, concordata ou dissolução do condomínio, ou por morte do condômino, segundo o § 6º.

Em restando saldo, após a cobertura da dívida e de satisfeitas todas as pendências, faz-se a entrega ao inadimplente.

153

Resolução do contrato em face da execução extrajudicial ou judicial da dívida em financiamentos bancários e da consolidação da propriedade em nome do credor fiduciário ou sua venda

Nos financiamentos bancários do preço ou de parte do preço da compra, que abrange o montante não pago através de recursos próprios, a inadimplência refere-se às prestações contratadas com o próprio agente financeiro. Acontece que se opera a compra e venda da unidade, abrangendo a fração ideal e efetuando-se o registro imobiliário. Em garantia do financiamento, oferece-se em hipoteca o imóvel. Não se desconstitui diretamente o negócio nem com o incorporador ou com a instituição financiadora. Como o próprio imóvel é dado em garantia de hipoteca, através de cédula hipotecária feita por instrumento particular, buscará o credor, sempre instituição financeira, a execução extrajudicial ou judicial da dívida. Decorrendo da execução a venda, indiretamente se dá a resolução do contrato de compra e venda celebrado com o adquirente-devedor.

Também se oferece a alienação fiduciária da unidade conjugada com a fração ideal, sempre em havendo financiamento por instituição bancária.

Passa-se à análise das maneiras de realização do crédito pelo credor que financiou o contrato de aquisição, na situação de inadimplemento das prestações devidas pelo adquirente, acarretando, ao fim e ao cabo, na resolução do contrato celebrado com o adquirente.

153.1. Execução extrajudicial

Quanto à primeira maneira, a matéria é regulada pelo Decreto-lei n. 70/1966, cujo artigo 10 reza:

> É instituída a cédula hipotecária para hipotecas inscritas no Registro Geral de Imóveis, como instrumento hábil para a representação dos respectivos créditos hipotecários, a qual poderá ser emitida pelo credor hipotecário nos casos de:
>
> I – operações compreendidas no Sistema Financeiro da Habitação;
>
> II – hipotecas de que sejam credores instituições financeiras em geral, e companhias de seguro;
>
> III – hipotecas entre outras partes, desde que a cédula hipotecária seja ordinariamente emitida em favor das pessoas jurídicas a que se refere o inc. II *supra*.

Cap. 153 | Resolução do contrato em face da execução extrajudicial ou judicial da dívida • **637**

Instrumentaliza-se o contrato por meio de escrito particular, como estabelece o artigo 61, § 5º, da Lei n. 4.380/1964, incluído pela Lei n. 5.049/1966:

> Os contratos de que forem parte o Banco Nacional da Habitação ou entidades que integram o Sistema Financeiro da Habitação, bem como as operações efetuadas por determinação da presente Lei, poderão ser celebrados por instrumento particular, os quais poderão ser impressos, não se aplicando aos mesmos as disposições do art. 134, II, do CC, atribuindo-se o caráter de escritura pública, para todos os fins de direito, aos contratos particulares firmados pelas entidades acima citadas até a data da publicação desta Lei.

O artigo 134, II, acima referido, corresponde ao artigo 108 do atual Código Civil.

De sorte que, para resultar eficácia real, basta o mero registro, no Livro 2 do Cartório Imobiliário, do contrato particular. Com a liberação da hipoteca, procede-se à averbação na sequência do registro.

O Decreto-lei n. 70/1966 prescreve uma forma de execução extrajudicial da dívida hipotecária, desde que vencidas três ou mais prestações.

Com efeito, reza o artigo 29 do Decreto-lei n. 70/1966: "As hipotecas a que se referem os arts. 9º e 10 e seus incisos, quando não pagas no vencimento, poderão, à escolha do credor, ser objeto de execução na forma do Código de Processo Civil (...) ou deste decreto-lei".

Para proceder à execução com base no Decreto-lei n. 70/1966, é preciso que o credor escolha um agente financeiro fiduciário, que poderá ser a própria Caixa Econômica Federal, ou qualquer agente financeiro integrante do Sistema Financeiro da Habitação, em consonância com o artigo 30 do citado Decreto-lei. A função é a mera cobrança da dívida, com a realização da venda do imóvel hipotecado, pois não é permitido ao credor hipotecário proceder à execução.

O primeiro passo do agente fiduciário, tão logo receba a comunicação para a cobrança, até seis meses antes da prescrição do crédito, é cientificar o devedor para que, no prazo de vinte dias, purgue a mora. O débito envolverá as prestações vencidas, as penalidades previstas no contrato, até dez por cento do valor devido, mais a remuneração pela cobrança em até cinco por cento do débito (art. 39 do Decreto-lei n. 70/1966). A notificação processar-se-á mediante o Cartório de Registro de Títulos e Documentos, ou por via judicial. Não encontrado o devedor, admite-se a efetivação da medida por meio de edital, publicado por três dias em jornal local de grande circulação (redação dada ao art. 31 do Decreto-lei n. 70/1966 pela Lei n. 8.004/1990, art. 19).

Não purgado o débito, o agente fiduciário realizará, no prazo intercalado de quinze dias, o primeiro e o segundo leilões, aceitando-se, naquele, o maior lance, que cubra o montante do saldo devedor, mais despesas gerais, multa e remuneração do agente fiduciário; no segundo leilão, também prepondera o maior lance, mesmo que inferior ao total devido (art. 32, § 1º, do Decreto-lei n. 70/1966). Em primeiro lugar, cobrem-se as despesas decorrentes da execução. Do resíduo a descoberto é autorizada a execução.

Ao que arremata, entrega-se a respectiva carta de arrematação, sujeita a registro, o qual, uma vez efetuado, concede a propriedade plena ao seu titular.

A purgação da mora é autorizada até o momento da assinatura da carta de arrematação.

Assinarão a mencionada carta o leiloeiro, o credor, o agente fiduciário e cinco pessoas idôneas e capazes, na qualidade de testemunhas, além do devedor, caso esteja presente e não se recusar. Negando-se a assinar, ou estando ausente, fará o leiloeiro constar o fato na ata (art. 37).

Como se verifica, a execução extrajudicial é um procedimento expropriatório do bem que se desenvolve na esfera particular, à margem de qualquer interferência do Estado. Mesmo que a mora no pagamento envolva as últimas prestações, não se exige uma prévia avaliação, para delinear o montante que deverá ser devolvido ao mutuário.

Com a venda do imóvel financiado, naturalmente fica resolvido o contrato de venda da unidade, na medida em que sai do domínio do adquirente-financiado e passa para a propriedade do arrematante. Todavia, em qualquer momento do processo expropriatório, é possível a intervenção do Judiciário, através do remédio apropriado, como ação anulatória do ato, se vislumbrarem-se ilegalidades e abusividades no procedimento extrajudicial ou privado. Máxime na venda, constatando-se que se fraudou a venda, com a aceitação de preço vil, ou o direcionamento interesseiro, é cabível a anulação, ou a ação de reparação por perdas e danos decorrentes do ato do credor. Sempre fica resguardado o acesso à Justiça contra a ofensa ao direito de defesa, inclusive com a demanda desconstitutiva de obrigação se excessivos e ilegais os encargos eventualmente exigidos.

153.2. Execução judicial

A segunda maneira de realização do crédito se faz por meio de execução judicial, também em financiamento realizado por instituição bancária. Segue-se o procedimento ditado pela Lei n. 5.741/1971, com as modificações das Leis n. 6.014/1973, n. 6.071/1974, e n. 8.004/1990. Nada impede, porém, que busque o credor a execução de acordo com os ditames do Código de Processo Civil.

Desde que se verifique a inadimplência em três ou mais prestações, fica o agente financeiro autorizado a promover a execução, precedida de uma providência preliminar, consistente da notificação do devedor, comunicando-o da mora e dando-lhe a oportunidade de colocar em dia as prestações. Embora o inciso IV do artigo 2º da Lei n. 5.741/1971 fale em avisos, parece que é suficiente um único aviso. Todavia, a Súmula n. 199, do STJ, exige, no mínimo, dois avisos: "Na execução hipotecária de crédito vinculado ao Sistema Financeiro da Habitação, nos termos da Lei n. 5.741/1971, a petição inicial deve ser instruída com, pelo menos, dois avisos de cobrança."

Outrossim, consoante inteligência relativamente recente, não se faz necessária a prova do recebimento dos avisos pelo devedor. Suficiente que se demonstre a remessa no domicílio indicado.[1]

Instrui-se a inicial executória com os seguintes documentos: título da dívida devidamente inscrito; indicação do valor das prestações e encargos, cujo não pagamento deu lugar ao vencimento do contrato; saldo devedor, discriminadas as parcelas relativas ao principal, juros, multa e outros encargos contratuais, fiscais e honorários advocatícios; e cópia dos avisos regulares reclamando o pagamento da dívida.

---

[1]   REsp. n. 538.323/RS. Quarta Turma. Julgado em 04.05.2004, *DJU* 28.06.2004.

O procedimento é especial, não seguindo o do Código de Processo Civil. Cita-se o devedor, para que pague a dívida ou deposite o imóvel em juízo, no prazo de vinte e quatro horas, sob pena de penhora (artigo 3º da Lei n. 5.741/1971).

A citação se procede na pessoa do réu e do cônjuge, como ordena o § 1º do artigo 3º: "A citação far-se-á na pessoa do réu e de seu cônjuge ou de seus representantes legais".

O simples fato de se encontrarem o devedor e seu cônjuge fora da jurisdição da situação do imóvel permite a citação mediante edital, publicável uma vez no órgão oficial do Estado, e duas vezes em jornal local de grande circulação, dando-se o prazo de dez dias para o pagamento, sob a cominação da penhora no imóvel.

Encontrando-se o imóvel com terceiro, a lei autoriza a intimação para a desocupação no prazo de dez dias. Se está na posse do devedor, estende-se o prazo para trinta dias (art. 4º, §§ 1º e 2º, da Lei n. 5.741/1971).

Entretanto, o oferecimento de embargos, cujo prazo inicia da efetivação da penhora, com o depósito do total reclamado na inicial, ou o resgate da dívida, provando-se a quitação, autoriza o recebimento da defesa com efeito suspensivo (artigo 5º da Lei n. 5.741), isto é, sem a desocupação do imóvel.

O regramento está no artigo 5º: "O executado poderá opor embargos no prazo de dez (10) dias contados da penhora e que serão recebidos com efeito suspensivo, desde que alegue e prove:

I – que depositou por inteiro a importância reclamada na inicial;

II – que resgatou a dívida, oferecendo desde logo a prova da quitação".

Evidente que deverá haver a intimação da penhora, quando iniciará a contagem do prazo de dez dias.

O início segue a regra do art. 224 do CPC: "Salvo disposição em contrário, os prazos serão contados excluindo o dia do começo e incluindo o dia do vencimento".

Decorrido o prazo de embargos, ou rejeitados os mesmos, publica-se edital da praça designada, em três oportunidades, e afixa-se no prédio do foro, com o prazo de dez dias, em um dos jornais de maior circulação, onde existir. Haverá uma só praça, de acordo com o teor do artigo 6º. O preço da venda não poderá ser inferior ao do saldo devedor da dívida. Não determina a norma expressamente a avaliação, mas também não a exclui. Seu objetivo é impedir a praça por preço insuficiente ou incapaz de saldar o débito, representado pelas prestações em atraso. Todavia, para evitar situações injustas, em que pequena a dívida, e quase inteiramente pago o preço, torna-se indispensável a avaliação, com o que se impede o enriquecimento ilícito do credor, em detrimento do devedor.

Ao credor hipotecário é autorizada a adjudicação até o prazo de quarenta e oito horas após a data designada para a praça, se não houver licitante. Neste caso, fica o devedor exonerado de pagar o restante da dívida. Nesta situação, havendo outras dívidas, decorrentes da construção, deverá arcá-las o adjudicante. Do contrário, receberia o bem sem o devido reembolso de seu custo, a teor da jurisprudência:

> O agente financeiro que promove a execução hipotecária e adjudica o bem do mutuário em atraso com o financiamento, responde pelo débito existente quanto ao custo da

640 • Condomínio Edilício e Incorporação Imobiliária | *Arnaldo Rizzardo*

construção, pois, do contrário, estaria recebendo indevidamente patrimônio construído com recursos de outrem. Dívida contratual vencida que deve ser satisfeita. Arts. 43, VI, 49 e 50 da Lei n. 4.591/1964 e 33 do Decreto-lei n. 70/1966.[2]

Em passagem do voto, colhe-se:

A responsabilidade do agente financeiro, adjudicante das unidades, decorre da aplicação de duas ordens de argumentos: a) pelo princípio geral que veda o enriquecimento sem causa, o banco que recebe o imóvel para pagamento do seu crédito não pode deixar de pagar as parcelas correspondentes ao custo da construção, pois, do contrário, estaria incorporando ao seu patrimônio, sem nada despender, o que foi feito às custas dos demais condôminos; b) nos termos do art. 33 do DL 70/1966, terão preferência sobre o credor hipotecário as demais obrigações contratuais vencidas, especialmente as fiscais e os prêmios de seguro. Diante dos termos claros desse dispositivo, não se pode acolher a assertiva do recorrente, no sentido de que as obrigações contratuais vencidas são apenas as estabelecidas entre o mutuário em atraso e o agente financeiro, pois a regra principal traçada no referido artigo de lei existe para estabelecer que os outros créditos terão a preferência sobre o credor hipotecário. Se tais dívidas devem ser satisfeitas com o que for apurado no leilão, a adjudicação pelo banco lhe acarreta a responsabilidade por elas.

Efetivada a arrematação, emite-se a respectiva carta, que será assinada pelo juiz e pelo adjudicante ou arrematante.

Permite-se a remissão da dívida pelo devedor até o momento da assinatura do auto de arrematação. O depósito do valor devido envolverá todas as prestações atrasadas, mais os encargos, honorários advocatícios e despesas processuais (art. 8º da Lei n. 5.741/1971).

Nada impede que o credor, consoante observado *supra*, relegando os ritos especiais, opte pelo procedimento executório previsto no Código de Processo Civil. Seu artigo 784, inciso V, arrola os contratos de hipoteca como "títulos executivos extrajudiciais", incidindo a penhora sobre o imóvel hipotecado, apresentados no prazo de quinze dias da juntada do mandado de citação, em obediência ao artigo 915 do Código de Processo Civil.

Com a venda do imóvel, se opera a transferência da propriedade em razão do inadimplemento, importando indiretamente na resolução do contrato.

153.3. Consolidação da propriedade em nome do credor fiduciário ou sua venda

Sabe-se que o financiamento bancário das prestações também poderá ter como garantia a alienação fiduciária. A matéria já restou amplamente estudada no item 138.2, lembrando-se, aqui, a previsão na Lei n. 9.514/1997, em especial o artigo 22: "A alienação fiduciária regulada por esta Lei é o negócio jurídico pelo qual o devedor, ou fiduciante, com o escopo de garantia, contrata a transferência ao credor, ou fiduciário, da propriedade resolúvel de coisa imóvel."

Descrevem-se os passos principais da alienação.

---

[2]   STJ. REsp. n. 255.593/SP. Quarta Turma. Julgado em 15.08.2000, *DJU* 19.09.2000.

Cap. 153 | Resolução do contrato em face da execução extrajudicial ou judicial da dívida • **641**

Incidem as regras da alienação fiduciária em geral, previstas para as coisas móveis, e disciplinada na Lei n. 4.728/1965, com as modificações do Decreto-lei n. 911/1969, e as particularidades ressalvadas na Lei n. 9.514/1997.

Vários são os dispositivos da Lei n. 9.514/1997 que incidem.

Neste quadro, após exigir o artigo 23 o registro do contrato de alienação no Registro de Imóveis, separa o parágrafo único os direitos que ficam com o fiduciante e o fiduciário: "Com a constituição da propriedade fiduciária, dá-se o desdobramento da posse, tornando-se o fiduciante possuidor direto e o fiduciário possuidor indireto da coisa imóvel." Já o artigo 24 descreve os requisitos do contrato, culminando o artigo 25 por contemplar que, "com o pagamento da dívida e seus encargos, resolve-se, nos termos deste artigo, a propriedade fiduciária do imóvel."

Na falta de pagamento das prestações, e uma vez não satisfeita a dívida, consolida--se a propriedade em favor do fiduciário, consoante literal disposição do artigo 26: "Vencida e não paga, no todo ou em parte, a dívida e constituído em mora o fiduciante, consolidar-se-á, nos termos deste artigo, a propriedade do imóvel em nome do fiduciário."

O § 3º do artigo 27 especifica que a dívida consiste no saldo devedor e nas despesas:

> Para os fins do disposto neste artigo, entende-se por:
>
> I – dívida: o saldo devedor da operação de alienação fiduciária, na data do leilão, nele incluídos os juros convencionais, as penalidades e os demais encargos contratuais;
>
> II –despesas: a soma das importâncias correspondentes aos encargos e custas de intimação e as necessárias à realização do público leilão, nestas compreendidas as relativas aos anúncios e à comissão do leiloeiro.

Verificada, pois, a mora, que se caracteriza com o decurso do prazo de carência constante no contrato, e após a intimação do devedor através do oficial do Registro de Imóveis ou qualquer outra forma válida, inclusive pelo oficial do Registro de Títulos e Documentos, solicitando o oficial do Registro de Imóveis para que pague a dívida em atraso no prazo de quinze dias, e sem que o mesmo acorra ao atendimento, o credor-fiduciário torna-se titular absoluto do imóvel (§§ 1º e 2º do art. 26).

Importantes os §§ 3º, 3º-A, 3º-B, e 4º do mesmo artigo 26, quanto à intimação, em redação da Lei n. 13.043/2014 e acréscimos da Lei n. 13.465/2017, sobre as intimações:

> § 3º A intimação far-se-á pessoalmente ao fiduciante, ou ao seu representante legal ou ao procurador regularmente constituído, podendo ser promovida, por solicitação do oficial do Registro de Imóveis, por oficial de Registro de Títulos e Documentos da comarca da situação do imóvel ou do domicílio de quem deva recebê-la, ou pelo correio, com aviso de recebimento.
>
> § 3º-A. Quando, por duas vezes, o oficial de registro de imóveis ou de registro de títulos e documentos ou o serventuário por eles credenciado houver procurado o intimando em seu domicílio ou residência sem o encontrar, deverá, havendo suspeita motivada de ocultação, intimar qualquer pessoa da família ou, em sua falta, qualquer vizinho de que, no dia útil imediato, retornará ao imóvel, a fim de efetuar a intimação, na hora

que designar, aplicando-se subsidiariamente o disposto nos arts. 252, 253 e 254 da Lei nº 13.105, de 16 de março de 2015 (Código de Processo Civil).

§ 3º-B. Nos condomínios edilícios ou outras espécies de conjuntos imobiliários com controle de acesso, a intimação de que trata o § 3º-A poderá ser feita ao funcionário da portaria responsável pelo recebimento de correspondência.

§ 4º Quando o fiduciante, ou seu cessionário, ou seu representante legal ou procurador encontrar-se em local ignorado, incerto ou inacessível, o fato será certificado pelo serventuário encarregado da diligência e informado ao oficial de Registro de Imóveis, que, à vista da certidão, promoverá a intimação por edital publicado durante 3 (três) dias, pelo menos, em um dos jornais de maior circulação local ou noutro de comarca de fácil acesso, se no local não houver imprensa diária, contado o prazo para purgação da mora da data da última publicação do edital.

Na eventualidade de se efetuar o pagamento, mantém-se o contrato e entrega-se o valor ao credor, nos termos dos §§ 5º e 6º da Lei n. 9.514/1997:

§ 5º Purgada a mora no Registro de Imóveis, convalescerá o contrato de alienação fiduciária.

§ 6º O oficial do Registro de Imóveis, nos três dias seguintes à purgação da mora, entregará ao fiduciário as importâncias recebidas, deduzidas as despesas de cobrança e de intimação.

Não efetuado o pagamento, segundo referido, consolida-se a propriedade plena em nome do fiduciário, certificando o oficial do Registro de Imóveis junto ao registro do imóvel, como está no § 7º do artigo 26, na redação dada pela Lei n. 10.931/2004:

Decorrido o prazo de que trata o § 1º sem a purgação da mora, o oficial do competente Registro de Imóveis, certificando esse fato, promoverá a averbação, na matrícula do imóvel, da consolidação da propriedade em nome do fiduciário, à vista da prova do pagamento por este, do imposto de transmissão *inter vivos* e, se for o caso, do laudêmio.

Tornando-se precária a posse, porquanto injusta, assegura-se o exercício da reintegração da posse, segundo permite o artigo 30:

É assegurada ao fiduciário, seu cessionário ou sucessores, inclusive o adquirente do imóvel por força do público leilão de que tratam os §§ 1º e 2º do art. 27, a reintegração na posse do imóvel, que será concedida liminarmente, para desocupação em sessenta dias, desde que comprovada, na forma do disposto no art. 26, a consolidação da propriedade em seu nome.

No entanto, não termina aí o procedimento. Cabe ao credor-fiduciário, em seguida, levar a efeito o leilão, que se repete em uma segunda vez, se não efetuada a venda na primeira oportunidade. Se não conseguir a venda, ficará ele com o imóvel, extinguindo-se a dívida, mesmo que não alcançada quantia equivalente ao total devido.

Valerá o primeiro leilão, por ordem do § 1º do artigo 27, se alcançado, na venda, o valor do imóvel consignado no contrato, nunca inferior ao montante da dívida. Não alcançada esta exigência, parte-se para o segundo leilão, a efetuar-se nos quinze dias seguintes.

Permite o § 2º do artigo 27, quanto ao segundo leilão, a venda pelo maior lance: "No segundo leilão será aceito o maior lance oferecido, desde que igual ou superior ao valor da dívida, das despesas, dos prêmios de seguro, dos encargos legais, inclusive tributos, e das contribuições condominiais."

É obrigatório o encaminhamento da intimação do devedor fiduciante do leilão, nos termos do § 2º-A do artigo 27, introduzido pela Lei n. 13.465/2017: "Para os fins do disposto nos §§ 1º e 2º deste artigo, as datas, horários e locais dos leilões serão comunicados ao devedor mediante correspondência dirigida aos endereços constantes do contrato, inclusive ao endereço eletrônico". Como se percebe, a exigência é o encaminhamento da correspondência. Não se insere na lei a obrigatoriedade de comprovar o recebimento pessoal dos avisos.

Pelo art. 27, § 2º-B, em texto da Lei n. 13.465/2017, é assegurado ao devedor, até a data do segundo leilão, o direito de preferência para adquirir o imóvel:

> Após a averbação da consolidação da propriedade fiduciária no patrimônio do credor fiduciário e até a data da realização do segundo leilão, é assegurado ao devedor fiduciante o direito de preferência para adquirir o imóvel por preço correspondente ao valor da dívida, somado aos encargos e despesas de que trata o § 2º deste artigo, aos valores correspondentes ao imposto sobre transmissão *inter vivos* e ao laudêmio, se for o caso, pagos para efeito de consolidação da propriedade fiduciária no patrimônio do credor fiduciário, e às despesas inerentes ao procedimento de cobrança e leilão, incumbindo, também, ao devedor fiduciante o pagamento dos encargos tributários e despesas exigíveis para a nova aquisição do imóvel, de que trata este parágrafo, inclusive custas e emolumentos.

Essa possibilidade já vinha admitida antes da reforma da Lei n. 13.465/2017, conforme revela o seguinte aresto:

> No âmbito da alienação fiduciária de imóveis em garantia, o contrato não se extingue por força da consolidação da propriedade em nome do credor fiduciário, mas, sim, pela alienação em leilão público do bem objeto da alienação fiduciária, após a lavratura do auto de arrematação.
>
> Considerando-se que o credor fiduciário, nos termos do art. 27 da Lei nº 9.514/1997, não incorpora o bem alienado em seu patrimônio, que o contrato de mútuo não se extingue com a consolidação da propriedade em nome do fiduciário, que a principal finalidade da alienação fiduciária é o adimplemento da dívida e a ausência de prejuízo para o credor, a purgação da mora até a arrematação não encontra nenhum entrave procedimental, desde que cumpridas todas as exigências previstas no art. 34 do Decreto-Lei nº 70/1966.[3]

Estende-se o procedimento para as dívidas dos adquirentes de imóveis no Programa Minha Casa Minha Vida, conforme artigo 26-A, em texto da Lei n. 13.465/2017.

Os §§ 1º e 2º do mesmo artigo 26-A, também na redação da Lei n. 13.465/2017, garantem a consolidação da propriedade em nome do credor fiduciário e o direito do

---

[3] STJ. REsp n. 1.462.210/RS. Terceira Turma. Relator: Min. Ricardo Villas Bôas Cueva. Julgado em 18.11.2014. *DJe* 25.11.2014.

devedor fiduciante em saldar a dívida até a averbação da consolidação da propriedade em nome do credor fiduciário.

O § 8º do mesmo artigo 26, em texto da Lei n. 10.931, autoriza ao fiduciante, com a anuência do fiduciário, dar seu direito eventual ao imóvel em pagamento da dívida, dispensados os procedimentos previstos no artigo 26.

Cabe destacar três regras práticas e oportunas, constantes dos §§ 4º, 5º e 6º do artigo 27, relativamente à entrega da importância que sobrar ao devedor, à hipótese de não atingir o valor alcançado no segundo leilão ao valor da dívida e à quitação que deve o credor dar ao devedor mesmo na hipótese da situação anterior:

> § 4º Nos cinco dias que se seguirem à venda do imóvel no leilão, o credor entregará ao devedor a importância que sobejar, considerando-se nela compreendido o valor da indenização de benfeitorias, depois de deduzidos os valores da dívida e das despesas e encargos de que tratam os §§ 2º e 3º, fato esse que importará em recíproca quitação, não se aplicando o disposto na parte final do art. 516 do Código Civil.
>
> § 5º Se, no segundo leilão, o maior lance oferecido não for igual ou superior ao valor referido no § 2º, considerar-se-á extinta a dívida e exonerado o credor da obrigação de que trata o § 4º.
>
> § 6º Na hipótese de que trata o parágrafo anterior, o credor, no prazo de cinco dias a contar da data do segundo leilão, dará ao devedor quitação da dívida, mediante termo próprio.

O referido artigo 516 equivale ao artigo 1.219 do vigente Código Civil.

A venda, pois, tem por objetivo apurar o valor do imóvel, de modo a restituir ao devedor o que exceder ao valor da dívida.

Pela consolidação da propriedade em nome do credor, ou pela venda em leilão, tem-se a resolução do contrato celebrado com o adquirente.

154
A invocação da exceção do não cumprimento do contrato

Cabe destacar que a *exceptio non adimpleti contractus* está prevista no Código Civil, artigos 476 e 477.

O artigo 476 estabelece que "nos contratos bilaterais, nenhum dos contratantes, antes de cumprida a sua obrigação, pode exigir o implemento da do outro". De modo que, numa compra e venda de unidade imobiliária à vista, deve o comprador pagar o preço, enquanto ao vendedor (incorporador) cabe entregar a coisa. Não pagando o comprador, assegura-se ao vendedor a recusa em entregar a coisa.

Silvio Rodrigues leciona a respeito:

> Como toda exceção, trata-se de um meio de defesa processual. Enquanto a ação representa, processualmente falando, um meio de ataque, a exceção é sempre um instrumento de defesa, invocado pelo réu, para paralisar a investida do autor (...) Além de recíprocas, é mister que as prestações sejam simultâneas, pois, caso contrário, sendo diferente o momento da exigibilidade, não podem as partes invocar tal defesa.[1]

O artigo 477 disciplina da exceção nos contratos já concluídos, prevendo o seguinte:

> Se, depois de concluído o contrato, sobrevier a uma das partes contratantes diminuição em seu patrimônio capaz de comprometer ou tornar duvidosa a prestação pela qual se obrigou, pode a outra recusar-se a prestação que lhe incumbe, até que aquela satisfaça a que lhe compete ou dê garantia bastante de satisfazê-la.

Tanto o incorporador como o adquirente podem não cumprir as obrigações assumidas.

No tocante ao incorporador, descumpre obrigações fundamentais, relativamente à construção, à averbação e individualização, à entrega das unidades e à transmissão da propriedade, além das relacionadas nos incisos do artigo 43 da Lei n. 4.591/1964.[2] No que se refere ao adquirente, omite-se ou desleixa no pagamento das prestações. O descumprimento das obrigações, parcial ou totalmente, acarretará a viabilidade da resolução e da indenização em perdas e danos. Além de ser normal a resolução, o artigo 389 do Código Civil impõe ao adquirente a responsabilidade por prejuízos no não cumprimento do negócio pactuado.

---

[1] *Direito civil*. 29. ed. São Paulo: Saraiva, p. 66.

[2] O artigo 43 sofreu alterações da Lei n. 14.382/2022.

155

Incidência das normas do Código de Defesa do Consumidor

Decorrendo a incorporação da atividade de fornecedor de produtos ou serviços, exercida pelo incorporador, tem incidência o Código de Defesa do Consumidor – CDC (Lei n. 8.078/1990), que se constitui de um sistema transcendente de normas aplicável a todos os contratos em que existem relações de consumo.

O Código de Defesa do Consumidor, como microssistema jurídico cujo alcance se estende a todo o direito contratual, teve reflexos também nos negócios de incorporação imobiliária. Sendo os contratos, de regra, por adesão (posicionando o adquirente como hipossuficiente), configurando-se a figura do incorporador como fornecedor de bens e serviços, e a do adquirente como consumidor, tratando-se o bem imóvel de bem de consumo, perfeitamente possível a responsabilização da empresa incorporadora por acidente de consumo ou vício do produto.

Realmente, passou a constituir princípio de direito o reconhecimento de relação consumerista sempre que de um lado é colocada a figura do consumidor (destinatário final), e de outro há o fornecedor de produto ou serviço. Everardo Augusto Cambler aponta a relação de consumo na incorporação imobiliária:

> A relação jurídica incorporativa confunde-se com a relação jurídica de consumo toda a vez que o incorporador, no exercício de sua atividade de produção – promover e realizar a construção de edificações ou conjunto de edificações compostas de unidades autônomas –, oferece (nos termos do art. 30 do CDC, a oferta, desde que suficientemente precisa, obriga o incorporador, integrando o contrato que vier a ser celebrado) no mercado seu produto – bem imóvel e material – e o aliena ao interessado em adquirir, como destinatário final, o produto incorporável – frações ideais de terreno vinculadas a unidades autônomas, a serem construídas ou em construção, sob regime condominial.[1]

No caso em estudo, ocorre que se opera a atividade de construção e venda das unidades imobiliárias, as quais se destinam para consumidores finais, que passam a usá-las para moradia ou para outro uso pessoal. Está, pois, submetida ao âmbito do artigo 3º da Lei n. 8.078/1990, a incorporação, aplicando-se as regras sobre o fato do produto ou do serviço (art. 12), e sobre os vícios ou defeitos de qualidade (arts. 18 e 20), não divergindo a disciplina sobre a incidência das mesmas regras à atividade

---

[1] Publicidade. Lançamento e venda de unidades de edificações sem registro de incorporação. Contrato de incorporação imobiliária. Lei n. 4.591/1964. Trabalho citado. p. 336.

do dono da obra e do construtor. Ademais, há a presunção da vulnerabilidade do destinatário final, já que exposto às práticas comerciais do fornecedor, que detém o poder ou monopólio fático dos produtos, e ainda, geralmente, pela falta de conhecimentos técnicos sobre o produto adquirido ou serviço contratado; e de conhecimentos jurídicos, de contabilidade ou de economia específicos.

A classe de consumidores não se restringe à pessoa física ou natural, abrangendo, também, entes coletivos. Entram, segundo a Lei n. 8.078/1990, na figura as coletividades de pessoas (art. 2º, parágrafo único), as vítimas de eventos de práticas abusivas pelo fato do produto ou serviço (art. 17) e as pessoas determináveis ou não, desde que expostas às práticas estabelecidas pelo Código de Defesa do Consumidor (art. 29).

Não se enquadra na abrangência da relação de consumo se contratada a construção para um destinatário intermediário, que, em etapa seguinte, procede à alienação das unidades.

Contratando a construção de unidades, através de um sistema de pagamento em que o incorporador faz a venda e se compromete em entregar as unidades, e mesmo quando assume a obrigação da construção por empreitada ou administração, decorre a assunção de um dever de fazer, que se materializa na prestação de serviço. Aí é certa a incidência, como faz ver o seguinte aresto, do STJ:

> O contrato de incorporação, no que tem de específico, é regido pela lei que lhe é própria (Lei n. 4.591/1964), mas sobre ele também incide o Código de Defesa do Consumidor, que introduziu no sistema civil princípios gerais que realçam a justiça contratual, a equivalência das prestações e o princípio da boa-fé objetiva.[2]

No caso de reconhecer-se a relação, prescreve, *v.g.*, em cinco anos a pretensão à reparação dos danos que a unidade causar tanto ao adquirente como a terceiros, contados da data do efetivo conhecimento do dano e de sua autoria (art. 27 do CDC). Se o e vício do produto for de fácil constatação, o prazo para propositura da competente ação caduca em trinta dias, em se tratando de bens e serviços não duráveis; e prescreverá em noventa dias, se envolvidos bens e serviços duráveis. Se o vício for oculto, ou seja, sua ocorrência não for verificável de imediato, o prazo é de noventa dias contados do conhecimento do vício (art. 26).

Como *vício do produto* tem-se o defeito que compromete a prestabilidade e/ou servibilidade do bem imóvel ofertado, estabelecendo uma relação de desconformidade entre a prestação (construção e entrega da unidade) e contraprestação (pagamento do preço estipulado). Assim, por exemplo, problemas com a qualidade da pintura, revestimentos e funcionamento das instalações hidráulicas, que diminuem o valor patrimonial do bem. O defeito pode ser também de quantidade, se o imóvel apresenta dimensão mais de 5% inferior ao anunciado. Diferentemente, *fato do produto* é o defeito de qualidade ou quantidade que, além de comprometer a prestabilidade e a servibilidade do produto, coloca em risco, de alguma forma, a segurança e a incolumidade do consumidor ou de terceiros. São os chamados *acidentes de consumo*.

---

[2] REsp. n. 80.036/SP. Relator: Min. Ruy Rosado de Aguiar Jr. Julgado em 12.02.1996.

Todavia, se os vícios forem de segurança e solidez, em face do artigo 618 do Código Civil vigente, que estipula prazo de cento e oitenta, após o aparecimento do vício ou defeito, para a propositura da ação objetivando o ressarcimento ou abatimento proporcional do preço, tem-se entendido que, por se tratar de norma mais benéfica ao consumidor, que a aplicação deve ser da regra do mencionado artigo 618.

Não revela significação o fato da anterioridade da Lei n. 4.591/1964 em relação à Lei n. 8.078/1990, posto que, sendo esta última de natureza complementar (arts. 5º, XXX, II, e 170, V, da CF) a ditames constitucionais, atinge todos os diplomas que integram o sistema jurídico brasileiro.

Nesta ótica, e na linha acima, sobressaem os princípios sobre a oferta, devendo ser dirigida ao público através de informações claras e corretas, não enganosas ou que induzam os interessados em erro. Não se permitem, pois, a teor dos artigos 51, 52, § 1º, e 53 da Lei n. 8.078/1990, cláusulas de decaimento, com a perda total das prestações em caso de mora; ou que estipulem multa superior a dois por cento; cláusulas resolutórias não alternativas; ou que exoneram ou atenuam a responsabilidade do incorporador/construtor por vícios de qualquer natureza dos produtos e serviços fornecidos ou prestados; que deixam ao incorporador a opção de concluir ou não o negócio; que impliquem renúncia ou disposição de direitos; que acarretam a perda das prestações pagas em caso de desistência do negócio, e que retirem do adquirente a opção de reembolso das quantias já pagas; que subtraiam do consumidor a opção de reembolso da quantia já paga se permitida a carência para decidir se aceita a compra; que deem ao incorporador a escolha do índice de correção monetária, dentre os vários existentes; que transfiram a responsabilidade a terceiros em havendo prejuízos; que estabeleçam obrigações iníquas, abusivas; ou cláusulas que coloquem o consumidor em desvantagem exagerada, ou que sejam incompatíveis com a boa-fé ou a equidade; e, também, cláusulas que afastem a preservação do mínimo existencial, nos termos da regulamentação, na repactuação de dívidas e na concessão de crédito, mínimo existencial esse garantido pelo inciso XII do art. 6º do CDC, incluído pela Lei n. 14.181, de 2021

Muito menos se permitem condições que invertam o ônus da prova, que determinem a utilização compulsória de arbitragem, que imponham representante para concluir ou realizar outro negócio jurídico, que deixem ao fornecedor a opção de concluir ou não o contrato, que autorizem ao fornecedor a variação de preço, que concedem ao fornecedor a liberdade em cancelar unilateralmente o contrato, que obriguem o consumidor a ressarcir os custos de cobrança, que atribuem ao fornecedor o direito de modificar unilateralmente o conteúdo ou a qualidade do contrato, que possibilitem a renúncia do direito de indenização, e outras previstas em vários dispositivos da Lei n. 8.078/1990, como as do artigo 39, que discriminam as práticas abusivas.

Sobre a perda das prestações pagas, decidiu o STJ:

> *Incorporação. Resolução do contrato. Cláusula de decaimento. Restituição. Código de Defesa do Consumidor.* Não tem validade a cláusula pela qual os promissários compradores perdem a totalidade das prestações pagas durante a execução do contrato de incorporação. Recurso conhecido e provido em parte para determinar a restituição de 90% do valor pago.[3]

---

[3] REsp. n. 238.011/RJ. Relator: Min. Ruy Rosado de Aguiar Jr. Quarta Turma. Julgado em 29.02.2000.

Vasto é o campo que abre caminhos para a responsabilidade, tornando-se comum quando os danos decorrem do fato do produto e do serviço, verificados nos prejuízos causados pelas unidades em si, e acentuando-se com os vícios de qualidade causados pela baixa qualidade dos produtos empregados nas construções, ou pela errônea escolha dos materiais, ou pela deficiente e inapropriada técnica utilizada pelos que fazem a obra. Realmente, o vício do produto ou do serviço advém da falta de qualidade, dos materiais impróprios, da ausência de cuidados, da omissão de regras técnicas, do uso de ingredientes de péssima categoria.

Têm-se, em síntese, as idênticas causas de responsabilidade contempladas para os vícios ou defeitos de construção.

156
A responsabilidade do incorporador e do construtor pela obra

A incorporação imobiliária está ligada à construção de prédios ou edifícios, os quais se compõem de unidades imobiliárias que são destinadas à venda. Opera-se a entrega aos adquirentes depois de prontas, quando se abrirão as respectivas matrículas no Registro imobiliário. O pagamento, porém, só pode iniciar a partir do registro, isto é, em geral quando já está implantada a incorporação.

A incorporação forma e coordena o grupo de pessoas que se dispõe a adquirir frações ideais e as acessões em construção, ou ainda na fase da concepção do plano de um empreendimento, cuja construção segue o ritmo programado de pagamento do preço orçado. Além disso, adianta os custos iniciais de implantação da obra, reembolsando-se na medida em que ingressam os recursos com a venda das unidades.

É normal que se planeje a aquisição de unidades construídas dentro de um padrão de segurança, solidez, qualidade e perfeição adequado às normas técnicas de engenharia e arquitetura, de modo a garantir adequadamente a finalidade a que se destina a obra. Não se admitirá vício ou defeito de construção que prejudique o edifício, comprometa a estrutura, e represente ameaça à integridade das pessoas, revelando incorreção na construção, erros de cálculo, e outras deficiências técnicas.

O ordenamento jurídico introduziu mecanismos de proteção ao adquirente, com a previsão de responsabilidade do incorporador ou construtor no caso de erro ou vício de construção. Norma de máxima hierarquia, neste campo, é a do artigo 618 do Código Civil, na seguinte redação: "Nos contratos de empreitada de edifícios ou outras construções consideráveis, o empreiteiro de materiais e execução responderá, durante o prazo irredutível de 5 (cinco) anos, pela solidez e segurança do trabalho, assim em razão dos materiais, como do solo."

No Código Civil de 1916, a regra constava no artigo 1.245, em redação bastante semelhante: "Nos contratos de empreitada de edifícios ou outras construções consideráveis, o empreiteiro de materiais e execução responderá, durante 5 (cinco) anos, pela solidez e segurança do trabalho, assim em razão dos materiais, como do solo, exceto, quanto a este, se, não o achando firme, preveniu em tempo o dono da obra."

Diante do atual artigo 618, a garantia alcança a solidez e segurança do trabalho na execução, nos materiais e no solo, enquanto pelo artigo 1.245 do Código anterior a garantia restringia-se, no tocante ao solo, unicamente se o dono da obra houvesse prevenido em tempo que não era firme.

Pela redação de ambos os dispositivos, à primeira vista, circunscreve-se a responsabilidade unicamente ao empreiteiro que fornece os materiais e o trabalho. Fica

Cap. 156 | A responsabilidade do incorporador e do construtor pela obra • **651**

de fora o incorporador, se não contratar a construção, pois entregue a outra pessoa. No entanto, se a incorporação abrange a construção, a responsabilidade é inconteste, mesmo que contrate ele um construtor para fazer o prédio. Tendo ele contratado a construção, e competindo ao mesmo a administração e a apresentação dos projetos, dos cálculos das áreas, dos materiais, conforme o artigo 32, letras *d* e *e*, da Lei n. 4.591/1964, o normal está em se lhe debitar a consequência pelos prejuízos. É que, celebrando o incorporador um contrato de construção, nada mais faz que estender a ele a responsabilidade por todas as imperfeições que aparecerem. Nessa compreensão, a linha de entendimento do STJ:

> O incorporador, como impulsionador do empreendimento imobiliário em condomínio, atrai para si a responsabilidade pelos danos que possam resultar da inexecução ou da má execução do contrato de incorporação, incluindo-se aí os danos advindos de construção defeituosa.
>
> A Lei n. 4.591/1964 estabelece, em seu art. 31, que "a iniciativa e a responsabilidade das incorporações imobiliárias caberão ao incorporador". Acerca do envolvimento da responsabilidade do incorporador pela construção, dispõe que "nenhuma incorporação poderá ser proposta à venda sem a indicação expressa do incorporador, devendo também seu nome permanecer indicado ostensivamente no local da construção", acrescentando, ainda, que "toda e qualquer incorporação, independentemente da forma por que seja constituída, terá um ou mais incorporadores solidariamente responsáveis" (art. 31, §§ 2º e 3º).
>
> Portanto, é o incorporador o principal garantidor do empreendimento no seu todo, solidariamente responsável com outros envolvidos nas diversas etapas da incorporação. Essa solidariedade decorre tanto da natureza da relação jurídica estabelecida entre o incorporador e o adquirente de unidades autônomas quanto de previsão legal, já que a solidariedade não pode ser presumida (CC/2002, *caput* do art. 942; CDC, art. 25, § 1º; Lei 4.591/1964, arts. 31 e 43). Mesmo quando o incorporador não é o executor direto da construção do empreendimento imobiliário, mas contrata construtor, fica, juntamente com este, responsável pela solidez e segurança da edificação (CC/2002, art. 618). Trata-se de obrigação de garantia assumida solidariamente com o construtor.[1]

Outrossim, nos termos do artigo 43, II, da citada Lei, na contratação a prazo e preço certos, chama-se o incorporador para arcar com os prejuízos em razão dos vícios de construção. Assim, cabe-lhe

> responder civilmente pela execução da incorporação, devendo indenizar os adquirentes ou compromissários, dos prejuízos que a estes advierem do fato de não se concluir a edificação ou de se retardar injustificadamente a conclusão das obras, cabendo-lhe ação regressiva contra o construtor, se for o caso e se a este couber a culpa.

Sendo a construção contratada por empreitada ou administração junto ao incorporador, é indiscutível a sua responsabilidade, por ser o executor da obra. Todavia, na incorporação em que os condôminos, através do Conselho de Representantes, contratam diretamente a construção, sem que se delegue ao incorporador a administração, embora tenha ele providenciado na organização até a implantação da obra, não se lhe cominam as decorrências dos vícios de construção.

---

[1] REsp 884.367/DF, da 4ª Turma, rel. Min. Raul Araújo, j. em 06.03.2012, *DJe* de 15.03.2012.

156.1. Responsabilidade pela segurança e solidez

A responsabilidade prevista no artigo 618 deve estar relacionada à segurança e solidez da edificação. Envolverá vícios de fundamental importância para o prédio, e que comprometam as partes estruturais, a ponto de colocar em risco a integridade do prédio e a vida dos ocupantes. Nesta categoria, incluem-se o emprego de materiais inapropriados e de qualidade inferior, a falta de fundações profundas e que encontrem resistência no solo, a utilização de tijolos inconsistentes na estrutura, a insuficiência de ferragens nas vigas, a desproporção da medida na mistura de areia e cimento, a ausência de liga entre as paredes e de impermeabilização no teto.

Igualmente se dá a responsabilidade quanto à execução, ou à mão de obra, e, assim, aos cálculos de engenharia, ao planejamento, à obediência aos projetos, à implantação sequencial no erguimento das várias etapas do prédio, se aparecerem defeitos, causando perigo de o prédio ruir, ou ceder, ou desmoronar.

A edificação em solo sem consistência, movediço, arenoso, de grande umidade, falso, formado de aterro com material deteriorável, pode provocar afundamento e inclinações do prédio, surgindo fissuras ou rachaduras, até levar ao desabamento ou ruína.

No entanto, na referida ordem de vícios, nem é preciso procurar a causa. A responsabilidade é objetiva, desde que atinja a solidez e a segurança, e decorrente do trabalho de construção, dos materiais utilizados e do solo, não se indagando da culpa. É obrigatória a indenização, sendo desnecessário pesquisar as causas. Se fatores externos ocorrerem, como terremotos ou tremores do solo incomuns, cataclismos imprevisíveis, e mesmo tufões repentinos e não próprios da região, precipitações decorrentes de catástrofes aéreas e desmoronamentos de morros que se mantinham firmes durante séculos, afasta-se a responsabilidade, pois decorrentes os eventos de força maior ou caso fortuito.

Nos vícios do artigo 618 não estão compreendidas as imperfeições na qualidade, no aspecto externo, no acabamento, que denotam desídia, levando a entregar a obra não condizente com o padrão prometido. Inconcebível que se admita um prazo tão longo para simples defeitos, como problemas de pintura, manchas nas paredes, mau funcionamento das fechaduras, vazamento nas torneiras, riscos no assoalho, instalação elétrica e hidráulica, e mesmo o emprego de certos materiais de uma qualidade inferior, desde que não se dê o comprometimento da segurança e solidez.

156.2. O prazo de garantia

O prazo é de simples garantia. Durante cinco anos, o construtor ou o incorporador obriga-se a assegurar a solidez e a garantia da construção. Mas não envolve a indenização pelos demais prejuízos que advierem da imperfeição da obra, que deverão ser indenizados com base na culpa. O prazo quinquenal de garantia do artigo 618 não alcança a edificação defeituosa e os consequentes danos, cuja responsabilidade firma-se em dolo ou culpa do construtor. Trata-se de um prazo para a responsabilidade objetiva.

Ao tempo do Código de 1916, Carvalho Santos mostrava que o prazo de cinco anos não correspondia ao período em que se devia exercitar o direito à ação:

> O prazo de cinco anos aí prefixado não diz respeito ao exercício da ação que o proprietário pode intentar contra o construtor, em razão de sua responsabilidade. Esta sim é que se presume sempre, se se manifestam os vícios da obra ou sobrevém a ruína nesse prazo.

De fato, nos termos do texto comentado, o construtor, sem indagar-se da culpa, fica obrigado a garantir a solidez e a segurança da construção que fizer pelo prazo de cinco anos. Mas não obriga a lei que o dono da obra intente a sua ação nesse mesmo prazo. Pelo que, parece evidente a sua ação prescreverá em vinte anos, contados do momento em que se verificar a falta de segurança ou solidez da obra.[2]

O STJ firmou esse entendimento na Súmula n. 194: "Prescreve em 20 (vinte) anos a ação para obter, do construtor, indenização por defeitos da obra." Pelo sistema em vigor, não mais se há de cogitar o prazo de vinte anos, conforme se verá.

Clóvis, analisando a doutrina francesa, era do mesmo pensamento, propagando a aplicação do direito comum.[3]

Presentemente, o Código Civil em vigor, visando dirimir as controvérsias que grassavam antes, introduziu regra expressa de decadência, fixando em cento e oitenta dias o lapso assegurado para a reclamação indenizatória, de acordo com o parágrafo único do artigo 618: "Decairá do defeito assegurado neste artigo o dono da obra que não propuser a ação contra o empreiteiro, nos cento e oitenta dias seguintes ao aparecimento do vício ou defeito." Consta estabelecido o prazo para o exercício do direito de ação em relação aos vícios e defeitos que a obra apresentar no período de cinco anos. Se no referido prazo constatarem-se defeitos ou vícios em diferentes momentos, sempre conta-se o prazo de cento e oitenta dias para cada defeito ou vício que aparecer.

Em face da limitação temporal para a busca do direito, em ocorrendo essa ordem de danos, ou danos que envolvam a solidez e segurança, o decurso do prazo não retira o direito à ação. Todavia, cumpre ao titular do prédio que dê embasamento na culpa, ou que decorreram por erro do incorporador ou construtor.

Não se pode olvidar, por último, que a responsabilidade prevista no artigo 618 mantém-se na pessoa do autor do projeto se a execução da obra for confiada a terceiros, não arcando ele com outras decorrências desde que não assuma a direção ou fiscalização. É o que está no artigo 622: "Se a execução da obra for confiada a terceiros, a responsabilidade do autor do projeto respectivo, desde que não assuma a direção ou fiscalização daquela, ficará limitada aos danos resultantes de defeitos previstos no artigo 618 e seu parágrafo único."

Constata-se, sem dúvida, uma incoerência na previsão, ou não se encontra bem redigida a regra. A responsabilidade do artigo 618 restringe-se à empreitada global, isto é, àquela de lavor e de fornecimento de materiais. Havendo a transferência de execução, o autor do projeto não executa a obra e nem fornece os materiais. Destarte, inconcebível que vá responder pela solidez e segurança do trabalho, tanto em razão dos materiais como do solo. A menos que se tenha seguido à risca o projeto, com o erguimento no solo e o uso dos materiais que constam rigorosamente no dito projeto.

156.3. Responsabilidade por defeitos e imperfeições

Afora a hipótese do artigo 618, que se restringe à solidez e segurança, desponta a responsabilidade por defeitos e imperfeições da obra (infiltrações, vazamentos, rachaduras,

---

[2] *Código Civil Brasileiro Interpretado*. Ob. cit. v. XVII, p. 347-348.

[3] *Código Civil dos Estados Unidos do Brasil comentado*. Ob. cit. v. IV, p. 432-433.

e construção em desacordo ao projeto), conforme se retira do artigo 615 que preceitua: "Concluída a obra de acordo com o ajuste, ou o costume do lugar, o dono é obrigado a recebê-la. Poderá, porém, rejeitá-la, se o empreiteiro se afastou das instruções recebidas e dos planos dados, ou das regras técnicas em trabalhos de tal natureza."

Naturalmente, se a obra revela defeitos ou imperfeições, decorre que o empreiteiro não seguiu as obrigações ou exigências do contrato.

De acordo com ponderável corrente da doutrina, estende-se a incidência das normas sobre os vícios redibitórios aos defeitos e imperfeições das construções. O vício redibitório é o vício que torna a coisa imprópria para o uso a que se destina, ou lhe diminui o valor, permitindo a redibição do contrato ou a redução do preço. Qualquer defeito inclui-se no vício oculto, como a falta de segurança e solidez dos materiais ou dos serviços. Todavia, em sendo tais os vícios, a regra aplicável está no artigo 618. Se de outra espécie, apela-se para o artigo 445. Ou seja, quanto à decadência para exercer os direitos pertinentes, se não consistirem os do artigo 618, aplicam-se especialmente as disposições do artigo 445 e seus parágrafos, que fixam os prazos de trinta dias ou um ano, conforme forem móveis ou imóveis os bens.

Eis o conteúdo do artigo 445: "O adquirente decai do direito de obter a redibição ou abatimento no preço no prazo de 30 (trinta) dias se a coisa for móvel, e de 1 (um) ano se for imóvel, contado da entrega efetiva; se já estava na posse, o prazo conta-se da alienação, reduzido à metade."

Mesmo que este último dispositivo mencione o termo "adquirente" da coisa, enquanto, na espécie, está-se frente a um contrato de construção mediante empreitada, como se depreende da redação do artigo 615, não se encontra um regramento diferente no direito vigente que defina um prazo decadencial próprio. Daí a aplicação por analogia.

Realmente, não existindo a previsão específica de um determinado período para a reclamação, não se conclui que se deva aplicar o prazo de extinção dos direitos estabelecido para promover a pretensão em geral, como o do artigo 205. Configurar-se-ia uma incoerência, porquanto para os defeitos mais graves que afetam a solidez e segurança do prédio limita-se o prazo a cinco anos, e para defeitos menores haveria um lapso de tempo maior.

A toda evidência, com mais razão regulam a matéria as regras sobre vícios redibitórios na aquisição de uma construção, justamente porque a aquisição consta contemplada explicitamente no referido artigo 445.

Em qualquer caso, seja adquirente do bem ou contratante da empreitada, opera-se a aplicação dos mencionados lapsos temporais para o exercício do direito, contados da entrega efetiva, ou da alienação se já está posse, mas reduzidos, neste último caso, à metade. Possui relevância, ainda, o § 1º do artigo 445: "Quando o vício, por sua natureza, só puder ser conhecido mais tarde, o prazo contar-se-á do momento em que dele tiver ciência, até o prazo máximo de cento e oitenta dias, em se tratando de bens móveis; e de um ano, para os imóveis." Nos casos, pois, de não se ostentarem os vícios, mas surgindo com o uso, proveito, ou desgaste, naturalmente quando do efetivo aparecimento começam a fluir os prazos constantes do dispositivo.

Havendo relação de consumo, há a inteligência da incidência do artigo 18 da Lei n. 8.078/1990, que enseja a responsabilidade do fornecedor pelos vícios de quantidade ou qualidade:

Cap. 156 | A responsabilidade do incorporador e do construtor pela obra • 655

> Os fornecedores de produtos de consumo duráveis ou não duráveis respondem solidariamente pelos vícios de qualidade ou quantidade que os tornem impróprios ou inadequados ao consumo a que se destinam ou lhes diminuam o valor, assim como por aqueles decorrentes da disparidade, com as indicações constantes do recipiente, da embalagem, rotulagem ou mensagem publicitária, respeitadas as variações decorrentes de sua natureza, podendo o consumidor exigir a substituição das partes viciadas.

Tem o fornecedor o prazo máximo de trinta dias para os devidos reparos. Se não atender a reclamação, assiste ao consumidor o pedido de substituição do produto por outro da mesma espécie, em perfeitas condições de uso; ou de restituição imediata da quantia paga, monetariamente atualizada, sem prejuízo de eventuais perdas e danos; ou de abatimento proporcional do preço (§ 1º e incisos do art. 18).

O direito de reclamação começa a fluir a partir de noventa dias, que se conta do momento da entrega efetiva do imóvel (art. 26, II, e seu § 1º, da Lei n. 8.078/1990).

Ao adquirente reserva-se a opção de exercer o direito com base no Código Civil ou no Código de Defesa do Consumidor.

A exegese acima é apoiada por Luciano Benetti Timm e Cláudia Fonseca Tutikian:

> Assim, no caso de a relação ser regulada pelo Código de Defesa do Consumidor, esta codificação define, no seu art. 26, os prazos decadenciais de 90 (noventa) dias para reclamação do vício: se for vício aparente ou de fácil constatação, o prazo é contado da entrega do imóvel; se for vício oculto, os 90 (noventa) dias são contados da data em que o defeito ficar evidenciado...
>
> Apesar desta previsão do CDC, ainda há a previsão do Código Civil, o qual possui prazos mais elásticos para os vícios de pequena monta e que apenas serão aplicados na hipótese de não se tratar de uma relação de consumo – ou seja, quando os Tribunais afastam a aplicabilidade do CDC no caso concreto.
>
> Neste contexto, o art. 445 do Código Civil prevê que decai o direito de obter a redibição do vício aparente ou de fácil constatação ou abatimento do preço em 1 (um) ano se for bem imóvel, contado este da entrega efetiva. E no caso de o adquirente já estar na posse do imóvel, conta-se o prazo pela metade e a partir da data da alienação.
>
> Se o vício for oculto, o art. 445 do Código Civil prevê que decai o direito de obter a redibição do vício ou abatimento do preço em 1 (um) ano se for imóvel, a contar da data em que tiver ciência do vício, até o prazo máximo de 1 (um) ano. E no caso de o adquirente já estar na posse do imóvel, conta-se o prazo pela metade e a partir da data da alienação.[4]

Sobre a aplicação do Código de Defesa do Consumidor, decidiu o Tribunal de Justiça do RGS:

> Apelação cível. Embargos do devedor. Execução fundada em título extrajudicial. Prestação de serviços. Em se tratando de defeitos ocultos, o prazo para reclamar é de noventa dias, consoante o disposto no art. 26, § 3º, do Código de Defesa do Consumidor. Não efetivada qualquer reclamação nesse prazo, opera-se a decadência.[5]

---

4   *Reflexões sobre a incorporação imobiliária e a garantia dos imóveis.* Trabalho citado. p. 297-298.
5   Apelação Cível n. 70002170678. Segunda Câmara Cível. Julgado em 28.08.2008.

157

Responsabilidade do incorporador e do titular do terreno na falta de registro da incorporação e em outras situações

Sabe-se ser pressuposto indispensável para a validade da incorporação o arquivamento no Cartório do Registro de Imóveis, o que é confirmado pela jurisprudência:

A falta de cumprimento da previsão contida no artigo 32 da Lei n. 4.591/1964 gera a nulidade do instrumento contratual por afronta ao artigo 52 do Código Civil. As cláusulas nascidas do ato viciado nenhum efeito podem produzir...[1]

O citado artigo 52 corresponde ao artigo 87 do Código Civil de 2002.

A falta da providência acarreta a responsabilidade do incorporador:

A ausência do registro da incorporação imobiliária constitui vício, resultando na ineficácia jurídica da promessa de compra e venda, por não estar o incorporador habilitado a negociar as unidades autônomas, uma vez que não satisfez ele as exigências contidas no artigo 32 e seus itens da Lei n. 4.591/1964. A inobservância daquelas formalidades faculta o adquirente a pleitear o reembolso dos valores pagos, além da multa de 50%, através da via executiva, nos termos do artigo 585, inciso VII, do CPC. Recurso conhecido e provido.[2]

O artigo 585, inciso VII, corresponde ao artigo 784, inciso IX, do CPC/2015.

De observar que a multa é devida pela razão de que a falta de registro importa em inviabilizar a formalização do contrato de venda ou promessa de venda da unidade, segundo o texto do § 5º do artigo 35 da Lei n. 4.591/1964.

No artigo 43, incisos II e IV, desponta a responsabilidade:

Quando o incorporador contratar a entrega da unidade a prazo e preços certos, determinados ou determináveis, mesmo quando pessoa física, ser-lhe-ão impostas as seguintes normas:

(...)

---

[1] Tribunal de Alçada de Minas Gerais. Apelação n. 253.353-7. Primeira Câmara Cível. Julgado em 24.03.1998. *Direito Imobiliário*, COAD, n. 49, p. 938, 1998.

[2] TJDF. Agravo de Instrumento n. 1998.002.000124-9. Primeira Turma. Publicado em 30.09.1998. *Jurisprudência*, ADV, n. 12, p. 188, expedição em 28.03.1999.

Cap. 157 | Responsabilidade do incorporador e do titular do terreno na falta de registro • 657

II – responder civilmente pela execução da incorporação, devendo indenizar os adquirentes ou compromissários, dos prejuízos que a estes advierem do fato de não se concluir a edificação ou de se retardar injustificadamente a conclusão das obras, cabendo-lhe ação regressiva contra o construtor, se for o caso e se a este couber a culpa;

(...)

IV – é vedado ao incorporador alterar o projeto, especialmente no que se refere à unidade do adquirente e às partes comuns, modificar as especificações, ou desviar-se do plano da construção, salvo autorização unânime dos interessados ou exigência legal.

O ato de registro é de suma importância para definir a responsabilidade do próprio titular do terreno frente aos adquirentes das unidades, se a incorporação for promovida por construtor ou corretor. Caindo este em insolvência e se desistir do empreendimento, as importâncias que recebeu poderão ser executadas, se não as devolver espontaneamente. O titular do domínio, que permitiu a incorporação sem o preenchimento dos requisitos legais, agiu imprudentemente, daí imputando-se-lhe solidariedade nas obrigações contraídas pela pessoa a quem deu sua autorização para as obras.

A incorporação deve ser reconhecida, para efeito das relações entre o incorporador e os adquirentes, não só a partir do momento da aprovação do projeto de construção, mas desde o encaminhamento à autoridade administrativa para aprovação. O alienante da unidade responderá como incorporador, na esteira do parágrafo único do artigo 29 da Lei n. 4.591/1964:

Presume-se a vinculação entre a alienação das frações do terreno e o negócio de construção, se, ao ser contratada a venda, ou promessa de venda, ou de cessão das frações de terreno, já houver sido aprovado e estiver em vigor, ou pender de aprovação de autoridade administrativa, o respectivo projeto de construção, respondendo o alienante como incorporador.

De outro lado, conquanto não formalizada sob a forma de incorporação a operação de venda de unidades de obras não concluídas, equiparam-se a tal figura os efeitos, de acordo com disposição contida no artigo 30: "Estende-se a condição de incorporador aos proprietários e titulares de direitos aquisitivos que contratem a construção de edifícios que se destinem à constituição em condomínio, sempre que iniciarem as alienações antes da conclusão das obras."

No entanto, a questão deve ser bem compreendida. Para estender a responsabilidade ao proprietário do terreno, não bastam a mera transferência e o início de obras e vendas de unidades a interessados. Mister a verificação de atos que revelem a participação do proprietário do terreno na venda ou promessa de venda de unidades antes do registro da incorporação, no encaminhamento da incorporação, nos anúncios ou propagandas, na execução do empreendimento. A responsabilidade, se verificada a participação, é solidária, na linha firmada pelo STJ:

A Lei de Incorporações (Lei 4.591/1964) equipara o proprietário do terreno ao incorporador, desde que aquele pratique alguma atividade condizente com a relação jurídica incorporativa, atribuindo-lhe, nessa hipótese, responsabilidade solidária pelo empreendimento imobiliário. Na hipótese vertente, todavia, a jurisdição ordinária consignou, mediante ampla cognição fático-probatória, que a ora recorrida limitou-se à mera alienação do

658 • Condomínio Edilício e Incorporação Imobiliária | *Arnaldo Rizzardo*

terreno para a incorporadora, que tomou para si a responsabilidade exclusiva pela construção do referido empreendimento.[3]

Em outra decisão do mesmo Pretório:

"A Lei de Incorporações (Lei n. 4.591/1964) equipara o proprietário do terreno ao incorporador, desde que aquele pratique alguma atividade condizente com a relação jurídica incorporativa, atribuindo-lhe, nessa hipótese, responsabilidade solidária pelo empreendimento imobiliário.

No caso concreto, a caracterização dos promitentes vendedores como incorporadores adveio principalmente da imputação que lhes foi feita, pelo Tribunal *a quo*, dos deveres ínsitos à figura do incorporador (artigo 32 da Lei n. 4.591/1964), denotando que, em momento algum, sua convicção teve como fundamento a legislação regente da matéria, que exige, como causa da equiparação, a prática de alguma atividade condizente com a relação jurídica incorporativa, ou seja, da promoção da construção da edificação condominial (artigos 29 e 30 da Lei 4.591/1964).

A impossibilidade de equiparação dos recorrentes, promitentes vendedores, à figura do incorporador demonstra a inexistência de relação jurídica consumerista entre esses e os compradores das unidades do empreendimento malogrado.[4]

Oportuno ver o aprofundamento da matéria, que se colhe do seguinte trecho do voto do Relator:

Ainda que a Lei de Incorporações equipare o proprietário ao incorporador, não o faz incondicionalmente, porquanto vincula aquele à prática de alguma atividade condizente com a relação jurídica incorporativa, como no artigo 30, por exemplo, em que se prevê a contratação da construção de edifícios destinados à constituição em condomínio:

"Estende-se a condição de incorporador aos proprietários e titulares de direitos aquisitivos que contratem a construção de edifícios que se destinem a constituição em condomínio, sempre que iniciarem as alienações antes da conclusão das obras".

Mais uma vez, socorremo-nos do escólio de Caio Mário, para quem a caracterização como incorporador pressupõe a prática efetiva, pelo proprietário do terreno, de atividade de promoção da construção da edificação condominial:

"Na configuração do incorporador cabe a construção do edifício. Mas dela não se afasta a ação de quem, embora não realize diretamente a construção, promova-a indiretamente, lançando à venda apartamentos, conjuntos residenciais ou comerciais, lojas, compartimentos em mercados, unidades em edifício-garagem ou qualquer outro tipo de edificação, desde que em regime de propriedade horizontal. Este é extremo inarredável, pois que a ideia de incorporação é geminada ao condomínio especial, e ocorre nas operações aludidas, cujo objeto seja a unidade autônoma vinculada à fração ideal de terreno e condomínio indissolúvel das partes comuns". (*Op. Cit.* p. 248)

Dessarte, ainda que extensível ao proprietário, a condição de incorporador demanda que ele "exponha à venda as unidades vinculadas à fração ideal, antes da conclusão do edifício" (PEREIRA, Caio Mário da Silva. *Op. Cit.* p. 249), denotando a necessidade de realização de uma atividade incorporativa, a qual pressupõe o intuito de lucro.

---

[3] REsp. n. 830.572/RJ. Relator: Min. Luis Felipe Salomão. Quarta Turma. Julgado em 17.05.2011, *DJe* 26.05.2011.

[4] REsp. n. 1.065.132/RS. Relator: Min. Luis Felipe Salomão. Quarta Turma. Julgado em 06.06.2013. *DJe* 1º.07.2013.

Cap. 157 | Responsabilidade do incorporador e do titular do terreno na falta de registro • **659**

4.1. Notadamente, não parece ser o que ocorre no caso concreto, tendo em vista que a caracterização dos recorrentes como incorporadores adveio principalmente da imputação que lhes foi feita, pelo Tribunal *a quo,* dos deveres ínsitos à figura do incorporador (artigo 32 da Lei n. 4.591/1964), supondo, ainda, que, como empresários e como profissional do ramo da administração de empresas, estariam cientes das exigências legais para a validade do empreendimento (fls. 1.289-1.290):

A responsabilidade dos promitentes vendedores resta evidenciada, primeiro, na falta de fiscalização do andamento do empreendimento de tal porte, mesmo tendo pleno conhecimento que a ré avançou no projeto de construção com área superior ao inicialmente contratado pelas partes como se infere do declarado na interpelação judicial e na inicial da ação de rescisão contratual, de fls. 281/284 e 286/294.

Ao depois, empresários que são, não tiveram o cuidado de verificar a efetivação do registro do contrato de compra e venda entabulado entre os ora apelados e a pessoa jurídica Cantergi Engenharia Ltda., consoante previsão legal do art. 32 da Lei pertinente, mesmo diante da mora da pessoa jurídica (dez./1996). [...]

Atento, ainda, para o fato do procurador dos demandados Eduardo Gus Camargo ter qualificação profissional especializada (administrador de empresas, fl. 166), o que leva a crer que não ignoravam, os proprietários do terreno, a exigência legal de registro do contrato de compra e venda para que a pessoa jurídica pudesse operacionalizar as vendas das unidades autônomas, atendendo a previsão legal do art. 32 da Lei n. 4.591/1964.

Em verdade, o Tribunal inverteu as premissas do silogismo, por isso chegando à conclusão equivocada.

Em outra forma, tomou o efeito pela causa, considerando os proprietários como incorporadores porque eles não se desincumbiram das obrigações impostas pelo art. 32 da Lei de Incorporações, olvidando que tais deveres somente são direcionados àquele que pratique atos de incorporação.

Nesse mesmo sentido, recente precedente:

'Recurso especial. Processo Civil. Direito Civil. Incorporação imobiliária. Inexecução contratual. Dano moral. Ocorrência. Ausência de Responsabilidade solidária na indenização por danos morais do proprietário do terreno. Súmula 07 do STJ. Dissídio jurisprudencial não demonstrado. Artigo 557, § 2º, do CPC. Súmula 284 do STJ. Violação do artigo 535 do CPC não configurada.

3. A Lei de Incorporações (Lei n. 4.591/1964) equipara o proprietário do terreno ao incorporador, desde que aquele pratique alguma atividade condizente com a relação jurídica incorporativa, atribuindo-lhe, nessa hipótese, responsabilidade solidária pelo empreendimento imobiliário. Na hipótese vertente, todavia, a jurisdição ordinária consignou, mediante ampla cognição fático-probatória, que a ora recorrida limitou-se à mera alienação do terreno para a incorporadora, que tomou para si a responsabilidade exclusiva pela construção do referido empreendimento.

4. Destarte, a questão relativa à existência de solidariedade entre a proprietária e a incorporadora mostra-se insindicável na estreita via do recurso especial, ante o teor da Súmula 07 do STJ.

[...]

7. Recurso especial parcialmente conhecido e, nesta parte, parcialmente provido' (REsp 830.572/RJ, Rel. Ministro Luis Felipe Salomão, Quarta Turma, julgado em 17/05/2011, *DJe* 26/05/2011).

O artigo 557, § 2º, supramencionado, tem correspondência no artigo 1.021, §§ 4º e 5º, do CPC/2015, mas restritamente ao agravo interno, devendo ficar a multa entre um e cinco por cento sobre o valor da causa. O também citado artigo 535 equivale ao artigo 1.022 do CPC/2015.

158
Responsabilidade do proprietário do terreno se não formalizada a incorporação, sendo incorporador o construtor ou o corretor

Para a formalização do contrato relativo à fração ideal do terreno, do contrato de construção e da convenção do condomínio, o artigo 35, em combinação com o artigo 13 da Lei n. 4.864/1965, marca o prazo de sessenta dias, a contar do termo final do prazo de carência, ou, inexistindo, da data de qualquer documento do ajuste preliminar.

Instituído o prazo de carência, tal obrigação assumida pelo incorporador deixará de existir somente se o mesmo tiver denunciado, dentro do mesmo período e nas condições previamente estabelecidas, por escrito ao Registro de Imóveis, a não concretização do empreendimento.

O § 3º do apontado artigo 35, na hipótese de figurar o construtor ou o corretor de imóveis como incorporador, permite que o outorgante do mandato (proprietário do terreno) proceda à denúncia até cinco dias após a expiração do prazo de carência assegurado ao promovente do empreendimento, se este não exercer o direito de desistência:

> Se, dentro do prazo de carência, o incorporador não denunciar a incorporação, embora não se tenham reunido as condições a que se refere o § 1º, o outorgante do mandato de que trata o § 1º do art. 31, poderá fazê-lo nos cinco dias subsequentes ao prazo de carência, e nesse caso ficará solidariamente responsável com o incorporador pela devolução das quantias que os adquirentes ou candidatos à aquisição houverem entregue ao incorporador, resguardado o direito de regresso sobre eles, dispensando-se, então, do cumprimento da obrigação fixada no *caput* deste artigo.

Com esta medida, opera-se a exoneração da solidariedade nas obrigações de promover a celebração do competente contrato relativo à fração ideal do terreno e do contrato de construção e da convenção do condomínio. Até o momento da denúncia promovida pelo outorgante e proprietário do terreno, permanece o mesmo solidariamente responsável com o incorporador pela devolução das quantias que os adquirentes ou candidatos à aquisição houverem entregue ao incorporador, resguardado o direito de regresso, e dispensando-se, então, do cumprimento da obrigação fixada no *caput* do artigo 35, isto é, de efetuar os referidos contratos.

Ficou bem exposta a situação acima, quanto à responsabilidade do proprietário e outorgante do mandato, na seguinte decisão do STJ:

> Na realização do contrato de incorporação, o incorporador pode estipular um prazo de carência dentro do qual lhe é lícito desistir do empreendimento.

Cap. 158 | Responsabilidade do proprietário do terreno se não formalizada a incorporação • **661**

Ultrapassado o prazo de carência estipulado no contrato de incorporação e não realizada a denúncia pelo incorporador, a lei faculta ao proprietário do terreno, no quinquídio subsequente, denunciar a incorporação – art. 35, § 3º, da Lei de Incorporações.[1]

No voto, está dissecada a matéria:

A incorporação imobiliária é negócio jurídico em que o incorporador, pessoalmente ou por terceiros, obriga-se a construir unidades imobiliárias autônomas em prédio coletivo, além de transmitir a propriedade dessas unidades aos adquirentes.

A construção pode se dar em terreno próprio do incorporador ou em terreno alheio, hipótese em que o proprietário do terreno deve necessariamente outorgar-lhe procuração pública concedendo poderes para concluir todos os negócios referentes à alienação das unidades autônomas (art. 31, § 1º, da Lei n. 4.591/1964). O caso dos autos corresponde à segunda hipótese.

Na elaboração do contrato de incorporação, pode o incorporador estipular um prazo de carência dentro do qual lhe é lícito desistir do empreendimento. Ultrapassado esse prazo e não realizada a denúncia pelo incorporador, a lei faculta ao proprietário do terreno, no quinquídio subsequente, denunciar a incorporação – art. 35, § 3º, da Lei de Incorporações.

Nesse caso, optando o proprietário do terreno por realizar a denúncia, ficará solidariamente responsável, junto com o incorporador, pela devolução aos adquirentes das unidades dos valores recebidos referentes às alienações já efetuadas.

Ressalto, outrossim, que a lei, a fim de oferecer proteção ao proprietário do terreno contra possível negligência do incorporador que opte em levar adiante uma incorporação fadada ao fracasso, concedeu a faculdade ao proprietário do terreno de, no prazo estipulado, denunciar o contrato. Não há por que falar, portanto, em dever de denunciar.

Importante destacar ainda que o § 3º do art. 35 da Lei n. 4.591/1964 é claro ao determinar a solidariedade do proprietário do terreno apenas quando este optar por realizar denuncia:

"Art. 35, § 3º Se, dentro do prazo de carência, o incorporador não denunciar a incorporação, embora não se tenham reunido as condições a que se refere o § 1º, o outorgante do mandato de que trata o § 1º do art. 31, poderá fazê-lo nos cinco dias subsequentes ao prazo de carência, e nesse caso ficará solidariamente responsável com o incorporador pela devolução das quantias que os adquirentes ou candidatos à aquisição houverem entregue ao incorporador, resguardado o direito de regresso sobre eles, dispensando-se, então, do cumprimento da obrigação fixada no *caput* deste artigo."

Sobre o tema, colaciono o comentário de Melhim Namem Chalhub na obra *Da incorporação imobiliária*. p. 59: "Caso o incorporador deixe de denunciar a incorporação, apesar de se terem verificado as condições para que a denúncia ocorra, o proprietário do terreno poderá fazê-lo (art. 35, § 3º), na hipótese em que tiver outorgado ao incorporador a procuração de que trata o art. 31, § 1º. Para esse fim, o proprietário do terreno terá cinco dias para denunciar a incorporação, contado do término do prazo de carência, e ficará responsável, solidariamente com o incorporador, pela obrigação de restituição aos adquirentes ou candidatos à aquisição. A medida visa resguardar os direitos dos proprietários do terreno, desvinculando-o de uma incorporação fracassada, mas, também, protege os adquirentes ou candidatos à aquisição, na medida em que

---

[1] REsp. n. 723.067/PR. Relator: Min. João Otávio de Noronha. Quarta Turma. Julgado em 15.12.2009, *DJe* 02.02.2010.

atribui à pessoa do proprietário uma função de fiscalização que também beneficia outras pessoas vinculadas ao empreendimento.

A denúncia da incorporação, dentro do prazo de carência, é medida de avaliação da viabilidade do negócio, no contexto do mercado, sendo, portanto, fator de proteção do negócio e de todas as partes que eventualmente nele se envolverem, entre elas os adquirentes."

Compartilhando o mesmo posicionamento, Everaldo Augusto Cambler, In: *Responsabilidade Civil na Incorporação Imobiliária*. p. 188:

"A formalização da denúncia também pode ser feita pelo outorgante do mandato de que trata o § 1º do art. 31 da LCI, desde que efetuada nos cinco dias subsequentes ao escoamento do prazo de carência, hipótese em que ficará solidariamente responsável com o incorporador pela devolução das quantias que os adquirentes ou candidatos à aquisição houverem a ele entregue, resguardando o direito de regresso contra o incorporador (art. 35, § 3º, da LCI).

No sentido do texto, Nascimento Franco e Nisske Gondo (Op. cit. p. 71, n. 68), evidenciam a intenção do legislador de facultar ao proprietário do terreno, ao compromissário comprador e ao promitente cessionário de direitos à aquisição do terreno a possibilidade de tomar a iniciativa na denúncia da incorporação, diante da contingência de vincular-se o terreno a uma iniciativa fracassada, impondo-lhe, não obstante, o dever de restituir as quantias pagas pelos adquirentes, sub-rogando-se no direito de exigir do incorporador o respectivo reembolso (da mesma maneira, LEANDRO, Waldemar. *Condomínio de imóveis*. p. 262-3)."

Trago, por fim, no mesmo sentido, o escólio de NASCIMENTO FRANCO, J. e GONDO, Nisske. *Incorporações imobiliárias*. p. 91-92:

"Diante da contingência de ver o terreno vinculado a uma incorporação fracassada, por falta de denúncia do incorporador, a lei devolve essa faculdade ao proprietário, ou compromissário comprador do imóvel, e lhe impõe a obrigação de restituir as quantias pagas pelos adquirentes. Pagando-as, o titular do terreno libera-se da incorporação e se sub-roga no direito de exigir do incorporador o respectivo reembolso.

A lei é omissa quanto ao critério que justifica a denúncia supletiva da incorporação, pelo titular do terreno, donde se deduz que essa faculdade fica a seu inteiro arbítrio e não pode ser embargada pelo incorporador, ou pelos pretendentes à aquisição de unidades do edifício projetado."

Se não houver manifestado a desistência, e não outorgados os contratos em referência no prazo de sessenta dias, a carta-proposta ou o documento de ajuste preliminar poderá ser averbada no Registro de Imóveis, averbação que conferirá direito real oponível a terceiros, com o consequente direito à obtenção compulsória do contrato correspondente.

É o que ponderam J. Nascimento Franco e Nisske Gondo:

Não celebrado o contrato relativo à parte ideal do terreno, pelo incorporador ou pelo titular do terreno..., faculta-se aos adquirentes levar a proposta, ou documento de ajuste preliminar, ao Registro de Imóveis, para averbação à margem do registro da incorporação. Essa averbação confere ao adquirente direito real oponível a terceiros, com consequente direito à obtenção compulsória do contrato. A averbação não exige qualquer procedimento especial. O interessado exibe o pré-contrato diretamente ao oficial do Registro de Imóveis e este é obrigado a averbá-lo, salvo se o documento não preencher os requisitos formais mínimos, hipótese em que deverá levantar dúvida, que o

Cap. 158 | Responsabilidade do proprietário do terreno se não formalizada a incorporação • **663**

juiz decidirá. Se as lacunas puderem ser sanadas, deverá o juiz permitir que o interessado as *supra*, num gesto de equidade destinado a resguardar os direitos dos adquirentes.[2]

Acrescenta-se, outrossim, que a averbação tem por objetivo apenas a fração ideal do terreno. A falta de celebração do contrato de construção e da convenção de condomínio resolve-se em ação judicial contra o construtor, a qual poderá ser de indenização.

A inadimplência das obrigações comina ao incorporador, e não ao proprietário do terreno, a multa equivalente a cinquenta por cento da quantia que efetivamente tiver recebido, cobrável por via executiva, em favor do adquirente ou candidato à aquisição (art. 35, § 5º, da Lei n. 4.591/1964).

Assegura-se o prazo de dez anos para a cobrança da multa, na interpretação dada pelo STJ: "Diante da falta de previsão legal específica na Lei de Incorporações Imobiliárias e no Código de Defesa do Consumidor, a ação do adquirente contra a incorporadora que visa a cobrança da multa prevista no art. 35, § 5º, da Lei nº 4.591/1964 se submete ao prazo prescricional geral do art. 205 do Código Civil, ou seja, 10 (dez) anos".[3]

No contrato de construção deverá constar obrigatoriamente a menção dos responsáveis pelo pagamento das obras de cada uma das unidades. Não constando a especificação, o empreendedor arcará, junto com os demais contratantes, o pagamento da construção das unidades que não tenham tido a responsabilidade pela sua construção assumida por terceiros, e até que o tenham.

A falta de celebração do contrato de construção e da convenção de condomínio abre o caminho para a ação judicial contra o incorporador, que será condenado a realizá-la ou a indenizar o custo correspondente, caso em que terceiro efetuará a obra, tudo em consonância com as alternativas constantes nos artigos 815 e seguintes do Código de Processo Civil.

O adquirente não postulará apenas a determinação para celebrar o contrato, pois o pedido não traria resultados, visto que o objetivo dos condôminos é ver realizada a construção do edifício.

---

[2] *Incorporações imobiliárias*. Ob. cit. p. 76.
[3] REsp n. 1.497.254/ES. Terceira Turma. Relator: Min. Ricardo Villas Bôas Cueva. Julgado em 18.09.2018. *DJe* 24.09.2018. Em igual sentido, REsp n. 884.367/DF, da 4ª Turma, rel. Min. Maria Isabel Gallotti, j. em 14.09.2021, *DJe* de 17.09.2021.

159

A responsabilidade do proprietário ou titular de direitos no imóvel na constituição do construtor ou corretor de imóveis como incorporador

Consoante já visto, decorre do artigo 31 da Lei n. 4.591/1964 que poderá ser incorporador, além do proprietário do terreno e da pessoa titular de direitos sobre o terreno, o construtor e o corretor de imóveis. Necessária a transcrição da regra, para se chegar ao alcance da responsabilidade que recai no respectivo proprietário ou titular:

> A iniciativa e a responsabilidade das incorporações imobiliárias caberão ao incorporador, que somente poderá ser:
>
> a) o proprietário do terreno, o promitente comprador, o cessionário deste ou promitente cessionário com título que satisfaça os requisitos da alínea a do art. 32;
>
> b) o construtor (Decretos n. 23.569/1933, e 3.995/1941, e Decreto-lei n. 8.620/1946), ou corretor de imóveis (Lei n. 4.116/1962).
>
> c) (...).

Quanto à referência da Lei n. 4.116/1962, houve a substituição pela Lei nº 6.530/1978.

Todavia, difíceis as hipóteses de um construtor e de um corretor empreenderem uma incorporação.

Em relação às pessoas do item b), por ordem do § 1º do artigo 31, o construtor ou o corretor que assumir a função de incorporador terá a investidura, para tanto, do proprietário do terreno, do promitente comprador e cessionário deste ou do promitente cessionário, com mandato outorgado por instrumento público, onde se faça menção expressa da Lei n. 4.591/1964, com a transcrição do § 4º de seu artigo 35, e contendo o mandato poderes expressos para concluir todos os negócios tendentes à alienação das frações ideais do terreno, e se obrigando pessoalmente pelos atos que praticar na qualidade de incorporador. O texto do § 4º do artigo 35 diz respeito a acarretar ou trazer a carta-proposta ou documento de ajuste o direito real oponível a terceiros, se houver a sua averbação no Registro de Imóveis, com o consequente direito à obtenção compulsória do contrato correspondente, no caso do incorporador descumprir a obrigação de outorgar o contrato.

Importante ressaltar que o proprietário do terreno ou o titular dos direitos de aquisição concede mandato ao construtor ou corretor, com poderes especiais para a

Cap. 159 | A responsabilidade do proprietário ou titular de direitos no imóvel na constituição • **665**

finalidade de implantar a incorporação e transferir aos adquirentes as porções ideais sobre o terreno e as unidades, se qualquer deles encaminhar a incorporação. A propriedade ou titularidade permanece na sua pessoa. Havendo uma relação de mandato apenas, segue a responsabilidade, no mínimo subsidiária, do proprietário ou titular de direitos pelos danos ou prejuízos, descumprimentos e obrigações decorrentes da atividade desempenhada pelo incorporador. Não levando a bom termo o empreendimento, recaem no mandante as consequências, pela razão de que os atos são realizados em seu nome, segundo a letra do artigo 653 do Código Civil.

Pelos eventuais prejuízos causados a terceiros por mandatário nomeado, pois, incide a responsabilidade do mandante, vindo a calhar o pensamento de Caio Mário da Silva Pereira, a respeito:

> O mandatário, embora emita declaração de vontade, o faz em nome e no interesse do mandante, em que persiste a titularidade dos direitos e obrigações. Como resultado, obriga-se o mandante, cujo principal e mais importante dever é responder perante o terceiro, com o seu patrimônio, pelos efeitos da declaração de vontade emitida pelo representante, e cumprindo as obrigações assumidas dentro dos poderes outorgados. Correlatamente, cabe-lhe recolher as vantagens.[1]

Outro não é o ensinamento de Pontes de Miranda, em lição sempre atual:

> Os atos praticados pelo mandatário, dentro dos poderes do mandato, são atos do mandante (Código Civil, art. 1.309: "O mandante é obrigado a satisfazer todas as obrigações contraídas pelo mandatário, na conformidade do mandato conferido, e adiantar a importância das despesas necessárias à execução dele, quando o mandatário lho pedir"). Pode dar-se que o mandatário haja assumido, em seu próprio nome, algum dever, para executar o mandato; então a ele é obrigado o mandante, na razão do que era necessário à execução do mandato.[2]

O artigo 1.309, acima transcrito, equivale ao artigo 675 do vigente Código, com idêntica redação.

Efetivamente, pelos termos do preceito, se o mandante é obrigado a satisfazer todas as obrigações contraídas pelo mandatário, igualmente deve responder pelos danos que os atos deste último causarem.

---

[1] *Instituições de direito civil* – Contratos. 11. ed. – Rio de Janeiro: Forense, 2003. v. III, p. 410.
[2] *Tratado de direito privado*. 3. ed. São Paulo: RT, 1984. t. XLIII, p. 53. 2ª reimpressão.

160

Responsabilidade do corretor que participa da alienação de unidades

Pode-se estabelecer uma hipótese de responsabilidade do corretor ou da empresa que é encarregada da venda da unidade, se esta apresentar defeitos, ou não for construída, em havendo relação de consumo, por se equiparar o corretor, no caso de promoção da venda, ao comerciante. Não se trata, na situação aqui estudada, do corretor de imóveis que assume a função de incorporador. É a situação do artigo 13, inciso I, do Código de Defesa do Consumidor (Lei n. 8.078/1990), que merece transcrição: "O comerciante é igualmente responsável, nos termos do artigo anterior, quando: I – o fabricante, o construtor, o produtor ou o importador não puderem ser identificados." Na hipótese em estudo, o corretor de imóveis desempenha o papel de comerciante, razão que leva a autorizar a incidência do citado artigo 13, inciso I.

Desde que impossível o ressarcimento junto ao incorporador ou construtor, chama-se à responsabilidade aquele que comercializou o imóvel, já que lhe incumbiam cautela, o exame e a responsabilidade na venda, de modo a não oferecer produto defeituoso, desprovido de solidez e segurança, ou inexistente. Realmente, está o corretor obrigado a verificar o atendimento das exigências legais da incorporação antes de iniciar a venda. Do contrário, torna-se corresponsável pelas obrigações do incorporador.

O STJ vai além, reconhecendo a responsabilidade solidária com o incorporador, pois houve a participação de ambos:

> Empresas coligadas que, na promoção e incorporação de venda e compra de unidades imobiliárias, quer no ramo de construção, quer na publicidade e corretagem, resultam culpadas pela impossibilidade da construção, e respondem perante o condômino compromissário comprador, solidariamente, devendo devolver-lhe as prestações pagas e as arras em dobro a título de prefixação das perdas e danos. No caso, como deflui da solidariedade, a empresa publicitária ou corretora é legitimada passivamente para a ação.[1]

Especialmente se omitem informações sobre a precariedade da unidade, ou as constrições incidentes, ou o comprometimento do bem com a massa falida:

> É inequívoco que o corretor de imóveis deve atuar com diligência, prestando às partes do negócio que intermedeia as informações, de modo a evitar a celebração de contra-

---

[1] REsp. n. 9.943/SP. Relator: Min. Waldemar Zveiter. Terceira Turma. Julgado em 18.06.1991.

tos nulos ou anuláveis, podendo, nesses casos, constatada a sua negligência quanto às cautelas que razoavelmente são esperadas de sua parte, responder por perdas e danos.

Ademais, a moldura fática aponta, no que as partes não controvertem, que a recorrente promoveu a veiculação de publicidade do imóvel – inclusive, foi o que atraiu a autora para a oferta –, o qual estava há muito penhorado e já pertencia à massa falida, isto é, não estava mais sob a gestão dos administradores da Conenge. Com efeito, apurada a patente negligência da recorrente quanto às cautelas que são esperadas de quem promove anúncio publicitário – ainda que não afirmada a má-fé –, nos termos do artigo 37, § 1º, do CDC, também por esse fato é cabível o reconhecimento de sua responsabilidade, visto que a publicidade mostrara-se idônea para induzir a consumidora em erro.[2]

O Tribunal de Justiça do Rio Grande do Sul comungou da mesma exegese:

Rescisão contratual cumulada com perdas e danos. Solidariedade entre as empresas empreendedoras e construtoras e a corretora intermediária. Relação de consumo. A empresa que atua no ramo imobiliário, como corretora na comercialização das unidades habitacionais construídas como empreendimento imobiliário, responde solidariamente, à luz das regras do Código de Defesa do Consumidor, pelos danos sofridos pelo promitente comprador. Apelo provido.[3]

---

[2]   REsp n. 1.266.937/MG. Quarta Turma. Relator: Min. Luis Felipe Salomão. *DJe* 1º.02.2012.
[3]   Apel. Cível n. 70000887000. Relatora: Des.ª Elaine Harzheim Macedo. Julgado em 18.04.2000.

161

Responsabilidade do incorporador pelas despesas das unidades não vendidas

É possível que não consiga, o incorporador, vender todas as unidades projetadas no edifício.

A lei, em duas oportunidades, procura solucionar o problema, evitando, com isso, se transfiram os encargos aos condôminos adquirentes das unidades, onerando--os sobremaneira.

De um lado, o artigo 35 da Lei n. 4.591/1964, com a alteração introduzida pelo artigo 13 da Lei n. 4.864/1965, ordena que o contrato de construção seja celebrado nos sessenta dias seguintes ao prazo de carência, ou à assinatura do ajuste preliminar, em não se estipulando o período de tempo da carência. Afasta-se, destarte, a possibilidade de protelar indefinidamente a lavratura do contrato, e tornando certa e decidida a obrigação de cada parte. Impõe, ainda, o § 6º do mencionado dispositivo que se especifique, no contrato, a menção dos responsáveis pelo pagamento da construção de cada uma das unidades, o que permite seja averiguado se o pagamento se refere à unidade ajustada ou a outras.

De outro lado, o mesmo § 6º, na segunda parte, acrescenta que o "incorporador responde, em igualdade de condições, com os demais contratantes, pelo pagamento da construção das unidades que não tenham tido a responsabilidade pela sua construção assumida por terceiros e até que o tenham".

De modo que, se não aparece uma pessoa que responda pelas unidades pendentes de alienação, a fim de evitar que onere o encargo as unidades vendidas ou prometidas a vender, assume o incorporador a obrigação de satisfazer, segundo o valor estabelecido, as prestações correspondentes.

A jurisprudência tem firmado que as despesas condominiais das unidades não vendidas recaem na pessoa do incorporador: "Tratando-se de unidades não vendidas, responsável pelo pagamento das despesas de condomínio é a incorporadora do edifício." Embora o adquirente de uma unidade autônoma responda pelos débitos do alienante, o que decorre dos princípios da sub-rogação, parece irrecusável o "objetivo do legislador de atribuir diretamente ao sucessor a responsabilidade pelas despesas do condômino remisso a quem sucede na vida condominial", e não na aquisição direta do incorporador. Portanto, "a incorporadora do edifício, como proprietária das unidades não alienadas, é responsável pelo pagamento das despesas condominiais correspondentes aos apartamentos de que é titular".[1]

---

[1] Tribunal de Alçada de São Paulo. Apelação Cível n. 333.774. Segunda Câmara Cível, de 20.11.1984. *Revista dos Tribunais*, 594/130. Em igual sentido, na mesma Revista, 548/137.

162
Responsabilidade pelas obrigações tributárias e sub-rogação

Em relação aos tributos sobre a propriedade, a responsabilidade do incorporador vai até a venda das unidades. Todavia, se pendentes de pagamento prestações anteriores, sub-rogam-se estas no imóvel por ocasião da transmissão da propriedade. Mesmo que, a rigor, passem para a responsabilidade dos adquirentes a contar do momento das vendas, permanece a pessoa do incorporador como sujeito passivo da obrigação até a efetiva transferência, a qual se verifica com a abertura das matrículas junto ao Registro de Imóveis. Oportuna a atenção ao artigo 130 do Código Tributário Nacional (Lei n. 5.172/1966):

> Os créditos tributários relativos a imposto cujo fato gerador seja a propriedade, o domínio útil ou a posse de bens imóveis, e bem assim os relativos a taxas pela prestação de serviços referentes a tais bens, ou a contribuição de melhoria, sub-rogam-se na pessoa dos respectivos adquirentes, salvo quando conste do título a prova de sua quitação.

Há a sub-rogação do sucessor, que é reafirmada pela jurisprudência:

> O sucessor, na condição de responsável tributário e, portanto, sujeito passivo da obrigação tributária principal, ostenta legitimidade ativa para impugnar o crédito tributário. Inteligência dos arts. 121, parágrafo único, e 130, do CTN.
>
> O adquirente do imóvel é o responsável tributário por sucessão *inter vivos* relativamente aos débitos anteriores à aquisição, porquanto a relação jurídica integrada pelo alienante extinguiu-se no momento da transmissão da propriedade, tendo-se tornado, o sucessor, sujeito passivo de outra obrigação, com o mesmo conteúdo da primeira (sub-rogação). Por conseguinte, há a exclusão da responsabilidade do alienante, respondendo o sucessor, portanto, pelos tributos apurados ou passíveis de apuração à data da ocorrência do fenômeno sucessório.
>
> Com efeito, em matéria tributária, sempre que, numa mesma relação jurídica, houver duas ou mais pessoas caracterizadas como contribuinte, cada uma delas estará obrigada pelo pagamento integral da dívida, perfazendo-se o instituto da solidariedade passiva.
>
> No que é pertinente à responsabilidade tributária dos sucessores ou terceiros, ao revés, a solidariedade não se presume, devendo resultar, necessariamente, de lei. Isto porque feriria a lógica jurídico-tributária a integração, no polo passivo da relação jurídica, de alguém que não tenha tido qualquer participação na ocorrência do fato gerador da obrigação.
>
> O caso *sub examine* versa sobre propriedade horizontal, sendo cada impetrante proprietário de uma fração ideal, correspondente a 1/118 avos do terreno original, cada

uma com um número de registro próprio junto à Municipalidade. Está-se diante de um condomínio edilício, direito real advindo da conjugação de dois outros direitos reais, quais sejam: a propriedade individual sobre unidades autônomas – cada uma das 118 garagens – e a copropriedade sobre as partes comuns, nos termos do art. 1.331 do Código Civil.

Nesse segmento, verifica-se que, à época da ocorrência do fato gerador do IPTU relativo aos exercícios de 1987 e 1988, o imóvel objeto da presente lide era tributado por inteiro, sendo sujeito passivo da relação jurídica a Liga das Senhoras Católicas, em nome da qual encontrava-se cadastrado o imóvel. Essa relação jurídica extinguiu-se no momento da transmissão da propriedade, a qual fragmentou-se em 118 unidades autônomas, que deram titularidade debitória a 118 novos contribuintes.

Destarte, cada um dos adquirentes tornou-se sujeito passivo de nova relação jurídica, assumindo a dívida tributária pretérita proporcionalmente ao valor atinente à área da propriedade adquirida, razão pela qual resta inequivocamente afastada a solidariedade entre eles.

Transcreve-se excerto do Parecer do Ministério Público (fls. 101/102), *verbis*: "Do primitivo terreno, que deu lugar a um edifício de certo vulto, cada impetrante e terceiros têm módica fração, que é, aliás, puramente ideal. Eles são, nessa medida, sucessores da antiga proprietária – a honorável Liga das Senhoras Católicas de São Paulo –, que, em dois exercícios consecutivos (1987 e 1988), não pagou os tributos relativos às 118 garagens, à época integrantes de um único cadastro tributário, mas cuja vida autônoma remonta à década de 1960 (cf. fls. 57). Ora, tratando-se da propriedade horizontal, a responsabilidade tributária, oriunda da sucessão, refere-se a cada unidade, isoladamente. Pouco importa que, antes de 1989, o cadastro fosse unitário. O fato é que os imóveis já eram distintos. E, para efeitos tributários, "cada unidade autônoma será tratada como prédio isolado, contribuindo o respectivo condômino, diretamente, com as importâncias relativas aos impostos e taxas federais, estaduais e municipais, na forma dos respectivos lançamentos" (Lei n. 4.591/1964, art. 11).

No exato magistério de Silvio Rodrigues, "a natureza da unidade autônoma é a de uma propriedade imóvel comum", com limitações especiais, que não se estendem ao aspecto tributário (cf. *Direito civil*. 12. ed. São Paulo: Saraiva, 1983. v. V, n. 125, p. 215).

E assim também se pronuncia Caio Mário da Silva Pereira, especialista no tema e autor, aliás, do projeto de que se originou a Lei n. 4.591/1964: "No regime do condomínio especial dos edifícios coletivos (...) a ideia central reside na associação da compropriedade à propriedade exclusiva: o condomínio incide no solo, fundações, paredes mestras, saguão de entrada, corredores, portas e coisas de uso comum e teto. A propriedade exclusiva tem por objeto a unidade, seja esta o apartamento residencial, seja o conjunto ou a sala de utilização profissional, seja a loja ou o grupo de finalidade comercial (...). As unidades autônomas são tratadas objetivamente como tais, identificadas por indicação numérica ou alfabética, e respondem individualmente pelos tributos" (cf. *Instituições de direito civil*. 7. ed. Rio de Janeiro: Forense, 1987. v. IV, n. 319, p. 137; sem destaque no original).[1]

A COFINS merece uma atenção especial, pois devido, segundo decidido pelo STJ:

A jurisprudência majoritária do STJ se pacificou no sentido de que a Cofins incide nas operações de comercialização de imóveis por empresa de construção e incorporação imobiliária.[2]

---

[1] STJ. REsp. n. 783.414/SP. Primeira Turma. Julgado em 13.03.2007. Publicado em 02.04.2007.

[2] REsp n. 294.296/BA. Segunda Turma. Relator: Min. Francisco Peçanha Martins. Julgado em 03.06.2003. *DJ* 22.09.2003.

Cap. 162 | Responsabilidade pelas obrigações tributárias e sub-rogação • **671**

Fica a responsabilidade no incorporador, segundo definiu o STJ:

> A Primeira Seção uniformizando a jurisprudência das Primeira e Segunda Turmas do STJ, assentou o entendimento de que as atividades de construir e alienar, comprar, alugar e vender imóveis e intermediar negócios imobiliários, estão sujeitas a COFINS, posto caracterizarem compra e venda de mercadorias, em sentido amplo.[3]

Na fundamentação do voto do relator, Ministro Humberto Gomes de Barros, é trazida a interpretação da Corte sobre o assunto:

> A Primeira Seção uniformizando a jurisprudência das Primeira e Segunda Turmas do STJ, assentou o entendimento de que as atividades de construir e alienar, comprar, alugar e vender imóveis e intermediar negócios imobiliários, estão sujeitas a COFINS, posto caracterizarem compra e venda de mercadorias, em sentido amplo.

Neste sentido, lembro os julgados:

> É entendimento assente nas Turmas de Direito Público incidir a COFINS sobre a compra e venda de bens imóveis, porquanto a definição de mercadoria existente no Código Comercial, por não se tratar de um instituto, mas de mero conceito, é incapaz de inviabilizar o sentido da norma tributária. Exegese da Lei Complementar n. 70/1991 (EREsp. n. 197.672/SP). 1. O fato gerador da COFINS é o faturamento mensal da empresa, assim considerada a receita bruta de vendas de mercadorias e de serviços (LC n. 70/1991). 2. A empresa que comercializa imóveis é equiparada a empresa comercial, e, como tal, tem faturamento com base nos imóveis vendidos, como resultado econômico da atividade empresarial exercida. 3. A noção de mercadoria do Código Comercial não é um instituto, e sim um conceito que não pode servir de fundamento para a não incidência de um segmento empresarial que exerce o comércio (EREsps. n. 157.035, n. 207.965 e n. 147.680/Eliana Calmon).

> Tributário e Processual Civil. Embargos de Divergência (art. 546, I, CPC; art. 266, RIS-TJ). COFINS. Construtora e Comercialização de Imóveis. Legalidade da Incidência. Leis Complementares n. 56/1987 (itens 32, 34 e 50) e 70/1991 (arts. 2º e 6º) CTN, art. 111. Lei n. 4.591/1964. Decreto-lei n. 2.397/1987 (art. 1º). 1. As empresas edificadoras de imóveis, bens aptos à comercialização, realizam negócios jurídicos de natureza mercantil, celebrados com clientes compradores. Observada a relação jurídica entre o fisco e contribuinte criada pela lei, caracterizada atividade empresarial com intuito de lucro, divisados atos mercantis, é legal a incidência da COFINS nas negociações empresariais e nos serviços prestados, negócios jurídicos tributáveis. 2. Precedentes jurisprudenciais (EREsp. n. 162.127/MILTON).

O artigo 546, I, no aresto referido, corresponde ao artigo 1.043, incisos I, II e III, do CPC/2015.

Aparecem, na ementa abaixo transcrita, mais fundamentos que ensejam a incidência do imposto:

---

[3] EREsp. n. 149.026/AL. Primeira Seção. Julgado em 23.10.2002, *DJU*, 09.12.2002.

Art. 195, inc. I, da Constituição Federal, conforme redação dada pela Emenda Constitucional n. 20/1998.

A Lei n. 9.718/1998 – a dispor que o faturamento corresponde à receita bruta da pessoa jurídica – foi recepcionada pela atual redação do art. 195, inc. I, da Constituição Federal.

A Lei n. 9.718/1998 "estendeu o conceito constitucional de faturamento em relação a todas as pessoas jurídicas de direito privado" (cf. CASSONE, Vittorio, COFINS – Lei n. 9.718/1998 – validade e alcance. In: *Repertório de Jurisprudência IOB*, Tributário, Constitucional e Administrativo, n. 8/99, 1/13.411).

O Excelso Supremo Tribunal Federal, em várias oportunidades, no que se refere às empresas vendedoras de mercadorias e/ou prestadoras de serviços, quanto ao campo de incidência da COFINS ou do extinto FINSOCIAL, equiparou faturamento à receita bruta, o que desautoriza a conclusão de que faturamento havia sido empregado em sentido restrito.

O imóvel é um bem suscetível de transação comercial, pelo que se insere no conceito de mercadoria.

Não se sustém, *data venia*, nos dias que correm a interpretação literal do disposto no art. 191 do Código Comercial e do art. 19, § 1º, do Regulamento n. 737. Em épocas de antanho, os imóveis não constituíam objeto de ato de comércio. Atualmente, tal não se dá, por força das Leis n. 4.068/1962 e 4.591/1964.

O posicionamento desta Corte Superior de Justiça não se harmoniza com os vv. arestos trazidos pela recorrente, razão pela qual o recurso especial fulcrado na divergência merece ser conhecido, mas, não provido.

Recurso especial não conhecido pela alínea *a* e, pela alínea *c*, conhecido, mas não provido.[4]

---

[4] STJ. REsp. n. 250.277/PR. Relator: Min. Franciulli Netto. Segunda Turma. Julgado em 07.03.2002, *DJU* 07.06.2004.

163

Cláusula penal no descumprimento das obrigações pelo adquirente de unidade

Conceitua-se a figura como a cominação que se estabelece em um contrato, através de disposição específica, pela qual se atribui ao inadimplente da obrigação principal o pagamento de determinada quantia, ou a entrega de um bem, ou a realização de um serviço. Trata-se, pois, de uma obrigação acessória, sempre adjeta a um contrato, obrigando o devedor a uma prestação determinada em caso de faltar ao estrito cumprimento das cláusulas do contrato, ou retardar o seu cumprimento. Na longa definição feita por Limongi França, em obra que melhor até presentemente tratou do assunto, destaca-se este instituto como o pacto acessório, "por meio do qual se estipula uma pena, em dinheiro ou outra utilidade", com a finalidade de garantir o fiel cumprimento da obrigação principal.[1]

Não apenas um valor monetário pode abranger, mas também a entrega de um bem, ou a realização de um serviço. Nesta previsão, para a falta da adimplência voluntária de uma dívida, estabelece-se um acréscimo de dez por cento. Quanto à entrega de um bem, como consequência do descumprimento, embora não comum, assinala-se no contrato que a falta de pagamento no prazo assinalado acarreta a obrigação da restituição da coisa, e assim no empréstimo ou locação de um bem móvel, em que o aluguel constitui a obrigação principal. Já quanto à realização de um serviço, prevê-se que a não conclusão de uma obra num prazo assinalado importa, como penalidade, a confecção de um adendo ou acréscimo à obra. Nada há no Código e em leis especiais que abordam a matéria impondo que seja uma soma em dinheiro a pena. Não se impede que se constitua de uma coisa, de um fato, ou até de uma abstenção.

Duas as finalidades básicas na sua instituição: compelir ao cumprimento e composição do prejuízo trazido pela mora ou omissão em atender o convencionado.

A função coercitiva é, realmente, a mais importante, apesar das tendências em salientar o caráter reparatório ou compensatório. Sempre predominou esta finalidade, eis que interessa, sobretudo, ao credor ver atendido seu crédito, pelo tempo, modo e valor firmados. Possui força intimidativa, induzindo o devedor a satisfazer aquilo a que se comprometeu. Temendo que será obrigado a pagar soma bem superior àquela consignada no contrato, haverá maior empenho e cuidado para o devido cumprimento. Já que praticamente não mais subsistem penas diferentes que as patrimoniais para

---

[1] *Teoria e prática da cláusula penal.* São Paulo: Saraiva, 1988, p. 7.

674 • Condomínio Edilício e Incorporação Imobiliária | *Arnaldo Rizzardo*

conseguir o cumprimento, enseja-se constituir este o recurso mais apropriado com o qual arma-se o credor para impelir à satisfação de seu crédito. Pode-se acrescentar a finalidade de blindagem, em vista de uma realidade: é que a incorporação imobiliária se estrutura como uma unidade econômica autônoma, que se realiza com os recursos gerados por ela própria e originados de contratos de compra de unidades. Ou seja, viabiliza-se o empreendimento com recursos por este gerados. A incorporação imobiliária somente terá êxito se os recursos por ela captados, mediante comercialização e financiamento garantido pelo seu próprio ativo, tiverem ingresso regular e forem direcionados ao cumprimento do seu objeto, que é a execução da obra.

O caráter compensatório ou reparatório, decorrente da inadimplência ou da mora, igualmente mostra-se importante. Representa um meio de avaliar o prejuízo, ou expressa o valor prévio das perdas e danos que se imagina e se calcula com a inadimplência. Esta função revela um caráter primitivo, consignando o antigo Código Civil francês, em seu artigo 1.229, que corresponde à compensação "dos danos e interesses que o credor sofra pelo não cumprimento da obrigação principal"[2]. O Código Civil brasileiro não destoa desta finalidade, tanto que em vários de seus dispositivos permite a sua fixação e variação de acordo com a intensidade do cumprimento da obrigação principal, isto é, tendo em vista o prejuízo. Em seu artigo 410, há a ligação bem visível de tal caráter: "Quando se estipular a cláusula penal para o caso de total inadimplemento da obrigação, esta converter-se-á em alternativa a benefício do credor."

Todavia, se externado o caráter de ressarcimento, ou de compensação pelos prejuízos, unicamente o seu montante é postulável. Não cabe demandar quantia superior, ou em proporção aos danos ocorridos, a menos que se contemple a previsão em cláusula, e se demonstre o efetivo *quantum* verificado, em obediência ao parágrafo único do artigo 416: "Ainda que o prejuízo exceda ao previsto na cláusula penal, não pode o credor exigir indenização suplementar se assim não foi convencionado. Se o tiver sido, a pena vale como mínimo da indenização, competindo ao credor provar o prejuízo excedente."

Expõe, sobre o assunto, Sílvio de Salvo Venosa:

> O valor da multa pode sempre ser exigido na hipótese de inadimplemento. Se o credor entender que seu prejuízo supera seu valor, somente poderá cobrar o excesso se o contrato assim o permitir expressamente e, neste caso, quanto ao valor que sobejar, deve provar o prejuízo, seguindo, então, neste último aspecto, a regra geral de perdas e danos. Nada impede, também, que as partes tenham estabelecido um limite para esse *plus* indenizatório: impera a autonomia da vontade. Nesses termos, o contrato pode rezar que a multa (cláusula penal) é de cem e que, mediante prova do prejuízo, as perdas e danos poderão chegar a duzentos. Trata-se, na verdade, de modalidade de limitação de responsabilidade que a doutrina e o ordenamento não repelem.[3]

Não se olvida, entretanto, a mera estipulação como pena acessória, admissível pelo nosso sistema jurídico, e simplesmente acrescendo as demais cominações por

---

[2] "Des dommages et intérêts que le créancier souffre de l'inexécution de l'obligation principale".
[3] *Direito civil*. Teoria geral das obrigações e teoria geral dos contratos. 3. ed. São Paulo: Atlas, 2003. v. 2, p. 168.

Cap. 163 | Cláusula penal no descumprimento das obrigações pelo adquirente de unidade • **675**

omissão no cumprimento, conforme se depreende do artigo 416: "Para exigir a pena convencional, não é necessário que o credor alegue prejuízo."

E é justamente quando assim aparece qualificada que mais se impõe o correto arbitramento, ou a sua moderação de acordo com as regras da equidade, como adiante será desenvolvido.

Interessa, aqui, o estudo da cláusula penal imposta em favor do incorporador, diante da desistência do negócio pelo adquirente ou promitente comprador da unidade, ou de sua inadimplência no pagamento das prestações. Já se observaram as alternativas que se oferecem ao incorporador, como a cobrança judicial, a resolução do contrato, e inclusive a venda extrajudicial da unidade (matéria abordada no Capítulo 152 – "Resolução por meio de notificação e venda em leilão da unidade").

Prepondera, em geral, o limite de dez por cento da quantia paga como razoável para a cláusula penal, na esteira do STJ:

> *Compromisso de compra e venda de imóvel. Perda de parte das prestações pagas. Percentual que impõe ônus exagerado para o promitente comprador. Contrato firmado na vigência do Código de Defesa do Consumidor. Possibilidade de redução pelo juiz. Razoabilidade da retenção de 10% (dez por cento) das parcelas pagas. Precedentes. Recurso parcialmente provido.* Assentado na instância monocrática que a aplicação da cláusula penal como pactuada no compromisso de compra e venda de imóvel, importaria em ônus excessivo para o comprador, impondo-lhe, na prática, a perda da quase totalidade das prestações, e atendendo-se ao espírito do que dispõe o art. 53 do CDC, cumpre ao juiz adequar o percentual de perda das parcelas pagas a um montante razoável.
>
> A jurisprudência da Quarta Turma tem considerado razoável, em princípio, a retenção pelo promitente vendedor de 10% (dez por cento) do total das parcelas quitadas pelo comprador, levando-se em conta que o vendedor fica com a propriedade do imóvel, podendo renegociá-lo.[4]

Por analogia, tem aplicabilidade a Súmula 543 do STJ, de 2015, nos seguintes termos:

> Na hipótese de resolução de contrato de promessa de compra e venda de imóvel submetido ao Código de Defesa do Consumidor, deve ocorrer a imediata restituição das parcelas pagas pelo promitente comprador – integralmente, em caso de culpa exclusiva do promitente vendedor/construtor, ou parcialmente, caso tenha sido o comprador quem deu causa ao desfazimento.

O percentual de retenção permite certa flexibilidade, devendo sempre ter em conta o montante pago, e ficar em uma escala que revele algum efeito econômico:

> Afronta os princípios gerais de direito e a justiça contratual almejada pelo Código de Defesa do Consumidor a não restituição, ao condômino inadimplente, das parcelas efetivamente saldadas para a construção de empreendimento mediante contrato de incorporação. Cabível a restituição das parcelas adimplidas devidamente corrigidas,

---

[4] REsp. n. 85.936/SP. Relator: Min. Sálvio de Figueiredo. Quarta Turma. Julgado em 18.06.1998.

autorizada a retenção, pelo condômino, de 15% do valor referente à comissão e multa remuneratória, a que se refere o § 4º do art. 63 da Lei n. 4.591/1964.[5]

No voto, lembram-se mais decisões:

A propósito, confiram-se os precedentes:

"Incorporação. Resolução do contrato. Cláusula de decaimento. Restituição. CDC. Não tem validade a cláusula pela qual os promissários compradores perdem a totalidade das prestações pagas durante a execução do contrato de incorporação. Recurso conhecido e provido em parte para determinar a restituição de 90% do valor pago" (REsp. n. 238.011/RJ. Relator: Min. Ruy Rosado de Aguiar. *DJ* 08.05.2000).

"Comercial. Promessa de compra e venda de imóvel. Perda do valor da prestações (cláusula abusiva). Inteligência dos arts. 51 e 53 do Código do Consumidor. Na exegese dos arts. 51 e 53 do Código do Consumidor são abusivas as cláusulas que, em contrato de natureza adesiva, estabeleçam, rescindido este, tenha o promissário que perder as prestações pagas, sem que do negócio tenha auferido qualquer vantagem.

Inviável na via do Especial discutir dedução de quantias a título de despesas arcadas pelo promitente quando repelidas nas instâncias ordinárias por envolver reexame de provas (Súmula n. 7). Recurso conhecido e provido parcialmente" (REsp. n. 60.563/SP. Relator: Min. Waldemar Zveiter. *DJ* 17.06.1996).

Oportuno lembrar que o percentual, no caso do acórdão acima, correspondeu ao estabelecido para a comissão e a multa na venda em leilão por inadimplência de obrigações, como consta do mencionado § 4º do artigo 63 da Lei n. 4.591/1964:

Do preço que for apurado no leilão, serão deduzidas as quantias em débito, todas as despesas ocorridas, inclusive honorário de advogado e anúncios, e mais 5% a título de comissão e 10% de multa compensatória, que reverterão em benefício do condomínio de todos os contratantes, com exceção do faltoso, ao qual será entregue o saldo, se houver.

Ora, se permitido o desconto dos percentuais acima, a título de comissão e de multa, no caso de venda em leilão, e se levando a efeito este quando verificada a falta de pagamento das prestações, a dedução lógica que se extrai consiste na possibilidade de se prever a multa, com o significado de cláusula penal, na ocorrência de mora das prestações.

Conforme referido, cumpre se tenha atenção ao real significado do valor pago, para fixar-se a equivalência, de sorte a importar um real efeito na aplicação da cláusula penal. Por isso, varia o percentual, podendo alcançar patamar bem acima aos anteriores citados, a teor do seguinte aresto: "A devolução das prestações pagas, mediante retenção de 30% (trinta por cento) do valor pago pelo promissário comprador, objetiva evitar o enriquecimento sem causa do vendedor, bem como o reembolso das despesas do negócio e a indenização pela rescisão contratual."[6]

De observar, ainda, que o STJ tem admitido a cumulação da cláusula penal com a indenização por perdas e danos. Todavia, conforme entendimento correto, a possibilidade prende-se unicamente quando na cláusula penal não se dá o caráter indenizatório.

---

[5]   REsp. n. 472.533/MS. Relator: Min. Fernando Gonçalves. Quarta Turma. Julgado em 12.08.2003.

[6]   STJ. REsp. n. 303.240/SP. Relatora: Nancy Andrighi, Terceira Turma. Julgado em 02.08.2001.

Cap. 163 | Cláusula penal no descumprimento das obrigações pelo adquirente de unidade • **677**

Eis a ementa que admite cumular:

> 1. Ação ajuizada em 29/08/2014. Recurso especial interposto em 06/06/2016 e distribuído a este gabinete em 22/09/2016.
>
> 2. É possível cumular a cláusula penal decorrente da mora com indenização por lucros cessantes quando há atraso na entrega do imóvel pela construtora. Precedentes.
>
> 3. Danos morais: ofensa à personalidade. Precedentes. Necessidade de reavaliação da sensibilidade ético-social comum na configuração do dano moral. Inadimplemento contratual não causa, por si, danos morais. Precedentes.
>
> 4. O atraso na entrega de unidade imobiliária na data estipulada não causa, por si só, danos morais ao promitente-comprador.
>
> 5. Recurso especial conhecido e parcialmente provido (REsp. n. 1.642.314/SE. Relatora: Min.ª Nancy Andrighi. Terceira Turma. Julgado em 16.03.2017, *DJe* 22.03.2017).

Cabe lembrar o Tema 971, em Recurso Repetitivo, do STJ, a respeito de cláusula penal firmada para o caso de inadimplemento das obrigações do adquirente de unidade, estabelecendo que ela deverá servir para a indenização exigível do vendedor por falta de cumprimento de suas obrigações: "No contrato de adesão firmado entre o comprador e a construtora/incorporadora, havendo previsão de cláusula penal apenas para o inadimplemento do adquirente, deverá ela ser considerada para a fixação da indenização pelo inadimplemento do vendedor. As obrigações heterogêneas (obrigações de fazer e de dar) serão convertidas em dinheiro, por arbitramento judicial".[7]

---

[7] REsp n. 1.614.721/DF. Segunda Seção. Relator: Min. Luis Felipe Salomão. Julgado em 22.05.2019. *DJe* 25.06.2019.

Bibliografia

ASCARELLI, Tullio. *Problemas das sociedades anônimas e direito comparado*. São Paulo: Saraiva & Cia, 1945.

AUTUORI, Luiz; PINTO, Jorge Lopes; e PINTO, Iracy Lopes. *Sutilezas em tema de condomínio*. Rio de Janeiro: Forense, 1978.

AVVAD, Pedro Elias. *Condomínio em edificações no novo Código Civil comentado*. 2. ed. Rio de Janeiro: Renovar, 2007.

AVVAD, Pedro Elias. *Direito imobiliário*. 2. ed. Rio de Janeiro. Renovar, 2009.

AZEVEDO, Álvaro Villaça. Condomínio edilício e exclusão do condômino nocivo. *Revista Magister de Direito Civil e Processo Civil*, Porto Alegre: Magister Editora, n. 27, nov.-dez. 2008.

BAUDRY-LACANTINERIE, G. *Traité théorique et pratique de droit civil*. v. 6º, n. 986, *apud* MONTEIRO, Washington de Barros. *Curso de direito civil, direito das coisas*. 37. ed. rev. e atual. por Carlos Alberto Dabus Maluf. São Paulo: Saraiva, 2003. v. 3.

BEVILÁQUA, Clóvis. *Código Civil dos Estados Unidos do Brasil comentado*. Rio de Janeiro: Livraria Francisco Alves, 1919. v. VI.

BOLETIM ADV JURISPRUDÊNCIA, Rio de Janeiro.

BOLETIM COAD DE DIREITO IMOBILIÁRIO.

BOLETIM DE DIREITO IMOBILIÁRIO, Rio de Janeiro: IOB.

BOLETIM DE JURISPRUDÊNCIA ADCOAS, Rio de Janeiro.

BONFANTE, Pietro. *Instituzioni di diritto romano*. 10. ed. Turim: G. Giappiachelli.

CÂMARA, Hamilton Quirino. *Condomínio edilício*. 3. ed. Rio de Janeiro: Lumen Juris, 2010.

CAMBLER, Everaldo Augusto. Condomínio edilício, incorporação imobiliária e loteamento. *Revista Autônoma de Direito Privado*, Curitiba: Juruá, n. 2, 2007.

CAMBLER, Everaldo Augusto. *Incorporação imobiliária*. São Paulo: RT, 1993.

CAMBLER, Everaldo Augusto. Publicidade – lançamento e venda de unidades de edificações sem registro de incorporação – contrato de incorporação imobiliária – Lei n. 4.591/64. *Revista Forense*, Rio de Janeiro, n. 400, 2008.

CAMPOS BATALHA, Wilson de Souza. *Loteamentos e condomínios*. São Paulo: Max Limonad, 1953. v. II.

CARVALHO SANTOS, J. M. *Código Civil brasileiro interpretado*. Rio de Janeiro: Freitas Bastos, 1964. v. XVII.

CENEVIVA, Walter. *Lei dos Registros Públicos comentada*. São Paulo: Saraiva, 2002.

CHALHUB, Melhim Namem. *Da incorporação imobiliária*. 2. ed. Rio de Janeiro: Renovar, 2005.

CHALHUB, Melhim Namem. Incorporação imobiliária. Impossibilidade de realização. Resolução de promessa de compra e venda. Responsabilidade objetiva do incorporador. Critério da indenização ao promitente comprador. Propositura de ação de resolução antes da exigibilidade da prestação do incorporador. *Revista dos Tribunais*, São Paulo: RT, v. 844, p. 102, fev. 2006.

CORREIA, Alexandre; e SCIASCIA, Caetano. *Manual de direito romano*. São Paulo, 1955. v. 2º.

DAGOT, Michel. *La cession de terrain moyennant remise de locaux à construire*. Paris: Librairies Techniques, 1976.

ESPÍNOLA, Eduardo. *Dos contratos nominados no direito civil brasileiro*. Rio de Janeiro: Gazeta Judiciária – Editora S.A., 1953.

680 • Condomínio Edilício e Incorporação Imobiliária | *Arnaldo Rizzardo*

FAZANO, Haroldo Guilherme Vieira. *Condomínio* – aspectos teóricos e práticos. São Paulo: J. H. Misuno – Editora Distribuidora, 2010.

FETT, Alberto. O contrato de incorporação imobiliária e o patrimônio de afetação: um esforço para a concretização do direito constitucional à moradia. *Revista Jurídica Empresarial*, 11. ed., Porto Alegre: Notadez, nov.-dez. 2009.

FIORANELI, Ademar. *Direito registral imobiliário.* Porto Alegre: Safe Editora, 2001.

FRANÇA, Limongi. *Teoria e prática da cláusula penal.* São Paulo: Saraiva, 1988.

FREITAS GOMES, Luiz Roldão de. *Curso de direito civil* – contratos. Rio de Janeiro: Renovar, 1999.

GHEZZI, Leandro Leal. *A incorporação imobiliária à luz do Código de Defesa do Consumidor e do Código Civil.* São Paulo: RT, 2007.

GOMES, Luciana Buksztej. Responsabilidade civil do proprietário do terreno na atividade de incorporação imobiliária. *Revista de Direito da ADVOCEF*, Porto Alegre: Associação Nacional dos Advogados da Caixa Econômica Federal, ano V, n. 9, p. 242, nov. 2009.

GOMES, Orlando. *Contratos.* 10. ed. Rio de Janeiro: Forense, 1984.

GOMES, Orlando. *Direitos reais.* 19. ed. Rio de Janeiro: Forense.

HERNANDEZ, José Luiz Merino. *El contrato de permuta.* Madrid: Tecnos, 1978.

HUGO E SILVA, Ivan. Comentários à lei de condomínios em edifícios. Rio de Janeiro: Aide Editora e Comércio de Livros Ltda., 1981.

Jurisprudência do Superior Tribunal de Justiça. Brasília: edição do STJ.

KOLLET, Ricardo Guimarães. Propriedade horizontal e condomínio edilício – em busca de uma identidade jurídica. *Revista de Direito Imobiliário*, São Paulo: RT, n. 60, ano 29, jan.-jun. 2006.

LEANDRO, Valdemar. *Condomínio de imóveis.* 5. ed. São Paulo: LEUD – Livraria e Editora Universitária de Direito Ltda., 1985.

LEVADA, Cláudio Antônio Soares. *Condomínio edilício.* Editora Método. São Paulo, 2005.

LOPES, João Batista. *Condomínio.* 7. ed. São Paulo: RT, 2000.

LOPES, João Batista. *O condomínio edilício no novo Código Civil.* 2. ed. São Paulo: Saraiva, 2005.

LUTZ COELHO, José Fernando. *Condomínio edilício* – teoria e prática. Porto Alegre: Livraria do Advogado, 2006.

MALUF, Carlos Alberto Dabus. Natureza jurídica do condomínio voluntário e edilício. *Revista do Advogado*, AASP – Associação dos Advogados de São Paulo, n. 98, jul. 2008.

MARTINS COSTA, Judith. *A boa-fé no direito privado*: sistema e tópica no processo obrigacional. São Paulo: RT, 1999.

MAXIMILIANO, Carlos. *Condomínio.* Rio de Janeiro: Freitas Bastos, 1944.

MEZZARI, Mário Pazutti. *Condomínio e incorporação no Registro de Imóveis.* Porto Alegre: Livraria do Advogado, 1996; e 3. ed. Porto Alegre: Norton Editor, 2010.

NASCIMENTO FRANCO, J.; e GONDO, Nisske. *Condomínio em edifícios.* 5. ed. São Paulo: RT, 1988.

NASCIMENTO FRANCO, J.; e GONDO, Nisske. *Incorporações imobiliárias.* 2. ed. São Paulo: RT, 1984.

NASCIMENTO FRANCO, J.; e GONDO, Nisske. *Manual prático das incorporações imobiliárias.* 1. ed. São Paulo: Sugestões Literárias, 1967.

NASCIMENTO FRANCO, J.; e GONDO, Nisske. *Condomínio.* 3. ed. São Paulo: RT, 2001.

NORONHA, Fernando. *O direito dos contratos e seus princípios fundamentais.* São Paulo: Saraiva, 1994.

OLIVEIRA, Carlos Eduardo Elias de. Considerações sobre a recente Lei da Multipropriedade ou da *Time Sharing* (Lei nº 13.777/2018): principais aspectos de Direito Civil, de Processo Civil e de Registros Públicos, disponível em https://flaviotartuce.jusbrasil.com.br/artigos/661740743/consideracoes-sobre--a-recente-lei-da-multipropriedade.

PAIVA. Alfredo de Almeida. *Aspectos do contrato de empreitada.* 2. ed. Rio de Janeiro: Forense, 1997.

PEREIRA, Caio Mário da Silva. *Condomínio e incorporações.* 5. ed. Rio de Janeiro: Forense, 1985.

PEREIRA, Caio Mário da Silva. Incorporação Imobiliária. *Revista de Direito Imobiliário*, São Paulo: Ed. RT, vol. 4, 1979.

PEREIRA, Caio Mário da Silva. *Instituições de direito civil.* 3. e 11. ed. Rio de Janeiro: Forense, 1975 e 2003. v. III.

PEREIRA, Caio Mário da Silva. Shopping centers – organização econômica e disciplina jurídica. *Revista dos Tribunais*, São Paulo: RT, n. 580, 1984.

PLANIOL, Marcelo; e RIPERT, Jorge. *Traité Pratique de Droit Civil*, v. 3°, n. 319, *apud* MONTEIRO, Washington de Barros. *Curso de direito civil, direito das coisas*. 37. ed. rev. e atual. por Carlos Alberto Dabus Maluf. São Paulo: Saraiva, 2003. v. 3.

PONTES DE MIRANDA, Francisco Cavalcanti. *Tratado de direito privado*. 3. ed. Rio de Janeiro: Editor Borsoi, 1972. v. 44; e 33. ed., v. 43, 2ª reimpressão. São Paulo: RT, 1984.

PRATES, Clyde Werneck. *Manual prático do condomínio*. Curitiba: Juruá, 2006.

Revista Autônoma de Direito Privado, Curitiba: Juruá Editora.

Revista de Ciências Jurídicas – Direito e Democracia, ULBRA, Canoas/RS.

Revista de Direito Imobiliário, São Paulo: RT.

Revista do Superior Tribunal de Justiça.

Revista dos Tribunais, São Paulo: RT.

Revista Forense, Rio de Janeiro: Forense.

Revista Magister de Direito Civil e Processo Civil, Porto Alegre: Magister Editora.

Revista Trimestral de Jurisprudência.

RIZZARDO, Arnaldo. *Contratos de crédito bancário*. 8. ed. São Paulo: RT, 2009.

ROCHA, Mauro Antônio. *O regime da afetação patrimonial na incorporação imobiliária*. Disponível em: <http://www.irib.org.br/html/biblioteca/biblioteca-detalhe.php?obr=61>.

RODRIGUES, Sílvio. *Direito civil*. 29. ed. São Paulo: Saraiva.

RUGGIERO, Biasi. *Questões imobiliárias*. São Paulo: Saraiva, 1997.

SILVA, José Afonso da. *Direito urbanístico brasileiro*. 3. ed. São Paulo: RT, 1981.

TIMM, Luciano Benetti; e TUTIKIAN, Cláudia Fonseca. Reflexões sobre a incorporação imobiliária e a garantia dos imóveis. *Revista de Ciências Jurídicas* – Direito e Democracia – ULBRA (Universidade Luterana do Brasil), Canoas/RS, v. 8, n. 2, dez. 2007.

TUTIKIAN, Cláudia Fonseca. *Da incorporação imobiliária*: implementação do direito fundamental à moradia. São Paulo: Quartier Latin do Brasil, 2008.

TUTIKIAN, Cláudia Fonseca. Incorporação imobiliária e patrimônio de afetação. *Boletim do IRIB – Instituto de Registro Imobiliário do Brasil*, São Paulo, n. 320, jan.-mar. 2005.

VENOSA, Sílvio de Salvo. *Direito civil* – teoria geral das obrigações e teoria geral dos contratos. 3. ed. São Paulo: Atlas, 2003. v. 2.

VIEGAS DE LIMA, Frederico Henrique. Possibilidade de registro de incorporação imobiliária. *Revista de Direito Imobiliário*, São Paulo: RT, jul.-dez. 2009.

WALD, Arnoldo. *Curso de direito civil brasileiro* – obrigações e contratos. 3. e 14. ed. São Paulo: RT, 1972 e 2000.